Bewertung von Finanzderivat

Norbert Hilber

Bewertung von Finanzderivaten mit Python

Derivate, Modelle, Methoden

Norbert Hilber
Zurich University of Applied Sciences
Winterthur, Schweiz

ISBN 978-3-658-39209-3 ISBN 978-3-658-39210-9 (eBook)
https://doi.org/10.1007/978-3-658-39210-9

Die Deutsche Nationalbibliothek verzeichnet diese Publikation in der Deutschen Nationalbibliografie; detaillierte bibliografische Daten sind im Internet über http://dnb.d-nb.de abrufbar.

Springer Gabler

Springer Gabler ist ein Imprint der eingetragenen Gesellschaft Springer Fachmedien Wiesbaden GmbH und ist ein Teil von Springer Nature.
Die Anschrift der Gesellschaft ist: Abraham-Lincoln-Str. 46, 65189 Wiesbaden, Germany

Vorwort

Dieses Buch ist entstanden aus dem gleichnamigen BSc-Wahlpflichtmodul „Bewertung von Finanzderivaten“ und dem MSc-Kurs „Derivatives and Structured Products“, welche ich wiederholt an der School of Management and Law der ZHAW halten durfte. Ziel der Kurse und des vorliegenden Buches ist es einerseits, die Teilnehmer respektive die Leser an die in der Finanzindustrie verwendeten Modelle heranzuführen, und andererseits die Vielfalt von Optionen und derivativen Finanzinstrumenten aufzuzeigen. Modell- und Instrumentenvielfalt getrennt zu betrachten macht aber wenig Sinn, so dass dem Bewerten von exotischen Produkten in Nicht-Black-Scholes Modellen ausreichend Platz gewährt wird. Nun kann man aber Derivate nur dann sinnvoll bewerten, wenn man die Parameter des verwendeten Preismodells kennt. Die Frage nach den „richtigen“ Parametern führt automatisch zur Frage der Kalibrierung eines Modells. Da die technische Umsetzung der Kalibrierung grundsätzlich anspruchsvoll ist, wird diese im Buch modell-bedingt an mehreren Stellen aufgegriffen und im Detail behandelt.

Wenn die Studierenden in die oben genannten Kurse kommen, kennen sie Europäische Call und Put Optionen und die Black-Scholes Formel zur Bewertung derer. „Woher“ die Black-Scholes Formel „kommt“ respektive eine allgemeine Optionstheorie ist nicht bekannt und wird in den meisten Finance-Lehrbüchern für Wirtschaftswissenschaftler auch nicht erklärt. Dabei liegt ein ökonomisches Verständnis der Optionspreistheorie auf der Hand: ein Finanz-Praktiker versteht eine Optionsprämie intuitiv als ein diskontierter, erwarteter Cash Flow (erwartete Auszahlung). Dass ein solcher Erwartungswert bezüglich einem „bestimmten“ Wahrscheinlichkeitsmass zu bilden ist, ist zwar weniger intuitiv, aber via eines Hedge-Arguments durchaus nachvollziehbar. Hat man akzeptiert, dass ein Derivatspreis im Wesentlichen durch $\mathbb{E}[g(\mathbf{X})]$ gegeben ist, wo $\mathbf{X}$ eine stetige multivariate Zufallsvariable darstellt, geht es in der Derivatsbewertung schlussendlich darum, diesen Erwartungswert zu bestimmen. Wie dies erfolgt, hängt davon ab, ob die Verteilung von $\mathbf{X}$ bekannt ist oder nicht. Liegt die Verteilung vor, kann man den Erwartungswert dadurch bestimmen, in dem man versucht, das entsprechende Integral explizit auszurechnen; gelingt dies, erhält man eine Bewertungsformel. Das Parade-Beispiel hierzu ist die Black-Scholes Formel für Europäische Call und Put Optionen. Gelingt die analytische Berechnung des Integrals nicht, kann dieses mit einer numerischen Quadratur oder mit einer Monte-Carlo Methode bestimmt werden.

In der Regel ist jedoch die Verteilung von $\mathbf{X}$ nicht bekannt. Typischerweise ist $\mathbf{X}$ (oder Komponenten davon) als Lösung eines Systems von stochastischen Differentialgleichungen definiert, und weil für die meisten Modelle das System nicht analytisch gelöst werden kann, muss man auf Approximationsmethoden ausweichen. Die Standard-Methode hierzu ist die numerische Integration der vorliegenden stochastischen Differentialgleichungen (zum Beispiel Euler-Mayurama- oder Milstein-Schema). Einerseits führt dies für gewisse Bewertungen zu unbefriedigenden Resultaten (zum Beispiel sind Preise für Barriere-Optionen mit kontinuierlicher Beobachtung eines Barriere-Ereignis verzerrt), andererseits erfordert die Fehler- und Konvergenzanalyse der Schemata Kenntnisse in Stochastik und Masstheorie, die für die Ziel-Audienz nicht zugänglich ist. Ich habe daher die Monte-Carlo Simulation als Bewertungs-Methode ausgeschlossen (auch wenn wir eine Python-Routine zur exakten Simulation einer d-dimensionalen Brown'schen Bewegung angeben). Es ist intuitiver, den Zufall zunächst diskret via Binomialbäumen zu behandeln und dann die Anzahl der Perioden eines solchen gegen unendlich streben zu lassen. Dies führt zur partiellen Differentialgleichung (englisch „Partial Differential Equation", PDE) von Black und Scholes, welche dann schlussendlich die in diesem Text benutzte Approximationsmethode vorgibt. Der Übergang von der Black-Scholes PDE zu allgemeinen Bewertungs-Gleichungen geschieht via des Feynman-Kac Theorems; dieses stellt einen Zusammenhang zwischen $\mathbb{E}[g(\mathbf{X})]$ und der Lösung einer PDE her. Das Theorem liefert schlussendlich eine einfache „Formel", wie man vom Modell (ein System von stochastischen Differentialgleichungen) zur Bewertungs-PDE kommt. Da eine charakteristische Funktion selbst ein Erwartungswert ist, können wir das Feynman-Kac Theorem auch (formal) anwenden, um die PDE für die charakteristische Funktion zu erhalten. Ist der zugrundeliegende Prozess affin, reduziert sich die PDE zu einem System von komplex-wertigen gewöhnlichen Differentialgleichungen, welches oft von Hand gelöst werden kann. Dies öffnet die Tür zu einer schnellen Kalibrierung.

Wenn man sich entschieden hat, Derivate mit Hilfe von PDEs zu bewerten, kommt man um das numerische Lösen dieser nicht herum. Die Numerik stellt im Wesentlichen drei Approximationsverfahren zur Verfügung: die einfache Finite-Differenzen-Methode (FDM), die Finite-Elemente-Methode (FEM) und die dazu verwandte Finite-Volumen-Methode. Die FEM kann exponentielle Konvergenzraten erreichen und lässt sich problemlos anwenden auf Derivate mit unstetigem Payoff. Ebenso können Kontrakte, für welche die Rechengebiete, die keine Quader im $\mathbb{R}^d$ sind, ohne weiteres bewertet werden. Dies ist zum Beispiel für gewisse Lookback-Optionen der Fall. Die grosse Flexibilität der FEM wird durch ihre zur FDM vergleichsweise hohe theoretische und implementierungstechnische Komplexität erkauft. Die FEM beruht auf der sogenannten schwachen Formulierung der Bewertungsgleichung und erfordert Kenntnisse aus der Theorie der partiellen Differentialgleichungen und aus der Funktionalanalysis, die wir in diesem Buch nicht erarbeiten wollen. Es ist viel einfacher, die FDM als Approximationsmethode zu verwenden, da sowohl die Idee eines Differenzenquotienten als Approximation einer Ableitung als auch Taylorreihen zur Fehlerterm-Entwicklung bereits aus dem Mathematikunterricht zur Verfügung stehen. Die Verwendung der FDM hat des Weiteren den Vorteil, dass sich verschiedene Typen von Randbedingungen relativ leicht realisieren lassen; das Setzen von Randbedingungen ist für viele Derivate zentral und nicht-trivial.

Wie für jede Anwendung der quantitativen Finance benötigen wir auch in der Derivatsbewertung eine geeignete Software, wobei hier „geeignet" Dreierlei meint. Erstens soll sie frei verfügbar sein, zweitens soll sie den Anforderungen der numerischen Mathematik respektive numerischen linearen Algebra gerecht werden und drittens soll auch ein Nicht-Informatiker in der Lage sein, damit einen lauffähigen Code in nützlicher Zeit schreiben zu können. Die Wahl würde daher mehr oder weniger direkt auf den Matlab-Klon Octave fallen. Jedoch ist Octave nicht verbreitet, und da viele andere Hochschul-Kurse zu „Data-Wrangling" und „Machine Learning" Python verwenden, ist es auch für die oben genannten Kurse sinnvoll, Python als Werkzeug des „Scientific Computing" zu benutzen. Nun wäre die Derivatsbewertung prädestiniert für eine objekt-orientierte Programmierung, eine solche würde jedoch dem Kursteilnehmer die Sicht auf die Derivatsbewertung „vernebeln". Der vorliegende Text ist kein „Programmier-Buch" und wir wenden ausschliesslich die funktionale Programmierung an! Im Anhang geben wir eine kurze Einführung in Python, jedoch nur zu denen im Text benötigten Konzepte der numerischen linearen Algebra und Funktionsdefinition.

Das Buch besteht aus zwei Teilen; wo die Trennlinie liegt, hängt vom Vorwissen des Lesers ab. Orientiert man sich an Bachelor-Studenten in Banking und Finance an Fachhochschulen, so lassen sich in einem ein-semestrigen 3 ECTS Kurs erfahrungsgemäss die ersten fünf Kapitel behandeln und damit exemplarisch ein strukturiertes Produkt auf einen Basiswert im Black-Scholes Modell bewerten. Die weiteren zehn Kapitel sind mathematisch anspruchsvoller, da sie andere Modelle als Black und Scholes sowie exotische Derivate behandeln. Sie eignen sich für einen Bachelor- oder Master-Kurs für Finance Studierende an Hochschulen und Universitäten. Für Studenten in Finanz-Mathematik oder für Interessierte der angewandten Mathematik in der Finance kann der vorliegende Text ebenso hilfreich sein.

Das Buch startet mit einer Einführung in die Problematik der Derivatsbewertung und dem Black-Scholes Modell sowie dessen Defekte. In zweiten Kapitel verwenden wir Binomialbäume, um den Preis einer (Europäischen) Option als abgezinsten Erwartungswert bezüglich eines „bestimmten Wahrscheinlichkeitsmass" zu verstehen. Dann verwenden wir das entwickelte Konzept, um Amerikanische und Down-und-Out Optionen zu bewerten. In diesem Kapitel geben wir auch entsprechende Python Routinen zur Bewertung der betrachteten Optionen an. Im Kap. 3 wird die Black-Scholes Differentialgleichung hergeleitet und so exemplarisch eine Verbindung zwischen Erwartungswerten und partiellen Differentialgleichungen hergestellt (Feynman-Kac Theorem). Die nächsten beiden Kapitel entwickeln die Finite-Differenzen-Methode zur numerischen Lösung der Bewertungsgleichungen. Die gemachten Betrachtungen liefern eine Python-Routine, welche parabolische Differentialgleichungen in einer Raumdimension zu homogenen Dirichlet-Randbedingungen mit dem Theta-Verfahren löst. Zusätzlich diskutieren wir hier Stabilität und Konvergenz des Verfahrens, insbesondere auch für Derivate mit unstetigem Payoff. Als Anwendung lösen wir die Kolmogorov Vorwärtsgleichung für das CEV

Modell. Wie bereits erwähnt endet hier ein 3 ECTS Fachhochschulkurs für Bachelor-Wirtschaftsstudenten.

Im sechsten Kapitel diskutieren wir einige Erweiterungen der bestehenden Bewertungsprobleme respektive Routinen. Einerseits betrachten wir inhomogene Randdaten (und stellen uns die Frage, ob wir überhaupt Randbedingungen setzen müssen), andererseits lassen wir nun auch zeitabhängige Koeffizienten in den Bewertungsgleichungen zu. Als Anwendung bewerten wir unter anderem Asiatische Optionen im Black-Scholes Modell. Ebenso im sechsten Kapitel geben wir an, wie man die Griechen als Lösung einer zu Bewertungsgleichung ähnlichen Differentialgleichung erhalten und wie man – exemplarisch am CEV Modell – damit eine Modell-Kalibrierung durchführen kann. Als weitere Anwendung der bestehenden Routinen betrachten wir hier zudem das sequenzielle Lösen von partiellen Differentialgleichungen am Beispiel von Barriere Optionen, bei welchen die Beobachtung eines Barriere-Ereignisses diskret erfolgt, sowie am Beispiel der Bewertung von Europäischen Optionen, wenn Dividendenzahlungen des Basiswerts diskret stattfinden. Das siebte Kapitel ist der Bewertung von Amerikanischen Optionen (im Black-Scholes Modell) gewidmet. Das entsprechende lineare Komplementaritätsproblem lösen wir mit dem „Primal-Dual-Activ Set Algorithmus", welcher aus einer Anwendung des multivariaten Newton-Verfahrens folgt. Spezielles Augenmerk legen wir auf die Berechnung des freien Randes für den Fall, dass Dividendenzahlungen diskret berücksichtigt werden. Im Kap. 8 betrachten wir die Kalibrierung von Modellen mit Hilfe der Cos-Methode. Diese setzt explizite Kenntnis der charakteristischen Funktion von (Teilen von) $\mathbf{X}$ voraus; für affine Modelle erklären wir, wie man diese via des Feynman-Kac Theorem als Lösung von Riccati-Gleichungen erhalten kann. Im Kap. 9 lassen wir zu, dass ein Pfad des Basiswertkurses im Gegensatz zum Black-Scholes Modell unstetig ist. In solchen Sprungmodellen wird die Bewertungsgleichung zu einer partiellen Integro-Differentialgleichung; die Diskretisierung des darin vorkommenden Integral-Operators erfordert eine spezielle Behandlung. Mit Hilfe eines iterativen Lösers kombiniert mit einer schnellen Fourier-Transformation erhalten wir eine Bewertungsmethode, die vergleichbar ist mit der Bewertung von Derivaten im Black-Scholes Modell. In diesem Kapitel endet die Bewertung von Derivaten mit einer Raum-Dimension.

Das zehnte Kapitel ist das längste und behandelt Bewertungsprobleme mit mehr als einer Raum-Dimension. Die zusätzlichen Raum-Dimensionen werden durch drei Erweiterungen des bisher Diskutierten „generiert". Erstens betrachten wir Derivate auf mehrere Basiswerte im mehrdimensionalen Black-Scholes Modell. Zweitens bewerten wir exotische Derivate, deren Auszahlung von zusätzlichen Zufallsgrössen abhängt. Beispiele dazu sind Lookback oder Cliquet Optionen. Drittens diskutieren wir das Bewerten von Derivaten auf einen Basiswert in den gängigen Modellen der stochastischen Volatilität. In diesen wird die zusätzlichen Raum-Dimension dadurch erzeugt, dass die Volatilität mit wenigsten einem weiteren stochastischen Prozess modelliert wird. Die in diesem Kapitel behandelten Bewertungsprobleme lassen sich mit parabolischen partiellen (Integro-) Differentialgleichungen in zwei oder drei Raum-Dimensionen beschreiben. Die Finite-Differenzen-Diskretisierung liefert sehr grosse lineare Gleichungssysteme; diese lösen wir effizient mit einem ADI-Schema. Die Betrachtungen liefern einen Python-Löser für parabolische PDEs mit drei Raum-Dimensionen auf Quadern. Im Kap. 11 beschreiben und bewerten wir als Anwendung des Erarbeiteten strukturierte Produkte. Hier folgen wir der Produkt-Klassifizierung nach SSPA (Swiss Structured Products Association) und betrachten insbesondere Produkte mit exotischen Optionskomponenten.

In den Kap. 12 und 13 verlassen wir Derivate auf Aktien und diskutieren die Bewertung von Anleihen (insbesondere Null-Kupon-Anleihen), von Derivaten auf Anleihen und von Credit Default Swaps. Damit wir die bestehenden Konzepte anwenden können, betrachten wir nur „short rate“ Modelle. Zusätzlich diskutieren wir im Kapitel 12 als weiteres Beispiel eines Kalibrierungsproblems, wie die Schweizerische Nationalbank Zinskurven aus Marktpreisen von Anleihen schätzt.

Im Kap. 14 entwickeln wir eine Finite-Differenzen-Methode vierter Ordnung. Ziel dieser Erweiterung der bisherigen Methode zweiter Ordnung ist es, schneller an Derivatspreise zu kommen. Da jedoch die Payoff-Funktionen zu wenig glatt sind, gelingt dies nur mit einer Verdichtung des Gitters. Damit das volldiskrete Schema ebenso von vierter Ordnung ist, müssen wir zusätzlich auch das Theta-Schema auf ein Zeitschritt-Verfahren vierter Ordnung verallgemeinern. Dies gelingt via einer Padé-Approximation. Als Anwendung der hier entwickelten Routinen bewerten wir Europäische Optionen im SABR Modell und Bermuda-Optionen im Heston Modell. Ebenso in diesem Kapitel leiten wir eine kompakte Finite-Differenzen-Methode vierter Ordnung her.

Im fünfzehnten und letzten Kapitel kehren wir zurück zum Black-Scholes Modell und erweitern dieses zum Modell der lokalen Volatilität. In einem solchen wird die konstante Volatilität durch eine bivariate Funktion so ersetzt, dass Markt- und Modell Preise von Europäischen Call und Put Optionen übereinstimmen. Die Konstruktion dieser Funktion ist auf Grund von Arbitrage-Bedingungen mathematisch anspruchsvoll. Als Anwendung betrachten wir unter anderem die Bewertung eines Varianz-Swaps. Weiter betrachten wir lokale-stochastische Volatilitätsmodelle, welche auf nicht-lineare partielle Differentialgleichungen führen.

In einigen Kapiteln habe ich auf die technisch-mathematische Beschreibung von Konzepten im Haupttext verzichtet, um den Lesefluss nicht zu stören. Stattdessen habe ich diese in den Anhang verschoben. Zum Beispiel findet der interessierte Leser hier eine Diskussion zum Setzen von Randbedingungen (Gleichungen mit nicht-negativer Charakteristik), eine Herleitung der verallgemeinerten Black-Scholes Formel oder eine Beschreibung von Fourier-Cosinus Reihen usw. Am Ende jeden Kapitels finden sich Aufgaben „mit Bleistift und Papier“ sowie Python-Aufgaben, welche die im Text behandelten Konzepte und Beispiele repetieren und weiter vertiefen. Der Leser findet zu jeder Aufgabe zur Kontrolle und/oder Hilfe im Anhang einen ausführlichen Lösungsweg.

August 2022 Norbert Hilber

Inhaltsverzeichnis

Prolog 1

1.1 Um was geht es?

Sie entscheiden sich, das in der Tab. 1.1 definierte Produkt bei dessen Herausgabe zu erwerben und es bis zur Maturität zu halten. Die Frage, die sich Ihnen nun zwangsläufig stellt ist

„Wieviel sind Sie bereit für dieses Produkt zu bezahlen?“

Zur Beantwortung dieser Frage können wir folgende Überlegungen machen. Bei Maturität erhalten Sie als Investor den Cashflow

$$g(S(t_0), \ldots, S(t_J)) := \max\{S(t_0), \ldots, S(t_J)\} - \min\{S(t_0), \ldots, S(t_J)\},$$

wo $S(t)$ der Preis des Basiswerts zum Zeitpunkt t und $0 = t_0 < t_1 < \ldots < t_J$ die Beobachtungszeitpunkte bezeichnet (mit $S(0) = 6248.2$ der Kurs des DAX zum Zeitpunkt $t = 0$ (der 18. Juni 2012)). Da die zukünftige Entwicklung des Basiswertes (der Pfad $t \mapsto S(t)$) unbekannt ist, ist es auch der Cashflow, welcher das Produkt auszahlt. Zum Beispiel ist der in Tab. 1.1 abgebildete Kursverlauf nur einer von (unendlich?) vielen möglichen Kursverlaufen; jeder dieser Kursverlaufe generiert einen Cashflow bei Maturität. Nach dem Äquivalenzprinzip der Finanzmathematik müssen wir den von einem möglichen Kursverlauf erzeugten Cashflow auf den Zeitpunkt der Emission des Produkts abzinsen. Dieser zufällige Barwert kann als eine (erste) Approximation des Preises des Produkts verwendet werden. Um einen vernünftigen Schätzer für den Emissionspreis zu erhalten, können wir daher Folgendes tun. Zuerst generieren wir so viele (zufällige) Szenarien/Pfade des Basiswertes wie möglich. Für jeden dieser Pfade bestimmen wir den resultierenden Cashflow und zinsen diesen ab. Dann nehmen wir den Durchschnitt dieser Barwerte.

N. Hilber, *Bewertung von Finanzderivaten mit Python*,
https://doi.org/10.1007/978-3-658-39210-9_1

Tab. 1.1 Beispiel eines Finanz-Produkts

Issuer	Eternity Investments EI
Underlying	DAX
Initial Fixing IF	6248.2
Initial Fixing Date	June 18, 2012
Final Fixing Date	September 18, 2012
Redemption Date	September 25, 2012
Redemption	The Investor is entitled to receive from the Issuer on the Redemption Date per Product: The Maximum of the Underlying minus the Minimum of the Underlying
Maximum	The realised maximum of the official daily close of the Underlying during the observation period
Minimum	The realised minimum of the official daily close of the Underlying during the observation period
Observation period	Each business day from June 18, 2012 to Final Fixing Date
Calculation Examples	Minimum Maximum Redemption 6000 6500 500 5000 6700 1700 6200 6500 300

Wir können somit den Emissions-Preis des Produkts mit folgender Monte Carlo Simulation erhalten.

i) Bezeichne mit $t = 0$ den Zeitpunkt der Emission und mit $t = T$ die Maturität des Produkts. Erzeuge im Intervall $[0, T]$ N Pfade $t \mapsto S(t)$ des Basiswertes, das heisst bilde Kurse

$$(s_0^k, s_1^k, \ldots, s_J^k), \quad k = 1, \ldots, N\ .$$

Hierin bezeichnen wir mit s_j^k die k-te Realisation des Kurses $S(t_j)$ zum Beobachtungszeitpunkt t_j.

ii) Für jeden der in i) generierten Pfade werte die Funktion g aus, das heisst berechne das Minimum und das Maximum der Kurse s_j^k und bilde die Differenz dieser beiden Werte

$$g_k := \max\{s_0^k, \dots, s_j^k\} - \min\{s_0^k, \dots, s_j^k\} .$$

iii) Zinse alle Cashflows in ii) auf den Zeitpunkt der Emission ab, $v_k := e^{-rT} g_k$

iv) Bestimme den Durchschnitt der N Barwerte aus iii)

$$V_N := \frac{1}{N} \sum_{k=1}^{N} e^{-rT} g_k . \tag{1.1}$$

Der Durchschnitt V_N ist ein Schätzwert für den Preis V des Produkts.

Wir können uns leicht vorstellen, dass der Schritt i) der anspruchvollste ist. Wie generieren wir einen Pfad des Basiswertes? Beachten Sie, dass wir mit obiger „Routine" viele andere Finanzprodukte (nicht vor Maturität ausübbar, ein Basiswert) bewerten können; wir müssen nur den Schritt ii) dem konkreten Produkt anpassen, das heisst die Funktion g austauschen. Zum Beispiel ist für eine Europäische Call respektive Put Option, welche nur dann einen positiven Cashflow generiert, wenn der Basiswert $S(T)$ bei Maturität über respektive unter dem Ausübungspreis K liegt, die Funktion g gegeben durch

$$g(S(T)) = \max\{\omega(S(T) - K), 0\} . \tag{1.2}$$

In dieser Auszahlungsfunktion ist $\omega = 1$ zu setzen, wenn wir eine Call Option betrachten; liegt eine Put Option vor, so setzen wir $\omega = -1$. An anderes Beispiel stellt eine Down-und-Out Put Option mit Barriere B (und kontinuierlicher Barrierebeobachtung) dar. Hier ist die Auszahlungsfunktion

$$g(S(T), S(t)) = \max\{K - S(T), 0\} 1_{\{\min_{t \in]0,T]} S(t) > B\}} ,$$

das heisst, ein solches Produkt zahlt nur dann einen positiven Cashflow aus, wenn der Basiswert bei Maturität tiefer als der Ausübungspreis K liegt und die Barriere B vom Basiswert während der Laufzeit des Produkts nicht durchbrochen wurde (von oben). Der Schätzwert V_N in (1.1) konvergiert für $N \to \infty$ gegen den Preis V. Aus Grundprinzipien der Stochastik approximiert das arithmetische Mittel einen Erwartungswert V, und in der Tat geht es in der Derivatsbewertung schlussendlich aus finanzmathematischer Sicht darum, eben diese Erwartungswerte zu berechnen. Es stellt sich heraus, dass diese Berechnung aus zwei Gründen eine sehr anspruchsvolle Aufgabe ist. Erstens ist es nicht klar, unter welchen Bedingungen ein Derivatspreis V als Erwartungswert geschrieben werden kann und bezüglich welchem Wahrscheinlichkeitsmass der Erwartungswert zu bilden ist. Bei der Klärung dieser Fragen spielen das (mathematische) Modell zur zeitlichen Entwicklung des Basiswertes $S(t)$ sowie die Begriffe „Arbitrage“ und „Martingal-Mass“ eine zentrale Rolle. Die Theorie gipfelt im „Fundamental Theorem of Asset Pricing“, welches wir in diesem Text nicht behandeln können; wir verweisen stattdessen auf das Buch von Freddy Delbaen und Walter Schachermayer [3]. Zweites ist die praktische Berechnung des Erwartungswertes typischerweise analytisch nicht möglich, weil die entsprechende Wahrscheinlichkeitsdichte entweder keine explizite Stammfunktion zulässt oder erst gar nicht bekannt ist. Zum Beispiel ist die gemeinsame Verteilungsfunktion der J Zufallsvariablen $S(t_j)$, $j = 1, \ldots, J$, welche man zur analytischen Bestimmung des Preises des obigen Produktes benötigt, in der Regel unbekannt; dies hängt davon ab, wie man $S(t)$ modelliert. Wenn eine analytische (exakte) Bestimmung des Erwartungswertes nicht möglich ist, muss man auf approximativ-numerische Methoden zurückgreifen. Hier hat man mehrere Möglichkeiten

- Monte Carlo Simulation,
- Binomial- oder Trinomialbäume,
- Numerisches Lösen von partiellen Differentialgleichungen via der Finite-Differenzen oder Finite-Element-Methode,
- Integraltransformationsmethoden wie (fractional) FFT oder Cos-Methode.

Welche dieser Methoden zur Preisfindung verwendet wird respektive verwendet werden können hängt stark vom Derivatstyp und dem Modell für $S(t)$ ab, da diese „Parameter“ wiederum von „Computergrössen“ wie Implementierbarkeit, Rechenaufwand, Rechengenauigkeit und benötigter Speicher abhängen. In diesem Text werden wir Derivatspreise dadurch erhalten, in dem wir partielle Differentialgleichungen numerisch mit Hilfe der Finite-Differenzen-Methode lösen. Diese Wahl hat mehrere Gründe. Erstens ist es nicht möglich, alle oben aufgezählte Methoden in *einem* Buch von Grund auf zu erarbeiten/erklären. Zweitens ist die Finite-Differenzen-Methode recht universal einsetzbar, insbesondere, wenn die Anzahl der Basiswerte nicht „zu gross“ ist und das Derivat frühzeitig ausübbar ist. Drittens spielen (partielle) Differentialgleichungen in anderen Wissenschaften eine überragende Rolle und viertens erfordert das vertiefte Verständnis von (den im Financial Engineering häufig eingesetzte) Monte Carlo Methoden Konzepte aus der Stochastik, die für Nicht-Mathematiker nicht unbedingt zugänglich sind.

In den nächsten Abschnitten diskutieren wir zwei (mathematische) Modelle für die zeitliche Entwicklung $S(t)$ des Basiswertes; zentraler Baustein nicht nur dieser Modelle ist die Brown'sche Bewegung.

1.2 Das Black-Scholes Modell

Im Zoo der Modelle für die zeitliche Entwicklung des Basiswertes $S(t)$ wollen wir das bekannteste herausgreifen, nämlich das Modell von Black und Scholes. In diesem folgt der Kurs $S(t)$ des Basiswertes einer sogenannten geometrischen *Brown'schen Bewegung*[1] (im Weiteren mit gBB abgekürzt). Eine gBB lässt sich durch die *stochastische* Differentialgleichung

$$dS(t) = \mu S(t)dt + \sigma S(t)dW(t), \quad S(0) = s \tag{1.3}$$

beschreiben. Hierin ist $\mu \in \mathbb{R}$ die sogenannte Driftrate und $\sigma \geq 0$ die *Volatilität*, welche ein Mass für die „Schwankungsfreudigkeit" des Basiswertes ist. Die „Funktion" $W(t)$ ist eine (standardisierte) Brown'sche Bewegung; diese modelliert den Zufall, siehe die Definition 1.1. Die Differentialgleichung (1.3) besagt, dass sich eine (infinitesimal) kleine Änderung des Basiswertkurses aus zwei Teilen zusammensetzt. Der Term $\mu S(t)dt$ beschreibt eine deterministische Änderung; diese ist in einem (infinitesimal) kleinen Zeitintervall proportional (mit Proportionalitätskonstante μ) zum aktuellen Kurs $S(t)$. Legen wir das „Kapital" $S(t)$ zum Zinssatz μ an, so erhalten wir nach der Zeitspanne dt die (Einfach-) Zinsen $\mu S(t)dt$. Der Term $\sigma S(t)dW(t)$ beschreibt die zufällige Änderung.

Wir nehmen nun in (1.3) für einen kurzen Moment an, dass $\sigma = 0$ ist; es gibt also keine zufällige Komponente in der Entwicklung des Basiswertes. Wir erhalten nach (formaler) Division durch dt die *gewöhnliche* Differentialgleichung

$$\frac{dS(t)}{dt} = S'(t) = \mu S(t), \quad S(0) = s\,.$$

Wir suchen daher eine Funktion $S(t)$, deren Ableitung dem μ-fachen der Funktion $S(t)$ ist (mit „Startwert" $S(0) = s$) und überlegen uns, dass die Funktion

$$S(t) = se^{\mu t}$$

die eindeutige Lösung dieser Differentialgleichung ist. Ist in der Differentialgleichung (1.3) $\sigma > 0$, so ist die Situation wegen der Präsenz von $W(t)$ komplizierter. Da wir in diesem Text ohne Itô-Kalkül[2] auskommen müssen, verzichten wir hier auf eine Herleitung und geben statt dessen die Lösung direkt an. Diese ist

$$S(t) = se^{(\mu - \frac{\sigma^2}{2})t + \sigma W(t)}\,, \tag{1.4}$$

[1] Die Brown'sche Bewegung ist benannt nach dem schottischen Botaniker Robert Brown (1773–1858), welcher beobachtete, wie Pollen in einem Wassertropfen unregelmässige Bewegungen machten. Eine Brown'sche Bewegung wird auch Wiener Prozess genannt (benannt nach dem amerikanischen Mathematiker Norbert Wiener (1894–1964), der die Existenz eines mathematischen Modells für eine solche Bewegung bewies).

[2] Der Itô-Kalkül, benannt nach dem japanischen Mathematiker Kiyoshi Itô (1915–2008), verallgemeinert die Differential- und Integralrechnung auf stochastische Prozesse.

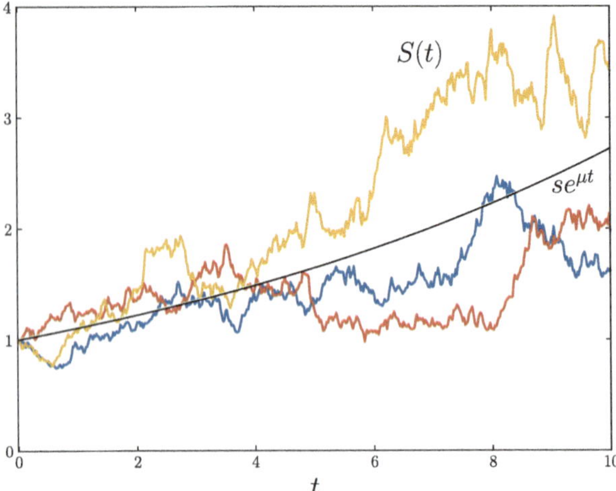

Abb. 1.1 Mögliche Pfade einer geometrischen Brown'schen Bewegung (1.4) für $s = S(0) = 1, \sigma = 0.2$ und $\mu = 0.1$

vergleiche mit Abb. 1.1 und mit dem Anhang B.9, in welchem wir beschreiben, wie man einen Pfad einer (d-dimensionalen) gBB erzeugt.

Wie erwähnt ist die „Funktion" $W(t)$ eine (standardisierte) Brown'sche Bewegung; diese modelliert den Zufall. Genauer ist $W(t)$ ein stochastischer Prozess (wir verzichten hier auf eine formale Definition eines solchen) und wir haben die

Definition 1.1 Ein stochastischer Prozess $W(t)$ ist eine *Standard Brown'sche Bewegung*, wenn Folgendes gilt

i) $W(0) = 0$.
ii) W hat unabhängige, normalverteilte Inkremente, das heisst: Ist

$$0 = t_0 < t_1 < t_2 < \ldots < t_{n-1} < t_n,$$

so sind die Zufallsvariablen

$$X_1 := W(t_1) - W(t_0), \quad X_2 := W(t_2) - W(t_1), \quad \ldots, \quad X_n := W(t_n) - W(t_{n-1})$$

unabhängig und es gilt

$$X_j \sim \mathcal{N}(0, t_j - t_{j-1}) \; .$$

iii) $W(t)$ ist stetig in t.

Insbesondere ist also $W(t)$ für jedes $t \in \mathbb{R}_0^+$ eine stetige Zufallsvariable, welche normalverteilt ist mit Mittelwert 0 und Standardabweichung $\sqrt{t}$ (setze in der Definition $t_1 = t$ und $t_0 = 0$), also

$$W(t) \sim \mathcal{N}(0, t) \ . \tag{1.5}$$

Wir betrachten nun den Basiswert zu den Zeitpunkten t_k und t_{k-1} mit $t_k - t_{k-1} = \Delta t$. Die logarithmierte Rendite

$$R(t_k) := \ln \frac{S(t_k)}{S(t_{k-1})}$$

ist nach dem Modell (1.4) gegeben durch

$$\begin{aligned} R(t_k) &= \ln \frac{S(t_k)}{S(t_{k-1})} \\ &\overset{(1.4)}{=} \ln \frac{s e^{(\mu - \frac{\sigma^2}{2})t_k + \sigma W(t_k)}}{s e^{(\mu - \frac{\sigma^2}{2})t_{k-1} + \sigma W(t_{k-1})}} \\ &= \ln e^{(\mu - \frac{\sigma^2}{2})(t_k - t_{k-1}) + \sigma(W(t_k) - W(t_{k-1}))} \\ &= \left(\mu - \frac{\sigma^2}{2}\right)\Delta t + \sigma X_k \ . \end{aligned} \tag{1.6}$$

Weil nach Definition 1.1 die Zufallsvariable X_k normalverteilt ist mit Erwartungswert 0 und Standardabweichung $\sqrt{\Delta t}$, ist die Zufallsvariable $R(t_k)$ auch *normalverteilt* mit Erwartungswert $(\mu - \sigma^2/2)\Delta t$ und Standardabweichung $\sigma\sqrt{\Delta t}$, also

$$R(t_k) \sim \mathcal{N}\big((\mu - \sigma^2/2)\Delta t, \sigma^2 \Delta t\big) \ .$$

Wir können diesen Sachverhalt benützen, um die Parameter μ und σ aus einer Zeitreihe zu schätzen. Ist eine Realisation der log-Renditen $R(t) = \ln S(t + \Delta t) - \ln S(t)$ zum Zeitintervall Δt als Zeitreihe r_k, $k = 1, \ldots, M$, verfügbar, so können wir den Stichprobendurchschnitt $\overline{r}$ und die Stichprobenstandardabweichung s_r via

$$\overline{r} = \frac{1}{M}\sum_{k=1}^{M} r_k, \quad s_r = \sqrt{\frac{1}{M-1}\sum_{k=1}^{M}(r_k - \overline{r})^2}$$

bestimmen. Nehmen wir an, dass die log-Renditen normalverteilt sind, so ist $\overline{r}$ ein Schätzer für $(\mu - \sigma^2/2)\Delta t$ und s_r ein Schätzer für $\sigma\sqrt{\Delta t}$. Demzufolge lässt sich die Volatilität σ mit

$$\widehat{\sigma} := \frac{s_r}{\sqrt{\Delta t}}$$

und die erwartete Rendite μ mit

$$\widehat{\mu} := \frac{\overline{r}}{\Delta t} + \frac{s_r^2}{2\Delta t}$$

schätzen. Typische Werte für Δt sind $\Delta t = \frac{1}{252}$ für Tagesdaten, $\Delta t = \frac{1}{50}$ für Wochendaten und $\Delta t = \frac{1}{12}$ für Monatsdaten.

Für die Bewertung von Optionen ist der Drift μ des Basiswertes in (1.4) irrelevant (siehe Kap. 2) respektive muss durch $r - q$ ersetzt werden (risikoneutrale Bewertung). Der Parameter r stammt von der Marktannahme, dass man Geld einer Bank ausleihen oder von einer Bank leihen kann, und zwar zu einem (risikolosen, stetigen) Zinssatz r (das heisst, leihen wir von einer Bank heute 1 CHF aus, so müssen wir nach der Zeit t der Bank e^{rt} CHF zurückzahlen). Den Parameter $q \geq 0$ benötigen wir für den Fall, dass der Basiswert eine dividendenzahlende Aktie ist. Hier nehmen wir an, dass die Dividende kontinuierlich ausbezahlt wird, was zwar nicht realistisch ist, dafür kann so die Dividende leicht in das Black-Scholes Modell eingebaut werden. Wir können den realistischeren Fall der diskret ausbezahlten Dividende durch Umrechnen in eine kontinuierliche berücksichtigen.

Wir betrachten nun die Bewertung einer (Europäischen) Call oder Put Option mit Auszahlungsfunktion $g(x) = \max\{\omega(x - K), 0\}$, siehe (1.2). Schreiben wir $s = S(t)$ für den Kurs des Basiswertes zum Zeitpunkt t des Vertragsabschlusses (in der Regel kann man ohne Beschränkung der Allgemeinheit $t = 0$ setzen) und

$$V(s, t; T, K, \sigma, r, q, \omega)$$

für den Wert („value") der Call oder Put Option (welcher von $s, T - t, K, \sigma, r, q$ und $\omega = \pm 1$ abhängt), so lässt sich dieser Wert unter den angesprochenen Modell- und Marktannahmen mit Hilfe der Black-Scholes[3] Formel berechnen

$$V(s, t; T, K, \sigma, r, q, \omega) = \omega\big(se^{-q(T-t)}\Phi_{0,1}(\omega d_1) - Ke^{-r(T-t)}\Phi_{0,1}(\omega d_2)\big)\,, \tag{1.7}$$

wobei die beiden von $s, T - t, K, \sigma, r$ und q abhängigen Funktionen d_1 und d_2 gegeben sind durch

$$\begin{aligned} d_1 &:= \frac{1}{\sigma\sqrt{T-t}}\Big(\ln\big(\frac{s}{K}\big) + \big(r - q + \frac{\sigma^2}{2}\big)(T-t)\Big) \\ d_2 &:= d_1 - \sigma\sqrt{T-t}\,. \end{aligned}$$

Wir leiten die Formel (1.7) im Anhang B.3 her, vergleiche auch mit Aufgabe 1.2. Die Funktion $\Phi_{\mu,\sigma}(x)$ in Formel (1.7) ist die kumulierte Häufigkeitsverteilung der Normalver-

[3] Benannt nach den Wirtschaftswissenschaftlern Fischer Sheffey Black (USA, 1938–1995) und Myron Samuel Scholes (Kanada, 1941–).

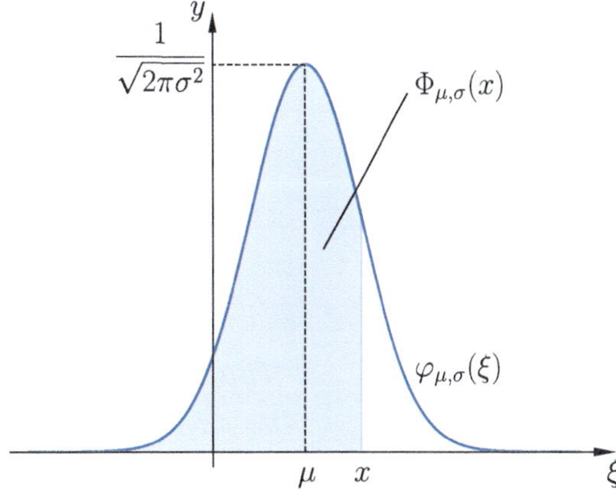

Abb. 1.2 Dichte $\varphi_{\mu,\sigma}(\xi)$ einer normalverteilten Zufallsvariablen $X \sim \mathcal{N}(\mu, \sigma^2)$ und der Flächeninhalt $\Phi_{\mu,\sigma}(x) = \mathbb{P}[X \leq x]$ als Wahrscheinlichkeit

teilung mit Wahrscheinlichkeitsdichte

$$\varphi_{\mu,\sigma}(\xi) := \frac{1}{\sqrt{2\pi\sigma^2}} e^{-\frac{(\xi-\mu)^2}{2\sigma^2}} . \tag{1.8}$$

Die Dichte der Standardnormalverteilung mit $\mu = 0$ und $\sigma = 1$ bezeichnen wir mit ϕ, also

$$\phi(\xi) := \varphi_{0,1}(\xi) = \frac{1}{\sqrt{2\pi}} e^{-\frac{1}{2}\xi^2} . \tag{1.9}$$

Wie wir aus der Wahrscheinlichkeitstheorie wissen, stellt die Funktion $\Phi_{\mu,\sigma}(x)$ den Inhalt derjenigen Fläche dar, welche vom Graphen von $\varphi_{\mu,\sigma}$, der ξ-Achse und der Achse $\xi = x$ eingeschlossen wird und entspricht der Wahrscheinlichkeit, dass eine Zufallsvariable X einen Wert kleiner als oder gleich x annimmt, das heisst

$$\Phi_{\mu,\sigma}(x) = \mathbb{P}[X \leq x] = \int_{-\infty}^{x} \varphi_{\mu,\sigma}(\xi) \mathrm{d}\xi , \tag{1.10}$$

wobei X nun eben normalverteilt ist mit Mittelwert μ und Standardabweichung σ, vergleiche mit Abb. 1.2.

In Python können wir den Funktionswert $\Phi_{\mu,\sigma}(x)$ via `ss.norm.cdf`(x, μ, σ) bestimmen; der Befehl `ss.norm.cdf`(x) liefert den Wert $\Phi_{0,1}(x)$.

Beispiel 1.2 Wir bestimmen den Wert einer (Europäischen) Call Option ($\omega = 1$), wenn der Zinssatz $r = 2\,\%$, die Volatilität $\sigma = 10\,\%$, die Laufzeit der Option $T = 1$ Jahr, der Ausübungspreis $K = 120$ CHF und der heutige ($t = 0$) Kurs des Basiswertes 120 CHF beträgt. Die Dividende sei $q = 0$.

Wir berechnen zunächst die Hilfsgrössen d_1 und d_2. Wegen $T - t = 1, \sigma^2 = 0.01$ und $\ln \frac{s}{K} = \ln 1 = 0$ wird

$$d_1 = \frac{1}{0.10} \cdot 0.025 = 0.25$$
$$d_2 = 0.25 - 0.10 = 0.15 \; .$$

Nun folgt mit Python

$$\Phi_{0,1}(d_1) = \Phi_{0,1}(0.25) = 0.5987 \; ,$$
$$\Phi_{0,1}(d_2) = \Phi_{0,1}(0.15) = 0.5596 \; .$$

Damit erhalten wir aus der Black-Scholes Formel (1.7)

$$V(120, 0; 1, 120, 0.1, 0.02, 0, 1) = 120 \cdot 0.5987 - 120 \cdot e^{-0.02} \cdot 0.5596 = 6.0217 \; ;$$

der Preis der Option beträgt also 6.02 CHF. ◇

In Abb. 1.3 stellen wir den Graphen der Funktion

$$s \mapsto V_c(s) := V(s, 0; 1, 120, 0.1, 0.02, 0, 1)$$

für die selben Parameter $K, T - t, \sigma, r, q, \omega$ wie im Beispiel 1.2 im Intervall $s \in [80, 160]$ graphisch dar. Die berühmte Black-Scholes Formel (1.7) für die Bewertung einer Euro-

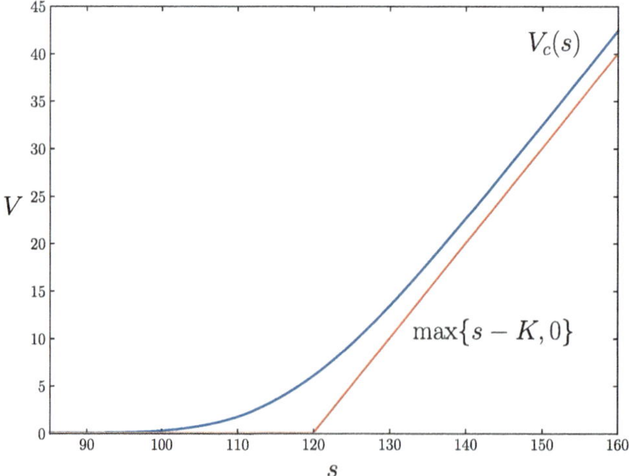

Abb. 1.3 Wert $V_c(s)$ einer Europäischen Call Option in Abhängigkeit des Basiswerts s (für $T - t = 1, K = 120, \sigma = 0.1, r = 0.02, q = 0$)

päischen Call oder Put Option ist eine sogenannte *geschlossene Lösung* des Optionbewertungsproblems. Sie gilt „nur" unter der Modellannahme der geometrischen Brown'schen Bewegung (1.4). Die obige Fragestellung der Preisfindung einer Option kann (und muss) in zwei Richtungen erweitert werden:

E_1 (Erweiterung 1.) Was passiert mit der Black-Scholes Formel, wenn wir *andere* Kontrakte als Europäische betrachten? Bei *Amerikanischen Optionen* zum Beispiel hat der Käufer das Recht, die Option zu einem *beliebigen* Zeitpunkt $\tau \in]0, T]$ (also nicht bloss zum Zeitpunkt T) auszuüben, während bei asiatischen Optionen nicht der Kurs des Basiswertes bei Maturität interessiert, sondern ein über die Laufzeit gemittelter Kurs. Bis jetzt hat man keine zu (1.7) analoge Formel für die Bewertung von amerikanischen oder (gewissen) asiatischen Optionen gefunden (wenn es überhaupt solche gibt), und man muss sich mit Näherungsmethoden begnügen. *Barriere Optionen* werden wertlos oder wertvoll, wenn der Kurs des Basiswertes einen bestimmten Wert – die sogenannte *Barriere* – über- oder unterschreitet. Für diesen Typ von Optionen gibt es zu (1.7) ähnliche Bewertungsformeln, diese sind einiges komplizierter als die Black-Scholes Formel. Viele andere Optionstypen könnten hier nun weiter aufgezählt werden.

E_2 (Erweiterung 2.) Es ist allgemein hin bekannt und in vielen empirischen Studien nachgewiesen, dass das Modell (1.4) reale Aktienkurse zum Beispiel *nicht* zufriedenstellend abbildet. Insbesondere sind nach dem Black-Scholes Modell die logarithmierten Renditen (1.6) *normalverteilt*, was jedoch in der Realität nicht beobachtbar ist. Weiter ist die Volatilität $\sigma > 0$ *nicht konstant* (über die Zeit). Wir werden diese Modelldefekte im Abschn. 1.3 ein wenig detailierter betrachten. Aufgrund der genannten und weiteren Defekten des Black-Scholes Modells hat man andere Modelle (welche das Black-Scholes Modell beinhalten) für die Entwicklung von Kursen $S(t)$ vorgeschlagen. Diese Modelle sind zum Teil mathematisch sehr anspruchsvoll, und für viele von ihnen existieren selbst für Europäische Optionen keine Bewertungsformeln. Wiederum ist man auf Näherungsmethoden angewiesen.

Natürlich können die beiden obigen Erweiterungen (also Kontrakttyp, Modell des Basiswertes) kombiniert werden. Wie zum Beispiel sollen wir eine Amerikanische Option unter einem dem Black-Scholes Modell umfassenden Modell bewerten?

Wie alle Näherungsmethoden erfordern auch die hier vorgestellten den Einsatz von Computern respektive von geeigneter Software. Es stellt sich heraus, dass für die in diesem Text vorgestellten Methoden das Tabellenkalkulationsprogramm „Excel" eine zu schwerfällige respektive unbrauchbare Software darstellt. Wir weichen deshalb auf die Software „Python" aus.

1.3 Defekte des Black-Scholes Modells

Wir diskutieren nun die in E_2 erwähnten Fehlmodellierungen des Basiswertes nach dem Black-Scholes Modell. Wie bereits erklärt sind die logarithmierten Renditen (1.6) des Basiswertes nach dem Black-Scholes Modell normalverteilt. Wir können anhand realer Daten überprüfen, ob diese Annahme erfüllt ist. In Abb. 1.4 sind die logarithmierten Tagesrenditen des DAX im Zeitraum 26.11.1990–4.7.2012 als Histogramm dargestellt. Über das Histogramm ist die Dichtefunktion $\varphi_{\mu,\sigma}$ (siehe (1.8)) der Normalverteilung „gelegt", wobei $\mu \approx \overline{r} \doteq 0.000275$ und $\sigma \approx s_r \doteq 0.014738$ durch die klassischen Schätzer für Mittelwert respektive Standardabweichung gegeben sind. Wir erkennen, dass die theoretische Verteilung (Black-Scholes Modell) der log-Renditen nicht besonderlich gut mit der empirischen Verteilung (DAX) übereinstimmt. Insbesondere ist die empirische Verteilung „fettschwänziger" als die theoretische, was bedeutet, dass die Wahrscheinlichkeit für das Eintreten von (vor allem) grossen negativen Renditen vom Black-Scholes Modell *unterschätzt* wird.

Besser schneidet diesbezüglich eine Student-t Verteilung ab. In Abb. 1.4 ist neben einer Normalverteilung auch eine Student-t Verteilung an die Daten angepasst. Die Dichtefunktion $f_{\mu,\sigma,\nu}$ dieser Verteilung ist gegeben durch

$$f_{\mu,\sigma,\nu}(x) = c_\nu \frac{1}{\sqrt{\nu\pi}\sigma}\left(1 + \frac{1}{\nu}(\frac{x-\mu}{\sigma})^2\right)^{-(\nu+1)/2},$$

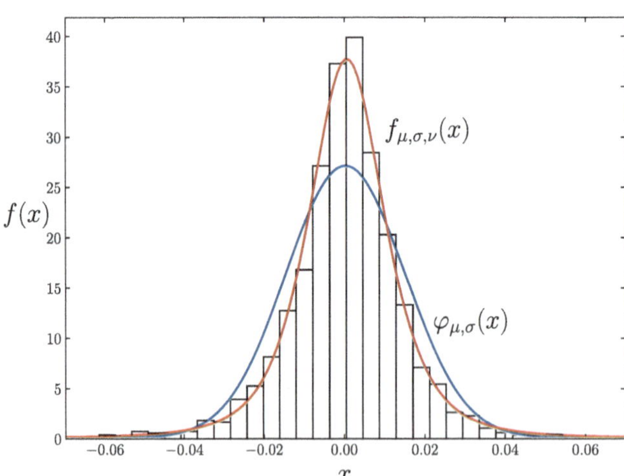

Abb. 1.4 Histogramm der logarithmierten Tagesrenditen des DAX sowie geschätzte Dichtefunktionen

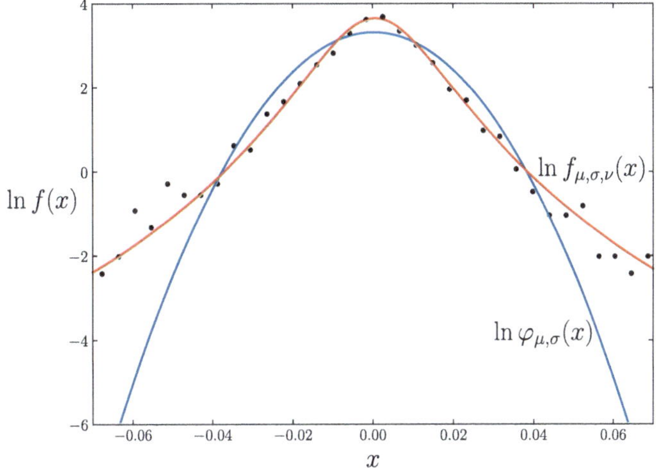

Abb. 1.5 Logarithmierte Tagesrenditen des DAX (•) sowie geschätzte Dichtefunktionen

wobei c_ν eine von ν (Anzahl Freiheitsgrade) abhängige Konstante ist. Die Verteilung ist fettschwänziger, je kleiner ν ist, und es gilt

$$\lim_{\nu\to\infty} f_{\mu,\sigma,\nu}(x) = \varphi_{\mu,\sigma}(x)\ .$$

Die an die log-Renditen des DAX angepasste Verteilung hat die Parameter $\mu \doteq 0.00065$, $\sigma \doteq 0.00983$ und $\nu \doteq 3.2907$. Da man das Abklingverhalten der beiden Verteilungen in Abb. 1.4 nicht gut erkennen kann, betrachtet man vorteilhafterweise nicht die Verteilung $f(x)$ selbst, sondern den natürlichen Logarithmus $\ln f(x)$ der Verteilung, siehe Abb. 1.5. Wäre das Black-Scholes Modell korrekt, müssten die log-Renditen des DAX in einer solchen Graphik, da

$$\ln \varphi_{\mu,\sigma}(x) = -\frac{1}{2}\ln(2\pi\sigma^2) - \frac{(x-\mu)^2}{2\sigma^2}$$

eine quadratische Funktion ist, einer Parabel folgen. Dies ist, wie in Abb. 1.5 zu erkennen ist, offensichtlich nicht der Fall. Jedoch vermag die Student-t Verteilung der empirischen Verteilung viel besser zu folgen, auch wenn betragsmässig grosse empirische Renditen noch langsamer abfallen als von der Verteilung modelliert. Wir betrachten nun die sogenannte *implizite Volatilität* σ^{i} einer Europäischen Call oder Put Option, welche, wäre das Black-Scholes Modell korrekt, bezüglich Restlaufzeit $T-t$ und Strike K konstant wäre. Um diese Annahme zu überprüfen, betrachten wir zum Zeitpunkt $t=0$ einen Optionsdatensatz mit insgesamt ν Put oder Call Optionen auf einen Basiswert. Wir nehmen an, dass es n verschiedene Restlaufzeiten $T^1 < T^2 < \ldots < T^n$ gibt ($k = 1, 2, \ldots, n$ ist ein Superskript, keine Potenz); für jede Restlaufzeit T^k gibt es einen stetigen Abzinsungfaktor $r^k \in \mathbb{R}$, eine stetige Dividendenrendite $q^k \geq 0$ und $\nu_k \geq 1$ Optionen mit Strikes

$K_1^k, \ldots, K_{\nu_k}^k$, und es gilt $\sum_{k=1}^n \nu_k = \nu$. Wir bezeichnen den Marktpreis einer solchen Option mit $V_\ell^{k,\mathrm{M}}$, $\ell = 1, \ldots, \nu_k$ (der Superskript „M" steht für „Markt"). Wir schreiben die Marktdaten in die $(\nu \times 6)$-Matrix $\mathbf{D}$ wie folgt

$$\mathbf{D} := \left(\begin{array}{cccccc} V_1^{1,\mathrm{M}} & K_1^1 & T^1 & \omega_1^1 & r^1 & q^1 \\ V_2^{1,\mathrm{M}} & K_2^1 & T^1 & \omega_2^1 & r^1 & q^1 \\ & & \vdots & & & \\ V_{\nu_1}^{1,\mathrm{M}} & K_{\nu_1}^1 & T^1 & \omega_{\nu_1}^1 & r^1 & q^1 \\ \hline V_1^{2,\mathrm{M}} & K_1^2 & T^2 & \omega_1^2 & r^2 & q^2 \\ V_2^{2,\mathrm{M}} & K_2^2 & T^2 & \omega_2^2 & r^2 & q^2 \\ & & \vdots & & & \\ V_{\nu_2}^{2,\mathrm{M}} & K_{\nu_2}^2 & T^2 & \omega_{\nu_2}^2 & r^2 & q^2 \\ \hline & & \vdots & & & \\ & & \vdots & & & \\ \hline V_1^{n,\mathrm{M}} & K_1^n & T^n & \omega_1^n & r^n & q^n \\ V_2^{n,\mathrm{M}} & K_2^n & T^n & \omega_2^n & r^n & q^n \\ & & \vdots & & & \\ V_{\nu_n}^{n,\mathrm{M}} & K_{\nu_n}^n & T^n & \omega_{\nu_n}^n & r^n & q^n \end{array}\right). \tag{1.11}$$

Für jede der ν Optionen können wir nun ausrechnen, welche Volatilität $\sigma_\ell^{k,\mathrm{i}}$ wir in die Black-Scholes Formel (1.7)

$$V(s, 0; T^k, K_\ell^k, \sigma_\ell^{k,\mathrm{i}}, r^k, q^k, \omega_\ell^k)$$

einsetzen müssen, so dass wir den Marktpreis $V_\ell^{k,\mathrm{M}}$ erhalten. Mit anderen Worten suchen wir $\sigma_\ell^{k,\mathrm{i}}$ so, dass die Gleichung

$$V(s, 0; T^k, K_\ell^k, \sigma_\ell^{k,\mathrm{i}}, r^k, q^k, \omega_\ell^k) - V_\ell^{k,\mathrm{M}} = 0 \tag{1.12}$$

erfüllt ist. Das so berechnete $\sigma_\ell^{k,\mathrm{i}}$ wird implizite Volatilität genannt. Als Beispiel betrachten wir in der Tab. 1.2 $\nu = 19$ Put Optionen auf den DAX vom 18. Juni 2012, welche am 21. September 2012 verfallen[4]. In der Datenmatrix $\mathbf{D}$ (1.11) ist also $n = 1$, $T := T^1 = 93/360$ Jahre[5]. Konkret ist beispielsweise $K_{12} := K_{12}^1 = 6200$ und $V_{12}^{\mathrm{M}} := V_{12}^{1,\mathrm{M}} = 312.4$; wir su-

[4] Daten sind von der EUREX, siehe www.eurex.com. Die Preise sind in Punkten (des DAX). Es gilt die Umrechnung „1 Indexpunkt entspricht 5 Euro". Die kleinste Preisveränderung ist 0.1 Punkte, was 0.5 Euro entspricht.

[5] Da es nur eine Restlaufzeit gibt, können wir in diesem Datensatz auf Superskripts verzichten und wir schreiben K_ℓ anstatt K_ℓ^k, V_ℓ^{M} anstatt $V_\ell^{k,\mathrm{M}}$ usw.

Tab. 1.2 Wert V_ℓ^{M} (in Indexpunkten) von Put ($\omega_\ell := \omega_\ell^1 = -1$) Optionen mit Ausübungspreis K_ℓ auf den DAX am 18. Juni 2012 ($t = 0$). Die Restlaufzeit ist $T - t = (12 + 2 \cdot 30 + 21)/360 = 93/360$. Der Schlusskurs des Basiswerts (also des DAX) am 18. Juni 2012 war $s = 6248.2$ Punkte, als risikoloser Zinssatz wählen wir den 6-Monats-Euribor am 18. Juni 2012, welcher $r := r^1 = 0.934\,\%$ betrug. („Euribor" steht für „Euro Interbank Offered Rate" und bezeichnet die durchschnittlichen Zinssätze, zu denen viele Europäische Banken einander Anleihen in Euro gewähren.) Die Tabelle ist unvollständig

K_ℓ	V_ℓ^{M}	K_ℓ	V_ℓ^{M}	K_ℓ	V_ℓ^{M}	K_ℓ	V_ℓ^{M}
5650	145.7	5900	208.3	6150	292.4	6700	580.7
5700	156.7	5950	223.2	6200	312.4	7000	806.2
5750	168.5	6000	239.0	6250	333.4	7300	1070.2
5800	180.9	6050	255.8	6300	355.6	7500	1259.5
5850	194.2	6100	273.6	6400	403.7		

chen also $\sigma_{12}^{\mathrm{i}} := \sigma_{12}^{1,\mathrm{i}}$ so, dass

$$V(6248.2, 0; 93/360, 6200, \sigma_{12}^{\mathrm{i}}, 0.00934, 0, -1) - 312.4 = 0$$

gilt.

Das Berechnen der impliziten Volatilität in (1.12) ist äquivalent zum Finden der *Nullstelle*(n) der Funktion

$$f(\sigma) := V(s, 0; T^k, K_\ell^k, \sigma, r^k, q^k, \omega_\ell^k) - V_\ell^{k,\mathrm{M}} \tag{1.13}$$

und somit schlussendlich ein rein mathematisches Problem[6]. Die Nullstelle von f in (1.13) lässt sich nur numerisch bestimmen; unter der grossen Vielfalt der numerischen Verfahren zur Nullstellenbestimmung greifen wir nun dasjenige von Newton[7] heraus. Dieses ist, wenn f differenzierbar ist, ein effizientes und einfaches Verfahren und lässt sich wie folgt beschreiben. Es sei x^* die gesuchte Nullstelle von f (wir verwenden nun x anstatt σ für die unabhängige Variable). Da man den Schnittpunkt $(x^*, 0)$ des Graphen von f mit der x-Achse nicht berechnen kann (dieser ist ja gerade gesucht), ersetzt man den Graphen von f durch die Tangente t_0 an einen noch festzulegenden Punkt $P_0(x_0, f(x_0))$ und berechnet den Schnittpunkt der Tangente mit der x-Achse, vergleiche mit Abb. 1.6. Die Nullstelle der Tangente ist einfach zu bestimmen, denn dies führt auf eine lineare Gleichung.

Die Gleichung der Tangente t_0 durch den Punkt P_0 ist

$$t_0(x) = f'(x_0)(x - x_0) + f(x_0)\,,$$

[6] Die Funktion $f(\sigma)$ hat nur eine Nullstelle, weil der Optionspreis eine in σ streng monoton wachsende Funktion ist. Dies werden wir in Kap. 3 nachweisen.

[7] Isaac Newton, englischer Physiker und Mathematiker (1643–1727).

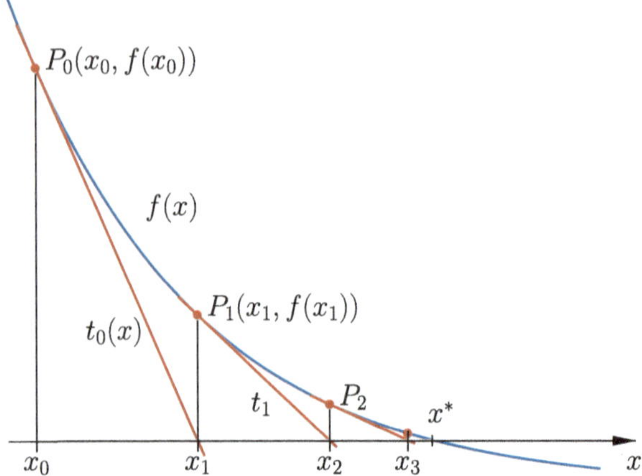

Abb. 1.6 Das Newton-Verfahren

mit Nullstelle $t_0(x) = 0$

$$f'(x_0)(x - x_0) + f(x_0) = 0 \Rightarrow x =: x_1 = x_0 - \frac{f(x_0)}{f'(x_0)} \, .$$

Nun, x_1 ist zwar nicht gleich x^*, aber (hoffentlich) näher an diesem als x_0. Fasst man x_0 als Näherung an x^* auf, dann ist das aus f, f' und x_0 *berechenbare* x_1 eine bessere Näherung. Es liegt auf der Hand, nun die Tangente t_1 an den Punkt $P_1(x_1, f(x_1))$ zu legen und dann als weitere, noch bessere Näherung x_2 die Nullstelle dieser Tangente zu berechnen. Diese Nullstelle ist gegeben durch

$$f'(x_1)(x - x_1) + f(x_1) = 0 \Rightarrow x =: x_2 = x_1 - \frac{f(x_1)}{f'(x_1)} \, .$$

Nun können wir auf offensichtliche Art und Weise analog fortfahren. Wir berechnen aus x_2 ein x_3, dann aus diesem ein x_4 und so weiter. Das heisst, ausgehend von einem gegebenen Startwert x_0 erzeugt das Newton-Verfahren

$$x_{i+1} = x_i - \frac{f(x_i)}{f'(x_i)} \, , \qquad i = 0, 1, 2, 3 \ldots \tag{1.14}$$

eine Folge von Näherungen

$$(x_0, x_1, x_2, x_3, x_4, \ldots)$$

an x^*. Erfüllt die Funktion f gewisse Voraussetzungen (auf die wir hier nicht weiter eingehen wollen), dann konvergiert diese Folge gegen x^* (wäre dies nicht der Fall, so wäre das Verfahren nicht brauchbar!), das heisst

$$\lim_{i \to \infty} x_i = x^* \, .$$

In der Praxis können wir natürlich nur eine endliche Folge $(x_0, x_1, x_2, \ldots, x_n)$ berechnen (und daher auch nicht an x^* kommen). Wie gross n ist, hängt davon ab, wie genau man die Näherung haben will. Man kann zum Beispiel das Verfahren abbrechen, sobald der Abstand $|x_{i+1} - x_i|$ von zwei aufeinander folgende Approximationen kleiner ist als eine vorgegebene Toleranz tol.

Im Falle der impliziten Volatilität lautet das Newton-Verfahren wegen der Definition von $f(\sigma)$ in (1.13) wie folgt: Für eine Start-Volatilität σ_0 (z.B. $\sigma_0 = 0.3$) berechne für $i = 0, 1, 2, \ldots$ sukzessive (wir lassen der Einfachheit halber die Argumente $s, T^k, K_\ell^k, r^k, q^k, \omega_\ell^k$ im Preis $V(s, 0; T^k, K_\ell^k, \sigma_\ell^{k,\mathrm{i}}, r^k, q^k, \omega_\ell^k)$ der Option mit Restlaufzeit T^k und Strike K_ℓ^k im Datensatz weg)

$$\sigma_{i+1} = \sigma_i - \frac{V(\sigma_i) - V^{\mathrm{M}}}{\partial_\sigma V(\sigma_i)} \tag{1.15}$$

so lange, bis

$$|\sigma_{i+1} - \sigma_i| < \mathrm{tol}$$

(mit zum Beispiel $\mathrm{tol} = 10^{-10}$) ist, so dass σ_{i+1} eine Approximation hoher Genauigkeit für die implizite Volatilität $\sigma_\ell^{k,\mathrm{i}}$ der Option mit Ausübungspreis K_ℓ^k darstellt.

Den Zähler des Bruchs in (1.15) können wir ausrechnen mit der in Aufgabe 1.2 geschriebenen Routine euro_call_put, der Nenner beinhaltet die (partielle) Ableitung des Putpreises nach der Volatilität. Diese Ableitung wird „Vega" genannt und ist ein Beispiel für die sogenannten „Griechen", welche wir im Abschn. 3.3 behandeln werden. Dort werden wir ausrechnen, dass „Vega" für Call- und Put Optionen gegeben ist durch

$$\partial_\sigma V(\sigma) = s e^{-q(T-t)} \sqrt{T-t}\,\phi(d_1)\,. \tag{1.16}$$

Wir schreiben nun die Python-Routine impl_vola, welche die implizite Volatilität für eine Call oder Put Option berechnet. Die Routine hat folgende Struktur

1. Definieren der Parameter V^{M}, s, K, $T - t$, r, q und ω.
2. Festlegen einer Start-Volatilität σ_0 und einer Toleranz tol.
3. Berechnen des Optionspreises $V(\sigma_0)$ nach Formel (1.7).
   Berechnen der Ableitung $\partial_\sigma V(\sigma_0)$ nach Formel (1.16).
4. Bestimmung der „neuen" Volatilität σ_1 nach dem Newton-Verfahren

$$\sigma_1 = \sigma_0 - \frac{V(\sigma_0) - V^{\mathrm{M}}}{\partial_\sigma V(\sigma_0)}\,.$$

5. Ist $|\sigma_1 - \sigma_0| < \mathrm{tol}$, so ist die implizite Volatilität gegeben durch σ_1, ansonsten setze $\sigma_0 = \sigma_1$ und gehe zu Schritt 3.

Die Routine kann so aussehen.

Routine 1.1: impl_vola.py

```
import numpy as np
import scipy.stats as ss

def impl_vola(VM,s,K,T,r,q,omega,init):
    '''Berechnet die implizite Volatilitaet sigma einer Call (omega = 1)
    oder Put (omega = -1) Option mit Marktpreis VM, Ausuebungspreis K und
    Maturitaet T mit Hilfe des Newton-Verfahrens, welches in init startet.
    Der zugrunde liegende Basiswert ist s, r ist der stetige Zinssatz, q
    die stetige Dividendenrendite.
    '''

    # Toleranz tol und Startwert fuer sigma
    tol = 10**-10; sigma0 = init/2; sigma1 = init;

    # So lange iterieren, bis Toleranz unterschritten wird
    while abs(sigma0-sigma1)>tol:
        sigma0 = sigma1
        #display(sigma0)
        # Optionspreis nach Black-Scholes
        d1 = (np.log(s/K)+(r-q+sigma0**2/2)*T)/(sigma0*np.sqrt(T))
        d2 = d1-sigma0*np.sqrt(T)
        V = omega*(np.exp(-q*T)*s*ss.norm.cdf(omega*d1) \
                   -K*np.exp(-r*T)*ss.norm.cdf(omega*d2))

        # Vega nach Black-Scholes
        dV = np.exp(-q*T)*s*np.sqrt(T)*ss.norm.pdf(d1)
        # Ein Newton-Schritt
        sigma1 = sigma0 - (V-VM)/dV

    return sigma1
```

Beispiel 1.3 Wir berechnen die implizite Volatilität der Put Option mit dem Ausübungspreis $K_{12} = 6200$ und Marktpreis $V_{12}^{\mathrm{M}} = 312.4$, siehe Tab. 1.2. Weil zusätzlich $s = 6248.2$, $T - t = 93/360$, $r = 0.00934$ und $q = 0$ ist, machen wir in Python folgende Eingabe (wir starten die Iteration mit $\sigma_0 = 0.3$)

```
In [2]: sigma = impl_vola(312.4,6248.2,6200,93/360,0.00934,0,-1,0.3); sigma
Out[2]: 0.27236288955035687
```

Die implizite Volatilität für diese Option beträgt demnach $\sigma_{12}^{\mathrm{i}} \doteq 0.2724$, vergleiche auch mit Abb. 1.7. ◇

Wir können nun das Beispiel 1.3 wiederholen für alle Optionen in der Tab. 1.2. Dazu schreiben wir die Marktpreise V_{ℓ}^{M} in einen Vektor **v** und die Ausübungspreise K_{ℓ} in einen Vektor **k**. Dann benutzen wir die Routine 1.1 impl_vola, um für jede Option die implizite Volatilität σ_{ℓ} zu bestimmen, welche wir in den Vektor **s** schreiben. Da die Strikes der Grösse nach geordnet sind, ist es sinnvoll, für die jeweils nächste Option als Startwert für das Newton-Verfahrens die implizite Volatilität der vorherigen Option zu verwenden. In Python sieht dies dann so aus

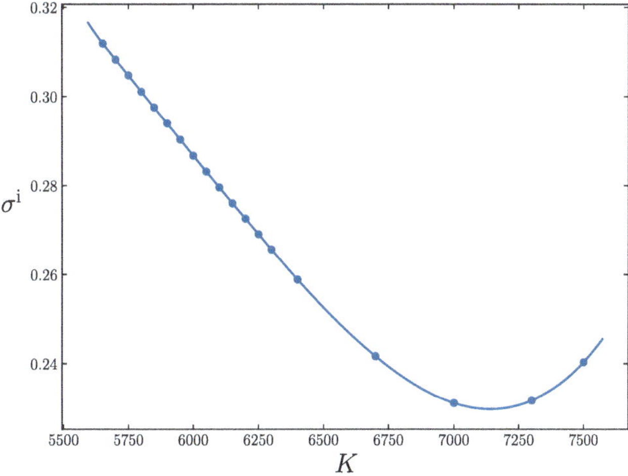

Abb. 1.7 Die implizite Volatilität σ^{i} ist nicht konstant. Wäre das Black-Scholes Modell korrekt, müsste der Volatilitäts-Smile eine horizontale Linie sein. Zwischen den berechneten impliziten Volatilitäten haben wir via eines kubischen Spline interpoliert

```
In [4]: s = np.zeros(len(v));
    s[0] = impl_vola(v[0],6248.2,k[0],93/360,0.00934,0,-1,0.3)
In [5]: for j in range(1,len(v)):
   ...:      s[j] = impl_vola(v[j],6248.2,k[j],93/360,0.00934,0,-1,s[j-1]);
```

Wäre das Black-Scholes Modell korrekt, müsste sich für alle betrachteten Optionen die gleiche implizite Volatilität ergeben, das heisst $\sigma_1^{\mathrm{i}} = \sigma_2^{\mathrm{i}} = \ldots = \sigma_\nu^{\mathrm{i}}$. Um dies zu testen, trägt man üblicherweise die implizite Volatilität σ_ℓ^{i} über den Ausübungspreis K_ℓ ab. In Python

```
In [6]: plt.plot(k,s,'k.')
```

siehe Abb. 1.7.

Wir erkennen, dass die entstehende „Kurve" keine (horizontale) Gerade ist, wie das Black-Scholes Modell postuliert, sondern der Graph erinnert durch seine Form an ein lachendes Gesicht, wodurch solche Graphiken auch als „volatility-smile" bezeichnet werden. Beachten Sie, dass wir „zwischen" den Strikes K_ℓ interpoliert haben; wir ordnen einer am Markt nicht vorhandenen Option mit Strike $K \in]K_\ell, K_{\ell+1}[$ eine implizite Volatilität zu, $K \mapsto \sigma^{\mathrm{i}} = f(K)$, und damit via der Black-Scholes Formel einen Preis $V = V(\sigma^{\mathrm{i}}) = V(f(K))$. Hier ist zunächst nicht klar, wie die Funktion f aussehen soll, denn f beeinflusst die Funktion $K \mapsto V(K)$, welche aus Gründen der Arbitragefreiheit konvex in K sein muss, $\partial_{KK} V(K) \geq 0$. In Abb. 1.7 ist f ein sogenannter kubischer Spline, siehe dazu den Abschn. B.1.

Typischerweise liegen in der Praxis nicht nur Marktpreise von Optionen zu unterschiedlichen Strikes, sondern auch zu unterschiedlichen Restlaufzeiten vor. Für jede Restlaufzeit T^k ergibt sich nach der oben beschriebenen Prozedur einen Volatilitäts-Smile; interpoliert man zwischen diesen Smiles geeignet, erhält man die Volatilitäts-Oberfläche $(K, T) \mapsto \sigma^{\mathrm{i}} = f(K, T)$ für einen bestimmten Basiswert zu einem bestimmten Zeitpunkt. Die Konstruktion der bivariaten Funktion f ist anspruchsvoll und wird im Kap. 15 diskutiert.

Nach der Einführung des Black-Scholes Modell hat man versucht, Modelle zu finden, welche den Volatilitäts-Smile respektive die Volatilitäts-Oberfläche des Marktes besser zu erfassen vermögen. Wir werden im nächsten Abschnitt ein solches Modell kennenlernen.

1.4 Eine erste Modellerweiterung: das CEV Modell

Das Black-Scholes Modell nimmt unter anderem an, dass die Volatilität $\sigma > 0$ eine Konstante ist. Das ist nicht sehr realistisch: alle Varianten der Volatilität, die aus realen Marktdaten abgeleitet werden, sind nicht konstant. Ein Modell der *lokalen Volatilität* nimmt an, dass die Volatilität eine Funktion des Basiswertes $s = S(t)$ und der Restlaufzeit t der Option ist

$$\sigma = \sigma(s, t) \ .$$

Ein spezielles Modell dieser Form ist das CEV-Modell, wobei die Abkürzung „CEV“ für „Constant Elasticity of Variance“ steht[8]. Es ist vermutlich die einfachste Erweiterung des Black-Scholes Modell und hat die Form

$$\sigma(s) = \delta s^{\beta-1} \ . \tag{1.17}$$

mit $\delta > 0$ und $\beta \in \mathbb{R}$ zwei Konstanten. Wir bemerken, dass wir für $\beta = 1$ das Black-Scholes Modell erhalten. Wenn wir die Elastizität ε_{σ^2} der Varianz

$$\sigma^2(s) \overset{(1.17)}{=} \delta^2 s^{2\beta-2}$$

bestimmen, wird klar, warum das Modell „Constant Elasticity of Variance“-Modell heisst. Die Elastizität ist

$$\varepsilon_{\sigma^2}(s) := \partial_s\big(\sigma^2(s)\big)\frac{s}{\sigma^2(s)} = \delta^2(2\beta-2)s^{2\beta-3}\frac{s}{\delta^2 s^{2\beta-2}} = 2\beta - 2 \ ,$$

also *konstant*. Im Black-Scholes-Fall ($\beta = 1$) ist die Elastizität gleich Null.

[8] Dieses Modell wurde von John Cox, einem amerikanischen Finanzökonomen, in [1] vorgestellt.

Im Black-Scholes Modell (1.3) wird nun die Konstante σ ersetzt durch $\delta S(t)^{\beta-1}$ und es ergibt sich die stochastische Differentialgleichung

$$\mathrm{d}S(t) = \mu S(t)\mathrm{d}t + \underbrace{\delta S(t)^{\beta-1}}_{=\sigma(S(t))} S(t)\mathrm{d}W(t) = \mu S(t)\mathrm{d}t + \delta S(t)^{\beta}\mathrm{d}W(t), \quad S(0) = s \tag{1.18}$$

für die zeitliche Entwicklung des Basiswerts. Für dieses Modell gibt es Formeln zu Bewertung von (Europäischen) Put oder Call Optionen. Man kann zeigen, siehe zum Beispiel [2], dass für den Wert einer Call Option (falls $\beta < 1$) die zu (1.7) ähnliche Formel

$$V(s, 0; T, K, \delta, \beta, r, q, 1) = se^{-qT} F(k; 2 + |\nu|, \xi) - Ke^{-rT}\big(1 - F(\xi; |\nu|, k)\big) \tag{1.19}$$

gilt. Hierin ist

$$k = \frac{2(r-q)K^{2-2\beta}}{\delta^2(\beta-1)(1-e^{(r-q)(2-2\beta)T})}, \quad \xi = \frac{2(r-q)s^{2-2\beta}}{\delta^2(\beta-1)(e^{(r-q)(2\beta-2)T}-1)}, \quad \nu = \frac{1}{\beta-1}$$

und $F(x; a, b)$ ist die komplementäre Verteilungsfunktion der nicht-zentralen χ^2-Verteilung mit a Freiheitsgraden und Nicht-Zentralitätsparameter b. In Python ergibt sich $F(x; a, b)$ mit $1 -$ `ss.ncx2.cdf`(x, a, b).

Kennen wir die beiden Modellparameter δ und β, können wir den vom Modell implizierten Volatilitäts-Smile dadurch erhalten, dass wir nicht die Gleichung (1.12), sondern die Gleichung

$$V(s, 0; T^k, K_\ell^k, \sigma, r^k, q^k, \omega_\ell^k) - V^{\text{CEV}}(s, 0; T^k, K_\ell^k, \delta, \beta, r^k, q^k, \omega_\ell^k) = 0$$

nach σ auflösen; hierin bezeichnet V^{CEV} der Preis der Option nach dem CEV Modell. Um den Volatilitäts-Smile zu erzeugen genügt es daher, der Routine impl_vola anstatt die Marktpreise die CEV Preise zu übergeben. Dann tragen wir in Abb. 1.8 wiederum die implizite Volatilität über den Ausübungspreis auf. Für die 19 Optionen aus Tab. 1.2 ergeben sich die Modellparameter $\delta \doteq 6.902185 \cdot 10^9$ und $\beta \doteq -1.742356$, vergleiche mit dem nächsten Abschn. 1.5. In Abb. 1.8 ist in der rechten Figur der durch das sogenannte Schöbel-Zhu Modell implizierte Volatilitäts-Smile abgebildet. Dieser stimmt mit dem Markt-Smile noch besser als der durch das CEV Modell implizierte Smile überein. Für eine Beschreibung des Schöbel-Zhu Modells siehe den Abschn. 10.7.6.

Im nächsten Abschnitt erklären wir, wie man auf die konkreten Werte der Modell-Parameter kommt. Dieser Schritt nennt man Modell-Kalibrierung.

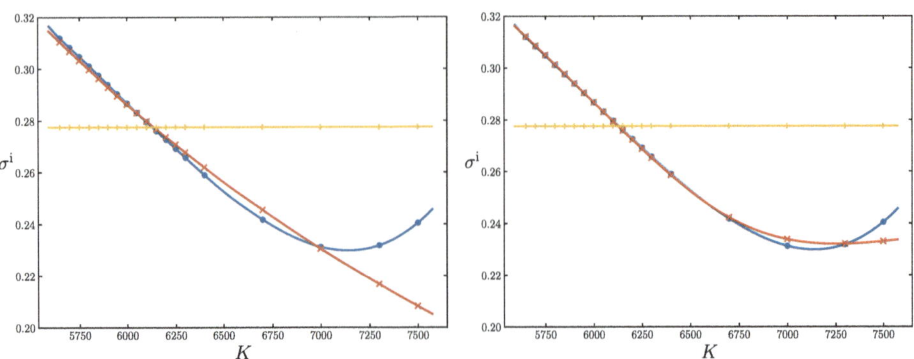

Abb. 1.8 Modell-Volatilitäts-Smile. Links. Der Volatilitäts-Smile nach dem CEV Modell. Rechts. Volatilitäts-Smile nach dem Schöbel-Zhu Modell. Markt (•), CEV- oder Schöbel-Zhu Modell (×), Black-Scholes Modell (+)

1.5 Modell-Kalibrierung

Unter Modell-Kalibrierung versteht man allgemein das Bestimmen von Modell- Parametern aus Marktdaten. Möchte man irgendein Derivat in irgendeinem Modell bewerten, so muss man nebst den Kontraktparametern sowie den beobachtbaren Grössen wie Basiswert s und risikoloser Zinssatz r auch die nicht direkt beobachtbaren Modellparameter kennen. Welche Werte für β und δ zum Beispiel sollen wir verwenden, um das im Abschn. 1.1 vorgestellte Produkt im CEV Modell zu bewerten? Üblicherweise bestimmt man die Modellparameter aus Marktpreisen von (Europäischen) Call und/oder Put Optionen via eines Kleinste-Quadrate-Ansatzes. Wir werden uns im Folgenden nicht bloss auf den Fall mit zwei Parametern beschränken, sondern annehmen, dass wir ein Modell mit n Parametern $\eta_1, \ldots, \eta_n$ kalibrieren müssen. Sie können sich jedoch die einzelnen Schritte immer an Hand des Black-Scholes Modells, bei welchem $n = 1$ ist und der einzige Modellparameter $\eta_1 = \sigma$ der Volatilität entspricht, oder des CEV Modells, bei welchem $n = 2$ ist und die beiden Parameter $\eta_1 = \delta$ und $\eta_2 = \beta$ sind, verdeutlichen[9]. Zur Vereinfachung fassen wir die Modellparameter zum Vektor

$$\boldsymbol{\eta} := \left(\eta_1, \eta_2, \ldots, \eta_n\right)$$

zusammen. Wir nehmen an, dass wir Marktdaten $\mathbf{D}$ wie in (1.11) von ν Optionen zur Kalibrierung zur Verfügung haben. Zur Vermeidung von Sub- und Superskripts $\cdot_\ell^k$ definieren wir die Funktion

$$(k, \ell) \mapsto j := j(k, \ell) = \ell + \sum_{i=1}^{k-1} \nu_i$$

[9] Im Heston Modell ist $n = 5$.

(die j-te Zeile von $\mathbf{D}$) und setzen $V_j^{\mathrm{M}} =: V_\ell^{k,\mathrm{M}}$ usw. Weiter nehmen wir an, dass wir eine Formel oder einen Algorithmus haben, welcher uns (bei bekanntem Parametervektor $\boldsymbol{\eta}$) den Modellpreis $V_j(\boldsymbol{\eta})$ für jede der ν Optionen liefert. Der oben erwähnte Kleinste-Quadrate-Ansatz lautet nun: Finde den optimalen Parametervektor $\widehat{\boldsymbol{\eta}}$ definiert durch

$$\widehat{\boldsymbol{\eta}} := \arg\min_{\eta \in S} \sum_{j=1}^{\nu} \left(V_j(\boldsymbol{\eta}) - V_j^{\mathrm{M}}\right)^2. \tag{1.20}$$

Hierin ist die Menge S in der Regel eine Teilmenge von $\mathbb{R}^n$. Für das CEV Modell zum Beispiel muss der Parameter δ positiv sein; daher ist hier $(\eta_1, \eta_2) \in S = \mathbb{R}^+ \times \mathbb{R} \subset \mathbb{R}^2$. Definieren wir die n-variate Funktion

$$d(\boldsymbol{\eta}) := \sum_{j=1}^{\nu} \left(V_j(\boldsymbol{\eta}) - V_j^{\mathrm{M}}\right)^2 , \tag{1.21}$$

so suchen wir das globale Minimum der Funktion $d : S \to \mathbb{R}_0^+$. Wir nehmen nun der Einfachheit halber an, dass $S = \mathbb{R}^n$ gilt. Eine notwendige Bedingung für ein Extremum einer Funktion in mehreren Variablen ist, dass sämtliche partielle Ableitungen an der Stelle $\widehat{\boldsymbol{\eta}}$ verschwinden müssen. Das bedeutet, dass der sogenannte *Gradient* $\operatorname{grad}(d) = \nabla d$ von d, der die partiellen Ableitungen $\partial_{\eta_j} d(\boldsymbol{\eta})$ in einem Spaltenvektor zusammenfasst, dem Nullvektor entsprechen muss, also

$$\nabla d(\widehat{\boldsymbol{\eta}}) := \begin{pmatrix} \partial_{\eta_1} d(\widehat{\boldsymbol{\eta}}) \\ \partial_{\eta_2} d(\widehat{\boldsymbol{\eta}}) \\ \vdots \\ \partial_{\eta_n} d(\widehat{\boldsymbol{\eta}}) \end{pmatrix} = \begin{pmatrix} 0 \\ 0 \\ \vdots \\ 0 \end{pmatrix} =: \mathbf{0} .$$

Beachten Sie, dass die Gleichung $\nabla d = \mathbf{0}$ nicht eine Gleichung, sondern n Gleichungen in n Unbekannten umfasst. Da jede einzelne Gleichung $\partial_{\eta_i} d = 0$ nicht-linear ist, haben wir es mit einem nicht-linearen Gleichungssystem zu tun; wir werden dieses wiederum numerisch mit dem Newton-Verfahren lösen. Das Newton-Verfahren (1.14) für das approximative Lösen des Gleichungssystems

$$\mathbf{f}(\mathbf{x}) = \begin{pmatrix} f_1(x_1, \ldots, x_n) \\ f_2(x_1, \ldots, x_n) \\ \vdots \\ f_n(x_1, \ldots, x_n) \end{pmatrix} = \mathbf{0}$$

lautet

$$\mathbf{x}_{i+1} = \mathbf{x}_i - \left(\mathbf{J_f}(\mathbf{x}_i)\right)^{-1} \mathbf{f}(\mathbf{x}_i), \quad i \geq 0 . \tag{1.22}$$

In diesem bezeichnen wir mit $\mathbf{J_f}(\mathbf{x})$ die sogenannte Jacobi-Matrix

$$\mathbf{J_f}(\mathbf{x}) := \begin{pmatrix} \partial_{x_1} f_1(\mathbf{x}) & \partial_{x_2} f_1(\mathbf{x}) & \cdots & \partial_{x_n} f_1(\mathbf{x}) \\ \partial_{x_1} f_2(\mathbf{x}) & \partial_{x_2} f_2(\mathbf{x}) & \cdots & \partial_{x_n} f_2(\mathbf{x}) \\ & & \vdots & \\ \partial_{x_1} f_n(\mathbf{x}) & \partial_{x_2} f_n(\mathbf{x}) & \cdots & \partial_{x_n} f_n(\mathbf{x}) \end{pmatrix}$$

von $\mathbf{f}$, welche eine Verallgemeinerung der Ableitung f' einer univariaten Funktion f darstellt. Im vorliegenden Fall der Modell-Kalibrierung entspricht $\mathbf{f}$ der Funktion ∇d und die n Variablen x_i entsprechen den Modellparametern η_i, sodass wir die Jacobi-Matrix $\mathbf{J}_{\nabla d}$ von ∇d ausrechnen müssen. Wegen der speziellen Form von d und für spätere Zwecke werden wir $\mathbf{J}_{\nabla d}$ mit Hilfe von Optionspreisen und deren Ableitungen bestimmen. Dazu schreiben wir die Funktion d in (1.21) als

$$d(\boldsymbol{\eta}) = \mathbf{r}(\boldsymbol{\eta})^\top \mathbf{r}(\boldsymbol{\eta}) =: \|\mathbf{r}(\boldsymbol{\eta})\|_2^2 ,$$

mit dem Residuenvektor $\mathbf{r} \in \mathbb{R}^\nu$ definiert in (1.23). Die 2-Norm eines Vektors erklären wir im Anhang A.1.3. Der Gradient von d lässt sich nun schreiben als

$$\nabla d(\boldsymbol{\eta}) = \begin{pmatrix} 2\sum_{j=1}^{\nu}(V_j(\boldsymbol{\eta}) - V_j^{\mathrm{M}})\partial_{\eta_1} V_j(\boldsymbol{\eta}) \\ 2\sum_{j=1}^{\nu}(V_j(\boldsymbol{\eta}) - V_j^{\mathrm{M}})\partial_{\eta_2} V_j(\boldsymbol{\eta}) \\ \vdots \\ 2\sum_{j=1}^{\nu}(V_j(\boldsymbol{\eta}) - V_j^{\mathrm{M}})\partial_{\eta_n} V_j(\boldsymbol{\eta}) \end{pmatrix} = 2\mathbf{J}(\boldsymbol{\eta})^\top \mathbf{r}(\boldsymbol{\eta})$$

mit der $\nu \times n$-Matrix $\mathbf{J}$ (wiederum eine Jacobi-Matrix) gegeben durch

$$\mathbf{r}(\boldsymbol{\eta}) := \begin{pmatrix} V_1(\boldsymbol{\eta}) - V_1^{\mathrm{M}} \\ V_2(\boldsymbol{\eta}) - V_2^{\mathrm{M}} \\ \vdots \\ V_\nu(\boldsymbol{\eta}) - V_\nu^{\mathrm{M}} \end{pmatrix}, \quad \mathbf{J}(\boldsymbol{\eta}) := \begin{pmatrix} \partial_{\eta_1} V_1(\boldsymbol{\eta}) & \partial_{\eta_2} V_1(\boldsymbol{\eta}) & \cdots & \partial_{\eta_n} V_1(\boldsymbol{\eta}) \\ \partial_{\eta_1} V_2(\boldsymbol{\eta}) & \partial_{\eta_2} V_2(\boldsymbol{\eta}) & \cdots & \partial_{\eta_n} V_2(\boldsymbol{\eta}) \\ & & \vdots & \\ \partial_{\eta_1} V_\nu(\boldsymbol{\eta}) & \partial_{\eta_2} V_\nu(\boldsymbol{\eta}) & \cdots & \partial_{\eta_n} V_\nu(\boldsymbol{\eta}) \end{pmatrix}. \tag{1.23}$$

Die $n \times n$-Jacobi-Matrix von ∇d ist nun

$$\mathbf{J}_{\nabla d}(\boldsymbol{\eta}) = 2\mathbf{J}(\boldsymbol{\eta})^\top \mathbf{J}(\boldsymbol{\eta}) + 2\sum_{j=1}^{\nu} r_j(\boldsymbol{\eta})\mathbf{H}_j(\boldsymbol{\eta}) , \tag{1.24}$$

mit r_j die j-te Komponente des Residuenvektors $\mathbf{r}$ und $\mathbf{H}_j$ die Hessische Matrix der j-ten Option

$$\mathbf{H}_j(\boldsymbol{\eta}) = \begin{pmatrix} \partial_{\eta_1\eta_1} V_j(\boldsymbol{\eta}) & \partial_{\eta_1\eta_2} V_j(\boldsymbol{\eta}) & \cdots & \partial_{\eta_1\eta_n} V_j(\boldsymbol{\eta}) \\ \partial_{\eta_2\eta_1} V_j(\boldsymbol{\eta}) & \partial_{\eta_2\eta_2} V_j(\boldsymbol{\eta}) & \cdots & \partial_{\eta_2\eta_n} V_j(\boldsymbol{\eta}) \\ & & \vdots & \\ \partial_{\eta_n\eta_1} V_j(\boldsymbol{\eta}) & \partial_{\eta_n\eta_2} V_j(\boldsymbol{\eta}) & \cdots & \partial_{\eta_n\eta_n} V_j(\boldsymbol{\eta}) \end{pmatrix} \in \mathbb{R}^{n \times n} ,$$

vergleiche mit Aufgabe 1.3. Das Newton-Verfahren (1.22) zum Auffinden der Modellparameter $\boldsymbol{\eta}$ lautet daher

$$\boldsymbol{\eta}_{i+1} = \boldsymbol{\eta}_i - \left(\mathbf{J}(\boldsymbol{\eta}_i)^\top \mathbf{J}(\boldsymbol{\eta}_i) + \sum_{j=1}^{\nu} \mathbf{r}_j(\boldsymbol{\eta}_i)\mathbf{H}_j(\boldsymbol{\eta}_i)\right)^{-1} \mathbf{J}(\boldsymbol{\eta}_i)^\top \mathbf{r}(\boldsymbol{\eta}_i) . \tag{1.25}$$

Die Berechnung der zweiten Ableitungen $\partial_{\eta_k \eta_\ell} V_j$ ist im allgemeinen aufwändig; wir wollen ein Verfahren, welches ohne diese auskommt. Eine naheliegende Version von (1.25) ist, die zweiten Ableitungen wegzulassen. Das (modifizierte) Newton-Verfahren[10] lautet

$$\boldsymbol{\eta}_{i+1} = \boldsymbol{\eta}_i - \left(\mathbf{J}(\boldsymbol{\eta}_i)^\top \mathbf{J}(\boldsymbol{\eta}_i)\right)^{-1} \mathbf{J}(\boldsymbol{\eta}_i)^\top \mathbf{r}(\boldsymbol{\eta}_i) . \tag{1.26}$$

In Anwendungen ist (1.26) zu einfach, respektive hat ungünstige Konvergenzeigenschaften. In der Regel kann das Verfahren das (globale) Minimum nicht finden, wenn der Startwert $\boldsymbol{\eta}_0$ zu weit von der Minimalstelle $\widehat{\boldsymbol{\eta}}$ entfernt ist. Ist jedoch im Gauss-Newton Verfahren eine aktuelle Iterierte $\boldsymbol{\eta}_i$ schon nahe am „Ziel“ $\widehat{\boldsymbol{\eta}}$, so konvergiert das Verfahren (fast) quadratisch. Das Newton-Verfahren (1.25) weist in der Regel quadratische Konvergenz auf, jedoch nur in der Schlussphase der Iteration, also wenn $\boldsymbol{\eta}_i$ bereits „genügend nahe“ an $\widehat{\boldsymbol{\eta}}$ ist. Es ist wünschenswert, ein Verfahren zur Verfügung zu haben, welches die zweiten Ableitungen nicht benötigt und auch dann konvergiert, wenn der Startwert $\boldsymbol{\eta}_0$ „weit weg“ von $\widehat{\boldsymbol{\eta}}$ ist. Die gesuchte „Mischung“ zwischen (1.26) und (1.25) stellt das Levenberg-Marquardt-Verfahren[11] dar. Dieses lautet[12]

$$\boldsymbol{\eta}_{i+1} = \boldsymbol{\eta}_i \underbrace{-\left(\mathbf{J}(\boldsymbol{\eta}_i)^\top \mathbf{J}(\boldsymbol{\eta}_i) + \lambda_i \mathbf{I}\right)^{-1} \mathbf{J}(\boldsymbol{\eta}_i)^\top \mathbf{r}(\boldsymbol{\eta}_i)}_{=:\boldsymbol{\Delta}_i} , \tag{1.27}$$

wobei $\mathbf{I}$ die $n \times n$-Einheitsmatrix und $\lambda_i \geq 0$ ein noch festzulegender Parameter ist. Somit berechnet das Levenberg-Marquardt-Verfahren auf Grund einer bereits bekannten Approximation $\boldsymbol{\eta}_i$ für $\widehat{\boldsymbol{\eta}}$ eine neue, hoffentlich bessere Approximation $\boldsymbol{\eta}_{i+1}$ mit Hilfe eines „Updates“ $\boldsymbol{\Delta}_i$, das heisst

$$\boldsymbol{\eta}_{i+1} = \boldsymbol{\eta}_i + \boldsymbol{\Delta}_i . \tag{1.28}$$

Wir diskutieren nun die Wahl des Parameters λ_i und bemerken zunächst, dass sich das Levenberg-Marquardt-Verfahren für $\lambda_i \approx 0$ zum (modifizierten) Newton-Verfahren

[10] Das Verfahren ist unter dem Namen Gauss-Newton Methode bekannt, weil das Newton-Verfahren angewendet wird, um ein Problem der Kleinste-Quadrate (Gauss) zu lösen. Schlussendlich ist das Verfahren wegen dem Weglassen der zweiten Ableitungen ein vereinfachtes, modifiziertes Newton-Verfahren.

[11] Benannt nach Kenneth Levenberg und Donald Marquardt.

[12] Der schwierig/aufwändig zu berechnende Ausdruck $\sum_{j=1}^{\nu} \mathbf{r}_j(\boldsymbol{\eta}_i)\mathbf{H}_j(\boldsymbol{\eta}_i)$ wird durch den (wesentlich) einfacheren Term $\lambda_i \mathbf{I}$ ersetzt.

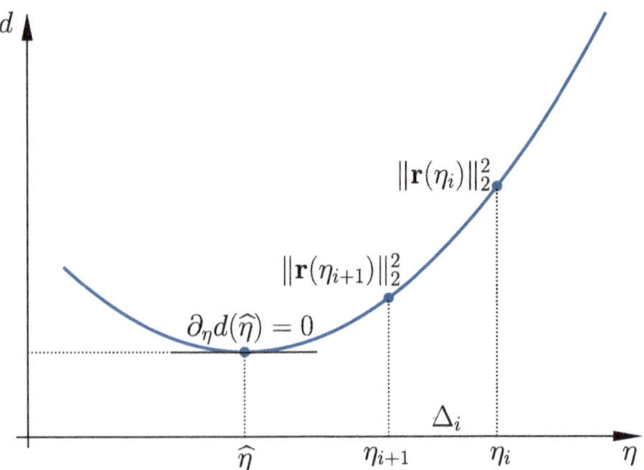

Abb. 1.9 Die Summe der quadrierten Residuen $d(\eta) = \mathbf{r}^\top(\eta)\mathbf{r}(\eta) = \|\mathbf{r}(\eta)\|_2^2$ wird durch $\widehat{\eta}$ minimiert. Das Levenberg-Marquardt-Verfahren versucht, das nicht-lineare Problem $d'(\eta) = 0$ approximativ zu lösen. Darstellung für ein Modell mit nur einem Parameter η (zum Beispiel Black-Scholes, $\eta = \sigma$)

reduziert und man daher gute Konvergenzeigenschaften erzielt, wenn die Iterierte $\boldsymbol{\eta}_i$ bereits nahe an der Minimalstelle ist. Im Gegensatz dazu ist für sehr grosses λ_i das Update (vernachlässige den Term $\mathbf{J}(\boldsymbol{\eta}_i)^\top \mathbf{J}(\boldsymbol{\eta}_i)$ in (1.27))

$$\boldsymbol{\Delta}_i \approx -\frac{1}{\lambda_i}\mathbf{J}(\boldsymbol{\eta}_i)^\top \mathbf{r}(\boldsymbol{\eta}_i) = -\frac{1}{\lambda_i}\nabla d(\boldsymbol{\eta}_i) ,$$

was bedeutet, dass $\boldsymbol{\Delta}_i$ in Richtung des „steilsten Abstieges“ zeigt. Dies ist vorteilhaft, wenn $\boldsymbol{\eta}_i$ noch weit von der Minimalstelle entfernt ist. Somit sollte der Parameter λ_i gross sein, wenn die aktuelle Lösung $\boldsymbol{\eta}_i$ noch weit weg von der Minimalstelle ist, und klein, wenn sie genügend nahe ist.

Bei der Festlegung von λ_i spielt somit das Verhältnis

$$r_\lambda := \frac{\|\mathbf{r}(\boldsymbol{\eta}_i)\|_2^2 - \|\mathbf{r}(\boldsymbol{\eta}_i + \boldsymbol{\Delta}_i)\|_2^2}{\|\mathbf{r}(\boldsymbol{\eta}_i)\|_2^2 - \|\mathbf{r}(\boldsymbol{\eta}_i) + \mathbf{J}(\boldsymbol{\eta}_i)\boldsymbol{\Delta}_i\|_2^2} \tag{1.29}$$

eine wichtige Rolle. Im Zähler von r_λ steht die tatsächliche Abnahme der Summen der quadrierten Residuen $d(\boldsymbol{\eta}) = \mathbf{r}(\boldsymbol{\eta})^\top \mathbf{r}(\boldsymbol{\eta}) = \|\mathbf{r}(\boldsymbol{\eta})\|_2^2$ (wir wollen diese Summe minimieren). Im Nenner steht eine approximierte Version dieser Abnahme, da auf Grund einer Taylorentwicklung (welche auch für Funktionen in mehreren Variablen gültig ist)

$$\mathbf{r}(\boldsymbol{\eta}_i + \boldsymbol{\Delta}_i) \approx \mathbf{r}(\boldsymbol{\eta}_i) + \mathbf{J}(\boldsymbol{\eta}_i)\boldsymbol{\Delta}_i$$

gilt. Rechnen wir den Nenner in (1.29) aus, so stellen wir fest, dass dieser positiv ist, siehe die Aufgabe 1.4. Da der Nenner positiv ist, ist r_λ negativ, wenn das Update $\boldsymbol{\Delta}_i$ zu gross ist. Ein „gutes“ Update liegt dann vor, wenn die Summe der quadrierten Residuen $\|\mathbf{r}(\boldsymbol{\eta}_i + \boldsymbol{\Delta}_i)\|_2^2$ für die neue Iterierte $\boldsymbol{\eta}_{i+1} = \boldsymbol{\eta}_i + \boldsymbol{\Delta}_i$ kleiner ist als die Summe der quadrierten Residuen $\|\mathbf{r}(\boldsymbol{\eta}_i)\|_2^2$ der vorherigen Iterierten. Ist r_λ klein oder sogar negativ, so sollte λ_i erhöht werden, damit erstens die Schrittlänge $\|\boldsymbol{\Delta}_i\|_2$ reduziert wird und zweitens das

Update näher an die Richtung des steilsten Abstieges kommt. Ist r_λ jedoch nahe bei 1, so kann λ_i reduziert werden. Marquardt schlug vor, dass $\lambda := \lambda_i$ wie folgt gesteuert werden soll.

- Falls $r_\lambda > 0.75$: Reduziere λ um den Faktor 3 auf $\lambda/3$
- Falls $r_\lambda < 0.25$: Verdopple λ auf 2λ

Da diese Steuerung unerwünschtes Verhalten der λ zur Folge haben kann, werden wir hier jedoch eine modifizierte Steuerung wie folgt betrachten, siehe dazu [4]

- Falls $r_\lambda > 0$: Reduziere λ mit dem Faktor

  $$\alpha := \max\{1/3, 1 - (2r_\lambda - 1)^3\}$$

  auf $\alpha\lambda$ und setze $\kappa = 2$.
- Falls $r_\lambda \leq 0$: Vergrössere λ um den Faktor κ auf $\kappa\lambda$ und verdopple κ auf 2κ.

Das Levenberg-Marquardt-Verfahren zur Modell-Kalibrierung hat folgende Struktur

1. Festlegen des Startwertes $\boldsymbol{\eta}_0$. Definieren der Toleranzen tol_1 und tol_2 sowie der maximal zulässigen Iterationsschritte $j_{\max}$. Setze $\kappa = 2$ und $j = 0$. Gehe zu 2.
2. Setze $\boldsymbol{\eta} := \boldsymbol{\eta}_0$. Bestimme den Residuenvektor $\mathbf{r}(\boldsymbol{\eta})$ und die Matrix $\mathbf{J}(\boldsymbol{\eta})$ in (1.23). Setze

   $$\mathbf{S} := \mathbf{J}^\top(\boldsymbol{\eta})\mathbf{J}(\boldsymbol{\eta}), \quad \nabla d := \mathbf{J}^\top(\boldsymbol{\eta})\mathbf{r}(\boldsymbol{\eta}) \,.$$

   Setze $f := 1$, falls $\|\nabla d\|_\infty < \text{tol}_1$ und $f := 0$ sonst. Setze $\lambda = 10^{-3} \cdot \max\{S_{ii}\}$. Gehe zu 3.
3. Ist $f = 1$ oder $j > j_{\max}$, so ist $\boldsymbol{\eta}$ der gesuchte Parametervektor, ansonsten gehe zu 4.
4. Setze $j := j + 1$. Bestimme das Update $\boldsymbol{\Delta} := -(\mathbf{S} + \lambda\mathbf{I})^{-1}\nabla d$ gemäss (1.27). Ist $\|\boldsymbol{\Delta}\|_2 \leq \text{tol}_2 \cdot (\|\boldsymbol{\eta}\|_2 + \text{tol}_2)$, so setze $f := 1$ und gehe zu 3., ansonsten gehe zu 5.
5. Setze $\boldsymbol{\eta}_1 := \boldsymbol{\eta} + \boldsymbol{\Delta}$. Bestimme den Residuenvektor $\mathbf{r}(\boldsymbol{\eta}_1)$ in (1.23). Bestimme r_λ gemäss (1.29).
6. Ist $r_\lambda > 0$, gehe zu 7., ansonsten gehe zu 8.
7. Setze $\boldsymbol{\eta} = \boldsymbol{\eta}_1$ und bestimme den Residuenvektor $\mathbf{r}(\boldsymbol{\eta})$ und die Matrix $\mathbf{J}(\boldsymbol{\eta})$ in (1.23). Setze

   $$\mathbf{S} := \mathbf{J}^\top(\boldsymbol{\eta})\mathbf{J}(\boldsymbol{\eta}), \quad \nabla d := \mathbf{J}^\top(\boldsymbol{\eta})\mathbf{r}(\boldsymbol{\eta}) \,.$$

   Setze $f := 1$, falls $\|\nabla d\|_\infty < \text{tol}_1$ und $f := 0$ sonst. Setze

   $$\lambda := \lambda \cdot \max\left\{1/3, 1 - (2r_\lambda - 1)^3\right\}, \quad \kappa := 2 \,.$$

   Gehe zu 3.
8. Setze $\lambda := \lambda\kappa$ und $\kappa := 2\kappa$. Gehe zu 3.

Der gesuchte Parametervektor $\widehat{\boldsymbol{\eta}}$ minimiert die Summe $d(\boldsymbol{\eta}) = \mathbf{r}^\top(\boldsymbol{\eta})\mathbf{r}(\boldsymbol{\eta})$ der quadrierten Residuen und erfüllt $\nabla d(\widehat{\boldsymbol{\eta}}) = \mathbf{0}$. Das Levenberg-Marquardt-Verfahren bricht ab, wenn die aktuelle Ableitung $\nabla d(\boldsymbol{\eta}_i)$ genügend nahe am $\mathbf{0}$-Vektor ist, also wenn $\|\nabla d(\boldsymbol{\eta}_i)\|_\infty < \text{tol}_1$, mit einer Toleranz $\text{tol}_1 = 10^{-10}$ zum Beispiel.

Hat das zu kalibrierende Modell nur einen Parameter η, so ist es nicht nötig, das Levenberg-Marquardt-Verfahren zu verwenden und man kann das modifizierte Newton-Verfahren (1.26) benutzen. In diesem Fall sind die Matrix $\mathbf{J}(\boldsymbol{\eta}_i)^\top\mathbf{J}(\boldsymbol{\eta}_i)$ und der Vektor $\mathbf{J}(\boldsymbol{\eta}_i)^\top\mathbf{r}(\boldsymbol{\eta}_i)$ Skalare und die Matrixinversion respektive das Lösen des Systems

$$\mathbf{J}(\boldsymbol{\eta}_i)^\top\mathbf{J}(\boldsymbol{\eta}_i)\boldsymbol{\Delta}_i = -\mathbf{J}(\boldsymbol{\eta}_i)^\top\mathbf{r}(\boldsymbol{\eta}_i)$$

entfällt. Wir betrachten nun als Spezialfall das Black-Scholes Modell, es ist also $\eta = \sigma$ der zu findende Parameter. Das modifizierte Newton-Verfahren für das Auffinden von $\widehat{\sigma}$ lautet konkret

$$\sigma_{i+1} = \sigma_i - \frac{\mathbf{J}(\sigma_i)^\top\mathbf{r}(\sigma_i)}{\mathbf{J}(\sigma_i)^\top\mathbf{J}(\sigma_i)}, \quad i = 0, 1, 2, \ldots \tag{1.30}$$

Um das Black-Scholes Modell mit Hilfe von ν Optionspreisen eines bestimmten Tages zu kalibrieren, verwenden wir eine „abgespeckte" Version des oben beschriebenen Levenberg-Marquardt-Verfahrens.

1. Definieren des Basiswertkurses $s = S_0$ und der Datenmatrix $\mathbf{D}$ (1.11).
2. Festlegen einer Start-Volatilität σ_0 und einer Toleranz tol.
3. Berechnen der ν Preise $V_j(\sigma_0)$ nach der Formel (1.7). Bilden des Vektors $\mathbf{r}(\sigma_0)$. Berechnen der ν Ableitungen $\partial_\sigma V_j(\sigma_0)$ nach Formel (1.16). Bilden der Matrix $\mathbf{J}(\sigma_0)$.
4. Bestimmung der „neuen" Volatilität σ_1 nach dem Newton-Verfahren (1.30).
5. Ist $|\sigma_1 - \sigma_0| < \text{tol}$, so ist die kalibrierte Volatilität gegeben durch σ_1, ansonsten setze $\sigma_0 = \sigma_1$ und gehe zu Schritt 3.

Die Python Routine 1.2 zur Bestimmung der Volatilität kann nun wie folgt aussehen.

Routine 1.2: calibration_bs.py

```
import numpy as np
import scipy.stats as ss
from callput_bs_a import callput_bs_a

def calibration_bs(s,D):
    '''Kalibriert das Black-Scholes Modell (sigma) an Marktdaten D
    (eine nu x 6-Matrix) von Call und Put Optionen. s ist der Basiswertkurs,
    V ist ein Spaltenvektor der Laenge nu und enthaelt die Black-Scholes
    Preise der entsprechenden Optionen.
    '''
```

```
    # Daten
    K = D[:,1]; T = D[:,2]; omega = D[:,3]; r = D[:,4]; q = D[:,5];

    # Toleranz tol und Startwert fuer sigma
    tol = 1e-10; sigma0 = 0.1; sigma1 = 0.3;

    # So lange iterieren, bis Toleranz unterschritten wird
    while abs(sigma0-sigma1)>tol:
        sigma0 = sigma1;
        V = callput_bs_a(s,K,T,sigma0,r,q,omega); # Modell-Preise
        d1 = (np.log(s/K)+(r-q+sigma0**2/2)*T)/(sigma0*np.sqrt(T));
        J = s*np.exp(-q*T)*np.sqrt(T)*ss.norm.pdf(d1); # Jacobi-Matrix
        rvec = V-D[:,0]; # Residuen
        sigma1 = sigma0 - J.T@rvec/(J.T@J); # ein Newton-Schritt

    return V, sigma1
```

Wir kalibrieren das Black-Scholes Modell mit Hilfe von Put Optionen auf den DAX am 18. Juni 2012, vergleiche mit Tab. 1.2.

```
In [6]: D = sio.loadmat('D_DAX_18062012.mat')['D']
   ...: V,sigma = calibration_bs(6248.2,D); sigma
Out[6]: 0.2773760052074812
```

Wir erhalten eine Volatilität von $\widehat{\sigma} \doteq 0.2774$. In Abb. 1.10 tragen wir die Punkte (K_j, V_j) ab, das heisst wir tragen den Preis einer Option über ihren Ausübungspreis auf. Das machen wir sowohl für den Marktpreis $V_j = V_j^{\mathrm{M}}$ als auch für den Modellpreis $V_j = V_j(\widehat{\sigma})$. Wir erkennen, dass Optionen aus dem Geld durch das Black-Scholes Modell unterbewertet und Optionen im Geld überbewertet werden.

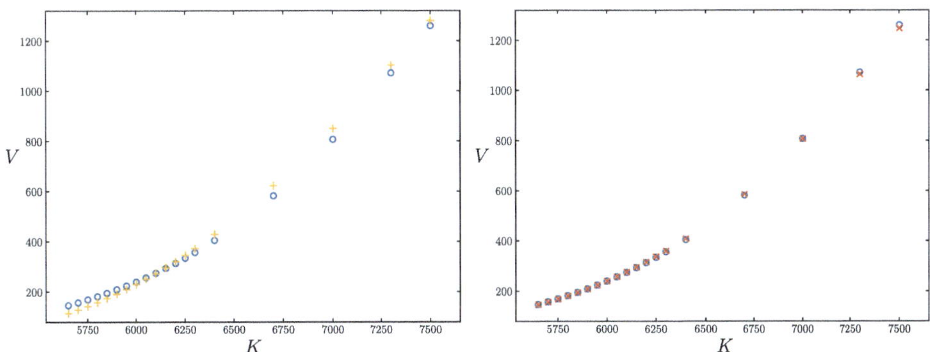

Abb. 1.10 Links. Marktpreise (∘) von Put Optionen auf den DAX und die entsprechende Black-Scholes Preise (+) berechnet mit kalibrierter Volatilität $\widehat{\sigma} \doteq 0.2774$. Rechts. Optionspreise (×) nach dem CEV Modell

Um die Güte des kalibrierten Modells zu bewerten, bestimmen wir die durchschnittliche relative Abweichung vom Modellpreis zum Marktpreis, das heisst wir betrachten[13]

$$\text{ARPE} = \frac{1}{\nu}\sum_{j=1}^{\nu}\frac{|V_j^{\text{M}} - V_j(\widehat{\sigma})|}{V_j^{\text{M}}}\,.$$

Für das Black-Scholes Modell erhalten wir für den betrachteten Datensatz ARPE $=$ 7.34 %, das heisst im Durchschnitt wird jede Option um 7.3 % „falsch" bewertet. Zum Vergleich kalibrieren wir auch das CEV Modell (1.18) an obige Marktdaten (siehe den Abschn. 6.6.1) und erhalten

$$\widehat{\delta} \doteq 6.925875 \cdot 10^9, \quad \widehat{\beta} \doteq -1.742752\,,$$

was zu einer geschätzten Volatilität von (da der DAX am 18. Juni 2012 einen Schlusskurs von $s = 6248.2$ aufwies)

$$\sigma = \widehat{\delta} s^{\widehat{\beta}-1} \doteq 6.925875 \cdot 10^9 \cdot 6248.2^{-2.742752} \doteq 0.2689$$

führt. In Abb. 1.10 tragen wir wiederum die Optionspreise über die Ausübungspreise auf. Wir erkennen von blossem Auge, dass das CEV Modell um einiges bessere Werte liefert als das Black-Scholes Modell. In der Tat ist der durchschnittliche relative Fehler für das CEV Modell gegeben durch ARPE $= 0.60\,\%$. Für das in Abb. 1.8, rechte Figur, dargestellte Schöbel-Zhu Modell ist sogar ARPE $= 0.11\,\%$.

1.6 Aufgaben

Aufgabe 1.1 Beziehen Sie „Python" von der Seite

https://www.anaconda.com/distribution/

und installieren Sie die Software auf Ihrem Rechner.

Aufgabe 1.2

i) Schreiben Sie die Python-Routine callput_bs_a, welche bei Eingabe des Basiswertes s, der Maturität T, des Ausübungspreises K, der Volatilität σ sowie des stetigen Zinssatzes r, der stetigen Dividendenrendite q und des Parameters ω den Wert einer (Europäischen) Call Option ($\omega = 1$) respektive einer Put Option ($\omega = -1$) bestimmt, vergleiche mit (1.7).

[13] „ARPE" ist die Abkürzung für „Average Relative Percentage Error".

ii) Verwenden Sie die Black-Scholes Formel (1.7), um die sogenannte *Put-Call Parität* zu zeigen. Die Parität besagt, dass

$$V(s,t;T,K,\sigma,r,q,-1) = V(s,t;T,K,\sigma,r,q,1) - se^{-q(T-t)} + Ke^{-r(T-t)} \quad (1.31)$$

gilt, also dass sich der Wert eines Puts ($\omega = -1$) via den Wert des Calls ($\omega = 1$) bestimmen lässt.
Beachten Sie, dass wir die Black-Scholes Formel (1.7) zur Herleitung der Put-Call-Parität verwendet haben. Es stellt sich aber heraus, dass diese Beziehung Modellunabhängig ist. Dies lässt sich durch ein sogenanntes Arbitrage-Argument beweisen.

Aufgabe 1.3 Zeigen Sie die Gleichung (1.24).

Aufgabe 1.4 Zeigen Sie, dass

$$\|\mathbf{r}\|_2^2 - \|\mathbf{r} + \mathbf{J}\boldsymbol{\Delta}_i\|_2^2 > 0$$

gilt.

Literatur

1. J.C. Cox. Notes on Option Pricing I: Constant Elasticity of Diffusions. Technical report, Graduate School of Business, Stanford University, Stanford, CA., 1975.
2. D. Davydov and V. Linetsky. Pricing and Hedging Path-Dependent Options Under the CEV Process. *Management Science*, 47(7):949–965, 2001.
3. F. Delbaen and W. Schachermayer. *The Mathematics of Arbitrage*. Springer, 2006.
4. H.B. Nielsen. Damping Parameter in Marquardt's Method. Technical report, Informatics and Mathematical Modelling, Technical University of Denmark, DTU, April 1999. Available at http://www2.imm.dtu.dk/pubdb/p.php?648.

Binomialbäume

2

Ein Binomialbaum ist ein diskretes Modell für die zeitliche Entwicklung des Basiswertes $S(t)$. Wir werden M-periodige Binomialbäume verwenden, um Europäische und Amerikanische Optionen zu bewerten. Hier stellt sich heraus, dass ein Optionspreis einem (abgezinsten) Erwartungswert bezüglich einem risiko-neutralen Wahrscheinlichkeitsmass entspricht. Lassen wir im Baum die Anzahl M der Perioden gegen unendlich streben, so konvergiert die Folge von Optionspreisen gegen den entsprechenden Black-Scholes Preis (also wenn $S(t)$ mit einer geometrischen Brown'schen Bewegung modelliert wird). Diese Konvergenz gilt nicht nur für Europäische Optionen, sondern zum Beispiel auch für Barriere-Optionen, deren Bewertung mit Trinomialbäumen wir im Abschn. 2.8 betrachten.

2.1 Modell des Basiswertes

Wir erstellen ein *diskretes* Modell für die zeitliche Entwicklung des Basiswertes S, von welchem wir im Moment annehmen, dass er keine Dividende zahlt, $q = 0$. Weiter nehmen wir an, dass der Basiswert jetzt (zum Zeitpunkt $t = 0$) den Wert $s_{0,0}$ hat. Weiter nehmen wir an, dass nach einer gewissen Zeitspanne Δt (zum Beispiel nach einem Tag) der Basiswertes sich entweder mit Wahrscheinlichkeit p um den Faktor $u > 1$ vergrössert hat, also den Wert

$$s_{1,1} = s_{0,0}u$$

annimmt, oder mit der Wahrscheinlichkeit $1 - p$ sich um den Faktor $0 < d < 1$ verkleinert hat, also den Wert

$$s_{0,1} = s_{0,0}d$$

N. Hilber, *Bewertung von Finanzderivaten mit Python*,
https://doi.org/10.1007/978-3-658-39210-9_2

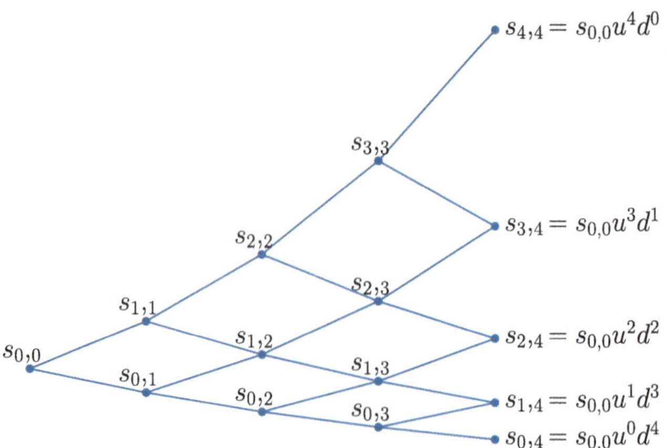

Abb. 2.1 Binomialbaum für $M = 4$ Perioden (mit $d = 0.8$ und $u = 1.4$)

hat (u steht für „up", d für „down"). Hat sich der Preis nach oben bewegt, so kommen für die zweite Zeitperiode wiederum zwei Möglichkeiten in Frage. Entweder hat sich der Preis $s_{1,1}$ nach oben bewegt, also

$$s_{2,2} = s_{1,1}u = s_{0,0}u^2$$

oder nach unten

$$s_{1,2} = s_{1,1}d = s_{0,0}ud \; .$$

Hat sich der Preis in den ersten Zeitperiode nach unten bewegt, so kommen für die zweite Zeitperiode wiederum zwei Möglichkeiten in Frage. Entweder hat sich der Preis $s_{0,1}$ nach oben bewegt, also

$$s_{1,2} = s_{0,1}u = s_{0,0}du$$

oder nach unten

$$s_{0,2} = s_{0,1}d = s_{0,0}d^2 \; .$$

Jeder der Preise $s_{i,2}$, $i = 0, 1, 2$, nach zwei Zeitperioden (nach der Zeit $t = 2\Delta t$) kann sich nun entweder nach oben oder nach unten entwickeln, und die neuen Preise $s_{i,3}$, $i = 0, 1, 2, 3$, nach drei Zeitperioden $t = 3\Delta t$ genau so. Zum Beispiel ergibt sich für vier Perioden das Schema in Abb. 2.1. Ein solches Schema wird *Binomialbaum* genannt.

Wir stellen fest, dass es nach j Perioden $j + 1$ verschiedene Realisationen des Basiswertes gibt, nämlich

$$s_{i,j} = s_{1,0}d^{j-i}u^i, \quad i = 0, \ldots, j \; . \tag{2.1}$$

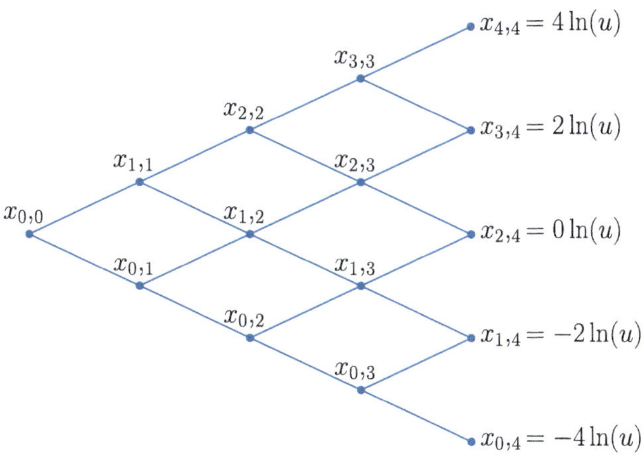

Abb. 2.2 Schematischer Binomialbaum für $M = 4$ Perioden. Dieses Bild ergibt sich, wenn man die logarithmierten Preise $x_{i,j} = \ln(s_{i,j}/s_{0,0})$ aufzeichnet

Beim Bewerten von Optionen werden wir eine Maturität T haben. Wir werden dann M Zeitperioden betrachten und zwar so, dass $T = M\Delta t$ ist. Wir führen so ein *Gitter*

$$0 = t_0 < t_1 < t_2 < \ldots < t_M = T$$

im Laufzeitintervall $[0, T]$ ein, wobei $t_j = j\Delta t$ ist.

Beachten Sie, dass der Baum in Abb. 2.1 durch die Potenzen von u und d „verzerrt" ist. In der Regel stellt man einen Baum jedoch der Einfachheit halber schematisch dar, wie in Abb. 2.2 gezeigt.

Wenn wir von den Preisen des Basiswertes in (2.1) den *Logarithmus* nehmen, erhalten wir

$$x_{i,j} := \ln(s_{i,j}/s_{0,0}) = (j - i)\ln(d) + i\ln(u), \quad i = 0, \ldots, j . \tag{2.2}$$

Setzen wir darin $d = \frac{1}{u}$, so erhalten wir

$$x_{i,j} = (2i - j)\ln(u) ,$$

vergleiche mit Abb. 2.2.

Ist in (2.2) $u = e$ (e die Euler'sche Zahl), so ist $x_{i,j} = 2i - j$; da i von 0 bis j läuft, nimmt $x_{i,j}$ die Werte

$$-j,\ -j+2,\ -j+4,\ \ldots, j-4,\ j-2,\ j$$

an. Definieren wir die Zufallsvariablen

$$Y_k = \begin{cases} +1 & k\text{-te Bewegung aufwärts mit } p = 0.5 \\ -1 & k\text{-te Bewegung abwärts mit } q = 0.5 \end{cases}$$

sowie

$$X_j := \sum_{k=1}^{j} Y_k, \quad X_0 = 0\ , \tag{2.3}$$

so entsprechen die von X_j angenommenen Werte $-j,\ -j+2,\dots,j-2,\ j$ gerade der Differenz der Anzahl Aufwärtsbewegungen $(i-1)$ minus die Anzahl der Abwärtsbewegungen $(j-i)$ nach j Perioden, also

$$X_j = i - (j-i) = 2i - j, \quad i = 0,\dots,j\ . \tag{2.4}$$

Man nennt die Zufallsvariable X_j einen symmetrischen *Random Walk*, eine *Irrfahrt*. Man kann sich dies so vorstellen, dass X_j der von Null aus zurückgelegte Weg eines Fussgängers nach j Schritten ist, wenn er bei Null startet und in jedem Schritt (gleich) zufällig nach links oder nach rechts geht. Diese Zufallsvariable ist eine diskrete Version der sogenannten Brown'schen Bewegung, welche der zentrale Baustein im Black-Scholes Modell darstellt.

Die Preise $s_{i,j}$, $i = 0,\dots,j$, $j = 0,\dots,M$, des Basiswertes sind Realisationen einer *diskreten Zufallsvariablen* S_j, welche $j+1$ Werte annimmt. Wir wollen die Verteilung von S_j bestimmen, also die Wahrscheinlichkeiten

$$\mathbb{P}[S_j = s_{i,j}], \quad i = 0,\dots,j$$

angeben. Die Wahrscheinlichkeit, vom Startwert $s_{0,0}$ zum Wert $s_{i,j}$ zu gelangen, ergibt sich aus der Anzahl der möglichen Pfade im Baum multipliziert mit den entsprechenden Potenzen der Wahrscheinlichkeiten einer Aufwärtsbewegung p respektive einer Abwärtsbewegung $1-p$. Es ist klar, dass es

$$C_i^j = \binom{j}{i}$$

Möglichkeiten (Pfade) gibt, um im Baum von $s_{0,0}$ nach $s_{i,j}$ zu gelangen, vergleiche mit Abb. 2.3. Dabei bezeichnen wir für $0 \le k \le n$ mit C_k^n den *Binomialkoeffizienten*

$$C_k^n := \binom{n}{k} := \frac{n!}{k!(n-k)!}\ .$$

Werten wir eine Aufwärtsbewegung (von welchen es i gibt) des Basiswertes als einen Erfolg (mit Erfolgswahrscheinlichkeit p), so können wir nach M Zeitperioden keinen bis maximal M „Erfolge" zählen. Nun ist klar, woher der Binomialbaum seinen Namen hat. Der Preis des Basiswerts S_M ist für M Perioden binomialverteilt $S_M \sim \mathrm{Bin}(M,p)$, also

$$\mathbb{P}[S_M = s_{i,M}] = C_i^M p^i (1-p)^{M-i}, \quad i = 0,\dots,M\ . \tag{2.5}$$

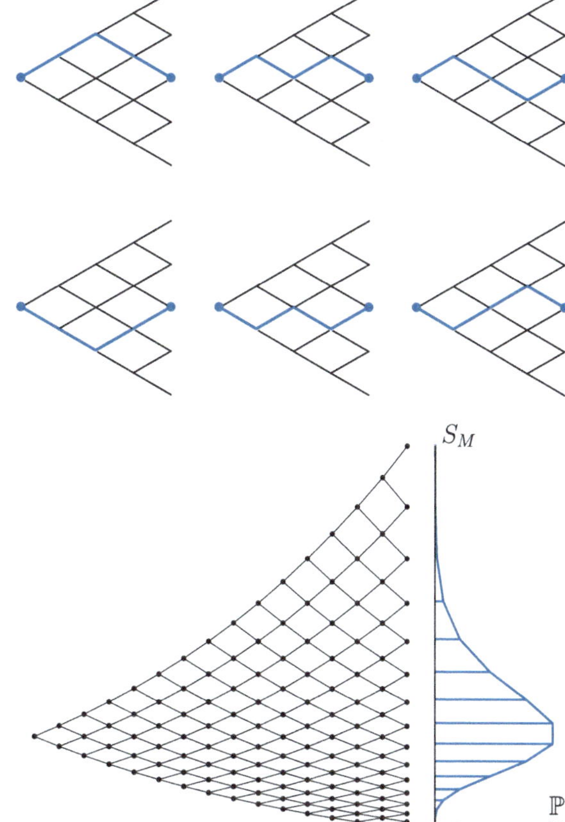

Abb. 2.3 Es gibt $\binom{j}{i} = \binom{4}{2} = 6$ mögliche Pfade, um von $s_{0,0}$ nach $s_{i,j} = s_{2,4}$ zu gelangen. Insbesondere setzen sich alle diese Pfade aus $i = 2$ Aufwärtsbewegungen und $j - i = 2$ Abwärtsbewegungen zusammen

Abb. 2.4 Wahrscheinlichkeitsfunktion (2.5) der diskreten Zufallsvariablen S_M. Die Parameter sind $M = 15$, $u = 1.08$, $d = u^{-1}$ und $p = 0.5$

Wir stellen die Wahrscheinlichkeitsfunktion für den Fall $p = 0.5$ graphisch dar. Weil die Preise $s_{i,M}$ selber nicht gleichmässig verteilt sind, ergibt sich eine „verzerrte" Variante der Binomialverteilung, obwohl es in diesem Fall gleichwahrscheinlich ist, dass sich der Preis von einer Periode zur nächsten nach oben oder nach unten bewegt, vergleiche mit Abb. 2.4.

Stellen wir jedoch die Wahrscheinlichkeitsfunktion

$$\mathbb{P}[X_M = \ln(s_{i,M}/s_{0,0})] = C_i^M p^i (1-p)^{M-i}, \quad i = 0, \ldots, M \tag{2.6}$$

der logarithmierten Renditen $X_j = \ln(S_j/S_0)$ dar, ergibt sich eine (für $p = q = \frac{1}{2}$) symmetrische Binomialverteilung, vergleiche mit Abb. 2.5.

Wir bestimmen nun den Erwartungswert sowie die Varianz der Zufallsvariablen S_M. Aus Aufgabe 2.1 ergibt sich

$$\mu_{S_M} = \mathbb{E}[S_M] = \sum_{i=0}^{M} s_{i,M} \mathbb{P}[S_M = s_{i,M}] = s_{0,0}\big(up + (1-p)d\big)^M \tag{2.7}$$

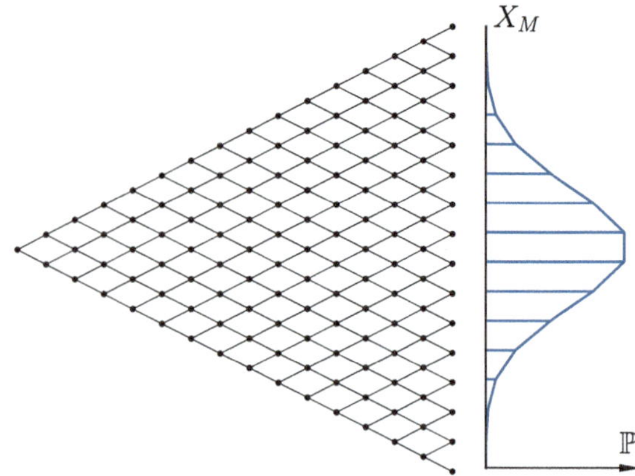

Abb. 2.5 Wahrscheinlichkeitsfunktion (2.6) der diskreten Zufallsvariablen $X_M = \ln(S_M/S_0)$. Die Parameter sind $M = 15, u = 1.08$, $d = u^{-1}$ und $p = 0.5$

sowie

$$\begin{aligned}\mathrm{Var}[S_M] &= \mathbb{E}[S_M^2] - \mathbb{E}[S_M]^2 \\ &= \sum_{i=0}^{M} s_{i,M}^2 \mathbb{P}[S = s_{i,M}] - \mu_{S_M}^2 = s_{0,0}^2\big(u^2 p + (1-p)d^2\big)^M - \mu_{S_M}^2 \,. \end{aligned} \tag{2.8}$$

Insbesondere erhalten wir für $M = 1$ aus (2.7)

$$\mathbb{E}[S_1] = s_{0,0}\big(up + (1-p)d\big)$$

sowie aus (2.8)

$$\mathrm{Var}[S_1] = s_{0,0}^2\big(u^2 p + (1-p)d^2\big) - \mu_{S_1}^2 \,.$$

2.2 Bewerten von Optionen

Im vorherigen Abschnitt haben wir ein diskretes Modell für die Bewegung des Basiswertes eingeführt. Dieses Modell beinhaltet drei zu wählende Parameter u, d und p. Wir werden sehen, dass für das (sinnvolle) Bewerten von Optionen diese Parameter nicht willkürlich gewählt werden können. Um die essentiellen Punkte herauszuschälen, betrachten wir folgende Situation

- Wir haben eine Aktie mit dem heutigen Wert $s_{0,0} = 100$ CHF. Die Aktie hat morgen einen Wert von $s_{1,1} = 105$ CHF mit einer Wahrscheinlichkeit von $p = 0.6$ und einen Wert von $s_{0,1} = 95$ CHF mit einer Wahrscheinlichkeit von $1 - p = 0.4$.
- Auf diese Aktie halten wir eine Call Option mit Ausübungspreis $K = 100$ CHF, die morgen ausläuft.
- Der Zinssatz ist null.

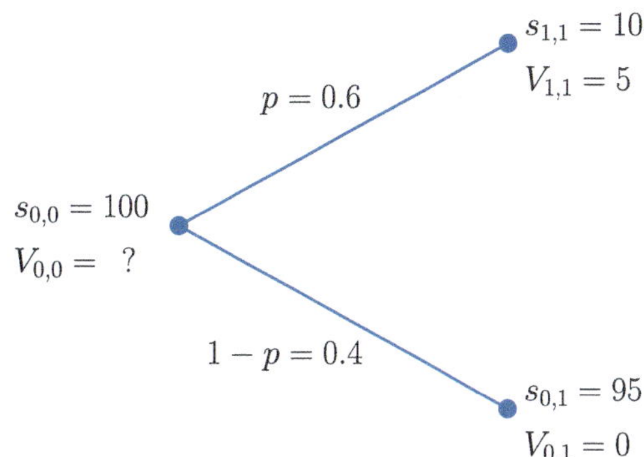

Abb. 2.6 Wert der Aktie und Option im Beispiel

Es ergeben sich folgende zwei Situationen

u) Steigt die Aktie, so ergibt sich eine Auszahlung der Option von

$$V_{1,1} = \max\{0, s_{1,1} - K\} = \max\{0, 105 - 100\} = 5 \text{ CHF}$$

d) Fällt hingegen die Aktie, so wird nichts ausbezahlt

$$V_{0,1} = \max\{0, s_{0,1} - K\} = \max\{0, 95 - 100\} = 0 \text{ CHF}$$

vergleiche mit Abb. 2.6.

Welchen Wert $V_{0,0}$ hat die Option jetzt? Die Antwort ist *nicht* der Erwartungswert

$$V_{0,0} = pV_{1,1} + (1-p)V_{0,1} = 0.6 \cdot 5 + 0.4 \cdot 0 = 3 \text{ CHF}.$$

Warum? Um dies einzusehen, konstruieren wir ein *Portfolio*. Dieses Portfolio Π besteht aus einer „short position" der Call Option und einer „long position" einer gewissen Anzahl δ der Aktie. Wiederum gibt es zwei Möglichkeiten

u) Steigt die Aktie, so ist der Wert des Portfolios

$$\Pi = \delta s_{1,1} - V_{1,1} = \delta \cdot 105 - 5 \ .$$

d) Fällt hingegen die Aktie, so ist

$$\Pi = \delta s_{0,1} - V_{0,1} = \delta \cdot 95 - 0 \ .$$

Wir wählen δ so, dass, egal wie die Aktie sich entwickelt, der Wert des Portfolios in beiden Situationen derselbe ist. Somit muss δ die Gleichung

$$\delta s_{1,1} - V_{0,1} = \delta s_{0,1} - V_{0,1}$$

erfüllen. Es folgt, dass

$$\delta = \frac{V_{1,1} - V_{0,1}}{s_{1,1} - s_{0,1}} = \frac{5}{10} = \frac{1}{2}$$

sein muss. Daher ist der Wert des Portfolios morgen, egal wie sie die Aktie entwickelt

$$\Pi = \frac{1}{2} \cdot 105 - 5 = \frac{1}{2} \cdot 95 - 0 = 47.5 \text{ CHF}$$

Dies ist ein Beispiel für ein risikoloses Portfolio. Nun, wenn dieses Portfolio morgen den Wert 47.5 hat, und der Zinssatz r gemäss Annahme null ist, so muss diese Portfolio auch heute den Wert 47.5 haben. Wäre dies nicht der Fall, so gäbe es Abritragemöglichkeiten.[1],[2] Da der Wert des Portfolios heute gleich $\frac{1}{2} \cdot 100 - V_{0,0}$ ist, muss gelten

$$\frac{1}{2} \cdot 100 - V_{0,0} = 47.5$$

woraus folgt, dass

$$V_{0,0} = 2.5 \text{ CHF}$$

sein muss. Wir werden nun diese Betrachtungen ein wenig verallgemeinern. Wir nehmen dazu an, dass wir die Preise $V_{i+1,j+1}$ und $V_{i,j+1}$ der Option in der Periode $j+1$ (zum Zeitpunkt $t + \Delta t$) kennen. Weiter muss nun der Zinssatz r nicht mehr 0 sein, und wir lassen eine stetige Dividendenrendite q zu. Die entsprechenden Preise des Basiswertes sind $s_{i+1,j+1}$ und $s_{i,j+1}$, vergleiche mit Abb. 2.7.

Zum Zeitpunkt t konstruieren wir nun ein Portfolio bestehend aus einer „short position" der Option und einer „long position" einer gewissen Anzahl δ des Basiswertes

$$\Pi = \delta s_{i,j} - V_{i,j} \ .$$

Zum Zeitpunkt $t + \Delta t$ kann dieses Portfolio die beiden Werte[3]

u)

$$\delta s_{i+1,j+1} - V_{i+1,j+1} = \delta u e^{q\Delta t} s_{i,j} - V_{i+1,j+1}$$

[1] Wir verzichten auf die formale Definition von Arbitrage und begnügen uns mit der folgenden Umschreibung. Arbitrage bedeutet, dass der Wert des Portfolios nicht negativ ist und es eine positive Wahrscheinlichkeit gibt, dass die Rendite des Portfolios positiv ist. Das Risiko, Geld zu verlieren ist Null.

[2] Wäre $r > 0$, müssten wir an dieser Stelle abzinsen.

[3] Die stetige Dividenderendite führt auf $s_{i,j+1} = de^{q\Delta t} s_{i,j}$ und $s_{i+1,j+1} = ue^{q\Delta t} s_{i,j}$.

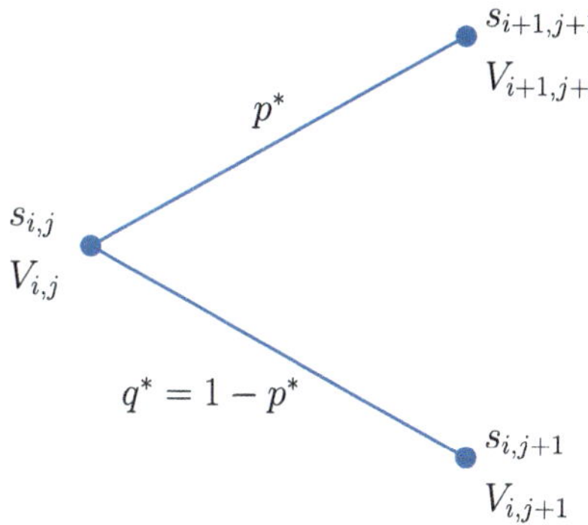

Abb. 2.7 Wert der Aktie und Option irgendwo im Baum

d) oder

$$\delta s_{i,j+1} - V_{i,j+1} = \delta d e^{q\Delta t} s_{i,j} - V_{i,j+1}$$

annehmen. Wir können δ wiederum so wählen, dass der Wert des Portfolios unabhängig ist von der Entwicklung des Basiswertes („Delta-Hedge")

$$\delta u e^{q\Delta t} s_{i,j} - V_{i+1,j+1} = \delta d e^{q\Delta t} s_{i,j} - V_{i,j+1} \Rightarrow \delta = \frac{V_{i+1,j+1} - V_{i,j+1}}{(u-d)e^{q\Delta t} s_{i,j}} .$$

Ist δ so gewählt, ergibt sich der Wert des Portfolios zum Zeitpunkt $t + \Delta t$ zu

$$u \frac{V_{i+1,j+1} - V_{i,j+1}}{u-d} - V_{i+1,j+1} = d \frac{V_{i+1,j+1} - V_{i,j+1}}{u-d} - V_{i,j+1} .$$

Wir können das Kapital Π natürlich auch zum risikolosen Zinssatz r anlegen. Bei stetiger Verzinsung wächst Π in der Zeitperiode Δt an zu

$$e^{r\Delta t} \Pi .$$

Nun muss der Wert unseres Portfolios zum Zeitpunkt $t + \Delta t$ übereinstimmen mit dem Endwert des zum risikolosen Zinssatz angelegten Kapitals Π zum selben Zeitpunkt; ist dies nicht der Fall, gibt es Arbitragemöglichkeiten. Somit haben wir zwei Ausdrücke für denselben Wert zum Zeitpunkt $t + \Delta t$, nämlich

$$\Pi e^{r\Delta t} = u \frac{V_{i+1,j+1} \quad V_{i,j+1}}{u-d} - V_{i+1,j+1} ;$$

setzen wir darin

$$\Pi = \delta s_{i,j} - V_{i,j} = \frac{V_{i+1,j+1} - V_{i,j+1}}{(u-d)e^{q\Delta t}} - V_{i,j}$$

ein, ergibt sich

$$e^{r\Delta t}\left(\frac{V_{i+1,j+1}-V_{i,j+1}}{(u-d)e^{q\Delta t}}-V_{i,j}\right)=\frac{dV_{i+1,j+1}-uV_{i,j+1}}{u-d}\,.$$

Diese Gleichung können wir nach $V_{i,j}$ auflösen

$$\begin{aligned}e^{r\Delta t}V_{i,j}&=e^{(r-q)\Delta t}\frac{V_{i+1,j+1}-V_{i,j+1}}{u-d}+\frac{uV_{i,j+1}-dV_{i+1,j+1}}{u-d}\\&=\underbrace{\frac{e^{(r-q)\Delta t}-d}{u-d}}_{=:p^*}V_{i+1,j+1}+\underbrace{\frac{u-e^{(r-q)\Delta t}}{u-d}}_{=:q^*}V_{i,j+1}\,.\end{aligned}$$

Den rechten Teil dieser Gleichung können wir umschreiben zu

$$e^{r\Delta t}V_{i,j}=p^*V_{i+1,j+1}+q^*V_{i,j+1}\,, \tag{2.9}$$

mit

$$p^*=\frac{e^{(r-q)\Delta t}-d}{u-d},\quad q^*=\frac{u-e^{(r-q)\Delta t}}{u-d}=1-p^*\,. \tag{2.10}$$

Somit können wir aus Kenntnis von $V_{i+1,j+1}$ und $V_{i,j+1}$ den Wert der Option $V_{i,j}$ auf Zeitlevel t berechnen. Was bleibt, ist u und d zu bestimmen. Die (physische) Wahrscheinlichkeit p ist für das *Bewerten von Optionen* irrelevant. Sie wird ersetzt durch eine „risiko-neutrale" Wahrscheinlichkeit p^*. Für das Bewerten von Optionen ist es unter der Annahme der Arbitragefreiheit irrelevant, welche subjektive Meinung wir von der Bewegung des Kurses des Basiswertes haben; die subjektiven Wahrscheinlichkeiten p und $1-p$ kommen in der Bewertungsformel (2.9) nicht vor.

Beachten Sie, dass unter der Annahme

$$d<e^{(r-q)\Delta t}<u$$

die Wahrscheinlichkeit p^* in der Tat eine Wahrscheinlichkeit ist, denn

$$0=\frac{d-d}{u-d}<\underbrace{\frac{e^{(r-q)\Delta t}-d}{u-d}}_{=p^*}<\frac{u-d}{u-d}=1\,.$$

Wir können die Wahrscheinlichkeit p^* ausrechnen, so bald wir die Parameter u und d kennen. Um diese zu bestimmen, gibt man den Erwartungswert $\mathbb{E}[S]$ und die Varianz $\mathrm{Var}[S]$ des zugrunde liegenden Basiswertes $S=S(t)$ an und setzt diese dann dem Erwartungswert $\mathbb{E}[S_j]$ respektive der Varianz $\mathrm{Var}[S_j]$ des diskret modellierten Basiswertes S_j

gleich. Wir wollen dies im Folgenden tun. Dazu benötigen wir ein Modell für die zeitliche Kursentwicklung $S(t)$ der Aktie; wie schon im Kap. 1 modellieren wir den Kurs als geometrische Brown'sche Bewegung

$$S(t) = S(0)e^{(\mu - \frac{1}{2}\sigma^2)t + \sigma W(t)},$$

vergleiche mit (1.4). Im Anhang B.2 zeigen wir, dass der Erwartungswert und die Varianz einer gBB gegeben sind durch

$$\begin{aligned} \mathbb{E}[S(t)] &= S(0)e^{\mu t} \\ \mathrm{Var}[S(t)] &= S^2(0)e^{2\mu t}(e^{\sigma^2 t} - 1) \, . \end{aligned} \tag{2.11}$$

Die Wahl der Parameter u und d ergibt sich nun daraus, dass wir den Erwartungswert

$$\mathbb{E}[S_j] = s_{i,j}\big(up + (1-p)d\big)$$

und die Varianz

$$\mathrm{Var}[S_j] = s_{i,j}^2\big(u^2 p + (1-p)d^2\big) - s_{i,j}^2\big(up + (1-p)d\big)^2$$

des Binomialmodells den Werten in (2.11) gleichsetzen. Das Gleichsetzen der Erwartungswerte und der Varianzen liefert jedoch nur zwei Gleichungen für die drei Unbekannten u, d und p, und wir benötigen eine dritte Gleichung. Üblicherweise fordert man

$$ud = 1 \, .$$

Die Parameter u, d und p sind demzufolge die Lösung des (nichtlinearen) Gleichungssystems

$$\begin{cases} s_{i,j}\big(up + (1-p)d\big) = s_{i,j}e^{\mu\Delta t} \\ s_{i,j}^2\big(u^2 p + (1-p)d^2\big) - s_{i,j}^2\big(up + (1-p)d\big)^2 = s_{i,j}^2 e^{2\mu\Delta t}(e^{\sigma^2\Delta t} - 1) \, . \\ ud = 1 \end{cases} \tag{2.12}$$

In der Aufgabe 2.2 zeigen wir, dass

$$u = \frac{1}{2}\big(\kappa + \sqrt{\kappa^2 - 4}\big), \quad d = u^{-1}, \quad p = \frac{e^{\mu\Delta t} - d}{u - d} \, , \tag{2.13}$$

gilt. Hierbei ist der Hilfs-Parameter κ definiert als

$$\kappa := \frac{e^{(2\mu+\sigma^2)\Delta t} + 1}{e^{\mu\Delta t}}.$$

Wir haben schon vorher bemerkt, dass die Wahrscheinlichkeit p in (2.13) für die Bewertung einer Option keine Rolle spielt, die Wahrscheinlichkeit p^* in (2.10) hingegen schon. Bei genauerer Betrachtung der beiden Wahrscheinlichkeiten stellen wir fest, dass beide bis auf die Parameter μ und $r - q$ gleich berechnet werden. In der Tat ist ja

$$p = \frac{e^{\mu \Delta t} - d}{u - d} ,$$

während

$$p^* = \frac{e^{(r-q)\Delta t} - d}{u - d}$$

ist. Das heisst, dass unsere subjektive Erwartung der Rendite μ für das Bewerten einer Option keine Bedeutung hat. Wichtig ist die Rendite $r - q$, welche wir erzielen, wenn wir das Geld zum risikolosen Zinssatz anlegen. Man nennt die Wahrscheinlichkeit p^* deshalb auch *risikolose(s) Wahrscheinlichkeit(smass)*. Wir rechnen daher im Binomialmodell nicht mit den Parametern aus Aufgabe 2.2, sondern mit den „risikolosen" Parametern

$$u = \frac{1}{2}\left(\kappa^* + \sqrt{\kappa^{*2} - 4}\right), \quad d = u^{-1}, \quad p^* = \frac{e^{(r-q)\Delta t} - d}{u - d} , \tag{2.14}$$

mit dem Hilfs-Parameter κ^* gegeben durch

$$\kappa^* := \frac{e^{(2(r-q)+\sigma^2)\Delta t} + 1}{e^{(r-q)\Delta t}} .$$

Wir werden nun das Binomialmodell implementieren.

2.3 Implementation I

Das zu entwickelnde Programm muss den heutigen ($t = 0$) Optionswert $V_{0,0}$ berechnen. Aus der Gleichung (2.9) folgt, dass wir aus der Kenntnis der Optionspreise auf Zeitlevel $j + 1$ die Optionspreise auf Zeitlevel j bestimmen können. Da wir den Optionspreis auf Zeitlevel M ($t = T$, Maturität) kennen, nämlich

$$V_{i,M} = g(s_{i,M}), \quad i = 0, \ldots, M ,$$

ist es klar, wie wir vorzugehen haben. Ausgehend von den Optionspreisen $V_{i,M}$ berechnen wir via (2.9) die Preise $V_{i,M-1}, i = 0, \ldots, M-1$, dann die Preise $V_{i,M-2}, i = 0, \ldots, M-2$, usw. „zurück" bis zu $V_{0,0}$, vergleiche mit Abb. 2.8.

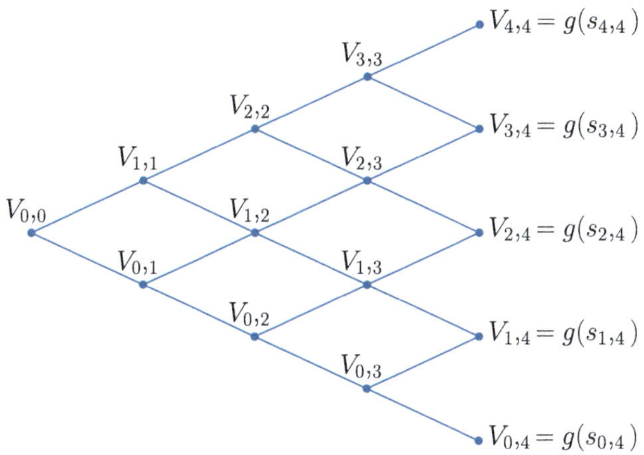

Abb. 2.8 Ausgehend von den Optionspreisen $V_{i,M} = g(s_{i,M})$ bei Maturität ($t = T$) lässt sich der Optionspreis $V_{0,0}$ heute ($t = 0$) rekursiv berechnen, in dem man im Baum „zurückrechnet": jeder Wert $V_{i,j}$ lässt sich aus den beiden Werten $V_{i+1,j+1}$ und $V_{i,j+1}$ bestimmen. Beispiel mit $M = 4$

Somit ergibt sich folgende Struktur für unseren Code

i) Angabe der Inputparameter: der jetzige Basiswert $s_{0,0}$ sowie Zinssatz r, stetige Dividendenrendite q, Volatilität σ und Maturität T. Wahl der Anzahl Perioden $M \in \mathbb{N}^\times$.
ii) Bestimmung der Modellparameter

$$\Delta t = \frac{T}{M}, \; q^* = 1 - p^* \quad \text{mit} \quad p^*, \; u, \; d \text{ nach (2.14)}$$

iii) Bestimmung der Preise des Basiswertes zur Maturität $s_{i,M}$. Für $i = 0, \ldots, M$ berechne

$$s_{i,M} = s_{0,0} u^i d^{M-i} \; .$$

iv) Bestimmung der Optionspreise $V_{i,M}$ bei Maturität. Für $i = 0, \ldots, M$ berechne

$$V_{i,M} = g(s_{i,M}) \; .$$

v) Im Baum „zurückrechnen". Für $j = M - 1, \ldots, 0$ und $i = 0, \ldots, j$ berechne

$$V_{i,j} = e^{-r\Delta t} \left(p^* V_{i+1,j+1} + q^* V_{i,j+1} \right) .$$

Wir können dies in Python sehr elegant realisieren. Ausgehend von den Modellparametern definieren wir den Vektor $\mathbf{s}$ der Länge $M+1$ (Schritt iii))

$$\mathbf{s} := \begin{pmatrix} s_{0,M} \\ s_{1,M} \\ s_{2,M} \\ \vdots \\ s_{M-1,M} \\ s_{M,M} \end{pmatrix} = s_{0,0} \begin{pmatrix} d^M \\ ud^{M-1} \\ u^2 d^{M-2} \\ \vdots \\ u^{M-1} d \\ u^M \end{pmatrix}.$$

Dann berechnen wir den Vektor $\mathbf{v}_M$ der Optionspreise bei Maturität (Schritt iv))

$$\mathbf{v}_M := \begin{pmatrix} V_{0,M} \\ V_{1,M} \\ V_{2,M} \\ \vdots \\ V_{M-1,M} \\ V_{M,M} \end{pmatrix} = \begin{pmatrix} g(s_{0,M}) \\ g(s_{1,M}) \\ g(s_{2,M}) \\ \vdots \\ g(s_{M-1,M}) \\ g(s_{M,M}) \end{pmatrix}.$$

Wir rechnen nun im Baum zurück (Schritt v)). Ausgehend von den Optionspreisen $\mathbf{v}_M$ bei Maturität berechnen wir die Optionspreise $\mathbf{v}_{M-1}$ auf dem Zeitlevel $M-1$

$$\mathbf{v}_{M-1} := \begin{pmatrix} V_{0,M-1} \\ V_{1,M-1} \\ V_{2,M-1} \\ \vdots \\ V_{M-1,M-1} \end{pmatrix} = p^* \begin{pmatrix} V_{1,M} \\ V_{2,M} \\ V_{3,M} \\ \vdots \\ V_{M,M} \end{pmatrix} + q^* \begin{pmatrix} V_{0,M} \\ V_{1,M} \\ V_{2,M} \\ \vdots \\ V_{M-1,M} \end{pmatrix}.$$

Wir bemerken, dass der Vektor $\mathbf{v}_{M-1}$ die Summe aus zwei Vektoren der Länge M ist. Genauer ist $\mathbf{v}_{M-1}$ die Summe aus dem p^*-fachen des Vektors, welcher aus den Einträgen 2 bis $M+1$ des Vektors $\mathbf{v}_M$ besteht, plus das q^*-fache des Vektors, welcher aus den Einträgen 1 bis M des Vektors $\mathbf{v}_M$ besteht.

Aus den Preisen $\mathbf{v}_{M-1}$ (Vektor der Länge M) lassen sich mit der selben Vorschrift die Preise $\mathbf{v}_{M-2}$ (Vektor der Länge $M-1$), dann $\mathbf{v}_{M-3}$ usw. bestimmen. Das heisst, dass der Vektor $\mathbf{v}_{j-1}$ der Optionspreise $V_{i,j-1}$, $i = 1, \ldots, j$, auf Zeitlevel $j-1$ die Summe ist aus dem p^*-fachen des Vektors, welcher aus den Einträgen 2 bis $j+1$ des Vektors $\mathbf{v}_j$ besteht, plus das q^*-fache des Vektors, welcher aus den Einträgen 1 bis j des Vektors $\mathbf{v}_j$ besteht.

Wir haben in der obigen Darstellung den Faktor $e^{-r\Delta t}$, mit welchem die Optionspreise ja multipliziert werden müssen, in jedem Schritt unterschlagen. Wir holen dies nun nach. Da wir M Schritte zurückrechnen und in jedem dieser Schritte die Preise mit $e^{-r\Delta t}$ multiplizieren müssen, genügt es, den Optionspreis $V_{0,0}$ nachträglich mit dem Faktor

$$e^{-r\Delta t M} = e^{-rT}$$

zu multiplizieren (über alle Perioden abzinsen). Wir bemerken, dass in Python eine Indexierung der Vektoren $\mathbf{v}_j$, $j = 0, \ldots, M$ nicht notwendig ist. Weil wir nur am Vektor $\mathbf{v}_0$ interessiert sind, lassen wir den Vektor $\mathbf{v}_j$ durch den Vektor $\mathbf{v}_{j-1}$ (welcher sich ja aus $\mathbf{v}_j$ ergibt) einfach überschreiben.

Wir schreiben nun die Routine 2.1 callput_binomial_tree, welche bei Eingabe des Basiswerts heute $s_{0,0}$, der Maturität T, der Volatilität σ, des risikolosen Zinssatzes r, der stetigen Dividendenrendite q sowie der Ausübungsfunktion g den Optionspreis $V_{0,0}$ bestimmt. Die Routine lehnt sich im Wesentlichen an D. Higham [2] an.

Routine 2.1: callput_binomial_tree.py

```
import numpy as np

def callput_binomial_tree(s0,T,sigma,r,q,g,M):
    '''Bestimmt den Preis v einer Option mit Ausuebungsfunktion g und
    Maturitaet T mit Hilfe eines Binomialbaums mit M Perioden. Der Basiswert
    hat den Preis s0 und Volatilitaet sigma. Der risikolose Zinssatz ist r,
    die stetige Dividendenrendite ist q.'''

    # Die Modellparameter bestimmen
    Dt = T/M; k = np.exp(-(r-q)*Dt)*(np.exp((2*(r-q)+sigma**2)*Dt)+1)
    u = 1/2*(k+np.sqrt(k**2-4)); d = 1/u
    p = (np.exp((r-q)*Dt)-d)/(u-d); q = 1-p

    # Die Preise des Basiswertes bei Maturitaet
    s = s0*d**np.arange(M,-1,-1)*u**np.arange(0,M+1)

    # Die Preise der Option bei Maturitaet
    v = g(s)

    # Im Baum zurueckrechnen
    for j in range(M,0,-1): v = p*v[1:j+1] + q*v[0:j]

    # Abzinsen
    v = np.exp(-r*T)*v[0]

    return v
```

Beispiel 2.1 Wir verwenden die Routine, um eine Put Option mit Ausübungspreis $K = 100$ und $T = 1$ zu bewerten. Die Parameter sind $s_{0,0} = 100$, $\sigma = 0.5$, $r = 0.01$ und $q = 0$. Wir wählen einen Baum mit $M = 100$ Perioden und vergleichen den Wert mit dem exakten $V := V(s_{0,0}, 0; T, K, \sigma, r, q, -1) \doteq 19.149390$ aus der Black-Scholes Formel.

Es ist $g(x) = \max\{K - x, 0\}$ und daher in Python

```
In [23]: g = lambda x: np.maximum(100-x,0)
    ...: v = callput_binomial_tree(100,1,0.5,0.01,0,g,100); v
Out[23]: 19.11134105730019
```

Der Optionspreis erhalten mit dem Binomialbaum ist ca. 4 Rp. zu tief. ◇

Tab. 2.1 Optionspreise erhalten mit dem Binomialmodell. Der exakte Preis ist $V \doteq 19.149390$

M	$V_{0,0_M}$	$e_M = \lvert V - V_{0,0_M} \rvert$
100	19.111341	0.038049
200	19.130356	0.019034
400	19.139870	0.009519
800	19.144629	0.004760
1600	19.147009	0.002380
3200	19.148200	0.001190
6400	19.148795	0.000595
12 800	19.149092	0.000298
25 600	19.149241	0.000149
51 200	19.149315	0.000074
102 400	19.149352	0.000037

Wir wollen nun die Routine binomial_baum_1 verwenden, um die Rolle der Anzahl Perioden M im Binomialbaum respektive die Abhängigkeit des Optionspreises $V_{0,0}$ von M zu studieren. Insbesondere stellt sich die Frage der *Konvergenz*. Was passiert mit $V_{0,0}$, wenn M gegen unendlich strebt. Dazu das

Beispiel 2.2 Wir bestimmen mit den Parametern aus Beispiel 2.1 den Optionspreis $V_{0,0_M}$ (der Index M soll anzeigen, dass der Preis $V_{0,0}$ von M abhängt) für

$$M = 100 \cdot 2^j, \quad j = 0, \ldots, 10,$$

und geben jedes mal den Fehler $e_M := |V - V_{0,0_M}|$ an. Mit dem `for`-Loop

```
In [24]: M = 100*2**np.arange(11); v = np.zeros(len(M));
In [25]: for j in range(len(v)): v[j] = callput_binomial_tree(100,1,0.5,0.01,0,g,M[j])
In [26]: e = abs(v-19.14939)
```

erhalten wir die gewünschten Optionspreise, siehe die Tab. 2.1. ◇

Wir stellen fest, dass wenn wir mehr und mehr Perioden nehmen, der Fehler kleiner und kleiner wird. In der Tat konvergiert die *Folge der Optionspreise* $(V_{0,0_M})_{M \in \mathbb{N}^\times}$ gegen den exakten, das heisst es gilt

$$\lim_{M \to \infty} V_{0,0_M} = V \, .$$

Nebst der Konvergenz der Methode interessiert uns auch die *Konvergenzrate*, das heisst wie *schnell* konvergiert die Folge $(V_{0,0_M})_{M \in \mathbb{N}^\times}$ gegen den Grenzwert V? Um diese Frage zu beantworten, stellen wir die Punkte

$$\big(\ln(M), \ln(e_M)\big)$$

mit Hilfe von Python's `loglog` in Abb. 2.9 graphisch dar.

```
In [27]: plt.loglog(M,e,'o',color=[0,0.447,0.741],markerfacecolor='None')
In [28]: plt.xlabel('$M$',fontsize=20); plt.ylabel('$e_M$',fontsize=20);
```

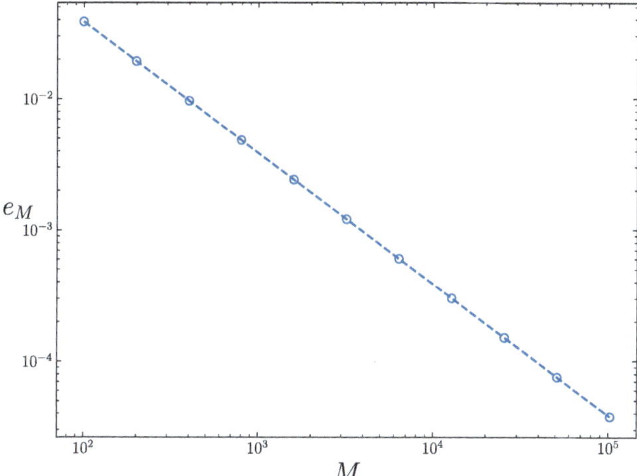

Abb. 2.9 Wir vermuten eine lineare Beziehung zwischen logarithmierten Fehlern $\ln(e_M)$ und logarithmierter Anzahl Perioden $\ln(M)$

Offenbar besteht eine lineare Beziehung zwischen logarithmierten Fehlern $\ln(e_M)$ und logarithmierter Anzahl Perioden $\ln(M)$, das heisst

$$\ln(e_M) = \beta_0 + \beta_1 \ln(M) \ .$$

Wir können die Parameter β_0 und β_1 mit einer linearen Einfachregression schätzen (via `polyfit` in Python).

```
In [29]: b = np.polyfit(np.log(M),np.log(e),1); b
Out[29]: array([-0.9995308 ,  1.33409143])
```

Wir erhalten für die Steigung der Regressionsgeraden $b_1 \doteq -1.00$ und für den y-Achsenabschnitt $b_0 \doteq 1.34$. Mit dem Schätzer $b_1 \doteq -1$ haben wir also zwischen M und e_M eine Beziehung der Form

$$\ln(e_M) = b_0 - \ln(M) \ ;$$

dies ist äquivalent zu

$$e_M = cM^{-1} \tag{2.15}$$

wobei $c = e^{b_0}$ eine von M unabhängige Konstante ist. Die Beziehung (2.15) bedeutet, dass wenn der Fehler e_M zu M Perioden ist, der Fehler e_{2M} zu *doppelt* so vielen Perioden

$$e_{2M} \overset{(2.15)}{=} c(2M)^{-1} = \frac{1}{2} cM^{-1} = \frac{1}{2} e_M$$

halb so gross ist wie der Fehler zu M Perioden. Bei jeder Verdoppelung der Anzahl Perioden halbiert sich der Fehler des Optionspreises, wie wir in der Tab. 2.1 bereits gesehen haben. Man spricht von *Konvergenz erster Ordnung* oder *linearer Konvergenz*.

Im nächsten Abschnitt werden wir eine zweite Variante des Binomialmodells implementieren, welche das „Zurückrechnen“ im Baum vermeidet. Das bedeutet, dass wir in der Routine binomial_baum_1 den `for`-Loop vermeiden werden. Somit werden wir eine *schnellere* Routine zu Verfügung haben.

2.4 Implementation II

Betrachten wir die zum `for`-Loop führende Rekursion (2.9), welche wir an dieser Stelle nochmals angeben. Für $j = M, \ldots, 0$ und $i = 0, \ldots, j$ berechne $V_{i,j}$ via

$$V_{i,j} = e^{-r\Delta t}\big(p^* V_{i+1,j+1} + q^* V_{i,j+1}\big).$$

Insbesondere ist für $M = 1$, mit $z := e^{-r\Delta t}$,

$$V_{0,0} = z\big[p^* V_{1,1} + q^* V_{0,1}\big]\,.$$

Ist $M = 2$, so ist

$$\begin{aligned} V_{0,0} &= z\big[p^* V_{1,1} + q^* V_{0,1}\big] \\ &= z\big[p^* z\big(p^* V_{2,2} + q^* V_{1,2}\big) + q^* z\big(p^* V_{1,2} + q^* V_{0,2}\big)\big] \\ &= z^2\big[{p^*}^2 V_{2,2} + 2p^* q^* V_{1,2} + {q^*}^2 V_{0,2}\big]\,. \end{aligned}$$

Ist $M = 3$, so ist analog

$$\begin{aligned} V_{0,0} &= z^2\big[{p^*}^2 V_{2,2} + 2p^* q^* V_{1,2} + {q^*}^2 V_{0,2}\big] \\ &= z^2\big[{p^*}^2 z(p^* V_{3,3} + q^* V_{2,3}) + 2p^* q^* z(p^* V_{2,3} + q^* V_{1,3}) + {q^*}^2 z(p^* V_{1,3} + q^* V_{0,3})\big] \\ &= z^3\big[{p^*}^3 V_{3,3} + 3{p^*}^2 q^* V_{2,3} + 3p^* {q^*}^2 V_{1,3} + {q^*}^3 V_{0,3}\big]\,. \end{aligned}$$

So fortfahrend erkennen wir, dass der i-te Summand in der Summe [...] gegeben ist durch

$$C_i^M {p^*}^i {q^*}^{M-i} V_{i,M}, \qquad i = 0, \ldots, M\,.$$

Das bedeutet, dass wir *ohne* im Baum „zurückzurechnen“ zu müssen, den gesuchten Optionspreis $V_{0,0}$ *direkt* als gewichtete Summe der Optionspreise $V_{i,M}$ bei Maturität bestimmen können

$$V_{0,0} = e^{-rT} \sum_{i=0}^{M} C_i^M {p^*}^i {q^*}^{M-i} V_{i,M}\,. \tag{2.16}$$

Wir ersetzen daher die Rekursion durch die Formel (2.16) und erhalten den folgenden Code

i) Angabe der Inputparameter: der jetzige Basiswert $s_{0,0}$ sowie Zinssatz r, stetige Dividendenrendite q, Volatilität σ und Maturität T. Wahl der Anzahl Perioden $M \in \mathbb{N}^{\times}$.
ii) Bestimmung der Modellparameter

$$\Delta t = \frac{T}{M}, \; q^* = 1 - p^* \quad \text{mit} \;\; p^*, \; u, \; d \text{ nach (2.14).}$$

iii) Bestimmung der Preise des Basiswertes zur Maturität $s_{i,M}$. Für $i = 0, \ldots, M$ berechne

$$s_{i,M} = s_{0,0} u^i d^{M-i} \; .$$

iv) Bestimmung der Optionspreise $V_{i,M}$ bei Maturität. Für $i = 0, \ldots, M$ berechne

$$V_{i,M} = g(s_{i,M}) \; .$$

v) Den Optionspreis heute bestimmen via

$$V_{0,0} = e^{-rT} \sum_{i=0}^{M} C_i^M p^{*i} q^{*M-i} V_{i,M} \; .$$

Die direkte Formel (2.16) ist sehr einfach, jedoch hat sie einen schwerwiegenden Nachteil, vergleiche auch mit D. Higham [2]. Um diesen einzusehen, nehmen wir beispielhaft an, dass

$$M = 2000, i = 1000 \text{ sowie } p^* = q^* = 0.5$$

ist. In der Summe (2.16) müssen wir also die Zahl

$$x := C_{1000}^{2000} \cdot 0.5^{2000}$$

ausrechnen. Python erhält

```
In [30]: from scipy.special import comb
In [31]: comb(2000,1000,exact=False)*0.5**2000
RuntimeWarning: invalid value encountered in double_scalars
Out[31]: nan
```

Darin bedeutet `nan` „<u>n</u>ot <u>a</u> <u>n</u>umber"; Python kann die Zahl x nicht bestimmen, obwohl diese wohl definiert ist

$$x = C_{1000}^{2000} \cdot 0.5^{2000} \doteq 0.01784 \; .$$

Der Grund hierfür liegt darin, dass der Binomialkoeffizient C_{1000}^{2000} unglaublich gross ist, nämlich

$$C_{1000}^{2000} \doteq 2.0482 \cdot 10^{600} ,$$

während die Potenz 0.5^{2000} sehr klein ist, nämlich

$$0.5^{2000} \doteq 8.7098 \cdot 10^{-603} .$$

Beide Zahlen können von Python nicht dargestellt werden; bei der ersten spricht man von einem *overflow*, bei der zweiten von einem *underflow*[4].

Wir können das under- resp. overflow-Problem mit Hilfe von Logarithmen umgehen. Bekanntlich können wir für jede Zahl $x \in \mathbb{R}^+$ schreiben

$$x = e^{\ln x},$$

also insbesondere auch

$$x = C_{1000}^{2000} \cdot 0.5^{2000} = e^{\ln(C_{1000}^{2000} \cdot 0.5^{2000})} =: e^z .$$

Den Exponenten

$$z = \ln\left(C_{1000}^{2000} \cdot 0.5^{2000}\right)$$

können wir – unter Verwendung von $C_{1000}^{2000} = \frac{2000!}{1000! \cdot 1000!}$ und der Definition der Fakultät $n! = 1 \cdot 2 \cdot \ldots \cdot n$ (mit $0! = 1$) – problemlos ausrechnen

$$\begin{aligned} z = \ln\left(C_{1000}^{2000} \cdot 0.5^{2000}\right) &= \ln\left(\frac{2000!}{(1000!)^2}\right) + 2000 \ln(0.5) \\ &= \ln(2000!) - 2\ln(1000!) - 2000\ln(2) \\ &= \sum_{k=1}^{2000} \ln(k) - 2\sum_{k=1}^{1000} \ln(k) - 2000\ln(2) . \end{aligned}$$

In Python ergibt sich für z

```
In [32]: z = (np.sum(np.log(np.arange(1,2001)))-
    ...: 2*np.sum(np.log(np.arange(1,1001)))-2000*np.log(2)); z
Out[32]: -4.026367582410558
```

Die gesuchte Zahl x ergibt sich nun als $x = e^z$, in Python

```
In [33]: x = np.exp(z); x
Out[33]: 0.01783901114585437
```

[4] Zahlen, die kleiner sind als $x_u \doteq 0.25 \cdot 10^{-323}$, werden von Python zu 0 gesetzt (underflow). Hingegen werden Zahlen, die grösser als $x_o \doteq 1.79 \cdot 10^{308}$ sind, von Python symbolisch zu ∞ gesetzt (overflow). Somit versucht Python im Beispiel $\infty \cdot 0$ zu rechnen, was nicht definiert ist.

Voilà! Wir werden in der Formel (2.16) somit den Logarithmus von

$$x_i := C_i^M p^{*i} q^{*M-i}$$

betrachten. Wegen

$$C_i^M = \binom{M}{i} = \frac{M!}{i!(M-i)!}$$

ist

$$\begin{aligned}\ln\left(C_i^M\right) &= \ln(M!) - \ln(i!) - \ln((M-i)!) \\ &= \sum_{k=1}^{M} \ln(k) - \sum_{k=1}^{i} \ln(k) - \sum_{k=1}^{M-i} \ln(k)\,.\end{aligned}$$

Es folgt

$$\ln(x_i) = \sum_{k=1}^{M} \ln(k) - \sum_{k=1}^{i} \ln(k) - \sum_{k=1}^{M-i} \ln(k) + i\ln(p^*) + (M-i)\ln(q^*)\,,$$

dies ist zu bestimmen für $i = 0, \ldots, M$, und zwar ohne Verwendung eines `for`-Loops. Wir müssen uns also überlegen, wie wir die $M + 1$ Summen

$$\sum_{k=1}^{0} \ln(k),\ \sum_{k=1}^{1} \ln(k),\ \ldots,\ \sum_{k=1}^{M-1} \ln(k),\ \sum_{k=1}^{M} \ln(k) \tag{2.17}$$

möglichst elegant umsetzen können (der Term $\sum_{k=1}^{M-i} \ln(k)$ erzeugt dieselbe Folge von Summen, allerdings in der umgekehrten Reihenfolge). Python's `cumsum` liefert das Gewünschte. Ist der Vektor

$$\mathbf{x} = \begin{pmatrix} x_1 \\ x_2 \\ \vdots \\ x_M \end{pmatrix}$$

gegeben, so ist der Vektor der kumulierten Summen gegeben durch

$$\texttt{cumsum}(\mathbf{x}) := \begin{pmatrix} \sum_{k=1}^{1} x_k \\ \sum_{k=1}^{2} x_k \\ \vdots \\ \sum_{k=1}^{M} x_k \end{pmatrix}.$$

In unserem Fall ist $x_k = \ln(k)$ und wir können die $M + 1$ Summen in (2.17) wie folgt realisieren (beachte: die erste Summe hat den Wert 0)

$$\mathbf{y} := (0, \texttt{cumsum}(\ln(1, 2, \ldots, M)))$$

Es folgt, dass die $M + 1$ Zahlen

$$\sum_{k=1}^{M} \ln(k) - \sum_{k=1}^{i} \ln(k) - \sum_{k=1}^{M-i} \ln(k), \qquad i = 0, \ldots, M$$

nun via

$$\mathbf{y}[-1] - \mathbf{y} - \mathbf{y}[:: -1]$$

auf einen Schlag berechnet werden können ($\mathbf{y}[:: -1]$ ist der Vektor $\mathbf{y}$ in umgekehrter Reihenfolge). Es ergibt sich somit folgende Variante der Routine 2.1 callput_binomial_tree.

Routine 2.2: callput_binomial_treeexplicit.py

```
import numpy as np

def callput_binomial_treeexplicit(s0,T,sigma,r,q,g,M):
    '''Bestimmt den Preis v einer Option mit Ausuebungsfunktion g und
    Maturitaet T mit Hilfe eines Binomialbaums mit M Perioden. Der Basiswert
    hat den Preis s0 und Volatilitaet sigma. Der risikolose Zinssatz ist r,
    die stetige Dividendenrendite ist q.'''

    # Die Modellparameter bestimmen
    Dt = T/M; k = np.exp(-(r-q)*Dt)*(np.exp((2*(r-q)+sigma**2)*Dt)+1)
    u = 1/2*(k+np.sqrt(k**2-4)); d = 1/u
    p = (np.exp((r-q)*Dt)-d)/(u-d); q = 1-p

    # Die Preise des Basiswertes bei Maturitaet
    a = np.arange(M,-1,-1); b = np.arange(0,M+1); s = s0*d**a*u**b

    # Die Preise der Option bei Maturitaet
    v = g(s)

    # die abgezinste Summe
    y = np.hstack((0,np.cumsum(np.log(np.arange(1,M+1)))))
    y = y[-1]-y-y[::-1]+np.log(p)*b+np.log(q)*a
    v = np.exp(-r*T)*np.sum(np.exp(y)*v)

    return v
```

Die „neue" Routine ist um Faktoren schneller, wie wir im folgenden Beispiel sehen werden. Wir nehmen wiederum die Parameter aus Beispiel 2.1 und verwenden für $M = 10^5$ Perioden einmal die Routine callput_binomial_tree und dann die Routine callput_binomial_treeexplicit. Wir erhalten

```
In [34]: u = time.time()
    ...: v1 = callput_binomial_tree(100,1,0.5,0.01,0,g,10**5)
    ...: el1 = time.time()-u
In [35]: u = time.time()
    ...: v2 = callput_binomial_treeexplicit(100,1,0.5,0.01,0,g,10**5)
    ...: el2 = time.time()-u
```

```
In [36]: v1, v2, el1, el2
Out[36]:
(19.14935157935698,
 19.149351624308018,
 47.96731424331665,
 0.018588781356811523)
```

Der auf sechs Nachkommastellen exakte Optionspreis ist für die gewählten Parameterwerte $V_{ex} \doteq 19.149364$. Die beiden Methoden liefern den selben Optionspreis (bis auf die sechste Nachkommastelle), die Vermeidung des `for`-Loops ist aber in diesem Beispiel ca.

$$\frac{48}{0.0186} \approx 2580 \text{ Mal}$$

schneller und sogar noch ein wenig genauer!

2.5 Der Optionspreis als Erwartungswert

Das Beispiel 2.2 zeigt, dass der Optionspreis $V_{0,0}$ erhalten aus dem Binomialmodell gegen den Black-Scholes Preis konvergiert, wenn die Anzahl M der Perioden gegen unendlich strebt. Tatsächlich kann man die Konvergenz allgemein beweisen. Wir wollen dies im folgenden skizzieren. Dabei werden wir feststellen, dass Optionspreise abgezinste Erwartungswerte sind.

Wir haben gesehen, dass wir den Optionspreis $V_{0,0}$ ausgehend von den Optionspreisen $V_{i,M}$ bei Maturität rekursiv durch „Zurückrechnen" im Baum erhalten können. Weiter haben wir gesehen, dass wir die Rekursion durch eine gewichtete Summe (siehe (2.16)) vermeiden können

$$V_{0,0} = e^{-rT} \sum_{i=0}^{M} C_i^M \, p^{*i} q^{*M-i} \, V_{i,M} \; . \tag{2.18}$$

Darin ist $0 < p^* < 1$ die Wahrscheinlichkeit einer Aufwärtsbewegung des Basiswertes in der risikoneutralen Welt, $0 < q^* = 1 - p^* < 1$ ist die entsprechende Wahrscheinlichkeit einer Abwärtsbewegung und die Optionspreise

$$V_{i,M} = g(s_{i,M}), \quad i = 0, \ldots, M$$

sind Realisationen einer Zufallsvariablen V_M, welche wiederum eine Funktion der Zufallsvariablen S_M ist, das heisst

$$V_M = g(S_M) \; .$$

Das Produkt

$$C_i^M \, p^{*i} q^{*M-i}$$

ist die risikolose Wahrscheinlichkeit, dass die Zufallsvariable S_M den Wert $s_{i,M}$ annimmt, also

$$C_i^M p^{*i} q^{*M-i} = \mathbb{Q}\big[S_M = s_{i,M}\big],$$

vergleiche mit (2.5); hier soll $\mathbb{Q}$ eben andeuten, dass es sich um ein risikoloses Wahrscheinlichkeitsmass handelt. Daher können wir die Summe in (2.18) schreiben als

$$\sum_{i=0}^{M} C_i^M p^{*i} q^{*M-i} V_{i,M} = \sum_{i=0}^{M} g(s_{i,M})\mathbb{Q}[S_M = s_{i,M}]$$

Die letzte Summe ist aber gemäss Definition nichts anderes als der Erwartungswert $\mathbb{E}^{\mathbb{Q}}$ bezüglich des risikolosen Wahrscheinlichkeitsmasses $\mathbb{Q}$

$$\sum_{i=0}^{M} g(s_{i,M})\mathbb{Q}[S_M = s_{i,M}] = \mathbb{E}^{\mathbb{Q}}\big[g(S_M) \mid s_{0,0} = s\big]$$

und der Optionspreis $V_{0,0}$ daher der abgezinste, risikoneutrale Erwartungswert der Zufallsvariablen $g(S_M)$

$$V_{0,0} = e^{-rT}\mathbb{E}^{\mathbb{Q}}\big[g(S_M) \mid s_{0,0} = s\big].$$

Wir können daher einen Optionspreis auffassen als einen „durchschnittlichen", auf heute abgezinsten, in der Zukunft anfallenden, zufälligen Cashflow $g(S_M)$, also

$$V_{0,0} = \mathbb{E}^{\mathbb{Q}}\big[e^{-rT}g(S_M) \mid s_{0,0} = s\big].$$

Beachten Sie, dass nun der Abzinsungsfaktor e^{-rT} innerhalb des Erwartungswert steht. Ist r nicht stochastisch, spielt es gemäss Rechenregeln für Erwartungswerte keine Rolle, ob der Faktor ausserhalb oder innerhalb steht. Ist jedoch der Zinssatz wie bei Zinsmodellen selbst eine Zufallsvariable, so ist nur die zweite Variante sinnvoll.

Man kann zeigen, dass der Optionspreis $V_{0,0}$ gegen den Optionspreis

$$V = \mathbb{E}^{\mathbb{Q}}\big[e^{-rT}g(S(T)) \mid S(0) = s\big] \tag{2.19}$$

konvergiert, wobei

$$S(T) = se^{(r-q-\frac{1}{2}\sigma^2)T+\sigma W(T)} \tag{2.20}$$

ist. Wie bereits in Kap. 1 erwähnt, modelliert $W(t)$, $t \geq 0$, in (2.20) eine Brown'sche Bewegung. Für jedes t ist $W(t)$ eine normalverteilte Zufallsvariable $W(t) \sim \mathcal{N}(0,t)$ mit Erwartungswert 0 und Standardabweichung $\sqrt{t}$. Weil $S(T)$ im Gegensatz zu S_M keine diskrete, sondern stetige Zufallsvariable ist, lässt sich der Erwartungswert $\mathbb{E}^{\mathbb{Q}}[\cdot]$ in (2.19) nun allerdings nicht mehr als Summe realisieren, sondern ist durch das Integral

$$\int_0^\infty g(\xi)f(\xi)\mathrm{d}\xi \tag{2.21}$$

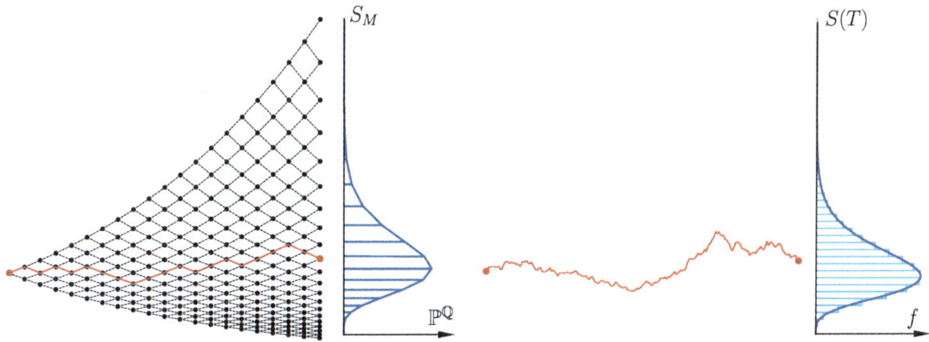

Abb. 2.10 Links. Binomialbaum mit M Perioden und ein möglicher der insgesamt 2^M verschiedenen Pfade. Die Zufallsvariable S_M ist binomialverteilt $\mathbb{Q}[S_M = s_{i,M}] = C_i^M p^{*i} q^{*M-i}$. Rechts. Grenzwert $M \to \infty$ des Binomialbaums und ein möglicher der überabzählbar vielen Pfade einer geometrischen Brown'schen Bewegung. Die Zufallsvariable $S(T)$ ist lognormalverteilt $\ln \mathcal{N}(\mu, \sigma^2 T)$ mit $\mu = (r - q - \frac{1}{2}\sigma^2)T$ und Dichtefunktion $f(\xi) = \frac{1}{\sqrt{2\pi\sigma^2 T}\xi} e^{-\frac{(\ln(\xi/s)-\mu)^2}{2\sigma^2 T}}$

zu ersetzen. Hierbei bezeichnet $f(\xi)$ die Dichtefunktion der Zufallsvariablen $S(T)$, vergleiche mit Abb. 2.10. Im Anhang B.3 zeigen wir, dass die Formel (2.19) respektive das Integral (2.21) im Fall einer geometrischen Brown'schen Bewegung direkt zur Black-Scholes Formel (1.7) führt.

Die Formel (2.19) ist die *stochastische Formulierung* eines Optionspreises und die Basis aller Monte Carlo Methoden für Bewertungsprobleme, vergleiche mit dem Abschn. 1.1. In der Tat ist die Formulierung nicht nur für eine geometrische Brown'sche Bewegung korrekt, sondern für eine sehr grosse Klasse von (weiterführenden) Modellen des Basiswertes. Berechnet man die Summe (2.18) für zum Beispiel eine Call Option mit Auszahlungsfunktion $g(x) = \max\{x - K, 0\}$, so erhält man eine „diskrete" Version

$$V_{0,0} = s_{0,0}e^{-qT} B_{M,\widehat{p}}(i^*) - Ke^{-rT} B_{M,p^*}(i^*) \tag{2.22}$$

der Black-Scholes Formel (1.7)

$$V_c = se^{-qT} \Phi_{0,1}(d_1) - Ke^{-rT} \Phi_{0,1}(d_2) ,$$

vergleiche mit Aufgabe 2.3. Hierin bezeichnen wir mit $B_{M,p}(x)$ die komplementäre Verteilungsfunktion der Binomialverteilung mit Parametern M und p. Die Formel (2.22) kann man verwenden, um zu zeigen, dass wie in Beispiel 2.2 beobachtet $V_{0,0}$ gegen V_c konvergiert, wenn die Anzahl M der Perioden im Binomialbaum gegen unendlich strebt, das heisst

$$B_{M,\widehat{p}}(i^*) \to \Phi_{0,1}(d_1), \quad B_{M,p^*}(i^*) \to \Phi_{0,1}(d_2)$$

für $M \to \infty$.

Es gibt Optionen, welche sich mit Hilfe eines Binomialbaums nicht befriedigend bewerten lassen, so dass eine Erweiterung des Modells notwenig wird. Bevor wir eine solche Erweiterung betrachten, wenden wir uns den Amerikanischen Optionen zu.

2.6 Amerikanische Optionen

Während Europäische Optionen nur bei Maturität $t = T$ ausgeübt werden können, können Amerikanische während der gesamten Laufzeit $t \in]0, T]$ ausgeübt werden. Das Recht der vorzeitigen Ausübung führt dazu, dass eine Amerikanische Option während der gesamten Laufzeit immer mindestens so viel Wert sein muss wie ihre Ausübungsfunktion, das heisst

$$V(s, t; T, K, \sigma, r, q) \geq g(s), \quad t \in [0, T]. \tag{2.23}$$

Ist diese Bedingung verletzt, gibt es Arbitragemöglichkeiten. Wäre zum Beispiel zum Zeitpunkt t der Wert $V = V(s, t)$ eines Puts kleiner als sein Payoff $\max\{K - s, 0\}$, so könnten wir die Option zum Preis V kaufen, diese dann sofort ausüben (in dem wir den Strike K erhalten und den Basiswert zum Kurs $s = S(t)$ liefern). Dadurch erzielten wir einen risikolosen Gewinn

$$-V - s + K > 0,$$

da ja $K - s > V$ nach Annahme. Die Bedingung (2.23) können wir dadurch realisieren, in dem wir die Gleichung (2.9)

$$V_{i,j} = e^{-r\Delta t}\left(p^* V_{i+1,j+1} + q^* V_{i,j+1}\right)$$

ersetzen durch die Gleichung

$$V_{i,j} = \max\left\{e^{-r\Delta t}\left(p^* V_{i+1,j+1} + q^* V_{i,j+1}\right), g(s_{i,j})\right\}. \tag{2.24}$$

Dies ist rekursiv durchzuführen für $j = M, \ldots, 0$, $i = 1, \ldots, j + 1$. Die Rekursion lässt sich im Gegensatz zu Europäischen Optionen nicht explizit berechnen, so dass sich der `for`-Loop in der Routine callput_binomial_tree nicht vermeiden lässt. Zudem benötigen wir wegen (2.24) die Aktienkurse nicht bloss bei $t = T$ respektive $j = M$, sondern auf allen Zeitlevel $1 \leq j \leq M$. Damit wir die Kurse $s_{i,j}$ nach (2.1)

$$s_{i,j} = s_{0,0} d^{j-i} u^i, \quad i = 0, \ldots, j\ .$$

auf jedem Zeitlevel j nicht immer wieder von Neuem berechnen müssen, bestimmen wir für ein und alle Mal die Potenzen (Vektoren der Länge $M + 1$)

$$\mathbf{d} := (d^M, d^{M-1}, \ldots, d^0)^\top, \quad \mathbf{u} := (u^0, u^1, \ldots, u^M)^\top$$

und greifen die benötigten Werte $s_{i,j}$, $i = 0, \ldots, j$ auf Zeitlevel $j = M - 1, \ldots, 0$ via

$$(s_{0,j}, s_{1,j}, \ldots, s_{j,j})^\top = s_{0,0}\big((\mathbf{d})_{M-j+1}(\mathbf{u})_1, (\mathbf{d})_{M-j+2}(\mathbf{u})_2, \ldots, (\mathbf{d})_{M+1}(\mathbf{u})_{j+1}\big)^\top$$

ab. Hierin bezeichnet $(\mathbf{d})_k$ respektive $(\mathbf{u})_k$ die k-te Komponente der Vektoren $\mathbf{d}$ respektive $\mathbf{u}$, $k = 1, \ldots, j + 1$. Auch können wir das Abzinsen in jeder Periode nicht wie im europäischen Fall „nachträglich nachholen". Damit wir aber nicht in jedem Schritt immer die selben Zahlen $z_1 := e^{-r\Delta t} p^*$ und $z_2 := e^{-r\Delta t} q^*$ berechnen müssen, werden wir diese ausserhalb der Rekursion definieren und innerhalb der Rekursion nur noch abgreifen, also

$$V_{i,j} = \max\left\{z_1 V_{i+1,j+1} + z_2 V_{i,j+1}, g(s_{i,j})\right\} .$$

Die Routine americancallput_binomial_tree kann somit wie folgt aussehen.

Routine 2.3: americancallput_binomial_tree.py

```
import numpy as np

def americancallput_binomial_tree(s0,T,sigma,r,q,g,M):
    '''Bestimmt den Preis v einer Amerikanischen Option mit Ausuebungsfunktion
    g und Maturitaet T mit Hilfe eines Binomialbaums mit M Perioden. Der
    Basiswert hat den Preis s0 und Volatilitaet sigma. Der risikolose Zinssatz
    ist r, die stetige Dividendenrendite ist q.'''

    # Die Modellparameter bestimmen
    Dt = T/M; k = np.exp(-(r-q)*Dt)*(np.exp((2*(r-q)+sigma**2)*Dt)+1)
    u = 1/2*(k+np.sqrt(k**2-4)); d = 1/u
    p = (np.exp((r-q)*Dt)-d)/(u-d);
    z1 = np.exp(-r*Dt)*p; z2 = np.exp(-r*Dt)*(1-p);
    d = d**np.arange(M,-1,-1); u = u**np.arange(0,M+1)

    # Die Preise des Basiswertes bei Maturitaet
    s = s0*u*d

    # Die Preise der Option bei Maturitaet
    v = g(s)

    # Im Baum zurueckrechnen
    for j in range(M,0,-1):
        sj = s0*d[M-j+1:M+1]*u[0:j]
        v = np.maximum(z1*v[1:j+1]+z2*v[0:j],g(sj))

    return v[0]
```

Beispiel 2.3 Wir betrachten das Bewerten eines Amerikanischen Put mit Laufzeit $T = 3$ und Ausübungspreis $K = 100$. Die Modellparameter sind $\sigma = 0.2$ und $r = q = 0.04$. In [1] geben die Autoren für $s = 100$ den Wert

$$V := V(s, 0; T, K, \sigma, r, q, -1) \doteq 12.60521$$

Tab. 2.2 Preise des Amerikanischen Put erhalten mit Binomialbäumen (M in der ersten Spalte entspricht der Anzahl Perioden) und der Finite-Differenzen-Methode (M in der vierten Spalte entspricht der Anzahl Gitterpunkte). Der „exakte" Preis ist $V \doteq 12.60521$

M	$V_{0,0_M}$	$V_{0,0_M}$ (LR)	M	V_M
200	12.59486	12.60406	255	12.60193
1600	12.60391	12.60507	511	12.60439
6400	12.60489	12.60518	1023	12.60500
12 800	12.60505	12.60519	2047	12.60516
25 600	12.60513	12.60520	4095	12.60520

an. Wir verwenden diesen, um Konvergenzraten zu bestimmen. Wie im Beispiel 2.2 betrachten wir jeweils $M = 200 \cdot 2^j$, $j = 0, \dots, 7$, Perioden und bestimmen mit der Routine americancallput_binomial_tree den Preis $V_{0,0_M}$ des Puts in Abhängigkeit der Anzahl Perioden M, siehe die Tab. 2.2. Dann bestimmen wir den Fehler $e_M = |V - V_{0,0_M}|$. Dies wiederholen wir für den Binomialbaum von Leisen und Reimer (LR), siehe [4], von welchem man weiss, dass er für Europäische Optionen quadratisch konvergiert, wenn die Anzahl Perioden ungerade ist; hier nehmen wir $M = 200 \cdot 2^j + 1$ Perioden. Schlussendlich bestimmen wir die Preise auch noch mit der in den folgenden Kapiteln einzuführenden Finite-Differenzen-Methode (FDM). Hierzu verwenden wir jeweils $M = 2^L - 1$, $L = 5, \dots, 13$, Gitterpunkte, und die Preise nennen wir V_M. In Abb. 2.11 erkennen wir lineare Konvergenz $e_M = c_1 M^{-1}$ für die beiden Baummethoden und quadratische Konvergenz $e_M = c_2 M^{-2}$ für die Finite-Differenzen-Methode. ◇

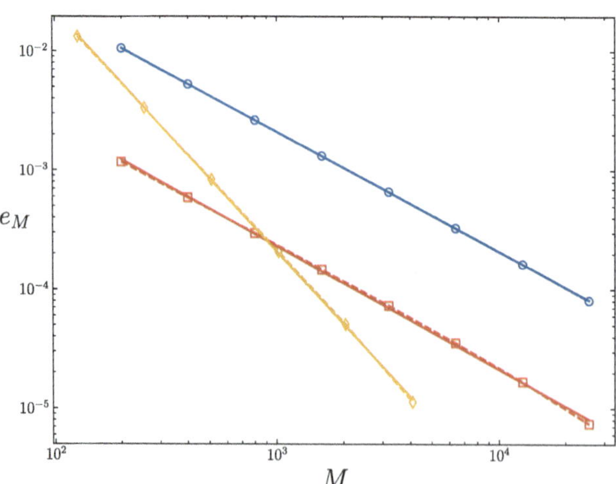

Abb. 2.11 Die Konvergenzrate $e_M = cM^{-n}$ der beiden Binomialbäume ist $n = 1$, für die Finite-Differenzen-Methode $n = 2$. (○) „unser" Binomialbaum, (□) Binomialbaum nach LR, (◇) FDM. Die durchgezogenen Linien stellen die entsprechenden Regressionsgeraden dar

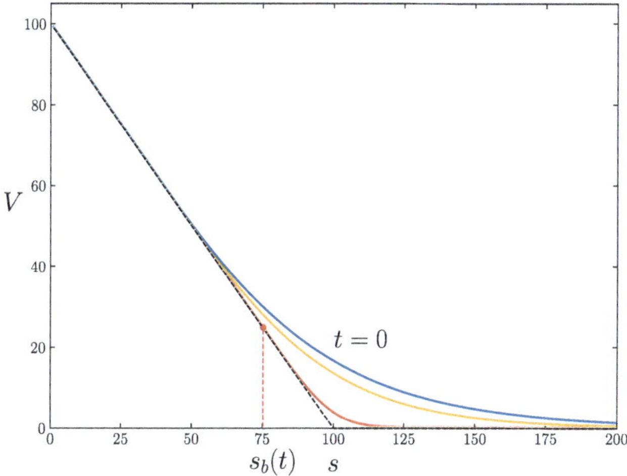

Abb. 2.12 Wert $V(s,t)$ einer Amerikanischen Put Option mit Maturität $T = 2$ und Ausübungspreis $K = 100$. $t = 1.9$ (–), $t = 0.7$ (–), $t = 0$ (–), $t = T$ (- -)

Wir verwenden nun die Routine americancallput_binomial_tree, um den Preis $V(s,t)$ einer Amerikanischen Put Option in Abhängigkeit des Basiswertkurses s graphisch darzustellen. Dazu wählen wir die Parameter $K = 100$, $T = 2$, $\sigma = 0.3$, und $r = q = 0.01$. Für die Basiswertkurse $s \in \{1, 2, \ldots, 2K\}$ rechnen wir in Python

```
In [37]: from binomial_baum_amer import binomial_baum_amer
In [38]: T = 2; sigma = 0.3; r = 0.01; q = 0.01; K = 100; s = np.arange(1,2*K+1)
In [39]: g = lambda x:np.maximum(K-x,0); n = len(s); v = np.zeros(n)
In [40]: for j in range(n):
    ...:     v[j] = binomial_baum_amer(s[j],T,sigma,r,q,g,1000)
In [41]: plt.plot(s,v,'-',s,g(s),'--')
```

Dann wiederholen wir die Prozedur für $T = 0.1$ und $T = 1.3$ und fassen die entsprechenden Preise auf als $V(s, 2 - T)$. Das heisst zum Beispiel, dass der Optionswert für $T = 0.1$ dem Wert der Option mit Maturität $T = 2$ zum Zeitpunkt $t = 1.9$ entspricht, $V(s, 1.9)$. Die Resultate sind in Abb. 2.12 dargestellt.

Wir erkennen, dass in der Tat der Wert der Option zu allen Zeiten $t \in [0, T]$ mindestens dem Payoff entspricht,

$$V(s,t) \geq g(s), \quad t \subset [0,T] \,.$$

Zudem gibt es einen Kurs $s_b(t)$, für welchen

$$\begin{cases} V(s,t) = g(s) & \text{falls } s < s_b(t) \\ V(s,t) > g(s) & \text{falls } s > s_b(t) \end{cases}$$

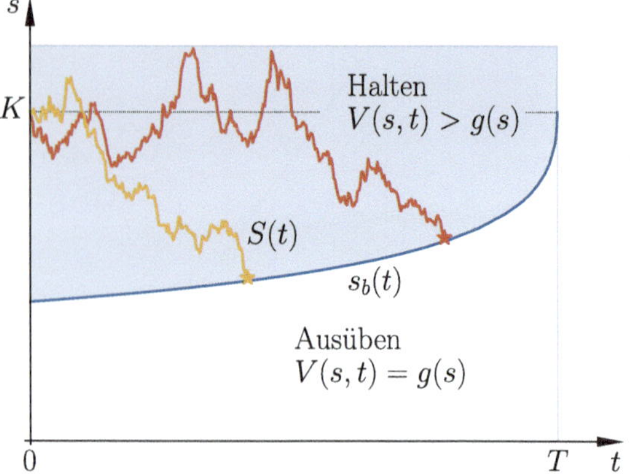

Abb. 2.13 Solange sich der Aktienkurs $S(t)$ innerhalb der (blau markierten) Region C befindet, halten wir die Amerikanische Option. Sobald der Aktienkurs den Rand von C, (der freie Rand $s_b(t)$) trifft (zum ersten Mal), üben wir die Option aus (wir stoppen das Halten der Option). Dargestellt ist die Situation für eine Put Option

gilt. Wir erkennen, dass dieser Kurs mit vorschreitender Zeit nach rechts wandert, also zunehmend ist. Man kann beweisen, dass im Black-Scholes Setting $s_b(T) = K$ ist. Der Kurs $s_b(t)$ entscheidet über Halten oder Ausüben der Option, vergleiche mit Abb. 2.13. Befindet sich der momentane Aktienkurs $s = S(t)$ in der Menge[5]

$$C := \{(t,s) \in [0,T[\times \mathbb{R}^+ \mid s > s_b(t)\} ,$$

so halten wir die Option. „Trifft" der momentane Aktienkurs $S(t)$ auf den „Rand des Gebiets" C, so stoppen wir und üben die Option aus. Der zufällige Zeitpunkt, zu welchem dies geschieht, nennt man „Stoppzeit". Formal ist diese definiert als

$$\tau_C := \inf\{t > 0 \mid \big(t, S(t)\big) \notin C\} .$$

Graphisch können wir uns diesen Zeitpunkt vorstellen als denjenigen, zu welchem der Graph der Funktion $t \mapsto S(t)$ das Gebiet C zum ersten Mal verlässt, vergleiche mit Abb. 2.13. Beachten Sie, dass die Funktion

$$t \mapsto s_b(t)$$

(deren Graph übrigens als *freier Rand* bezeichnet wird) nicht bekannt ist, sondern ein Teil des Bewertungsproblems. Von Amerikanischen Optionen müssen wir nicht bloss den Preis $V(s,0)$ bestimmen, sondern eben auch, zum welchem Zeitpunkt eine solche ausgeübt werden soll. Während des Haltens der Option können wir dies nur entscheiden, wenn wir den freien Rand berechnet haben. Die Funktion $s_b(t)$ mit Hilfe unseres Binomialbaumes approximativ zu bestimmen ist möglich (siehe die Abb. 2.13), für eine Genauigkeit im Basispunkte-Bereich (also auf 0.01 %) jedoch sehr ineffizient.

Im folgenden letzten Abschnitt dieses Kapitels betrachten wir Trinomialbäume und bewerten damit Barriere-Optionen.

[5] Das „C" steht für „continuation region" im Englischen.

2.7 Trinomialbäume

Bei einem Trinomialbaum geht man davon aus, dass der Preis $s_{i,j}$ des Basiswertes auf Zeitlevel j drei mögliche „Zustände" annehmen kann, nämlich

u) eine Aufwärtsbewegung um den Faktor $u > 1$ mit einer Wahrscheinlichkeit p; der Preis auf Zeitlevel $j + 1$ ist

$$s_{i+2,j+1} = s_{i,j}u$$

m) keine Bewegung mit einer Wahrscheinlichkeit p_m; der Preis auf Zeitlevel $j + 1$ ist

$$s_{i+1,j+1} = s_{i,j}$$

d) eine Abwärtsbewegung um den Faktor $d = u^{-1} < 1$ mit einer Wahrscheinlichkeit $1 - p - p_m$; der Preis auf Zeitlevel $j + 1$ ist

$$s_{i,j+1} = s_{i,j}d\ .$$

Weil $ud = 1$ ist, können sich nach j Perioden $2j + 1$ verschiedene Preise bilden, nämlich

$$s_{i,j} = s_{0,0}u^{i-j}, \quad i = 0, \dots, 2j\ ,$$

vergleiche mit Abb. 2.14

Wir bemerken, dass der Baum die Eigenschaft

$$s_{i,M} = s_{i-1,M-1} = s_{i-2,M-2} = \dots = s_{0,M-i}$$

hat, was bedeutet, dass gewisse Preise des Basiswertes über mehrere Zeitperioden vorkommen. Diese Eigenschaft wird später noch nützlich sein.

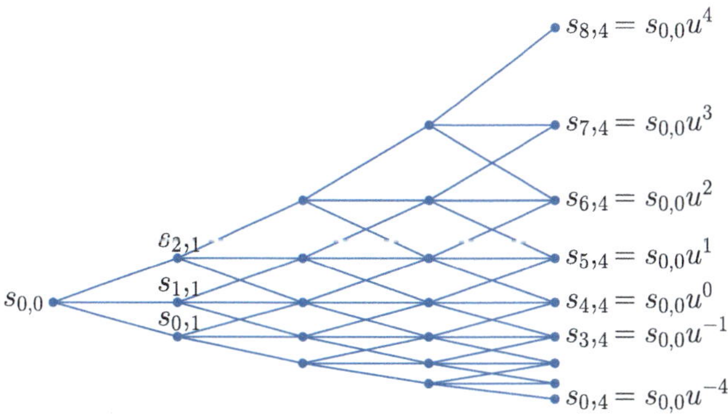

Abb. 2.14 Trinomialbaum für $M = 4$ Perioden (mit $u = 1.3$ und $d = u^{-1}$)

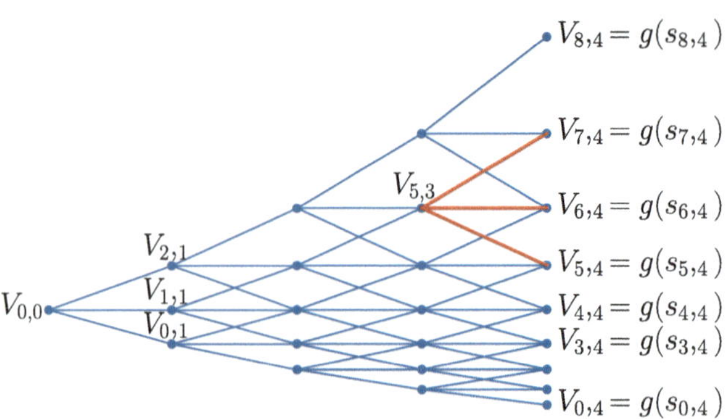

Abb. 2.15 Ausgehend von den Optionspreisen $V_{i,M} = g(s_{i,M})$ bei Maturität ($t = T$) lässt sich der Optionspreis $V_{0,0}$ heute ($t = 0$) rekursiv berechnen, in dem man im Baum „zurückrechnet": jeder Wert $V_{i,j}$ lässt sich aus den drei Werten $V_{i+2,j+1}$, $V_{i+1,j+1}$ und $V_{i,j+1}$ bestimmen. Beispiel mit $M = 4$

Im Schritt von Zeitlevel j auf Zeitlevel $j + 1$ ist der Erwartungswert der Zufallsvariablen S_j gegeben durch

$$\mathbb{E}[S_j] = \sum_{k=0}^{2} s_{i+k,j+1}\mathbb{P}[S_j = s_{i+k,j+1}] = s_{i,j}\big(up + p_m + (1 - p - p_m)d\big) \tag{2.25}$$

und die Varianz ist

$$\begin{aligned}\text{Var}[S_j] &= \sum_{k=0}^{2} s_{i+k,j+1}^2\mathbb{P}[S_d = s_{i+k,j+1}] - \mathbb{E}[S_j]^2 \\ &= s_{i,j}^2\left[u^2 p + p_m + d^2(1 - p - p_m) - (up + p_m + (1 - p - p_m)d)^2\right].\end{aligned} \tag{2.26}$$

Sind die möglichen Preise des Basiswertes $s_{i,M}$, $i = 0, \ldots, 2M$, bei Maturität bestimmt, können wir die Optionspreise durch Auswerten der Auszahlungsfunktion g berechnen

$$V_{i,M} = g(s_{i,M}), \quad i = 0, \ldots, 2M \ .$$

Von diesen ausgehend können wir – wie schon bei den Binomialbäumen – bis zum gesuchten Optionspreis $V_{0,0}$ „zurückrechnen", vergleiche mit Abb. 2.15. Für $j = M - 1, \ldots, 0$ und $i = 0, \ldots, 2j$ berechne $V_{i,j}$ rekursiv via

$$V_{i,j} = e^{-r\Delta t}\big(p^* V_{i+2,j+1} + p_m^* V_{i+1,j+1} + q^* V_{i,j+1}\big) \ , \tag{2.27}$$

wobei die Wahrscheinlichkeiten p^*, p_m^* und $q^* = 1 - p^* - p_m^*$ noch bestimmt werden müssen und mit den (unwichtigen) Wahrscheinlichkeiten p, p_m und $q = 1 - p - p_m$ nichts zu tun haben.

Wir werden nun diese Konstruktion verwenden, um eine Barriere-Option zu bewerten.

2.8 Anwendung: Barriere-Option

Eine Barriere-Option ist ein Beispiel für eine sogenannte *Pfad-abhängige* Option, weil ihre Auszahlungsfunktion vom realisierten Pfad des Basiswertes abhängt. Während die Ausübungsfunktion einer Europäischen Option nur vom Preis $S(T)$ des Basiswertes bei Maturität abhängt, es also keine Rolle spielt, welchen „Pfad" der Basiswert von $S(0)$ nach $S(T)$ „genommen" hat, wird eine Barriere-Option entweder wertlos oder wertvoll, wenn der Basiswert irgendwann während der Laufzeit der Option die *Barriere* $B > 0$ berührt oder „durchbrochen" hat.

Man unterscheidet zwei Haupttypen von Barriere-Optionen

- Eine Out-Option zahlt nur aus, wenn der Basiswert die Barriere *nicht* erreicht. Andernfalls wird die Option wertlos.
- Eine In-Option zahlt erst aus, wenn der Basiswert die Barriere erreicht. Andernfalls ist die Option wertlos.

Eine Out- respektive In-Option kann weiter unterschieden werden zwischen Up- oder Down-Option

- Ist $S(0) < B$ handelt es sich um eine Up-Option.
- Ist $S(0) > B$ handelt es sich um eine Down-Option.

Um eine Barriere-Option vollständig zu charakterisieren, müssen wir zusätzlich noch die Ausübungsfunktion $g(s)$ angeben. Somit ist zum Beispiel ein *Down-und-Out-Put* eine Europäische Put-Option, falls der Basiswert die Barriere nicht von oben durchbricht, vergleiche die Abb. 2.16 und 2.17.

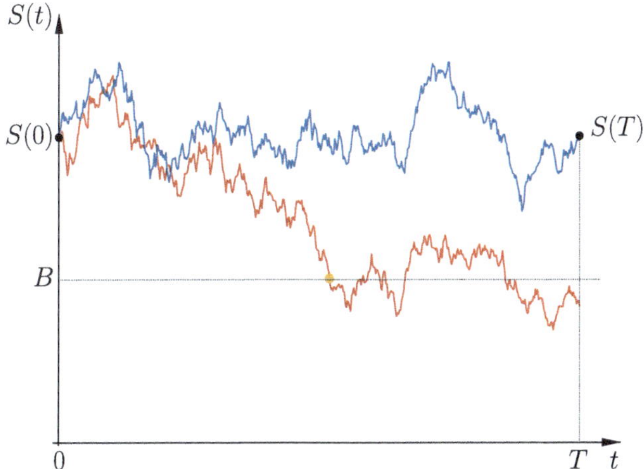

Abb. 2.16 Down-und-Out Option. Ein Pfad einer geometrischen Brown'schen Bewegung $S(t)$ erreicht die Barriere B nicht, der zweite durchbricht sie von oben und die Option wird wertlos

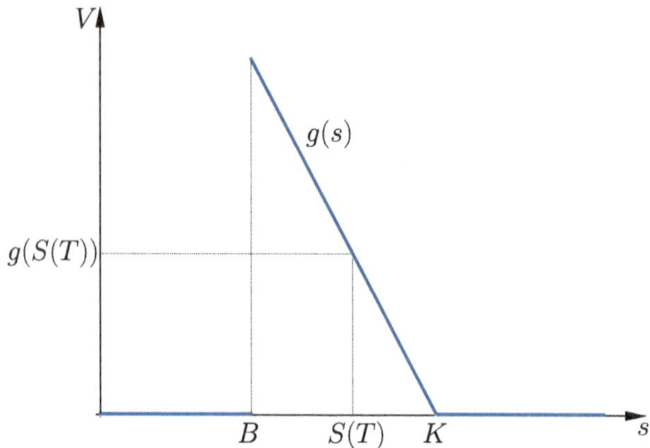

Abb. 2.17 Auszahlungsfunktion $g(s)$ eines Down-und-Out Puts. Bei Maturität T wird $\max\{K - S(T), 0\}$ ausbezahlt, aber nur, falls der Basiswert nicht die Barriere durchbrochen hat, also nur, falls $S(t) > B$ für $0 \leq t \leq T$

Wir wollen nun einen Down-und-Out Put mit Hilfe eines Trinomialbaums bewerten. Dazu müssen wir den Parameter u und die beiden Wahrscheinlichkeiten p^* und p_m^* bestimmen (der Parameter d ist gegeben durch $d = u^{-1}$). Wir wählen u so, dass

$$B = s_{0,0}u^n \tag{2.28}$$

für ein $n \in \mathbb{Z}$ gilt, vergleiche zum Beispiel mit [3, Kapitel 27]. Wie sollen wir n wählen?

Um diese Frage zu beantworten, überlegen wir uns zunächst, wie wir die Parameter wählen müssten, wenn wir eine Europäische Option bewerten würden. Wir würden die Parameter u, p^* und p_m^* so wählen, dass der Erwartungswert $\mathbb{E}[S_j]$ in (2.25) und die Varianz $\text{Var}[S_j]$ in (2.26) des diskreten Modells mit dem Erwartungswert $\mathbb{E}[S(t)]$ in (2.11) und der Varianz $\text{Var}[S(t)]$ in (2.11) einer geometrischen Brown'schen Bewegung übereinstimmen. Wir hätten also nur zwei Gleichungen für die Bestimmung der drei Unbekannten, wodurch wir eine zusätzliche Gleichung angeben müssten. Wir würden $p_m^* = \frac{1}{3}$ wählen. Um noch u und p^* zu bestimmen, betrachten wir das System (vergleiche mit dem System (2.12))

$$\begin{cases} s_{i,j}\big(up^* + p_m^* + q^*d\big) = s_{i,j}e^{r\Delta t} \\ s_{i,j}^2\big[u^2p^* + p_m^* + d^2q^* - (up^* + p_m^* + q^*d)^2\big] = s_{i,j}^2 e^{2r\Delta t}(e^{\sigma^2\Delta t} - 1) \end{cases} \tag{2.29}$$

mit $p_m^* = \frac{1}{3}$ und $d = u^{-1}$ und zeigen in Aufgabe 2.4, dass dessen Lösung durch

$$u = \frac{1}{2}\big(\kappa + \sqrt{\kappa^2 - 4}\big), \quad p^* = \frac{e^{r\Delta t} - \frac{1}{3} - \frac{2}{3}u^{-1}}{u - u^{-1}}, \quad q^* = \frac{2}{3} - p^*, \tag{2.30}$$

mit κ

$$\kappa := \frac{e^{(2r+\sigma^2)\Delta t} + \frac{1}{3}}{e^{r\Delta t} - \frac{1}{3}} \tag{2.31}$$

gegeben ist. Kommen wir nun zurück auf die Frage nach der Wahl von n in (2.28). In dieser Gleichung setzen wir für u dasjenige ein, welches sich ergibt, wenn wir eine Europäische Option betrachten. Das bedeutet, dass wir in der Gleichung (2.28) für u den Wert aus (2.30) einsetzen

$$B = s_{0,0}u^n \stackrel{(2.30)}{=} s_{0,0}\left(\frac{1}{2}\left(\kappa + \sqrt{\kappa^2 - 4}\right)\right)^n$$

und die Gleichung auflösen nach n

$$n = \frac{\ln \frac{B}{s_{0,0}}}{\ln u} \quad \text{mit} \quad u = \frac{1}{2}\left(\kappa + \sqrt{\kappa^2 - 4}\right) . \tag{2.32}$$

Da das Resultat in der Regel eine reelle Zahl sein wird, müssen wir auf die nächste ganze Zahl runden (n muss eine ganze Zahl sein). Sollen wir hierbei auf- oder abrunden? Wir werden gleich sehen, dass diese Frage wichtig ist. Nun, für eine Down-Option, welche wir ja betrachten, ist n *negativ*, weil $B < s_{0,0}$ ist (ansonsten wäre die Option schon zu Beginn der Laufzeit wertlos) und daher der Zähler des Bruches in (2.32) negativ (der Nenner ist positiv, weil $u > 1$ ist). Ist n im Intervall $]-1, 0[$, so würde ein Aufrunden zu $n = 0$ führen, was wiederum bedeuten würde, dass $B = s_{0,0}$ wäre. Somit wäre eine nicht wertlose Option wertlos, $V_{0,0} = 0$, obwohl eigentlich $V_{0,0} > 0$ ist. Daher kommt ein Aufrunden nicht in Frage und wir müssen abrunden[6]

$$n = \left\lfloor \frac{\ln \frac{B}{s_{0,0}}}{\ln u} \right\rfloor \quad \text{mit} \quad u = \frac{1}{2}\left(\kappa + \sqrt{\kappa^2 - 4}\right) . \tag{2.33}$$

Damit ist $n \leq -1$ bekannt, und im Trinomialbaum für eine Barriere-Option ergibt sich u nun zu

$$u = \sqrt[n]{\frac{B}{s_{0,0}}} .$$

Der Exponent n respektive die Barriere B „teilt" den Trinomialbaum in zwei Hälften. Für eine Down-und-Out Option sind die Optionspreise

$$V_{i,M} = V_{i-1,M-1} = V_{i-2,M-2} = \ldots = V_{0,M-i} = 0, \quad i = 0, \ldots, M + n$$

weil die entsprechende Basiswerte unterhalb oder auf der Barriere liegen, das heisst

$$s_{i,M} = s_{i-1,M-1} = s_{i-2,M-2} = \ldots = s_{0,M-i} \leq B, \quad i = 0, \ldots, M + n ,$$

vergleiche mit Abb. 2.18.

[6] Für eine reelle Zahl x ist $\lfloor x \rfloor$ die grösste ganze Zahl, die kleiner oder gleich x ist, zum Beispiel $\lfloor -0.23 \rfloor = -1$, oder $\lfloor \pi \rfloor = 4$.

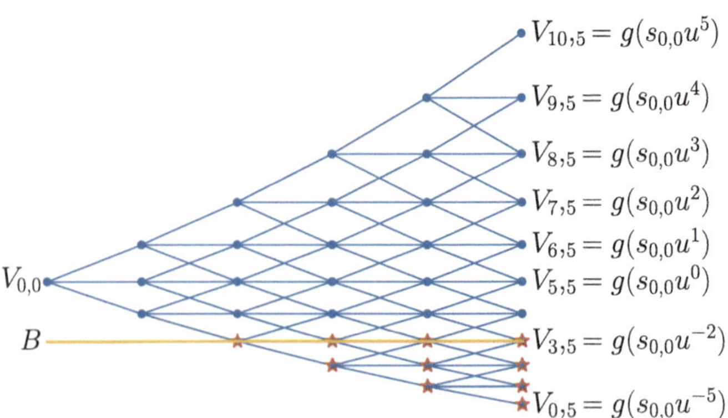

Abb. 2.18 Down-und-Out Put im Trinomialmodell. Die mit (★) gekennzeichneten Optionspreise sind 0, weil der entsprechende Basiswert unterhalb oder auf der Barriere B liegt. Beispiel mit $M = 5$ und $n = -2$

Um eine Down-und-Out Option zu bewerten, müssen wir, bevor wir im Baum „zurückrechnen" (vergleiche mit (2.27)), die Optionswerte

$$V_{i,M} = g(s_{i,M}), \quad i = 0, \ldots, M + n$$

zu Null setzen. Danach können wir die Rekursion (2.27)

$$V_{i,j} = e^{-r\Delta t}\big(p^* V_{i+2,j+1} + p_m^* V_{i+1,j+1} + q^* V_{i,j+1}\big), \quad i = 0, \ldots 2j$$

anwenden. Im Fall mit $j = M = 5$ und $n = -2$ beispielsweise sieht dies in Vektorschreibweise wie folgt aus (dabei sind die Werte *oberhalb* der vertikalen Linien jeweils zu Null zu setzen, vergleiche auch mit Abb. 2.18).

$$\mathbf{v}_4 := \left(\begin{array}{c} V_{0,4} \\ V_{1,4} \\ V_{2,4} \\ \hline V_{3,4} \\ V_{4,4} \\ V_{5,4} \\ V_{6,4} \\ V_{7,4} \\ V_{8,4} \end{array}\right) = p^* \left(\begin{array}{c} V_{2,5} \\ V_{3,5} \\ \hline V_{4,5} \\ V_{5,5} \\ V_{6,5} \\ V_{7,5} \\ V_{8,5} \\ V_{9,5} \\ V_{10,5} \end{array}\right) + p_m^* \left(\begin{array}{c} V_{1,5} \\ V_{2,5} \\ V_{3,5} \\ \hline V_{4,5} \\ V_{5,5} \\ V_{6,5} \\ V_{7,5} \\ V_{8,5} \\ V_{9,5} \end{array}\right) + q^* \left(\begin{array}{c} V_{0,5} \\ V_{1,5} \\ V_{2,5} \\ V_{3,5} \\ \hline V_{4,5} \\ V_{5,5} \\ V_{6,5} \\ V_{7,5} \\ V_{8,5} \end{array}\right).$$

Beachten Sie, dass das Abzinsen, also die Multiplikation mit $e^{-r\Delta t}$ in jeder Zeitperiode, nicht notwendig ist, da wir dies zum Schluss nachholen können: anstatt in M Perioden immer mit dem Faktor $e^{-r\Delta t}$ zu multiplizieren, können wir zum Schluss einmal mit dem Faktor e^{-rT} multiplizieren.

Es bleibt, die Wahrscheinlichkeiten p^* und p_m^* zu bestimmen. Es ist klar, wie wir dies zu tun haben: Wiederum setzen wir Erwartungswerte und Varianzen aus Trinomialmodell und geometrischer Brown'scher Bewegung gleich. Wir erhalten so das Gleichungssystem

$$\begin{cases} up^* + p_m^* + q^*d = e^{r\Delta t} \\ u^2p^* + p_m^* + d^2q^* - (up^* + p_m^* + q^*d)^2 = e^{2r\Delta t}(e^{\sigma^2\Delta t} - 1) \end{cases} \tag{2.34}$$

welches wir im Unterschied zum europäischen Fall nun nicht nach u und p^* auflösen, sondern eben nach p^* und p_m^*. Mit $q^* = 1 - p^* - p_m^*$ ergibt sich

$$p_m^* = \frac{e^{r\Delta t}(u^2+1) - u\big(e^{(2r+\sigma^2)\Delta t} + 1\big)}{(u-1)^2}, \quad p^* = \frac{e^{r\Delta t} - p_m^* - (1-p_m^*)u^{-1}}{u - u^{-1}}. \tag{2.35}$$

Wir erhalten somit folgenden Code für die Bewertung eines Down-und-Out Put.

i) Angabe der Inputparameter: der jetzige Basiswert $s_{0,0}$ sowie Zinssatz r, Volatilität σ, Maturität T, Ausübungspreis K und Barriere $B < s_{0,0}$. Wahl der Anzahl Perioden $M \in \mathbb{N}^\times$.
ii) Bestimmung der Modellparameter

$$\Delta t = \frac{T}{M}, \kappa \text{ aus (2.31)}, n \text{ aus (2.33)}, u = \sqrt[n]{\frac{B}{s_{0,0}}},$$

p^* und p_m^* aus (2.35), $q^* = 1 - p^* - p_m^*$.

iii) Bestimmung der Preise des Basiswertes bei Maturität $s_{i,M}$. Für $i = -M, \ldots, M$ berechne

$$s_{i,M} = s_{0,0}u^i \ .$$

iv) Bestimmung der Optionspreise $V_{i,M}$ bei Maturiät. Für $i = 0, \ldots, 2M$ berechne

$$V_{i,M} = \max\{K - s_{i,M}, 0\}$$

und setze die Werte $V_{i,M}$, $i = 0, \ldots, M + n$ zu Null.
v) Im Baum „zurückrechnen". Für $j = M - 1, \ldots, 0$ und $i = 0, \ldots, 2j$ berechne

$$V_{i,j} = p^*V_{i+2,j+1} + p_m^*V_{i+1,j+1} + q^*V_{i,j+1} \ ,$$

und setze die Werte $V_{i,j}$, $i = 0, \ldots, j + n$, zu Null.
vi) Über alle Zeitperioden Abzinsen

$$e^{-rT}V_{0,0} \ .$$

Dies realisieren wir in der Routine dop_trinomial_tree.

Routine 2.4: dop_trinomial_tree.py

```
import numpy as np

def dop_trinomial_tree(s0,B,K,T,sigma,r,M):
    '''Bestimmt den Preis v einer Down-und-Out Put Option mit Barriere B,
    Strike K und Maturitaet T mit Hilfe eines Trinomialbaums mit M Perioden.
    Der Basiswert hat den Preis s0 und Volatilitaet sigma. Der risikolose
    Zinssatz ist r.'''

    # Die Modellparameter bestimmen
    Dt = T/M; k = (np.exp((2*r+sigma**2)*Dt)+1/3)/(np.exp(r*Dt)-1/3);
    n = np.int(np.floor(np.log(B/s0)/np.log((k+np.sqrt(k**2-4))/2)));
    u = (B/s0)**(1/n);
    pm = (np.exp(r*Dt)*(u**2+1)-u*(np.exp((2*r+sigma**2)*Dt)+1))/((u-1)**2);
    p = (np.exp(r*Dt)-pm-(1-pm)/u)/(u-1/u); q = 1-p-pm;

    # Die Preise des Basiswertes bei Maturitaet
    s = s0*u**np.arange(-M,M+1)

    # Die Preise der Option bei Maturitaet
    v = np.maximum(K-s,0); v[0:M+n+1] = 0;

    # Im Baum zurueckrechnen
    for j in range(M,0,-1):
        v = p*v[2:2*j+1] + pm*v[1:2*j] + q*v[0:2*j-1];
        v[0:np.maximum(j+n,0)] = 0;

    # Abzinsen
    v = np.exp(-r*T)*v[0]

    return v
```

Beispiel 2.4 Wir verwenden die Routine 2.4 dop_trinomial_tree, um einen Down-und-Out Put mit den Parametern $s_{0,0} = 81$, $B = 80$, $K = 100$, $T = 1$, $\sigma = 0.2$ und $r = 0.05$ zu bewerten (Basiswert ist nahe der Barriere). Dazu wählen wir wie im Beispiel 2.2 jeweils

$$M = 100 \cdot 2^j, \quad j = 0, \ldots, 10 ,$$

Perioden. Den Fehler $e_M = |V - V_{0,0_M}|$ (mit dem exakten Optionspreis $V \doteq 0.182832007$ aus Formel (5.47)) stellen wir in Abb. 2.19 graphisch dar. ◇

Im Beispiel 2.4 stellen wir fest, dass der Trinomialbaum für Preise des Basiswertes, die nahe an der Barriere sind, die Option nur sinnvoll bewerten kann, wenn die Anzahl M der Perioden genügend gross ist. Das Problem lässt sich zurückverfolgen bis zur Bestimmung der Wahrscheinlichkeit p_m^* in (2.35), die (unter anderem) von M via $\Delta t = \frac{T}{M}$ abhängt

$$p_m^* = \frac{e^{r\frac{T}{M}}(u^2+1) - u\big(e^{(2r+\sigma^2)\frac{T}{M}} + 1\big)}{(u-1)^2} .$$

M	$V_{0,0}$	p_m^*
100	$1.463 \cdot 10^{60}$	-1.596
200	$8.040 \cdot 10^{37}$	-0.297
400	$-1.099 \cdot 10^{246}$	-1.593
800	$-2.910 \cdot 10^{158}$	-0.296
1600	nicht def.	-0.458
3200	0.1827360	0.271
6400	$3.465 \cdot 10^{64}$	-0.012
12 800	0.1828106	0.271
25 600	0.1828219	0.180
51 200	0.1828730	0.271
102 400	0.1828296	0.268

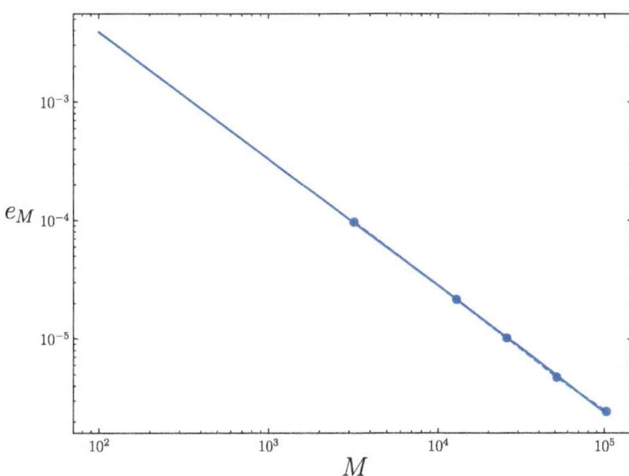

Abb. 2.19 Down-und-Out Put für einen Preis des Basiswertes $s_{0,0} = 81$ nahe an der Barriere $B = 80$. Für die gegebenen Parameter ist der exakte Wert der Option $V \doteq 0.182832007$. Bis $M = 6400$ kann der Trinomialbaum die Option nicht bewerten (Ausnahme für $M = 3200$), weil in diesen Fällen die Wahrscheinlichkeit p_m^* negativ ist. Der Fehler $e_M = |V - V_{0,0_M}|$ lässt sich erst für $M \geq 12\,800$ sinnvoll bestimmen, für diese M ergibt sich Konvergenz erster Ordnung; die Steigung der (Regressions-)Geraden ist -1.07

Die Wahrscheinlichkeit p_m^* hängt aber auch noch durch

$$u = \left(\frac{B}{s_{0,0}}\right)^{\frac{1}{n}}$$

von M ab, da der Exponent n in (2.33) in komplizierter Art und Weise von M abhängt. Um die Abhängigkeit von p_m^* von der Anzahl der Perioden M besser zu verstehen, zeichnen wir in Abb. 2.20 der Graphen der Funktion $M \mapsto p_m^*$.

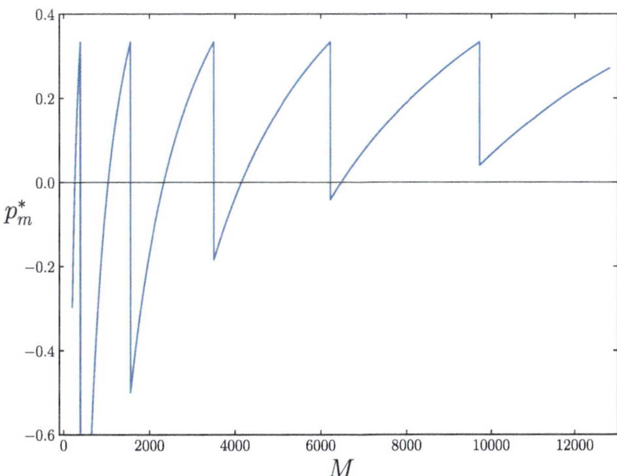

Abb. 2.20 Wert der Wahrscheinlichkeit p_m^* in (2.35) im Trinomialbaum in Abhängigkeit der Anzahl Perioden M (berechnet aus den Werten in Beispiel 2.4). Für die Fälle, bei welchen p_m^* negativ ist, ergeben sich sinnlose Optionspreise. Die Unstetigkeitsstellen in der Funktion $M \mapsto p_m^*$ stammen von der unstetigen Funktion $x \mapsto \lfloor x \rfloor$ (Abrunden)

Wir erkennen, dass in der Tat nicht für alle Werte von M die entsprechende Wahrscheinlichkeit p_m^* positiv ist. Insbesondere erkennen wir negative Wahrscheinlichkeiten für $M = 1600$ und $M = 6400$. Das Trinomialmodell hat also Probleme, um eine Barriere-Option für Basiswerte nahe an der Barriere zu bewerten. Anstatt uns nun Gedanken darüber zu machen, wie wir diesen Umstand beheben könnten, verweisen wir auf den Abschn. 5.7, in welchem wir Optionen mit Hilfe von finiten Differenzen bewerten werden. Dort werden wir dieses Problem erst gar nicht antreffen.

2.9 Aufgaben

Aufgabe 2.1 Weisen Sie die Beziehungen (2.7) und (2.8) nach. Verwenden Sie dazu den *binomischen Lehrsatz*

$$(a+b)^n = \sum_{k=0}^{n} C_k^n a^{n-k} b^k = \sum_{k=0}^{n} C_k^n a^k b^{n-k} \,. \tag{2.36}$$

Aufgabe 2.2 Zeigen Sie, dass die Lösung des Gleichungssystems (2.12) gegeben ist durch (2.13).

Aufgabe 2.3 Wir betrachten eine Call Option mit Ausübungspreis K und Maturität T. Der Preis $V_{0,0}$ der Option lässt sich nach (2.16) bestimmen mit der Formel

$$V_{0,0} = e^{-rT} \sum_{i=0}^{M} C_i^M p^{*i} q^{*M-i} \max\{s_{i,M} - K, 0\} \,.$$

i) Finden Sie den Index $i^* \in \mathbb{N}$, so dass

$$\max\{s_{i,M} - K, 0\} = \begin{cases} 0 & \text{falls } i < i^* \\ s_{i,M} - K & \text{falls } i \geq i^* \end{cases}$$

gilt.

ii) Aufgrund von i) lässt sich der Optionspreis $V_{0,0}$ schreiben als

$$V_{0,0} = e^{-rT} \sum_{i=i^*}^{M} C_i^M p^{*i} q^{*M-i} (s_{i,M} - K) \,.$$

Zeigen Sie, dass sich diese Formel umschreiben lässt zu (vergleiche mit (2.22))

$$V_{0,0} = s_{0,0} e^{-qT} B_{M,\widehat{p}}(i^*) - K e^{-rT} B_{M,p^*}(i^*),$$

wobei $\widehat{p} = p^* u e^{-(r-q)\Delta t}$ ist und wir mit $B_{M,p}(x)$ die komplementäre Verteilungsfunktion der Binomialverteilung mit Parametern M und p bezeichnen, das heisst für $x \in \mathbb{N}$

$$B_{M,p}(x) := \sum_{i=x}^{M} C_i^M p^i (1-p)^{M-i} = 1 - \sum_{i=0}^{x-1} C_i^M p^i (1-p)^{M-i} =: 1 - F_{M,p}(x-1) .$$

iii) Schreiben Sie eine Routine call_bs_discrete welche die Formel (2.22) realisiert. Die Verteilungsfunktion $F_{M,p}(x)$ der Binomialverteilung ist in Python als `binocdf` verfügbar.
iv) Wiederholen Sie mit der Routine call_bs_discrete das Beispiel 2.2, jedoch mit $s_{0,0} = 90$. Welche Konvergenzrate erhalten Sie?
v) Stellen Sie mit Hilfe der Routine call_bs_discrete die Abhängigkeit des Optionspreises $V_{0,0}$ vom aktuellen Kurs des Basiswertes $s_{0,0}$ graphisch dar (zum Beispiel wie in Abb. 1.3). Verwenden Sie die selben Modellparameter wie in iv).

Aufgabe 2.4 Zeigen Sie, dass die Lösung des Gleichungssystems (2.29) gegeben ist durch (2.30).

Aufgabe 2.5 Wiederholden Sie das Beispiel 2.4 für $s_{0,0} = 100$ und sonst gleichen Parametern. Stellen Sie den Fehler $e_M = |V - V_{0,0_M}|$ in einem logarithmischen Plot graphisch dar. Was ist die Konvergenzordnung des Verfahrens? Der exakte Optionspreis ist $V = 1.62101550908175$.

Literatur

1. L. Andersen, M. Lake, and D. Offengenden. High Performance American Option Pricing. Technical report, July 2015. Available at SSRN: https://ssrn.com/abstract=2547027.
2. D.J. Higham. Nine Ways to Implement the Binomial Method for Option Valuation in Matlab. *SIAM Review*, 44(4):661–677, 2002.
3. J. C. Hull. *Options, Futures, and Other Derivatives*. Eleventh Edition. Pearson, 2021.
4. D. Leisen and M. Reimer. Binomial Models for Option Valuation – Examining and Improving Convergence. *Applied Mathematical Finance*, 3:319–346, 1996.

Die Black-Scholes Gleichung

3

Sie haben richtig gelesen: Dieser Abschnitt behandelt nicht die Black-Scholes Formel (1.7), sondern die Black-Scholes *Gleichung*. Diese ist eine (partielle) Differentialgleichung; in einer solchen ist der Optionspreis $V(s, t)$ als Funktion die Unbekannte. Die *Lösung* der Black-Scholes Gleichung ist die Black-Scholes Formel. Man mag an dieser Stelle einwenden, warum wir die Black-Scholes Gleichung betrachten sollen, wenn wir die Black-Scholes Formel bereits zur Verfügung haben. Aus den Erweiterungen E_1 und E_2 am Ende des Abschn. 1.2 sollte aber klar geworden sein, dass die Formel (1.7) eben nur gültig ist für Europäische Call oder Put Optionen im Black-Scholes Modell. Für viele andere Modelle und/oder Derivate existiert keine Formel zur Berechnung des Derivatpreises, und man muss auf numerische Methoden zurückgreifen. Die Binomial- und Trinomialbäume im Kap. 2 stellen eine erste numerische Methode dar. Diese sind aber für viele in diesem Text betrachteten Modelle und Derivate ungeeignet; wir werden die Preise dieser Derivate dadurch erhalten, in dem wir partielle Differentialgleichungen (numerisch approximativ) lösen. In diesem Sinn stellt dieses Kapitel eine wichtige Vorbereitung für die kommenden Kapitel dar.

Wir werden das Binomialbaum-Modell aus dem Kap. 2 zusammen mit Taylorreihen verwenden, um die Black-Scholes Gleichung herzuleiten. Da Taylorpolynome und Taylorreihen ohnehin in der Finance nicht wegzudenken sind, werden wird diese im ersten Abschnitt dieses Kapitels kurz repetieren.

Der letzte Abschnitt stellt allgemeiner eine Beziehung zwischen Erwartungswerten (was Derivatspreise ja sind) und partiellen Differentialgleichungen her. Diese Beziehung ist bekannt als das Feynman-Kac Theorem; die Zitieren dieses Theorems setzt aber Kenntnis von mathematischen Konzepten/Begriffen voraus, auf welche wir in diesem Texten nicht eingehen wollen. Wir werden daher das Theorem nicht zitieren, sondern formal als „Fundamentalprinzip" wiedergeben.

N. Hilber, *Bewertung von Finanzderivaten mit Python*,
https://doi.org/10.1007/978-3-658-39210-9_3

3.1 Taylorpolynome und Taylorreihe

Für n-mal differenzierbare Funktion $f : \mathbb{D} \to \mathbb{R}$ stellt das n-te Taylorpolynom[1] zu f um $a \in \mathbb{D}$

$$p_a^n(x) := f(a) + f'(a)(x-a) + \ldots + \frac{1}{n!} f^{(n)}(a)(x-a)^n = \sum_{j=0}^{n} \frac{1}{j!} f^{(j)}(a)(x-a)^j \tag{3.1}$$

eine Approximation zum Wert $f(x)$ dar, das heisst

$$p_a^n(x) \approx f(x) ,$$

für alle $x \in \mathbb{D}$. Unter gewissen Voraussetzungen an die Funktion f gilt genauer[2]

$$f(x) = p_a^n(x) + \underbrace{\mathcal{O}\big((x-a)^{n+1}\big)}_{\text{Fehler}} . \tag{3.2}$$

Ist die Funktion f an der Stelle a beliebig oft differenzierbar, kommt man in Versuchung, die *Taylorreihe*

$$f(x) = \sum_{j=0}^{\infty} \frac{f^{(j)}(a)}{j!}(x-a)^j \tag{3.3}$$

hinzuschreiben. Dies dürfen wir aus zwei Gründen nicht ohne Weiteres tun. Erstens müssen wir – wie immer bei unendlichen Reihen – uns Gedanken über die Konvergenz der Reihe machen. Wir wissen nicht, ob die Summe einen endlichen Wert annimmt oder nicht. Zweitens ist es auch bei der Konvergenz der Reihe nicht klar, ob der Wert der Reihe dem Funktionswert an der Stelle x entspricht, also ob tatsächlich das Gleichheitszeichen in (3.3) gilt. Unter gewissen Annahmen an die Funktion f können beiden Fragen bejaht werden. Dies ist insbesondere der Fall für die in der Finanz wichtigen Taylorreihen für die Funktion e^x und $\ln(1+x)$; diese geben wir in der Tab. 3.1 an.

---

[1] Benannt nach dem englischen Mathematiker Brook Taylor (1685–1731).

[2] (Gross-oh Schreibweise). Wir schreiben

$$f = \mathcal{O}(g) \quad \text{für } x \to a$$

wenn es eine Konstante C so gibt, dass

$$|f(x)| = C|g(x)|$$

für alle x genügend nahe an a gilt.

Tab. 3.1 Taylorreihe von e^x und $\ln(1+x)$

$f(x)$	Taylorreihe um $a = 0$	Konvergenz für
e^x	$\sum_{k=0}^{\infty} \frac{1}{k!}x^k = 1 + x + \frac{1}{2}x^2 + \frac{1}{6}x^3 + \cdots$	$x \in \mathbb{R}$
$\ln(1+x)$	$\sum_{k=1}^{\infty} \frac{(-1)^{k-1}}{k}x^k = x - \frac{1}{2}x^2 + \frac{1}{3}x^3 + \cdots$	$x \in]-1, 1]$

Für das vorliegende Kapitel brauchen wir (3.2) für multivariate Funktionen. Ohne gute Notation ist diese mühsam aufzuschreiben, und da wir so oder so nicht den allgemeinen Fall benötigen, begnügen wir uns mit dem Taylorpolynom bis und mit zweiten Grades. Es sei also $f : \mathbb{D} \to \mathbb{R}$, $\mathbb{D} \subset \mathbb{R}^n$, eine Funktion in n Veränderlichen, und es sei $\mathbf{x} = (x_1, \ldots, x_n)$ und $\mathbf{a} = (a_1, \ldots, a_n)$. Unter gewissen Voraussetzungen an f gilt dann

$$f(\mathbf{x}) = f(\mathbf{a}) + (\mathbf{x}-\mathbf{a})^\top \nabla f(\mathbf{a}) + \frac{1}{2}(\mathbf{x}-\mathbf{a})^\top \mathbf{H}_f(\mathbf{a})(\mathbf{x}-\mathbf{a}) + \mathcal{O}\big(\|\mathbf{x}-\mathbf{a}\|_1^3\big). \tag{3.4}$$

Hierin sind $\nabla f(\mathbf{a})$ und $\mathbf{H}_f(\mathbf{a})$ der Gradient respektive die Hessische Matrix von f ausgewertet an der Stelle $\mathbf{a}$. Weiter bezeichnet $\|\mathbf{x}\|_1 = |x_1| + \cdots + |x_n|$ die sogenannte 1-Norm des Vektors $\mathbf{x}$, vergleiche mit dem Abschn. A.1.3. Beachten Sie, dass die Notation in (3.4) keinen Unterschied macht zwischen $\mathbf{x}$ als Punkt im $\mathbb{R}^n$ und als Spaltenvektor im $\mathbb{R}^n$. Wir setzen nun $\mathbf{x} = \mathbf{a} + \mathbf{h}$ für ein $\mathbf{h} = (h_1, \ldots, h_n)$ und betrachten den bivariaten Fall in (3.4) explizit. Es ergibt sich

$$\begin{aligned} f(a_1+h_1, a_2+h_2) &= f(a_1,a_2) + \begin{pmatrix} h_1 & h_2 \end{pmatrix} \begin{pmatrix} \partial_{x_1} f(a_1,a_2) \\ \partial_{x_2} f(a_1,a_2) \end{pmatrix} \\ &\quad + \frac{1}{2}\begin{pmatrix} h_1 & h_2 \end{pmatrix} \begin{pmatrix} \partial_{x_1x_1} f(a_1,a_2) & \partial_{x_1x_2} f(a_1,a_2) \\ \partial_{x_2x_1} f(a_1,a_2) & \partial_{x_2x_2} f(a_1,a_2) \end{pmatrix} \begin{pmatrix} h_1 \\ h_2 \end{pmatrix} \\ &\quad + \mathcal{O}\big((|h_1| + |h_2|)^3\big)\,. \end{aligned}$$

Nun multiplizieren wir aus und erhalten die Taylorentwicklung für $f(a_1 + h_1, a_2 + h_2)$ um den Punkt (a_1, a_2)

$$\begin{aligned} f(a_1+h_1, a_2+h_2) &= f(a_1,a_2) + \partial_{x_1} f(a_1,a_2)h_1 + \partial_{x_2} f(a_1,a_2)h_2 \\ &\quad + \frac{1}{2}\partial_{x_1x_1} f(a_1,a_2)h_1^2 + \partial_{x_1x_2} f(a_1,a_2)h_1h_2 + \frac{1}{2}\partial_{x_2x_2} f(a_1,a_2)h_2^2 \\ &\quad + \mathcal{O}(|h_1|^3) + \mathcal{O}(|h_1|^2|h_2|) + \mathcal{O}(|h_1||h_2|^2) + \mathcal{O}(|h_2|^3). \end{aligned} \tag{3.5}$$

Wir werden diese im nächsten Abschnitt benötigen.

3.2 Herleitung der Black-Scholes Gleichung

Im Abschn. 2.2 haben wir gesehen, dass sich der Optionspreis $V_{i,j}$ irgendwo im Binomialbaum via

$$p^* V_{i+1,j+1} + q^* V_{i,j+1} - e^{r\Delta t} V_{i,j} = 0$$

berechnen lässt (bis auf den Zeitlevel $j = M$, wo der Optionspreis durch die Auszahlungsfunktion g gegeben ist). In obiger Formel bezeichnen $V_{i,j+1}$ und $V_{i+1,j+1}$ die bekannten Optionspreise zum (späteren) Zeitpunkt $(j+1)\Delta t$. Die Indices i und j „kodieren" schlussendlich die Abhängigkeit des Optionspreises vom konkreten Kurs des Basiswertes s und der Zeit t. Um die Abhängigkeit des Optionspreises V vom Basiswert s und der Zeit t zu modellieren, führen wir die Funktion $V = V(s,t)$ ein. Approximiert die diskrete Funktion $V_{i,j}$ die Funktion V ausgewertet an der Stelle (s,t), also $V_{i,j} \approx V(s,t)$, so approximiert $V_{i,j+1}$ den Funktionswert $V(ds, t+\Delta t)$ und $V_{i+1,j+1}$ den Funktionswert $V(us, t+\Delta t)$. Dabei erinnern wir an die Tatsache, dass der Kurs s des Basiswertes ausgehend vom Zeitlevel j zum Zeitlevel $j+1$ ja die beiden Kurse us oder ds annehmen kann, vergleiche mit Abb. 2.7, in welcher $s = s_{i,j}$ sowie $us = us_{i,j} = s_{i+1,j+1}$ und $ds = ds_{i,j} = s_{i,j+1}$ ist. Die diskrete Beziehung (2.9) für $V_{i,j}$ soll bis auf „ Fehlerterme" auch für die Funktion $V(s,t)$ gelten, das heisst

$$p^* V(us, t+\Delta t) + q^* V(ds, t+\Delta t) - e^{r\Delta t} V(s,t) = 0 \,. \tag{3.6}$$

Wir wollen verstehen, wie die obige Beziehung von Δt abhängt, da dies die Grösse ist, welche wir nach 0 streben lassen. Um die Abhängigkeit zu studieren, betrachten wir eine Taylorentwicklung von $V(us, t+\Delta t)$ und $V(ds, t+\Delta t)$ um den Punkt (s,t). Dazu schreiben wir $us = s + (u-1)s$ und analog $ds = s + (d-1)s$. Somit übernimmt s respektive t die Rolle von a_1 und a_2 und $(u-1)s$ (und $(d-1)s$) respektive Δt übernimmt die Rolle von h_1 und h_2 in (3.5). Nun folgt mit $V(s,t) = f(a_1, a_2)$ aus einer formalen Anwendung von (3.5), von welchem wir nur die ersten vier Summanden benötigen,

$$\begin{aligned} V(us, t+\Delta t) &= V(s + (u-1)s, t+\Delta t) \\ &\overset{(3.5)}{=} V + (u-1)s\partial_s V + \Delta t \partial_t V + \frac{1}{2}(u-1)^2 s^2 \partial_{ss} V \\ &\quad + \mathcal{O}\big((u-1)^3 s^3\big) + \mathcal{O}\big((u-1)s\Delta t\big) + \mathcal{O}\big((\Delta t)^2\big) \\ &= V + (u-1)s\partial_s V + \frac{1}{2}(u-1)^2 s^2 \partial_{ss} V + \Delta t \partial_t V + \mathcal{O}\big((\Delta t)^{3/2}\big) \,, \end{aligned}$$

wobei $V = V(s,t)$ meint. Analog ergibt sich

$$V(ds, t+\Delta t) = V + (d-1)s\partial_s V + \frac{1}{2}(d-1)^2 s^2 \partial_{ss} V + \Delta t \partial_t V + \mathcal{O}\big((\Delta t)^{3/2}\big) \,.$$

In der Aufgabe 3.1 zeigen wir, dass der Fehlerterm in der Tat $\mathcal{O}\big((\Delta t)^{3/2}\big)$ erfüllt. Wir setzen nun die beiden Taylor-Entwicklungen in die Gleichung (3.6) ein und gruppieren nach den Ableitungen. Wir erhalten

$$\begin{aligned}(p^* + q^*)\Delta t\,\partial_t V &+ \frac{1}{2}\big(p^*(u-1)^2 + q^*(d-1)^2\big)s^2\partial_{ss}V \\ &+ \big(p^*(u-1) + q^*(d-1)\big)s\partial_s V + (p^* + q^* - e^{r\Delta t})V + \mathcal{O}((\Delta t)^{3/2}) = 0\,.\end{aligned}$$

Wir müssen die Koeffizienten zu den einzelnen Summanden ausrechnen. Dazu verwenden wir zunächst die Definition (2.10) von p^* und q^*

$$p^* = \frac{e^{(r-q)\Delta t} - d}{u-d}, \quad q^* = \frac{u - e^{(r-q)\Delta t}}{u-d}$$

sowie $p^* + q^* = 1$. Wir erhalten mit Termumformungen und den Beziehungen $ud = 1$ sowie $u + d = \kappa^*$ (vergleiche mit der Lösung zur Aufgabe (2.2))

$$\begin{aligned}p^*(u-1)^2 + q^*(d-1)^2 &= \frac{(e^{(r-q)\Delta t} - d)(u-1)^2 + (u - e^{(r-q)\Delta t})(d-1)^2}{u-d} \\ &= \frac{e^{(r-q)\Delta t}\big((u-1)^2 - (d-1)^2\big) + u(d-1)^2 - d(u-1)^2}{u-d} \\ &= \frac{e^{(r-q)\Delta t}(u+d-2)(u-d) + ud^2 - du^2 + u - d}{u-d} \\ &= \frac{e^{(r-q)\Delta t}(u+d-2)(u-d) + ud(d-u) + u - d}{u-d} \\ &= e^{(r-q)\Delta t}(u+d-2) - ud + 1 \\ &= e^{(r-q)\Delta t}(\kappa^* - 2)\end{aligned}$$

sowie

$$\begin{aligned}p^*(u-1) + q^*(d-1) &= p^*u + q^*d - 1 \\ &= \frac{(e^{(r-q)\Delta t} - d)u + (u - e^{(r-q)\Delta t})d}{u-d} - 1 \\ &= \frac{e^{(r-q)\Delta t}(u-d)}{u-d} - 1 \\ &= e^{(r-q)\Delta t} - 1\,.\end{aligned}$$

Die Gleichung vereinfacht sich daher zu

$$\Delta t\,\partial_t V + \frac{1}{2}e^{(r-q)\Delta t}(\kappa^* - 2)s^2\partial_{ss}V + (e^{(r-q)\Delta t} - 1)s\partial_s V - (e^{r\Delta t} - 1)V + \mathcal{O}((\Delta t)^{3/2}) = 0\,.$$

Wir betrachten nun die Taylorentwicklungen der Koeffizienten. Nach (2.14) ist

$$\kappa^* = e^{(r-q+\sigma^2)\Delta t} + e^{-(r-q)\Delta t}\,,$$

somit ergibt sich

$$\begin{aligned} e^{(r-q)\Delta t}(\kappa^* - 2) &= \big(1 + (r-q)\Delta t + \mathcal{O}((\Delta t)^2)\big) \\ &\quad \cdot \big(1 + (r - q + \sigma^2)\Delta t + 1 - (r-q)\Delta t - 2 + \mathcal{O}((\Delta t)^2)\big) \\ &= \sigma^2 \Delta t + \mathcal{O}((\Delta t)^2) \end{aligned}$$

sowie

$$e^{(r-q)\Delta t} - 1 = 1 + (r-q)\Delta t - 1 + \mathcal{O}((\Delta t)^2) = (r-q)\Delta t + \mathcal{O}((\Delta t)^2) \, .$$

Setzen wir diese Entwicklungen in die Gleichung ein, erhalten wir

$$\Delta t \partial_t V + \frac{1}{2}\sigma^2 \Delta t s^2 \partial_{ss} V + (r-q)\Delta t s \partial_s V - r\Delta t V + \mathcal{O}((\Delta t)^{3/2}) = 0 \, .$$

Nun teilen wir durch $\Delta t \neq 0$ und lassen anschliessend Δt gegen null streben,

$$\lim_{\Delta t \to 0} \Big(\partial_t V + \frac{1}{2}\sigma^2 s^2 \partial_{ss} V + (r-q) s \partial_s V - rV + \mathcal{O}((\Delta t)^{1/2}\Big) = 0 \, .$$

Wir erhalten

$$\partial_t V + \frac{1}{2}\sigma^2 s^2 \partial_{ss} V + (r-q) s \partial_s V - rV = 0 \, . \tag{3.7}$$

Dies ist die *Black-Scholes Gleichung*! In ihrem Artikel *Pricing of Options and Corporate Liabilities* [1] leiten Black and Scholes diese Gleichung her (jedoch auf andere Weise als wir das hier getan haben) und zeigen, dass die *Lösung* dieser Gleichung für eine Europäische Call Option durch die Black-Scholes Formel

$$V(s,t) = s e^{-q(T-t)} \Phi_{0,1}(d_1) - K e^{-r(T-t)} \Phi_{0,1}(d_2)$$

gegeben ist.

Wir müssen die Gleichung (3.7) vervollständigen. Erstens müssen wir den Bereich für (s,t) angeben, in welchem sich diese Variablen „bewegen" können. Für eine Call oder Put Option ist dieser Bereich $\mathbb{R}^+$ für s und $[0,T[$ für t, also $(s,t) \in \mathbb{R}^+ \times [0,T[$. Zweitens müssen wir angeben, welchen Typ von Option wir betrachten. Dies geschieht durch die Angabe der Auszahlungsfunktion $V(s,T) = g(s)$, das heisst der Wert der Option muss bei Maturität $t = T$ für jeden Basiswert s der Auszahlungsfunktion entsprechen. Somit lautet die Black-Scholes Gleichung richtig gestellt

$$\begin{cases} \partial_t V + \frac{1}{2}\sigma^2 s^2 \partial_{ss} V + (r-q) s \partial_s V - rV = 0 & \text{in } \mathbb{R}^+ \times [0,T[\\ V(s,T) = g(s) & \text{in } \mathbb{R}^+ \end{cases} . \tag{3.8}$$

Beachten Sie, dass die Lösung der Gleichung (3.8) (also die Black-Scholes Formel) sich ändert, falls wir den Bereich $\mathbb{R}^+ \times [0, T[$ und/oder die Auszahlungsfunktion ändern. Zum Beispiel ist der Bereich für Barriere Optionen nicht mehr $\mathbb{R}^+$, oder die Ausübungsfunktion einer Put ($g(s) = \max\{K - s, 0\}$) oder einer Call ($g(s) = \max\{s - K, 0\}$) Option ist eine andere, weil wir einen anderen Typ von Kontrakt betrachten. Auch die Gleichung $\partial_t V + \frac{1}{2}\sigma^2 s^2 \partial_{ss} V + (r-q)s\partial_s V - rV = 0$ kann sich ändern. Für Amerikanische Optionen wird aus der Gleichung eine *Ungleichung*, und wenn wir ein anderes *Modell* als eine geometrische Brown'sche Bewegung für die Entwicklung des Basiswertes $S(t)$ zulassen, dann ändert sich der Terme $\frac{1}{2}\sigma^2 s^2 \partial_{ss} V$, und/oder es entstehen zusätzliche. Typischerweise kann keine zur Black-Scholes Formel äquivalente Lösung von (3.8) explizit gefunden werden, wenn man den Kontrakttyp und/oder das Modell ändert.

Wir geben ein paar wenige Beispiele von (3.8) für andere Kontrakttypen/Modelle (nur ein Basiswert)

i) Down-und-Out Option mit Barriere B im CEV Modell

$$\begin{cases} \partial_t V + \dfrac{1}{2}\delta^2 s^{2\beta} \partial_{ss} V + (r-q)s\partial_s V - rV = 0 & \text{in } [B, \infty[\times [0, T[\\ V(s,T) = g(s) & \text{in } [B, \infty[\end{cases}.$$

Die Lösung $V = V(s,t)$ ist nicht bekannt.

ii) Europäische Option in einem exponentiellen Lévy Modell

$$\begin{cases} \partial_t V + \dfrac{1}{2}\sigma^2 s^2 \partial_{ss} V + (r-q)s\partial_s V - rV & \\ + \displaystyle\int \left[V(se^z, t) - V(s,t) - s(e^z - 1)\partial_s V\right]\nu(\mathrm{d}z) = 0 & \text{in } \mathbb{R}^+ \times [0, T[\\ V(s,T) = g(s) & \text{in } \mathbb{R}^+ \end{cases}.$$

Die Lösung $V = V(s,t)$ ist (im Allgemeinen) nicht bekannt.

iii) Asiatische diskrete „fixed strike“ Call Option mit Ausübungspreis K im Black-Scholes Modell.

$$\begin{cases} \partial_t u + \dfrac{1}{2}\sigma^2 \left(x - e^{-qt} f(t)\right)^2 \partial_{xx} u = 0 & \text{in } \mathbb{R} \times [0, T[\\ u(x,T) = \max\{x, 0\} & \text{in } \mathbb{R} \end{cases}.$$

Die Lösung $V = V(s,0)$ mit

$$V(s,0) = su(f(0) - e^{-rT} K/s, 0)$$

ist nicht bekannt.

iv) Europäische Option im (1-Faktor) Bates Modell.

$$\begin{cases} \partial_t v + \frac{1}{2} y \partial_{xx} v + \rho\delta y \partial_{xy} v + \frac{1}{2}\delta^2 y \partial_{yy} v \\ + \big(r - q - \lambda\kappa_J - \frac{1}{2} y\big)\partial_x v + \kappa(m-y)\partial_y v - rv \\ + \lambda \int \big[v(x+z,y,t) - v(x,y,t)\big] d(z)\mathrm{d}z = 0 \\ v(x,y,T) = g(e^x) \end{cases}$$

Diese Gleichung ist zu lösen in $\mathbb{R} \times \mathbb{R}^+ \times [0,T[$. Für die Lösung $V(s,y,0) = v(e^x, y, 0)$ existiert eine semi-analytische Lösungsformel, welche jedoch eine numerische Quadratur erfordert.

v) Amerikanische Option im Black-Scholes Modell.

$$\begin{cases} \partial_t V + \frac{1}{2}\sigma^2 s^2 \partial_{ss} V + (r-q)s\partial_s V - rV \le 0 & \text{in } \mathbb{R}^+ \times [0,T[\\ V(s,t) \ge g(s) & \text{in } \mathbb{R}^+ \times [0,T[\\ \big(\partial_t V + \frac{1}{2}\sigma^2 s^2 \partial_{ss} V + (r-q)s\partial_s V - rV\big)(V-g) = 0 & \text{in } \mathbb{R}^+ \times [0,T[\\ V(s,T) = g(s) & \text{in } \mathbb{R}^+ \end{cases}.$$

Die Lösung $V = V(s,t)$ ist nicht bekannt.

Für viele solche Probleme ist die Lösung nicht mehr explizit angebbar (obwohl sie existiert), und man muss versuchen, die Lösung des Problems mit Hilfe numerischer Verfahren zu approximieren. Ein solches numerisches Verfahren, welches die Lösung einer partiellen Differentialgleichung approximativ findet, werden wir in den nächsten Abschnitten kennenlernen.

Aus technischen Gründen wechseln wir nun in der Gleichung (3.8) die „Richtung" der Zeit. Dazu definieren wir die *Restlaufzeit* $\tau := T - t$ der Option. Das heisst, dass die Restlauftzeit bei Maturität ($t = T$) $\tau = 0$ ist und bei Vertragsbeginn ($t = 0$) ist die Restlaufzeit $\tau = T$. Definieren wir nun

$$v(s,\tau) := V(s, T-\tau)$$

so ergibt sich aus der Kettenregel $\partial_\tau v = -\partial_t V$ und daher aus (3.8)

$$\begin{cases} \partial_\tau v - \frac{1}{2}\sigma^2 s^2 \partial_{ss} v - (r-q)s\partial_s v + rv = 0 & \text{in } \mathbb{R}^+ \times]0,T] \\ v(s,0) = g(s) & \text{in } \mathbb{R}^+ \end{cases}. \tag{3.9}$$

Die Terme, mit welchen die einzelnen partiellen Ableitungen multipliziert werden, heissen *Koeffizienten*. Hängen die Koeffizienten *nicht* von den unabhängigen Variabeln ab, sprechen wir von *konstanten* Koeffizienten. Die Black-Scholes Differentialgleichung (3.9) hat offenbar nicht-konstante Koeffizienten, denn der Term

$$-\frac{1}{2}\sigma^2 s^2$$

zum Beispiel, mit welchem die zweite partielle Ableitung $\partial_{ss}v$ multipliziert wird, hängt (quadratisch) von der unabhängigen Variabeln s ab. In ähnlicher Weise ist der Koeffizient $-(r-q)s$ von $\partial_s v$ keine Konstante.

Es liegt auf der Hand, dass Differentialgleichungen mit konstanten Koeffizienten einfacher zu behandeln sind als Differentialgleichungen mit nicht-konstanten Koeffizienten. Wir wollen daher versuchen, die Black-Scholes Gleichung mit nicht-konstanten Koeffizienten (3.9) zu einer Black-Scholes Gleichung mit konstanten Koeffizienten zu transformieren. Für beliebige Differentialgleichungen ist eine solche Transformation nicht möglich, im Black-Scholes Fall jedoch schon, und zwar in dem man die Variable

$$x := \ln(s)$$

einführt, also in dem man den (natürlichen) Logarithmus des Basiswertes betrachtet. Wir setzen also $s = e^x$; die Funktion

$$v(s,\tau) = v(e^x,\tau)$$

in der Gleichung (3.9) wird somit eine Funktion in der Variablen x. Diese Funktion nennen wir u; wir setzen also

$$u(x,\tau) := v(e^x,\tau)\ .$$

Die Funktion u ist Lösung der „neuen" Black-Scholes Gleichung

$$\begin{cases} \partial_\tau u - \frac{1}{2}\sigma^2\partial_{xx}u - \left(r - q - \frac{\sigma^2}{2}\right)\partial_x u + ru = 0 & \text{in } \mathbb{R}\times\,]0,T] \\ \qquad\qquad\qquad\qquad u(x,0) = g(e^x) & \text{in } \mathbb{R} \end{cases}.$$

Beachten Sie, dass die „neue" Black-Scholes Gleichung nun in der Tat konstante Koeffizienten hat, und dass der Bereich $\mathbb{R}^+$ für s zum Bereich $\mathbb{R}$ für x geworden ist, vergleiche mit Abb. 3.1. Aus Gründen der Einfachheit benennen wir nun in der obigen Gleichung die Restlaufzeit τ um in t, und wir führen die Koeffizienten a, b und c wie folgt ein

$$a := -\frac{1}{2}\sigma^2, \quad b := \frac{\sigma^2}{2} - r + q, \quad c := r\ .$$

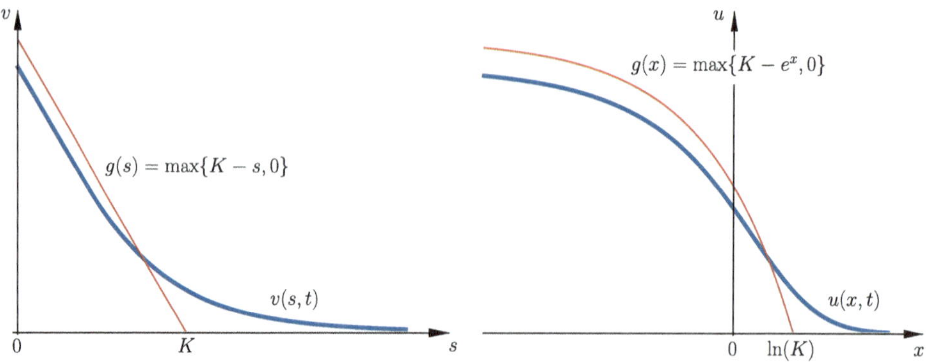

Abb. 3.1 Links: Wert $v(s,t)$ einer Put Option als Funktion des Basiswertes s. Rechts: Wert $u(x,t)$ einer Put Option als Funktion des logarithmierten Basiswertes x

Damit lautet die Black-Scholes Gleichung für den „transformierten" Optionspreis $u = u(x,t)$ also

$$\begin{cases} \partial_t u + a\partial_{xx} u + b\partial_x u + cu = 0 & \text{in } \mathbb{R} \times]0,T] \\ u(x,0) = g(e^x) & \text{in } \mathbb{R} \end{cases} . \tag{3.10}$$

Wir könnten an dieser Stelle Variabeln einführen, die zu einer weiteren Vereinfachung der Gleichung (3.10) führen würden, siehe die Aufgabe 3.2. Wir wollen diese aber nicht betrachten, weil bei anderen Marktmodellen diese Transformationen nicht mehr möglich sind.

Nebst der (gesuchten) Funktion V selbst treten in der Black-Scholes Gleichung zusätzlich gewisse partielle Ableitungen dieser Funktion auf. Diese Ableitungen werden „Griechen" genannt, welche wir im nächsten Abschnitt berechnen wollen.

3.3 Die „Griechen"

Die „Griechen" hier haben, wie der Name vielleicht vermuten lassen würde, nichts mit den Menschen Griechenlands zu tun, sondern sie sind Ableitungen von Derivatspreisen $V(s,t;\boldsymbol{\eta})$ nach s,t und/oder nach den Modellparametern $\eta_i \in \boldsymbol{\eta}$. In der Regel werden solche Ableitungen mit griechischen Buchstaben gekennzeichnet. Unter den vielen „Griechen", die allgemein hin betrachtet werden, werden wir nur die kleine Auswahl in Tab. 3.2 für Call Optionen im Black-Scholes Modell betrachten.

Dazu erinnern wir an den Hauptsatz der Integral- und Differentialrechnung, aus welchem zusammen mit der Kettenregel

$$\partial_x \Phi_{0,1}\big(d(x)\big) = \phi\big(d(x)\big)\partial_x d(x) = \frac{1}{\sqrt{2\pi}}\partial_x d(x) e^{-\frac{1}{2}d^2(x)} \tag{3.11}$$

Tab. 3.2 Europäische Call Option und dazugehörige „Griechen"

„Grieche"	Name	Ableitung im Black-Scholes Modell
V	Preis	$se^{-q(T-t)}\Phi_{0,1}(d_1) - Ke^{-r(T-t)}\Phi_{0,1}(d_2)$
$\Delta := \partial_s V$	Delta	$e^{-q(T-t)}\Phi_{0,1}(d_1)$
$\Gamma := \partial_{ss} V$	Gamma	$e^{-q(T-t)}\frac{1}{\sigma\sqrt{T-ts}}\phi(d_1)$
$\nu := \partial_\sigma V$	Vega	$se^{-q(T-t)}\sqrt{T-t}\phi(d_1)$
$\Theta := \partial_t V$	Theta	$qe^{-q(T-t)}s\Phi_{0,1}(d_1) - e^{-q(T-t)}\frac{s\sigma}{2\sqrt{T-t}}\phi(d_1) - rKe^{-r(T-t)}\Phi_{0,1}(d_2)$

folgt. Zudem bemerken wir die nützliche Beziehung

$$\phi(d_2) = e^{(r-q)(T-t)}\frac{s}{K}\phi(d_1) \tag{3.12}$$

welche wir in Aufgabe 3.12 nachweisen. Wir bestimmen nun das Delta (und lassen die Argumente in den Funktionen d_1, d_2 weg). Es ist

$$\begin{aligned}
\Delta = \partial_s V &= \partial_s\Big(se^{-q(T-t)}\Phi_{0,1}(d_1) - Ke^{-r(T-t)}\Phi_{0,1}(d_2)\Big) \\
&= e^{-q(T-t)}\Phi_{0,1}(d_1) + se^{-q(T-t)}\partial_s\Phi_{0,1}(d_1) - Ke^{-r(T-t)}\partial_s\Phi_{0,1}(d_2) \\
&\overset{(3.11)}{=} e^{-q(T-t)}\Phi_{0,1}(d_1) + se^{-q(T-t)}\phi(d_1)\partial_s d_1 - Ke^{-r(T-t)}\phi(d_2)\partial_s d_2 \\
&\overset{(3.12)}{=} e^{-q(T-t)}\Phi_{0,1}(d_1) + se^{-q(T-t)}\phi(d_1)\partial_s d_1 - se^{-q(T-t)}\phi(d_1)\partial_s d_2\ ;
\end{aligned}$$

weil aber wegen (3.21) $\partial_s d_2 = \partial_s d_1$ gilt, folgt sofort

$$\Delta = e^{-q(T-t)}\Phi_{0,1}(d_1)\ .$$

Jetzt bestimmen wir das Gamma, also die Ableitung von Δ nach s. Wegen (3.11) und (3.21) erhalten wir

$$\Gamma = \partial_{ss}V = e^{-q(T-t)}\partial_s\Phi_{0,1}(d_1) \overset{(3.11)}{=} e^{-q(T-t)}\phi(d_1)\partial_s d_1 \overset{(3.21)}{=} e^{-q(T-t)}\frac{1}{\sigma\sqrt{T-ts}}\phi(d_1)\ .$$

Kommen wir zum Vega, die Ableitung von V nach σ. Es ist

$$\begin{aligned}
\nu = \partial_\sigma V &= \partial_\sigma\Big(se^{-q(T-t)}\Phi_{0,1}(d_1) - Ke^{-r(T-t)}\Phi_{0,1}(d_2)\Big) \\
&= se^{-q(T-t)}\partial_\sigma\Phi_{0,1}(d_1) - Ke^{-r(T-t)}\partial_\sigma\Phi_{0,1}(d_2) \\
&\overset{(3.11)}{=} se^{-q(T-t)}\phi(d_1)\partial_\sigma d_1 - Ke^{-r(T-t)}\phi(d_2)\partial_\sigma d_2 \\
&\overset{(3.12)}{=} se^{-q(T-t)}\phi(d_1)\partial_\sigma d_1 - se^{-q(T-t)}\phi(d_1)\partial_\sigma d_2\ ;
\end{aligned}$$

weil aber wegen (3.21) $\partial_\sigma d_2 = \partial_\sigma d_1 - \sqrt{T-t}$ gilt, erhalten wir

$$\nu = s e^{-q(T-t)} \phi(d_1)\big(\partial_\sigma d_1 - \partial_\sigma d_1 + \sqrt{T-t}\big) = s e^{-q(T-t)} \sqrt{T-t}\,\phi(d_1)$$

Zum Schluss bestimmen wir noch das Theta, die Ableitung von V nach t. Wir erhalten

$$\begin{aligned}
\Theta = \partial_t V &= \partial_t \Big(s e^{-q(T-t)} \Phi_{0,1}(d_1) - K e^{-r(T-t)} \Phi_{0,1}(d_2) \Big) \\
&= q e^{-q(T-t)} s \Phi_{0,1}(d_1) + s e^{-q(T-t)} \partial_t \Phi_{0,1}(d_1) \\
&\quad - K r e^{-r(T-t)} \Phi_{0,1}(d_2) - K e^{-r(T-t)} \partial_t \Phi_{0,1}(d_2) \\
&\overset{(3.11)}{=} q e^{-q(T-t)} s \Phi_{0,1}(d_1) + s e^{-q(T-t)} \phi(d_1) \partial_t d_1 \\
&\quad - K r e^{-r(T-t)} \Phi_{0,1}(d_2) - K e^{-r(T-t)} \phi(d_2) \partial_t d_2 \\
&\overset{(3.12)}{=} q e^{-q(T-t)} s \Phi_{0,1}(d_1) + s e^{-q(T-t)} \phi(d_1) \partial_t d_1 - s e^{-q(T-t)} \phi(d_1) \partial_t d_2 \\
&\quad - K r e^{-r(T-t)} \Phi_{0,1}(d_2)\ ;
\end{aligned}$$

weil nach (3.21) $\partial_t d_2 = \partial_t d_1 + \frac{\sigma}{2\sqrt{T-t}}$ gilt, haben wir

$$\begin{aligned}
\Theta &= q e^{-q(T-t)} s \Phi_{0,1}(d_1) + s e^{-q(T-t)} \phi(d_1) \left(\partial_t d_1 - \partial_t d_1 - \frac{\sigma}{2\sqrt{T-t}} \right) \\
&\quad - K r e^{-r(T-t)} \Phi_{0,1}(d_2) \\
&= q e^{-q(T-t)} s \Phi_{0,1}(d_1) - e^{-q(T-t)} \frac{s\sigma}{2\sqrt{T-t}} \phi(d_1) - r K e^{-r(T-t)} \Phi_{0,1}(d_2)\ .
\end{aligned}$$

Wir stellen Folgendes fest: Die ersten Ableitungen Δ und ν sind positiv (weil die Funktionen $\Phi_{0,1}(x) > 0$ und $\phi(x) > 0$ für alle $x \in \mathbb{R}$ und die Parameter $s, \sigma, T-t > 0$ sind). Somit ist der Preis einer Europäischen Call Option bezüglich der Variabeln s und σ eine streng monoton wachsende Funktion. Für die Variable s sieht man das Monotonie-Verhalten auch sehr gut am Graphen der Funktion $V(s)$ in Abb. 1.3. Weil zusätzlich die zweite Ableitung von V nach s grösser Null ist, $\Gamma > 0$, ist der Optionspreis bezüglich des Basiswertes s konvex. Zusätzlich erkennen wir, dass Δ beschränkt ist, $0 < \Delta < 1$ (für eine Put Option ist $-1 < \Delta < 0$). In Abb. 3.2 stellen wir die Griechen Δ und Γ sowie die Funktion $s \mapsto V(s)$ für die Parameterwerte wie in Beispiel 1.2 graphisch dar.

Wir können die soeben berechneten Griechen dazu verwenden, um die Black-Scholes Gleichung zu „überprüfen". Nach (3.8) muss

$$\partial_t V + \frac{1}{2}\sigma^2 s^2 \partial_{ss} V + (r-q) s \partial_s V - rV = 0$$

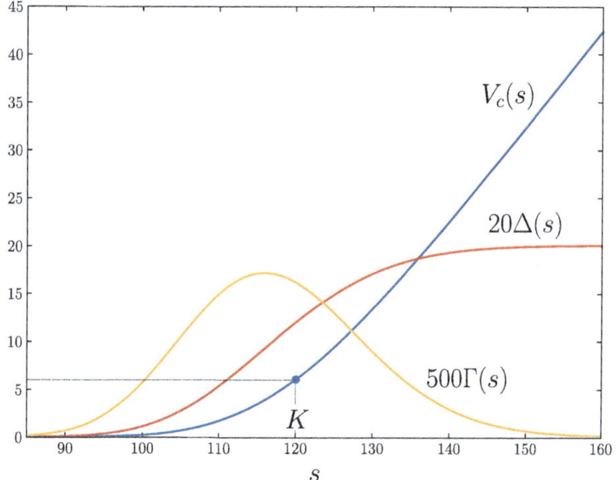

Abb. 3.2 Wert $V_c(s)$ einer Europäischen Call Option und die „Griechen" $\Delta(s)$ und $\Gamma(s)$ in Abhängigkeit des Basiswerts s für die Parameterwerte wie in Beispiel 1.2. Der Übersichtlichkeit halber werden die Graphen von $20\Delta(s)$ und $500\Gamma(s)$ gezeichnet

gelten. In der Tat haben wir nach Tab. 3.2

$$\begin{aligned}
&\partial_t V + \frac{1}{2}\sigma^2 s^2 \partial_{ss} V + (r-q)s\partial_s V - rV \\
&= q e^{-q(T-t)} s \Phi_{0,1}(d_1) - e^{-q(T-t)} \frac{s\sigma}{2\sqrt{T-t}} \phi(d_1) - rKe^{-r(T-t)} \Phi_{0,1}(d_2) \\
&\quad + \frac{1}{2}\sigma^2 s^2 e^{-q(T-t)} \frac{1}{\sigma\sqrt{T-t}s} \phi(d_1) \\
&\quad + (r-q) s e^{-q(T-t)} \Phi_{0,1}(d_1) \\
&\quad - r\big(s e^{-q(T-t)} \Phi_{0,1}(d_1) - K e^{-r(T-t)} \Phi_{0,1}(d_2)\big) \\
&= 0\,,
\end{aligned}$$

wie verlangt.

3.4 Erwartungswerte und partielle Differentialgleichungen

Im Kap. 2 haben wir gesehen, dass sich der Preis einer Europäischen Option darstellen lässt als einen abgezinsten Erwartungswert

$$V(s,0) = \mathbb{E}^{\mathbb{Q}}[e^{-rT} g(S(T)) \mid S(0) = s]\,,$$

wobei die zeitliche Entwicklung des Basiswertkurses $S(t)$ via der stochastischen Differentialgleichung

$$\mathrm{d}S(t) = (r-q)S(t)\mathrm{d}t + \sigma S(t)\mathrm{d}W(t), \quad S(0) = s$$

definiert ist. Im Abschn. 3.2 haben wir weiter gesehen, dass der Optionspreis $V(s,t)$ auch als Lösung der partiellen Differentialgleichung

$$\begin{cases} \partial_t V + \frac{1}{2}\sigma^2 s^2 \partial_{ss} V + (r-q)s\partial_s V - rV = 0 & \text{in } \mathbb{R}^+ \times [0,T[\\ V(s,T) = g(s) & \text{in } \mathbb{R}^+ \end{cases}$$

gegeben ist. Definieren wir den sogenannten infinitesimalen Generator des Prozesses $S(t)$

$$\mathcal{A} f = \frac{1}{2}\sigma^2 s^2 \partial_{ss} f + (r-q)s\partial_s f \ ,$$

welcher auf Funktionen $f(s)$ wirkt, so können wir die Black-Scholes Differentialgleichung kurz schreiben als

$$\begin{cases} \partial_t V + \mathcal{A}V - rV = 0 & \text{in } \mathbb{R}^+ \times [0,T[\\ V(s,T) = g(s) & \text{in } \mathbb{R}^+ \end{cases} .$$

Wir machen nun eine formale Erweiterung vom vorliegenden Fall der Bewertung einer Europäischen Option im Black-Scholes Modell zum Fall der Bewertung von Derivaten mit Payoff g unter einem Marktmodell $X(t)$, welches definiert ist via der stochastischen Differentialgleichung

$$\mathrm{d}X(t) = \mu(X(t),t)\mathrm{d}t + \sigma(X(t),t)\mathrm{d}W(t), \quad X(0) = x \ , \tag{3.13}$$

wobei $\mu(x,t)$ und $\sigma(x,t)$ gegebene, genügend „harmlose" Funktionen sind (der Prozess X muss nicht mehr ein Aktienkurs beschreiben, daher der Notationswechsel von S zu X). Die Erweiterung lautet: Der Wert eines Derivats *ohne* Recht auf frühzeitige Ausübung mit Auszahlungsprofil g kann geschrieben werden als der abgezinste, risikoneutrale Erwartungswert

$$V(x,t) = \mathbb{E}[e^{-r(T-t)} g(X(T)) \mid X(t) = x] \tag{3.14}$$

Ist $\mathcal{A}$ der infinitesimale Generator

$$\mathcal{A} f = \frac{1}{2}\sigma^2(x,t)\partial_{xx} f + \mu(x,t)\partial_x f \tag{3.15}$$

des Prozesses X, dann löst die Funktion $V(x,t)$ in (3.14) die Differentialgleichung

$$\begin{cases} \partial_t V + \mathcal{A}V - rV = 0 & \text{in } G \times [0,T[\\ V(x,T) = g(x) & \text{in } G \end{cases} . \tag{3.16}$$

Hierin ist das „Gebiet“ $G \subset \mathbb{R}$ (in den meisten Fällen die positiven reellen Zahlen) und entspricht dem Bereich, in welchem sich der „Kurs“ $X(t)$ während der Laufzeit des Derivats $t \in [0, T]$ aufhalten kann. Der aufgezeigte Sachverhalt kann unter gewissen Bedingungen umgekehrt werden. Ist die Funktion $V(x, t)$ Lösung der Differentialgleichung (3.16), dann kann diese Funktion als Erwartungswert (3.14) geschrieben werden. Das bisher gesagte ist bekannt als das Feynman-Kac Theorem[3]. Da die Voraussetzungen, unter welchen das Theorem gültig ist, recht technisch sind und auf Mathematik zurückgreifen, die uns nicht zu Verfügung steht, werden wir das Theorem nicht zitieren, sondern als „Fundamentalprinzip“ wiedergeben, siehe zum Beispiel Heath und Schweizer [2].

Fundamentalprinzip Für den Prozess $X(t)$ definiert wie in (3.13) sowie deterministische Funktionen $g : G \to \mathbb{R}$, $r : [0, T] \to \mathbb{R}$ und $h : G \times [0, T] \to \mathbb{R}$ definiere die Funktion $V(x,t)$ via

$$V(x,t) = \mathbb{E}\Big[e^{-\int_t^T r(u)\mathrm{d}u} g(X(T)) + \int_t^T e^{-\int_t^u r(v)\mathrm{d}v} h(X(u), u)\mathrm{d}u \mid X(t) = x\Big] .$$

Dann löst V die partielle Differentialgleichung

$$\begin{cases} \partial_t V + \mathcal{A}V - r(t)V = -h(x,t) & \text{in } G \times [0, T[\\ V(x, T) = g(x) & \text{in } G \end{cases} ,$$

mit $\mathcal{A}$ definiert in (3.15).

Für die meisten in diesem Text betrachteten Derivate ist der sogenannte Quellterm $h \equiv 0$, siehe jedoch den Abschn. 15.2.1 für eine Ausnahme.

Zum Beispiel sind für das CEV Modell die Koeffizienten $\mu(x,t)$ und $\sigma(x,t)$ in der Differentialgleichung für $X(t)$ gegeben durch

$$\mu(x,t) = (r - q)x, \quad \sigma(x,t) = \delta x^{\beta} ,$$

vergleiche mit (1.18), wodurch nach dem Fundamentalprinzip die partielle Differentialgleichung für $V(x,t)$

$$\partial_t V + \frac{1}{2}\delta^2 x^{2\beta} \partial_{xx} V + (r - q)x\partial_x V - rV = 0$$

lautet.

[3] Benannt nach den amerikanischen theoretischen Physiker Richard Feynman (1918–1988) und dem polnischen Mathematiker Mark Kac (1914–1984)

3.5 Kolmogorov Gleichungen

Wir betrachten nochmals den Erwartungswert mit $r = h \equiv 0$ und die Payofffunktion

$$g(s) = 1_B(s) = \begin{cases} 1 & \text{falls } s \in B \\ 0 & \text{sonst} \end{cases}$$

für eine Menge $B \subseteq G$ (stellen Sie sich B zum Beispiel als ein Intervall vor). Bezeichnen wir wie in (2.21) mit f die Dichtefunktion der Zufallsvariablen $S(T)$, so beschreibt die Funktion

$$\begin{aligned} P(s,t) &= \mathbb{E}\big[g(S(T)) \mid S(t) = s\big] = \int\limits_G 1_B(x) f(x)\mathrm{d}x \\ &= \int\limits_B f(x)\mathrm{d}x = \mathbb{P}\big[S(T) \in B \mid S(t) = s\big] \end{aligned}$$

die Wahrscheinlichkeit, dass $S(T)$, also der Aktienkurs zum Zeitpunkt T (und der zum Zeitpunkt t in s startet), in der Menge B liegt. Nach dem Fundamentalprinzip löst $P(s,t)$ die Gleichung

$$\begin{cases} \partial_t P + \mathcal{A}P = 0 & \text{in } G \times [0, T[\\ P(s,T) = 1_B(s) & \text{in } G \end{cases} \tag{3.17}$$

Man nennt die Gleichung (3.17) Kolmogorov „Rückwärtsgleichung" (im Englischen Kolmogorov backward equation[4]). Die Gleichung wirkt „rückwärts", da wir eine Bedingung an $S(T)$ stellen und die Funktion P für Zeiten $t < T$ finden müssen. Es ist möglich, eine zur „Rückwärtsgleichung" dualen „Vorwärtsgleichung" anzugeben. Bezeichnen wir mit $p(s,t;s_0,0)$ die Dichtefunktion der Zufallsvariablen $S(t)$ (zum Zeitpunkt $t = 0$ startend in s_0), so löst p die Kolmogorov „Vorwärtsgleichung" (im Englischen Kolmogorov forward equation)

$$\begin{cases} \partial_t p + \mathcal{A}^* p = 0 & \text{in } G \times]0, \infty[\\ p(s,0) = \delta_{s_0}(s) & \text{in } G \end{cases}. \tag{3.18}$$

Hierin bezeichnet $\mathcal{A}^*$ der zu $\mathcal{A}$ adjungierte Operator

$$\mathcal{A}^* f(s,t) = -\frac{1}{2}\partial_{ss}\big(\sigma^2(s,t) f(s,t)\big) + \partial_s\big(\mu(s,t) f(s,t)\big)$$

[4] Benannt nach dem russischen Mathematiker Andrei Kolmogorov (1903–1987), dem Begründer der modernen Wahrscheinlichkeitstheorie

und $\delta_{s_0}(s)$ ist die sogenannte Delta-Distribution

$$\delta_{s_0}(s) = \begin{cases} \infty & \text{falls } s = s_0 \\ 0 & \text{sonst} \end{cases} .$$

Diese ist keine Funktion im klassischen Sinn; damit diese trotzdem etwas mit einer Wahrscheinlichkeitsdichte zu tun hat, setzt man (gilt) $\int_G \delta_{s_0}(x)\mathrm{d}x = 1$. Haben wir die Gleichung (3.18) im Zeitintervall $]0, T]$ gelöst, können wir den Erwartungswert (3.14) via

$$V(s, 0) = e^{-rT} \int_G g(x)p(x, T; s, 0)\mathrm{d}x$$

bestimmen, zumindest numerisch.

3.6 Aufgaben

Aufgabe 3.1 Wir betrachten exemplarisch die Entwicklung für $V(us, t + \Delta t)$. Der Fehler in der Taylorentwicklung ist nach (3.5) durch

$$\mathcal{O}\big((u-1)^3 s^3\big) + \mathcal{O}\big((\Delta t)^2\big) + \mathcal{O}\big((u-1)s(\Delta t)\big)$$

gegeben, wobei s fest ist und nur der Faktor u von Δt abhängt. In dieser Aufgabe zeigen Sie

$$\begin{aligned} u &= 1 + \sigma\sqrt{\Delta t} + \mathcal{O}(\Delta t) \\ d &= 1 - \sigma\sqrt{\Delta t} + \mathcal{O}(\Delta t) . \end{aligned}$$

Daraus folgt für den Fehlerterm

$$\begin{aligned} &\mathcal{O}\big((u-1)^3 s^3\big) + \mathcal{O}\big((\Delta t)^2\big) + \mathcal{O}\big((u-1)s(\Delta t)\big) \\ &= \mathcal{O}\big((\Delta t)^{3/2}\big) + \mathcal{O}\big((\Delta t)^2\big) + \mathcal{O}\big((\Delta t)^{3/2}\big) = \mathcal{O}\big((\Delta t)^{3/2}\big) . \end{aligned}$$

Tipp: Siehe (2.14) für die Definition von u (und d).

Aufgabe 3.2 Wir betrachten die Black-Scholes Gleichung (3.8)

$$\begin{cases} \partial_t V + \dfrac{1}{2}\sigma^2 s^2 \partial_{ss} V + (r-q)s\partial_s V - rV = 0 & \text{in } \mathbb{R}^+ \times [0, T[\\ V(s, T) = g(s) & \text{in } \mathbb{R}^+ \end{cases} .$$

Wir definieren die beiden Variablen x und τ via $s = e^x$, $t = T - \frac{2\tau}{\sigma^2}$ sowie die Funktion $f(x, \tau)$ via

$$V(s, t) = e^{\alpha x + \beta \tau} f(x, \tau) .$$

i) Zeigen Sie: wählt man die Parameter α und β entsprechend, so löst die Funktion f die partielle Differentialgleichung

$$\begin{cases} \partial_\tau f - \partial_{xx} f = 0 & \text{in } \mathbb{R} \times]0, \sigma^2 T/2] \\ f(x,0) = f_0(x) & \text{in } \mathbb{R} \end{cases} . \tag{3.19}$$

Geben Sie die Funktion $f_0(x)$ an.

ii) Die Lösung der Gleichung (3.19) ist gegeben durch

$$f(x,\tau) = \frac{1}{2\sqrt{\pi\tau}} \int_{\mathbb{R}} e^{-\frac{(x-y)^2}{4\tau}} f_0(y) \mathrm{d}y .$$

Verwenden Sie diese, um den Wert $V(s,t)$ einer Call Option zu finden. Vergleiche auch mit Abschn. B.3, in welchem der Optionspreis via Berechnung eines Erwartungswertes erhalten wird.

Aufgabe 3.3 (Put-Call-Symmetrie) Wir betrachten die *verallgemeinerte* Black-Scholes Gleichung für eine Call Option mit Strike K und Maturität T

$$\begin{cases} \partial_t V + \frac{1}{2}\sigma^2(s,t)s^2\partial_{ss} V + \big(r(t) - q(t)\big)s\partial_s V - r(t)V = 0 & \text{in } \mathbb{R}^+ \times [0,T[\\ V(s,T) = g(s) & \text{in } \mathbb{R}^+ \end{cases}$$

mit $g(s) = \max\{s - K, 0\}$ und $\sigma(s,t)$, $r(t)$ und $q(t)$ gegebene Funktionen.

i) Setzen Sie $x := \frac{K^2}{s}$ sowie

$$u(x,t) := V(K^2/x, t)\frac{x}{K} .$$

Zeigen Sie: Die Funktion $u(x,t)$ löst die entsprechende Black-Scholes Gleichung für einen Put, jedoch mit r und q vertauscht.

ii) Folgern Sie aus Teilaufgabe i) die sogenannte *Put-Call-Symmetrie*

$$V\big(s,t;T,K,\sigma,r,q,1\big) = V\big(K^2/s,t;T,K,\widetilde{\sigma},q,r,-1\big)\frac{s}{K} , \tag{3.20}$$

mit $\widetilde{\sigma} = \widetilde{\sigma}(s,t) = \sigma(K^2/s,t)$ ($\omega = 1$ für den Call, $\omega = -1$ für den Put). Gilt eine Put-Call-Symmetrie, so kann man sich auf das Bewerten einer der beiden Optionen konzentrieren.

iii) Verwenden Sie die Routine callput_bs_a, um die Put-Call-Symmetrie für das klassische Black-Scholes Modell und den Parametern $\sigma = 0.3$, $r = 0.01$, $q = 0.05$, $s = 110$, $K = 100$ sowie $t = 0$, $T = 0.5$ numerisch zu bestätigen.

Aufgabe 3.4

i) Weisen Sie die Formel (3.12) nach.
ii) Zeigen Sie, dass für die Funktionen

$$d_{1,2} = \frac{1}{\sigma\sqrt{T-t}}\Big(\ln\frac{s}{K} + \big(r - q \pm \frac{\sigma^2}{2}\big)(T-t)\Big)$$

folgende partielle Ableitungen gelten

$$\partial_s d_2 = \partial_s d_1, \quad \partial_\sigma d_2 = \partial_\sigma d_1 - \sqrt{T-t}, \quad \partial_t d_2 = \partial_t d_1 + \frac{\sigma}{2\sqrt{T-t}}, \tag{3.21}$$

ohne die Ableitungen $\partial_s d_{1,2}$, $\partial_\sigma d_{1,2}$ und $\partial_t d_{1,2}$ konkret auszurechnen.

Aufgabe 3.5 (Leverage) Auf Trading-Platformen für Optionen wird der sogenannte Leverage L einer Option angegeben. Hierbei handelt es sich um eine Elastizität; genauer

$$L := \frac{\partial_s V}{V} s$$

mit $V = V(s)$ der Wert der Option zum (aktuellen) Kurs $s = S(0)$ des Basiswerts. Verändert sich also der Basiswertkurs um 1 %, so verändert sich der Optionspreis (approximativ) um $L\%$. Zum Zeitpunkt $t = 0$ betrachten wir nun eine Call Option mit Ausübungspreis $K = S(0)$, Restlaufzeit T und (impliziter) Volatilität σ. Der Einfachheit halber nehmen wir $r = q = 0$ an.

i) Zeigen Sie:

$$\Phi_{0,1}(z) \approx \frac{1}{2} + \frac{z}{\sqrt{2\pi}}\Big(1 - \frac{1}{6}z^2 + \frac{1}{40}z^4\Big). \tag{3.22}$$

Tipp. Taylorapproximation von e^x.

ii) Verwenden Sie die Approximation (3.22) um zu zeigen, dass im Black-Scholes Modell approximativ

$$L \approx \frac{1}{2}\Big(1 + \frac{\sqrt{2\pi}}{\sigma\sqrt{T}}\Big)$$

gilt.

iii) Am 27. März 2020, 11:44 Uhr ($t = 0$) gibt Swissquote für die Call Option mit Strike $K = 17.80$, Verfall 17. April 2020 und (impliziter) Volatilität $\sigma = 0.4225$ auf ABB mit Kurs $S(0) = 17.79$ einen Leverage von $L = 13.18$ an. Rechnen Sie diesen Wert mit obiger Approximation nach und kommentieren Sie die Güte der Approximation. Nehmen Sie dazu $T = \frac{20}{360}$ (folgt aus der „30/360 European"-Regel (11.1)).

Literatur

1. F. Black and M. Scholes. The pricing of options and corporate liabilities. *Journal of Political Economy*, 81(3):637–654, 1973.
2. D. Heath and M. Schweizer. Martingales versus PDEs in Finance: An Equivalence Result with Examples. *Journal of Applied Probability*, 37(4):947–957, 2000.

4 Gewöhnliche Differentialgleichungen und ihre Approximation mit finiten Differenzen

Die Black-Scholes Gleichung (3.8) ist eine Gleichung, in welcher der Optionspreis $V(s,t)$ die Unbekannte ist. Wir haben diese Gleichung vereinfacht (Restlaufzeit, konstante Koeffizienten) zur Black-Scholes Gleichung (3.10), welche wir an dieser Stelle nochmals angeben

$$\begin{cases} \partial_t u + a\partial_{xx}u + b\partial_x u + cu = 0 & \text{in } \mathbb{R} \times]0,T] \\ u(0,x) = g(e^x) & \text{in } \mathbb{R} \end{cases} .$$

Hierin ist $x = \ln(s)$ sowie $a = -\frac{1}{2}\sigma^2$, $b = \frac{1}{2}\sigma^2 - r + q$ und $c = r$. Diese Gleichung ist, wenn wir einmal die Ableitung nach der Zeit ausser Acht lassen und für die partiellen Ableitungen ∂_x und ∂_{xx} die üblichen Ableitungsstriche $'$ und $''$ schreiben, eine Gleichung der Form

$$F(u'', u', u, x) := au'' + bu' + cu = 0 . \tag{4.1}$$

Die Gleichung (4.1) nennt man eine *gewöhnliche homogene lineare Differentialgleichung zweiter Ordnung mit konstanten Koeffizienten*. Sie ist

- homogen, weil die rechte Seite 0 ist.
- linear, weil die Funktion F affin linear (in ihren Argumenten) ist.
- von zweiter Ordnung, weil die höchste in der Gleichung vorkommende Ableitung der gesuchten Funktion zwei ist.

Zusätzlich hat die Gleichung konstante Koeffizienten, weil die Koeffizienten a, b und c Konstanten sind und nicht vom Argument x der gesuchten Funktion $u(x)$ abhängen.

Wir wollen eine Methode entwickeln, mit welcher man die Black-Scholes Gleichung „nach dem unbekannten Optionspreis u auflösen" kann. Dazu ist es sinnvoll, sich zunächst mit der Gleichung (4.1) auseinander zu setzen.

N. Hilber, *Bewertung von Finanzderivaten mit Python*,
https://doi.org/10.1007/978-3-658-39210-9_4

4.1 Lineare Differentialgleichungen zweiter Ordnung mit konstanten Koeffizienten

Wir wollen die Differentialgleichung (4.1) ein wenig besser verstehen. Dazu nehmen wir zunächst beispielhaft an, dass $a = 1$, $b = 0$ und $c = -1$ ist, also

$$u'' - u = 0$$

oder

$$u'' = u\ .$$

Wir suchen also eine Funktion $u(x) \neq 0$, deren zweite Ableitung gleich der Funktion selbst ist. Wir kennen nur zwei Funktionen, die diese Eigenschaft haben, nämlich

$$u_{1,2}(x) = e^{\pm x}$$

und bemerken, dass wegen der Linearität der Differentialgleichung auch die Funktion

$$u(x) = c_1 u_1(x) + c_2 u_2(x) = c_1 e^x + c_2 e^{-x}$$

die Differentialgleichung erfüllt, wo c_1 und c_2 beliebige Konstanten sind (überprüfen Sie dies). Die Differentialgleichung hat also unendlich viele Lösungen; im Moment existiert keine eindeutige Lösung. Wenn wir aber (zum Beispiel) an die Black-Scholes Gleichung denken, so erkennen wir, dass diese Gleichung genau eine Lösung hat (es gibt nur einen Optionspreis). Es ist also natürlich, die Eindeutigkeit der Lösung zu verlangen. Die Lösung wird eindeutig, wenn die beiden Konstanten c_1 und c_2 festgelegt sind. Um zwei Konstanten festzulegen, benötigen wir zwei Bedingungen. Wenn wir zum Beispiel vorgeben, dass die gesuchte Funktion an zwei Stellen x_1 und x_2 (mit $x_1 \neq x_2$) bestimmte Funktionswerte annehmen soll, das heisst

$$u(x_1) = u_1 \quad \text{und} \quad u(x_2) = u_2$$

für zwei gegebene Zahlen u_1 und u_2, so wird es genau eine Funktion u geben, die die Differentialgleichung *und* die Bedingungen erfüllt.

Beispiel 4.1 Wir geben die Lösung der Differentialgleichung

$$\begin{cases} u'' - u = 0 \\ u(0) = 1 \\ u(3) = 2 \end{cases}$$

an.

Wir wissen schon, dass u die Form $u(x) = c_1 e^x + c_2 e^{-x}$ hat. Wir setzen die Bedingungen in $u(x)$ ein

$$u(0) = c_1 + c_2 = 1 \text{ und } u(3) = c_1 e^3 + c_2 e^{-3} = 2\,.$$

Die Lösung des linearen Gleichungssystems

$$\begin{cases} c_1 \;+\; c_2 \;= 1 \\ c_1 e^3 + c_2 e^{-3} = 2 \end{cases}$$

für die Bestimmung von c_1 und c_2 ist $c_1 = \frac{2-e^{-3}}{e^3-e^{-3}}$ und $c_2 = \frac{e^3-2}{e^3-e^{-3}}$. Somit ist

$$u(x) = \frac{2-e^{-3}}{e^3-e^{-3}} e^x + \frac{e^3-2}{e^3-e^{-3}} e^{-x}$$

die (eindeutige) Lösung der Differentialgleichung. ◇

Wir betrachten nun ein zweites Beispiel der Differentialgleichung (4.1), nämlich

$$u'' - 4u = 0$$

oder

$$u'' = 4u\,.$$

Wir suchen also eine Funktion $u(x) \neq 0$, deren zweite Ableitung gleich dem vierfachen der Funktion selbst ist. Offenbar erfüllen dies die Funktionen $u_{1,2}(x) = e^{\pm 2x}$ und daher auch $u(x) = c_1 e^{2x} + c_2 e^{-2x}$ mit wiederum zunächst beliebigen Konstanten c_1 und c_2.

Wir haben gesehen, dass sich die Lösungen zu den beiden obigen Differentialgleichungen zusammensetzen aus Exponentialfunktionen $e^{\lambda x}$. Für das erste Beispiel ist $\lambda = \pm 1$, für das zweite ist $\lambda = \pm 2$. Man nennt $u(x) = e^{\lambda x}$ *Fundamentallösung* der Gleichung $au'' + bu' + cu = 0$. Mit Hilfe der Fundamentallösung kann man die Gleichung (4.1) respektive ihre Lösungen einheitlich studieren. Setzen wir nämlich die Fundamentallösung in die Gleichung (4.1) ein, erhalten wir

$$au'' + bu' + cu = 0 \overset{u(x)=e^{\lambda x}}{\Longrightarrow} a\lambda^2 e^{\lambda x} + b\lambda e^{\lambda x} + ce^{\lambda x} = 0\,.$$

Darin klammern wir $e^{\lambda x}$ aus

$$(a\lambda^2 + b\lambda + c)e^{\lambda x} = 0\,;$$

da $e^{\lambda x} \neq 0$ ist, kann die Differentialgleichung nur dann erfüllt sein, wenn λ die quadratische Gleichung

$$a\lambda^2 + b\lambda + c = 0$$

löst. Bekanntlich ist nun aber für $a \neq 0$

$$\lambda_{1,2} = \frac{-b \pm \sqrt{D}}{2a}, \quad \text{mit} \quad D := b^2 - 4ac\ .$$

Das bedeutet, dass falls die Diskriminante $D > 0$ ist, die Funktion

$$u(x) = c_1 e^{\lambda_1 x} + c_2 e^{\lambda_2 x}$$

die Lösung der Gleichung

$$au'' + bu' + cu = 0$$

ist[1]. Durch Vorgabe von $u(x_1) = u_1$ und $u(x_2) = u_2$ wird die Lösung wiederum eindeutig, das heisst lassen sich die Konstanten c_1 und c_2 bestimmen.

Wir wissen nun, wie man *homogene* lineare Differentialgleichungen zweiter Ordnung mit konstanten Koeffizienten löst. Wenn die Gleichung *inhomogen* ist, also die Form

$$au'' + bu' + cu = f$$

hat (für eine Funktion $f(x) \neq 0$), so wird es schnell schwierig, eine Lösung $u(x)$ zu berechnen (genauer können wir nicht einmal mehr sagen, dass eine Lösung überhaupt existiert). Es kann auch der Fall eintreten, dass man zwar weiss, dass die Gleichung eine Lösung hat, man jedoch nicht in der Lage ist, die Lösung hinzuschreiben, weil es für sie keinen entsprechenden Ausdruck mehr gibt. In solchen (und nicht nur in diesen) Fällen ist es vorteilhaft, das Problem mit Hilfe des Computers approximativ zu lösen. Die finiten Differenzen bilden eine solche Approximation.

4.2 Approximation mit finiten Differenzen

Eine finite Differenz ist im Wesentlichen die Steigung einer Sekante. Eine Sekante wiederum ist eine Annäherung an eine Tangente, deren Steigung ja der Ableitung einer Funktion

[1] Für $D \leq 0$ ist die Lösung komplizierter. Ist $D = 0$, so ist $u(x) = c_1 e^{\lambda x} + c_2 x e^{\lambda x}$ mit $\lambda = -\frac{b}{2a}$ Lösung der Differentialgleichung. Ist $D < 0$, dann folgt mit Hilfe der komplexen Zahlen, dass $u(x) = c_1 e^{\lambda x} \cos(\frac{\sqrt{-D}}{2a} x) + c_2 e^{\lambda x} \sin(\frac{\sqrt{-D}}{2a} x)$ mit $\lambda = -\frac{b}{2a}$ Lösung der Differentialgleichung ist.

an einer gewissen Stelle entspricht. Somit ist eine finite Differenz eine Annäherung/Approximation an eine Ableitung. In diesem Abschnitt wollen wir solche Approximationen konstruieren und verstehen, wie „gut“ diese eine Ableitung annähert.

Eine erste solche Approximation kennen wir bereits. Bekanntlich heisst eine Funktion f in x differenzierbar, falls der Grenzwert

$$\lim_{h\to 0} \frac{f(x+h)-f(x)}{h}$$

existiert; diesen Grenzwert nennen wir $f'(x)$. Der Differenzenquotient

$$\frac{f(x+h)-f(x)}{h}$$

entspricht der Steigung der Sekante durch die beiden Punkte

$$\big(x, f(x)\big) \text{ und } \big(x+h, f(x+h)\big) ;$$

diese nähert die Steigung der Tangente $f'(x)$ umso besser an, je kleiner h ist, das heisst, näherungsweise gilt

$$f'(x) \approx \frac{f(x+h)-f(x)}{h} .$$

Der Satz von Taylor gibt an, wie genau die Approximation ist. Nach (3.2) haben wir

$$f(x+h) = f(x) + f'(x)h + \mathcal{O}(h^2) ,$$

lösen wir diese Beziehung auf nach $f'(x)$ und berücksichtigen die “Rechenregel"

$$\frac{\mathcal{O}(h^2)}{h} = \mathcal{O}(h) ,$$

so erhalten wir

$$f'(x) = \frac{f(x+h)-f(x)}{h} + \mathcal{O}(h) .$$

Wir sagen, der Differenzenquotient $\frac{f(x+h)-f(x)}{h}$ approximiert die Ableitung $f'(x)$ in erster Ordnung. Wir geben dazu das

Beispiel 4.2 Wir betrachten die Funktion $f(x) = \sqrt{x}$ und weisen die obige Ordnung an der Stelle $x = 1$ nach. Dazu betrachten wir die Differenz

$$e(x,h) := f'(x) - \frac{f(x+h)-f(x)}{h} .$$

In dieser lassen wir nun h gegen 0 streben und wählen dazu die Folge $h_k = 2^{-k}$, $k = 2, 3, \ldots 6$. Die entsprechenden Differenzen $e(1, h_k)$ ergeben sich zu

```
In [1]: import numpy as np;
In [2]: f = lambda x:np.sqrt(x); fp = lambda x:1/(2*np.sqrt(x));
   ...: e = lambda x,h:fp(x)-(f(x+h)-f(x))/h;
In [3]: h = 2.0**(-np.arange(2,7)); h
Out[3]: array([0.25     , 0.125    , 0.0625   , 0.03125  , 0.015625])
In [4]: e(1,h)
Out[4]: array([0.02786405, 0.01471863, 0.0075775 , 0.00384638, 0.00193801])
```

Wir stellen fest, dass sich bei Halbierung von h auch die Differenz halbiert; somit nimmt die Differenz linear oder eben in erster Ordnung in h ab, in Zeichen $f'(x) - \frac{f(x+h)-f(x)}{h} = \mathcal{O}(h)$. ◇

Wir wollen nun eine Approximation für die erste Ableitung einer Funktion konstruieren, bei welcher der Fehler/die Differenz zwischen exakter und approximierter Ableitung schneller gegen gegen 0 strebt als linear. Dazu betrachten wir den Satz von Taylor nicht nur für $f(x+h)$, sondern auch für $f(x-h)$; mit (3.2) also

$$f(x+h) = f(x) + hf'(x) + \frac{1}{2}h^2 f''(x) + \frac{1}{6}h^3 f'''(x) + \frac{1}{24}h^4 f^{(4)}(x) + \mathcal{O}(h^5)$$
$$f(x-h) = f(x) - hf'(x) + \frac{1}{2}h^2 f''(x) - \frac{1}{6}h^3 f'''(x) + \frac{1}{24}h^4 f^{(4)}(x) + \mathcal{O}(h^5)\,.$$

Wenn wir die zweite Gleichung von der ersten subtrahieren, fallen die Terme mit gleichem Vorzeichen weg

$$f(x+h) - f(x-h) = 2hf'(x) + \frac{1}{3}h^3 f'''(x) + \mathcal{O}(h^5)\,.$$

Auflösen nach $f'(x)$ liefert

$$f'(x) = \frac{f(x+h) - f(x-h)}{2h} - \frac{1}{6}h^2 f'''(x) + \mathcal{O}(h^4)\,; \tag{4.2}$$

also eine Approximation zweiter Ordnung. Das heisst, dass bei Halbierung von h die Differenz zwischen Ableitung $f'(x)$ und deren Approximation $\frac{f(x+h)-f(x-h)}{2h}$ um den Faktor 4 kleiner wird, vergleiche mit Abb. 4.1.

Wir führen folgende Begriffe ein.

Definition 4.3 Es sei $f : \mathbb{D} \to \mathbb{R}$ eine stetige Funktion. Dann heisst

$$\delta_h^+ f(x) := \frac{f(x+h) - f(x)}{h}$$

Vorwärtsdifferenzenquotient und

$$\delta_h f(x) := \frac{f(x+h) - f(x-h)}{2h}$$

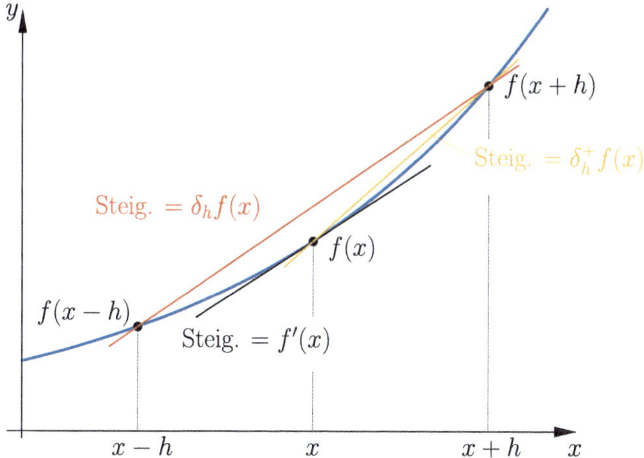

Abb. 4.1 Der zentrale Differenzenquotient $\delta_h f(x)$ approximiert die erste Ableitung $f'(x)$ besser als der Vorwärtsdifferenzenquotient $\delta_h^+ f(x)$

zentraler Differenzenquotient an der Stelle x.

Ist die Funktion f dreimal stetig differenzierbar, so gilt

$$f'(x) - \delta_h^+ f(x) = \mathcal{O}(h) \quad \text{und} \quad f'(x) - \delta_h f(x) = \mathcal{O}(h^2)\,.$$

Wir wissen nun, wie man die erste Ableitung einer Funktion approximieren kann. Die Black-Scholes Gleichung (3.10) beinhaltet nebst der ersten Ableitung auch noch die zweite Ableitung, so dass wir uns überlegen müssen, wie wir $f''(x)$ mit Hilfe von finiten Differenzen approximieren können. Wir wollen eine Approximation zweiter Ordnung konstruieren; dazu betrachten wir wiederum die Taylorentwicklung von f an einer beliebigen Stelle x. Aus (3.2) folgt (wie lassen rechts der Gleichheitszeichen das Argument x weg)

$$\begin{aligned} f(x+h) &= f + hf' + \frac{1}{2}h^2 f'' + \frac{1}{6}h^3 f''' + \frac{1}{24}h^4 f^{(4)} + \frac{1}{120}h^5 f^{(5)} + \mathcal{O}(h^6) \\ f(x-h) &= f - hf' + \frac{1}{2}h^2 f'' - \frac{1}{6}h^3 f''' + \frac{1}{24}h^4 f^{(4)} - \frac{1}{120}h^5 f^{(5)} + \mathcal{O}(h^6)\,. \end{aligned}$$

Addieren wir diese beiden Gleichungen, so fallen die ungeraden Ableitungen weg

$$f(x+h) + f(x-h) = 2f(x) + h^2 f''(x) + \frac{1}{12}h^4 f^{(4)}(x) + \mathcal{O}(h^6)\,.$$

Diese Gleichung lösen wir auf nach $f''(x)$ und erhalten

$$f''(x) = \frac{f(x-h) - 2f(x) + f(x+h)}{h^2} - \frac{1}{12}h^2 f^{(4)}(x) + \mathcal{O}(h^4)\,. \tag{4.3}$$

Wir haben gefunden

Definition 4.4 Es sei $f : \mathbb{D} \to \mathbb{R}$ eine stetige Funktion. Dann heisst

$$\delta_h^2 f(x) := \frac{f(x-h) - 2f(x) + f(x+h)}{h^2}$$

zentraler Differenzenquotient an der Stelle x.

Ist die Funktion f viermal stetig differenzierbar, so gilt

$$f''(x) - \delta_h^2 f(x) = \mathcal{O}(h^2) \ .$$

Wir verwenden nun die zentralen Differenzenquotienten $\delta_h f(x)$ und $\delta_h^2 f(x)$, um die Lösung einer gewöhnlichen, linearen Differentialgleichung zweiter Ordnung mit konstanten Koeffizienten zu approximieren. Um die Vorgehensweise zu illustrieren, betrachten wir beispielhaft die Differentialgleichung

$$\begin{cases} 2u''(x) - 9u'(x) + 4u(x) = 0 & \text{in } G \\ \qquad\qquad\qquad\qquad u(0) = 1 & \\ \qquad\qquad\qquad\qquad u(2) = 2 & \end{cases} , \tag{4.4}$$

welche wir im (offenen) Intervall $G =]x_l, x_r[$ an einigen Stellen x näherungsweise lösen wollen. Dazu führen wir für $N \in \mathbb{N}^\times$ ein *Gitter*

$$\mathcal{G}_x := \{x_i \mid i = 0, \dots, N+1\} \tag{4.5}$$

mit

$$x_l = x_0 < x_1 < \cdots < x_N < x_{N+1} = x_r$$

im abgeschlossenen Intervall $\overline{G} := [x_l, x_r]$ ein. Beachten Sie, dass von den $N+2$ Gitterpunkten zwei Randpunkte sind (nämlich x_0 und x_{N+1}), und N Punkte innerhalb des Intervalls G liegen. Der Einfachheit halber wählen wir ein *äquidistantes Gitter*; das heisst, dass der Abstand von zwei aufeinander folgende Gitterpunkte $x_{i+1} - x_i$ konstant ist, vergleiche mit Abb. 4.2. Dieser Abstand h – auch *Maschenweite* genannt – ergibt sich zu

$$h := \frac{x_r - x_l}{N+1} \ .$$

Es folgt, dass wir einen beliebigen Gitterpunkt x_i in (4.5) schreiben können als

$$x_i = x_l + ih, \quad i = 0, \dots, N+1 \ . \tag{4.6}$$

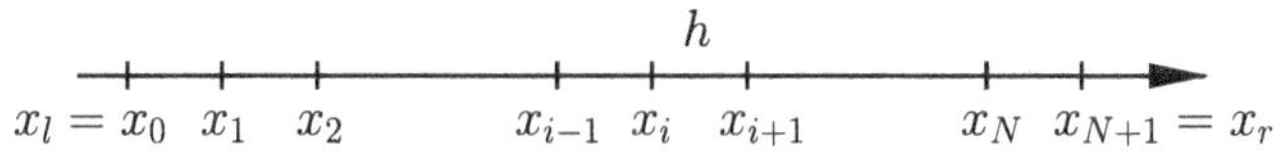

$$x_l = x_0 \quad x_1 \quad x_2 \qquad x_{i-1} \quad x_i \quad x_{i+1} \qquad x_N \quad x_{N+1} = x_r$$

Abb. 4.2 Äquidistantes Gitter $\mathcal{G}_x$ (der Maschenweite h) im Intervall $\overline{G} = [x_l, x_r]$ bestehend aus $N + 2$ Gitterpunkten $x_i = x_l + ih$

Wir approximieren nun für einen beliebigen Gitterpunkt x_i, $i = 1, \ldots, N$, die unbekannten Ableitungen $u''(x_i)$ und $u'(x_i)$ durch die entsprechenden Differenzenquotienten an dieser Stelle x_i,

$$u'(x_i) \approx \delta_h u(x_i) \overset{\text{(Def. 4.3)}}{=} \frac{u(x_i + h) - u(x_i - h)}{2h} \overset{(4.6)}{=} \frac{u(x_{i+1}) - u(x_{i-1})}{2h}$$

sowie

$$u''(x_i) \approx \delta_h^2 u(x_i) \overset{\text{(Def. 4.4)}}{=} \frac{u(x_i + h) - 2u(x_i) + u(x_i - h)}{h^2} \overset{(4.6)}{=} \frac{u(x_{i+1}) - 2u(x_i) + u(x_{i-1})}{h^2} .$$

Nun ersetzen wir in der Differentialgleichung

$$2u''(x_i) - 9u'(x_i) + 4u(x_i) = 0$$

die Ableitungen $u''(x_i)$ und $u'(x_i)$ durch die Differenzenquotienten an der Stelle x_i. Weil die Differenzenquotienten aber nur ungefähr den Ableitungen entsprechen, zerstören wir beim Ersetzen die Gleichheit in der Differentialgleichung, das heisst wir erhalten die Approximation

$$2\frac{u(x_{i+1}) - 2u(x_i) + u(x_{i-1})}{h^2} - 9\frac{u(x_{i+1}) - u(x_{i-1})}{2h} + 4u(x_i) \approx 0 .$$

Wir können/müssen in der obigen Approximation Gleichheit erzwingen, indem wir die exakten, aber unbekannten Funktionswerte $u(x_i)$, $u(x_{i-1})$ und $u(x_{i+1})$ durch approximative, berechenbare Werte u_i, u_{i-1} und u_{i+1} ersetzen, also

$$2\frac{u_{i+1} - 2u_i + u_{i-1}}{h^2} - 9\frac{u_{i+1} - u_{i-1}}{2h} + 4u_i = 0 , \tag{4.7}$$

vergleiche mit Abb. 4.3. Die obige Gleichung (4.7) entsteht – so haben wir gerade gesehen – wenn man die Differentialgleichung $2u'' - 9u' + 4u = 0$ an der Stelle x_i approximiert. Es liegt nun auf der Hand, diesen Approximationsvorgang für *alle* Gitterpunkte x_i (innerhalb des Intervalls G) zu machen. Wir wollen dies beispielhaft durchführen für $N = 4$ (also für 4 innere Gitterpunkte).

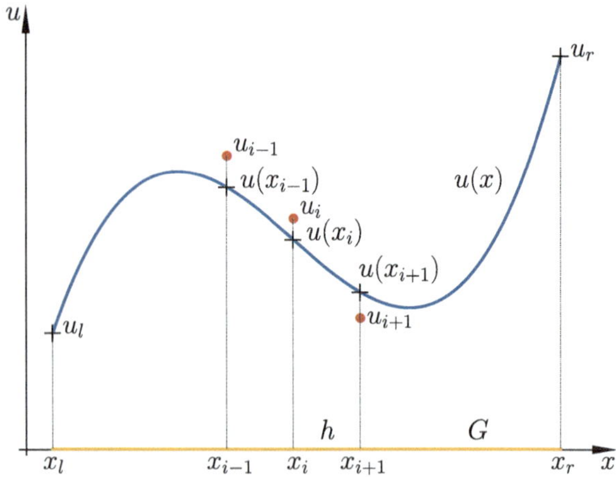

Abb. 4.3 Die unbekannte Funktion $u(x)$ wird mittels finiter Differenzen an den Gitterpunkten x_i approximiert. Die unbekannten, *nicht berechenbaren* Funktionswerte $u(x_i)$ (+) werden durch unbekannte, *berechenbare* Werte u_i (•) approximiert, das heisst $u_i \approx u(x_i)$. Je feiner das Gitter gewählt wird (je kleiner h wird), desto näher kommen die Werte u_i an die exakten Werte $u(x_i)$ heran. Schematische Darstellung

Für x_1 (setze in (4.7) $i = 1$ ein)

$$2\frac{u_2 - 2u_1 + u_0}{h^2} - 9\frac{u_2 - u_0}{2h} + 4u_1 = 0\,,$$

für x_2 (setze in (4.7) $i = 2$ ein)

$$2\frac{u_3 - 2u_2 + u_1}{h^2} - 9\frac{u_3 - u_1}{2h} + 4u_2 = 0\,,$$

für x_3 (setze in (4.7) $i = 3$ ein)

$$2\frac{u_4 - 2u_3 + u_2}{h^2} - 9\frac{u_4 - u_2}{2h} + 4u_3 = 0\,,$$

und für x_4 (setze in (4.7) $i = 4$ ein)

$$2\frac{u_5 - 2u_4 + u_3}{h^2} - 9\frac{u_5 - u_3}{2h} + 4u_4 = 0\,.$$

Es liegen also $N = 4$ *lineare* Gleichungen für die $N + 2 = 6$ Unbekannten

$$u_0, u_1, \ldots, u_5$$

vor. Nun sind aber u_0 und u_5 bekannt, denn nebst der Differentialgleichung haben wir noch die beiden (Rand)bedingungen

$$u(x_0) = u(x_l) = 1 \quad \text{und} \quad u(x_5) = u(x_r) = 2$$

das heisst, $u_0 \approx u(x_0) = u(x_l) = 1$ und $u_5 \approx u(x_5) = u(x_r) = 2$. Es macht daher Sinn, $u_0 = 1$ und $u_5 = 2$ zu setzen. Somit haben wir $N = 4$ Unbekannte u_1, u_2, u_3 und u_4.

Da wir auch 4 Gleichungen haben, können wir nach $u_1, \ldots, u_4$ auflösen. Um dies zu tun, schreiben wir die Gleichungen leicht um (in jeder Gleichung nach u_i ordnen, und bekannte Grössen auf die rechte Seite der Gleichung bringen)

$$\begin{aligned}
\left(-\frac{4}{h^2}+4\right)u_1 + \left(\frac{2}{h^2}-\frac{9}{2h}\right)u_2 &= -\frac{2}{h^2}u_0 - \frac{9}{2h}u_0\\
\left(\frac{2}{h^2}+\frac{9}{2h}\right)u_1 + \left(-\frac{4}{h^2}+4\right)u_2 + \left(\frac{2}{h^2}-\frac{9}{2h}\right)u_3 &= 0\\
\left(\frac{2}{h^2}+\frac{9}{2h}\right)u_2 + \left(-\frac{4}{h^2}+4\right)u_3 + \left(\frac{2}{h^2}-\frac{9}{2h}\right)u_4 &= 0\\
\left(\frac{2}{h^2}+\frac{9}{2h}\right)u_3 + \left(-\frac{4}{h^2}+4\right)u_4 &= -\frac{2}{h^2}u_5 + \frac{9}{2h}u_5\,.
\end{aligned}$$

Wir stellen fest, dass die Gleichungen dieselben Koeffizienten aufweisen. Setzen wir also

$$\alpha := \frac{2}{h^2}+\frac{9}{2h}, \quad \beta := -\frac{4}{h^2}+4, \quad \gamma := \frac{2}{h^2}-\frac{9}{2h}\,,$$

so lassen sich die obigen vier Gleichungen schreiben als

$$\begin{cases}
\beta u_1 + \gamma u_2 & = -\alpha u_0\\
\alpha u_1 + \beta u_2 + \gamma u_3 & = 0\\
\qquad \alpha u_2 + \beta u_3 + \gamma u_4 & = 0\\
\qquad\qquad \alpha u_3 + \beta u_4 & = -\gamma u_5
\end{cases}\,. \tag{4.8}$$

Es liegt nun auf der Hand, dieses Gleichungssystem mit Hilfe von Matrizen zu schreiben. Dazu führen wir die *tridiagonale* (Koeffizienten-)Matrix

$$\mathbf{A} := \begin{pmatrix} \beta & \gamma & & \\ \alpha & \beta & \gamma & \\ & \alpha & \beta & \gamma \\ & & \alpha & \beta \end{pmatrix}, \tag{4.9}$$

(welche die Struktur (A.12) hat[2]) sowie den Spaltenvektor $\mathbf{u}$ der Unbekannten und den Vektor $\mathbf{f}$ der „rechten Seiten“

$$\mathbf{u} := \begin{pmatrix} u_1\\ u_2\\ u_3\\ u_4 \end{pmatrix}, \quad \mathbf{f} := \begin{pmatrix} -\alpha u_0\\ 0\\ 0\\ -\gamma u_5 \end{pmatrix}$$

[2] Beachten Sie, dass eine Indexierung $\alpha_2, \alpha_3, \ldots, \beta_1, \beta_2, \ldots$ und $\gamma_1, \gamma_2, \ldots$ hier nicht notwendig ist, weil die Elemente der Vektoren $\boldsymbol{\alpha}$, $\boldsymbol{\beta}$ und $\boldsymbol{\gamma}$ konstant sind.

ein. Mit diesen Matrizen und Vektoren können wir das Gleichungssystem (4.8) schreiben als

$$\mathbf{Au} = \mathbf{f}\ ;$$

um es zu lösen, verwenden wir Python. Da in diesem Beispiel $N = 4$ ist, ist die Gittergrösse h gegeben durch

$$h = \frac{x_r - x_l}{N+1} = \frac{2-0}{5} = 0.4\ .$$

Weiter verwenden wir, dass $u_0 = 1$ und $u_5 = 2$ ist. Die Eingaben in Python sind somit:

- Eingabe der Konstanten N, u_0 und u_5.

```
In [5]: from scipy.sparse import spdiags
In [6]: from get_diagonals import get_diagonals
In [7]: from scipy.linalg import solve_banded
In [8]: N = 4; u0 = 1; u5 = 2;
```

- Die Konstanten h, α, β und γ können nun berechnet werden.

```
In [9]: h = 2/(N+1); alpha = 2/h**2+9/(2*h); beta = -4/h**2+4;
   ...: gamma = 2/h**2-9/(2*h);
```

- Definieren der Matrix $\mathbf{A}$, siehe auch den Anhang A.1.4 (in welchem wir zudem die Hilfsroutine `get_diagonals` zu Python's Gleichungssystem-Löser angeben).

```
In [10]: e = np.ones(N);
    ...: A = spdiags([alpha*e,beta*e,gamma*e],[-1,0,1],N,N)
```

- Definieren des Vektors $\mathbf{f}$.

```
In [11]: f = np.zeros(N); f[0] = -alpha*u0; f[-1] = -gamma*u5;
```

- Gleichungssystem $\mathbf{Au} = \mathbf{f}$ lösen und Resultat ausgeben lassen.

```
In [12]: u = solve_banded((1,1),get_diagonals(A),f); u
Out[12]: array([1.21945987, 1.48692585, 1.81061666, 2.16676884])
```

Wir vergleichen diese Funktionswerte mit den exakten[3]. Die Lösung der Differentialgleichung (4.4) ist

$$u(x) = \frac{e^8-2}{e^8-e}e^{\frac{1}{2}x} + \frac{2-e}{e^8-e}e^{4x}\ ,$$

siehe die Aufgabe 4.2. Mit Hilfe der Lösung wollen wir bestimmen, wie genau die Approximationen u_i sind. Wir gehen dazu wie folgt vor

[3] Beachten Sie, dass ein solcher Vergleich im Allgemeinen nicht möglich ist, da die exakten Funktionswerte nicht berechenbar sind (warum sonst sollten wir dann ein approximatives Verfahren entwickeln). Hier betrachten wir zu illustrativen Zwecken ein Problem, für welches die exakte Lösung bekannt ist.

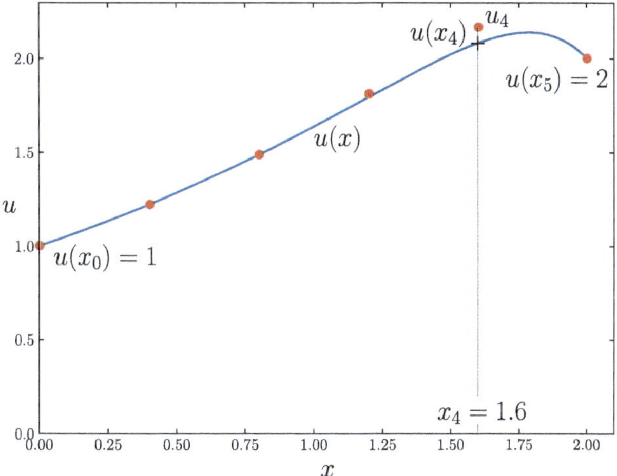

Abb. 4.4 Exakte Lösung $u(x)$ der Differentialgleichung (4.2) und die Approximation an den Stellen $x_i = hi$ mit $h = 0.4$

- Definieren der Funktion $u(x)$.

```
In [13]: e = np.exp
    ...: ue = lambda x:(e(8)-2)/(e(8)-e(1))*e(x/2)+(2-e(1))/(e(8)-e(1))*e(4*x);
```

- Die Funktion $u(x)$ auswerten an den Stellen $x_1, \ldots, x_4$.

```
In [14]: exact = ue(np.arange(0.4,2,0.4)); exact
Out[14]: array([1.22050278, 1.48626782, 1.79325278, 2.08092672])
```

- Den (absoluten) *Fehler* zwischen den approximierten und exakten Funktionswerten ausrechnen, das heisst die Differenzen

$$e_i := |u(x_i) - u_i|, \quad i = 1, \ldots, 4 ,$$

bilden, vergleiche mit Abb. 4.4.

```
In [15]: fehler = np.abs(exact-u); fehler
Out[15]: array([0.0010429 , 0.00065803, 0.01736388, 0.08584213])
```

Der grösste Fehler tritt an der Stelle $x_4 = 1.6$ auf, hier ist $|u(x_4) - u_4| \doteq 0.0858$. Wir können nun *genauere* Approximationen erhalten, indem wir einfach *mehr Gitterpunkte* nehmen, das heisst N erhöhen. An dieser Stelle empfiehlt es sich, ein Programm zu schreiben, welches bei Eingabe von N den maximalen, absoluten Fehler

$$e_N := \max_{i=1,\ldots,N} |u(x_i) - u_i|$$

in den Gitterpunkten ausgibt.

Routine 4.1: odeexample_d.py

```
import numpy as np
from scipy.sparse import spdiags
from scipy.linalg import solve_banded
from get_diagonals import get_diagonals

def odeexample_d(N):
    # Konstanten definieren
    u0 = 1; u5 = 2; h = 2/(N+1);
    alpha = 2/h**2+9/(2*h); beta = -4/h**2+4; gamma = 2/h**2-9/(2*h);

    # Matrix A definieren
    e = np.ones(N);
    A = spdiags([alpha*e,beta*e,gamma*e],[-1,0,1],N,N);

    # Vektor f definieren
    f = np.zeros(N); f[0] = -alpha*u0; f[-1] = -gamma*u5;

    # Gleichungssystem Au = f loesen
    u = solve_banded((1,1),get_diagonals(A),f);

    # Den maximalen (absoluten) Fehler in den Gitterpunkten bestimmen
    e = np.exp
    ue = lambda x: (e(8)-2)/(e(8)-e(1))*e(x/2)+(2-e(1))/(e(8)-e(1))*e(4*x);

    e = np.max(np.abs(ue(np.arange(h,2,h))-u));

    return e
```

Wir können obiges Resultat für $N = 4$ Gitterpunkte reproduzieren, indem wir in Python nun eingeben

```
In [17]: fehler = odeexample_d(4); fehler
Out[17]: 0.08584212857150852
```

Nehmen wir zum Beispiel nicht $N = 4$ sondern $N = 8$ innere Gitterpunkte, dann ist der grösste Fehler

```
In [18]: fehler = odeexample_d(8); fehler
Out[18]: 0.024775525375673624
```

also fast 4-mal kleiner wie vorher. Um herauszufinden, wie (schnell) sich der Fehler verkleinert, wenn sich die Anzahl N der Gitterpunkte erhöht, berechnen wir mit der Routine 4.1 odeexample_d den maximalen Fehler für

$$N = 4, 8, 16, \ldots, 4096$$

(es ist also $N = 2^j$, mit $j = 2, 3, \ldots, 12$). Auch dies lässt sich mit Python elegant bewerkstelligen.

```
In [19]: N = 2**np.arange(2,13); fehler = np.zeros(len(N));
In [20]: for j in range(len(N)): fehler[j] = odeexample_d(N[j])
In [21]: fehler
Out[21]:
array([8.58421286e-02, 2.47755254e-02, 6.33925495e-03, 1.64244445e-03,
       4.20550440e-04, 1.06665135e-04, 2.68650954e-05, 6.74258649e-06,
       1.68888755e-06, 4.22635222e-07, 1.05715230e-07])
```

Zum Beispiel ist der grösste Fehler, wenn wir $N = 2048$ Gitterpunkte nehmen, ca. $4.23 \cdot 10^{-7}$, und wenn wir N verdoppeln zu $N = 4096$, so ist der Fehler ziemlich genau 4-mal kleiner, nämlich $1.06 \cdot 10^{-7}$. Wir vermuten daher, dass sich der maximale Fehler e_N bei Verdoppelung von N um den Faktor 4 verkleinert, das heisst wir erwarten eine Abhängigkeit des Fehlers e_N von N von der Form

$$e_N = cN^{-2} \tag{4.10}$$

für eine unbekannte (und uninteressante) Konstante c. Nimmt man in der Gleichung (4.10) beidseitig den Logarithmus, so erhalten wir

$$\ln e_N = -2 \ln N + \beta_0 \tag{4.11}$$

wobei $\beta_0 = \ln c$ ist. Wir vermuten also, dass der Logarithmus des Fehlers eine lineare Funktion des Logarithmus der Anzahl Gitterpunkte ist mit Steigung -2. Um diese Vermutung zu bestätigen, führen wir eine Regression durch für die „Daten" $(\ln(N), \ln(e_N))$. Dies lässt sich mit Python wie folgt durchführen (wie wir nun schon an verschiedenen Stellen gesehen haben).

```
In [22]: b = np.polyfit(np.log(N),np.log(fehler),1); b
Out[22]: array([-1.97235898,  0.38740605])
```

Die erste der beiden ausgegebenen Zahlen ist die Steigung $b_1 \doteq -1.97$ der Regressionsgeraden, die zweite Zahl ist der y-Achsenabschnitt $b_0 \doteq 0.388$.

Die Gittergrösse h (der Abstand zwischen zwei Gitterpunkten) ist $h = \frac{x_r - x_l}{N+1}$. Somit halbiert sich h, wenn die Anzahl der Gitterpunkte verdoppelt wird. Wegen (4.10) folgt daher für den Fehler (mit einer unbekannten und uninteressanten Konstanten $\widetilde{c}$)

$$e_N = \widetilde{c}\, h^2 = \mathcal{O}(h^2)\ .$$

Der Fehler zwischen approximierten und exakten Funktionswerten konvergiert also quadratisch (oder von zweiter Ordnung) gegen 0, genau so wie die zentralen Differenzenquotienten $\delta_h f(x)$ und $\delta_h^2 f(x)$ gegen die erste (f') und zweite (f'') Ableitung konvergieren. Das ist aber auch nicht weiter verwunderlich, denn wir haben ja die Ableitungen in der Differentialgleichung gerade durch diese Differenzenquotienten ersetzt.

Wir wollen nun die gewonnenen Erkenntnisse ein wenig verallgemeinern. Konkret betrachten wir die Differentialgleichung

$$\begin{cases} au''(x) + bu'(x) + cu(x) = f(x) & \text{in } G \\ u(x_l) = u_l \\ u(x_r) = u_r \end{cases} \tag{4.12}$$

für welche wir ein Finite-Differenzen-Programm schreiben wollen, welches die gesuchte Funktion $u(x)$ im Intervall $G =]x_l, x_r[$ approximiert. Um das zu tun, gehen wir genau so wie im konkreten Beispiel von vorher vor. Für $N \in \mathbb{N}^\times$ betrachten wir also wiederum das äquidistante Gitter

$$x_l = x_0 < x_1 < \cdots < x_N < x_{N+1} = x_r \ .$$

Für jeden (inneren) Gitterpunkt x_i ersetzen wir in der Differentialgleichung die Ableitungen $u''(x_i)$ und $u'(x_i)$ durch die Differenzenquotienten $\delta_h^2 u(x_i)$ und $\delta_h u(x_i)$ und erzwingen Gleichheit, in dem wir zusätzlich die exakten Funktionswerte $u(x_i)$ ersetzen durch approximative u_i

$$a\frac{u_{i+1} - 2u_i + u_{i-1}}{h^2} + b\frac{u_{i+1} - u_{i-1}}{2h} + cu_i = f(x_i), \qquad i = 1, \ldots, N \ .$$

Das sind N lineare Gleichungen für die N Unbekannten $u_1, \ldots, u_N$. Wir schreiben diese Gleichungen unter Berücksichtigung der gegebenen Randdaten um

$$\begin{aligned} \left(-\frac{2a}{h^2} + c\right)u_1 + \left(\frac{a}{h^2} + \frac{b}{2h}\right)u_2 &= f(x_1) - \left(\frac{a}{h^2} - \frac{b}{2h}\right)u_l \\ \left(\frac{a}{h^2} - \frac{b}{2h}\right)u_{i-1} + \left(-\frac{2a}{h^2} + c\right)u_i + \left(\frac{a}{h^2} + \frac{b}{2h}\right)u_{i+1} &= f(x_i) \\ \left(\frac{a}{h^2} - \frac{b}{2h}\right)u_{N-1} + \left(-\frac{2a}{h^2} + c\right)u_N &= f(x_N) - \left(\frac{a}{h^2} + \frac{b}{2h}\right)u_r \end{aligned}$$

wobei in der mittleren Gleichung der Index i von 2 bis $N-1$ läuft, das heisst $i = 2, \ldots, N-1$. Definieren wir wiederum

$$\alpha := \frac{a}{h^2} - \frac{b}{2h}, \quad \beta := -\frac{2a}{h^2} + c, \quad \gamma := \frac{a}{h^2} + \frac{b}{2h}, \tag{4.13}$$

so lassen sich die obigen Gleichungen schreiben als

$$\begin{cases} \beta u_1 + \gamma u_2 & = f(x_1) - \alpha u_l \\ \alpha u_1 + \beta u_2 + \gamma u_3 & = f(x_2) \\ \qquad \alpha u_2 + \beta u_3 + \gamma u_4 & = f(x_3) \\ \qquad\qquad \ddots & \vdots \\ \qquad\qquad \alpha u_{N-2} + \beta u_{N-1} + \gamma u_N & = f(x_{N-1}) \\ \qquad\qquad\qquad \alpha u_{N-1} + \beta u_N & = f(x_N) - \gamma u_r \end{cases} .$$

Diese schreiben wir mit Hilfe der tridiagonalen $N \times N$-Matrix $\mathbf{A}$

$$\mathbf{A} := \begin{pmatrix} \beta & \gamma & & & & \\ \alpha & \beta & \gamma & & & \\ & \alpha & \beta & \gamma & & \\ & & & \ddots & & \\ & & & \alpha & \beta & \gamma \\ & & & & \alpha & \beta \end{pmatrix} \tag{4.14}$$

und dem Vektor der Unbekannten $\mathbf{u}$ und dem Vektor der rechten Seite $\mathbf{f}$

$$\mathbf{u} := \begin{pmatrix} u_1 \\ u_2 \\ \vdots \\ u_{N-1} \\ u_N \end{pmatrix}, \quad \mathbf{f} := \begin{pmatrix} f(x_1) - \alpha u_l \\ f(x_2) \\ \vdots \\ f(x_{N-1}) \\ f(x_N) - \gamma u_r \end{pmatrix} . \tag{4.15}$$

wiederum in Matrixschreibweise

$$\mathbf{Au} = \mathbf{f} .$$

Für spätere Zwecke ist es hilfreich, die Matrix $\mathbf{A}$ als Summe von Matrizen zu schreiben. Was meinen wir damit? Wir haben die Differentialgleichung $au'' + bu' + cu = f$ betrachtet. Die Matrix $\mathbf{A}$ entsteht durch die Diskretisierung der Summe der drei Terme au'', bu' und cu; somit muss sich $\mathbf{A}$ als Summe von drei Matrizen schreiben lassen. Diese Matrizen entstehen durch die Diskretisierung der Terme au'', bu' und cu. Wir zeigen dies im Folgenden auf.

Ist in (4.12) $b = c = 0$, das heisst betrachten wir die Differentialgleichung

$$au''(x) = f(x) ,$$

so ist gemäss (4.13) $\alpha = a/h^2$, $\beta = -2a/h^2$ und $\gamma = a/h^2$ und die Matrix **A** lautet in diesem Fall

$$\frac{1}{h^2}\begin{pmatrix} -2a & a & & & & \\ a & -2a & a & & & \\ & a & -2a & a & & \\ & & & \ddots & & \\ & & & a & -2a & a \\ & & & & a & -2a \end{pmatrix} =: \mathbf{M}_a^{(2)} .$$

Ist in (4.12) $a = c = 0$, das heisst betrachten wir die Differentialgleichung

$$bu'(x) = f(x) ,$$

so ist gemäss (4.13) $\alpha = -b/(2h)$, $\beta = 0$ und $\gamma = b/(2h)$ und die Matrix **A** lautet in diesem Fall

$$\frac{1}{2h}\begin{pmatrix} 0 & b & & & & \\ -b & 0 & b & & & \\ & -b & 0 & b & & \\ & & & \ddots & & \\ & & & -b & 0 & b \\ & & & & -b & 0 \end{pmatrix} =: \mathbf{M}_b^{(1)} .$$

Ist in (4.12) $a = b = 0$, das heisst betrachten wir die Gleichung

$$cu(x) = f(x) ,$$

so ist gemäss (4.13) $\alpha = 0$, $\beta = c$ und $\gamma = 0$ und die Matrix **A** lautet in diesem Fall

$$\begin{pmatrix} c & 0 & & & & \\ 0 & c & 0 & & & \\ & 0 & c & 0 & & \\ & & & \ddots & & \\ & & & 0 & c & 0 \\ & & & & 0 & c \end{pmatrix} =: \mathbf{M}_c^{(0)} .$$

Es ist nun klar, dass sich die Matrix **A** als die Summe

$$\mathbf{A} = \mathbf{M}_a^{(2)} + \mathbf{M}_b^{(1)} + \mathbf{M}_c^{(0)}$$

schreiben lässt. Folgende Definition wird an dieser Stelle sinnvoll, wobei wir gleich einen leicht allgemeineren Fall als bisher benötigt betrachten.

Definition 4.5 Für eine stetige Funktion y sind die $N \times N$-Matrizen $\mathbf{M}_y^{(k)}$, $k = 0, 1, 2$ über einem Intervall G mit Länge $|G|$ wie folgt definiert

$$\mathbf{M}_y^{(0)} := \begin{pmatrix} y_1 & & & & & \\ & y_2 & & & & \\ & & y_3 & & & \\ & & & \ddots & & \\ & & & & y_{N-1} & \\ & & & & & y_N \end{pmatrix},$$

$$\mathbf{M}_y^{(1)} := \frac{1}{2h} \begin{pmatrix} 0 & y_1 & & & & \\ -y_2 & 0 & y_2 & & & \\ & -y_3 & 0 & y_3 & & \\ & & \ddots & & \ddots & \\ & & & -y_{N-1} & 0 & y_{N-1} \\ & & & & -y_N & 0 \end{pmatrix},$$

$$\mathbf{M}_y^{(2)} := \frac{1}{h^2} \begin{pmatrix} -2y_1 & y_1 & & & & \\ y_2 & -2y_2 & y_2 & & & \\ & y_3 & -2y_3 & y_3 & & \\ & & \ddots & & \ddots & \\ & & & y_{N-1} & -2y_{N-1} & y_{N-1} \\ & & & & y_N & -2y_N \end{pmatrix}.$$

Darin ist $h = \frac{|G|}{N+1}$ und die $y_i := y(x_i)$ sind die Funktionswerte in den N äquidistanten Gitterpunkten x_i.

Zur obigen Definition machen wir zwei Bemerkungen. Erstens: Der Superskript (k) in $\mathbf{M}_y^{(k)}$ gibt an, welche Ableitung (zweite $k = 2$, erste $k = 1$ und nullte $k = 0$) betrachtet wird. Zweitens: Ist die Funktion y konstant, so ist $y(x_i) \equiv y$ unabhängig von x_i und die Matrizen in der Definition 4.5 reduzieren sich zu den Matrizen im obigen Beispiel der Differentialgleichung $au'' + bu' + cu = f$. Übrigens gilt bei konstantem y die Beziehung $\mathbf{M}_y^{(k)} = y\mathbf{M}_1^{(k)}$ und wir erkennen, wie sich die Struktur der Differentialgleichung

$$au''(x) + bu'(x) + cu(x) = f(x)$$

bei der Diskretisierung auf das System

$$\underbrace{a\mathbf{M}_1^{(2)}\mathbf{u} + b\mathbf{M}_1^{(1)}\mathbf{u} + c\mathbf{M}_1^{(0)}\mathbf{u}}_{=\mathbf{Au}} = \mathbf{f}$$

„vererbt“. Wir können auch den Vektor **f** in (4.15) als Summe von Vektoren schreiben, nämlich

$$\mathbf{f} = \mathbf{f}^{rhs} + \mathbf{f}^{bc} \tag{4.16}$$

mit dem Vektor $\mathbf{f}^{rhs}$, welcher sich aus der rechten Seite (right hand side) $f(x)$ ergibt

$$\mathbf{f}^{rhs} := \begin{pmatrix} f(x_1) \\ f(x_2) \\ \vdots \\ f(x_{N-1}) \\ f(x_N) \end{pmatrix},$$

und dem Vektor $\mathbf{f}^{bc}$, der aus den Randbedingungen (boundary conditions) u_r und u_l folgt,

$$\mathbf{f}^{bc} = -\big(\mathbf{M}_a^{(2),bc} + \mathbf{M}_b^{(1),bc}\big)\mathbf{u}^{bc}. \tag{4.17}$$

Hierin setzen wir

$$\mathbf{M}_y^{(1),bc} := \frac{1}{2h}\begin{pmatrix} -y_1 & 0 & \cdots & 0 & 0 \\ 0 & 0 & & 0 & 0 \\ & & \vdots & & \\ 0 & 0 & & 0 & 0 \\ 0 & 0 & \cdots & 0 & y_N \end{pmatrix}, \quad \mathbf{M}_y^{(2),bc} := \frac{1}{h^2}\begin{pmatrix} y_1 & 0 & \cdots & 0 & 0 \\ 0 & 0 & & 0 & 0 \\ & & \vdots & & \\ 0 & 0 & & 0 & 0 \\ 0 & 0 & \cdots & 0 & y_N \end{pmatrix},$$

$$\mathbf{u}^{bc} := \begin{pmatrix} u_l \\ 0 \\ \vdots \\ 0 \\ u_r \end{pmatrix}, \tag{4.18}$$

wobei wiederum $y_i = y(x_i)$ ist.

Die Python-Routine matrixgenerator gibt bei Eingabe der *Funktionen* y die Matrizen $\mathbf{M}_y^{(k)}$ in Definition 4.5 und die Matrizen $\mathbf{M}_y^{(k),bc}$ in (4.18) aus, und zwar für eine beliebige Anzahl von Funktionen $y(x)$ (was für spätere Zwecke nützlich sein wird).

Routine 4.2: matrixgenerator.py

```
import numpy as np
from scipy.sparse import spdiags

def matrixgenerator(liste,xl,xr,N):
    '''Bestimmt NxN-Matrizen der Form M_y^(k) und M_y^(k,bc), k = 0,1,2.

    Beispiel. [Mkj bedeutet die j-te der Matrizen M_y^(k)]

    Mat = matrixgenerator(liste,xl,xr,N)

    mit der Liste

    liste = [["M2",lambda x: x**2],["M2",lambda x: x],["M1",lambda x: x],
        ["M0",lambda x: 1]]

    gibt die Finite-Differenzen Matrizen M21 und M22 zu x^2*u''(x) und
    x*u''(x), die Matrix M11 zu x*u'(x) sowie die Matrix M01 zu u(x) ueber
    dem Intervall G = [xl,xr]. Zusaetzlich werden die entsprechenden Matrizen
    Mkjbc zu den Randbedingungen ausgegeben.'''

    h = (xr-xl)/(N+1); x = np.linspace(xl,xr,N+2);
    U = [None]*len(liste)*2; count = 0; d = [-1,0,1]

    # Die Matrizen Mjk
    for j in range(len(liste)):
        count =count+1; v = liste[j]; y = v[1]
        if v[0]=="M2":
            U1 = 1/h**2*spdiags([y(x[2:N+2]),-2*y(x[1:N+1]),y(x[0:N])],d,N,N)
            U[j] = U1
        elif v[0]=="M1":
            U1 = 1/(2*h)*spdiags([-y(x[2:N+2]),np.zeros(N),y(x[0:N])],d,N,N)
            U[j] = U1
        else:
            U1 = spdiags(y(x[1:N+1]),[0],N,N); U[j] = U1

    # Die Randmatrizen Mkjbc
    for j in range(len(liste)):
        v = liste[j]; y = v[1]
        if v[0]=="M2":
            d = np.zeros(N); d[0] = y(x[1]); d[N-1] = y(x[N])
            U1 = 1/h**2*spdiags(d,0,N,N); U[j+count] = U1
        elif v[0]=="M1":
            d = np.zeros(N); d[0] = -y(x[1]); d[N-1] = y(x[N])
            U1 = 1/(2*h)*spdiags(d,0,N,N); U[j+count] = U1
        else:
            d = np.zeros(N); U1 = spdiags(d,0,N,N); U[j+count] = U

    return U
```

Nun schreiben wir das Python-Programm 4.3 ode_d, welches die Lösung der Differentialgleichung (4.12) im Intervall $G =]x_l, x_r[$ approximiert. Die Eingabeparameter für diese Routine sind nebst den Gleichungsparametern $a, b, c, u_l, u_r, x_l, x_r$ und $f(x)$ auch die Anzahl der gewünschten (inneren) Gitterpunkte N. Die Ausgabe ist der Vektor $\mathbf{u}$, welcher die approximierten Funktionswerte u_i an den Stellen x_i enthält.

Routine 4.3: ode_d.py

```
import numpy as np
from get_diagonals import get_diagonals
from matrixgenerator import matrixgenerator
from scipy.linalg import solve_banded

def ode_d(a,b,c,ul,ur,xl,xr,f,N):
    '''Approximiert die Loesung der Differentialgleichung

        au'' + bu' + cu = f(x) in ]xl,xr[
                  u(xl) = ul
                  u(xr) = ur

        auf dem aequidistanten Gitter {xj = xl + hj}, j = 0,...N+1, der
        Maschenweite h = (xr-xl)/(N+1).'''

    # Gitter definieren
    h = (xr-xl)/(N+1); x = np.linspace(xl+h,xr-h,N);

    # Matrix A definieren
    Mat = matrixgenerator([["M2",a],["M1",b],["M0",c]],xl,xr,N);
    A = Mat[0]+Mat[1]+Mat[2]; Mbc = Mat[3]+Mat[4];

    # Vektor f definieren
    ubc = np.zeros(N); ubc[0] = ul; ubc[-1] = ur; f = f(x)-Mbc*ubc;

    # Gleichungssystem Au = f loesen
    u = solve_banded((1,1),get_diagonals(A),f);

    # Randpunkte dazunehmen
    x = np.hstack((xl,x,xr)); u = np.hstack((ul,u,ur));
    return x, u
```

4.3 Nicht-konstante Koeffizienten

Die original Black-Scholes Differentialgleichung

$$\partial_t v - \frac{1}{2}\sigma^2 s^2 \partial_{ss} v - (r-q)s\partial_s v + rv = 0$$

hat nicht-konstante Koeffizienten. Wir haben den Basiswert s logarithmiert, $x := \ln(s)$, wodurch die Koeffizienten der Gleichung konstant werden, was eine Vereinfachung darstellt. Jedoch gibt es gute Gründe, auf das Logarithmieren des Basiswertes zu verzichten. Erstens möchte man zum Beispiel die Gleichung so wenig wie möglich verändern. Zweitens existieren Marktmodelle wie beispielsweise das CEV Modell, bei welchen die Vereinfachung auf konstante Koeffizienten nicht möglich ist.

Wir wollen und müssen daher in diesem Abschnitt ein Finite-Differenzen-Verfahren zur Lösung der Differentialgleichung (4.12) entwickeln für den Fall, dass die Koeffizienten a, b und c nicht konstant sind. Wir betrachten also das Problem

$$\begin{cases} a(x)u''(x) + b(x)u'(x) + c(x)u(x) = f(x) & \text{in } G \\ u(x_l) = u_l & . \\ u(x_r) = u_r & \end{cases} \tag{4.19}$$

Beachten Sie, dass zum Beispiel in der obigen Black-Scholes Differentialgleichung

$$a(x) = -\frac{1}{2}\sigma^2 x^2, \quad b(x) = -(r-q)x, \quad c(x) = r$$

gilt, wir wollen nun aber ab hier die Funktionen $a(x)$, $b(x)$ und $c(x)$ als beliebig annehmen. Kommen wir nun zur Diskretisierung der Gleichung (4.19). Dazu führen wir wiederum ein Gitter $\mathcal{G}_x$ wie in (4.5) im Intervall $\overline{G} = [x_l, x_r]$ ein und ersetzen die Ableitungen in den Gitterpunkten x_i durch zentrale Differenzenquotienten

$$a(x_i)\frac{u(x_{i-1}) - 2u(x_i) + u(x_{i+1})}{h^2} + b(x_i)\frac{-u(x_{i-1}) + u(x_{i+1})}{2h} + c(x_i)u(x_i) \approx f(x_i) .$$

Um in dieser Approximation Gleichheit zu erzwingen, führen wir die Unbekannten $u_i \approx u(x_i)$ ein und ersetzen die Terme in der obigen Gleichung entsprechend

$$a(x_i)\frac{u_{i-1} - 2u_i + u_{i+1}}{h^2} + b(x_i)\frac{-u_{i-1} + u_{i+1}}{2h} + c(x_i)u_i = f(x_i), \quad i = 1, \ldots, N$$

Das sind N lineare Gleichungen für die N Unbekannten $u_1, \ldots, u_N$. Unter Verwendung der Notation – vergleiche mit (4.13) –

$$\alpha_i := \frac{a(x_i)}{h^2} - \frac{b(x_i)}{2h}, \quad \beta_i := -\frac{2a(x_i)}{h^2} + c(x_i), \quad \gamma_i := \frac{a(x_i)}{h^2} + \frac{b(x_i)}{2h} ,$$

und unter Berücksichtigung der gegebenen Randdaten schreiben wir die obigen Gleichungen wie im Fall mit konstanten Koeffizienten um

$$\begin{aligned} \beta_1 u_1 + \gamma_1 u_2 &= f(x_1) - \alpha_1 u_l \\ \alpha_i u_{i-1} + \beta_i u_i + \gamma_i u_{i+1} &= f(x_i) \\ \alpha_N u_{N-1} + \beta_N u_N &= f(x_N) - \gamma_N u_r \end{aligned}$$

wobei in der mittleren Gleichung der Index i von 2 bis $N-1$ läuft. Damit können wir diese N Gleichungen als System

$$\mathbf{Au} = \mathbf{f}$$

schreiben. Hierin kann die tridiagonale $N \times N$-Matrix $\mathbf{A}$ wiederum als Summe von drei Matrizen $\mathbf{M}_y^{(k)}$ wie in Definition 4.5 geschrieben werden

$$\mathbf{A} = \begin{pmatrix} \beta_1 & \gamma_1 & & & & \\ \alpha_2 & \beta_2 & \gamma_2 & & & \\ & \alpha_3 & \beta_3 & \gamma_3 & & \\ & & & \ddots & & \\ & & & \alpha_{N-1} & \beta_{N-1} & \gamma_{N-1} \\ & & & & \alpha_N & \beta_N \end{pmatrix} = \mathbf{M}_a^{(2)} + \mathbf{M}_b^{(1)} + \mathbf{M}_c^{(0)}. \tag{4.20}$$

Der Vektor $\mathbf{u}$ der Unbekannten ist wie in (4.15), der Vektor $\mathbf{f} = \mathbf{f}^{rhs} + \mathbf{f}^{bc}$ wie in (4.16) definiert. Wir können die bereits geschriebene Routine dgl verwenden, um die Lösung der Gleichung (4.12) zu approximieren.

Im Abschn. 3.5 haben wir die Kolmogorov Vorwärtsgleichung zur Bestimmung einer Wahrscheinlichkeitsdichte betrachtet. Bezüglich x sind die Ableitungsterme von der Form

$$\big(a(x)u(x)\big)'' + \big(b(x)u(x)\big)' + c(x)u(x) \,, \tag{4.21}$$

das heisst im Gegensatz zur Gleichung (4.19) stehen die Koeffizienten a und b innerhalb der Ableitungen. Sind a und b genügend oft differenzierbar, können wir natürlich die Produktregel anwenden und den äquivalenten Term

$$a(x)u''(x) + \widetilde{b}u'(x) + \widetilde{c}(x)u(x)$$

mit $\widetilde{b}(x) = 2a'(x) + b(x)$ und $\widetilde{c}(x) = a''(x) + b'(x)$ betrachten. Die Matrix $\mathbf{A}$ ist dann

$$\mathbf{A} = \mathbf{M}_a^{(2)} + \mathbf{M}_{\widetilde{b}}^{(1)} + \mathbf{M}_{\widetilde{c}}^{(0)} \,.$$

Wir können aber den Term (4.21) ohne vorgängige Anwendung der Produktregel direkt diskretisieren. Sind a und b nicht genügend oft differenzierbar, ist dies sogar notwendig. In der Aufgabe 4.8 zeigen wir, dass die Matrix $\mathbf{A} = \mathbf{M}_a^{(2),\mathrm{v}} + \mathbf{M}_b^{(1),\mathrm{v}} + \mathbf{M}_c^{(0)}$ für (4.21) wiederum als Summe wie in (4.20) geschrieben werden kann, nun aber mit den Summanden

$$\mathbf{M}_y^{(1),\mathrm{v}} := \frac{1}{2h} \begin{pmatrix} 0 & y_2 & & & & \\ -y_1 & 0 & y_3 & & & \\ & -y_2 & 0 & y_4 & & \\ & & \ddots & & \ddots & \\ & & & -y_{N-2} & 0 & y_N \\ & & & & -y_{N-1} & 0 \end{pmatrix}, \tag{4.22}$$

$$\mathbf{M}_y^{(2),\mathrm{v}} := \frac{1}{h^2}\begin{pmatrix} -2y_1 & y_2 & & & & \\ y_1 & -2y_2 & y_3 & & & \\ & y_2 & -2y_3 & y_4 & & \\ & & \ddots & & \ddots & \\ & & & y_{N-2} & -2y_{N-1} & y_N \\ & & & & y_{N-1} & -2y_N \end{pmatrix}. \tag{4.23}$$

Im Vergleich zu den Matrizen $\mathbf{M}_y^{(1)}$ in Definition 4.5 ist der Index der Nebendiagonalelemente der hier betrachteten Matrizen um 1 verschoben.

4.4 Aufgaben

Aufgabe 4.1 Geben Sie die Lösung der Differentialgleichung

$$\begin{cases} u'' - 4u = 0 \\ u(-1) = 1 \\ u(1) = 1 \end{cases}$$

an.

Aufgabe 4.2 Geben Sie die Lösung der Differentialgleichung

$$\begin{cases} 2u'' - 9u' + 4u = 0 \\ u(0) = 1 \\ u(2) = 2 \end{cases}$$

an.

Aufgabe 4.3 Wiederholen Sie das Beispiel 4.2 mit der Approximation zweiter Ordnung.

Aufgabe 4.4 Für eine Europäische Put Option mit den Parametern $T = 1$, $K = 100$, $s = 100$, $\sigma = 0.3$, $r = 0.05$ und $q = 0$ bestimmen Sie eine Approximation für das Delta der Option auf 3 Nachkommastellen genau. Verwenden Sie die dazu die Routine C.1 callput_bs_a.

Aufgabe 4.5 Mit den Werten aus Aufgabe 4.4 finden Sie das sogenannte „*Vomma*“

$$\frac{\partial^2 V}{\partial \sigma^2}$$

einer Europäischen Put Option auf drei Nachkommastellen genau.

Aufgabe 4.6

i) Benutzen Sie die Routine ode_d, um die Lösung der Differentialgleichung

$$\begin{cases} -\frac{1}{2}\sigma^2 u''(x) + \left(\frac{1}{2}\sigma^2 - r\right)u'(x) + ru(x) = e^{-\frac{1}{3}x} \\ u(0) = 0 \\ u(9) = 0 \end{cases}$$

für $\sigma = 0.3$, $r = 0.05$ und $N = 1024$ Gitterpunkte zu lösen.

ii) Stellen Sie die gefundene Lösung graphisch dar.

iii) Benutzen Sie die exakte Lösung

$$u(x) = \frac{150}{7}\left(e^{-\frac{1}{3}x} + \frac{e^{-3} - e^{9}}{e^{9} - e^{-10}}e^{-\frac{10}{9}x} + \frac{e^{-10} - e^{-3}}{e^{9} - e^{-10}}e^{x}\right),$$

um die Konvergenzordnung des Verfahrens zu bestimmen.

Aufgabe 4.7 Besselfunktionen spielen in der Physik eine wichtige Rolle, sie kommen aber auch in der Derivatsbewertung vor (Call Preise im Varianz-Gamma-Modell). Für $x \geq 0$ und einen Parameter $\nu \geq 0$ sind Besselfunktionen erster Art $J_\nu(x)$ definiert als Lösung der Differentialgleichung

$$x^2 J_\nu''(x) + xJ_\nu'(x) + (x^2 - \nu^2)J_\nu(x) = 0\,.$$

Wir interessieren uns im Folgenden für $J_{1/2}(x)$ und benötigen noch Randbedingungen. Diese sind $J_{1/2}(0) = 0$ und $J_{1/2}(7\pi/2) = -\frac{2}{\sqrt{7}\pi}$.

i) Benutzen Sie die Routine ode_d, um $J_{1/2}(x)$ im Intervall $G =]0, 7\pi/2[$ zu finden. Stellen Sie die Lösung graphisch dar.

ii) Die Nullstellen von Besselfunktionen sind oft von besonderem Interesse. In diesem Sinne finden Sie die Nullstellen von $J_{1/2}$ im Intervall G.

Aufgabe 4.8

i) Zeigen Sie: Die Diskretisierung von

$$\big(a(x)u(x)\big)'' + \big(b(x)u(x)\big)' + c(x)u(x)\,,$$

mit den in diesem Abschnitt definierten finiten Differenzen zweiter Ordnung führt auf die Matrix

$$\mathbf{A} = \mathbf{M}_a^{(2),\mathrm{v}} + \mathbf{M}_b^{(1),\mathrm{v}} + \mathbf{M}_c^{(0)}\,,$$

mit $\mathbf{M}_y^{(0)}$ wie in Definition 4.5, $\mathbf{M}_y^{(1),\mathrm{v}}$ wie in (4.22) und $\mathbf{M}_y^{(2),\mathrm{v}}$ wie in (4.23).

ii) Schreiben Sie eine Routine matrixgenerator_adj, welche die Matrizen aus Teilaufgabe i) ausgibt, in dem Sie die Routine matrixgenerator geeignet anpassen. Da wir annehmen, dass die Randbedingungen u_l und u_r Null sind, braucht die Routine keine Matrizen $\mathbf{M}_y^{(k),bc}$ auszugeben.

5 Parabolische Differentialgleichungen und ihre Approximation mit finiten Differenzen

Wir haben im vorherigen Kapitel lineare Differentialgleichungen (mit konstanten Koeffizienten) der Form

$$au''(x) + bu'(x) + cu(x) = f(x)$$

betrachtet. Die gesuchte Funktion $u(x)$ ist eine Funktion in einer Variablen (nämlich in x). In der Black-Scholes Gleichung (siehe (3.10))

$$\begin{cases} \partial_t u(x,t) + a\partial_{xx}u(x,t) + b\partial_x u(x,t) + cu(x,t) = 0 & \text{in } G \times]0,T] \\ u(0,x) = g(e^x) & \text{in } \mathbb{R} \end{cases} \tag{5.1}$$

(mit $G = \mathbb{R}$) ist die gesuchte Funktion $u(x,t)$ (der Optionspreis) eine Funktion in zwei Variablen (nämlich in der (Restlauf)Zeit t und im (Log-)Preis x des Basiswertes. Weil die obige Gleichung die *partiellen* Ableitungen der gesuchten Funktion sowohl nach t als auch nach x beinhaltet, nennt man die Gleichung eine *partielle Differentialgleichung*. Weil bezüglich t einmal und nach x zweimal abgeleitet wird, nennt man die Gleichung *parabolisch*. Die Gleichung ist linear, homogen, und hat konstante Koeffizienten. Wie wir wissen, ist die „Lösung" der Gleichung zum Zeitpunkt $t = 0$ bekannt: $u(x,0) = g(e^x)$, wobei g die Auszahlungsfunktion der Option ist.

In diesem Kapitel kombinieren wir die Finite-Differenzen-Diskretisierung der Differentialgleichung (5.1) bezüglich x mit einer Finite-Differenzen-Diskretisierung bezüglich t. Das entstehende volldiskrete Verfahren untersuchen wir im Abschn. 5.4 auf Stabilität und Konvergenz. Hier werden wir sehen, dass die Konvergenzrate vom Payoff g der Option abhängt. Anschliessend verwenden wir das Verfahren, um Europäische und Barriere Optionen zu bewerten. Im Abschn. 5.8 lassen wir die Restriktion der konstanten Koeffizienten fallen und lösen anschliessend als Anwendung die Kolmogorov Vorwärtsgleichung.

Um die Differentialgleichung (5.1) diskretisieren zu können, müssen wir sie zunächst „lokalisieren".

N. Hilber, *Bewertung von Finanzderivaten mit Python*,
https://doi.org/10.1007/978-3-658-39210-9_5

5.1 Lokalisierung

Wir wollen versuchen, die Lösung der Gleichung (5.1) approximativ zu finden. Die Variable x in der Gleichung durchläuft die Menge der reellen Zahlen. Auf dem Computer können wir aber eine Approximation für die unbekannte Funktion u nur endlich viele Werte von x berechnen, das heisst wir müssen wiederum Gitterpunkte

$$x_l = x_0 < x_1 < \ldots < x_N < x_{N+1} = x_r$$

betrachten. Weil x_l und x_r aus offensichtlichen Gründen endlich sind, bedeutet dies, dass wir für eine Approximation von u die Menge G in der Gleichung (5.1) *einschränken* müssen auf das von uns frei wählbare Intervall $G^e =]x_l, x_r[$. Beim Einschränken von G auf G^e müssen wir nun aber (damit das Problem lösbar bleibt) den Funktionswert an den Stellen x_l und x_r *vorgeben* (also als bekannt voraussetzen) und zwar zu jedem Zeitpunkt $t > 0$. Das heisst, wir müssen $u(x_l, t)$ und $u(x_r, t)$ angeben. Das ist aber nicht möglich, denn wir kennen $u(x, t)$ ja gar nicht. Somit *definiert* man

$$u(x_l, t) = u_l(t), \qquad u(x_r, t) = u_r(t)$$

für zwei *gegebene* Funktionen $u_l(t)$ und $u_r(t)$. Die einfachste Wahl dieser beiden Funktionen ist

$$u_l(t) = u_r(t) = 0 \; ;$$

man spricht von *homogenen Randbedingungen*. Der gesuchte Optionspreis $u(x, t)$ an den Stellen x_l und x_r ist aber nicht 0, wodurch die Funktion, von welcher wir verlangen, dass sie die Differentialgleichung im Intervall G^e löst, die Anfangsbedingung im Intervall G^e erfüllt und am Rand des Intervalls Null ist, eine andere ist als $u(x, t)$. Wir nennen diese Funktion $w(x, t)$; sie ist die Lösung des Problems

$$\begin{cases} \partial_t w(x,t) + a\partial_{xx} w(x,t) + b\partial_x w(x,t) + cw(x,t) = 0 & \text{in } G^e \times]0, T] \\ w(x_l, t) = 0 & \text{in }]0, T] \\ w(x_r, t) = 0 & \text{in }]0, T] \\ w(x, 0) = g(e^x) & \text{in } G^e \end{cases} \tag{5.2}$$

Den Übergang von der Gleichung (5.1) zur Gleichung (5.2) nennt man *Lokalisierung*. Im Gegensatz zum Problem (5.1) ist das Problem (5.2) auf einem Computer nun lösbar, dafür erhält man jedoch nicht das gesuchte $u(x, t)$, sondern eine andere Funktion $w(x, t)$. Es wird sich aber zeigen, dass $w(x, t) \approx u(x, t)$ mit beliebig hoher Genauigkeit auf einem kleineren Intervall $x \in \widetilde{G} \subset G^e$. Man kann das Intervall $\widetilde{G}$ (resp. G^e) so wählen, dass die Differenz zwischen $u(x, t)$ und $w(x, t)$ *beliebig klein* wird, vergleiche mit Abb. 5.1, siehe auch Abb. 3.1.

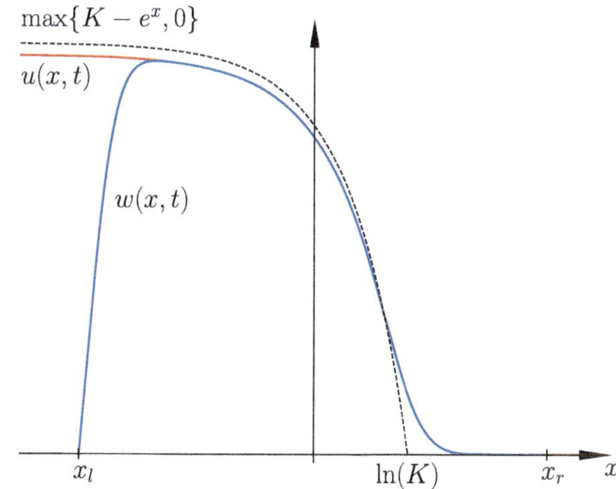

Abb. 5.1 Lokalisierung einer Put Option mit Payoff $g(e^x) = \max\{K - e^x, 0\}$. Die Funktion $w(x,t)$ hat am Rand des Intervalls $\overline{G^e} = [x_l, x_r]$ den Wert 0. Der tatsächliche (und unbekannte) Optionspreis $u(x,t)$ erfüllt diese Randbedingung nicht. Die beiden Funktionen sind aber in einem Intervall $\widetilde{G}$, welches kleiner ist als G^e, kaum voneinander zu unterscheiden

5.2 Das θ-Verfahren

Wir wollen nun das Problem (5.2) mit Hilfe der finiten Differenzen lösen. Dazu ersetzen wir, wie schon im Kap. 4, die (partiellen) Ableitungen bezüglich x durch zentrale Differenzenquotienten. Wir erhalten aus

$$\partial_t w(x_i,t) + a\partial_{xx} w(x_i,t) + b\partial_x w(x_i,t) + cw(x_i,t) = 0$$

für einen beliebigen (inneren) Gitterpunkt x_i, $i = 1,\ldots,N$,

$$\begin{aligned}\partial_t w(x_i,t) &+ a\frac{w(x_{i-1},t) - 2w(x_i,t) + w(x_{i+1},t)}{h^2}\\ &+ b\frac{-w(x_{i-1},t) + w(x_{i+1},t)}{2h} + cw(x_i,t) \approx 0\,.\end{aligned}$$

Um in dieser Approximation Gleichheit zu erzwingen, führen wir die Funktionen

$$w_i(t) \approx w(x_i,t)$$

ein, und ersetzen die Terme in der obigen Gleichung entsprechend

$$\partial_t w_i(t) + a\frac{w_{i-1}(t) - 2w_i(t) + w_{i+1}(t)}{h^2} + b\frac{-w_{i-1}(t) + w_{i+1}(t)}{2h} + cw_i(t) = 0\,.$$

Beachten Sie den Unterschied zum Vorgehen im Kap. 4. Weil dort die gesuchte Funktion $u(x)$ nicht von t abhängt, ist $u(x_i)$ respektive u_i eine *Zahl*, während im zeitabhängigen Fall $w(x_i,t)$ respektive $w_i(t)$ eine *Funktion* in t ist. Wiederum formen wir die obigen N

Gleichungen um. Dabei setzen wir wie schon im zeitunabhängigen Fall

$$\alpha := \frac{a}{h^2} - \frac{b}{2h}, \quad \beta := -\frac{2a}{h^2} + c, \quad \gamma := \frac{a}{h^2} + \frac{b}{2h},$$

vergleiche mit (4.13), und verwenden die Randbedingungen

$$w_0(t) = w(x_0, t) = 0 \text{ und } w_{N+1}(t) = w(x_{N+1}, t) = 0$$

sowie die vereinfachte Schreibweise $w_i'(t) = \partial_t w_i(t)$. Wir erhalten

$$\begin{cases} w_1'(t) & + \beta w_1(t) + \gamma w_2(t) & & & = 0 \\ w_2'(t) & + \alpha w_1(t) + \beta w_2(t) + & \gamma w_3(t) & & = 0 \\ w_3'(t) & + & \alpha w_2(t) + \beta w_3(t) & + \gamma w_4(t) & = 0 \\ & & \ddots & & \vdots \\ w_{N-1}'(t) + & & & \alpha w_{N-2}(t) + \beta w_{N-1}(t) + \gamma w_N(t) & = 0 \\ w_N'(t) & + & & \alpha w_{N-1}(t) + \beta w_N(t) & = 0 \end{cases}$$

Wir können dieses Gleichungssystem mit Hilfe von Matrizen vereinfacht schreiben. Mit der tridiagonalen $N \times N$-Matrix $\mathbf{A}$ aus (4.14) und den Vektoren

$$\mathbf{w}(t) := \begin{pmatrix} w_1(t) \\ w_2(t) \\ \vdots \\ w_N(t) \end{pmatrix}, \quad \mathbf{w}'(t) := \begin{pmatrix} w_1'(t) \\ w_2'(t) \\ \vdots \\ w_N'(t) \end{pmatrix} \tag{5.3}$$

ergibt sich

$$\mathbf{w}'(t) + \mathbf{A}\mathbf{w}(t) = \mathbf{0}\,.$$

Diese Gleichung muss – zur eindeutigen Lösbarkeit – mit der Anfangsbedingung $\mathbf{w}(0) = \mathbf{g}$ ergänzt werden, wobei der Vektor $\mathbf{g}$ die Funktionswerte der Auszahlungsfunktion in den Gitterpunkten beinhaltet

$$\mathbf{g} := \begin{pmatrix} g(e^{x_1}) \\ g(e^{x_2}) \\ \vdots \\ g(e^{x_N}) \end{pmatrix}. \tag{5.4}$$

Im Anhang B.5 zeigen wir, dass das System

$$\begin{cases} \mathbf{w}'(t) + \mathbf{A}\mathbf{w}(t) = \mathbf{0} \\ \mathbf{w}(0) = \mathbf{g} \end{cases} \tag{5.5}$$

analog zum skalaren Fall ($N = 1$) die Lösung

$$\mathbf{w}(t) = e^{-\mathbf{A}t}\mathbf{g} \tag{5.6}$$

hat, vergleiche auch mit der Aufgabe 5.1. Das Objekt $e^{-\mathbf{A}t}$ („e hoch eine Matrix“) in (5.6) ist wiederum eine $N \times N$-Matrix; wir wissen im Moment nicht, wie diese definiert ist noch wie diese berechnet werden kann[1]. In Python können wir $\mathbf{w}(t)$ respektive $e^{-\mathbf{A}t}$ via `expm` berechnen (das „m“ steht für Matrix); diese Routine ist aber bereits für moderate N für unsere Zwecke zu langsam. Somit ist die Lösung (5.6) des Differentialgleichungssystem schlussendlich von eher theoretischer Natur und es ist einfacher/effizienter, die Lösung des Differentialgleichungssystems zu approximieren anstatt exakt anzugeben. Um eine approximative Berechnung respektive ein Lösungsverfahren für das System (5.5) zu entwickeln, nehmen wir zunächst an, dass $N = 1$ ist, das heisst, dass das Gitter

$$x_l = x_0 < x_1 < x_2 = x_r$$

nur einen inneren Punkt x_1 beinhaltet. Damit haben wir nur eine Differentialgleichung für die einzige unbekannte Funktion $w_1(t)$, in welcher wir aus Gründen der Übersichtlichkeit den Index 1 nun weglassen

$$w'(t) + \left(-\frac{2a}{h^2} + c\right)w(t) = 0, \quad w(0) = g(e^{x_1}),$$

oder mit $A := -\frac{2a}{h^2} + c$ und $g := g(e^{x_1})$

$$\begin{cases} w'(t) + Aw(t) = 0 \\ w(0) = g \end{cases}. \tag{5.7}$$

[1] Wir führen die Matrix $\mathbf{B} := -\mathbf{A}t$ ein, so dass $e^{-\mathbf{A}t} = e^{\mathbf{B}}$ ist. Um dieses Objekt zu bestimmen, denken wir an die Taylorreihe von $e^x = \sum_{k=0}^{\infty} \frac{1}{k!}x^k$, $x \in \mathbb{R}$, vergleiche mit Tab. 3.1. Es ist nun sinnvoll, dies „einfach“ auf $e^{\mathbf{B}}$ zu übertragen ($\mathbf{B}$ muss quadratisch sein)

$$e^{\mathbf{B}} := \sum_{k=0}^{\infty} \frac{1}{k!}\mathbf{B}^k = \mathbf{I} + \mathbf{B} + \frac{1}{2!}\mathbf{B}^2 + \frac{1}{3!}\mathbf{B}^3 + \dots,$$

wobei $\mathbf{I}$ die Einheitsmatrix ist. Es stellt sich heraus, dass diese Reihe für *jede* $n \times n$-Matrix konvergiert, wodurch $e^{\mathbf{B}}$ selbst wieder eine wohl definierte $n \times n$-Matrix ist. *Wie* $e^{\mathbf{B}}$ konkret berechnet wird, ist durch obige Definition nicht geklärt und hängt von der Matrix $\mathbf{B}$ ab; siehe dazu den Abschn. A.1.3 im Anhang.

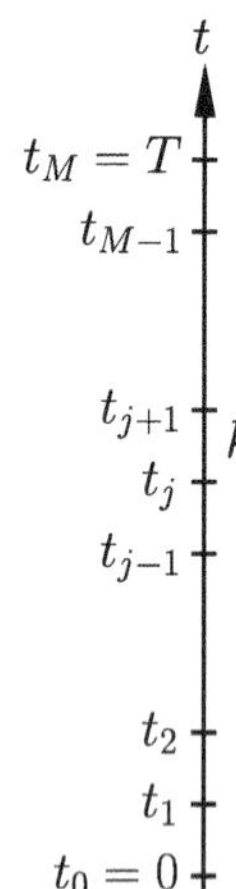

Abb. 5.2 Äquidistantes Gitter $\mathcal{G}_t$ (mit Zeitschritt k) im Zeitintervall $[0, T]$ bestehend aus $M + 1$ Gitterpunkten $t_j = jk$

Obwohl das Problem (5.7) exakt lösbar ist, wollen wir dieses dennoch mit finiten Differenzen approximativ lösen (warum wir diesen Aufwand betreiben sollte aus obigen Überlegungen klar geworden sein). Um dies zu tun, müssen wir für $M \in \mathbb{N}^\times$ ein Gitter

$$\mathcal{G}_t := \{t_j \mid j = 0, \ldots, M\}$$

mit

$$0 = t_0 < t_1 < \ldots < t_{M-1} < t_M = T$$

im Intervall $[0, T]$ einführen, vergleiche mit Abb. 5.2.

Der Einfachheit halber wählen wir auch auf der Zeitachse ein äquidistantes Gitter

$$t_j = jk, \quad j = 0, \ldots, M \tag{5.8}$$

mit der Maschenweite oder dem *Zeitschritt*

$$k := \frac{T}{M} .$$

Wir können die erste Ableitung $w'(t)$ in (5.7) an jedem Gitterpunkt t_j ersetzen durch den Vorwärtsdifferenzenquotienten $\delta_k^+ w(t_j)$, welchen wir in Definition 4.3 kennengelernt haben, das heisst

$$\frac{w(t_j + k) - w(t_j)}{k} + Aw(t_j) \approx 0, \quad j = 0 \ldots, M - 1 . \tag{5.9}$$

Um in dieser Approximation Gleichheit zu erzwingen, ersetzen wir die Funktionswerte $w(t_j)$ durch w_j, das heisst $w(t_j) \approx w_j$

$$\frac{w_{j+1} - w_j}{k} + Aw_j = 0, \quad j = 0 \ldots, M - 1 .$$

Multiplikation mit k und sortieren nach bekannten respektive unbekannten Grössen liefert

$$w_{j+1} = w_j + \underbrace{k(-A)w_j}_{=\Delta w}, \quad j = 0\ldots, M-1\,. \tag{5.10}$$

Die Rechenvorschrift oder das Verfahren (5.10) heisst *explizites Euler-Verfahren*[2]. Das Verfahren besagt, dass ausgehend vom bekannten Wert w_j sich der nächste Wert w_{j+1} bestimmen lässt, in dem man w_j durch Addition eines vertikalen Zuwachses Δw „aktualisiert". Dieser vertikale Zuwachs ergibt sich aus dem horizontalen Zuwachs k multipliziert mit der Steigung

$$-Aw_j\,,$$

welche eine Approximation der exakten Steigung

$$w'(t_j) = -Aw(t_j)$$

ist. Da der vertikale Zuwachs nicht vom zu bestimmenden Wert w_{j+1}, sondern nur vom bereits bekannten Wert w_j abhängt, nennt man das Verfahren explizit, vergleiche mit Abb. 5.4. Die M Gleichungen in (5.10) können wir auflösen nach w_{j+1}

$$w_{j+1} = (1-kA)w_j\,, \quad j = 0, \ldots, M-1\,.$$

da $w_0 = w(t_0) = g$ bekannt ist, können wir w_{j+1} so rekursiv erhalten oder direkt

$$w_{j+1} = (1-kA)^{j+1}g, \quad j = 0, \ldots, M-1\,. \tag{5.11}$$

Die Gleichung (5.11) definiert eine geometrische Folge mit Startglied g und Wachstumsfaktor $(1-kA)$.

Nun hat aber das explizite Euler-Verfahren (5.10) eine unerwünschte Eigenschaft, die man *Instabilität* nennt. Um dies einzusehen, nehmen wir an, dass $A > 0$ ist. In diesem Fall konvergieren die exakten Funktionswerte $w(t) = e^{-At}g$ mit zunehmendem t streng monoton gegen 0. Es ist sinnvoll zu fordern, dass die approximierten Funktionswerte w_{j+1} diese Eigenschaft auch haben; die Folge (w_j) soll eine Nullfolge sein. Aus der Theorie der geometrischen Folgen wissen wir, dass solche genau dann konvergent sind, wenn der Wachstumsfaktor $1-kA$ im Betrag kleiner ist als 1, also

$$|1-kA| < 1\,.$$

In der Aufgabe 5.2 zeigen wir, dass diese Bedingung (für $A > 0$) erfüllt ist, falls

$$0 < k < \frac{2}{A} \tag{5.12}$$

[2] Benannt nach dem Schweizer Mathematiker Leonhard Euler (1707–1783).

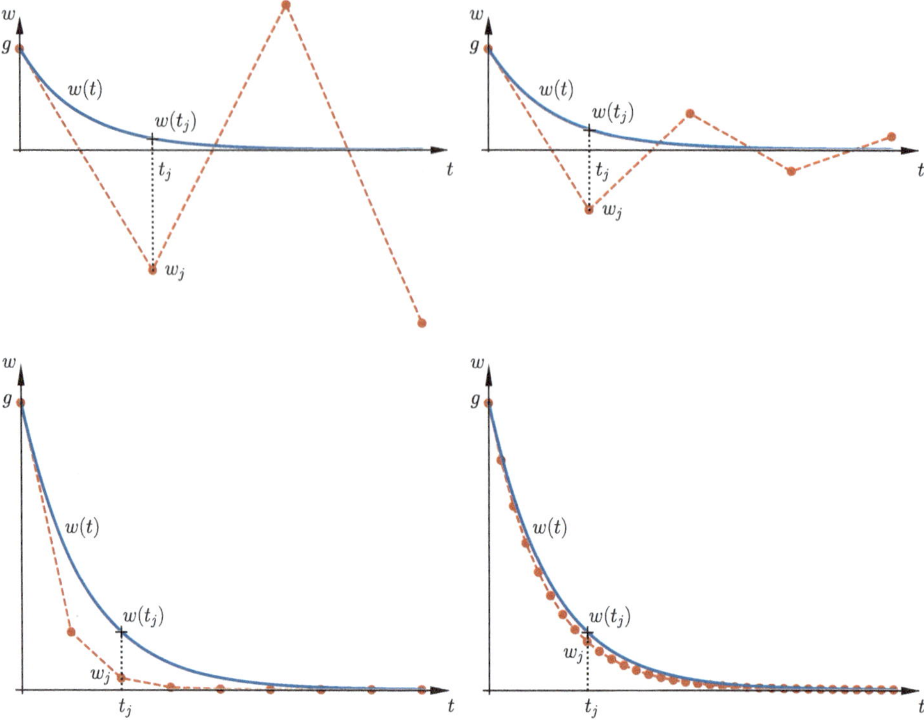

Abb. 5.3 Illustration der Stabilität des expliziten Euler-Verfahrens für die Differentialgleichung $w'(t) + Aw(t) = 0$ mit $A = 2$. Oben links. Es ist $k = \frac{11}{10}$ und daher die Stabilitätsbedingung (5.12) nicht erfüllt. Oben rechts. Es ist $k = \frac{4}{5}$. Die Stabilitätsbedingung ist erfüllt, jedoch sind die approximierten Funkionswerte w_j nicht besonders gut. Unten links ($k = \frac{2}{5}$) und rechts ($k = \frac{1}{10}$). Man erhält umso bessere Approximationen, je kleiner k ist

gilt. In Abb. 5.3 wird die Gültigkeit dieser Ungleichung graphisch illustriert. Eine Restriktion wie (5.12) nennt man *bedingte Stabilität* und ist nicht wünschenswert. Man kann diese jedoch umgehen, indem man die erste Ableitung $w'(t_j)$ anstatt durch den Vorwärtsdifferenzenquotienten $\delta_k^+ w(t_j)$ durch den *Rückwärtsdifferenzenquotienten*

$$\delta_k^- w(t_j) = \frac{w(t_j) - w(t_j - k)}{k}$$

ersetzt. So erhält man anstatt der Approximationen (5.9) die Approximationen

$$\frac{w(t_j) - w(t_j - k)}{k} + Aw(t_j) \approx 0, \quad j = 1, \ldots, M\,. \tag{5.13}$$

Schreiben wir wiederum $w_j \approx w(t_j)$, so erhalten wir

$$\frac{w_j - w_{j-1}}{k} + Aw_j = 0, \quad j = 1 \ldots, M$$

oder, mit einem Index j beginnend bei 0 anstatt bei 1

$$\frac{w_{j+1} - w_j}{k} + Aw_{j+1} = 0, \quad j = 0 \ldots, M - 1 .$$

Multiplikation mit k liefert

$$w_{j+1} = w_j + \underbrace{k(-A)w_{j+1}}_{=\Delta w}, \quad j = 0 \ldots, M - 1 . \tag{5.14}$$

Diese Rechenvorschrift ist das *implizite Euler-Verfahren*. Das Verfahren besagt, dass ausgehend vom bekannten Wert w_j sich der nächste Wert w_{j+1} bestimmen lässt, in dem man w_j durch Addition eines vertikalen Zuwachses Δw „aktualisiert". Dieser vertikale Zuwachs ergibt sich aus dem horizontalen Zuwachs k multipliziert mit der Steigung

$$-Aw_{j+1} ,$$

welche eine Approximation der exakten Steigung

$$w'(t_{j+1}) = -Aw(t_{j+1})$$

ist. Da der vertikale Zuwachs vom zu bestimmenden Wert w_{j+1} abhängt, nennt man das Verfahren implizit, vergleiche mit Abb. 5.4. Das Verfahren (5.14) aufgelöst nach w_{j+1} ist

$$w_{j+1} = \frac{1}{1 + kA} w_j, \quad j = 0 \ldots, M - 1 ;$$

Da $w_0 = w(t_0) = g$ ist, ergibt sich eine zu (5.11) analoge Beziehung

$$w_{j+1} = \frac{1}{(1 + kA)^{j+1}} g, \quad j = 0, \ldots, M - 1 . \tag{5.15}$$

Für $A > 0$ soll auch diese geometrische Folge eine Nullfolge sein; dies ist der Fall, wenn der Wachstumsfaktor $\frac{1}{1+kA}$ im Betrag kleiner ist als 1, also falls

$$\frac{1}{|1 + kA|} < 1$$

gilt. In der Aufgabe 5.3 zeigen wir, dass diese Bedingung (für $A > 0$) für alle $k > 0$ erfüllt ist. Somit ist das implizite Euler-Verfahren (5.14) ohne Bedingung an den Zeitschritt k stabil; man spricht von einer *unbedingten Stabilität*.

Wir können das explizite (5.10) und implizite Euler-Verfahren (5.14) kombinieren. Und zwar können wir für einen Parameter $\theta \in [0, 1]$ folgende Konvexkombination der beiden

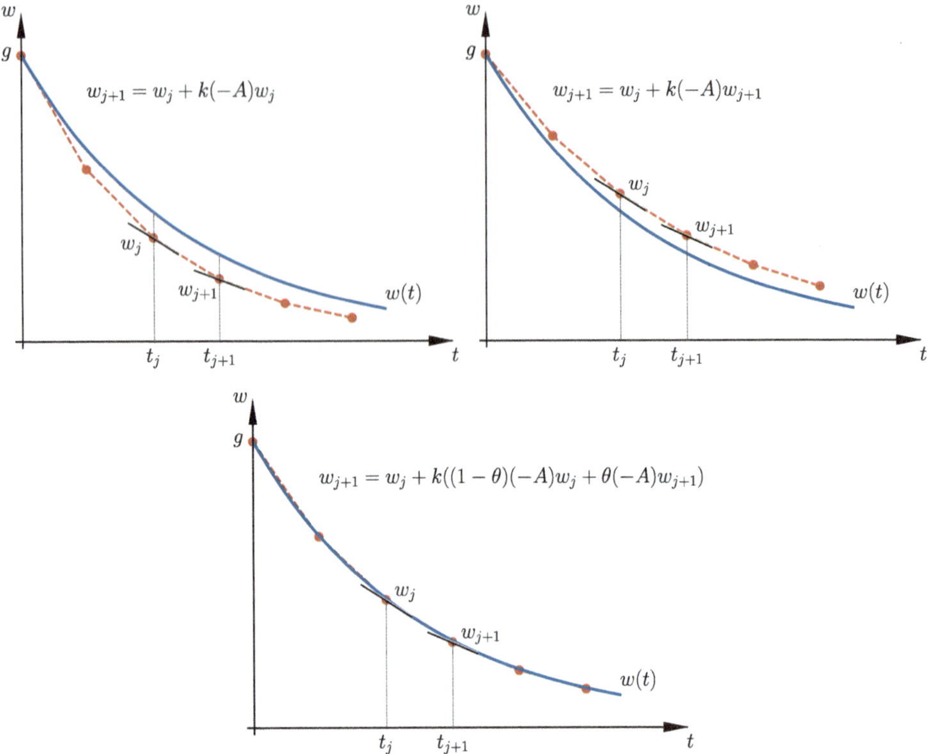

Abb. 5.4 Die diskutierten Verfahren bestimmen ausgehend von w_j die Approximation w_{j+1}, indem w_j durch Addition eines vertikalen Zuwachses Δw „aktualisiert" wird. Der vertikale Zuwachs ergibt sich aus dem Produkt des horizontalen Zuwachses k mit einer gewissen Steigung. Diese Steigung ist für das explizite Euler-Verfahren (oben links) durch $-Aw_j$, für das implizite Euler-Verfahren (oben rechts) durch $-Aw_{j+1}$ und für das θ-Verfahren durch die Linearkombination $-(1-\theta)Aw_j - \theta Aw_{j+1}$ gegeben

vertikalen Zuwachse $k(-A)w_j$ und $k(-A)w_{j+1}$ bilden (warum wir das tun wird später klar)

$$w_{j+1} = w_j + (1-\theta)k(-A)w_j + \theta k(-A)w_{j+1}, \quad j = 0\ldots, M-1\,. \tag{5.16}$$

Die Rechenvorschrift (5.16) nennt man das *θ-Verfahren*. Da für $\theta > 0$ der vertikale Zuwachs vom zu bestimmenden Wert w_{j+1} abhängt, nennt man das Verfahren implizit, vergleiche mit Abb. 5.4. Wir gruppieren die Gleichung (5.16) nach w_{j+1} und w_j

$$(1 + k\theta A)w_{j+1} = \big(1 - k(1-\theta)A\big)w_j, \quad j = 0\ldots, M-1\,, \tag{5.17}$$

und lösen nach w_{j+1} auf

$$w_{j+1} = \frac{1 - k(1-\theta)A}{1 + k\theta A} w_j, \quad j = 0\ldots, M-1\,. \tag{5.18}$$

Ist im θ-Verfahren $\theta = 0$, so erhalten wir das explizite Euler-Verfahren (5.10), ist jedoch $\theta = 1$, so ergibt sich das implizite Euler-Verfahren (5.14). Bevor wir die Ordnung des θ-Verfahrens angeben, wollen wir dieses auf Stabilität untersuchen. In der Aufgabe 5.4 zeigen wir, dass das θ-Verfahren (für $A > 0$) bedingungslos stabil ist, wenn $\theta \in [1/2, 1]$ gilt und bedingt stabil ist für $\theta \in [0, 1/2[$. In diesem Fall muss der Zeitschritt k die Bedingung

$$k < \frac{2}{(1-2\theta)A} \tag{5.19}$$

erfüllen.

Wir wollen nun die Ordnung des θ-Verfahrens untersuchen, das heisst, wie genau approximieren die Werte w_j erzeugt nach der Vorschrift (5.16) die Lösung der Differentialgleichung $w'(t) + Aw(t) = 0$ an einer Stelle t_j, also wie gross ist n in

$$w(t_j) - w_j = \mathcal{O}(k^n)\ ?$$

Um diese Frage zu beantworten, müssen wir auf wenig ausholen. Ersetzen wir dazu in der Gleichung (5.16) w_j (resp. w_{j+1}) durch $w(t_j)$ (resp. $w(t_{j+1})$), so ergibt sich der Term

$$w(t_{j+1}) - w(t_j) + k(1-\theta)Aw(t_j) + k\theta Aw(t_{j+1}) \neq 0$$

welcher nun aber nicht mehr Null ist (da ja $w(t_j) \neq w_j$ ist). Man nennt diesen Term *lokalen Diskretisierungsfehler* d_{j+1} an der Stelle t_{j+1}, also

$$d_{j+1} := \underbrace{w(t_{j+1}) - w(t_j)}_{=:(\mathrm{I})} + \underbrace{k(1-\theta)Aw(t_j) + k\theta Aw(t_{j+1})}_{=:(\mathrm{II})}\ . \tag{5.20}$$

In diesem Ausdruck setzen wir die Taylorentwicklung (beachte, dass $t_{j+1} = t_j + k$ ist)

$$w(t_{j+1}) = w(t_j) + kw'(t_j) + \frac{k^2}{2}w''(t_j) + \mathcal{O}(k^3)$$

ein. Wir erhalten damit

$$(\mathrm{I}) = w(t_{j+1}) - w(t_j) = kw'(t_j) + \frac{k^2}{2}w''(t_j) + \mathcal{O}(k^3)$$

sowie

$$\begin{aligned}
(\mathrm{II}) &= k(1-\theta)Aw(t_j) + k\theta Aw(t_{j+1}) \\
&= k(1-\theta)Aw(t_j) + k\theta A\big(w(t_j) + kw_1'(t_j) + \mathcal{O}(k^2)\big) \\
&= kAw(t_j) + \theta Ak^2w'(t_j) + \mathcal{O}(k^3)\ .
\end{aligned}$$

Zusammen ergibt sich also

$$\begin{aligned} d_{j+1} &= \text{(I)} + \text{(II)} \\ &= kw'(t_j) + \frac{k^2}{2}w''(t_j) + kAw(t_j) + k^2\theta Aw'(t_j) + \mathcal{O}(k^3)\,. \end{aligned}$$

Darin verwenden wir nun, dass ja die Funktion $w(t)$ die Differentialgleichung

$$w'(t) = -Aw(t)$$

(siehe (5.7)) und daher auch $w''(t) = -Aw'(t)$ erfüllt

$$d_{j+1} = kw'(t_j) + \frac{k^2}{2}w''(t_j) - kw'(t_j) - k^2\theta w''(t_j) + \mathcal{O}(k^3)\,,$$

und es ergibt sich

$$d_{j+1} = \left(\frac{1}{2} - \theta\right)k^2 w''(t_j) + \mathcal{O}(k^3)\,. \tag{5.21}$$

Für den Fall $\theta = 0$ ist der lokale Diskretisierungsfehler d_{j+1} geometrisch interpretiert die Differenz

$$d_{j+1} = w(t_{j+1}) - \widetilde{w}_{j+1}\,,$$

wobei der Wert $\widetilde{w}_{j+1}$ dadurch entsteht, dass man in der Rechenvorschrift (5.10) nicht vom approximativen Wert w_j ausgeht, um w_{j+1} zu erhalten, sondern vom exakten $w(t_j)$, das heisst

$$\widetilde{w}_{j+1} = (1 - kA)w(t_j)\,,$$

vergleiche mit Abb. 5.5.

Nun interessiert uns aber nicht der lokale Diskretisierungsfehler d_j, sondern der globale

$$e_j := w(t_j) - w_j\,. \tag{5.22}$$

Im Folgenden leiten wir ein Resultat der Form $|e_j| = \mathcal{O}(k^n)$ her, weil wir einige Zwischenresultate später wieder benötigen werden. Wir betrachten ja das Schema

$$(1 + k\theta A)w_{j+1} = (1 - k(1-\theta)A)w_j\,, \quad w_0 = w(0) = g\,;$$

zur weiteren Untersuchung führen wir die vereinfachende Notation

$$B := 1 + k\theta A,\ \ C := 1 - k(1-\theta)A$$

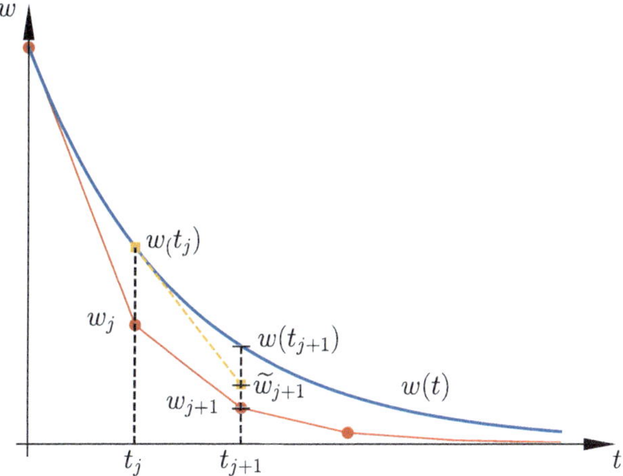

Abb. 5.5 Lokaler Diskretisierungsfehler $d_{j+1} = w(t_{j+1}) - \widetilde{w}_{j+1}$ und globaler Diskretisierungfehler $e_{j+1} = w(t_{j+1}) - w_{j+1}$

ein, so dass das Schema nun

$$Bw_{j+1} = Cw_j, \quad w_0 = w(0) = g \tag{5.23}$$

lautet. Aus der Definition des globalen Fehlers $e_j := w(t_j) - w_j$ folgt nun zunächst

$$\begin{aligned} Bw_{j+1} &= Cw_j \\ B(w(t_{j+1}) - e_{j+1}) &= C(w(t_j) - e_j) \\ Bw(t_{j+1}) &= Cw(t_j) + Be_{j+1} - Ce_j . \end{aligned}$$

Der Term $Be_{j+1} - Ce_j$ entspricht dem lokalen Diskretisierungsfehler d_{j+1} in (5.20), denn

$$\begin{aligned} Be_{j+1} - Ce_j &= (1 + k\theta A)(w(t_{j+1}) - w_{j+1}) - (1 - k(1-\theta)A)(w(t_j) - w_j) \\ &= \underbrace{w(t_{j+1}) - w(t_j) + k(1-\theta)Aw(t_{j+1}) + k(1-\theta)Aw(t_j)}_{\overset{(5.20)}{=} d_{j+1}} \\ &\quad \underbrace{- (1 + k\theta A)w_{j+1} + (1 - k(1-\theta)A)w_j}_{\overset{(5.23)}{=} 0} . \end{aligned}$$

Somit erfüllen die exakten Werte $w(t_j)$ eine ähnliche Rekursion wie die approximierten Werte w_j, nämlich

$$Bw(t_{j+1}) = Cw(t_j) + d_{j+1} . \tag{5.24}$$

Nun können wir folgende Rechnung machen (wobei wir B^{-1} anstatt $1/B$ schreiben)

$$\begin{aligned} e_j &= B^{-1} B e_j \overset{(5.22)}{=} B^{-1} B(w(t_j) - w_j) \\ &\overset{(5.23),(5.24)}{=} B^{-1}(C w(t_{j-1}) + d_j - C w_{j-1}) \\ &= B^{-1} C(w(t_{j-1}) - w(t_{j-1})) + B^{-1} d_j \\ &\overset{(5.22)}{=} B^{-1} C e_{j-1} + B^{-1} d_j \ . \end{aligned} \tag{5.25}$$

Die Gleichung (5.25) besagt, dass der Fehler e_j zum Zeitpunkt t_j sich aus dem Fehler e_{j-1} und dem lokalen Diskretisierungsfehler d_j bestimmen lässt. Wir können die Gleichung iterieren

$$\begin{aligned} e_j &= B^{-1} C e_{j-1} + B^{-1} d_j \\ &\overset{(5.25)}{=} B^{-1} C(B^{-1} C e_{j-2} + B^{-1} d_{j-1}) + B^{-1} d_j \\ &= (B^{-1} C)^2 e_{j-2} + B^{-1} C B^{-1} d_{j-1} + B^{-1} d_j \\ &\overset{(5.25)}{=} (B^{-1} C)^2 (B^{-1} C e_{j-3} + B^{-1} d_{j-2}) + B^{-1} C B^{-1} d_{j-1} + B^{-1} d_j \\ &= (B^{-1} C)^3 e_{j-3} + (B^{-1} C)^2 B^{-1} d_{j-2} + B^{-1} C B^{-1} d_{j-1} + B^{-1} d_j \\ &\ \ \vdots \\ &= (B^{-1} C)^j e_0 + \sum_{k=0}^{j-1} (B^{-1} C)^{j-1-k} B^{-1} d_{k+1} \ . \end{aligned}$$

Weil $e_0 = w(t_0) - w_0 = w(0) - w_0 = 0$ ist, ist der Fehler e_j die (gewichtete) Summe aus den lokalen Diskretisierungsfehler

$$e_j = \sum_{k=0}^{j-1} (B^{-1} C)^{j-1-k} B^{-1} d_{k+1} \ .$$

Jetzt schätzen wir unter der Verwendung der Ungleichungen

$$|x + y| \leq |x| + |y|, \quad |xy| \leq |x||y|, \quad x, y \in \mathbb{R}$$

ab und erhalten für den absoluten Fehler

$$|e_j| = \Big| \sum_{k=0}^{j-1} (B^{-1} C)^{j-1-k} B^{-1} d_{k+1} \Big| \leq \sum_{k=0}^{j-1} |B^{-1} C|^{j-1-k} |B^{-1}| |d_{k+1}| \ .$$

Hierin können wir den Faktor $|B^{-1}|$ vor die Summe nehmen, da er nicht von k abhängt. Weiter können wir jedes $|d_{k+1}|$ abschätzen durch das Maximum $\max_k |d_{k+1}|$ derer. Es folgt

$$|e_j| \leq |B^{-1}| \max_k |d_{k+1}| \sum_{k=0}^{j-1} |B^{-1}C|^{j-1-k} .$$

Hierin müssen wir nur noch die Summe ausrechnen. Dies läuft auf das Bestimmen einer geometrischen Reihe[3] hinaus; wir setzen dazu $q := |B^{-1}C|$

$$\sum_{k=0}^{j-1} |B^{-1}C|^{j-1-k} = \sum_{k=0}^{j-1} q^{j-1-k} = \sum_{k=0}^{j-1} q^k = \frac{1-q^j}{1-q} = \frac{1-|B^{-1}C|^j}{1-|B^{-1}C|} .$$

Es folgt schlussendlich

$$|e_j| \leq \frac{1-|B^{-1}C|^j}{1-|B^{-1}C|} |B^{-1}| \max_k |d_{k+1}| . \tag{5.26}$$

Ist nun $|B^{-1}C| > 1$, so besagt die Ungleichung (5.26), dass der absolute Fehler $|e_j|$ in jedem Zeitschritt zunimmt (weil der Faktor $\frac{1-|B^{-1}C|^j}{1-|B^{-1}C|}$ nimmt zunehmendem j exponentiell zunimmt). Der Fehler würde explodieren und das Verfahren ist instabil; ein nicht erwünschtes Verhalten. Um ein stabiles Verfahren zu erhalten, müssen die Fehler $|e_j|$ nach oben beschränkt sein, dies ist nur der Fall, wenn die Stabilitätsbedingung

$$|B^{-1}C| = |(1+k\theta A)^{-1}(1-k(1-\theta)A)| < 1 \tag{5.27}$$

erfüllt ist, vergleiche mit Aufgabe 5.4. Ist dies der Fall, so ist $|B^{-1}C|^j < 1$ und daher

$$|e_j| \leq \frac{|B^{-1}|}{1-|B^{-1}C|} \max_k |d_{k+1}| .$$

Für genügend kleine $k > 0$ ist $\frac{|B^{-1}|}{1-|B^{-1}C|} = 1/(kA)$ und daher, weil der (maximale) lokale Diskretisierungsfehler (5.21) erfüllt,

$$|e_j| \leq 1/(kA) \max_k |d_{k+1}| \overset{(5.21)}{\leq} c\Big(\frac{1}{2}-\theta\Big)k + \mathcal{O}(k^2) , \tag{5.28}$$

wobei c eine unbekannte Konstante ist. Ist nun $\theta = \frac{1}{2}$, so fällt der Term erster Ordnung $c(1/2-\theta)k$ weg und der globale Fehler ist von zweiter Ordnung, $e_j = \mathcal{O}(k^2)$. Ist $\theta \neq \frac{1}{2}$, so ist der globale Fehler von erster Ordnung, $e_j = \mathcal{O}(k)$. Da die Beziehung (5.28) für jedes j gilt (und wir nur endlich viele Gitterpunkte respektive Zeitschritte betrachten), muss sie auch für den maximalen, absoluten globalen Fehler

$$e_M = \max_{j=1,\ldots,M} |e_j|$$

[3] Zur Errinnerung: Für $q \neq 1$ ist $\sum_{k=0}^{j-1} q^k = \frac{1-q^j}{1-q}$.

gelten. Somit haben wir für das θ-Verfahren, falls die Stabilitätsbedingung (5.27) erfüllt ist,

$$e_M = \begin{cases} \mathcal{O}(k) & \text{falls } \theta \in [0,1] \setminus \{1/2\} \\ \mathcal{O}(k^2) & \text{falls } \theta = 1/2 \end{cases} .$$

Das bedeutet, dass für $\theta = \frac{1}{2}$ der Fehler des Verfahrens um den Faktor 4 kleiner wird, wenn wir den Zeitschritt k halbieren, für $\theta \neq \frac{1}{2}$ jedoch nur um den Faktor 2.

Der Wert $\theta = \frac{1}{2}$ spielt offenbar eine spezielle Rolle. In der Tat taucht dieser Wert auch bei der Untersuchung der Stabilität des θ-Verfahrens (siehe Aufgabe 5.4) als „Grenze" zwischen bedingter und unbedingter Stabilität auf. Das θ-Verfahren für $\theta = \frac{1}{2}$ ist besser bekannt unter dem Namen *Crank-Nicolson-Verfahren*[4].

5.3 Ein volldiskretes Verfahren

Kommen wir nun zurück zu unserem Ausgangsproblem der Optionsbewertung. Die Diskretisierung der Gleichung (siehe (5.2))

$$\begin{cases} \partial_t w(x,t) + a\partial_{xx} w(x,t) + b\partial_x w(x,t) + cw(x,t) = 0 & \text{in } G^e \times]0,T] \\ w(x_l,t) = 0 & \text{in }]0,T] \\ w(x_r,t) = 0 & \text{in }]0,T] \\ w(x,0) = g(e^x) & \text{in } G^e \end{cases} ,$$

bei welcher wir die partiellen Ableitung nach x ersetzt haben durch finite Differenzen, hat uns auf das Differentialgleichungssystem (5.5) geführt.

Zur Diskretisierung in der Zeit von (5.5) führen wir wiederum ein äquidistantes Gitter $\mathcal{G}_t$ im Zeitintervall $[0,T]$

$$0 = t_0 < t_1 \ldots < t_M = T, \quad t_j = jk, \quad k = \frac{T}{M}$$

ein. Da wir bereits bezüglich der x-Variable diskretisiert haben (also ein Gitter $\mathcal{G}_x$ im Intervall $\overline{G^e} = [x_l, x_r]$ eingeführt haben), entsteht dabei ein Produktgitter

$$\mathcal{G}_{x,t} := \mathcal{G}_x \times \mathcal{G}_t = \{(x_i, t_j) \mid i = 0, \ldots, N+1, \ j = 0, \ldots, M\}$$

in der x-t-Ebene, vergleiche mit Abb. 5.6.

Nun gehen wir analog zum Fall mit nur einer gesuchten Funktion vor, das heisst, wir wenden das θ-Verfahren (5.16) an. Konkret ersetzen wir die N Ableitungen $w_i'(t)$ in (5.5)

[4] Benannt nach dem britischen Physiker John Crank (1916–2006) und der britischen Physikerin Phyllis Nicolson (1917–1968).

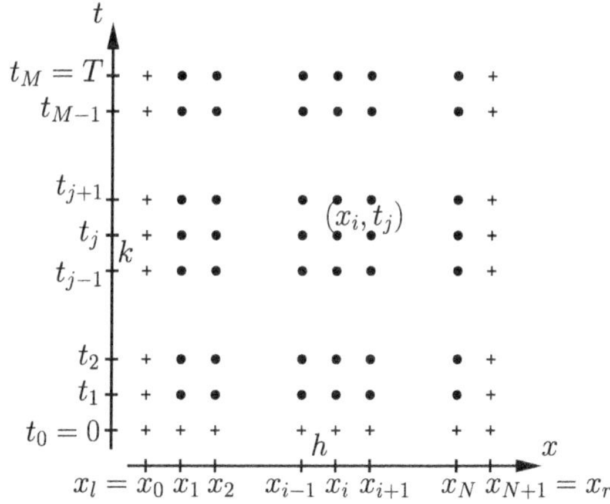

Abb. 5.6 Produktgitter $\mathcal{G}_x \times \mathcal{G}_t$ im Produktintervall $[x_l, x_r] \times [0, T]$ bestehend aus $(N+2)(M+1)$ Gitterpunkten (x_i, t_j). In den Punkten (x_l, t_j) und (x_r, t_j) sowie (x_i, t_0) (gekennzeichnet mit $+$) sind die Funktionswerte $w(x_i, t_j)$ auf Grund von Rand- respektive Anfangsbedingungen bekannt

zum Zeitpunkt t_j für jedes $i = 1, \ldots, N$ durch die finiten Differenzen

$$w_i'(t_j) \approx \frac{w_i(t_j + k) - w_i(t_j)}{k}$$

wodurch jedoch die Gleichheit in der Gleichung zerstört wird. Um diese wieder herzustellen, approximieren wir die unbekannten Funktionswerte $w_i(t_j)$ durch $w_{i,j}$. Die i-te Gleichung im System (5.5)

$$w_i'(t_j) + \alpha w_{i-1}(t_j) + \beta w_i(t_j) + \gamma w_{i+1}(t_j) = 0$$

wird somit zum Zeitpunkt t_j, $j = 0, \ldots, M-1$ approximiert durch

$$\begin{aligned} w_{i,j+1} = w_{i,j} &+ (1-\theta)k\big(-\alpha w_{i-1,j} - \beta w_{i,j} - \gamma w_{i+1,j}\big) \\ &+ \theta k\big(-\alpha w_{i-1,j+1} - \beta w_{i,j+1} - \gamma w_{i+1,j+1}\big)\,. \end{aligned} \tag{5.29}$$

Man vergleiche diese Gleichung mit der Gleichung (5.16) für den Fall $i = 1 = N$, bei welchem $A = \beta$ und $\alpha = \gamma = 0$ ist.

Wir wollen uns davon überzeugen, dass die obigen N Gleichungen für jedes j als lineares Gleichungssystem geschrieben werden können. Dazu nehmen wir an, dass wir die Werte $w_{i-1,j}$, $w_{i,j}$ und $w_{i+1,j}$ zum Zeitpunkt t_j bereits berechnet haben und die Werte $w_{i-1,j+1}$, $w_{i,j+1}$ und $w_{i+1,j+1}$ zum nächsten Zeitpunkt t_{j+1} noch bestimmen müssen. Hierzu nehmen wir in der Gleichung (5.29) alle bekannten Terme (also die $w_{i-1,j}$, $w_{i,j}$ und $w_{i+1,j}$) auf die rechte Seite der Gleichung und erhalten

$$\begin{aligned} &w_{i,j+1} + k\theta\big(\alpha w_{i-1,j+1} + \beta w_{i,j+1} + \gamma w_{i+1,j+1}\big) \\ &= w_{i,j} - k(1-\theta)\big(\alpha w_{i-1,j} + \beta w_{i,j} + \gamma w_{i+1,j}\big)\,. \end{aligned} \tag{5.30}$$

Wir erinnern daran, dass der Index i von 1 bis N läuft, da wir N (innere) Gitterpunkte x_i haben, und dass die "Randwerte" $w_{0,j}$, $w_{N+1,j}$ für alle j Null sind. Führen wir die tridiagonale $N \times N$-Matrix $\mathbf{A}$ in (4.14) sowie die $M+1$ Vektoren $\mathbf{w}_0, \ldots, \mathbf{w}_M$ der Länge N

$$\mathbf{A} := \begin{pmatrix} \beta & \gamma & & & & \\ \alpha & \beta & \gamma & & & \\ & \alpha & \beta & \gamma & & \\ & & & \ddots & & \\ & & & \alpha & \beta & \gamma \\ & & & & \alpha & \beta \end{pmatrix}, \quad \mathbf{w}_j := \begin{pmatrix} w_{1,j} \\ w_{2,j} \\ w_{3,j} \\ \vdots \\ w_{N-1,j} \\ w_{N,j} \end{pmatrix}, \quad j = 0, 1, \ldots, M \ ,$$

ein, so lassen sich die obigen N Gleichungen (5.30) schreiben als

$$\mathbf{w}_{j+1} + k\theta \mathbf{A}\mathbf{w}_{j+1} = \mathbf{w}_j - k(1-\theta)\mathbf{A}\mathbf{w}_j$$

oder, mit der $N \times N$-Einheitsmatrix $\mathbf{I}$,

$$\big(\mathbf{I} + k\theta\mathbf{A}\big)\mathbf{w}_{j+1} = \big(\mathbf{I} - k(1-\theta)\mathbf{A}\big)\mathbf{w}_j, \quad j = 0, \ldots, M-1 \ , \tag{5.31}$$

vergleiche mit Gleichung (5.17) für den skalaren Fall $N = 1$. Wie im diesen starten wir mit $j = 0$; der Startvektor $\mathbf{w}_0$ ist gegeben durch $\mathbf{w}_0 = \mathbf{w}(0) = \mathbf{g}$, mit $\mathbf{g}$ in (5.4) der Vektor mit der Payoffunktion g ausgewertet an den Stellen e^{x_i}.

Das System (5.31) bedeutet, dass wir für $\theta > 0$, ausgehend vom Startvektor $\mathbf{w}_0 = \mathbf{g}$ sukzessive die M Gleichungssysteme

$$\begin{aligned} \big(\mathbf{I} + k\theta\mathbf{A}\big)\mathbf{w}_1 &= \big(\mathbf{I} - k(1-\theta)\mathbf{A}\big)\mathbf{w}_0 \\ \big(\mathbf{I} + k\theta\mathbf{A}\big)\mathbf{w}_2 &= \big(\mathbf{I} - k(1-\theta)\mathbf{A}\big)\mathbf{w}_1 \\ &\vdots \\ \big(\mathbf{I} + k\theta\mathbf{A}\big)\mathbf{w}_M &= \big(\mathbf{I} - k(1-\theta)\mathbf{A}\big)\mathbf{w}_{M-1} \end{aligned}$$

lösen müssen. Der Vektor $\mathbf{w}_j = (w_{1,j}, w_{2,j}, \ldots, w_{N,j})^\top$ enthält die gesuchten Optionspreise zum Zeitpunkt t_j an den Stellen $x_1, x_2, \ldots, x_N$ approximativ, das heisst

$$w_{i,j} \approx w(x_i, t_j) \approx v(e^{x_i}, t_j) = V(e^{x_i}, T - t_j) \ .$$

Insbesondere erhalten wir für $j = M$ die Optionspreise zum Zeitpunkt $t = 0$, für welche man sich ja im allgemeinen interessiert, $w_{i,M} \approx V(s_i, 0)$, mit $s_i = e^{x_i}$.

Man nennt (5.31) ein *volldiskretes Schema* für die Berechnung der approximativen Lösung der Differentialgleichung (5.2). An der Rechenvorschrift (5.31) erkennen wir die Bedeutung von „explizit" und „implizit". Ist nämlich $\theta = 0$, (explizites Euler-Verfahren) so ergibt sich der Vektor $\mathbf{w}_{j+1}$ auf dem Zeitlevel $j+1$ *explizit* aus dem Vektor $\mathbf{w}_j$ auf dem Zeitlevel j durch

$$\mathbf{w}_{j+1} = \big(\mathbf{I} - k(1-\theta)\mathbf{A}\big)\mathbf{w}_j \ ;$$

es ist *kein* Gleichungssystem zu lösen. Ist jedoch $\theta > 0$ (für $\theta = 1$ implizites Euler-Verfahren), so ergibt sich $\mathbf{w}_{j+1}$ implizit aus $\mathbf{w}_j$ durch

$$\big(\mathbf{I} + k\theta\mathbf{A}\big)\mathbf{w}_{j+1} = \big(\mathbf{I} - k(1-\theta)\mathbf{A}\big)\mathbf{w}_j \ ;$$

man kommt also an $\mathbf{w}_{j+1}$ nur durch das Lösen eines Gleichungssystems heran. Ein solches System ist in *jedem* der M Zeitschritte zu lösen, was – für grosse Werte von M – durchaus rechenintensiv sein kann. Wir werden aber – wie schon im vorherigen Abschnitt – sehen, dass explizite und implizite Verfahren unterschiedliche Stabilitätseigenschaften haben, was wiederum einen Einfluss auf die Wahl von M hat.

Wir erweitern nun die Routine 4.3 ode_d, welche die approximative Lösung der gewöhnlichen Differentialgleichung (4.12) liefert, zu einer Routine, welche die Lösung $w(x,t)$ der partiellen Differentialgleichung (5.2) mit Hilfe des θ-Verfahren (5.31) approximiert. Die Input-Parameter in die Routine pde_1d_dh_theta sind die „Modell"-Parameter a, b, c, T sowie die Ausübungsfunktion g. Weiter benötigen wir die Randpunkte x_l, x_r des Intervalls G und die Diskretisierungsparameter N (Anzahl der Gitterpunkte in der x-Koordinate), M (Anzahl der Gitterpunkte in der t-Koordinate) und den Wert θ. Der Parameter R bezieht sich auf das im Abschn. 5.5 vorgestellte Rannacher-Verfahren; für das vorliegende θ-Verfahren ist $R = 0$ zu setzen. Die Routine soll uns den Vektor $\mathbf{x}$ mit den Gitterpunkten

$$\mathbf{x} := \big(x_l, x_1, x_2, \ldots, x_N, x_r\big)^\top$$

sowie den Vektor $\mathbf{w}_M$ mit den gesuchten Optionswerten bei Maturität

$$\mathbf{w}_M = (0, w_{1,M}, w_{2,M}, \ldots, w_{N,M}, 0)^\top$$

ausgeben.

Routine 5.1: pde_1d_dh_theta.py

```
import numpy as np
from scipy import sparse
from scipy.linalg import solve_banded
from get_diagonals import get_diagonals
from matrixgenerator import matrixgenerator

def pde_1d_dh_theta(a,b,c,T,xl,xr,g,N,M,R,theta):
    '''Approximiert die Loesung w(x,t) der partiellen Differentialgleichung
```

```
        w_t + a(x)w_xx + b(x)w_x + c(x)w = 0
                                w(xl,t)  = 0
                                w(xr,t)  = 0
                                w(x,0)   = g(x)

        auf den aequidistanten Gittern {xi = xl + hi}, i = 0,...,N+1, und
        {tj = jk}, j = 0,...,M-1 der Maschenweiten h = (xr-xl)/(N+1) resp.
        k = T/M. Es werden zuerst R halbe implizite Euler-Schritte verwendet.
        '''

    # Gitter definieren
    h = (xr-xl)/(N+1); x = np.linspace(xl+h,xr-h,N); k = T/M;

    # Matrizen A und I definieren
    Mat = matrixgenerator([["M2",a],["M1",b],["M0",c]],xl,xr,N);
    A = Mat[0]+Mat[1]+Mat[2]; I = sparse.eye(N); C = I-(1-theta)*k*A;
    B = get_diagonals(I+k*theta*A); B1 = get_diagonals(I+k/2*A);

    # Start-Vektor w0 definieren (Ausuebungsfunktion)
    w = g(x);

    # Rannacher-Verfahren
    for j in range(R): w = solve_banded((1,1),B1,w);
    for j in range(int(R/2),M): w = solve_banded((1,1),B,C*w);

    # Randpunkte dazunehmen
    x = np.hstack((xl,x,xr)); w = np.hstack((0,w,0));

    return x,w
```

Beispiel 5.1 Wir verwenden die Routine pde_1d_dh_theta, um den Optionspreis $v(x, T)$ einer (Europäischen) Put Option mit Maturität $T = 1$ und Ausübungspreis $K = 1$ zu bestimmen. Dazu verwenden wir die Modellparameter $\sigma = 0.3$, $r = 0.02$ und $q = 0$, sowie die Diskretisierungsparameter $x_l = -4$, $x_r = 3$, $N = 1000$, $M = 100$ und $\theta = 0.5$. Anschliessend stellen wir den Optionspreis und die Ausübungsfunktion für alle x, welche $|K - e^x| \leq 0.9$ erfüllen, graphisch dar.

Die Ausübungsfunktion g ist gegeben durch $g(e^x) = \max\{1 - e^x, 0\}$; die Parameter a, b und c ergeben sich zu $a = -\frac{1}{2}\sigma^2$, $b = \frac{1}{2}\sigma^2 - r + q$ und $c = r$. In Python geben wir daher ein

```
In [1]: sigma = 0.3; r = 0.02;
In [2]: a = lambda x:-sigma**2/2*x**0; b = lambda x:(sigma**2/2-r)*x**0;
In [3]: c = lambda x:r*x**0; g = lambda x:np.maximum(1-np.exp(x),0);
In [4]: x,w = pde_1d_dh_theta(a,b,c,1,-4,3,g,1000,100,0,0.5)
```

Jetzt suchen wir alle Indizes j zwischen 1 und N so, dass $|1 - e^{x_j}| \leq 0.9$ gilt. Diesen Vektor nennen wir idx.

```
In[5]: idx = np.abs(1-np.exp(x))<=0.9
```

Jetzt für diese x_j die Funktionen graphisch darstellen

```
In[6]: s = np.exp(x[idx]); plt.plot(s,w[idx]); plt.plot(s,g(x[idx]));
```

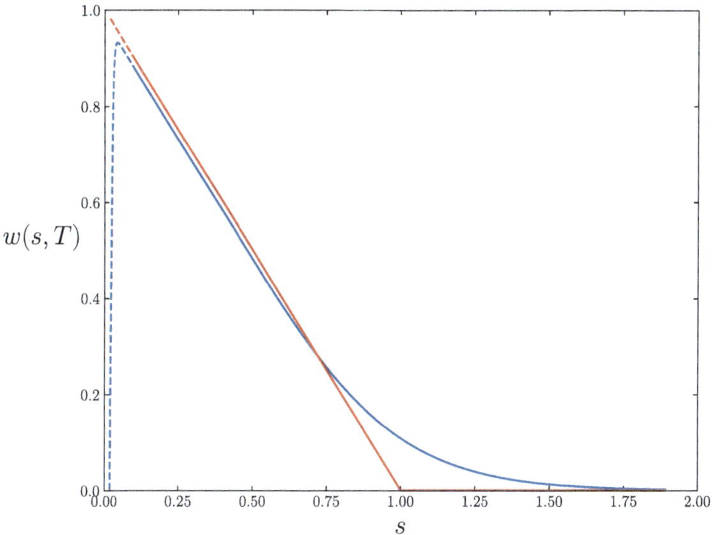

Abb. 5.7 Der approximierte Preis einer Europäischen Put Option. Die Approximation ist auf Grund der Null-Randbedingungen für Basiswerte s nahe 0 unbrauchbar

Beachten Sie, dass wir den Optionspreis durchaus hätten darstellen können für (zum Beispiel) $s \in]0, 2]$. Da wir aber $w(x_l, t) = w(-4, t) = v(e^{-4}, t) = 0$ gesetzt haben (obwohl $v(e^{-4}, t) \approx Ke^{-rt} \neq 0$ ist), erhalten wir für Basiswerte s nahe bei 0 keine vernünftigen Optionspreise. Diese sind in Abb. 5.7 gestrichelt dargestellt. ◇

5.4 Stabilität und Konvergenz

Wir studieren nun die Stabilität und die Konvergenz des θ-Verfahren (5.31). Im Fall $N = 1$ (5.17) haben wir gesehen, dass das θ-Verfahren stabil ist, falls

$$|B^{-1}C| = \left|(1 + k\theta A)^{-1}(1 - k(1-\theta)A)\right| < 1$$

ist (vergleiche mit (5.27)). Diese Stabilitätsbedingung haben wir aus der Abschätzung (5.26) des globalen Fehlers

$$|e_j| \leq \frac{1 - |B^{-1}C|^j}{1 - |B^{-1}C|} |B^{-1}| \max_k |d_{k+1}|$$

abgeleitet. Im vorliegenden Fall ($N > 1$) ist die Situation ähnlich. Bezeichnen wir mit

$$\mathbf{w}(t_j) := \big(w(x_1, t_j), \ldots, w(x_N, t_j)\big)^\top$$

den Vektor der exakten Funktionswerte $w(x,t)$ an den Gitterpunkten x_i zum Zeitpunkt t_j und mit

$$\mathbf{e}_j := \mathbf{w}(t_j) - \mathbf{w}_j$$

den Vektor der Fehler an den Gitterpunkten x_i zum Zeitpunkt t_j, so gilt die Abschätzung

$$\|\mathbf{e}_j\| \leq \frac{1 - \|\mathbf{B}^{-1}\mathbf{C}\|^j}{1 - \|\mathbf{B}^{-1}\mathbf{C}\|} \|\mathbf{B}^{-1}\| \max_k \|\mathbf{d}_{k+1}\|,$$

wobei wir noch $\mathbf{B} := \mathbf{I} + k\theta\mathbf{A}$ und $\mathbf{C} := \mathbf{I} - k(1-\theta)\mathbf{A}$ gesetzt haben. Hierin bezeichnen die Doppelstriche $\|\cdot\|$ eine *Norm*; Sie können sich eine solche als eine Verallgemeinerung des Betrages $|\cdot|$ einer Zahl vorstellen. Es gibt unendlich viele Normen für Vektoren und Matrizen; wir benötigen nur die *Maximum*-Norm $\|\cdot\|_\infty$ und die 2-Norm $\|\cdot\|_2$. Für einen Vektor $\mathbf{x} = (x_1, \ldots, x_N)^\top \in \mathbb{R}^N$ sind diese definiert als

$$\|\mathbf{x}\|_\infty := \max_k |x_k|, \quad \|\mathbf{x}\|_2 := \sqrt{\frac{1}{N}\sum_{k=1}^{N} |x_k|^2} = \frac{1}{\sqrt{N}}\sqrt{\mathbf{x}^\top\mathbf{x}}\,, \tag{5.32}$$

wobei die hier definierte 2-Norm von der Definition im Anhang A.1.3 um den Faktor $1/N$ abweicht. Eine Vektornorm induziert eine Norm für Matrizen, siehe wiederum den Anhang A.1.3; es stellt sich heraus, dass für eine $n \times n$-Matrix $\mathbf{M}$ deren Maximum- und 2-Norm durch

$$\|\mathbf{M}\|_\infty = \max_{i=1,\ldots,n} \sum_{j=1}^{n} |M_{ij}|, \quad \|\mathbf{M}\|_2 = \sqrt{\lambda_{\max}(\mathbf{M}^\top\mathbf{M})} \tag{5.33}$$

gegeben sind. Somit ist $\|\mathbf{M}\|_\infty$ das Maximum der Zeilensummen und $\|\mathbf{M}\|_2$ entspricht dem grössten der n Eigenwerte $\lambda_j \in \mathbb{R}$ der Matrix $\mathbf{M}^\top\mathbf{M}$. In diesem Text interessieren wir uns natürlicherweise für den maximalen Fehler zwischen exaktem und approximiertem Optionspreis; somit ist die Maximumnorm für uns relevant. Damit das Verfahren (5.31)

$$\mathbf{B}\mathbf{w}_{j+1} = \mathbf{C}\mathbf{w}_j\,, \quad \mathbf{w}_0 = \mathbf{g}$$

in der Maximumnorm stabil ist, muss

$$\|\mathbf{B}^{-1}\mathbf{C}\|_\infty < 1 \tag{5.34}$$

sein. Im Anhang B.4 zeigen wir, dass sich die Maximumnorm der Matrix $\mathbf{B}^{-1}\mathbf{C}$ durch

$$\|\mathbf{B}^{-1}\mathbf{C}\|_\infty \leq \begin{cases} \dfrac{|1-k(1-\theta)\beta| + k(1-\theta)|b|/h}{1 + rk\theta - k\theta/h^2(h|b| - \sigma^2)} & \text{falls } h|b| > \sigma^2 \\[2ex] \dfrac{|1-k(1-\theta)\beta| + k(1-\theta)\sigma^2/h^2}{1 + rk\theta} & \text{falls } h|b| < \sigma^2 \end{cases} \tag{5.35}$$

abschätzen lässt (mit $\beta = \sigma^2/h^2 + r$ und $b = \sigma^2/2 - r + q$). Offenbar spielt es eine Rolle, in welchem Verhältnis ($\sigma^2/|b|$) der „Drift" b und die Volatilität σ zu einander stehen, und ob dieses grösser oder kleiner ist als die Gitterweite h.

Den Fall $h|b| < \sigma^2$ können wir weiter unterteilen

$$\|\mathbf{B}^{-1}\mathbf{C}\|_\infty \leq \begin{cases} \dfrac{1 - k(1-\theta)r}{1 + rk\theta} & \text{falls } 1 - k(1-\theta)\beta > 0 \\ \dfrac{2k(1-\theta)\sigma^2/h^2 + k(1-\theta)r - 1}{1 + rk\theta} & \text{falls } 1 - k(1-\theta)\beta < 0 \end{cases} .$$

Wir bemerken, dass diese Abschätzung scharf ist, wenn

$$\|\mathbf{C}\|_\infty = \begin{Bmatrix} 1 - k(1-\theta)r & \text{falls } 1 - k(1-\theta)\beta > 0 \\ 2k(1-\theta)\sigma^2/h^2 + k(1-\theta)r - 1 & \text{falls } 1 - k(1-\theta)\beta < 0 \end{Bmatrix} \leq 1$$

gilt oder wenn $\theta = 0$ ist. Wir diskutieren nun die Fälle $\theta = 0, 1$; beide unter der Bedingung $h|b| < \sigma^2$.

- $\theta = 1$. In diesem Fall ist $\|\mathbf{C}\|_\infty \leq 1$, die Abschätzung scharf und das implizite Euler Verfahren ist ohne weitere Bedingung stabil.
- $\theta = 0$. Entweder ist $k\beta < 1$ – was zur Ungleichung

  $$k < \frac{1}{\sigma^2/h^2 + r}$$

  äquivalent ist – dann ist $\|\mathbf{C}\|_\infty = 1 - kr \leq 1$, oder es ist $k\beta > 1$, dann ist $\|\mathbf{C}\|_\infty = 2k\sigma^2/h^2 + kr - 1$. Die Forderung $\|\mathbf{C}\|_\infty \leq 1$ liefert zusammen mit $k\beta > 1$ die Ungleichung

  $$\frac{1}{\sigma^2/h^2 + r} < k < \frac{1}{\sigma^2/h^2 + r/2} .$$

  Für das explizite Euler Verfahren fordern wir daher die Bedingung $k < 1/(\sigma^2/h^2 + r)$.

Wir betrachten nun den Fall $h|b| > \sigma^2$. Weiter nehmen wir an, dass $1 - k(1-\theta)\beta > 0$ gilt (der relevantere Fall). Aus der Abschätzung (5.35) folgt aus der Stabilitätsbedingung $\|\mathbf{B}^{-1}\mathbf{C}\|_\infty < 1$ die Ungleichung

$$\frac{|b|}{h} < \frac{\sigma^2}{h^2} + r .$$

Gleichzeitig fordern wir ja $h|b| > \sigma^2$; oder äquivalent $|b|/h > \sigma^2/h^2$. Wir erhalten daraus die Ungleichungen

$$\frac{\sigma^2}{h^2} < |b|/h < \frac{\sigma^2}{2} + r .$$

Diese führen auf eine Beschränkung der Maschenweite h nach unten, was unsinnig ist, da wir ja h gegen Null streben lassen wollen. Die Ungleichung ist daher in der Regel nicht erfüllt und das Verfahren ist unabhängig von θ instabil.

Um ein Gefühl für die Bedingung $h|b| < \sigma^2$ zu erhalten, machen wir das folgende Beispiel. Wir betrachten eine Digital Put Option mit Ausübungsfunktion

$$g(s) = \begin{Bmatrix} 1 & \text{falls } s < K \\ 0 & \text{falls } s \geq K \end{Bmatrix} =: 1_{\{s<K\}}$$

und bemerken noch, dass diese Ausübungsfunktion im Gegensatz zur Ausübungsfunktion einer Europäischen Put oder Call Option *nicht* stetig ist. Weiter wählen wir die Parameter $K = 1, T = 1, \sigma = 0.02, r = 0.05$ und $q = 0$. Wir rechnen auf $G^e =]x_l, x_r[=] - 4K, 4K[$ mit $N = 2^L - 1$ Gitterpunkte, $M = \lceil 0.1N \rceil$ Zeitschritte sowie $\theta = 1$ und stellen die Lösung $w(s, T)$ graphisch dar für alle s, welche $|s - K| \leq 0.8K$ erfüllen.

Für diese Wahl der Parameter ist

$$\sigma^2/|b| = 0.02^2/|0.02^2/2 - 0.05| \doteq 0.008032$$

und $h = (x_r - x_l)/(N + 1) = 8 \cdot 2^{-L}$. Damit die Bedingung $h < \sigma^2/|b|$ erfüllt ist, muss L grösser als

$$8 \cdot 2^{-L} < \sigma^2/|b| \Rightarrow L > \frac{\ln(8|b|/\sigma^2)}{\ln(2)} \doteq \frac{\ln(8/0.008032)}{\ln(2)} \doteq 9.96$$

sein. Ist also $L < 10$, so ist das Verfahren instabil und wir können keinen sinnvollen Optionspreis erwarten.

```
In [7]: sigma = 0.02; r = 0.05; T = 1; K = 1; g = lambda x:(np.exp(x)<K);
In [8]: a = lambda x:-sigma**2/2*x**0; b = lambda x:(sigma**2/2-r)*x**0;
In [9]: c = lambda x:r*x**0;
In [10]: L = 8; N = 2**L-1; M = int(np.ceil(0.1*N));
In [11]: x,w = pde_1d_dh_theta(a,b,c,T,-4,4,g,N,M,0,1);
In [12]: s = np.exp(x); I = np.abs(s-K)<0.8*K; plt.plot(s[I],w[I]);
```

In Tat oszilliert der Optionspreis bei K; insbesondere ist der Optionspreis für einige s negativ, vergleiche mit Abb. 5.8.

Wir fassen zusammen. Das θ-Verfahren

$$(\mathbf{I} + k\theta\mathbf{A})\mathbf{w}_{j+1} = (\mathbf{I} - k(1-\theta)\mathbf{A})\mathbf{w}_j, \quad j = 0, \ldots, M-1,$$

ist in der Maximumnorm für

- $h|b| > \sigma^2$ im Allgemeinen für alle $\theta \in [0, 1]$ instabil.
- $h|b| < \sigma^2$ und $\theta = 1$ stabil.

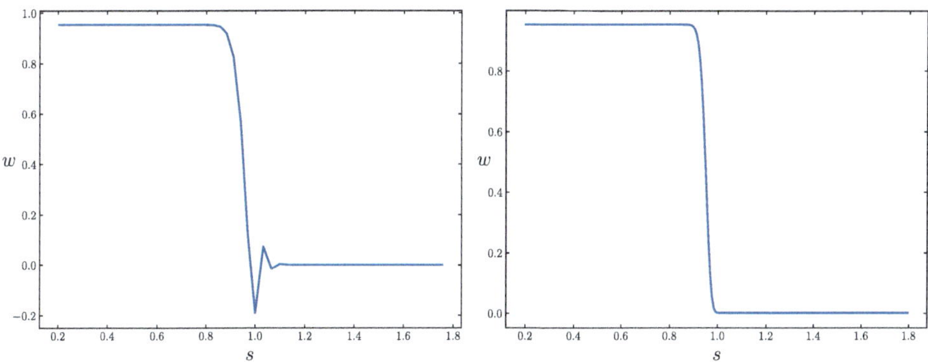

Abb. 5.8 Das implizite Euler Verfahren ist instabil, wenn die Bedingung $h|b| < \sigma^2$ verletzt ist. Links: die Bedingung ist verletzt ($L = 8$). Rechts: die Bedingung ist erfüllt ($L = 10$)

- $h|b| < \sigma^2$ und $\theta = 0$ nur unter der Zeitschrittrestriktion

$$k < \frac{1}{\sigma^2/h^2 + r} \tag{5.36}$$

stabil.

Für $\theta \in]0, 1[$ (und $h|b| < \sigma^2$) lässt sich aus obiger Abschätzung (5.35) im Allgemeinen keine sinnvolle Stabilitätsbedingung herleiten. Wir weichen daher aus auf die 2-Norm, das heisst wir betrachten nicht mehr $\|\mathbf{B}^{-1}\mathbf{C}\|_\infty$, sondern $\|\mathbf{B}^{-1}\mathbf{C}\|_2$. Das θ-Verfahren ist dann in der 2-Norm stabil ist, wenn

$$\left\|\mathbf{B}^{-1}\mathbf{C}\right\|_2 = \left\|(\mathbf{I} + k\theta\mathbf{A})^{-1}\big(\mathbf{I} - k(1-\theta)\mathbf{A}\big)\right\|_2 < 1$$

gilt. Dies ist wiederum dann erfüllt, wenn

$$\left|\frac{1 - k(1-\theta)\lambda_\ell}{1 + k\theta\lambda_\ell}\right| < 1$$

ist, wobei $0 < \lambda_1 < \lambda_2 < \ldots < \lambda_N$ die sogenannten *Eigenwerte* der Matrix $\mathbf{A}$ in (4.14) sind. Die obige Bedingung ist äquivalent zur Bedingung

$$\left|1 - \frac{k}{\frac{1}{\lambda_\ell} + k\theta}\right| < 1 \Leftrightarrow 0 < k < \frac{2}{\lambda_\ell} + 2k\theta\ .$$

Ist nun $\theta \in [0, 1/2[$, so ist $0 < k(1 - 2\theta)$, und wir können die Bedingung äquivalent schreiben als

$$0 < k < \frac{2}{\lambda_\ell} + 2k\theta \overset{\theta<1/2}{\Leftrightarrow} 0 < k < \frac{2}{(1-2\theta)\lambda_\ell} \tag{5.37}$$

Ist jedoch $\theta \in [1/2, 1]$, so ist $2k\theta \geq k$, und die Bedingung kann geschrieben werden als

$$0 < k < \frac{2}{\lambda_\ell} + 2k\theta \overset{\theta \geq 1/2}{\Leftrightarrow} 0 < k \leq \frac{2}{\lambda_\ell} + k\,.$$

Da die $\lambda_\ell > 0$ sind, ist diese Bedingung für jeden Zeitschritt $k > 0$ erfüllt; das Verfahren ist für $\theta \in [1/2, 1]$ wie schon im vorherigen Abschnitt festgestellt, bedingungslos stabil. Wir diskutieren die Stabilitätsbedingung (5.37). Ist $\theta \in [0, 1/2[$, so müssen wir den Zeitschritt k so wählen, dass er kleiner ist als $\frac{2}{(1-2\theta)\lambda_\ell}$; dies für alle Eigenwerte $\lambda_1 < \ldots < \lambda_N$. Dies ist erfüllt, falls

$$0 < k < \frac{2}{(1-2\theta)\lambda_N}\,. \tag{5.38}$$

Vergleichen Sie dies mit der Bedingung (5.19) für den Fall $N = 1$, bei welchem $\lambda_N = A$ ist. Der grösste Eigenwert λ_N der Matrix $\mathbf{A}$ in (4.14) ist (vorausgesetzt $\alpha < 0, \beta > 0, \gamma < 0$)

$$\lambda_N = \beta + 2\gamma\sqrt{\frac{\alpha}{\gamma}}\cos\frac{N\pi}{N+1}\,.$$

Setzen wir darin die Terme für α, β und γ ein (siehe (4.13)), so ergibt sich

$$\lambda_N = -\frac{2a}{h^2} + c + \frac{2}{h^2}\left(a + \frac{b}{2}h\right)\sqrt{\frac{2a-h}{2a+h}}\cos\frac{N\pi}{N+1}\,.$$

Ist N genügend gross (respektive h genügend klein) so ist $\cos\frac{N\pi}{N+1} \approx -1$ und die Terme in h (im Gegensatz zu den Termen in h^{-2}) vernachlässigbar, so dass wir in guter Näherung

$$\lambda_N \approx -\frac{4a}{h^2} + c$$

erhalten. Somit ergibt sich aus (5.38) näherungsweise die Stabilitätsbedingung

$$k < \frac{2h^2}{(1-2\theta)(-4a + ch^2)}\,. \tag{5.39}$$

Beachten Sie, dass sich die Bedingung (5.39) für $\theta = 0$ im Wesentlichen zur bereits hergeleiteten Bedingung (5.36) reduziert (weil $a = -\sigma^2/2$ und $c = r$ ist).

Die Bedingung (5.39) bedeutet, dass wir bei einer Halbierung der Maschenweite h den Zeitschritt k viermal kleiner wählen müssen (oder 4 mal so viel Zeitschritte anwenden müssen, $M = T/k$ vervierfacht sich), damit die Methode stabil bleibt. Eine (Stabilitäts)Bedingung, welche den Zeitschritt k von der Maschenweite h abhängig macht, nennt man *CFL-Bedingung*.[5]

[5] Benannt nach den deutschen Mathematikern Richard Courant (1888–1972) und Kurt Friedrichs (1901–1982) und dem amerikanischen Mathematiker Hans Lewy (1904–1988).

Wir fassen zusammen. Das θ-Verfahren

$$\big(\mathbf{I} + k\theta\mathbf{A}\big)\mathbf{w}_{j+1} = \big(\mathbf{I} - k(1-\theta)\mathbf{A}\big)\mathbf{w}_j, \quad j = 0, \ldots, M-1,$$

ist in der 2-Norm für

- $\theta \in [1/2, 1]$ stabil.
- $\theta \in [0, 1/2[$ nur unter der Zeitschrittrestriktion

$$k < \frac{1}{\sigma^2/h^2 + r/2}$$

stabil.

Neben der Stabilität eines Verfahrens interessiert auch die Konvergenz dessen. Konvergenz (in einer Norm $\|\cdot\|$) liegt vor, wenn

$$\|\mathbf{e}_j\| = \|\mathbf{w}(t_j) - \mathbf{w}_j\|$$

gegen Null konvergiert, wenn man N und M gegen unendlich streben lässt. Hierbei ist entscheidend, welche Norm man zu „Fehlermessung" benützt, denn es kann durchaus sein, dass der Fehler in einer Norm gegen Null konvergiert und in einer anderen nicht. Nehmen wir dazu zum Beispiel an, dass wir ein Verfahren implementiert hätten, welches gute (das heisst konvergierende) Approximationen $w_{i,j}$ für den exakten Optionspreis $w(x_i, t_j)$ liefert bis auf einige wenige Gitterpunkte x_i, an welchen $w_{i,j}$ unabhängig von der Anzahl der Gitterpunkte N und M nichts mit den exakten Werten $w(x_i, t_j)$ zu tun haben. In einem solchen Fall würden die einzelnen Differenzen $w(x_i, t_j) - w_{i,j}$ bis auf die wenigen Ausnahmen gegen Null konvergieren. In der Maximumnorm

$$\|\mathbf{e}_j\|_\infty = \max_i |w(x_i, t_j) - w_{i,j}|$$

würde ein solches Verfahren nicht konvergieren. In der 2-Norm

$$\|\mathbf{e}_j\|_2 = \sqrt{1/N \sum_{i=1}^{N} |w(x_i, t_j) - w_{i,j}|^2}$$

hingegen würde das Verfahren konvergieren. Denn nehmen wir der Einfachheit halber an, die Ausnahmefälle liessen sich durch $|w(x_i, t_j) - w_{i,j}|^2 < c$ abschätzen. Liegen n Ausnahmefälle vor, so würde in der Summe der Term nc übrig bleiben (die anderen Terme konvergieren alle gegen Null). Die Summe wird ja nun aber noch durch N geteilt, und der Ausdruck nc/N konvergiert für $N \to \infty$ gegen Null (sofern nc nicht schneller wächst als N).

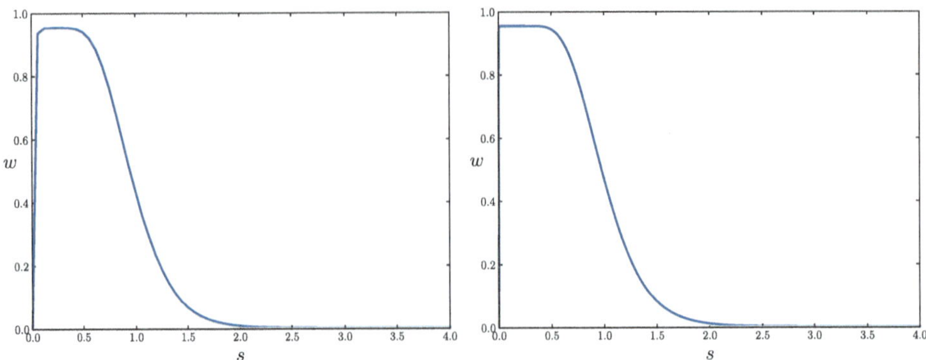

Abb. 5.9 Die numerische Lösung für eine Digital Put Option konvergiert auf dem Gebiet $\overline{G^e} = [0, 4K]$ in der Maximumnorm nicht gegen die exakte, in der 2-Norm hingegen schon. Links. $L = 6$, rechts $L = 10$

Als Illustration dieses Sachverhalts betrachten wir nochmals obiges Beispiel der Digital Put Option, mit dem Unterschied, dass nun $\sigma = 0.3$ und $\theta = 0.5$ sein soll und wir nicht in x, sondern direkt in s diskretisieren (die Diskretisierung in s diskutieren wir detailliert im Abschn. 5.8). Wir rechnen auf dem Gebiet $G^e =]0, 4K[$ und betrachten den Fehler $w(s_i, T) - w_{i,M}$ auf $\overline{G^e}$. Am linken Rand $s = 0$ ist der approximierte Optionspreis $w_{0,M}$ auf Grund der Null-Randbedingung 0, unabhängig von der Anzahl der Gitterpunkte N und M. Der exakte Optionspreis jedoch ist am linken Rand $w(0, T) = e^{-rT} \neq 0$, vergleiche mit Abb. 5.9.

Somit ist der Fehler in der Maximumnorm gegeben durch $\|\mathbf{e}_M\| = e^{-rT}$ und das Verfahren konvergiert nicht in dieser Norm. In der 2-Norm hingegen konvergiert das Verfahren mit Rate 0.5, vergleiche mit Tab. 5.1.

Damit ein Verfahren konvergiert, muss es konsistent und stabil (in der zu betrachtenden Norm) sein. Auf die exakte Definition der Konsistenz wollen wir an dieser Stelle nicht eingehen; sie ist in unserem Fall gegeben, weil wir die partiellen Ableitungen approximieren mit finiten Differenzen, welche wiederum aus Taylorreihen abgeleitet sind. Die Stabilität des Verfahrens haben wir oben untersucht; unter gewissen Voraussetzungen ist das Verfahren stabil und die Konvergenz daher gesichert. Wir sind jedoch nicht nur an der

Tab. 5.1 Ein numerisches Verfahren kann in einer Norm konvergieren und in einer anderen nicht

L	$N = 2^L - 1$	$\|\mathbf{e}_M\|_\infty$	$\|\mathbf{e}_M\|_2$
6	63	0.951229	0.120048
7	127	0.951229	0.084553
8	255	0.951229	0.059670
9	511	0.951229	0.042152
10	1023	0.951229	0.029791
11	2047	0.951229	0.021061

Konvergenz an und für sich interessiert, sondern an der Konvergenzrate, das heisst, wie schnell konvergiert der Fehler $\|\mathbf{e}_j\|$ gegen 0, wenn N *und* M gegen unendlich respektive h *und* k gegen 0 steben? Aus den Betrachtungen in den vorherigen Abschnitten folgt – unter der Annahme, dass die diversen (normabhängigen) Voraussetzungen für Stabilität erfüllt sind –

$$\|\mathbf{e}_j\| = \begin{cases} \mathcal{O}(h^2 + k) & \text{falls } \theta \in [0,1] \setminus \{1/2\} \\ \mathcal{O}(h^2 + k^2) & \text{falls } \theta = 1/2 \end{cases}. \tag{5.40}$$

Beachten Sie, dass diese Konvergenzraten maximal sind und im Wesentlichen davon abhängen, wie die „Ausübungsfunktion g beschaffen ist“. Wir wollen auf die genauen Forderungen an g nicht weiter eingehen, sondern bemerken, dass für Europäische Put oder Call Optionen wir tatsächlich die maximalen Raten erwarten dürfen, für unstetige Ausübungsfunktionen wie bei Digital Optionen wir jedoch mit einer reduzierten Rate rechnen müssen; vergleiche mit Beispiel 5.2.

Wir diskutieren das Konvergenzresultat (5.40). Dieses besagt, dass falls $\theta \neq \frac{1}{2}$ ist, wir den Zeitschritt k von der Grössenordnung $k = \mathcal{O}(h^2)$ wählen müssen, damit das Verfahren *quadratisch* konvergiert, während für $\theta = \frac{1}{2}$ $k = \mathcal{O}(h)$ genügt. Weil $h = \mathcal{O}(N^{-1})$ und $k = \mathcal{O}(M^{-1})$ ist, können wir für jedes θ quadratische Konvergenz (in der Anzahl der Gitterpunkte N)

$$\|\mathbf{e}_j\| = \mathcal{O}(N^{-2})$$

erhalten, vorausgesetzt, wir verwenden genügend viele Zeitschritte

$$M = \lceil \mu N^p \rceil \,.$$

Die Konstante $\mu > 0$ und der Exponent $p \in \{1, 2\}$ hängen von θ ab: ist $\theta \in [0, 1] \setminus \{1/2\}$, so ist $p = 2$, ist $\theta = \frac{1}{2}$, so ist $p = 1$. Das bedeutet, dass wir bei Verdoppelung der Anzahl Gitterpunkte N die Anzahl der Zeitschritte M vervierfachen müssen, wenn $\theta \neq \frac{1}{2}$ ist, und M verdoppeln müssen, wenn $\theta = \frac{1}{2}$ ist.

Wir schreiben nun eine Routine, welche die Konvergenzordnung n

$$\|\mathbf{e}_M\|_\infty = \mathcal{O}(N^{-n})$$

des Verfahrens für den Fall eines Europäischen Put oder eines Digital Puts (mit Ausübungspreis K und Maturität T) im Black-Scholes Modell empirisch bestimmt. Dabei werden wir auf Grund der inkorrekten Randbedingungen den Fehler nicht in allen Gitterpunkten x_i, $i = 1, \ldots N$, berechnen, sondern nur in denjenigen, welche

$$|e^{x_i} - K| < 0.8K$$

erfüllen. Inputparameter für diese Routine sind nebst den Modellparametern σ, r und q die Optionsparameter K und T. Zusätzlich sind der Routine die Diskretisierungsparameter θ und μ, p (für die Anzahl der Zeitschritte $M = \lceil \mu N^p \rceil$) zu übergeben. Die Anzahl N der Gitterpunkte im Intervall $G^e =]x_l, x_r[=]-4 + \ln(K), \ln(K) + 4[$[6] wird ausgehend von einem kleinsten $N_{\min} = 2^{L_{\min}} - 1$ jeweils verdoppelt und zwar so lange, bis $N_{\max} = 2^{L_{\max}} - 1$ erreicht ist, das heisst wir rechnen je für

$$N \in \{2^{L_{\min}} - 1, 2^{L_{\min}+1} - 1, \ldots, 2^{L_{\max}} - 1\} .$$

Insbesondere übergeben wir der Routine also auch die beiden Parameter $L_{\min}$ und $L_{\max}$[7]. Ausgabe der Routine ist die (empirische) Konvergenzrate n, welche mit Hilfe einer linearen Regression aus den „Daten" $(\ln(N), \ln(\|\mathbf{e}_M\|_\infty))$ gewonnen wird.

Routine 5.2: conv_digitalput_bs.py

```
import numpy as np
from pde_1d_dh_theta import pde_1d_dh_theta
from callput_bs_a import callput_bs_a
from digitalcallput_bs_a import digitalcallput_bs_a
from scipy.linalg import norm

def conv_digitalput_bs(sigma,r,q,K,T,payoff,theta,Lmin,Lmax,mu,p,R,grid):
    '''Bestimmt die Konvergenzordnung ||e|| = O(N^(-n)) des theta-Vefahrens
    (respektive des Rannancher-Verfahrens mit R halben impliziten Euler-
    Schritten) mit moeglicher Gitterstreckung (grid = 1) fuer eine Europaeische
    Put (payoff = 1) oder eine Digital Put (payoff ungl. 1) Option (mit Strike
    K und Maturitaet T). Es werden N = 2^L-1 Gitterpunkte und M = mu*N^p
    Zeitschritte verwendet, dabei ist Lmin <= L <= Lmax.
    '''

    log = np.log; exp = np.exp

    # Gitterstreckung
    xr = log(K)+4; xl = log(K)-4;
    if grid == 0:
        phi = lambda x:x; phip = lambda x:x**0; phipp = lambda x:0*x;
    else:
        gamma = 1e-7;
        alpha = np.arcsinh((xr-log(K))/gamma);
        beta = np.arcsinh((xl-log(K))/gamma);
        phi = lambda x:log(K)+gamma*np.sinh(alpha*x+beta*(1-x));
        phip = lambda x: gamma*(alpha-beta)*np.cosh(alpha*x+beta*(1-x));
        phipp = lambda x: gamma*(alpha-beta)**2*np.sinh(alpha*x+beta*(1-x));
        xl = 0; xr = 1;

    # Ausuebungsfunktion
    if payoff == 1:
        g = lambda x:np.maximum(K-exp(phi(x)),0);
```

[6] Durch diese Wahl der Randpunkte x_l und x_r sorgen wir dafür, dass $\ln(K)$ ein Gitterpunkt x_i wird.
[7] Der Routine übergeben wir auch den Parameter R für das Rannacher-Verfahren und die binäre Variable grid. Ist grid $= 1$, so wird eine Gittersteckung durchgeführt, siehe den Abschn. 5.5. Für den vorliegenden Fall ist $R = 0$ und grid $= 0$ zu setzen.

```
else:
    g = lambda x:exp(phi(x))<K;

# Koeffizienten der DGL definieren
a = lambda x:-0.5*sigma**2/phip(x)**2;
b = lambda x:(sigma**2/2-r+q)/phip(x)+sigma**2/2*phipp(x)/phip(x)**3;
c = lambda x:r*x**0;

# Vektoren N, M definieren, Vektor mit Fehlern initialisieren
N = 2**np.arange(Lmin,Lmax+1)-1; M = np.ceil(mu*N**p);
e = np.zeros(len(N));

# Loop ueber alle Anzahl Gitterpunkte
for j in range(len(N)):
    # die approximierte Loesung
    x,w = pde_1d_dh_theta(a,b,c,T,xl,xr,g,N[j],int(M[j]),R,theta);
    # die exakte Loesung
    if payoff == 1:
        wex = callput_bs_a(exp(phi(x)),K,T,sigma,r,q,-1);
    else:
        wex = digitalcallput_bs_a(exp(phi(x)),K,T,sigma,r,q,-1)[0];

    # nur diejenigen x betrachten, die |K-exp(phi(x))|<0.8*K erfuellen
    I = np.abs(K-exp(phi(x)))<=0.8*K;
    # den Fehler ||e|| bestimmen
    e[j] = norm(w[I]-wex[I],np.inf);

# lineare Regression (um Konvergenzordung zu bestimmen)
n = np.polyfit(log(N),log(e),1)[0]
return n, N, e
```

Beispiel 5.2 Wir betrachten die Konvergenz für eine Europäische sowie Digital Put Option mit Strike $K = 10$ und Laufzeit $T = 0.5$; mit $\sigma = 0.2$, $r = 0.005$, $q = 0.02$. Wir rechnen mit $\theta = 0.5$, $\mu = 0.05$, $p = 1$ und $L_{\min} = 7$, $L_{\max} = 13$. Für die Europäische Option erhalten wir die erwartete quadratische Konvergenz $n \doteq 2$, während die Rate für die Digital Option auf $n \doteq 1$ zusammenbricht. Für die Digital Option erhalten wir nicht die volle Konvergenzrate, weil die Ausübungsfunktion g für $s = K$ respektive $x = \ln(K)$ unstetig ist.

```
In [13]: n = conv_digitalput_bs(0.2,0.005,0.02,10,0.5,1,0.5,7,13,0.05,1,0,0)[0]; n
Out[13]: -2.0037476247484878
In [14]: n = conv_digitalput_bs(0.2,0.005,0.02,10,0.5,0,0.5,7,13,0.05,1,0,0)[0]; n
Out[14]: -1.0040506608566893
```

Vergleiche mit Abb. 5.10. ◇

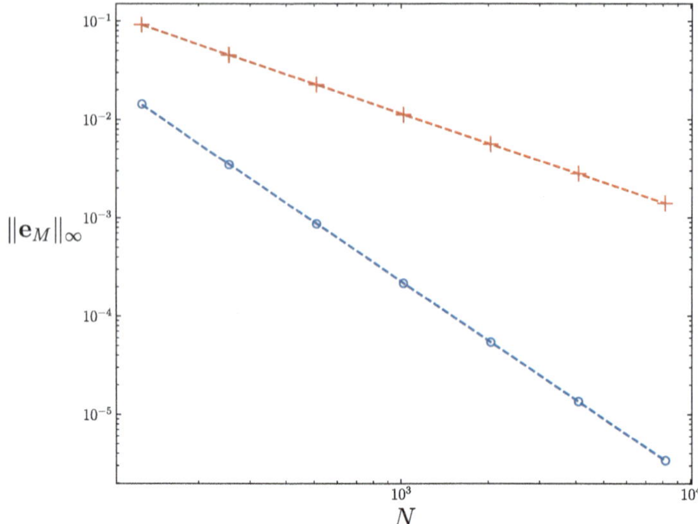

Abb. 5.10 Für eine Digital Put Option (+) reduziert sich die Konvergenzrate wegen des unstetigen Payoffs von zwei auf eins. Die Konvergenzrate für den Europäischen Put ist 2 (∘)

5.5 Das Rannacher-Verfahren

Wir bleiben beim Beispiel 5.2 und diskutieren wie man auch für Derivate mit unstetigem Payoff g die Konvergenzrate 2 erhalten kann. Der erste Schritt zur Verbesserung der Rate ist eine Verdichtung des Gitters $\mathcal{G}_x$ um die Unstetigkeitsstelle K (respektive $\ln(K)$). Dazu können wir eine Gitterstreckung ϕ wie im Kap. 14 beschrieben verwenden, vergleiche insbesondere mit Abb. 14.4 und Gleichung (14.15), wo K durch $\ln(K)$ zu ersetzen ist. Unter der Gitterstreckung ϕ ergibt sich aus der Differentialgleichung (5.2) für $w(x,t)$ die Differentialgleichung für $u(z,t) := w(\phi(z),t)$

$$\begin{cases} \partial_t u(z,t) + \widehat{a}(z)\partial_{zz}u(z,t) + \widehat{b}(z)\partial_z u(z,t) + cu(z,t) = 0 & \text{in }]0,1[\times]0,T] \\ u(0,t) = 0 & \text{in }]0,T] \\ u(1,t) = 0 & \text{in }]0,T] \\ u(z,0) = g\left(e^{\phi(z)}\right) & \text{in }]0,1[\end{cases}$$

wo nun die Koeffizienten $\widehat{a}$ und $\widehat{b}$ nicht mehr konstant sind

$$\widehat{a}(z) = \frac{a}{(\phi'(z))^2}, \quad \widehat{b}(z) = \frac{b}{\phi'(z)} - a\frac{\phi''(z)}{(\phi'(z))^3}.$$

Wir betrachten nun nochmals eine Digital Put Option mit den selben Kontrakt-, Modell- und Diskretisierungsparameter wie im Beispiel 5.2, wählen nun aber grid $= 1$ (das Gitter

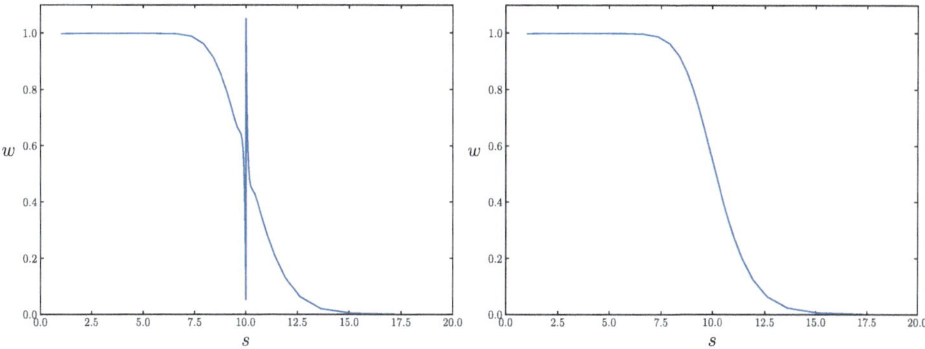

Abb. 5.11 Numerische Lösung einer Digitial Put Option bei Verwendung einer Gitterstreckung. Links. Das Crank-Nicolson-Verfahren ($\theta = 0.5$) konvergiert nicht, da die Lösung um $x = K$ oszilliert. Rechts. Das implizite Euler-Verfahren konvergiert mit der maximalen Rate $n \doteq 1$

wird um $\ln(K)$ verdichtet; den Parameter zur Steuerung der Streckung setzen wir zu $\gamma = 10^{-7}$). In Python

```
In [15]: n,N,e = conv_digitalput_bs(0.2,0.005,0.02,10,0.5,0,0.5,7,13,0.05,1,0,1);
    ...: n, e
Out[15]:
(-0.0008545009132341241,
 array([0.50204904, 0.50102007, 0.50045586, 0.50023185, 0.5001199 ,
        0.50005935, 0.50002938]))
```

Wir stellen fest, dass das Verfahren nicht konvergiert, $n \approx 0$. In der Abb. 5.11 (für $L = 7$) wird der Grund klar: Das Crank-Nicolson-Verfahren produziert auf Grund der Unstetigkeit der Auszahlungsfunktion g ein oszillatorisches Verhalten des Optionspreises um $s = K$.

Dieses Verhalten lässt sich weder durch eine Erhöhung von N noch von M beseitigen und das Verfahren konvergiert nicht. Betrachten wir jedoch das implizite Euler-Verfahren ($\theta = 1$), so wird die Option korrekt bewertet und das Verfahren konvergiert mit der maximalen Rate $n \doteq 1$, vergleiche auch mit Abb. 5.12.

```
In [16]: n,N,e = conv_digitalput_bs(0.2,0.005,0.02,10,0.5,0,1,7,13,0.05,1,0,1);
    ...: n, e
Out[16]:
(-0.9746084955844748,
 array([0.01070454, 0.00587132, 0.00297227, 0.00149155, 0.00075446,
        0.00037956, 0.00018976]))
```

Der Grund für das unterschiedliche Verhalten des Crank-Nicolson und implizitem Euler-Verfahren ist, dass letzteres den „Schock" (die Unstetigkeit von g) dämpft und ersteres nicht. Das implizite Euler-Verfahren hat – wenn wir $M = \mathcal{O}(N)$ Zeitschritte verwenden – die Konvergenzrate $n = 1$, das Crank-Nicolson-Verfahren konvergiert im Moment überhaupt nicht, hat aber das „Potential", quadratisch zu konvergieren. Um die maximale Rate zu erhalten, schlägt Rannacher [2] vor, zuerst R Zeitschritte mit halbiertem k und

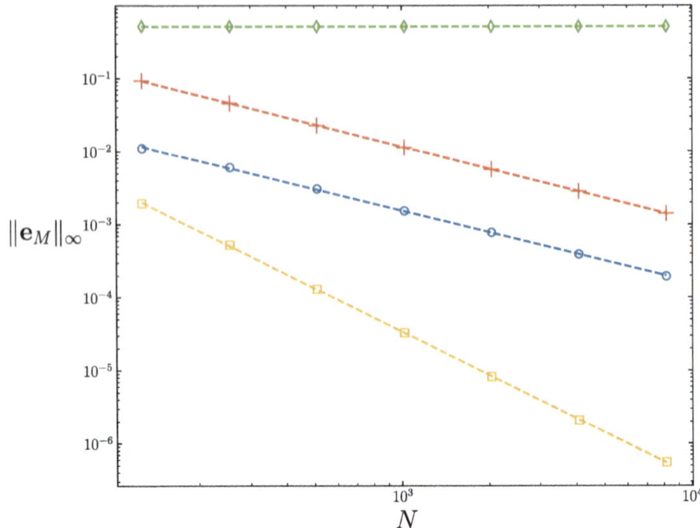

Abb. 5.12 Konvergenzraten für einen Digital Put; Parameter wie im Beispiel 5.2. Für das Crank-Nicolson-Verfahren ohne Gitterstreckung ($\theta = 0.5$, $R = 0$, grid $= 0$) ist $n \doteq 1$ (+). Das Crank-Nicolson-Verfahren mit Gitterstreckung ($\theta = 0.5$, $R = 0$, grid $= 1$) konvergiert nicht, $n \doteq 0$ (◇). Für das implizite Euler-Verfahren ohne oder mit Gitterstreckung ($\theta = 1$, $R = 0$, grid $= 1$) ist $n \doteq 1$ (○). Das Rannacher-Verfahren mit Gitterstreckung ($\theta = 0.5$, $R = 2$, grid $= 1$) konvergiert mit maximaler Rate $n \doteq 2$ (□)

dem impliziten Euler-Verfahren und die restlichen Zeitschritte mit dem Crank-Nicolson-Verfahren durchzuführen (R ist gerade). Das heisst anstatt

$$\left(\mathbf{I} + \frac{1}{2}k\mathbf{A}\right)\mathbf{w}_{j+1} = \left(\mathbf{I} - \frac{1}{2}k\mathbf{A}\right)\mathbf{w}_j, \quad j = 0, 1, \ldots, M-1$$

zu rechnen, bestimmen wir zuerst

$$\left(\mathbf{I} + \frac{k}{2}\mathbf{A}\right)\mathbf{w}_{(j+1)/2} = \mathbf{w}_{j/2}, \quad j = 0, 1, \ldots, R-1$$

(wobei $\mathbf{w}_{j/2}$ eine Approximation für $w(\cdot, t_{j/2})$ mit $t_{j/2} = jk/2$ darstellt) und anschliessend

$$\left(\mathbf{I} + \frac{1}{2}k\mathbf{A}\right)\mathbf{w}_{j+1} = \left(\mathbf{I} - \frac{1}{2}k\mathbf{A}\right)\mathbf{w}_j, \quad j = R/2, \ldots, M-1\,.$$

Wir nennen dieses Verfahren Rannacher-Verfahren. In der Regel reicht $R = 2$, das heisst zu Beginn werden zwei implizite Euler-Schritte mit halber Schrittweite $k/2$ ausgeführt. Diese ersten beiden Euler-Schritte dämpfen den „Schock" hervorgerufen durch die Unstetigkeit von g ausreichend und das Rannacher-Verfahren konvergiert mit der maximalen Ordnung $n \doteq 2$.

```
In [17]: n,N,e = conv_digitalput_bs(0.2,0.005,0.02,10,0.5,0,0.5,7,13,0.05,1,2,1);
    ...: n, e
Out[17]:
(-1.9691985150490772,
 array([1.88518132e-03, 5.11374764e-04, 1.26956384e-04, 3.18579695e-05,
        7.99207725e-06, 2.01272402e-06, 5.45977072e-07]))
```

5.6 Nochmals Fehler messen

Für spätere Zwecke ist es hilfreich, eine einheitliche Notation für den Begriffs des Fehlers respektive für dessen Grösse zu haben. Zunächst verstehen wir unter einem Fehler – dies sollte aus den bisherigen Abschnitten klar geworden sein – die Differenz zwischen exakter und approximierter Lösung einer (partiellen) Differentialgleichung. Die exakte Lösung

$$V : G \times [0, T] \to \mathbb{R}^+, \quad (s, t) \mapsto V(s, t)$$

ist in der Regel eine Funktion definiert auf Mengen $(s, t) \in G \times [0, T]$ mit G ein (uneigentliches) Intervall. Die approximierte Lösung ist verfügbar als Vektor $\mathbf{w}_j = (w_{1,j}, \ldots, w_{N,j})^\top \in \mathbb{R}^N$ mit

$$w_{i,j} \approx w(x_i, t_j) \approx v(e^{x_i}, t_j) = V(e^{x_i}, T - t_j).$$

Somit ist zunächst die Differenz zwischen exakter Lösung (eine Funktion) und approximierter Lösung (ein Vektor) nicht definiert. Wir können aber absolute Differenzen

$$|V(e^{x_i}, T - t_j) - w_{i,j}| \tag{5.41}$$

betrachten, wobei wir dies aber nicht für alle Gitterpunkte $x_i \in \mathcal{G}_x$ machen sollten. Denn wir haben ja das Intervall G eingeschränkt zum endlichen Intervall G^e und an den Randpunkten von $\overline{G^e}$ nicht passende Randbedingungen gesetzt. Dies führt dazu, dass die approximierten Optionspreise $w_{i,j}$ in der „Nähe“ der Randpunkte nichts mit den exakten Optionspreisen $V(e^{x_i}, T - t_j)$ zu tun haben. Wir können sinnvollerweise nur auf einem eingeschränkten Gitter $\widetilde{\mathcal{G}}_x$ die Fehlermessung in (5.41) vornehmen. Beachten Sie, dass wir also folgende Sequenz von Mengen haben

$$\widetilde{\mathcal{G}}_x \subset \mathcal{G}_x \subset \overline{G^e} \subset G$$

wobei $\overline{G^e}$ und G überabzählbare Mengen sind und $\widetilde{\mathcal{G}}_x, \mathcal{G}_x$ endliche, auf dem Computer speicherbare Mengen. Der Fehler (gemessen in der Maximumnorm) lässt sich nun wie folgt definieren

$$e = \max_{i \in \mathcal{I}} |V\big(e^{x_i}, T - t_j\big) - w_{i,j}|. \tag{5.42}$$

Hierin ist die Indexmenge $\mathcal{I} \subset \mathcal{N} := \{1, \ldots, N\}$ gegeben als diejenigen i, für welche die entsprechenden Gitterpunkte x_i die „Bedingung" $\mathcal{B}(x_i) \leq 0$ erfüllen, also

$$\mathcal{I} := \{i \in \mathcal{N} \mid \mathcal{B}(x_i) \leq 0\}$$

Wir geben ein Beispiel zur „Bedingung" $\mathcal{B}(x_i) \leq 0$. Im Beispiel 5.2 ist die Funktion $\mathcal{B}$ gegeben als

$$\mathcal{B}(x) = |e^x - K| - 0.8K.$$

Wir können respektive müssen die Fehlermessung (5.42) in zwei Richtungen erweitern. Zunächst werden wir nicht in allen Bewertungsproblemen die Variablentransformation $s = e^x$ betrachten, sondern eine andere, oder auch gar keine. Abstrakt können wir eine Variablentransformation mit einer Funktion f beschreiben, so dass wir (5.42) erweitern können zu

$$e = \max_{i \in \mathcal{I}} |V\big(f(x_i), T - t_j\big) - w_{i,j}|. \tag{5.43}$$

Oft ist $f(x) = e^x$, aber auch $f(x) = x$ (keine Transformation) ist üblich. Zweitens werden wir Bewertungsprobleme in $d > 1$ „Ortsvariablen" betrachten. Bei solchen Problemen wird ein Index i zu einem Multiindex (ein d-Tupel natürlicher Zahlen)

$$\mathbf{i} = (i_1, i_2, \ldots, i_d) \in \mathbb{N}^d$$

und die Indexmenge $\mathcal{I}$ zur Menge $\boldsymbol{\mathcal{I}}$ von d-Tupeln

$$\boldsymbol{\mathcal{I}} = \{(i_1, i_2, \ldots, i_d) \mid i_k \in \mathcal{I}_k, \;\; k = 1, \ldots, d\}.$$

Die Fehlermessung lautet nun

$$e = \max_{\mathbf{i} \in \boldsymbol{\mathcal{I}}} |V\big(\mathbf{f}(\mathbf{x_i}), T - t_j\big) - w_{\mathbf{i},j}|. \tag{5.44}$$

wobei das „Objekt" $\mathbf{f}(\mathbf{x_i})$ unsere Vorstellung strapaziert und gegeben ist durch

$$\mathbf{f}(\mathbf{x_i}) = \big(f_1(x_{1_{i_1}}), f_2(x_{2_{i_2}}), \ldots, f_d(x_{d_{i_d}})\big)$$

für d univariate Funktionen f_i und Gitterpunkte $x_{k_{i_k}}$ in jede der d Koordinatenrichtungen x_k. Zum Beispiel können wir für den Fall $d = 3$ die Koordinaten/Variablen (keine Gitterpunkte!) x_1, x_2, x_3 schreiben als die üblichen x, y, z und die einzelnen Indizes i_1, i_2, i_3 als i, ℓ, n. Dann liest sich $\mathbf{f}(\mathbf{x_i})$ als

$$\mathbf{f}(\mathbf{x_i}) = \big(f_1(x_i), f_2(y_\ell), f_3(z_n)\big)$$

und man kann sich (x_i, y_ℓ, z_n) als Gitterpunkt im $\mathbb{R}^3$ vorstellen. In (5.44) ergibt sich die Menge $\mathcal{I}$ durch Bedingungen an die Gitterpunkte

$$\mathcal{I} := \{\mathbf{i} \in \mathcal{N}^d \mid \mathcal{B}_1(x_{1_{i_1}}) \leq 0, \ldots, \mathcal{B}_d(x_{d_{i_d}}) \leq 0\}$$

mit $\mathcal{N}^d = \mathcal{N} \times \cdots \times \mathcal{N}$ (d-mal) und d Funktionen/Bedingungen $\mathcal{B}_i$. Wir werden im Rest dieses Textes in konkreten Fehlerberechnungen (zum Beispiel um Konvergenzstudien durchzuführen) den Fehler e nicht jedes Mal neu definieren, sondern stillschweigend Bezug auf diesen Abschnitt nehmen, jedoch allenfalls die Bedingungen $\mathcal{B}_i$ angeben.

In gewissen Situationen müssen wir den Fehler für Stellen $\widehat{\mathbf{x}}$ bestimmen, die nicht mit Gitterpunkten $\mathbf{x}_\mathbf{i}$ zusammenfallen. Liegt $\widehat{\mathbf{x}}$ innerhalb des Gitters, können wir den Derivatspreis $V(\mathbf{f}(\widehat{\mathbf{x}}), T - t_j)$ an der Stelle $\widehat{\mathbf{x}}$ durch *Interpolation* aus den Werten $w_{\mathbf{i},j}$ erhalten. Man kann auf vielfältige Arten interpolieren, die wohl einfachste ist die lineare Interpolation (für die sogenannte Spline-Interpolation verweisen wir auf den Abschn. B.1). Wir erklären diese der Einfachheit halber am Beispiel des univariaten Falles ohne Variablentransformation; wir suchen also den Preis $V(\widehat{x}, T - t_j)$. Zunächst findet man die beiden Gitterpunkte x_i und x_{i+1}, welche $\widehat{x}$ „einschliessen"

$$\widehat{x} \in [x_i, x_{i+1}] \ .$$

Dann legt man eine Gerade $\mathcal{P}_j(x)$ durch die beiden Punkte $(x_i, w_{i,j})$ sowie $(x_{i+1}, w_{i+1,j})$ und bestimmt den Funktionswert

$$\widehat{w}_j := \frac{w_{i+1,j} - w_{i,j}}{x_{i+1} - x_i}\widehat{x} + w_{i,j}$$

dieser Geraden an der Stelle $\widehat{x}$. Dieser Wert stellt eine Approximation für den gesuchten Optionspreis $V(\widehat{x}, T - t_j)$ dar, und der Fehler ist dann offensichtlich gegeben durch

$$e = |V(\widehat{x}, T - t_j) - \widehat{w}_j|,$$

vergleiche mit Abb. 5.13.

In Python lässt sich die lineare Interpolation elegant mit `interp1` durchführen. Ist $\mathbf{x}$ der Vektor der Gitterpunkte $x_1, \ldots, x_N$ und $\mathbf{w}_j$ der Vektor der dazugehörigen Optionspreise $w_{1,j}, \ldots, w_{N,j}$, so liefert

$$\widehat{w}_j = \texttt{interpolate.interp1}(\mathbf{x}, \mathbf{w}_j)(\widehat{x})$$

den gewünschten Optionswert $\widehat{w}_j \approx V(\widehat{x}, T - t_j)$ an der Stelle $\widehat{x}$. Übrigens kann das Argument $\widehat{x}$ auch ein Vektor sein; in diesem Fall interpoliert Python für alle Elemente dieses Vektors.

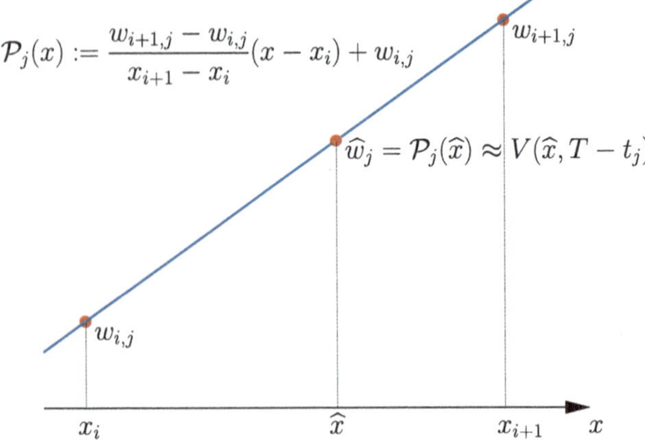

Abb. 5.13 Lineare Interpolation. Durch die Punkte $(x_i, w_{i,j})$ und $(x_{i+1}, w_{i+1,j})$ wird die Gerade $\mathcal{P}_j(x)$ gelegt. Der Funktionswert $\mathcal{P}_j(\widehat{x})$ ist eine Approximation für $V(\widehat{x}, T - t_j)$

5.7 Anwendung: Barriere-Option

Barriere-Optionen haben wir im Abschn. 2.8 eingeführt, in welchem wir mit Hilfe von Trinomialbäumen eine Down-und-Out Option bewertet haben. Wir haben gesehen, dass ein Trinomialbaum eine solche Option nicht gut bewerten kann, wenn der Basiswert s „zu nahe" an der Barriere B liegt. Wir werden gleich sehen, dass das Bewerten einer Down-und-Out Option mit Hilfe der finiten Differenzen problemlos ist und mit dem bereits vorhandenen Werkzeugen praktisch „ohne zusätzlichen Aufwand" erfolgen kann. Der Grund für diese Tatsache liegt darin, dass der Preis $V(s, t)$ einer Down-und-Out Option eine zur Black-Scholes Gleichung (3.8) für Europäische Optionen analoge Gleichung löst, nämlich

$$\begin{cases} \partial_t V + \frac{1}{2}\sigma^2 s^2 \partial_{ss} V + (r - q)s\partial_s V - rV = 0 & \text{in } G \times [0, T[\\ V(B, t) = 0 & \text{in } [0, T[\\ V(s, T) = g(s) & \text{in } G \end{cases} \tag{5.45}$$

mit $G =]B, \infty[$. Das ist die selbe Gleichung wie für eine Europäische Option, mit dem Unterschied, dass der Bereich G, in welchem die Gleichung zu lösen ist, nicht mehr $G =]0, \infty[$ ist, sondern $G =]B, \infty[$, und wir zusätzlich noch eine Null-Randbedingung haben. Um die Gleichung (5.45) zu lösen, führen wir die selben Schritte durch wie im Falle einer Europäischen Option. Wir wechseln zur Restlaufzeit $T - t$, betrachten den logarithmierten Basiswert $x := \ln(s)$ und lokalisieren den unendlichen Bereich $x \in]\ln(B), \infty[$ zum endlichen Bereich $x \in G^e :=]\ln(B), x_r[$. Es ergibt sich das zu (5.2) äquivalente

Problem

$$\begin{cases} \partial_t w + a\partial_{xx} w + b\partial_x w + cw = 0 & \text{in } G^e \times]0,T] \\ w(\ln B, t) = 0 & \text{in }]0,T] \\ w(x_r, t) = 0 & \text{in }]0,T] \\ w(x,0) = g(e^x) & \text{in } G^e \end{cases}, \tag{5.46}$$

mit $a = -\frac{1}{2}\sigma^2$, $b = \frac{1}{2}\sigma^2 - r + q$ sowie $c = r$. Beachten Sie, dass dies das selbe Problem wie (5.2) ist (welches wir bereits gelöst haben), nur dass wir im Barriere-Fall die linke Grenze x_l des Intervalls $\overline{G^e}$ nicht selber wählen müssen, sondern durch den Kontrakt vorgegeben ist, $x_l = \ln(B)$.

Beispiel 5.3 Wir verwenden die Routine pde_1d_dh_theta, um einen Down-und-Out Put mit den Parametern $B = 80$, $K = 100$, $T = 1$, $\sigma = 0.2$, $r = 0.05$ und $q = 0$ zu bewerten (vergleiche mit Aufgabe 2.5). Wir wählen $N = 1000$, $M = 50$, $\theta = \frac{1}{2}$ und $x_r = 6$. Den Optionspreis stellen wir graphisch dar für $s \in [80, 200[$.

Die Eingabe in Python lautet

```
In [18]: sigma = 0.2; r = 0.05; T = 1; K = 100;
    ...: g = lambda x:np.maximum(K-np.exp(x),0);
In [19]: a = lambda x:-sigma**2/2*x**0; b = lambda x:(sigma**2/2-r)*x**0;
In [20]: c = lambda x:r*x**0;
In [21]: x,w = pde_1d_dh_theta(a,b,c,1,np.log(80),6,g,1000,50,0,0.5)
In [22]: I = np.exp(x)<200; plt.plot(np.exp(x[I]),w[I]); plt.axis([75,205,-1,2]);
```

Wir erhalten die linke Graphik in Abb. 5.14, aus welcher ersichtlich wird, dass der Optionspreis um die Barriere B oszilliert (nicht nur dort). Wir können die Oszillation vermeiden, wenn wir die Anzahl Zeitschritte M erhöhen; effizienter ist allerdings die Verwendung des Rannacher-Verfahrens (siehe den Abschn. 5.5) zum Beispiel mit $R = 2$ anfänglichen impliziten Euler-Schritten der halben Schrittweite. In Python

```
In [23]: x,w = pde_1d_dh_theta(a,b,c,1,np.log(80),6,g,1000,50,2,0.5)
In [24]: I = np.exp(x)<200; plt.plot(np.exp(x[I]),w[I]); plt.axis([75,205,-1,2]);
```

Die entsprechende numerische Lösung stellen wir in der rechten Graphik in Abb. 5.14 dar. Die Oszillation ist verschwunden. ◇

Die Lösung der Gleichung (5.45), also der exakte Preis eines Down-und-Out Puts, ist bekannt. Bezeichnen wir mit (vergleiche mit (1.7)[8])

$$V_c(s; K, X) := se^{-qT}\Phi_{0,1}(d_1) - Ke^{-rT}\Phi_{0,1}(d_2)\ ,$$

[8] Beachte: $V_c(s; K, K)$ ist der Preis eines Europäischen Calls.

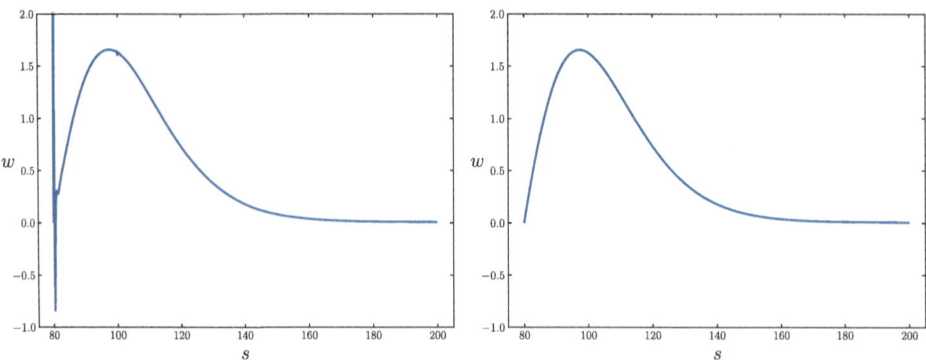

Abb. 5.14 Preis eines Down-und-Out Put erhalten mit der Finite-Differenzen-Methode. Der Vorteil dieser Methode gegenüber einem Trinomialbaum ist (unter anderem) derjenige, dass der Wert der Option nicht nur für einen Basiswert s bestimmt wird, sondern für N Basiswerte $s_i = e^{x_i}$

wobei

$$d_1 = \frac{1}{\sigma\sqrt{T}}\left(\ln\frac{s}{X} + (r - q + \frac{\sigma^2}{2})T\right), \quad d_2 = d_1 - \sigma\sqrt{T}\,,$$

ist, so ist die Lösung $V(s, 0)$ der Gleichung (5.45) zum Zeitpunkt $t = 0$ gegeben durch (der Einfachheit halber unterschlagen wir die Abhängigkeit von T, σ, r, q)

$$\begin{aligned} V(s,0) &= V_c(s; K, K) - V_c(s; K, B) \\ &\quad - \left(\frac{s}{B}\right)^{\alpha}\big(V_c(s; KY, KY) - V_c(s; KY, BY)\big), \end{aligned} \tag{5.47}$$

wobei $\alpha = -1 - \frac{2(r-q)}{\sigma^2}$ und $Y := (\frac{s}{B})^2$ ist. Wir benötigen die Bewertungsformel (5.47) für die Aufgabe 5.7.

5.8 Basiswert nicht logarithmiert

Wir haben in der original Black-Scholes Differentialgleichung

$$\begin{cases} \partial_t V + \frac{1}{2}\sigma^2 s^2 \partial_{ss} V + (r-q)s\partial_s V - rV = 0 & \text{in } G \times [0, T[\\ V(s,T) = g(s) & \text{in } G \end{cases}$$

mit $G = \mathbb{R}^+$ zwei Variablen-Transformationen vorgenommen. Erstens haben wir aus technischen Gründen die Richtung der Zeit umgekehrt, so dass wir in der "neuen Zeit" den Optionspreis nicht zu Beginn, sondern am Ende der Laufzeit suchen. Dies führt uns auf die Gleichung

$$\begin{cases} \partial_t v - \frac{1}{2}\sigma^2 s^2 \partial_{ss} v - (r-q)s\partial_s v + rv = 0 & \text{in } G \times]0,T] \\ v(s,0) = g(s) & \text{in } \mathbb{R}^+ \end{cases} . \tag{5.48}$$

Anschliessend haben wir den Basiswert s logarithmiert

$$x := \ln(s) ,$$

so dass die Koeffizienten der Gleichung konstant werden.

Wir wollen in diesem Abschnitt ein Finite-Differenzen-Verfahren zur Lösung der Gleichung (5.48) entwickeln; dazu können wir die Resultate aus dem Abschn. 4.3 verwenden. Zunächst müssen wir – wie schon vorher – die Gleichung lokalisieren. Wir müssen also die Menge G einschränken auf das Intervall $G^e =]0, s_r[$ (wir müssen nur rechts „abschneiden") und dann Randbedingungen an den Stellen $s = 0$ und $s = s_r$ vorgeben, das heisst, wir müssen die Funktionswerte von $v(0,t)$ und $v(s_r,t)$ vorgeben[9]. Wie schon vorher wählen wir die einfachsten Randbedingungen, nämlich Nullrandbedingungen. Somit ersetzen wir das Problem (5.48) durch das Problem: Finde die Funktion $w = w(s,t)$ so, dass

$$\begin{cases} \partial_t w + a(s)\partial_{ss} w + b(s)\partial_s w + c(s)w = 0 & \text{in } G^e \times]0,T] \\ w(0,t) = 0 & \text{in }]0,T] \\ w(s_r,t) = 0 & \text{in }]0,T] \\ w(s,0) = g(s) & \text{in } G^e \end{cases} \tag{5.49}$$

gilt. Hierin haben wir die Abkürzungen

$$a(s) = -\frac{1}{2}\sigma^2 s^2, \quad b(s) = -(r-q)s, \quad c(s) = r$$

verwendet; wir wollen nun aber ab hier die Funktionen $a(s)$, $b(s)$ und $c(s)$ als beliebig annehmen. Beachten Sie wiederum, dass die Funktion $w(s,t)$ in (5.49) verschieden ist von der gesuchten Funktion $v(s,t)$ in (5.48). Die Funktion $w(s,t)$ ist eine Approximation an $v(s,t)$; diese Approximation ist allerdings für $s \in \widetilde{G} \subset G^e$ sehr gut (und der Fehler $v(s,t) - w(s,t)$ vernachlässigbar klein).

Kommen wir nun zur Diskretisierung der Gleichung (5.49). Wir diskretisieren wiederum zuerst in s. Dazu führen wir für $N \in \mathbb{N}^\times$ ein (äquidistantes) Gitter

$$\mathcal{G}_s := \{s_i \mid i = 0, \ldots, N+1\}$$

[9] Richtigerweise müssen wir nur an der Stelle $s = s_r$ die Randbedingung spezifizieren, denn am linken Rand $s_l = 0$ ergibt sich der Funktionswert $v(0,t)$ indirekt aus der Differentialgleichung (5.48). Dazu später mehr.

mit

$$0 = s_0 < s_1 < \ldots < s_N < s_{N+1} = s_r$$

im Intervall $\overline{G^e}$ ein und ersetzen die partiellen Ableitungen bezüglich s in den Gitterpunkten s_i durch zentrale Differenzenquotienten

$$\begin{aligned}\partial_t w(s_i,t) + a(s_i)&\frac{w(s_{i-1},t) - 2w(s_i,t) + w(s_{i+1},t)}{h^2}\\ + b(s_i)&\frac{-w(s_{i-1},t) + w(s_{i+1},t)}{2h} + c(s_i)w(s_i,t) \approx 0\,.\end{aligned}$$

Um in dieser Approximation Gleichheit zu erzwingen, führen wir die Funktionen $w_i(t) \approx w(s_i,t)$ ein und ersetzen die Terme in der obigen Gleichung entsprechend

$$\begin{aligned}\partial_t w_i(t) + a(s_i)&\frac{w_{i-1}(t) - 2w_i(t) + w_{i+1}(t)}{h^2}\\ + b(s_i)&\frac{-w_{i-1}(t) + w_{i+1}(t)}{2h} + c(s_i)w_i(t) = 0\,.\end{aligned} \tag{5.50}$$

Wir kombinieren die Schritte aus dem Abschn. 4.3 und 5.3 und erhalten das zu (5.5) analoge System von gewöhnlichen Differentialgleichungen erster Ordnung

$$\mathbf{w}'(t) + \mathbf{A}\mathbf{w}(t) = \mathbf{0}, \quad \mathbf{w}(0) = \mathbf{g} \tag{5.51}$$

mit dem Unterschied, dass nun die Einträge in der Matrix $\mathbf{A}$ längs der Diagonalen *nicht* mehr konstant sind. Im System (5.51) ist Matrix $\mathbf{A}$ wie in (4.20) gegeben durch

$$\mathbf{A} = \mathbf{M}_a^{(2)} + \mathbf{M}_b^{(1)} + \mathbf{M}_c^{(0)},$$

und der Vektor der Unbekannten $\mathbf{w}(t)$ ist wie in (5.3). Der Startvektor ist gegeben durch

$$\mathbf{g} := \begin{pmatrix} g(s_1)\\ g(s_2)\\ \vdots\\ g(s_N)\end{pmatrix}.$$

Übrigens folgt aus Definition 4.5 für eine Konstante c und eine Funktion y

$$\mathbf{M}_{cy}^{(k)} = c\mathbf{M}_y^{(k)},$$

so dass wir für die Black-Scholes Gleichung (5.48), in welcher ja $a(s) = -\frac{1}{2}\sigma^2 s^2$, $b(s) = -(r-q)s$ und $c(s) = r$ ist, die Matrix

$$\begin{aligned}\mathbf{A} &= \mathbf{M}^{(2)}_{-\frac{1}{2}\sigma^2 s^2} + \mathbf{M}^{(1)}_{-(r-q)s} + \mathbf{M}^{(0)}_r\\ &= -\frac{1}{2}\sigma^2\mathbf{M}^{(2)}_{s^2} - (r-q)\mathbf{M}^{(1)}_s + r\mathbf{M}^{(0)}_1\end{aligned}$$

erhalten. Wir erkennen wiederum die Vererbung der Struktur von

$$-\frac{1}{2}\sigma^2 s^2 \partial_{ss} - (r-q)s\partial_s + r$$

auf die Matrix **A**. Nun wenden wir das θ-Verfahren an, um das System (5.51) in der Zeit t approximativ zu lösen. Mit den selben Überlegungen, die uns zu (5.31) geführt haben, erhalten wir auch hier die M Gleichungssysteme

$$\big(\mathbf{I} + k\theta\mathbf{A}\big)\mathbf{w}_{j+1} = \big(\mathbf{I} - k(1-\theta)\mathbf{A}\big)\mathbf{w}_j\,, \quad j = 0,\ldots,M-1\,, \tag{5.52}$$

die sukzessive zu lösen sind ($\mathbf{w}_0 = \mathbf{g}$). Der Vektor

$$\mathbf{w}_M := \begin{pmatrix} w_{1,M} \\ w_{2,M} \\ \vdots \\ w_{N,M} \end{pmatrix}$$

enthält die approximierten Werte $w(s_i, T)$ des gesuchten Optionspreises $w(s,T)$ in (5.49). Wir können die Routine pde_1d_dh_theta verwenden, um (5.52) zu realisieren.

Beispiel 5.4 Wir betrachten nochmals die Put Option aus dem Beispiel 5.1 für die selben Kontrakt-, Modell- und Diskretisierungsparameter (allerdings nun mit $s_l = 0$ und $s_r = 4K$). Zunächst müssen wir die Funktionen $a(s) = -\frac{1}{2}\sigma^2 s^2$, $b(s) = -(r-q)s$ und $c(s) = r$ sowie die Auszahlungsfunktion $g(s) = \max\{1-s, 0\}$ definieren.

```
In [25]: sigma = 0.3; r = 0.02; T = 1; g = lambda x:np.maximum(1-x,0)
In [26]: a = lambda x:-sigma**2/2*x**2; b = lambda x:-r*x; c = lambda x:r*x**0;
```

Nun die Optionspreise $\mathbf{w}_M$ und die Gitterpunkte **s** berechnen.

```
In [27]: s,w = pde_1d_dh_theta(a,b,c,T,0,4,g,1000,100,0,0.5)
```

Zum Schluss den Optionspreis zusammen mit der Auszahlungsfunktion g im Intervall $[0, 2K]$ darstellen, vergleiche mit Abb. 5.15.

```
In [28]: plt.plot(s,w,s,g(s)); plt.axis([0,2, 0.05,1]);
```

Für Basiswerte s nahe bei 0 ist der Optionspreis falsch, da die Randbedingung $v(0,t) = 0$ nicht korrekt ist, vergleiche auch mit Abb. 5.7. $\diamond$

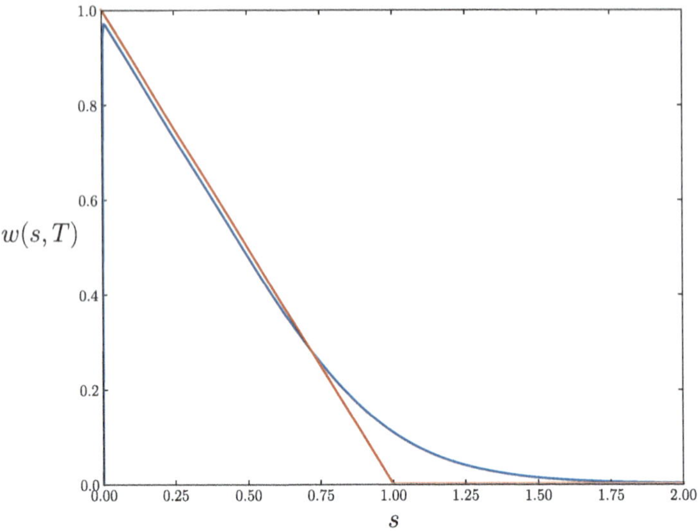

Abb. 5.15 Preis einer Put Option erhalten ohne den Logarithmus des Basiswertes s zu betrachten

5.9 Anwendung: Kolmogorov Vorwärtsgleichung

Wie wir im Abschn. 3.5 gesehen haben, können wir die Wahrscheinlichkeitsdichte $p = p(s, T; s_0, 0)$ von $S(T)$ (gegeben $S(0) = s_0$) durch lösen der Kolmogorov Vorwärtsgleichung (3.18)

$$\begin{cases} \partial_t p + \mathcal{A}^* p = 0 & \text{in } G \times]0, T] \\ \qquad p(s, 0) = \delta_{s_0}(s) & \text{in } G \end{cases}$$

erhalten. Hierin ist $\mathcal{A}^*$ der Operator $\mathcal{A}^* f = -\frac{1}{2}\partial_{ss}(\sigma^2(s,t)f) + \partial_s(\mu(s,t)f)$, welchen wir bereits im Abschn. 4.3 diskretisiert haben, und $\delta_{s_0}(s)$ ist die „Funktion"

$$\delta_{s_0}(s) = \begin{cases} \infty & \text{falls } s = s_0 \\ 0 & \text{sonst} \end{cases}$$

mit der Eigenschaft $\int_G \delta_{s_0}(x)\mathrm{d}x = 1$. Beachten Sie, dass wir diese in Python nicht abbilden können, so dass wir δ_{s_0} mit dem Butterfly

$$g_{\mathrm{bf}}(s) = \frac{1}{h^2}\big(\max\{s - s_0 + h, 0\} - 2\max\{s - s_0, 0\} + \max\{s - s_0 - h, 0\}\big)$$

approximieren, mit h die Maschenweite des in der Diskretisierung verwendeten Gitters, vergleiche auch mit Abb. 15.1. Beachten Sie weiter, dass der Inhalt der vom Butterfly eingeschlossenen Fläche 1 ist, $\int_G g_{\text{bf}}(x)\mathrm{d}x = 1$. Dies ist wichtig, da wir ja eine Wahrscheinlichkeitsdichte finden wollen. Hängen die Funktionen $\sigma(s,t)$ und $\mu(s,t)$ nicht von t ab, so lautet das θ-Schema für die approximative Berechnung der Wahrscheinlichkeitsdichte wie in (5.52), mit $\mathbf{w}_0 = \mathbf{g} = (g_{\text{bf}}(s_1), \ldots, g_{\text{bf}}(s_N))^\top$ und der Matrix

$$\mathbf{A} = \mathbf{M}^{(2),\text{v}}_{-\frac{1}{2}\sigma^2(s)} + \mathbf{M}^{(1),\text{v}}_{\mu(s)} \,.$$

Hierin ist $\mathbf{M}^{(1),\text{v}}_y$ in (4.22) und $\mathbf{M}^{(2),\text{v}}_y$ in (4.23) definiert. Der Vektor $\mathbf{w}_M$ enthält die gesuchte Wahrscheinlichkeitsdichte an den Gitterpunkten, das heisst $w_{i,M} \approx p(s_i, T)$. Die Routine 5.3 pdeforward_1d_dh_theta realisiert dies.

Beispiel 5.5 Wir wollen die (risikoneutrale) Wahrscheinlichkeitsdichte für das Black-Scholes Modell und das CEV Modell bestimmen. Im Abschn. 1.5 haben wir beide Modelle an einen Datensatz (Marktpreise von Put Optionen auf den DAX mit Restlaufzeit $T = 93/360$, siehe Tab. 1.2) kalibriert und für das Black-Scholes Modell $\sigma \doteq 0.2774$ sowie für das CEV Modell $\delta \doteq 6.925875 \cdot 10^9$ und $\beta \doteq -1.742752$ gefunden. Der stetige risikolose Zinssatz ist $r = 0.00934$, die stetige Dividendenrendite ist $q = 0$. Wir lösen die entsprechenden Differentialgleichungen in $G^e =]0, 2s_0[$ mit $N = 2^L - 1$ Gitterpunkten und $M = \lceil 0.2N \rceil$ Zeitschritten im θ-Verfahren ($\theta = 0.5$). Um die Dichtefunktionen für $S(T)$ (gegeben $S(0) = s_0 = 6248.2$; der Stand des DAX am Tag der Kalibrierung) zu finden, machen wir in Python daher die Eingaben

```
In [29]: beta = -1.742752; delta = 6.925875e9; sigma = 0.2774;
In [30]: r = 0.00934; q = 0; x0 = 6248.2; T = 93/360;
In [31]: a1 = lambda x:-delta**2/2*x**(2*beta); a2 = lambda x:-sigma**2/2*x**2;
In [32]: b = lambda x: (r-q)*x; N = 2**12-1; M = int(np.ceil(0.2*N));
In [33]: x,wcev = pdeforward_1d_dh_theta(a1,b,T,0,2*x0,x0,N,M,0.5);
In [34]: x,wbs = pdeforward_1d_dh_theta(a2,b,T,0,2*x0,x0,N,M,0.5);
In [35]: plt.plot(x,wbs,x,wcev);
```

Wir erhalten die linke Figur in Abb. 5.16. Interessanter als die Dichte von $S(T)$ ist die Dichte der logarithmierten Rendite $R(T) = \ln \frac{S(T)}{S(0)}$. Nach (1.6) wissen wir nämlich, dass im Black-Scholes Modell $R(T) \sim \mathcal{N}((r - q - \sigma^2/2)T, \sigma^2 T)$ gilt. Die entsprechende Verteilung von $R(T)$ im CEV Modell können wir leicht aus der approximierten Dichte von $S(T)$ gewinnen. Dazu benötigen wir ein Resultat aus der Theorie von Zufallsvariablen. Dieses besagt: Ist X eine (stetige) Zufallsvariable mit Dichte $f_X(x)$, so hat die Zufallsvariable $Y = g(X)$ die Dichte $f_Y(y) = f_X(h(y))h'(y)$, wobei h die Inverse von g ist. Im vorliegenden Fall ist $X = S(T)$ und $Y = R(T) = \ln(S(T)/s_0)$. Somit hat die logarithmierte Rendite die Dichte $f_{S(T)}(s_0 e^y)s_0 e^y$, $y \in \mathbb{R}$. Die approximierte Dichte $w_{i,M} \approx f_{S(T)}(x_i)$ für Gitterpunkte $x_i = s_0 e^{y_i}$ haben wir bereits; um den Graphen der approximierten Dichte von $R(T)$ zu erhalten, müssen wie daher die Werte $w_{i,M}$ nur noch mit x_i multiplizieren und über $\ln(x_i/s_0)$ auftragen. Für das CEV Modell also

```
In [36]: plt.plot(np.log(x/x0),wcev*x);
```

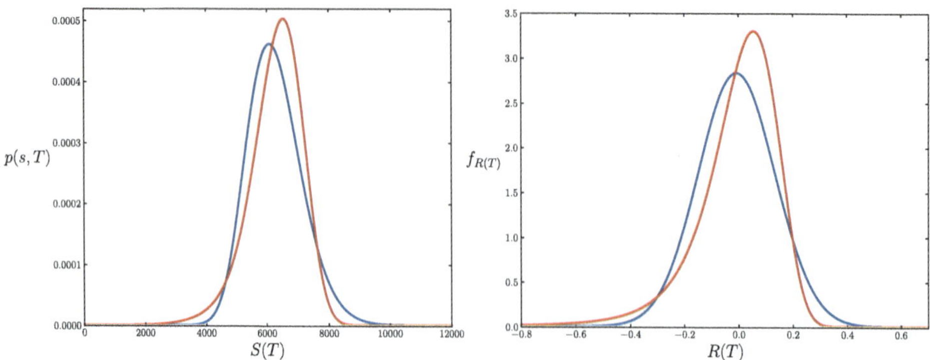

Abb. 5.16 Risikoneutrale Wahrscheinlichkeitsdichte für das CEV Modell (–) und das Black-Scholes Modell (–). Links. Die Dichte von $S(T)$. Rechts. Die Dichte der logarithmierten Rendite $R(T)$

Wir erkennen, dass die Dichte von $R(T)$ im CEV Modell nicht symmetrisch ist, und links „heavy-tailed" ist. Die (risikoneutrale) Wahrscheinlichkeit $\mathbb{P}[R(T) < r]$ für $r < 0$ ist im CEV Modell wesentlich grösser als im Black-Scholes Modell. ◇

Routine 5.3: pdeforward_1d_dh_theta.py

```
import numpy as np
from scipy import sparse
from scipy.linalg import solve_banded
from get_diagonals import get_diagonals
from matrixgenerator_adj import matrixgenerator_adj

def pdeforward_1d_dh_theta(a,b,T,xl,xr,x0,N,M,theta):
    '''Findet die Wahrscheinlichkeitsdichte des Prozesses

    dX(t) = mu(X(t))dt + sigma(X(t))dW(t), X(0) = x0

    zum Zeitpunkt T im Intervall ]xl,xr[. Hierin ist a(x) = -1/2*sigma(x)^2
    und b(x) = mu(x). pdeforward_1d_dh_theta verwendet das theta-Verfahren mit M
    Zeitschritten und N Gitterpunkten in ]xl,xr[.'''

    # Gitter definieren (so verschieben, dass x0 ein Gitterpunkt wird)
    h = (xr-xl)/(N+1); x = np.linspace(xl+h,xr-h,N); k = T/M;
    i = np.argmax(x>x0); x = x+x[i]-x0; xl = x[0]-h; xr = x[-1]+h;

    # Matrizen A und I definieren
    Mat = matrixgenerator_adj([["M2",a],["M1",b]],xl,xr,N);
    A = Mat[0]+Mat[1]; I = sparse.eye(N)
    B = get_diagonals(I+k*theta*A); C = I-(1-theta)*k*A;

    # Start-Vektor w0 definieren (Ausuebungsfunktion)
    g = lambda x:(np.maximum(x-x0+h,0)-2*np.maximum(x-x0,0)+\
                  np.maximum(x-x0-h,0))/h**2; w = g(x);

    # theta-Verfahren
    for j in range(M): w = solve_banded((1,1),B,C*w);
```

```
    # Randpunkte dazunehmen
    x = np.hstack((x[0]-h,x,x[-1]+h)); w = np.hstack((0,w,0));

    return x,w
```

Wir bleiben beim Beispiel 5.5 und wollen das Integral $\int_G p(x,T)\mathrm{d}x = 1$ ausrechnen. Der Vektor $\mathbf{w}_M$ enthält die Wahrscheinlichkeitsdichte $p(s_i,T)$ an den Gitterpunkten s_i. Um das Integral zu approximieren, müssen wir zwischen den Gitterpunkten interpolieren; der Einfachheit halber wählen wir eine lineare Interpolation, vergleiche zum Beispiel mit Abb. B.1 im Anhang B.1. Dadurch wird die tatsächliche Fläche zwischen zwei Gitterpunkten mit Inhalt $\int_{s_i}^{s_{i+1}} p(x,T)\mathrm{d}x$ durch ein Trapez approximiert; dieses Trapez hat den Inhalt $\frac{w_{i,M}+w_{i+1,M}}{2}(s_{i+1}-s_i)$, vergleiche auch mit Abb. B.6. Weil $w_{i,0} = w_{i,N+1} = 0$ sind (Nullrandbedingungen) und weil das Gitter äquidistant ist, $s_{i+1} - s_i = h$, ergibt sich das Integral zu

$$\int_G p(x,T)\mathrm{d}x \approx h \sum_{i=0}^{N+1} w_{i,M} \ . \tag{5.53}$$

In Python ergibt sich diese Summe mit dem Befehl `trapz`

```
In [37]: np.trapz(wbs,x)
Out[37]: 0.9999993279888849
In [38]: np.trapz(wcev,x)
Out[38]: 0.9983688366527752
```

Für das Black-Scholes erhalten wir in der Tat 1 (bis auf einen Approximationsfehler), für das CEV Modell erhalten wir einen Wert, der einiges kleiner ist als 1; die Differenz ist kein Approximationsfehler. Da das Intervall G offen ist, findet das Finite-Differenzen-Verfahren die Wahrscheinlichkeitsdichte p für $S(T) > 0$, aber nicht für $S(T) = 0$. Für eine stetige Dichte ist dies auch kein Problem; die Wahrscheinlichkeit, dass $S(T)$ den Wert 0 annimmt, ist 0. Es stellt sich jedoch heraus, dass die Wahrscheinlichkeitsdichte von $S(T)$ im CEV Modell für $\beta < 1$ vom gemischten Typ ist, das heisst dass $S(T)$ sowohl eine diskrete als auch eine stetige Zufallsvariable ist, konkret gilt für die Dichte $f_{S(T)}$

$$f_{S(T)}(x) = \begin{cases} p(x,T) & \text{falls } x > 0 \\ \mathbb{P}[S(T) = x] & \text{falls } x = 0 \end{cases} \tag{5.54}$$

Somit gilt

$$\int_0^\infty f_{S(T)}(x)\mathrm{d}x = \mathbb{P}[S(T) = 0] + \int_0^\infty p(x,T)\mathrm{d}x = 1 \ ; \tag{5.55}$$

die Finite-Differenzen-Methode findet „nur“ $\int_0^\infty p(x,T)\mathrm{d}x < 1$. Im Black-Scholes Modell ist $\mathbb{P}[S(T)=0]=0$, wie von der Differenzen-Methode „bemerkt“. Für das CEV Modell entspricht die Differenz von 1 zum ausgegebenen Wert des Integrals offenbar gerade der Wahrscheinlichkeit $\mathbb{P}[S(T)=0] \doteq 1-0.99837=0.00163$; die (risikoneutrale) Wahrscheinlichkeit, dass der Kurs des Basiswertes zum Zeitpunkt T Null ist (bankrott!), ist $0.163\,\%$, vergleiche auch mit der Aufgabe 5.8.

Wie im Abschn. 3.5 bereits bemerkt, können wir bei Kenntnis der (risikoneutralen) Wahrscheinlichkeitsdichte $f_{S(T)}$ von $S(T)$ (gegeben $S(0)=s$) den Wert $V(s,0)$ einer Europäischen Option mit Payoff g via

$$V(s,0) = e^{-rT}\int\limits_G g(x) f_{S(T)}(x)\mathrm{d}x$$

erhalten. Im CEV Modell ist wegen (5.54)

$$V(s,0) = e^{-rT}\Big[g(0)\mathbb{P}[S(T)=0] + \int\limits_0^\infty p(x,T)g(x)\mathrm{d}x\Big]\,;$$

ist also $g(0)=0$, so müssen wir $\mathbb{P}[S(T)=0]$ nicht bestimmen. Die Routine pdeforward_1d_dh_theta liefert die Funktion $p(\cdot,T)$ an den Gitterpunkten s_i; aus (5.53) und (5.55) wird klar, dass die Approximation

$$\begin{aligned}
V(s,0) &= e^{-rT}\Big[g(0)\mathbb{P}[S(T)=0] + \int\limits_0^\infty p(x,T)g(x)\mathrm{d}x\Big] \\
&\approx e^{-rT}\left[g(0)\mathbb{P}[S(T)=0] + h\sum_{i=0}^{N+1} w_{i,M}\,g(s_i)\right] \\
&\approx e^{-rT}\left[g(0)\Big(1-h\sum_{i=0}^{N+1} w_{i,M}\Big) + h\sum_{i=0}^{N+1} w_{i,M}\,g(s_i)\right]
\end{aligned} \tag{5.56}$$

gilt.

Beispiel 5.6 Wir betrachten nochmals das Beispiel 5.5 und wollen den Wert der Put Option mit Strike $K=6250$ und Marktpreis $V^{\mathrm{M}}=333.4$ (vergleiche mit Tab. 1.2) einerseits im Black-Scholes und andererseits im CEV Modell bestimmen. Vom Beispiel 5.5 haben wir noch den Vektor $\mathbf{w}_M$ für beide Modelle im Speicher; es ergibt sich daher

```
In [39]: g = lambda x:np.maximum(6250-x,0);
In [40]: Vcev = np.exp(-r*T)*(g(0)*(1-np.trapz(wcev,x))+np.trapz(wcev*g(x),x)); Vcev
Out[40]: 335.47082621059747
In [41]: Vbs = np.exp(-r*T)*np.trapz(wbs*g(x),x); Vbs
Out[41]: 344.1936768415145
```

Wir erhalten $V^{\text{CEV}} \doteq 335.471$ und $V^{\text{BS}} \doteq 344.194$; somit weicht der CEV Preis 0.62 % und der Black-Scholes Preis um 3.24 % vom Marktpreis ab.

Für die Berechnung des Black-Scholes Preises ist $\mathbb{P}[S(T) = 0] = 0$ und wir müssen in der Summe (5.56) den entsprechenden Summanden nicht berücksichtigen. Die Berechnung von $\mathbb{P}[S(T) = 0]$ können wir auch im CEV Modell vermeiden, wenn wir die entsprechende Call Option betrachten (es ist also $g(0) = 0$) und den Put Preis via der Put-Call Parität (1.31) bestimmen. Also

```
In [42]: g = lambda x:np.maximum(x-6250,0);
In [43]: Vcev = np.exp(-r*T)*np.trapz(wcev*g(x),x)-x0+6250*np.exp(-r*T); Vcev
Out[43]: 335.46585967989813
```

Es ergibt sich so $V^{\text{CEV}} \doteq 335.466$; es stellt sich heraus, dass dieser Wert sogar noch ein wenig genauer ist. ◇

5.10 Aufgaben

Aufgabe 5.1 Zeigen Sie, dass die Lösung der Differentialgleichung (5.7) gegeben ist durch

$$w(t) = e^{-At} g \, .$$

Aufgabe 5.2 Zeigen Sie, dass für $A > 0$ der Wachstumsfaktor in der geometrischen Folge (5.11) die Bedingung $|1 - kA| < 1$ dann erfüllt, wenn der Zeitschritt die Bedingung

$$0 < k < \frac{2}{A}$$

erfüllt.

Aufgabe 5.3 Zeigen Sie, dass für $A > 0$ der Wachstumsfaktor in der geometrischen Folge (5.15) die Bedingung $\frac{1}{|1+kA|} < 1$ für alle $k > 0$ erfüllt.

Aufgabe 5.4 Zeigen, dass für $A > 0$ der Wachstumsfaktor in der geometrischen Folge (5.18) die Bedingung

$$\left| \frac{1 - k(1-\theta)A}{1 + k\theta A} \right| < 1$$

dann erfüllt, wenn der Zeitschritt k die Bedingung

$$k(1 - 2\theta) < \frac{2}{A}$$

erfüllt. Folgern Sie, dass das θ-Verfahren unbedingt stabil ist, falls $\theta \in [1/2, 1]$ und bedingt stabil ist für $\theta \in [0, 1/2[$ mit der Bedingung

$$k < \frac{2}{(1-2\theta)A} .$$

Aufgabe 5.5 Verwenden Sie die Routine pde_1d_dh_theta, um die Stabilität des expliziten Euler-Verfahrens ($\theta = 0$) zu studieren. Verwenden Sie dazu die selben Parameterwerte wie in Beispiel 5.1, wobei Sie die Anzahl der Zeitschritte $M \in \{1830, 1836, 1845\}$ wählen. Stellen Sie den Optionspreis in allen drei Fällen graphisch dar und und überprüfen Sie, ob die Stabilitätsbedingung (5.39) erfüllt ist.

Aufgabe 5.6 Verwenden Sie die Routine conv_digitalput_bs, um die Konvergenzordnung des θ-Verfahrens (also $R = 0$) für eine Europäische Put Option empirisch zu bestimmen (keine Gitterstreckung; grid = 0). Dazu betrachten Sie die Parameter $\sigma = 0.3$, $r = 0.03$, $q = 0$, $K = 50$, $T = 2$, $L_{\min} = 4$, $L_{\max} = 12$ sowie

i) $\theta = \frac{1}{2}$, $\mu = 0.15$ und $p = 1$.
ii) $\theta = 1$, $\mu = 2000$ und $p = 0$ ($M = \mu N^p = 2000$ bleibt also konstant).
iii) $\theta = 1$, $\mu = 0.03$ und $p = 1$.
iv) $\theta = 1$, $\mu = 0.003$ und $p = 2$.
v) $\theta = 0$, $\mu = 0.0028135$ und $p = 2$.
vi) $\theta = 0$, $\mu = 0.003$ und $p = 2$.

In allen Fällen notieren Sie die den Fehler $\|\mathbf{e}_M\|_\infty$ sowie die Zeit t_{CPU}, die der Computer benötigt, um die entsprechenden Probleme für $N = 2^{L_{\max}} - 1 = 2^{12} - 1 = 4095$ Gitterpunkte zu lösen (siehe `time.time()` in Python).

Aufgabe 5.7 Bestimmen Sie die Konvergenzordnung des Finite-Differenzen-Verfahrens für einen Down-und-Out Put. Gehen Sie dazu wie folgt vor.

i) Schreiben Sie eine Routine dop_bs_a, welche den exakten Optionspreis (5.47) realisiert.
ii) Um die Konvergenzordnung zu bestimmen, modifizieren Sie die Routine conv_digitalput_bs zur Routine conv_dop_bs. Dabei passen Sie die Routine so an, dass der maximale Fehler zwischen exaktem und approximiertem Optionspreis im Intervall $s \in [B, 2K]$ bestimmt wird (eine mögliche Gitterstreckung ist nicht zu implementieren).
iii) Wenden Sie Ihre Routine mit den Parametern aus Beispiel 5.3, jedoch mit

$$N \in \{2^{L_{\min}} - 1, 2^{L_{\min}+1} - 1, \ldots, 2^{L_{\max}} - 1\}, \quad M = \lceil \mu N \rceil$$

und $q = 0.02$ an (für $L_{\min} = 7$, $L_{\max} = 14$, $\mu = 0.05$ und $R = 2$).

Aufgabe 5.8 Im CEV Modell ist die (risiko-neutrale) Wahrscheinlichkeit, dass, gegeben $S(0) = s$, der Kurs des Basiswertes zum Zeitpunkt T den Wert 0 annimmt, grösser als Null (für $\beta < 1$). Genauer gilt (siehe zum Beispiel Davydov und Linetsky [1])

$$\mathbb{P}[S(T) = 0] = 1 - F_{\mathrm{Ga}}(\xi/2; \alpha, 1), \quad \xi = \frac{2(r-q)s^{-2(\beta-1)}}{\delta^2(\beta-1)(e^{2(r-q)(\beta-1)T}-1)}, \quad \alpha = \frac{1}{2|\beta-1|}$$

wobei $x \mapsto F_{\mathrm{Ga}}(x; \alpha, \beta)$ die kumulierte Verteilungsfunktion einer gammaverteilten Zufallsvariablen $X \sim \mathrm{Ga}(\alpha, \beta)$ mit Parameter α und β bezeichnet (für gammaverteilte Zufallsvariablen siehe auch den Abschn. 9.6). In Python kann man den Wert $F_{\mathrm{Ga}}(x; \alpha, \beta)$ via `ss.gamma.cdf`$(x, \alpha, 0, 1/\beta)$ erhalten.

Wir wissen ja schon, dass die Routine 5.3 pdeforward_1d_dh_theta die approximierte Wahrscheinlichkeitsdichte $p(s, T)$ ausgibt (der Vektor $\mathbf{w}_M$) und dass

$$\mathbb{P}[S(T) = 0] + h \sum_{i=0}^{N+1} w_{i,M} \approx 1$$

gilt. In dieser Aufgabe weisen Sie nach, dass $1 - h \sum_{i=0}^{N+1} w_{i,M}$ in der Tat gegen $\mathbb{P}[S(T) = 0]$ konvergiert. Verwenden Sie dazu die selben Modell- und Diskretisierungsparameter wie im Beispiel 5.5. Um die Konvergenz nachzuweisen, verwenden Sie $L = 8, \ldots, 14$. Wie gross ist die Konvergenzrate?

Literatur

1. D. Davydov and V. Linetsky. Pricing and Hedging Path-Dependent Options Under the CEV Process. *Management Science*, 47(7):949–965, 2001.
2. R. Rannacher. Finite element solution of diffusion problems with irregular data. *Numerische Mathematik*, 43(2):309–327, 1984.

6 Erweiterungen

In diesem Kapitel diskutieren wir einige Erweiterungen der Routine 5.1 pde_1d_dh_theta respektive des Bewertungsproblems (5.49)

$$\begin{cases} \partial_t w + a(s)\partial_{ss} w + b(s)\partial_s w + c(s)w = 0 & \text{in } G^e \times]0,T] \\ w(0,t) = 0 & \text{in }]0,T] \\ w(s_r,t) = 0 & \text{in }]0,T] \\ w(s,0) = g(s) & \text{in } G^e \end{cases}.$$

Wir lassen zunächst die homogenen Randbedingungen $w(0,t) = w(s_r,t) = 0$ fallen und diskutieren Probleme mit inhomogenen Randbedingungen sowie Differentialgleichungen, die keine Randbedingungen benötigen. Dann betrachten wir rekursive Probleme, das heisst Bewertungsprobleme, für welche wir nacheinander n partielle Differentialgleichungen lösen müssen. Zum Beispiel gibt n die Anzahl der Dividendenzahlungen oder die Anzahl der Barrierebeobachtungen während der Laufzeit eines Derivats an. Weiter betrachten wir Differentialgleichungen, deren Koeffizienten nebst des Basiswerts auch noch von der Zeit t abhängen. Als Anwendung hierzu bewerten wir Asiatische Optionen. Dann zeigen wir, dass man nicht nur den Preis einer Option, sondern auch deren Griechen als Lösung einer partiellen Differentialgleichung auffassen kann. Als Anwendung davon implementieren wir die Kalibrierung des in Kap. 1 vorgestellten CEV Modells.

6.1 Inhomogene Randdaten

Die Routine pde_1d_dh_theta findet die approximative Lösung $w = w(s,t)$ des Problems (5.49). Hierin sind die Randdaten $w(0,t) = w(s_r,t)$ gleich Null; man spricht von *homogenen* Randdaten. Wir haben im Beispiel 5.4 (und nicht nur dort) gesehen, dass die Approximation um $s = 0$ herum schlecht ist, dies aufgrund der unpassenden Randbedin-

N. Hilber, *Bewertung von Finanzderivaten mit Python*,
https://doi.org/10.1007/978-3-658-39210-9_6

gung, siehe Abb. 5.15. Wir wollen passende, inhomogene Randbedingungen verwenden, um bessere Approximationen am Rand des Intervalls $\overline{G^e}$ zu erhalten.

Wir betrachten nun verschiedene Typen von Randbedingungen. Gibt man am Rand des Intervalls $\overline{G^e}$ den *Funktionswert* vor, spricht man von Dirichlet-Randbedingungen[1]. In gewissen Anwendungen ist es jedoch passender, dass nicht die gesuchte Funktion selbst am Rand von $\overline{G^e}$ einen bestimmten Wert annehmen soll, sondern deren Ableitung. Man spricht von Neumann-Randbedingungen.[2] Für gewisse Kontrakte/Modelle kann es sinnvoll sein, dass die zweite Ableitung am Rand von $\overline{G^e}$ vorgegeben wird. Natürlich kann man die Randbedingungen auch kombinieren. Wir diskutieren nun für die drei Fälle, wie sich die Gleichungssysteme in (5.52) ändern, wenn wir die Randbedingungen bei der Diskretisierung berücksichtigen. Somit betrachten wir das Problem

$$\begin{cases} \partial_t w + a(s)\partial_{ss} w + b(s)\partial_s w + c(s)w = 0 & \text{in } G^e \times]0,T] \\ w^{(n_l)}(s_l,t) = w_l(t) & \text{in }]0,T] \\ w^{(n_r)}(s_r,t) = w_r(t) & \text{in }]0,T] \\ w(s,0) = g(s) & \text{in } G^e \end{cases} . \tag{6.1}$$

Hierbei verwenden wir die Notation $w^{(n)}$ für die n-te partielle Ableitung von $w(s,t)$ nach s, $n = 0, 1, 2$, wobei der Subskript l in n_l für den linken Rand und der Subskript r in n_r für den rechten Rand des Intervalls $\overline{G^e}$ steht.

Wir behandeln zunächst Dirichlet-Randbedingungen, also $n_l = n_r = 0$ in (6.1). Bei der Diskretisierung der partiellen Differentialgleichung durch finite Differenzen entsteht wie schon im homogenen Fall ein System von gewöhnlichen Differentialgleichungen

$$\begin{aligned} w_i'(t) + a(s_i)&\frac{w_{i-1}(t) - 2w_i(t) + w_{i+1}(t)}{h^2} \\ +b(s_i)&\frac{-w_{i-1}(t) + w_{i+1}(t)}{2h} + c(s_i)w_i(t) = 0 , \end{aligned}$$

vergleiche mit (5.50). Insbesondere tritt in der ersten Gleichung ($i = 1$) die Funktion $w_0(t)$ und in der letzten Gleichung ($i = N$) die Funktion $w_{N+1}(t)$ auf. Diese Funktionen sind nicht unbekannt, sondern gegeben durch die Randbedingungen $w_l(t)$ respektive $w_r(t)$. Da diese Terme bekannt sind, nehmen wir sie auf die rechte Seite der Gleichungen. Die erste Gleichung lautet somit

$$\begin{aligned} w_1'(t) + a(s_1)\frac{-2w_1(t) + w_2(t)}{h^2} + b(s_1)\frac{w_2(t)}{2h} + c(s_1)w_1(t) \\ = \left(-\frac{a(s_1)}{h^2} + \frac{b(s_1)}{2h} \right) w_l(t) ; \end{aligned}$$

[1] Benannt nach dem deutschen Mathematiker Johann Dirichlet (1805–1859)
[2] Benannt nach dem deutschen Mathematiker Carl Neumann (1832–1925).

die letzte ist

$$
\begin{aligned}
&w_N'(t) + a(s_N)\frac{w_{N-1}(t) - 2w_N(t)}{h^2} + b(s_N)\frac{-w_{N-1}(t)}{2h} + c(s_N)w_N(t) \\
&= \left(-\frac{a(s_1)}{h^2} - \frac{b(s_1)}{2h} \right) w_r(t) \ .
\end{aligned}
$$

Die Gleichungen für $w_i(t)$, $i = 2, \ldots, N-1$, bleiben im Vergleich zum homogenen Fall unverändert und sind gegeben durch

$$
\begin{aligned}
w_i'(t) + \left(\frac{a(s_i)}{h^2} - \frac{b(s_i)}{2h}\right) w_{i-1}(t) + \left(-\frac{2a(s_i)}{h^2} + c(s_i)\right) w_i(t) \\
+ \left(\frac{a(s_i)}{h^2} + \frac{b(s_i)}{2h}\right) w_{i+1}(t) = 0 \ . \qquad (6.2)
\end{aligned}
$$

Verwenden wir die selbe Notation wie im homogenen Fall, so lautet das Gleichungssystem im Falle von inhomogenen Dirichlet-Randbedingungen

$$
\mathbf{w}'(t) + \mathbf{A}\mathbf{w}(t) = \mathbf{f}(t) \ , \quad \mathbf{w}(0) = \mathbf{g} \ , \qquad (6.3)
$$

mit dem Vektor $\mathbf{w}(t)$ wie in (5.3) und der Matrix $\mathbf{A}$ wie in (4.20). Der Vekor $\mathbf{f}(t)$ der Länge N berücksichtigt die Randbedingungen, dieser folgt aus den selben Überlegungen wie am Ende des Abschnitts 4.2 und ist gegeben durch

$$
\mathbf{f}(t) = -\begin{pmatrix} \alpha_1 w_l(t) \\ 0 \\ \vdots \\ 0 \\ \gamma_N w_r(t) \end{pmatrix} = -\big(\mathbf{M}_a^{(2),bc} + \mathbf{M}_b^{(1),bc}\big)\mathbf{w}^{bc}(t) \ , \qquad (6.4)
$$

mit den Matrizen $\mathbf{M}^{(k),bc}$ wie in (4.18) und dem Vektor

$$
\mathbf{w}^{bc}(t) := \begin{pmatrix} w_l(t) \\ 0 \\ \vdots \\ 0 \\ w_r(t) \end{pmatrix} . \qquad (6.5)
$$

Wenden wir das θ-Verfahren auf das System (6.3) an, so erhalten wir

$$
\mathbf{w}_{j+1} - \mathbf{w}_j + k(1-\theta)\mathbf{A}\mathbf{w}_j + k\theta\mathbf{A}\mathbf{w}_{j+1} = k\mathbf{f}_j \ ,
$$

wobei der Vektor $\mathbf{f}_j$ definiert ist als

$$\mathbf{f}_j := \mathbf{f}(t_j + k\theta) = -\big(\mathbf{M}_a^{(2),bc} + \mathbf{M}_b^{(1),bc}\big)\mathbf{w}^{bc}(t_j + k\theta) \, .$$

Somit ergeben sich M zu (5.52) analoge Gleichungssysteme

$$\big(\mathbf{I} + k\theta\mathbf{A}\big)\mathbf{w}_{j+1} = \big(\mathbf{I} - k(1-\theta)\mathbf{A}\big)\mathbf{w}_j + k\mathbf{f}_j \, , \quad j = 0, \ldots, M-1 \, , \tag{6.6}$$

mit $\mathbf{w}_0 = \mathbf{g}$. Alle Aussagen, die wir bezüglich Stabilität und Explizität/Implizität des Verfahrens im homogenen Fall gemacht haben, bleiben im inhomogenen Fall gültig.

Nun betrachten wir Neumann-Randbedingungen, also $n_l = n_r = 1$ in (6.1). Wiederum diskretisieren wir die Differentialgleichung mit finiten Differenzen. Es genügt offenbar, dass wir uns überlegen, wie wir die Gleichungen $\partial_s w(s_l, t) = w_l(t)$ und $\partial_s w(s_r, t) = w_r(t)$ berücksichtigen müssen. Wir betrachten dazu beispielhaft den rechten Rand des Intervalls; den linken können wir analog behandeln.

Zunächst stellen wir fest, dass im Gegensatz zu Dirichlet-Randbedingungen der Funktionswert $w(s_r, t)$ unbekannt ist. Das bedeutet, dass in der letzten Differentialgleichungen $i = N$ in (5.50) die Funktion $w_{N+1}(t)$ unbekannt ist. Somit haben wir im Vergleich zum Dirichlet-Fall eine Unbekannte mehr. Wir können aber die Funktion $w_{N+1}(t)$ mit Hilfe der Neumann-Randbedingung eliminieren. Um dies zu tun, müssen wir zunächst auch die Ableitung in der Randbedingung diskretisieren (an der Stelle $s_{N+1} = s_r$), also

$$\partial_s w(s_r, t) = w_r(t) \Rightarrow \frac{-w(s_{N+1} - h, t) + w(s_{N+1} + h, t)}{2h} \approx w_r(t)$$

oder

$$\frac{-w_N(t) + w_{N+2}(t)}{2h} = w_r(t) \, .$$

Es ergibt sich nun jedoch ein Problem. Denn die in dieser Approximation auftretende Funktion $w_{N+2}(t)$ „gehört“ zum nicht-existierenden, ausserhalb des Intervalls G^e liegenden Gitterpunkt s_{N+2}. Somit können wir die Ableitung $\partial_s w(s_{N+1}, t)$ nicht mit dem zentrierten Differenzenquotienten (welcher auf die Gitterpunkte s_N und s_{N+2} zurückgreift) approximieren. Wir müssen einen Differenzenquotienten verwenden, welcher den Gitterpunkt s_{N+2} nicht benötigt; in der Aufgabe 6.1 betrachten wir einen solchen Differenzenquotienten und zeigen, dass

$$f'(x) = \frac{\pm 3f(x) \mp 4f(x \mp h) \pm f(x \mp 2h)}{2h} + \mathcal{O}(h^2) \tag{6.7}$$

gilt. Nun können wir Folgendes tun. Aus (6.7) folgt mit Gitterpunkten links von s_{N+1}

$$\partial_s w(s_r, t) = w_r(t) \Rightarrow \frac{w(s_{N+1} - 2h, t) - 4w(s_{N+1} - h, t) + 3w(s_{N+1}, t)}{2h} \approx w_r(t)$$

oder

$$\frac{w_{N-1}(t) - 4w_N(t) + 3w_{N+1}(t)}{2h} = w_r(t)\ ,$$

woraus sich die gewünschte Gleichung für $w_{N+1}(t)$ ergibt

$$w_{N+1}(t) = -\frac{1}{3}w_{N-1}(t) + \frac{4}{3}w_N(t) + \frac{2}{3}hw_r(t)\ .$$

Diesen Ausdruck setzen wir nun in die letzte Differentialgleichung

$$\begin{aligned} &w'_N(t) + a(s_N)\frac{w_{N-1}(t) - 2w_N(t) + w_{N+1}(t)}{h^2} \\ &\quad + b(s_N)\frac{-w_{N-1}(t) + w_{N+1}(t)}{2h} + c(s_N)w_N(t) = 0 \end{aligned}$$

ein und erhalten eine Differentialgleichung, in welcher $w_{N+1}(t)$ nicht mehr involviert ist

$$\begin{aligned} &w'_N(t) + a(s_N)\frac{\frac{2}{3}w_{N-1}(t) - \frac{2}{3}w_N(t) + \frac{2}{3}hw_r(t)}{h^2} \\ &\quad + b(s_N)\frac{-\frac{4}{3}w_{N-1}(t) + \frac{4}{3}w_N(t) + \frac{2}{3}hw_r(t)}{2h} + c(s_N)w_N(t) = 0\ . \end{aligned}$$

Wir gruppieren die Terme geeignet

$$\begin{aligned} &w'_N(t) + \left(\frac{2a(s_N)}{3h^2} - \frac{2b(s_N)}{3h}\right)w_{N-1}(t) \\ &\quad + \left(-\frac{2a(s_N)}{3h^2} + \frac{2b(s_N)}{3h} + c(s_N)\right)w_N(t) = -\left(\frac{2a(s_N)}{3h} + \frac{b(s_N)}{3}\right)w_r(t)\ . \end{aligned}$$

Verfahren wir am linken Rand des Intervalls $\overline{G^e}$ analog, so ergibt sich die entsprechende Differentialgleichung

$$\begin{aligned} &w'_1(t) + \left(-\frac{2a(s_1)}{3h^2} - \frac{2b(s_1)}{3h} + c(s_1)\right)w_1(t) \\ &\quad + \left(\frac{2a(s_1)}{3h^2} + \frac{2b(s_1)}{3h}\right)w_2(t) = \left(\frac{2a(s_1)}{3h} - \frac{b(s_1)}{3}\right)w_l(t)\ . \end{aligned}$$

Die Differentialgleichungen für die Funktionen $w_i(t)$, $i = 2, \ldots, N-1$, verändern sich bei der Einführung von Neumann-Randbedingungen nicht und sind durch (6.2) gegeben. Wie im Fall mit Dirichlet-Randbedingungen (6.3) ergibt sich auch hier ein Differentialgleichungssystem für die N Funktionen $w_1(t), \ldots, w_N(t)$

$$\mathbf{w}'(t) + \mathbf{A}\mathbf{w}(t) = \mathbf{f}(t)\ , \quad \mathbf{w}(0) = \mathbf{g}\ ,$$

wobei sich die Matrix $\mathbf{A}$ und der Vektor $\mathbf{f}(t)$ wiederum in Summen zerlegen lassen. Liegen Neumann-Randbedingungen an beiden Rändern des Intervalls $\overline{G^e}$ vor, so ist

$$\begin{aligned}\mathbf{A} &= {}^n_n\mathbf{M}_a^{(2)} + {}^n_n\mathbf{M}_b^{(1)} + \mathbf{M}_c^{(0)} \\ \mathbf{f}(t) &= -\left({}^n_n\mathbf{M}_a^{(2),bc} + {}^n_n\mathbf{M}_b^{(1),bc}\right)\mathbf{w}^{bc}(t)\end{aligned} \tag{6.8}$$

mit $\mathbf{w}^{bc}(t)$ wie in (6.5) und den Matrizen ${}^n_n\mathbf{M}_y^{(k)}$, ${}^n_n\mathbf{M}_y^{(k),bc}$ gegeben durch die folgende Definition (vergleiche mit Definition 4.5)

Definition 6.1 Für eine stetige Funktion y sind die $N \times N$-Matrizen ${}^n_n\mathbf{M}_y^{(k)}$ respektive ${}^n_n\mathbf{M}_y^{(k),bc}$, $k = 1, 2$ über einem Intervall G mit Länge $|G|$ für Neumann-Randbedingungen am linken und rechten Rand von G durch

$${}^n_n\mathbf{M}_y^{(1)} := \frac{1}{2h}\begin{pmatrix} -\frac{4}{3}y_1 & \frac{4}{3}y_1 & & & \\ -y_2 & 0 & y_2 & & \\ & & \ddots & \ddots & \\ & & -y_{N-1} & 0 & y_{N-1} \\ & & & -\frac{4}{3}y_N & \frac{4}{3}y_N \end{pmatrix},$$

$${}^n_n\mathbf{M}_y^{(2)} := \frac{1}{h^2}\begin{pmatrix} -\frac{2}{3}y_1 & \frac{2}{3}y_1 & & & \\ y_2 & -2y_2 & y_2 & & \\ & & \ddots & \ddots & \\ & & y_{N-1} & -2y_{N-1} & y_{N-1} \\ & & & \frac{2}{3}y_N & -\frac{2}{3}y_N \end{pmatrix}.$$

$${}^n_n\mathbf{M}_y^{(1),bc} := \frac{1}{3}\begin{pmatrix} y_1 & 0 & \cdots & 0 & 0 \\ 0 & 0 & & 0 & 0 \\ & & \vdots & & \\ 0 & 0 & & 0 & 0 \\ 0 & 0 & \cdots & 0 & y_N \end{pmatrix}, \quad {}^n_n\mathbf{M}_y^{(2),bc} := \frac{2}{3h}\begin{pmatrix} -y_1 & 0 & \cdots & 0 & 0 \\ 0 & 0 & & 0 & 0 \\ & & \vdots & & \\ 0 & 0 & & 0 & 0 \\ 0 & 0 & \cdots & 0 & y_N \end{pmatrix}$$

gegeben. Darin ist $h = \frac{|G|}{N+1}$ und die $y_i := y(x_i)$ sind die Funktionswerte in den N äquidistanten Gitterpunkten x_i.

Wir machen an dieser Stelle noch eine Bemerkung zur Notation. Der linke Subskript n in ${}^n_n\mathbf{M}^{\cdot}_y$ zeigt an, dass wir am linken Rand Neumann-Randbedingungen betrachten; der linke Superskript n steht für Neumann-Randbedingungen am rechten Rand. Insbesondere werden in ${}_n\mathbf{M}^{\cdot}_y$ am linken Rand Neumann und am rechten Rand Dirichlet-Randbedingungen, in ${}^n\mathbf{M}^{\cdot}_y$ am linken Rand Dirichlet- und am rechten Rand Neumann-Randbedingungen betrachtet.

Diskretisieren wir nun noch in der Zeit mit Hilfe des θ-Verfahren, so ergibt sich folgendes Schema (vergleiche mit (6.6))

$$\big(\mathbf{I} + k\theta\mathbf{A}\big)\mathbf{w}_{j+1} = \big(\mathbf{I} - k(1-\theta)\mathbf{A}\big)\mathbf{w}_j + k\mathbf{f}_j, \quad j = 0, \dots, M-1\,,$$

mit dem Vektor $\mathbf{f}_j = \mathbf{f}(t_j + k\theta)$, $\mathbf{A}$ und $\mathbf{f}(t)$ wie in (6.8) und dem Startvektor $\mathbf{w}_0 = \mathbf{g}$. Die Implementierung des obigen Verfahrens ist analog zur Implementierung von (6.6) mit dem Unterschied, dass wir die Einträge in der ersten und letzten Zeile der Matrizen ${}^{n}_{n}\mathbf{M}^{(k)}_{y}$ entsprechend überschreiben müssen.

Kommen wir zu den Randbedingungen, bei welchen die zweite Ableitung vorgegeben ist, also $n_l = n_r = 2$ in (6.1). Wie schon vorher können wir zur Approximation der zweiten Ableitung am Rand nur Gitterpunkte verwenden, die innerhalb von G^e liegen. Man kann sich überlegen, dass die zu (6.7) analoge Beziehung (+ am linken Rand, – am rechten)

$$f''(x) = \frac{2f(x) - 5f(x \pm h) + 4f(x \pm 2h) - f(x \pm 3h)}{h^2} + \mathcal{O}(h^2) \tag{6.9}$$

lautet. Beachten Sie, dass nun die Funktionswerte $f(x \pm 3h)$ berücksichtigt werden müssen, um Approximationen der Ordnung 2 zu erhalten. Es ergeben sich wiederum modifizierte Differentialgleichungen für $w_1(t)$ und $w_N(t)$, während die Differentialgleichungen für $w_i(t)$, $i = 2, \dots, N-1$, unverändert bleiben. Diskretisieren wir in der Zeit mit dem θ-Schema, so ergibt sich

$$\big(\mathbf{I} + k\theta\mathbf{A}\big)\mathbf{w}_{j+1} = \big(\mathbf{I} - k(1-\theta)\mathbf{A}\big)\mathbf{w}_j + k\mathbf{f}_j, \quad j = 0, \dots, M-1\,,$$

mit dem Vektor $\mathbf{f}_j = \mathbf{f}(t_j + k\theta)$, $\mathbf{A}$ und $\mathbf{f}(t)$ gegeben durch

$$\begin{aligned} \mathbf{A} &= {}^{s}_{s}\mathbf{M}^{(2)}_{a} + {}^{s}_{s}\mathbf{M}^{(1)}_{b} + \mathbf{M}^{(0)}_{c} \\ \mathbf{f}(t) &= -\big({}^{s}_{s}\mathbf{M}^{(2),bc}_{a} + {}^{s}_{s}\mathbf{M}^{(1),bc}_{b}\big)\mathbf{w}^{bc}(t) \end{aligned} \tag{6.10}$$

und dem Startvektor $\mathbf{w}_0 = \mathbf{g}$. In (6.10) verwenden wir die Definition

Definition 6.2 Für eine stetige Funktion y sind die $N \times N$-Matrizen ${}^{s}_{s}\mathbf{M}^{(k)}_{y}$ respektive ${}^{s}_{s}\mathbf{M}^{(k),bc}_{y}$, $k = 1, 2$, über einem Intervall G mit Länge $|G|$ für Randbedingungen zweiter Ordnung am linken und rechten Rand von G durch

$${}^{s}_{s}\mathbf{M}^{(1)}_{y} := \frac{1}{2h}\begin{pmatrix} -\frac{5}{2}y_1 & 3y_1 & -\frac{1}{2}y_1 & & & \\ -y_2 & 0 & y_2 & & & \\ & & \ddots & & \ddots & \\ & & & -y_{N-1} & 0 & y_{N-1} \\ & & & \frac{1}{2}y_N & -3y_N & \frac{5}{2}y_N \end{pmatrix},$$

$$
{}^{s}_{s}\mathbf{M}_{y}^{(2)} := \frac{1}{h^2}\begin{pmatrix} \frac{1}{2}y_1 & -y_1 & \frac{1}{2}y_1 & & & \\ y_2 & -2y_2 & y_2 & & & \\ & \ddots & & \ddots & & \\ & & & y_{N-1} & -2y_{N-1} & y_{N-1} \\ & & & \frac{1}{2}y_N & -y_N & \frac{1}{2}y_N \end{pmatrix}.
$$

$$
{}^{s}_{s}\mathbf{M}_{y}^{(1),bc} := \frac{h}{4}\begin{pmatrix} -y_1 & 0 & \cdots & 0 & 0 \\ 0 & 0 & & 0 & 0 \\ & & \vdots & & \\ 0 & 0 & & 0 & 0 \\ 0 & 0 & \cdots & 0 & y_N \end{pmatrix}, \quad {}^{s}_{s}\mathbf{M}_{y}^{(2),bc} := \frac{1}{2}\begin{pmatrix} y_1 & 0 & \cdots & 0 & 0 \\ 0 & 0 & & 0 & 0 \\ & & \vdots & & \\ 0 & 0 & & 0 & 0 \\ 0 & 0 & \cdots & 0 & y_N \end{pmatrix}
$$

gegeben. Darin ist $h = \frac{|G|}{N+1}$ und die $y_i := y(x_i)$ sind die Funktionswerte in den N äquidistanten Gitterpunkten x_i.

Beachten Sie, dass die Matrix $\mathbf{A}$ in (6.10) nicht tridiagonal ist.

Die Implementierung des obigen Verfahrens ist wiederum analog zur Implementierung von (6.6) mit dem Unterschied, dass wir die Einträge in der ersten und letzten Zeile der Matrizen ${}^{s}_{s}\mathbf{M}_{y}^{(k)}$ entsprechend überschreiben müssen. Insbesondere bemerken wir, dass sich die Matrizen ${}^{\cdot}_{\cdot}\mathbf{M}_{y}^{(k)}$ nur in der ersten und letzten Zeile unterscheiden, wie in der Tab. 6.1 angegeben.

Wir werden nun die verschiedenen Typen von Randbedingungen in einer Routine realisieren und zwar so, dass wir die Randbedingungen beliebig kombinieren können. Dazu definieren wir die drei Hilfsfunktionen

$$
h^d(x) := \frac{1}{2}x^2 - \frac{3}{2}x + 1, \quad h^n(x) := -x^2 + 2x, \quad h^s(x) := \frac{1}{2}x^2 - \frac{1}{2}x\,.
$$

Die beiden Variablen $n_l, n_r \in \{0, 1, 2\}$ in (6.1) geben ja an, welche Ableitung wir am linken und rechten Rand des Intervalls $[s_l, s_r]$ betrachten. Die Hilfsfunktionen haben nun

Tab. 6.1 Die ersten (respektive letzten) drei Einträge der ersten (respektive) letzten Zeile der Matrizen $\mathbf{M}_{y}^{(k)}$

Matrix	Zeile	Dirichlet	Neumann	zweite Abl.
		$j = d$	$j = n$	$j = s$
${}^{\cdot}_{\cdot}\mathbf{M}_{y}^{(1)}$	erste, ${}_{j}\mathbf{z}^{(1)} =$	$\frac{y_1}{2h}(0,\ 1,\ 0)$	$\frac{y_1}{2h}(-\frac{4}{3},\ \frac{4}{3},\ 0)$	$\frac{y_1}{2h}(-\frac{5}{2},\ 3,\ -\frac{1}{2})$
	letzte, ${}^{j}\mathbf{z}^{(1)} =$	$\frac{y_N}{2h}(0,\ -1\ 0)$	$\frac{y_N}{2h}(0,\ -\frac{4}{3},\ \frac{4}{3})$	$\frac{y_N}{2h}(\frac{1}{2},\ -3,\ \frac{5}{2})$
${}^{\cdot}_{\cdot}\mathbf{M}_{y}^{(2)}$	erste, ${}_{j}\mathbf{z}^{(2)} =$	$\frac{y_1}{h^2}(-2,\ 1,\ 0)$	$\frac{y_1}{h^2}(-\frac{2}{3},\ \frac{2}{3},\ 0)$	$\frac{y_1}{h^2}(\frac{1}{2},\ -1,\ \frac{1}{2})$
	letzte, ${}^{j}\mathbf{z}^{(2)} =$	$\frac{y_N}{h^2}(0,\ 1,\ -2)$	$\frac{y_N}{h^2}(0,\ \frac{2}{3},\ -\frac{2}{3})$	$\frac{y_N}{h^2}(\frac{1}{2},\ -1,\ \frac{1}{2})$

die Eigenschaft, dass für $x = n_l$ oder $x = n_r$

$$h^{\cdot}(x) = 0 \text{ oder } 1$$

gilt. Wir können nun die Randbedingungen am linken Rand realisieren, in dem wir für die ersten drei Einträge der erste Zeile der Matrizen $\mathbf{M}_y^{(k)}$

$$\sum_{j \in \{d,n,s\}} h^j(n_l)\, {}_j\mathbf{z}^{(k)}$$

setzen. Analog haben wir für die letzten drei Einträge der letzten Zeile der Matrizen $\mathbf{M}_y^{(k)}$

$$\sum_{j \in \{d,n,s\}} h^j(n_r)\, {}^j\mathbf{z}^{(k)}.$$

Ähnlich können wir die Matrizen $\mathbf{M}_y^{(k),bc}$ implementieren. Wir modifizieren die Routine 4.2 matrixgenerator so, dass Randbedingungen berücksichtigt werden. Die modifizierte Routine nennen wir matrixgenerator_BC.

Wir bemerken, dass die Routine nicht nur die obigen behandelten Typen von Randbedingungen zulässt, sondern auch intrinsische Randbedingungen, welche wir im nächsten Abschn. 6.2 kennenlernen werden. Die Routine lässt zudem ein zusätzliches, optionales Argument zu. Dieses benötigen wir, wenn wir die Matrizen ${}_s^s\mathbf{M}_y^{(k)}$, $k = 1, 2$, bestimmen wollen, wenn eine Gitterstreckung $\phi : [0, 1] \to [s_l, s_r]$ vorliegt. In einem solchen Fall sind die erste und letzte Zeile dieser Matrizen nicht wie in Tab. 6.1 angegeben definiert, sondern müssen anders berechnet werden. Wir werden die entsprechenden Formeln im Kap. 14 herleiten. Ist $\phi(x) = x$, so liegt keine Gitterstreckung vor und das optionale Argument muss nicht übergeben werden.

Routine 6.1: matrixgenerator_BC.py

```
import numpy as np
from scipy.sparse import spdiags

def matrixgenerator_BC(liste,BC,xl,xr,N,*args):
    '''Bestimmt NxN-Matrizen der Form M_y^(k) und M_y^(k,bc), k = 0,1,2.

    Beispiel. [Mkj bedeutet die j-te der Matrizen M_y^(k)]

    Mat = matrixgenerator(liste,BC,xl,xr,N)

    mit der Liste

    liste = [["M2",lambda x: x**2],["M2",lambda x: x],["M1",lambda x: x],
             ["M0",lambda x: 1]]

    gibt die Finite-Differenzen Matrizen M21 und M22 zu x^2*u''(x) und
    x*u''(x), die Matrix M11 zu x*u'(x) sowie die Matrix M01 zu u(x) ueber
```

```
dem Intervall G = [xl,xr]. Zusaetzlich werden die entsprechenden Matrizen
Mkjbc zu den Randbedingungen ausgegeben.

matrixgenerator_BC(liste,BC,xl,xr,N,p) gibt die selben Matrizen fuer eine
Gitterstreckung phi(x) aus. Hier ist

p = [phi_x(xl),phi_x(xr),phi_xx(xl),phi_xx(xr)]

wo phi_x(z) und phi_xx(z) die erste und zweite Ableitung der
Gitterstreckungsfunktion phi(x) ausgewertet an der Stelle x = z ist.

matrixgenerator_BC(liste,BC,xl,xr,N,1,1,0,0) ist das selbe wie
matrixgenerator_BC(liste,BC,xl,xr,N).

Die Anzahl der Matrizen im Ausgabevektor kann beliebig sein, muss aber
mit der Anzahl der Zellen in der Liste uebereinstimmen.'''

h = (xr-xl)/(N+1); x = np.linspace(xl-h,xr+h,N+4); nl,nr = BC;
hd = lambda x: 0.5*x**2-1.5*x+1; hn = lambda x:-x**2+2*x;
hs = lambda x: 0.5*(x**2-x)
if len(args)>0:
    phipl,phipr,phippl,phippr = args;
else:
    phipl = 1; phipr = 1; phippl = 0; phippr = 0; # keine Gitterstreckung

kp = phippl/phipl; km = phippr/phipr;
ap = (10+4*h*kp)/(4+3*h*kp); am = (10-4*h*km)/(4-3*h*km);
bp = (-8-h*kp)/(4+3*h*kp); bm = (-8+h*km)/(4-3*h*km);
cp = 2/(4+3*h*kp); cm = 2/(4-3*h*km);

U = [None]*len(liste)*2; count = 0

# Die Matrizen Mjk
for j in range(len(liste)):
    count =count+1; v = liste[j]; y = v[1]
    if v[0]=="M2":
        U1 = 1/(h**2)*spdiags([y(x[2:N+5]),-2*y(x[1:N+3]),y(x[0:N+2])],
                [-1,0,1],N+2,N+2).tolil()
        if nl==3:
            U1[0,0:4] = y(xl)/h**2*np.array([2,-5,4,-1])
        else:
            U1 = U1[1:,:]; U1 = U1[:,1:]
            U1[0,0:3] = y(x[2])/h**2*(hd(nl)*np.array([-2,1,0])+
              hn(nl)*np.array([-2/3,2/3,0])+hs(nl)*np.array([ap-2,1+bp,cp]))
        if nr==3:
            U1[-1,-4:] = y(xr)/h**2*np.array([-1,4,-5,2])
        else:
            U1 = U1[:-1,:]; U1 = U1[:,:-1]
            U1[-1,-3:] = y(x[N+1])/h**2*(hd(nr)*np.array([0,1,-2])+
              hn(nr)*np.array([0,2/3,-2/3])+hs(nr)*np.array([cm,1+bm,am-2]))

        U[j] = U1.todia()
    elif v[0]=="M1":
        U1 = 1/(2*h)*spdiags([-y(x[2:N+5]),np.zeros(N+2),y(x[0:N+2])],
                [-1,0,1],N+2,N+2).tolil()
        if nl==3:
            U1[0,0:3] = y(xl)/(2*h)*np.array([-3,4,-1])
        else:
            U1 = U1[1:,:]; U1 = U1[:,1:]
            U1[0,0:3] = y(x[2])/(2*h)*(hd(nl)*np.array([0,1,0])+
```

```
                hn(nl)*np.array([-4/3,4/3,0])+hs(nl)*np.array([-ap,1-bp,-cp]))
        if nr==3:
            U1[-1,-3:] = y(xr)/(2*h)*np.array([1,-4,3])
        else:
            U1 = U1[:-1,:]; U1 = U1[:,:-1]
            U1[-1,-3:] = y(x[N+1])/(2*h)*(hd(nr)*np.array([0,-1,0])+
              hn(nr)*np.array([0,-4/3,4/3])+hs(nr)*np.array([cm,bm-1,am]))

        U[j] = U1.todia()

    else:
        U1 = spdiags(y(x[1:N+3]),[0],N+2,N+2).tolil();
        if nl<3: U1 = U1[1:,:]; U1 = U1[:,1:]
        if nr<3: U1 = U1[:-1,:]; U1 = U1[:,:-1]

        U[j] = U1.todia()

# Die Randmatrizen Mkjbc
for j in range(len(liste)):
    v = liste[j]; y = v[1]
    if v[0]=="M2":
        U1 = spdiags(np.zeros(N+2),0,N+2,N+2).tolil()
        if nl<3:
            U1 = U1[1:,:]; U1 = U1[:,1:]
            U1[0,0] = y(xl+h)*(hd(nl)/h**2+hn(nl)*(-2)/(3*h)*phipl\
              +hs(nl)*phipl**2*cp)
        if nr<3:
            U1 = U1[:-1,:]; U1 = U1[:,:-1]
            U1[-1,-1] = y(xr-h)*(hd(nr)/h**2+hn(nr)*2/(3*h)*phipr\
              +hs(nr)*phipr**2*cm)

        U[j+count] = U1.todia()

    elif v[0]=="M1":
        U1 = spdiags(np.zeros(N+2),0,N+2,N+2).tolil()
        if nl<3:
            U1 = U1[1:,:]; U1 = U1[:,1:]
            U1[0,0] = y(xl+h)*(-hd(nl)/(2*h)+hn(nl)/3*phipl\
              +hs(nl)*(-h)/2*phipl**2*cp)
        if nr<3:
            U1 = U1[:-1,:]; U1 = U1[:,:-1]
            U1[-1,-1] = y(xr-h)*(hd(nr)/(2*h)+hn(nr)/3*phipr\
              +hs(nr)*h/2*phipr**2*cm)

        U[j+count] = U1.todia()

    else:
        d = np.zeros(N); U1 = spdiags(d,0,N,N); U[j+count] = U1

return U
```

Mit dem matrixgenerator_BC zur Hand können wir nun noch die Routine pde_1d_a_theta schreiben, welche die Routine 5.1 pde_1d_dh_theta erweitert zu den in diesem Abschnitt diskutierten Randdaten.

Routine 6.2: pde_1d_a_theta.py

```
import numpy as np
from scipy import sparse
from get_diagonals import get_diagonals
from scipy.linalg import solve_banded
from matrixgenerator_BC import matrixgenerator_BC

def pde_1d_a_theta(a,b,c,T,xl,wl,nl,xr,wr,nr,g,N,M,R,theta,*args):
    '''Approximiert die Loesung w(x,t) der partiellen Differentialgleichung

    w_t + a(x)w_xx + b(x)w_x + c(x)w = 0        in ]xl,xr[ x ]0,T]
                         w^(nl)(xl,t) = wl(t)
                         w^(nr)(xr,t) = wr(t)
                               w(x,0) = g(x)

    auf den aequidistanten Gittern {xi = xl + h*i}, i = 0,...,N+1, und
    {tj = t*j}, j = 0,...,M-1 der Maschenweiten h = (xr-xl)/(N+1) resp.
    k = T/M. Der Term w^(n)(.,t), n = 0,1,2 ist die n-te Ableitung
    bezueglich x der gesuchten Funktion am Rand des Intervalls ]xl,xr[.
    Fuer n = 3 wird die Differentialgleichung auch am Rand geloest.
    Es werden die ersten R Zeitschritte mit halber Schrittweite k/2 und
    theta = 1 ausgefuehrt (R ist gerade).'''

    # Gitter definieren
    x = np.linspace(xl,xr,N+2); k = T/M;
    if nl<3: x = x[1:]
    if nr<3: x = x[:-1]
    beta = lambda x:1+x-(x>0); diags = (beta(nr),beta(nl))

    # Matrizen A und I definieren
    Mat = matrixgenerator_BC([["M2",a],["M1",b],["M0",c]],[nl,nr],xl,xr,N,*args);
    A = Mat[0]+Mat[1]+Mat[2]; Mbc = Mat[3]+Mat[4];
    I = sparse.eye(N+(nr==3)+(nl==3)); C = I - (1-theta)*k*A;
    B = get_diagonals(I+k*theta*A,nl,nr);
    B1 = get_diagonals(I+k/2*A,nl,nr);

    # Start-Vektor w0 definieren (Ausuebungsfunktion)
    w = g(x);

    # Rannacher-Verfahren
    for j in range(R):
        tj = (j+1)*k/2; wbc = np.zeros(len(x))
        wbc[0] = wl(tj); wbc[-1] = wr(tj); f = -Mbc*wbc
        w = solve_banded(diags,B1,w+k/2*f);
    for j in range(int(R/2),M):
        tj = (j+theta)*k; wbc = np.zeros(len(x))
        wbc[0] = wl(tj); wbc[-1] = wr(tj); f = -Mbc*wbc
        w = solve_banded(diags,B,C*w+k*f)

    return x, w
```

Bevor wir nun die Routine pde_1d_a_theta für die Bewertung von Optionen verwenden können, müssen wir uns für die zu bewertende Option überlegen, was die Randbedingungen $w_l(t)$ und $w_r(t)$ sind. Wir betrachten zunächst beispielhaft eine Put Option.

Nun, wir wissen, dass der Wert einer Put Option gegen Null strebt, wenn der Basiswert s gegen unendlich strebt. Somit es sinnvoll, $w_r(t) = 0$ zu setzen unter der Voraussetzung, dass der rechte Rand s_r „genügend gross“ ist. Die Bedingung am linken Rand $s_l = 0$ ergibt sich aus der Black-Scholes Differentialgleichung

$$\begin{cases} \partial_t w + a(s)\partial_{ss} w + b(s)\partial_s w + c(s) w = 0 \\ w(s,0) = g(s) \end{cases}$$

mit

$$a(s) = -\frac{1}{2}\sigma^2 s^2,\ b(s) = -(r-q)s,\ c(s) = r \text{ und } g(s) = \max\{K - s, 0\}\ ,$$

in dem wir einfach $s = s_l = 0$ darin einsetzen. Weil $a(0) = b(0) = 0$ und $g(0) = K$ ist, ergibt sich die *gewöhnliche Differentialgleichung* für die Funktion $w(0,t)$

$$\begin{cases} \partial_t w(0,t) + r w(0,t) = 0 \\ w(0,0) = g(0) \end{cases} .$$

Setzen wir $w(0,t) = w_l(t)$, liegt ein Beispiel zur Gleichung (5.7) vor

$$w_l'(t) + r w_l(t) = 0, \quad w_l(0) = K\ , \tag{6.11}$$

mit der Lösung

$$w_l(t) = K e^{-rt}\ ,$$

vergleiche mit Aufgabe 5.1. Somit ist es im Falle einer Europäischen Put Option sinnvoll, die Funktionen $w_l(t)$ und $w_r(t)$ in (6.1) wie folgt festzulegen

$$w_l(t) = K e^{-rt}, \quad w_r(t) = 0\ .$$

Beispiel 6.3 Wir wiederholen das Beispiel 5.4. Die Eingabe in Python ist

```
In [3]: a = lambda x:-0.3**2/2*x**2; b = lambda x:-0.02*x; c = lambda x:0.02*x**0;
In [4]: g = lambda x:np.maximum(1-x,0); wl = lambda t:np.exp(-0.02*t);
   ...: wr = lambda t:0*t;
In [5]: x,w = pde_1d_a_theta(a,b,c,1,0,wl,0,4,wr,0,g,1000,100,0,0.5);
In [6]: plt.plot(x,w,x,g(x)); plt.axis([0,2,0,1])
```

Es ergibt sich die Abb. 6.1.

Für Basiswerte s nahe bei 0 ist nun der Optionspreis korrekt, da die Randbedingung $v(0,t) = K e^{-rt}$ korrekt ist. ◇

Wir verwenden nun die Routine pde_1d_a_theta, um Optionen im CEV Modell zu bewerten; siehe die stochastische Differentialgleichung (1.18), in welcher $\mu = r - q$ zu

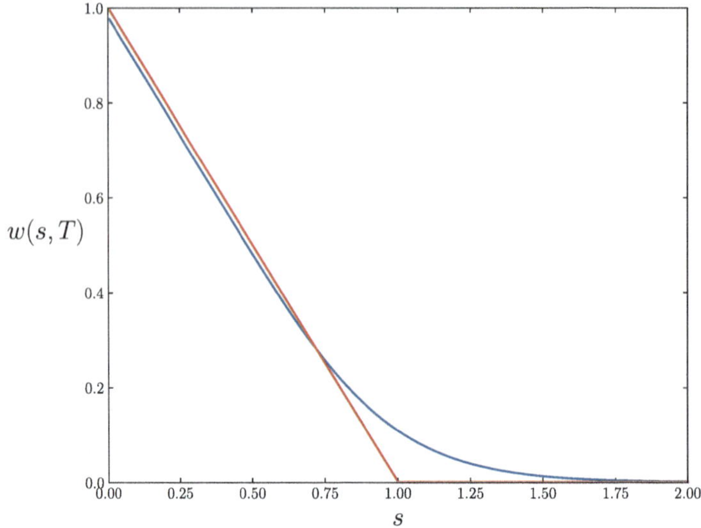

Abb. 6.1 Preis einer Put Option wie in Beispiel 5.4, nun aber mit korrekten Randbedingungen

setzen ist. Eine formale Anwendung des Fundamentalprinzip aus Abschn. 3.4 zeigt, dass der Optionspreis

$$V(s,t) = \mathbb{E}^{\mathbb{Q}}\big[e^{-r(T-t)}g(S(T)) \mid S(t) = s\big]$$

im CEV Modell die Gleichung

$$\begin{cases} \partial_t V + \dfrac{1}{2}\delta^2 s^{2\beta}\partial_{ss}V + (r-q)s\partial_s V - rV = 0 & \text{in } G \times [0,T[\\ V(s,T) = g(s) & \text{in } G \end{cases} \tag{6.12}$$

löst, mit $G = \mathbb{R}^+$. Wir bemerken nochmals, dass diese Gleichung der Black-Scholes Differentialgleichung (3.8) entspricht, wenn $\beta = 1$ ist. Nach dem Wechsel zur Restlaufzeit $t \mapsto T - t$ und dem Lokalisieren der Gleichung von G zum Intervall $G^e =]0, s_r[$ und dem Setzen von geeigneten Randbedingungen erhalten wir wiederum das Problem (6.1), in welchem nun

$$a(s) = -\frac{1}{2}\delta^2 s^{2\beta}, \quad b(s) = -(r-q)s, \quad c(s) = r\;.$$

ist. Wir wollen eine Put Option bewerten. In diesem Fall sind die Randbedingungen $w_l(t)$ und $w_r(t)$ wie im Black-Scholes Fall gegeben durch

$$w_l(t) = Ke^{-rt}, \quad w_r(t) = 0\;,$$

und es folgt, dass wir eine Put Option im CEV Modell einfach mit der bereits bestehenden Routine pde_1d_a_theta bewerten können.

Beispiel 6.4 Wie im Beispiel 5.6 betrachten wir die Put Option aus Tab. 1.2 mit Strike $K = 6250$ und Restlaufzeit $T = 93/360$. Wir vergleichen den Marktpreis $V^{\mathrm{M}} = 333.4$ einerseits mit dem CEV Preis und andererseits mit dem Black-Scholes Preis. Im Abschn. 1.5 haben wir beide Modelle an diesen Datensatz (Tab. 1.2) kalibriert und für das Black-Scholes Modell $\sigma \doteq 0.2774$ sowie für das CEV Modell $\delta \doteq 6.925875 \cdot 10^9$ und $\beta \doteq -1.742752$ gefunden. Nebst den Modellparametern benötigen wir noch die Diskretisierungsparameter. Wir wählen $G^e =]s_l, s_r[=]0, 15\,000[$, $N = 2^{12} - 1$ Gitterpunkte, $M = \lceil 0.1 N \rceil$ Zeitschritte und $\theta = 0.5$. In Python machen wir daher die folgenden Eingaben

```
In [7]: a1 = lambda x:-(6.925875e9)**2/2*x**(2*-1.742752);
In [8]: a2 = lambda x:-0.2774**2/2*x**2; r = 0.00934;
   ...: b = lambda x:-r*x; c = lambda x: r*x**0;
In [9]: T = 93/360; K = 6250; wl = lambda t:K*np.exp(-r*t);
   ...: wr = lambda t:0*t; g = lambda  x: np.maximum(K-x,0);
In [10]: sr = 15000; N = 2**12-1; M = np.int(np.ceil(0.1*N));
In [11]: x,wcev = pde_1d_a_theta(a1,b,c,T,0,wl,0,sr,wr,0,g,N,M,0,0.5);
In [12]: x,wbs = pde_1d_a_theta(a2,b,c,T,0,wl,0,sr,wr,0,g,N,M,0,0.5);
In [13]: from scipy.interpolate import interp1d
In [14]: Vcev = interp1d(x,wcev,kind='cubic')(6248.2)
In [15]: Vbs = interp1d(x,wbs,kind='cubic')(6248.2)
In [16]: Vcev,Vbs
Out[16]: (array(335.46590199), array(344.19375175))
```

erhalten wir $V^{\mathrm{CEV}} \doteq 335.466$ sowie $V^{\mathrm{BS}} \doteq 344.194$.

Um den Unterschied der beiden Modellpreise für andere Werte (als $s = 6248.2$) des aktuellen DAX Kurses einzusehen, stellen wir die Funktionen $s \mapsto V^{\mathrm{BS}}(s)$ und $s \mapsto V^{\mathrm{CEV}}(s)$ zusammen mit der Payoff-Funktion $g(s)$ für $s \in [4000, 9000]$ in Abb. 6.2 graphisch dar.

```
In [17]: plt.plot(x,wbs,x,wcev,x,g(x),'k--'); plt.axis([4000,9000,0,2000]);
```

Wir stellen fest, dass sich die Optionspreise nach den beiden Modellen zum Teil sehr stark von einander unterscheiden. Wenn wir davon ausgehen, dass das CEV Modell „genauere“ Preise liefert als das Black-Scholes Modell, so wird – zumindest für diese Wahl der Modell-Parameter – die Option vom Black-Scholes Modell unterbewertet, wenn sie im Geld ist, und überbewertet, wenn sie aus dem Geld ist. ◇

Wir diskutieren nun noch die Randdaten für eine (Europäische) Call Option. Für den Wert $v_p(s,t)$ einer Put Option mit Ausübungspreis K wissen wir (t ist die Restlaufzeit)

$$\lim_{s \to 0} v_p(s,t) = K e^{-rt}, \quad \lim_{s \to \infty} v_p(s,t) = 0 .$$

Aus der Put-Call-Parität (vergleiche mit (1.31))

$$v_p(s,t) = v_c(s,t) - s e^{-qt} + K e^{-rt}$$

folgt

$$\lim_{s \to 0} v_c(s,t) = 0, \quad \lim_{s \to \infty} v_c(s,t) = s e^{-qt} - K e^{-rt} . \tag{6.13}$$

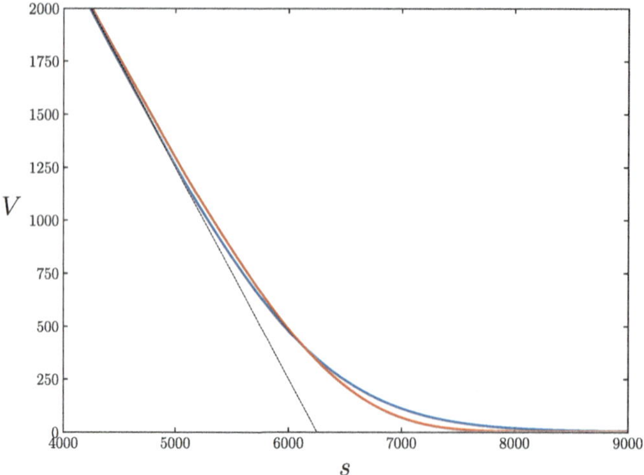

Abb. 6.2 Der Preis der Option hängt deutlich von der Wahl des Modells ab. CEV Modell (–), Black-Scholes Modell (–)

Der Optionspreis v_c eines Call verhält sich für „sehr grosse" Werte s des Basiswertes wie die lineare Funktion $se^{-qt} - Ke^{-rt}$ mit Steigung e^{-qt} und y-Achsenabschnitt $-Ke^{-rt}$. Es ist somit sinnvoll, die Randbedingungen

$$w(s_l, t) = 0, \quad w(s_r, t) = s_r e^{-qt} - Ke^{-rt}$$

zu setzen. Wir werden jedoch diesen Ansatz nicht weiter verfolgen und am rechten Rand s_r nicht den Optionspreis vorgeben, sondern die Ableitung nach s des Optionspreises. Wir betrachten also

$$w(s_l, t) = 0, \quad \partial_s w(s_r, t) = e^{-qt} \; .$$

6.2 Mehr zu Randdaten

Im vorherigen Abschnitt haben wir diskutiert, wie man gegebene Randbedingungen berücksichtigen kann. Die besprochenen Methoden sind aber nur dann anwendbar, wenn man die Randbedingungen kennt, das heisst wenn die Funktionen $w_l(t)$ und $w_r(t)$ am Rand des Intervall $\overline{G^e}$ bekannt sind. In vielen Problemen der Derivatsbewertung ist es nicht möglich, die Randbedingungen respektive diese Funktionen anzugeben. In solchen Fällen behilft man sich damit, dass man künstlich Nullrandbedingungen setzt (dieses Vorgehen haben wir bereist mehrere Male angewendet). In gewissen Situationen ist dies jedoch nicht notwendig, da die Randbedingungen intrinsisch durch die partielle Differentialgleichung gegeben sind. Ein Beispiel dazu ist in (6.11) zu finden. Dort haben wir zur

Bewertung einer Europäischen Put Option die Randbedingung am linken Rand $s_l = 0$ dadurch erhalten, dass wir in der Black-Scholes Differentialgleichung für s einfach $s = s_l = 0$ eingesetzt und dann die „gewöhnliche Differentialgleichung am Rand“

$$\partial_t w(0,t) + c(0)w(0,t) = 0$$

gelöst und als Resultat die Randbedingung $w_l(t) = Ke^{-rt}$ erhalten haben. Dann haben wir auf dem Intervall $G^e =]0, s_r[$ das Problem

$$\begin{cases} \partial_t w + a(s)\partial_{ss} w + b(s)\partial_s w + c(s)w = 0 & \text{in } G^e \times]0,T] \\ w(0,t) = Ke^{-rt} & \text{in }]0,T] \\ w(s_r,t) = 0 & \text{in }]0,T] \\ w(s,0) = g(s) & \text{in } G^e \end{cases} \tag{6.14}$$

betrachtet (mit $a(s) = -\frac{1}{2}\sigma^2 s^2$, $b(s) = -(r-q)s$, $c(s) = r$ und $g(s) = \max\{K - s, 0\}$). Nun ist es jedoch rechnerisch nicht immer möglich, die „Gleichung am Rand“ zu lösen. In solchen Fällen muss man diese zusammen mit der partiellen Differentialgleichung diskretisieren. Für das obige Problem heisst das, dass wir *keine* Randbedingung am linken Rand $s_l = 0$ setzen, dafür aber die Gleichung im Intervall $G^e = [0, s_r[$ lösen (achten Sie auf die Klammersetzung, vorher war $G^e =]0, s_r[$). Wir betrachten daher das zu (6.14) äquivalente Problem

$$\begin{cases} \partial_t w + a(s)\partial_{ss} w + b(s)\partial_s w + c(s)w = 0 & \text{in } G^e \times]0,T] \\ w(s_r,t) = 0 & \text{in }]0,T] \\ w(s,0) = g(s) & \text{in } G^e \end{cases} \tag{6.15}$$

jetzt aber eben mit $G^e = [0, s_r[$. Nun ist es aber nicht klar, wann eine Differentialgleichung auch „auf dem Rand“ ihre Gültigkeit hat und wir demzufolge keine Randbedingungen setzen müssen (oder äquivalent die Gleichung am Rand lösen und das Resultat als gegebene Randbedingung verwenden) und wann nicht. Die Antwort auf diese Frage wird (teilweise) durch die Theorie der *linearen partiellen Differentialgleichungen zweiter Ordnung mit nicht-negativer Charakteristik* geliefert. Wir beschreiben diese im Anhang B.6. Aus der Bedingung (B.17) im Anhang B.6 folgt für eine Differentialgleichung der Form (die unabhängige Variable bezeichnen wir nun abstrakt mit x)

$$\partial_t w + a(x)\partial_{xx} w + b(x)\partial_x w + c(x)w = 0$$

mit $a(0) = 0$, dass wir dann keine Randbedingung bei $x = 0$ setzen müssen, wenn die Bedingung

$$b(0) - \partial_x a(0) \leq 0$$

erfüllt ist. Im Black-Scholes Fall ist wegen $a(s) = -\frac{1}{2}\sigma^2 s^2$, $b(s) = -(r-q)s$ diese Bedingung erfüllt, und es ist in der Tat nicht notwendig, ein Bedingung für $s = 0$ zu setzen. Als weiteres Beispiel betrachten wir die Bewertung eines Zero-Coupon Bonds im CIR „short-rate“ Modell, siehe das Kap. 12. In diesem ist $a(r) = -\frac{1}{2}\sigma^2 r$ und $b(r) = -\kappa(m-r)$ mit $\sigma, \kappa, m > 0$ (r beschreibt den Level der „short-rate“). Die Bedingung lautet

$$-\kappa m + \frac{1}{2}\sigma^2 \leq 0 \Rightarrow \kappa m \geq \frac{1}{2}\sigma^2 .$$

Ist also $\kappa m \geq \frac{1}{2}\sigma^2$, so gilt die Differentialgleichung auch für $r = 0$ und wir müssen keine Randbedingung setzen. Ekström und Tysk [4] zeigen jedoch, dass wir auch keine Randbedingung benötigen, wenn die Bedingung nicht erfüllt ist, dies lässt sich numerisch verifizieren.

Wir beschreiben nun die Diskretisierung von Differentialgleichungen der Form

$$\begin{cases} \partial_t w + a(s)\partial_{ss} w + b(s)\partial_s w + c(s)w = 0 & \text{in } G^e \times]0, T] \\ w(s, 0) = g(s) & \text{in } G^e \end{cases}$$

mit $G^e = [s_l, s_r]$, das heisst wir setzen gar keine Randbedingungen. Diskretisieren wir die partielle Differentialgleichung mit finiten Differenzen zweiter Ordnung, so entsteht – wie wir nun schon mehrmals gesehen haben – ein Differentialgleichungssystem für Funktionen $w_i(t)$, welche nur noch von der Zeit t abhängen. In den entstehenden Differentialgleichungen

$$w_i'(t) + a(s_i)\frac{w_{i-1}(t) - 2w_i(t) + w_{i+1}(t)}{h^2} + b(s_i)\frac{-w_{i-1}(t) + w_{i+1}(t)}{2h} + c(s_i)w_i(t) = 0$$

betrachten wir nun die erste, $i = 0$. Da der zu $w_{i-1}(t) = w_{-1}(t)$ gehörende Gitterpunkt ausserhalb des Intervalls G^e liegt, müssen wir – wie schon im Abschn. 6.1 – Differenzenquotienten verwenden, welcher nur auf Gitterpunkte in G^e zurückgreifen. Für die Approximation der ersten Ableitung verwenden wir (6.7), für die Approximation der zweiten Ableitung wenden wir (6.9) an; wir erhalten

$$\begin{aligned} & w_0'(t) + a(s_0)\frac{2w_0(t) - 5w_1(t) + 4w_2(t) - w_3(t)}{h^2} \\ & + b(s_0)\frac{-3w_0(t) + 4w_1(t) - w_2(t)}{2h} + c(s_0)w_0(t) = 0 \,. \end{aligned}$$

Nun betrachten wir den rechten Rand des Intervalls G^e. Ist $i = N + 1$, so ist $w_{i+1}(t) = w_{N+2}$ nicht definiert, und wir müssen wiederum Differenzenquotienten betrachten, welche nur Gitterpunkte innerhalb G^e verwenden. Mit (6.7) und (6.9) folgt

$$\begin{aligned} & w_{N+1}'(t) + a(s_{N+1})\frac{-w_{N-2}(t) + 4w_{N-1}(t) - 5w_N(t) + 2w_{N+1}(t)}{h^2} \\ & + b(s_{N+1})\frac{w_{N-1}(t) - 4w_N(t) + 3w_{N+1}(t)}{2h} + c(s_{N+1})w_{N+1}(t) = 0 \,. \end{aligned}$$

Es ergibt sich somit das Differentialgleichungssystem für die $N+2$ gesuchten Funktionen $\mathbf{w}(t) = (w_0(t), \dots, w_{N+1}(t))^\top \in \mathbb{R}^{N+2}$

$$\mathbf{w}'(t) + \mathbf{A}\mathbf{w}(t) = \mathbf{0}$$

mit der $(N+2) \times (N+2)$-Matrix

$$\mathbf{A} = {}^i_i\mathbf{M}^{(2)}_a + {}^i_i\mathbf{M}^{(1)}_b + {}^i_i\mathbf{M}^{(0)}_c. \tag{6.16}$$

Hierin verwenden wir die Definition

Definition 6.5 Für eine stetige Funktion y sind die $(N+2) \times (N+2)$-Matrizen ${}^i_i\mathbf{M}^{(k)}_y$, $k = 0, 1, 2$, über einem Intervall $\overline{G}$ mit Länge $|\overline{G}|$ für intrinsische Randbedingungen am linken und rechten Rand von $\overline{G}$ durch

$${}^i_i\mathbf{M}^{(0)}_y := \begin{pmatrix} y_0 & & & & \\ & y_1 & & & \\ & & \ddots & & \\ & & & y_N & \\ & & & & y_{N+1} \end{pmatrix},$$

$${}^i_i\mathbf{M}^{(1)}_y := \frac{1}{2h} \begin{pmatrix} -3y_0 & 4y_0 & -y_0 & & & \\ -y_1 & & y_1 & & & \\ & -y_2 & & y_2 & & \\ & & \ddots & \ddots & & \\ & & & -y_N & & y_N \\ & & & y_{N+1} & -4y_{N+1} & 3y_{N+1} \end{pmatrix},$$

$${}^i_i\mathbf{M}^{(2)}_y := \frac{1}{h^2} \begin{pmatrix} 2y_0 & -5y_0 & 4y_0 & -y_0 & & \\ y_1 & -2y_1 & y_1 & & & \\ & y_2 & -2y_2 & y_2 & & \\ & & \ddots & \ddots & & \\ & & & y_N & -2y_N & y_N \\ & & -y_{N+1} & 4y_{N+1} & -5y_{N+1} & 2y_{N+1} \end{pmatrix}$$

gegeben. Darin ist $h = \frac{|\overline{G}|}{N+1}$ und die $y_i := y(x_i)$ sind die Funktionswerte in den $N+2$ äquidistanten Gitterpunkten x_i.

Somit haben wir zusammen mit den im Abschn. 6.1 besprochenen Randbedingungen (das heisst Dirichlet, Neumann sowie zweite Ableitung) pro Rand vier Möglichkeiten, Randbedingungen zu setzen. Je nach dem, welche Randbedingungen vorliegen, ändert

Tab. 6.2 Randbedingungen

Typ	n	Matrix $\mathbf{A} \in \mathbb{R}^{n\times n}$	Vektor $\mathbf{f}(t)$
Dirichlet	N	$\mathbf{M}_a^{(2)} + \mathbf{M}_b^{(1)} + \mathbf{M}_c^{(0)}$	$-(\mathbf{M}_a^{(2),bc} + \mathbf{M}_b^{(1),bc})\mathbf{w}^{bc}(t)$
Neumann	N	${}_n^n\mathbf{M}_a^{(2)} + {}_n^n\mathbf{M}_b^{(1)} + \mathbf{M}_c^{(0)}$	$-({}_n^n\mathbf{M}_a^{(2),bc} + {}_n^n\mathbf{M}_b^{(1),bc})\mathbf{w}^{bc}(t)$
zweite Ableitung	N	${}_s^s\mathbf{M}_a^{(2)} + {}_s^s\mathbf{M}_b^{(1)} + \mathbf{M}_c^{(0)}$	$-({}_s^s\mathbf{M}_a^{(2),bc} + {}_s^s\mathbf{M}_b^{(1),bc})\mathbf{w}^{bc}(t)$
intrinsisch	$N+2$	${}_i^i\mathbf{M}_a^{(2)} + {}_i^i\mathbf{M}_b^{(1)} + {}_i^i\mathbf{M}_c^{(0)}$	$\mathbf{0}$

sich die Berechnung der Matrix $\mathbf{A}$ respektive der Vektor $\mathbf{f}(t)$ im Differentialgleichungssystem $\mathbf{w}'(t) + \mathbf{A}\mathbf{w}(t) = \mathbf{f}(t)$ (wobei diese Änderungen nur in der ersten und letzten Zeile zum Tragen kommen). Wir fassen die in diesem Text realisierten Randbedingungen in der Tab. 6.2 zusammen, wobei wir noch annehmen, dass der Typ der Randbedingung an beiden Rändern x_l und x_r der selbe ist.

Wir bemerken, dass für *homogene* Randdaten der Vektor $\mathbf{f}(t)$ – unabhängig vom Typ der Randbedingung – dem Nullvektor $\mathbf{0}$ entspricht. Weiter bemerken wir, dass die diskutierten Randbedingungen problemlos kombiniert werden können. Soll zum Beispiel am linken Rand $s = s_l$ keine Bedingung gesetzt werden und am rechten Rand die homogene Neumann Randbedingung $\partial_s w(s_r, t) = 0$ gelten, so können wir die Matrix $\mathbf{A}$ wie in (6.16) implementieren, danach die letzte Zeile und Spalte löschen sowie die (dann) letzte Zeile ändern zu Neumann-Randbedingungen nach (6.8). Insbesondere hat die entsprechende Matrix für diesen Fall die Form

$$\mathbf{A} = {}_i^n\mathbf{M}_a^{(2)} + {}_i^n\mathbf{M}_b^{(1)} + {}_i\mathbf{M}_c^{(0)}; \tag{6.17}$$

diese ist eine $(N+1)\times(N+1)$-Matrix, da die $N+1$ unbekannten Funktionen $w_0(t), \ldots, w_N(t)$ vorliegen. Die Routine 6.1 matrixgenerator_BC erlaubt eine beliebige Kombination der Randdaten, so dass wir schlussendlich die Routine 6.2 pde_1d_a_theta benützen können, um auch Probleme mit intrinsischen Randdaten zu lösen.

6.3 Diskrete Dividenden

Wir haben bis jetzt mögliche, während der Laufzeit einer Option anfallende Dividenden D berücksichtigt, in dem wir diese zu einer stetigen Dividende

$$q = \ln\left(1 + \frac{s}{D}\right) \tag{6.18}$$

umgerechnet und den Koeffizienten $b(s) = rs$ durch $b(s) = (r-q)s$ ersetzt haben. Das Umrechnen auf eine stetige Dividende hat den Vorteil, dass die existierenden Formeln respektive numerische Verfahren für das Bewerten von Optionen ohne Dividende auch für den Fall mit Dividenden anwendbar sind. Standardbeispiel dazu ist die Formel (1.7) für Call und Put Optionen im Black-Scholes Modell. Der Nachteil eines solchen Umrechnens ist, dass wir uns auf offensichtliche Art und Weise einen Fehler einhandeln. Selbst wenn der Basiswertkurs einer geometrischen Brown'schen Bewegung folgt, liefert (1.7) zum Beispiel keine korrekten Optionspreise: die Dividende fällt eben nicht stetig an. Andere Möglichkeiten, Dividenden so zu berücksichtigen, dass man bestehende Bewertungsformeln verwenden kann, sind zum Beispiel das Abzinsen der Dividende $e^{-r(t_1-t)}D$ und das anschliessende Einsetzen von $s - e^{-r(t_1-t)}D$ anstelle von s in die Black-Scholes Formel oder das Anpassen der Volatilität σ, siehe zum Beispiel Haug et al. [5] oder Dia und Lyuu [3].

Mit der Finite-Differenzen-Methode sind solche „Anpassungen" nicht nötig. Ist nämlich $t_1 \in]0, T[$ der Zeitpunkt der Dividendenzahlung der Höhe D, so verringert sich der Basiswertkurs s unmittelbar nach der Auszahlung auf $s - D$. Aus Gründen der Arbitragefreiheit muss der Optionspreis $V(s, t_1)$ stetig sein, das heisst

$$V(s, t_1^-) = V(s - D, t_1^+) \,. \tag{6.19}$$

Hierin bezeichnet t_1^- der Zeitpunkt unmittelbar *vor* der Dividendenausschüttung und t_1^+ unmittelbar *danach*. Das bedeutet, dass wir den Optionspreis $V(s, 0)$ dadurch erhalten, in dem wir zunächst die Black-Scholes Gleichung mit Startwert $V(s, T) = g(s)$ im Intervall $[T - t_1, T]$ und danach die selbe Gleichung mit Startwert $V(s - D, T - t_1)$ im Intervall $[0, T - t_1]$ lösen. Da wir wie immer die Richtung der Zeit umdrehen (Restlaufzeit $t \mapsto T - t$), lösen wir daher zuerst die Differentialgleichung

$$\begin{cases} \partial_t v_1 - \mathcal{A} v_1 + r v_1 = 0 & \text{in } G \times]0, T - t_1] \\ v_1(s, 0) = g(s) & \text{in } G \end{cases}$$

und danach

$$\begin{cases} \partial_t v_2 - \mathcal{A} v_2 + r v_2 = 0 & \text{in } G \times]T - t_1, T] \\ v_2(s - D, T - t_1) = v_1(s, T - t_1) & \text{in } G \end{cases}.$$

Haben wir allgemeiner n Dividendenzahlungen D_j zu den Zeitpunkten $t_j \in]0, T[$, $j = 1, \ldots, n$, so lösen wir zuerst das Problem

$$\begin{cases} \partial_t v_1 - \mathcal{A} v_1 + r v_1 = 0 & \text{in } G \times]0, \tau_1] \\ v_1(s, 0) = g(s) & \text{in } G \end{cases} \tag{6.20}$$

und danach für $j = 2, \ldots, n + 1$ sukzessive die Gleichungen

$$\begin{cases} \partial_t v_j - \mathcal{A} v_j + r v_j = 0 & \text{in } G \times]0, \tau_j] \\ v_j(s - D_{n+2-j}, 0) = v_{j-1}(s, \tau_{j-1}) & \text{in } G \end{cases}. \tag{6.21}$$

Hierin ist wie immer $\mathcal{A}$ der infinitesimale Generator des Prozesses $S(t)$ und

$$\tau_j := t_{n+2-j} - t_{n+1-j}, \quad j = 1, \ldots, n+1 \tag{6.22}$$

die Zeitspanne zwischen jeweils zwei zeitlich benachbarten Dividendenzahlungen, wobei wir noch $t_0 = 0$ und $t_{n+1} = T$ definieren.

Bevor wir dies implementieren können, müssen wir noch einen Punkt klären. Und zwar kann rechnerisch die Situation eintreten, dass die Dividende D grösser ist als der momentane Basiswertkurs s, so dass der „neue" Aktienkurs $s - D$ negativ wird. Dies macht finanztechnisch keinen Sinn. Um diesen Fall zu vermeiden, betrachten Haug et. al. zwei Extremfälle. Erstens können wir $D = s$ setzen, falls $D > s$ ist. Der „neue" Aktienkurs ist nun $s - D = 0$; Haug et. al nennen diese Wahl „liquidator choice". Zweitens können wir auch $D = 0$ setzen, falls $D > s$ ist. Der „neue" Aktienkurs entspricht nun dem „alten", $s - D = s$; Haug et. al nennen diese Wahl „survivor choice". Wir verfolgen hier das „liquidator"-Modell und ersetzen die Differenzen $s - D_j$ in den Differentialgleichungen (6.21) durch

$$\max\{s - D_j, 0\} .$$

Wir implementieren nun die Routine callput_bs_discretediv, welche den Wert einer Europäischen Option mit Payoff-Funktion $g(s)$ im Black-Scholes Modell mit diskreten Dividenden approximativ findet. Somit ist der Generator $\mathcal{A}$ gegeben durch $\mathcal{A} = \frac{1}{2}\sigma^2 s^2 \partial_{ss} + rs\partial_s$. Wir lösen die Differentialgleichungen (6.20)–(6.21) im Intervall $G^e = [0, s_r[$, das heisst wir verwenden am linken Rand $s_l = 0$ intrinsische Randbedingungen (siehe den Abschn. 6.2) und am rechten Rand s_r eine homogene Randbedingung, kodiert mit $n_r \in \{0, 1, 2\}$, siehe den Abschn. 6.1. Der Routine übergeben wir nebst den Parametern σ, r, g, s_r und n_r auch den Vektor $\mathbf{D}$ der Dividendenzahlungen sowie den Vektor $\mathcal{T}$ der Zeitpunkte der Dividendenzahlungen (inklusive $t_0 = 0$ und $t_{n+1} = T$),

$$\mathbf{D} = (D_1, D_2, \ldots, D_n), \quad \mathcal{T} = (0, t_1, t_2, \ldots, t_n, T) .$$

Die Routine kann wie folgt aussehen.

Routine 6.3: callput_bs_discretediv.py

```
import numpy as np
from pde_1d_a_theta import pde_1d_a_theta
from scipy.interpolate import interp1d

def callput_bs_discretediv(sigma,r,Tau,D,g,xr,nr,N,M):
    '''Findet den Wert w einer Europaeischen Option mit Payoff g(x) und
    Maturitaet T fuer den Fall von n diskreten Dividendenzahlungen
    D = [D1,D2,...,Dn] zu den Zeitpunkten [t1,t2,...,tn]. Tau ist
    der Vektor Tau = [0,t1,t2,...,tn,T] der Laenge n+2. sigma und r sind die
    ueblichen Black-Scholes Parameter. Die entsprechenden Differential-
    gleichungen werden in [0,xr[ geloest, mit einer homogenen Randbedingung
    (Dirichlet: nr = 0, Neumann: nr = 1; zweite Ableitung: nr = 2) N und M die
```

```
    ueblichen Diskretisierungsparameter der Finite-Differenzen-Methode.'''

    tau = np.diff(Tau);
    a = lambda x:-sigma**2/2*x**2; b = lambda x:-r*x; c = lambda x:r*x**0
    # Randbedingungen
    wl = lambda t:0*t; wr = wl; nl = 3

    x,w = pde_1d_a_theta(a,b,c,tau[-1],0,wl,nl,xr,wr,nr,g,N,M,0,0.5)

    for j in range(len(D)):
        g = lambda x: interp1d(x,w,kind='cubic')(np.maximum(x-D[-1-j],0));
        x,w = pde_1d_a_theta(a,b,c,tau[-2-j],0,wl,nl,xr,wr,nr,g,N,M,0,0.5)

    return x,w
```

Beispiel 6.6 Wir betrachten ein Beispiel in Haug et al. [5]. In diesem sind $\sigma = 0.25$, $r = 0.06$, $K = 100$, $T = 3$. Es gibt drei Dividendenzahlungen der Höhe $D_j = 4$, $j = 1, 2, 3$, zu den Zeitpunkten $t_1 = 0.5$, $t_2 = 1.5$ und $t_3 = 2.5$. Der exakte Wert des Calls wird für $s = 100$ als $V(s, 0) \doteq 18.5984$ angegeben; dieser ist jedoch ungenau. Ein genauerer Wert ist $V(s, 0) \doteq 18.600183267$[3]; wir rechnen diesen mit der Routine callput_bs_discretediv nach und erhalten $V(s, 0) \doteq 18.60018269$.

```
In [18]: Tau = [0,0.5,1.5,2.5,3]; K = 100;
In [19]: N = 2**14-1; M = int(np.ceil(0.05*N));
In [20]: g = lambda x: np.maximum(x-K,0);
In [21]: x,w = callput_bs_discretediv(0.25,0.06,Tau,[4,4,4],g,4*K,2,N,M);
In [22]: V = interp1d(x,w,kind='cubic')(100); V
Out[22]: array(18.60018269)
```

◇

In der Aufgabe 6.5 zeigen wir, dass die Finite-Differenzen-Methode auch für das Problem der Bewertung von Optionen mit diskreten Dividenden quadratisch konvergiert.

Wir studieren nun, zu welcher Fehlbewertung die vereinfachende Annahme einer stetigen Dividendenrendite (6.18) führt. Dazu betrachten wir beispielhaft am 9. April 2015 ($t = 0$) den Call Warrant mit einem Ratio von $n = 80$ auf U-Blox mit Eckdaten $K = 160$, Maturität ($t = T$) 18. Dezember 2015. Der Basiswertkurs ist $s = 174$ CHF, die (implizite) Volatilität beträgt $\sigma = 0.452$, als risikolosen Zinssatz nehmen wir den 6-Monate CHF Libor $-0.717\,\%$. Der Marktpreis des Warrants ist $V^{\mathrm{M}} = 0.3885$. Die Aktie zahlt am 30. April 2015 ($t = t_1$) eine Dividende der Höhe $D_1 = 1.60$ CHF. Die stetige Dividendenrendite ist nach (6.18)

$$q = \ln(1 + D_1/s) \doteq 0.00915.$$

[3] Die Methode von Haug et al. basiert auf der wiederholten Integration eines Optionspreises gegenüber der Dichte einer log-normalverteilten Zufallsvariablen. Die Integration kann nur numerisch erfolgen; je nach dem *wie* die numerische Quadratur (Art der Quadratur, Anzahl Quadraturpunkte usw.) durchgeführt wird, erhält man andere Resultate. Der Wert 18.600183267 wurde mit einer hoch auflösenden Gauss-Quadratur erhalten und mit der Methode von Veiga und Wystup [9], welche auf Taylorreihen basiert, bestätigt.

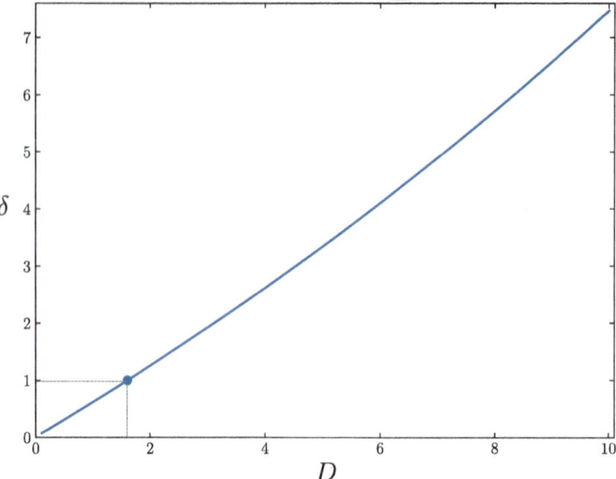

Abb. 6.3 Die prozentuale Abweichung δ des Optionspreises V_q (erhalten unter Verwendung der stetigen Dividendenrendite) vom Optionspreis V_D (erhalten unter Verwendung der diskreten Dividenden) kann beträchtlich sein. Der Punkt (•) stellt das obige Zahlenbeispiel dar

Wegen $T - t = \frac{21+7\cdot 30+18}{360} = \frac{249}{360}$ liefert die Black-Scholes Formel (1.7) für den Preis V_q eines Call Warrants

```
In [23]: v = callput_bs_a(174,160,249/360,0.452,-0.00717,np.log(1+1.6/174),1)/80; v
Out[23]: 0.39231524370705984
```

Weil $t_1 - t = \frac{21}{360}$ ist, erhalten wir bei Berücksichtigung der diskreten Dividende für den Preis V_D des Warrants

```
In [25]: Tau = [0,21/360,249/360]; K = 160; N = 2**13-1; M = int(np.ceil(0.1*N));
    ...: g = lambda x:np.maximum(x-K,0)
In [26]: x,w = callput_bs_discretediv(0.452,-0.00717,Tau,[1.6],g,4*K,2,N,M);
In [27]: v = interp1d(x,w,kind='cubic')(174)/80; v
Out[27]: 0.3884894397718924
```

Somit liegt der Warrant Preis im Falle der Verwendung der stetigen Dividendenrendite

$$\delta := \frac{V_q}{V_D} - 1 \doteq \frac{0.392315}{0.38849} - 1 \doteq 0.98\,\%$$

über dem „tatsächlichen" Wert. Die Abweichung δ ist für diese Wahl der Parameter nicht sehr gross.

Wir wiederholen obigen Vergleich für andere Werte von $D := D_1$ (und lassen alle anderen Parameter unverändert). Für die Werte $D \in [0.1, 10]$ erhalten wir den Graphen der Funktion $D \mapsto \delta(D)$ in Abb. 6.3. Wenig überraschend ist die Abweichung umso grösser, je grösser D ist; die Abhängigkeit der Abweichung von D ist jedoch nichtlinear.

6.4 Barriere-Optionen mit diskreter Barriere-Beobachtung

Wir haben im Abschn. 5.7 eine Down-und-Out Option im Black-Scholes Modell bewertet. Die zu lösende partielle Differentialgleichung (5.45) respektive deren Lösungsformel (5.47) für einen Put sind nur gültig unter der Annahme, dass die Barriere-Beobachtung kontinuierlich erfolgt, also unter der Annahme, dass wir die Ereignisse $S(t) = B$ und $S(t) \neq B$ für jedes $t \in [0, T]$ beobachten können. In der Realität ist dies aber nicht möglich; die Menge der Beobachtungszeitpunkte $\{t_0, t_1, \ldots, t_n\} \subset [0, T]$ ist diskret. Zum Beispiel können wir die Kurse $S(t_i)$ täglich (Tagesschlusskurse) beobachten, für eine Option mit Laufzeit $T = 1$ ist dann $n = 252$ (Anzahl Handelstage pro Jahr). Wie bewertet man eine Barriere-Option mit diskreter Barriere-Beobachtung? Es stellt sich heraus, dass wir – ähnlich zur Berücksichtigung von diskreten Dividenden im Abschn. 6.3 – eine Folge von partiellen Differentialgleichungen lösen müssen. Stellen wir uns dazu vor, es gäbe nur einen Beobachtungszeitpunkt $0 < t_1 < T$ während der Laufzeit der Option. Im Abschnitt $[t_1, T[$ ist die Option europäisch, mit Payoff $g(s) = V(s, T)$. Wir lösen daher die Black-Scholes Gleichung für $s \in \mathbb{R}^+$ und $t \in]t_1, T]$ mit Lösung $V_1(s, t)$. Zum Zeitpunkt t_1 findet die Barriere-Beobachtung statt; wir betrachten nun eine Down-und-Out Option. Die Option ist wertlos, falls $S(t_1) \leq B$. Wir definieren daher die Funktion $V_0(s, t_1)$ so, dass

$$V_0(s, t_1) := V_1(s, t_1) 1_{\{s>B\}} = \begin{cases} 0 & \text{falls } s \leq B \\ V_1(s, t_1) & \text{falls } s > B \end{cases}.$$

Im Zeitabschnitt $[0, t_1[$ ist die Option wiederum europäisch, der Preis $V_0(s, t)$ löst die Black-Scholes Gleichung für $s \in \mathbb{R}^+$ und $t \in [0, t_1[$ mit Payoff $g(s) = V_0(s, t_1)$. Sind nun n Beobachtungszeitpunkte $\{t_0, t_1, \ldots, t_n\}$ mit $t_0 = 0$ und $t_n < T = t_{n+1}$ gegeben, so lösen wir zunächst das Problem (Umkehrung der Zeit)

$$\begin{cases} \partial_t v_0 - \mathcal{A} v_0 + r v_0 = 0 & \text{in } G \times]0, \tau_0] \\ v_0(s, 0) = g(s) & \text{in } G \end{cases} \tag{6.23}$$

und anschliessend folgende Sequenz, $j = 1, \ldots, n$

$$\begin{cases} \partial_t v_j - \mathcal{A} v_j + r v_j = 0 & \text{in } G \times]0, \tau_j] \\ v_j(s, 0) = v_{j-1}(s, \tau_{j-1}) 1_{\{s>B\}} & \text{in } G \end{cases} \tag{6.24}$$

mit $G = \mathbb{R}^+$, $\mathcal{A} = \frac{1}{2}\sigma^2 s^2 \partial_{ss} + (r-q)s\partial_s$ und $\tau_j = t_{n+1-j} - t_{n-j}$. Der gesuchte Optionspreis ist dann gegeben durch $v_n(s, 0)$. Fällt der letzte Beobachtungszeitpunkt mit der Maturität zusammen, $t_n = T$, so müssen wir die Payoff Funktion $g(s)$ in (6.23) austauschen mit der Funktion $g(s) 1_{\{s>B\}}$ (für eine Down-und-Out Option). Ist die Option eine Up-und-

Out Option, so müssen wir in (6.24) und eventuell in (6.23) die Indikatorfunktion $1_{\{s>B\}}$ ersetzen durch die Indikatorfunktion $1_{\{s<B\}}$. Zur numerischen Lösung von (6.23)–(6.24) müssen wir wie immer lokalisieren, also das Gebiet G einschränken auf das Intervall $G^e = [0, s_r[$ und Randbedingungen setzen. Am linken Rand $s = 0$ setzen wir keine Bedingungen, am rechten Rand $s = s_r$ setzen wir die zweite Ableitung zu Null. Beachten Sie, dass die „Payoff"-Funktionen $v_{j-1}(s, \tau_{j-1})1_{\{s>B\}}$ in (6.24) an der Stelle $s = B$ unstetig sind. Das Beispiel 5.2 zeigt aber, dass die vorgestellte Finite-Differenzen-Methode für Probleme mit unstetigem Payoff nicht mehr optimal konvergiert respektive dass man die Anzahl der Gitterpunkte N unter Umständen „gross" wählen muss, um eine gewisse Genauigkeit zu erreichen. Da wir im vorliegenden Fall $n + 1$ Differentialgleichungen lösen müssen, ist es aus Zeitgründen wünschenswert, möglichst wenig Gitterpunkte verwenden zu müssen. Ohne „geeignete" Massnahmen ist aber dieser Wunsch nicht erfüllbar. Verwenden wir aber die im Kap. 14 vorgestellte Gitterstreckung $\phi : [0, 1] \to \overline{G^e} = [0, s_r]$

$$\phi(z) = B + \gamma \sinh(\alpha z + \beta(1 - z)) ,$$

vergleiche mit (14.15) und mit Abb. 14.4 (wo K durch B zu ersetzen ist), so lässt sich das Problem beheben. In Termen der neuen Variablen z ändern die Differentialgleichungen (6.23)–(6.24) zu

$$\begin{cases} \partial_t \widehat{w}_0 - \widehat{\mathcal{A}} \widehat{w}_0 + r \widehat{w}_0 = 0 & \text{in } [0, 1[\times]0, \tau_0] \\ \qquad \widehat{w}_0(z, 0) = g(\phi(z)) & \text{in } [0, 1[\end{cases} \tag{6.25}$$

und

$$\begin{cases} \partial_t \widehat{w}_j - \widehat{\mathcal{A}} \widehat{w}_j + r \widehat{w}_j = 0 & \text{in } [0, 1[\times]0, \tau_j] \\ \qquad \widehat{w}_j(z, 0) = \widehat{w}_{j-1}(z, \tau_{j-1}) 1_{\{z>z^*\}} & \text{in } [0, 1[\end{cases} \tag{6.26}$$

mit $z^* = \phi^{-1}(B) = -\frac{\beta}{\alpha - \beta}$ und mit dem Generator

$$\widehat{\mathcal{A}} = \frac{1}{2}\sigma^2 \frac{\phi(z)^2}{(\phi'(z))^2} \partial_{zz} + \left((r - q) \frac{\phi(z)}{\phi'(z)} - \frac{1}{2}\sigma^2 \phi(z)^2 \frac{\phi''(z)}{(\phi'(z))^3} \right) \partial_z ,$$

vergleiche mit (14.10). Der gesuchte Optionspreis ist dann $v_n(s, 0) \approx \widehat{w}_n(\phi^{-1}(s), 0)$. Trotz Gitterstreckung kann die approximierte Lösung $v_n(s, 0)$ an der Stelle $s = B$ oszillieren, vergleiche mit Abb. 5.11. Um die Oszillationen zu vermeiden, verwenden wir das Rannacher-Verfahren mit $R = 2$ impliziten Euler-Schritten; vergleiche mit Abschn. 5.5. Die Python-Routine 6.4 barrierdiscrete_bs, welche die Folge der Differentialgleichungen (6.25)–(6.26) numerisch löst, kann folgende Form annehmen.

Routine 6.4: barrierdiscrete_bs.py

```
import numpy as np
from pde_1d_a_theta import pde_1d_a_theta
from scipy.interpolate import interp1d

def barrierdiscrete_bs(s,K,B,T,Tau,g,typ,sigma,r,q,N,M):
    '''Findet den Wert w einer Barriere-Option mit diskreter Barriere-
    Beobachtung im Black-Scholes Modell. K, B und T sind Strike, Barriere
    respektive Laufzeit der Option, Tau = [0,t1,...,tn] ist der Vektor der
    n Barriere-Beobachtungszeitpunkte. s = S(0) ist der aktuelle Basiswertkurs,
    sigma, r und q die ueblichen Modell-Parameter, g ist die Payoff-Funktion.
    Ist die Option eine Down-und-Out Option, so ist typ = 'down', ist die
    Option eine Up-und-Out-Option, so ist typ = 'up'.N und M sind die ueblichen
    Diskretisierungsparameter.'''

    # Gitter, Randbedingungen
    nl = 3; nr = 0; xr = 4*np.maximum(K,B); x = np.linspace(0,xr,N+2);
    xr = B*(N+1)/(np.arange(0,N+2)[x>=B][0]+1)

    # Gitterstreckung
    gamma = 1/1e5; alpha = np.arcsinh((xr-B)/gamma)
    beta = np.arcsinh(-B/gamma)

    phi = lambda x: B+gamma*np.sinh(alpha*x+beta*(1-x))
    phip = lambda x: gamma*(alpha-beta)*np.cosh(alpha*x+beta*(1-x))
    phipp = lambda x: gamma*(alpha-beta)**2*np.sinh(alpha*x+beta*(1-x))

    a = lambda x: -0.5*sigma**2*(phi(x)/phip(x))**2
    b = lambda x: -(r-q)*phi(x)/phip(x)\
    +0.5*sigma**2*phi(x)**2*phipp(x)/phip(x)**3; c = lambda x: r*x**0
    wl = lambda t:0*t; wr = wl

    xr = 1; x = np.linspace(0,xr,N+2); xstar = -beta/(alpha-beta);

    if T==Tau[-1]:
        n = len(Tau); tau = np.diff(Tau,1)
        if typ=='up':
            gn = lambda x: g(phi(x))*(x<xstar)
        else:
            gn = lambda x: g(phi(x))*(x>xstar)
    else:
        gn = lambda x: g(phi(x)); Tau = np.hstack((Tau,T))
        n = len(Tau); tau = np.diff(Tau,1)

    for j in range(n-1):
        [x,w] = pde_1d_a_theta(a,b,c,tau[len(tau)-1-j],0,wl,nl,xr,wr,nr,gn\
        ,N,M,2,0.5,phip(0),phip(xr),phipp(0),phipp(xr))
        if typ=='up':
            gn = lambda x:w*(x<xstar)
        else:
            gn = lambda x:w*(x>xstar)

    w = interp1d(phi(x),w,kind='cubic')(s)
    return w
```

Wir testen unsere Implementierung auf Korrektheit. Dies ist möglich, da für das Black-Scholes Modell Formeln zur Berechnung des Wertes einer Barrier-Option mit diskreter Barriere-Beobachtung existieren. Zum Beispiel kann man zeigen, dass für eine Down-und-Out Call Option

$$V_{\mathrm{doc}}(s,0) = se^{-qT}\Phi_{\mathbf{0},\boldsymbol{\rho},n+1}(\mathbf{d}_1) - Ke^{-rT}\Phi_{\mathbf{0},\boldsymbol{\rho},n+1}(\mathbf{d}_2) \tag{6.27}$$

gilt, siehe Heynen und Kat [6]. Hierin ist $\Phi_{\boldsymbol{\mu},\boldsymbol{\Sigma},d}(\mathbf{x})$ die kumulierte Verteilungsfunktion der d-dimensionalen Normalverteilung mit Mittelwertvektor $\boldsymbol{\mu} \in \mathbb{R}^d$ und $d \times d$-Kovarianzmatrix[4] $\boldsymbol{\Sigma}$ ausgewertet an der Stelle $\mathbf{x} = (x_1, \ldots, x_d)$, das heisst

$$\Phi_{\boldsymbol{\mu},\boldsymbol{\Sigma},d}(\mathbf{x}) := c_d \int\limits_{-\infty}^{x_d} \cdots \int\limits_{-\infty}^{x_1} e^{-\frac{1}{2}(\mathbf{y}-\boldsymbol{\mu})^\top \boldsymbol{\Sigma}^{-1}(\mathbf{y}-\boldsymbol{\mu})} \mathrm{d}\mathbf{y} \,.$$

Die Formel (6.27) ist in der Praxis nur schwer verwendbar, da die auszuwertenden Integrale $\Phi_{\mathbf{0},\boldsymbol{\rho},n+1}$ hochdimensional sind. Ohne spezielle Behandlung können diese Integrale nicht mit (deterministischen) Quadraturmethoden approximiert werden, da diese unter dem „Fluch der Dimension“ (vergleiche hierzu auch mit dem Abschn. 10.2 respektive mit der Gleichung (10.20)) leiden und man muss auf Monte Carlo-Methoden zurückgreifen. Diese sind aber je nach gewünschter Rechengenauigkeit rechenintensiv. Alternativ können wir den Wert $V_{\mathrm{doc}}(s,0)$ aus der Rekursion

$$V_j(s,t_j) = e^{-r(t_{j+1}-t_j)} \int\limits_B^\infty V_{j+1}(x,t_{j+1}) f_S(x;s,t_{j+1}-t_j)\mathrm{d}x, \quad j = 0,\ldots,n-1 \tag{6.28}$$

erhalten. Man beginnt mit $j = n-1$ und reduziert j solange um 1, bis man bei $j = 0$ angelangt ist. Es ist dann $V_{\mathrm{doc}}(s,0) = V_0(s,t_0)$. In (6.28) bezeichnet f_S die Dichtefunktion von $S(t)$ wie in (B.4), also

$$f_S(x;s,t) = \frac{1}{\sqrt{2\pi\sigma^2 t}\,x} e^{-\frac{(\ln(x/s)-(r-q-\sigma^2/2)t)^2}{2\sigma^2 t}} \,,$$

und $V_n(s,t_n) = V(s,0;T-t_n,K,\sigma,r,q,1)$ ist der Wert einer Call Option mit Laufzeit $T-t_n$ und Strike K wie in (1.7). Die Integrale in (6.28) können nur numerisch ausgewertet

[4] Die Kovarianzmatrix schreiben wir als Produkt der Diagonalmatrix der Standardabweichungen $\mathrm{diag}(\sigma_1,\ldots,\sigma_d)$ und der Korrelationsmatrix $\boldsymbol{\rho}$,

$$\begin{aligned}\boldsymbol{\Sigma} &= \mathrm{diag}(\sigma_1,\ldots,\sigma_d)\boldsymbol{\rho}\ \mathrm{diag}(\sigma_1,\ldots,\sigma_d)\\ &= \begin{pmatrix}\sigma_1 & & & \\ & \sigma_2 & & \\ & & \ddots & \\ & & & \sigma_d\end{pmatrix}\begin{pmatrix}1 & \rho_{12} & \cdots & \rho_{1d}\\ \rho_{21} & 1 & \cdots & \rho_{2d}\\ & & \ddots & \\ \rho_{d1} & \rho_{d2} & \cdots & 1\end{pmatrix}\begin{pmatrix}\sigma_1 & & & \\ & \sigma_2 & & \\ & & \ddots & \\ & & & \sigma_d\end{pmatrix}\end{aligned}$$

Tab. 6.3 Preise einer Down-und-Out Call Option mit $n = 4$ Barriere-Beobachtungszeitpunkten in Abhängigkeit des Wertes $s = S(0)$ des Basiswertes

s	FDM	MC	Rekursion
91	2.069137	2.069141	2.069140
100	5.593389	5.593394	5.593395
110	11.196754	11.196763	11.196762

werden; die Funktionswerte $V_{j+1}(x, t_{j+1})$ im Integranden erfordern für jedes x wieder eine Integration von selben Typ (Rekursion). Dies ist rechenintensiv. Wir betrachten nun das

Beispiel 6.7 Down-und-Out Call mit Strike $K = 100$ und Barriere $B = 90$, vier Beobachtungszeitpunkte $t_j = 0.2j$, $j = 1, \ldots, 4$, Laufzeit $T = 1$, Volatilität $\sigma = 0.2$, risikoloser Zinssatz $r = 0$, stetige Dividenden-Rendite $q = 0.04$. Wir bestimmen den Preis $V_{\text{doc}}(s, 0)$ der Option für $s \in \{91, 100, 110\}$ und erhalten mit $N = 2^{14} - 1$ Gitterpunkten und $M = \lceil 0.05N \rceil$ Zeitschritten

```
In [28]: s = [91,100,110]; B = 90; T = 1; Tau = np.arange(0,5)/5*T; K = 100
In [29]: g = lambda x: np.maximum(x-K,0)
In [30]: sigma = 0.2; r = 0.0; q = 0.04; N = 2**14-1; M = int(np.ceil(0.1*N))
In [31]: w = barrierdiscrete_bs(s,K,B,T,Tau,g,'down',sigma,r,q,N,M); w
Out[31]: array([ 2.06913712,  5.59338884, 11.19675412])
```

In der Tab. 6.3 vergleichen wir diese Werte mit den Preisen, welche wir mit (6.27) oder (6.28) erhalten[5]. Die verschiedenen Methoden liefern Preise, welche auf mindestens vier Nachkommastellen übereinstimmen. Die Finite-Differenzen-Methode ist etwa viermal langsamer als die Rekursion (6.28), jedoch müssen wir die Routine barrierdiscrete_bs nur einmal aufrufen, während wir die Rekursion für jeden Wert von s anwenden müssen). Die Monte Carlo Simulation basierend auf (6.27) ist ca. 30 bis 150-mal langsamer als die Rekursion (je näher s an B ist, desto langsamer wird die Simulation; wir messen natürlich die Rechenzeit, welche durchschnittlich für die zehn Anwendungen von (6.27) benötigt wird). ◇

Die im Beispiel 6.7 verwendete Methoden zur Bewertung von Barriere-Optionen mit diskreter Barriere-Beobachtung sind rechenintensiv. Broadie, Glasserman und Kou [1] schlagen eine Approximation vor, die weit weniger Rechenzeit benötigt. Diese Approximation basiert auf den existierenden Bewertungsformeln für die entsprechenden Barriere-Optionen mit kontinuierlicher Barriere-Beobachtung unter der Annahme des

[5] Die Werte in der Spalte „MC" entsprechen dem Mittelwert von zehn Auswertungen der Formel (6.27). Um $\Phi_{0,\rho,n+1}$ zu bestimmen, verwenden wir Python's `multivariate_normal` (mit einer „maximalen absoluten Fehlertoleranz" von $\varepsilon = 5 \cdot 10^{-8}$). Die Werte in der Spalte „Rekursion" sind mit (6.28) bestimmt. Um die Integrale in (6.28) auszuwerten, verwenden wir jeweils in s ein Gitter mit 1000 Gitterpunkten und in x eine Gauss-Quadratur mit 100 Stützstellen.

Black-Scholes Modells. Die Autoren zeigen: Ist $V(s; B)$ der Wert der Barriere-Option mit Barriere B und kontinuierlicher Barriere-Beobachtung, so wird der Wert $V_n(s; B)$ der entsprechenden Option mit n äquidistanten Beobachtungszeitpunkten $t_j = j\frac{T}{n}$, $j = 0, \ldots, n$ approximiert durch

$$V_n(s; B) \approx V\left(s; Be^{\pm 0.582597\sigma\sqrt{T/n}}\right). \tag{6.29}$$

Hierin nehmen wir das positive Vorzeichen für $S(0) < B$ und das negative Vorzeichen für $S(0) > B$. Die Approximation (6.29) bedeutet, dass wir den Wert einer Barriere-Option mit diskreter Barriere-Beobachtung dadurch erhalten können, indem wir in den Bewertungsformeln für Barriere-Optionen mit kontinuierlicher Barriere-Beobachtung die „korrigierte" Barriere $Be^{\pm 0.5826\sigma\sqrt{T/n}}$ einsetzen. Der Fehler

$$e_n := \left| V_n(s; B) - V\left(s; Be^{\pm 0.582597\sigma\sqrt{T/n}}\right) \right|$$

der Approximation (6.29) ist umso kleiner, je mehr Beobachtungszeitpunkte vorliegen. Genauer ist[6]

$$e_n = o\left(\frac{1}{\sqrt{n}}\right). \tag{6.30}$$

Somit konvergiert der Fehler e_n für $n \to \infty$ mindestens mit Rate $\frac{1}{2}$ gegen Null. Im Beispiel 6.8 überprüfen wir diese Konvergenz.

Beispiel 6.8 Wir betrachten eine Down-und-Out Put Option mit Strike $K = 100$, Barriere $B = 80$ und Laufzeit $T = 1$ Jahr. Die Volatilität setzen wir zu $\sigma = 0.25$, weiter sei $r = q = 0$. Nun bestimmen wir für $n = 5, 6, \ldots, 500$ im Intervall $]0, T]$ gleichmässig verteilte Beobachtungszeitpunkte t_j einerseits den approximativen Wert $V\left(s; Be^{-0.582597\sigma\sqrt{T/n}}\right)$ nach (6.29) und andererseits den „exakten" Wert $V_n(s; B)$ der Option mit der Routine barrierdiscrete_bs. Dann bilden wir die absolute Differenz e_n. Dies führen wir durch für drei verschiedene Aktienkurse $s = S(0)$, nämlich für $s \in \{80.1, 90, 110\}$ (weil in jedem Fall $s > B$ ist, müssen wir in (6.29) das negative Vorzeichen nehmen). Dann stellen wir den Fehler e_n in Abhängigkeit von n graphisch dar, vergleiche mit Abb. 6.4. Wir erkennen, dass die Konvergenzrate von s abhängt und einiges besser sein kann als $\frac{1}{2}$. ◇

---

[6] (Klein-oh Schreibweise). Wir schreiben

$$f = o(g) \quad \text{für } x \to x_0$$

falls

$$\lim_{x \to x_0} \frac{|f(x)|}{|g(x)|} = 0$$

gilt.

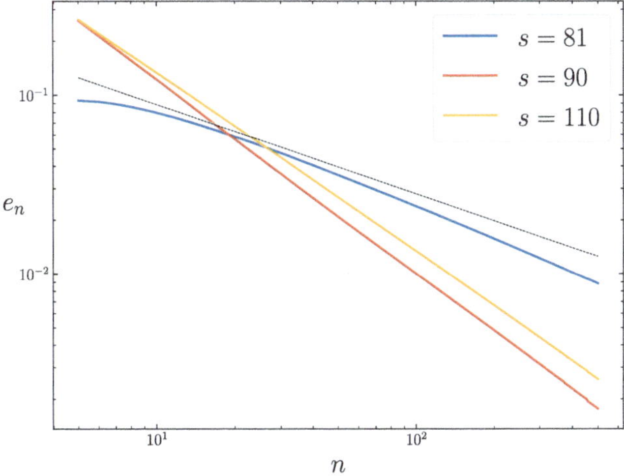

Abb. 6.4 Empirischer Nachweis der Konvergenz (6.30) für ausgewählte Werte von $s = S(0)$. Die gestrichelte Linie hat die Gleichung $\ln e_n = -\frac{1}{2} \ln n + C$ und stellt somit Konvergenzrate $\frac{1}{2}$ dar

Das Beispiel 6.8 respektive die Abb. 6.4 zeigt, dass der Fehler e_n der Approximation (6.29) für kleine n durchaus beachtlich sein kann respektive die Approximation zu ungenau ist. Zum Beispiel ist für $n = 5$ und $s = 90$ oder $s = 110$ der Fehler $e_n \approx 0.25$. Je nach Wert des Option ist dieser absolute Fehler zu gross (wäre zum Beispiel der exakte Wert der Option 0.5, so würde die Option mit der Approximation (6.29) um 50 % falsch bewertet). Die exemplarische Untersuchung des relativen Fehlers, wie er übrigens in Broadie, Glasserman und Kou angegeben wird, ist Gegenstand der Aufgabe 6.6. Diese zeigt, dass die Approximation (6.29) für „kleine" n nicht verwendet werden sollte, sondern die Option entweder via dem System (6.25)-(6.26) oder mit der Rekursion (6.28) bewertet werden sollte.

6.5 Zeitabhängige Koeffizienten

Für gewisse Modelle oder Kontrakte können die Koeffizienten $a(s)$, $b(s)$ und $c(s)$ der Differentialgleichung (6.1) zusätzlich von der Zeit t abhängen. Somit müssen wir uns über die Implementierung von Problemen der Form

$$\begin{cases} \partial_t w + a(s,t)\partial_{ss} w + b(s,t)\partial_s w + c(s,t)w = 0 & \text{in } G \times]0,T] \\ w^{(n_l)}(s_l,t) = w_l(t) & \text{in }]0,T] \\ w^{(n_r)}(s_r,t) = w_r(t) & \text{in }]0,T] \\ w(s,0) = g(s) & \text{in } G \end{cases} \tag{6.31}$$

Gedanken machen. Der Einfachheit halber betrachten wir im Folgenden nur den Fall $n_l = n_r = 0$, also Dirichlet-Randbedingungen. Bei der Diskretisierung der partiellen Differentialgleichung durch finite Differenzen entsteht ein System von gewöhnlichen Differentialgleichungen

$$\begin{aligned} w_i'(t) + a(s_i, t)\frac{w_{i-1}(t) - 2w_i(t) + w_{i+1}(t)}{h^2} \\ + b(s_i, t)\frac{-w_{i-1}(t) + w_{i+1}(t)}{2h} + c(s_i, t)w_i(t) = 0. \end{aligned}$$

Weil die Koeffizienten a, b und c von t abhängen, sind die Koeffizienten

$$\begin{aligned} \alpha_i(t) &:= \frac{a(s_i,t)}{h^2} - \frac{b(s_i,t)}{2h}, \quad \beta_i(t) := -\frac{2a(s_i,t)}{h^2} + c(s_i,t), \\ \gamma_i(t) &:= \frac{a(s_i,t)}{h^2} + \frac{b(s_i,t)}{2h} \end{aligned}$$

der Matrix (4.20) – und daher die Matrix selbst – ebenso zeitabhängig

$$\begin{aligned} \mathbf{A}(t) &= \begin{pmatrix} \beta_1(t) & \gamma_1(t) & & & & \\ \alpha_2(t) & \beta_2(t) & \gamma_2(t) & & & \\ & \alpha_3(t) & \beta_3(t) & \gamma_3(t) & & \\ & & & \ddots & & \\ & & & \alpha_{N-1}(t) & \beta_{N-1}(t) & \gamma_{N-1}(t) \\ & & & & \alpha_N(t) & \beta_N(t) \end{pmatrix} \\ &= \mathbf{M}_a^{(2)}(t) + \mathbf{M}_b^{(1)}(t) + \mathbf{M}_c^{(0)}(t)\ . \end{aligned} \tag{6.32}$$

Wir erhalten das zu (6.3) analoge Gleichungssystem für die Funktionen $w_1(t), \ldots, w_N(t)$

$$\mathbf{w}'(t) + \mathbf{A}(t)\mathbf{w}(t) = \mathbf{f}(t)\ , \quad \mathbf{w}(0) = \mathbf{g}\ ,$$

mit dem Vektor $\mathbf{f}(t)$ der Länge N – analog zu (6.4) – gegeben durch

$$\mathbf{f}(t) = -\big(\mathbf{M}_a^{(2),bc}(t) + \mathbf{M}_b^{(1),bc}(t)\big)\mathbf{w}^{bc}(t)\ ,$$

wobei nun die Matrizen $\mathbf{M}_y^{(k),bc}(t)$ in (4.18) auf offensichtliche Art und Weise von t abhängen. Wenden wir das θ-Verfahren auf das System an, so erhalten wir

$$\mathbf{w}_{j+1} - \mathbf{w}_j + k(1-\theta)\mathbf{A}_j\mathbf{w}_j + k\theta\mathbf{A}_j\mathbf{w}_{j+1} = k\mathbf{f}_j\ ,$$

mit der Matrix $\mathbf{A}_j := \mathbf{A}(t_j + k\theta)$ und dem Vektor $\mathbf{f}_j = \mathbf{f}(t_j + k\theta)$. Somit ergeben sich M zu (5.52) analoge Gleichungssysteme

$$\big(\mathbf{I} + k\theta\mathbf{A}_j\big)\mathbf{w}_{j+1} = \big(\mathbf{I} - k(1-\theta)\mathbf{A}_j\big)\mathbf{w}_j + k\mathbf{f}_j, \quad j = 0, \ldots, M-1\ ,$$

mit $\mathbf{w}_0 = \mathbf{g}$. Somit müssen wir in *jedem* Zeitschritt die Matrix $\mathbf{A}_j$ neu berechnen; ein Vorgehen, welches im zeitunabhängigen Fall nicht nötig ist.

Wir bemerken, dass wir bei Neumann-Randbedingungen ($n_l = n_r = 1$) oder bei Vorgabe der zweiten Ableitung am Rand ($n_l = n_r = 2$) in der Differentialgleichung (6.31) analog vorgehen können wie bei Dirichlet-Randbedingungen, wobei die modifzierten Einträge (siehe Tab. 6.1) nun auch zeitabhängig sind. Somit können wir die bereits bestehende Routine 6.2 pde_1d_a_theta (zeitunabhängige Koeffizienten) ohne grossen Aufwand erweitern zur Routine pdetime_1d_a_theta. Dazu müssen wir nur den matrixgenerator_BC (Routine 6.1) erweitern zum matrixgenerator_t. Dieser gibt nicht mehr Matrizen aus, sondern zeitabhängige Funktionen; diese Funktionen müssen in der Zeitschlaufe zu den Zeitpunkten t_j ausgewertet werden.

Routine 6.5: pdetime_1d_a_theta.py

```
import numpy as np
from scipy import sparse
from get_diagonals import get_diagonals
from scipy.linalg import solve_banded
from matrixgenerator_t import matrixgenerator_t

def pdetime_1d_a_theta(a,b,c,T,xl,wl,nl,xr,wr,nr,g,N,M,R,theta):
    '''Approximiert die Loesung w(x,t) der partiellen Differentialgleichung

    w_t + a(x,t)w_xx + b(x,t)w_x + c(x,t)w = 0      in ]xl,xr[ x ]0,T]
                              w^(nl)(xl,t)  = wl(t)
                              w^(nr)(xr,t)  = wr(t)
                                    w(x,0)  = g(x)

    auf den aequidistanten Gittern {xi = xl + h*i}, i = 0,...,N+1, und
    {tj = t*j}, j = 0,...,M-1 der Maschenweiten h = (xr-xl)/(N+1) resp.
    k = T/M. Der Term w^(n)(.,t), n = 0,1,2 ist die n-te Ableitung
    bezueglich x der gesuchten Funktion am Rand des Intervalls ]xl,xr[.
    Fuer n = 3 wird die Differentialgleichung auch am Rand geloest.'''

    # Gitter definieren
    x = np.linspace(xl,xr,N+2); k = T/M;
    if nl<3: x = x[1:]
    if nr<3: x = x[:-1]
    beta = lambda x:1+x-(x>0); diags = (beta(nr),beta(nl))

    # Matrizen A(t), Mbc(t) und I definieren
    I = sparse.eye(N+(nr==3)+(nl==3))
    Mat = matrixgenerator_t([["M2",a],["M1",b],["M0",c]],[nl,nr],xl,xr,N);
    A = lambda t:Mat[0](t)+Mat[1](t)+Mat[2](t)
    Mbc = lambda t: Mat[3](t)+Mat[4](t)

    # Start-Vektor w0 definieren, Vektor wbc initialisieren
    w = g(x); wbc = np.zeros(len(x));

    # Rannacher-Verfahren mit R halben impliziten Euler-Schritten
    for j in range(R):
        tj = (j+1)*k/2; wbc[0] = wl(tj); wbc[-1] = wr(tj); fj = -Mbc(tj)*wbc
        B = get_diagonals(I+k/2*A(tj),nl,nr);
        w = solve_banded(diags,B,w+k/2*fj);
```

```
    for j in range(int(R/2),M):
        tj = (j+theta)*k; Aj = A(tj); wbc[0] = wl(tj); wbc[-1] = wr(tj);
        B = get_diagonals(I+k*theta*Aj,nl,nr);
        C = I - (1-theta)*k*Aj; fj = -Mbc(tj)*wbc
        w = solve_banded(diags,B,C*w+k*fj)

    return x, w
```

Wir diskutieren nun eine erste Anwendung und betrachten das verallgemeinerte Black-Scholes Modell

$$dS(t) = \mu(t)S(t)dt + \sigma(t)S(t)dW(t), \quad S(0) = s$$

vergleiche mit (1.3). In der obigen stochastischen Differentialgleichung sind $\mu(t)$ und $\sigma(t)$ deterministische Funktionen in der Zeit t. Im Abschn. B.10 zeigen wir, dass die Lösung der Differentialgleichung gegeben ist durch

$$S(t) = se^{\int_0^t \mu(\tau)-\frac{1}{2}\sigma^2(\tau))d\tau+\int_0^t \sigma(\tau)dW(\tau)} .$$

Weil $W(t)$ normalverteilt ist, folgt aus der sogenannten Itô Isometrie, dass es auch die logarithmierte Rendite

$$R(t_k) = \ln \frac{S(t_k)}{S(t_{k-1})} = \int_{t_{k-1}}^{t_k} \big(\mu(\tau) - \frac{1}{2}\sigma^2(\tau)\big)d\tau + \int_{t_{k-1}}^{t_k} \sigma(\tau)dW(\tau) ,$$

ist, das heisst $R(t_k) \sim \mathcal{N}(\mu_S, \sigma_S^2)$, mit Erwartungswert und Varianz

$$\mu_S = \int_{t_{k-1}}^{t_k} \big(\mu(\tau) - \frac{1}{2}\sigma^2(\tau)\big)d\tau, \quad \sigma_S^2 = \int_{t_{k-1}}^{t_k} \sigma^2(\tau)d\tau .$$

Im Abschn. B.3 zeigen wir, dass für $\mu(t) = r(t) - q(t)$ die Black-Scholes Formel immer noch gültig ist, jedoch mit geänderten Parameterwerten. Zum Beispiel lässt sich der Wert

$$V(s, t; T, K, \overline{\sigma}, \overline{r}, \overline{q}, \omega)$$

einer Call oder Put Option nach wie vor mit der Formel (1.7) bestimmen, nun sind aber die Konstanten σ, r, q durch die über das Zeitintervall $[t, T]$ gemittelten Werte zu ersetzen, das heisst

$$\overline{\sigma} = \sqrt{\frac{1}{T-t}\int_t^T \sigma^2(\tau)\mathrm{d}\tau}$$

$$\overline{r} = \frac{1}{T-t}\int_t^T r(\tau)\mathrm{d}\tau$$

$$\overline{q} = \frac{1}{T-t}\int_t^T q(\tau)\mathrm{d}\tau\ .$$

Für das verallgemeinerte Black-Scholes Modell sind die Koeffizienten a, b und c der partiellen Differentialgleichung (6.31) daher gegeben als

$$a(s,t) = -\frac{1}{2}\sigma^2(t)s^2, \quad b(s,t) = -\big(r(t)-q(t)\big)s, \quad c(s,t) = r(t)\ .$$

Beispiel 6.9 Wir betrachten eine Put Option mit Strike $K = 10$ und Maturität $T = 0.5$ zum Zeitpunkt $t = 0$ unter der Annahme, dass die Volatilitiät mit der (Rest)laufzeit der Option steigt und der risikolose Zinssatz fällt

$$\sigma(t) = \frac{1}{5} + \frac{1}{5}t, \quad r(t) = 0.02 - 0.01t\ . \tag{6.33}$$

Die Dividende q sei Null. Für diese Wahl von $\sigma(t)$ und $r(t)$ ergeben sich eine durchschnittliche Volatilität von $\overline{\sigma} = \frac{\sqrt{57}}{30} \doteq 0.25166$ und einen durchschnittlichen Zinssatz von $\overline{r} = \frac{7}{400} = 0.0175$. Nach der Black-Scholes Formel ergibt sich – für $s = K$ – ein Preis der Put Option von

$$V(s,0;T,K,\overline{\sigma},\overline{r},\overline{q},-1) = V(10,0;0.5,10,\sqrt{57}/30,7/400,0,-1) \overset{(1.7)}{\doteq} 0.663191\ .$$

Die Finite-Differenzen Methode[7] liefert für $G^e = [0,64[$, $N = 2^{12}-1$, $M = \lceil 0.05N \rceil$ und $\theta = 0.5$ den Preis $w(K,0) \approx V_p(K,0) \doteq 0.663186$.

[7] Wir setzen keine Randbedingung am linken Rand $s = s_l$ und homogene Dirichlet-Randbedingung am rechten Rand $s = s_r$. Alternativ können wir auch die Dirichlet-Randbedingung

$$w_l(t) = Ke^{-\int_0^t r(\tau)\mathrm{d}\tau} \overset{(6.33)}{=} Ke^{-0.02t+0.005t^2}$$

setzen. Diese folgt – wie schon für den Fall mit zeitunabhängigen Koeffizienten im Abschn. 6.1 – aus der Differentialgleichung (6.31) für $s = 0$: Der Optionspreis $w_l(t)$ am linken Rand löst die gewöhnliche Differentialgleichung

$$w_l'(t) + r(t)w_l(t) = 0, \quad w_l(0) = K\ ,$$

vergleiche mit (6.11).

```
In [33]: a = lambda x,t:-(0.2+0.2*t)**2/2*x**2; b = lambda x,t:-(0.02-0.01*t)*x;
In [34]: c = lambda x,t:(0.02-0.01*t)*x**0;
In [35]: g = lambda x:np.maximum(10-x,0); wl = lambda t:0*t; wr = wl;
In [36]: N = 2**12-1; M = int(np.ceil(0.05*N));
In [37]: x,w = pdetime_1d_a_theta(a,b,c,0.5,0,wl,3,64,wr,0,g,N,M,0,0.5);
In [38]: w[x==10]
Out[38]: array([0.66318556])
```

◇

6.5.1 Anwendung: Barriere Optionen im CEV Modell mit zeitabhängigen Koeffizienten

Als weitere Anwendung der Routine pdetime_1d_a_theta bewerten wir nun Out Barriere Optionen im CEV Modell mit zeitabhängigen Koeffizienten. Das heisst wir suchen die Erwartungswerte

$$V_{\mathrm{uo}}(s,0) := e^{-\int_0^T r(\tau)\mathrm{d}\tau}\mathbb{E}^{\mathbb{Q}}\big[\max\{\omega(S(T)-K),0\}1_{\{\max_{t\in]0,T]} S(t)<B\}} \mid S(0)=s\big]$$

für eine Up-und-Out Option respektive

$$V_{\mathrm{do}}(s,0) := e^{-\int_0^T r(\tau)\mathrm{d}\tau}\mathbb{E}^{\mathbb{Q}}\big[\max\{\omega(S(T)-K),0\}1_{\{\min_{t\in]0,T]} S(t)>B\}} \mid S(0)=s\big]$$

für eine Down-und-Out Option. Sind die Out-Preise gefunden, ergeben sich die In-Preise aus $V_{\mathrm{di}} = V - V_{\mathrm{do}}$, mit V der Wert der entsprechenden Europäischen Option, siehe (11.12) für eine Begründung dieser Beziehung. In obigen Erwartungswerten folgt der Basiswertkurs $S(t)$ dem CEV Modell mit zeitabhängigen (deterministischen) Koeffizienten

$$\mathrm{d}S(t) = \big(r(t)-q(t)\big)S(t)\mathrm{d}t + \delta(t)S(t)^{\beta}\mathrm{d}W(t), \quad S(0)=s$$

vergleiche mit (1.18). Nach dem Wechsel zur Restlaufzeit, möglicher Lokalisierung und dem Setzen von Randbedingungen sind beide Bewertungsprobleme von der Form (6.31), mit

$$a(s,t) := -\frac{1}{2}\delta(T-t)s^{2\beta}, \quad b(s,t) := -\big(r(T-t)-q(T-t)\big)s, \quad c(s,t) := r(T-t)\,.$$

Weiter ist $G =]s_l, s_r[=]0, B[$, $w_r(t) = 0$, $n_r = 0$ für die Up-und-Out und $G =]s_l, s_r[=]B, \infty[$, $w_l(t) = 0$, $n_l = 0$ für die Down-und-Out Option.

Beispiel 6.10 Wir betrachten eine Up-und-Out Call Option ($\omega = 1$) mit Maturität $T = 1$, Barriere $B = 100$, Ausübungspreis $K = 74$ und $s = S(0) = 70$. Die Modellparameter sind $\beta = 1.2$ und $\delta(t) = 0.3\sqrt{1+t}$, $r(t) = -0.01t$, $q(t) = 0.005(1-t)$. Da die Option eine Call Option ist, gilt neben den bereits genannten Randbedingungen zusätzlich $w_l(t) = 0$ und $n_l = 0$. Wählen wir in der Routine pdetime_1d_a_theta $N = 2^{10}-1$ Gitterpunkte, $M = \lceil 0.1N \rceil$ Zeitschritte im Rannacher-Verfahren (mit $R = 2$ und $\theta = 0.5$), so erhalten wir $V_{\mathrm{c,uo}}(s,0) \doteq 0.1054$.

Tab. 6.4 Preise von Up-und-Out Call Option im CEV Modell mit zeitabhängigen Koeffizienten. Die in der Literatur vorgeschlagende GIT-Methode ist sehr schnell, dafür u. U. ungenau

K	59	64	69	74	79	84
FDM	0.5140	0.3229	0.1917	0.1054	0.0518	0.0214
GIT	0.5158	0.3241	0.1924	0.1057	0.0519	0.0214

```
In [40]: beta = 1.2; delta = lambda t:0.3*np.sqrt(1+t); q = lambda t:0.005*(1-t);
    ...: r = lambda t:-0.01*t; T = 1; K = 74; B = 100;
In [41]: a = lambda x,t: -0.5*delta(T-t)**2*x**(2*beta);
    ...: b = lambda x,t: -(r(T-t)-q(T-t))*x;
    ...: c = lambda x,t: r(T-t)*x**0;
In [42]: g = lambda x:np.maximum(x-K,0); wl = lambda t:0*t; wr = lambda t:0*t;
    ...: N = 2**10-1; M = int(np.ceil(0.1*N));
    ...: x,w = pdetime_1d_a_theta(a,b,c,T,0,wl,0,B,wr,0,g,N,M,2,0.5);
In [43]: from scipy import interpolate
    ...: interpolate.PchipInterpolator(x,w)(70)
Out[43]: array(0.1053624)
```

Wir wiederholen nun obige Rechnung für Ausübungspreise $K \in \{59, 64, 69, 74, 79, 84\}$ und vergleichen in Tab. 6.4 die resultierenden Werte mit denjenigen, welche Carr et al. [2] mit der sogenannten „Generalized Integral Transform"-Methode (Zeile „GIT") erhalten.

Die GIT Methode ist je nach Wahl ihrer Diskretisierungsparameter sehr schnell (Carr et al. [2] berichten Berechnungszeiten von ein paar Dutzend Millisekunden); das Beispiel zeigt jedoch, dass die so erhaltenen Preise nicht sehr genau sind. ◇

In der Aufgabe 6.8 betrachten wir das Bewerten einer Down-und-Out Put Option im CEV Modell mit zeitabhängigen Koeffizienten.

6.5.2 Anwendung: Asiatische Optionen

Asiatische Optionen sind ein weiteres Beispiel für Pfad-abhängige Optionen, da ihre Auszahlung nicht nur vom Schlusskurs $S(T)$ des Basiswertes abhängt, sondern von Kursen während der Laufzeit der Option. Bei Asiatischen Optionen hängt die Auszahlung vom *Durchschnittskurs* $Y(T)$ des Basiswertes ab. Im Wesentlichen unterscheidet man den kontinuierlichen (arithmetischen) Durchschnitt

$$Y_c(T) := \frac{1}{T} \int_0^T S(\tau) \mathrm{d}\tau$$

und den über $n \geq 1$ vorgegebene Beobachtungszeitpunkte

$$0 < t_1 < t_2 < \ldots < t_n \leq T$$

berechneten diskreten (arithmetischen) Durchschnitt

$$Y(T) := \frac{1}{n} \sum_{k=1}^{n} S(t_k) ,$$

wobei nur letzterer in konkreten Derivaten Anwendung findet[8]. Man findet in der Literatur nebst dem arithmetischen Durchschnitt auch den geometrischen. Zum Beispiel ist der diskrete geometrische Durchschnitt des Basiswertes über n Beobachtungszeitpunkte definiert als $\sqrt[n]{S(t_1) \cdot \ldots \cdot S(t_n)}$; wir werden solche Asiatische Optionen nicht weiter verfolgen, da sie eher von theoretischer Bedeutung sind (für solche Optionen existieren Bewertungsformeln, für arithmetische Asiatische Optionen nicht).

Natürlicherweise muss auch bei Asiatischen Optionen zwischen Call und Put unterschieden werden. Da jedoch auch für Asiatische Optionen eine Put-Call Parität existiert, beschränkt man sich beim Bewerten von Asiatischen Optionen auf Call Optionen. Die allgemeine Auszahlungsfunktion einer Asiatischen Call Option kann als

$$g\big(Y(T), S(T)\big) = \max\{Y(T) - K_1 S(T) - K_2, 0\} \tag{6.34}$$

geschrieben werden. Ist $K_1 = 0$ (der übliche Fall), liegt eine „fixed strike" Asiatische Call Option vor; ist $K_2 = 0$, so haben wir eine „floating strike" Asiatische Call Option.

Das Bewerten von Asiatischen Optionen ist – unabhängig von der gewählten Berechnungsmethode – nicht trivial. Wir betrachten hier das Bewerten solcher Optionen mit Hilfe einer partiellen Differentialgleichung. Unter den verschiedenen Ansätzen, die in der Literatur diskutiert werden, betrachten wir denjenigen von Večeř [10], da er elegant ist und unsere bestehenden Routinen diesen Fall bereits abdecken.

Unter der Annahme, dass der Basiswert $S(t)$ einer geometrischen Brown'schen Bewegung (1.4) folgt und eine stetige Dividende $q \geq 0$ auszahlt, stellt sich heraus, dass der gesuchte Optionspreis $V(s, 0)$ zum Zeitpunkt 0 geschrieben werden kann als das Produkt

$$V(s, 0) = s v(x_0, T) \tag{6.35}$$

wobei die Funktion $v = v(x, t)$ folgende partielle Differentialgleichung löst

$$\begin{cases} \partial_t v + a(x,t)\partial_{xx} v = 0 & \text{in } G \times]0, T] \\ v(x, 0) = g(x) & \text{in } G \end{cases} , \tag{6.36}$$

[8] In Derivaten wird oft der Startwert des Basiswertes $S(0)$ in der Durchschnittsbildung berücksichtigt, das heisst es ist

$$Y(T) := \frac{1}{n+1} \sum_{k=0}^{n} S(t_k) .$$

Zusätzlich ist in der Regel in diesen Fällen $t_n = T$, das heisst der Schlusskurs $S(T)$ des Basiswertes wird berücksichtigt.

mit $G = \mathbb{R}$ und der Koeffizient $a(x,t)$ sowie die Auszahlungsfunktion g gegeben durch

$$a(x,t) := -\frac{1}{2}\sigma^2\big(x - e^{-q(T-t)} f(t)\big)^2, \quad g(x) = \max\{x - K_1, 0\} .$$

Wir bemerken, dass die Variable x_0 *nicht* wie sonst üblich in diesem Text den logarithmierten Basiswert s darstellt, sondern gegeben ist durch

$$x_0 := f(T) - e^{-rT}\frac{K_2}{s} . \tag{6.37}$$

Die im Koeffizienten $a(x,t)$ auftauchende Funktion $f(t)$ hängt davon ab, ob wir den kontinuierlichen oder den diskreten arithmetischen Durchschnitt betrachten. Im Falle des kontinuierlichen Durchschnitts ist

$$f(t) := \frac{1}{(r-q)T}\left(e^{-qt} - e^{-rt}\right) ,$$

im Falle des diskreten Durchschnitts ergibt sich

$$f(t) := \frac{1}{n} e^{-qt} \sum_{k=\omega(t)+1}^{n} e^{(-r+q)(T-t_k)} . \tag{6.38}$$

Darin ist die Treppenfunktion $\omega(t)$ wie folgt definiert

$$\omega(t) := \begin{cases} 0 & \text{falls } 0 \leq T - t < t_1 \\ 1 & \text{falls } t_1 \leq T - t < t_2 \\ \vdots & \\ n-1 & \text{falls } t_{n-1} \leq T - t < t_n \\ n & \text{falls } t_n \leq T - t \end{cases} \tag{6.39}$$

Wie immer bei der Anwendung von finiten Differenzen müssen wir das unbeschränkte Gebiet G in (6.36) abschneiden zu einem endlichen Intervall G^e und dann Bedingungen am Rand von $\overline{G^e}$ festlegen. Wir betrachten daher das Problem[9]

$$\begin{cases} \partial_t w + a(x,t)\partial_{xx} w = 0 & \text{in } G^e \times]0,T] \\ w(x_l,t) = 0 & \text{in }]0,T] \\ \partial_x w(x_r,t) = 1 & \text{in }]0,T] \\ w(x,0) = g(x) & \text{in } G^e \end{cases} , \tag{6.40}$$

dieses ist somit ein Spezialfall des Problems (6.31), mit $b(x,t) = c(x,t) = 0$. Obwohl das Problem ein Spezialfall darstellt, schreiben für die Bewertung von den oben definierten Asiatischen Optionen eine eigene Routine asiancall_bs. Wir schreiben die Routine so,

[9] Die Randbedingungen sowie die Grenzen x_l, x_r werden in Yu [11] hergeleitet.

dass sie sowohl „fixed strike" als auch „floating strike" Optionen bewerten kann (vergleiche mit dem Auszahlungsprofil in (6.34)); zusätzlich soll die Routine kontinuierliche als auch diskrete Durchschnittsbildung berücksichtigen.

Ein besonderes Augenmerk müssen wir der Realisation der Treppenfunktion $\omega(t)$ in (6.39) richten. Dazu bemerken wir, dass gemäss Definition

$$\omega(t) = j, \quad \text{falls } t_j \leq T - t < t_{j+1}$$

gilt, woraus

$$\omega(t) = j, \quad \text{falls } t_j + t - T \leq 0 < t_{j+1} + t - T \tag{6.41}$$

folgt. Wir überlegen uns, dass wir diese Funktion via Python's `argmax` definieren können, da der Befehl `np.argmax(`$\mathbf{x} > 0$`)` den ersten *Index* i findet, für welchen im Vektor $\mathbf{x} = (x_0, x_1, \ldots, x_{n-1})$ mit n Elementen und der Ordnung $x_0 \leq x_1 \leq \ldots \leq x_{n-1}$ das erste Element x_i grösser als 0 ist.

Definieren wir den Vektor der Beobachtungszeitpunkte

$$\mathbf{t}_j := (t_1, t_2, \ldots, t_n) \ ,$$

so ist bei Betrachtung von (6.41) klar, dass `np.argmax(`$\mathbf{t}_j + t - T > 0$`)` -1 den gesuchten Funktionswert $\omega(t) = j$ respektive die untere Summationsgrenze in der Summe (6.38) liefert. Wird der Zeitpunkte $t_0 = 0$ bei der Durchschnittsbildung berücksichtigt, also der Vektor der Beobachtungszeitpunkte die Form

$$\mathbf{t}_j := (t_0, t_1, t_2, \ldots, t_n)$$

hat, so müssen wir der Routine den Vektor

$$\mathbf{t}_j := (0, t_1, t_2, \ldots, t_n)$$

übergeben. Wir realisieren die Routine so, dass wenn dieser einen leeren Vektor $\mathbf{t}_j$ via `[]` übergeben, automatisch der kontinuierliche Durchschnitt betrachtet wird.

Ist die Funktion $f(t)$ realisiert, folgt daraus direkt die Funktion $a(x, t)$ in (6.36), und wir können die Funktion pdetime_1d_a_theta aufrufen, wenn wir auch noch das Rechengebiet $G^e =]x_l, x_r[$ definiert haben. Gemäss (6.35) müssen wir die Differentialgleichung (6.40) nach $w(x, t)$ lösen und dann die gefundene Funktion $v(x, T) \approx w(x, T)$ auswerten an der Stelle $x_0 \in G^e$. Betrachten wir eine „fixed strike" Call Option (der übliche Fall), so ist $K_2 > 0$ und die Stelle x_0 nach (6.37) gegeben als $x_0 = f(T) - e^{-rT} K_2/s$. Da s selbst Werte zwischen 0 und ∞ annehmen kann, liegt x_0 zwischen $-\infty$ (für $s = 0$) und $f(T)$ (für $s = \infty$). Die rechte Randpunkt des Intervalls G^e ist für eine „fixed strike" Call Option daher $x_r = f(T)$; allgemeiner zeigt Yu [11], dass

$$x_r = K_1 e^{(-q+\sigma^2/2)T + 4\sigma\sqrt{T}} + f(T)$$

einen sinnvollen rechten Randpunkt darstellt. Für die linke Grenze x_l leitet Yu

$$x_l = K_1 e^{-qT-4\sigma\sqrt{T}} - e^{-rT} S_n\,, \qquad S_n := \frac{1}{n}\sum_{k=1}^{n} e^{(r-q+\sigma^2/2)t_k + 4\sigma\sqrt{t_k}}$$

her. Die Routine asiancall_bs kann demnach so aussehen[10].

Routine 6.6: asiancall_bs.py

```
import numpy as np
from scipy.special import erf
from scipy.special import erfi
from pdetime_1d_a_theta import pdetime_1d_a_theta
from scipy.interpolate import interp1d

def omega(t,tj,T):
        return np.argmax(tj+t-T>=0)

def S(r,q,sigma,T):
    alpha = (r-q+sigma**2/2)*T; beta = 4*sigma*np.sqrt(T);
    if alpha == 0:
        f = 2/beta**2*(beta*np.exp(beta)-np.exp(beta)+1);
    elif alpha>0:
        f = 1/(2*alpha**(1.5))*(beta*np.sqrt(np.pi)\
              *np.exp(-0.25*beta**2/alpha)*(erfi(beta/(2*np.sqrt(alpha)))\
                      -erfi((2*alpha+beta)/(2*np.sqrt(alpha))))\
                      -2*np.sqrt(alpha)*(1-np.exp(alpha+beta)));
    else:
        f = 1/(2*(-alpha)**(1.5))*(beta*np.sqrt(np.pi)\
              *np.exp(-0.25*beta**2/alpha)*(erf(beta/(2*np.sqrt(-alpha)))\
                      -erf((2*alpha+beta)/(2*np.sqrt(-alpha))))\
                      +2*np.sqrt(-alpha)*(1-np.exp(alpha+beta)));
    return f

def asiancall_bs(s,sigma,r,q,T,tj,K1,K2,N,M,theta):
    '''Findet den Wert einer Asiatischen Call Option mit Auszahlungsfunktion

    g(S_T) = max(0,av(S_T)-K1*S_T-K2)

    wobei av(S_T) der kontinuierliche (tj = []) oder diskrete Durchschnitt
    (ueber die im Vektor tj definierten Zeitpunkte) des Basiswertes zwischen
    0 und Maturitaet T bezeichnet. Der Basiswert folgt einer gBB mit
    Volatilitaet sigma. q ist die stetige Dividende, r der stetige risikolose
    Zinssatz. N, M und theta sind die ueblichen Diskretisierungsparameter.'''

    n = len(tj)

    if n>=1: # diskreter Durchschnitt
        v = np.exp((-r+q)*(T-tj));
        f = lambda t: np.exp(-q*t)*np.sum(v[omega(t,tj,T):n+1])/n
        xl = K1*np.exp(-q*T-4*sigma*np.sqrt(T))-\
        np.exp(-r*T)*np.sum(np.exp((r-q+sigma**2/2)*tj+4*sigma*np.sqrt(tj)))/n;
```

[10] Für „unendlich" viele Beobachtungszeitpunkte müssen wir zur Bestimmung der linken Grenze x_l den Grenzwert $S_\infty := \lim_{n\to\infty} S_n$ betrachten; dieser hängt vom Vorzeichen $r - q + \sigma^2/2$ ab und ist in der Routine als Subfunction $\mathtt{S}(r, q, \sigma, T)$ realisiert.

```
    else: # kontinuierlicher Durchschnitt
        f = lambda t:(np.exp(-q*t)-np.exp(-r*t))/((r-q)*T)
        xl = K1*np.exp(-q*T-4*sigma*np.sqrt(T))-np.exp(-r*T)*S(r,q,sigma,T);

    a = lambda x,t: -sigma**2/2*(x-np.exp(-q*(T-t))*f(t))**2
    b = lambda x,t: 0*x*t; c = lambda x,t: 0*x*t
    g = lambda x:np.maximum(x-K1,0)
    xr = K1*np.exp((-q+sigma**2/2)*T+4*sigma*np.sqrt(T))+f(T);
    wl = lambda t:0*t; wr = lambda t:t**0; x0 = f(T)-np.exp(-r*T)*K2/s;

    x,u = parabol_dgl_BC_t(a,b,c,T,xl,wl,0,xr,wr,1,g,N,M,0,theta)
    w = s*interp1d(x,u,kind='linear')(x0)

    return w
```

Beispiel 6.11 Wir betrachten eine (arithmetische) Asiatische Call Option mit $n = 12$ gleich verteilten Beobachtungszeitpunkten $t_j = \frac{j}{n}T$, Ausübungspreis $K = 100$ und Maturität $T = 1$ (der Zeitpunkt $t_0 = 0$ wird bei der Durchschnittsberechnung zusätzlich berücksichtigt). Weiter setzen wir $\sigma = 0.17801$, $r = 0.0367$ und $q = 0$. Für diese Parameterwerte und $s = 100$ finden Levendorskii und Xie [7] $V_{\text{ex}} \doteq V(s, 0) \doteq 4.88196162$. Wir lösen die Differentialgleichung (6.40) im Intervall $G^e =]x_l, x_r[$ für $N = 2^9 - 1 = 511$ Gitterpunkte und $M = 9 \cdot 2^3 = 72$ Zeitschritte. Die Anzahl der Zeitschritte M ist so gewählt, dass die Beobachtungszeitpunkte t_j mit den Gitterpunkten $t_k = \frac{k}{M}$ zusammenfallen. Es ergibt sich daher in Python

```
In [39]: tj = np.arange(0,13)/12; N = 2**9-1; M = 9*2**3
In [40]: w = asiancall_bs(100,0.17801,0.0367,0,1,tj,0,100,N,M,0.5); w
Out[40]: 4.882788294851901
```

Wir wiederholen nun das Experiment jeweils für $N = 2^L - 1$ Gitterpunkte und $M = 9 \cdot 2^{L-6}$ Zeitschritte (für $L = 8, \ldots, 13$ und $\theta = 0.5$). Dann greifen wir für jedes L den Wert $w(x_0, T)$ der Funktion w an der Stelle x_0 ab und bestimmen den Wert $V = sw(x_0, T)$ der Option nach der Formel (6.35) sowie den (absoluten) Fehler $e := |V - V_{\text{ex}}|$. Wir erhalten Tab. 6.5 (Werte gerundet auf acht Nachkommastellen). Eine lineare Einfach-Regression auf die „Daten“ $(\ln(N), \ln(e))$ liefert eine Geradensteigung von -2.68, womit das Verfahren für dieses Problem sogar besser als quadratisch konvergiert. ◇

Tab. 6.5 Optionspreise erhalten mit der Finiten-Differenzen-Methode. Der „exakte“ Preis ist $V_{\text{ex}} \doteq 4.88196162$

N	$V = sw(s_0, T)$	$e = \|V - V_{\text{ex}}\|$
255	4.88410371	0.00214209
511	4.88278829	0.00082667
1023	4.88228873	0.00032711
2047	4.88194600	0.00001562
4095	4.88196571	0.00000409
8191	4.88196183	0.00000021

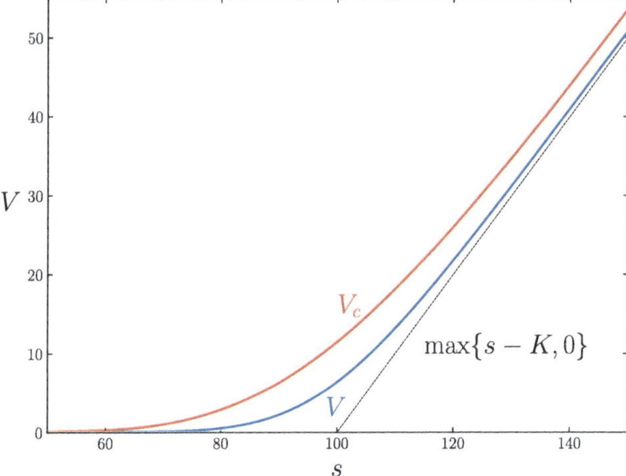

Abb. 6.5 Im Vergleich zu Europäischen Call Optionen mit den selben Modell- und Kontraktparametern sind Asiatische (fixed strike) Call Optionen wesentlich günstiger

Wir verwenden nun die Routine asiancall_bs, um das Verhalten des Preises einer Asiatischen „fixed strike" Call Option zu studieren. In Abb. 6.5 vergleichen wir für die Parameter $\sigma = 0.25$, $r = 0.03$, $q = 0$, $K = 100$, $T = 1$ und $t_j = j/12$ mit $j = 0, 1, \ldots, 12$ (Durchschnittsbildung mit Monatsendpreisen $S(t_k)$, der Startwert $S(0)$ wird bei der Durchschnittsberechnung berücksichtigt) den Wert $V(s)$ der Asiatischen Option mit dem Wert einer Europäischen Call Option. Die Abbildung kann in Python via

```
In [42]: sigma = 0.25; r = 0.03; q = 0; K = 100; T = 1;
In [43]: s = np.arange(50,150.01,0.01); tj = np.arange(0,13)/12;
In [44]: w = asiancall_bs(s,sigma,r,q,T,tj,0,K,2**10-1,9*2**6,0.5);
In [45]: vc = callput_bs_a(s,K,T,sigma,r,q,1);
In [46]: plt.plot(s,w,s,vc,s,np.maximum(s-K,0),'k-')
```

generiert werden. Wir stellen fest, dass der Wert der Asiatischen Option tiefer ist als das europäische Gegenstück.

Nun untersuchen wir die Abhängigkeit des Optionspreises V von der Anzahl n der in $[0, T]$ gleichverteilten Beobachtungszeitpunkte und schreiben V_n um anzudeuten, dass der Preis von n abhängt. In der Aufgabe 6.9 haben wir gesehen, dass für $n = 1$ (mit $t_1 = T$) der Wert der Asiatischen Option dem Wert der entsprechenden Europäischen Option entspricht, das heisst $V_1 = V_c$. Nimmt man „unendlich" viele Zeitpunkte zur Durchschnittsbildung, gelangt man zu einer Asiatischen Option, bei welcher der kontinuierliche Durchschnitt $Y(T) = \frac{1}{T}\int_0^T S(\tau)\mathrm{d}\tau$ betrachtet wird. Wir nennen diesen Preis V_∞, und es gilt

$$\lim_{n\to\infty} V_n = V_\infty.$$

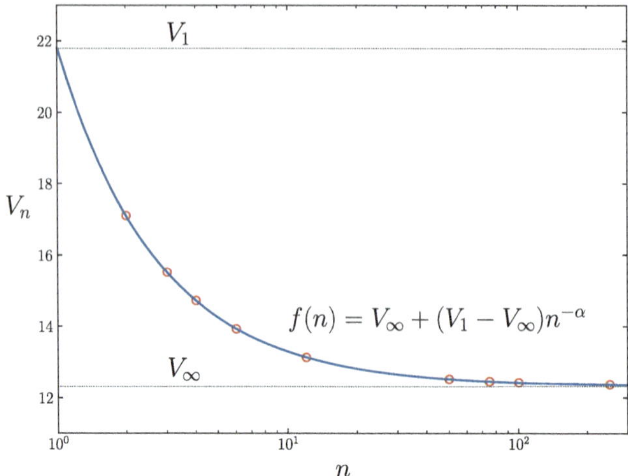

Abb. 6.6 Der Preis V_n einer „fixed strike" Call Option in Abhängigkeit von der Anzahl n der (gleichverteilten) Beobachtungszeitpunkte (o). Die Abhängigkeit lässt sich als $V_n \approx V_\infty + (V_1 - V_\infty)n^{-\alpha}$ beschreiben (–)

Für die Parameter $\sigma = 0.5$, $r = 0.05$, $q = 0$, $T = 1$, $s = K = 100$ bestimmen wir mit Hilfe der Routine asiancall_bs die Preise V_n für $n \in \{2, 3, 4, 6, 12, 50, 75, 100, 250\}$ (wir nehmen jeweils $N = 2^{13} - 1$ Gitterpunkte, $M = 9 \cdot 2^9$ Zeitschritte sowie $\theta = 0.5$). Wir erhalten die Abb. 6.6, in welcher wir die Punkte $(\ln(n), V_n)$ auftragen (der Übersichtlichkeit halber verwenden wir $\ln(n)$ anstatt n) . Man erkennt, dass mit zunehmendem n der Preis der Option sinkt und V_∞ als untere Schranke figuriert. Wir vermuten ein exponentielles Abklingen von V_n bezüglich $\ln(n)$, so dass wir die Abhängigkeit mit der Funktion

$$f(n) := V_\infty + (V_1 - V_\infty)e^{-\alpha \ln(n)} = V_\infty + (V_1 - V_\infty)n^{-\alpha}$$

für ein noch zu findendes $\alpha > 0$ (welches die Geschwindigkeit des Abklingens angibt) modellieren. Um den Parameter α zu finden, führen wir eine nicht-lineare Regression durch, das heisst dass α so bestimmt wird, dass die Summe der Residuen

$$\sum \left(V_n - (V_\infty + (V_1 - V_\infty)n^{-\alpha})\right)^2$$

minimal wird. Wir finden $\alpha \doteq 0.9909$ und bemerken, dass die Regression eine sehr hohe Qualität aufweist: die Werte $f(n)$ sind von den Optionspreisen V_n optisch nicht unterscheidbar. Zum Beispiel ist $V_6 \doteq 13.9206$ und $f(6) \doteq 13.9254$.

6.6 Berechnung der Griechen

Einige Griechen für eine Call Option im Black-Scholes Modell haben wir bereits im Abschn. 3.3 betrachtet. In diesem haben wir die Griechen dadurch erhalten, indem wir die partiellen Ableitungen $\partial_s V$, $\partial_{ss} V$, $\partial_\sigma V$ usw. explizit ausgerechnet haben. Allgemeiner sind im Hedging, im Risikomanagement oder in der Modell-Kalibrierung (siehe Abschn. 1.5) partielle Ableitungen $\partial_x V$, $\partial_{xx} V$ und $\partial_{\eta_i} V$ eines Derivatpreises nach dem Basiswert x oder den Modellparametern η_i von grossem Interesse. Je nach Komplexität der Bewertungsformel $V(x, t; \eta_1, \ldots, \eta_n)$ ist die Berechnung (also das explizite Ableiten der Bewertungsformel) der Griechen sehr aufwändig. Wir können uns zum Beispiel vorstellen, dass das Ableiten der Bewertungsformel (1.19) für eine Call Option im CEV Modell nach s, δ oder β sehr mühsam ist. Auch stellt sich die Frage, wie man die Ableitungen bestimmt, wenn keine Bewertungsformel $V(x, t; \eta_1, \ldots, \eta_n)$ existiert. Es ist daher wünschenswert, die Griechen approximativ zu bestimmen. Ein Vorteil der Finite-Differenzen-Methode gegenüber anderen numerischen Verfahren ist, dass wir mit dieser relativ leicht an die Griechen herankommen.

Wir betrachten zuerst die Ableitung eines Derivatpreises V nach einem Modellparameter η. Wir schreiben $V(\eta)$ und lassen ausser Acht, dass V noch vom Basiswert, Kontraktparameter und möglicherweise noch von anderen Modellparametern abhängt. Die Ableitung von V nach η ist definiert als der Grenzwert

$$\partial_\eta V(\eta) := \lim_{\Delta\eta \to 0} \frac{V(\eta + \Delta\eta) - V(\eta)}{\Delta\eta}$$

sofern dieser existiert. Eine offensichtliche Approximation dieses Grenzwerts ist gegeben durch den zentralen Differenzenquotienten (siehe Definition 4.3)

$$\partial_\eta V(\eta) \approx \frac{V(\eta + \Delta\eta) - V(\eta - \Delta\eta)}{2\Delta\eta} .$$

Wenn wir den Optionspreis $V(\eta)$ nur durch die Finite-Differenzen-Methode erhalten können (zum Beispiel via der Routine pde_1d_a_theta), hat diese Wahl jedoch einige Nachteile. Erstens müssen wir die beiden Optionspreise $V(\eta \pm \Delta\eta)$ bestimmen, das heisst wir müssen unsere Routine für die Berechnung von Optionspreisen zweimal aufrufen. Zweitens sind die so berechneten Optionspreise selbst ja auch nur approximativ, wodurch nicht klar ist, ob die Approximation der Ableitung je nach Wahl von $\Delta\eta$ genügend genau wird. Drittens ist nicht klar, wie gross wir $\Delta\eta$ wählen sollen. Aus den genannten Gründen schlagen wir einen anderen, eleganteren Weg ein.

Wir nehmen an, dass der Optionspreis $V(\eta)$ zu jedem „zulässigen" Wert des Parameters η die partielle Differentialgleichung

$$\partial_t V(\eta) + \mathcal{A}(\eta) V(\eta) = 0 \tag{6.42}$$

löst. Hier ist $\mathcal{A}(\eta)$ der Operator

$$\mathcal{A}(\eta) := a(\eta)\partial_{xx} + b(\eta)\partial_x + c(\eta) ,$$

das heisst die Koeffizienten a, b und c hängen explizit vom Modellparameter η ab (und in der Regel von x und t; diese Abhängigkeiten unterdrücken wir der einfacheren Notation halber). Nun können wir die folgende Rechnung machen. Ist $\eta + \Delta\eta$ ein „zulässiger" Parameter(wert), muss wegen (6.42) der Optionspreis $V(\eta + \Delta\eta)$ zu diesem Parameter die Differentialgleichung

$$\partial_t V(\eta + \Delta\eta) + \mathcal{A}(\eta + \Delta\eta)V(\eta + \Delta\eta) = 0 \tag{6.43}$$

lösen. Wir subtrahieren die Gleichungen (6.42) und (6.43) voneinander und addieren anschliessend $0 = \mathcal{A}(\eta)V(\eta + \Delta\eta) - \mathcal{A}(\eta)V(\eta + \Delta\eta)$. Es ergibt sich

$$\begin{aligned}\partial_t V(\eta + \Delta\eta) + \mathcal{A}(\eta + \Delta\eta)V(\eta + \Delta\eta) - \partial_t V(\eta) - \mathcal{A}(\eta)V(\eta) + 0 = 0\\ \partial_t V(\eta + \Delta\eta) + \mathcal{A}(\eta + \Delta\eta)V(\eta + \Delta\eta) - \partial_t V(\eta) - \mathcal{A}(\eta)V(\eta)\\ + \mathcal{A}(\eta)V(\eta + \Delta\eta) - \mathcal{A}(\eta)V(\eta + \Delta\eta) = 0\,.\end{aligned}$$

Nun gruppieren wir geeignet

$$\begin{aligned}\partial_t V(\eta + \Delta\eta) + \mathcal{A}(\eta)V(\eta + \Delta\eta) - \partial_t V(\eta) - \mathcal{A}(\eta)V(\eta)\\ + \mathcal{A}(\eta + \Delta\eta)V(\eta + \Delta\eta) - \mathcal{A}(\eta)V(\eta + \Delta\eta) = 0\,.\end{aligned}$$

In dieser Gleichung können wir die erste Zeile schreiben als $(\partial_t + \mathcal{A}(\eta))(V(\eta + \Delta\eta) - V(\eta))$ und die zweite als $(\mathcal{A}(\eta + \Delta\eta) - \mathcal{A}(\eta))V(\eta + \Delta\eta)$. Die Summe der beiden Zeilen ist 0, was sie auch bei Division durch $\Delta\eta \neq 0$ bleibt, also

$$\begin{aligned}&\frac{(\partial_t + \mathcal{A}(\eta))(V(\eta + \Delta\eta) - V(\eta))}{\Delta\eta}\\ &+\frac{(\mathcal{A}(\eta + \Delta\eta) - \mathcal{A}(\eta))V(\eta + \Delta\eta)}{\Delta\eta} = 0\,,\end{aligned}$$

oder

$$(\partial_t + \mathcal{A}(\eta))\frac{V(\eta + \Delta\eta) - V(\eta)}{\Delta\eta} + \frac{\mathcal{A}(\eta + \Delta\eta) - \mathcal{A}(\eta)}{\Delta\eta}V(\eta + \Delta\eta) = 0\,.$$

In dieser Gleichung lassen wir $\Delta\eta$ gegen 0 streben,

$$(\partial_t + \mathcal{A}(\eta))\lim_{\Delta\eta\to 0}\frac{V(\eta + \Delta\eta) - V(\eta)}{\Delta\eta} + \lim_{\Delta\eta\to 0}\frac{\mathcal{A}(\eta + \Delta\eta) - \mathcal{A}(\eta)}{\Delta\eta}V(\eta + \Delta\eta) = 0$$

und erhalten

$$(\partial_t + \mathcal{A}(\eta))\partial_\eta V + \partial_\eta \mathcal{A} V(\eta) = 0\,,$$

wobei wir mit $\partial_\eta \mathcal{A}$ den Operator

$$\partial_\eta \mathcal{A}(\eta) := \partial_\eta a(\eta)\partial_{xx} + \partial_\eta b(\eta)\partial_x + \partial_\eta c(\eta) \tag{6.44}$$

verstehen. Weil die Payoff-Funktion $g(x)$ nicht vom Modellparameter η abhängt, ist die Differenz $V(\eta + \Delta\eta) - V(\eta)$ zum Zeitpunkt $t = T$ gleich 0, daher ist auch die Ableitung $\partial_\eta V(x, T; \eta)$ gleich 0. Somit löst die partielle Ableitung des Optionspreises $\partial_\eta V(x, t; \eta)$ nach dem Parameter η, welche wir nun der Einfachheit halber mit $V_\eta(x, t)$ bezeichnen, die Gleichung

$$\begin{cases} \partial_t V_\eta + \mathcal{A} V_\eta = -\mathcal{A}_\eta V & \text{in } G \times [0, T[\\ V_\eta(x, T) = 0 & \text{in } G \end{cases}, \tag{6.45}$$

mit $\mathcal{A}_\eta$ eine vereinfachende Schreibweise für den Operator in (6.44) und V die Lösung von

$$\begin{cases} \partial_t V + \mathcal{A} V = 0 & \text{in } G \times [0, T[\\ V(x, T) = g(x) & \text{in } G \end{cases}.$$

Somit löst der Grieche V_η die gleiche partielle Differentialgleichung wie der Optionspreis V selber, wobei sich die beiden Gleichungen in der Anfangsbedingung als auch in der rechten Seite der Gleichung unterscheiden.

Beispiel 6.12 Der Ableitung V_η des Optionspreises $V(s, t)$ in (6.12) nach dem Modellparameter $\eta \in \{\delta, \beta\}$ im CEV Modell (1.18) löst die Gleichung

$$\begin{cases} \partial_t V_\eta + \frac{1}{2}\delta^2 s^{2\beta} \partial_{ss} V_\eta + (r - q) s \partial_s V_\eta - r V_\eta = -\mathcal{A}_\eta V(s, t) & \text{in } G \times [0, T[\\ V_\eta(s, T) = 0 & \text{in } G \end{cases},$$

mit dem Operator

$$\mathcal{A}_\delta = \partial_\delta\Big(\frac{1}{2}\delta^2 s^{2\beta}\Big)\partial_{ss} = \delta s^{2\beta}\partial_{ss}$$
$$\mathcal{A}_\beta = \partial_\beta\Big(\frac{1}{2}\delta^2 s^{2\beta}\Big)\partial_{ss} = \delta^2 \ln(s) s^{2\beta}\partial_{ss}\,. \qquad \diamond$$

Um die partielle Differentialgleichung (6.45) mit Hilfe der Finite-Differenzen-Methode approximativ zu lösen, müssen wir die Restlaufzeit betrachten und lokalisieren, das heisst wir müssen G einschränken auf das endliche Intervall $G^e =]x_l, x_r[$ und Randbedingungen setzen. Um den Optionspreis $w(x, t)$ zu bestimmen, haben wir in den Abschn. 6.1 und 6.2 die partielle Differentialgleichung

$$\begin{cases} \partial_t w + a(x)\partial_{xx} w + b(x)\partial_x w + c(x) w = 0 & \text{in } G^e \times]0, T] \\ \text{RB} & \\ w(x, 0) = g(x) & \text{in } G^e \end{cases} \tag{6.46}$$

für diverse Randbedingungen RB betrachtet. Da sowohl Anfangs- als auch Randbedingungen vom Modellparameter η unabhängig sind, ergibt sich die lokalisierte Differentialgleichung für die Ableitung w_η des Optionspreises w nach dem Modellparameter η

$$\begin{cases} \partial_t w_\eta + a(x)\partial_{xx} w_\eta + b(x)\partial_x w_\eta + c(x) w_\eta = \omega(x,t) & \text{in } G^e \times]0,T] \\ w_\eta(x_l,t) = 0 & \text{in }]0,T] \\ w_\eta(x_r,t) = 0 & \text{in }]0,T] \\ w_\eta(x,0) = 0 & \text{in } G^e \end{cases} \tag{6.47}$$

mit

$$\omega(x,t) = (a_\eta \partial_{xx} + b_\eta \partial_x + c_\eta) w(x,t)$$

(a_η, b_η und c_η sind die Ableitungen der Koeffizienten a, b und c nach dem Parameter η). Eine Finite-Differenzen-Routine zur Berechnung des Optionspreises w in (6.46) haben wir bereits; wir benötigen nun noch eine Routine für die Bestimmung der Ableitung des Optionspreises nach dem Parameter η. In den Abschn. 6.1 und 6.2 haben wir gesehen, dass das Berechnen des Optionspreises w auf das sukzessive Lösen der M Gleichungssysteme

$$\big(\mathbf{I} + k\theta\mathbf{A}\big)\mathbf{w}_{j+1} = \big(\mathbf{I} - k(1-\theta)\mathbf{A}\big)\mathbf{w}_j + k\mathbf{f}_j \tag{6.48}$$

hinausläuft, mit Anfangsbedingung $\mathbf{w}_0 = (g(x_1), \ldots, g(x_N))^\top$, vergleiche zum Beispiel mit (6.6). Wir bezeichnen mit $\mathbf{w}_{\eta,j}$ den Vektor, welcher die Ableitungen des Optionspreises nach dem Parameter η zum Zeitpunkt t_j enthält, mit $\boldsymbol{\omega}_j$ den Vektor der rechten Seite zum Zeitpunkt t_j, und mit $\mathbf{f}_{\eta,j}$ den Vektor der Ableitungen von $\mathbf{f}_j$ nach η, also

$$\mathbf{w}_{\eta,j} := \begin{pmatrix} w_{\eta,1,j} \\ w_{\eta,2,j} \\ \vdots \\ w_{\eta,N,j} \end{pmatrix}, \quad \boldsymbol{\omega}_j := \begin{pmatrix} \omega(x_1,t_j) \\ \omega(x_2,t_j) \\ \vdots \\ \omega(x_N,t_j) \end{pmatrix}, \quad \mathbf{f}_{\eta,j} := \begin{pmatrix} f_{\eta,1,j} \\ f_{\eta,2,j} \\ \vdots \\ f_{\eta,N,j} \end{pmatrix}$$

wobei $w_{\eta,i,j} \approx w_\eta(x_i,t_j)$ und $f_{\eta,i,j} = f_\eta(x_i,t_j)$.

Da die Differentialgleichung für die Ableitung des Optionspreises nach einem Modellparameter die selbe ist wie die Differentialgleichung für den Optionspreis selbst (bis auf die rechte Seite sowie Anfangs- und Randbedingungen), müssen wir faktisch für das Berechnen von w_η die selben M Gleichungssysteme wie in (6.48) lösen, nämlich

$$\big(\mathbf{I} + k\theta\mathbf{A}\big)\mathbf{w}_{\eta,j+1} = \big(\mathbf{I} - k(1-\theta)\mathbf{A}\big)\mathbf{w}_{\eta,j} + k\mathbf{f}_{\eta,j} + k\theta\boldsymbol{\omega}_{j+1} + k(1-\theta)\boldsymbol{\omega}_j, \tag{6.49}$$

mit Anfangsbedingung $\mathbf{w}_{\eta,0} = (0, \ldots, 0)^\top$.

Da die Matrix $\mathbf{A}$ bereits berechnet ist, müssen wir uns für die Realisierung von (6.49) nur noch überlegen, wie wir den Vektor $\boldsymbol{\omega}_j$ berechnen können. Die Funktion $\omega(x,t)$ an einem Gitterpunkt x_i zum Zeitpunkt t_j ausgewertet ist nach (6.45) (beachten Sie, dass wir die Restlaufzeit betrachten)

$$\omega(x_i, t_j) = -\big(a_\eta(x_i)\partial_{xx}V(x_i, T - t_j) + b_\eta(x_i)\partial_x V(x_i, T - t_j) + c_\eta(x_i)V(x_i, T - t_j)\big)\,;$$

da wir die partiellen Ableitungen $\partial_{xx}V(x, T - t)$ und $\partial_x V(s, T - t)$ nicht kennen, approximieren wir diese durch Differenzenquotienten

$$\begin{aligned}
\partial_x V(x_i, T - t_j) &\approx \frac{V(x_{i+1}, T - t_j) - V(x_{i-1}, T - t_j)}{2h} \\
\partial_{xx} V(x_i, T - t_j) &\approx \frac{v(x_{i-1}, T - t_j) - 2V(x_i, T - t_j) + V(x_{i+1}, T - t_j)}{h^2}\,.
\end{aligned}$$

In diesen sind die exakten Optionswerte $V(x_{i-1}, T - t_j)$, $V(x_i, T - t_j)$ und $V(x_{i+1}, T - t_j)$ zwar nicht bekannt, aber bereits approximativ berechnet und verfügbar via den approximativen Optionspreisen $w_{i-1,j}$, $w_{i,j}$ und $w_{i+1,j}$. Somit wird der Funktionswert $\omega(x_i, t_j)$ approximativ berechenbar durch

$$\omega(s_i, t_j) \approx -\left[a_\eta(x_i)\frac{w_{i-1,j} - 2w_{i,j} + w_{i+1,j}}{h^2} + b_\eta(x_i)\frac{w_{i+1,j} - w_{i-1,j}}{2h} + c_\eta(x_i)w_{i,j}\right]$$

oder, zusammengefasst nach den $w_{i,j}$

$$\begin{aligned}
\omega(x_i, t_j) \approx -\Bigg[&\left(\frac{a_\eta(x_i)}{h^2} - \frac{b_\eta(x_i)}{2h}\right)w_{i-1,j} + \left(-\frac{2a_\eta(x_i)}{h^2} + c_\eta(x_i)\right)w_{i,j} \\
&+ \left(\frac{a_\eta(x_i)}{h^2} + \frac{b_\eta(x_i)}{2h}\right)w_{i+1,j}\Bigg]\,.
\end{aligned}$$

Führen wir die Koeffizienten

$$\alpha_{\eta,i} := \frac{a_\eta(x_i)}{h^2} - \frac{b_\eta(x_i)}{2h}, \quad \beta_{\eta,i} := -\frac{2a_\eta(x_i)}{h^2} + c_\eta(x_i), \quad \gamma_{\eta,i} := \frac{a_\eta(x_i)}{h^2} + \frac{b_\eta(x_i)}{2h}\,,$$

ein, so können wir vereinfachend schreiben

$$\omega(s_i, t_j) \approx -\big[\alpha_{\eta,i}w_{i-1,j} + \beta_{\eta,i}w_{i,j} + \gamma_{\eta,i}w_{i+1,j}\big]\,.$$

Betrachten wir diese Approximation an allen Gitterpunkten $x_1,\ x_2, \ldots, x_N$, so erhalten wir in Matrixschreibweise

$$\underbrace{\begin{pmatrix} \omega(x_1, t_j) \\ \omega(x_2, t_j) \\ \omega(x_3, t_j) \\ \vdots \\ \omega(x_N, t_j) \end{pmatrix}}_{=\boldsymbol{\omega}_j} \approx -\begin{pmatrix} \beta_{\eta,1} & \gamma_{\eta,1} & & & \\ \alpha_{\eta,2} & \beta_{\eta,2} & \gamma_{\eta,2} & & \\ & \alpha_{\eta,3} & \beta_{\eta,3} & \gamma_{\eta,3} & \\ & & & \ddots & \\ & & & \alpha_{\eta,N} & \beta_{\eta,N} \end{pmatrix} \underbrace{\begin{pmatrix} w_{1,j} \\ w_{2,j} \\ w_{3,j} \\ \vdots \\ w_{N,j} \end{pmatrix}}_{=\mathbf{w}_j}\,.$$

Wir definieren die tridiagonale $N \times N$-Matrix

$$\mathbf{A}_\eta := -\begin{pmatrix} \beta_{\eta,1} & \gamma_{\eta,1} & & & \\ \alpha_{\eta,2} & \beta_{\eta,2} & \gamma_{\eta,2} & & \\ & \alpha_{\eta,3} & \beta_{\eta,3} & \gamma_{\eta,3} & \\ & & & \ddots & \\ & & & \alpha_{\eta,N} & \beta_{\eta,N} \end{pmatrix}$$

und bemerken, dass diese wiederum vom Typ (A.12) ist und die (negativen) Ableitungen nach dem Modellparameter η der Koeffizienten der Matrix $\mathbf{A}$ enthält. Mit Hilfe der Matrix $\mathbf{A}_\eta$ lässt sich der Vektor $\boldsymbol{\omega}_j$ schreiben als

$$\boldsymbol{\omega}_j \approx \mathbf{A}_\eta \mathbf{w}_j \ .$$

Somit sind die zu lösenden Gleichungssysteme (6.49) konkreter gegeben durch

$$\big(\mathbf{I} + k\theta\mathbf{A}\big)\mathbf{w}_{\eta,j+1} = \big(\mathbf{I} - k(1-\theta)\mathbf{A}\big)\mathbf{w}_{\eta,j} + k\mathbf{f}_{\eta,j} + k\theta\mathbf{A}_\eta\mathbf{w}_{j+1} + k(1-\theta)\mathbf{A}_\eta\mathbf{w}_j \ . \tag{6.50}$$

Im Beispiel 6.15 betrachten wir eine konkrete Anwendung dieses Schemas.

Neben der Ableitung $\partial_\eta V$ interessieren auch die Griechen $\partial_x V$ und $\partial_{xx} V$; diese schreiben wir vereinfachend als $V_x := \partial_x V$ und $V_{xx} := \partial_{xx} V$. Diese Griechen lösen wiederum partielle Differentialgleichungen, um diese einzusehen, beginnen wir wieder bei $\partial_t V + \mathcal{A} V = 0$ mit dem Operator

$$\mathcal{A} = a(x)\partial_{xx} + b(x)\partial_x + c(x) \ .$$

Wir leiten die Differentialgleichung links und rechts des Gleichheitszeichens nach x ab

$$\begin{aligned} \partial_x\big(\partial_t V + \mathcal{A} V\big) &= 0 \\ \partial_x\partial_t V + \partial_x(a(x)\partial_{xx} V) + \partial_x(b(x)\partial_x V) + \partial_x(c(x)V) &= 0 \end{aligned}$$

Da die Funktionen $\partial_{xx} V$, $\partial_x V$ und V von x abhängen, haben wir mit der Produktregel

$$\partial_x\partial_t V + a_x V_{xx} + a V_{xxx} + b_x V_x + b V_{xx} + c_x V + c V_x = 0 \ ,$$

mit $a_x := \partial_x a$, $b_x := \partial_x b$ und $c_x := \partial_x c$. Wenn wir annehmen, dass $\partial_x\partial_t V = \partial_t\partial_x V$ gilt, so ergibt sich folgende Differentialgleichung für V_x

$$\partial_t V_x + a\partial_{xx} V_x + (a_x + b)\partial_x V_x + (b_x + c)V_x = -c_x V$$

Wegen $\partial_x V(x, T) = \partial_x g =: g_x$ löst also die Ableitung $\partial_x V$ des Preises nach dem Basiswert x die partielle Differentialgleichung

$$\begin{cases} \partial_t V_x + \widetilde{\mathcal{A}} V_x = -c_x V & \text{in } G \times [0, T[\\ V_x(x, T) = g_x(x) & \text{in } G \end{cases}, \tag{6.51}$$

mit $\widetilde{\mathcal{A}} = a\partial_{xx} + (a_x + b)\partial_x + (b_x + c)$ und V die Lösung von

$$\begin{cases} \partial_t V + \mathcal{A} V = 0 & \text{in } G \times [0, T[\\ V(x, T) = g(x) & \text{in } G \end{cases}.$$

Beachten Sie, dass für die üblichen Payoffs g das Objekt g_x in der Regel nicht existiert. Was ist die Ableitung g_x des Payoffs einer Call- oder Put Option an der Stelle $x = K$? Selbst wenn wir die Ableitung an der Stelle $x = K$ definieren würden, wäre die Funktion g_x unstetig an der Stelle $x = K$; aus Beispiel 5.2 wissen wir aber, dass sich die Konvergenz-Ordnung der Finite-Differenzen-Methode angewendet auf Probleme mit unstetigen Payoffs ohne geeignete Massnahmen reduziert, vergleiche mit Aufgabe 6.10

Beispiel 6.13 Die Gleichung (6.51) für das Delta $\partial_s V := V_s$ einer Europäischen Call Option im Black-Scholes Modell lautet wegen $a(s) = \frac{1}{2}\sigma^2 s^2$, $b(s) = (r - q)s$ und $c(s) = -r$

$$\begin{cases} \partial_t V_s + \dfrac{1}{2}\sigma^2 s^2 \partial_{ss} V_s + (\sigma^2 + r - q)s\partial_s V_s - qV_s = 0 & \text{in } G \times [0, T[\\ V_s(s, T) = g_s & \text{in } G \end{cases}, \tag{6.52}$$

mit $G = \mathbb{R}^+$ und $g_s(s)$ definiert als

$$g_s(s) = \begin{cases} 1 & \text{falls } s > K \\ 0 & \text{falls } s \leq K \end{cases}. \tag{6.53}$$

◇

Da sich die Konvergenz-Ordnung reduziert, werden wir einen anderen Weg zur Berechnung von $\partial_x V$ und $\partial_{xx} V$ einschlagen. Und zwar nehmen wir einfach die zentralen Differenzenquotienten δ_h und δ_h^2 aus Definition 4.3 respektive Definition 4.4 und wenden diese an auf den Vektor $\mathbf{w}_M$, welcher ja die approximativen Optionspreise $w_{i,M} \approx V(x_i, 0)$ enthält, das heisst für einen Gitterpunkt x_i, $i = 2, \ldots, N - 2$

$$\partial_x V(x_i, 0) \approx \frac{w_{i+1,M} - w_{i-1,M}}{2h} \qquad \partial_{xx} V(x_i, 0) \approx \frac{w_{i-1,M} - 2w_{i,M} + w_{i+1,M}}{h^2}, \tag{6.54}$$

mit h die Maschenweite des Gitters, auf welchem wir bereits $V(x, 0)$ approximiert haben. Man kann zeigen, dass diese Approximationen quadratisch gegen die exakten Ableitungen konvergiert (obwohl die verwendeten Werte $w_{i,M}$ ja selbst auch nur approximativ sind), vergleiche mit Aufgabe 6.10.

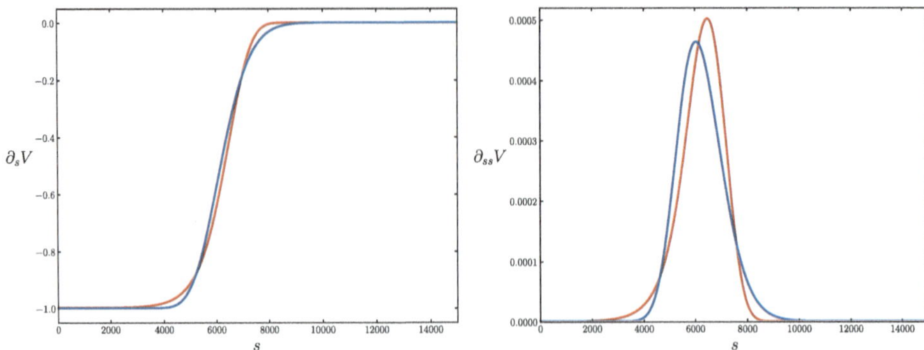

Abb. 6.7 Griechen im CEV Modell (−) und im Black-Scholes Modell (−). Links. Delta $\partial_s V(s,0)$ einer Put Option. Rechts. Gamma $\partial_{ss} V(s,0)$ der selben Put Option. Wie der Preis $V(s,0)$ hängen auch die Griechen deutlich von der Wahl des Modells ab

Beispiel 6.14 Wir betrachten die Put Option aus Beispiel 6.4 und bestimmen das Delta und Gamma der Option sowohl im Black-Scholes als auch im CEV Modell (alle Parameterwerte wie im Beispiel 6.4, jedoch $M = \lceil 0.15N \rceil$). Dazu bestimmen wir zunächst für beide Modelle den Optionspreis $\mathbf{w}_M$ und bestimmen dann die gesuchten Griechen via (6.54). In Python

```
In [47]: a1 = lambda x:-(6.925875e9)**2/2*x**(2*-1.742752);
In [48]: a2 = lambda x:-0.2774**2/2*x**2; r = 0.00934;
    ...: b = lambda x:-r*x; c = lambda x:r*x**0;
In [49]: T = 93/360; K = 6250; wl = lambda t:K*np.exp(-r*t);
    ...: wr = lambda t:0*t; g = lambda x:np.maximum(K-x,0);
In [50]: xr = 15000; N = 2**12-1; M = int(np.ceil(0.15*N));
In [51]: x,wcev = pde_1d_a_theta(a1,b,c,T,0,wl,0,xr,wr,0,g,N,M,0,0.5);
In [52]: x,wbs = pde_1d_a_theta(a2,b,c,T,0,wl,0,xr,wr,0,g,N,M,0,0.5);
In [53]: h = x[1]-x[0]; delta_cev = (wcev[2:-1]-wcev[0:-3])/(2*h);
In [54]: delta_bs = (wbs[2:-1]-wbs[0:-3])/(2*h);
In [55]: gamma_cev = (wcev[0:-3]-2*wcev[1:-2]+wcev[2:-1])/h**2;
In [56]: gamma_bs = (wbs[0:-3]-2*wbs[1:-2]+wbs[2:-1])/h**2;
In [57]: plt.plot(x[1:-2],gamma_bs,x[1:-2],gamma_cev);
```

◇

6.6.1 Anwendung: Kalibrierung des CEV Modells

Wir schreiben nun eine Routine, welche die Griechen $\partial_\delta V$ und $\partial_\beta V$ respektive das System (6.50) für eine Europäische Option mit Payoff $g(s)$ im CEV Modell realisiert. In diesem Fall sind nach Beispiel 6.12 die Koeffizienten der Matrizen $\mathbf{A}_\delta$ und $\mathbf{A}_\beta$ gegeben durch

$$\alpha_{\delta,i} = \gamma_{\delta,i} = -\frac{\delta s_i^{2\beta}}{h^2}, \qquad \beta_{\delta,i} = \frac{2\delta s_i^{2\beta}}{h^2},$$
$$\alpha_{\beta,i} = \gamma_{\beta,i} = -\frac{\delta^2 \ln(s_i) s_i^{2\beta}}{h^2}, \quad \beta_{\beta,i} = \frac{2\delta^2 \ln(s_i) s_i^{2\beta}}{h^2}.$$

Somit ergibt sich, ausgehend von der Routine 6.2 pde_1d_a_theta, folgende Routine greeks_cev für die Berechnung der Ableitung des Optionspreises nach den Modellparametern δ und β.

Routine 6.7: greeks_cev.py

```
import numpy as np
from scipy import sparse
from scipy.linalg import solve_banded
from get_diagonals import get_diagonals
from matrixgenerator_BC import matrixgenerator_BC

def greeks_cev(eta,r,q,T,g,sl,wl,sr,wr,N,M,theta,d):
    '''Berechnet den Optionspreis w(s) einer Europaeischen Option mit Payoff g
    im CEV Modell sowie die Ableitungen von w nach den Modellparametern
    beta = eta[0] (w_b) und delta = eta[1] (w_d).'''

    # Konstanten definieren
    beta = eta[0]; delta = eta[1]; s = np.linspace(sl,sr,N+2); k = T/M;
    a = lambda x:-delta**2/2*x**(2*beta); b = lambda x:-(r-q)*x;
    c = lambda x:r*x**0;
    a_d = lambda x:-delta*x**(2*beta);
    a_b = lambda x:-delta**2*np.log(x)*x**(2*beta);

    # Matrizen A, A_r, A_d und I definieren
    Mat = matrixgenerator_BC([["M2",a],["M2",a_b],["M2",a_d],["M1",b],\
                             ["M0",c]],[0,0],sl,sr,N);
    A = Mat[0]+Mat[3]+Mat[4]; A_b = -Mat[1]; A_d = -Mat[2]; I = sparse.eye(N);

    # Hilfsmatrizen definieren
    B = get_diagonals(I+k*theta*A); C = I - (1-theta)*k*A;

    # Start-Vektoren definieren
    s = s[1:-1]; w0 = g(s); w_b = np.zeros(N); w_d = w_b;

    for j in range(M):
        tj = (j+theta)*k; wbc = np.zeros(len(s));
        wbc[0] = wl(tj); wbc[-1] = wr(tj); f = -(Mat[5]+Mat[8])*wbc
        f_b = -Mat[6]*wbc; f_d = -Mat[7]*wbc
        w1 = solve_banded((1,1),B,C*w0+k*f);
        w_b = solve_banded((1,1),B,C*w_b+k*(theta*A_b*w1+(1-theta)*A_b*w0+f_b));
        w_d = solve_banded((1,1),B,C*w_d+k*(theta*A_d*w1+(1-theta)*A_d*w0+f_d));
        w0 = w1;

    return s,w1,w_b,w_d
```

Beispiel 6.15 Wir verwenden die Routine 6.7 greeks_cev, um den Preis einer Europäischen Put Option im CEV Modell zu bestimmen und die Ableitungen $\partial_\beta V(s,0)$ sowie $\partial_\delta V(s,0)$ zu berechnen. Dazu verwenden wir die selben Modell- und Diskretisierungsparameter wie in Beispiel 6.4.

```
In [58]: beta = -1.742752; delta = 6.925875e9; r = 0.00934; K = 6250; T = 93/360;
In [59]: sr = 15000; g = lambda x:np.maximum(K-x,0);
    ...: wl = lambda t:K*np.exp(-r*t); wr = lambda t:0*t;
```

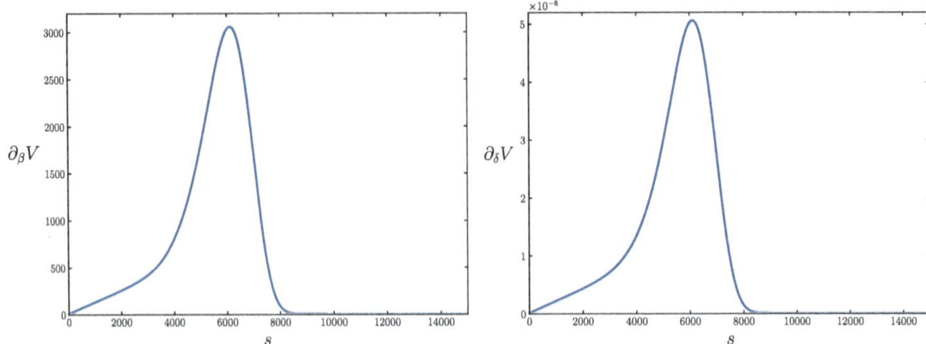

Abb. 6.8 Griechen im CEV Modell. Links. Die Ableitung $\partial_\beta V(s,0)$ des Optionspreises nach β. Rechts. Die Ableitung $\partial_\delta V(s,0)$ des Optionspreises nach δ

```
In [60]: N = 2**12-1; M = int(np.ceil(0.1*N));
In [61]: s,w,w_b,w_d = greeks_cev([beta,delta],r,0,T,g,0,wl,sr,wr,N,M,0.5,1);
In [62]: plt.plot(s,w_b); plt.plot(s,w_d);
```

und erhalten damit die Abb. 6.8. ◇

Nach (6.49) wissen wir, wie wir einen Griechen $\partial_\eta V$ mit Hilfe der Finite-Differenzen-Methode berechnen können. Wir verwenden dies, um die Jacobi-Matrix $\mathbf{J}(\boldsymbol{\eta}_k)$ in (1.23), welche zur Modell-Kalibrierung via des Levenberg-Marquardt-Verfahren (1.27) benötigt wird, zu berechnen. Im CEV Modell müssen wir zwei Parameter

$$\boldsymbol{\eta} = (\eta_1, \eta_2) := (\beta, \delta)$$

kalibrieren, die Jacobi-Matrix hat demnach zwei Spalten

$$\mathbf{J}(\boldsymbol{\eta}_k) = \begin{pmatrix} \partial_\beta V_1(\boldsymbol{\eta}_k) & \partial_\delta V_1(\boldsymbol{\eta}_k) \\ \partial_\beta V_2(\boldsymbol{\eta}_k) & \partial_\delta V_2(\boldsymbol{\eta}_k) \\ \vdots & \vdots \\ \partial_\beta V_\nu(\boldsymbol{\eta}_k) & \partial_\delta V_\nu(\boldsymbol{\eta}_k) \end{pmatrix}.$$

Um in jedem Iterationsschritt an die Ableitungen $\partial_\beta V_i$, $\partial_\delta V_i$ zu kommen, müssen wir für jede der ν Optionen im Datensatz $\mathbf{D}$ (1.11), welchen wir zur Kalibrierung verwenden, die Probleme (6.46) (einmal) und (6.47) (zweimal) lösen. Wir müssen daher (mindestens) 3ν Differentialgleichungen lösen. Es geht aber einfacher. Und zwar können wir nach den Restlaufzeiten T^k gruppieren (wie im Datensatz (1.11) bereits geschehen) und alle Optionen mit der selben Restlaufzeit auf einen Schlag behandeln. Das ist möglich, weil wir die Optionspreise im CEV Modell auch via der Dupire Gleichung (15.3) erhalten können, vergleiche mit Kap. 15. In dieser sind nicht mehr (s,t) die unabhängigen Variablen, sondern

(K, T). Die partielle Differentialgleichung für den Optionspreis in diesen Variablen ist wie in (6.46), mit $a(x) = -\frac{1}{2}\delta^2 x^{2\beta}$, $b(x) = (r - q)x$ und $c(x) = q$ und $g(x) = \max\{x - s, 0\}$ für eine Put Option (mit $s = S(0)$ der aktuelle Basiswertkurs), nur nun eben mit $x = K$. Lösen wir daher die Gleichung (6.46) mit diesen Koeffizienten, erhalten wir den Preis $V(K, T^k)$ für Put Optionen mit Restlaufzeit T^k für *alle* Strikes K. Somit müssen wir in der Kalibrierungsroutine für Optionen mit Restlaufzeit T^k nicht $3\nu_k$ Differentialgleichungen bezüglich (s, t) lösen, sondern nur 3 bezüglich (K, T). Dies ist für grosse ν_k erheblich schneller.

Wir schreiben nun die Python-Routine calibration_cev, welche das Kalibrierungsproblem für Call oder Put Optionen im CEV Modell löst. Dazu verwenden wir die im Abschn. 1.5 angegebene Struktur des Levenberg-Marquardt-Verfahrens. Die Subroutine greeks($\boldsymbol{\eta}, r, q, K, T, s, \omega, \cdot$) liefert die Ableitungen nach den Modellparametern $\boldsymbol{\eta} = (\beta, \delta)$ für alle Strikes, das heisst sie löst das Problem (6.47) für β und δ in den Variablen (K, T). Diese Subroutine ist analog zur Routine greeks_cev mit $b(x) = (r - q)x$, $c(x) = q$ und $g(x) = \max\{x - s, 0\}$ z. B. für eine Put Option anstatt $b(x) = -(r - q)x$, $c(x) = r$ und $g(x) = \max\{K - x, 0\}$. Hierin nehmen wir vereinfachend an, dass es nur eine Restlaufzeit gibt, $n = 1$ und $\nu = \nu_1$ in (1.11), und dass diese Optionen alle vom selben Typ sind. Daher sind r, q, T, ω Skalare, während K ein Vektor der Länge ν ist.

Routine 6.8: calibration_cev.py

```
import numpy as np
from scipy import sparse
from numpy import linalg as la
from scipy.interpolate import interp1d
from scipy.linalg import solve_banded
from get_diagonals import get_diagonals
from matrixgenerator_BC import matrixgenerator_BC

def greeks(eta,r,q,K,T,s,omega,d):

def calibration_cev(s,D,eta0,tol1,tol2,jmax,kappa):
    '''Kalibriert das CEV Modell eta = (beta,delta) an Marktdaten D von Call
    und Put Optionen. s ist der Basiswertkurs, eta0 ist der Startvektor,
    tol1, tol2, jmax und kappa sind Parameter im Levenberg-Marquardt-
    Verfahren. V ist Spaltenvektor der Laenge nu und enthaelt die CEV Modell-
    Preise der entsprechenden Optionen. j ist die Anzahl der benoetigten
    Iterationsschritte.'''

    # Initialisierung, Gitterpunkte/Zeitschritte in cev_greeks
    nu = len(D); n = len(eta0); eta = eta0; I = sparse.eye(n); j = 0;
    V = np.zeros(nu); J = np.zeros((nu,n));
    VM = D[:,0]; K = D[:,1]; T = D[0,2]; omega = D[0,3];
    r = D[0,4]; q = D[0,5]

    V,w_b,w_d = greeks(eta,r,q,K,T,s,omega,1);
    J[:,0] = w_b; J[:,1] = w_d; # Matrix J

    res = V - VM;
    S = J.T@J; dp = J.T@res; f = int(la.norm(dp,np.inf) < tol1);
    lam = 1e-3*np.max(np.diag(S));
```

```
while ((f==0) & (j<jmax)):
    j = j+1; Q,R = la.qr(S+lam*I); y = la.solve(Q,dp);
    Delta = -la.solve(R,y)

    if la.norm(Delta,2) <= tol2*(la.norm(eta,2)+tol2): f = 1;
    else:
        eta1 = eta+Delta; V = greeks(eta1,r,q,K,T,s,omega,0)[0];
        res1 = V - VM;

        # r_lambda
        rl = (la.norm(res)**2-la.norm(res1)**2)/\
        (la.norm(res)**2-la.norm(res+J.dot(Delta))**2);
        if rl>0:
            eta = eta1; V,w_b,w_d = greeks(eta,r,q,K,T,s,omega,1)
            J[:,0] = w_b; J[:,1] = w_d; # Matrix J
            res = V - VM; S = J.T@J; dp = J.T@res;
            f = int(la.norm(dp,np.inf) < tol1);
            lam = lam*np.maximum(1/3,1-(2*rl-1)**3); kappa = 2;
        else:
            lam = lam*kappa; kappa = 2.0*kappa

return V, eta, j
```

Beispiel 6.16 Wir kalibrieren das CEV Modell an Put Optionen auf den DAX am 18. Juni 2012, vergleiche mit Abschn. 1.5, in welchem wir auf die selben Optionen das Black-Scholes Modell kalibriert haben. Die Diskretisierungsparameter, welche wir in der Subroutine greeks für die Berechnung der Optionspreise und Ableitungen benötigen, setzen wir zu $N = 2^{12} - 1$ Gitterpunkte und $M = \lceil 0.05N \rceil$ Zeitschritte mit $\theta = 0.5$. Das Intervall G^e, in welchem wir die Preise berechnen, setzen wir zu $G^e =]0, 4s[$. Als Startparameter η_0 für das Levenberg-Marquardt-Verfahren wählen wir die (gerundeten) Black-Scholes Parameter, welche wir im Abschn. 1.5 gefunden haben, das heisst

$$\eta_0 = (\beta_0, \delta_0) = (1, \sigma) = (1, 0.277) .$$

Die Toleranzen $\text{tol}_{1,2}$ setzen wir zu $\text{tol}_1 = \text{tol}_2 = 10^{-10}$, das Verfahren soll (spätestens) nach $j_{\max} = 1000$ Iterationen abbrechen, für κ wählen wir den Wert 2. Die Eingaben in Python sind daher

```
In [63]: D = sio.loadmat('D_DAX_18062012.mat')['D']
    ...: V = calibration_cev(6248.2,D,[1,0.277],1e-10,1e-10,1000,2);
In [64]: V[1:]
Out[64]: (array([-1.74275189e+00,  6.92587498e+09]), 455)
In [65]: ARPE = np.mean(np.abs(V[0]-D[:,0])/D[:,0]); ARPE
Out[65]: 0.005956722982267 48
```

Wir erhalten $\widehat{\delta} \doteq 6.925875 \cdot 10^9$ und $\widehat{\beta} \doteq -1.742752$ sowie einen durchschnittlichen, relativen Fehler zwischen Markt- und Modellpreisen von ARPE $\doteq 0.60\,\%$.

Wir bemerken, dass das (modifizierte) Newton-Verfahren (bei welchem der Parameter λ in jedem Iterationsschritt 0 ist) für diesen Startwert $\eta_0 = (1, 0.277)$ keine Lösung des Problems findet. ◇

6.7 Aufgaben

Aufgabe 6.1 Es sei f dreimal stetig differenzierbar und $h \neq 0$. Zeigen Sie, dass gilt

$$f'(x) = \frac{\pm 3f(x) \mp 4f(x \mp h) \pm f(x \mp 2h)}{2h} + \mathcal{O}(h^2) .$$

Aufgabe 6.2 Wiederholen Sie das Beispiel 6.3 für eine Call Option. Parameterwerte wie im Beispiel 6.3.

Aufgabe 6.3 Verwenden Sie die Routine 6.2 pde_1d_a_theta, um die Konvergenzordnung des Finite-Differenzen-Verfahrens zu Bewertung von Optionen im CEV-Modell zu bestimmen. Dazu berechnen Sie für die Modellparameter aus dem Beispiel 6.4 den Fehler

$$e_N := |V(K,0) - w_{i,M}|$$

wobei $V(K,0) \doteq 334.4902482381267$ der exakte Optionspreis (für $s = K$) und $w_{i,M}$ der approximative Optionspreis an der entsprechenden Stelle ist, wenn für dessen Berechnung

$$N = 300 \cdot 2^L - 1, \ L = 0, \ldots, 6, \text{ und } M = \lceil 0.15N \rceil$$

Gitterpunkte respektive Zeitschritte verwendet werden. Hinweis: Der approximierte Optionspreis an der Stelle $s = K = 6250$ lässt sich aus dem Vektor $\mathbf{w} \in \mathbb{R}^N$, welcher die Routine ausgibt, mit `w[s==K]` bestimmen.

Aufgabe 6.4 Wir betrachten einen Zero Coupon Bond im Vasicek Modell; dieses ist ein Beispiel eines Zinssatzmodells (im Englischen „short rate model"), vergleiche mit dem Kap. 12. Der Preis $P(r,t)$ des Bonds ist eine Funktion des Zinssatzes r und der (Rest-) laufzeit t; diese Funktion ist Lösung der partiellen Differentialgleichung

$$\begin{cases} \partial_t P - \frac{1}{2}\sigma^2 \partial_{rr} P - \lambda(\theta - r)\partial_r P + rP = 0 & \text{in } G \times]0,T] \\ P(r,0) = 1 & \text{in } G \end{cases}$$

Hierin ist $G = \mathbb{R}^+$ und λ, θ sowie σ sind positive Konstanten (wobei θ im Vasicek Modell nichts mit dem θ-Schema zu tun hat).

i) Setzen Sie intrinsische Randbedingungen am linken und rechten Rand von $G^e = [r_l, r_r]$ (mit $r_l = 0$ und $r_r = 2$). Für die Maturitat $T = 1$ und die Modellparameter $\lambda = 1.5$, $\theta = 0.05$ und $\sigma = 0.3$ berechnen Sie den Preis $P(r,T)$ des Bonds und stellen diesen graphisch dar (als Funktion von r). Berechnen Sie anschliessend den Preis des Bonds für den Zinssatz $r_0 = 0.04$.
ii) Wir interessieren uns nun für die Zinskurve („yield curve") im Vasicek Modell. Die Zinskurve (zum Zeitpunkt $t = 0$) ist der Graph der Funktion

$$T \mapsto Y(T, r_0) := -\frac{1}{T} \ln(P(r_0, T)) .$$

Um die Zinskurve zu erhalten, lösen Sie die Differentialgleichung für Maturitäten $T = 0.01, 0.11, 0.21, \ldots, 10.01$ und berechnen den Bondpreis je für $r_0 = 0.005, 0.04, 0.06$. Anschliessend bilden Sie die Funktion Y und stellen diese graphisch dar. Für jeden der drei Werte von r_0 erhalten Sie eine Zinskurve; kommentieren Sie die Gestalt der Kurven.

Aufgabe 6.5 Wir betrachten eine Call Option mit Strike $K = 100$ und Maturität $T = 4$. Weiter ist $\sigma = 0.2$ und $r = 0.005$. Der Basiswert zahlt eine Dividende der Höhe $D_1 = 3$, $D_2 = 3.5$ und $D_3 = 4$ jeweils zu den Zeitpunkten $t_j = 0.5 + j - 1$, $j = 1, \ldots, 3$. Die „exakten" Optionspreise zu den Basiswertkursen $s = 70$, $s = 100$ und $s = 130$ sind $V(70, 0) \doteq 1.173900242$, $V(100, 0) \doteq 9.698923724$ und $V(130, 0) \doteq 28.429761214$.

Weisen Sie nach, dass die Finite-Differenzen-Methode quadratisch konvergiert.

Aufgabe 6.6 Wir betrachten nochmals die Down-und-Out Put Option aus dem Beispiel 6.8 mit den selben Modell- und Kontraktparametern und wollen die Aussage von Broadie, Glasserman und Kou überprüfen. Die Autoren schreiben[11]: „Indeed, ..., the approximation is quite accurate for $n = 5$, ..." Betrachten Sie die drei Fälle $n \in \{6, 12, 50, 252\}$, also Barrierebeobachtung jeweils alle zwei Monate, monatlich, wöchentlich sowie täglich. Bestimmen Sie nun für jedes dieser n und $s = S(0) \in \{B + 1, B + 1.1, B + 1.2, \ldots, 150\}$ den Wert $V_n(s; B)$ der Option einmal nach der Approximation (6.29) und einmal mit Hilfe der Routine 6.4 barrierdiscrete_bs. Dann bestimmen Sie den maximalen relativen Fehler der Approximation, also

$$e_n := \max_s \frac{|V_n(s; B) - V\left(s; Be^{-0.582597\sigma\sqrt{T/n}}\right)|}{V_n(s; B)}, \tag{6.55}$$

und kommentieren die Grössenordnung dieses Fehlers. Geben Sie zusätzlich an, für welches s der maximale relative Fehler angenommen wird. Um die approximativen Werte zu bestimmen, verwenden Sie die Formel (5.47) respektive die Routine dop_bs_a.

Aufgabe 6.7 Weisen Sie nach, dass das Finite-Differenzen-Verfahren auch für Probleme mit zeitabhängigen Koeffizienten quadratisch konvergiert. Verwenden Sie dazu die Parameterwerte aus dem Beispiel 6.9, und verwenden Sie $N = 2^L - 1$, $L = 8, 9, \ldots, 14$, Gitterpunkte sowie jeweils $M = \lceil 0.1N \rceil$ Zeitschritte.

Aufgabe 6.8 Wiederholen Sie das Beispiel 6.10 für eine Down-und-Out Put Option mit Maturität $T = 1$, Barriere $B = 14$ und Ausübungspreis $K = 20$. Die Modellparameter sind $\beta = 0.25$ und

$$\delta(t) = 0.2S(0)^{1-\beta}\sqrt{1 + e^{-100(T-t-0.5)^2}}$$

[11] Die Autoren verwenden für die Anzahl der Beobachtungszeitpunkte nicht die Variable n, sondern m.

sowie $r(t) = 0.05$, $q(t) = 0$. Für die Basiswertkurse $s = S(0) \in \{16, 28, 20, 22, 24\}$ geben Lo et. al [8] die Preise $V_{p,\mathrm{do}} \in \{0.7827, 0.8267, 0.6200, 0.4062, 0.2514\}$ an[12].

Rechnen Sie diese Werte nach, in dem Sie die selben Diskretisierungsparameter verwenden wie Beispiel 6.10.

Aufgabe 6.9 Betrachtet man den diskreten Durchschnitt $Y(T) = \frac{1}{n}\sum_{k=1}^{n} S(t_k)$ mit $n = 1$ und ist $t_1 = T$, so ist $Y(T) = S(T)$ und die Auszahlungsfunktion g in (6.34) für eine „fixed strike" Call Option entspricht dem Payoff einer Europäischen Call Option. In diesem Fall muss die Differentialgleichung (6.36) zusammen mit der Beziehung (6.35) den Preis V_c einer Europäischen Call Option liefern.

Verwenden Sie die Routine 6.6 asiancall_bs, um diese Aussage zu überprüfen, in dem Sie an der Stelle $s = 100$ den Optionspreis erhalten mit der Routine vergleichen mit dem Wert aus der Black-Scholes Formel (1.7). Verwenden Sie in der Routine jeweils $N = 2^L - 1$ Gitterpunkte und $M = \lceil 0.05N \rceil$ Zeitschritte, $L = 7, \ldots, 15$. Die Parameterwerte für σ, r, q, T, K sind wie im Beispiel 6.11.

Aufgabe 6.10 In dieser Aufgabe bestimmen wir Konvergenzraten für zwei Approximationsmethoden zur Berechnung des Delta $\partial_s V$ und Gamma $\partial_{ss} V$ einer Europäischen Call Option im Black-Scholes Modell. Einerseits betrachten wir das approximative Lösen der entsprechenden Differentialgleichungen und einmal die Differenzenquotienten (6.54). Die Differentialgleichung für das Delta ist im Beispiel 6.13 gegeben; zeigen Sie, dass die Differentialgleichung für das Gamma V_{ss} gegeben ist durch

$$\begin{cases} \partial_t V_{ss} + \frac{1}{2}\sigma^2 s^2 \partial_{ss} V_{ss} + (2\sigma^2 + r - q)s\partial_s V_{ss} & \\ \qquad + (\sigma^2 + r - 2q)V_{ss} = 0 & \text{in } G \times [0, T[\\ V_{ss}(s, T) = g_{ss}(s) & \text{in } G \end{cases} \tag{6.56}$$

Das Objekt g_{ss} in (6.56) ist keine Funktion, sondern eine sogenannte Delta-Distribution. Diese kann man als

$$g_{ss}(s) = \begin{cases} \infty & \text{falls } s = K \\ 0 & \text{falls } s \neq K \end{cases}$$

definieren. Weiter hat g_{ss} die Eigenschaft $\int g_{ss}(s)\mathrm{d}s = 1$. Da wir g_{ss} nicht in Python abbilden können, approximieren wir die Distribution durch den Butterfly g_{bf}, vergleiche mit Abb. 15.1. Die Funktion g_{bf} hängt vom Parameter $h > 0$ ab; für jedes h gilt $\int g_{\mathrm{bf}}(s; h)\mathrm{d}s = 1$. Weiter approximiert g_{bf} die Distribution g_{ss} um so besser, je kleiner h ist; in der Tat gilt $\lim_{h\to 0} g_{\mathrm{bf}}(s; h) = g_{ss}(s)$.

---

[12] Die Autoren geben nicht Optionspreise an, sondern untere und obere Schranken für diese. Die hier angegebenen Werte entsprechen jeweils dem Durchschnitt von entsprechender unterer und oberer Schranke, gerundet auf vier Nachkommastellen.

Um die Differentialgleichungen (6.54) und (6.56) mit der Routine pde_1d_a_theta zu lösen, betrachten Sie das Intervall $G^e =]0, 4K[$ und setzen Sie geeignete Randbedingungen. Rechnen Sie mit $N = 2^L - 1$, $M = \lceil 0.15N \rceil$ und $L = 5, \ldots, 12$. Weiter nehmen Sie $\sigma = 0.25$, $r = 0.001$, $q = 0.03$, $K = 100$ und $T = 0.5$.

Um die Konvergenzraten für beide Methoden zu bestimmen, verwenden Sie die exakten Werte für Delta und Gamma aus Tab. 3.2.

Aufgabe 6.11 Überlegen Sie sich, dass sich die Routine greeks_cev zur Berechnung von Vega, also die Ableitung des Optionspreises (Put) nach der Volatilität σ, eignet. Für die Parameter $\sigma = 0.2756$, $r = 0.00934$ $q = 0$, $T = 1$ sowie $K = 6250$ verwenden Sie anschliessend die Routine 6.7 greeks_cev um zu zeigen, dass die Finiten-Differenzen-Methode auch für die „Griechen" quadratisch konvergiert. Bestimmen Sie dazu jeweils für

$$N = 2^L - 1, \ M = \lceil 0.2N \rceil, \ L = 7, \ldots, 13,$$

Gitterpunkte respektive Zeitschritte den maximalen Fehler auf dem Intervall $s \in]0, 2K[$. Rechnen Sie auf dem Intervall $G =]0, 4K[$. Hinweis: Aus der Put-Call Parität (1.31) folgt, dass das „Vega" für Put- und Call Optionen gleich ist. Das Vega für eine Call Option ist in Tab. 3.2 gegeben.

Literatur

1. M. Broadie, P. Glasserman, and S. Kou. A Continuity Correction for Discrete Barrier Options. *Mathematical Finance*, 7(4):325–349, 1997.
2. P. Carr, A. Itkin, and D. Muravey. Semi-Closed Form Prices of Barrier Options in the Time-Dependent CEV and CIR Models. *The Journal of Derivatives*, 28(1):26–50, 2020.
3. T. S. Dia and Y. D. Lyuu. Accurate approximation formulas for stock options with discrete dividends. *Applied Economics Letters*, 16(16):1657–1663, 2009.
4. E. Ekström and J. Tysk. Boundary conditions for the single-factor term structure equation. *The Annals of Applied Probability*, 21(1):332–350, 2011.
5. E. G. Haug, J. Haug, and A. Lewis. Back to Basics: A New Approach to the Discrete Dividend Problem. *Wilmott Magazine*, pages 37–47, 2003.
6. R. Heynen and H. Kat. Discrete Partial Barrier Options with a Moving Barrier. *Journal of Financial Engineering*, 5(3):199–209, 1996.
7. S. Levendorskii and J. Xie. Pricing of Discretely Sampled Asian Options Under Lévy Processes. Technical report, June 2012. Available at SSRN: http://papers.ssrn.com/abstract=2088214.
8. C.F. Lo, H.M. Tang, K.C. Ku, and C.H. Hui. Valuing Time-Dependent CEV Barrier Options. *Advances in Decision Sciences*, pages 1–17, 2009.
9. C. Veiga and U. Wystup. Closed Formula for Options with Discrete Dividends and Its Derivatives. *Applied Mathematical Finance*, 16(6):517–531, 2009.
10. J. Večeř. Unified Asian Pricing. *Risk*, 15(6):113–116, 2002.
11. B. Yu. Two Efficient Parameterized Boundaries for Večeř's Asian Option Pricing PDE. *Acta Mathematicae Applicatae Sinica*, 28(4):643–652, 2012.

Amerikanische Optionen

7

Amerikanische Optionen haben wir bereits im Abschn. 2.6 betrachtet und dort mit Binomialbäumen bewertet. Jetzt diskutieren wir, wie man solche Optionen mit Hilfe von finiten Differenzen bewertet. Um die Finite-Differenzen-Methode anwenden zu können, benötigen wir wiederum eine Differentialgleichung für den Wert V der Option. Es stellt sich heraus, dass der Wert einer Amerikanischen Option eine Differentialungleichung, genauer eine lineares Komplementaritätsproblem, löst.

7.1 Lineare Komplementaritätsprobleme

Wir betrachten zunächst Put Optionen; ähnliche Überlegungen können jedoch auch für Call Optionen gemacht werden.

Im Abschn. 2.6 haben wir gesehen, dass der „Besitzer" einer Amerikanische Put Option diese solange hält, bis der Basiswert zum ersten Mal den freien Rand $t \mapsto s_b(t)$ trifft, vergleiche mit Abb. 7.1. In einem solchen zufälligen Zeitpunkt τ wird das Halten der Option gestoppt und die Option ausgeübt. Dem Halter der Option wird der Betrag

$$g(S(\tau)) = \max\{K - S(\tau), 0\} = K - S(\tau)$$

ausbezahlt. Dieser zufällige Cashflow zum Zeitpunkt τ hat zum Zeitpunkt $0 \leq t \leq \tau$ unter der Annahme eines konstanten risikofreien Zinssatz r den Barwert $e^{-r(\tau-t)}g(S(\tau))$. Wie bei anderen Optionen ergibt sich der Wert der Amerikanischen Option als Erwartungswert (bezüglich eines risikoneutralen Wahrscheinlichkeitmasses) aller möglichen Barwerte, also $\mathbb{E}^{\mathbb{Q}}[e^{-r(\tau-t)}g(S(\tau))]$, jetzt müssen wir allerdings das Maximum über alle τ nehmen[1], das heisst

$$V(s,t) = \sup_{\tau \in \mathcal{T}} \mathbb{E}^{\mathbb{Q}}[e^{-r(\tau-t)}g(S(\tau)) \mid S(t) = s] \,. \tag{7.1}$$

[1] Genauer betrachtet man das Supremum $\sup_{\tau\in\mathcal{T}}$ über der Menge der Stoppzeiten $\mathcal{T}$ bezüglich S mit Werten in $[t, T]$

N. Hilber, *Bewertung von Finanzderivaten mit Python*,
https://doi.org/10.1007/978-3-658-39210-9_7

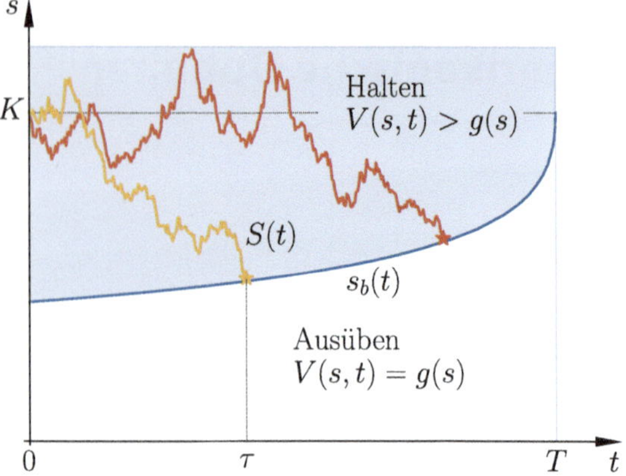

Abb. 7.1 Solange sich der Aktienkurs $S(t)$ innerhalb der (blau markierten) Region C befindet, halten wir die Amerikanische Option. Sobald der Aktienkurs den Rand von C, (der freie Rand $s_b(t)$) trifft (zum ersten Mal), üben wir die Option aus (wir stoppen das Halten der Option). Dargestellt ist die Situation für eine Put Option

Im Gegensatz zu Europäischen Optionen lässt sich $V(s,t)$ selbst im Black-Scholes Modell nicht analytisch finden. Wir wollen die Finiten-Differenzen-Methode anwenden, um den Preis (und den freien Rand!) approximativ zu berechnen. Das ist möglich, da der Optionspreis in (7.1) via einer partiellen Differentialungleichung erhalten werden kann. Ist $\mathcal{A} = \frac{1}{2}\sigma^2 s^2 \partial_{ss} + (r-q)s\partial_s$ der infinitesimale Generator der geometrischen Brown'schen Bewegung unter dem risikoneutralen Wahrscheinlichkeitsmass, so lassen sich die Ungleichungen

$$\begin{cases} \partial_t V + \mathcal{A}V - rV = 0 & \text{in } (s,t) \in C \\ \partial_t V + \mathcal{A}V - rV < 0 & \text{in } (s,t) \in \mathcal{D} \end{cases} \tag{7.2}$$

zeigen, vergleiche zum Beispiel mit Peskir und Shiryaev [5]. Hierin sind die Mengen C und $\mathcal{D}$ definiert als

$$\begin{aligned} C &:= \{(t,s) \in [0,T[\times \mathbb{R}^+ \mid s > s_b(t)\} \\ \mathcal{D} &:= \{(t,s) \in [0,T] \times \mathbb{R}^+ \mid s < s_b(t)\} \,. \end{aligned}$$

Solange $S(t) \in C$ gilt, halten wir die Option. Nebst (7.2) gilt zudem komplementär

$$\begin{cases} V(s,t) > g(s) & \text{in } (s,t) \in C \\ V(s,t) = g(s) & \text{in } (s,t) \in \mathcal{D} \end{cases} \tag{7.3}$$

vergleiche zum Beispiel mit Abb. 2.12. Beachten Sie, dass die Beziehungen (7.2)–(7.3) nebst dem unbekannten Optionspreis $V(s,t)$ auch den unbekannten freien Rand $s_b(t)$ beinhalten. Man kann die (Un)Gleichungen (7.2)–(7.3) so zu einer Formulierung zusammenfassen, dass in ihr der freie Rand nicht mehr vorkommt. Diese Formulierung lautet:

Finde $V(s,t)$ so, dass

$$\begin{cases} \partial_t V + \mathcal{A}V - rV \leq 0 & \text{in } \mathbb{R}^+ \times [0,T[\\ V(s,t) \geq g(s) & \text{in } \mathbb{R}^+ \times [0,T[\\ (\partial_t V + \mathcal{A}V - rV)(V-g) = 0 & \text{in } \mathbb{R}^+ \times [0,T[\\ V(s,T) = g(s) & \text{in } \mathbb{R}^+ \end{cases} \tag{7.4}$$

gilt. Man nennt (7.4) *lineares Komplementaritätsproblem* (LKP), im Englischen „linear complementarity problem" (LCP). Dieses wollen wir mit Hilfe von finiten Differenzen approximativ lösen; dazu wechseln wir wiederum zur Restlaufzeit und schränken die Menge $\mathbb{R}^+$ ein auf das Intervall $G^e =]0, s_r[$ (lokalisieren). Sowohl für Put als auch Call Optionen setzen wir an beiden Rändern $s_l = 0$ und s_r homogene zweite Ableitungen. Wir betrachten daher das LKP

$$\begin{cases} \partial_t w - \mathcal{A}w + rw \geq 0 & \text{in } G^e \times]0,T] \\ w(s,t) \geq g(s) & \text{in } G^e \times]0,T] \\ (\partial_t w - \mathcal{A}w + rw)(w-g) = 0 & \text{in } G^e \times]0,T] \\ w(s,0) = g(s) & \text{in } G^e \\ \partial_{ss} w(0,t) = 0 & \text{in }]0,T] \\ \partial_{ss} w(s_r,t) = 0 & \text{in }]0,T] \end{cases} . \tag{7.5}$$

Verwenden wir die finiten Differenzen aus den Kap. 4 und 5, so erhalten wir für die Optionspreise

$$\mathbf{w}_j = (w_{1,j}, \ldots, w_{N,j})^\top \approx \big(V(h, T-t_j), \ldots, V(s_r - h, T - t_j)\big)^\top$$

eine Folge von Matrix-LKPs. Diese Folge lautet: Für $\mathbf{w}_0 = \mathbf{g} := \big(g(h), \ldots, g(s_r - h)\big)^\top$, und $j = 0, \ldots, M-1$ finde

$$\begin{cases} \mathbf{B}\mathbf{w}_{j+1} \geq \mathbf{C}\mathbf{w}_j \\ \mathbf{w}_{j+1} \geq \mathbf{g} \\ (\mathbf{w}_{j+1} - \mathbf{g})^\top (\mathbf{B}\mathbf{w}_{j+1} - \mathbf{C}\mathbf{w}_j) = 0 \end{cases} . \tag{7.6}$$

Die Ungleichungen sind komponentenweise zu verstehen, das heisst $\mathbf{a} \geq \mathbf{b}$, falls $a_i \geq b_i$, für alle i. In (7.6) ist $\mathbf{B} := \mathbf{I} + k\theta\mathbf{A}$, $\mathbf{C} := \mathbf{I} - k(1-\theta)\mathbf{A}$ mit der $N \times N$-Matrix

$$\mathbf{A} = {}^{s}_{s}\mathbf{M}^{(2)}_{a} + {}^{s}_{s}\mathbf{M}^{(1)}_{b} + \mathbf{M}^{(0)}_{c} ;$$

mit $a = -\frac{1}{2}\sigma^2 s^2$, $b = -(r-q)s$ und $c = r$ für das Black-Scholes Modell mit stetiger Dividendenrendite. Wir haben gesehen, dass wir für Optionen ohne Möglichkeit der frühzeitigen Ausübung sukzessive die Gleichungssysteme

$$\mathbf{B}\mathbf{w}_{j+1} = \mathbf{C}\mathbf{w}_j, \quad j = 0, \ldots, M-1$$

lösen müssen. Für Amerikanische Optionen ist jedes Gleichungssystem zu ersetzen durch ein Matrix-LKP (7.6) und wir müssen uns Gedanken darüber machen, wie man ein solches löst.

Offenbar ist das Matrix-LKP in (7.6) ein Problem von folgender abstrakter Form: Gegeben die $n \times n$-Matrix $\mathbf{M}$ sowie die Vektoren $\mathbf{g} \in \mathbb{R}^n$ und $\mathbf{f} \in \mathbb{R}^n$, finde den Vektor $\mathbf{w} \in \mathbb{R}^n$ so, dass

$$\begin{cases} \mathbf{M}\mathbf{w} \geq \mathbf{f} \\ \mathbf{w} \geq \mathbf{g} \\ (\mathbf{w} - \mathbf{g})^\top (\mathbf{M}\mathbf{w} - \mathbf{f}) = 0 \end{cases} \tag{7.7}$$

gilt. Wir schreiben obiges (Ungleichungs)System um zu einem (nichtlinearen) Gleichungssystem, weil wir zu dessen Lösung das Newton-Verfahren verwenden wollen. Dazu betrachten wir zunächst für zwei Zahlen $x, f \in \mathbb{R}$ die Ungleichung $x \geq f$. Diese ist äquivalent zur Ungleichung $x - f \geq 0$, wobei wir die Differenz $x - f$ nun λ nennen. Mit dieser Notation können wir nun $x - \lambda = x - (x - f) = f$ schreiben und erhalten aus der Ungleichung $x \geq f$ die Gleichung $x - \lambda = f$ zusammen mit der Ungleichung $\lambda \geq 0$. Wenden wir diese Überlegung komponentenweise an auf die Vektoren $\mathbf{x} := \mathbf{M}\mathbf{w}$, $\mathbf{f}$ und $\boldsymbol{\lambda}$, so können wir das Matrix-LKP (7.7) äquivalent umschreiben zu: Finde $\mathbf{w}, \boldsymbol{\lambda} \in \mathbb{R}^n$ so, dass

$$\begin{cases} \mathbf{M}\mathbf{w} - \boldsymbol{\lambda} = \mathbf{f} \\ \mathbf{w} \geq \mathbf{g} \\ \boldsymbol{\lambda} \geq \mathbf{0} \\ (\mathbf{w} - \mathbf{g})^\top \boldsymbol{\lambda} = 0 \end{cases}$$

gilt. Beachten Sie, dass nun die erste Zeile in (7.7) in der Tat eine Gleichung ist; der „Preis" dafür ist jedoch eine Verdoppelung der Anzahl der Unbekannten, da nebst $\mathbf{w}$ eben auch $\boldsymbol{\lambda}$ unbekannt ist. Wir müssen nun noch das Komplementaritätssystem $\mathbf{w} \geq \mathbf{g}$, $\boldsymbol{\lambda} \geq \mathbf{0}$, $(\mathbf{w} - \mathbf{g})^\top \boldsymbol{\lambda} = 0$ äquivalent zu einer Gleichung umschreiben. Mit Hilfe der Aufgabe 7.1 erhalten wir das Problem: Für $c > 0$ finde $\mathbf{w}, \boldsymbol{\lambda} \in \mathbb{R}^n$ so, dass

$$\begin{cases} \mathbf{M}\mathbf{w} - \boldsymbol{\lambda} = \mathbf{f} \\ \boldsymbol{\lambda} - \max\{\boldsymbol{\lambda} - c(\mathbf{w} - \mathbf{g}), \mathbf{0}\} = \mathbf{0} \end{cases} \tag{7.8}$$

gilt. Hierin wird das Maximum komponentenweise gebildet, das heisst

$$\max\{\mathbf{a}, \mathbf{b}\} = \left(\max\{a_1, b_1\}, \ldots, \max\{a_n, b_n\}\right)^\top .$$

Man weiss, dass das Matrix-LKP (7.8) genau dann eine eindeutige Lösung hat, wenn $\mathbf{M}$ eine P-Matrix[2] ist. Es gibt mehrere Möglichkeiten, ein Matrix-LKP (7.7) respektive (7.8)

[2] Eine (quadratische) Matrix ist eine P-Matrix, wenn alle ihre Hauptminoren grösser als 0 sind. Ein Hauptminor einer (quadratischen) Matrix ist die Determinante derjenigen (quadratischen) Untermatrix, welche aus der Streichung von Zeilen und Spalten der gleichen Nummern hevorgeht.

(approximativ) zu lösen; wir verwenden das Newton-Verfahren um das Gleichungssystem (7.8) zu lösen. Dieses führt auf den sogenannten *Primal-Dual Activ Set Algorithmus*. Um diesen zu beschreiben, müssen wir ein wenig ausholen. Im Abschn. 1.5 zur Modellkalibrierung haben wir das Newton-Verfahren (1.22)

$$\mathbf{x}_{k+1} = \mathbf{x}_k - \big(\mathbf{J}_\mathbf{F}(\mathbf{x}_k)\big)^{-1}\mathbf{F}(\mathbf{x}_k), \quad k \geq 0$$

für das Auffinden der Lösung(en) der Gleichung

$$\mathbf{F}(\mathbf{x}) = \begin{pmatrix} F_1(x_1,\ldots,x_m) \\ F_2(x_1,\ldots,x_m) \\ \vdots \\ F_m(x_1,\ldots,x_m) \end{pmatrix} = \mathbf{0}$$

kennengelernt. Um die Invertierung der $m \times m$-Jacobi-Matrix $\mathbf{J}_\mathbf{F}(\mathbf{x}_k)$ in jedem Newton-Schritt zu vermeiden (rechenintensiv!), lösen wir äquivalent das lineare Gleichungssystem

$$\mathbf{J}_\mathbf{F}(\mathbf{x}_k)\Delta\mathbf{x}_k = -\mathbf{F}(\mathbf{x}_k) \tag{7.9}$$

nach $\Delta\mathbf{x}_k \in \mathbb{R}^m$ auf und rechnen anschliessend

$$\mathbf{x}_{k+1} = \mathbf{x}_k + \Delta\mathbf{x}_k \ .$$

Wir wollen diese Überlegungen anwenden auf das Problem (7.8). Tatsächlich ist dieses von der Form $\mathbf{F}(\mathbf{x}) = \mathbf{0}$, mit dem Vektor der Unbekannten

$$\mathbf{x} = \begin{pmatrix} \mathbf{w} \\ \boldsymbol{\lambda} \end{pmatrix} = (w_1,\ldots,w_n,\lambda_1,\ldots,\lambda_n)^\top \in \mathbb{R}^{2n}$$

(es ist also $m = 2n$) und den $2n$ Funktionen

$$\mathbf{F}(\mathbf{x}) = \begin{pmatrix} \mathbf{M}\mathbf{w} - \boldsymbol{\lambda} - \mathbf{f} \\ \boldsymbol{\lambda} - \max\{\boldsymbol{\lambda} - c(\mathbf{w}-\mathbf{g}), \mathbf{0}\} \end{pmatrix} = \begin{pmatrix} \sum_{j=1}^n M_{1j}w_j - \lambda_1 - f_1 \\ \sum_{j=1}^n M_{2j}w_j - \lambda_2 - f_2 \\ \vdots \\ \sum_{j=1}^n M_{nj}w_j - \lambda_n - f_n \\ \lambda_1 - \max\{\lambda_1 - c(w_1 - g_1), 0\} \\ \lambda_2 - \max\{\lambda_2 - c(w_2 - g_2), 0\} \\ \vdots \\ \lambda_n - \max\{\lambda_n - c(w_n - g_n), 0\} \end{pmatrix}.$$

Für spätere Zwecke schreiben wir $\mathbf{F}(\mathbf{x})$ in Blockform

$$\mathbf{F}(\mathbf{x}) = \begin{pmatrix} \mathbf{M} & -\mathbf{I} \\ \mathbf{0} & \mathbf{I} \end{pmatrix} \begin{pmatrix} \mathbf{w} \\ \boldsymbol{\lambda} \end{pmatrix} - \begin{pmatrix} \mathbf{f} \\ \max\{\boldsymbol{\lambda} - c(\mathbf{w} - \mathbf{g}), \mathbf{0}\} \end{pmatrix}, \tag{7.10}$$

mit $\mathbf{0}$ die $n \times n$-Nullmatrix und $\mathbf{I}$ die $n \times n$-Einheitsmatrix. Für das Newton-Verfahren benötigen wir die Jacobi-Matrix $\mathbf{J}_\mathbf{F}$ von $\mathbf{F}$; aus obiger Darstellung folgt

$$\mathbf{J}_\mathbf{F}(\mathbf{x}) = \begin{pmatrix} \mathbf{M} & -\mathbf{I} \\ \mathbf{0} & \mathbf{I} \end{pmatrix} - \begin{pmatrix} \mathbf{f} \\ \max\{\boldsymbol{\lambda} - c(\mathbf{w} - \mathbf{g}), \mathbf{0}\} \end{pmatrix}',$$

(mit $'$ bezeichnen wir die Ableitung nach $\mathbf{x}$) und es bleibt, die Jacobi-Matrix der Funktion

$$\begin{pmatrix} \mathbf{f} \\ \max\{\boldsymbol{\lambda} - c(\mathbf{w} - \mathbf{g}), \mathbf{0}\} \end{pmatrix} = \begin{pmatrix} f_1 \\ \vdots \\ f_n \\ \max\{\lambda_1 - c(w_1 - g_1), 0\} \\ \vdots \\ \max\{\lambda_n - c(w_n - g_n), 0\} \end{pmatrix} \tag{7.11}$$

zu bestimmen. Nun ist aber die darin vorkommende Funktion $x \mapsto \max\{x, 0\}$ an der Stelle $x = 0$ nicht differenzierbar und wir müssen auf den Begriff der *verallgemeinerten Ableitung* zurückgreifen. Wir bezeichnen diese wiederum mit $'$, da wir auf Extranotation verzichten wollen. Eine verallgemeinerte Ableitung der max-Funktion ist (vergleichen Sie mit der Ableitung des Payoffs einer Call Option in (6.53); im vorliegenden Fall ist $K = 0$)

$$\max\{x, 0\}' = \begin{cases} 1 & \text{falls } x > 0 \\ 0 & \text{falls } x \leq 0 \end{cases}.$$

Aus der Definition der Jacobi-Matrix und obiger „Ableitungsregel" für die max-Funktion folgt nun für die Funktion in (7.11)

$$\begin{pmatrix} \mathbf{0} & \mathbf{0} \\ -c\mathbf{D} & \mathbf{D} \end{pmatrix},$$

wobei wir mit $\mathbf{D}$ die $n \times n$-Diagonalmatrix

$$(\mathbf{D})_{jj} = \begin{cases} 1 & \text{falls } \lambda_j - c(w_j - g_j) > 0 \\ 0 & \text{falls } \lambda_j - c(w_j - g_j) \leq 0 \end{cases}$$

verstehen. Somit ist die Jacobi-Matrix von $\mathbf{F}$ gegeben durch

$$\mathbf{J_F}(\mathbf{x}) = \begin{pmatrix} \mathbf{M} & -\mathbf{I} \\ c\mathbf{D} & \mathbf{I}-\mathbf{D} \end{pmatrix}.$$

Wir definieren nun für die Menge $\mathcal{N} := \{1, \ldots, n\}$ die Indexmengen $\mathcal{A}$ (nicht zu verwechseln mit dem infinitesimalen Generator eines stochastischen Prozesses) und $\mathcal{I}$ wie folgt

$$\begin{aligned} \mathcal{A} &:= \{j \in \mathcal{N} \mid \lambda_j - c(w_j - g_j) > 0\} \quad \text{(Active Set)} \\ \mathcal{I} &:= \{j \in \mathcal{N} \mid \lambda_j - c(w_j - g_j) \leq 0\} \quad \text{(Inactive Set)} \end{aligned}$$

Wir bemerken, dass $\mathcal{I} = \mathcal{A}^c$ ist. Es sei $\mathbf{a} \in \mathbb{R}^{|\mathcal{A}|}$ der (geordnete) Kolonnen-Vektor der Indices $j \in \mathcal{A}$ und $\mathbf{i} \in \mathbb{R}^{|\mathcal{I}|}$ der (geordnete) Vektor der Indices $j \in \mathcal{I}$, wobei wir noch mit $|\mathcal{M}|$ die Mächtigkeit einer endlichen Menge $\mathcal{M}$ bezeichnen. Es ist also $|\mathcal{A}| + |\mathcal{I}| = |\mathcal{N}| = n$. Verwenden wir die Notation $\mathbf{M}(\mathbf{x}, \mathbf{y}) := \mathbf{M}[\mathbf{x}, :][:, \mathbf{y}]$ (vergleiche mit dem Beispiel A.2 im Anhang) für Listen (Arrays) $\mathbf{x}, \mathbf{y}$, so können wir jede $n \times n$-Matrix $\mathbf{M}$ und jeden Vektor $\mathbf{v} \in \mathbb{R}^n$ bezüglich $\mathbf{a}$ und $\mathbf{i}$ zerlegen zu

$$\begin{pmatrix} \mathbf{M}(\mathbf{a},\mathbf{a}) & \mathbf{M}(\mathbf{a},\mathbf{i}) \\ \mathbf{M}(\mathbf{i},\mathbf{a}) & \mathbf{M}(\mathbf{i},\mathbf{i}) \end{pmatrix} \quad \text{respektive} \quad \begin{pmatrix} \mathbf{v}(\mathbf{a}) \\ \mathbf{v}(\mathbf{i}) \end{pmatrix}.$$

Beachten Sie, dass dies zu einer Umnummerierung der Zeilen und Spalten zur Folge hat. Insbesondere lässt sich somit die Matrix $\mathbf{D}$ zerlegen zu

$$\begin{pmatrix} \mathbf{D}(\mathbf{a},\mathbf{a}) & \mathbf{D}(\mathbf{a},\mathbf{i}) \\ \mathbf{D}(\mathbf{i},\mathbf{a}) & \mathbf{D}(\mathbf{i},\mathbf{i}) \end{pmatrix} = \begin{pmatrix} \mathbf{I}_{|\mathcal{A}|\times|\mathcal{A}|} & \mathbf{0}_{|\mathcal{A}|\times|\mathcal{I}|} \\ \mathbf{0}_{|\mathcal{I}|\times|\mathcal{A}|} & \mathbf{0}_{|\mathcal{I}|\times|\mathcal{I}|} \end{pmatrix}.$$

Ebenso können wir die Jacobi-Matrix $\mathbf{J_F}$ und den Vektor $\Delta\mathbf{x} = (\Delta\mathbf{w}, \Delta\boldsymbol{\lambda})^\top$

$$\begin{pmatrix} \mathbf{M}(\mathbf{a},\mathbf{a}) & \mathbf{M}(\mathbf{a},\mathbf{i}) & -\mathbf{I}_{|\mathcal{A}|\times|\mathcal{A}|} & \mathbf{0}_{|\mathcal{A}|\times|\mathcal{I}|} \\ \mathbf{M}(\mathbf{i},\mathbf{a}) & \mathbf{M}(\mathbf{i},\mathbf{i}) & \mathbf{0}_{|\mathcal{I}|\times|\mathcal{A}|} & -\mathbf{I}_{|\mathcal{I}|\times|\mathcal{I}|} \\ c\mathbf{I}_{|\mathcal{A}|\times|\mathcal{A}|} & \mathbf{0}_{|\mathcal{A}|\times|\mathcal{I}|} & \mathbf{0}_{|\mathcal{A}|\times|\mathcal{A}|} & \mathbf{0}_{|\mathcal{A}|\times|\mathcal{I}|} \\ \mathbf{0}_{|\mathcal{I}|\times|\mathcal{A}|} & \mathbf{0}_{|\mathcal{I}|\times|\mathcal{I}|} & \mathbf{0}_{|\mathcal{I}|\times|\mathcal{A}|} & \mathbf{I}_{|\mathcal{I}|\times|\mathcal{I}|} \end{pmatrix}, \quad \begin{pmatrix} \Delta\mathbf{w}(\mathbf{a}) \\ \Delta\mathbf{w}(\mathbf{i}) \\ \Delta\boldsymbol{\lambda}(\mathbf{a}) \\ \Delta\boldsymbol{\lambda}(\mathbf{i}) \end{pmatrix}$$

sowie die Funktion $\mathbf{F}$ in (7.10), unter Berücksichtigung der Mengen $\mathcal{A}$ und $\mathcal{I}$, zerlegen

$$\begin{pmatrix} \mathbf{M}(\mathbf{a},\mathbf{a}) & \mathbf{M}(\mathbf{a},\mathbf{i}) & -\mathbf{I}_{|\mathcal{A}|\times|\mathcal{A}|} & \mathbf{0}_{|\mathcal{A}|\times|\mathcal{I}|} \\ \mathbf{M}(\mathbf{i},\mathbf{a}) & \mathbf{M}(\mathbf{i},\mathbf{i}) & \mathbf{0}_{|\mathcal{I}|\times|\mathcal{A}|} & -\mathbf{I}_{|\mathcal{I}|\times|\mathcal{I}|} \\ \mathbf{0}_{|\mathcal{A}|\times|\mathcal{A}|} & \mathbf{0}_{|\mathcal{A}|\times|\mathcal{I}|} & \mathbf{I}_{|\mathcal{A}|\times|\mathcal{A}|} & \mathbf{0}_{|\mathcal{A}|\times|\mathcal{I}|} \\ \mathbf{0}_{|\mathcal{I}|\times|\mathcal{A}|} & \mathbf{0}_{|\mathcal{I}|\times|\mathcal{I}|} & \mathbf{0}_{|\mathcal{I}|\times|\mathcal{A}|} & \mathbf{I}_{|\mathcal{I}|\times|\mathcal{I}|} \end{pmatrix} \begin{pmatrix} \mathbf{w}(\mathbf{a}) \\ \mathbf{w}(\mathbf{i}) \\ \boldsymbol{\lambda}(\mathbf{a}) \\ \boldsymbol{\lambda}(\mathbf{i}) \end{pmatrix} - \begin{pmatrix} \mathbf{f}(\mathbf{a}) \\ \mathbf{f}(\mathbf{i}) \\ \boldsymbol{\lambda}(\mathbf{a}) - c\big(\mathbf{w}(\mathbf{a}) - \mathbf{g}(\mathbf{a})\big) \\ \mathbf{0}_{|\mathcal{I}|\times 1} \end{pmatrix}.$$

Somit lässt sich das Gleichungssystem (7.9) $\mathbf{J}_\mathbf{F}(\mathbf{x}_k)\Delta\mathbf{x}_k = -\mathbf{F}(\mathbf{x}_k)$ in einem Newton-Schritt $\mathbf{x}_{k+1} = \mathbf{x}_k + \Delta\mathbf{x}_k$ schreiben als

$$\begin{pmatrix} \mathbf{M}(\mathbf{a},\mathbf{a})\Delta\mathbf{w}(\mathbf{a}) + \mathbf{M}(\mathbf{a},\mathbf{i})\Delta\mathbf{w}(\mathbf{i}) - \Delta\boldsymbol{\lambda}(\mathbf{a}) \\ \mathbf{M}(\mathbf{i},\mathbf{a})\Delta\mathbf{w}(\mathbf{a}) + \mathbf{M}(\mathbf{i},\mathbf{i})\Delta\mathbf{w}(\mathbf{i}) - \Delta\boldsymbol{\lambda}(\mathbf{i}) \\ c\Delta\mathbf{w}(\mathbf{a}) \\ \Delta\boldsymbol{\lambda}(\mathbf{i}) \end{pmatrix}$$

$$= -\begin{pmatrix} \mathbf{M}(\mathbf{a},\mathbf{a})\mathbf{w}(\mathbf{a}) + \mathbf{M}(\mathbf{a},\mathbf{i})\mathbf{w}(\mathbf{i}) - \boldsymbol{\lambda}(\mathbf{a}) - \mathbf{f}(\mathbf{a}) \\ \mathbf{M}(\mathbf{i},\mathbf{a})\mathbf{w}(\mathbf{a}) + \mathbf{M}(\mathbf{i},\mathbf{i})\mathbf{w}(\mathbf{i}) - \boldsymbol{\lambda}(\mathbf{i}) - \mathbf{f}(\mathbf{i}) \\ c\big(\mathbf{w}(\mathbf{a}) - \mathbf{g}(\mathbf{a})\big) \\ \boldsymbol{\lambda}(\mathbf{i}) \end{pmatrix}, \tag{7.12}$$

wobei wir aus Gründen der Leserlichkeit auf den Iterationsindex k verzichten. Wir lösen nach den Unbekannten $\Delta\mathbf{w}(\mathbf{a})$, $\Delta\mathbf{w}(\mathbf{i})$, $\Delta\boldsymbol{\lambda}(\mathbf{a})$ und $\Delta\boldsymbol{\lambda}(\mathbf{i})$ auf. Aus der dritten und vierten Gleichung in (7.12) folgt

$$\Delta\boldsymbol{\lambda}(\mathbf{i}) = -\boldsymbol{\lambda}(\mathbf{i}), \quad \Delta\mathbf{w}(\mathbf{a}) = -\mathbf{w}(\mathbf{a}) + \mathbf{g}(\mathbf{a})\ ; \tag{7.13}$$

dies eingesetzt in die zweite Gleichung liefert

$$\Delta\mathbf{w}(\mathbf{i}) = \mathbf{M}(\mathbf{i},\mathbf{i})^{-1}\big(\mathbf{f}(\mathbf{i}) - \mathbf{M}(\mathbf{i},\mathbf{a})\mathbf{g}(\mathbf{a})\big) - \mathbf{w}(\mathbf{i})\ , \tag{7.14}$$

woraus aus der ersten Gleichung

$$\Delta\boldsymbol{\lambda}(\mathbf{a}) = \mathbf{M}(\mathbf{a},\mathbf{a})\mathbf{g}(\mathbf{a}) + \mathbf{M}(\mathbf{a},\mathbf{i})\big(\mathbf{w}(\mathbf{i}) + \Delta\mathbf{w}(\mathbf{i})\big) - \boldsymbol{\lambda}(\mathbf{a}) - \mathbf{f}(\mathbf{a}) \tag{7.15}$$

folgt. Um im Newton-Verfahren die „neue" Iterierte $\mathbf{x}_{k+1} = (\mathbf{w}_{k+1}, \boldsymbol{\lambda}_{k+1})^\top$ zu bestimmen, müssen wir zur „alten" Iterierten $\mathbf{x}_k$ das Update $\Delta\mathbf{x}_k$ addieren. Aus (7.13) ergibt sich

$$\begin{aligned} \boldsymbol{\lambda}_{k+1}(\mathbf{i}_k) &= \boldsymbol{\lambda}_k(\mathbf{i}_k) + \Delta\boldsymbol{\lambda}_k(\mathbf{i}_k) = \mathbf{0}_{|\mathcal{I}_k|\times 1} \\ \mathbf{w}_{k+1}(\mathbf{a}_k) &= \mathbf{w}_k(\mathbf{a}_k) + \Delta\mathbf{w}_k(\mathbf{a}_k) = \mathbf{g}(\mathbf{a}_k)\ ; \end{aligned}$$

aus (7.14) folgt

$$\mathbf{w}_{k+1}(\mathbf{i}_k) = \mathbf{w}_k(\mathbf{i}_k) + \Delta\mathbf{w}_k(\mathbf{i}_k) = \mathbf{M}(\mathbf{i}_k,\mathbf{i}_k)^{-1}\big(\mathbf{f}(\mathbf{i}_k) - \mathbf{M}(\mathbf{i}_k,\mathbf{a}_k)\mathbf{g}(\mathbf{a}_k)\big)\ .$$

Schlussendlich ergibt sich aus (7.15)

$$\boldsymbol{\lambda}_{k+1}(\mathbf{a}_k) = \boldsymbol{\lambda}_k(\mathbf{a}_k) + \Delta\boldsymbol{\lambda}_k(\mathbf{a}_k) = \mathbf{M}(\mathbf{a}_k,\mathbf{a}_k)\mathbf{g}(\mathbf{a}_k) - \mathbf{M}(\mathbf{a}_k,\mathbf{i}_k)\mathbf{w}_{k+1}(\mathbf{i}_k) - \mathbf{f}(\mathbf{a}_k)\ .$$

In obigen Ausdrücken haben wir stillschweigend die Notation

$$\begin{aligned} \mathcal{A}_k &:= \{j \in \mathcal{N} \mid \boldsymbol{\lambda}_k - c(\mathbf{w}_k - \mathbf{g}) > \mathbf{0}\} \\ \mathcal{I}_k &:= \{j \in \mathcal{N} \mid \boldsymbol{\lambda}_k - c(\mathbf{w}_k - \mathbf{g}) \le \mathbf{0}\} \end{aligned} \tag{7.16}$$

verwendet und meinen mit $\mathbf{a}_k \in \mathbb{R}^{|\mathcal{A}_k|}$ respektive $\mathbf{i}_k \in \mathbb{R}^{|\mathcal{I}_k|}$ die entsprechenden geordneten Vektoren dieser Indices. Nachdem ausgehend von $(\mathbf{w}_k, \boldsymbol{\lambda}_k)^\top$ die nächste Iterierte $(\mathbf{w}_{k+1}, \boldsymbol{\lambda}_{k+1})^\top$ mit obigen Formelsatz berechnet worden ist, können wir die „neuen" Mengen $\mathcal{A}_{k+1}$ und $\mathcal{I}_{k+1}$ (respektive die entsprechenden Vektoren $\mathbf{a}_{k+1}$ und $\mathbf{i}_{k+1}$) bestimmen und daraus die nächste Iterierte berechnen. Diesen Vorgang wiederholen wir so lange, bis sich zwei aufeinander folgende Iterierte $\mathbf{w}_k, \mathbf{w}_{k+1}$ nur noch um eine vorgegebene Toleranz unterscheiden. Somit ergibt sich der Primal-Dual Active Set Algorithmus zum Lösen des Matrix-LKP

$$\begin{cases} \mathbf{Mw} \geq \mathbf{f} \\ \mathbf{w} \geq \mathbf{g} \\ (\mathbf{w}-\mathbf{g})^\top(\mathbf{Mw}-\mathbf{f}) = 0 \end{cases}.$$

1. Lege die Startvektoren $\mathbf{w}_0 \geq \mathbf{g}$ und $\boldsymbol{\lambda}_0 \geq \mathbf{0}$ fest. Setze $k = 0$.
2. Bestimme die Vektoren $\mathbf{a}_k$ und $\mathbf{i}_k$ aus (7.16).
3. Setze $\boldsymbol{\lambda}_{k+1}(\mathbf{i}_k) = \mathbf{0}_{|\mathcal{I}_k|\times 1}$, $\mathbf{w}_{k+1}(\mathbf{a}_k) = \mathbf{g}(\mathbf{a}_k)$. Löse das Gleichungssystem

$$\mathbf{M}(\mathbf{i}_k, \mathbf{i}_k)\mathbf{w}_{k+1}(\mathbf{i}_k) = \mathbf{f}(\mathbf{i}_k) - \mathbf{M}(\mathbf{i}_k, \mathbf{a}_k)\mathbf{g}(\mathbf{a}_k)$$

   nach $\mathbf{w}_{k+1}(\mathbf{i}_k)$ auf. Bestimme

$$\boldsymbol{\lambda}_{k+1}(\mathbf{a}_k) = \mathbf{M}(\mathbf{a}_k, \mathbf{a}_k)\mathbf{g}(\mathbf{a}_k) + \mathbf{M}(\mathbf{a}_k, \mathbf{i}_k)\mathbf{w}_{k+1}(\mathbf{i}_k) - \mathbf{f}(\mathbf{a}_k) .$$

4. Ist $\|\mathbf{w}_{k+1} - \mathbf{w}_k\| <$ tol, so stoppe, sonst erhöhe k um 1 und gehe zu 2.

Der Algorithmus konvergiert für eine beliebige Wahl der Startvektoren $\mathbf{w}_0$ und $\boldsymbol{\lambda}_0$ gegen die eindeutige Lösung des Matrix-LKP, wenn die Matrix $\mathbf{M}$ eine M-Matrix[3] ist, siehe Hintermüller et al [3]. In Python kann die Routine, welche wir pdasa (Primal-Dual Activ Set Algorithmus) nennen, wie folgt aussehen. In dieser setzen wir $c = 1$.

Routine 7.1: pdasa.py

```
import numpy as np
from get_diagonals import get_diagonals
from scipy.linalg import solve_banded, norm

def pdasa(M,f,g,w0,lam0):
    '''w,lam,al = pdasa() loest das Matrix-Komplementaritaetsproblem

                          Mw >= f
                           w >= g
                (w-g)'(Mw-f)   = 0
```

[3] Eine quadratische Matrix ist eine M-Matrix, wenn sie eine P-Matrix ist und alle ihre Nebendiagonalelemente nicht positiv sind.

```
    via des Primal-Dual Active Set Algorithmus. Die Startvektoren muessen
    w0 >= g, lambda0 >= 0 erfuellen.'''

    n = len(f); a = np.zeros(n); tol = 1e-18; kmax = 1e4;
    w = w0+0.0; w0 = w+1.0; lam = lam0; k = 0;

    while (norm(w-w0)>tol) & (k<=kmax):
        w0 = w+0.0; k = k+1;
        a = (lam-w+g>0); i = (lam-w+g<=0);
        lam[i] = np.zeros(np.count_nonzero(i));
        w[a] = g[a]; A = get_diagonals(M[i,:][:,i],2,2)
        w[i] = solve_banded((2,2),A,f[i]-M[i,:][:,a]@g[a])
        lam[a] = M[a,:][:,a]@g[a]+M[a,:][:,i]@w[i]-f[a]

    return w, lam, a
```

Um eine Amerikanische Option zu bewerten, müssen wir wegen (7.6) die Routine pdasa M-mal aufrufen. Für den ersten Zeitschritt verwenden wir $\mathbf{w}_0 = \mathbf{g}$ und $\boldsymbol{\lambda}_0 = \mathbf{0}$ als Startvektoren. Für Zeitschritte $j + 1 \geq 1$ verwenden wir als Startvektoren die Lösung $\mathbf{w}_j$, $\boldsymbol{\lambda}_j$ des Zeitschritts j. Beachten Sie, dass der Subskript nun kein Iterationsindex darstellt, sondern den Zeitlevel $t_j = j\Delta t$. Um die Matrix-LKP (7.6) zu lösen, rufen wir die Routine daher für $j = 0, \ldots, M - 1$ wie folgt auf

$$[\mathbf{w}_{j+1}, \boldsymbol{\lambda}_{j+1}] = \text{pdasa}\big(\mathbf{B}, \mathbf{C}\mathbf{w}_j, \mathbf{g}, \mathbf{w}_j, \boldsymbol{\lambda}_j\big) .$$

Die Routine für das Bewerten einer Amerikanischen Option im Black-Scholes Modell respektive für das Finden der Lösung $V(s, 0)$ des Problems (7.4) kann folgende Gestalt annehmen.

Routine 7.2: americancallput_bs.py

```
import numpy as np
from scipy import sparse
from pdasa import pdasa
from matrixgenerator_BC import matrixgenerator_BC

def americancallput_bs(sigma,r,q,K,T,omega,N,M):
    '''x,w,t,sb = bs_american() berechnet den Wert w und den freien Rand sb(t)
    einer Amerikanischen Put (omega = -1) oder Call (omega = 1) Option mit
    Strike K and Maturitaet T im Black-Scholes Modell (mit den Parametern
    sigma, cc Riskfree r und cc Dividendenrendite q). N und M sind die
    ueblichen Diskretisierungsparameter.'''

    a = lambda x:-sigma**2/2*x**2; b = lambda x:-(r-q)*x;
    c = lambda x:r*x**0;

    # Ausuebungsfunktion (in Abh. von omega)
    g = lambda x:np.maximum(K-x,0)*(omega==-1)+np.maximum(x-K,0)*(omega==1);

    # Gitter definieren
    xl = 0; xr = 4*K; h = (xr-xl)/(N+1); x = np.linspace(xl+h,xr-h,N);
    k = T/M; t = np.linspace(k,T,M);
```

```
    # Matrizen A und I definieren
    Mat = matrixgenerator_BC([["M2",a],["M1",b],["M0",c]],[2,2],xl,xr,N);
    A = Mat[0]+Mat[1]+Mat[2]; I = sparse.eye(N); theta = 0.5;
    B = I + k*theta*A; C = I - (1-theta)*k*A;

    # Start-Vektor w0 definieren (Ausuebungsfunktion)
    w = g(x); lam = np.zeros(N); sb = np.zeros(M);

    # Zeitschrittverfahren
    for j in range(M):
        w,lam,ac = pdasa(B,C*w,g(x),w,lam);
        Ip = np.where(w-(K-x)==0); Ic = np.where(w-(x-K)==0);
        if Ip[0].size>0: sb[j] = x[Ip[0][-1]] # freier Rand Put
        if Ic[0].size>0: sb[j] = x[Ic[0][0]] # freier Rand Call

    return x,w,t,sb
```

Wir betrachten nun als erste Anwendung eine Amerikanische Put Option mit unendlicher Laufzeit („open end“, im Englischen auch “Perpetual Put"genannt). Der Preis (7.1) der Option hängt nicht von der Zeit t und ab wir können $t = 0$ setzen

$$V(s) = \sup_{\tau \in \mathcal{T}} \mathbb{E}^{\mathbb{Q}}[e^{-r\tau} g(S(\tau)) \mid S(0) = s] \tag{7.17}$$

mit $\mathcal{T} = [0, \infty[$. Man kann zeigen, dass der Preis $v(x) = V(e^x)$ dieser Option zusammen mit dem freien Rand $s_b = e^{x_b}$ im Black-Scholes Modell unter den zusätzlichen Annahmen $r > 0$ und $q = 0$ die Differentialgleichung (in der $x = \ln(s)$-Koordinate)

$$\begin{cases} \frac{1}{2}\sigma^2 v'' + \left(r - \frac{1}{2}\sigma^2\right)v' - rv = 0 & \text{in } G \\ v(x_b) = K - e^{x_b} & \\ v'(x_b) = -e^{x_b} & \end{cases} \tag{7.18}$$

löst, mit $G =]x_b, \infty[$. Für $x < x_b$ ist $v(x) = K - e^x$. In der Aufgabe 7.2 zeigen wir, dass die Lösung dieses Problem gegeben ist durch

$$V(s) = \begin{cases} \left(\frac{s_b}{s}\right)^{\frac{2r}{\sigma^2}} (K - s_b) & \text{falls } s \geq s_b \\ K - s & \text{falls } s \leq s_b \end{cases} \tag{7.19}$$

mit

$$s_b = \frac{2Kr}{2r + \sigma^2},$$

vergleiche auch mit Abb. 7.2.

Die Funktion $V(s)$ in (7.17) löst das LKP (7.4); natürlich mit $\partial_t V = 0$ und ohne die Endbedingung $V(s, T) = g(s)$. Das Matrix-LKP lautet daher:

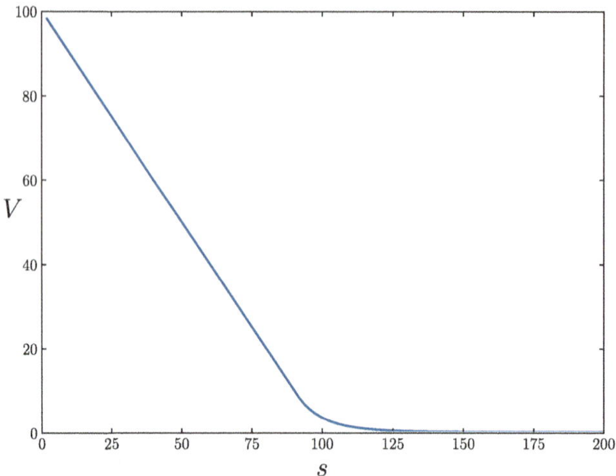

Abb. 7.2 Wert $V(s)$ eines „Perpetual Put" mit Strike $K = 100$ im Black-Scholes Modell, $\sigma = 0.1$, $r = 0.05$

Für $\mathbf{g} := \big(g(h), \ldots, g(s_r - h)\big)^\top$ finde $\mathbf{w}$ so, dass

$$\begin{cases} \mathbf{A}\mathbf{w} \leq \mathbf{0} \\ \mathbf{w} \geq \mathbf{g} \\ (\mathbf{w} - \mathbf{g})^\top \mathbf{A}\mathbf{w} = 0 \end{cases}$$

gilt. Dies ist ein Spezialfall des Problems (7.7), mit $\mathbf{M} = -\mathbf{A}$ und $\mathbf{f} = \mathbf{0}$. Wir verwenden die exakte Lösung (7.19), um das Verfahren zu testen und Konvergenzraten zu bestimmen. Dazu wählen wir die Parameter $K = 100$, $\sigma = 0.1$, $r = 0.05$ und das Intervall $G^e =]0, 5[$. Für $N = 2^L - 1$ mit $L = 8$ rechnen wir

```
In [2]: from matrixgenerator_BC import matrixgenerator_BC
In [3]: sigma = 0.1; r = 0.05; K = 100; xl = 0; xr = 5*K; L = 8;
In [4]: g = lambda x:np.maximum(K-x,0);
In [5]: a = lambda x:sigma**2/2*x**2; b = lambda x:r*x; c = lambda x:-r*x**0;
In [6]: N = 2**L-1; h = (xr-xl)/(N+1); x = np.linspace(xl+h,xr-h,N);
In [7]: Mat = matrixgenerator_BC([["M2",a],["M1",b],["M0",c]],[2,1],xl,xr,N);
In [8]: A = Mat[0]+Mat[1]+Mat[2]; lam0 = np.zeros(N); f = np.zeros(N);
In [9]: w,lam,a = pdasa(-A,f,g(x),g(x),lam0);
```

und bestimmen dann auf dem Intervall $]0, 2K[$ den Fehler zwischen approximierter und exakter Lösung.

```
In [10]: sb = 2*K*r/(2*r+sigma**2);
In [11]: V = lambda s:(sb/s)**(2*r/sigma**2)*(K-sb)*(s>=sb)+(K-s)*(s<sb);
In [12]: I = (x<2*K); err = max(abs(w[I]-V(x[I]))); err
Out[12]: 0.045878609943944326
```

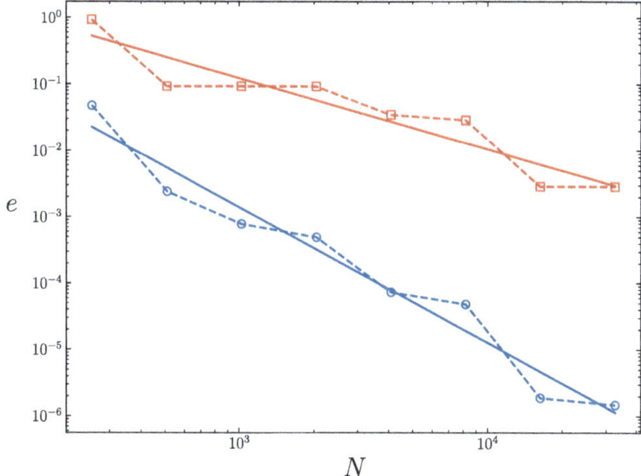

Abb. 7.3 Konvergenz der Finiten-Differenzen-Methode für einen „Perpetual Put". Preis (○), freier Rand (□)

Schlussendlich bestimmen wir noch den Fehler des freien Randes s_b.

```
In [13]: Ip = np.argmax(np.where(w-(K-x)==0));
In [14]: err = abs(sb-x[Ip]); err
Out[14]: 0.8877840909091077
```

Um Konvergenzraten zu bestimmen, wiederholen wir das Ganze für $L = 8, \ldots, 15$ und erhalten die Abb. 7.3. Die Steigung der in die Datenpunkte $(\ln(N), \ln(e))$ gelegte Regressionsgerade ist $n \doteq -2.035$ für den Preis der Option und $n \doteq -1.067$ für den freien Rand.

Die Aufgabe 7.3 zeigt, dass wir diese Raten auch für Amerikanische Optionen mit endlicher Laufzeit erhalten.

Wir diskutieren nun noch kurz den Einfluss der Vorzeichen von r und q auf das Verhalten von Amerikanischen Optionen und betrachten beispielhaft eine Call Option auf einen Basiswert, der keine Dividende zahlt, $q = 0$. Der Wert V_c^a einer Amerikanischen Call Option ist unter der Annahme $r > 0$ zu jedem Zeitpunkt mindestens

$$V_c^a \geq V_c^e \geq S(t) - Ke^{-r(T-t)} > S(t) - K \,.$$

Somit ist V_c^a grösser als der Wert $S(t) - K$ der Option bei Ausübung; der Halter der Option würde bei vorzeitiger Ausübung einen Verlust hinnehmen. Somit ist es nicht optimal, eine Amerikanische Call Option auf einen Basiswert ohne Dividendenzahlung frühzeitig auszuüben. Die Amerikanische Option ist in diesem Fall äquivalent zur Europäischen Option, das heisst $V_c^a = V_c^e$, vergleiche mit Abb. 7.4.

In der Tab. 7.1 fassen wir die möglichen Fälle für Call und Put Optionen zusammen, wobei der Fall $q < 0$ nicht eintreten kann. In der Tabelle bezeichnen wir mit V^e und V^a

Tab. 7.1 Je nach Vorzeichen von r und q ist die vorzeitige Ausübung einer Amerikanischen Option nicht optimal und der Preis der Amerikanischen fällt mit dem Preis der Europäischen Option zusammen, $V^e = V^a$.

	Put			Call		
	$r > 0$	$r = 0$	$r < 0$	$r > 0$	$r = 0$	$r < 0$
$q > 0$	$V^e < V^a$	$V^e = V^a$	$V^e = V^a$	$V^e < V^a$	$V^e < V^a$	$V^e < V^a$
$q = 0$	$V^e < V^a$	$V^e = V^a$	$V^e = V^a$	$V^e = V^a$	$V^e = V^a$	$V^e < V^a$

den Preis der Europäischen respektive Amerikanischen Option (mit identischen Kontrakt- und Modellparametern).

In Abb. 7.4 ist Tab. 7.1 auszugsweise graphisch dargestellt. Darin ist $\sigma = 0.3$, $K = 100$ und $T = 1$.

Nicht nur der Preis V der Option ist abhängig von r und q, sondern auch der freie Rand s_b. Für $r > 0$ kann man folgendes Verhalten des freien Randes unmittelbar vor Laufzeitende für eine Put Option

$$\lim_{t \to T^-} s_b(t) = \begin{cases} K & \text{falls } q \leq r \\ K\frac{r}{q} & \text{falls } q > r \end{cases} = \min\left\{1, \frac{r}{q}\right\} K \tag{7.20}$$

zeigen, während für eine Call Option

$$\lim_{t \to T^-} s_b(t) = \begin{cases} K\frac{r}{q} & \text{falls } q < r \\ K & \text{falls } q \geq r \end{cases} = \max\left\{1, \frac{r}{q}\right\} K \tag{7.21}$$

gilt, vergleiche mit Abb. 7.5 und Aufgabe 7.4. Da man eine Amerikanische Option zum Zeitpunkt T (wie eine Europäische) ausübt, wenn $S(T) \geq K$ ist, muss $s_b(T) = K$ gelten,

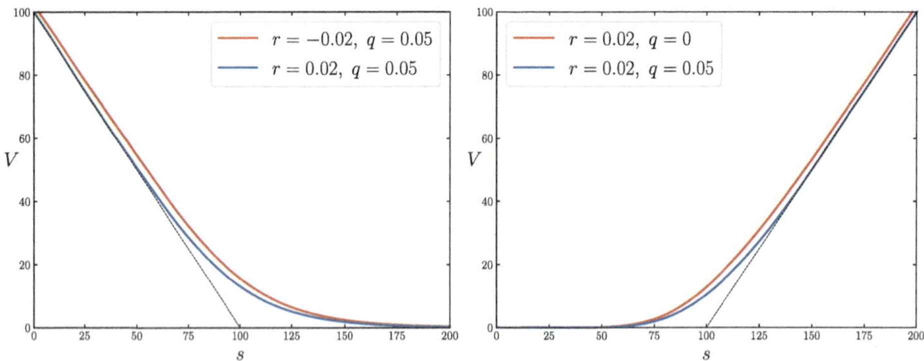

Abb. 7.4 Abhängigkeit des Preises $V^a(s, 0)$ von Amerikanischen Optionen vom Vorzeichen von r und q. Links. Put, $r = -0.02, q = 0.05$ (–), $r = 0.02, q = 0.05$ (–) Rechts. Call, $r = 0.02, q = 0$ (–), $r = 0.02, q = 0.05$ (–)

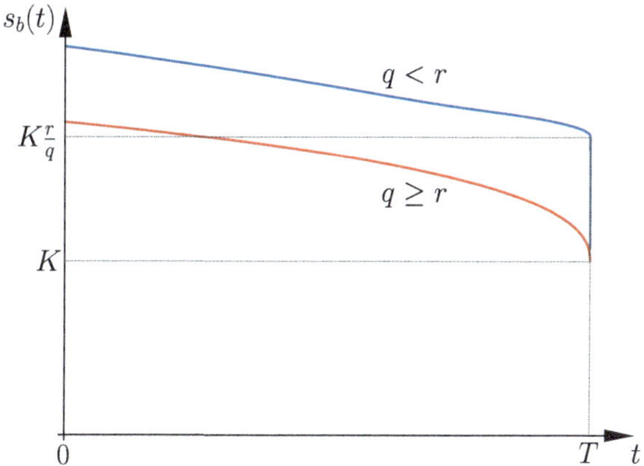

Abb. 7.5 Abhängigkeit des freien Randes $s_b(t)$ einer Amerikanischen Call Option vom Verhältnis $\frac{r}{q}$. Zur Erzeugung dieser Graphik siehe die Aufgabe 7.4

so dass der freie Rand $s_b(t)$ für eine Amerikanische Call Option und $q < r$ an der Stelle $t = T$ unstetig ist. Eine analoge Argumentation zeigt, dass auch für eine Amerikanische Put Option und $q > r$ der freie Rand an der Stelle $t = T$ unstetig ist. Ebenso erkennt man an (7.21), dass für $q = 0$ der freie Rand $s_b(T^-)$ gegen unendlich strebt; weil $s_b(t)$ eine monoton fallende Funktion in t ist – vergleiche mit Abb. 7.5 – folgt $s_b(t) \to \infty$. Dies entspricht der bereits vorher festgestellten Tatsache, dass es nicht optimal ist, eine Amerikanische Call Option auf einen Basiswert ohne Dividende vorzeitig auszuüben. Im Gegensatz dazu wird aus (7.20) klar, dass $s_b(T) = K$ auch für $q = 0$. Da $s_b(t)$ für eine Put Option bezüglich t monoton wachsend ist, ist es optimal, eine Amerikanische Put Option vorzeitig auszuüben, selbst wenn der Basiswert keine Dividende zahlt.

7.2 Diskrete Dividenden

Wie schon Europäische Optionen im Abschn. 6.3 wollen wir nun auch Amerikanische Optionen unter Berücksichtigung diskreter Dividenden bewerten. Wir nehmen in diesem Abschnitt wiederum an, dass der Basiswert n Dividendenzahlungen D_j zu den Zeitpunkten $t_j \in]0, T[$, $j = 1, \ldots, n$, zulässt. Zusätzlich gehen wir in diesem Abschnitt von einen positiven risikolosen Zinssatz $r > 0$ aus. Kombinieren wir nun die Überlegungen im Abschn. 6.3 mit denjenigen im Abschn. 7.1, so erhalten wir für den Preis und den freien Rand der Option eine Folge von linearen Komplementaritätsproblemen. Zuerst lösen wir das Problem

$$\begin{cases} \partial_t v_1 - \mathcal{A} v_1 + r v_1 \geq 0 & \text{in } G \times]0, \tau_1] \\ v_1(s,t) \geq g(s) & \text{in } G \times]0, \tau_1] \\ (\partial_t v_1 - \mathcal{A} v_1 + r v_1)(v_1 - g) = 0 & \text{in } G \times]0, \tau_1] \\ v_1(s,0) = g(s) & \text{in } G \end{cases}$$

und anschliessend sukzessive für $j = 2, \ldots, n$

$$\begin{cases} \partial_t v_j - \mathcal{A} v_j + r v_j \geq 0 & \text{in } G \times]0, \tau_j] \\ v_j(s,t) \geq g(s) & \text{in } G \times]0, \tau_j] \\ (\partial_t v_j - \mathcal{A} v_j + r v_j)(v_j - g) = 0 & \text{in } G \times]0, \tau_j] \\ v_j(s - D_{n+2-j}, 0) = v_{j-1}(s, \tau_{j-1}) & \text{in } G \end{cases}.$$

Hierin ist $G = \mathbb{R}^+$ und $\mathcal{A}$ zum Beispiel im Black-Scholes Fall gegeben durch $\mathcal{A} = \frac{1}{2}\sigma^2 s^2 \partial_{ss} + rs\partial_s$. Weiter ist $\tau_j = t_{n+2-j} - t_{n+1-j}$ wiederum die Zeitspanne zwischen zwei Dividendenzahlungen wie in (6.22). Obige Probleme müssen auf ein endliches Intervall G^e eingeschränkt werden. Um $s - D_{n+2-j} < 0$ zu vermeiden, betrachten wir für alle n LKP das Intervall $s \in]\max\{D_j\}, s_r[$. Zusätzlich setzen wir wie schon im Abschn. 7.1 für die Randbedingungen homogene zweite Ableitungen des Optionspreises, vergleiche mit (7.5). Die Routine, welche den Optionspreis und den freien Rand im Black-Scholes Modell approximieren soll, ist eine Kombination der Routine 7.2 americancallput_bs (welche den Preis einer Amerikanischen Option und Berücksichtigung einer stetigen Dividendenrendite liefert) und der Routine 6.3 callput_bs_discretediv (welche den Preis einer Europäischen Option bei diskreten Dividenden berechnet). Die Routine americancallput_bs_discretediv kann wie folgt aussehen.

Routine 7.3: americancallput_bs_discretediv.py

```
import numpy as np
from scipy import sparse
from scipy.interpolate import interp1d
from pdasa import pdasa
from matrixgenerator_BC import matrixgenerator_BC

def americancallput_bs_discretediv(sigma,r,Tau,K,D,omega,N,M):
    '''x,w,t,sb = americancallput_bs_discretediv() findet den Wert w und den
    freien Rand sb(t) einer Amerikanischen Put (omega = -1) oder Call
    (omega = 1) Option mit Strike K und Maturitaet T fuer den Fall von n
    Dividendenzahlungen D = [D1,D2,...,Dn] zu den Zeitpunkten [t1,t2,...,tn].
    Tau ist der Vektor Tau = [0,t1,t2,...,tn,T] der Laenge n+2. sigma und r
    sind die Black-Scholes Parameter. N und M sind die ueblichen
    Diskretisierungsparameter.'''

    tau = np.diff(Tau); D = np.hstack((0,D))
    a = lambda x:-sigma**2/2*x**2; b = lambda x:-r*x; c = lambda x:r*x**0;

    # Ausuebungsfunktion (in Abh. von omega)
    g = lambda x:np.maximum(K-x,0)*(omega==-1)+np.maximum(x-K,0)*(omega==1);

    # Gitter definieren
    xl = max(D); xr = 4*K; h = (xr-xl)/(N+1); x = np.linspace(xl+h,xr-h,N);

    # Start-Vektor w0 definieren (Ausuebungsfunktion)
    w = g(x); lam = np.zeros(N); sb = np.zeros(len(D)*M);
    t = np.hstack((0,np.zeros(len(D)*M)));
```

```
# Matrizen A und I definieren
Mat = matrixgenerator_BC([["M2",a],["M1",b],["M0",c]],[2,2],xl,xr,N);
A = Mat[0]+Mat[1]+Mat[2]; I = sparse.eye(N); theta = 0.5;

for l in range(len(D)):
    k = tau[-1-l]/M; B = I + k*theta*A; C = I - (1-theta)*k*A;
    for j in range(0,M):
        w,lam,ac = pdasa(B,C*w,g(x),1.01*w,lam);
        t[j+1+l*M] = t[l*M]+(j+1)*k;
        if omega==-1:
            Ip = np.where(w-(K-x)==0)[0];
        else:
            Ip = np.asarray([]);
        if Ip.size>0: sb[j+l*M] = x[Ip[-1]];

    w =  np.maximum(interp1d(x,w,kind='cubic',bounds_error=False,\
                                fill_value='extrapolate')(x-D[-1-l]),g(x))
sb = np.hstack((K,sb)); t = Tau[-1]-t;
return x,w,t,sb
```

Wir betrachten zuerst Call Optionen für den Fall, dass der Basiswert während der Laufzeit der Option einmalig zum Zeitpunkt $t_1 \in]0, T[$ eine Dividende der Höhe D zahlt. Zunächst bemerken wir auf Grund des vorherigen Abschnitts, dass der Wert der Amerikanischen Call Option für $t \in [T, t_1[$ dem Wert der Europäischen Call Option entspricht (keine stetige Dividende in diesem Zeitintervall), also

$$V_c^a(s,t) = V_c^e(s,t), \quad t \in [T, t_1[\ .$$

Der Preis der Option ist auch in diesem Fall stetig bezüglich t, somit gilt (6.19); das heisst

$$V_c^a(s,t_1^-) = V_c^a(s-D,t_1^+) = V_c^e(s-D,t_1^+)\ .$$

Geometrisch interpretiert bedeutet die Funktion $s \mapsto V_c^e(s-D,t_1)$ eine Verschiebung des Graphen der Funktion $s \mapsto V_c^e(s,t_1)$ nach *rechts*, so dass der nach rechts verschobene Graph unter Umständen die Ausübungsfunktion $g(s) = \max\{s-K, 0\}$ schneidet. Dies ist dann der Fall, respektive hat die Gleichung

$$V_c^e(s-D,t_1) = s-K$$

dann eine Lösung, wenn

$$D > K(1-e^{-r(T-t_1)})$$

gilt. Die Lösung der Gleichung ist der freie Rand s_b; wir üben die Option nur dann zum Zeitpunkt t_1 vorzeitig aus, falls $S(t_1^-) \geq s_b$ ist.

Beispiel 7.1 Wir rechnen einige in Haug et al. [2] angegebene Werte nach. Es wird eine Amerikanische Call Option mit Laufzeit $T = 1$ betrachtet. Weiter ist $s = 100$, $D = 7$, $\sigma = 0.3$ und $r = 0.06$. Für $t_1 = 0.5$ und $K = 100$ ergibt sich in Python

Tab. 7.2 Preise $V(s, 0)$ von Amerikanischen Call Optionen mit diskreter Dividende für $s = 100$, $D = 7$, $T = 1$, $\sigma = 0.3$ und $r = 0.06$. „FDM" bezeichnet die Werte erhalten mit der implementierten Finiten-Differenzen-Mehode, „HHL" sind die Werte nach Haug et al.

t_1	0.0001	0.5000	0.9999
	$K = 70$		
FDM	30.00042	32.46081	34.98390
HHL	30.0004	32.4608	34.9839
	$K = 100$		
FDM	10.58063	11.65645	14.71620
HHL	10.5806	11.6564	14.7162
	$K = 130$		
FDM	3.09769	3.45954	4.91893
HHL	3.0977	3.4595	4.9189

```
In [15]: sigma = 0.3; K = 100; T = 1; omega = 1;
    ...: r = 0.06; D = 7; Tau = [0,0.5,1];
    ...: N = 2**13-1; M = int(np.ceil(0.1*N))
    ...: x,w,t,sb = americancallput_bs_discretediv(sigma,r,Tau,K,D,omega,N,M);
In [16]: V = interp1d(x,w,kind='cubic')(100); V
Out[16]: array(11.65644846)
```

Für die in der Tab. 7.2 aufgeführten Werte gehen wir analog vor. Alle Optionspreise stimmen bis auf vier Nachkommastellen überein. ◇

Wir betrachten nun (die interessanteren) Put Optionen und nehmen wiederum eine Dividendenzahlung der Höhe D zum Zeitpunkt $t_1 \in \,]0, T[$ an. Es ist klar, dass dieser Put für $t \in]t_1, T]$ dem Put ohne Dividendenzahlung entspricht. Der Graph der Funktion $s \mapsto V_p^a(s, t_1^-)$ unmittelbar vor der Dividendenzahlung ist wie in in Abb. 7.4 exemplarisch dargestellt. Insbesondere entspricht der Graph von $V_p^a(s, t_1^-)$ dem Graphen von $K - s$ für $s < s_b(t_1^-)$. Die Stetigkeitsbedingung

$$V_p^a(s, t_1^-) = V_p^a(s - D, t_1^+)$$

bewirkt wiederum eine Verschiebung dieses Graphen nach rechts, und zwar um D Einheiten. Unmittelbar nach Dividendenzahlung ist also insbesondere aus der Geraden $K - s$ die Gerade $K + D - s$ geworden. Der freie Rand existiert nicht mehr, eine vorzeitige Ausübung der Option ist nicht optimal, die Option ist europäisch geworden. Mit vorschreitender Zeit nimmt der Wert der (nun Europäischen) Option ab, die Gerade $K + D - s$ verschiebt sich allmählich wieder nach links.

Wird die Option vor der Auszahlung der Dividende ausgeübt, ergeben sich Zinsen aus dem Ausübungsertrag der Option. Diese Zinsen müssen verglichen werden mit der Höhe der Dividende. Barone-Adesi und Whaley [1] schreiben dazu: "When the stock pays a dividend, however, the American put option holder is in a dilemma. If he continues to hold the put option, he foregoes the interest; but, if he exercises immediately, he will not profit from the discrete upward jump in the exercisable proceeds of the put when the stock goes ex-dividend." Wird die Option zum Zeitpunkt $t < t_1$ ausgeübt und ist der Wert der

Tab. 7.3 Preise $V(s,t)$ einer Amerikanischen Put Option mit diskreter Dividende für $K = 1$, $D = 0.02$, $t_1 = 0.3$, $T = 0.5$, $\sigma = 0.4$ und $r = 0.08$. „FDM" bezeichnet die Werte erhalten mit der implementierten Finite-Differenzen-Mehode, „M" sind die Werte nach Meyer.

s	0.8	1.0	1.2
	$t = 0$		
FDM	0.22285	0.10461	0.04304
M	0.2228	0.1046	0.0430
	$t = 0.28$		
FDM	0.22052	0.07656	0.01791
M	0.2205	0.0765	0.0179

Aktie 0, so ergibt sich im Zeitintervall $[t, t_1]$ Zinsen von $Ke^{r(t_1-t)} - K$. Ist dieser Wert kleiner als D, so wird der Halter der Option diese im Intervall $[t, t_1]$ nicht ausüben. Es liegt nun auf der Hand, denjenigen Zeitpunkt t^* zu bestimmen, für welchen

$$K(e^{r(t_1-t^*)} - 1) = D$$

gilt. Diese Gleichung hat die Lösung

$$t^* = t_1 - \frac{1}{r} \ln\left(1 + \frac{D}{K}\right). \tag{7.22}$$

Wir erwarten, dass es im Zeitintervall $[t^*, t]$ nicht optimal ist, eine Amerikanische Put Option auf einen Basiswert mit diskreter Dividendenzahlung vorzeitig auszuüben. Übrigens ist die Zeit t^* in (7.22) unabhängig von einem Modell $S(t)$ für die zeitliche Entwicklung des Basiswertes.

Beispiel 7.2 Wir rechnen einige in Meyer [4] angegebene Werte nach. Es wird eine Amerikanische Put Option mit Laufzeit $T = 0.5$ betrachtet. Weiter ist $K = 1$, $D = 0.02$, $\sigma = 0.4$ und $r = 0.08$. Für $t_1 = 0.3$ und $s \in \{0.8, 1, 1.2\}$ ergibt sich in Python (Wir setzen $M = N$, um eine gute Approximation des freien Randes zu erhalten, vergleiche mit Abb. 7.6.)

```
In [17]: sigma = 0.4; K = 1; T = 0.5; omega = -1;
    ...: r = 0.08; D = 0.02; Tau = [0,0.3,0.5];
    ...: N = 2**12-1; M = N
    ...: x,w,t,sb = americancallput_bs_discretediv(sigma,r,Tau,K,D,omega,N,M);
In [18]: V = interp1d(x,w,kind='cubic')([0.8,1,1.2]); V
Out[18]: array([0.22285296, 0.1046057 , 0.04304013])
```

Für die in der Tab. 7.3 aufgeführten Werte gehen wir analog vor. Alle Optionspreise stimmen bis auf mindestens drei Nachkommastellen überein. ◇

Wir bleiben beim Beispiel 7.2 und legen nun den Fokus auf den freien Rand $s_b(t)$, insbesondere auf die Beziehung (7.22). Nach dieser beträgt die Zeitspanne, während welcher es nicht optimal ist, die Option vorzeitig auszuüben, mit den Zahlenwerten aus dem

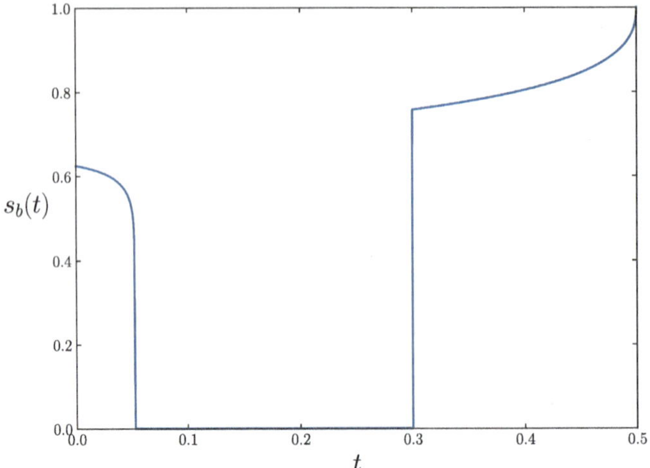

Abb. 7.6 Der Graph $t \mapsto s_b(t)$ des freien Rands für die Amerikanische Put Option mit diskreten Dividenden im Beispiel 7.2

Beispiel 7.2

$$\frac{1}{r} \ln\left(1 + \frac{D}{K}\right) \doteq 0.247533.$$

Wir rechnen diesen Wert in Python nach und erhalten 0.247546; es stimmen vier Nachkommastellen überein. Gleichzeitig stellen wir den freien Rand in Abb. 7.6 graphisch dar.

```
In [19]: plt.plot(t,sb); t[np.where(sb==0)[0][0]-1]-t[np.where(sb==0)[0][-1]+1]
Out[19]: 0.24754578754578754
```

In Abb. 7.6 erkennen wir, dass es im Zeitintervall $[t^*, t_1]$ nicht optimal ist, die Option vorzeitig auszuüben. Vergleichen wir den freien Rand einer Put Option mit diskreter Dividende D_1 mit demjenigen einer Put Option mit stetiger Dividendenrendite q (siehe zum Beispiel Abb. 7.1), so wird die Fehlmodellierung bei der Verwendung von q offensichtlich. Müssen Dividenden beim Bewerten von Amerikanischen Optionen berücksichtigt werden, so sollte dies nicht via einer stetigen Dividendenrendite geschehen; nicht nur der Preis der Option wird dadurch schlecht approximiert, sondern eben auch der freie Rand und damit unsere mögliche Entscheidung bezüglich der vorzeitigen Ausübung der Option.

Die Form des freien Randes wird umso komplizierter, je mehr Dividendenzahlungen stattfinden. Als Beispiel dazu betrachten wir eine Put Option mit Laufzeit $T = 5$, Ausübungspreis $K = 100$ und Dividendenzahlungen zu den Zeitpunkten $t_j = j$, $j = 1, \ldots, 4$ der Höhen $D_1 = 1$, $D_2 = 1.5$, $D_3 = 1.2$ und $D_4 = 1.4$. Weiter setzen wir $\sigma = 0.2$ und $r = 0.02$. Der entsprechende freie Rand ist in Abb. 7.7 dargestellt. Wir erkennen, dass es in den Zeitintervallen $[t_j^*, t_j]$ nicht optimal ist, die Option auszuüben; die Zeitpunkte t_j^* ergeben sich analog zu (7.22) durch $t_j^* = t_j - 1/r \ln(1 + D_j/K)$.

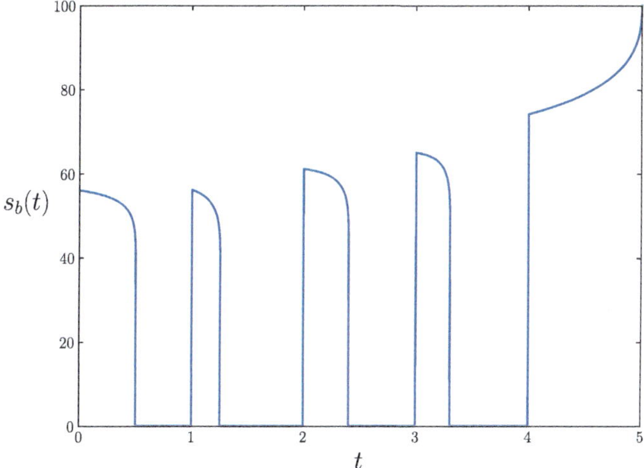

Abb. 7.7 Der Graph $t \mapsto s_b(t)$ des freien Randes einer Amerikanischen Put Option mit mehreren Dividendenzahlungen, $r = 0.02$, $\sigma = 0.2$

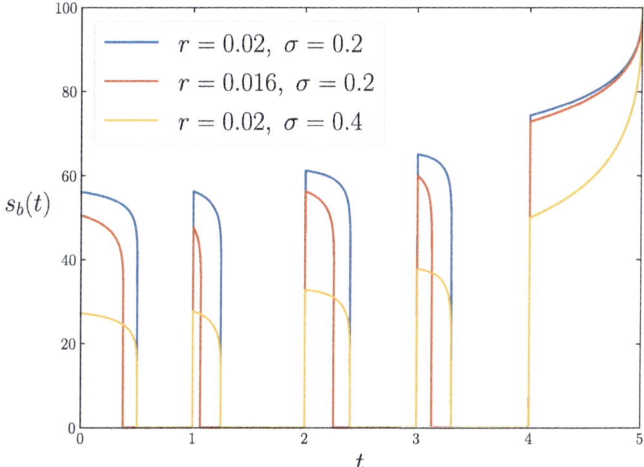

Abb. 7.8 Der Graph $t \mapsto s_b(t)$ des freien Randes wie in Abb. 7.7 (–), aber mit $r = 0.016$, $\sigma = 0.2$ (–) und $r = 0.02$, $\sigma = 0.4$ (–)

Nach (7.22) hängen die Zeitintervalle $[t_j^*, t_j]$ (und damit der freie Rand) vom risikolosen Zinssatz r ab. Die Abhängigkeit ist reziprok und damit sensitiv. In Abb. 7.8 wiederholen wir obiges Beispiel, nun jedoch mit $r = 0.016$. Zusätzlich stellen wir in dieser den freien Rand dar für $r = 0.02$ und $\sigma = 0.4$.

7.3 Bermuda Optionen

Eine Bermuda Option mit Maturität T kann zu n vorgegebenen Zeitpunkten $0 < t_j \leq T$, $1 \leq j \leq n$, ausgeübt werden. Vereinbart man $t_n := T$, so entspricht eine Bermuda-Option mit $n = 1$ der entsprechenden Europäischen Option und der Grenzwert $n \to \infty$ der entsprechenden Amerikanischen Option. Da eine Bermuda Option mit $n > 1$ mehr Rechte (der vorzeitigen Ausübung) gewährleistet als eine Europäische, aber weniger als eine Amerikanische Option, muss der Preis der Bermuda Option höher als derjenige der Europäischen, aber tiefer als der Preis der Amerikanischen Option sein. Der Preis liegt zwischen dem Preis der entsprechenden Europäischen und Amerikanischen Option; daher der Name „Bermuda" Option (die Bermuda-Inseln liegen zwischen Europa und Amerika). In Abb. 7.9 ist der Optionspreis $V(s, 0)$ für eine Put Option mit $K = 100$ und $T = 3$ im Black-Scholes Modell graphisch dargestellt. In dieser ist $\sigma = 0.3$, $r = 0.1$ und $q = 0$; die Bermuda Option kann zu den Zeitpunkten $t_j = j$, $j = 1, 2, 3$, ausgeübt werden. Der hohe Zinssatz ist gewählt, um den Sachverhalt optisch klar zu machen; die Unterschiede zwischen den Optionspreisen werden umso kleiner, je kleiner der Zinssatz r ist.

Ähnlich zu Amerikanischen Optionen ist der Preis $V(s, t)$ einer Bermuda Option gegeben durch das Supremum $\sup_{\tau \in \mathcal{T}}$ über der Menge der Stoppzeiten $\mathcal{T}$ bezüglich S mit Werten in $\{t_1, \ldots, t_n\} \cap [t, T]$ (anstatt in Werten in $[t, T]$) von erwarteten, abgezinsten Cashflows, das heisst

$$V(s, t) = \sup_{\tau \in \mathcal{T}} \mathbb{E}^{\mathbb{Q}}[e^{-r(\tau - t)} g(S(\tau)) \mid S(t) = s] , \tag{7.23}$$

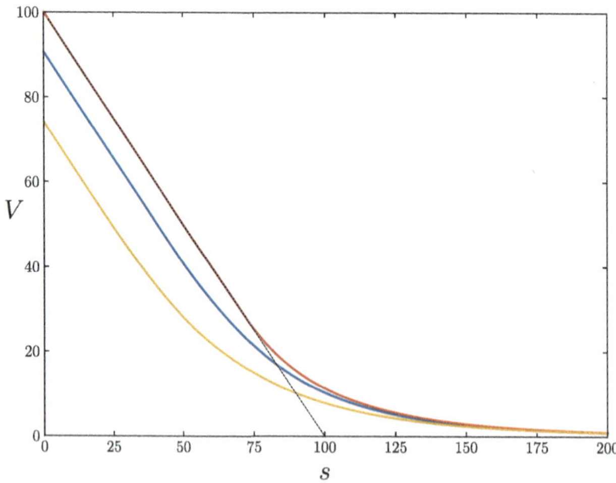

Abb. 7.9 Der Wert einer Bermuda (–) liegt über dem Wert der entsprechenden Europäischen (–) und unter dem Wert der Amerikanischen Option (–)

vergleiche mit (7.1). Man kann zeigen, dass für $t < t_1$ und $j = 1, \ldots, n$ der Preis $v_n(s,t) := V(s, T - t)$ folgendes System löst

$$\begin{cases} \partial_t v_j - \mathcal{A} v_j + r v_j = 0 & \text{in } G \times]0, \tau_j] \\ v_j(s,0) = \max\{v_{j-1}(s, \tau_{j-1}), g(s)\} & \text{in } G \end{cases} \tag{7.24}$$

mit $v_0(s, \tau_0) := g(s)$ und $\tau_j = t_{n+1-j} - t_{n-j}$, wobei wir noch $t_0 = t$ setzen. Die zweite Gleichung in (7.24) stammt von der Tatsache, dass der Wert der Option zu den Ausübungszeiten t_j nicht kleiner sein kann als der Payoff der Option. Ist dies verletzt, gibt es Arbitragemöglichkeiten, vergleiche mit der analogen Bedingung (2.23) für Amerikanische Optionen (welche für diese aber für jedes $t \in [0, T]$ gelten muss). Da die n Probleme (7.24) bis auf die Anfangsbedingungen den Bewertungsproblemen (6.20)-(6.21) für Europäische Optionen mit diskreten Dividenden entsprechen, erhalten wir eine Routine zur Bewertung von Bermuda Optionen im Black-Scholes Modell direkt aus marginaler Änderung der Routine 6.3 callput_bs_discretediv.

Routine 7.4: bermudancallput_bs.py

```
import numpy as np
from pde_1d_a_theta import pde_1d_a_theta

def bermudancallput_bs(sigma,r,q,Tau,K,omega,N,M):
    '''Findet den Wert w einer Bermuda Put (omega = -1) oder Call (omega = 1)
    Option mit Strike K und Maturitaet T fuer die Ausuebungszeitpunkte
    [t1,t2,...,tn]. Tau ist der Vektor Tau = [0,t1,t2,...,tn,T] der Laenge n+2.
    sigma,r und q sind die ueblichen Black-Scholes Parameter. N und M sind die
    Diskretisierungsparameter der Finite-Differenzen-Methode.'''

    tau = np.diff(Tau);
    a = lambda x:-sigma**2/2*x**2; b = lambda x:-(r-q)*x; c = lambda x:r*x**0

    # Payoff, Randbedingungen
    g = lambda x:np.maximum(K-x,0)*(omega==-1)+np.maximum(x-K,0)*(omega==1);
    wl = lambda t:0*t; wr = wl; nl = 2; nr = 2; xl = 0; xr = 4*K

    x,w = pde_1d_a_theta(a,b,c,tau[-1],xl,wl,nl,xr,wr,nr,g,N,M,0,0.5)

    for j in range(0,len(Tau)-2):
        gn = lambda x: np.maximum(w,g(x));
        x,w = pde_1d_a_theta(a,b,c,tau[-2-j],xl,wl,nl,xr,wr,nr,gn,N,M,0,0.5)

    return x,w
```

7.4 Aufgaben

Aufgabe 7.1 Zeigen Sie: Für $c > 0$ gilt

$$\left\{\begin{aligned} \mathbf{w} \geq \mathbf{g} \\ \boldsymbol{\lambda} \geq \mathbf{0} \\ (\mathbf{w}-\mathbf{g})^\top \boldsymbol{\lambda} = 0 \end{aligned}\right\} \Leftrightarrow \boldsymbol{\lambda} - \max\{\boldsymbol{\lambda} - c(\mathbf{w}-\mathbf{g}), \mathbf{0}\} = \mathbf{0} \,.$$

Aufgabe 7.2 Zeigen Sie: die Lösung des Problems (7.18) ist gegeben durch (7.19).

Verwenden Sie dazu den Lösungsansatz aus dem Abschn. 4.1, um $v(x)$ zu finden, und schreiben Sie die gefundene Funktion als Funktion $V(s)$.

Aufgabe 7.3 Verwenden Sie die Routine americancallput_bs und die Parameter $\sigma = 0.15$, $r = 0.05$, $q = 0$, $K = 100$, $T = 0.25$, um den Wert $V(K, 0)$ und den freien Rand $s_b(0)$ einer Amerikanischen Put Option zu finden. Bestimmen Sie Konvergenzraten mit Hilfe der „exakten Werte" $V(K, 0) \doteq 2.504609$ und $s_b(0) = 90.82234$; diese sind von Toivanen [6].

Aufgabe 7.4

i) Für $\gamma \geq 1$ betrachten wir im Intervall $[0, T]$ das gegen 0 hin verdichtete Gitter $\mathcal{G}_t := \{t_j \mid j = 0, \ldots, M\}$ mit

$$t_j = \left(\frac{j}{M}\right)^\gamma T \,.$$

Beachten Sie, dass das äqudistante Gitter (5.8) mit $\gamma = 1$ eine Spezialfall darstellt. Erweitern Sie die Routine americancallput_bs auf Zeitgitter dieser Form.

ii) Benützen Sie die Routine aus Teilaufgabe i), um die Unstetigkeit (respektive die Beziehung (7.20)) des freien Randes $s_b(t)$ an der Stelle $t = T$ einer Amerikanischen Put Option nachzurechnen. Verwenden Sie dazu die Parameter $K = 10$, $T = 0.5$, $\sigma = 0.2$, $\gamma = 5$ und rechnen Sie einmal für $r = 0.05$ und $q = 0.04$ sowie einmal für $r = 0.04$ und $q = 0.05$. Setzen Sie die Diskretisierungsparameter zu $N = 2^{14} - 1$ und $M = \lceil 0.05N \rceil$. Was ist der Wert $s_b(T^-)$?
Hinweis. Die Unstetigkeit lässt sich nur approximativ nachweisen, ist aber optisch gut zu erkennen. Erstellen Sie daher – analog zur Abb. 7.5 (welche wie hier beschrieben erzeugt wurde) – einen Graphen der Funktion $t \mapsto s_b(t)$.

Aufgabe 7.5 Weisen Sie mit Hilfe der Routine 7.4 bermudancallput_bs numerisch nach, dass die Put-Call-Symmetrie (3.20), also die Beziehung

$$V\big(s, t; T, K, \sigma, r, q, 1\big) = V\big(K^2/s, t; T, K, \sigma, q, r, -1\big)\frac{s}{K} \,,$$

nicht nur für Europäische Optionen gilt, sondern auch für Bermuda Optionen. Verwenden Sie die Kontraktparameter $K = 100$, $T = 1$, $t = 0$ und $t_j = j/12$, $j = 1 \dots, 12$ (monatliches Ausübungsrecht) sowie die Modellparameter $\sigma = 0.25$, $r = 0.01$ und $q = 0.05$. Zeigen Sie die Richtigkeit der Beziehung für jeden Gitterpunkt $s_i > 0$.

Literatur

1. G. Barone-Adesi and R. Whaley. On the Valuation of American Put Options on Dividend-Paying Stocks. volume 3 of *Advances in Futures and Options Research*, pages 1–13. Jai Pr, 1988.
2. E. G. Haug, J. Haug, and A. Lewis. Back to Basics: A New Approach to the Discrete Dividend Problem. *Wilmott Magazine*, pages 37–47, 2003.
3. M. Hintermüller, K. Ito, and K. Kunisch. The Primal-Dual Active Set Strategy as a Semismooth Newton Method. *SIAM Journal on Optimization*, 13(3):865–888, 2002.
4. G. H. Meyer. Numerical investigation of early exercise in American puts with discrete dividends. *Journal of Computational Finance*, 5(2):37–53, 2001.
5. G. Peskir and A. Shiryaev. *Optimal Stopping and Free-Boundary Problems*. Birkhäuser, 2006.
6. J. Toivanen. A high-order front-tracking finite difference method for pricing American options under jump-diffusion models. *Journal of Computational Finance*, 13(3):61–79, 2010.

Modell-Kalibrierung

8

Im Abschn. 6.6.1 haben wir die Finite-Differenzen-Methode verwendet, um das CEV-Modell zu kalibrieren. Obwohl wir dazu die entsprechenden Gleichungen gleich für alle Strikes lösen können, ist die Kalibrierung via dem Lösen von partiellen Differentialgleichungen zwar grundsätzlich universell anwendbar, aber langsam. Aus praktischer Sicht ist es daher wünschenswert, eine Bewertungsmethode für Call und Put Optionen zur Verfügung zu haben, welche nicht auf das numerische Lösen von partiellen Differentialgleichungen (oder auf eine andere „langsame" Methode) zurückgreift. In diesem Kapitel wollen wir die sogenannten Cos-Methode von Fang und Oosterlee [2] als eine schnelle Alternative vorstellen. Die Hauptvoraussetzung für eine Anwendung dieser Methode ist die explizite Verfügbarkeit der charakteristischen Funktion des Log-Preises $\ln S(t)$. Für die Bestimmung der charakteristischen Funktion eines Modells gibt es verschiedene Ansätze; aus Gründen der Geschwindigkeit sind Modelle interessant, für welche die Bestimmung ohne numerische Verfahren auskommt sind. Unter gewissen Voraussetzungen an den stochastischen Prozess, welcher zur Modellierung von $S(t)$ verwendet wird, folgt aus der Definition der charakteristischen Funktion und dem Fundamentalprinzip, dass diese eine partielle Differentialgleichung löst. Ist der Prozess affin, so lässt sich die partielle Differentialgleichung zu einem System von komplex-wertigen, gewöhnlichen Differentialgleichungen reduzieren. Für viele verwendete Modelle lässt sich dieses System analytisch lösen und man erhält einen expliziten Ausdruck für die charakteristische Funktion.

Im ersten Abschnitt dieses Kapitels erklären wir die Cos-Methode und diskutieren, wie diese zur schnellen Modell-Kalibrierung verwendet werden kann. Diese Betrachtungen führen zu Pythonroutine `calibration_cos`. Im zweiten Abschnitt erklären wir, wie man die charakteristische Funktion für affine Prozesse explizit erhalten kann.

N. Hilber, *Bewertung von Finanzderivaten mit Python*,
https://doi.org/10.1007/978-3-658-39210-9_8

8.1 Die Cos-Methode

Im Kap. 2 haben wir gesehen, dass sich der Preis einer Europäischen Option mit Payoff g darstellen lässt als einen abgezinsten Erwartungswert

$$\begin{aligned} V(s,t) &= e^{-r(T-t)}\mathbb{E}^{\mathbb{Q}}[g(S(T)) \mid S(t) = s] \\ &= e^{-r(T-t)} \int_0^\infty g(x) f_{S(T)}(x)\mathrm{d}x \\ &= e^{-r(T-t)} \int_{-\infty}^\infty g(Ke^y) f_{X(T)}(y)\mathrm{d}y \end{aligned}$$

mit $f_{X(T)}$ die (risikoneutrale) Dichte des Log-Preises $X(T) := \ln(S(T)/K)$ bei Maturität (zum Zeitpunkt t in $x := X(t) = \ln(S(t)/K) = \ln(s/K)$ startend). Beachten Sie, dass im Moment $K > 0$ beliebig ist; später ist K natürlich ein Strike. Nun können wir die Funktion $f_{X(T)}$ auf einem Intervall $[a, b]$ mit Hilfe ihrer Fourier-Cosinus Reihe approximieren (dazu lassen wir der Übersichtlichkeit halber den Subskript $X(T)$ in $f_{X(T)}$ weg)

$$f(y) \approx \sum_{j=0}^{N-1} A_j \cos\big(j\pi \frac{y-a}{b-a}\big)$$

mit den Fourier Koeffizienten A_j

$$A_j := \frac{2}{b-a} \begin{cases} \frac{1}{2} \int_a^b f(y)\mathrm{d}y & \text{falls } j = 0 \\ \int_a^b f(y) \cos\big(j\pi \frac{y-a}{b-a}\big)\mathrm{d}y & \text{falls } j > 0 \end{cases};$$

zur Fourier-Cosinus Reihe einer univariaten Funktion siehe auch den Abschn. B.7 im Anhang. Daher gilt approximativ

$$\begin{aligned} V(s,t) &= e^{-r(T-t)} \int_{-\infty}^\infty g(Ke^y) f(y)\mathrm{d}y \\ &\approx e^{-r(T-t)} \int_a^b g(Ke^y) f(y)\mathrm{d}y \\ &\approx e^{-r(T-t)} \int_a^b g(Ke^y) \sum_{j=0}^{N-1} A_j \cos\big(j\pi \frac{y-a}{b-a}\big)\mathrm{d}y \end{aligned}$$

$$= e^{-r(T-t)} \sum_{j=0}^{N-1} A_j \underbrace{\int_a^b g(Ke^y) \cos\big(j\pi \frac{y-a}{b-a}\big) \mathrm{d}y}_{=:B_j}$$

$$= e^{-r(T-t)} \sum_{j=0}^{N-1} A_j B_j \ .$$

Die Koeffizienten A_j respektive die entsprechenden Integrale (wir nennen diese $\widetilde{A}_j$) lassen sich via der charakteristischen Funktion

$$\varphi(u; x, t, T) := \mathbb{E}^{\mathbb{Q}}\big[e^{IuX(T)} \mid X(t) = x\big] = \int_{-\infty}^{\infty} e^{Iuy} f(y) \mathrm{d}y, \quad u \in \mathbb{R} \tag{8.1}$$

der Zufallsvariablen $X(T)$ bestimmen[1]. Setzen wir dazu

$$u_j := \frac{j\pi}{b-a} \ ,$$

so gilt

$$\begin{aligned}
\widetilde{A}_j &:= \int_a^b f(y) \cos\big(j\pi \frac{y-a}{b-a}\big) \mathrm{d}y \\
&= \Re\Big(\int_a^b f(y) \cos\big(u_j (y-a)\big) + I f(y) \sin\big(u_j (y-a)\big) \mathrm{d}y \Big) \\
&= \Re\Big(\int_a^b e^{Iu_j (y-a)} f(y) \mathrm{d}y \Big) \\
&\approx \Re\Big(e^{-Iu_j a} \int_{-\infty}^{\infty} e^{Iu_j y} f(y) \mathrm{d}y \Big) \\
&= \Re\big(e^{-Iu_j a} \varphi(u_j; x, t, T) \big) \ .
\end{aligned}$$

Weil $A_j = \frac{2}{b-a} \widetilde{A}_j$ ist, lässt sich der Wert einer Europäischen Option mit Payoff g und Maturität T approximativ berechnen als

$$V(s,t) \approx e^{-r(T-t)} \sum_{j=0}^{N-1} A_j B_j = \frac{2e^{-r(T-t)}}{b-a} \sum_{j=0}^{N-1} \Re\big(e^{-Iu_j a} \varphi(u_j; \ln(s/K), t, T) \big) B_j \ . \tag{8.2}$$

[1] Da die (risikoneutrale) charakteristische Funktion von $X(T)$ zusätzlich von r, q und von Modellparametern η abhängt, müssten wir präziser $\varphi(u; x, t, T, r, q, \eta)$ schreiben. Zur besseren Lesbarkeit der folgende Formeln sehen wir jedoch davon ab.

Beachten Sie, dass wir den ersten Summanden ($j = 0$) durch 2 teilen müssen. Die Formel (8.2) wird als Cos-Methode bezeichnet. Für „kleine" N liefert diese, vorausgesetzt, die Zahlen B_j und die charakteristische Funktion $\varphi(u; x, t, T)$ sind verfügbar, sehr schnell Optionspreise. Dies ist für die Kalibrierung eines Modells $S(T)$ vorteilhaft. In der Tat kann man die $B_j = B_j(K, \omega)$ für Call ($\omega = 1$) und Put ($\omega = -1$) Optionen mit Strike K ausrechnen (dies muss man nur einmal tun, siehe die Aufgabe 8.1) und $\varphi(u; x, t, T)$ ist für viele Modelle bekannt[2]. Zum Beispiel ist für eine geometrische Brown'sche Bewegung $S(T)$ wie in (2.20) die charakteristische Funktion $\varphi(u; x, t, T)$ von $\ln(S(T)/K)$ gegeben durch

$$\varphi(u; x, t, T) = e^{Iu(x+(r-q-\frac{1}{2}\sigma^2)(T-t))-\frac{1}{2}\sigma^2u^2(T-t)} =: e^{Iux} \underbrace{e^{Iu(r-q-\frac{1}{2}\sigma^2)(T-t)-\frac{1}{2}\sigma^2u^2(T-t)}}_{=:\widetilde{\varphi}(u;t,T)}, \tag{8.3}$$

vergleiche mit Beispiel 8.3. Die Faktorisierung der charakteristischen Funktion

$$\varphi(u; x, t, T) = e^{Iux}\widetilde{\varphi}(u; t, T) \tag{8.4}$$

gilt auch für andere Modelle, und da für Call und Put Optionen (an deren Marktpreise die Modelle typischerweise kalibriert werden) auch die B_j zu

$$B_j(K, \omega) = K\widetilde{B}_j(\omega)$$

faktorisieren (mit $\widetilde{B}_j$ unabhängig vom Strike) erhalten wir aus (8.2) mit $x = \ln(s/K)$

$$\begin{aligned} V(s, t; K, \omega) &\approx \frac{2e^{-r(T-t)}}{b-a}\Re\left(\sum_{j=0}^{N-1}{}' e^{-Iu_ja}\varphi(u_j; x, T)B_j(K, \omega)\right) \\ &\overset{(8.4)}{=} \frac{2e^{-r(T-t)}}{b-a}\Re\left(\sum_{j=0}^{N-1}{}' e^{-Iu_ja}e^{Iux}\widetilde{\varphi}(u_j; t, T)K\widetilde{B}_j(\omega)\right) \\ &= \frac{2Ke^{-r(T-t)}}{b-a}\Re\left(\sum_{j=0}^{N-1}{}' e^{Iu_j(x-a)}\widetilde{\varphi}(u_j; t, T)\widetilde{B}_j(\omega)\right). \end{aligned}$$

In dieser „faktorisierten" Version der Cos-Methode für Call ($\omega = 1$) und Put ($\omega = -1$) Optionen sind die Zahlen $\widetilde{B}_j(\omega)$ gegeben durch

$$\widetilde{B}_j(1) = \mathcal{I}_j(0, b) - \mathcal{J}_j(0, b), \quad \widetilde{B}_j(-1) = \mathcal{J}_j(a, 0) - \mathcal{I}_j(a, 0) \tag{8.5}$$

[2] Gerade weil man Modelle mit bekannter charakteristischen Funktion schnell kalibrieren kann, verwendet man solche.

mit

$$\mathcal{J}_j(c,d) = \frac{b-a}{j\pi}\left(\sin\left(j\pi\frac{d-a}{b-a}\right) - \sin\left(j\pi\frac{c-a}{b-a}\right)\right)$$

$$\mathcal{I}_j(c,d) = \frac{1}{1+(\frac{j\pi}{b-a})^2}\left\{e^d\cos\left(j\pi\frac{d-a}{b-a}\right) - e^c\cos\left(j\pi\frac{c-a}{b-a}\right)\right.$$
$$\left.+\frac{j\pi}{b-a}\left(e^d\sin\left(j\pi\frac{d-a}{b-a}\right) - e^c\sin\left(j\pi\frac{c-a}{b-a}\right)\right)\right\}$$

falls $j > 0$, und mit

$$\mathcal{I}_0(c,d) = e^d - e^c, \quad \mathcal{J}_0(c,d) = d - c$$

falls $j = 0$, siehe die Aufgabe 8.1 und [2].

Liegen nun ν Optionen vom selben Typ (und selber Maturität) mit Strikes $K_1, \ldots, K_\nu$ vor, so gilt für die ℓ-te Option, mit $x_\ell := \ln(s/K_\ell)$,

$$V(s,t;K_\ell,\omega) \approx \frac{2K_\ell e^{-r(T-t)}}{b-a}\Re\left(\sum_{j=0}^{N-1} e^{Iu_j(x_\ell-a)}\widetilde{\varphi}(u_j;t,T)\widetilde{B}_j(\omega)\right).$$

Definieren wir daher die (Modell unabhängige) $(\nu \times N)$-Matrix $\mathbf{M}$ und den (Modell abhängigen) Spaltenvektor $\mathbf{z}$ der Länge N

$$\mathbf{M} := \begin{pmatrix} e^{Iu_0(x_1-a)} & e^{Iu_1(x_1-a)} & \ldots & e^{Iu_{N-1}(x_1-a)} \\ e^{Iu_0(x_2-a)} & e^{Iu_1(x_2-a)} & \ldots & e^{Iu_{N-1}(x_2-a)} \\ & & \ddots & \\ e^{Iu_0(x_\nu-a)} & e^{Iu_1(x_\nu-a)} & \ldots & e^{Iu_{N-1}(x_\nu-a)} \end{pmatrix}, \quad \mathbf{z} := \begin{pmatrix} \widetilde{\varphi}(u_0;t,T)\widetilde{B}_0(\omega) \\ \widetilde{\varphi}(u_1;t,T)\widetilde{B}_1(\omega) \\ \vdots \\ \widetilde{\varphi}(u_{N-1};t,T)\widetilde{B}_{N-1}(\omega) \end{pmatrix}, \tag{8.6}$$

sowie die Vektoren $\mathbf{v} := (V(s,t;K_1,\omega), \ldots, V(s,t;K_\nu,\omega))^\top$, $\mathbf{k} := (K_1, \ldots, K_\nu)^\top$, so lässt sich der Wert aller ν Optionen auf einen Schlag via

$$\mathbf{v}(s,t;\mathbf{k},\omega) \approx \frac{2e^{-r(T-t)}}{b-a}\mathbf{k} \odot \Re(\mathbf{Mz}) \tag{8.7}$$

berechnen. Hierin bezeichnen wir mit $\odot$ die komponentenweise Multiplikation zweier Vektoren und $\Re(\mathbf{x})$ nimmt den Realteil jeder Komponente des Vektors $\mathbf{x}$. Wir schreiben nun die Python Routine callput_cos, welche bei Eingabe der charakteristischen Funktion $\widetilde{\varphi}$, der Modellparameter $\boldsymbol{\eta}$ und der üblichen Parameter $s = S(0)$ (wir können ohne Beschränkung der Allgemeinheit $t = 0$ setzen), r, q, T, ω und $\mathbf{k}$ die Preise $\mathbf{v}$ in (8.7) der entsprechenden Optionen berechnet.

Routine 8.1: callput_cos.py

```
import numpy as np
from get_Bj import get_Bj

def callput_cos(s,K,T,phi,eta,r,q,omega,a,b,N,*args):
    '''Gibt den Wert einer Europaeischen Call (omega = 1) oder Put (omega = -1)
    Option mit Restlaufzeit T, Ausuebungspreis K im Modell mit Parameter-Array
    eta = [eta1,...etan] und charakteristischer Funktion phi via der
    Cos-Methode mit Parameter a<0, b>0 und N>0. Wird *args spezifiziert, so
    wird eine vektorisierte Variante ausgefuehrt.'''

    K = np.reshape(K,[len(K),1])

    # Vektor B
    j = np.reshape(np.arange(N),[N,1]); u = j*np.pi/(b-a);
    B = get_Bj(j,a,b,omega); B[0] = B[0]/2;

    # Matrix M; Vektor phi, Vektor z
    x = np.log(s/K); M = np.exp(1j*u.T*(x-a));

    if len(args)>0:
        phivec = phi(u,T,r,q,eta)
    else:
        phivec = 1j*np.zeros([N,1]);
        for l in range(N): phivec[l] = phi(u[l],T,r,q,eta)

    z = phivec*B;
    return 2*np.exp(-r*T)/(b-a)*K*np.real(M@z)
```

Die Routine callput_cos lässt ein optionales Argument zu. Wird dieses spezifiziert, so wird die Funktion $\widetilde{\varphi}$ ohne über die einzelnen u_j zu loopen, bestimmt. Diese „vektorisierte" Variante ist schneller, als wenn man den Loop über die u_j durchführen muss. Beachten Sie, dass sich nicht jede charakteristische Funktion bezüglich der u_j vektorisieren lässt.

Beispiel 8.1 Wir verwenden die Cos-Methode, um Europäische Call Optionen im Black-Scholes Modell zu bewerten. Die entsprechende Funktion $\widetilde{\varphi}$ ist in (8.3) definiert,

$$\widetilde{\varphi}(u;0,T) = e^{Iu(r-q-\frac{1}{2}\sigma^2)T-\frac{1}{2}\sigma^2u^2T} \ .$$

Der einzige Modellparameter ist die Volatilität, das heisst $\boldsymbol{\eta} = (\sigma)$. Wir wählen die Werte $s = 100$, $T = 0.5$, $\sigma = 0.25$, $r = 0$ und $q = 0.04$. Für die Strikes $\mathbf{k} = (60, 61, \ldots, 140)$ berechnen wir den Wert dieser $\nu = 81$ Optionen einmal via der Cos-Methode (8.7) (mit $a = -3$, $b = 3$, $N = 2^7$) und einmal via der Black-Scholes Formel (1.7) (mit der Routine callput_bs_a). Das ganze wiederholen wir 5000 Mal und bestimmen anschliessend die durchschnittliche Rechenzeit für beide Methoden. Um zu testen, wie genau die Cos-Methode ist, bestimmen wir zusätzlich für jeden Strike die absolute Abweichung des Cos-Preises zum Preis aus der Black-Scholes Formel und betrachten dann die grösste dieser Abweichungen.

```
In [2]: import time
   ...: from callput_bs_a import callput_bs_a
   ...: s = 100; K = np.arange(60,141,1); T = 0.5; r = 0; q = 0.04; eta = 0.25
   ...: omega = 1; a = -3; b = 3; N = 2**7;
In [3]: phi = lambda u,T,r,q,eta:np.exp(1j*u*(r-q-0.5*eta**2)*T-0.5*eta**2*u**2*T)
In [4]: sim = 5000;
   ...: tcpu_cos = np.zeros(sim); tcpu_a = np.zeros(sim);
   ...: for p in range(sim):
   ...:     tic = time.time()
   ...:     Vcos = callput_cos(s,K,T,phi,eta,r,q,omega,a,b,N,'vec')
   ...:     tcpu_cos[p] = time.time()-tic
In [5]: for p in range(sim):
   ...:     tic = time.time()
   ...:     V = callput_bs_a(s,K,T,eta,r,q,omega)
   ...:     tcpu_a[p] = time.time()-tic
In [6]: display(np.mean(tcpu_cos),np.mean(tcpu_a))
0.0004906361579895019
0.00023458008766174317
In [7]: display(np.max(abs(V-Vcos.T)))
1.0635936575909e-12
```

Wir erkennen, dass die Cos-Methode in der Lage ist, schnell (ca. 0.5 msec um 81 Optionen zu bewerten; Black-Scholes Formel ist „nur" doppelt so schnell) und genau (maximale Abweichung zum exakten Wert ca. 10^{-12}) ist. $\diamond$

Wir wollen nun die Cos-Methode (8.7) verwenden, um das Kalibrierungsproblem (1.20)

$$\widehat{\eta} := \arg\min_{\eta \in S} \sum_{j=1}^{\nu} \left(V_j(\eta) - V_j^{\mathrm{M}}\right)^2$$

(mit $V_j(\eta)$ der Modellpreis der j-ten Option im Datensatz $\mathbf{D}$ (1.11)) zu lösen. Damit wir keine eigene Routine für die Lösung des nicht-linearen Ausgleichproblems (1.20) schreiben müssen[3], verwenden wir Python's `least_squares` Routine. In dieser hängt die Wahl des iterativen Verfahrens zur Lösung des Minimierungsproblem von der Menge S ab. Grundsätzlich nimmt `least_squares` an, dass S die Produktform

$$S = \bigtimes_{k=1}^{n}]\eta_k^u, \eta_k^o[\tag{8.8}$$

hat, mit unteren und oberen Schranken $-\infty \leq \eta_k^u < \eta_k^o \leq \infty$. Ist $-\infty = \eta_k^u$ und $\eta_k^o = \infty$ für alle k (unbeschränktes Problem), so ist $S = \mathbb{R}^n$, und wir können das Levenberg Marquardt-Verfahren aus dem Abschn. 1.5 anwenden. In `least_squares` kann man dieses via `method='lm'` als Löser wählen. Ist wenigstens ein $\eta_k^{u,o}$ endlich, so ist das Levenberg-Marquardt-Verfahren nicht geeignet und wir weichen auf den „Trust Region

[3] Ausnahme bildet das CEV-Modell, für welches wir die Routine calibration_cev geschrieben haben.

Reflective“-Algorithmus aus, in Python `method='trf'`. In diesem Fall müssen wir der Routine `least_squares` das Zwei-Tupel (Python-Notation)

$$\left([\eta_1^u, \ldots, \eta_n^u], [\eta_1^o, \ldots, \eta_n^o]\right)$$

übergeben. Unabhängig von S müssen wir der Routine `least_squares` zusätzlich eine Funktion residual übergeben, welche die Residuen $\mathbf{r}(\boldsymbol{\eta}_i)$ respektive die Summe $S_i := \sum_{j=1}^{\nu}\left(V_j(\boldsymbol{\eta}_i) - V_j^{\mathrm{M}}\right)^2 = \mathbf{r}(\boldsymbol{\eta}_i)^\top \mathbf{r}(\boldsymbol{\eta}_i)$ der aktuellen Iterierten, vergleiche mit (1.23), bereitstellt. Da in (8.7) die Restlaufzeit T zwar beliebig, aber fest ist, müssen wir innerhalb der Funktion residual über die verschiedenen Restlaufzeiten T^k im Datensatz $\mathbf{D}$ loopen und, für jedes k, nach den ν_k^c Call und $\nu_k^p := \nu_k - \nu_k^c$ Put Optionen gruppieren, $k = 1, \ldots, n$.

In der folgenden Pseudo-Routine für die Funktion residual verwenden wir Python-Notation, um Untermatrizen zu extrahieren, vergleiche mit dem Beispiel A.2 im Anhang. Weiter bezeichnen wir mit S eine Summe quadrierter Residuen. Der Routine residual übergeben wir den Basiswertkurs s, die Matrix $\mathbf{D}$, die charakteristische Funktion $\widetilde{\varphi}(u; 0, T) := \widetilde{\varphi}(u; 0, T, r, q, \boldsymbol{\eta})$, die Spaltenvektoren

$$\begin{aligned}
\mathbf{u} &:= \left(\frac{0\pi}{b-a}, \ldots, \frac{(N-1)\pi}{b-a}\right)^\top \\
\mathbf{b}^c &:= (\widetilde{B}_0(1), \ldots, \widetilde{B}_{N-1}(1))^\top \\
\mathbf{b}^p &:= (\widetilde{B}_0(-1), \ldots, \widetilde{B}_{N-1}(-1))^\top
\end{aligned}$$

der Länge N, die Parameter a, b sowie die aktuelle Iterierte $\boldsymbol{\eta}_i$. Dann werden folgende Schritte durchgeführt.

1. Extrahiere aus der Datenmatrix $\mathbf{D}$ die Vektoren der Marktpreise $\mathbf{v}^{\mathrm{M}} := (V_1^{\mathrm{M}}, \ldots, V_\nu^{\mathrm{M}})^\top$ und der Strikes $\mathbf{k} := (K_1, \ldots, K_\nu)^\top$. Setze $S := 0$ und $k := 1$.
2. Es sei $\mathbf{i}_k \in \mathbb{R}^{\nu_k}$ der Vektor der Indizes der Optionen mit Restlaufzeit T^k. Bestimme die Vektoren (der Länge ν_k) der Marktpreise $\mathbf{v}_k^{\mathrm{M}} := \mathbf{v}^{\mathrm{M}}[\mathbf{i}_k]$ und Strikes $\mathbf{k}_k := \mathbf{k}[\mathbf{i}_k]$ der Optionen mit Restlaufzeit T^k.
3. Berechne die $(\nu_k \times N)$-Matrix $\mathbf{M}$ nach (8.6). Bestimme den Spaltenvektor

   $$\boldsymbol{\varphi}_k := (\widetilde{\varphi}(u_1; 0, T^k), \ldots, \widetilde{\varphi}(u_{N-1}; 0, T^k))^\top$$

   sowie die beiden Vektoren

   $$\mathbf{z}_k^c := \boldsymbol{\varphi}_k \odot \mathbf{b}^c, \quad \mathbf{z}_k^p := \boldsymbol{\varphi}_k \odot \mathbf{b}^p$$

   der Länge N.

4. Es seien $\mathbf{i}_k^c \in \mathbb{R}^{\nu_k^c}$ und $\mathbf{i}_k^p \in \mathbb{R}^{\nu_k^p}$ die Vektoren der zu den Call und Put Optionen mit Restlaufzeit T^k gehörenden Indizes. Bilde die Preisvektoren $\mathbf{v}_k^c$ und $\mathbf{v}_k^p$ via (8.7)

$$\mathbf{v}_k^c := \frac{2e^{-r^k T^k}}{b-a}\mathbf{k}_k[\mathbf{i}_k^c] \odot \Re(\mathbf{M}[\mathbf{i}_k^c,:]\mathbf{z}_k^c)\ ,$$
$$\mathbf{v}_k^p := \frac{2e^{-r^k T^k}}{b-a}\mathbf{k}_k[\mathbf{i}_k^p] \odot \Re(\mathbf{M}[\mathbf{i}_k^p,:]\mathbf{z}\ .$$

5. Bestimme die Vektoren der Residuen $\mathbf{r}_k^c := \mathbf{v}_k^{\mathrm{M}}[\mathbf{i}_k^c] - \mathbf{v}_k^c$ und $\mathbf{r}_k^p := \mathbf{v}_k^{\mathrm{M}}[\mathbf{i}_k^p] - \mathbf{v}_k^p$. Aktualisiere die Summe der quadrierten Residuen via $S := S + (\mathbf{r}_k^c)^\top \mathbf{r}_k^c + (\mathbf{r}_k^p)^\top \mathbf{r}_k^p$.
6. Ist $k = n$, so stoppe. Ansonsten setze $k := k + 1$ und gehe zu 2.

In Python kann dies dann wie folgt aussehen.

Routine 8.2: calibration_cos.py

```
import numpy as np
from get_Bj import get_Bj
from scipy.optimize import least_squares

def residual(eta,s,D,phi,uj,bc,bp,a,b):
    '''Bestimmt den Vektor der Residuen (Differenz zwischen Markt-und
    Modellpreis) aller Optionen im Datensatz D.'''

    # Vektoren aus D extrahieren
    prices = D[:,0]; strikes = D[:,1]; maturities = D[:,2];
    typs = D[:,3]; interest = D[:,4]; dividendyield = D[:,5];
    T = np.unique(maturities); n = len(T); # Array der Tk
    N = len(bc); res = np.array([])

    for k in range(n): # Loop ueber alle Tk
        ik = np.where(maturities==T[k])[0];
        K = strikes[ik]; K = np.reshape(K,[len(K),1])
        r = interest[ik][0]; q = dividendyield[ik][0];

        # Matrix M; Vektor phi
        x = np.log(s/K); M = np.exp(1j*uj.T*(x-a));
        phivec = 1j*np.zeros([N,1]);
        for l in range(N):
            phivec[l] = phi(uj[l],T[k],r,q,eta)

        # Calls und Puts separat
        ikc = typs[ik]==1; ikp = typs[ik]==-1;
        Vc = 2*np.exp(-r*T[k])/(b-a)*K[ikc]*np.real(M[ikc,:]@(phivec*bc))
        Vp = 2*np.exp(-r*T[k])/(b-a)*K[ikp]*np.real(M[ikp,:]@(phivec*bp))

        Vc = np.reshape(Vc,len(Vc)); Vp = np.reshape(Vp,len(Vp))

        # Residuum der Optionen mit Restlaufzeit Tk
        resk = np.hstack((Vc-prices[ik][ikc],Vp-prices[ik][ikp]))

        # Residuum-Update
        res = np.hstack((res,resk))
    return res
```

```
def calibration_cos(s,D,phi,eta0,a,b,N,*bnds):
    '''Kalibriert das Modell mit char. Funk. phi und Parametervektor eta an
    den Datensatz D via der Cos-Methode mit Parameter a,b und N. eta0 ist der
    Startvektor. calibration_cos verwendet, wenn die Parameter-Grenzen
    'bnds' nicht spezifiziert werden, das Levenberg-Marquardt-Verfahren,
    ansonsten wird der 'Trust Region Reflective'-Algorithmus verwendet.
    calibration_cos gibt den Vektor eta der optimalen Modellparameter
    aus.'''

    j = np.reshape(np.arange(N),[N,1]); uj = j*np.pi/(b-a);
    bc = get_Bj(j,a,b,1); bc[0] = bc[0]/2;
    bp = get_Bj(j,a,b,-1); bp[0] = bp[0]/2;

    if len(bnds)>0:
        eta = least_squares(residual,eta0,args=(s,D,phi,uj,bc,bp,a,b),
                            bounds=bnds[0],
                            verbose=0,method='trf',\
                            ftol=1e-5,xtol=1e-5,gtol=1e-5)
    else:
        eta = least_squares(residual,eta0,args=(s,D,phi,uj,bc,bp,a,b),
                            method='lm',ftol=1e-5,xtol=1e-5,gtol=1e-5)

    return eta
```

Zur Illustration der Routine kalibrieren wir wie im Abschn. 1.5 das Black-Scholes Modell mit Hilfe von Put Optionen auf den DAX am 18. Juni 2012, vergleiche mit Tab. 1.2.

Beispiel 8.2 Die Funktion $\widetilde{\varphi}$ ist in (8.3) definiert. Da $s = S(0) = 6248.2$, ergibt sich in Python

```
In [9]: import scipy.io as sio
   ...: D = sio.loadmat('D_DAX_18062012.mat')['D']
In [10]: phi = lambda u,T,r,q,eta:np.exp(1j*u*(r-q-0.5*eta**2)*T-0.5*eta**2*u**2*T)
In [11]: eta = calibration_cos(6248.2,D,phi,[0.2],-4,4,2**7); eta.x
Out[11]: array([0.27737604])
```

Wie schon im Abschn. 1.5 erhalten wir $\widehat{\sigma} \doteq 0.2774$. ◇

8.2 Bestimmung der charakteristische Funktion: Affine Modelle

Wie findet man die charakteristische Funktion φ in (8.1) respektive $\widetilde{\varphi}$ in (8.4)? Man kann natürlich den Erwartungswert direkt via des Integrals in (8.1) ausrechnen, aber nur, wenn die Wahrscheinlichkeitsdichte $f_{X(T)}$ bekannt ist. Für die meisten Modelle ist dies nicht der Fall. Nach dem Fundamentalprinzip wissen wir aber, dass $\varphi(x,t) := \varphi(u; x, t, T)$ die partielle Differentialgleichung

$$\begin{cases} \partial_t \varphi + \mathcal{A}\varphi = 0 & \text{in } G \times [0, T[\\ \varphi(x,T) = e^{Iux} & \text{in } G \end{cases}$$

löst, mit $\mathcal{A}$ der infinitesimale Generator wie in (3.15) von $X(t)$. Wechseln wir zur Restlaufzeit $\tau := T - t$, so löst die Funktion $\widehat{\varphi}(x,\tau) := \varphi(x, T-\tau)$ die Gleichung

$$\begin{cases} \partial_\tau \widehat{\varphi} - \mathcal{A}\widehat{\varphi} = 0 & \text{in } G \times]0,T] \\ \widehat{\varphi}(x,0) = e^{Iux} & \text{in } G \end{cases} . \tag{8.9}$$

Ist das Modell für $X(t)$ zeit-homogen und affin, so weiss man, dass die charakteristische Funktion die Form

$$\widehat{\varphi}(x,\tau) = e^{\alpha(\tau)+\beta(\tau)x} \tag{8.10}$$

hat, mit α und β komplex-wertige Funktionen, die zu finden sind, siehe zum Beispiel die Arbeit von Duffie, Pan und Singleton [1], oder das Kapitel 10 in Filipović [3][4]. Dabei heisst $X(t)$ zeit-homogen und affin, wenn die Koeffizienten $\mu(x,t)$ und $\sigma^2(x,t)$ nicht von t abhängen und affin linear in x sind, das heisst es gibt Konstanten $\mu_1, \mu_2 \in \mathbb{R}$, $\sigma_1 \in \mathbb{R}_0^+$ und $\sigma_2 \in \mathbb{R}^+$ so, dass

$$\mu(x,t) = \mu_1 + \mu_2 x, \quad \sigma^2(x,t) = \sigma_1 + \sigma_2 x \tag{8.11}$$

gilt. Wegen der speziellen Form von $\widehat{\varphi}$ in (8.10) lässt sich die partielle Differentialgleichung für $\widehat{\varphi}$ zu einem System von gewöhnlichen Differentialgleichungen für α und β reduzieren. Setzen wir nämlich $\widehat{\varphi}$ in (8.9) ein, so ergibt sich

$$\begin{aligned} \partial_\tau \widehat{\varphi} - \mathcal{A}\widehat{\varphi} &= \partial_\tau \widehat{\varphi} - \frac{1}{2}\sigma^2(x, T-\tau)\partial_{xx}\widehat{\varphi} - \mu(x, T-\tau)\partial_x \widehat{\varphi} \\ &\overset{(8.11)}{=} \partial_\tau \widehat{\varphi} - \frac{1}{2}(\sigma_1 + \sigma_2 x)\partial_{xx}\widehat{\varphi} - (\mu_1 + \mu_2 x)\partial_x \widehat{\varphi} \\ &\overset{(8.10)}{=} (\alpha' + \beta' x)\widehat{\varphi} - \frac{1}{2}(\sigma_1 + \sigma_2 x)\beta^2 \widehat{\varphi} - (\mu_1 + \mu_2 x)\beta\widehat{\varphi} \\ &= \Big(\alpha' + \beta' x - \frac{1}{2}(\sigma_1 + \sigma_2 x)\beta^2 - (\mu_1 + \mu_2 x)\beta\Big)\widehat{\varphi} = 0\,. \end{aligned}$$

Hierin bezeichnen wir mit α' und β' die Ableitungen von α und β nach τ. Da $\widehat{\varphi} \neq 0$, muss der Ausdruck in obiger Klammer Null sein; sortieren nach den Potenzen in x liefert

$$\begin{aligned} \alpha' - \frac{1}{2}\sigma_1\beta^2 - \mu_1\beta &= 0 \\ \Big(\beta' - \frac{1}{2}\sigma_2\beta^2 - \mu_2\beta\Big)x &= 0 \end{aligned}$$

[4] Da die Funktionen α und β auch noch von u sowie r, q und von Modellparametern η abhängen, müssten wir präziser $\alpha(u;\tau,r,q,\eta)$, $\beta(u;\tau,r,q,\eta)$ schreiben. Zur besseren Lesbarkeit der folgenden Formeln sehen wir jedoch davon ab.

Da $x \in \mathbb{R}$ beliebig ist, muss der Term in der Klammer der zweiten Gleichung Null sein. Aus der Anfangsbedingung für $\widehat{\varphi}$ in (8.9)

$$\widehat{\varphi}(x,0) = e^{\alpha(0)+\beta(0)x} = e^{Iux}$$

ergeben sich die Anfangsbedingungen $\alpha(0) = 0$, $\beta(0) = Iu$ für α und β. Somit lösen die Funktionen α und β das Differentialgleichungssystem

$$\begin{cases} \alpha' = 0.5\sigma_1\beta^2 + \mu_1\beta, & \alpha(0) = 0 \\ \beta' = 0.5\sigma_2\beta^2 + \mu_2\beta, & \beta(0) = Iu \end{cases}. \tag{8.12}$$

Die Differentialgleichung ist für $\sigma_2 \neq 0$ nicht-linear und ein Beispiel für eine sogenannte Riccati-Gleichung.[5] Ist diese gelöst, vergleiche mit der Aufgabe 8.2, ergibt sich α durch das Finden der Stammfunktion von $\frac{1}{2}\sigma_1\beta^2 + \mu_1\beta$.

Beispiel 8.3 Wir betrachten eine geometrische Brown'sche Bewegung $S(t)$ wie in (1.3), mit $\mu = r - q$. Aus dem Itô-Lemma folgt die stochastische Differentialgleichung für $X(t) = \ln(S(t)/K)$,

$$\mathrm{d}X(t) = \big(r - q - \frac{1}{2}\sigma^2\big)\mathrm{d}t + \sigma\mathrm{d}W(t), \quad X(0) = x$$

mit $x = \ln(s/K)$. Die Koeffizienten sind also zeit-homogen und affin linear, mit

$$\mu_1 = r - q - \frac{1}{2}\sigma^2,\ \mu_2 = 0,\ \sigma_1 = \sigma^2,\ \sigma_2 = 0\,.$$

Das System lautet daher

$$\begin{cases} \alpha' = 0.5\sigma^2\beta^2 + \mu_1\beta, & \alpha(0) = 0 \\ \beta' = 0, & \beta(0) = Iu \end{cases}$$

mit der Lösung $\beta(\tau) = Iu$, und

$$\alpha(\tau) = \int \big(-\frac{1}{2}\sigma^2u^2 + \mu_1 Iu\big)\mathrm{d}\tau = \big(-\frac{1}{2}\sigma^2u^2 + \mu_1 Iu\big)\tau + c\,.$$

Die Integrationskonstante c folgt aus $\alpha(0) = c = 0$, somit lautet die charakteristische Funktion

$$\widehat{\varphi}(x,\tau) = e^{\alpha(\tau)+\beta(\tau)x} = e^{(-\frac{1}{2}\sigma^2u^2+(r-q-\frac{1}{2}\sigma^2)Iu)\tau+Iux}\,.$$

[5] Benannt nach dem italienischen Mathematiker Jacopo Riccati (1676–1754).

In Termen von $\varphi(u; x, T-\tau, T) = \widehat{\varphi}(x, \tau)$ und $t = T - \tau$ schlussendlich

$$\varphi(u; x, t, T) = e^{Iux+(r-q-\frac{1}{2}\sigma^2)Iu(T-t)-\frac{1}{2}\sigma^2u^2(T-t)} .$$

Beachten Sie, dass $\varphi(u; x, t, T) = e^{Iux}\widetilde{\varphi}(u; t, T)$ in der Tat wie in (8.4) faktorisiert, mit

$$\widetilde{\varphi}(u; t, T) = e^{(r-q-\frac{1}{2}\sigma^2)Iu(T-t)-\frac{1}{2}\sigma^2u^2(T-t)} . \qquad \diamond$$

Im Kap. 10 zu Bewertungsproblemen in mehreren Variablen werden wir auf die charakteristische Funktion zurückkommen.

8.3 Aufgaben

Aufgabe 8.1 In dieser Aufgabe leiten Sie Formeln für die Zahlen $\widetilde{B}_j$ in

$$B_j(K, \omega) := \int_a^b g(Ke^y) \cos\big(j\pi \frac{y-a}{b-a}\big) \mathrm{d}y = K\widetilde{B}_j(\omega)$$

her. Zeigen Sie: Für Call ($\omega = 1$) und Put ($\omega = -1$) Optionen mit Payoff $g(x) := \max\{\omega(x-K), 0\}$ gilt für $j = 0, 1, 2, \ldots$

$$\widetilde{B}_j(1) = \mathcal{I}_j(0, b) - \mathcal{J}_j(0, b)$$
$$\widetilde{B}_j(-1) = \mathcal{J}_j(a, 0) - \mathcal{I}_j(a, 0)$$

mit $\mathcal{I}_0(c, d) = e^d - e^c$ und $\mathcal{J}_0(c, d) = d - c$ und, für $j = 1, 2, 3, \ldots$,

$$\mathcal{J}_j(c, d) := \frac{b-a}{j\pi}\Big(\sin\big(j\pi\frac{d-a}{b-a}\big) - \sin\big(j\pi\frac{c-a}{b-a}\big)\Big)$$
$$\mathcal{I}_j(c, d) := \frac{1}{1+(\frac{j\pi}{b-a})^2}\Big\{ e^d \cos\big(j\pi\frac{d-a}{b-a}\big) - e^c \cos\big(j\pi\frac{c-a}{b-a}\big)$$
$$+ \frac{j\pi}{b-a}\Big(e^d \sin\big(j\pi\frac{d-a}{b-a}\big) - e^c \sin\big(j\pi\frac{c-a}{b-a}\big)\Big)\Big\}$$

Aufgabe 8.2 Eine Riccati-Gleichung mit konstanten Koeffizienten $n, p, q, q \neq 0$, ist eine Differentialgleichung der Form

$$\beta'(x) = q\beta^2(x) + p\beta(x) + n, \quad \beta(0) = b . \tag{8.13}$$

i) Zeigen Sie: Setzt man

$$\beta(x) = -\frac{u'(x)}{qu(x)} ,$$

so löst die Funktion $u(x)$ die Differentialgleichung

$$u''(x) - pu'(x) + nqu(x) = 0\ .$$

ii) Unter Verwendung der Teilaufgabe i) und des Abschn. 4.1 über lineare Differentialgleichungen zweiter Ordnung mit konstanten Koeffizienten zeigen Sie: Die Funktion $\beta(x)$ ist gegeben durch

$$\beta(x) = c_2 \frac{1 - c_4 e^{-c_1 x}}{1 - c_3 e^{-c_1 x}}$$

mit

$$c_1 := \sqrt{p^2 - 4nq}, \qquad c_2 := -\frac{p + c_1}{2q},$$
$$c_3 := \frac{2bq + p + c_1}{2bq + p - c_1}, \quad c_4 := \frac{b(p - c_1) + 2n}{b(p + c_1) + 2n}\ .$$

iii) In den folgenden beiden Teilaufgaben führen wir Integrationskonstanten nicht mit. Um das Differentialgleichungssystem (8.12) vollständig zu lösen, müssen wir die Stammfunktion von β^2 und β finden. In dieser Aufgabe begnügen wir uns damit, das Integral

$$\mathcal{I}(x; a, b, c, d) := \int \frac{e^{d(a-x)} - 1}{b(e^{d(a-x)} - 1) + c} \mathrm{d}x$$

zu bestimmen. Zeigen Sie: Für $c, d \neq 0$ und $b \neq c$ gilt

$$\mathcal{I}(x; a, b, c, d) = -\frac{1}{d} \frac{c}{b(b-c)} \ln \frac{e^{\frac{b}{c} d(a-x)}}{b(e^{d(a-x)} - 1) + c}\ ; \tag{8.14}$$

für $c, d \neq 0$ und $b = c$ gilt

$$\mathcal{I}(x; a, b, b, d) = -\frac{1}{bd}\left(d(a - x) + e^{-d(a-x)}\right).$$

iv) Zeigen Sie unter der Verwendung der Teilaufgabe iii)

$$\int \beta(x)\mathrm{d}x = c_2 c_4 \mathcal{I}(x; 0, c_3, c_3 - 1, c_1) - (c_4 - 1)\frac{c_2}{c_1} \ln\left(1 - \frac{1}{c_3} e^{c_1 x}\right). \tag{8.15}$$

Literatur

1. D. Duffie, J. Pan, and K. Singleton. Transform Analysis and Asset Pricing for Affine jump-diffusions. *Econometrica*, 68(6):1343–1376, 2000.
2. F. Fang and C.W. Oosterlee. A Novel Pricing Method for European Options Based on Fourier-Cosine Series Expansions. *Journal on Scientific Computing*, 31(2):826–848, 2009.
3. D. Filipović. *Term-Structure Models*. Springer, 2009.

Sprungmodelle

9

Der zentrale Baustein im Black-Scholes und im CEV Modell für die zeitliche Entwicklung $S(t)$ des Basiswerts ist die Brown'sche Bewegung $W(t)$, siehe die Definition 1.1. Da $W(t)$ stetig in t ist, sind es auch die Pfade $t \mapsto S(t)$, vergleiche zum Beispiel mit Abb. 1.1, in welcher simulierte Pfade einer geometrischen Brown'schen Bewegung dargestellt sind. In Abb. 9.1 ist der (reale) Pfad $t \mapsto P(t)$ des Preises (in CHF) für einen Euro abgebildet. Als die SNB am 15. Januar 2015 den Mindestkurs aufhebt, springt der Pfad instantan (nach unten).

Auch Aktienkurse können instantane Sprünge aufweisen, zum Beispiel bei Bekanntgabe von Quartalszahlen. Wir wollen solche Sprünge als Unstetigkeit des Pfades betrachten; wir brauchen stochastische Prozesse, welche diese zulassen. Da eine allgemeine Behandlung von Sprungprozessen, welche in der Finanz verwendet werden, den Rahmen dieses Textes sprengt, beschränken wir uns auf die mathematisch einfacheren Sprung-Diffusionsmodelle. Diese bestehen – wie es der Namen bereits sagt – aus einer Brown'schen Bewegung und einem davon unabhängigen Sprungteil; letzterer wird mit Hilfe eines zusammengesetzten Poisson-Prozesses (engl. „compound Poisson process") modelliert.

Nach Einführung des (zusammengesetzten) Poisson Prozesses betrachten wir das Merton- und Kou Modell für die zeitliche Entwicklung $S(t)$ des Basiswerts und die entsprechende Differentialgleichung, welche ein Derivatspreis in diesen Modellen löst. Die Gleichung ist keine partielle Differentialgleichung mehr, sondern eine partielle Integro-Differentialgleichung (PIDE, „partial integro-differential equation"), weil nebst den partiellen Ableitungen des (unbekannten) Optionspreises dieser zusätzlich Teil eines Integranden ist.

Die Diskretisierung via finiten Differenzen der PIDE führt wiederum auf eine Folge von linearen Gleichungssystemen, im Gegensatz zu Modellen ohne Sprünge ist nun aber die Matrix $\mathbf{A}$ vollbesetzt, wodurch die Methode ineffizient wird. Wir werden ein iteratives Verfahren zusammen mit der schnellen Fourier-Transformation realisieren, so dass die Methode trotz Sprungteil vergleichbar schnell ist zur Methode für Modelle ohne Sprungteil.

N. Hilber, *Bewertung von Finanzderivaten mit Python*,
https://doi.org/10.1007/978-3-658-39210-9_9

Abb. 9.1 Am 15. Januar 2015 springt der Preis $P(t)$ für einen Euro in CHF nach unten. Quelle: EZB

9.1 Poisson- und zusammengesetzter Poisson Prozess

Ein Poisson Prozess[1] $N(t)$ ist ein stochastischer Prozess, der zu zufälligen Zeitpunkten T_k, $k = 0, 1, 2, \ldots$ um „1 nach oben springt". Die Zeitabschnitte zwischen zwei aufeinander folgende Sprungzeiten sind exponential verteilt.

Definition 9.1 Eine positive, stetige Zufallsvariable X heisst exponentialverteilt mit Parameter $\lambda > 0$, wenn ihre Dichte f_X gegeben ist durch

$$f_X(x) = \lambda e^{-\lambda x}, \quad x \in \mathbb{R}_0^+ .$$

Wir definieren nun einen Poisson Prozess.

Definition 9.2 Für eine Folge $(t_1, t_2, t_3, \ldots)$ von unabhängigen, exponentialverteilten Zufallsvariabeln (mit Parameter λ) und $T_j := \sum_{i=1}^{j} t_i$ ist ein Poisson Prozess $N(t)$ mit Intensität λ definiert als

$$N(t) = \sum_{j \geq 1} 1_{\{t \geq T_j\}}, \quad t \in \mathbb{R}_0^+ .$$

[1] Benannt nach dem französischen Mathematiker Siméon Poisson (1781–1840).

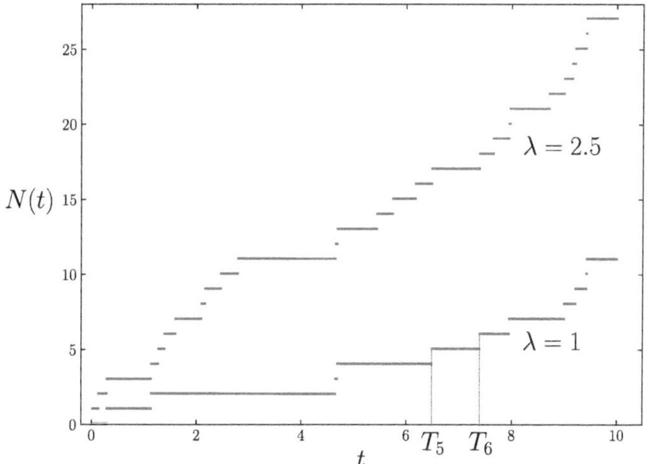

Abb. 9.2 Mögliche Realisationen eines Poisson Prozesses $N(t)$ im Zeitintervall $t \in [0, 10]$. Der Prozess mit Intensität $\lambda = 1$ springt im Intervall insgesamt 11 mal; die erwartete Anzahl Sprünge ist $\mathbb{E}[N(t)] = \lambda t = 10$ für $t = 10$. Der Prozess mit Intensität $\lambda = 2.5$ springt im Intervall insgesamt 27 mal, erwartet sind 25 Sprünge

Für jedes $t > 0$ ist $N(t)$ eine diskrete Zufallsvariable, die einer Poisson Verteilung mit Parameter λt folgt, das heisst

$$\mathbb{P}\big[N(t) = n\big] = e^{-\lambda t} \frac{(\lambda t)^n}{n!} , \tag{9.1}$$

und wir schreiben $N(t) \sim \text{Pois}(\lambda t)$. Der Poisson Prozess „springt" somit zu den zufälligen Zeitpunkten T_j um $+1$, die Zeiten $T_j - T_{j-1}$ zwischen zwei Sprüngen sind exponentialverteilt, vergleiche mit Abb. 9.2.

Der Erwartungswert von $N(t)$ ist λt (vergleiche mit Aufgabe 9.1), somit erwarten wir im Intervall $[0, t]$ λt Sprünge und es wird klar, warum λ „Intensität" genannt wird. Man kann zeigen, dass ein Poisson Prozess mit Intensität λ die folgenden Eigenschaften hat

i) $N(0) = 0$
ii) N hat unabhängige, Poisson-verteilte Inkremente, das heisst: Ist

$$0 = t_0 < t_1 < t_2 < \ldots < t_{n-1} < t_n ,$$

so sind die Zufallsvariablen

$$X_1 := N(t_1) - N(t_0), \quad X_2 := N(t_2) - N(t_1), \quad \ldots, \quad X_n := N(t_n) - N(t_{n-1})$$

unabhängig und es gilt

$$X_j \sim \text{Pois}(\lambda(t_j - t_{j-1})) .$$

Setzen wir insbesondere im Punkt ii) $t_1 = t$ und $t_2 = t + \Delta t$ mit $\Delta t > 0$, so ist

$$N(t + \Delta t) - N(t) \sim \text{Pois}(\lambda \Delta t)$$

unabhängig vom gewählten Zeitpunkt t. Man sagt, die Inkremente seien stationär. Ein Poisson Prozess hat also unabhängige und stationäre Inkremente. Vergleichen wir die obigen beiden Eigenschaften mit den ersten beiden in der Definition 1.1 der Brown'schen Bewegung, so stellen wir fest, dass auch die Brown'sche Bewegung unabhängige und stationäre Inkremente hat (welche normalverteilt sind), zusätzlich sind aber die Pfade des letzteren Prozesses stetig.

Die Brown'sche Bewegung und der Poisson Prozess sind Spezialfälle von einer gewissen Klasse von Prozessen. Prozesse, welche unabhängige und stationäre Inkremente haben und eine weitere Bedingung erfüllen („stochastisch stetig") werden Lévy Prozesse[2] genannt, diese spielen in der Finanzmathematik eine wichtige Rolle, siehe zum Beispiel Cont und Tankov [1]. Somit sind die Brown'sche Bewegung und der Poisson Prozess spezielle Lévy Prozesse; die Brown'sche Bewegung ist der einzige Lévy Prozess mit stetigen Pfaden, und ein (zusammengesetzter) Poisson Prozess ist der einzige Lévy Prozess, bei welchem die Pfade abschnittsweise konstant sind.

Definition 9.3 Für identische und unabhängige Zufallsvariablen Y_j, $j \geq 1$, ist ein zusammengesetzter Poisson Prozess $X(t)$ mit Intensität λ definiert als

$$X(t) := \sum_{j=1}^{N(t)} Y_j \ .$$

Hierin ist $N(t)$ ein Poisson Prozess mit Intensität $\lambda > 0$, welcher von den Y_j unabhängig ist.

In der obigen Definition modellieren die Zufallsvariablen Y_j die Sprunghöhen; sind diese alle gleich 1 (also insbesondere nicht zufällig), so erhalten wir als Spezialfall einen Poisson Prozess. In Abb. 9.3 ist ersichtlich, dass die Pfade eines zusammengesetzten Poisson Prozess zwischen den Sprungzeiten konstant sind; man kann zeigen, dass zusammengesetzte Poisson Prozesse die einzigen Lévy Prozesse sind, deren Pfade stückweise konstant sind.

Wir bestimmen nun die charakteristische Funktion $\varphi(u) := \varphi(u; x, 0, t)$, vergleiche mit (8.1), eines zusammengesetzten Poisson Prozess $X(t)$. Bei der Bestimmung von φ benützen wir die „Rechenregel" (Satz des iterierten Erwartungswert)

$$\mathbb{E}[Z(t)] = \mathbb{E}\big[\mathbb{E}[Z(t) \mid N(t)]\big]$$

[2] Benannt nach dem französischen Mathematiker Paul Lévy, (1886–1971).

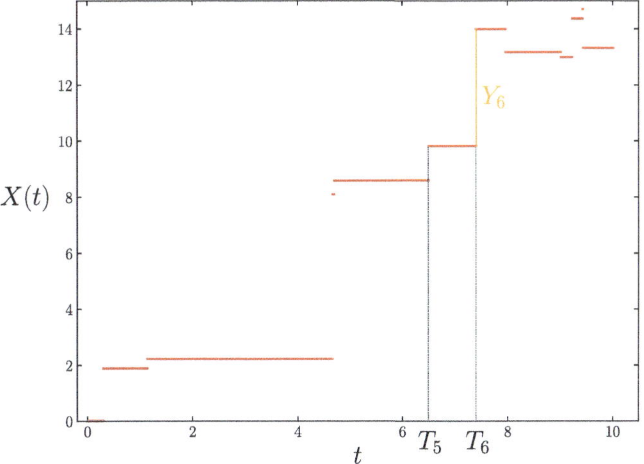

Abb. 9.3 Mögliche Realisation eines zusammengesetzten Poisson Prozesses $X(t)$ im Zeitintervall $t \in [0, 10]$. Die Sprunghöhen (–) sind in diesem Beispiel normalverteilt, $Y_j \sim \mathcal{N}(\mu, \sigma^2)$ mit $\mu = 1$ und $\sigma = 2$. Der zugrundeliegende Poisson Prozess $N(t)$ ist der selbe wie in Abb. 9.2 mit $\lambda = 1$

für $Z(t) = e^{IuX(t)}$, also

$$\begin{aligned}\varphi(u) &= \mathbb{E}\big[e^{IuX(t)}\big] = \mathbb{E}\big[\mathbb{E}[e^{IuX(t)} \mid N(t)]\big]\\ &= \sum_{n=0}^{\infty} \mathbb{E}\big[e^{Iu\sum_{j=1}^{N(t)} Y_j}\big]\mathbb{P}[N(t) = n]\\ &\overset{(9.1)}{=} \sum_{n=0}^{\infty} \mathbb{E}\big[e^{Iu\sum_{j=1}^{n} Y_j}\big]e^{-\lambda t}\frac{(\lambda t)^n}{n!} .\end{aligned}$$

Nun weiss man, dass die charakteristische Funktion einer Summe von unabhängigen Zufallsvariablen – in unserem Fall $\mathbb{E}[e^{Iu\sum_{j=1}^{n} Y_j}]$ – gleich dem Produkt der charakteristischen Funktionen dieser Zufallsvariablen ist – in unserem Fall also $\mathbb{E}[e^{IuY_1}] \cdot \ldots \cdot \mathbb{E}[e^{IuY_n}]$. Da die Y_j hier aber alle dieselbe Verteilung haben, vereinfacht sich das Produkt noch zu $(\mathbb{E}[e^{IuY_1}])^n$. Somit erhalten wir

$$\varphi(u) = e^{-\lambda t}\sum_{n=0}^{\infty}\big(\mathbb{E}\big[e^{IuY_1}\big]\big)^n\frac{(\lambda t)^n}{n!} = e^{-\lambda t}e^{\lambda t\mathbb{E}[e^{IuY_1}]} = e^{\lambda t(\mathbb{E}[e^{IuY_1}]-1)} = e^{\lambda t\mathbb{E}[e^{IuY_1}-1]} ,$$

wobei wir im zweiten Schritt die Taylorreihe $\sum_{n=0}^{\infty} x^n/n! = e^x$ verwendet haben; mit $x = \lambda t\mathbb{E}[e^{IuY_1}]$. Bezeichnen wir nun die Dichte (engl. „density") der stetigen Zufallsvariablen Y_1 mit d, so können wir den Erwartungswert $\mathbb{E}[e^{IuY_1} - 1]$ ausschreiben

$$\mathbb{E}[e^{IuY_1} - 1] = \int_{\mathbb{R}} \big(e^{Iuz} - 1\big)d(z)\mathrm{d}z .$$

Schreiben wir noch $\lambda d(z)\mathrm{d}z =: \nu(\mathrm{d}z)$ (siehe (9.4) unten), so ergibt sich für die charakteristische Funktion eines zusammengesetzten Poisson Prozesses

$$\varphi(u) = e^{t\int_{\mathbb{R}}(e^{Iuz}-1)\nu(\mathrm{d}z)} =: e^{-t\psi(u)}\,. \tag{9.2}$$

Man nennt ψ den charakteristischen Exponenten; dieser spielt allgemein in der Theorie der Lévy Prozesse eine zentrale Rolle. Ist der Lévy Prozess ein zusammengesetzter Poisson Prozess, so haben wir

$$\psi(u) = \int_{\mathbb{R}} \left(1 - e^{Iuz}\right)\nu(\mathrm{d}z)$$

gefunden. Aus der charakteristischen Funktion φ lassen sich unter der Bedingung $\mathbb{E}[|X(t)|^n] < \infty$ die Momente $\mathbb{E}[X(t)^n]$ via

$$\mathbb{E}\big[X(t)^k\big] = \frac{1}{I^k}\varphi^{(k)}(0), \quad k = 1,\ldots,n$$

extrahieren. Wir interessieren uns für den Erwartungswert und die Varianz eines zusammengesetzten Poisson Prozesses, also $k = 1, 2$ in obiger Formel. Wir müssen also zunächst die charakteristische Funktion zweimal nach u ableiten; wir erhalten

$$\begin{aligned}
\varphi'(u) &= \big(e^{-t\psi(u)}\big)' = -t\psi'(u)e^{-t\psi(u)} \\
\varphi''(u) &= \big(-t\psi'(u)e^{-t\psi(u)}\big)' = -t\psi''(u)e^{-t\psi(u)} + (t\psi'(u))^2 e^{-t\psi(u)} \\
&= e^{-t\psi(u)}\big[-t\psi''(u) + (t\psi'(u))^2\big]\,.
\end{aligned}$$

Wir benötigen somit noch die ersten beiden Ableitungen des charakteristischen Exponenten ψ; diese sind

$$\psi'(u) = -I\int_{\mathbb{R}} z e^{Iuz}\nu(\mathrm{d}z), \quad \psi''(u) = \int_{\mathbb{R}} z^2 e^{Iuz}\nu(\mathrm{d}z)\,.$$

Diese ausgewertet an der Stelle $u = 0$ ergibt, weil $\nu(\mathrm{d}z) = \lambda d(z)\mathrm{d}z$ und $d(z)$ die Dichte von Y_1 ist,

$$\psi'(0) = -I\int_{\mathbb{R}} z\nu(\mathrm{d}z) = -I\lambda\mathbb{E}[Y_1], \quad \psi''(0) = \int_{\mathbb{R}} z^2\nu(\mathrm{d}z) = \lambda\mathbb{E}[Y_1^2]\,.$$

Weil $\psi(0) = 0$ ist, folgt

$$\begin{aligned}
\varphi'(0) &= -t\psi'(0)e^{-t\psi(0)} = I\lambda t\mathbb{E}[Y_1] \\
\varphi''(u) &= e^{-t\psi(0)}\big[-t\psi''(0) + (t\psi'(0))^2\big] = -\lambda t\mathbb{E}[Y_1^2] + \big(-I\lambda t\mathbb{E}[Y_1]\big)^2.
\end{aligned}$$

Schlussendlich ergibt sich für den Erwartungswert

$$\mathbb{E}[X(t)] = \frac{1}{I}\varphi'(0) = \lambda t\mathbb{E}[Y_1]$$

und für die Varianz

$$\begin{aligned}\operatorname{Var}[X(t)] &= \mathbb{E}[X(t)^2] - \big(\mathbb{E}[X(t)]\big)^2 \\ &= \frac{1}{I^2}\varphi''(0) - \big(\lambda t\mathbb{E}[Y_1]\big)^2 \\ &= \lambda t\mathbb{E}[Y_1^2] - \big(-I\lambda t\mathbb{E}[Y_1]\big)^2 - \big(\lambda t\mathbb{E}[Y_1]\big)^2 = \lambda t\mathbb{E}[Y_1^2]\,.\end{aligned}$$

Betrachten wir insbesondere einen Poisson Prozess, bei welchem die Sprünge $Y_1 \equiv 1$ sind, so erhalten wir als Spezialfall die Formeln in Aufgabe 9.1. Den Erwartungswert eines zusammengesetzten Poisson Prozesses werden wir später bei der „risikoneutralen" Bewertung von Optionen wieder antreffen.

Ein fundamentales Objekt in der Theorie der Lévy Prozesse ist das Lévy Mass ν, welches wie folgt definiert ist[3].

Definition 9.4 Für einen Lévy Prozess $L(t)$ und ein Intervall B (welches 0 nicht enthält) ist das Lévy Mass definiert als die im Zeitintervall $t \in [0, 1]$ erwartete Anzahl Sprünge $\Delta L(t)$, welche in das Intervall B fallen, also

$$\nu(B) = \mathbb{E}\Big[\sum_{t\le 1} 1_B(\Delta L(t))\Big]\,.$$

Wir bestimmen das Lévy Mass für einen zusammengesetzten Poisson Prozess $X(t)$ mit Intensität λ. Da $N(t)$ von den Y_j unabhängig ist und für $t \in [0, 1]$ den Erwartungswert λ hat, ergibt sich

$$\nu(B) = \mathbb{E}\Big[\sum_{t\le 1} 1_B(\Delta X(t))\Big] = \lambda\int_{\mathbb{R}} 1_B(x)d(x)\mathrm{d}x = \lambda\int_B d(x)\mathrm{d}x\,, \tag{9.3}$$

wobei d die Dichte der Zufallsvariablen Y_j bezeichnet. Betrachten wir nun speziell das Intervall $B = [z, z + \Delta z]$ mit $\Delta z > 0$, so ergibt sich

$$\nu(B) = \lambda\int_z^{z+\Delta z} d(x)\mathrm{d}x = \lambda\big(F(z + \Delta z) - F(z)\big)\,,$$

[3] Die hier angegebene Definition des Lévy Masses ist unpräzis, reicht aber für unsere Zwecke. Genauer handelt es sich bei B nicht nur um ein Intervall, sondern um ein Element (sogenannte Borel Menge) der Borel σ-Algebra auf $\mathbb{R}$ (die von den offenen Mengen in $\mathbb{R}$ erzeugte σ-Algebra). Benannt nach dem französischen Mathematiker Émile Borel, 1871–1956.

wobei wir mit $F(z)$ die Verteilungsfunktion von Y_j bezeichnen. Nun können wir schreiben

$$\nu(\Delta z) = \lambda\big(F(z+\Delta z) - F(z)\big) = \lambda \underbrace{\frac{F(z+\Delta z) - F(z)}{\Delta z}}_{\approx F'(z) = d(z)} \Delta z \; ;$$

im Grenzwert ergibt sich

$$\nu(\mathrm{d}z) = \lambda d(z)\mathrm{d}z \; . \tag{9.4}$$

Man nennt $\nu(z)$ Lévy Dichte. Ist in (9.3) $B = \mathbb{R}$, so haben wir, weil d eine Dichte ist,

$$\nu(\mathbb{R}) = \lambda < \infty \; .$$

Wir sprechen von einem Lévy Prozess mit endlicher Aktivität. Die interessanteren (und mathematisch anspruchsvolleren) Lévy Prozesse haben unendliche Aktivität, also $\nu(\mathbb{R}) = \infty$; wir werden solchen Prozesse nicht weiter verfolgen, siehe jedoch den Abschn. 9.6 für eine Ausnahme.

9.2 Derivate in Sprung-Diffusionsmodellen

Wir können nun ein Sprung-Diffusionsmodell für die zeitliche Entwicklung des Basiswertes $S(t)$ wie folgt definieren. Wir betrachten die stochastische Differentialgleichung (1.3) für eine geometrische Brown'sche Bewegung

$$\mathrm{d}S(t) = \mu S(t)\mathrm{d}t + \sigma S(t)\mathrm{d}W(t), \quad S(0) = s$$

und addieren zu dieser eine zu $W(t)$ unabhängige Sprungkomponente

$$\mathrm{d}S(t) = \mu S(t)\mathrm{d}t + \sigma S(t)\mathrm{d}W(t) + S(t)\mathrm{d}J(t), \quad S(0) = s \; , \tag{9.5}$$

wobei $J(t)$ ein zusammengesetzter Poisson Prozess mit Intensität λ und (relativen) Sprunghöhen $Y_j \in]-1, \infty[$ ist. Wir nehmen nun an, dass der Prozess $S(t)$ zum Zeitpunkt T_j um $\Delta S_j := S(T_j) - S(T_j^-)$ springt. Hierin bezeichnen wir mit $S(t^-)$ den Wert von S unmittelbar vor dem Sprung zum Zeitpunkt t (linksseitiger Grenzwert). Der Sprung ist nach (9.5) proportional zum aktuellen Wert $S(T_j^-)$; genauer ist $\Delta S_j = S(T_j^-)Y_j$, woraus der Wert $S(T_j)$ unmittelbar nach den Sprung folgt,

$$S(T_j) = S(T_j^-) + \Delta S_j = S(T_j^-) + S(T_j^-)Y_j = S(T_j^-)(1 + Y_j) \; . \tag{9.6}$$

Im Zeitintervall $t \in [0, T_1[$, also vor dem ersten Sprung, folgt der Prozess einer geometrischen Brown'schen Bewegung mit Startwert $S(0)$ und ist daher gegeben durch (vergleiche mit (1.4))

$$S(t) = S(0)e^{(\mu-\frac{\sigma^2}{2})(t-0)+\sigma W(t)-W(0)} .$$

Unmittelbar nach dem Sprung zum Zeitpunkt T_1 ist wegen der Stetigkeit von $W(t)$

$$S(T_1) \overset{(9.6)}{=} S(T_1^-)(1+Y_1) \overset{(1.4)}{=} S(0)(1+Y_1)e^{(\mu-\frac{\sigma^2}{2})T_1+\sigma W(T_1)} .$$

Im Zeitintervall $t \in [T_1, T_2[$ folgt der Prozess mit Startwert $S(T_1)$ wiederum einer geometrischen Brown'schen Bewegung

$$\begin{aligned} S(t) &= S(T_1)e^{(\mu-\frac{\sigma^2}{2})(t-T_1)+\sigma W(t)-W(T_1)} \\ &= S(0)(1+Y_1)e^{(\mu-\frac{\sigma^2}{2})T_1+\sigma W(T_1)}e^{(\mu-\frac{\sigma^2}{2})(t-T_1)+\sigma W(t)-W(T_1)} \\ &= S(0)(1+Y_1)e^{(\mu-\frac{\sigma^2}{2})t+\sigma W(t)} . \end{aligned}$$

Unmittelbar nach dem Sprung zum Zeitpunkt T_2 ist

$$S(T_2) \overset{(9.6)}{=} S(T_2^-)(1+Y_2) = S(0)(1+Y_1)(1+Y_2)e^{(\mu-\frac{\sigma^2}{2})T_2+\sigma W(T_2)} .$$

Im Zeitintervall $t \in [T_2, T_3[$ folgt der Prozess mit Startwert $S(T_2)$ einer geometrischen Brown'schen Bewegung; mit der analogen Begründung ergibt sich für dieses Zeitintervall

$$S(t) = S(0)(1+Y_1)(1+Y_2)e^{(\mu-\frac{\sigma^2}{2})t+\sigma W(t)} .$$

Da der Poisson Prozess $N(t)$ die Anzahl Sprünge im Intervall $[0, t]$ angibt, ergibt sich so fortfahrend die Lösung der stochastischen Differentialgleichung (9.5) zu

$$S(t) = se^{(\mu-\frac{1}{2}\sigma^2)t+\sigma W(t)} \prod_{j=1}^{N(t)}(1+Y_j) ,$$

vergleiche mit Abb. 9.4.

Im Modell (9.5) für $S(t)$ betrachten wir nun eine spezielle Form der (relativen) Sprünge Y_j im zusammengesetzten Poisson Prozesses $J(t)$, und zwar

$$Y_j = e^{X_j} - 1 . \tag{9.7}$$

Hierin sind die X_j, $j \geq 1$, unabhängige, gleichverteilte Zufallsvariablen mit Dichtefunktion d. In diesem Fall ist wegen

$$\prod_{j=1}^{N(t)}(1+Y_j) = \prod_{j=1}^{N(t)} e^{X_j} = e^{\sum_{j=1}^{N(t)} X_j} =: e^{J(t)}$$

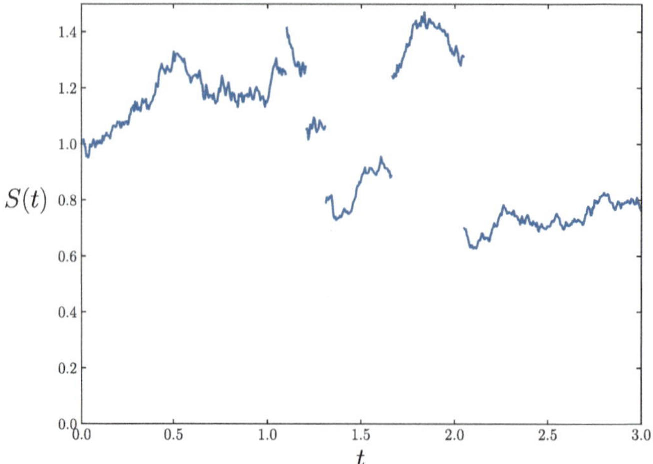

Abb. 9.4 Ein möglicher Pfad eines Sprung-Diffusionsprozesses $S(t)$ nach (9.5). Die Intensität ist $\lambda = 2$; wir erwarten daher im Zeitintervall $t \in [0, 3]$ 6 Sprünge, in der Realisation sind es 5. Die (relativen) Sprunghöhen Y_j werden modelliert als $Y_j = X_j - 1$, wobei die X_j lognormalverteilt sind (Merton Modell) mit Parameter $\mu_X = 0.2$, $\sigma_X = 0.4$. Die restlichen Parameter in (9.5) sind $s = S(0) = 1, \sigma = 0.2, \mu = 0.1$

der Preisprozess $S(t)$ gegeben durch

$$S(t) = se^{(\mu - \frac{1}{2}\sigma^2)t + \sigma W(t) + J(t)} ;$$

dies ist – sehen wir einmal vom „falschen" Drift ab – ein exponentielles Lévy Modell von der Form

$$S(t) = se^{L(t)}$$

wobei im Allgemeinen $L(t)$ ein (fast) beliebiger Lévy Prozess ist.

In einer risikoneutralen Welt ist für ein exponentielles Lévy Modell der infinitesimale Generator des Sprunganteils von $S(t)$ in (9.5) gegeben durch

$$\mathcal{A}^j f(s) := \int_{\mathbb{R}} \big(f(se^z) - f(s) - s(e^z - 1)\partial_s f\big)\nu(\mathrm{d}z) , \tag{9.8}$$

siehe zum Beispiel Cont und Tankov [1]. Da ein allgemeines Lévy Mass um $z = 0$ eine Singularität der Form

$$\nu(z) = \mathcal{O}\Big(\frac{1}{|z|^\alpha}\Big), \quad |z| \to 0 \tag{9.9}$$

mit $\alpha < 3$ hat, können wir obiges Integral nicht in drei Integrale aufspalten, da das Integral

$$\int_{\mathbb{R}} f(s)\nu(\mathrm{d}z) \leq Cf(s) \int_{|z|\leq 1} |z|^{-\alpha}\mathrm{d}z + f(s) \int_{|z|\geq 1} \nu(\mathrm{d}z)$$

zum Beispiel nicht existiert, falls $1 \leq \alpha < 3$. Hingegen existiert das Integral in (9.8), da mit einer Taylorentwicklung für e^z und $f(s)$ folgt

$$\begin{aligned}
&\int_{|z|\leq 1} \big(f(se^z) - f(s) - s(e^z - 1)\partial_s f\big)\nu(\mathrm{d}z) \\
&= \int_{|z|\leq 1} \big(f(s(1 + z + z^2/2 + \mathcal{O}(z^3))) - f(s) - s(1 + z + z^2/2 + \mathcal{O}(z^3) - 1)\partial_s f\big)\nu(\mathrm{d}z) \\
&= \int_{|z|\leq 1} \big(f(s) + s(z + z^2/2 + \mathcal{O}(z^3))\partial_s f + s^2(z + z^2/2 + \mathcal{O}(z^3))^2\partial_{ss} f \\
&\quad - f(s) - s(z + z^2/2 + \mathcal{O}(z^3))\partial_s f\big)\nu(\mathrm{d}z) \\
&\leq Cs^2\partial_{ss} f(s) \int_{|z|\leq 1} |z|^2\nu(\mathrm{d}z) \\
&\overset{(9.9)}{\leq} Cs^2\partial_{ss} f(s) \int_{|z|\leq 1} |z|^{2-\alpha}\mathrm{d}z < \infty\,.
\end{aligned}$$

Im vorliegenden Fall eines zusammengesetzten Poisson Prozesses hat das Lévy Mass um $z = 0$ keine Singularität ($\alpha = 0$) und die drei einzelnen Integrale in (9.8) existieren, so dass wir

$$\mathcal{A}^j f(s) = -\lambda\kappa s\partial_s f - \lambda f + \int_{\mathbb{R}} f(se^z)\nu(\mathrm{d}z)$$

schreiben können. Hierbei haben wir noch

$$\int_{\mathbb{R}} (e^z - 1)\nu(\mathrm{d}z) \overset{(9.4)}{=} \lambda \underbrace{\int_{\mathbb{R}} (e^z - 1)d(z)\mathrm{d}z}_{=:\kappa} =: \lambda\kappa \tag{9.10}$$

gesetzt und $\lambda = \int_{\mathbb{R}} \nu(\mathrm{d}z)$ verwendet. Übrigens entspricht κ gemäss Definition dem Erwartungswert

$$\mathbb{E}[Y_1] = \mathbb{E}[e^{X_1} - 1]$$

der Zufallsvariablen Y_j in (9.7). Der Generator des Diffusionsanteils von $S(t)$ ist wie schon im Black-Scholes Fall gegeben durch

$$\mathcal{A}^d f(s) = \frac{1}{2}\sigma^2 s^2 \partial_{ss} f + \mu s \partial_s f \ ,$$

mit $\mu = r - q$, vergleiche mit (3.15). Somit ist der Generator von $S(t)$ gegeben durch

$$\mathcal{A} f := \mathcal{A}^d f + \mathcal{A}^j f = \frac{1}{2}\sigma^2 s^2 \partial_{ss} f + (r - q - \lambda\kappa) s \partial_s f - \lambda f + \int_{\mathbb{R}} f(se^z)\nu(\mathrm{d}z) \ . \tag{9.11}$$

Wir wollen schlussendlich ein (nicht frühzeitig ausübbares) Derivat mit Auszahlungsprofil g und Maturität T im Modell (9.5) bewerten. Wie im Black-Scholes Fall ist der Preis $V(s,t)$ eines solchen Derivates gegeben als

$$V(s,t) = \mathbb{E}^{\mathbb{Q}}\big[e^{-r(T-t)} g(S(T)) \mid S(t) = s\big] \ .$$

Es stellt sich heraus, dass das Fundamentalprinzip auch gilt, wenn Sprünge hinzukommen. Das bedeutet, dass die Funktion $V(s,t)$ Lösung der partiellen Integro-Differentialgleichung

$$\begin{cases} \partial_t V + \mathcal{A} V - rV = 0 & \text{in } G \times [0, T[\\ \qquad V(s,T) = g(s) & \text{in } G \end{cases}$$

ist, mit $\mathcal{A}$ wie in (9.11) und $G = \mathbb{R}^+$. Bis auf den Integralterm ist die numerische Lösung dieser Gleichung klar. Um den Integralterm möglichst „schmerzlos“ implementieren zu können, empfiehlt es sich, wieder die Variablentransformation $x = \ln(s)$ vorzunehmen. Somit setzen wir wie schon im Fall ohne Sprünge

$$v(x,t) := V(e^x, T - t) \ .$$

Die Differentialgleichung für v lautet (mit $G = \mathbb{R}$)

$$\begin{cases} \partial_t v + a\partial_{xx} v + b\partial_x v + cv - \displaystyle\int_{\mathbb{R}} v(x+z,t)\nu(\mathrm{d}z) = 0 & \text{in } G \times]0, T] \\ \qquad\qquad v(x,t) = g(e^x) & \text{in } G \end{cases} \tag{9.12}$$

wobei wir

$$a = -\frac{1}{2}\sigma^2, \quad b = -(r - q - \lambda\kappa - \frac{1}{2}\sigma^2), \quad c = r + \lambda$$

gesetzt haben.

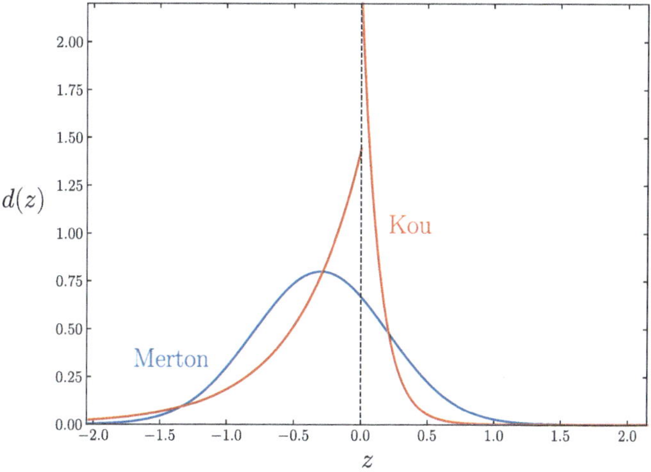

Abb. 9.5 Die Lévy Dichten $d(z)$ des Merton und Kou Modells. Dargestellt sind die Dichten mit $\mu_J = -0.3$ und $\sigma_J = 0.5$ in (9.13) sowie $p = 0.3$ in (9.14). Die beiden „Abkling-Parameter" $\eta_{1,2}$ im Kou Modell sind so gewählt, dass die beiden Verteilungen den selben Erwartungswert und die selbe Varianz haben

Wir betrachten nun zwei konkrete Modelle; in beiden lässt sich das Lévy Mass ν schreiben als

$$\nu(\mathrm{d}z) = \lambda d(z)\mathrm{d}z \ .$$

- Modell von Merton [3]. In diesem sind die Sprünge X_j in (9.7) normalverteilt, das heisst

$$d(z) = \frac{1}{\sqrt{2\pi}\sigma_J} e^{-(z-\mu_J)^2/(2\sigma_J^2)} \tag{9.13}$$

  mit $\mu_J \in \mathbb{R}, \sigma_J \in \mathbb{R}^+$.
- Modell von Kou [2]. In diesem sind die Sprünge X_j asymmetrisch doppel-exponentialverteilt, das heisst, dass die Dichte der X_j gegeben ist durch

$$d(z) := p\eta_1 e^{-\eta_1 z} 1_{\{z>0\}} + (1-p)\eta_2 e^{\eta_2 z} 1_{\{z<0\}} \tag{9.14}$$

  mit $0 \leq p \leq 1$, $\eta_1 > 1$, $\eta_2 > 0$; vergleiche auch mit der Definition 9.1 und Abb. 9.5. Der Parameter p ist die Wahrscheinlichkeit für positive Sprünge; ist $p = 1$, so gibt es nur positive Sprunghöhen, ist $p = 0$, so gibt es nur negative Sprunghöhen. Die beiden Parameter $\eta_{1,2}$ beschreiben das Abklingverhalten der Sprunghöhen. Zum Beispiel ist $pe^{-\eta_1 z}$ die Wahrscheinlichkeit, dass die (positiven) Sprunghöhen grösser sind als $z \geq 0$.

In der Aufgabe 9.2 bestimmen wir den Erwartungswert κ in (9.10) für das Merton-und Kou Modell ($\gamma = 1$ in der Aufgabe).

In der Differentialgleichung (9.12) wissen wir bereits, wie der Term $a\partial_{xx}v + b\partial_x v + cv$ zu diskretisieren ist; wir müssen uns überlegen, wie wir den Integralterm zu realisieren haben.

9.3 Implementierung des Sprungteils

Wir diskretisieren nun den Integralterm

$$J(x,t) := \int_{\mathbb{R}} v(x+z,t)\nu(\mathrm{d}z) = \lambda \int_{\mathbb{R}} v(y,t)d(y-x)\mathrm{d}y$$

in der Differentialgleichung (9.12). Zur Diskretisierung der Ableitungsterme haben wir $\mathbb{R}$ eingeschränkt auf $G^e =]x_l, x_r[$ und die Differentialgleichung nur für Gitterpunkte $x_i \in \mathcal{G}_x \subset \overline{G^e}$ betrachtet. Auch die Funktion $J(x,t)$ wollen wir auswerten an Gitterpunkten x_i, also

$$\begin{aligned} J(x_i,t) &= \lambda \int_{\mathbb{R}} v(y,t)d(y-x_i)\mathrm{d}y \\ &= \lambda \int_{G^e} v(y,t)d(y-x_i)\mathrm{d}y + \lambda \int_{G^{e,c}} v(y,t)d(y-x_i)\mathrm{d}y \ ; \end{aligned}$$

wobei sich die Aufsplittung in ein Integral über G^e und eines über dem Komplement $G^{e,c} := \mathbb{R} \setminus G^e$ noch als nützlich herausstellen wird. Wir suchen die Funktion $v(x,t)$ über G^e, die Funktion $v(x,t)$ über $G^{e,c}$ ist nicht gesucht; um diesen Anteil an $J(x_i,t)$ trotzdem zu berücksichtigen, nehmen wir nun an, dass wir $v(x,t)$ für $x \in G^{e,c}$ approximieren können mit einer bekannten Funktion $v_\infty(x,t)$, so dass wir näherungsweise

$$J(x_i,t) \approx \lambda \int_{G^e} w(x,t)d(x-x_i)\mathrm{d}x + \lambda \int_{G^{e,c}} v_\infty(x,t)d(x-x_i)\mathrm{d}x$$

schreiben können. Wir betrachten nun das erste Integral. Um es zu approximieren, verwenden wir die im Anhang B.8 beschriebene Trapezregel auf dem bereits bestehenden Gitter $\mathcal{G}_x$. Aus der summierten Trapezregel (B.26) folgt mit $a = x_l$, $b = x_r$ und

$$f(x,t) = w(x,t)d(x-x_i)$$

nun

$$\begin{aligned} \int_{G^e} w(x,t)d(x-x_i)\mathrm{d}x \approx{}& \frac{h}{2}\big(w(x_l,t)d(x_l-x_i) + w(x_r,t)d(x_r-x_i)\big) \\ &+ h\sum_{j=1}^{N} w(x_j,t)d(x_j-x_i) \ . \end{aligned}$$

Nun sind ja die zeitabhängigen $w(x_j, t)$ nicht bekannt, sondern werden durch berechenbare $w_j(t) \approx w(x_j, t)$ approximiert. Somit erhalten wir die Approximation

$$\int_{G^e} w(x,t)d(x - x_i)\mathrm{d}x \approx \frac{h}{2}\big(w_0(t)d(x_l - x_i) + w_{N+1}(t)d(x_r - x_i)\big)$$
$$+ h\sum_{j=1}^{N} w_j(t)d(x_j - x_i) \ . \tag{9.15}$$

Für einen kurzen Moment nehmen wir nun in (9.15) homogene Dirichlet-Randbedingungen an, das heisst

$$w_0(t) = w_{N+1}(t) = 0 \ ,$$

und betrachten die Summen $h\sum w_j(t)d(x_j - x_i)$ (für jedes x_i eine !) beispielhaft für das (äquidistante) Gitter $\mathcal{G}_x = \{x_0, x_1, x_2, x_3, x_4, x_5\}$, also für $N = 4$. Wir können die vier Summen in einem Spaltenvektor anordnen

$$\begin{pmatrix} h\sum_{j=1}^4 w_j(t)d(x_j - x_1) \\ h\sum_{j=1}^4 w_j(t)d(x_j - x_2) \\ h\sum_{j=1}^4 w_j(t)d(x_j - x_3) \\ h\sum_{j=1}^4 w_j(t)d(x_j - x_4) \end{pmatrix}$$
$$= h\begin{pmatrix} d(x_1 - x_1) & d(x_2 - x_1) & d(x_3 - x_1) & d(x_4 - x_1) \\ d(x_1 - x_2) & d(x_2 - x_2) & d(x_3 - x_2) & d(x_4 - x_2) \\ d(x_1 - x_3) & d(x_2 - x_3) & d(x_3 - x_3) & d(x_4 - x_3) \\ d(x_1 - x_4) & d(x_2 - x_4) & d(x_3 - x_4) & d(x_4 - x_4) \end{pmatrix}\begin{pmatrix} w_1(t) \\ w_2(t) \\ w_3(t) \\ w_4(t) \end{pmatrix}$$
$$=: \mathbf{M}^{(j)}\mathbf{w}(t) \ .$$

Da wir ein äquidistantes Gitter haben, sind die Einträge der Matrix $\mathbf{M}^{(j)}$ längs Diagonalen konstant

$$d(x_j - x_i) = d\big((j - i)h\big) \ .$$

Somit ist im allgemeinen Fall mit N Gitterpunkten die $N \times N$-Matrix $\mathbf{M}^{(j)}$ gegeben durch

$$\mathbf{M}^{(j)} = h\begin{pmatrix} d(0) & d(h) & d(2h) & \cdots & d((N-1)h) \\ d(-h) & d(0) & d(h) & \cdots & d((N-2)h) \\ & & & & \\ d(-(N-1)h) & d(-(N-2)h) & & \cdots & d(0) \end{pmatrix} . \tag{9.16}$$

Eine Matrix, welche längs Diagonalen konstante Einträge hat, nennt man eine Toeplitz-Matrix[4], diese Eigenschaft wird später noch eine wichtige Rolle spielen. In gewissen Modellen lässt sich die Funktion $d(z)$ schreiben als (vergleiche zum Beispiel mit d in (9.14) des Kou Modells)

$$d(z) = d^-(z)1_{\{z<0\}} + d^+(z)1_{\{z>0\}}$$

für verschiedene Funktionen d^- und d^+, das heisst Sprünge „nach unten" (d^-) werden anders modelliert als Sprünge „nach oben" (d^+). In solchen Modellen kann vorkommen, dass

$$\lim_{z\to 0^-} d^-(z) =: d^-(0) \neq d^+(0) := \lim_{z\to 0^+} d^+(z) .$$

Das heisst, dass die Funktion $d(z)$ an der Stelle $z = 0$ unstetig ist. In diesen Fällen ist die Hauptdiagonale mit den Einträgen $d(0)$ nicht definiert und wir ersetzen $d(0)$ durch das arithmetische Mittel

$$\frac{1}{2}\big(d^-(0) + d^+(0)\big) .$$

Bevor wir uns um die Randbedingungen kümmern (wir haben homogene Dirichlet- Randbedingungen betrachtet), diskutieren wir nun das Integral auf dem Komplement von G^e, also

$$\lambda \int_{G^{e,c}} v_\infty(x,t)d(x - x_i)\mathrm{d}x .$$

Da wir $v_\infty(x,t)$ kennen, können wir für jedes $x_i \in \mathcal{G}_x$ das Integral ausrechnen, dies erzeugt ein Spaltenvektor

$$\lambda\mathbf{f}_\infty(t) := \lambda\Big(f_{\infty,i}(t)\Big) = \lambda\Big(\int_{G^{e,c}} v_\infty(x,t)d(x - x_i)\mathrm{d}x\Big) . \tag{9.17}$$

Somit werden die Integralterme $J(x_i,t)$ an den Gitterpunkten approximiert via

$$\mathbf{j}(t) := \begin{pmatrix} J(x_1,t) \\ J(x_2,t) \\ \vdots \\ J(x_N,t) \end{pmatrix} \approx \lambda\mathbf{M}^{(j)}\mathbf{w}(t) + \lambda\mathbf{f}_\infty(t) ,$$

wobei nach wie vor homogene Dirichlet-Randbedingungen vorliegen.

[4] Benannt nach dem deutschen Mathematiker Otto Toeplitz, 1881–1940

9.4 Randbedingungen

Wir diskutieren nun die Berücksichtigung der Randbedingungen. Liegen Dirichlet-Randbedingungen

$$w(x_l, t) = w_l(t), \quad w(x_r, t) = w_r(t)$$

vor, so folgt aus (9.15) für den Vektor $\mathbf{j}$

$$\mathbf{j}(t) = \lambda \mathbf{M}^{(j)} \mathbf{w}(t) + \lambda \mathbf{M}^{(j),bc} \mathbf{w}^{bc}(t) + \lambda \mathbf{f}_\infty(t)$$

mit $\mathbf{w}^{bc}(t) = (w_l(t), 0, \ldots, 0, w_r(t))^\top$ wie in (6.5) und

$$\mathbf{M}^{(j),bc} = \frac{h}{2} \begin{pmatrix} d(-h) & 0 & \cdots & 0 & d(Nh) \\ d(-2h) & 0 & \cdots & 0 & d((N-1)h) \\ & & \vdots & & \\ d(-Nh) & 0 & \cdots & 0 & d(h) \end{pmatrix}.$$

Bei Neumann-Randbedingungen

$$\partial_x w(x_l, t) = w_l(t), \quad \partial_x w(x_r, t) = w_r(t)$$

ersetzen wir wiederum die (partiellen) Ableitungen am Rand von $\overline{G^e}$ durch finite Differenzen, welche ohne Gitterpunkte ausserhalb von G^e auskommen, vergleiche mit (6.7). Im Abschn. 6.1 haben wir

$$\begin{aligned} w_0(t) &= \frac{4}{3} w_1(t) - \frac{1}{3} w_2(t) - \frac{2}{3} h w_l(t) \\ w_{N+1}(t) &= -\frac{1}{3} w_{N-1}(t) + \frac{4}{3} w_N(t) + \frac{2}{3} h w_r(t) \end{aligned}$$

gefunden, dies setzen wir in (9.15) ein und erhalten für den Vektor $\mathbf{j}$

$$\mathbf{j}(t) = \lambda\, {}^n_n\mathbf{M}^{(j)} \mathbf{w}(t) + \lambda\, {}^n_n\mathbf{M}^{(j),bc} \mathbf{w}^{bc}(t) + \lambda \mathbf{f}_\infty(t)\,,$$

mit

$${}^n_n\mathbf{M}^{(j)} = \mathbf{M}^{(j)} + \frac{h}{6} \begin{pmatrix} 4d(-h) & -d(-h) & 0 & \cdots & 0 & -d(Nh) & 4d(Nh) \\ 4d(-2h) & -d(-2h) & 0 & \cdots & 0 & -d((N-1)h) & 4d((N-1)h) \\ & & & \vdots & & & \\ 4d(-Nh) & -d(-Nh) & 0 & \cdots & 0 & -d(h) & 4d(h) \end{pmatrix}$$

sowie

$$
{}_n^n\mathbf{M}^{(j),bc} = \frac{h^2}{6}\begin{pmatrix} -2d(-h) & 0 & \cdots & 0 & 2d(Nh) \\ -2d(-2h) & 0 & \cdots & 0 & 2d((N-1)h) \\ & & \vdots & & \\ -2d(-Nh) & 0 & \cdots & 0 & 2d(h) \end{pmatrix} .
$$

Ist die zweite Ableitung am Rand von $\overline{G^e}$ vorgegeben, also

$$
\partial_{xx} w(x_l, t) = w_l(t), \quad \partial_{xx} w(x_r, t) = w_r(t) ,
$$

so ergibt sich aus (6.9) zunächst

$$
\begin{aligned}
w_0(t) &= \frac{5}{2} w_1(t) - 2w_2(t) + \frac{1}{2} w_3(t) + \frac{h^2}{2} w_l(t) \\
w_{N+1}(t) &= \frac{1}{2} w_{N-2}(t) - 2w_{N-1}(t) + \frac{5}{2} w_N(t) + \frac{h^2}{2} w_r(t)
\end{aligned}
$$

und daraus wiederum mit (9.15)

$$
\mathbf{j}(t) = \lambda\, {}_s^s\mathbf{M}^{(j)} \mathbf{w}(t) + \lambda\, {}_s^s\mathbf{M}^{(j),bc} \mathbf{w}^{bc}(t) + \lambda \mathbf{f}_\infty(t) ,
$$

mit

$$
{}_s^s\mathbf{M}^{(j)} = \mathbf{M}^{(j)} + \frac{h}{4}\begin{pmatrix} 5d(-h) & -4d(-h) & d(-h) & 0 & \cdots & 0 & d(Nh) & -4d(Nh) & 5d(Nh) \\ 5d(-2h) & -4d(-2h) & d(-2h) & 0 & \cdots & 0 & d((N-1)h) & -4d((N-1)h) & 5d((N-1)h) \\ & & & & \vdots & & & & \\ 5d(-Nh) & -4d(-Nh) & d(-Nh) & 0 & \cdots & 0 & d(h) & -4d(h) & 5d(h) \end{pmatrix}
$$

sowie

$$
{}_s^s\mathbf{M}^{(j),bc} = \frac{h^3}{4}\begin{pmatrix} d(-h) & 0 & \cdots & 0 & d(Nh) \\ d(-2h) & 0 & \cdots & 0 & d((N-1)h) \\ & & \vdots & & \\ d(-Nh) & 0 & \cdots & 0 & d(h) \end{pmatrix} .
$$

Liegen schlussendlich intrinsische Randbedingungen vor, so finden wir

$$
\mathbf{j}(t) = \lambda\, {}_i^i\mathbf{M}^{(j)} \mathbf{w}(t) + \lambda \mathbf{f}_\infty(t) ,
$$

mit dem Vektor der $N + 2$ Unbekannten $\mathbf{w}(t) = (w_0, \ldots, w_{N+1})^\top$ und der $(N + 2) \times (N + 2)$-Matrix

$$
{}_i^i\mathbf{M}^{(j)} = h \begin{pmatrix} \frac{1}{2}d(0) & d(h) & \ldots & d(Nh) & \frac{1}{2}d((N+1)h) \\ \frac{1}{2}d(-h) & d(0) & \ldots & d((N-1)h) & \frac{1}{2}d(Nh) \\ & & \vdots & & \\ \frac{1}{2}d(-(N+1)h) & d(-Nh) & \ldots & d(-h) & \frac{1}{2}d(0) \end{pmatrix}.
$$

Wir bemerken, dass die Matrizen ${}_i^i\mathbf{M}^{(j)}$ im Gegensatz zur Matrix $\mathbf{M}^{(j)}$ keine Toeplitz-Matrizen sind.

Natürlich können wir, wie schon bei Problemen ohne Sprünge, die Randbedingungen kombinieren. Die Routine `matrixgenerator_J` gibt die Matrizen ${}_i^i\mathbf{M}^{(j)}$ und ${}_i^i\mathbf{M}^{(j),bc}$ bei Vorgabe der Dichten $d^\pm(z)$, der Typen der Randbedingungen $n_{r,l} \in \{0, 1, 2, 3\}$, und der Anzahl der Gitterpunkte N im Intervall $G^e =]x_l, x_r[$ aus.

Routine 9.1: matrixgenerator_J.py

```
import numpy as np
from scipy.sparse import spdiags
from scipy.linalg import toeplitz

def matrixgenerator_J(dm,dp,BC,xl,xr,N):
  '''Generiert die Matrizen Mj und Mjbc zum Sprungteil in Sprung-Diffusion-
  modelle mit Dichte

  d(z) = dm(z)(z<0)+dp(z)(z>0)

  der Sprunghoehen X fuer verschiedene Randbedingungen BC = [nl,nr]'''

  h = (xr-xl)/(N+1); nl = BC[0]; nr = BC[1];
  hd = lambda x:0.5*x**2-1.5*x+1; hn = lambda x:-x**2+2*x;
  hs = lambda x:0.5*(x**2-x);

  c = dm(-np.arange(0,N+2)*h); c[0]=(dm(0)+dp(0))/2;
  r = dp(np.arange(0,N+2)*h); r[0] = c[0];
  Mj = h*toeplitz(c,r);

  if nl == 3:
     Mj[:,0] = Mj[:,0]/2; e = 0;
  else:
     Mj = Mj[1:,:]; Mj = Mj[:,1:]; e = 1;
     Mj[:,0] = Mj[:,0]+(hn(nl)*2/3+hs(nl)*5/4)*h*dm(-np.arange(1,N+2)*h);
     Mj[:,1] = Mj[:,1]+(-hn(nl)/6-hs(nl))*h*dm(-np.arange(1,N+2)*h);
     Mj[:,2] = Mj[:,2]+hs(nl)*h/4*dm(-np.arange(1,N+2)*h);

  if nr == 3:
     Mj[:,-1] = Mj[:,-1]/2;
  else:
     Mj = Mj[:-1,:]; Mj = Mj[:,:-1]
     Mj[:,-3] = Mj[:,-3]+hs(nr)*h/4*dp(np.arange(N,e-1,-1)*h);
     Mj[:,-2] = Mj[:,-2]+(-hn(nr)/6-hs(nr))*h*dp(np.arange(N,e-1,-1)*h);
     Mj[:,-1] = Mj[:,-1]+(hn(nr)*2/3+hs(nr)*5/4)*h*dp(np.arange(N,e-1,-1)*h);
```

```
# die Rand-Matrizen Mjbc
Mjbc = spdiags(np.zeros(N+2),0,N+2,N+2).tolil()

if nl < 3:
   Mjbc = Mjbc[1:,:]; Mjbc = Mjbc[:,1:];
   Mjbc[:,0] = (hd(nl)*h/2+hn(nl)*h**2/6+hs(nl)*h**3/4)*\
   dm(-np.reshape(np.arange(1,N+2)*h,(N+1,1)));

if nr < 3:
   Mjbc = Mjbc[:-1,:]; Mjbc = Mjbc[:,:-1]
   Mjbc[:,-1] = (hd(nr)*h/2+hn(nr)*h**2/6+hs(nr)*h**3/4)*\
   dp(np.reshape(np.arange(N,e-1,-1)*h,(N-e+1,1)));

return Mj, Mjbc
```

Welche Randbedingungen auch vorliegen, die Diskretisierung von (9.12) bezüglich x führt auf Differentialgleichungssysteme der üblichen Form

$$\mathbf{w}'(t) + \mathbf{A}\mathbf{w}(t) = \mathbf{f}(t)$$

mit

$$\begin{aligned}\mathbf{A} &= \mathbf{M}_a^{(2)} + \mathbf{M}_b^{(1)} + \mathbf{M}_c^{(0)} - \lambda \mathbf{M}^{(j)}\\ \mathbf{f}(t) &= -\big(\mathbf{M}_a^{(2),bc} + \mathbf{M}_b^{(1),bc} - \lambda \mathbf{M}^{(j),bc}\big)\mathbf{w}^{bc}(t) + \lambda \mathbf{f}_\infty(t)\end{aligned}$$

und den Koeffizienten

$$a = -\frac{1}{2}\sigma^2,\ b = -\big(r - q - \frac{1}{2}\sigma^2 - \lambda\kappa\big),\ c = r + \lambda\ .$$

Die Lösung des obiges System approximieren wir mit dem θ-Schema und erhalten die gesuchten Optionspreise durch

$$\big(\mathbf{I} + k\theta\mathbf{A}\big)\mathbf{w}_{j+1} = \big(\mathbf{I} - k(1-\theta)\mathbf{A}\big)\mathbf{w}_j + k\mathbf{f}_j, \quad j = 0, \ldots, M-1\ , \tag{9.18}$$

mit $\mathbf{w}_0 = \mathbf{g}$.

Wir diskutieren nun die Implementierung des Vektors $\mathbf{f}_\infty(t)$ in (9.17). Dieser hängt via $d(z)$ vom vorliegenden Basiswertmodell und via $v_\infty(x,t)$ von der vorliegenden Art der Option ab. Wir betrachten eine Europäische Call Option; das asymptotische Verhalten des Preises ist (im Black-Scholes Fall als auch bei den hier betrachteten Sprungmodellen)

$$v_\infty(x,t) = e^x e^{-qt} - Ke^{-rt}\ ,$$

vergleiche mit (6.13), wo $e^x = s$ ist. In der Aufgabe 9.3 betrachten wir die Berechnung des Vektors $\mathbf{f}_\infty(t)$ für das Merton- und das Kou Modell. Wir bemerken, dass je nach Basiswertmodell und/oder Optionstyp das asymptotische Verhalten $v_\infty(x,t)$ nicht bekannt und daher der Vektor $\mathbf{f}_\infty$ unberechenbar ist. In solchen Fällen können wir nur noch $v_\infty(x,t) = 0$ setzen, und die berechneten Optionspreise sind im Allgemeinen am Rand des Intervalls $\overline{G^e}$ trotz korrekt berücksichtigter Randbedingungen unbrauchbar.

Die Routine pide_1d_a_theta realisiert die obige Diskretisierung in Python.

Routine 9.2: pide_1d_a_theta.py

```
import numpy as np
from scipy import sparse
from matrixgenerator_BC import matrixgenerator_BC
from matrixgenerator_J import matrixgenerator_J

def pide_1d_a_theta(sigma,r,q,lam,kappa,dm,dp,g,T,xl,xr,nl,nr,RB,N,M,theta):
    '''Approximiert die Loesung w(x,t) der partiellen Integro-Differential-
    gleichung (l = lam)

    w_t + aw_xx + bw_x + cw - l*int[w(x+z)d(z)dz] = l*(f1+f2) in G x ]0,T]
                                                RB
                                       w(x,0) = g(exp(x)) in G

    Hierin ist a = -0.5*sigma^2, b = -(r-q-0.5*sigma^2-lam*kappa) und c =
    (r+lam). dm und dp sind die Levydichten auf {z<0} und {z>0},
    f1 = f1x(x)*f1t(t) und f2 = f2x(x)*f2t(t) sind Funktionen, welche sich aus
    der Asymptotik des zu approximierenden Optionspreises ergeben.
    Die Liste RB = [wl,wr,f1x,f1t,f2x,f2t] definiert die Randbedingungen.
    Das theta-Verfahren rechnet mit N Gitterpunkten und M Zeitschritten.'''

    wl = RB[0]; wr = RB[1]; f1x = RB[2]; f1t = RB[3]; f2x = RB[4]; f2t = RB[5];
    a = lambda x:-sigma**2/2*x**0; c = lambda x:(r+lam)*x**0;
    b = lambda x:-(r-q-sigma**2/2-kappa*lam)*x**0;

    # Gitter definieren
    x = np.linspace(xl,xr,N+2); k = T/M;
    if nl<3: x = x[1:]
    if nr<3: x = x[:-1]
    x = np.reshape(x,(len(x),1))

    # Matrizen A und I definieren
    Mat = matrixgenerator_BC([["M2",a],["M1",b],["M0",c]],[nl,nr],xl,xr,N);
    MatJ = matrixgenerator_J(dm,dp,[nl,nr],xl,xr,N);
    A = Mat[0]+Mat[1]+Mat[2]-lam*MatJ[0]; Mbc = Mat[3]+Mat[4]-lam*MatJ[1];
    I = sparse.eye(N+(nr==3)+(nl==3));
    B = I+k*theta*A; C = I-(1-theta)*k*A;

    # Start-Vektor w0 definieren (Ausuebungsfunktion)
    w = g(x); w = np.reshape(w,(len(w),1))
    wbc = np.zeros((len(x),1))

    # theta-Verfahren
    for j in range(M):
        tj = (j+theta)*k;
        wbc[0] = wl(tj); wbc[-1] = wr(tj); f = -Mbc*wbc
        r = C*w+k*f+k*lam*(f1t(tj)*f1x(x)+f2t(tj)*f2x(x));
        w = np.linalg.solve(B,r)

    w = np.asarray(w)
    return x, w
```

Tab. 9.1 Die Konvergenz von Put Preisen im Merton- und Kou Modell ist quadratisch

N	e (Merton)	e (Kou)
31	0.040598959	1.155125032
63	0.010368121	0.284386890
127	0.002158630	0.077357007
255	0.000481751	0.020175818
511	0.000119854	0.005044242
1023	0.000029927	0.001262457
2047	0.000007373	0.000318785

Beispiel 9.5 Wir betrachten eine Europäische Put Option im Merton- und Kou Modell. Die Parameter sind für das Merton Modell $\sigma = 0.16$, $\lambda = 1.37$, $\sigma_J = 0.5$, $\mu_J = -0.2$. Für das Kou Modell setzen wir $\sigma = 0.16$, $\lambda = 1.37$ und $p = 0.3$. Die Parameter $\eta_{1,2}$ werden so festgelegt, dass die Verteilungen der Sprünge den selben Erwartungswert und die selbe Varianz haben ($\eta_1 \doteq 3.39$, $\eta_2 \doteq 2.43$).

In beiden Modellen setzen wir $K = 10$, $T = 1$, $r = 0.05$ und $q = 0$. Wir rechnen auf dem Gebiet $G^e =]x_l, x_r[=]\ln(K) - 4, \ln(K) + 4[$ für je $N = 2^L - 1$, $L = 5, \ldots, 11$, Gitterpunkte und $M = \lceil 0.05N \rceil$ Zeitschritte mit $\theta = 0.5$ und setzen Dirichlet-Randbedingungen für eine Call Option (den Put Preis bestimmen wir nach berechnetem Call Preis mit Hilfe der Put-Call-Parität (1.31)), das heisst

$$w(x_l, t) = 0, \quad w(x_r, t) = e^{x_r - qt} - Ke^{-rt} .$$

Der Fehler $e := \max_i |w_{i,M} - V(e^{x_i}, 0)|$ wird gemessen für alle Gitterpunkte x_i für welche $|K - e^{x_i}| \leq 2K$ gilt. Aus der Tab. 9.1 ist klar quadratische Konvergenz $e = \mathcal{O}(N^{-2})$ ersichtlich. ◇

Somit erzielen wir auch in Sprung-Diffusionsmodellen quadratische Konvergenz; den „Preis" für diese Konvergenz ist jedoch im Vergleich zu Modellen ohne Sprünge ungleich höher. Beispielsweise benötigt dieser Rechner für das Finden des Optionspreises im Kou Modell für $N = 4095$ Gitterpunkte bereits ca. 420-mal mehr Rechenzeit (!) als die Berechnung des Black-Scholes Preises ($\lambda = 0$) mit der Routine pde_1d_a_theta. Dieser Unterschied zwischen den beiden Modellen liegt darin, dass im ersteren M Gleichungssysteme mit vollbesetzter Matrix $\mathbf{I} + k\theta\mathbf{A}$ zu lösen sind, während im letzteren die Matrix $\mathbf{A}$ nur dünn besetzt ist. Ein wenig konkreter: Im Black-Scholes Modell mit Dirichlet-Randbedingungen hat die $N \times N$-Matrix $\mathbf{A}$ $N + 2(N-1) = 3N - 2$ Einträge, die nicht Null sind. In einem Sprung-Diffusionsmodell hat die Matrix $\mathbf{A}$ wegen der Matrix $\mathbf{M}^{(j)}$ in (9.16) im Allgemeinen jedoch N^2 Nicht-Null-Einträge. Es ist klar, dass der Rechenaufwand für das Lösen von Gleichungssystemen mit vollbesetzter Matrix im Vergleich zu dünn besetzten Matrizen höher ist. Man kann zeigen, dass der Aufwand für das Lösen eines vollbesetzten Gleichungssystems mittels des Gauss'schen Eliminationsverfahrens im Allgemeinen kubisch mit der Anzahl Unbekannten wächst. Ist also $\mathbf{A}$ eine $N \times N$-Matrix, so ist die Komplexität des Lösers $\mathcal{O}(N^3)$. Da wir $M = \mathcal{O}(N)$ vollbesetzte Gleichungssysteme lösen müssen, um an die Optionspreise heranzukommen, ist die Komplexität des θ-Schemas (9.18) sogar $\mathcal{O}(N^4)$. Für grosse N ist ein solches Verfahren nicht praktikabel (vergleiche mit Abb. 9.6) und wir müssen versuchen, das Lösen von Geichungssystemen mit vollbesetzter Matrix zu vermeiden. Dazu betrachten wir im θ-Schema

$$(\mathbf{I} + k\theta\mathbf{A})\mathbf{w}_{j+1} = (\mathbf{I} - (1-k)\theta\mathbf{A})\mathbf{w}_j + k\mathbf{f}_j$$

die Aufspaltung der Matrix $\mathbf{A}$ in

$$\mathbf{A} = \mathbf{A}^s + \mathbf{A}^d$$

mit der dünn besetzen Matrix $\mathbf{A}^s := \mathbf{M}_a^{(2)} + \mathbf{M}_b^{(1)} + \mathbf{M}_c^{(0)}$ und der vollbesetzten Matrix $\mathbf{A}^d := -\lambda\mathbf{M}^{(j)}$ und schreiben[5]

$$(\mathbf{I} + k\theta\mathbf{A}^s)\mathbf{w}_{j+1} = -k\theta\mathbf{A}^d\mathbf{w}_{j+1} + (\mathbf{I} - (1-k)\theta\mathbf{A})\mathbf{w}_j + k\mathbf{f}_j \ .$$

Setzen wir noch $\mathbf{B} := \mathbf{I} + k\theta\mathbf{A}^s$ sowie $\mathbf{r}_j := (\mathbf{I} - k(1-\theta)\mathbf{A})\mathbf{w}_j + k\mathbf{f}_j$, so lautet das Gleichungssystem

$$\mathbf{B}\mathbf{w}_{j+1} = -k\theta\mathbf{A}^d\mathbf{w}_{j+1} + \mathbf{r}_j \ . \tag{9.19}$$

Aus dieser Darstellung können wir ein iteratives Verfahren zur Lösung des Systems herleiten. Wir nehmen an, dass der Vektor $\mathbf{w}_j$ bekannt sei. Dann können wir die Lösung $\mathbf{w}_{j+1}$ des Systems (9.19) wie folgt approximieren. Setze

$$\mathbf{u}^0 := \mathbf{w}_j$$

und löse sukszessive die Gleichungssysteme

$$\mathbf{B}\mathbf{u}^\ell = -k\theta\mathbf{A}^d\mathbf{u}^{\ell-1} + \mathbf{r}_j, \quad \ell = 1, 2, 3, \ldots \tag{9.20}$$

Wir bemerken, dass der Vektor $\mathbf{r}_j$ nicht vom Iterationsindex ℓ abhängt; wir müssen diesen daher nur *einmal* ausserhalb der Iteration berechnen. Das Schema konvergiert gegen die Lösung $\mathbf{w}_{j+1}$ – das heisst $\mathbf{u}^\ell \to \mathbf{w}_{j+1}$ für $\ell \to \infty$ – falls die Bedingung

$$L := \| -k\theta\mathbf{B}^{-1}\mathbf{A}^d\|_\infty < 1$$

erfüllt ist; man vergleiche diese Bedingung mit der Stabilitätsbedingung (5.34) im Abschn. 5.4. Wir können auf dem Computer natürlich nicht „unendlich lange“ iterieren sondern wir müssen ein Abbruchkriterium einführen[6]. Wir sind zufrieden, wenn sich

[5] Zur Notation: der Superskript s in $\mathbf{A}^s$ steht für „sparse“, die englische Bezeichnung für dünn besetzt, während der Superskript d („dense“) für voll besetzt steht.

[6] Überlegen Sie sich, weshalb wir die Gleichungssysteme (9.19) so oder so nicht exakt lösen müssen.

zwei aufeinander folgende Iterierte nur noch um eine gewisse Toleranz tol von einander unterscheiden, das heisst, dass die Iteration (9.20) stoppt, wenn

$$\max_{1\leq i\leq N} \frac{|u_i^\ell - u_i^{\ell-1}|}{\max\{1, |u_i^\ell|\}} < \text{tol}$$

ist. Ist die Bedingung $L < 1$ erfüllt, so folgt aus dem Banach'schen Fixpunktsatz[7], dass der Fehler $\mathbf{e}^\ell := \mathbf{w}_{j+1} - \mathbf{u}^\ell$ der ℓ-ten Iterierten $\mathbf{u}^\ell$ an die exakte Lösung $\mathbf{w}_{j+1}$ die Abschätzung

$$\|\mathbf{e}^\ell\|_\infty \leq C \frac{L^\ell}{1-L}$$

erfüllt, was bedeutet, dass die Fehlerabnahme umso grösser ist, je näher L bei 0 liegt ($C > 0$ ist eine feste, uninteressante Konstante). Um also die Konvergenz der Iteration (9.20) zu studieren, müssen wir L ausrechnen. Aus den Überlegungen im Abschn. B.4 folgt, dass, falls $h|b| \leq \sigma^2$ ist, die Abschätzung

$$L \leq \frac{\lambda k\theta \|\mathbf{M}^{(j)}\|_\infty}{1 + k\theta(r+\lambda)}$$

gilt. Wir schätzen die Maximumnorm der Matrix $\mathbf{M}^{(j)}$ ab. Gemäss Definition ist diese Norm gleich dem Maximum der Zeilensummen; aus der Definition von $\mathbf{M}^{(j)}$ ist dieses Maximum strikt kleiner als

$$h \sum_{i=-(N-1)}^{N-1} k(ih) = hd(0) + h \sum_{i=-(N-1)}^{-1} d^-(ih) + h \sum_{i=1}^{N-1} d^+(ih)$$

Sind die Dichten $d^\pm$ streng monoton fallend, so können wir die beiden Summen abschätzen mit

$$h \sum_{i=-(N-1)}^{-1} d^-(ih) < \int_{-\infty}^{0} d^-(z)\mathrm{d}z, \quad h \sum_{i=1}^{N-1} d^+(ih) < \int_{0}^{\infty} d^+(z)\mathrm{d}z\ .$$

Somit haben wir die (pessimistische) Abschätzung

$$\begin{aligned}
\|\mathbf{M}^{(j)}\|_\infty &< hd(0) + h \sum_{i=-(N-1)}^{-1} d^-(ih) + h \sum_{i=1}^{N-1} d^+(ih) \\
&< hd(0) + \left(\int_{-\infty}^{0} d^-(z)\mathrm{d}z + \int_{0}^{\infty} d^+(z)\mathrm{d}z \right) \\
&= hd(0) + 1\ .
\end{aligned}$$

[7] Der Satz, benannt nach dem polnischen Mathematiker Stefan Banach (1892–1945), ist die theoretische Grundlage für Fixpunktiterationen der Form $\mathbf{u}^\ell = \mathbf{F}(\mathbf{u}^{\ell-1})$, in welchen man die Lösung der Gleichung $\mathbf{u} = \mathbf{F}(\mathbf{u})$ iterativ sucht. In unserem Fall ist die Abbildung $\mathbf{F}$ affin linear, nämlich $\mathbf{F}(\mathbf{u}) = -k\theta\mathbf{B}^{-1}\mathbf{A}^d\mathbf{u} + \mathbf{r}_j$.

Es ergibt sich

$$L < \frac{\lambda k\theta(hd(0)+1)}{1+k\theta(r+\lambda)} ;$$

für genügend kleine k (wir lassen k gegen 0 streben) ist somit $L < 1$. Es ist sogar $L \to 0$ für $k \to 0$; da wir ja k schreiben als $k = \mathcal{O}(N^{-1})$ ist also die Fehlerabnahme umso grösser, je grösser N ist, was wiederum bedeutet, dass in der Iteration (9.20) immer weniger Iterationsschritte durchgeführt werden müssen, bis die vorgegebene Toleranz erreicht wird, je grösser das Gleichungssystem ist. Eine höchst erfreuliche Eigenschaft dieser Iteration!

In der Routine 9.2 pide_1d_a_theta ersetzen wir nun den direkten Python-Löser durch den beschriebenen iterativen Löser, das heisst wir ersetzen die Zeile (mit $\mathbf{B} = \mathbf{I} + k\theta\mathbf{A}$)

```
w = np.linalg.solve(B,r)
```

durch die Zeilen (mit $\mathbf{B} = \mathbf{I} + k\theta\mathbf{A}^s$ und $\mathbf{C}$ wie oben)

```
w1 = w-0.1; w2 = w;
        while max(abs(w2-w1)/max(np.vstack((1,abs(w1)))))>1e-6:
            w1 = w2;
            w2 = solve_banded(diags,B,-k*theta*Ad@w1+r);

        w = w2;
```

In den M Iterationen (9.20) zur Approximation der $\mathbf{w}_j$, $j = 1, \ldots, M$, müssen wir nun zwar nicht mehr vollbesetzte Gleichungssysysteme lösen, aber immer noch (in jedem Iterationsschritt) den Vektor $\mathbf{u}^{\ell-1}$ mit der vollbesetzen Matrix $\mathbf{A}^d$ multiplizieren. Auch in der Berechnung der M Vektoren $\mathbf{r}_j$ muss eine Matrix-Vektor-Multiplikation mit voll besetzter Matrix durchgeführt werden. Ist $\mathbf{A}^d$ eine $N \times N$-Matrix, so ist die Komplexität einer solchen Multiplikation $\mathcal{O}(N^2)$, also quadratisch. Da die Anzahl der Iterationen unabhängig von N ist (sogar abnehmend in N) und wir im θ-Schema $M = \mathcal{O}(N)$ Zeitschritte durchführen müssen, schätzen wir die Komplexität des gesamten Schemas mit $\mathcal{O}(N^3)$.

Beispiel 9.6 Wir lösen das Problem in Beispiel 9.5 nochmals (nur Kou Modell), nun allerdings mit dem iterativen Löser. Wir erhalten eine asymptotische Komplexität von $\mathcal{O}(N^{2.6})$; dies ist besser als die erwarteten $\mathcal{O}(N^3)$, der Exponent hat sich jedoch wie erwartet um 1 verkleinert, vergleiche mit Abb. 9.6. Konkret benötigt das Verfahren für $N = 4095$ Gitterpunkte ca. 19-mal weniger Rechenzeit als das Verfahren ohne Iteration. Übrigens nimmt die Anzahl der nötigen Iterationen in (9.20) tatsächlich wie beschrieben mit zunehmendem N ab. Bestimmen wir nämlich die durchschnittliche Anzahl $\overline{\ell}$ Iterationen [8] für die Probleme der Grösse $N = 2^L - 1$, $L = 5, \ldots, 12$, so ergibt sich die Tab. 9.2. ◇

[8] Der Durchschnitt wird über die $M = \mathcal{O}(N)$ Zeitschritte gebildet.

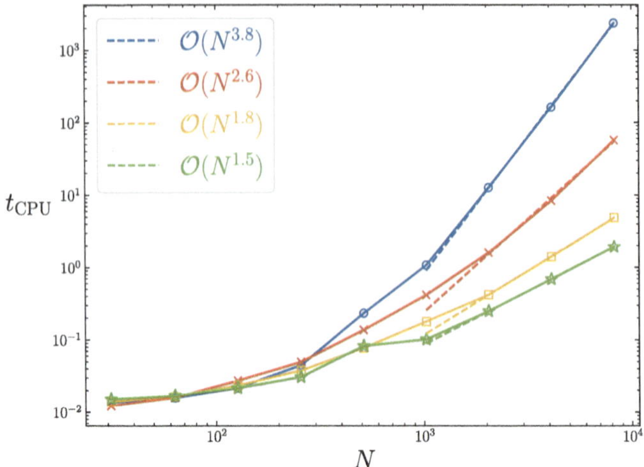

Abb. 9.6 Rechenzeiten t_{CPU} versus Problemgrösse N. (○) θ-Schema und direkter Löser. (×) θ-Schema und iterativer Löser. (□) θ-Schema, iterativer Löser und FFT. (☆) Padé-Schema, iterativer Löser und FFT

Tab. 9.2 Die Anzahl der Iterationen in der Fixpunktiteration (9.20) nimmt mit zunehmender Problemgrösse N ab

N	31	63	127	255	511	1023	2047	4095
$\overline{\ell}$	12	9	7	6	5	4	4	3

Der iterative Löser bringt die erwünschte Reduktion der Komplexität, diese ist jedoch im Vergleich zu Modellen ohne Sprünge nach wie vor unbefriedigend; dies, weil immer noch Matrix-Vektor-Multiplikationen mit vollbesetzter Matrix durchgeführt werden müssen. Die vollbesetzte Matrix $\mathbf{A}^d$ hat aber für die hier betrachteten Modelle eine spezielle Struktur, die wir ausnutzen können. Wir haben ja schon im Abschn. 9.3 gesehen, dass die Matrix $\mathbf{M}^{(j)}$ bei Verwendung von Dirichlet-Randbedingungen eine Toeplitz-Matrix ist (und daher die Matrix $\mathbf{A}^d$ auch). Eine Toeplitz-Matrix ist zwar vollbesetzt, aber sie wird „nur" von $2N - 1$ verschiedenen Zahlen erzeugt (die Einträge sind längs Diagonalen konstant). Der „Informationsgehalt" ist daher nicht $\mathcal{O}(N^2)$ wie bei allgemeinen vollbesetzten Matrizen, sondern nur $\mathcal{O}(N)$; diesen Sachverhalt kann man gewinnbringend ausnutzen.

9.5 Lösung via FFT

Wir wollen die direkte Matrix-Vektor-Multiplikation mit vollbesetzter Matrix mit Hilfe eines geeigneten Verfahrens vermeiden. Um dieses Verfahren zu beschreiben, müssen wir ein wenig ausholen. Es sei $\mathbf{T}$ eine $N \times N$-Toeplitz-Matrix

$$\mathbf{T} = \begin{pmatrix} c_0 & r_1 & r_2 & \cdots & r_{N-1} \\ c_1 & c_0 & r_1 & \cdots & r_{N-2} \\ c_2 & c_1 & c_0 & \cdots & r_{N-3} \\ \vdots & \vdots & \vdots & \ddots & \vdots \\ c_{N-1} & c_{N-2} & c_{N-3} & \cdots & c_0 \end{pmatrix}.$$

Wie bereits erwähnt ist die Matrix $\mathbf{M}^{(j)}$ in (9.16) eine Toeplitz-Matrix, mit

$$c_j = hd(-jh), \quad r_j = hd(jh), \quad j = 0, \ldots, N-1.$$

Wir verwenden hier Python-Notation; die Vektoren

$$\mathbf{c} = (c_0, c_2, \ldots, c_{N-1})^\top, \quad \mathbf{r} = (r_0, r_1, \ldots, r_{N-1})^\top$$

mit $r_0 = c_0$ erzeugen $\mathbf{T}$; in Python ergibt sich $\mathbf{T}$ durch $\mathbf{T} = \text{toeplitz}(\mathbf{c}, \mathbf{r})$, siehe das Beispiel 9.7. Eine *zirkuläre* $N \times N$-Matrix $\mathbf{C}$ ist eine spezielle Toeplitz-Matrix der Form

$$\mathbf{C} = \begin{pmatrix} c_0 & c_{N-1} & c_{N-2} & \cdots & c_1 \\ c_1 & c_0 & c_{N-1} & \cdots & c_2 \\ c_2 & c_2 & c_0 & \cdots & c_3 \\ \vdots & \vdots & \vdots & \ddots & \vdots \\ c_{N-1} & c_{N-2} & c_{N-3} & \cdots & c_0 \end{pmatrix}.$$

Betrachten wir den Vektor $\mathbf{c} = (c_0, c_1 \ldots, c_{N-1})^\top$ als Teil eines periodischen (unendlichen)Vektors

$$(\ldots, c_{-2}, c_{-1}, c_0, c_1, \ldots, c_{N-1}, c_N, c_{N+1}, \ldots)^\top, \quad c_{j+N} = c_j, \quad j \in \mathbb{Z},$$

so können wir die Matrix $\mathbf{C}$ auch schreiben als

$$\mathbf{C} = \begin{pmatrix} c_0 & c_{-1} & c_{-2} & \cdots & c_{-N+1} \\ c_1 & c_0 & c_{-1} & \cdots & c_{-N+2} \\ c_2 & c_1 & c_0 & \cdots & c_{-N+3} \\ \vdots & \vdots & \vdots & \ddots & \vdots \\ c_{N-1} & c_{N-2} & c_{N-3} & \cdots & c_0 \end{pmatrix}, \tag{9.21}$$

das heisst für eine solche Matrix sind die Elemente des Vektors $\mathbf{r}$ gegeben durch $r_j = c_{-j}$. Wir können jede $N \times N$-Toeplitz-Matrix in eine zirkuläre $(2N-1) \times (2N-1)$-Matrix einbetten. Wird die Toeplitz-Matrix durch die Vektoren $\mathbf{c}$ und $\mathbf{r}$ erzeugt, so ist die Matrix

$$\mathbf{C} = \left(\begin{array}{ccccc|cccc} c_0 & r_1 & r_2 & \cdots & r_{N-1} & c_{N-1} & c_{N-2} & \cdots & c_1 \\ c_1 & c_0 & r_1 & \cdots & r_{N-2} & r_{N-1} & c_{N-1} & \cdots & c_2 \\ c_2 & c_1 & c_0 & \cdots & r_{N-3} & r_{N-2} & r_{N-1} & \cdots & c_3 \\ \vdots & \vdots & \vdots & \ddots & \vdots & \vdots & \vdots & \ddots & \vdots \\ c_{N-1} & c_{N-2} & c_{N-3} & \cdots & c_0 & r_1 & r_2 & \cdots & r_{N-1} \\ \hline r_{N-1} & c_{N-1} & c_{N-2} & \cdots & c_1 & c_0 & r_1 & \cdots & r_{N-2} \\ r_{N-2} & r_{N-1} & c_{N-1} & \cdots & c_2 & c_1 & c_0 & \cdots & r_{N-3} \\ \vdots & \vdots & \vdots & \ddots & \vdots & \vdots & \vdots & \ddots & \vdots \\ r_1 & r_2 & r_3 & \cdots & c_{N-1} & c_{N-2} & c_{N-3} & \cdots & c_0 \end{array}\right) =: \left(\begin{array}{c|c} \mathbf{T} & \mathbf{U} \\ \hline \mathbf{V} & \mathbf{W} \end{array}\right) \tag{9.22}$$

zirkulär und der linke obere $N \times N$-Block von $\mathbf{C}$ entspricht $\mathbf{T}$. Die Matrizen $\mathbf{U}$, $\mathbf{V}$ und $\mathbf{W}$ sind auch Toeplitz-Matrizen, aber für die weiteren Betrachtungen unwichtig. Die Matrix $\mathbf{C}$ ist natürlich selbst eine Toeplitz-Matrix mit den erzeugenden Vektoren der Länge $2N-1$

$$\widetilde{\mathbf{c}} = (c_0, \ldots, c_{N-1}, r_{N-1}, \ldots, r_1)^\top, \quad \widetilde{\mathbf{r}} = (r_0, \ldots, r_{N-1}, c_{N-1}, \ldots, c_1)^\top.$$

Beispiel 9.7 In Python betrachten wir die Toeplitz-Matrix zum Kolonnenvektor $\mathbf{c} = (2, 5, 3, 1, 6)^\top$ und dem Zeilenvektor $\mathbf{r} = (2, 4, 7, 9, 8)$. Zudem bestimmen wir den entsprechende zirkuläre Matrix $\mathbf{C}$.

```
In [1]: import numpy as np
In [2]: from scipy.linalg import toeplitz
In [3]: c = [2,5,3,1,6]; r = [2,4,7,9,8];
In [4]: T = toeplitz(c,r); T
Out[4]:
array([[2, 4, 7, 9, 8],
       [5, 2, 4, 7, 9],
       [3, 5, 2, 4, 7],
       [1, 3, 5, 2, 4],
       [6, 1, 3, 5, 2]])
In [5]: ct = np.hstack((c,r[:0:-1]));
In [6]: rt = np.hstack((r,c[:0:-1]));
In [7]: C = toeplitz(ct,rt); C
Out[8]:
array([[2, 4, 7, 9, 8, 6, 1, 3, 5],
       [5, 2, 4, 7, 9, 8, 6, 1, 3],
       [3, 5, 2, 4, 7, 9, 8, 6, 1],
       [1, 3, 5, 2, 4, 7, 9, 8, 6],
       [6, 1, 3, 5, 2, 4, 7, 9, 8],
       [8, 6, 1, 3, 5, 2, 4, 7, 9],
       [9, 8, 6, 1, 3, 5, 2, 4, 7],
       [7, 9, 8, 6, 1, 3, 5, 2, 4],
       [4, 7, 9, 8, 6, 1, 3, 5, 2]])
```

◇

Mit Hilfe der zirkulären Matrix $\mathbf{C}$ (9.22) können wir die Multiplikation $\mathbf{y} = \mathbf{Tx}$ eines Vektor $\mathbf{x}$ mit der Toeplitz-Matrix $\mathbf{T}$ offenbar schreiben als

$$\mathbf{C}\widetilde{\mathbf{x}} =: \left(\begin{array}{c|c} \mathbf{T} & \mathbf{U} \\ \hline \mathbf{V} & \mathbf{W} \end{array}\right)\begin{pmatrix}\mathbf{x}\\ \mathbf{0}\end{pmatrix} = \begin{pmatrix}\mathbf{Tx}\\ \mathbf{Vx}\end{pmatrix} = \begin{pmatrix}\mathbf{y}\\ \mathbf{Vx}\end{pmatrix} = \widetilde{\mathbf{y}} ,$$

das heisst das Resultat $\mathbf{Tx}$ ist in den ersten N Komponenten des Vektors $\mathbf{C}\widetilde{\mathbf{x}}$ enthalten. Hierin bezeichnen wir mit $\widetilde{\mathbf{x}}$ den mit Nullen „aufgefüllten" Vektor

$$\widetilde{\mathbf{x}} = (x_0, x_1, \ldots, x_{N-1}, 0, \ldots, 0)^\top \in \mathbb{R}^{2N-1} .$$

Wir betrachten daher im Folgenden Produkte der Form $\mathbf{Cx}$ mit $\mathbf{C}$ wie in (9.21) und $\mathbf{x} = (x_0, x_1, \ldots, x_{N-1})^\top$. Die k-te Komponente des Vektors $\mathbf{Cx}$ ist auf Grund der N-Periodizität $c_{j+N} = c_j$ gegeben durch

$$(\mathbf{Cx})_k = \sum_{j=0}^{N-1} c_{k-j} x_j .$$

Identifizieren wir die Matrix $\mathbf{C}$ mit dem (periodischen) Vektor

$$\mathbf{c} = (\ldots, c_0, c_1, \ldots, c_{N-1}, \ldots)^\top ,$$

so entspricht obiges Produkt bis auf den Faktor N^{-1} der *diskreten Faltung* zweier (periodischer) Vektoren

$$(\mathbf{c} * \mathbf{x})_k := \frac{1}{N} \sum_{j=0}^{N-1} c_{k-j} x_j , \quad k \in \mathbb{Z} . \tag{9.23}$$

Somit können wir das Produkt $\mathbf{Tx}$ als Teil einer diskreten Faltung erhalten; schlussendlich aber haben wir unsere „Aufgabe" $\mathbf{Tx}$, nämlich die Multiplikation eines Vektors mit der vollbesetzten Toeplitz-Matrix, nur umformuliert und (noch) keinen Vorteil erarbeitet. Dieser ergibt sich durch die diskrete Fourier-Transformation $\mathcal{F}_N$.

Definition 9.8 Es sei $\mathbf{x} = (x_0, x_1, \ldots, x_{N-1})^\top$ ein Vektor der Länge N. Dann ist die diskrete Fourier-Transformation $\mathcal{F}_N \mathbf{x}$ von $\mathbf{x}$ auch ein Vektor der Länge N, dessen Einträge definiert sind als

$$(\mathcal{F}_N \mathbf{x})_k := \frac{1}{N} \sum_{j=0}^{N-1} x_j e^{-I 2\pi k j/N} , \quad k = 0, 1, \ldots, N-1 . \tag{9.24}$$

Die inverse Fourier-Transformation $\mathcal{F}_N^{-1} \mathbf{x}$ von $\mathbf{x}$ ist definiert als

$$(\mathcal{F}_N^{-1} \mathbf{x})_k := \sum_{j=0}^{N-1} x_j e^{I 2\pi k j/N} , \quad k = 0, 1, \ldots, N-1 .$$

Nun kommt der entscheidende Punkt. Für $k = 0, 1, \ldots, N-1$ betrachten wir den k-ten Eintrag des Vektors $\mathcal{F}_N(\mathbf{c} * \mathbf{x})$, also

$$\begin{aligned}
\big(\mathcal{F}_N(\mathbf{c} * \mathbf{x})\big)_k &\overset{(9.24)}{=} \frac{1}{N} \sum_{j=0}^{N-1} (\mathbf{c} * \mathbf{x})_j e^{-I2\pi kj/N} \\
&\overset{(9.23)}{=} \frac{1}{N} \sum_{j=0}^{N-1} \left(\frac{1}{N} \sum_{i=0}^{N-1} c_{j-i} x_i \right) e^{-I2\pi kj/N} \\
&= \frac{1}{N^2} \sum_{j=0}^{N-1} \sum_{i=0}^{N-1} c_{j-i} e^{-I2\pi k(j-i)/N} x_i e^{-I2\pi ki/N} \\
&= \left(\frac{1}{N} \sum_{j=0}^{N-1} c_j e^{-I2\pi kj/N} \right) \left(\frac{1}{N} \sum_{i=0}^{N-1} x_i e^{-I2\pi ki/N} \right) \\
&\overset{(9.24)}{=} \big(\mathcal{F}_N(\mathbf{c})\big)_k \big(\mathcal{F}_N(\mathbf{x})\big)_k ,
\end{aligned}$$

wobei wir im vorletzten Schritt die N-Periodizität des Vektors $\mathbf{c}$ verwendet haben, $c_{j+N} = c_j$. Bezeichnen wir mit $\odot$ die komponentenweise Multiplikation (zweier Vektoren), so gilt daher

$$\mathcal{F}_N(\mathbf{c} * \mathbf{x}) = \mathcal{F}_N(\mathbf{c}) \odot \mathcal{F}_N(\mathbf{x}) .$$

Das bedeutet, dass die Fourier-Transformation des „komplizierten Produkts" $\mathbf{c} * \mathbf{x}$ dem „einfachen Produkt" der Fourier-Transformierten entspricht. Mit der inversen Fourier-Transformation $\mathcal{F}_N^{-1}$ können wir obige Gleichung schreiben als

$$\mathbf{c} * \mathbf{x} = \mathcal{F}_N^{-1}\big(\mathcal{F}_N(\mathbf{c}) \odot \mathcal{F}_N(\mathbf{x})\big) ,$$

das heisst die diskrete Faltung können wir mit drei Fourier-Transformationen und einer elementweisen Vektormultiplikation realisieren. Somit können wir das Produkt $\mathbf{y} = \mathbf{T}\mathbf{x}$ durch folgende Schritte erhalten

i) Extrahiere aus der Matrix $\mathbf{T}$ den Vektor

$$\widetilde{\mathbf{c}} := (c_0, c_1, \ldots, c_{N-1}, r_{N-1}, r_{N-2}, \ldots, r_1)^\top$$

der Länge $2N - 1$ und erweitere den Vektor $\mathbf{x}$ zum Vektor

$$\widetilde{\mathbf{x}} := (x_0, x_1, \ldots, x_{N-1}, 0, \ldots, 0)^\top,$$

ebenfalls der Länge $2N - 1$.

ii) Bestimme den Vektor $\widetilde{\mathbf{y}}$ via

$$\widetilde{\mathbf{y}} := \mathcal{F}_N^{-1}\left(\mathcal{F}_N(\widetilde{\mathbf{c}}) \odot \mathcal{F}_N(\widetilde{\mathbf{x}})\right) .$$

iii) Die ersten N Komponenten von $\widetilde{\mathbf{y}}$ entsprechen dem Vektor $\mathbf{y}$.

Die diskrete Fourier-Transformation $\mathcal{F}_N$ und ihre Inverse $\mathcal{F}_N^{-1}$ sind in Python als schnelle Fourier-Transformationen `fft` und `ifft` implementiert (FFT, Fast Fourier Transformation).

Beispiel 9.9 Wir knüpfen an Beispiel 9.7 an und bestimmen das Produkt $\mathbf{y} = \mathbf{T}\mathbf{x}$ für $\mathbf{x} = (1, 3, 2, 8, 5)^\top$ einmal direkt und einmal via diskreter Fourier-Transformation.

```
In [8]: x = np.asarray([1,3,2,8,5])
In [9]: xt = np.hstack((x,np.zeros(4)))
In [10]: y = T@x; y
Out[10]: array([140, 120,  89,  56,  65])
In [11]: yt = np.fft.ifft(np.fft.fft(ct)*np.fft.fft(xt)); yt
Out[11]:
array([140.+2.36847579e-15j, 120.+3.15796771e-15j,  89.-3.15796771e-15j,
        56.-1.18423789e-15j,  65.-1.57898386e-15j,  77.-4.72176342e-16j,
        68.-1.18423789e-15j, 103.-1.57898386e-15j, 137.+3.63014406e-15j])
```

In der Tat entsprechen die ersten $N = 5$ Einträge des Vektors $\widetilde{\mathbf{y}}$ dem Vektor $\mathbf{y}$. Der Vektor $\widetilde{\mathbf{y}}$ ist übrigens reell; die Imaginärteile sind alle 0. ◇

Wenn man die diskrete Fourier-Transformation richtig implementiert, ist sie sehr schnell. Man kann zeigen, dass die schnelle Fourier-Transformation für Vektoren der Länge N die Komplexität $\mathcal{O}(N \log_2 N)$ hat. Die Berechnung des Vektors $\widetilde{\mathbf{y}}$ erfordert drei Fourier-Transformationen und eine Vektor-Vektor-Multiplikation (mit Komplexität $\mathcal{O}(N)$). Somit erfordert die Bestimmung des Vektor $\widetilde{\mathbf{y}}$ – und daher auch die Bestimmung des Vektors $\mathbf{y}$ – $\mathcal{O}(N \log_2 N)$ Operationen im Gegensatz zur direkten Methode $\mathbf{y} = \mathbf{T}\mathbf{x}$ mit Komplexität $\mathcal{O}(N^2)$. Wir erwarten daher bei der Verwendung der diskreten Fourier-Transformation einen erheblichen Zeitgewinn.

Die in Python realisierte Variante der FFT ist besonders schnell für Vektoren, deren Länge N eine Potenz von 2 ist, das heisst $N = 2^n$ für ein $n \in \mathbb{N}$. Da die Länge des Vektors $\widetilde{\mathbf{c}}$, welchen wir ja aus der Toeplitz-Matrix $\mathbf{T}$ extrahieren, in der Regel keine Zweierpotenz sein wird, werden wir den Vektor geeignet mit Nullen so auffüllen, dass der „neue" Vektor die „richtige" Länge hat und $\widetilde{\mathbf{y}}$ in den ersten N Einträgen den Vektor $\mathbf{y}$ beinhaltet. Wir illustieren dies am

Beispiel 9.10 Die Länge der Vektoren $\widetilde{\mathbf{c}}$ und $\widetilde{\mathbf{x}}$ im Beispiel 9.9 ist $2N - 1 = 9$; die nächst grössere Zweierpotenz ist $2^4 = 16$ und wir fügen an der richtigen Stelle einen $\mathbf{0}$-Vektor der Länge $2^n - (2N - 1) = 7$ ein.[9]

[9] Wir können $n = 4$ via $n = \lceil \log_2(2N - 1) \rceil = \lceil \log_2 9 \rceil \doteq \lceil 3.17 \rceil = 4$ ausrechnen.

```
In [12]: ct = np.hstack((c,np.zeros(7),r[:0:-1]))
In [13]: xt = np.hstack((x,np.zeros(11)));
In [14]: yt = np.fft.ifft(np.fft.fft(ct)*np.fft.fft(xt)); yt
Out[14]:
array([1.40000000e+02+0.j, 1.20000000e+02+0.j, 8.90000000e+01+0.j,
       5.60000000e+01+0.j, 6.50000000e+01+0.j, 6.90000000e+01+0.j,
       3.50000000e+01+0.j, 5.30000000e+01+0.j, 3.00000000e+01+0.j,
       7.10542736e-15+0.j, 0.00000000e+00+0.j, 0.00000000e+00+0.j,
       8.00000000e+00+0.j, 3.30000000e+01+0.j, 5.00000000e+01+0.j,
       1.07000000e+02+0.j])
```

◇

Wir schreiben nun eine Python-Routine toepmult, welche die Multiplikation **Tx** via FFT bestimmt.

Routine 9.3: toepmult.py

```
import numpy as np

def toepmult(c,r,x):
    '''Bestimmt das Produkt y = T*x mit der NxN-Toeplitzmatrix
    T = toeplitz(c,r) und dem Vektor x (der Laenge N) via der schnellen
    Fourier-Transformation'''

    N = len(c); n = int(2**np.ceil(np.log2(2*N-1)));
    c = np.hstack((c,np.zeros(n-(2*N-1)),r[:0:-1]));
    x = np.hstack((x,np.zeros(N-1),np.zeros(n-(2*N-1))));
    y = np.fft.ifft(np.fft.fft(c)*np.fft.fft(x)); y = y[0:N];

    return y
```

In der Routine pide_1d_a_theta müssen wir nun alle Multiplikationen mit der vollbesetzten Matrix $\mathbf{A}^d$ ersetzen durch

$$\text{toepmult}(\mathbf{A}^d[:,0], \mathbf{A}^d[0,:], \cdot)$$

Da die Matrix $\mathbf{A}^d$ aber nur bei Verwendung von Dirichlet-Randbedingungen eine Toeplitz-Matrix ist und die Routine 9.2 pide_1d_a_theta jedoch beliebige Randbedingungen zulässt, schreiben wir eine neue Routine pide_1d_d_thetafft, welche genau diesen Fall abdeckt.

Routine 9.4: pide_1d_d_thetafft.py

```
import numpy as np
from scipy import sparse
from get_diagonals import get_diagonals
from scipy.linalg import solve_banded
from matrixgenerator_BC import matrixgenerator_BC
from matrixgenerator_J import matrixgenerator_J
from toepmult import toepmult

def pide_1d_d_thetafft(sigma,r,q,lam,kappa,dm,dp,g,T,xl,xr,RB,N,M,theta):
    '''Wie pide_1d_a_thetaiter, verwendet aber FFT fuer die Matrix-Vektor-
```

```
    Multiplikation. Die Routine funktioniert nur fuer Dirichlet-Randbedingungen
    und konstante Koeffizienten.'''

    wl = RB[0]; wr = RB[1]; f1x = RB[2]; f1t = RB[3]; f2x = RB[4]; f2t = RB[5];
    a = lambda x:-sigma**2/2*x**0; c = lambda x:(r+lam)*x**0;
    b = lambda x:-(r-q-sigma**2/2-kappa*lam)*x**0;

    # Gitter definieren
    h = (xr-xl)/(N+1); x = np.linspace(xl+h,xr-h,N); k = T/M;

    # Matrizen A und I definieren
    Mat = matrixgenerator_BC([["M2",a],["M1",b],["M0",c]],[0,0],xl,xr,N);
    MatJ = matrixgenerator_J(dm,dp,[0,0],xl,xr,N);
    As = Mat[0]+Mat[1]+Mat[2];
    Ad = -lam*MatJ[0]; Mbc = Mat[3]+Mat[4]-lam*MatJ[1]; I = sparse.eye(N);
    B = get_diagonals(I+k*theta*As,0,0); C = I-(1-theta)*k*As;
    col = Ad[:,0]; row = Ad[0,:]

    # Start-Vektor w0 definieren (Ausuebungsfunktion)
    w = g(x); wbc = np.zeros(len(x));

    # theta-Verfahren
    for j in range(M):
        tj = (j+theta)*k;
        wbc[0] = wl(tj); wbc[-1] = wr(tj); f = -Mbc*wbc;
        r = np.real(C*w-k*(1-theta)*toepmult(col,row,w)\
        +k*f+k*lam*(f1t(tj)*f1x(x)+f2t(tj)*f2x(x)));

        w1 = w-0.1; w2 = w;
        while max(abs(w2-w1)/max(np.hstack((1,abs(w1)))))>1e-6:
            w1 = w2;
            w2 = solve_banded((1,1),B,-k*theta*toepmult(col,row,w1)+r);

        w = np.real(w2);

    return x, np.real(w2)
```

Beispiel 9.11 Wir lösen das Problem in Beispiel 9.6 nochmals, nun allerdings mit der schnellen Fourier-Transformation. Wir erwarten eine Komplexität von $\mathcal{O}(N^2 \log N)$ (in $\mathcal{O}(N)$ Zeitschritten eine feste (sogar leicht abnehmende) Anzahl Fourier-Transformationen und Lösen dünn besetzter Gleichungssysteme der Komplexität $\mathcal{O}(N \log N)$). In Python erhalten wir wiederum eine asymptotische Komplexität welche besser ist als vorausgesagt, vergleiche mit Abb. 9.6. Konkret benötigt das θ-Verfahren mit iterativem Löser und FFT für $N = 4095$ Gitterpunkte ca. 110-mal weniger Rechenzeit als das Verfahren in Beispiel 9.6. In Abb. 9.6 ist zu den bereits diskutierten Methoden noch eine vierte aufgetragen. In dieser ersetzen wir das θ-Schema (mit $\theta = 0.5$; quadratische Konvergenz) durch das im Abschn. 14.2 entwickelte Padé-Schema vierter Ordnung. Dadurch können wir die Anzahl Zeitschritte von $M = \mathcal{O}(N)$ reduzieren auf $M = \mathcal{O}(\sqrt{N})$, wodurch das Verfahren eine (theoretische) Komplexität von $\mathcal{O}(N^{1.5} \log N)$ hat. Dieses Verfahren ist im Vergleich zum ursprünglichen Verfahren (θ-Schema, direkter Löser, direkte Matrix-Vektor-Multiplikation) ca. 240-mal schneller und mit dem Black-Scholes Modell vergleichbar! ◇

9.6 Reine Sprung-Modelle: Ein Beispiel

In den vorherigen Abschnitten haben wir Sprung-Diffusionsmodelle betrachtet. Bei solchen Modellen kommt zur Brown'schen Bewegung $W(t)$, welche verantwortlich ist für die Diffusion ($\sigma > 0$), eine zweite stochastische Komponente via des zusammengesetzten Poisson Prozesses $X(t)$ dazu. Dieser ist verantwortlich für die Sprünge des Basiswertes $S(t)$. Wir haben schon gesehen, dass ein zusammengesetzter Poisson Prozesses endliche Aktivität ($\lambda = \int \nu(\mathrm{d}z) < \infty$) hat. Wir wollen nun zur Modellierung von $S(t)$ einen Lévy Prozess mit unendlicher Aktivität betrachten; beispielhaft das Varianz-Gamma Modell. In diesem ist der Lévy Prozess $L(t)$ im Modell

$$S(t) = se^{\mu t + L(t)} \tag{9.25}$$

gegeben als subordinierte Brown'sche Bewegung mit einem Gamma Prozess als Subordinator[10]. Das heisst, dass $L(t)$ in (9.25) via

$$L(t) = \vartheta X(t) + \sigma W(X(t)) \tag{9.26}$$

definiert ist, mit $\vartheta \in \mathbb{R}$, $\sigma > 0$, $W(t)$ eine Brown'sche Bewegung nach Definition 1.1 und $X(t)$ ein Gamma Prozess. Der Gamma Prozess hat seinen Namen von der Tatsache, dass für $t > 0$ die Zufallsvariable $X(t)$ einer Gammaverteilung[11] mit Parametern αt und β folgt, $X(t) \sim \mathrm{Ga}(\alpha t, \beta)$. Der in der Optionsbewertung betrachtete Gamma Prozess $X(t)$ hat die Parameter $\alpha = \beta = \frac{1}{\omega}$ für ein $\omega > 0$, so dass die Varianz (zum Zeitpunkt $t = 1$) dessen nach Aufgabe 9.4 durch ω gegeben ist. Da $X(t)$ nicht-fallende Pfade hat, kann man $\tau := X(t)$ als „zufällige Uhr" betrachten (engl. stochastic clock); in der Konstruktion (9.26) des Varianz-Gamma Prozesses wird nun die Brown'sche Bewegung mit Drift nicht zum deterministischen Zeitpunkt t ausgewertet wie im Black-Scholes Modell, sondern zum zufälligen Zeitpunkt τ.

Somit hat das Varianz-Gamma Modell drei Parameter: σ und ϑ der Brown'schen Bewegung (mit Drift) in (9.26) sowie ω die Varianz des Gamma Prozesses, der als Subordinator verwendet wird.

---

[10] Ein Subordinator $X(t)$ ist ein Lévy Prozess, dessen Pfade nicht-fallend sind, das heisst für beliebige Zeitpunkte $t_1 \leq t_2$ gilt $X(t_1) \leq X(t_2)$. Daher hat ein Subordinator keine Diffusion ($\sigma = 0$), einen nicht-negativen Drift und nur positive Sprünge, vergleiche mit Abb. 9.7

[11] Eine stetige Zufallsvariable $X \sim \mathrm{Ga}(\alpha, \beta)$ heisst gammaverteilt, wenn sie die Dichtefunktion

$$f(x) = \frac{\beta^\alpha}{\Gamma(\alpha)} x^{\alpha-1} e^{-\beta x}, \quad x > 0,\ \alpha, \beta > 0$$

hat. Spezielle Gammaverteilungen sind die Exponentialverteilung ($X \sim \mathrm{Ga}(1, \beta)$ ist nach Definition 9.1 exponentialverteilt mit Parameter β) und die χ^2-Verteilung ($X \sim \mathrm{Ga}(k/2, 1/2)$ ist χ^2-verteilt mit k Freiheitsgraden).

Abb. 9.7 Mögliche Realisation eines Gamma Prozesses $X(t)$ und eines Varianz-Gamma Prozesses $L(t)$ nach (9.26). $X(t)$ hat den Parameter $\omega = 0.1$; die Parameter für $L(t)$ sind $\vartheta = -0.3, \sigma = 0.3$

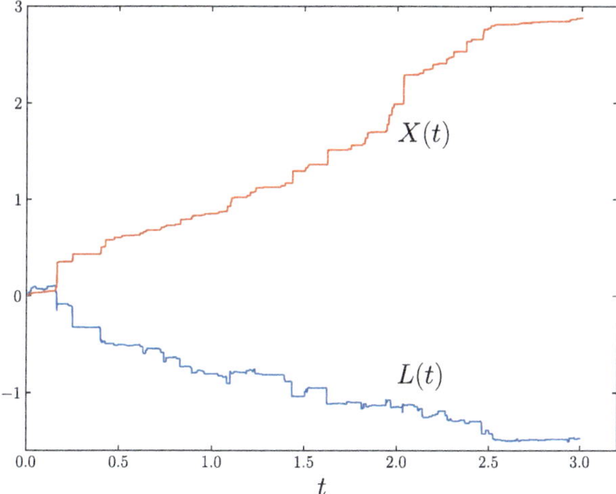

Man kann zeigen, dass der in (9.26) konstruierte Varianz-Gamma Prozess keine Diffusion hat (weshalb ein „pure jump model" vorliegt), und dass das Lévy Mass ν die Dichte

$$d(z) := \frac{1}{\omega}\frac{e^{-\eta_1 z}}{z}1_{\{z>0\}} + \frac{1}{\omega}\frac{e^{\eta_2 z}}{-z}1_{\{z<0\}} \tag{9.27}$$

hat; man vergleiche mit der Dichte des Lévy Masses des Kou Modells (9.14). In (9.27) sind die Parameter $\eta_{1,2}$ nicht beliebig, sondern ergeben sich durch

$$\eta_1 := \frac{1}{\omega}\frac{2}{\sqrt{\frac{2\sigma^2}{\omega} + \vartheta^2} + \vartheta}, \qquad \eta_2 := \frac{1}{\omega}\frac{2}{\sqrt{\frac{2\sigma^2}{\omega} + \vartheta^2} - \vartheta}.$$

Ist $\vartheta = 0$, so gilt $\eta_1 = \eta_2$ und die positiven Sprünge werden wie die negativen modelliert; dies ist das symmetrische Varianz-Gamma Modell. In Abb. 9.8 sind mögliche Pfade des Basiswerts $S(t)$ nach dem Varianz-Gamma Modell (9.25)–(9.26) graphisch dargestellt.

Der risikoneutrale Wert

$$V(s,t) = \mathbb{E}^{\mathbb{Q}}[e^{-r(T-t)}g(S(T)) \mid S(t) = s]$$

eines Derivats mit Ausübungsfunktion g erfüllt im Varianz-Gamma Modell $S(t)$ in (9.25) die Differentialgleichung

$$\begin{cases} \partial_t V + \mathcal{A}V - rV = 0 & \text{in } G \times [0,T[\\ V(s,T) = g(s) & \text{in } G \end{cases}$$

mit dem Generator $\mathcal{A}f = (r-q)s\partial_s f + \mathcal{A}^j f$. Hierin ist der Sprungteil $\mathcal{A}^j$ wie in (9.8) gegeben, so dass der Generator ausgeschrieben

$$\mathcal{A}V = (r-q)s\partial_s V + \int_{\mathbb{R}} \big(V(se^z,t) - V(s,t) - s(e^z-1)\partial_s V\big)\nu(\mathrm{d}z)$$

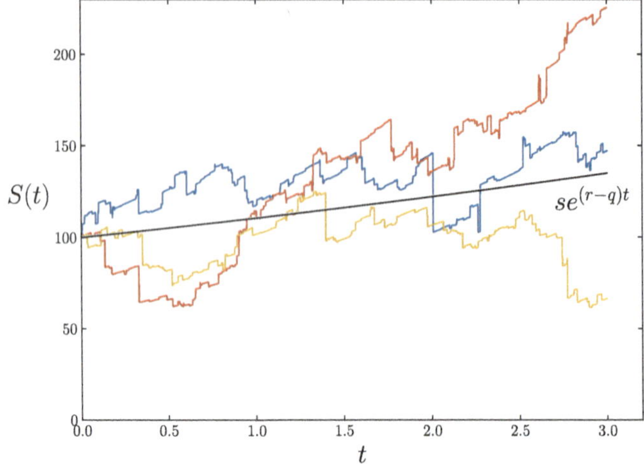

Abb. 9.8 Mögliche Realisationen des Basiswertmodells $S(t) = se^{\mu t + L(t)}$ mit $L(t)$ ein Varianz-Gamma Prozesses. Der Drift μ ist $\mu = r - q - \kappa$ (mit κ in (9.28)), so dass der Erwartungswert von $S(t)$ gleich $\mathbb{E}[S(t)] = se^{(r-q)t}$ ist. Parameter sind $\omega = 0.1$, $\vartheta = -0.3$, $\sigma = 0.3$, $r = 0.1$, $q = 0$ und $s = S(0) = 100$

lautet. Da das Lévy Mass um 0 singulär ist ($\alpha = 1$ in (9.9)), können wir das Integral im Gegensatz zu Sprung-Diffusionsmodellen nicht vollständig aufspalten, aber doch

$$\mathcal{A}V = (r - q - \kappa)s\partial_s V + \int_{\mathbb{R}} \big(V(se^z, t) - V(s,t)\big)\nu(\mathrm{d}z)$$

mit der Konstanten

$$\kappa := \int_{\mathbb{R}} (e^z - 1)d(z)\mathrm{d}z \overset{(9.27)}{=} -\frac{1}{\omega}\Big[\ln\big(1 - \frac{1}{\eta_1}\big) + \ln\big(1 + \frac{1}{\eta_2}\big)\Big] \tag{9.28}$$

betrachten, vergleiche auch mit (9.10). Die Konstante κ ist übrigens so, dass $\mathbb{E}[e^{L(t)}] = e^{\kappa t}$ ist, mit $L(t)$ der Varianz-Gamma Prozess in (9.26).

Aus Implementierungsgründen betrachten wir nun nicht obige Aufspaltung des Sprungteils $\mathcal{A}^j V$, sondern wir wollen den Ableitungsterm $zs\partial_s V$ im Integral belassen. Dazu schreiben wir den Term $e^z - 1$ als $e^z - z - 1 + z$ und erhalten

$$\mathcal{A}V = (r - q - \widehat{\kappa})s\partial_s V + \int_{\mathbb{R}} \big(v(se^z, t) - v(s,t) - zs\partial_s V\big)\nu(\mathrm{d}z)$$

mit der Konstanten

$$\widehat{\kappa} := \int_{\mathbb{R}} \big(e^z - z - 1\big)d(z)\mathrm{d}z \overset{(9.28)}{=} \kappa - \frac{1}{\omega}\Big[\frac{1}{\eta_1} - \frac{1}{\eta_2}\Big],$$

siehe die Aufgabe 9.5. Da der in einem gewissen Sinne stabilisierende Diffusionsanteil $\partial_{ss}V$ fehlt, ist der Generator $\mathcal{A}$ im Varianz-Gamma Modell unter Umständen driftdominant. Dies hat zur Folge, dass die in diesem Text diskutierte Finite-Differenzen-Methode instabil ist. Wir müssen daher den Drift $\mu s\partial_s V$ mit $\mu = r - q - \widehat{\kappa}$ wegschaffen. Gleichzeitig setzen wir wiederum $x = \ln(s)$ und wechseln wie immer die Zeitrichtung. Wir können uns überlegen, dass die Transformation

$$v(x,t) = V(e^{x-\mu t}, T-t)$$

das Gewünschte liefert. Wir erhalten die driftlose Gleichung

$$\begin{cases} \partial_t v + \mathcal{A}v + rv = 0 & \text{in } G \times [0,T[\\ v(x,0) = g(e^x) & \text{in } G \end{cases} \tag{9.29}$$

für $v(x,t)$ mit dem „neuen“ Generator

$$\mathcal{A}v = -\int_{\mathbb{R}} \big(v(x+z,t) - v(x,t) - z\partial_x v\big) d(z)\mathrm{d}z \ .$$

Durch zweimalige partielle Integration bezüglich z können wir den Generator umschreiben zu

$$\mathcal{A}v = -\int_{\mathbb{R}} \partial_{xx} v(x+z,t) d^{(-2)}(z)\mathrm{d}z = -\int_{\mathbb{R}} \partial_{yy} v(y,t) d^{(-2)}(y-x)\mathrm{d}y \ ; \tag{9.30}$$

ein solcher Generator lässt sich relativ einfach implementieren, da er nun die selbe Form wie der bereits implementierte Integralterm $\int v(y,t)d(y-x)\mathrm{d}y$ hat. In (9.30) stellt $d^{(-j)}$ die j-te Stammfunktion (j-mal integrieren) der Lévy Dichte d dar und ist definiert als (mit $d^{(0)}(z) = d(z)$)

$$d^{(-j)}(z) := \begin{cases} \int_{-\infty}^{z} d^{(-j+1)}(y)\mathrm{d}y & \text{falls } z < 0 \\ -\int_{z}^{\infty} d^{(-j+1)}(y)\mathrm{d}y & \text{falls } z > 0 \end{cases} . \tag{9.31}$$

Wir bestimmen $d^{(-2)}$ für das Varianz-Gamma Modell; wir müssen also die Funktion d in (9.27) zweimal integrieren. Wir betrachten den Fall $z > 0$ und haben nach Definition

$$d^{(-1)}(z) = -\int_{z}^{\infty} d(y)\mathrm{d}y \overset{(9.27)}{=} -\frac{1}{\omega}\int_{z}^{\infty} \frac{e^{-\eta_1 y}}{y}\mathrm{d}y = -\frac{1}{\omega}\int_{\eta_1 z}^{\infty} \frac{e^{-t}}{t}\mathrm{d}t = -\frac{1}{\omega}E_1(\eta_1 z) \ .$$

Man nennt die Funktion

$$E_1(x) := \int_x^{\infty} \frac{e^{-t}}{t} \mathrm{d}t \ , \quad x > 0$$

Integralexponentialfunktion; das Integral kann nicht elementar bestimmt werden. In Python ist die Funktion E_1 als `exp1` implementiert (via `scipy.special`). Weil die Integralexponentialfunktion die Stammfunktion

$$\int E_1(ax)\mathrm{d}x = xE_1(ax) - \frac{1}{a}e^{-ax}, \quad a > 0$$

hat, ergibt sich schlussendlich für die zweite Stammfunktion von d

$$d^{(-2)}(z) := \begin{cases} -\omega^{-1}\big[-zE_1(-\eta_2 z) - \eta_2^{-1}e^{\eta_2 z}\big] & \text{falls } z < 0 \\ -\omega^{-1}\big[zE_1(\eta_1 z) - \eta_1^{-1}e^{-\eta_1 z}\big] & \text{falls } z > 0 \end{cases} .$$

Übrigens existieren die Grenzwerte $\lim_{z\to 0^\pm} d^{(-2)}(z)$, sind aber unterschiedlich. Genauer ist

$$\lim_{z\to 0^+} d^{(-2)}(z) = (\omega\eta_1)^{-1}, \quad \lim_{z\to 0^-} d^{(-2)}(z) = (\omega\eta_2)^{-1} \ , \tag{9.32}$$

da die Funktion $z \mapsto zE_1(\eta z)$ gegen 0 strebt für $z \to 0$.

Da nun $d^{(-2)}$ bekannt ist, können wir uns der Implementierung des Integralterms

$$J(x,t) := \mathcal{A}v(x,t) = \int_{\mathbb{R}} \partial_{yy}v(y,t)d^{(-2)}(y-x)\mathrm{d}y$$

in (9.30) widmen. Dazu ersetzen wir die zweite Ableitung $\partial_{yy}v(y,t)$ durch den finiten Differenzenquotienten $\delta_h^2 v(y,t)$ in Definition 4.4. Wir erhalten die Approximation

$$J(x,t) \approx \frac{1}{h^2}\int_{\mathbb{R}} \big(v(y-h,t) - 2v(y,t) + v(y+h,t)\big)d^{(-2)}(y-x)\mathrm{d}y \ ,$$

wobei $h > 0$ zunächst beliebig ist. Wiederum approximieren wir die gesuchte Funktion $v(x,t)$ definiert auf G durch eine Funktion $w(x,t)$, welche nur auf einem Intervall $G^e =]x_l, x_r[$ definiert ist[12] und gewisse Randbedingungen erfüllen soll. Somit müssen

[12] Wir müssen die Funktion $w(x,t)$ auch ausserhalb von G^e definieren, da das Argument $x + z \in G^{e,c}$ sein kann, vergleiche mit (9.30). Wir setzen $w(x,t) = 0$ für $x \in G^{e,c}$ und $t \in [0, T]$.

wir Integrale der Form

$$
\begin{aligned}
J(x_i,t) &\approx \frac{1}{h^2}\int\limits_{\mathbb{R}} \big(w(x-h,t) - 2w(x,t) + w(x+h,t)\big) d^{(-2)}(x-x_i)\mathrm{d}x \\
&= \frac{1}{h^2}\int\limits_{\mathbb{R}} w(x,t) d^{(-2)}(x+h-x_i)\mathrm{d}x - \frac{2}{h^2}\int\limits_{\mathbb{R}} w(x,t) d^{(-2)}(x-x_i)\mathrm{d}x \\
&\quad + \frac{1}{h^2}\int\limits_{\mathbb{R}} w(x,t) d^{(-2)}(x-h-x_i)\mathrm{d}x
\end{aligned}
$$

ausrechnen; diese approximieren wir wiederum mit der (summierten) Trapezregel (auf dem selben Gitter $\mathcal{G}_x$). Die darin vorkommenden $w(x_j,t)$ ersetzen wir durch $w_j(t) \approx w(x_j,t)$. Da es naheliegend ist, für h im Differenzenquotienten die Maschenweite des bereits bestehenden Gitters zu nehmen, erhalten wir schlussendlich – unter der Annahme von homogenen Dirichlet-Randbedingungen $w_0(t) = w_{N+1}(t) = 0$ –

$$
\begin{aligned}
J(x_i,t) \approx \frac{1}{h^2}\Bigg[& h\sum_{j=1}^{N} w_j(t) d^{(-2)}((j-i+1)h) \\
& - 2h\sum_{j=1}^{N} w_j(t) d^{(-2)}((j-i)h) + h\sum_{j=1}^{N} w_j(t) d^{(-2)}((j-i-1)h)\Bigg].
\end{aligned}
$$

Den mittleren Term in der Klammer [...] haben wir bereits implementiert; er führt auf $-2\mathbf{M}^{(j)}\mathbf{w}(t)$ mit $\mathbf{M}^{(j)}$ wie in (9.16), wobei natürlich d nun durch $d^{(-2)}$ zu ersetzen ist.

Der erste Term führt für $i = 1, \ldots, N$ auf $\mathbf{M}^{(j,+)}\mathbf{w}(t)$, der dritte auf $\mathbf{M}^{(j,-)}\mathbf{w}(t)$. Hierin sind die Matrizen $\mathbf{M}^{(j,\pm)}$ definiert als

$$
\mathbf{M}^{(j,+)} := h\begin{pmatrix}
d^{(-2)}(h) & d^{(-2)}(2h) & \cdots & d^{(-2)}(Nh) \\
d^{(-2)}(0) & d^{(-2)}(h) & \cdots & \\
& & & \\
d^{(-2)}(-(N-2)h) & & \cdots & d^{(-2)}(h)
\end{pmatrix},
$$

$$
\mathbf{M}^{(j,-)} := h\begin{pmatrix}
d^{(-2)}(-h) & d^{(-2)}(0) & \cdots & d^{(-2)}((N-2)h) \\
d^{(-2)}(-2h) & d^{(-2)}(-h) & \cdots & \\
& & & \\
d^{(-2)}(-Nh) & & \cdots & d^{(-2)}(-h)
\end{pmatrix}.
$$

Somit lässt sich der Vektor $\mathbf{j}(t) := (J(x_1,t), \ldots, J(x_N,t))^\top$ schreiben als

$$
\mathbf{j}(t) = \frac{1}{h^2}\big[\mathbf{M}^{(j,-)} - 2\mathbf{M}^{(j)} + \mathbf{M}^{(j,+)}\big]\mathbf{w}(t)\,.
$$

Da die zweite Stammfunktion $d^{(-2)}(z)$ nach (9.32) in $z = 0$ unstetig ist, ist der Eintrag $d^{(-2)}(0)$ in den obigen Matrizen nicht definiert und wir ersetzen diesen durch das arithmetische Mittel der links-und rechtsseitigen Grenzwerte, also durch $((\omega\eta_1)^{-1} + (\omega\eta_2)^{-1})/2$.

Somit führt die Diskretisierung der Gleichung (9.29) zum üblichen Differentialgleichungssystem

$$\mathbf{w}'(t) + \mathbf{A}\mathbf{w}(t) = \mathbf{0}, \quad \mathbf{w}(0) = \mathbf{g} =: \mathbf{w}_0$$

mit der Matrix

$$\mathbf{A} = -h^{-2}\big[\mathbf{M}^{(j,-)} - 2\mathbf{M}^{(j)} + \mathbf{M}^{(j,+)}\big] + r\mathbf{M}_1\ ,$$

welche wir wiederum aufspalten in eine dünn- und vollbesetzte Matrix $\mathbf{A} = \mathbf{A}^s + \mathbf{A}^d$

$$\begin{aligned}\mathbf{A}^s &= r\mathbf{M}_1\\ \mathbf{A}^d &= -h^{-2}\big[\mathbf{M}^{(j,-)} - 2\mathbf{M}^{(j)} + \mathbf{M}^{(j,+)}\big]\,.\end{aligned}$$

Wir bemerken, dass die Matrix $\mathbf{A}^d$ als Summe von Toeplitz-Matrizen wie schon bei Sprung-Diffusionsmodellen eine Toeplitz-Matrix ist, wodurch die Matrix-Vektor-Multiplikation in den vollbesetzten Gleichungssystemen

$$(\mathbf{I} + k\theta\mathbf{A})\mathbf{w}_{j+1} = (\mathbf{I} - (1-k)\theta\mathbf{A})\mathbf{w}_j$$

mit der schnellen Fourier-Transformation (toepmult) erledigt werden kann. Die Gleichungssysteme lösen wir auch hier nicht direkt, sondern iterativ wie in (9.20). Auch im vorliegenden Fall nimmt – ähnlich wie in Tab. 9.2 dargestellt – die Anzahl der benötigten Iterationsschritte mit zunehmendem N ab. Die Routine pideinf_1d_dh_thetafft realisiert das Problem (9.29) mit dem Generator in (9.30).

Routine 9.5: pideinf_1d_dh_thetafft.py

```
import numpy as np
from scipy import sparse
from get_diagonals import get_diagonals
from scipy.linalg import solve_banded
from matrixgenerator_BC import matrixgenerator_BC
from toepmult import toepmult

def matrixgenerator_J_inf(km,kp,xl,xr,N):
    '''Generiert die erste Kolonne c und die erste Zeile r der Toeplitz-Matrix
    fuer Levy Prozesse mit Generator Aj = int[f''(x)k^(-2)(x-z)]dz.
    Nur fuer homogene Dirichlet Randbedingungen.'''

    h = (xr-xl)/(N+1);
    c = km(-np.arange(0,N)*h); c[0]= (km(np.array(0))+kp(np.array(0)))/2;
    r = kp(np.arange(0,N)*h); r[0] = c[0];
```

```
    cp = np.hstack((kp(h),c[0],km(-np.arange(1,N-1)*h)));
    rp = kp(np.arange(1,N+1)*h); cm = km(-np.arange(1,N+1)*h);
    rm = np.hstack((km(-h),c[0],kp(np.arange(1,N-1)*h)));
    c = h*(cp-2*c+cm); r = h*(rp-2*r+rm);

    return c,r

def pideinf_1d_dh_thetafft(b,c,dm,dp,g,T,xl,xr,N,M,theta):
    '''Wie pide_1d_d_thetafft, aber fuer Differentialgleichungen der Form
    (keine Diffusion)

        w_t + b*w_x + c*w - int[w_xx(x+z)*k^(-2)(z)dz] = 0

    Die Routine funktioniert nur fuer homogene Dirichlet Randbedingungen und
    konstante Koeffizienten.'''

    b_func = lambda x:b*x**0; c_func = lambda x:c*x**0;

    # Gitter definieren
    h = (xr-xl)/(N+1); x = np.linspace(xl+h,xr-h,N); k = T/M;

    # Matrizen A und I definieren
    Mat = matrixgenerator_BC([["M1",b_func],["M0",c_func]],[0,0],xl,xr,N);
    col,row = matrixgenerator_J_inf(dm,dp,xl,xr,N);
    As = Mat[0]+Mat[1]; I = sparse.eye(N);
    B = get_diagonals(I+k*theta*As,0,0); C = I-(1-theta)*k*As;
    col = -col/h**2; row = -row/h**2

    # Start-Vektor w0 definieren (Ausuebungsfunktion)
    w = g(x);

    # theta-Verfahren
    for j in range(M):
        r = np.real(C*w-k*(1-theta)*toepmult(col,row,w));
        w1 = w-0.1; w2 = w;
        while max(abs(w2-w1)/max(np.hstack((1,abs(w1)))))>1e-5:
            w1 = w2;
            w2 = solve_banded((1,1),B,-k*theta*toepmult(col,row,w1)+r);

        w = np.real(w2);

    return x, np.real(w2)
```

Beispiel 9.12 Wir wiederholen das Beispiel 9.5 für das Varianz-Gamma Modell. Als Modellparameter wählen wir $\sigma = 0.3$, $\vartheta = -0.3$ und $\omega = 0.25$. Die restlichen Options- und Diskretisierungsparameter sind wie im Beispiel 9.5, hier nehmen wir jedoch $M = \lceil 0.1N \rceil$ Zeitschritte. Zudem verwenden wir homogene Dirichlet Randbedingungen, und die Asymptote v_∞ setzen wir zu 0, so dass wir den Fehler $e := \max_i |w_{i,M} - V(e^{x_i+\mu T}, 0)|$ nicht auf dem ganzen Intervall $G =]x_l, x_r[=]\ln(K) - 4, \ln(K) + 4[$ bestimmen können, sondern nur für Gitterpunkte x_i, welche $|K - e^{x_i}| \leq 0.8K$ erfüllen. Wie aus Tab. 9.3 ersichtlich, ist die Konvergenz nicht quadratisch, sondern es ist $e = \mathcal{O}(N^{-1.75})$. ◇

In der Aufgabe 9.6 betrachten wir als Anwendung das Bewerten einer Barriere-Option im CGMY Modell.

Tab. 9.3 Konvergenz von Put Preisen im Varianz-Gamma Modell

N	e
127	0.056700194
255	0.018475240
511	0.005630913
1023	0.001653372
2047	0.000472777
4095	0.000133135

9.7 Kalibrierung

Wie für jedes anderes Modell müssen wir uns auch für Sprungmodelle Gedanken zur deren Kalibrierung machen. Da wir wiederum auf eine Kalibrierung via der Cos-Methode zurückgreifen wollen, benötigen wir die charakteristische Funktion von

$$X(T) := \ln(S(T)/K)\,.$$

Folgt $S(t)$ wie im Abschn. 9.2 einem Sprung-Diffusionsmodell mit endlicher Aktivität ($\lambda < \infty$), so ist das Modell affin, und die charakteristische Funktion in (8.1) kann geschrieben werden als $\widehat{\varphi}(x,\tau) = e^{\alpha(\tau)+\beta(\tau)x}$, mit $\widehat{\varphi}(x,\tau) := \varphi(x, T-\tau)$. Wir können $\widehat{\varphi}$ finden, indem wir diese in die entsprechende partielle Integro-Differentialgleichung einsetzen und, analog zum Kap. 8, ein System von gewöhnlichen Differentialgleichungen erhalten, welches analytisch gelöst werden kann. Wie in (8.9) betrachten wir daher die PIDE

$$\begin{cases} \partial_\tau \widehat{\varphi} - \mathcal{A}\widehat{\varphi} = 0 & \text{in } G \times]0,T] \\ \quad \widehat{\varphi}(x,0) = e^{Iux} & \text{in } G \end{cases}$$

mit

$$\mathcal{A}f = \frac{1}{2}\sigma^2\partial_{xx}f + \Big(r - q - \lambda\kappa - \frac{1}{2}\sigma^2\Big)\partial_x f - \lambda\int_{\mathbb{R}} \big(f(x,t) - f(x+z,t)\big)d(z)\mathrm{d}z$$

wie in (9.12) der Generator von $X(t)$ unter einem risikoneutralen Wahrscheinlichkeitsmass. Weil

$$\begin{aligned}\int_{\mathbb{R}} \big(\widehat{\varphi}(x,\tau) - \widehat{\varphi}(x+z,\tau)\big)d(z)\mathrm{d}z &= \int_{\mathbb{R}} \big(\widehat{\varphi}(x,\tau) - e^{\alpha(\tau)+\beta(\tau)(x+z)}\big)d(z)\mathrm{d}z \\ &= \widehat{\varphi}(x,\tau)\int_{\mathbb{R}} \big(1 - e^{\beta(\tau)z}\big)d(z)\mathrm{d}z\end{aligned}$$

ist, ergibt sich

$$\partial_\tau \widehat{\varphi} - \mathcal{A}\widehat{\varphi} = (\alpha' + \beta' x)\widehat{\varphi} - \frac{1}{2}\sigma^2\beta^2\widehat{\varphi} - \Big(r - q - \lambda\kappa - \frac{1}{2}\sigma^2\Big)\beta\widehat{\varphi}$$
$$+ \lambda\widehat{\varphi} \int_{\mathbb{R}} (1 - e^{\beta z}) d(z) \mathrm{d}z = 0 \,.$$

Eine Division durch $\widehat{\varphi} \neq 0$, sortieren nach den Potenzen in x und die Berücksichtigung der Anfangsbedingung $\widehat{\varphi}(x, 0) = e^{Iux}$ liefert die beiden gewöhnlichen Differentialgleichungen $\beta' = 0$, $\beta(0) = Iu$, sowie

$$\alpha' - \frac{1}{2}\sigma^2\beta^2 - \Big(r - q - \lambda\kappa - \frac{1}{2}\sigma^2\Big)\beta + \lambda \int_{\mathbb{R}} (1 - e^{\beta z}) d(z) \mathrm{d}z = 0, \quad \alpha(0) = 0 \,.$$

Somit ist $\beta(\tau) = Iu$ und daher

$$\alpha(\tau) = \Big(-\frac{1}{2}\sigma^2 u^2 + \Big(r - q - \lambda\kappa - \frac{1}{2}\sigma^2\Big) Iu - \lambda \int_{\mathbb{R}} (1 - e^{Iuz}) d(z) \mathrm{d}z \Big)\tau \,.$$

Da $\beta(\tau) = Iu$ ist, faktorisiert die charakteristische Funktion $\varphi(u; x, t, T) = e^{Iux}\widetilde{\varphi}(u; t, T)$ auch in diesem Modell, mit

$$\widetilde{\varphi}(u; t, T) := e^{(-\frac{1}{2}\sigma^2 u^2 + (r - q - \lambda\kappa - \frac{1}{2}\sigma^2) Iu - \lambda \int_{\mathbb{R}} (1 - e^{Iuz}) d(z) \mathrm{d}z)(T - t)} \tag{9.33}$$

vergleiche mit (8.4). Lassen wir übrigens keine Sprünge zu, indem wir $\lambda = 0$ setzen, so reduziert sich die Funktion $\widetilde{\varphi}(u; t, T)$ zur entsprechenden Funktion der geometrischen Brown'schen Bewegung

$$\widetilde{\varphi}(u; t, T) = e^{(-\frac{1}{2}\sigma^2 u^2 + (r - q - \frac{1}{2}\sigma^2) Iu)(T - t)}$$

vergleiche mit Beispiel 8.3. Zudem ergibt sich für $\sigma = 0$, $\mu = r - q = 0$ (reiner Sprungteil)

$$\widetilde{\varphi}(u; 0, t) := e^{-t(\lambda\kappa Iu + \lambda \int_{\mathbb{R}} (1 - e^{Iuz}) d(z) \mathrm{d}z)}$$

was, bis auf den Erwartungswert-Term, der charakteristischen Funktion (9.2) eines zusammengesetzten Poisson Prozesses $X(t)$ in der Definition 9.3 entspricht.[13] Damit wir die Funktion (9.33) in der (vektorisierten) Cos-Methode (8.7) verwenden können, müssen wir das Integral $\int_{\mathbb{R}} (1 - e^{Iuz}) d(z) \mathrm{d}z$ ausrechnen. Dies ist (formal) analog zur Berechnung

[13] Genauer entspricht die hier angegebene Funktion $\widetilde{\varphi}(u; 0, t)$ der charakteristischen Funktion eines kompensierten zusammengesetzten Poisson Prozesses, welcher definiert ist als $M(t) := X(t) - \lambda\kappa t$. Der Prozess $M(t)$ ist ein Martingal.

von κ in (9.10). In der Tat folgt aus der Aufgabe 9.2 (mit $\gamma = Iu$): Das Integral ist im Merton Modell gegeben durch,

$$\int_{\mathbb{R}} (1 - e^{Iuz}) d(z) \mathrm{d}z = 1 - e^{\mu_J Iu - \frac{1}{2}\sigma_J^2 u^2}$$

und im Kou-Modell durch

$$\int_{\mathbb{R}} (1 - e^{Iuz}) d(z) \mathrm{d}z = -Iu\left(\frac{p}{\eta_1 - Iu} - \frac{1-p}{\eta_2 + Iu} \right) .$$

Für beide Modelle implementieren wir die Funktion $\widetilde{\varphi}$ als charfunc_merton respektive als charfunc_kou.

Routine 9.6: charfunc_merton.py

```
import numpy as np

def charfunc_merton(u,T,r,q,eta):

    sigma = eta[0]; lam = eta[1]; muJ = eta[2]; sigmaJ = eta[3];
    kappa = np.exp(muJ+0.5*sigmaJ**2)-1
    b = r-q-lam*kappa-0.5*sigma**2; c = np.exp(muJ*1j*u-0.5*sigmaJ**2*u**2)-1;

    return np.exp((-0.5*sigma**2*u**2+b*1j*u+lam*c)*T)
```

Routine 9.7: charfunc_kou.py

```
import numpy as np

def charfunc_kou(u,T,r,q,eta):

    sigma = eta[0]; lam = eta[1]; p = eta[2]; eta1 = eta[3]; eta2 = eta[4]
    kappa = p/(eta1-1)+(p-1)/(eta2+1);
    b = r-q-lam*kappa-0.5*sigma**2; c = p/(eta1-1j*u)-(1-p)/(eta2+1j*u);

    return np.exp((-0.5*sigma**2*u**2+b*1j*u+lam*c*1j*u)*T)
```

Mit der charakteristischen Funktion (9.33) zur Hand können wir nun die Cos-Methode (8.7) verwenden, um Sprung-Diffusionsmodelle zu kalibrieren.

Beispiel 9.13 Wir wiederholen das Beispiel 8.2 für das Kou Modell; die zu findenden Modellparameter sind also

$$\boldsymbol{\eta} := (\sigma, \lambda, p, \eta_1, \eta_2) .$$

Da $\sigma > 0$, $\lambda \geq 0$, $0 \leq p \leq 1$ sowie $\eta_1 > 1$, $\eta_2 > 0$, ist die Menge S in (8.8) gegeben durch

$$\boldsymbol{\eta} \in S =]0, \infty[\times]0, \infty[\times]0, 1[\times]1, \infty[\times]0, \infty[\, ;$$

wählen wir als Startparameter $\boldsymbol{\eta}_0 := (0.2, 2, 0.5, 2, 2)$; so findet Python's „Trust Region Reflective"-Algorithmus

$$\widehat{\boldsymbol{\eta}} = (\widehat{\sigma}, \widehat{\lambda}, \widehat{p}, \widehat{\eta}_1, \widehat{\eta}_2) \doteq (0.1273, 4.7170, 0.0001, 1.0432, 11.612)$$

als Lösung des Kalibrierungsprobelms (1.20).

```
In [9]: import scipy.io as sio
   ...: D = sio.loadmat('D_DAX_18062012.mat')['D']
In [10]: from charfunc_kou import charfunc_kou
In [11]: eta0 = [0.2,2,0.5,2,2]
   ...: bnds = ([0,0,0,1,0],[np.inf,np.inf,1,np.inf,np.inf])
   ...: eta = calibration_cos(6248.2,D,charfunc_kou,eta0,-6,6,2**8,bnds); eta.x
Out[11]:
array([1.27322744e-01, 4.71699277e+00, 1.03213524e-04, 1.04318002e+00,
       1.16117786e+01])
```

Wir bestimmen die durchschnittliche relative Abweichung

$$\text{ARPE} = \frac{1}{\nu} \sum_{j=1}^{\nu} \frac{|V_j^{\text{M}} - V_j(\widehat{\boldsymbol{\eta}})|}{V_j^{\text{M}}}$$

zwischen den Optionspreisen $V_j(\widehat{\boldsymbol{\eta}})$ nach dem Modell und denjenigen des Marktes V_j^{M}, vergleiche mit dem Abschn. 1.5,

```
In [12]: Vkou = callput_cos(6248.2,D[:,1],D[0,2],charfunc_kou,eta.x,D[0,4],0,-1,-6,
   ...: 6,2**8)
In [13]: ARPE = np.mean(abs(D[:,0]-Vkou.T)/D[:,0]); ARPE
Out[13]: 0.0002029612108182062
```

Es ergibt sich ARPE $= 0.02\,\%$, wodurch sich das Kou Modell viel besser an die vorliegenden Marktpreise kalibrieren lässt als zum Beispiel das CEV Modell, vergleiche mit Beispiel 6.16. ◇

9.8 Aufgaben

Aufgabe 9.1 Es sei $N(t) \sim \text{Pois}(\lambda t)$. Zeigen Sie mit Hilfe der Taylorreihe von e^x (siehe Tab. 3.1)

$$\mathbb{E}[N(t)] = \text{Var}[N(t)] = \lambda t\ .$$

Aufgabe 9.2 Zeigen Sie: das Integral

$$I_\gamma := \int_{\mathbb{R}} \left(e^{\gamma x} - 1\right) d(x) \mathrm{d}x$$

ist im Merton Modell gegeben durch

$$I_\gamma = e^{\gamma\mu_J + \frac{1}{2}\gamma^2\sigma_J^2} - 1 \, ,$$

und im Kou Modell für $\gamma - \eta_1 < 0$, $\gamma + \eta_2 > 0$, gegeben durch

$$I_\gamma = \gamma\Big(\frac{p}{\eta_1 - \gamma} - \frac{1-p}{\eta_2 + \gamma}\Big) \, .$$

Aufgabe 9.3 Zeigen Sie: Der i-te Eintrag des Vektors $\mathbf{f}_\infty(t)$ in (9.17) ist für eine Call Option im Merton Modell durch

$$f_{\infty,i}(t) = e^{x_i - qt + \mu_J + \sigma_J^2/2}\Phi_{-\mu_J - \sigma_J^2, \sigma_J}(x_i - x_r) - Ke^{-rt}\Phi_{-\mu_J, \sigma_J}(x_i - x_r)$$

und im Kou Modell durch

$$f_{\infty,i}(t) = \frac{p\eta_1}{\eta_1 - 1}e^{\eta_1 x_i - qt + (1-\eta_1)x_r} - pKe^{\eta_1(x_i - x_r) - rt} \, .$$

gegeben. Hierin bezeichnen wir mit $\Phi_{\mu,\sigma}(x)$ die (kumulierte) Verteilungsfunktion einer normalverteilten Zufallsvariablen mit Erwartungswert μ und Standardabweichung σ, vergleiche zum Beispiel mit Abb. 1.2.

Aufgabe 9.4 Zeigen Sie, dass die Varianz eines Gamma Prozesses $X(t) \sim \mathrm{Gam}(\alpha t, \beta)$ durch $\mathrm{Var}[X(t)] = \alpha t / \beta^2$ gegeben ist.

Verwenden Sie dabei, dass die charakteristische Funktion eines Gamma Prozesses gegeben ist durch $\varphi(u) = (1 - Iu/\beta)^{-\alpha t}$, und gehen Sie analog zum Abschn. 9.1 vor, in welchem wir die Varianz eines zusammengesetzten Poisson Prozess bestimmt haben.

Aufgabe 9.5 In dieser Aufgabe zeigen Sie, dass für $\eta > 1$ eine reelle Zahl

$$\int_0^\infty (e^z - 1 - z)\frac{e^{-\eta z}}{z}\mathrm{d}z = -\ln\Big(1 - \frac{1}{\eta}\Big) - \frac{1}{\eta}$$

gilt. Dazu gehen Sie wie folgt vor.

i) Vorbereitung. Zeigen Sie zunächst, dass die Taylorreihe von $\ln(1-x)$ um $x_0 = 0$ gegeben ist durch

$$-\sum_{k=1}^{\infty} \frac{x^k}{k}$$

und konvergent ist für $-1 \leq x < 1$. Konsultieren Sie dazu die Tab. 3.1.

ii) Überlegen Sie sich, dass man das Integral aufspalten kann in

$$\int_0^\infty (e^z - 1 - z)\frac{e^{-\eta z}}{z}\mathrm{d}z = \int_0^\infty (e^z - 1)\frac{e^{-\eta z}}{z}\mathrm{d}z - \int_0^\infty e^{-\eta z}\mathrm{d}z,$$

jedoch nicht weiter.

iii) Verwenden Sie die Taylorreihe von e^z (um $z_0 = 0$), um zu zeigen, dass der Integrand im ersten Integral in ii) geschrieben werden kann als

$$(e^z - 1)\frac{e^{-\eta z}}{z} = \sum_{k=1}^{\infty} \frac{z^{k-1}}{k!} e^{-\eta z}.$$

iv) Definieren Sie

$$I_k := \int_0^\infty z^k e^{-\eta z}\mathrm{d}z, \quad k = 0, 1, 2, \ldots$$

und zeigen Sie mit Hilfe einer partiellen Integration, dass $I_k = \frac{1}{\eta} k I_{k-1}$, $k = 1, 2, \ldots$ gilt.

v) Folgern Sie aus iv) die Formel $I_k = \frac{1}{\eta^{k+1}} k!$, $k = 0, 1, 2, \ldots$.

vi) Kombinieren Sie die Teilresultate in ii), iii), v) und i) zum gewünschten Ergebnis.

Aufgabe 9.6 Wir betrachten eine Down-und-Out Put Option im CGMY Modell. Dieses ist ein reines Sprungmodell, die Dichte des Lévy Masses ist

$$d(z) := c\frac{e^{-\eta_1 z}}{z^{1+\alpha}} 1_{\{z>0\}} + c\frac{e^{\eta_2 z}}{(-z)^{1+\alpha}} 1_{\{z<0\}} \tag{9.34}$$

mit $c > 0$, $\eta_1 > 1$, $\eta_2 > 0$ und $\alpha < 1$[14]. Der Preis $v(x, t) = V(e^x, T - t)$ der Option erfüllt die Gleichung (9.29), aber mit Drift ($\mathcal{A}$ ist hier also gegeben durch $-(r - q - \widehat{\kappa})\partial_x + \mathcal{A}^j$;

[14] Im Originalmodell, welches benannt ist nach Peter Carr (amerikanischer Finanzmathematiker), Hélyette Geman (französische Finanzmathematikerin), Dilip Madan (amerikanischer Ökonom und Mathematiker) und Marc Yor (französischer Mathematiker, 1949–2014), haben die Parameter andere Namen: $C = c$, $G = \eta_2$, $M = \eta_1$ und $Y = \alpha$, daher CGMY Modell. Setzt man in (9.34) $\alpha = 0$, so erhalten wir das Varianz-Gamma Modell, siehe (9.27), und ist $\alpha = -1$, so ergibt sich die Lévy Dichte (9.14) des Kou Modells. Der maximal zulässige Bereich für den Parameter α ist übrigens $\alpha < 2$; wir können den Fall $\alpha \geq 1$ mit unserer Diskretisierung jedoch nicht abdecken, weil für solche α die zweite Stammfunktion $d^{(-2)}$ der Lévy Dichte um $z = 0$ singulär ist und daher der in den Matrizen $\mathbf{M}^{(j)}$, $\mathbf{M}^{(j,\pm)}$ benötigte Wert $d^{(-2)}(0)$ nicht definiert ist. Das CGMY Modell respektive der das Modell definierende Lévy Prozess ist ein Spezialfall der verallgemeinerten, temperierten α-stabilen Prozesse. Interessante Tatsache: Hélyette Geman ist die PhD-Betreuerin von Nassim Taleb, dem Autor des Bestsellers „The Black Swan".

der Sprungteil $\mathcal{A}^j$ ist wie in (9.30)). Um $v(x,t)$ mit der Routine pideinf_1d_dh_thetafft zu bestimmen, benötigen wir die Konstante

$$\widehat{\kappa} := \int_{\mathbb{R}} (e^z - z - 1)d(z)\mathrm{d}z$$
$$\overset{(9.34)}{=} c\Gamma(-\alpha)\big[(\eta_1 - 1)^\alpha - \eta_1^\alpha + (\eta_2 + 1)^\alpha - \eta_2^\alpha\big] - c\Gamma(1-\alpha)(\eta_1^{\alpha-1} - \eta_2^{\alpha-1})$$

und die zweite Stammfunktion von d

$$d^{(-2)}(z) = -c\Gamma(-\alpha)\begin{cases} \eta_1^{\alpha-1}\Big[(1+\eta_1 z)\big(1-\gamma(\eta_1 z, 1-\alpha)\big) \\ \qquad +(\alpha-1)\big(1-\gamma(\eta_1 z, 2-\alpha)\big)\Big], & z > 0 \\ \eta_2^{\alpha-1}\Big[(1-\eta_2 z)\big(1-\gamma(-\eta_2 z, 1-\alpha)\big) \\ \qquad +(\alpha-1)\big(1-\gamma(-\eta_2 z, 2-\alpha)\big)\Big], & z < 0 \end{cases}$$

Hierin bezeichnen wir mit $\gamma(x,a)$ die (standardisierte) unvollständige Gamma Funktion (engl. normalized lower incomplete gamma function)

$$\gamma(x,a) := \frac{1}{\Gamma(a)}\int_0^x e^{-t}t^{a-1}\mathrm{d}t, \quad a > 0$$

und mit

$$\Gamma(a) := \int_0^\infty e^{-t}t^{a-1}\mathrm{d}t, \quad a > 0$$

die Gamma Funktion[15]. Die beiden Funktionen sind in Python via `scipy.special` als `gammainc`(a,x) respektive `gamma`(a) realisiert.

i) Als Vorbereitung bestimmen Sie zunächst die Ableitung von $t\gamma(\eta t, a)$ nach t und folgern Sie aus Ihrem Resultat die Beziehung

$$\int_0^x \gamma(\eta t, a)\mathrm{d}t = x\gamma(\eta x, a) - \frac{a}{\eta}\gamma(\eta x, a+1), \quad x > 0,\ a > 0\,.$$

[15] Die Gamma Funktion ist definiert für $a \in \mathbb{C} \setminus \{0, -1, -2, \ldots\}$. Durch partielle Integration kann man

$$\Gamma(a+1) = a\Gamma(a)$$

zeigen; insbesondere ist $\Gamma(1) = 1$ und $\Gamma(a) = (a-1)!$, falls $a \in \mathbb{N}$. Dadurch stellt die Gamma Funktion eine Verallgemeinerung der Fakultät – welche ebenso die Funktionalgleichung $f(a) = af(a-1)$ mit $f(a) = a!$, $a \in \mathbb{N}$ erfüllt – auf nicht natürliche Zahlen dar.

ii) Zeigen Sie: die zweite Stammfunktion $d^{-2}(z)$ nach Definition (9.31) von $d(z) = ce^{-\eta z}/z^{1+\alpha}$, $z > 0$, $\eta > 1$, $0 < \alpha < 1$ ist

$$d^{-2}(z) = -c\Gamma(-\alpha)\eta^{\alpha-1}\Big[(1+\eta z)\big(1-\gamma(\eta z, 1-\alpha)\big) + (\alpha - 1)\big(1-\gamma(\eta z, 2-\alpha)\big)\Big].$$

iii) Verwenden Sie die Routine pideinf_1d_dh_thetafft, um den Preis der Option für die Kurse $s = 85, 100, 120$ zu bestimmen und mit den „exakten" Werten $V(85, 0) \doteq 1.3094$, $V(100, 0) \doteq 2.0941$ und $V(120, 0) \doteq 1.0770$ zu vergleichen.
Rechnen Sie mit den folgenden Kontrakt- und Modellparametern: Strike $K = 100$, Barriere $B = 80$, Maturität $T = 0.5$, risikoloser Zinssatz $r = 1\,\%$, Dividende $q = 0$; im Lévy Mass (9.34) sind $c = 1$, $\eta_1 = 15$, $\eta_2 = 10$ und $\alpha = 0.8$.

Literatur

1. R. Cont and P. Tankov. *Financial Modelling With Jump Processes*. Financial Mathematics Series. Chapman&Hall/CRC, 2003.
2. S. Kou. A Jump-Diffusion Model for Option Pricing. *Management Science*, 48(8):1086–1101, 2002.
3. R.C. Merton. Option Pricing When Underlying Stock Returns Are Discontinuous. *Journal of Financial Economics*, (3):125–144, 1976.

10 Probleme mit mehreren Variablen

In diesem Kapitel betrachten wir Probleme, bei welchen zur bereits bestehenden Zufallsvariablen $S(t)$ weitere hinzukommen. Beispiele sind „Baskets", bei welchen mehrere Basiswerte zu Grunde liegen, oder gewisse exotische Optionen wie Asiatische und Lookback Optionen oder Cliquets, bei welchen sich die zusätzlichen Variablen aus mathematischen Funktionen von $S(t)$ ergeben. Weitere wichtige Beispiele sind Modelle der stochastischen Volatilität; bei solchen wird das konstante σ im Black-Scholes Modell ersetzt durch einen stochastischen Prozess $\sigma(t)$.

Wir wollen die genannten Bewertungsprobleme wiederum mit der Finite-Differenzen-Methode (approximativ) lösen. Somit benötigen wir die partiellen Differentialgleichungen, welche die Preise lösen. Wir müssen daher das Fundamentalprinzip, welches wir im Kap. 3 für Probleme in einer Variablen kennengelernt haben, erweitern auf Probleme mit mehreren Variablen.

Anschliessend entwickeln wir die Finite-Differenzen-Methode zur approximativen Lösung der partiellen Differentialgleichungen prototypisch anhand von Derivaten auf mehrere Aktienkurse; als Modell für die zeitliche Entwicklung der Basiswerte dient die d-dimensionale geometrische Brown'sche Bewegung.

Die entwickelte Finite-Differenzen-Methode wenden wir an, um einerseits exotische Optionen und andererseits Europäische Optionen in Modellen der stochastischen Volatilität zu bewerten. Abschliessend bewerten wir eine Cliquet Option im 2-Faktor Bergomi Modell.

10.1 Das Fundamentalprinzip erweitert

Das Fundamentalprinzip stellt eine Verbindung her zwischen abgezinsten Erwartungswerten (was Derivatspreise ja sind) und partiellen Differentialgleichungen. Wir repetieren das Prinzip an dieser Stelle und betrachten dazu einen stochastischen Prozess $X(t) \in G$, wel-

N. Hilber, *Bewertung von Finanzderivaten mit Python*,
https://doi.org/10.1007/978-3-658-39210-9_10

cher definiert ist via der stochastischen Differentialgleichung

$$\mathrm{d}X(t) = \mu(X(t), t)\mathrm{d}t + \sigma(X(t), t)\mathrm{d}W(t) .$$

Der infinitesimale Generator $\mathcal{A}$ des Prozesses $X(t)$ ist definiert als

$$\mathcal{A} f = \frac{1}{2}\sigma(x, t)^2 \partial_{xx} f + \mu(x, t)\partial_x f .$$

Betrachten wir weiter den Derivatspreis

$$V(x, t) = \mathbb{E}[e^{-\int_t^T r(u)\mathrm{d}u} g(X(T)) + \int_t^T e^{-\int_t^u r(v)\mathrm{d}v} h(X(u), u)\mathrm{d}u \mid X(t) = x] ,$$

so löst die Funktion $V(x, t)$ die partielle Differentialgleichung

$$\begin{cases} \partial_t V + \mathcal{A} V - r(t)V = -h(x, t) & \text{in } G \times [0, T[\\ V(x, T) = g(x) & \text{in } G \end{cases} .$$

Wie bereits erwähnt ist die Black-Scholes Differentialgleichung (3.8) das Standardbeispiel zum Fundamentalprinzip.

Nun betrachten wir nicht mehr einen Prozess, sondern $d > 1$ Prozesse $X_1(t), \ldots, X_d(t)$, welche wir zusammenfassen zu einem (Spalten)Vektor

$$\mathbf{X}(t) = \begin{pmatrix} X_1(t) \\ X_2(t) \\ \vdots \\ X_d(t) \end{pmatrix} \in G \subset \mathbb{R}^d .$$

Wir nehmen an, dass jeder dieser Prozesse gegeben ist durch eine stochastische Differentialgleichung

$$\mathrm{d}X_i(t) = \mu_i(\mathbf{X}(t), t)\mathrm{d}t + \sum_{k=1}^{m} \sigma_{ik}(\mathbf{X}(t), t)\mathrm{d}W_k(t) . \tag{10.1}$$

Hierin sind $\mu_i, \sigma_{ik} : \mathbb{R}^d \times [0, T] \to \mathbb{R}$ gegebene Funktionen, welche wir zusammenfassen zu

$$\boldsymbol{\mu}(\mathbf{x}, t) = \begin{pmatrix} \mu_1(\mathbf{x}, t) \\ \mu_2(\mathbf{x}, t) \\ \vdots \\ \mu_d(\mathbf{x}, t) \end{pmatrix}, \quad \boldsymbol{\sigma}(\mathbf{x}, t) = \begin{pmatrix} \sigma_{11}(\mathbf{x}, t) & \sigma_{12}(\mathbf{x}, t) & \ldots & \sigma_{1m}(\mathbf{x}, t) \\ \sigma_{21}(\mathbf{x}, t) & \sigma_{22}(\mathbf{x}, t) & \ldots & \sigma_{2m}(\mathbf{x}, t) \\ & & \vdots & \\ \sigma_{d1}(\mathbf{x}, t) & \sigma_{d2}(\mathbf{x}, t) & \ldots & \sigma_{dm}(\mathbf{x}, t) \end{pmatrix} .$$

Fassen wir die in (10.1) vorkommenden m unabhängigen (Standard)-Brown'sche Bewegungen nach Definition 1.1 zusammen zu

$$\mathbf{W}(t) = \begin{pmatrix} W_1(t) \\ W_2(t) \\ \vdots \\ W_m(t) \end{pmatrix} \in \mathbb{R}^m ,$$

so lassen sich die Differentialgleichungen (10.1) schreiben als

$$\mathrm{d}\mathbf{X}(t) = \boldsymbol{\mu}(\mathbf{X}(t), t)\mathrm{d}t + \boldsymbol{\sigma}(\mathbf{X}(t), t)\mathrm{d}\mathbf{W}(t) , \tag{10.2}$$

wodurch sich der mehrdimensionale Fall rein formal vom eindimensionalen nicht unterscheidet. Definieren wir die $d \times d$-Kovarianzmatrix $\boldsymbol{Q}$ als

$$\boldsymbol{Q}(\mathbf{x}, t) = \boldsymbol{\sigma}(\mathbf{x}, t)\boldsymbol{\sigma}(\mathbf{x}, t)^\top ,$$

so ist der infinitesimale Generator $\mathcal{A}$ des (vektorwertigen) Prozesses $\mathbf{X}(t) \in \mathbb{R}^d$ gegeben als

$$\mathcal{A} f = \frac{1}{2}\mathrm{tr}[\boldsymbol{Q}(\mathbf{x}, t) D^2 f] + \boldsymbol{\mu}(\mathbf{x}, t)^\top \nabla f . \tag{10.3}$$

Hierin bezeichnet wir mit ∇f den Gradienten und mit $D^2 f$ die Hesse-Matrix[1] von f, das heisst für eine Funktion $f : \mathbb{R}^d \to \mathbb{R}$ in d Variablen $\mathbf{x} = (x_1, x_2, \ldots, x_d)$ fasst man alle ersten partiellen Ableitungen und alle zweiten partiellen Ableitungen zusammen zu

$$\nabla f(\mathbf{x}) := \begin{pmatrix} \partial_{x_1} f(\mathbf{x}) \\ \partial_{x_2} f(\mathbf{x}) \\ \vdots \\ \partial_{x_d} f(\mathbf{x}) \end{pmatrix}, \quad D^2 f(\mathbf{x}) := \begin{pmatrix} \partial_{x_1 x_1} f(\mathbf{x}) & \partial_{x_1 x_2} f(\mathbf{x}) & \ldots & \partial_{x_1 x_d} f(\mathbf{x}) \\ \partial_{x_2 x_1} f(\mathbf{x}) & \partial_{x_2 x_2} f(\mathbf{x}) & \ldots & \partial_{x_2 x_d} f(\mathbf{x}) \\ & & \vdots & \\ \partial_{x_d x_1} f(\mathbf{x}) & \partial_{x_d x_2} f(\mathbf{x}) & \ldots & \partial_{x_d x_d} f(\mathbf{x}) \end{pmatrix} . \tag{10.4}$$

Weiter bezeichnet im obigen Generator mit „tr" die sogenannte „trace", die englische Übersetzung von „Spur". Die Spur einer quadratischen Matrix ist die Summe ihrer Diagonalelemente, das heisst ist $\mathbf{A} = (A_{ij})$ eine $d \times d$-Matrix, so ist $\mathrm{tr}[\mathbf{A}] = \sum_{i=1}^{d} A_{ii}$.

[1] Benannt nach dem deutschen Mathematiker Ludwig Rudolf Hesse (1811–1874). Sind übrigens f, $\partial_{x_i} f$ und $\partial_{x_i x_j} f$ alle stetig, so gilt

$$\partial_{x_i x_j} f = \partial_{x_j x_i} f$$

(die Reihenfolge der Differentiation spielt keine Rolle, Satz von Schwarz (benannt nach dem deutschen Mathematiker Hermann Amandus Schwarz (1843–1921)), und die Hesse-Matrix, auch als Hessische bezeichnet, ist als Folge symmetrisch, $D^2 f = (D^2 f)^\top$.

Bevor wir weiterfahren, betrachten wir als Beispiel den infinitesimalen Generator (10.3) einer dreidimensionalen geometrischen Brown'schen Bewegung.

Beispiel 10.1 Wir betrachten drei Basiswerte, deren Kurse $S_i(t)$, $i = 1, 2, 3$ (wir verwenden S_i anstelle der abstrakten X_i), gegeben sind via

$$\mathrm{d}S_i(t) = \mu_i S_i(t)\mathrm{d}t + S_i(t) \sum_{j=1}^{d} L_{ij} \mathrm{d}W_j(t) \ . \tag{10.5}$$

Die Gleichungen (10.5) sind ein Spezialfall der Gleichungen (10.1), und der Vektor $\boldsymbol{\mu}$ und die Matrix $\boldsymbol{\sigma}$ sind gegeben durch

$$\boldsymbol{\mu}(\mathbf{s}) = \begin{pmatrix} \mu_1 s_1 \\ \mu_2 s_2 \\ \mu_3 s_3 \end{pmatrix}, \quad \boldsymbol{\sigma}(\mathbf{s}) = \begin{pmatrix} s_1 & & \\ & s_2 & \\ & & s_3 \end{pmatrix} \mathbf{L} =: \operatorname{diag}(\mathbf{s})\mathbf{L}$$

mit einer Matrix $\mathbf{L} = (L_{ij}) \in \mathbb{R}^{3\times 3}$. Die Matrix $\boldsymbol{Q}$ ist daher

$$\begin{aligned} \boldsymbol{Q}(\mathbf{s}) &= \boldsymbol{\sigma}(\mathbf{s})\boldsymbol{\sigma}(\mathbf{s})^\top = \operatorname{diag}(\mathbf{s})\mathbf{L}\mathbf{L}^\top \operatorname{diag}(\mathbf{s}) \\ &= \begin{pmatrix} \sigma_1^2 s_1^2 & \sigma_{12} s_1 s_2 & \sigma_{13} s_1 s_3 \\ \sigma_{12} s_1 s_2 & \sigma_2^2 s_2^2 & \sigma_{23} s_2 s_3 \\ \sigma_{13} s_1 s_3 & \sigma_{23} s_2 s_3 & \sigma_3^2 s_3^2 \end{pmatrix}, \end{aligned}$$

wo wir noch die Notation $\sigma_{ij} = (\mathbf{L}\mathbf{L}^\top)_{ij}$ sowie $\sigma_i^2 = \sigma_{ii} = (\mathbf{L}\mathbf{L}^\top)_{ii}$ verwendet haben. Daraus ergibt sich die Matrix $\boldsymbol{Q}(\mathbf{s})D^2 f$, von welcher wir nur die Diagonalelemente zu bestimmen haben

$$\boldsymbol{Q}(\mathbf{s})D^2 f = \begin{pmatrix} \sigma_1^2 s_1^2 & \sigma_{12} s_1 s_2 & \sigma_{13} s_1 s_3 \\ \sigma_{12} s_1 s_2 & \sigma_2^2 s_2^2 & \sigma_{23} s_2 s_3 \\ \sigma_{13} s_1 s_3 & \sigma_{23} s_2 s_3 & \sigma_3^2 s_3^2 \end{pmatrix} \begin{pmatrix} \partial_{s_1 s_1} f & \partial_{s_1 s_2} f & \partial_{s_1 s_3} f \\ \partial_{s_2 s_1} f & \partial_{s_2 s_2} f & \partial_{s_2 s_3} f \\ \partial_{s_3 s_1} f & \partial_{s_3 s_2} f & \partial_{s_3 s_3} f \end{pmatrix}.$$

Somit ist die Spur der 3×3-Matrix $\boldsymbol{Q}(\mathbf{s})D^2 f$ gegeben als

$$\begin{aligned} \operatorname{tr}[\boldsymbol{Q}(\mathbf{s})D^2 f] = \sigma_1^2 s_1^2 \partial_{s_1 s_1} f &+ \sigma_{12} s_1 s_2 \partial_{s_2 s_1} f + \sigma_{13} s_1 s_3 \partial_{s_3 s_1} f \\ &+ \sigma_{12} s_1 s_2 \partial_{s_1 s_2} f + \sigma_2^2 s_2^2 \partial_{s_2 s_2} f + \sigma_{23} s_2 s_3 \partial_{s_3 s_2} f \\ &+ \sigma_{13} s_1 s_3 \partial_{s_1 s_3} f + \sigma_{23} s_2 s_3 \partial_{s_2 s_3} f + \sigma_3^2 s_3^2 \partial_{s_3 s_3} f \ . \end{aligned}$$

Nehmen wir an, dass die Reihenfolge der Differentiation keine Rolle spielt (Satz von Schwarz) und verwenden wir, dass

$$\boldsymbol{\mu}(\mathbf{s})^\top \nabla f = \begin{pmatrix} \mu_1 s_1 & \mu_2 s_2 & \mu_3 s_3 \end{pmatrix} \begin{pmatrix} \partial_{s_1} f \\ \partial_{s_2} f \\ \partial_{s_2} f \end{pmatrix} = \mu_1 s_1 \partial_{s_1} f + \mu_2 s_2 \partial_{s_2} f + \mu_3 s_3 \partial_{s_3} f$$

gilt, so ergibt sich der infinitesimale Generator einer dreidimensionalen geometrischen Brown'schen Bewegung zu

$$
\begin{aligned}
\mathcal{A} f &= \frac{1}{2}\mathrm{tr}[\boldsymbol{Q}(\mathbf{s}) D^2 f] + \boldsymbol{\mu}(\mathbf{s})^\top \nabla f \\
&= \frac{1}{2}\sigma_1^2 s_1^2 \partial_{s_1 s_1} f + \frac{1}{2}\sigma_2^2 s_2^2 \partial_{s_2 s_2} f + \frac{1}{2}\sigma_3^2 s_3^2 \partial_{s_3 s_3} f \\
&\quad + \sigma_{12} s_1 s_2 \partial_{s_1 s_2} f + \sigma_{13} s_1 s_3 \partial_{s_1 s_3} f + \sigma_{23} s_2 s_3 \partial_{s_2 s_3} f \\
&\quad + \mu_1 s_1 \partial_{s_1} f + \mu_2 s_2 \partial_{s_2} f + \mu_3 s_3 \partial_{s_3} f \,. \qquad (10.6)
\end{aligned}
$$

Wir bemerken, dass wenn wir nur zwei Basiswerte betrachten, wir im soeben erhaltenen Generator einfach alle Terme, welche s_3 beinhalten, weglassen. Damit ergibt sich der infinitesimale Generator einer zweidimensionalen geometrischen Bewegung zu

$$
\mathcal{A} f = \frac{1}{2}\sigma_1^2 s_1^2 \partial_{s_1 s_1} f + \frac{1}{2}\sigma_2^2 s_2^2 \partial_{s_2 s_2} f + \sigma_{12} s_1 s_2 \partial_{s_1 s_2} f + \mu_1 s_1 \partial_{s_1} f + \mu_2 s_2 \partial_{s_2} f \,. \qquad (10.7)
$$

◇

Wir kommen nun zum erweiterten Fundamentalprinzip; dieses lautet wie folgt, siehe zum Beispiel Heath und Schweizer [19].

Fundamentalprinzip$_d$. Für den Prozess $\mathbf{X}(t)$ definiert wie in (10.2) sowie deterministische Funktionen $g : G \to \mathbb{R}$, $r : [0, T] \to \mathbb{R}$ und $h : G \times [0, T] \to \mathbb{R}$ definiere die Funktion $V(\mathbf{x}, t)$ via

$$
V(\mathbf{x}, t) = \mathbb{E}\Big[e^{-\int_t^T r(u)\mathrm{d}u} g(\mathbf{X}(T)) + \int_t^T e^{-\int_t^u r(v)\mathrm{d}v} h(\mathbf{X}(u), u)\mathrm{d}u \mid \mathbf{X}(t) = \mathbf{x}\Big] .
$$

Dann löst V die partielle Differentialgleichung

$$
\begin{cases}
\partial_t V + \mathcal{A} V - r(t) V = -h(\mathbf{x}, t) & \text{in } G \times [0, T[\\
V(\mathbf{x}, T) = g(\mathbf{x}) & \text{in } G
\end{cases},
$$

mit $\mathcal{A}$ definiert in (10.3).

Um diesen Abschnitt zu vervollständigen, erweitern wir nun noch die Kolmogorov Vorwärtsgleichung aus dem Abschn. 3.5 zum vorliegenden Fall des vektorwertigen Prozess (10.2). Die Wahrscheinlichkeitsdichte $p(\mathbf{x}, t; \mathbf{x}_0, 0)$ des Prozesses $\mathbf{X}(t)$, der zum Zeitpunkt $t = 0$ in $\mathbf{X}(0) = \mathbf{x}_0$ startet, löst die Kolmogorov Vorwärtsgleichung

$$
\begin{cases}
\partial_t p + \mathcal{A}^* p = 0 & \text{in } G \times]0, \infty[\\
p(\mathbf{x}, 0) = \delta_{\mathbf{x}_0}(\mathbf{x}) & \text{in } G
\end{cases}, \qquad (10.8)
$$

mit dem adjungierten Operator

$$
\mathcal{A}^* f(\mathbf{x}, t) = -\frac{1}{2} D^2 : \big(\boldsymbol{Q}(\mathbf{x}, t) f(\mathbf{x}, t)\big) + \mathrm{div}\big(\boldsymbol{\mu}(\mathbf{x}, t) f(\mathbf{x}, t)\big) .
$$

Hierin bezeichnen wir mit $\operatorname{div}(\mathbf{g}(\mathbf{x})) := \sum_{j=1}^{d} \partial_{x_i} g_i(\mathbf{x})$ die Divergenz der vektorwertigen Funktion $\mathbf{g}(\mathbf{x}) = (g_1(\mathbf{x}), \ldots, g_d(\mathbf{x}))^\top$ und mit $\mathbf{A} : \mathbf{B}$ die Doppelsumme $\mathbf{A} : \mathbf{B} := \sum_{i,j=1}^{d} A_{ij} B_{ij}$. Im vorliegenden Fall entspricht $D^2 = (\partial_{x_i x_j})$ der Matrix $\mathbf{A}$ und $\boldsymbol{Q} f$ der Matrix $\mathbf{B}$ und wir strapazieren die Notation, da $A_{ij} B_{ij} = \partial_{x_i x_j}(Q_{ij} f)$ kein Produkt ist sondern eben die zweite partielle Ableitung der Funktion $Q_{ij} f$ nach x_i und x_j.

10.2 Optionen auf mehrere Basiswerte

Bei Optionen auf $d \geq 2$ Basiswerte hängt die Auszahlungsfunktion g (und auch der Optionswert) – von Basiswerten $S_1(t), \ldots, S_d(t)$ ab. Um eine solche Option bewerten zu können, benötigen wir ein Modell für die Basiswertkurse $S_i(t)$. Das wohl einfachste haben wir bereits in (10.5) betrachtet,

$$\mathrm{d}S_i(t) = \mu_i S_i(t)\mathrm{d}t + S_i(t) \sum_{j=1}^{d} L_{ij} \mathrm{d}W_j(t) .$$

Es handelt sich um eine d-dimensionale geometrische Brown'sche Bewegung und ist eine direkte Verallgemeinerung des Black-Scholes Modells auf mehrere Basiswerte, vergleiche mit Abb. 10.1.

Im obigen Modell müssen wir die Matrix $\mathbf{L}$ respektive die Zahlen $\sigma_{ij} = (\mathbf{L}\mathbf{L}^\top)_{ij}$, welche bereits im Beispiel 10.1 aufgetaucht sind, beschreiben.

Die $d \times d$-Matrix $\mathbf{L}$ ist eine Zerlegung der Kovarianzmatrix $\boldsymbol{\Sigma} = (\boldsymbol{\Sigma}_{ij}) = (\rho_{ij}\sigma_i\sigma_j)$, das heisst

$$\boldsymbol{\Sigma} = \mathbf{L}\mathbf{L}^\top , \tag{10.9}$$

vergleiche auch mit der Berechnung der Matrix $\boldsymbol{Q}$ im Beispiel 10.1. Beachten Sie, dass $\sigma_i > 0$ die Volatilität des i-ten Basiswertes darstellt und wir mit $\rho_{ij} \in [-1, 1]$ die Korrelation zwischen dem Basiswert i und dem Basiswert j bezeichnen. Beachten Sie weiter,

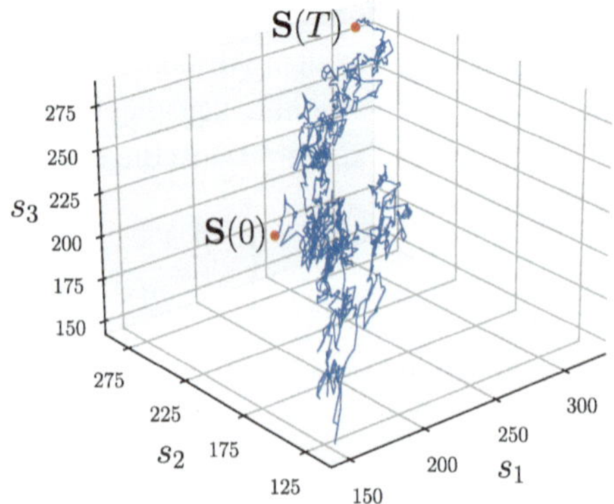

Abb. 10.1 Kursverlauf $\mathbf{S}(t) = (S_1(t), S_2(t), S_3(t))^\top$ von Geberit (s_1), Roche (s_2) und Zurich (s_3) dargestellt als Pfad im $\mathbb{R}^3$. $t = 0$ ist der 2. Oktober 2009, $t = T$ ist der 2. Oktober 2014. Mathematisch kann man einen solchen Weg modellieren als Realisation einer dreidimensionalen geometrischen Brown'schen Bewegung

dass wir für das Bewerten von Optionen via partiellen Differentialgleichungen die Matrix $\mathbf{L}$ nicht berechnen müssen, da die für diesen Zweck interessante Matrix $\boldsymbol{Q}$ gegeben ist durch $\boldsymbol{Q} = \text{diag}(\mathbf{s})\mathbf{L}\mathbf{L}^\top\text{diag}(\mathbf{s}) = \text{diag}(\mathbf{s})\boldsymbol{\Sigma}\,\text{diag}(\mathbf{s})$. Möchte man hingegen zum Beispiel Pfade einer d-dimensionalen geometrischen Brown'schen Bewegung simulieren, so muss man die Matrix $\mathbf{L}$ explizit kennen, vergleiche mit der Aufgabe 10.2 und dem Abschn. B.9 im Anhang. Für gegebenes $\boldsymbol{\Sigma}$ hat die Matrixgleichung (10.9) ohne weitere Bedingungen an $\mathbf{L}$ unendlich viele Lösungen. Ist die Matrix $\mathbf{L}$ jedoch eine untere Dreiecksmatrix, das heisst die Elemente oberhalb der Hauptdiagonalen sind 0, $L_{ij} = 0$ für $j > i$, so ist die Zerlegung eindeutig und wird Cholesky-Zerlegung genannt[2]. Definieren wir

$$\mathrm{d}\widehat{W}_i(t) := \frac{1}{\sigma_i}\sum_{k=1}^{d} L_{ik}\mathrm{d}W_k(t)\,, \tag{10.10}$$

so lässt sich das Modell (10.5) schreiben als

$$\mathrm{d}S_i(t) = \mu_i S_i(t)\mathrm{d}t + \sigma_i S_i(t)\mathrm{d}\widehat{W}_i(t)\,, \tag{10.11}$$

wobei nun aber im Gegensatz zu (10.5) die Brown'schen Bewegungen $\widehat{W}_i(t)$ nicht mehr unkorreliert sind, sondern die Korrelationsmatrix $\boldsymbol{\rho} = (\rho_{ij})$ haben. Man kann zeigen, dass die Lösung der stochastischen Differentialgleichung (10.11) durch

$$S_i(t) = S_i(0)e^{(\mu_i - \frac{1}{2}\sigma_i^2)t + \sigma_i\widehat{W}_i(t)}$$

gegeben ist, vergleiche mit (1.4). Beachten Sie, dass ρ_{ij} nicht die Korrelation zwischen den Basiswertkursen $S_i(t)$ und $S_j(t)$ beschreibt, sondern zwischen deren logarithmierten Renditen. Die logarithmierte Rendite $R_i(t)$ des Basiswertkurses $S_i(t)$ ist

$$R_i(t) = \ln\frac{S_i(t)}{S_i(0)} = (\mu_i - \frac{1}{2}\sigma_i^2)t + \sigma_i\widehat{W}_i(t)\,,$$

vergleiche mit (1.6). Ebenso beschreibt σ_i nicht die Standardabweichung von $S_i(t)$, sondern wiederum von $R_i(t)$; vergleiche mit der Aufgabe 10.1.

Kehren wir nun zurück zum Bewerten einer Option. Wir betrachten der Einfachheit halber den Fall mit zwei Basiswerten, $d = 2$, und nehmen an, dass sich die beiden Basiswertkurse beschreiben lassen mit einer zweidimensionalen geometrischen Brown'schen Bewegung (10.11). In einem risikoneutralen Marktmodell werden die μ_i in (10.11) zu $r - q_i$, wobei r wie immer der risikolose Zinssatz und q_i die (stetige) Dividende des

[2] Benannt nach dem französischen Mathematiker André Louis Cholesky (1875–1918). Die $n \times n$-Matrix $\mathbf{L}$ in der Faktorisierung $\mathbf{A} = \mathbf{L}\mathbf{L}^\top$ ist eindeutig für symmetrische, positiv definite Matrizen $\mathbf{A}$. Eine symmetrische $n \times n$-Matrix $\mathbf{A}$ heisst positiv definit, wenn für alle Vektoren $\mathbf{0} \neq \mathbf{x} \in \mathbb{R}^n$ gilt, dass $\mathbf{x}^\top\mathbf{A}\mathbf{x} > 0$ ist. Kovarianzmatrizen sind positiv definit.

Basiswertes i bezeichnet. Nach dem Fundamentalprinzip$_d$ löst der Wert einer Option $V(s_1, s_2, t)$

$$V(s_1, s_2, t) = \mathbb{E}^{\mathbb{Q}}\left[e^{-r(T-t)} g(S_1(T), S_2(T)) \mid (S_1(t), S_2(t)) = (s_1, s_2)\right]$$

mit Auszahlungsfunktion $V(s_1, s_2, T) = g(s_1, s_2)$ die Black-Scholes Differentialgleichung

$$\partial_t V + \mathcal{A} V - rV = 0 ,$$

wobei wir den infinitesimalen Generator $\mathcal{A}$ einer zweidimensionalen geometrischen Bewegung in (10.7) ausgerechnet haben (wobei nun eben die μ_i durch die $r - q_i$ zu ersetzen sind). Ausgeschrieben lautet die Differentialgleichung

$$\begin{cases} \partial_t V + \dfrac{1}{2} s_1^2 \sigma_1^2 \partial_{s_1 s_1} V + \dfrac{1}{2} \sigma_2^2 s_2^2 \partial_{s_2 s_2} V + \sigma_{12} s_1 s_2 \partial_{s_1 s_2} V & \\ \qquad + (r - q_1) s_1 \partial_{s_1} V + (r - q_2) s_2 \partial_{s_2} V - rV = 0 & \text{in } G \times [0, T[\\ \qquad V(s_1, s_2, T) = g(s_1, s_2) & \text{in } G \end{cases} ,$$

mit $G =]0, \infty[^2$. Wir können wie schon im Falle eines Basiswertes die Restlaufzeit sowie logarithmierte Basiswerte $x_i = \ln(s_i)$ betrachten. Die Funktion $v(x_1, x_2, t) = V(e^{x_1}, e^{x_2}, T - t)$ löst die entsprechende Gleichung mit konstanten Koeffizienten

$$\begin{cases} \partial_t v + a_1 \partial_{x_1 x_1} v + a_2 \partial_{x_2 x_2} v + a_3 \partial_{x_1 x_2} v & \\ \qquad + b_1 \partial_{x_1} v + b_2 \partial_{x_2} v + cv = 0 & \text{in } G \times]0, T] \\ \qquad v(x_1, x_2, T) = g(e^{x_1}, e^{x_2}) & \text{in } G \end{cases} ,$$

wobei wir noch $G = \mathbb{R}^2$, $a_i = -\frac{1}{2}\sigma_i^2$, $a_3 = -\sigma_{12}$, $b_i = \frac{1}{2}\sigma_i^2 - r + q_i$ und $c = r$ gesetzt haben.

Im Folgenden verzichten wir auf Indizes und schreiben x für s_1 oder x_1 und y für s_2 oder x_2. Die obigen beiden Differentialgleichungen sind – nach dem Abschneiden der unbeschränkten Gebiete auf beschränkte $G^e =]x_l, x_r[\times]y_l, y_r[$ und dem Setzen von geeigneten Randbedingungen Spezialfälle der Gleichung

$$\begin{cases} \partial_t w + a_1(x, y) \partial_{xx} w + a_2(x, y) \partial_{yy} w + a_3(x, y) \partial_{xy} w & \\ \qquad + b_1(x, y) \partial_x w + b_2(x, y) \partial_y w + c(x, y) w = 0 & \text{in } G^e \times]0, T] \\ \qquad \text{RB} & \text{in } \partial G^e \times]0, T] \\ \qquad w(x, y, 0) = g(x, y) & \text{in } G^e \end{cases} , \tag{10.12}$$

wobei die Funktionen a_i, b_i, c stetig sind und wir mit „RB" Randbedingungen bezeichnen, welche wir aber im Moment nicht genauer spezifizieren wollen[3]. Von den bivariaten Funktionen a_i, b_i und c nehmen wir weiter an, dass sie als Produkt von univariaten Funktionen geschrieben werden können, das heisst

$$a_i(x,y) = a_i^x(x)a_i^y(y), \quad b_i(x,y) = b_i^x(x)b_i^y(y), \quad c(x,y) = c^x(x)c^y(y)\,. \tag{10.13}$$

Wir diskretisieren nun die Differentialgleichung (10.12) mit Hilfe von finiten Differenzen. Dazu führen wir in $\overline{G^e}$ ein Gitter

$$\mathcal{G}_{x,y} := \{(x_i, y_j) \mid 0 \le i \le N_1 + 1,\ 0 \le j \le N_2 + 1\}\,, \tag{10.14}$$

mit

$$\begin{aligned} x_i &= x_l + h_x i, \quad h_x = \frac{x_r - x_l}{N_1 + 1} \\ y_j &= y_l + h_y j, \quad h_y = \frac{y_r - y_l}{N_2 + 1} \end{aligned}$$

ein. Beachten Sie, dass die (konstanten) Maschenweiten h_x (bezüglich x) und h_y (bezüglich y) nicht gleich sein müssen. Weiter betrachten wir Differenzenquotienten für Funktionen $f(x,y)$ in zwei unabhängigen Variablen. Wir haben

$$\begin{aligned} \partial_{xx} f(x_i, y_j) &= \frac{f(x_i - h_x, y_j) - 2f(x_i, y_j) + f(x_i + h_x, y_j)}{h_x^2} + \mathcal{O}(h_x^2) \\ \partial_{yy} f(x_i, y_j) &= \frac{f(x_i, y_j - h_y) - 2f(x_i, y_j) + f(x_i, y_j + h_y)}{h_y^2} + \mathcal{O}(h_y^2) \\ \partial_x f(x_i, y_j) &= \frac{-f(x_i - h_x, y_j) + f(x_i + h_x, y_j)}{2h_x} + \mathcal{O}(h_x^2) \\ \partial_y f(x_i, y_j) &= \frac{-f(x_i, y_j - h_y) + f(x_i, y_j + h_y)}{2h_y} + \mathcal{O}(h_y^2) \end{aligned}$$

sowie für die gemischte Ableitung

$$\begin{aligned} \partial_{xy} f(x_i, y_j) &= \partial_x\left(\frac{-f(x_i, y_j - h_y) + f(x_i, y_j + h_y)}{2h_y} + \mathcal{O}(h_y^2)\right) \\ &= \frac{1}{2h_x 2h_y}\big(f(x_i - h_x, y_j - h_y) - f(x_i + h_x, y_j - h_y) \\ &\quad - f(x_i - h_x, y_j + h_y) + f(x_i + h_x, y_j + h_y)\big) + \mathcal{O}(h_x^2) + \mathcal{O}(h_y^2)\,. \end{aligned}$$

[3] Das Symbol ∂G^e bezeichnet den „Rand" von G^e. Wir verzichten hier auf die abstrakte Definition des Randes einer Menge; im vorliegenden Fall entspricht

$$\partial G^e = [x_l, x_r] \times \{y_l\} \cup [x_l, x_r] \times \{y_r\} \cup \{x_l\} \times [y_l, y_r] \cup \{x_r\} \times [y_l, y_r]$$

allen Seiten des Rechteckes $\overline{G^e} = [x_l, x_r] \times [y_l, y_r]$.

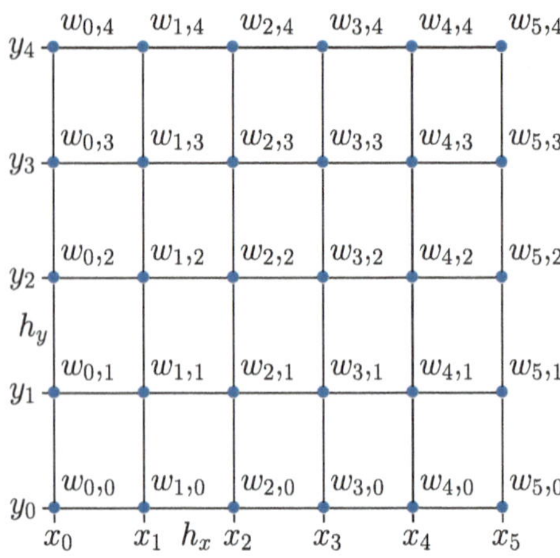

Abb. 10.2 Gitter $\mathcal{G}_{x,y} = \{(x_i, y_j) \mid 0 \le i \le N_1 + 1, 0 \le j \le N_2 + 1\}$, mit $N_1 = 4$ und $N_2 = 3$. Die gesuchte Funktion $w(x, y)$ wird an den Gitterpunkten durch die Werte $w_{i,j} \approx w(x_i, y_j)$ approximiert

Nun ersetzen wir wie schon im Falle eines Basiswerts in der Differentialgleichung (10.12) die partiellen Ableitungen durch die Differenzenquotienten und führen die Variablen $w_{i,j} \approx w(x_i, y_j)$ ein (wir vernachlässigen für den Moment die Abhängigkeit von t). Wir betrachten beispielhaft die zweite Ableitung von $w(x, y)$ nach x, also den Term $a_1(x, y)\partial_{xx}w$ in der Gleichung (10.12). In einem beliebigen Gitterpunkt (x_i, y_j) ergibt sich

$$a_1(x_i, y_j)\partial_{xx}w(x_i, y_j) \approx \frac{a_1(x_i, y_j)}{h_x^2}\left(w_{i-1,j} - 2w_{i,j} + w_{i+1,j}\right) . \tag{10.15}$$

Hierin läuft der Index i von 1 bis N_1 und der Index j von 1 bis N_2. Somit haben wir insgesamt $N_1 N_2$ solche Ausdrücke, welche wir nun in Matrixschreibweise darstellen wollen. Um die Matrixdarstellung herzuleiten, wählen wir zu Illustrationszwecken $N_1 = 4$ und $N_2 = 3$, vergleiche mit Abb. 10.2 für das entsprechende Gitter.

Wegen (10.13) ergibt sich für $j = 1$ die $N_1 = 4$ Terme

$$\frac{a_1^x(x_1)a_1^y(y_1)}{h_x^2}\left(w_{0,1} - 2w_{1,1} + w_{2,1}\right)$$
$$\frac{a_1^x(x_2)a_1^y(y_1)}{h_x^2}\left(w_{1,1} - 2w_{2,1} + w_{3,1}\right)$$
$$\frac{a_1^x(x_3)a_1^y(y_1)}{h_x^2}\left(w_{2,1} - 2w_{3,1} + w_{4,1}\right)$$
$$\frac{a_1^x(x_4)a_1^y(y_1)}{h_x^2}\left(w_{3,1} - 2w_{4,1} + w_{5,1}\right) .$$

Die Terme $w_{0,1}$ und $w_{5,1}$ sind wegen den gegebenen Randbedingungen bekannt und müssen nicht weiter berücksichtigt werden. Führen wir die Matrix $\mathbf{M}_{a_1^x}^{(2)}$ und den Vektor $\mathbf{w}_1$

wie folgt ein (vergleiche mit Definition 4.5; wir setzen $a_{1,i}^x := a_1^x(x_i)$)

$$\mathbf{M}_{a_1^x}^{(2)} = \frac{1}{h_x^2}\begin{pmatrix} -2a_{1,1}^x & a_{1,1}^x & 0 & 0 \\ a_{1,2}^x & -2a_{1,2}^x & a_{1,2}^x & 0 \\ 0 & a_{1,3}^x & -2a_{1,3}^x & a_{1,3}^x \\ 0 & 0 & a_{1,4}^x & -2a_{1,4}^x \end{pmatrix}, \quad \mathbf{w}_1 := \begin{pmatrix} w_{1,1} \\ w_{2,1} \\ w_{3,1} \\ w_{4,1} \end{pmatrix},$$

so lassen sich die obigen vier Terme schreiben als (wir setzen $a_{1,j}^y := a_1^y(y_j)$)

$$a_{1,1}^y \mathbf{M}_{a_1^x}^{(2)} \mathbf{w}_1 \,.$$

Für $j = 2$ ergeben sich die nächsten $N_1 = 4$ Terme

$$\begin{aligned} &\frac{a_1^x(x_1)a_1^y(y_2)}{h_x^2}\big(w_{0,2} - 2w_{1,2} + w_{2,2}\big) \\ &\frac{a_1^x(x_2)a_1^y(y_2)}{h_x^2}\big(w_{1,2} - 2w_{2,2} + w_{3,2}\big) \\ &\frac{a_1^x(x_3)a_1^y(y_2)}{h_x^2}\big(w_{2,2} - 2w_{3,2} + w_{4,2}\big) \\ &\frac{a_1^x(x_4)a_1^y(y_2)}{h_x^2}\big(w_{3,2} - 2w_{4,2} + w_{5,2}\big) \,. \end{aligned}$$

Definieren wir den Vektor $\mathbf{w}_2 := (w_{1,2}, \ldots, w_{4,2})^\top$, so lassen sich diese als

$$a_{1,2}^y \mathbf{M}_{a_1^x}^{(2)} \mathbf{w}_2$$

schreiben. Ist $j = 3$, so können wir uns überlegen, dass sich die entsprechende Terme in (10.15) mit Hilfe des Vektors $\mathbf{w}_3 := (w_{1,3}, \ldots, w_{4,3})^\top$ schreiben lassen als

$$a_{1,3}^y \mathbf{M}_{a_1^x}^{(2)} \mathbf{w}_3 \,.$$

Es stellt sich heraus, dass wir die drei Matrixausdrücke $a_{1,j}^y \mathbf{M}_{a_1^x}^{(2)} \mathbf{w}_j$, $j = 1, 2, 3$ zu einem einzigen zusammenfassen können. Dazu definieren wir eine 12×12-Matrix und den Vektor $\mathbf{w}$ wie folgt (zur Errinnerung es ist $N_1 = 4$ und $N_2 = 3$; in (10.15) gibt es total $N_1 N_2 = 12$ (lineare) Terme)

$$\begin{pmatrix} a_{1,1}^y \mathbf{M}_{a_1^x}^{(2)} & \mathbf{0} & \mathbf{0} \\ \mathbf{0} & a_{1,2}^y \mathbf{M}_{a_1^x}^{(2)} & \mathbf{0} \\ \mathbf{0} & \mathbf{0} & a_{1,3}^y \mathbf{M}_{a_1^x}^{(2)} \end{pmatrix}, \quad \mathbf{w} = \begin{pmatrix} \mathbf{w}_1 \\ \mathbf{w}_2 \\ \mathbf{w}_3 \end{pmatrix}.$$

Beachten Sie, dass die $\mathbf{0}$ in der obigen Matrix selbst 4×4-Nullmatrizen sind. Definieren wir nun noch die $N_2 \times N_2$-Matrix

$$\mathbf{M}_{a_1^y}^{(0)} = \begin{pmatrix} a_{1,1}^y & 0 & 0 \\ 0 & a_{1,2}^y & 0 \\ 0 & 0 & a_{1,3}^y \end{pmatrix},$$

so lässt sich die obige Matrix schreiben als das *Kronecker-Produkt* der 4×4-Matrix und der 3×3-Matrix, also

$$\begin{pmatrix} a_{1,1}^y \mathbf{M}_{a_1^x}^{(2)} & \mathbf{0} & \mathbf{0} \\ \mathbf{0} & a_{1,2}^y \mathbf{M}_{a_1^x}^{(2)} & \mathbf{0} \\ \mathbf{0} & \mathbf{0} & a_{1,3}^y \mathbf{M}_{a_1^x}^{(2)} \end{pmatrix} = \mathbf{M}_{a_1^y}^{(0)} \otimes \mathbf{M}_{a_1^x}^{(2)},$$

und die Terme in (10.15), welche bei der Diskretisierung von $a_1^x(x)a_1^y(y)\partial_{xx}w$ entstehen, können als

$$(\mathbf{M}_{a_1^y}^{(0)} \otimes \mathbf{M}_{a_1^x}^{(2)})\mathbf{w}$$

geschrieben werden. Für eine Definition des Kronecker-Produkts zweier Matrizen siehe den Anhang A.1.3.

Als weitere Illustration des Kronecker-Produkts betrachten wir nun die Diskretisierung der gemischten Ableitung $a_3(x, y)\partial_{xy}w$ in der Differentialgleichung (10.12). Wegen der Produkteigenschaft (10.13) der Funktion a_3 ergibt sich an einem Gitterpunkt (x_i, y_j)

$$a_3(x_i, y_j)\partial_{xy}w(x_i, y_j) \approx \frac{a_3^x(x_i)a_3^y(y_j)}{4h_x h_y}\big(w_{i-1,j-1} - w_{i+1,j-1} - w_{i-1,j+1} + w_{i+1,j+1}\big)\,. \tag{10.16}$$

Wiederum ist für $j = 1$ (und $i = 1, \ldots, 4$)

$$\begin{aligned} &\frac{a_3^x(x_1)a_3^y(y_1)}{4h_x h_y}\big(w_{0,0} - w_{2,0} - w_{0,2} + w_{2,2}\big) \\ &\frac{a_3^x(x_2)a_3^y(y_1)}{4h_x h_y}\big(w_{1,0} - w_{3,0} - w_{1,2} + w_{3,2}\big) \\ &\frac{a_3^x(x_3)a_3^y(y_1)}{4h_x h_y}\big(w_{2,0} - w_{4,0} - w_{2,2} + w_{4,2}\big) \\ &\frac{a_3^x(x_4)a_3^y(y_1)}{4h_x h_y}\big(w_{3,0} - w_{5,0} - w_{3,2} + w_{5,2}\big)\,. \end{aligned}$$

Wegen den gegebenen Randbedingungen sind die Terme $w_{\cdot,0}$ und $w_{5,\cdot}$ bekannt und müssen daher nicht weiter berücksichtigt werden. Die obigen $N_1 = 4$ Ausdrücke lassen sich schreiben als

$$\frac{a^y_{3,1}}{2h_y}\mathbf{M}^{(1)}_{a^x_3}\mathbf{w}_2$$

wobei die Matrix $\mathbf{M}^{(1)}_{a^x_3}$ gegeben ist durch

$$\mathbf{M}^{(1)}_{a^x_3} = \frac{1}{2h_x}\begin{pmatrix} 0 & a^x_{3,1} & 0 & 0 \\ -a^x_{3,2} & 0 & a^x_{3,2} & 0 \\ 0 & -a^x_{3,3} & 0 & a^x_{3,3} \\ 0 & 0 & -a^x_{3,4} & 0 \end{pmatrix}.$$

Ist $j = 2$, so lauten die Terme

$$\frac{a^x_3(x_1)a^y_3(y_2)}{4h_xh_y}\big(w_{0,1} - w_{2,1} - w_{0,3} + w_{2,3}\big)$$
$$\frac{a^x_3(x_2)a^y_3(y_2)}{4h_xh_y}\big(w_{1,1} - w_{3,1} - w_{1,3} + w_{3,3}\big)$$
$$\frac{a^x_3(x_3)a^y_3(y_2)}{4h_xh_y}\big(w_{2,1} - w_{4,1} - w_{2,3} + w_{4,3}\big)$$
$$\frac{a^x_3(x_4)a^y_3(y_2)}{4h_xh_y}\big(w_{3,1} - w_{5,1} - w_{3,3} + w_{5,3}\big) ;$$

diese können geschrieben werden als

$$\frac{a^y_{3,2}}{2h_y}\mathbf{M}^{(1)}_{a^x_3}\big(- \mathbf{w}_1 + \mathbf{w}_3\big).$$

Ist zum Schluss $j = 3$, so haben wir die Ausdrücke

$$\frac{a^x_3(x_1)a^y_3(y_3)}{4h_xh_y}\big(w_{0,2} - w_{2,2} - w_{0,4} + w_{2,4}\big)$$
$$\frac{a^x_3(x_2)a^y_3(y_3)}{4h_xh_y}\big(w_{1,2} - w_{3,2} - w_{1,4} + w_{3,4}\big)$$
$$\frac{a^x_3(x_3)a^y_3(y_3)}{4h_xh_y}\big(w_{2,2} - w_{4,2} - w_{2,4} + w_{4,4}\big)$$
$$\frac{a^x_3(x_4)a^y_3(y_3)}{4h_xh_y}\big(w_{3,2} - w_{5,2} - w_{3,4} + w_{5,4}\big) ,$$

in welchen die Terme $w_{\cdot,4}$ und $w_{0,\cdot}$ nicht weiter berücksichtigt werden müssen. In Matrixschreibweise ergibt sich

$$\frac{a^y_{3,3}}{2h_y}\mathbf{M}^{(1)}_{a^x_3}\big(- \mathbf{w}_2\big) ,$$

und wir können wiederum die insgesamt $N_1 N_2 = 12$ Terme schreiben als

$$\frac{1}{2h_y}\begin{pmatrix} \mathbf{0} & a_{3,1}^y \mathbf{M}_{a_3^x}^{(1)} & \mathbf{0} \\ -a_{3,2}^y \mathbf{M}_{a_3^x}^{(1)} & \mathbf{0} & a_{3,2}^y \mathbf{M}_{a_3^x}^{(1)} \\ \mathbf{0} & -a_{3,3}^y \mathbf{M}_{a_3^x}^{(1)} & \mathbf{0} \end{pmatrix}\begin{pmatrix} \mathbf{w}_1 \\ \mathbf{w}_2 \\ \mathbf{w}_3 \end{pmatrix}.$$

Führen wir also die $N_2 \times N_2$-Matrix

$$\mathbf{M}_{a_3^y}^{(1)} = \frac{1}{2h_y}\begin{pmatrix} 0 & a_{3,1}^y & 0 \\ -a_{3,2}^y & 0 & a_{3,2}^y \\ 0 & -a_{3,3}^y & 0 \end{pmatrix}$$

ein, so lassen sich die Terme in (10.16), welche bei der Diskretisierung von $a_3^x(x)a_3^y(y)\partial_{xy}w$ entstehen, als

$$(\mathbf{M}_{a_3^y}^{(1)} \otimes \mathbf{M}_{a_3^x}^{(1)})\mathbf{w}$$

schreiben. Wir können nun allgemeiner folgende Aussage machen. Diskretisieren wir die Differentialgleichung (10.12) mit finiten Differenzen auf dem Gitter (10.14), und haben die Koeffizienten $a_1, a_2, a_3, b_1, b_2, c$ der Gleichung die Produktstruktur (10.13), so können die partiellen Ableitungen durch folgende Matrizen diskretisiert werden

$$\begin{aligned} a_1(x,y)\partial_{xx} &\rightsquigarrow \mathbf{M}_{a_1^y}^{(0)} \otimes \mathbf{M}_{a_1^x}^{(2)} \\ a_2(x,y)\partial_{yy} &\rightsquigarrow \mathbf{M}_{a_2^y}^{(2)} \otimes \mathbf{M}_{a_2^x}^{(0)} \\ a_3(x,y)\partial_{xy} &\rightsquigarrow \mathbf{M}_{a_3^y}^{(1)} \otimes \mathbf{M}_{a_3^x}^{(1)} \\ b_1(x,y)\partial_{x} &\rightsquigarrow \mathbf{M}_{b_1^y}^{(0)} \otimes \mathbf{M}_{b_1^x}^{(1)} \\ b_2(x,y)\partial_{y} &\rightsquigarrow \mathbf{M}_{b_2^y}^{(1)} \otimes \mathbf{M}_{b_2^x}^{(0)} \\ c(x,y) &\rightsquigarrow \mathbf{M}_{c^y}^{(0)} \otimes \mathbf{M}_{c^x}^{(0)}\,. \end{aligned}$$

Die Matrizen bezüglich x sind $N_1 \times N_1$-Matrizen, diejenigen bezüglich y sind $N_2 \times N_2$-Matrizen; diese sind alle Spezialfälle der Matrix in (A.12). Aus den bisherigen Betrachtungen folgt, dass die Diskretisierung der Differentialgleichung (10.12) bezüglich x und y zur folgenden Summe von Kronecker-Produkten

$$\begin{aligned} \mathbf{A} := \mathbf{M}_{a_1^y}^{(0)} \otimes \mathbf{M}_{a_1^x}^{(2)} + \mathbf{M}_{a_2^y}^{(2)} \otimes \mathbf{M}_{a_2^x}^{(0)} + \mathbf{M}_{a_3^y}^{(1)} \otimes \mathbf{M}_{a_3^x}^{(1)} \\ + \mathbf{M}_{b_1^y}^{(0)} \otimes \mathbf{M}_{b_1^x}^{(1)} + \mathbf{M}_{b_2^y}^{(1)} \otimes \mathbf{M}_{b_2^x}^{(0)} + \mathbf{M}_{c^y}^{(0)} \otimes \mathbf{M}_{c^x}^{(0)} \end{aligned} \tag{10.17}$$

führt. Wir erhalten somit wie schon bei Problemen mit nur einem Basiswert ein System von gewöhnlichen Differentialgleichungen für die $N := N_1 N_2$ unbekannten Funktionen $w_1(t), \dots, w_N(t)$

$$\mathbf{w}'(t) + \mathbf{A}\mathbf{w}(t) = \mathbf{f}(t), \ \mathbf{w}(0) = \mathbf{g} \,. \tag{10.18}$$

Dabei hängt der Vektor $\mathbf{f}(t)$ wiederum davon ab, welche Randbedingungen RB vorliegen, und der Vektor $\mathbf{g}$ ergibt sich aus der Auszahlungsfunktion $g(x, y)$ wie folgt

$$\mathbf{g} = \begin{pmatrix} g_1 \\ g_2 \\ \vdots \\ g_{(j-1)N_1+i} \\ \vdots \\ g_N \end{pmatrix} = \begin{pmatrix} g(x_1, y_1) \\ g(x_2, y_1) \\ \vdots \\ g(x_i, y_j) \\ \vdots \\ g(x_{N_1}, y_{N_2}) \end{pmatrix},$$

das heisst, der ℓ-te Eintrag g_ℓ im Vektor $\mathbf{g}$ ergibt sich aus $g_\ell = g_{(j-1)N_1+i} = g(x_i, y_j)$.

Das Differentialgleichungssystem (10.18) lösen wir mit dem θ-Verfahren approximativ und wir erhalten die M Gleichungssysteme

$$\big(\mathbf{I} + k\theta\mathbf{A}\big)\mathbf{w}_{j+1} = \big(\mathbf{I} - k(1-\theta)\mathbf{A}\big)\mathbf{w}_j + k\mathbf{f}_j, \quad j = 0, \dots, M-1\,, \tag{10.19}$$

mit $\mathbf{w}_0 = \mathbf{g}$. Hierin ist $\mathbf{I}$ die $N_1 N_2 \times N_1 N_2$-Einheitsmatrix. Somit erhalten wir die selbe Struktur wie bei Optionspreisproblemen mit einem Basiswert. Es ändert sich „nur“ die Berechnung der Matrix $\mathbf{A}$.

Wir müssen noch auf die Randbedingungen RB am Rand des Gebietes $\overline{G^e}$ in der Differentialgleichung (10.12) respektive die Berechnung des Vektors $\mathbf{f}$ in (10.18) eingehen. Wir nehmen an, dass die Randbedingungen für gegebene *Funktionen* $w_l^{\cdot}$ und $w_r^{\cdot}$ folgende Form haben

$$\text{RB} = \begin{cases} (\mathcal{B}_l^y w)(x, y_l, t) = w_l^x(x,t) & \text{in }]x_l, x_r[\times]0, T] \\ (\mathcal{B}_r^y w)(x, y_r, t) = w_r^x(x,t) & \text{in }]x_l, x_r[\times]0, T] \\ (\mathcal{B}_l^x w)(x_l, y, t) = w_l^y(y,t) & \text{in }]y_l, y_r[\times]0, T] \\ (\mathcal{B}_r^x w)(x_r, y, t) = w_r^y(y,t) & \text{in }]y_l, y_r[\times]0, T] \end{cases},$$

wobei wir mit $\mathcal{B}_{l,r}^{x,y} w$ irgend eine der Randbedingungen, welche wir in den Abschn. 6.1 (Dirichlet- oder Neumann-RB's) oder 6.2 (intrinsische RB's) kennengelernt haben, bezeichnen. Somit gibt es „pro Seite“ des Rechteckes $\overline{G^e}$ die vier möglichen Randbedingungen (Dirichlet-, Neumann, zweite Ableitung, durch die Differentialgleichung vorgegeben). Wir betrachten nun den Fall, in welchem homogene Randbedingungen vorliegen, das heisst

$$w_l^x = w_r^x = w_l^y = w_r^y = 0\,.$$

In diesem Fall ist der Vektor $\mathbf{f}(t) \equiv \mathbf{0}$ in (10.18); die einzelnen Faktoren in der Matrix $\mathbf{A}$ sind je nach Art der Randbedingung Matrizen der Form

$${}^a_b\mathbf{M}_y^{(k)}$$

mit $a, b \in \{\emptyset, n, s, i\}$ (Dirichlet, Neumann, zweite Ableitung, intrinsisch). Wir schreiben nun die Routine pde_2d_ah_theta, welche das Problem

$$\begin{cases} \partial_t w + a_1(x,y)\partial_{xx}w + a_2(x,y)\partial_{yy}w + a_3(x,y)\partial_{xy}w & \\ \qquad +b_1(x,y)\partial_x w + b_2(x,y)\partial_y w + c(x,y)w = 0 & \text{in } G^e \times]0,T] \\ \mathrm{RB} = 0 & \text{in } \partial G^e \times]0,T] \\ w(x,y,0) = g(x,y) & \text{in } G^e \end{cases}$$

approximativ löst. Dieser müssen wir die insgesamt 12 Funktionen $a_k^x, a_k^y, b_k^x, b_k^y, c^x$ und c^y (siehe (10.13)) übergeben. Dazu definieren wir (in Python via `lambda`) die Listen $\underline{a}$, $\underline{b}$ und $\underline{c}$ wie folgt

$$\begin{aligned} \underline{a} &:= \left[a_1^x(x),\ a_1^y(y),\ a_2^x(x),\ a_2^y(y),\ a_3^x(x),\ a_3^y(y)\right] \\ \underline{b} &:= \left[b_1^x(x),\ b_1^y(y),\ b_2^x(x),\ b_2^y(y)\right] \\ \underline{c} &:= \left[c^x(x),\ c^y(y)\right]. \end{aligned}$$

Weiter übergeben wir der Routine die Auszahlungsfunktion $g(x,y)$, die Maturität T als auch die Liste $\mathbf{BC}$ der Randbedingungen

$$\mathbf{BC} = [n_l^x, n_r^x, n_l^y, n_r^y]$$

mit $n_\cdot^\cdot \in \{0, 1, 2, 3\}$ (Dirichlet, Neumann, zweite Ableitung oder intrinsisch, vergleiche mit Abschn. 6.1). Als Diskretisierungsparameter sind das Gebiet G^e via der Liste

$$\mathbf{G} = [x_l, x_r, y_l, y_r]\,,$$

die Anzahl Gitterpunkte $\mathbf{N} = [N_x, N_y]$ (bezüglich der x- respektive der y-Koordinate) sowie die Anzahl der Zeitschritte M und θ der Routine zu übergeben.

Routine 10.1: pde_2d_ah_theta.py

```
import numpy as np
from scipy import sparse
from scipy.sparse.linalg import spsolve
from matrixgenerator_BC import matrixgenerator_BC

def pde_2d_ah_theta(a,b,c,T,g,G,BC,N,M,R,theta):
    '''pde_2d_ah_theta approximiert die Loesung w(x,y,t) der
    partiellen Differentialgleichung

    w_t + a1w_xx + a2w_yy + a3w_xy + b1w_x + b2w_y + cw = 0  in G x ]0,T]
                                                     BC = 0
                                                 w(.,0) = g

    im Gebiet G = ]xl,xr[ x ]yl,yr[ fuer homogene Randbedingungen.
    Die Funktionen a1, a2, a3, b1, b2 und c koennen von x und y abhaengen,
    muessen jedoch das Produkt von univariaten Funktionen sein, zum Beispiel
    a1(x,y) = a1x(x)a1y(y).'''

    # Definiere Funktionen
    a1x,a1y,a2x,a2y,a3x,a3y = a; b1x,b1y,b2x,b2y = b; cx,cy = c;

    # Definiere Konstanten
    xl,xr,yl,yr = G; nxl,nxr,nyl,nyr = BC;
    hx = (xr-xl)/(N[0]+1); hy = (yr-yl)/(N[1]+1); k = T/M;

    Matx = matrixgenerator_BC([["M2",a1x],["M1",a3x],["M1",b1x],["M0",a2x],
                               ["M0",b2x],["M0",cx]],[nxl,nxr],xl,xr,N[0])
    Maty = matrixgenerator_BC([["M2",a2y],["M1",a3y],["M1",b2y],["M0",a1y],
                               ["M0",b1y],["M0",cy]],[nyl,nyr],yl,yr,N[1])

    A = (sparse.kron(Maty[3],Matx[0])+sparse.kron(Maty[0],Matx[3])+
         sparse.kron(Maty[1],Matx[1])+sparse.kron(Maty[4],Matx[2])+
         sparse.kron(Maty[2],Matx[4])+sparse.kron(Maty[5],Matx[5]))

    I = sparse.eye((N[0]+(nxr==3)+(nxl==3))*(N[1]+(nyr==3)+(nyl==3)))
    B = I + k*theta*A; C = I - (1-theta)*k*A

    # Start-Vektor w0 definieren (Ausuebungsfunktion)
    x = np.linspace(xl+(1-(nxl==3))*hx,xr-(1-(nxr==3))*hx,\
                    N[0]+(nxl==3)+(nxr==3))
    y = np.linspace(yl+(1-(nyl==3))*hy,yr-(1-(nyr==3))*hy,\
                    N[1]+(nyl==3)+(nyr==3))
    x,y = np.meshgrid(x,y,indexing='ij'); w = g(x,y); w = w.flatten('F')

    # Rannacher-Verfahren
    for j in range(R): w = spsolve(I+k/2*A,w)
    for j in range(int(R/2),M): w = spsolve(B,C*w)

    w = np.reshape(w,(N[0]+(nxl==3)+(nxr==3),N[1]+(nyl==3)+(nyr==3)),order='F')

    return x,y,w
```

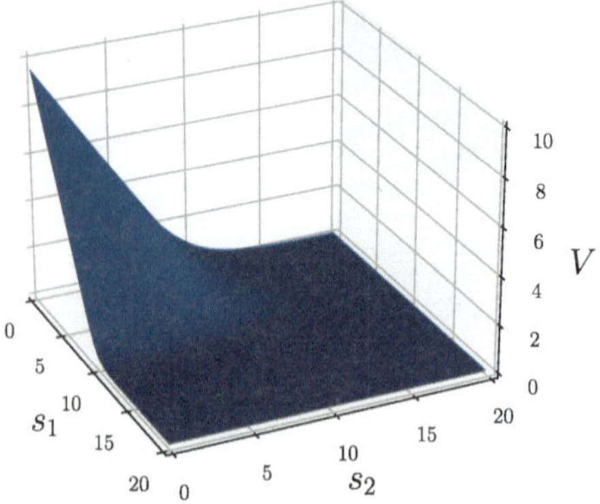

Abb. 10.3 Wert $V(s_1, s_2, 0)$ einer Put-auf-Maximum Option. Numerische Lösung der partiellen Differentialgleichung (10.12)

Beispiel 10.2 Wir betrachten eine Put-auf-Maximum Option mit Auszahlungsprofil

$$g(S_1(T), S_2(T)) = \max\{K - \max\{S_1(T), S_2(T)\}, 0\}$$

für $K = 10$. Die Kovarianzmatrix ist

$$\begin{pmatrix} \sigma_1^2 & \rho\sigma_1\sigma_2 \\ \rho\sigma_1\sigma_2 & \sigma_2^2 \end{pmatrix}$$

mit $\sigma_1 = 0.1$, $\sigma_2 = 0.25$ und $\rho = -0.8$, die Maturität ist $T = 1$ Jahr. Aktie 1 zahlt eine (stetige) Dividende von $q_1 = 0.01$, für Aktie 2 ist $q_2 = 0.03$, und der risikolose Zinssatz ist $r = 0.05$. Als Diskretisierungsparameter verwenden wir $N_1 = N_2 = 100$, $M = 20$ und $\theta = 0.5$. Wir rechnen auf dem Gebiet $G = [0, 3K[\times[0, 3K[$ und verwenden intrinsische Randbedingungen auf den Kanten $\{x = 0\}$ und $\{y = 0\}$ sowie homogene Dirichlet- Randbedingungen auf den Kanten $\{x = 3K\}$ sowie $\{y = 3K\}$. Die Eingaben in Python sind daher

```
In [2]: cov = np.array([[0.01,-0.02],[-0.02,0.0625]])
   ...: r = 0.05; K = 10; T = 1; q = [0.01,0.03]
   ...: a = [lambda x:-cov[0,0]/2*x**2,lambda y:y**0,lambda x:x**0,\
   ...: lambda y:-cov[1,1]*y**2/2,lambda x:-cov[0,1]*x,lambda y:y]
   ...: b = [lambda x:-(r-q[0])*x,lambda y:y**0,lambda x:x**0,\
   ...: lambda y:-(r-q[1])*y]
   ...: c = [lambda x:r*x**0,lambda y:y**0]
   ...: g = lambda x,y: np.maximum(K-np.maximum(x,y),0)
   ...: G = [0,3*K,0,3*K]; BC = [3,0,3,0]; N = [100,100]
In [3]: x,y,w = pde_2d_ah_theta(a,b,c,T,g,G,BC,N,20,0,0.5);
```

Wir erhalten die Abb. 10.3. ◇

Wir verwenden das Beispiel 10.2, um die Konvergenzrate der Methode zu bestimmen. Dies ist möglich, da für eine Put-auf-Maximum Option im Modell (10.11) der Optionswert

Tab. 10.1 Der Fehler e nimmt quadratisch in h ab. Da jedoch die Anzahl N der Unbekannten quadratisch zunimmt, liegt Konvergenz erster Ordnung vor

L	h	N	e	t_{CPU}
5	15/16	961	0.08209049	0.07
6	15/32	3969	0.02179317	0.17
7	15/64	16 129	0.00525287	1.58
8	15/128	65 025	0.00127566	11.91
9	15/256	261 121	0.00032598	126.75

analytisch via der kumulierten Verteilungsfunktion der zweidimensionalen Normalverteilung $\Phi_{\mathbf{0},\rho,2}$ bestimmbar ist. Um die Konvergenzrate zu bestimmen, berechnen wir den Optionspreis jeweils für

$$N_1 = N_2 = 2^L - 1, \quad M = \lceil 0.15 N_1 \rceil, \quad L = 5, \ldots, 9$$

und bestimmen anschliessend den Fehler e zwischen approximativer und exakter Lösung für Werte der beiden Aktien $(s_1, s_2) \in]2, 18[\times]2, 18[$. Gleichzeitig messen wir für jedes L die Zeit t_{CPU} in Sekunden, die der Rechner benötigt, um die Differentialgleichung zu lösen. Es ergibt sich Tab. 10.1, in welcher wir mit $N = N_1 N_2 = (2^L - 1)^2$ die totale Anzahl der Unbekannten und mit $h = h_x = h_y = \frac{30}{2^L}$ die in beiden Koordinatenrichtungen selbe Maschenweite bezeichnet.

Wir stellen Folgendes fest. Da wir zur Approximation der partiellen Ableitungen finite Differenzen zweiter Ordnung und das θ-Verfahren mit $\theta = 0.5$ verwendet haben, nimmt der Fehler – wie schon bei Problemen mit nur einem Basiswert – quadratisch ab,

$$e = \mathcal{O}(h^2) .$$

Üblicherweise interessiert man sich dafür, wie der Fehler von der Problemgrösse N abhängt. Da bei einer Halbierung der Maschenweite h die Anzahl der Unbekannten um den Faktor 4 zunimmt, also

$$N = \mathcal{O}(h^{-2})$$

gilt, konvergiert das Finite-Differenzen-Verfahren bei Verwendung von Differenzenquotienten zweiter Ordnung für Optionspreisprobleme auf zwei Basiswerten nur noch linear, das heisst

$$e = \mathcal{O}(N^{-1}) .$$

Erhöht sich die Anzahl d der Basiswerte weiter, verschlechtert sich die Konvergenzrate zunehmends. Halbieren wir nämlich die Maschenweite h in *jeder* Koordinatenrichtung, erhöht sich die Anzahl der Unbekannten um den Faktor 2^d. Das bedeutet, dass die Anzahl der Unbekannten *exponentiell* in d wächst, $N = \mathcal{O}(h^{-d})$. Drückt man h mit Hilfe von N aus, ergibt sich daraus $h = \mathcal{O}(N^{-1/d})$ und es folgt für den Fehler

$$e = \mathcal{O}(h^2) = \mathcal{O}(N^{-2/d}) . \tag{10.20}$$

Für $d = 1$ (ein Basiswert) respektive $d = 2$ (zwei Basiswerte) ergibt sich die bereits beobachtete quadratische respektive lineare Konvergenz. Die exponentielle Abhängigkeit der Anzahl Unbekannten von der Anzahl der Basiswerte respektive die exponentielle Abnahme der Konvergenzrate wird auch als „Fluch der Dimension" („curse of dimension") bezeichnet. Der „Fluch der Dimension" führt dazu, dass die hier vorgestellte Methode nur für Probleme mit bis maximal drei oder vier Basiswerten anwendbar ist. Das Problem lässt sich nicht beheben, wenn man „grössere" Computer verwendet. Vielmehr muss man auf Methoden zurückgreifen, die den „Fluch der Dimension" vermeiden. Solche Methoden existieren bereits, lassen sich jedoch auf Probleme der Derivatsbewertung nicht uneingeschränkt anwenden.

Wir haben in diesem Abschnitt parabolische Differentialgleichungen mit zwei („Orts") Variablen betrachtet, vergleiche mit (10.12), und die Routine pde_2d_ah_theta für die Approximation der gesuchten Funktion $w(x, y, t)$ im Falle von homogenen Randbedingungen implementiert. Für spätere Zwecke ist es nun sinnvoll, diese Routine auf den Fall $d = 3$ zu erweitern. Somit betrachten wir das Problem

$$\begin{cases} \partial_t w + a_1 \partial_{xx} w + a_2 \partial_{yy} w + a_3 \partial_{zz} w & \\ \quad + a_4 \partial_{xy} w + a_5 \partial_{xz} w + a_6 \partial_{yz} w & \\ \quad + b_1 \partial_x w + b_2 \partial_y w + b_3 \partial_z w + cw = 0 & \text{in } G^e \times]0, T] \\ \qquad\qquad\qquad\qquad \mathrm{RB} = 0 & \text{in } \partial G^e \times]0, T] \\ \qquad\qquad w(x, y, z, 0) = g(x, y, z) & \text{in } G^e \end{cases} \tag{10.21}$$

für die gesuchte Funktion $w(x, y, z, t)$ und das „Quadergebiet" $G^e =]x_l, x_r[\times]y_l, y_r[\times]z_l, z_r[$. Von den Koeffizientenfunktionen a_i, b_i und c verlangen wir wiederum, dass sie Produkte von univariaten Funktionen sind, das heisst

$$\begin{aligned} a_i(x, y, z) &= a_i^x(x) a_i^y(y) a_i^z(z), \quad & i &= 1, \ldots, 6 \\ b_j(x, y, z) &= b_j^x(x) b_j^y(y) b_j^z(z), \quad & j &= 1, \ldots, 3 \\ c(x, y, z) &= c^x(x) c^y(y) c^z(z) \end{aligned}$$

Ist dies erfüllt, lässt sich die Matrix $\mathbf{A}$ wie im Fall $d = 2$ schreiben als Summe von Kronecker-Produkten; für Dirichlet Randdaten auf ganz ∂G^e ergibt sich

$$\begin{aligned} \mathbf{A} = {} & \mathbf{M}^{(0)}_{a_1^z} \otimes \mathbf{M}^{(0)}_{a_1^y} \otimes \mathbf{M}^{(2)}_{a_1^x} + \mathbf{M}^{(0)}_{a_2^z} \otimes \mathbf{M}^{(2)}_{a_2^y} \otimes \mathbf{M}^{(0)}_{a_2^x} + \mathbf{M}^{(2)}_{a_3^z} \otimes \mathbf{M}^{(0)}_{a_3^y} \otimes \mathbf{M}^{(0)}_{a_3^x} \\ & + \mathbf{M}^{(0)}_{a_4^z} \otimes \mathbf{M}^{(1)}_{a_4^y} \otimes \mathbf{M}^{(1)}_{a_4^x} + \mathbf{M}^{(1)}_{a_5^z} \otimes \mathbf{M}^{(0)}_{a_5^y} \otimes \mathbf{M}^{(1)}_{a_5^x} + \mathbf{M}^{(1)}_{a_6^z} \otimes \mathbf{M}^{(1)}_{a_6^y} \otimes \mathbf{M}^{(0)}_{a_6^x} \\ & + \mathbf{M}^{(0)}_{b_1^z} \otimes \mathbf{M}^{(0)}_{b_1^y} \otimes \mathbf{M}^{(1)}_{b_1^x} + \mathbf{M}^{(0)}_{b_2^z} \otimes \mathbf{M}^{(1)}_{b_2^y} \otimes \mathbf{M}^{(0)}_{b_2^x} \\ & + \mathbf{M}^{(1)}_{b_3^z} \otimes \mathbf{M}^{(0)}_{b_3^y} \otimes \mathbf{M}^{(0)}_{b_3^x} + \mathbf{M}^{(0)}_{c^z} \otimes \mathbf{M}^{(0)}_{c^y} \otimes \mathbf{M}^{(0)}_{c^x}. \end{aligned} \tag{10.22}$$

Die Erweiterung der Routine pde_2d_ah_theta auf den vorliegenden Fall ist offensichtlich. Die resultierende Routine pde_3d_ah_theta bilden wir jedoch nicht ab.

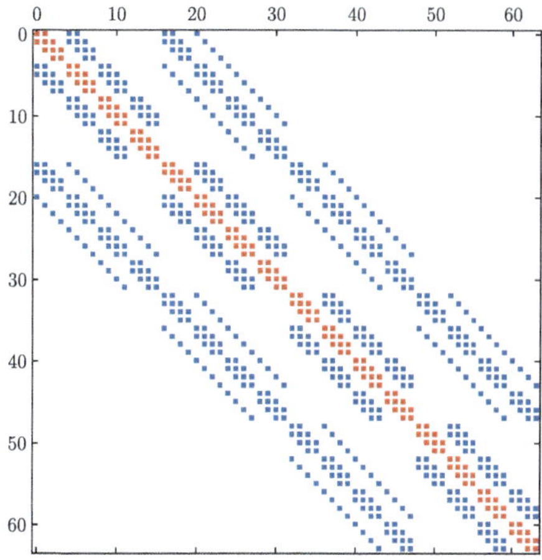

Abb. 10.4 Die Einträge der (dünnbesetzen) Matrix $\mathbf{M}$ für $d = 3$. Die Matrix $\mathbf{M} = \mathbf{A}_x$ ist tridiagonal (•); die Matrix $\mathbf{M} = \mathbf{A}$ ist die Summe von Kroneckerprodukten (•). In jede Koordinatenrichtung haben wir 4 Gitterpunkte, somit ist $\mathbf{M}$ eine 64×64-Matrix. Obere und untere Bandweite sind gleich, $p = q = 20$

10.3 Das Verfahren von Craig und Sneyd

Die Routinen pde_2d_ah_theta und pde_3d_ah_theta lösen die parabolischen Differentialgleichungen (10.12) respektive (10.21) via des θ-Verfahrens. Wir haben gesehen, dass dies rechenintensiv ist (vergleiche zum Beispiel mit Tab. 10.1); wir wollen in diesem Abschnitt versuchen, die Rechenzeit zu reduzieren. Der Hauptgrund für die hohe Rechenzeit ist, dass die Matrix $\mathbf{A}$ im θ-Verfahren im Gegensatz zum Fall $d = 1$ nicht tridiagonal ist, vergleiche mit Abb. 10.4.

Python kann in einer solchen Situation nicht auf die Routine des schnellen Lösens von tridiagonalen Gleichungssystemen zurückgreifen. Ein Mass dafür wie stark eine Matrix von der Tridiagonalität respektive Diagonalität abweicht, ist die sogenannte Bandweite. Eine Matrix $\mathbf{M}$ hat die obere Bandweite q, falls $M_{ij} = 0$ für $j > i + q$. Analog hat eine Matrix $\mathbf{M}$ die untere Bandweite p, falls $M_{ij} = 0$ für $i > j + p$. Da wir zentrierte Differenzenquotienten zur Approximation der Ableitungen verwenden, ist für die Matrix $\mathbf{A}$ die obere gleich der unteren Bandweite[4], $p = q$. Eine Diagonalmatrix hat Bandweite $p = q = 0$; für eine tridiagonale Matrix ist $p = q = 1$.

Es ist klar, dass das Lösen eines Gleichungssystems umso schneller geht, je kleiner die Bandweiten der entsprechenden Matrizen sind. Man kann zeigen, dass das Lösen eines Gleichungssystems für eine $N \times N$-Matrix $\mathbf{M}$ mit Bandweiten $p = q$ ungefähr $2(p^2 + 2p)N$ Rechenoperationen benötigt. Für Probleme mit drei Ortsvariablen $d = 3$ ist die Bandweite der Matrix $\mathbf{A}$ für den Fall von Dirichlet- oder Neumann Randbedingungen gegeben durch

$$p = q = \sqrt[3]{N}(\sqrt[3]{N} + 1) ;$$

[4] Dies hängt von den Randbedingungen ab; verwenden wir auf allen Kanten Dirichlet- oder Neumann Randbedingungen, so ist tatsächlich $p = q$, vergleiche mit den Definitionen 4.5, 6.1, 6.2 und 6.5.

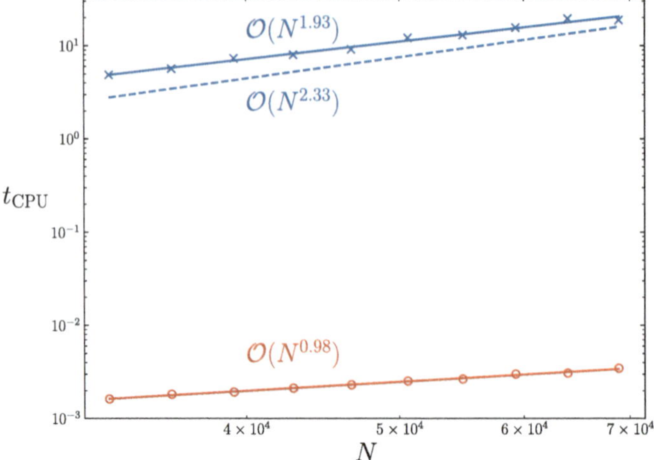

Abb. 10.5 Rechenzeiten t_{CPU} für das Lösen des Gleichungssystem $\mathbf{Mx} = \mathbf{y}$ für $d = 3$ und $N \times N$-Matrix $\mathbf{M}$. Die Matrix $\mathbf{M} = \mathbf{A}_x$ ist tridiagonal (o); die Matrix $\mathbf{M} = \mathbf{A}$ ist die Summe von Kroneckerprodukten (×)

somit schätzen wir, dass die Rechenzeit für das direkte Lösen eines Gleichungssystems mit solcher $N \times N$-Matrix $\mathbf{A}$ proportional ist zu

$$2(p^2 + 2p)N = 2(\sqrt[3]{N^7} + 2\sqrt[3]{N^6} + 2\sqrt[3]{N^5} + \sqrt[3]{N^4}) = \mathcal{O}(N^{7/3}).$$

In Abb. 10.5 können wir diese Asymptotik bestätigen. Hierin tragen wir die Rechenzeiten t_{CPU}, die Python benötigt, um das Gleichungssystem mit einer $N \times N$-Matrix zu lösen, über eben dieses N auf; einmal für eine tridiagonale Matrix (o) und einmal für die Matrix $\mathbf{A}$ (×). Die entsprechenden durchgezogenen Linien sind Regressionsgeraden zu den „Datenpunkten" $(\ln(N), \ln(t_{\text{CPU}}))$. Die Steigung der Geraden zu den Punkten (×) ist 1.93, die Steigung der Geraden zu den Punkten (o) ist 0.98, während unsere Abschätzung 2.33 (die gestrichelte Linie) respektive 1.00 liefert. Beachten Sie, dass das Lösen von tridiagonalen Systemen gegenüber der hier betrachteten nicht-tridiagonalen Systemen nicht bloss eine (viel) bessere Asymptotik hat, sondern auch eine um ca. 1000-mal kleinere Konstante in $\mathcal{O}(N^\alpha)$.

Wir wollen daher das Lösen von nicht-tridiagonalen Gleichungssystemen vermeiden. Wir betrachten nochmals die Matrix $\mathbf{A}$; im Fall $d = 2$ hat diese die Form

$$\begin{aligned}\mathbf{A} = \mathbf{M}^{(0)}_{a_1^y} \otimes \mathbf{M}^{(2)}_{a_1^x} + \mathbf{M}^{(2)}_{a_2^y} \otimes \mathbf{M}^{(0)}_{a_2^x} + \mathbf{M}^{(1)}_{a_3^y} \otimes \mathbf{M}^{(1)}_{a_3^x} \\ + \mathbf{M}^{(0)}_{b_1^y} \otimes \mathbf{M}^{(1)}_{b_1^x} + \mathbf{M}^{(1)}_{b_2^y} \otimes \mathbf{M}^{(0)}_{b_2^x} + \mathbf{M}^{(0)}_{c^y} \otimes \mathbf{M}^{(0)}_{c^x}\ .\end{aligned}$$

Hierin sind die Summanden $\mathbf{M}^{(0)}_{a_1^y} \otimes \mathbf{M}^{(2)}_{a_1^x}$, $\mathbf{M}^{(0)}_{b_1^y} \otimes \mathbf{M}^{(1)}_{b_1^x}$ sowie $\mathbf{M}^{(0)}_{c^y} \otimes \mathbf{M}^{(0)}_{c^x}$ tridiagonal; diese ergeben sich, wenn wir die x-„Terme"

$$a_1(x, y)\partial_{xx} + b_1(x, y)\partial_x + c(x, y)$$

in der Differentialgleichung diskretisieren. Die Matrizen $\mathbf{M}^{(2)}_{a_2^y} \otimes \mathbf{M}^{(0)}_{a_2^x}$ und $\mathbf{M}^{(1)}_{b_2^y} \otimes \mathbf{M}^{(0)}_{b_2^x}$ sind zwar nicht tridiagonal, können aber durch „geeignetes Handling" tridiagonal „gemacht" werden. Diese Matrizen entstehen bei der Diskretisierung der y-„Terme"

$$a_2(x, y)\partial_{yy} + b_2(x, y)\partial_y$$

in der Differentialgleichung. Einzig die Matrix $\mathbf{M}^{(1)}_{a_3^y} \otimes \mathbf{M}^{(1)}_{a_3^x}$, welche von der Diskretisierung des Term mit den gemischten Ableitungen

$$a_3(x, y)\partial_{xy}$$

stammt, zerstört die (mögliche) Tridiagonalität. Somit ist es sinnvoll, die Matrix $\mathbf{A}$ als Summe

$$\mathbf{A} = \mathbf{A}_1 + \mathbf{A}_2 + \mathbf{A}_0 \tag{10.23}$$

zu schreiben, mit den Summanden

$$\begin{aligned}
\mathbf{A}_1 &:= \mathbf{M}^{(0)}_{a_1^y} \otimes \mathbf{M}^{(2)}_{a_1^x} + \mathbf{M}^{(0)}_{b_1^y} \otimes \mathbf{M}^{(1)}_{b_1^x} + \frac{1}{2}\mathbf{M}^{(0)}_{c^y} \otimes \mathbf{M}^{(0)}_{c^x} \\
\mathbf{A}_2 &:= \mathbf{M}^{(2)}_{a_2^y} \otimes \mathbf{M}^{(0)}_{a_2^x} + \mathbf{M}^{(1)}_{b_2^y} \otimes \mathbf{M}^{(0)}_{b_2^x} + \frac{1}{2}\mathbf{M}^{(0)}_{c^y} \otimes \mathbf{M}^{(0)}_{c^x} \\
\mathbf{A}_0 &:= \mathbf{M}^{(1)}_{a_3^y} \otimes \mathbf{M}^{(1)}_{a_3^x} .
\end{aligned}$$

Die Idee ist nun, im Zeitschrittverfahren anstatt die ganze Matrix $\mathbf{A}$ nur die Matrizen $\mathbf{A}_1$ und $\mathbf{A}_2$ implizit zu behandeln. Das θ-Verfahren lautet für $\theta = 0$ (explizites Euler-Verfahren)

$$\frac{\mathbf{w}_{j+1} - \mathbf{w}_j}{k} + \mathbf{A}\mathbf{w}_j = \mathbf{0} ,$$

vergleiche zum Beispiel mit (5.31); das Verfahren ist gänzlich explizit. Nun verwenden wir die Zerlegung der Matrix $\mathbf{A}$ und wenden das θ-Schema nur auf die Matrix $\mathbf{A}_1$ an

$$\frac{\mathbf{w}_{j+1} - \mathbf{w}_j}{k} + \theta\mathbf{A}_1\mathbf{w}_{j+1} + (1-\theta)\mathbf{A}_1\mathbf{w}_j + \big(\mathbf{A}_2 + \mathbf{A}_0\big)\mathbf{w}_j = \mathbf{0} .$$

Dies führt auf das Gleichungssystem

$$\big(\mathbf{I} + k\theta\mathbf{A}_1\big)\mathbf{w}_{j+1} = \big(\mathbf{I} - k(1-\theta)\mathbf{A}_1 - k\mathbf{A}_2 - k\mathbf{A}_0\big)\mathbf{w}_j \tag{10.24}$$

welches schnell gelöst werden kann, da die Matrix $\mathbf{I} + k\theta\mathbf{A}_1$ tridiagonal ist. Genauso gut können wir auch die y-Koordinatenrichtung implizit behandeln. Das Gleichungssystem lautet analog

$$\big(\mathbf{I} + k\theta\mathbf{A}_2\big)\mathbf{w}_{j+1} = \big(\mathbf{I} - k\mathbf{A}_1 - k(1-\theta)\mathbf{A}_2 - k\mathbf{A}_0\big)\mathbf{w}_j \ .$$

Wir kombinieren die beiden obigen Gleichungssysteme, indem wir zunächst $\mathbf{y}_0$ als „Lösung" des expliziten Euler-Vefahrens

$$\mathbf{y}_0 = \big(\mathbf{I} - k\mathbf{A}\big)\mathbf{w}_j \tag{10.25}$$

definieren. Dann behandeln wir die x-Koordinatenrichtung implizit via

$$\big(\mathbf{I} + k\theta\mathbf{A}_1\big)\mathbf{y}_1 = \mathbf{y}_0 + k\theta\mathbf{A}_1\mathbf{w}_j \ ; \tag{10.26}$$

überzeugen Sie sich davon, dass die Lösung $\mathbf{y}_1$ dem Vektor $\mathbf{w}_{j+1}$ in (10.24) entspricht. Ist $\mathbf{y}_1$ bekannt, ergibt sich $\mathbf{w}_{j+1}$, indem wir noch die y-Koordinatenrichtung implizit behandeln, also das System

$$\big(\mathbf{I} + k\theta\mathbf{A}_2\big)\mathbf{y}_2 = \mathbf{y}_1 + k\theta\mathbf{A}_2\mathbf{w}_j \tag{10.27}$$

lösen und $\mathbf{w}_{j+1} = \mathbf{y}_2$ setzen. Die obigen drei Schritte (Berechnung von $\mathbf{y}_0$, $\mathbf{y}_1$ und $\mathbf{y}_2$) definieren das sogenannte Douglas-Schema [12]. Wir werden dieses Schema nicht weiter betrachten, da es nur Konvergenz erster Ordnung besitzt. Das Schema von Craig und Sneyd [10] ist eine Modifikation des Douglas Schema wie folgt. Zuerst führen wir die selben Schritte (10.25)–(10.27) wie beim Douglas Schema durch. Anstatt nun $\mathbf{w}_{j+1} = \mathbf{y}_2$ zu setzen, bestimmen wir den Hilfsvektor

$$\mathbf{z}_0 = \mathbf{y}_0 - \frac{1}{2}k\mathbf{A}_0(\mathbf{y}_2 - \mathbf{w}_j)$$

und führen die Schritte (10.26) und (10.27) nochmals durch, nun jedoch Schritt (10.26) mit $\mathbf{z}_0$ anstatt $\mathbf{y}_0$ (dies liefert den Vektor $\mathbf{z}_1$) und den Schritt (10.27) mit $\mathbf{z}_1$ anstatt $\mathbf{y}_1$ (dies liefert den Vektor $\mathbf{z}_2$). Dann setzen wir $\mathbf{w}_{j+1} = \mathbf{z}_2$. Damit lautet das Craig-Sneyd Schema zum approximativen Lösen der parabolischen Differentialgleichungen (10.12) oder (10.21): Für $\mathbf{w}_0 = \mathbf{g}$ und $j = 0, \ldots, M-1$ bestimme

$$\left\{\begin{aligned} \mathbf{y}_0 &= \big(\mathbf{I} - k\mathbf{A}\big)\mathbf{w}_j \\ \big(\mathbf{I} + k\theta\mathbf{A}_i\big)\mathbf{y}_i &= \mathbf{y}_{i-1} + k\theta\mathbf{A}_i\mathbf{w}_j, \qquad i = 1, \ldots, d \\ \mathbf{z}_0 &= \mathbf{y}_0 - \frac{1}{2}k\mathbf{A}_0(\mathbf{y}_d - \mathbf{w}_j) \\ \big(\mathbf{I} + k\theta\mathbf{A}_i\big)\mathbf{z}_i &= \mathbf{z}_{i-1} + k\theta\mathbf{A}_i\mathbf{w}_j, \qquad i = 1, \ldots, d \\ \mathbf{w}_{j+1} &= \mathbf{z}_d \end{aligned}\right. \tag{10.28}$$

Wir bemerken, dass obiges Schema auch für $d \geq 3$ gültig ist. In einem solchen Fall entsprechen die Matrizen $\mathbf{A}_i$ den diskretisierten Operatoren

$$a_i(\mathbf{x})\partial_{x_i x_i} + b_i(\mathbf{x})\partial_{x_i} + \frac{1}{d}c(\mathbf{x})$$

(für irgendwelche Koeffizienten-Funktionen a_i, b_i und c) und die Matrix $\mathbf{A}_0$ dem „Rest", insbesondere allen gemischten Ableitungen

$$\sum_{i \neq j} a_{ij}(\mathbf{x})\partial_{x_i x_j} \ .$$

Wir betrachten nochmals das Craig-Sneyd Verfahren für $d = 2$. Die Matrix $\mathbf{A}_1$ ist tridiagonal; die Matrix $\mathbf{A}_2$ ist es nicht, wodurch das Lösen des Systems $\big(\mathbf{I} + k\theta\mathbf{A}_2\big)\mathbf{x} = \mathbf{f}$ (es gibt zwei davon) nicht schnell ist. Wir können dieses System tridiagonal machen; dies gelingt mit einer sogenannten Permutationsmatrix. Es seien $\mathbf{X} \in \mathbb{R}^{n \times n}$ und $\mathbf{Y} \in \mathbb{R}^{m \times m}$ zwei Matrizen. Dann existiert eine Matrix $\mathbf{P}^{nm \times nm}$ mit $\mathbf{P}^\top\mathbf{P} = \mathbf{P}\mathbf{P}^\top = \mathbf{I}$ so, dass

$$\mathbf{X} \otimes \mathbf{Y} = \mathbf{P}(\mathbf{Y} \otimes \mathbf{X})\mathbf{P}^\top$$

gilt. Ist also die Matrix $\mathbf{X} \otimes \mathbf{Y}$ nicht tridiagonal, während die Matrix $\mathbf{Y} \otimes \mathbf{X}$ es ist, so kann man wie folgt „schnell" an die Lösung des Systems $(\mathbf{X} \otimes \mathbf{Y})\mathbf{x} = \mathbf{f}$ herankommen:

$$\begin{aligned} (\mathbf{X} \otimes \mathbf{Y})\mathbf{x} &= \mathbf{f} \\ \mathbf{P}(\mathbf{Y} \otimes \mathbf{X})\underbrace{\mathbf{P}^\top\mathbf{x}}_{=\widetilde{\mathbf{x}}} &= \mathbf{f} \\ \underbrace{\mathbf{P}^\top\mathbf{P}}_{=\mathbf{I}}(\mathbf{Y} \otimes \mathbf{X})\widetilde{\mathbf{x}} &= \underbrace{\mathbf{P}^\top\mathbf{f}}_{=\widetilde{\mathbf{f}}} \\ (\mathbf{Y} \otimes \mathbf{X})\widetilde{\mathbf{x}} &= \widetilde{\mathbf{f}} \end{aligned}$$

Ist die Lösung $\widetilde{\mathbf{x}}$ bekannt, folgt aus $\mathbf{P}^\top\mathbf{x} = \widetilde{\mathbf{x}}$ schlussendlich durch Linksmultiplikation mit $\mathbf{P}$ die Lösung $\mathbf{x}$ des Originalproblems

$$\mathbf{x} = \mathbf{P}\widetilde{\mathbf{x}} \ .$$

Das Lösen des nicht tridiagonalen Systems $(\mathbf{X} \otimes \mathbf{Y})\mathbf{x} = \mathbf{f}$ ist also zum Lösen des tridiagonalen Systems $(\mathbf{Y} \otimes \mathbf{X})\widetilde{\mathbf{x}} = \widetilde{\mathbf{f}}$ „plus" zusätzlich zweier Matrix-Vektor-Multiplikationen $\widetilde{\mathbf{f}} = \mathbf{P}^\top\mathbf{f}$ und $\mathbf{x} = \mathbf{P}\widetilde{\mathbf{x}}$ mit dünnbesetzten Matrizen $\mathbf{P}^\top$ und $\mathbf{P}$ äquivalent. Letzteres ist viel schneller als ersteres. Es bleibt, die Matrix $\mathbf{P}$ zu beschreiben. Diese ist definiert (für zwei Matrizen $\mathbf{X} \in \mathbb{R}^{n \times n}$ und $\mathbf{Y} \in \mathbb{R}^{m \times m}$) als

$$\mathbf{P} = \begin{pmatrix} \mathbf{I}_n \otimes \mathbf{1}_{1m}^\top \\ \mathbf{I}_n \otimes \mathbf{1}_{2m}^\top \\ \vdots \\ \mathbf{I}_n \otimes \mathbf{1}_{mm}^\top \end{pmatrix}$$

mit $\mathbf{I}_n$ die $n \times n$-Einheitsmatrix und $\mathbf{1}_{jm}$ der Spaltenvektor der Länge m mit Eintrag 1 an der j-ten Stelle und 0 sonst, siehe die Routine 10.2 `perm_matrix`.

Routine 10.2: perm_matrix.py

```
import numpy as np; from scipy import sparse; from scipy.sparse import eye;
from scipy.sparse import vstack

def perm_matrix(n,m):
  '''Gibt die (nm x nm) Permutationsmatrix P aus.'''
  Im = eye(m,m); x = np.zeros(n); x[0] = 1.0; P = sparse.kron(Im,x)

  for j in range(1,n):
     x = np.zeros(n); x[j] = 1.0; P = vstack([P,sparse.kron(Im,x)])

  return P
```

Man kann zeigen, dass das Craig-Sneyd Verfahren quadratisch (in k) konvergiert und absolut stabil ist, falls $\theta \geq \frac{1}{2}$ ist (für $d = 2$ und $d = 3$), siehe zum Beispiel in 't Hout und Mishra [22]. Die Routine pde_2d_ah_cs realisiert das Craig-Sneyd Verfahren (10.28) für $d = 2$ und homogene Randbedingungen.[5] Zur Routine machen wir noch eine Bemerkung. In jedem Zeitschritt müssen wir die Vektoren $k\theta\mathbf{A}_i\mathbf{w}_j$ zweimal bestimmen, und zwar, um an die $\mathbf{y}_i$ respektive $\mathbf{z}_i$ heranzukommen. Wir bestimmen diese beiden Vektoren aus Zeitgründen natürlich nur einmal und definieren zu diesem Zweck $\mathbf{aux}_i := k\theta\mathbf{A}_i\mathbf{w}_j =: \mathbf{C}_i\mathbf{w}_j$, mit der Matrix $\mathbf{C}_i := k\theta\mathbf{A}_i$.

Routine 10.3: pde_2d_ah_cs.py

```
import numpy as np
from scipy import sparse
from scipy.linalg import solve_banded
from matrixgenerator_BC import matrixgenerator_BC
from get_diagonals import get_diagonals
from perm_matrix import perm_matrix

def pde_2d_ah_cs(a,b,c,T,g,G,BC,N,M,theta):
    '''Approximiert die Loesung w(x,y,t) der partiellen Differentialgleichung

    w_t+a1w_xx+a2w_yy+a3w_xy+b1w_x+b2w_y+(c1+c2)w = 0  in G x ]0,T]
                                              BC = 0
                                          w(.,0) = g

    im Gebiet G = ]xl,xr[ x ]yl,yr[ fuer homogene Randbedingungen.
    via des Craig-Sneyd Verfahrens.'''
```

[5] Die Routine lässt zudem zu, dass die Funktion $c(x, y)$ in der Differentialgleichung (10.12) geschrieben werden kann als $c(x, y) = c_1^x(x)c_1^y(y) + c_2^x(x)c_2^y(y)$. Diese Erweiterung wird sich für das Bewerten von Derivaten auf Zinssätze (siehe Kap. 12) als nützlich erweisen. Der Routine übergeben wir die Liste $[c_1^x(x), c_1^y(y), c_2^x(x), c_2^y(y)]$.

```
    # Definiere Funktionen
    a1x,a1y,a2x,a2y,a3x,a3y = a; b1x,b1y,b2x,b2y = b; c1x,c1y,c2x,c2y = c;

    # Definiere Konstanten
    xl,xr,yl,yr = G; nxl,nxr,nyl,nyr = BC;
    hx = (xr-xl)/(N[0]+1); hy = (yr-yl)/(N[1]+1); k = T/M;
    beta = lambda n:1+n-(n>0); diagsx = (beta(nxr),beta(nxl))
    diagsy = (beta(nyr),beta(nyl))

    Matx = matrixgenerator_BC([["M2",a1x],["M1",a3x],["M1",b1x],["M0",a2x],
                               ["M0",b2x],["M0",c1x],["M0",c2x]],[nxl,nxr],
                               xl,xr,N[0])
    Maty = matrixgenerator_BC([["M2",a2y],["M1",a3y],["M1",b2y],["M0",a1y],
                               ["M0",b1y],["M0",c1y],["M0",c2y]],[nyl,nyr],
                               yl,yr,N[1])

    A1 = (sparse.kron(Maty[3],Matx[0])+sparse.kron(Maty[4],Matx[2])+
          0.5*sparse.kron(Maty[5],Matx[5])+0.5*sparse.kron(Maty[6],Matx[6]))
    A2 = (sparse.kron(Maty[0],Matx[3])+sparse.kron(Maty[2],Matx[4])+
          0.5*sparse.kron(Maty[5],Matx[5])+0.5*sparse.kron(Maty[6],Matx[6]))
    A2t = (sparse.kron(Matx[3],Maty[0])+sparse.kron(Matx[4],Maty[2])+
           0.5*sparse.kron(Matx[5],Maty[5])+0.5*sparse.kron(Matx[6],Maty[6]))
    A0 = sparse.kron(Maty[1],Matx[1]); A = A1+A2+A0;

    I = sparse.eye((N[0]+(nxr==3)+(nxl==3))*(N[1]+(nyr==3)+(nyl==3)))
    B = I-k*A; C1 = k*theta*A1; C2 = k*theta*A2; C0 = 0.5*k*A0;
    B1 = get_diagonals(I+theta*k*A1,nxl,nxr);
    B2t = get_diagonals(I+theta*k*A2t,nyl,nyr)

    P = perm_matrix(N[1]+(nyr==3)+(nyl==3),N[0]+(nxr==3)+(nxl==3)); PT = P.T;

    # Start-Vektor w0 definieren (Ausuebungsfunktion)
    x = np.linspace(xl+(1-(nxl==3))*hx,xr-(1-(nxr==3))*hx,\
                    N[0]+(nxl==3)+(nxr==3))
    y = np.linspace(yl+(1-(nyl==3))*hy,yr-(1-(nyr==3))*hy,\
                    N[1]+(nyl==3)+(nyr==3))
    x,y = np.meshgrid(x,y,indexing='ij'); w = g(x,y); w = w.flatten('F')

    # Craig-Sneyd Verfahren
    for j in range(M):
        aux1 = C1*w; aux2 = C2*w;
        y0 = B*w; y1 = solve_banded(diagsx,B1,y0+aux1);
        y2 = solve_banded(diagsy,B2t,PT*(y1+aux2)); y2 = P*y2;
        z0 = y0-C0*(y2-w); z1 = solve_banded(diagsx,B1,z0+aux1);
        z2 = solve_banded(diagsy,B2t,PT*(z1+aux2)); w = P*z2;

    w = np.reshape(w,(N[0]+(nxl==3)+(nxr==3),N[1]+(nyl==3)+(nyr==3)),order='F')
    return x,y,w
```

Beispiel 10.3 Wie im Beispiel 10.2 betrachten wir eine Put-auf-Maximum Option mit Strike $K = 10$ und Laufzeit $T = 1$, nun jedoch auf drei Basiswerte; die Payoff-Funktion g ist daher

$$g(\mathbf{s}) = \max\{K - \max\{s_1, s_2, s_3\}, 0\} .$$

Tab. 10.2 Der Fehler e nimmt quadratisch in h ab. Da jedoch die Anzahl N der Unbekannten in der dritten Potenz zunimmt, liegt Konvergenz $\mathcal{O}(N^{-2/3})$ vor

		θ-Verfahren		Craig-Sneyd	
L	N	e	t_{CPU}	e	t_{CPU}
4	4096	0.23626774	2.30	0.23954310	0.07
5	32 768	0.08971359	57.5	0.09020629	0.25
6	262 144	–	–	0.02108576	2.48
7	2 097 152	–	–	0.00498283	33.4

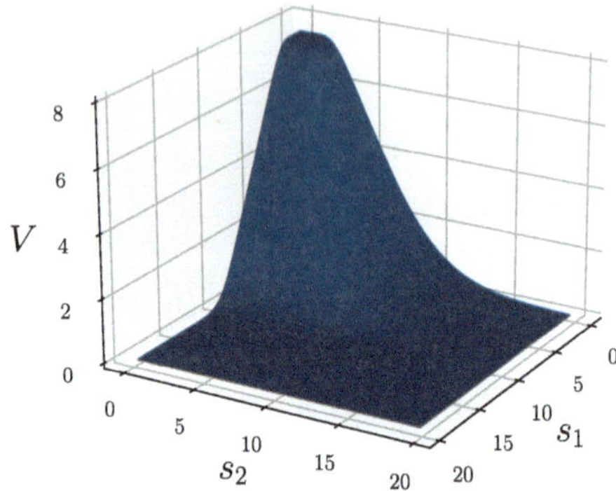

Abb. 10.6 Wert $V(s_1, s_2, K/4)$ einer Put-auf-Maximum Option auf $d = 3$ Basiswerte dargestellt für $(s_1, s_2) \in [0, 2K] \times [0, 2K]$

Wir modellieren die Basiswerte mit einer dreidimensionalen Brown'schen Bewegung (siehe (10.6) für den Generator $\mathcal{A}$ mit $\mu_i = r - q_i$ und (10.22) für die entsprechende Matrix $\mathbf{A}$; es kommen noch Randbedingungen dazu) und verwenden folgende Parameterwerte. Die Volatilitäten sind $\sigma_1 = 0.1$, $\sigma_2 = 0.3$ und $\sigma_3 = 0.2$; die Korrelationsmatrix ist

$$\rho = \begin{pmatrix} 1 & -0.5 & -0.5 \\ -0.5 & 1 & 0.5 \\ -0.5 & 0.5 & 1 \end{pmatrix}.$$

Die stetigen Dividendenrenditen sind $q_1 = 0.02$, $q_2 = 0.03$ und $q_3 = 0.04$; weiter ist $r = 0.01$. Wir wählen in jede Koordinatenrichtung $N_1 = N_2 = N_3 = 2^L - 1$ Gitterpunkte, $L = 4, 5, 6, 7$, und $M = \lceil 0.1 N_1 \rceil$ Zeitschritte. Im Gebiet $G^e = [0, 4K[\times [0, 4K[\times [0, 4K[$ setzen wir keine Randbedingungen auf den Flächen $\{s_i = 0\}$ sowie homogene Dirichlet Randbedingungen auf den Flächen $\{s_i = 4K\}$, $i = 1, 2, 3$. Für die Zeitdiskretisierung verwenden wir einmal das Craig-Sneyd Verfahren (10.28) und einmal das θ-Verfahren; beide mit $\theta = 0.5$. Den maximalen absoluten Fehler e bestimmen wir auf dem Gebiet $]0.5K, 1.5K[\times]0.5K, 1.5K[\times]0.5K, 1.5K[$; wir erhalten wiederum quadratische Konvergenz in h, vergleiche mit Tab. 10.2. In Abb. 10.6 stellen wir den Graphen der Funktion $(s_1, s_2, s_3) \mapsto V(s_1, s_2, s_3)$ für $s_3 = K/4$ graphisch dar. $\diamond$

10.4 Asiatische Optionen

Diesen Optionstyp haben wir bereits im Abschn. 6.5 betrachtet. Dort haben wir, um den Wert der Option zu bestimmen, eine parabolische Differentialgleichung (siehe 6.40) mit zeitabhängigen Koeffizienten gelöst. Diese Differentialgleichung gilt, wenn der Basiswert einer geometrischen Brown'schen Bewegung (Black-Scholes Modell) folgt. Betrachten wir jedoch andere Marktmodelle, gilt die Differentialgleichung nicht mehr und wir müssen eine andere Gleichung lösen. Um eine solche Gleichung herzuleiten, betrachten wir eine Asiatische Option, bei welcher der kontinuierliche Durchschnitt

$$Y(t) = \int_0^t S(\tau)\mathrm{d}\tau, \qquad Y(0) = 0$$

des Basiswertkurses $S(t)$ in der Auszahlungsfunktion g (6.34) verwendet wird. Da $S(t)$ ein stochastischer Prozess ist, ist auch $Y(t)$ einer. Weil Y von S unabhängig ist, hängt der Optionspreis nicht – wie bis anhin – nur von s und t ab, sondern zusätzlich auch noch von y. Die partielle Differentialgleichung für den Optionspreis $V(s, y, t)$ folgt aus dem Fundamentalprinzip$_d$; um es anwenden zu können, benötigen wir ein Modell (10.1) für den zweidimensionalen Prozess

$$\mathbf{X}(t) = \begin{pmatrix} X_1(t) \\ X_2(t) \end{pmatrix} = \begin{pmatrix} S(t) \\ Y(t) \end{pmatrix}.$$

Aus der Definition von $Y(t)$ folgt $\mathrm{d}Y(t) = S(t)\mathrm{d}t$; modellieren wir $S(t)$ einmal mehr als geometrische Brown'sche Bewegung $\mathrm{d}S(t) = \mu S(t)\mathrm{d}t + \sigma S(t)\mathrm{d}W(t)$, so lautet das Modell

$$\mathrm{d}\mathbf{X}(t) = \begin{pmatrix} \mathrm{d}X_1(t) \\ \mathrm{d}X_2(t) \end{pmatrix} = \begin{pmatrix} \mathrm{d}S(t) \\ \mathrm{d}Y(t) \end{pmatrix} = \begin{pmatrix} \mu S(t)\mathrm{d}t + \sigma S(t)\mathrm{d}W(t) \\ S(t)\mathrm{d}t \end{pmatrix}.$$

Daher ergeben sich der Vektor $\boldsymbol{\mu}$ und die Matrix $\boldsymbol{\sigma}$ in (10.2) im vorliegenden Fall zu (wir setzen $\mathbf{x} = (s, y)$)

$$\boldsymbol{\mu}(\mathbf{x}) = \begin{pmatrix} \mu s \\ s \end{pmatrix}, \quad \boldsymbol{\sigma}(\mathbf{x}) = \begin{pmatrix} \sigma s \\ 0 \end{pmatrix}.$$

Wegen

$$\boldsymbol{Q}(\mathbf{x}) = \boldsymbol{\sigma}(\mathbf{x})\boldsymbol{\sigma}(\mathbf{x})^\top = \begin{pmatrix} \sigma^2 s^2 & 0 \\ 0 & 0 \end{pmatrix}$$

ist

$$\mathrm{tr}[\boldsymbol{Q}(\mathbf{x})D^2 f] = \mathrm{tr}\left[\begin{pmatrix} \sigma^2 s^2 & 0 \\ 0 & 0 \end{pmatrix}\begin{pmatrix} \partial_{ss} f & \partial_{sy} f \\ \partial_{ys} f & \partial_{yy} f \end{pmatrix}\right] = \mathrm{tr}\left[\begin{pmatrix} \sigma^2 s^2 \partial_{ss} f & * \\ * & 0 \end{pmatrix}\right] = \sigma^2 s^2 \partial_{ss} f.$$

Es folgt für den infinitesimalen Generator $\mathcal{A}$ des Prozesses $(S(t), Y(t))^\top$

$$\mathcal{A} f = \frac{1}{2}\mathrm{tr}[\boldsymbol{Q}(\mathbf{x}) D^2 f] + \boldsymbol{\mu}(\mathbf{x})^\top \nabla f = \frac{1}{2}\sigma^2 s^2 \partial_{ss} f + \mu s \partial_s f + s \partial_y f.$$

Nach dem Fundamentalprinzip$_d$ löst der Optionspreis $V(s, y, t)$ die partielle Differentialgleichung $\partial_t V + \mathcal{A} V - rV = 0$, genauer

$$\begin{cases} \partial_t V + \frac{1}{2}\sigma^2 s^2 \partial_{ss} V + \mu s \partial_s V - rV + s\partial_y V = 0 & \text{in } G \times [0, T[\\ V(s, y, T) = g(s, y) & \text{in } G \end{cases}, \qquad (10.29)$$

wobei für eine risikoneutrale Bewertung wie immer $\mu = r - q$ gilt und $G = \mathbb{R}^+ \times \mathbb{R}^+$ ist.

Weil das Problem nun zwei „Ortsvariablen" hat (s und y) und weil in der Differentialgleichung neu der Term $s\partial_y V$ auftaucht, ist dieses mit der bis jetzt behandelten Finite-Differenzen-Methode nicht mehr zu lösen.[6] Für den (praxisrelevanten) Fall, dass die Durchschnittsbildung des Basiswertkurses nicht kontinuierlich, sondern diskret

$$Y(T) = \frac{1}{n}\sum_{k=1}^{n} S(t_k)$$

zu den Zeitpunkten $t_1 < t_2 < \ldots t_n \leq T$ erfolgt, vereinfacht sich das Problem jedoch zu unserem Vorteil. In diesem Fall nämlich ist das Problem zwar immer noch zweidimensional (beide Variablen s und y sind involviert), jedoch entfällt der Term $s\partial_y V$ in der Differentialgleichung (weil sich der Durchschnittskurs zwischen zwei Beobachtungszeitpunkten t_k und t_{k+1} nicht ändert). Daher hängt der Optionspreis V zwischen t_k und t_{k+1} nicht von y ab und es genügt, zwischen den Beobachtungszeitpunkten die Differentialgleichung

$$\partial_t V_k + a\partial_{ss} V_k + b\partial_s V_k + c V_k = 0$$

zu lösen. Um dies einzusehen, definieren wir für $j = 1, \ldots, n$ den Prozess $Y(t)$ wie folgt

$$Y(t) = \frac{1}{j}\sum_{k=1}^{j} S(t_k), \quad t \in [t_j, t_{j+1}[\,,$$

vergleiche mit Abb. 10.7.

[6] Wäre in der Gleichung (10.29) die zweite Ableitung $\partial_{yy} V$ präsent, wäre die Preisberechnung dieser Asiatischen Option mathematisch äquivalent zur Preisfindung eines Baskets mit zwei (unkorrelierten) Basiswerten. Solche Probleme können sehr gut mit der Finite-Differenzen-Methode gelöst werden (siehe der vorherige Abschnitt). Da jedoch die zweite Ableitung bezüglich der Variablen y fehlt, ist das Problem (10.29) in der y-Koordinatenrichtung hyperbolisch und daher mit Methoden entwickelt für parabolische Probleme nicht zu lösen.

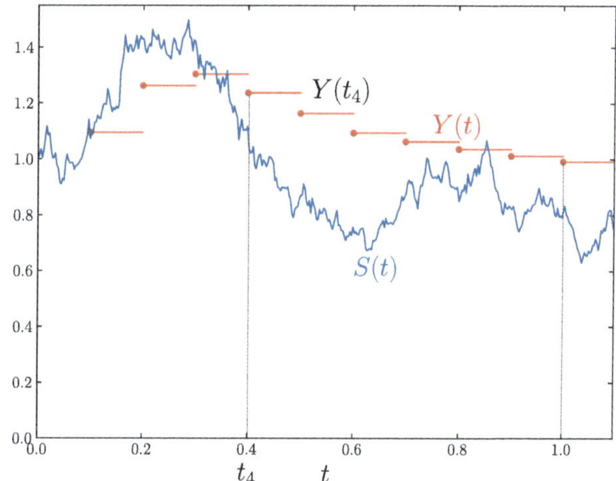

Abb. 10.7 Pfad einer geometrischen Brown'schen Bewegung $S(t)$ (mit $S(0) = 1$, $r - q = 0.05, \sigma = 0.5$) und dazugehöriger Durchschnittsprozess $Y(t)$ mit im Intervall $[0, T]$ gleichverteilte Beobachtungszeitpunkte $t_1 < t_2 < \ldots < t_n = T$ ($T = 1$, $n = 10$)

Offenbar gilt am Beobachtungszeitpunkt t_j

$$\begin{aligned} Y(t_j) &= \frac{1}{j}\Big(\sum_{k=1}^{j-1} S(t_k) + S(t_j)\Big) \\ &= \frac{1}{j}\big((j-1)Y(t_{j-1}) + S(t_j)\big) = \frac{j-1}{j}Y(t_{j-1}) + \frac{1}{j}S(t_j)\,. \end{aligned} \tag{10.30}$$

Zum Zeitpunkte $t_n = T$ ist der Wert der Option durch die Auszahlungsfunktion $g(y)$ bekannt. Zum Beispiel gilt für eine „fixed strike" Call Option mit Ausübungspreis K

$$g(Y(T)) = \max\{Y(T) - K, 0\}\,,$$

vergleiche mit (6.34). Da auch $S(T)$ bei der Berechnung von $Y(T)$ berücksichtig wird, gilt wegen $t_n = T$ und (10.30)

$$Y(t_n) = \frac{n-1}{n}Y(t_{n-1}) + \frac{1}{n}S(t_n)\,.$$

Das bedeutet: nimmt die von $Y(t_n)$ unabhängige Zufallsvariable $Y(t_{n-1})$ den Wert $y \in \mathbb{R}^+$ und die Zufallsvariable $S(t_n)$ den Wert $s \in \mathbb{R}^+$ an, so nimmt die Zufallsvariable $Y(t_n)$ den Wert

$$y^+ = \frac{n-1}{n}y + \frac{1}{n}s$$

an und es muss

$$V_n(s, y, T) = g(y^+)$$

gelten (beachten Sie die Indexierung des Optionspreises). Wir bewegen uns nun in der Zeit rückwärts. Da der Durchschnitt $Y(T)$ sich bis unmittelbar vor dem „nächsten" Beobachtungszeitpunkt t_{n-1} nicht ändert, ist der Optionspreis $V_n(s, y, t)$ im Zeitintervall $t \in]t_{n-1}, T[$ nicht von y, aber natürlich von s abhängig. Der Optionspreis $V_n(s, y, t)$ löst im Zeitintervall $[t_{n-1}, t_n[$ die Differentialgleichung

$$\begin{cases} \partial_t V_n + a\partial_{ss} V_n + b\partial_s V_n + cV_n = 0 & \text{in } G \times [t_{n-1}, t_n[\\ V_n(s, y, t_n) = g(y^+) & \text{in } G \end{cases} .$$

Nun ist der Optionspreis zum Zeitpunkt t_{n-1} bekannt. Dieser dient als Startwert für den Optionspreis V_{n-1} im Intervall $[t_{n-2}, t_{n-1}[$. Wegen (10.30) gilt

$$Y(t_{n-1}) = \frac{n-2}{n-1} Y(t_{n-2}) + \frac{1}{n-1} S(t_{n-1}) .$$

Das bedeutet: nimmt die von $Y(t_{n-1})$ unabhängige Zufallsvariable $Y(t_{n-2})$ den Wert $y \in \mathbb{R}^+$ und die Zufallsvariable $S(t_{n-1})$ den Wert $s \in \mathbb{R}^+$ an, so nimmt die Zufallsvariable $Y(t_{n-1})$ den Wert

$$y^+ = \frac{n-2}{n-1} y + \frac{1}{n-1} s$$

an. Aus Gründen der Arbitragefreiheit muss der Optionspreis zum Zeitpunkt t_{n-1} stetig sein, das heisst es muss

$$V_{n-1}(s, y, t_{n-1}) = V_n\big(s, y^+, t_{n-1}\big)$$

gelten, und der Optionspreis $V_{n-1}(s, y, t)$ löst das Problem

$$\begin{cases} \partial_t V_{n-1} + a\partial_{ss} V_{n-1} + b\partial_s V_{n-1} + cV_{n-1} = 0 & \text{in } G \times [t_{n-2}, t_{n-1}[\\ V_{n-1}(s, y, t_{n-1}) = V_n(s, y^+, t_{n-1}) & \text{in } G \end{cases} .$$

Ist der Optionspreis zum Zeitpunkt t_{n-2} bekannt, können wir den Startwert für den Optionspreis V_{n-2} via (10.30) bestimmen und die Differentialgleichung im Intervall $[t_{n-3}, t_{n-2}[$ lösen. So fortfahrend gelangen wir zum letzten Zeitintervall $[0, t_1[$, in welchem wir die Differentialgleichung zum Startwert $V_1(s, y, t_1) = V_2(s, s, t_1)$ lösen müssen.

Zusammenfassend müssen wir also im Falle einer Asiatischen Option, bei welcher die Auszahlung von n Beobachtungszeitpunkten abhängt, nicht eine zweidimensionale partielle Differentialgleichung lösen, sondern sequentiell n eindimensionale partielle Differentialgleichungen. Genauer lösen wir folgendes Problem:

Finde $V_1 = V_1(s, t)$ so, dass $V_{n+1}(s, y, T) = g(y)$ und so, dass für $j = n, n-1, \ldots, 1$

$$\begin{cases} \partial_t V_j + a\partial_{ss} V_j + b\partial_s V_j + cV_j = 0 & \text{in } G \times [t_{j-1}, t_j[\\ V_j(s, y, t_j) = V_{j+1}(s, y^+, t_j) & \text{in } G \end{cases} , \tag{10.31}$$

gilt, wobei y^+ gegeben ist durch

$$y^+ = \frac{j-1}{j} y + \frac{1}{j} s\,.$$

Die Routine kann wie folgt aussehen.

Routine 10.4: asiancall_lv.py

```
import numpy as np
from scipy import sparse
from scipy.interpolate import interp1d
from scipy.linalg import solve_banded
from matrixgenerator_BC import matrixgenerator_BC
from get_diagonals import get_diagonals

def asiancall_lv(a,b,c,tj,t0,K,sl,wl,nl,sr,wr,nr,N,M,theta,omega):
    '''Findet den Wert einer Asiatischen Call Option mit Auszahlungsfunktion

    g(S_T) = max(av(S_T)-K,0)

    wobei av(S_T) der diskrete Durchschnitt (ueber die im Vektor tj definierten
    Zeitpunkte) des Basiswertes zwischen 0 und Maturitaet T bezeichnet. t0 ist
    entweder 0 oder 1. Ist t0 = 0, wird S0 zur Berechnung des Durchschnitts av
    nicht beruecksichtigt, fuer t0 = 1 schon. N, M und theta sind die ueblichen
    Diskretisierungsparameter. Es werden ceil(omega*N) Gittepunkte fuer die
    Variable av verwendet.

    asiancall_lv benuetzt nicht die PDE von Vecer, sondern loest das Problem
    sequentiell.'''

    # Konstanten definieren
    s = np.linspace(sl,sr,N+2); Ny = int(np.ceil(omega*N));
    yl = sl; yr = sr; y = np.linspace(yl,yr,Ny+2);
    beta = lambda x:1+x-(x>0); diags = (beta(nr),beta(nl))

    # Matrizen I und A definieren
    I = sparse.eye(N); wbc = np.zeros(N);
    Mat = matrixgenerator_BC([["M2",a],["M1",b],["M0",c]],[nl,nr],sl,sr,N);
    A = Mat[0]+Mat[1]+Mat[2]; Mbc = Mat[3]+Mat[4];

    # Anfangsbedingung
    w1 = np.zeros((N,Ny+2));
    for i in range(len(y)): w1[:,i] = max(y[i]-K,0);

    for n in range(len(tj)-1,0,-1):
        k = (tj[n]-tj[n-1])/M;
        B = get_diagonals(I+k*theta*A,nl,nr); C = I - (1-theta)*k*A;
        for i in range(N):
            if t0==0:
                yp = ((n-1)*y+s[1+i])/n;
            else:
                yp = (n*y+s[1+i])/(n+1);

            w1[i,:] = interp1d(y,w1[i,:],kind='cubic',bounds_error=False,\
                               fill_value='extrapolate')(yp)

        for i in range(len(y)):
```

```
        for j in range(M):
            t_j = (j+theta)*k; wbc[0] = wl(t_j); wbc[-1] = wr(t_j);
            f = -Mbc*wbc;
            w1[:,i] = solve_banded(diags,B,C*w1[:,i]+k*f)

    if t0 == 1:
        for i in range(N):
            yp = s[1+i];
            w1[i,:] = interp1d(y,w1[i,:],kind='cubic',bounds_error=False,\
                               fill_value='extrapolate')(yp)

    w = w1[:,0]; s = s[1:-1];

    return s,w
```

Beispiel 10.4 Um die Routine zu testen, betrachten wir nochmals das Beispiel 6.11, also eine (arithmetische) Asiatische Call Option mit $n = 12$ gleich verteilten Beobachtungszeitpunkten $t_j = \frac{j}{n}T$, Ausübungspreis $K = 100$ und Maturität $T = 1$ (der Zeitpunkt $t_0 = 0$ wird bei der Durchschnittsberechnung zusätzlich berücksichtigt) im Black-Scholes Modell. Der exakte Wert ist $V_{ex} \doteq 4.88196$. Mit den Eingaben

```
In [4]: sigma = 0.17801; r = 0.0367; q = 0;
   ...: a = lambda s:-sigma**2*s**2/2; b = lambda s:-(r-q)*s;
   ...: c = lambda s:r*s**0;
   ...: wl = lambda t:0*t; wr = lambda t:0*t;
   ...: N = 2**11-1; M = int(np.ceil(0.01*N)); tj = np.arange(0,13)/12;
In [5]: s,w = asiancall_lv(a,b,c,tj,1,100,0,wl,0,400,wr,2,N,M,0.5,2);
In [6]: w[s==100]
Out[6]: array([4.88193688])
```

finden wir den Wert $V \doteq 4.88194$. ◇

Beispiel 10.5 Wir betrachten eine Asiatische Call Option mit $n = 27$ Beobachtungszeitpunkten, Maturität $T = 1$ und Ausübungspreis $K = 100$ im CEV Modell (1.18). Für dieses sind die Koeffizienten in (10.31) gegeben durch

$$a(s) = \frac{1}{2}\delta^2 s^{2\beta}, \quad b(s) = (r-q)s, \quad c(s) = -r.$$

Für die Parameterwerte $\delta = 0.2$, $\beta = 0.8$ und $r = q = 0$ wird der approximative Preis der Option für $s = 100$ von Gobet [16] als $V(s,0) \approx 1.8848$ angegeben. (Zusätzlich findet man den Optionswert erhalten aus einer Monte Carlo-Simulation unter der Benützung von $5 \cdot 10^6$ Pfaden. Der Optionswert ist $V(s,0) \approx 1.8859$ bei einer Standardabweichung von 0.0045.) Wir erhalten mit den Eingaben

```
In [7]: beta = 0.8; delta = 0.2; r = 0; q = 0;
   ...: a = lambda s:-delta**2*s**(2*beta)/2; b = lambda s:-(r-q)*s;
   ...: c = lambda s:r*s**0;
   ...: wl = lambda t:0*t; wr = lambda t:0*t;
```

Tab. 10.3 Preis einer Asiatischen „fixed strike" Call Option im CEV Modell erhalten mit der Finite-Differenzen-Methode. Der „exakte" Preis ist $V \doteq 1.8848$

L	N	V
7	127	1.863881
8	255	1.879704
9	511	1.883329
10	1023	1.884224
11	2047	1.884447

```
   ...: N = 2**7-1; M = int(np.ceil(0.01*N)); tj = np.arange(0,28)/27;
In [8]: s,w = asiancall_lv(a,b,c,tj,0,100,0,wl,0,400,wr,2,N,M,0.5,2);
In [9]: w[s==100]
Out[9]: array([1.86388107])
```

und, für $N = 2^L - 1$ Gitterpunkte, $L = 7, \ldots, 11$, Tab. 10.3 als Zusammenfassung. $\diamond$

10.5 Cliquet Optionen

Cliquet Optionen sind ein weiteres Beispiel für pfadabhängige Optionen, da die Auszahlung solcher von mehreren Werten $S(t_j)$, $j = 1, \ldots, n$, abhängt. Genauer werden bei Cliquet Optionen auf einen Basiswert zu den n Beobachtungszeitpunkten $0 = t_0 < t_1 < \cdots < t_n = T$ die Periodenrenditen

$$R_j := \frac{S(t_j)}{S(t_{j-1})} - 1, \quad j = 1, \ldots, n$$

respektive die „gestutzten" Periodenrenditen

$$R_j^{f,c} := \max\{\min\{R_j, c_l\}, f_l\} \in [f_l, c_l]$$

betrachtet. Hierin sind f_l und c_l lokaler Floor respektive lokaler Cap. Ist $f_l = -1$, so entfällt das Maximum und wir haben keinen lokalen Floor,

$$R_j^c = \min\{R_j, c_l\}.$$

Ist $c_l = \infty$, so entfällt das Minimum und wir haben keinen lokalen Cap,

$$R_j^f = \max\{R_j, f_l\}\,.$$

Für die Payoff Funktion einer Cliquet Option werden nun die Periodenrenditen $R_j^{f,c}$ aufsummiert und eventuell mit globalem Floor f_g und/oder globalem Cap c_g versehen, das heisst

$$g\big(S(t_0), \cdots, S(t_n)\big) = \max\left\{\min\left\{\sum_{j=1}^{n} R_j^{f,c}, c_g\right\}, f_g\right\}. \tag{10.32}$$

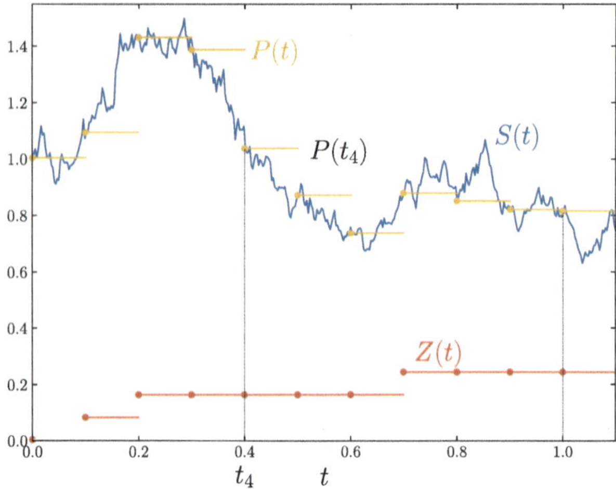

Abb. 10.8 Pfad einer geometrischen Brown'schen Bewegung $S(t)$ (wie in Abb. 10.7) und dazugehörige Prozesse $P(t)$ und $Z(t)$ mit im Intervall $[0, T]$ gleichverteilte Beobachtungszeitpunkte $t_1 < t_2 < \ldots < t_n = T$ ($T = 1$, $n = 10$). Es ist $f_l = 0$, $c_l = 0.08$

Um eine solche Option zu bewerten, definieren wir die stochastischen Prozesse

$$Z(t) = \begin{cases} 0 & 0 \le t < t_1 \\ \sum_{k=1}^{j} R_k^{f,c} & t_j \le t < t_{j+1} \quad j = 1, \ldots, n \end{cases} \tag{10.33}$$

sowie

$$P(t) = S(t_j), \quad t_j \le t < t_{j+1}, \quad j = 0, \ldots, n\,, \tag{10.34}$$

vergleiche mit Abb. 10.8.

Beachten Sie, dass die Prozesse $S(t)$, $P(t)$ und $Z(t)$ unabhängig sind. Weiter gilt

$$\begin{aligned} Z(t_j) &= \overbrace{\sum_{k=1}^{j-1} R_k^{f,c}}^{=Z(t_{j-1})} + R_j^{f,c} \\ &= Z(t_{j-1}) + \max\left\{\min\left\{\frac{S(t_j)}{P(t_{j-1})} - 1, c_l\right\}, f_l\right\} & (10.35) \\ P(t_j) &= S(t_j) & (10.36) \end{aligned}$$

Der Wert der Cliquet Option zum Zeitpunkt $t \le T$ lässt sich nun als Funktion der Variablen $s \in \mathbb{R}^+$, $p \in \mathbb{R}^+$ und $z \in [\min\{0, nf_l\}, nc_l]$ schreiben als $V = V(s, p, z, t)$, mit dem Endwert

$$V(s, p, z, T) = \max\left\{\min\left\{Z(T), c_g\right\}, f_g\right\} =: g(Z)\,.$$

Wegen (10.35), (10.36) und $t_n = T$ ist

$$Z(t_n) = Z(t_{n-1}) + \max\left\{\min\left\{\frac{S(t_n)}{P(t_{n-1})} - 1, c_l\right\}, f_l\right\},$$

das bedeutet: nimmt die Zufallsvariable $Z(t_{n-1})$ den Wert $z \in [\min\{0, (n-1)f_l\}, (n-1)c_l]$, die Zufallsvariable $S(t_n)$ den Wert $s \in \mathbb{R}^+$ und die Zufallsvariable $P(t_{n-1})$ den Wert $p \in \mathbb{R}^+$, so nimmt die Zufallsvariable $Z(t_n)$ den Wert

$$z^+ = z + \max\left\{\min\left\{\frac{s}{p} - 1, c_l\right\}, f_l\right\}$$

an und es gilt

$$V_n(s, p, z, t_n) = g(z^+) .$$

Wir bewegen uns nun in der Zeit rückwärts. Da sich die Prozesse $P(T)$ und $Z(T)$ bis unmittelbar vor dem „nächsten" Beobachtungszeitpunkt t_{n-1} nicht ändern, ist der Optionspreis $V_n(s, p, z, t)$ im Zeitintervall $t \in]t_{n-1}, t_n[$ nicht von p und z, aber natürlich von s abhängig. Der Optionspreis $V_n(s, p, z, t)$ löst im Zeitintervall $[t_{n-1}, t_n[$ die Differentialgleichung

$$\begin{cases} \partial_t V_n + a\partial_{ss} V_n + b\partial_s V_n + cV_n = 0 & \text{in } G \times [t_{n-1}, t_n[\\ V_n(s, p, z, T) = g(z^+) & \text{in } G \end{cases},$$

mit dem Gebiet $G = \mathbb{R}^+ \times \mathbb{R}^+ \times [\min\{0, f_l\}, c_l]$. Nun ist der Optionspreis zum Zeitpunkt t_{n-1} bekannt. Dieser dient als Startwert für den Optionspreis V_{n-1} im Intervall $[t_{n-2}, t_{n-1}[$. Wegen (10.35)–(10.36) gilt zum Zeitpunkt t_{n-1}

$$P(t_{n-1}) = S(t_{n-1}), \quad Z(t_{n-1}) = Z(t_{n-2}) + \max\left\{\min\left\{\frac{S(t_{n-1})}{P(t_{n-2})} - 1, c_l\right\}, f_l\right\};$$

das heisst

$$p^+ = s, \quad z^+ = z + \max\left\{\min\left\{\frac{s}{p} - 1, c_l\right\}, f_l\right\} .$$

Aus Gründen der Arbitragefreiheit muss

$$V_{n-1}(s, p, z, t_{n-1}) = V_n(s, p^+, z^+, t_{n-1})$$

gelten, und der Optionspreis $V_{n-1}(s, p, z, t)$ löst das Problem

$$\begin{cases} \partial_t V_{n-1} + a\partial_{ss} V_{n-1} + b\partial_s V_{n-1} + cV_{n-1} = 0 & \text{in } G \times [t_{n-2}, t_{n-1}[\\ V_{n-1}(s, p, z, t_{n-1}) = V_n(s, p^+, z^+, t_{n-1}) & \text{in } G \end{cases}.$$

Ist der Optionspreis zum Zeitpunkt t_{n-2} bekannt, können wir den Startwert für den Optionspreis V_{n-2} via (10.35)–(10.36) bestimmen und die Differentialgleichung im Intervall $[t_{n-3}, t_{n-2}[$ lösen. So fortfahrend gelangen wir zum letzten Zeitintervall $[0, t_1[$, in welchem wir die Differentialgleichung zum Startwert $V_1(s, p, z, t_1) = V_2(s, p^+, z^+, t_1)$ lösen müssen.

Um den Wert $V_1(s, s, 0, 0)$ der Cliquet Option zu finden, müssen wir daher die n partiellen Differentialgleichungen

$$\begin{cases} \partial_t V_j + a\partial_{ss} V_j + b\partial_s V_j + cV_j = 0 & \text{in } G \times [t_{j-1}, t_j[\\ \qquad V_j(s, p, z, t_j) = V_{j+1}(s, p^+, z^+, t_j) & \text{in } G \end{cases} \tag{10.37}$$

mit

$$p^+ = s, \quad z^+ = z + \max\left\{\min\left\{\frac{s}{p} - 1, c_l\right\}, f_l\right\}$$

lösen. Auch wenn die obigen Differentialgleichungen nur bezüglich s und t gelöst werden müssen, liegen drei Ortsvariablen vor, nämlich s, p und z, wodurch das Problem der Bewertung einer Cliquet Option „dreidimensional" ist. Ist der Koeffizient a aber von der Form $a(s,t) = \frac{1}{2}\sigma^2(t)s^2$ (das Black-Scholes Modell), so lässt sich die Dimension um 1 reduzieren. In der Tat, setzen wir in diesem Fall

$$\tilde{s} = \frac{s}{p},$$

so lösen die Funktionen $v_j = v_j(\tilde{s}, z, t)$ die Sequenz

$$\begin{cases} \partial_t v_j + a\partial_{xx} v_j + b\partial_x v_j + cv_j = 0 & \text{in } G \times [t_{j-1}, t_j[\\ \qquad v_j(\tilde{s}, z, t_j) = v_{j+1}(1, z^+, t_j) & \text{in } G \end{cases} \tag{10.38}$$

mit $z^+ = z + \max\{\min\{\tilde{s} - 1, c_l\}, f_l\}$ und $G = \mathbb{R}^+ \times [\min\{0, nf_l\}, nc_l]$ sowie $a(\tilde{s}, t) = \frac{1}{2}\sigma^2(t)\tilde{s}^2$, $b(\tilde{s}) = (r - q)\tilde{s}$ und $c = -r$.

Wie schon bei Asiatischen Optionen im Abschn. 10.4 erfordert die Stetigkeitsbedingung $v_j(\tilde{s}, z, t_j) = v_{j+1}(1, z^+, t_j)$ eine Interpolation. Hat z den Wertebereich $z \in [z_l, z_r]$, so kann z^+ ausserhalb des Intervalls $[z_l, z_r]$ liegen. Da die Funktion v jedoch nur für $z \in [z_l, z_r]$ bekannt/definiert ist, müssen wir für Werte $z^+ \notin [z_l, z_r]$ extrapolieren. Die Extrapolation kann die Konvergenz der Methode beeinträchtigen. Die Routine cliquet_bs realisiert die Sequenz (10.38) für das Black-Scholes Modell.

Routine 10.5: cliquet_bs.py

```
import numpy as np
from scipy import sparse
from scipy.interpolate import interp1d
from scipy.linalg import solve_banded
from matrixgenerator_BC import matrixgenerator_BC
from get_diagonals import get_diagonals
```

```
def cliquet_bs(sigma,r,q,tj,fl,fg,cl,cg,N,M,theta,omega):
    '''Findet den Wert einer Cliquet Option mit lokalem/globalem Floor/Cap und
    dem Vektor der Beobachtungszeitpunkte tj = [0,t1,..,tn] im Black-Scholes
    Modell. N, M und theta sind die ueblichen Diskretisierungsparameter. Es
    werden ceil(omega*N) Gittepunkte fuer die Variable y verwendet.'''

    # Konstanten/Gitter definieren
    xl = 0; xr = 2; nl = 2; nr = 2; n = len(tj);
    x = np.linspace(xl,xr,N+2); idx = np.where(x[1:-1]==1.0)[0][0];
    Ny = int(np.ceil(omega*N)); yl = (n-1)*min(fl,0); yr = (n-1)*cl;
    y = np.linspace(yl,yr,Ny+2); y = y-y[np.where(y>=0)[0][0]]
    beta = lambda x:1+x-(x>0); diags = (beta(nr),beta(nl))

    # Matrizen I und A definieren
    a = lambda x:-sigma**2*x**2/2; b = lambda x:-(r-q)*x;
    c = lambda x:r*x**0;
    Mat = matrixgenerator_BC([["M2",a],["M1",b],["M0",c]],[nl,nr],xl,xr,N);
    A = Mat[0]+Mat[1]+Mat[2]; I = sparse.eye(N);

    # Anfangsbedingung
    w1 = np.zeros((N,Ny+2));
    for i in range(len(y)): w1[:,i] = max(min(y[i],cg),fg);

    for j in range(n-1,0,-1):
        k = (tj[j]-tj[j-1])/M;
        B = get_diagonals(I+k*theta*A,nl,nr); C = I - (1-theta)*k*A;
        for i in range(N):
            yp = y+max(min(x[1+i]-1,cl),fl);
            w1[i,:] = interp1d(y,w1[idx,:],kind='cubic',bounds_error=False,\
                               fill_value='extrapolate')(yp);

        for i in range(len(y)):
            for l in range(M): w1[:,i] = solve_banded(diags,B,C*w1[:,i]);

    idy = np.where(y==0)[0][0]; w = w1[:,idy]; w = interp1d(x[1:-1],w)(1);
    return w
```

Beispiel 10.6 Wir betrachten eine Cliquet Option mit den Beobachtungszeitpunkten $t_j = j$, $j = 1, \ldots, 5$ sowie $f_l = 0$, $c_l = 0.08$, $f_g = 0.16$ und $c_g = \infty$. Die Modellparameter sind $\sigma = 0.25$, $r = 0.03$ und $q = 0$. Für diese Parameterwerte geben Windcliff, Forsyth und Vetzal [27] den Wert $V_{\text{ex}} \doteq 0.17406$ an. Wir erhalten mit den Eingaben

```
In [10]: sigma = 0.2; r = 0.03; q = 0; tj = np.arange(0,6);
    ...: fl = 0; fg = 0.16; cl = 0.08; cg = 100;
    ...: N = 2**9-1; M = int(np.ceil(0.15*N));
In [11]: w = cliquet_bs(sigma,r,q,tj,fl,fg,cl,cg,N,M,0.5,0.1); w
Out[11]: array(0.17419299)
```

$V \doteq 0.174193$ und, für $N = 2^L - 1$ Gitterpunkte, $L = 8, \ldots, 12$, Tab. 10.4 als Zusammenfassung. Die Konvergenz (in N) ist nur von erster Ordnung. ◇

Die folgenden Betrachtungen lehnen sich an Bergomi [5, 6]. Wir studieren die Abhängigkeit des Werts einer Cliquet Option von der Volatilität. Dazu betrachten wir den

Tab. 10.4 Preis einer Cliquet Option. Der „exakte" Preis ist $V_{ex} \doteq 0.17406$.

L	N	V
8	255	0.174308
9	511	0.174193
10	1023	0.174140
11	2047	0.174101
12	4095	0.174083

sogenannten Reverse Cliquet mit Payoff

$$g = \max\left\{C + \sum_{j=1}^{n} R_j^c, 0\right\}, \quad R_j^c = \min\{R_j, 0\}.$$

Hierin ist C ein Coupon. Weil $\max\{a + x, 0\} = \max\{x, -a\} + a$ gilt, können wir den Payoff auch schreiben als

$$g = \max\left\{\sum_{j=1}^{n} R_j^c, -C\right\} + C$$

und demzufolge den Reverse Cliquet auffassen als ein Portfolio bestehend aus einer Cliquet Option mit $f_l = -1$, $c_l = 0$, $f_g = -C$ und $c_g = \infty$, vergleiche mit (10.32), und einer Nullkoupon-Anleihe mit Nennwert C. Wir setzen nun $t_j = j/12$, $j = 1, \ldots, 12$ (es werden also die Monatsrenditen betrachtet, die Laufzeit der Option ist $T = 1$ Jahr) sowie $C = 0.15$ und $r = q = 0$. Dann bestimmen wir für jedes $\sigma_i = 0.005 + 0.02i$, $i = 0, \ldots, 25$, den Wert V_i der Option mit der Routine cliquet_bs (in welcher wir $N = 2^{12} - 1$, $M = \lceil 0.15N \rceil$, $\theta = 0.5$ und $\omega = 0.1$ setzen). Dann tragen wir die Punkte (σ_i, V_i) in einer Graphik ab und erhalten die Abb. 10.9.

Wir erkennen, dass der Wert der Cliquet Option sehr stark von der Volatilität abhängt: die Cliquet Option ist im Wesentlichen eine Put Option auf die (implizite) Volatilität. Zum Zeitpunkt $t = t_{n-1}$ können wir obigen Payoff schreiben als (da $t_n = T$)

$$g(S(T), S(t_{n-1})) = \max\left\{\widetilde{C} + \min\left\{\frac{S(T)}{S(t_{n-1})} - 1, 0\right\}, 0\right\},$$

mit dem zum Zeitpunkt t_{n-1} bekannten „Coupon"

$$\widetilde{C} = C + \sum_{j=1}^{n-1} R_j^c.$$

Würden wir eine Option mit diesem Payoff zum Zeitpunkt t_{n-1} bewerten (zum Beispiel im Black-Scholes Modell), würden wir für den Wert der Volatilität die zum Zeitpunkt t_{n-1} vorherrschende implizite Volatilität von Optionen mit Restlaufzeit $T - t_{n-1}$ benützen. Zum Zeitpunkt der Emission $t = t_0 = 0$ der Option ist aber diese implizite Volatilität zum

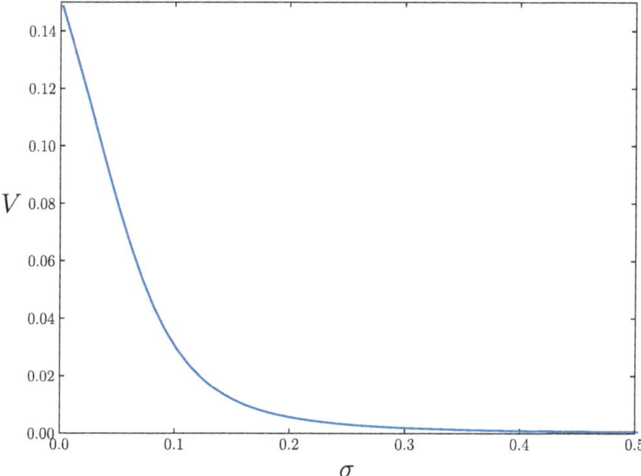

Abb. 10.9 Der Wert V einer Cliquet Option im Black-Scholes Modell in Abhängigkeit der Volatilität σ

Zeitpunkt t_{n-1} unbekannt; zum Zeitpunkt $t = 0$ können wir die implizite Volatilität für Optionen mit Restlaufzeit t_{n-1} und Restlaufzeit T aus Optionspreisen bestimmen. Es ist aber nicht klar, ob und wie die implizite Volatilität $\sigma^{\mathrm{i}}_{T-t_{n-1}}(t_{n-1})$ zum Zeitpunkt t_{n-1} für Optionen mit Restlaufzeit $T - t_{n-1}$ mit den impliziten Volatilitäten $\sigma^{\mathrm{i}}_{t_{n-1}}(t_0)$ und $\sigma^{\mathrm{i}}_T(t_0)$ zum Zeitpunkt t_0 und Restlaufzeiten t_{n-1} respektive T zusammenhängt. Es wird klar, dass wir für ein sinnvolles Bewerten (und Hedging) einer Cliquet Option ein Modell für die zeitliche Entwicklung der Volatilität brauchen, siehe dazu den Abschn. 10.7.

10.6 Lookback Optionen

Lookback Optionen sind pfadabhängig; die Auszahlung einer solcher hängt von dem über einer Zeitperiode realisierten Minimum oder Maximum des Basiswertkurses ab. Für den Basiswertkurs $S(t)$ definieren wir Maximum- und Minimumprozess

$$S_{\max}(t) := \max_{x \in S_t} S(x), \quad S_{\min}(t) := \min_{x \in S_t} S(x) ,$$

mit S_t eine Teilmenge von $\mathbb{R}_0^+$. Ist S_t eine überabzählbare Menge (zum Beispiel das Intervall $S_t = [0, t]$), so spricht man von kontinuierlichem oder stetigem Monitoring. Ist S_t jedoch eine endliche Menge (zum Beispiel die Menge $S_t = \{t_j \mid t_j \leq t\}$ mit $t_0 < t_1 < \ldots < t_J$), so liegt diskretes Monitoring vor. Im Folgenden setzen wir $t_0 = 0$, das heisst der Anfangskurs $S(0)$ wird in der Berechnung des Maximum oder Minimum berücksichtigt. Beachten Sie, dass kontinuierliches Monitoring in der Praxis nicht vorkommen kann.

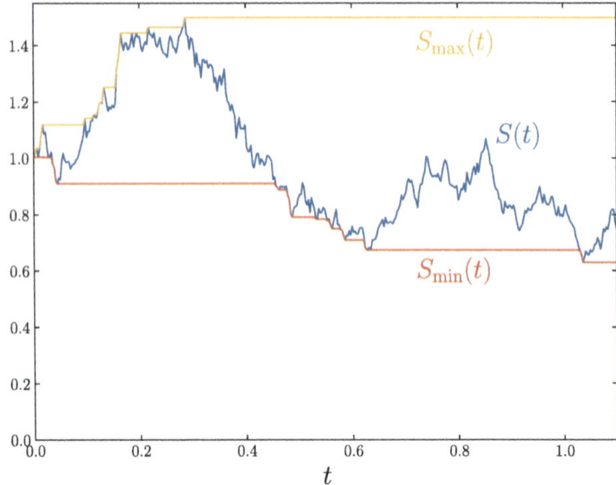

Abb. 10.10 Pfad einer geometrischen Brown'schen Bewegung $S(t)$ (wie in Abb. 10.7) und dazugehöriger Minimum- und Maximumprozess

Tab. 10.5 Auszahlungsfunktion g für Lookback Optionen

	„fixed strike"	„floating strike"
Call	$\max\{S_{\max}(T) - K, 0\}$	$\max\{S(T_2) - \lambda S_{\min}(T_1), 0\}$
Put	$\max\{K - S_{\min}(T), 0\}$	$\max\{\lambda S_{\max}(T_1) - S(T_2), 0\}$

In Abb. 10.10 sind Maximum- und Minimumprozess für eine geometrische Brown'sche Bewegung dargestellt. Wir betrachten zunächst stetiges Monitoring.

Ähnlich zu Asiatischen Optionen unterscheidet man auch bei Lookback-Optionen zwischen „fixed strike" und „floating strike" Optionen; gebräuchliche Payoff sind in Tab. 10.5 zusammengefasst.

Ist der Parameter $\lambda \neq 1$, so liegt eine „partial price" Lookback Option vor. Für Call Optionen ist üblicherweise $\lambda \geq 1$ und für Put Optionen $0 < \lambda \leq 1$. Ist $\lambda > 1$ (Call) und $\lambda < 1$ (Put), so werden die Optionen im Vergleich zum $\lambda = 1$ Fall billiger. Sind die Zeiten $T_1 < T$ und $T_2 < T$ verschieden von der Maturität T der Option, so handelt es sich um eine „partial time" Lookback Option. Wir betrachten hier den Fall $T_2 = T$ und $T_1 \leq T$. Der Maximum- und Minimumprozess wird über dem Zeitintervall $[0, T_1]$ beobachtet; ist $T_1 < T$ entspricht die Option im Zeitintervall $[T_1, T]$ einer Europäischen Option mit (bekanntem) Strike $S_{\min}(T_1)$ oder $S_{\max}(T_1)$. „partial time" Beobachtung reduziert den Wert der Option.

Wir betrachten eine „floating strike" Put Option mit $T_1 = T$ und für $p \in \mathbb{N}^\times$ den Hilfsprozess

$$M_p(t) := \left(\int_0^t S^p(x) \mathrm{d}x \right)^{1/p} . \tag{10.39}$$

Weiter modellieren wir $S(t)$ via

$$\mathrm{d}S(t) = \mu(t) S(t) \mathrm{d}t + \sigma(S(t), t) S(t) \mathrm{d}W(t) ;$$

somit haben wir für den Vektorprozess $\mathbf{X}(t) = (S(t), M_p(t))^\top$ die Gleichung

$$\mathrm{d}\mathbf{X}(t) = \begin{pmatrix} \mathrm{d}X_1(t) \\ \mathrm{d}X_2(t) \end{pmatrix} = \begin{pmatrix} \mathrm{d}S(t) \\ \mathrm{d}M_p(t) \end{pmatrix} = \underbrace{\begin{pmatrix} \mu(t)S(t) \\ \frac{1}{p}\frac{S^p(t)}{M_p^{p-1}(t)} \end{pmatrix}}_{=\mu(\mathbf{X}(t),t)} \mathrm{d}t + \underbrace{\begin{pmatrix} \sigma(S(t),t)S(t) \\ 0 \end{pmatrix}}_{=\sigma(\mathbf{X}(t),t)} \mathrm{d}W(t)\ .$$

Der infinitesimale Generator ist wegen $\boldsymbol{Q} = \boldsymbol{\sigma}\boldsymbol{\sigma}^\top$ und mit $\mathbf{x} = (s, m)^\top$

$$\begin{aligned}
\mathcal{A}(t)f &= \frac{1}{2}\mathrm{tr}[\boldsymbol{Q}(\mathbf{x},t)D^2 f] + \boldsymbol{\mu}(\mathbf{x},t)^\top \nabla f \\
&= \frac{1}{2}\mathrm{tr}\left[\begin{pmatrix} s^2\sigma^2(s,t) & 0 \\ 0 & 0 \end{pmatrix}\begin{pmatrix} \partial_{ss}f & \partial_{sm}f \\ \partial_{ms}f & \partial_{mm}f \end{pmatrix}\right] + \begin{pmatrix} \mu(t)s & \frac{1}{p}\frac{s^p}{m^{p-1}} \end{pmatrix}\begin{pmatrix} \partial_s f \\ \partial_m f \end{pmatrix} \\
&= \frac{1}{2}\sigma^2(s,t)s^2\partial_{ss}f + \mu(t)s\partial_s f + \frac{1}{p}\frac{s^p}{m^{p-1}}\partial_m f\ .
\end{aligned}$$

Um an den Maximumprozess $S_{\max}(t)$ zukommen, müssen wir im Hilfsprozess (10.39) respektive im Generator den Grenzwert $p \to \infty$ durchführen. Es ist zunächst

$$\lim_{p\to\infty} M_p(t) = S_{\max}(t)$$

und $S(t) \le S_{\max}(t)$. Nun kann man zeigen, dass $\lim_{p\to\infty} \frac{1}{p}\frac{s^p}{m^{p-1}} = 0$ für $s \le m$ und $\partial_m f(s,m) = 0$ für $s = m$ gilt. Der Generator für den Prozess $(S(t), S_{\max}(t))$ ist daher

$$\mathcal{A}(t) = \frac{1}{2}\sigma^2(s,t)s^2\partial_{ss} + \mu(t)s\partial_s\ ;$$

nach dem Fundamentalprinzip$_d$ erfüllt der Preis $V = V(s,m,t)$ einer „floating strike" Lookback Put Option daher die Differentialgleichung

$$\begin{cases} \partial_t V + \mathcal{A}(t)V - r(t)V = 0 & \text{in } G \times [0,T[\\ \partial_m V(s,s,t) = 0 & \text{in } [0,T[\\ V(s,m,T) = g(s,m) & \text{in } G \end{cases} \tag{10.40}$$

mit dem Payoff $g(s,m) = \max\{\lambda m - s, 0\}$ und dem Gebiet

$$G = \{(s,m) \mid m \in \mathbb{R}^+,\ s \le m\}\ .$$

Für die entsprechende Call Option gilt die selbe Gleichung, nun jedoch mit $g(s,m) = \max\{s - \lambda m, 0\}$ und dem Gebiet

$$G = \{(s,m) \mid m \in \mathbb{R}^+,\ s \ge m\}\ ,$$

wobei m für den Minimumprozess steht.

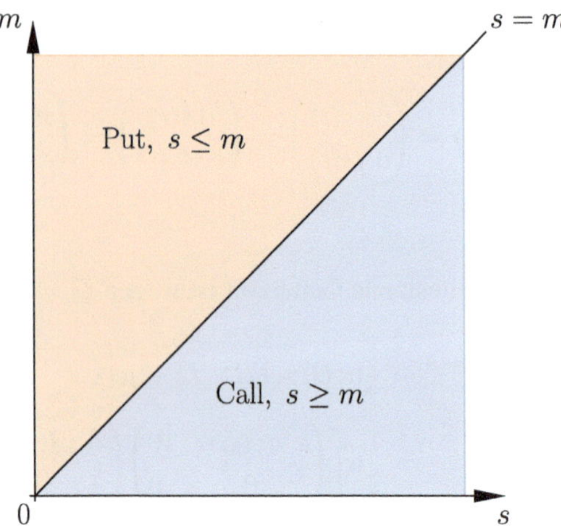

Abb. 10.11 Die partielle Differentialgleichung (10.40) für den Preis $V(s, m, t)$ einer „floating strike" Lookback Option „lebt" über einem Dreiecksgebiet G

Das Bewertungsproblem hat zwei Ortsvariablen (nämlich s und m); da das Gebiet G jedoch kein „Rechteck" ist (vergleiche mit Abb. 10.11), ist die im Abschn. 10.2 entwickelte Finite-Differenzen-Methode für das Bewerten von Lookback Optionen nicht anwendbar. Wir müssen daher das Problem geeignet transformieren; die Transformation hängt von $\sigma(s, t)$ ab. Für eine allgemeine Funktion $\sigma(s, t)$ betrachten wir die neuen Koordinaten (x, y) via

$$x = s, \quad y = \frac{m}{s} \tag{10.41}$$

und definieren

$$V(s, m, t) = u(x, y, t) .$$

Die Differentialgleichung (10.40) für V lautet in Termen von u

$$\begin{cases} \partial_t u + \widetilde{\mathcal{A}}(t)u - r(t)u = 0 & \text{in } \widetilde{G} \times [0, T[\\ \partial_y u(x, 1, t) = 0 & \text{in } [0, T[\\ u(x, y, T) = \widetilde{g}(x, y) & \text{in } \widetilde{G} \end{cases} \tag{10.42}$$

mit dem Payoff $\widetilde{g}(x, y) = x \max\{\lambda y - 1, 0\}$ für eine Put Option, dem Gebiet

$$\widetilde{G} = \{(x, y) \mid x \in \mathbb{R}^+, \ y \geq 1\}$$

sowie dem Operator

$$\begin{aligned} \widetilde{\mathcal{A}}(t) = {} & \frac{1}{2}\sigma^2(x, t)x^2\partial_{xx} + \frac{1}{2}\sigma^2(x, t)y^2\partial_{yy} - \sigma^2(x, t)xy\partial_{xy} \\ & + \mu(t)x\partial_x + \big(\sigma^2(x, t) - \mu(t)\big)y\partial_y . \end{aligned} \tag{10.43}$$

Beispiel 10.7 Wir betrachten eine Call Option im CEV Modell (1.18), es ist also $\sigma(s,t) = \delta s^{\beta-1}$. Weil wir $\mu(t) = r - q$ setzen, ist der Operator $\widetilde{\mathcal{A}}$ in (10.43) insbesondere nicht zeitabhängig und wir können das Bewertungsproblem (10.42) mit der Routine dgl_2d_ah_cs approximativ lösen. Dazu wechseln wir wie immer zur Restlaufzeit und schränken das Gebiet

$$\widetilde{G} = \{(x,y) \mid x \in \mathbb{R}^+,\ y \leq 1\}$$

zum Gebiet $G^e =]0, x_r[\times]0, 1[$ ein. Für die Werte $s_0 = 100$, $\beta = -1$, $\delta = 0.25/(s_0^{\beta-1})$, $r = 0.1$, $q = 0$ und $T = 0.5$ geben Davydov und Linetsky [11] den Preis $V \doteq 17.0049$ an. Für $x_r = 2s_0$, $N_x = 2^7 - 1$, $N_y = 2^9 - 1$ Gitterpunkten in jede Koordinatenrichtung, $M = \lceil 0.1 N_x \rceil$ Zeitschritten mit $\theta = 1$ im Craig-Sneyd-Verfahren findet Python mit einer Extrapolation zur Kante $\{y = 1\}$ den Wert $V(s_0, s_0, 0) = u(s_0, 1, 0) \doteq 17.0045$

```
In [13]: s0 = 100; beta = -1; delta = 0.25/s0**(beta-1); r = 0.1; q = 0;
    ...: a = [lambda x:-delta**2*x**(2*beta)/2,lambda y:y**0,
    ...:      lambda x:-delta**2*x**(2*beta-2)/2,lambda y:y**2,
    ...:      lambda x:delta**2*x**(2*beta-1),lambda y:y];
    ...: b = [lambda x:-(r-q)*x,lambda y:y**0,
    ...:      lambda x:-(delta**2*x**(2*beta-2)-(r-q)*x**0),lambda y:y];
    ...: c = [lambda x:r*x**0,lambda y:y**0,lambda x:0*x,lambda y:0*y];
    ...: g = lambda x,y:x*np.maximum(1-y,0); G = [0,2*s0,0,1]; BC = [1,2,2,1];
    ...: L = 7; Nx = 2**L-1; Ny = 2**(L+2)-1; N = [Nx,Ny];
    ...: M = int(np.ceil(0.1*Nx));
    ...: x,y,w = pde_2d_ah_cs(a,b,c,0.5,g,G,BC,N,M,1);
In [14]: idx = np.where(x[:,0]==s0)[0][0]
    ...: v = interp1d(y[idx,:],w[idx,:],kind='cubic',bounds_error=False,
    ...: fill_value='extrapolate')(1); v
Out[14]: array(17.0044853)
```
◇

Hängt die Funktion $\sigma(s,t)$ jedoch nicht von s ab, so können wir die Dimension der Differentialgleichung (10.40) um 1 erniedrigen. Dazu betrachten wir wiederum die Koordinaten (10.41), nun aber die Funktion u definiert via

$$V(s,m,t) = xu(y,t)\ . \tag{10.44}$$

Wegen

$$\begin{aligned}
\partial_t V &= x\partial_t u \\
\partial_s V &= u + x\partial_y u \frac{-m}{s^2} = u - y\partial_y u \\
\partial_{ss} V &= \partial_y u \frac{-m}{s^2} + \frac{m}{s^2}\partial_y u - y\partial_{yy} u \frac{-m}{s^2} = \frac{1}{x} y^2 \partial_{yy} u
\end{aligned}$$

ergibt sich aus (10.40) die Gleichung für u

$$\begin{aligned}
\partial_t V + \frac{1}{2}\sigma^2(t)s^2\partial_{ss}V + \mu(t)s\partial_s V - r(t)V &= 0 \\
x\partial_t u + \frac{1}{2}\sigma^2(t)x^2\frac{1}{x}y^2\partial_{yy}u + \mu(t)x(u - y\partial_y u) - r(t)xu &= 0
\end{aligned}$$

Da wir die Gleichung durch $x > 0$ teilen können und weil

$$u(y,T) = \frac{1}{x}V(s,m,T) = \frac{1}{x}g(x,m) = \frac{1}{x}\max\{\lambda m - x, 0\} = \max\{\lambda y - 1, 0\} =: \widetilde{g}(y)$$

sowie

$$\partial_m V(s,s,t) = x\partial_y u(1,t)\frac{1}{x} = \partial_y(1,t) = 0$$

ist, haben wir das Bewertungsproblem (10.40) für eine „floating strike" Lookback Put Option in der Tat um eine Dimension reduziert

$$\begin{cases} \partial_t u + \widetilde{\mathcal{A}}(t)u - \big(r(t) - \mu(t)\big)u = 0 & \text{in } \widetilde{G} \times [0,T[\\ \partial_y u(1,t) = 0 & \text{in } [0,T[\\ u(y,T) = \widetilde{g}(y) & \text{in } \widetilde{G} \end{cases} .$$

Hierin ist der Operator $\widetilde{\mathcal{A}}$ gegeben durch

$$\widetilde{\mathcal{A}}(t) = \frac{1}{2}\sigma^2(t)y^2\partial_{yy} - \mu(t)y\partial_y \tag{10.45}$$

und $\widetilde{G}$ ist das Gebiet $\widetilde{G} = \{y \in \mathbb{R}^+ \mid y \geq 1\}$. Man beachte, dass aus der Put Option für V eine Call Option für u geworden ist; $\widetilde{g}$ ist das λ-fache des Payoffs einer Call Option mit Strike $\frac{1}{\lambda}$. Hat übrigens die Funktion $\mu(t)$ die übliche Form $\mu(t) = r(t) - q(t)$, so erhalten wir die klassische Black-Scholes Differentialgleichung (3.7), nun aber die Rollen von r und q vertauscht.

Wir betrachten nun den Fall, für welchen die Lookback-Periode $[0, T_1]$ nicht der Laufzeit der Option entspricht, das heisst $T_1 < T$. Der Payoff (bei T) einer „floating strike" Lookback Option hängt dann von $S_{\min}(T_1)$ oder $S_{\max}(T_1)$ ab. Da sich diese Grösse für $t \in]T_1, T]$ nicht mehr ändert, ist die Option im Intervall $]T_1, T]$ europäisch mit Strike $K = \lambda S_{\min}(T_1)$ für eine Call Option und $K = \lambda S_{\max}(T_1)$ für eine Put Option. Im Intervall $[0, T_1]$ liegt eine Lookback Option vor, jedoch nicht mit Payoff $g(s,m)$ wie (10.40), sondern mit

$$g(s,m) = V_e(s, 0; T - T_1, \lambda m)\ ,$$

wobei wir mit $V_e(s,t;T,K)$ den Wert einer Europäischen Option mit Maturität T und Strike K zum Zeitpunkt $0 \leq t \leq T$ und zum Basiswertkurs $s = S(t)$ bezeichnen.

Um den Preis einer „partial time" Lookback Option zu bestimmen, müssen wir daher zwei Differentialgleichungen lösen. Für das Black-Scholes Modell lauten diese in der

Variable $y = \frac{m}{s}$ und in der üblichen „Zeitumkehrung" $t \mapsto T - t$

$$\begin{cases} \partial_t u_1 - \widetilde{\mathcal{A}}(T-t)u_1 + q(T-t)u_1 = 0 & \text{in } \widetilde{G} \times]0, T - T_1] \\ u_1(y,0) = \widetilde{g}(y) & \text{in } \widetilde{G} \end{cases} \tag{10.46}$$

$$\begin{cases} \partial_t u_2 - \widetilde{\mathcal{A}}(T-t)u_2 + q(T-t)u_2 = 0 & \text{in } \widetilde{G} \times]0, T_1] \\ \partial_y u_2(1,t) = 0 & \text{in }]0, T_1] \\ u_2(y,0) = u_1(y, T - T_1) & \text{in } \widetilde{G} \end{cases}, \tag{10.47}$$

mit dem Operator $\widetilde{A}(t)$ in (10.45) definiert, wobei nun $\mu(t) = r(t) - q(t)$ ist. Für eine „floating strike" Lookback Call Option ist

$$\widetilde{g}(y) = \max\{1 - \lambda y, 0\}, \quad \widetilde{G} = \{y \in \mathbb{R}^+ \mid y \leq 1\} ;$$

für die entsprechende Put Option haben wir

$$\widetilde{g}(y) = \max\{\lambda y - 1, 0\}, \quad \widetilde{G} = \{y \in \mathbb{R}^+ \mid y \geq 1\} .$$

Den Preis V zum Zeitpunkt t einer Lookback Option mit „partial lookback" erhalten wir dann aus u_2 via

$$V(s,m,t) = s u_2(m/s, T_1 - t), \quad t \leq T_1 .$$

In der Praxis treten Lookback Optionen auf, bei welchen die Maximum- oder Minimumbildung nicht stetig über das Zeitintervall $[0,T]$ erfolgt, sondern diskret über eine (endliche) Menge von vordefinierten Zeitpunkten $t_j \in [0,T]$, $j = 0,\ldots,J$. Nun kann man zeigen, dass in diesem Fall die Gleichung (10.40) für Zeiten $t \neq t_j$ immer noch gilt (die homogene Neumann-Randbedinung entfällt), und zu den Zeitpunkten t_j eine Stetigkeitsbedingung erfüllt ist. Genauer löst der Preis $V(s,m,t) = V_1(s,m,t)$ mit $0 \leq t \leq t_1$ für $j = 1,\ldots,J+1$ die folgende Sequenz von $J+1$ partiellen Differentialgleichungen

$$\begin{cases} \partial_t V_j + \mathcal{A}(t)V_j - r(t)V_j = 0 & \text{in } G \times [t_{j-1}, t_j[\\ V_j(s,m,t_j) = V_{j+1}(s, f(s,m), t_j) & \text{in } G \end{cases} \tag{10.48}$$

mit $V_{J+2}(s, f(s,m), t_{J+1}) = g(s,m)$, $t_0 = 0$ und $t_{J+1} = T$. Die Funktion $f(s,m)$ ist optionsabhängig. Für eine Put Option ist $f(s,m) = \max\{s,m\}$, für eine Call Option ist $f(s,m) = \min\{s,m\}$. Das Gebiet G in (10.48) ist wegen der Extremumsbildung über eine endliche Menge von Zeitpunkten nicht mehr ein Dreieck wie im Falle des kontinuierlichen Monitoring, sondern das (einfachere) Rechtecksgebiet $(s,m) \in G = \mathbb{R}^+ \times \mathbb{R}^+$ sowohl für Put als auch Call Optionen (überlegen Sie sich warum). Es kann sein, dass $t_J = t_{J+1}$ ist, das heisst die Maturität gehört zur Menge der Beobachtungszeitpunkte. In diesem Fall ist das Intervall $[t_J, t_{J+1}]$ leer und die entsprechende Differentialgleichung entfällt.

Tab. 10.6 Werte einer „fixed strike" Lookback Put Option mit J Beobachtungszeitpunkten im CEV Modell

J	SMF	FDM
52	14.5430	14.5404
104	14.8864	14.8833
252	15.1910	15.1869
504	15.3542	15.3491
1008	15.4709	15.4645

Beispiel 10.8 Wir betrachten eine „fixed strike" Put Option mit J gleichverteilten Beobachtungszeitpunkten $t_j = \frac{j}{J}T$ im Intervall $[0, T]$ im CEV Modell (1.18), es ist also $\sigma(s,t) = \delta s^{\beta-1}$. Weil wir $\mu(t) = r - q$ setzen, ist der Operator $\mathcal{A}$ in (10.48) insbesondere nicht zeitabhängig und wir können das Bewertungsproblem mit der Routine pde_2d_ah_cs approximativ lösen. Dazu wechseln wir wie immer zur Restlaufzeit und schränken das Gebiet G zum Gebiet $G^e =]0, s_r[\times]0, m_r[$ ein. Übrigens ist der Payoff dieser Option nach Tab. 10.5 gegeben durch $g(s,m) = \max\{K - m, 0\}$; hier steht m für das Minimum, so dass wir in (10.48) $f(s,m) = \min\{s,m\}$ benützen müssen. Für die Werte $s_0 = 100$, $K = 105$ $\beta = 0.5$, $\delta = 0.25/(s_0^{\beta-1})$, $r = 0.1$, $q = 0$, $T = 0.5$ geben Sesana, Marazzina und Fusai [24] die Optionspreise in Abhängigkeit von J in Tab. 10.6 an (Spalte mit „SMF" bezeichnet). Jede der J Differentialgleichungen (10.48) lösen wir für $s_r = 2s_0$, $m_r = 2s_0$ und $N_x = N_y = 2^{10} - 1$ Gitterpunkten in jede Koordinatenrichtung sowie $M = \lceil 2/JN_x \rceil$ Zeitschritten mit $\theta = 0.5$ im Craig-Sneyd-Verfahren, siehe die Routine lookbackdiscrete_cev. Diese Wahl der Anzahl Zeitschritte sorgt dafür, dass die Summe aller Zeitschritte konstant bleibt. ◇

Routine 10.6: lookbackdiscrete_cev.py

```
import numpy as np
from pde_2d_ah_cs import pde_2d_ah_cs
from scipy.interpolate import interpn

def lookbackdiscrete_cev(s0,beta,delta,r,q,T,K,Tau,omega,L):
    '''Findet den Wert (t = 0) einer Lookback Option mit diskretem Monitoring
    zu den Zeitpunkten Tau = [t1,t2,...,tJ] im CEV Modell; simga(s) =
    delta*s^(beta-1). Fuer K = -1 wird eine floating strike Put (omega = -1)
    oder Call (omega = 1) bewertet; ist K>=0, wird eine fixed strike Option
    betrachtet.'''

    J = len(Tau); Tau = np.hstack((0,Tau)); tau = np.diff(Tau);
    G = np.asarray([0,2,0,2])*s0;
    a = [lambda x:-0.5*delta**2*x**(2*beta),lambda y:y**0,lambda x:0*x,\
        lambda y:0*y,lambda x:0*x,lambda y:0*y];
    b = [lambda x:-(r-q)*x,lambda y:y**0,lambda x:0*x,lambda y:0*y];
    c = [lambda x:r*x**0,lambda y:y**0,lambda x:0*x,lambda y:0*y];

    if K>=0: # fixed strike
        g = lambda x,y:np.maximum(omega*(y-K),0); BC = [2,2,2,2];
        f = lambda x,y:np.maximum(x,y)*(omega==1)+np.minimum(x,y)*(omega==-1);
    else: # floating strike
        g = lambda x,y:np.maximum(omega*(x-y),0);
        BC = [0,1,2,1]*(omega==1)+[2,1,1,2]*(omega==-1);
```

```
    f = lambda x,y:np.minimum(x,y)*(omega==1)+np.maximum(x,y)*(omega==-1);

Nx = 2**L-1; Ny = 2**L-1; N = [Nx,Ny]; M = int(np.ceil(2/J*Nx));
theta = 0.5;

x,y,w = pde_2d_ah_cs(a,b,c,T-Tau[-1],g,G,BC,N,M,theta);

for j in range(1,J+1):
    g = lambda x,y: interpn((x[:,0],y[0,:]),w,(x,f(x,y)))
    x,y,w = pde_2d_ah_cs(a,b,c,tau[J-j],g,G,BC,N,M,theta);

V = interpn((x[:,0],y[0,:]),w,(s0,s0))
return V
```

Im Black-Scholes Fall kann die Dimension des Problems (10.48) wiederum um 1 reduziert werden. Unter der Transformation $V_j(s,m,t) = xu_{J+2-j}(y, T-t)$ wie in (10.44) mit x, y wie in (10.41) und dem Wechsel zur Restlaufzeit ergibt sich für $j = 1, \ldots, J+1$

$$\begin{cases} \partial_t u_j - \widetilde{\mathcal{A}}(T-t)u_j + r(T-t)u_j = 0 & \text{in } \widetilde{G} \times]0, \tau_j] \\ \qquad\qquad u_j(y,0) = u_{j-1}(\widetilde{f}(y), \tau_j) & \text{in } \widetilde{G} \end{cases} \tag{10.49}$$

mit $u_0(x, \widetilde{f}(y), \tau_0) = \widetilde{g}(y)$, $\widetilde{G} = \mathbb{R}^+$, $\widetilde{\mathcal{A}}$ wie in (10.45) und $\tau_j = t_{J+2-j} - t_{J+1-j}$. Weiter ist $\widetilde{f}(y) = \max\{1, y\}$ für eine Put Option und $\widetilde{f}(y) = \min\{1, y\}$ für eine Call Option. Der gesuchte Optionspreis ergibt sich dann aus $V(s,m,t) = xu_{J+1}(y, \tau_{J+1} - t)$, $0 \le t \le t_1$.

Im Black-Scholes Fall existiert eine Formel zur Berechnung einer Lookback Option mit diskretem Monitoring, diese beinhaltet, wie zum Beispiel die Bewertungsformel für Barriere-Optionen mit diskreter Barriere-Beobachtung im Abschn. 6.4, die kumulierte Verteilungsfunktion der d-dimensionalen Normalverteilung $\Phi_{\mu,\Sigma,d}$, $d = 1, \ldots, J+1$, siehe Heynen und Kat [21]. Üblicherweise wird die Verteilungsfunktion für grosse d (also für grosse J) via Monte Carlo-Methoden ausgewertet; dies ist zeitintensiv. In der Routine lookbackfls_bs realisieren wir die Lösungen der Probleme (10.46)–(10.47) und (10.49) für zeitunabhängige Parameter.

Routine 10.7: lookbackfls_bs.py

```
import numpy as np
from pde_1d_a_theta import pde_1d_a_theta
from scipy.interpolate import interp1d

def lookbackfls_bs(s,m,sigma,r,q,lam,T1,T,Tau,omega,N,M,R):
    '''Findet approximativ den Wert einer 'floating strike' Lookback Option
    mit stetigem oder diskretem Monitoring im Black-Scholes Modell. Die
    Lookback Periode ist [0,T1] mit T1 <= T und T die Maturitaet der Option.
    Der Payoff ist

    g = max(0,s - lam*m), lam >= 1 fuer einen Call (omega = 1)
    g = max(0,lam*m - s), lam <= 1 fuer einen Put (omega = -1)

    wobei m = m_0^T1 das Minimum (Call) oder das Maximum (Put) entweder ueber
    dem Intervall [0,T1] (stetiges Monitoring) oder ueber der Menge
```

```
Tau = [t1,t2,...,tJ] (diskretes Monitoring) mit 0 < t1 < t2 ... < tJ <= T
ist. Ist Tau = []; so wird stetiges Monitoring verwendet.'''

a = lambda x:-sigma**2/2*x**2; b = lambda x:-(q-r)*x; c = lambda x:q*x**0;
g = (lambda x:np.maximum(lam*x-1,0)*(omega==-1)+
     np.maximum(1-lam*x,0)*(omega==1));
J = len(Tau); Tau = np.hstack((0,Tau));

if J>0: # diskretes Monitoring
    xr = 4;
    x,w = pde_1d_a_theta(a,b,c,T-Tau[-1],0,lambda t:0*t,3,xr,\
                         lambda t:0*t,2,g,N,M,R,0.5);
    idx = np.where(x==1)[0][0];
    for j in range(1,J+1):
        if omega == -1:
            w[0:idx] = w[idx];
        else:
            w[idx:] = w[idx];

        g = lambda x:w;
        x,w = pde_1d_a_theta(a,b,c,Tau[-j]-Tau[-1-j],0,\
                             lambda t:0*t,3,xr,lambda t:0*t,2,g,N,M,R,0.5);

else: # stetiges Monitoring im Intervall [0,T1]
    if omega == 1: # Call
        if T1<T:
            # loese die Differentialgleichungen fuer u1, u2
            x,w = pde_1d_a_theta(a,b,c,T-T1,0,lambda t:0*t,2,5,\
                                 lambda t:0*t**0,0,g,N,M,R,0.5);
            h = 1/(N+1); xx = np.linspace(h,1-h,N);
            w = interp1d(x,w,kind='cubic',bounds_error=False,\
                         fill_value='extrapolate')(xx);
            x,w = pde_1d_a_theta(a,b,c,T1,0,lambda t:0*t,2,1,\
                                 lambda t:0*t,1,lambda x:w,N,M,R,0.5);
        else:
            x,w = pde_1d_a_theta(a,b,c,T,0,lambda t:0*t,2,1,\
                                 lambda t:0*t,1,g,N,M,R,0.5);

    else: # Put
        xl = 0; xr = 6;
        if T1<T:
            # loese die Differentialgleichungen fuer u1, u2
            x,w = pde_1d_a_theta(a,b,c,T-T1,xl,lambda t:0*t,0,xr,\
                                 lambda t:0*t**0,2,g,N,M,R,0.5);
            h = (xr-1)/(N+1); xx = np.linspace(1+h,xr-h,N);
            w = interp1d(x,w,kind='cubic',bounds_error=False,\
                         fill_value='extrapolate')(xx);
            x,w = pde_1d_a_theta(a,b,c,T1,1,lambda t:0*t,1,xr,\
                                 lambda t:0*t,2,lambda x:w,N,M,R,0.5);
        else:
            x,w = pde_1d_a_theta(a,b,c,T,1,lambda t:0*t,1,xr,\
                                 lambda t:0*t,2,g,N,M,R,0.5);

V = interp1d(x,w,kind='linear',bounds_error=False,\
             fill_value='extrapolate')(m/s)*s;
return V
```

Tab. 10.7 Werte einer „floating strike" Lookback Put Option mit J Beobachtungszeitpunkten

J	AL	FDM	MC	f
5	10.0642	10.06422	10.06419	0.01
10	11.3977	11.39771	11.39727	0.40
20	12.4446	12.44457	12.44572	4.42
40	13.2393	13.23933	13.23829	215.4
80	13.8294	13.82936	–	–
160	14.2609	14.26085	–	–

Beispiel 10.9 Wir rechnen einige Preise in Aitsahlia und Lai [2] nach und betrachten eine „floating strike" Lookback Put Option mit Maturität $T = 0.5$ und diskretem Monitoring. Die Beobachtungszeitpunkte sind $t_j = \frac{j}{J}T$, $j = 0, 1, \ldots, J$. Weiter ist $\sigma = 0.3$, $r = 0.1$, $q = 0$ sowie $s = m = 100$. In der Tab. 10.7 bezeichnen wir mit „AL" die Werte von Aitsahlia und Lai, mit „FDM" die Werte aus der Routine lookbackfls_bs und mit „MC" die Werte aus der Lösungsformel von Heynen und Kat [21], realisiert mit Python's `multivariate_normal.cdf`, um die Verteilungsfunktion der multivariaten Normalverteilung auszuwerten. Mit $f := t_{\text{CPU}}^{\text{MC}} / t_{\text{CPU}}^{\text{FDM}}$ bezeichnen wir das Verhältnis zwischen den Rechenzeiten der Monte Carlo-Methode und der Finite-Differenzen-Methode. Zum Beispiel ist für $J = 40$ Beobachtungszeitpunkte die Berechnung des Optionspreise via dem Lösen der partiellen Differentialgleichungen (10.49) ca. 215 mal schneller als die Verwendung der Monte Carlo-Methode.

Wir machen noch einige Bemerkungen zur Tab. 10.7 respektive zu den Werten in dieser. Die Werte in Spalte „AL" sind die Werte aus Tabelle 3, „Recursive integration ($\delta = 0.001$)" in Aitsahlia und Lai. Um die „FDM"-Werte zu bestimmen, verwenden wir $N = 2^{13} - 1$ Gitterpunkte und $M = \lceil \alpha N \rceil$ Zeitschritte ($R = 0$), mit $\alpha = 0.05$ für $J \in \{5, 10, 20\}$, $\alpha = 0.02$ für $J \in \{40, 80\}$ und $\alpha = 0.01$ für $J = 160$. Um die Werte in der Spalte „MC" zu erhalten, verwenden wir in Pythons's `multivariate_normal.cdf` eine „absolute Fehlertoleranz" `abseps` von 10^{-7} und eine „relative Fehlertoleranz" `releps` von 10^{-4}. ◇

Das Beispiel 10.9 zeigt, dass eine Lookback Option umso teurer wird, je mehr Beobachtungszeitpunkte zur Minimum- oder Maximumsbildung verwendet werden. In Abb. 10.12 stellen wir die Abhängigkeit des Optionspreises von der Anzahl Beobachtungszeitpunkte graphisch dar. Dazu verwenden wir die selben Parameterwerte wie im Beispiel 10.9; der Punkt (•) stellt den Fall $J = 160$ dar. Wir bemerken, dass der Grenzwert $J \to \infty$ dem kontinuierlichem Monitoring entspricht; für diese Wahl der Parameter ist der Wert der „floating strike" Lookback Put Option mit Lookback-Periode $[0, T]$ gegeben als $V_\infty \doteq 15.3526$.

Als Anwendung betrachten wir nun die Bewertung des Produkts definiert in Tab. 1.1. Dieses zahlt dem Halter bei Maturität $S_{\max}(T) - S_{\min}(T)$ aus. Ist in der zweiten Spalte der Tab. 10.5 $T_1 = T_2 = T$ und $\lambda = 1$, so ist offenbar der Payoff einer „floating strike" Call Option gegeben durch $S(T) - S_{\min}(T)$ (die Maximumsbildung ist unnötig,

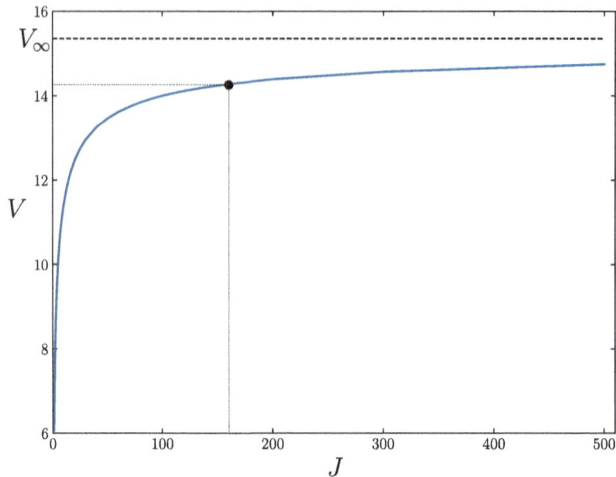

Abb. 10.12 Der Preis V einer „floating strike" Lookback Option hängt nichtlinear von der Anzahl der Beobachtungszeitpunkte J ab

da $S(T) \geq S_{\min}(T)$) und der Payoff einer „floating strike" Put Option ist gegeben durch $S_{\max}(T) - S(T)$ (die Maximumsbildung ist wiederum unnötig, da $S_{\max}(T) \geq S(T)$). Der Payoff des Produkts ist somit

$$\begin{aligned} S_{\max}(T) - S_{\min}(T) &= \big(S_{\max}(T) - S(T)\big) + \big(S(T) - S_{\min}(T)\big) \\ &= V_{p,\text{fls}}(s, m, T) + V_{c,\text{fls}}(s, m, T) , \end{aligned}$$

der Emissionspreis des Produkts entspricht daher $V_{p,\text{fls}}(s, s, 0) + V_{c,\text{fls}}(s, s, 0)$ (für den Put steht die Variable m für das Maximum, für den Call steht die Variable m für das Minimum). Wir bestimmen den Preis des Produkts einmal für das Black-Scholes- und einmal für das CEV Modell; beide Modelle haben wir an den Datensatz in Tab. 1.2 kalibriert. Wir erhalten folgende Werte, vergleiche auch mit Tab. 10.8

```
In [16]: s = 6248.2; sigma = 0.2774; r = 0.00934; q = 0;
    ...: T = 0.25; J = 63; Tau = np.arange(1,J+1)/J*T;
    ...: N = 2**13-1; M = int(np.ceil(0.02*N));
    ...: Vbs_p = lookbackfls_bs(s,s,sigma,r,q,1,T,T,Tau,-1,N,M,0)
    ...: Vbs_c = lookbackfls_bs(s,s,sigma,r,q,1,T,T,Tau,1,N,M,0)
    ...: beta = -1.742752; delta =  6.925875e9;
```

Tab. 10.8 Der Preis der „floating strike" Put Option ist im CEV Modell ca. 11 % tiefer als im Black-Scholes Modell, der Preis der „floating strike" Call Option ca. 10 % höher

Modell	$V_{p,\text{fls}}(s, s, 0)$	$V_{c,\text{fls}}(s, s, 0)$
Black-Scholes	646.41	613.94
CEV	573.46	677.57

```
   ...: Vcev_p = lookbackdiscrete_cev(s,beta,delta,r,q,T,-1,Tau,-1,10)
   ...: Vcev_c = lookbackdiscrete_cev(s,beta,delta,r,q,T,-1,Tau,1,10)
In [17]: Vbs_p, Vbs_c, Vcev_p[0], Vcev_c[0]
Out[17]: (646.4055460111308, 613.9379407035211, 573.4584554971497, 677.5654670385214)
```

Somit ist der Emissionspreis des Produkts im Black-Scholes Modell $V \doteq 1260.35 = 0.2071S(0)$ und im CEV Modell $V \doteq 1251.02 = 0.2002S(0)$. Die Preise der einzelnen „floating strike" Optionen weichen in den beiden Modellen mehr als 10 % voneinander ab, da die Abweichungen aber unterschiedliche Vorzeichen haben ist der Wert des Produkts schlussendlich nur schwach modellabhängig.

10.7 Stochastische Volatilität

Wir betrachten Optionen auf einen Basiswert. Zusätzliche Zufallsvariablen (oder „Dimensionen" im Bewertungsproblem) ergeben sich dadurch, dass wir nun die Volatilität stochastisch modellieren.

10.7.1 Das Heston Modell

Im Black-Scholes Modell wird angenommen, dass die Volatilität σ des Basiswertkurses $S(t)$ konstant ist. Im Abschn. 1.3 haben wir gesehen, dass diese Annahme nicht erfüllt ist. Im CEV Modell (siehe Abschn. 1.4) wird die Volatilität als *deterministische* Funktion $\sigma(s)$ des stochastischen Basiswertkurses modelliert. Nun kann man diesen Ansatz erweitern, indem man annimmt, dass die Volatilität selbst auch *stochastisch* ist. Ein Modell der stochastischen Volatilität ersetzt in der Differentialgleichung für die zeitliche Entwicklung des Basiswertkurses (geometrische Brown'sche Bewegung)

$$\mathrm{d}S(t) = \mu S(t)\mathrm{d}t + \sigma S(t)\mathrm{d}W(t), \quad S(0) = s$$

die konstante Volatilität $\sigma > 0$ durch eine stochastische Volatilität, das heisst

$$\mathrm{d}S(t) = \mu S(t)\mathrm{d}t + \sigma(t)S(t)\mathrm{d}W(t)\,, \tag{10.50}$$

wobei der Prozess $\sigma(t)$ geschrieben werden kann als

$$\sigma(t) = q\big(V(t)\big)$$

mit q eine gegebene Funktion und $V(t)$ ein Prozess implizit definiert durch eine stochastische Differentialgleichung. Im Modell von Heston [20] modelliert der Prozess $V(t)$ die Varianz, so dass die Volatilität

$$\sigma(t) = q(V(t)) = \sqrt{V(t)} \tag{10.51}$$

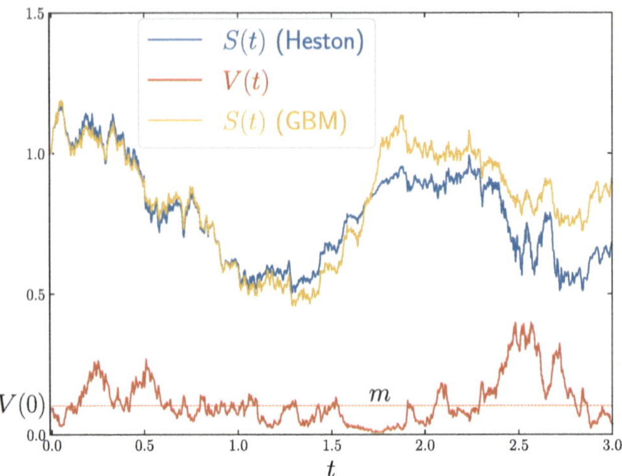

Abb. 10.13 Möglicher Pfad eines Aktienkurses $S(t)$ im Heston Modell mit dazugehörigem Varianzprozess $V(t)$. Zum Vergleich ist der selbe Pfad (–) der entsprechenden geometrischen Brown'schen Bewegung (mit konstanter Volatilität $\sigma = \sqrt{V(0)}$) dargestellt, vergleiche auch mit Abb. 1.1. Parameter sind $S(0) = 1$, $V(0) = 0.3^2$, $\mu = 0.1, \kappa = 5, m = 0.1, \delta = 0.8$ und $\rho = -0.7$

ist. Die Varianz des Basiswertes folgt der stochastischen Differentialgleichung

$$\mathrm{d}V(t) = \kappa\big(m - V(t)\big)\mathrm{d}t + \delta\sqrt{V(t)}\mathrm{d}\widetilde{W}(t), \quad V(0) = v > 0 , \tag{10.52}$$

$(\kappa, m, \delta > 0)$ wobei noch angenommen wird, dass die Brown'schen Bewegungen W und $\widetilde{W}$ korreliert sind, das heisst

$$\widetilde{W}(t) = \rho W(t) + \sqrt{1-\rho^2}\widehat{W}(t) , \tag{10.53}$$

mit $W(t)$, $\widehat{W}(t)$ unabhängig. Dieses Modell für die Varianz ist auch unter dem Namen CIR-Modell[7] bekannt, welches bei der Modellierung von Zinssätzen zur Anwendung kommt, vergleiche mit Kap. 12. Wir fassen die beiden Prozesse $S(t)$, $V(t)$ zum Vektorprozess $\mathbf{X}(t) = (S(t), V(t))^\top$ zusammen, vergleiche mit Abb. 10.13.

Unter einem risikoneutralen Wahrscheinlichkeitsmass folgt $\mathbf{X}(t)$ der stochastischen Differentialgleichung

$$\begin{pmatrix}\mathrm{d}S(t)\\ \mathrm{d}V(t)\end{pmatrix} = \underbrace{\begin{pmatrix}(r-q)S(t)\\ \kappa\big(m - V(t)\big)\end{pmatrix}}_{=\mu(\mathbf{X}(t))}\mathrm{d}t + \underbrace{\begin{pmatrix}\sqrt{V(t)}S(t) & 0\\ \rho\delta\sqrt{V(t)} & \sqrt{1-\rho^2}\delta\sqrt{V(t)}\end{pmatrix}}_{\sigma(\mathbf{X}(t))}\begin{pmatrix}\mathrm{d}W(t)\\ \mathrm{d}\widehat{W}(t)\end{pmatrix} . \tag{10.54}$$

[7] Der CIR-Prozess ist benannt nach den Amerikanern J.C. Cox, J.E. Ingersoll und S.A. Ross. Der Prozess wurde allerdings bereits 1951 von W. Feller (kroatisch-amerikanischer Mathematiker, 1906–1970) eingeführt und studiert.

Diese ist somit ein Spezialfall von (10.2); die Kovarianzmatrix ist daher ($\mathbf{x} = (s, v)$)

$$\boldsymbol{Q}(\mathbf{x}) = \boldsymbol{\sigma}(\mathbf{x})\boldsymbol{\sigma}(\mathbf{x})^\top = \begin{pmatrix} vs^2 & \rho\delta vs \\ \rho\delta vs & \delta^2 v \end{pmatrix} . \tag{10.55}$$

Der Preis $V(\mathbf{x}, t) = V(s, v, t)$ einer Option mit Auszahlungsprofil $g(s)$ im Heston Modell löst nach dem Fundamentalprinzip$_d$ die partielle Differentialgleichung

$$\begin{cases} \partial_t V + \frac{1}{2}s^2 v \partial_{ss} V + \frac{1}{2}\delta^2 v \partial_{vv} V + \rho\delta s v \partial_{sv} V & \\ \quad + (r-q)s\partial_s V + \kappa(m-v)\partial_v V - rV = 0 & \text{in } G \times [0, T[\\ \qquad\qquad\qquad\qquad V(s, v, T) = g(s) & \text{in } G \end{cases} \tag{10.56}$$

mit $G = \mathbb{R}^+ \times \mathbb{R}^+$, vergleiche mit der Aufgabe 10.7. Um die Gleichung (10.56) mit Hilfe von finiten Differenzen lösen zu können, müssen wir wie immer das unbeschränkte Gebiet G einschränken zu einem beschränkten Gebiet $G^e =]s_l, s_r[\times]v_l, v_r[$ und Bedingungen am Rand von $\overline{G^e}$ setzen. Die Randbedingungen hängen vom Typ der Option ab. Betrachten wir zum Beispiel eine Put Option mit Ausübungspreis K, verwenden wir die neue Variablen $x := s$ und $y := v$ und wechseln wir zur Restlaufzeit $T - t$, so ist das vorliegende Problem ein Spezialfall der partiellen Differentialgleichung (10.12) mit den Koeffizienten

$$\begin{aligned} a_1(x, y) &= -\frac{1}{2}x^2 y, & a_2(x, y) &= -\frac{1}{2}\delta^2 y, & a_3(x, y) &= -\rho\delta x y \\ b_1(x, y) &= -(r-q)x, & b_2(x, y) &= -\kappa(m-y), & c(x, y) &= r \end{aligned}$$

und dem Startwert $w(x, y, 0) = g(x, y) = \max\{K - x, 0\}$. Wir bemerken, dass die Koeffizienten auch für dieses Problem die Produktstruktur (10.13) haben. Als Randbedingungen RB in (10.12) auf dem Gebiet

$$G^e = [x_l, x_r[\times [y_l, y_r[= [0, x_r[\times [0, y_r[$$

wählen wir intrinsische auf den Kanten $\{x = 0\}$ und $\{y = 0\}$, homogene Dirichlet-Bedingung auf der Kante $\{x = x_r\}$ sowie homogene Neumann-Bedingung auf der Kante $\{y = y_r\}$. Somit liegen auf allen Kanten homogene Randbedingungen vor; dass wir keine Bedingung auf den Kanten $\{x = 0\}$ und $\{y = 0\}$ setzen, müssen wir kurz erläutern. Wir betrachten zunächst die Kante $\{x = 0\}$ respektive $\{s = 0\}$ Aus (B.18) folgt, dass wir keine Randbedingung benötigen, falls

$$-b_1(0, y) + \partial_x a_1(0, y) + \frac{1}{2}\partial_y a_3(0, y) = 0 \geq 0 .$$

Die Bedingung ist erfüllt; die Differentialgleichung (10.56) gilt auch für $s = 0$ und lautet da (für $w = w(0, y, t)$)

$$\begin{cases} \partial_t w - \frac{1}{2}\delta^2 y \partial_{yy} w - \kappa(m - y)\partial_y w + rw = 0 & \text{in } G \times]0, T[\\ w(0, v, 0) = g(0) & \text{in } G \end{cases}.$$

Für eine Put Option ist $g(0) = K$; wir können uns leicht davon überzeugen, dass $w(0, y, t) = Ke^{-rt}$ eine Lösung dieser Differentialgleichung ist. Das ist dieselbe Randbedingung wie für einen Put im Black-Scholes Modell (vergleiche zum Beispiel mit (6.11)); es ist intuitiv klar, dass die Randbedingung nicht von der Varianz y abhängt.

Wir betrachten jetzt die Kante $\{y = 0\}$ respektive $\{v = 0\}$. Wir benötigen keine Randbedingung, falls (vergleiche mit (B.19), wir müssen jedoch die negativen Koeffizienten betrachten)

$$-b_2(x, 0) + \frac{1}{2}\partial_x a_3(x, 0) + \partial_y a_2(x, 0) = \kappa m - \frac{1}{2}\delta^2 \geq 0 \Rightarrow 2\kappa m \geq \delta^2$$

gilt. Die Ungleichung $2\kappa m > \delta^2$ wird in der Literatur auch als Feller-Bedingung bezeichnet. Man kann zeigen, dass der Varianz-Prozess $V(t)$ dann positive Werte annimmt ($V(t) > 0$ für eine Varianz ist entscheidend), wenn die Feller-Bedingung erfüllt ist. Ist diese nicht erfüllt, kann der Prozess auch den Wert null annehmen. Die Differentialgleichung (10.56) gilt also für $v = 0$, wenn die Feller-Bedingung erfüllt ist, und wir müssen keine Randbedingung setzen. Ekström und Tysk [14] zeigen, dass die Gleichung für $v = 0$ auch dann gilt, wenn die Feller-Bedingung nicht erfüllt ist, dies können wir im Beispiel 10.10 numerisch bestätigen.

Da auf allen Kanten homogene Randbedingungen vorliegen, können wir die Routine pde_2d_ah_cs zur Bewertung einer Option im Heston Modell verwenden.

Beispiel 10.10 Wir betrachten eine Europäische Put Option mit Ausübungspreis $K = 10$ und Maturität $T = 0.5$. Modellparameter sind $\delta = 0.9749$, $\rho = -0.6055$, $\kappa = 1.8335$, $m = 0.1219$ sowie $r = 0.01$, $q = 0$. Beachten Sie, dass die Feller-Bedingung $2\kappa m > \delta^2$ nicht erfüllt ist. Wir setzen $G^e = [0, 40[\times [0, 2[$ und bestimmen den maximalen Fehler im Gebiet $]0, 20[\times [0, 0.5[$ jeweils für $N_1 = N_2 = 2^L - 1$ innere Gitterpunkte mit $L = 5, \ldots, 9$ und $M = \lceil 0.15 N_1 \rceil$ Zeitschritte, wobei $\theta = 0.5$ ist. Der Fehler lässt sich dadurch bestimmen, dass wir eine semi-analytische Formel für die Bestimmung des Optionspreises zu Verfügung haben. Für $L = 7$ haben wir folgende Eingaben in Python

```
In [18]: delta = 0.9749; rho = -0.6055; kappa = 1.8335; m = 0.1219; r = 0.01; q = 0;
    ...: K = 10; N = 2**7-1; M = int(np.ceil(0.15*N));
    ...: a = [lambda x:-x**2/2,lambda y:y,lambda x:-delta**2/2*x**0,
    ...: lambda y:y,lambda x:-rho*delta*x,lambda y:y];
    ...: b = [lambda x:-(r-q)*x,lambda y:y**0,lambda x:x**0,lambda y:-kappa*(m-y)];
    ...: c = [lambda x:r*x**0,lambda y:y**0,lambda x:0*x,lambda y:0*y];
    ...: g = lambda x,y:np.maximum(K-x,0)*y**0; G = [0,40,0,2];
    ...: x,y,w = pde_2d_ah_cs(a,b,c,0.5,g,G,[3,1,3,1],[N,N],M,0.5);
```

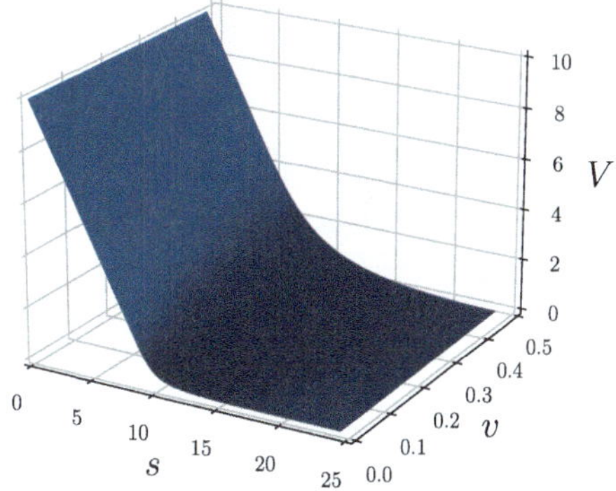

Abb. 10.14 Wert $V(s, v, 0)$ einer Put Option nach dem Heston Modell. Numerische Lösung der partiellen Differentialgleichung (10.56)

Tab. 10.9 Auch für das Heston Modell liegt Konvergenz erster Ordnung vor; $N = (N_1 + 1)(N_2 + 1) = 2^{2L}$

L	N	e	t_{CPU}
5	1024	0.09271690	0.06
6	4096	0.02927572	0.10
7	16 384	0.00670614	0.38
8	65 536	0.00164578	2.67
9	262 144	0.00039601	18.76
10	1 048 576	0.00010449	148.7

und es ergibt sich die Abb. 10.14; die Konvergenz ist wiederum linear (vergleiche mit der Tab. 10.9). ◇

Vom vorgestellten Heston Modell weiss man, dass es den Volatilitäts-Smile von Optionen mit kurzen Laufzeiten nicht gut wiedergeben kann, wenn man das Modell an Marktpreise von Optionen mit unterschiedlichen Laufzeiten kalibriert, vergleiche hierzu zum Beispiel mit Tab. 15.1 für einen solchen Datensatz. Es stellt sich daher die Frage, wie man das Heston Modell so erweitern kann, dass das erweiterte Modell auch für kurze Laufzeiten einen realistischen Volatilitäts-Smile produziert. Hierzu werden in der Literatur verschiedene Ansätze diskutiert. Zum Beispiel kann man die Parameter κ, m und δ des CIR-Prozesses im Heston Modell als deterministische Funktionen in t modellieren. Oder man betrachtet den risikolosen stetigen Zinssatz r als stochastische Grösse (vergleiche dazu auch mit dem Abschn. 12.3). Eine andere Möglichkeit besteht darin, dass man einen zusätzlichen stochastischen Prozess zur Modellierung der Varianz betrachtet. Das bedeutet, dass man im Modell (10.50) nicht mehr $S(t)\sqrt{V(t)}\mathrm{d}W(t)$ betrachtet, sondern $S(t)(\sqrt{V_1(t)}\mathrm{d}W_1(t) + \sqrt{V_2(t)}\mathrm{d}W_2(t))$. Dieses Modell wird „Double Heston Modell" genannt. Eine weitere Erweiterung ergibt sich dadurch, dass man zum Diffusionsprozess, welcher den Aktienkurs modelliert, Sprünge hinzufügt. Dies führt auf das Bates Modell, welches wir im Abschn. 10.7.3 behandeln. Wie schon im Kap. 9 zu Sprungmodellen gesehen, führt die Hinzunahme eines Sprungprozesses dazu, dass die Bewertungsgleichung im Bates Modell eine partielle Integro-Differentialgleichung ist. Im nächsten Abschnitt modellieren wir die Korrelation ρ in (10.53) als einen zusätzlichen stochastischen Prozess. Die entsprechende Bewertungsgleichung hat drei Raumdimensionen.

Tab. 10.10 Mögliche Funktionen a und b in (10.57). $\kappa_Z, \delta_Z > 0, m_Z \in]-1, 1[$

Modell	$a(z)$	$b(z)$	Bedingungen für $Z(t) \in [-1, 1]$
OU	$\kappa_Z(m_Z - z)$	δ_Z	$\frac{\sqrt{\kappa_Z}(\pm 1 - m_Z)}{\delta_Z} \to \pm\infty$
Jacobi	$\kappa_Z(m_Z - z)$	$\delta_Z\sqrt{1 - z^2}$	$\kappa_Z > \frac{\delta_Z^2}{1 \pm m_Z}$

10.7.2 Das Heston Modell mit stochastischer Korrelation

In diesem Abschnitt verfolgen wir die Erweiterung des Heston Modells nach Teng et al. [26] (siehe insbesondere auch die darin zitierten Arbeiten), indem wir die konstante Korrelation ρ zwischen den Brown'schen Bewegungen $W(t)$ und $\widetilde{W}(t)$, die den Aktienkurs $S(t)$ respektive den Varianzprozess $V(t)$ treiben, ersetzen durch einen stochastischen Prozess $Z(t) \in [-1, 1]$. Der Prozess Z ist gegeben durch die stochastische Differentialgleichung

$$\mathrm{d}Z(t) = a\big(Z(t)\big)\mathrm{d}t + b\big(Z(t)\big)\mathrm{d}W_Z(t), \quad Z(0) = z \tag{10.57}$$

mit deterministischen Funktionen $a: [-1, 1] \to \mathbb{R}$ und $b: [-1, 1] \to \mathbb{R}$. Da Z eine Korrelation darstellen soll, sind die Funktionen a, b so zu wählen/definieren, dass $Z(t) \in [-1, 1]$ für alle $t \geq 0$; dies ist nicht-trivial. In Teng et al. [26] werden zwei Modelle für Z in (10.57) vorgeschlagen. Im ersten Modell ist $Z(t)$ ein sogenannter Ornstein-Uhlenbeck (OU) Prozess (vergleiche zum Beispiel mit dem Vasicek Modell im Abschn. 12.2 zu Zinsmodellen), im zweiten folgt $Z(t)$ einem Jacobi Prozess[8], vergleiche mit Tab. 10.10. In dieser geben wir auch Bedingungen (an die Modellparameter κ_Z, m_Z und δ_Z) an, welche $Z(t) \in [-1, 1]$ für alle $t \geq 0$ sicherstellen. In Abb. 10.15 sind mögliche Pfade eines Jacobi Prozesses $Z(t)$ für $t \in [0, 3]$ dargestellt. Am Ende dieses Abschnitts betrachten wir eine weitere Anwendung eines Jacobi Prozesses im Zusammenhang mit dem Heston Modell.

[8] Benannt nach dem deutschen Mathematiker Carl Gustav Jacobi (1804–1851). Ein Jacobi Prozess $X(t)$ ist definiert via der SDE

$$\mathrm{d}X(t) = \kappa\big(m - X(t)\big)\mathrm{d}t + \delta\sqrt{X(t)(1 - X(t))}\mathrm{d}W(t), \quad X(0) = x \in [0, 1]\,.$$

Dieser Prozess ist nach Jacobi benannt, weil die Eigenfunktionen des infinitesimalen Generators $\mathcal{A} = \frac{1}{2}\delta^2 x(1 - x)\partial_{xx} + \kappa(m - x)\partial_x$ von X gegeben sind durch Jacobi-Polynome. Beachten Sie, dass sich X (noch) nicht zur Modellierung einer Korrelation eignet, da $X(t) \in [0, 1]$. Setzt man jedoch $Z = 2X - 1$, so löst Z die SDE

$$\mathrm{d}Z(t) = \kappa(\widetilde{m} - Z(t))\mathrm{d}t + \delta\sqrt{1 - Z(t)^2}\mathrm{d}W(t), \quad Z(0) = z \in [-1, 1]\,,$$

mit $\widetilde{m} = 2m - 1$, und kann nun zur Modellierung einer Korrelation verwendet werden.

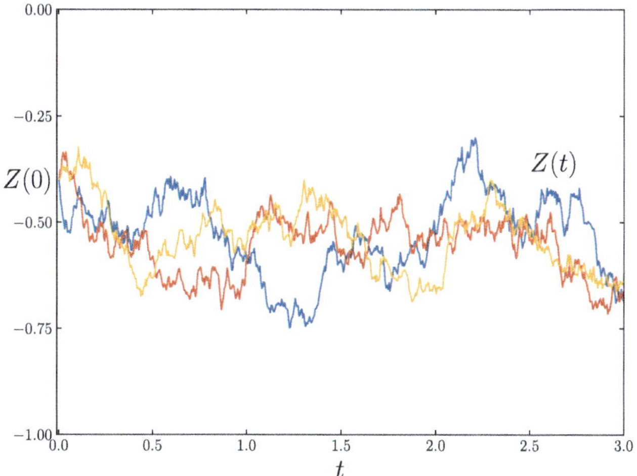

Abb. 10.15 Mögliche Pfade eines Jacobi-Prozesses (10.57) mit $a(z) = \kappa_Z(m_Z - z)$, $b(z) = \delta_Z\sqrt{1-z^2}$. Parameter sind: $Z(0) = -0.4$, $\kappa_Z = 3.5$, $m_Z = -0.55$, $\delta_Z = 0.25$

Die bivariate Prozess $\mathbf{X}(t) = (S(t), V(t))^\top$ im Heston Modell (10.54) wird nun zum trivariaten Prozess $\mathbf{X}(t) = (S(t), V(t), Z(t))^\top$ erweitert. $\mathbf{X}(t)$ löst das System

$$\begin{pmatrix} \mathrm{d}S(t) \\ \mathrm{d}V(t) \\ \mathrm{d}Z(t) \end{pmatrix} = \begin{pmatrix} (r-q)S(t) \\ \kappa(m - V(t)) \\ a(Z(t)) \end{pmatrix} \mathrm{d}t + \begin{pmatrix} \sqrt{V(t)}S(t) & 0 & 0 \\ 0 & \delta\sqrt{V(t)} & 0 \\ 0 & 0 & b(Z(t)) \end{pmatrix} \mathbf{L}\mathrm{d}\mathbf{W}(t) \tag{10.58}$$

mit $\mathbf{L}$ die Cholesky-Zerlegung der Korrelationsmatrix der Brown'schen Bewegungen $W(t)$, $\widehat{W}(t)$ und $W_Z(t)$, also

$$\mathbf{L}\mathbf{L}^\top = \begin{pmatrix} 1 & Z(t) & \rho_1 \\ Z(t) & 1 & \rho_2 \\ \rho_1 & \rho_2 & 1 \end{pmatrix},$$

vergleiche zum Beispiel mit Aufgabe 10.2. Beachten Sie, dass die Brown'schen Bewegungen $W_i(t)$ in $\mathbf{W}(t) = (W_1(t), W_2(t), W_3(t))^\top$ unabhängig sind. Der Preis $V(\mathbf{x}, t) = V(s, v, z, t)$ einer Option mit Payoff $g(s)$ im Modell (10.58) löst nach dem Fundamentalprinzip$_d$ die parabolische Differentialgleichung

$$\begin{cases} \partial_t V + \mathcal{A}V - rV = 0 & \text{in } G \times [0, T[\\ V(\mathbf{x}, T) = g(s) & \text{in } G \end{cases},$$

mit dem Gebiet $G = \mathbb{R}^+ \times \mathbb{R}^+ \times]-1, 1[$ und dem infinitesimalen Generator

$$\begin{aligned}\mathcal{A} &= \frac{1}{2}s^2 v\partial_{ss} + \frac{1}{2}\delta^2 v\partial_{vv} + \frac{1}{2}b(z)^2\partial_{zz} \\ &\quad + \delta svz\partial_{sv} + \rho_1 s\sqrt{v}b(z)\partial_{sz} + \rho_2\delta\sqrt{v}b(z)\partial_{vz} \\ &\quad + (r-q)s\partial_s + \kappa(m-v)\partial_v + a(z)\partial_z\,.\end{aligned}$$

Wie in Teng et al. [26] setzen wir im Folgenden $\rho_2 = 0$, das heisst die Prozesse $V(t)$ und $Z(t)$ sind unabhängig. Um die obige Differentialgleichung zu lösen, müssen wir wie immer zur Restlaufzeit wechseln und das Gebiet G einschränken auf G^e. Ähnlich zum Heston Modell wählen wir $G^e = [0, s_r[\times[0, v_r[\times]-1, 1[$, das heisst wir setzen keine Bedingungen an den Kanten $\{s = 0\}$ und $\{v = 0\}$. Weiter setzen wir homogene Neumann-Bedingungen auf den Kanten $\{s = s_r\}$ und $\{v = v_r\}$ und homogene zweite Ableitungen (nach z) auf den Kanten $\{z = \pm 1\}$. Damit ist das Bewertungsproblem im Heston Modell mit stochastischer Korrelation ein Spezialfall des Problems (10.21) (wo noch $s = x$ und $v = y$ zu setzen ist); die Spezifikation der Funktionen a_i^x, a_i^y, a_i^z, b_j^x, b_j^y, b_j^z sowie c^x, c^y und c^z ist offensichtlich und wir können die Routine pde_3d_ah_cs zur Bewertung verwenden, vergleiche mit der Routine callput_hestonstochcorrel.

Routine 10.8: callput_hestonstochcorrel.py

```
import numpy as np
from pde_3d_ah_cs import pde_3d_ah_cs
from scipy.interpolate import interpn

def callput_hestonstochcorrel(s0,param,Zmodel,g,T,r,q,G,N,M):
    '''Findet approximativ den Wert V einer Europaeischen Option mit Payoff
    g und Maturitaet T im Heston Modell mit stochastischer Korrelation. Der
    Varianz Prozess ist wie im Heston Modell

    dV(t) = kappav(mv-V(t))dt + deltav*dW_V(t), V(0) = v0

    Der Korrelationsprozess Z(t) ist entweder ein OU-Prozess (Zmodel = 'OU')

    dZ(t) = kappaz(mz-Z(t))dt + deltaz*dW_Z(t), Z(0) = z0

    oder ein Jacobi-Prozess (Zmodel = 'Jac')

    dZ(t) = kappaz(mz-Z(t))dt + deltaz*sqrt(1-Z(t)^2)*dW_Z(t), Z(0) = z0

    Die Korrelationen der Prozesse S(t), V(t) und Z(t) sind

    dW_S(t)dW_Z(t) = rho2*dt, dW_V(t)dW_Z(t) = rho1*dt
    dW_S(t)dW_V(t) = Z(t)*dt

    param ist eine Liste, welche die Modellparameter beinhaltet,

    param = [kappav,mv,deltav,v0,kappaz,mz,deltaz,z0,rho1,rho2];

    s0 ist der aktuelle Wert des Underlying, r und q sind stetiger Riskfree
    und stetige Dividendenrendite. Die Bewertungsgleichung wird auf dem
```

```
    Gebiet [0,sr[ x [0,vr[ x ]-1,1[ geloest, mit G der Liste G = [sr,vr].
    Es werden N = [N1,N2,N3] Gitterpunkte (in den einzelnen Koordinatenricht.)
    und M Zeitschritte (Craig-Sneyd mit theta = 0.5) verwendet.'''

    kappaz = param[4]; mz = param[5]; deltaz = param[6];
    af = lambda x:kappaz*(mz-x);

    if 'OU' in Zmodel:
        bf = lambda x:deltaz*x**0; # OU
    else:
        bf = lambda x:deltaz*np.sqrt(1-x**2); # Jacobi

    kappav = param[0]; mv = param[1]; deltav = param[2];
    rho1 = param[8]; rho2 = param[9];

    a1x = lambda x:-x**2/2; a1y = lambda y:y; a1z = lambda z:z**0;
    a2x = lambda x:x**0; a2y = lambda y:-deltav**2*y/2; a2z = lambda z:z**0;
    a3x = lambda x:x**0; a3y = lambda y:y**0; a3z = lambda z:-bf(z)**2/2;
    a4x = lambda x:-x; a4y = lambda y:deltav*y; a4z = lambda z:z;
    a5x = lambda x:-x; a5y = lambda y:np.sqrt(y); a5z = lambda z:rho1*bf(z);
    a6x = lambda x:x**0; a6y = lambda y:-deltav*np.sqrt(y);
    a6z = lambda z:rho2*bf(z);
    b1x = lambda x:-(r-q)*x; b1y = lambda y:y**0; b1z = lambda z:z**0;
    b2x = lambda x:x**0; b2y = lambda y:-kappav*(mv-y); b2z = lambda z:z**0;
    b3x = lambda x:x**0; b3y = lambda y:y**0; b3z = lambda z:-af(z);
    cx = lambda x:r*x**0; cy = lambda y:y**0; cz = lambda z:z**0;

    a = [a1x,a1y,a1z,a2x,a2y,a2z,a3x,a3y,a3z,a4x,a4y,a4z,a5x,a5y,a5z,\
         a6x,a6y,a6z];
    b = [b1x,b1y,b1z,b2x,b2y,b2z,b3x,b3y,b3z]; c = [cx,cy,cz];
    payoff = lambda x,y,z:g(x)*y**0*z**0; G = [0,G[0],0,G[1],-1,1];
    BC = [3,1,3,1,2,2];
    x,y,z,w = pde_3d_ah_cs(a,b,c,T,payoff,G,BC,N,M,0.5);

    v0 = param[3]; z0 = param[7];
    V = interpn((x[:,1,0],y[1,:,0],z[0,1,:]),w,(s0,v0,z0));

    return V
```

Beispiel 10.11 Wir betrachten eine Call Option (mit Strike $K = 100$ und Laufzeit $T = 5$) im Heston Modell mit stochastischer Korrelation, welche via eines Jacobi Prozesses modelliert wird. Die Modell-Parameter sind

$$\{\kappa, m, \delta, v_0, \kappa_Z, m_Z, \delta_Z, z_0, \rho_1, \rho_2\} = \{2.1, 0.03, 0.2, 0.02, 3.5, -0.55, 0.18, -0.4, \rho_1, 0\}$$

mit $\rho_1 \in \{-0.2, 0, 0.2\}$; wir setzen $r = q = 0$. Für $s_0 = 100$ und $\rho_1 = 0$ finden wir eine implizite Volatilität von $\sigma^{\mathrm{I}} \doteq 16.75\,\%$, Teng et al. [25] geben $\sigma^{\mathrm{I}} = 16.71\,\%$ an.

```
In [19]: s0 = 100; r = 0; q = 0; K = 100; rho1 = 0;
    ...: param = [2.1,0.03,0.2,0.02,3.5,-0.55,0.18,-0.4,rho1,0];
    ...: Zmodel = 'Jac'; T = 5;G = [3*s0,0.5]; L = np.array([6,5,5]);
    ...: N = 2**L-1; M = int(np.ceil(0.1*max(N)));
    ...: g = lambda x:np.maximum(x-K,0);
    ...: V = callput_hestonstochcorrel(s0,param,Zmodel,g,T,r,q,G,N,M);
In [20]: display(impl_vola(V[0],s0,K,T,r,q,1,0.2))
0.16746269385436233
```

Tab. 10.11 Implizite Volatilität nach dem Heston Modell mit stochastischer Korrelation. Für Optionen weit aus dem Geld stimmen unsere Werte (FDM) nicht mehr so gut mit den MC-Werten überein, sie liegen aber durchaus im Intervall [MC − Std, MC + Std] mit einer Standardabweichung Std = 0.30 (siehe Teng et al. [25])

	$K = 40$			$K = 100$			$K = 160$		
ρ_1	−0.2	0	0.2	−0.2	0	0.2	−0.2	0	0.2
σ^{i} (MC)	19.27	19.25	19.33	16.75	16.71	16.79	15.35	15.41	15.46
σ^{i} (FDM)	19.28	19.28	19.27	16.75	16.75	16.74	15.55	15.56	15.56

Wir wiederholen obige Rechnung für andere Strikes und andere Werte der Korrelation ρ_1 und fassen die Resultate in der Tab. 10.11 zusammen. In dieser entsprechen die Werte in der Zeile „MC" den von Teng et al. [25] via einer Monte Carlo Simulation berechneten Werte. ◇

Wir kommen zur angekündigten zweiten Anwendung eines Jacobi Prozesses. Im Heston Modell wird die instantane Varianz $V(t)$ modelliert als CIR Prozess, d. h.

$$\mathrm{d}V(t) = \kappa\big(m - V(t)\big)\mathrm{d}t + \sigma\big(V(t)\big)\mathrm{d}W(t), \qquad V_0 = v > 0$$

mit $\sigma(v) = \delta\sqrt{v}$. Ackerer et al. [1] erweitern das Heston Modell, indem sie die Funktion

$$\sigma(v) = \delta\sqrt{Q(v)}, \qquad Q(v) = \frac{(v - v_{\min})(v_{\max} - v)}{(\sqrt{v_{\max}} - \sqrt{v_{\min}})^2} \tag{10.59}$$

zusammen mit $V(0) = v \in [v_{\min}, v_{\max}]$ verwenden[9]. Hierin sind $0 \leq v_{\min} < v_{\max}$ zwei durch Kalibrierung zu findende Parameter. Die Funktion Q hat die Eigenschaft $Q(v) \leq v$ mit Gleichheit $Q(v) = v$ genau dann, wenn $v = \sqrt{v_{\min} v_{\max}}$, siehe dazu die Aufgabe 10.8. Durch diese Wahl folgt die instantane Varianz $V(t)$ einem Jacobi Prozess; man kann zeigen, dass $V(t) \in [v_{\min}, v_{\max}]$ für alle $t \geq 0$. Der bivariate Prozess $\mathbf{X}(t) = (S(t), V(t))^\top$ im Heston Modell (10.54) wird nun durch

$$\begin{aligned}\begin{pmatrix}\mathrm{d}S(t)\\ \mathrm{d}V(t)\end{pmatrix} &= \begin{pmatrix}(r-q)S(t)\\ \kappa\big(m - V(t)\big)\end{pmatrix}\mathrm{d}t\\ &\quad + \begin{pmatrix}\rho\sqrt{Q(V(t))}S(t) & \sqrt{V(t) - \rho^2 Q(V(t))}S(t)\\ \delta\sqrt{Q(V(t))} & 0\end{pmatrix}\begin{pmatrix}\mathrm{d}W(t)\\ \mathrm{d}\widehat{W}(t)\end{pmatrix}\end{aligned} \tag{10.60}$$

ersetzt. Die Matrix $\boldsymbol{Q}$ (10.55) des Heston Modells wird daher zu ($\mathbf{x} = (s, v)$)

$$\boldsymbol{Q}(\mathbf{x}) = \begin{pmatrix} vs^2 & \rho\delta Q(v)s\\ \rho\delta Q(v)s & \delta^2 Q(v)\end{pmatrix};$$

[9] Es ist nach wie vor $\kappa, \delta > 0$, aber neu $m \in]v_{\min}, v_{\max}]$.

in der Bewertungsgleichung (10.56) müssen wir daher in den Koeffizientenfunktionen zu ∂_{sv} und ∂_{vv} den Faktor v ersetzen durch $Q(v)$. Zusätzlich ist das Gebiet $G = \mathbb{R}^+ \times \mathbb{R}^+$ zu ersetzen durch $G = \mathbb{R}^+ \times]v_{\min}, v_{\min}[$, da die Varianz ja nun beschränkt ist. Zur numerischen Lösung müssen wir daher das Gebiet G nur bezüglich s einschränken. Ähnlich wie im Heston Modell diskutieren wir nun kurz, ob wir auf den Kanten $\{v = v_{\min}\}$ und $\{v = v_{\max}\}$ Randbedingungen setzen müssen. Nach dem Beispiel B.3 müssen wir keine Bedingung auf $\{v = v_{\min}\}$ setzen, falls die Ungleichung

$$\kappa(m - v_{\min}) - \frac{1}{2}\delta^2 Q'(v_{\min}) \geq 0$$

gilt; ebenso benötigen wir keine Bedingung auf $\{v = v_{\max}\}$ setzen, falls

$$\kappa(m - v_{\max}) - \frac{1}{2}\delta^2 Q'(v_{\max}) \leq 0$$

erfüllt ist.[10] Weil $Q'(v) = (-2v + v_{\min} + v_{\max})/(\sqrt{v_{\max}} - \sqrt{v_{\min}})^2$ ist, erhalten wir aus obigen Ungleichungen die Bedingung

$$\delta^2 \frac{v_{\max} - v_{\min}}{(\sqrt{v_{\max}} - \sqrt{v_{\min}})^2} \leq 2\kappa \min\{m - v_{\min}, v_{\max} - m\} \tag{10.61}$$

vergleiche auch mit Ackerer et al. [1]. Ist diese verletzt, müssen wir Bedingungen auf den Kanten $\{v = v_{\min}\}$ und $\{v = v_{\max}\}$ setzen. Da wir homogene Bedingungen setzen, können wir die auf G^e eingeschränkte Differentialgleichung mit der Routine pde_2d_ah_cs lösen, vergleiche mit der Aufgabe 10.9.

10.7.3 Das Bates Modell

Das Modell von Bates [4] ist eine Kombination des Heston und Merton Modells, in dem zur ersten Komponente des Systems (10.54) ein zusammengesetzter Poisson Prozess mit Intensität λ und relativen Sprüngen Y_j wie in (9.7) addiert wird. Um die entsprechende partielle Integro-Differentialgleichung numerisch zu lösen, wechseln wir zum log-Preis $x = \ln(s)$ und zur Restlaufzeit $T - t$. Der Preis $v(x, y, t) := V(e^x, y, T - t)$ einer Option

[10] Im vorliegenden Fall ist $\Omega =]0, x_r[\times]y_l, y_r[\times]0, T[$, mit $y_l = v_{\min}$ und $y_r = v_{\max}$. Da die Funktion $\boldsymbol{v}^\top \mathbf{A}(\mathbf{y})\boldsymbol{v}$ für y_l und y_r Null ist, ist die Fichera-Funktion $\beta(x, y, t)$ zu untersuchen für $y = y_l$ und $y = y_r$. Dies liefert die beiden genannten Ungleichungen.

mit Auszahlungsfunktion $g(s)$ löst die Gleichung (y ist die Varianzkoordinate)

$$\begin{cases} \partial_t v - \frac{1}{2} y \partial_{xx} v - \frac{1}{2}\delta^2 y \partial_{yy} v - \rho\delta y \partial_{xy} v - \left(r - q - \lambda\kappa_J - \frac{1}{2} y\right)\partial_x v & \\ \qquad -\kappa(m-y)\partial_y v + (r+\lambda)v - \int_{\mathbb{R}} v(x+z,y,t)\nu(\mathrm{d}z) = 0 & \text{in } G \times]0,T] \\ \qquad\qquad v(x,y,0) = g(e^x) & \text{in } G \end{cases} \tag{10.62}$$

welche eine Kombination der Gleichungen (9.12) und (10.56) darstellt. In (10.62) ist $G = \mathbb{R} \times \mathbb{R}^+$, $\nu(\mathrm{d}z) = \lambda d(z)\mathrm{d}z$ sowie $\kappa_J := \mathbb{E}[Y_j] = \mathbb{E}[e^{X_j} - 1]$ und $d(z)$ die Dichte der X_j. Im Bates Modell sind die X_j wie im Merton Modell normalverteilt (9.13), wir können aber auch das Kou Modell verwenden, in welchem d wie in (9.14) ist. Zur numerischen Lösung schränken wir G ein zu $G^e =]x_l, x_r[\times[0, y_r[$ und setzen homogene Dirichlet Randbedingungen auf den Kanten $\{x = x_l\}$ und $\{x = x_r\}$. Wie im Heston Modell setzen wir keine Bedingung auf der Kante $\{y = 0\}$ und eine homogene Neumann-Bedingung auf der Kante $\{y = y_r\}$. Bei der Finite-Differenzen-Diskretisierung entsteht die Matrix $\mathbf{A} = \mathbf{A}^s + \mathbf{A}^d$, mit der dünn besetzten Matrix $\mathbf{A}^s$ wie in (10.17) und mit

$$\mathbf{A}^d := -\lambda \mathbf{I} \otimes \mathbf{M}^j = -\lambda \begin{pmatrix} \mathbf{M}^j & & & \\ & \mathbf{M}^j & & \\ & & \ddots & \\ & & & \mathbf{M}^j \end{pmatrix} \in \mathbb{R}^{N_1(N_2+1)\times N_1(N_2+1)} . \tag{10.63}$$

Hierin ist $\mathbf{I} \in \mathbb{R}^{(N_2+1)\times(N_2+1)}$ die Einheitsmatrix und $\mathbf{M}^j \in \mathbb{R}^{N_1 \times N_1}$ ist wie in (9.16). Wir wenden wiederum das Craig-Sneyd Verfahren (10.28) an (für $d = 2$); wie schon im Kap. 9 wollen wir aus Geschwindigkeitsgründen das Hantieren mit der vollbesetzten Matrix $\mathbf{M}^j$ vermeiden. Die dünn besetzte Matrix $\mathbf{A}^s$ wird im Craig-Sneyd Verfahren aufgespalten in $\mathbf{A}^s = \mathbf{A}_1^s + \mathbf{A}_2 + \mathbf{A}_0$; da der Sprungteil bezüglich der x-Koordinate operiert, ergibt sich die Aufspaltung der Matrix $\mathbf{A}$ im Bates Modell zu

$$\mathbf{A} = \underbrace{\mathbf{A}_1^s + \mathbf{A}_1^d}_{=\mathbf{A}_1} + \mathbf{A}_2 + \mathbf{A}_0 ,$$

mit $\mathbf{A}_1^s$ wie in (10.23) und $\mathbf{A}_1^d = \mathbf{A}^d$ wie in (10.63). Im Craig-Sneyd Verfahren müssen wir (unter anderem) in jedem Zeitschritt zweimal ein Gleichungssystem der Form

$$(\mathbf{I} + k\theta\mathbf{A}_1)\mathbf{x} = \mathbf{x}_0 + k\theta\mathbf{A}_1\mathbf{w}_j$$

lösen. Dies erledigen wir wie in (9.20) iterativ via

$$(\mathbf{I} + k\theta\mathbf{A}_1^s)\mathbf{x}^\ell = -k\theta\mathbf{A}_1^d\mathbf{x}^{\ell-1} + \mathbf{x}_0 + k\theta\mathbf{A}_1^s\mathbf{w}_j + k\theta\mathbf{A}_1^d\mathbf{w}_j, \quad \ell = 0, 1, 2, \ldots$$

Die Matrixmultiplikationen $\mathbf{A}_1^d \mathbf{x}^{\ell-1}$ und $\mathbf{A}_1^d \mathbf{w}_j$ wollen wir wiederum mit einer schnellen Fourier-Transformation durchführen. Dies ist so zunächst nicht möglich, da die Matrix $\mathbf{A}_1^d$ in (10.63) keine Toeplitz-Matrix ist. Wegen der speziellen Form von $\mathbf{A}_1^d$ können wir aber die Multiplikation eines Vektors $\mathbf{z}$ der Länge $N_1(N_2+1)$ mit $\mathbf{A}_1^d$ auffassen als (N_2+1) Multiplikationen geeigneter Untervektoren der Länge N_1 von $\mathbf{z}$ mit der Matrix $-\lambda\mathbf{M}^j$; jede dieser Multiplikationen kann mit der Routine 9.3 toepmult durchgeführt werden. Dies führt auf eine „tensorierte" Version der Routine toepmult; die resultierende Routine, welche die Multiplikation $\mathbf{A}_1^d\mathbf{z} = -\lambda(\mathbf{I}\otimes\mathbf{M}^j)\mathbf{z}$ mit einer FFT erledigt, nennen wir toepmult_kron. Übrigens ist in jedem Zeitschritt des Craig-Sneyd Verfahren das Produkt $(\mathbf{I}-k\mathbf{A})\mathbf{w}_j$ zu bilden; auch hier betrachten wir die Aufspaltung

$$(\mathbf{I}-k\mathbf{A})\mathbf{w}_j = \big(\mathbf{I}-k(\mathbf{A}_1^s+\mathbf{A}_2+\mathbf{A}_0)\big)\mathbf{w}_j - k\mathbf{A}_1^d\mathbf{w}_j$$

und führen die Multiplikation $\mathbf{A}_1^d\mathbf{w}_j$ mit toepmult_kron durch.

Die Routine pide_2d_ah_cs löst die PIDE

$$\begin{cases} \partial_t w + a_1(x,y)\partial_{xx}w + a_2(x,y)\partial_{yy}w + a_3(x,y)\partial_{xy}w & \\ \qquad +b_1(x,y)\partial_x w + b_2(x,y)\partial_y w + c(x,y)w & \\ \qquad\qquad -\displaystyle\int_{\mathbb{R}} w(x+z,y,t)\nu(\mathrm{d}z) = 0 & \text{in } G^e\times]0,T] \\ \qquad\qquad \mathrm{RB} = 0 & \text{in } \partial G^e\times]0,T] \\ \qquad\qquad w(x,y,0) = g(x,y) & \text{in } G^e \end{cases}$$

nach dem diskutierten Schema für $\nu(\mathrm{d}z) = \lambda d(z)\mathrm{d}z := \lambda\big(d^-(z)1_{\{z<0\}} + d^+(z)1_{\{z>0\}}\big)\mathrm{d}z$ so, dass das Integral existiert. Auf den Kanten $\{x = x_l\}$ und $\{x = x_r\}$ des Gebiets $G^e =]x_l,x_r[\times]y_l,y_r[$ lassen wir nur Dirichlet Randbedingungen zu, auf den Kanten $\{y = y_l\}$ und $\{y = y_r\}$ ist jede in diesem Text diskutierte (homogene) Randbedingung zulässig. Wie der Routine pde_2d_ah_cs übergeben wir die Listen $\underline{a}, \underline{b}$ und $\underline{c}$, welche die Funktionen $a_i(x,y) = a_i^x(x)a_i^y(y)$, $b_i(x,y) = b_i^x(x)b_i^y(y)$ und $c(x,y) = c^x(x)c^y(y)$ beinhalten; im vorliegenden Fall übergeben wir zusätzlich die Liste $\underline{d} := [\lambda, d^-, d^+]$

Routine 10.9: pide_2d_ah_cs.py

```
import numpy as np
from scipy import sparse
from scipy.linalg import solve_banded
from matrixgenerator_BC import matrixgenerator_BC
from matrixgenerator_J import matrixgenerator_J
from get_diagonals import get_diagonals
from toepmult_kron import toepmult_kron
from perm_matrix import perm_matrix

def pide_2d_ah_cs(a,b,c,d,T,g,G,BC,N,M,theta):
    '''Approximiert die Loesung w(x,y,t) der partiellen Integro-Differential
```

```
gleichung

w_t+a1w_xx+a2w_yy+a3w_xy+b1w_x+b2w_y+cw
                     -lam*int w(x+z,y)d(z)dz = 0  in G x ]0,T]
                                     w(.,0) = g

im Gebiet G = ]xl,xr[ x ]yl,yr[ fuer homogene Randbedingungen via des
Craig-Sneyd Verfahrens.'''

# Definiere Funktionen
a1x,a1y,a2x,a2y,a3x,a3y = a; b1x,b1y,b2x,b2y = b; c1x,c1y = c;

# Definiere Konstanten
xl,xr,yl,yr = G; nxl,nxr,nyl,nyr = BC;
hx = (xr-xl)/(N[0]+1); hy = (yr-yl)/(N[1]+1); k = T/M;
beta = lambda n:1+n-(n>0); diagsx = (beta(nxr),beta(nxl))
diagsy = (beta(nyr),beta(nyl))

Matx = matrixgenerator_BC([["M2",a1x],["M1",a3x],["M1",b1x],["M0",a2x],
                            ["M0",b2x],["M0",c1x]],[nxl,nxr],xl,xr,N[0])
Maty = matrixgenerator_BC([["M2",a2y],["M1",a3y],["M1",b2y],["M0",a1y],
                            ["M0",b1y],["M0",c1y]],[nyl,nyr],yl,yr,N[1])
MatJ = matrixgenerator_J(d[1],d[2],[0,0],xl,xr,N[0]);

I = sparse.eye((N[0]+(nxr==3)+(nxl==3))*(N[1]+(nyr==3)+(nyl==3)))

A1s = (sparse.kron(Maty[3],Matx[0])+sparse.kron(Maty[4],Matx[2])+
      0.5*sparse.kron(Maty[5],Matx[5])+0.5*d[0]*I)

A2 = (sparse.kron(Maty[0],Matx[3])+sparse.kron(Maty[2],Matx[4])+
      0.5*sparse.kron(Maty[5],Matx[5])+0.5*d[0]*I)
A2t = (sparse.kron(Matx[3],Maty[0])+sparse.kron(Matx[4],Maty[2])+
       0.5*sparse.kron(Matx[5],Maty[5])+0.5*d[0]*I)
A0 = sparse.kron(Maty[1],Matx[1]);

Bs = I-k*(A1s+A2+A0); Cy = k*theta*A2; Cxy = 0.5*k*A0;
B1s = get_diagonals(I+theta*k*A1s,nxl,nxr);
B2t = get_diagonals(I+theta*k*A2t,nyl,nyr);

# Start-Vektor w0 definieren (Ausuebungsfunktion)
x = np.linspace(xl+(1-(nxl==3))*hx,xr-(1-(nxr==3))*hx,\
                N[0]+(nxl==3)+(nxr==3))
y = np.linspace(yl+(1-(nyl==3))*hy,yr-(1-(nyr==3))*hy,\
                N[1]+(nyl==3)+(nyr==3))
x,y = np.meshgrid(x,y,indexing='ij'); w = g(x,y); w = w.flatten('F')

P = perm_matrix(N[1]+(nyr==3)+(nyl==3),N[0]+(nxr==3)+(nxl==3)); PT = P.T;

col = -d[0]*MatJ[0][:,0]; row = -d[0]*MatJ[0][0,:];
Ny = N[1]+(nyr==3)+(nyl==3);

# Craig-Sneyd Verfahren
for j in range(M):
    aux1 = k*toepmult_kron(col,row,w,Ny)
    aux2 = k*theta*A1s*w+theta*aux1; aux3 = Cy*w; y0 = Bs*w-aux1;

    u1 = w-0.1; u2 = w;
    while max(abs(u2-u1)/max(np.hstack((1,abs(u1)))))>1e-6:
        u1 = u2;
        u2 = solve_banded(diagsx,B1s,-k*theta*\
```

```
            toepmult_kron(col,row,u1,Ny)+y0+aux2);

    y1 = u2;
    y2 = solve_banded(diagsy,B2t,PT*(y1+aux3)); y2 = P*y2;
    z0 = y0-Cxy*(y2-w);

    u1 = w-0.1; u2 = w;
    while max(abs(u2-u1)/max(np.hstack((1,abs(u1)))))>1e-6:
        u1 = u2;
        u2 = solve_banded(diagsx,B1s,-k*theta*\
            toepmult_kron(col,row,u1,Ny)+z0+aux2);

    z1 = u2;
    w = solve_banded(diagsy,B2t,PT*(z1+aux3)); w = P*w;

w = np.reshape(w,(N[0]+(nxl==3)+(nxr==3),N[1]+(nyl==3)+(nyr==3)),order='F')
return np.exp(x),y,w
```

Beispiel 10.12 Wir betrachten nochmals das Beispiel 10.10, nun aber für das Bates Modell, in dem wir zusätzlich $\lambda = 0.5$, $\mu_J = -0.1$ und $\sigma_J = 0.2$ setzen. Den maximalen Fehler bestimmen wir im Gebiet $]1,20[\times[0,0.5[$ jeweils für $N_1 = N_2 = 2^L - 1$ inneren Gitterpunkten mit $L = 5,\ldots,10$ und $M = \lceil 0.15N_1 \rceil$ Zeitschritte, wobei $\theta = 0.5$ ist. Für $L = 7$ haben wir folgende Eingaben in Python

```
In [18]: delta = 0.9749; rho = -0.6055; kappa = 1.8335; m = 0.1219; r = 0.01; q = 0;
    ...: lam = 0.5; sigmaJ = 0.2; muJ = -0.1; kappaJ = np.exp(muJ+sigmaJ**2/2)-1
    ...: a = [lambda x:-0.5*x**0,lambda y:y,lambda x:-0.5*delta**2*x**0,\
    ...:      lambda y:y,lambda x:-delta*rho*x**0,lambda y:y]
    ...: b = [lambda x:x**0,lambda y:-(r-q-lam*kappaJ-0.5*y),\
    ...:      lambda x:x**0,lambda y:-kappa*(m-y)]
    ...: c = [lambda x:r*x**0,lambda y:y**0]
    ...: dm = lambda x:1/np.sqrt(2*np.pi*sigmaJ**2)*np.exp(-(x-muJ)**2/(2*sigmaJ**2));
    ...: d = [lam,dm,dm]; K = 10; T = 0.5; G = [-4,4,0,2]; BC = [0,0,3,1];
    ...: g = lambda x,y:np.maximum(K-np.exp(x),0)*y**0;
    ...: L = 7; N = 2**L-1; M = int(np.ceil(0.15*N))
    ...: x,y,w = pide_2d_ah_cs(a,b,c,d,T,g,G,BC,[N,N],M,0.5);
```

und es ergibt sich Abb. 10.16; die Konvergenz ist wiederum linear (vergleiche mit Tab. 10.12). ◇

Tab. 10.12 Für das Bates Modell liegt Konvergenz erster Ordnung vor; $N = N_1(N_2+1)$. Im Vergleich zum Heston Modell ($\lambda = 0$) ist die Rechenzeit trotz iterativem Löser und FFT ca. 2 bis 4-mal grösser, vergleiche mit Tab. 10.9

L	N	e	t_{CPU}
5	992	0.02773557	0.08
6	4032	0.02838058	0.20
7	16 256	0.01526200	1.10
8	65 280	0.00405065	7.04
9	261 632	0.00110485	60.10
10	1 047 552	0.00025714	520.3

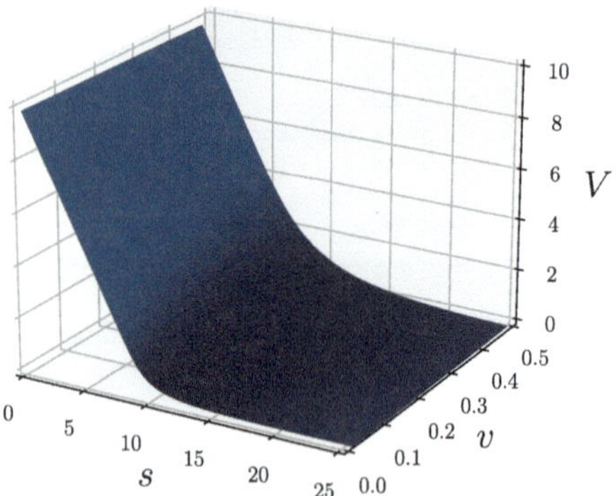

Abb. 10.16 Wert $V(s, v, 0)$ einer Put Option nach dem Bates Modell. Numerische Lösung der partiellen Integro-Differentialgleichung (10.62)

Das Beispiel 10.12 zeigt, dass die Hinzunahme von Sprüngen zum Heston Modell die Rechenzeiten um den Faktor zwei bis vier anschwellen lässt (je feiner die Diskretisierung, desto grösser wird dieser Faktor). Dies ist der Preis, welchen wir bezahlen müssen, um eine höhere Qualität der Modellkalibrierung zu erreichen. Das Ziel des Bates Modell ist ja, einen besseren Volatilitäts-Smile für Optionen mit (vor allem) kurzer Laufzeit zu erhalten, vergleiche dazu mit dem Abschn. 15.2.2. Das Ziel wird erreicht[11], aber eben zum Preis einer erhöhten Rechenzeit.

10.7.4 Das SABR Modell

Das SABR Modell wurde von Hagan et al. [18] definiert und kombiniert ein stochastisches Volatilitätsmodell mit dem CEV Modell (siehe dazu den Abschn. 1.4). Genauer betrachten wir für den Forward $F(t) := S(t)e^{(r-q)(T-t)}$ mit Maturität T

$$\begin{cases} \mathrm{d}F(t) = \sigma(t)F(t)^{\beta}\mathrm{d}W(t), & F(0) = f \\ \mathrm{d}\sigma(t) = \delta\sigma(t)\mathrm{d}\widetilde{W}(t), & \sigma(0) = \sigma_0 \end{cases} \tag{10.64}$$

mit $W(t)$ und $\widetilde{W}(t)$ korreliert (mit Korrelation $\rho \in (-1, 1)$) wie in (10.53) und $\beta \in [0, 1]$, $\delta, \sigma_0 > 0$. Das Modell hat daher vier Parameter $\eta = (\beta, \rho, \delta, \sigma_0)$. Im Gegensatz zum Heston Modell wird im SABR Modell nicht die (instantane) Varianz $V(t)$, sondern direkt die Volatilität $\sigma(t)$ via einer geometrischen Brown'schen Bewegung modelliert. Ursprünglich wurde die Volatilität mit $\alpha(t)$ bezeichnet, daher der Name SABR („stochastic alpha beta rho"). Das Modell ist wiederum ein Speziallfall von (10.2); die partielle Differentialglei-

[11] Es ist intuitiv klar, dass sich das Bates Modell mit $n = 8$ Modellparametern besser an Marktdaten kalibrieren lässt als das Heston Modell mit $n = 5$ Parametern.

chung für den Preis eines Europäischen Derivats ist daher wie in (10.12), mit

$$a_1(x,y) = \frac{1}{2}x^{2\beta}y^2, \quad a_2(x,y) = \frac{1}{2}\delta^2 y^2, \quad a_3(x,y) = \rho\delta x^\beta y^2$$

und $b_1(x,y) = b_2(x,y) = 0$ sowie $(x,y) := (s,\sigma)$. Das SABR Modell lässt zwar selbst für Europäische Call oder Put Optionen keine Bewertungsformel zu, es existiert jedoch eine relativ einfache Formel zur approximativen Bestimmung der durch das Modell implizierten impliziten Volatilität σ^{i}, was für die Kalibrierung des Modells sehr nützlich ist. Hagan et al. zeigen: für eine (Europäische) Call oder Put Option mit Strike K und Restlaufzeit T ist die implizite Volatilität im SABR Modell approximativ gegeben durch

$$\sigma^{\mathrm{i}} \approx \frac{\sigma_0}{(fK)^{(1-\beta)/2}\psi}\frac{z}{\chi(z)}(1+\phi T) \tag{10.65}$$

mit den Hilfsgrössen

$$\begin{aligned}
z &= \frac{\delta}{\sigma_0}(fK)^{(1-\beta)/2}\ln(f/K)\\
\chi(z) &= \ln\frac{\sqrt{1-2\rho z+z^2}+z-\rho}{1-\rho}\\
\psi &= 1+\frac{(1-\beta)^2}{24}\ln^2(f/K)+\frac{(1-\beta)^4}{1920}\ln^4(f/K)\\
\phi &= \frac{(1-\beta)^2}{24}\frac{\sigma_0^2}{(fK)^{1-\beta}}+\frac{1}{4}\frac{\rho\beta\delta\sigma_0}{(fK)^{(1-\beta)/2}}+\frac{2-3\rho^2}{24}\delta^2 .
\end{aligned}$$

Ist übrigens die Option am Geld (ATM, $f = K$), so ist $z = \chi(z) = 0$ und wir müssen in (10.65) $\frac{z}{\chi(z)} = 1$ setzen. Wir werden das SABR Modell respektive die Approximation (10.65) im Kap. 14 genauer betrachten.

10.7.5 Das 2-Faktor Bergomi Modell

Das Heston Modell, welches wir im Abschn. 10.7.1 betrachtet haben, hat einige Nachteile, welche zum Beispiel im Kapitel 6 von Bergomi [7] erläutert werden. Anstatt wie im Heston Modell die instantane Varianz $V(t)$ zu modellieren, modelliert das Bergomi Modell Forward Varianzen, genauer Forward Varianz Swap Varianzen. Bevor wir zum Modell kommen, erklären wir den Begriff des Varianz Swaps. Ein Varianz Swap mit Maturität T zahlt zum Zeitpunkt T dem Halter die Differenz zwischen realisierter Varianz $V_t(T)$ im Zeitintervall $[t,T]$ und einem Strike $K^2_{\mathrm{var}}(t)$. Dieser Strike entspricht dem Quadrat der impliziten Volatilität eines Varianz Swaps mit Maturität T; wir nennen diese Grösse nun $V^{\mathrm{i}}_T(t)$. Somit ist der Payoff eines Varianz Swaps gegeben durch

$$V_t(T) - V^{\mathrm{i}}_T(t) .$$

Der Strike $V_T^{\mathrm{i}}(t)$ ist so gewählt, dass der Wert des Varianz Swaps zum Zeitpunkt t Null ist. Die Berechnung der realisierten Varianz geht nicht von diskreten Tagesrenditen $\frac{S(t_{i+1})}{S(t_i)} - 1$ aus, sondern von stetigen $\ln \frac{S(t_{i+1})}{S(t_i)}$. Weiter wird angenommen, dass der Durchschnitt der täglichen Log-Renditen Null ist; die (annualisierte) realisierte Varianz über N Handelstage $t_0, t_1, \ldots, t_N$ ist also gegeben durch

$$\frac{252}{N} \sum_{j=1}^{N} \ln^2 \frac{S(t_j)}{S(t_{j-1})} .$$

Wir setzen nun $T - t = t_N - t_0$ gleich der Zeitspanne zwischen den Handelstagen mit Datum t_0 und t_N, so dass $\frac{252}{N} \approx \frac{1}{T-t}$ und schreiben für die annualisierte realisierte Varianz im Zeitintervall $[t, T]$

$$V_t(T) := \frac{1}{T-t} \sum_{j=1}^{N} \ln^2 \frac{S(t_j)}{S(t_{j-1})} . \tag{10.66}$$

Wir nehmen nun an, dass der risikolose Zinssatz Null beträgt und dass wir zum Zeitpunkt t eine Long-Position in $T_2 - t$ Varianz Swaps mit Maturität T_2 sowie eine Short-Position in $T_1 - t$ Varianz Swaps mit Maturität $T_1 < T_2$ halten. Zum Zeitpunkt T_1 müssen wir $(T_1 - t)(V_t(T_1) - V_{T_1}^{\mathrm{i}}(t))$ bezahlen, zum Zeitpunkt T_2 erhalten wir $(T_2 - t)(V_t(T_2) - V_{T_2}^{\mathrm{i}}(t))$. Da der risikolose Zinssatz Null ist, haben wir zum Zeitpunkt T_2 den Cashflow

$$(T_2 - t)\big(V_t(T_2) - V_{T_2}^{\mathrm{i}}(t)\big) - (T_1 - t)\big(V_t(T_1) - V_{T_1}^{\mathrm{i}}(t)\big) .$$

Mit der Definition der annualisierten realisierten Varianz (10.66) lässt sich obiger Cashflow schreiben als

$$\begin{aligned}
&(T_2 - t)\big(V_t(T_2) - V_{T_2}^{\mathrm{i}}(t)\big) - (T_1 - t)\big(V_t(T_1) - V_{T_1}^{\mathrm{i}}(t)\big) \\
&= \sum_{j=j^*}^{N} \frac{S(t_j)}{S(t_{j-1})} - \big((T_2 - t)V_{T_2}^{\mathrm{i}}(t) - (T_1 - t)V_{T_1}^{\mathrm{i}}(t)\big) \\
&=: \sum_{j=j^*}^{N} \frac{S(t_j)}{S(t_{j-1})} - (T_2 - T_1)V_{T_1,T_2}^{\mathrm{i}}(t) .
\end{aligned}$$

Hierin haben wir die diskrete (Varianz Swap) Forward Varianz $V_{T_1,T_2}^{\mathrm{i}}(t)$ definiert als

$$V_{T_1,T_2}^{\mathrm{i}}(t) := \frac{(T_2 - t)V_{T_2}^{\mathrm{i}}(t) - (T_1 - t)V_{T_1}^{\mathrm{i}}(t)}{T_2 - T_1} .$$

Wir wollen eine stetige Forward Varianz definieren. Dazu setzen wird in der diskreten Forward Varianz $T := T_1$ und $T_2 := T + \Delta t$ und lassen anschliessend Δt gegen Null streben (T_2 strebt gegen T_1). Den Grenzwert nennen wir $\xi^T(t)$, also gemäss der Definition einer (partiellen) Ableitung

$$\begin{aligned}\xi^T(t) &:= \lim_{\Delta t \to 0} V^{\mathrm{i}}_{T,T+\Delta t}(t) = \lim_{\Delta t \to 0} \frac{(T+\Delta t - t)V^{\mathrm{i}}_{T+\Delta t}(t) - (T-t)V^{\mathrm{i}}_T(t)}{\Delta t} \\ &= \partial_T\big((T-t)V^{\mathrm{i}}_T(t)\big) \ .\end{aligned}$$

Liegt ein Modell der stochastischen Volatilität der Form $\mathrm{d}S(t) = \mu S(t)\mathrm{d}t + \sigma(t)S(t)\mathrm{d}W(t)$ vor, mit $\sigma(t)$ die stochastische instantante Volatilität, so entspricht die Forward Varianz der erwarteten zukünftigen instantanen Varianz $\sigma^2(T)$

$$\xi^T(t) = \mathbb{E}^{\mathbb{Q}}\big[\sigma^2(T) \mid \sigma^2(t)\big], \quad T \geq t \ ,$$

wobei der Erwartungswert bezüglich eines geeigneten Wahrscheinlichkeitmasses $\mathbb{Q}$ zu bilden ist. Insbesondere ergibt sich

$$\xi^t(t) = \sigma^2(t) \ .$$

Im 2-Faktor Bergomi Modell wird nun angenommen, dass die Forward Varianz aus zwei Faktoren (zwei stochastische Prozesse $X(t)$ und $Y(t)$) gebildet wird, genauer ist $\xi^T(t)$ Lösung der stochastischen Differentialgleichung

$$\mathrm{d}\xi^T(t) = \omega \xi^T(t)\mathrm{d}Z^T(t), \quad \xi^T(0) = \xi^T_0 \tag{10.67}$$

mit $Z^T(t)$ gegeben als die gewichtete Summe der beiden Faktoren X und Y

$$Z^T(t) = \alpha\big((1-\beta)e^{-k_1(T-t)}X(t) + \beta e^{-k_2(T-t)}Y(t)\big) \ . \tag{10.68}$$

Im Bergomi Modell sind die beiden Faktoren Ornstein-Uhlenbeck Prozesse und lösen die Differentialgleichungen

$$\begin{cases}\mathrm{d}X(t) = -k_1 X(t)\mathrm{d}t + \mathrm{d}W_2(t), & X(0) = 0 \\ \mathrm{d}Y(t) = -k_2 Y(t)\mathrm{d}t + \mathrm{d}W_3(t), & Y(0) = 0\end{cases} \tag{10.69}$$

Die Korrelation der beiden Brown'schen Bewegungen W_2 und W_3 ist ρ_{23}, das heisst

$$W_3(t) = \rho_{23} W_2(t) + \sqrt{1-\rho_{23}^2}\,\widehat{W}(t) \ ,$$

mit $W_2(t)$ und $\widehat{W}(t)$ unabhängig, vergleiche mit (10.53). Die Konstante α in (10.68) ergibt sich aus den Parametern β und ρ_{23} als

$$\alpha = \frac{1}{\sqrt{(1-\beta)^2 + \beta^2 + 2\rho_{23}\beta(1-\beta)}} \ .$$

Das System (10.69) ist ein Spezialfall des folgenden Modells, welches wir für spätere Zwecke kurz beschreiben. Für $d \times d$-Matrizen $\mathbf{K}$ und $\boldsymbol{\Sigma}$, Vektoren $\mathbf{m} \in \mathbb{R}^d$ und $\mathbf{x} \in \mathbb{R}^d$ sowie eine d-dimensionale Brown'sche Bewegungen $\mathbf{W}(t) \in \mathbb{R}^d$ (die Komponenten sind alle unabhängig) betrachten wir

$$\mathrm{d}\mathbf{X}(t) = \mathbf{K}(\mathbf{m} - \mathbf{X}(t))\mathrm{d}t + \boldsymbol{\Sigma}\mathrm{d}\mathbf{W}(t), \quad \mathbf{X}(0) = \mathbf{x} . \tag{10.70}$$

Die Lösung des Systems (10.70) ist gegeben durch[12]

$$\mathbf{X}(t) = e^{-\mathbf{K}t}\mathbf{x} + \int_0^t e^{\mathbf{K}(\tau-t)}\mathbf{K}\mathbf{m}\mathrm{d}\tau + \int_0^t e^{\mathbf{K}(\tau-t)}\boldsymbol{\Sigma}\mathrm{d}\mathbf{W}(\tau)$$

und es stellt sich heraus, dass $\mathbf{X}(t)$ einer d-variaten Normalverteilung mit Erwartungswertvektor $\boldsymbol{\mu}_X$ und Kovarianz-Matrix $\boldsymbol{\Sigma}_X$ folgt. Die beiden Momente sind gegeben durch

$$\boldsymbol{\mu}_X := \mathbb{E}[\mathbf{X}(t)] = e^{-\mathbf{K}t}\mathbf{x} + \int_0^t e^{\mathbf{K}(\tau-t)}\mathbf{K}\mathbf{m}\mathrm{d}\tau \tag{10.71}$$

$$\boldsymbol{\Sigma}_X := \mathrm{Cov}[\mathbf{X}(t)] = \int_0^t e^{\mathbf{K}(\tau-t)}\boldsymbol{\Sigma}\boldsymbol{\Sigma}^\top e^{\mathbf{K}^\top(\tau-t)}\mathrm{d}\tau . \tag{10.72}$$

Im Anhang B.10 zeigen wir, dass die Differentialgleichung (10.67) die Lösung

$$\xi^T(t) = \xi_0^T e^{\omega Z^T(t) - \frac{1}{2}\chi(t,T)} \tag{10.73}$$

hat, mit der Funktion

$$\chi(t,T) := \alpha^2\omega^2\Bigg((1-\beta)^2 e^{-2k_1(T-t)}\frac{1-e^{-2k_1 t}}{2k_1} + \beta^2 e^{-2k_2(T-t)}\frac{1-e^{-2k_2 t}}{2k_2} + 2\rho_{23}\beta(1-\beta)e^{-(k_1+k_2)(T-t)}\frac{1-e^{-(k_1+k_2)t}}{k_1+k_2}\Bigg), \tag{10.74}$$

vergleiche auch mit Abb. 10.17.

In Abb. 10.17 betrachten wir die Forward Varianz $\xi^T(t)$ – für fixes T – als stochastischen Prozess. Wir können jedoch die Forward Varianz auch für ein fixes t betrachten und T als unabhängig Variable auffassen. Der Graph der Funktion $T \mapsto \xi^T(t)$ heisst Forward Varianz Kurve zum Zeitpunkt t, $T \geq t$. In Abb. 10.18 stellen wir diese dar für $t = 1$. Beachten Sie, dass die Zufallsvariable $Z^T(1)$ in (10.68) normalverteilt ist, wodurch $\xi^T(1)$ lognormal verteilt ist, vergleiche mit Aufgabe 10.10. Die Varianz, nicht aber der Mittelwert der Verteilung, hängt von T ab, dies ist in Abb. 10.18, in welcher wir die Verteilung explizit für $T \in \{1, 5, 10\}$ darstellen, gut ersichtlich.

[12] Für $\boldsymbol{\Sigma} = \mathbf{0}$ ist das System nicht stochastisch; dessen Lösung berechnen wir im Anhang B.5.

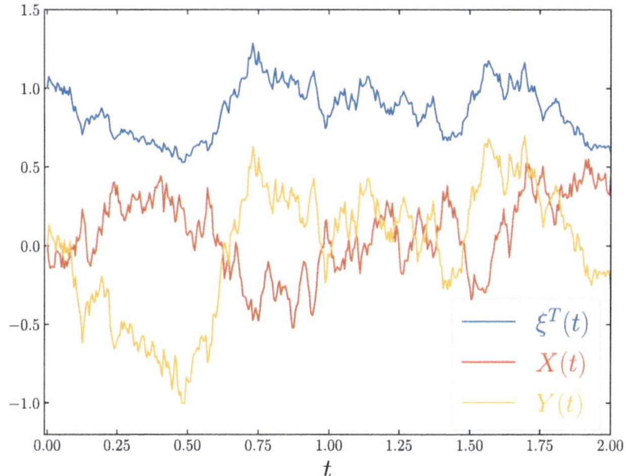

Abb. 10.17 Ornstein-Uhlenbeck Prozesse $X(t)$ und $Y(t)$ sowie die nach (10.73) gebildete Forward Varianz $\xi^T(t)$ für eine Laufzeit $T = 5$ Jahre. Parameter sind $k_1 = 10$, $k_2 = 0.1$, $\beta = 0.2$, $\rho_{23} = -0.7$, $\omega = 3$ und $\xi_0^T = 1$

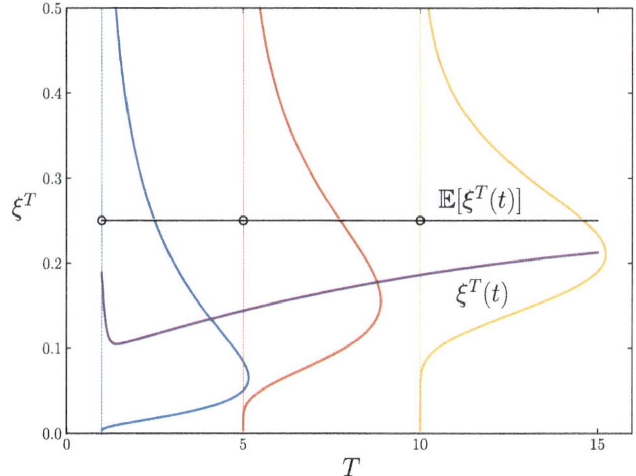

Abb. 10.18 Forward Varianz Kurve

Das Black-Scholes Modell (1.3) für den Basiswert wird nun ersetzt durch

$$\mathrm{d}S(t) = (r - q)S(t)\mathrm{d}t + \sqrt{\xi^t(t)}S(t)\mathrm{d}W_1(t), \quad S(0) = s \tag{10.75}$$

wobei die Brown'sche Bewegung W_1 mit den Brown'schen Bewegungen W_2 und W_3 in (10.69) korreliert ist, mit Korrelation ρ_{12} respektive ρ_{13}. Weil $\xi^t(t)$ eine Funktion der

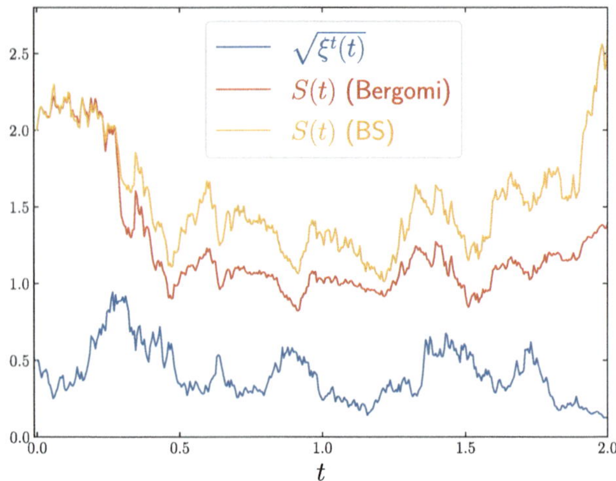

Abb. 10.19 Möglicher Pfad $S(t)$ des Basiswertes im 2-Faktor Bergomi Modell. Parameter für $\xi^t(t)$ sind wie in Abb. 10.17, mit zusätzlich $s = 2, r = 0, q = 0.02$, $\rho_{12} = -0.1$ und $\rho_{13} = -0.5$

Faktoren $X(t)$ und $Y(t)$ ist,

$$\xi^t(t) = \xi_0^t e^{\omega\alpha((1-\beta)X(t)+\beta Y(t))-\frac{1}{2}\chi(t,t)} =: f\big(X(t), Y(t), t\big) ,$$

können wir das Bergomi 2-Faktor Modell schreiben als

$$\begin{pmatrix} \mathrm{d}S(t) \\ \mathrm{d}X(t) \\ \mathrm{d}Y(t) \end{pmatrix} = \begin{pmatrix} (r-q)S(t) \\ -k_1 X(t) \\ -k_2 Y(t) \end{pmatrix} \mathrm{d}t + \begin{pmatrix} \sqrt{f(X(t), Y(t), t)}S(t) & 0 & 0 \\ 0 & 1 & 0 \\ 0 & 0 & 1 \end{pmatrix} \mathbf{L}\mathrm{d}\mathbf{W}(t) \qquad (10.76)$$

mit $\mathbf{L}$ die Cholesky-Zerlegung der Korrelationsmatrix der Prozesse $S(t)$, $X(t)$ und $Y(t)$, also

$$\mathbf{L}\mathbf{L}^\top = \begin{pmatrix} 1 & \rho_{12} & \rho_{13} \\ \rho_{12} & 1 & \rho_{23} \\ \rho_{13} & \rho_{23} & 1 \end{pmatrix},$$

vergleiche zum Beispiel mit Aufgabe 10.2. In Abb. 10.19 stellen wir einen möglichen Pfad von $S(t)$ im Modell (10.76) zusammen mit der entsprechenden Forward Volatilität $\sqrt{\xi^t(t)}$ graphisch dar. Zum Vergleich ist in der selben Graphik der entsprechende Pfad $S(t) = se^{(r-q-\frac{1}{2}\sigma^2)t+\sigma W_1(t)}$ des Black-Scholes Modells eingezeichnet, mit $W_1(t)$ dieselbe Brown'sche Bewegung wie in (10.76) und Volatilität $\sigma = \sqrt{\xi_0^0} = 0.5$.

Aus dem erweiterten Fundamentalprinzip$_d$ (siehe den Abschn. 10.1) folgt nun, dass der Wert $V(s, x, y, t)$ einer Europäischen Option mit Payoff g Lösung der Gleichung

$$\begin{cases} \partial_t V + \mathcal{A}(t)V - rV = 0 & \text{in } G \times [0, T[\\ V(s, x, y, T) = g(s) & \text{in } G \end{cases} \qquad (10.77)$$

ist, mit dem Operator

$$\begin{aligned}\mathcal{A}(t) &= \frac{1}{2}f(x,y,t)s^2\partial_{ss} + \frac{1}{2}\partial_{xx} + \frac{1}{2}\partial_{yy} \\ &+ \rho_{12}\sqrt{f(x,y,t)}s\partial_{sx} + \rho_{13}\sqrt{f(x,y,t)}s\partial_{sy} + \rho_{23}\partial_{xy} \\ &+ (r-q)s\partial_s - k_1 x\partial_x - k_2 y\partial_y \end{aligned} \tag{10.78}$$

und dem Gebiet $G = \mathbb{R}^+ \times \mathbb{R} \times \mathbb{R}$. Die Funktion f faktorisiert, das heisst $f(x,y,t) = f^t(t)f^x(x)f^y(y)$ gegeben durch

$$f(x,y,t) = \underbrace{\xi_0^t e^{-\frac{1}{2}\chi(t,t)}}_{=:f^t(t)} \underbrace{e^{\omega\alpha(1-\beta)x}}_{=:f^x(x)} \underbrace{e^{\omega\alpha\beta y}}_{=:f^y(y)};$$

dies ist für die Approximation mit finite Differenzen vorteilhaft. Um das obige Problem approximativ zu lösen, schränken wir wie immer G ein auf ein endliches Gebiet G^e (und setzen gleichzeitig homogene Randbedingungen) und wechseln zur Restlaufzeit. Dadurch erhalten wir ein Problem der Form (10.21), wobei nun einzelne Koeffizienten a_i noch von der Zeit abhängen. Konkret ist

$$\begin{aligned} a_1(s,x,y,t) &= -\frac{1}{2}s^2 f^x(x)f^y(y)f^t(T-t) \\ a_2(s,x,y,t) = a_3(s,x,y,t) &= -\frac{1}{2} \\ a_4(s,x,y,t) &= -\rho_{12}s\sqrt{f^x(x)}\sqrt{f^y(y)}\sqrt{f^t(T-t)} \\ a_5(s,x,y,t) &= -\rho_{13}s\sqrt{f^x(x)}\sqrt{f^y(y)}\sqrt{f^t(T-t)} \\ a_6(s,x,y,t) &= -\rho_{23} \end{aligned}$$

sowie

$$b_1(s,x,y,t) = -(r-q)s, \quad b_2(s,x,y,t) = k_1 x, \quad b_3(s,x,y,t) = k_2 y$$

und $c(s,x,y,t) = r$. Es wird klar, wie die entsprechenden Faktoren a_i^s, a_i^x, a_i^y, b_j^s, b_j^x, b_j^y sowie c^s, c^x und c^y in diesem Fall aussehen. Die Matrix $\mathbf{A}(t)$, die durch die Diskretisierung von $\mathcal{A}(t)$ mit finiten Differenzen entsteht, ist wiederum eine Summe von Kronecker-Produkten wie in (10.22) angegeben. Allerdings müssen im vorliegenden Fall die Summanden bezüglich a_1, a_4 und a_5 mit zeitabhängigen Faktoren multipliziert werden. Konkret ist zum Beispiel der erste Summand in (10.22) mit $f^t(T-t)$ zu multiplizieren, das heisst

$$\mathbf{A}(t) = f^t(T-t)\mathbf{M}_{a_1^z}^{(0)} \otimes \mathbf{M}_{a_1^y}^{(0)} \otimes \mathbf{M}_{a_1^x}^{(2)} + \dots$$

Wir betrachten nun nochmals Cliquet Optionen, vergleiche mit Abschn. 10.5. In diesem haben wir gesehen, dass der Wert der Cliquet Option abhängt von den drei (Orts-)Variablen s, p und z, entsprechend den Prozessen $S(t)$, $P(t)$ und $Z(t)$; zur Definition der Prozesse $P(t)$ und $Z(t)$ siehe (10.34) und (10.33) sowie die Abb. 10.8. Kombinieren wie die Betrachtungen zu Cliquet Optionen mit dem vorliegenden Bergomi Modell, so stellen wir fest, dass der Wert $V_1(s,p,x,y,z,t)$ der Cliquet Option von den fünf (Orts-)Variablen (s,p,z,x,y) abhängt und die zu (10.37) analoge Sequenz

$$\begin{cases} \partial_t V_j + \mathcal{A}(t)V_j - rV_j = 0 & \text{in } G \times [t_{j-1}, t_j[\\ \quad V_j(s,p,x,y,z,t_j) = V_{j+1}(s,p^+,x,y,z^+,t_j) & \text{in } G \end{cases}$$

löst, mit $\mathcal{A}(t)$ wie in (10.78). Wiederum lässt sich die Dimension um 1 reduzieren, in dem wir

$$\tilde{s} = \frac{s}{p}$$

setzen. Die zu (10.38) analoge Sequenz lautet für das Bergomi Modell: Finde die Funktionen $v_j = v_j(\tilde{s},x,y,z,t)$ so, dass

$$\begin{cases} \partial_t v_j + \mathcal{A}(t)v_j - rv_j = 0 & \text{in } G \times [t_{j-1}, t_j[\\ \quad v_j(\tilde{s},x,y,z,t_j) = v_{j+1}(1,x,y,z^+,t_j) & \text{in } G \end{cases}$$

gilt. Hierin sind $z^+ = z + \max\{\min\{\tilde{s}-1, c_l\}, f_l\}$ und $G = \mathbb{R}^+ \times \mathbb{R} \times \mathbb{R} \times [\min\{0, nf_l\}, nc_l]$ sowie $\mathcal{A}(t)$ gegeben in (10.78), allerdings ist nun s durch $\tilde{s}$ zu ersetzen. Der Wert der Cliquet Option zum Zeitpunkt $t = 0$ ist dann $v_1(1,0,0,0,0)$ ($x = y = 0$ wegen den Startwerten $X(0) = Y(0) = 0$ der beiden Ornstein-Uhlenbeck Prozesse, siehe (10.69), sowie $z = 0$, da für den kumulierten Renditeprozess $Z(t)$ die Startbedingung $Z(0) = 0$ gilt, siehe (10.33)).

Um dies in Python zu realisieren, können wir die Struktur der Routine cliquet_bs übernehmen und erhalten die Routine cliquet_bergomi (welche wir aber nicht abbilden). Wir bemerken, dass die Berechnung des Preises rechenintensiv ist, da wir n partielle Differentialgleichungen lösen (n ist die Anzahl der Beobachtungszeitpunkte) müssen und jede dieser Differentialgleichungen vier Ortsvariablen $(\tilde{s},x,y,z)$ hat. Diese Differentialgleichungen diskretisieren wir auf dem Produkt-Gitter (vergleiche mit (10.14) und Abb. 10.2 für den zweidimensionalen Fall)

$$\begin{aligned} \mathcal{G}_{\tilde{s},x,y,z} := \big\{(\tilde{s}_i, x_k, y_\ell, z_m) \mid\ & 0 \le i \le N_1 + 1, 0 \le k \le N_2 + 1, \\ & 0 \le \ell \le N_3 + 1, 0 \le m \le N_4 + 1\big\} \end{aligned}$$

und approximieren den gesuchten Optionspreis $w(\tilde{s}_i, x_k, y_\ell, z_m, t_j) \approx v_j(\tilde{s}_i, x_k, y_\ell, z_m, t_j)$. Verwenden wir keine intrinsische Randbedingungen, liegen damit pro Zeitschritt im

θ-Schema $N_1 N_2 N_3 N_4$ Unbekannte vor (es gibt M Zeitschritte). Da zwischen zwei Beobachtungszeitpunkten der Wert der Option nicht von z abhängt, müssen wir zur Berechnung von v_j nicht eine parabolische Differentialgleichung in vier Ortsvariablen lösen, sondern „nur“ N_4 parabolische Differentialgleichungen in drei Ortsvariablen (für jedes z_m eine, vergleiche mit den Routine cliquet_bs). Um an v_j heran zu kommen, müssen wir daher MN_4 lineare Gleichungssysteme der Grösse $N_1 N_2 N_3$ lösen (anstatt M lineare Gleichungssysteme der Grösse $N_1 N_2 N_3 N_4$). Da wir diese Prozedur für jeden der n Beobachtungszeitpunkte wiederholen müssen, sind insgesamt nMN_4 lineare Gleichungssysteme mit $N_1 N_2 N_3$ Unbekannten zu lösen, dies ist rechenintensiv. Da der Operator $\mathcal{A}$ von der Zeit abhängig ist, ist es auch die Matrix $\mathbf{A}$; diese ist in nMN_4 Schritten neu zu bestimmen.

Beispiel 10.13 Wir betrachten nochmals die Cliquet Option in Beispiel 10.6. Die Optionsparameter sind also $t_j = j$, $j = 1, \ldots, 5$ sowie $f_l = 0$, $c_l = 0.08$, $f_g = 0.16$ und $c_g = \infty$. Der stetige risikolose Zinssatz ist $r = 0.03$, die stetige Dividendenrendite $q = 0$; der Einfachheit halber nehmen wir an, dass die Forward Varianz Kurve zum Zeitpunkt $t = 0$ flach ist, das heisst $\xi_0^t = 0.04$. Die Parameter im Bergomi Modell haben die Werte

$$(\beta, \omega, k_1, k_2, \rho_{12}, \rho_{13}, \rho_{23}) = (0.3, 3, 2.6, 0.4, -0.5, 0.2, -0.7)\,.$$

Die Routine cliquet_bergomi liefert unter Verwendung von $N_1 = 2^7 - 1$, $N_2 = N_3 = 2^5 - 1$ und $N_4 = \lceil 0.2 N_1 \rceil$ Gitterpunkten sowie $M = \lceil 0.1 N_1 \rceil$ Zeitschritten den Wert $v_1(1, 0, 0, 0, 0) \doteq 0.1866$.

```
In [20]: param = [0.04,0.3,3,2.6,0.4,-0.5,0.2,-0.7]; r = 0.03; q = 0;
    ...: tj = np.arange(0,6); fl = 0; fg = 0.16; cl = 0.08; cg = 100;
    ...: N = [2**7-1,2**5-1,2**5-1]; M = int(np.ceil(0.1*N[0]));
In [21]: V = cliquet_bergomi(param,r,q,tj,fl,fg,cl,cg,N,M,0.5,0.2); V
Out[21]: array([0.18659607])
```

Wir überprüfen diesen mit einer Monte Carlo-Simulation, in welcher wir $N = 5 \cdot 10^5$ Pfade des Prozesses $S(t)$ generieren; hierzu integrieren wir die stochastische Differentialgleichung (10.75) mit dem sogenannten Euler Schema mit Zeitschritt $\Delta t = 0.001$, vergleiche mit Abb. 10.19. Wir erhalten $v_1(1, 0, 0, 0, 0) \doteq 0.1849$; die beiden Werte unterscheiden sich um $0.9\,\%$.

Übrigens ist es sinnlos, den Wert der Cliquet Option im Bergomi Modell mit dem Wert derselben im Black-Scholes Modell im Beispiel 10.6 zu vergleichen, da wir die Modellparameter in den beiden Modellen willkürlich gewählt haben. ◇

Zum Abschluss dieses Abschnittes diskutieren wir, wie man Modelle der stochastischen Volatilität an Marktdaten kalibrieren kann.

10.7.6 Kalibrierung

Die diskutierten Modelle der stochastischen Volatilität sind (unter anderem) dann interessant, wenn sie schnell kalibriert werden können. Wir wollen die im Kap. 8 vorgestellte Cos-Methode auch für diese Modelle verwenden. Dazu benötigen wir jedoch die charakteristische Funktion des Log-Preises $\ln S(t)$. Um diese zu bestimmen, gehen wir analog zum univariaten Fall vor: Ist das Modell affin, so können wir die partielle Differentialgleichung für die charakteristische Funktion wiederum reduzieren auf ein System von gewöhnlichen Differentialgleichungen und versuchen, dieses explizit zu lösen.

Wir betrachten daher zunächst einen vektor-wertigen stochastischen Prozess

$$\mathbf{X}(t) = (X_1(t), X_2(t), \ldots, X_d(t))^\top$$

mit Generator

$$\mathcal{A}f = \frac{1}{2}\mathrm{tr}[\boldsymbol{Q}(\mathbf{x},t)D^2 f] + \boldsymbol{\mu}(\mathbf{x},t)^\top \nabla f$$

wie in (10.3). Die charakteristische Funktion von $\mathbf{X}(T)$ (zum Zeitpunkt t in $\mathbf{x} := (x_1, \ldots, x_d)^\top \in \mathbb{R}^d$ startend) ist für $\mathbf{u} := (u_1, \ldots, u_d)^\top \in \mathbb{R}^d$ definiert als

$$\varphi(\mathbf{u}; \mathbf{x}, t, T) := \mathbb{E}\left[e^{I\mathbf{u}^\top \mathbf{X}(T)} \mid \mathbf{X}(t) = \mathbf{x}\right], \tag{10.79}$$

vergleiche mit (8.1). Analog zum univariaten Fall heisst $\mathbf{X}(t)$ zeit-homogen affin, wenn alle Komponenten von $\boldsymbol{\mu}$ und $\boldsymbol{Q} = \boldsymbol{\sigma}\boldsymbol{\sigma}^\top$ nicht von t abhängen und affin linear in $\mathbf{x}$ sind. Das heisst, es existieren $\mu_{1,i}, \sigma_{1,i,j} \in \mathbb{R}$ und Spaltenvektoren $\boldsymbol{\mu}_{2,i}, \boldsymbol{\sigma}_{2,i,j} \in \mathbb{R}^d$ so dass

$$\mu_i(\mathbf{x}, t) = \mu_{1,i} + \boldsymbol{\mu}_{2,i}^\top \mathbf{x}, \quad Q_{i,j}(\mathbf{x}, t) = \sigma_{1,i,j} + \boldsymbol{\sigma}_{2,i,j}^\top \mathbf{x}, \quad 1 \le i, j \le d .$$

Ist dies der Fall, so lässt sich φ schreiben als

$$\varphi(\mathbf{u}; \mathbf{x}, T - \tau, T) =: \widehat{\varphi}(\mathbf{x}, \tau) = e^{\alpha(\tau) + \boldsymbol{\beta}(\tau)^\top \mathbf{x}} \tag{10.80}$$

mit den $d+1$ zu findenden Funktionen $\alpha(\tau)$ und $\boldsymbol{\beta}(\tau) := (\beta_1(\tau), \ldots, \beta_d(\tau))^\top$, vergleiche zum Beispiel mit [13, 15]. Nach dem Fundamentalprinzip$_d$ löst φ die Gleichung $\partial_t \varphi + \mathcal{A}\varphi = 0$, respektive $\widehat{\varphi}(\mathbf{x}, \tau)$ die partielle Differentialgleichung

$$\begin{cases} \partial_\tau \widehat{\varphi} - \mathcal{A}\widehat{\varphi} = 0 & \text{in } G \times]0, T] \\ \widehat{\varphi}(\mathbf{x}, 0) = e^{I\mathbf{u}^\top \mathbf{x}} & \text{in } G \end{cases}.$$

Setzt man den Ansatz (10.80) in diese ein, ergibt sich ein System von $d+1$ gewöhnlichen Differentialgleichungen für die Funktionen α und $\boldsymbol{\beta}$. Für gewisse Modelle lässt sich das System analytisch lösen.

Wir betrachten nun den wichtigen Spezialfall eines Modells der stochastischen Volatilität, für welches

$$\mathbf{X}(t) := (X(t), Y_1(t), \ldots, Y_{d-1}(t))^\top$$

gilt, mit $X(t) := \ln(S(t)/K)$ der Log-Preis des Basiswertes und mit Y_i Prozesse, welche die Volatilität beschreiben.

Beispiel 10.14 Im Heston Modell ist $d = 2$; der Prozess $Y_1(t)$ ist gegeben durch $Y_1(t) := V(t)$ mit $V(t)$ wie in (10.52). Unter einem risikoneutralen Wahrscheinlichkeitsmass folgt $\mathbf{X}(t) := (X(t), V(t))^\top$ der stochastischen Differentialgleichung

$$\begin{pmatrix} \mathrm{d}X(t) \\ \mathrm{d}V(t) \end{pmatrix} = \begin{pmatrix} r - q - \frac{1}{2}V(t) \\ \kappa\big(m - V(t)\big) \end{pmatrix} \mathrm{d}t + \begin{pmatrix} \sqrt{V(t)} & 0 \\ \rho\delta\sqrt{V(t)} & \sqrt{1-\rho^2}\delta\sqrt{V(t)} \end{pmatrix} \begin{pmatrix} \mathrm{d}W(t) \\ \mathrm{d}\widehat{W}(t) \end{pmatrix}$$

vergleiche mit (10.54). In $\mathbf{x} := (x, v)^\top$ ist das Modell affin, da

$$\boldsymbol{\mu}(\mathbf{x}) = \begin{pmatrix} r - q - \frac{1}{2}v \\ \kappa(m - v) \end{pmatrix} = \begin{pmatrix} r - q + (0, -\frac{1}{2})\mathbf{x} \\ \kappa m + (0, -\kappa)\mathbf{x} \end{pmatrix}$$

und

$$\boldsymbol{Q}(\mathbf{x}) = \boldsymbol{\sigma}(\mathbf{x})\boldsymbol{\sigma}(\mathbf{x})^\top = \begin{pmatrix} v & \rho\delta v \\ \rho\delta v & \delta^2 v \end{pmatrix} = \begin{pmatrix} 0 + (0, 1)\mathbf{x} & 0 + (0, \rho\delta)\mathbf{x} \\ 0 + (0, \rho\delta)\mathbf{x} & 0 + (0, \delta^2)^\top\mathbf{x} \end{pmatrix}. \qquad \diamond$$

Wir wollen die charakteristische Funktion von $X(T) := \ln(S(T)/K)$ im Heston Modell finden. Dazu betrachten wir ein wenig allgemeiner das Modell von Bates aus dem Abschn. 10.7.3; haben wir die charakteristische Funktion für dieses bestimmt, folgt die charakteristische Funktion für das Heston Modell durch das „Ausschalten der Sprünge". Die charakteristische Funktion von $X(T)$ (nicht von $\mathbf{X}(T) := (X(T), V(T))^\top$) mit $\mathbf{u} := (u, 0)^\top$, $u \in \mathbb{R}$, ist nach (10.79) gegeben durch

$$\varphi(u; \mathbf{x}, t, T) := \mathbb{E}\big[e^{IuX(T)} \mid \mathbf{X}(t) = \mathbf{x}\big],$$

wobei $\mathbf{x} := (x, v)^\top$. Da das Modell von Bates affin in $\mathbf{x}$ ist, lässt sich

$$\varphi(u; \mathbf{x}, T - \tau, T) =: \widehat{\varphi}(\mathbf{x}, \tau) = e^{\alpha(\tau) + \boldsymbol{\beta}(\tau)^\top \mathbf{x}} \tag{10.81}$$

schreiben. Die Funktionen α und $\boldsymbol{\beta} = (\beta_1, \beta_2)^\top$ hängen nebst von τ auch noch von u, r, q und den Modellparametern $\boldsymbol{\eta} := (\kappa, m, \delta, \rho, \lambda)$ ab. Setzen wir nun den Ansatz (10.81) in die partielle Integro-Differentialgleichung

$$\begin{cases} \partial_\tau \widehat{\varphi} - \mathcal{A}\widehat{\varphi} = 0 & \text{in } G \times]0, T] \\ \widehat{\varphi}(\mathbf{x}, 0) = e^{Iux} & \text{in } G \end{cases} \tag{10.82}$$

ein, erhalten wir mit

$$\mathcal{A}f := \frac{1}{2}v\partial_{xx}f + \frac{1}{2}\delta^2 v\partial_{vv}f + \rho\delta v\partial_{xv}f + \big(r - q - \lambda\kappa_J - \frac{1}{2}v\big)\partial_x f \\ + \kappa(m - v)\partial_v f - \lambda \int_{\mathbb{R}} \big(f(x,v,t) - f(x+z,v,t)\big)d(z)\mathrm{d}z$$

(vergleiche mit (10.62), wo die Varianz-Koordinate y heisst), folgendes System von gewöhnlichen Differentialgleichungen für $\alpha(\tau)$ und $\boldsymbol{\beta}(\tau)$ in (10.81),

$$\begin{cases} \alpha' = (r - q - \lambda\kappa_J)\beta_1 + \kappa m\beta_2 - \lambda \int \big(1 - e^{\beta_1 z}\big)d(z)\mathrm{d}z & \alpha(0) = 0 \\ \beta_1' = 0, & \beta_1(0) = Iu\cdot \\ \beta_2' = 0.5\beta_1^2 + 0.5\delta^2\beta_2^2 + \rho\delta\beta_1\beta_2 - 0.5\beta_1 - \kappa\beta_2, & \beta_2(0) = 0 \end{cases}$$

Die Anfangsbedingungen folgen übrigens aus (10.82). Da für alle $(x,v) \in G := \mathbb{R} \times \mathbb{R}^+$

$$\widehat{\varphi}(\mathbf{x},0) \overset{(10.81)}{=} e^{\alpha(0)+\beta_1(0)x+\beta_2(0)v} \overset{(10.82)}{=} e^{Iux}$$

gelten muss, folgt $\alpha(0) = 0$, $\beta_1(0) = Iu$ und $\beta_2(0) = 0$. Wir lösen obiges System. Offenbar ist $\beta_1(\tau) = Iu$, daher ist die Gleichung für β_2 eine Riccati-Gleichung $\beta' = q\beta^2 + p\beta + n$, $\beta(0) = b$, mit konstanten (aber komplexen) Koeffizienten wie in (8.13), mit

$$q = \frac{1}{2}\delta^2, \quad p = \rho\delta Iu - \kappa, \quad n = -\frac{1}{2}u(u+I), \quad b = 0\,.$$

Aus der Aufgabe 8.2 ii) folgt die Lösung

$$\beta_2(\tau) = c_2\frac{1 - e^{-c_1\tau}}{1 - c_3 e^{-c_1\tau}} \tag{10.83}$$

mit den Konstanten c_i

$$\begin{aligned} c_1 &= \sqrt{p^2 - 4nq} = \sqrt{(\kappa - \rho\delta Iu)^2 + \delta^2 u(u+I)} \\ c_2 &= -\frac{p + c_1}{2q} = \frac{\kappa - \rho\delta Iu - c_1}{\delta^2} \\ c_3 &= \frac{2bq + p + c_1}{2bq + p - c_1} = \frac{-p - c_1}{-p + c_1} = \frac{\kappa - \rho\delta Iu - c_1}{\kappa - \rho\delta Iu + c_1}\,. \end{aligned} \tag{10.84}$$

Die Funktion α ist, mit $\beta_1 = Iu$,

$$\alpha(\tau) = \Big((r - q - \lambda\kappa_J)Iu - \lambda \int_{\mathbb{R}} \big(1 - e^{Iuz}\big)d(z)\mathrm{d}z\Big)\tau + \kappa m \int_0^\tau \beta_2(z)\mathrm{d}z$$

und wir müssen die Stammfunktion von β_2 bestimmen. Diese haben wir aber schon in Aufgabe 8.2 iv) gefunden,

$$\begin{aligned}
\int_0^\tau \beta_2(z)\mathrm{d}z &\overset{(8.15)}{=} c_2\big(\mathcal{I}(\tau;0,c_3,c_3-1,c_1) - \mathcal{I}(0;0,c_3,c_3-1,c_1)\big) \\
&= -\frac{c_2}{c_1}\frac{c_3-1}{c_3(c_3-c_3+1)}\ln\frac{e^{-\frac{c_3}{c_3-1}c_1\tau}}{c_3(e^{-c_1x}-1)+c_3-1} \\
&\quad + \frac{c_2}{c_1}\frac{c_3-1}{c_3(c_3-c_3+1)}\ln\frac{1}{c_3-1} \\
&= -\frac{c_2}{c_1}\frac{c_3-1}{c_3}\left(\ln\frac{e^{-\frac{c_3}{c_3-1}c_1\tau}}{c_3e^{-c_1x}-1} - \ln\frac{1}{c_3-1}\right) \\
&= -\frac{c_2}{c_1}\frac{c_3-1}{c_3}\Big(-\frac{c_3}{c_3-1}c_1\tau - \ln\big(c_3e^{-c_1\tau}-1\big) + \ln(c_3-1)\Big) \\
&= c_2\tau + \frac{c_2}{c_1}\frac{c_3-1}{c_3}\ln\frac{c_3e^{-c_1\tau}-1}{c_3-1}\,.
\end{aligned}$$

Wegen

$$\frac{c_2}{c_1}\frac{c_3-1}{c_3} \overset{(10.84)}{=} \frac{\kappa-\rho\delta Iu-c_1}{c_1\delta^2}\frac{\frac{\kappa-\rho\delta Iu-c_1}{\kappa-\rho\delta Iu+c_1}-1}{\frac{\kappa-\rho\delta Iu-c_1}{\kappa-\rho\delta Iu+c_1}} = -\frac{2}{\delta^2}$$

erhalten wir

$$\kappa m\int_0^\tau \beta_2(z)\mathrm{d}z = \kappa m c_2\tau - \frac{2\kappa m}{\delta^2}\ln\frac{c_3e^{-c_1\tau}-1}{c_3-1}$$

respektive

$$\alpha(\tau) = \Big(\kappa m c_2 + (r-q-\lambda\kappa_J)Iu - \lambda\int_{\mathbb{R}}\big(1-e^{Iuz}\big)d(z)\mathrm{d}z\Big)\tau - \frac{2\kappa m}{\delta^2}\ln\frac{c_3e^{-c_1\tau}-1}{c_3-1}\,. \tag{10.85}$$

Die charakteristische Funktion $\varphi(u;x,t,T) = e^{Iux}\widetilde{\varphi}(u;t,T)$ von $\ln(S(T)/K)$ im Bates Modell faktorisiert daher wie in (8.4), so dass wir die vektorisierte Version (8.7) der Cos-Methode zu Kalibrierung des Modells verwenden können. Die Funktion $\widetilde{\varphi}(u;t,T)$ ist gegeben durch

$$\widetilde{\varphi}(u;t,T) = e^{\alpha(T-t)+\beta_2(T-t)v} \tag{10.86}$$

mit den Funktionen α und β_2 gegeben in (10.85) respektive in (10.83). Die darin vorkommenden Konstanten c_i sind in (10.84) definiert. Setzen wir übrigens $\lambda = 0$ (keine

Sprünge) in (10.85), so erhalten wir als Nebenprodukt die charakteristische Funktion des Heston Modells. Diese ist demnach wie in (10.86), jedoch mit

$$\alpha(\tau) = \big(\kappa m c_2 + (r-q)Iu\big)\tau - \frac{2\kappa m}{\delta^2} \ln \frac{c_3 e^{-c_1\tau} - 1}{c_3 - 1} ,$$

vergleiche zum Beispiel auch mit der Arbeit von Albrecher et al. [3]. Das Integral in (10.85) hängt von der Verteilung d der Sprünge ab. Für das Merton- und Koumodell haben wir die entsprechenden Integrale bereits im Abschn. 9.7 berechnet.

Wie findet man die charakteristische Funktion, wenn das Modell nicht affin ist? Eine mögliche Lösung ist, das Modell in affine Form zu bringen. Ob dies gelingt, hängt vom vorliegenden Modell ab; wir wollen im Folgenden am Beispiel des Modells von Schöbel und Zhu [23] illustrieren, wie man Affinität eines nicht-affinen Modells erreichen kann. Im Modell von Schöbel und Zhu wird die instantane Volatilität $\sigma(t)$ in (10.50) via eines Ornstein-Uhlenbeck (OU)-Prozesses[13] modelliert, das heisst

$$d\sigma(t) = \kappa\big(m - \sigma(t)\big)dt + \delta d\widetilde{W}(t), \quad \sigma(0) = \sigma > 0 , \tag{10.87}$$

mit der Brown'schen Bewegung $\widetilde{W}$ wie in (10.53). Den OU-Prozess werden wir im Kap. 12 als Vasicek-Zinsmodell wiederfinden. Man kann zeigen, dass $\sigma(t)$ normalverteilt ist; daher ist die Wahrscheinlichkeit, dass die Volatilität in diesem Modell negativ ist, nicht 0, $\mathbb{P}[\sigma(t) < 0] > 0$, siehe zum Beispiel [9]. Unter einem risikoneutralen Wahrscheinlichkeitsmass folgt $\mathbf{X}(t) := (X(t), \sigma(t))^\top$ somit der stochastischen Differentialgleichung

$$\begin{pmatrix} dX(t) \\ d\sigma(t) \end{pmatrix} = \begin{pmatrix} r - q - \frac{1}{2}\sigma^2(t) \\ \kappa\big(m - \sigma(t)\big) \end{pmatrix} dt + \begin{pmatrix} \sigma(t) & 0 \\ \rho\delta & \sqrt{1-\rho^2}\delta \end{pmatrix} \begin{pmatrix} dW(t) \\ d\widehat{W}(t) \end{pmatrix} .$$

In $\mathbf{x} := (x, \sigma)^\top$ ist dieses Modell offenbar nicht affin. Wir können jedoch Affinität erreichen, in dem wir zum Modell die Varianz $V(t) := \sigma^2(t)$ hinzufügen. Aus der Differentialgleichung (10.87) und dem Lemma von Itô folgt die Differentialgleichung für $V(t)$,

$$dV(t) = \big(2\kappa m\sigma(t) - 2\kappa V(t) + \delta^2\big)dt + 2\delta\sigma(t)d\widetilde{W}(t), \quad V(0) = \sigma^2 . \tag{10.88}$$

Der um V erweiterte vektor-wertige Prozess $\mathbf{X}(t) := (X(t), \sigma(t), V(t))^\top$ löst das System

$$\begin{pmatrix} dX(t) \\ d\sigma(t) \\ dV(t) \end{pmatrix} = \begin{pmatrix} r - q - \frac{1}{2}\sigma^2(t) \\ \kappa\big(m - \sigma(t)\big) \\ 2\kappa m\sigma(t) - 2\kappa V(t) + \delta^2 \end{pmatrix} dt + \begin{pmatrix} \sigma(t) & 0 \\ \rho\delta & \sqrt{1-\rho^2}\delta \\ 2\rho\delta\sigma(t) & 2\sqrt{1-\rho^2}\delta\sigma(t) \end{pmatrix} \begin{pmatrix} dW(t) \\ d\widehat{W}(t) \end{pmatrix} .$$

[13] Benannt nach dem niederländischen Physiker Leonard Ornstein (1880-1941) und dem niederländischen Physiker Georg Uhlenbeck (1900–1988).

In $\mathbf{x} := (x, \sigma, v)^\top$ ist das Modell nun affin, da mit $\sigma^2 = v$,

$$\boldsymbol{\mu}(\mathbf{x}) = \begin{pmatrix} r - q - \frac{1}{2}v \\ \kappa(m-\sigma) \\ \delta^2 + 2\kappa m\sigma - 2\kappa v \end{pmatrix} = \begin{pmatrix} r - q + (0, 0, -\frac{1}{2})\mathbf{x} \\ \kappa m + (0, -\kappa, 0)\mathbf{x} \\ \delta^2 + (0, 2\kappa m, -2\kappa)\mathbf{x} \end{pmatrix} \tag{10.89}$$

und

$$\begin{aligned} \boldsymbol{Q}(\mathbf{x}) = \boldsymbol{\sigma}(\mathbf{x})\boldsymbol{\sigma}(\mathbf{x})^\top &= \begin{pmatrix} v & \rho\delta\sigma & 2\rho\delta v \\ \rho\delta\sigma & \delta^2 & 2\delta^2\sigma \\ 2\rho\delta v & 2\delta^2\sigma & 4\delta^2 v \end{pmatrix} \\ &= \begin{pmatrix} 0 + (0,0,1)\mathbf{x} & 0 + (0,\rho\delta,0)\mathbf{x} & 0 + (0,0,2\rho\delta)\mathbf{x} \\ 0 + (0,\rho\delta,0)\mathbf{x} & \delta^2 + (0,0,0)\mathbf{x} & 0 + (0,2\delta^2,0)\mathbf{x} \\ 0 + (0,0,2\rho\delta)\mathbf{x} & 0 + (0,2\delta^2,0)\mathbf{x} & 0 + (0,0,4\delta^2)\mathbf{x} \end{pmatrix} \end{aligned} \tag{10.90}$$

ist. Im Folgenden schreiben wir $Y(t)$ anstatt $\sigma(t)$ und y anstatt σ. Weil das Modell in $\mathbf{x} := (x, y, v)^\top$ affin ist, lässt sich die charakteristische Funktion von $X(T)$ schreiben als

$$\varphi(u; \mathbf{x}, T - \tau, T) =: \widehat{\varphi}(\mathbf{x}, \tau) = e^{\alpha(\tau) + \boldsymbol{\beta}(\tau)^\top \mathbf{x}},$$

mit den Funktionen α und $\boldsymbol{\beta} = (\beta_1, \beta_2, \beta_3)^\top$. Um diese zu finden, gehen wir analog zum Bates Modell vor. Wir setzen den Ansatz (10.81) in die partielle Differentialgleichung

$$\begin{cases} \partial_\tau \widehat{\varphi} - \mathcal{A}\widehat{\varphi} = 0 & \text{in } G \times]0, T] \\ \quad \widehat{\varphi}(\mathbf{x}, 0) = e^{Iux} & \text{in } G \end{cases}$$

ein, und erhalten mit

$$\begin{aligned} \mathcal{A} &:= \frac{1}{2}\mathrm{tr}[\boldsymbol{Q}(\mathbf{x})D^2] + \boldsymbol{\mu}(\mathbf{x})^\top \nabla \\ &\overset{(10.89),(10.90)}{=} \frac{1}{2}v\partial_{xx} + \frac{1}{2}\delta^2\partial_{yy} + 2\delta^2 v\partial_{vv} + \rho\delta y\partial_{xy} + 2\rho\delta v\partial_{xv} + 2\delta^2 y\partial_{yv} \\ &\quad + \big(r - q - \frac{1}{2}v\big)\partial_x + \kappa(m - y)\partial_y + (\delta^2 + 2\kappa m y - 2\kappa v)\partial_v \end{aligned} \tag{10.91}$$

folgendes System von gewöhnlichen Differentialgleichungen für $\alpha(\tau)$ und $\boldsymbol{\beta}(\tau)$,

$$\begin{cases} \alpha' = 0.5\delta^2\beta_2^2 + (r-q)\beta_1 + \kappa m\beta_2 + \delta^2\beta_3, & \alpha(0) = 0 \\ \beta_1' = 0, & \beta_1(0) = Iu \\ \beta_2' = \rho\delta\beta_1\beta_2 + 2\delta^2\beta_2\beta_3 - \kappa\beta_2 + 2\kappa m\beta_3, & \beta_2(0) = 0 \\ \beta_3' = 0.5\beta_1^2 + 2\delta^2\beta_3^2 + 2\rho\delta\beta_1\beta_3 - 0.5\beta_1 - 2\kappa\beta_3, & \beta_3(0) = 0 \end{cases}. \tag{10.92}$$

Dieses System hat die Lösung

$$
\begin{aligned}
\alpha(\tau) &= (r-q)Iu\tau + \int_0^\tau \Big(\frac{1}{2}\delta^2\beta_2^2(z) + \kappa m\beta_2(z) + \delta^2\beta_3(z)\Big)\mathrm{d}z \\
\beta_1(\tau) &= Iu \\
\beta_2(\tau) &= 16\kappa m\frac{c_2}{c_1}\frac{e^{-\frac{c_1}{2}\tau}}{1-c_3e^{-c_1\tau}}\sinh^2\Big(\frac{c_1}{4}\tau\Big) \\
\beta_3(\tau) &= c_2\frac{1-e^{-c_1\tau}}{1-c_3e^{-c_1\tau}}
\end{aligned}
\tag{10.93}
$$

mit den Konstanten

$$
\begin{aligned}
c_1 &:= 2\sqrt{(\kappa-\rho\delta Iu)^2 + \delta^2u(u+I)} \\
c_2 &:= \frac{2(\kappa-\rho\delta Iu)-c_1}{4\delta^2} \\
c_3 &:= \frac{2(\kappa-\rho\delta Iu)-c_1}{2(\kappa-\rho\delta Iu)+c_1}
\end{aligned}
\tag{10.94}
$$

siehe die Aufgabe 10.11. Zur Funktion α in (10.93) machen wir eine Bemerkung. Die Stammfunktion von $0.5\delta^2\beta_2^2 + \kappa m\beta_2 + \delta^2\beta_3$ beinhaltet den komplexen Logarithmus, welcher unstetig ist. Um Unstetigkeiten zu vermeiden, verzichten wir auf die explizite Bestimmung der Stammfunktion, sondern werten das entsprechende Integral mit Python's Simpson-Regel `integrate.simps` numerisch aus. Ähnliche Ausdrücke zu (10.93) sind in [17] zu finden. Die Faktorisierung (8.4)

$$\varphi(u;x,t,T) = e^{Iux}\widetilde{\varphi}(u;t,T)$$

gilt auch im Modell von Schöbel und Zhu; mit σ die instantante Volatilität zum Zeitpunkt t ist offenbar

$$\widetilde{\varphi}(u;t,T) = e^{\alpha(T-t)+\beta_2(T-t)\sigma+\beta_3(T-t)\sigma^2}\ .$$

Wir können daher die Werte von ν Call oder Put Optionen mit Strikes $\mathbf{k} = (K_1,\ldots,K_\nu)^\top$ und Maturität T mit der „vektorisierten" Cos-Methode (8.7) respektive mit der Routine 8.1 callput_cos bestimmen. Dieser müssen wir die Funktion $\widetilde{\varphi}$ übergeben, welche wir in charfunc_sz definieren.

Routine 10.10: charfunc_sz.py

```
import numpy as np
import scipy.integrate as integrate

def charfunc_sz(u,T,r,q,eta):

    kappa = eta[0]; m = eta[1]; delta = eta[2]; rho = eta[3]; y = eta[4]

    # Konstanten ci
    aux = kappa-rho*delta*1j*u;
    c1 = 2*np.sqrt(aux**2+delta**2*u*(u+1j));
    c2 = (2*aux-c1)/(4*delta**2); c3 = (2*aux-c1)/(2*aux+c1);

    # Funktionen alpha, beta2, beta3
    beta2 = lambda x:16*kappa*m*c2/c1*np.exp(-c1/2*x)/(1-c3*np.exp(-c1*x))*\
                                            np.sinh(c1/4*x)**2;
    beta3 = lambda x:c2*(1-np.exp(-c1*x))/(1-c3*np.exp(-c1*x));

    x = np.linspace(0,T,101); beta2vec = beta2(x); beta3vec = beta3(x);
    alpha = integrate.simps((r-q)*1j*u+kappa*m*beta2vec+delta**2*beta3vec+\
                        0.5*delta**2*beta2vec**2,x)

    return np.exp(alpha+beta2(T)*y+beta3(T)*y**2)
```

Beispiel 10.15 Wir verwenden die Routine callput_cos mit $a = -4$, $b = 4$ und $N = 2^7$, um den Wert einer Call Option mit Laufzeit $T = 0.5$ und Strike K zu finden. Wir verwenden dazu die Parameter $s = 100$, $r = 0.0953$, $q = 0$ sowie $\{\kappa, m, \delta, \rho, y\} = \{4, 0.2, 0.1, -0.75, 0.2\}$. Für die Strikes $K = \{90, 95, 100, 105, 110, 115, 120\}$ erhalten wir mit der Cos-Methode

```
In [23]: import time; from charfunc_sz import charfunc_sz
In [24]: s = 100; r = 0.0953; q = 0; eta = [4,0.2,0.1,-0.75,0.2];
    ...: K = np.arange(90,125,5)
In [25]: tic = time.time();
    ...: V = callput_cos(s,np.arange(90,125,5),0.5,charfunc_sz,eta,r,q,1,-4,4,2**7);
    ...: display(time.time()-tic)
0.033444881439208984
In [26]: V.T
Out[26]:
array([[15.35454445, 11.56116969,  8.27525924,  5.58533761,  3.52504242,
         2.06270237,  1.10970682]])
```

In der Tab. 10.13 vergleichen wir diese Werte einerseits mit den Preisen, welche Schöbel und Zhu [23] angeben (die Zeile ‚SZ') und andererseits mit den Preisen, welche wir mit der Finite-Differenzen-Methode bei Anwendung der Routine pde_2d_ah_cs erhalten (die Zeile 'FDM'), siehe die Aufgabe 10.12.

Beide Methoden liefern nahezu identische Preise; die Cos-Methode ist jedoch ca. 340-Mal schneller als die Finite-Differenzen-Methode, vergleiche mit der Spalte t_{CPU}, in welcher wir die benötigte Rechenzeit (gemessen in Sekunden) der beiden Methoden angeben.

◇

Tab. 10.13 Für Europäische Call und Put Optionen ist die Cos-Methode um Faktoren schneller als die Finite-Differenzen-Methode.

	K							t_{CPU}
Methode	90	95	100	105	110	115	120	[sec]
SZ	15.35	11.56	8.28	5.58	3.53	2.06	1.11	–
Cos	15.3545	11.5612	8.2753	5.5853	3.5250	2.0627	1.1097	0.033
FDM	15.3545	11.5611	8.2752	5.5853	3.5250	2.0628	1.1100	11.2

Das Beispiel 10.15 verdeutlicht nochmals, dass die Cos-Methode sehr schnell ist, um Standard-Kontrakte wie Europäische Call und Put Optionen zu bewerten. Dies ist für die Kalibrierung sehr nützlich. Allerdings ist die Cos-Methode nicht unbedingt die erste Wahl, wenn es um die Bewertung exotischer Optionen geht, und ist die charakteristische Funktion nicht bekannt, so ist die Methode erst gar nicht anwendbar. Im Beispiel 14.9 betrachten wir die Bewertung einer Bermuda-Option im Heston Modell; dieses Beispiel zeigt, dass die Cos-Methode bei der Bewertung exotischer Optionen ihren Geschwindigkeitsvorteil gegenüber der Finite-Differenzen-Methode verlieren kann.

Wir kalibrieren nun das Schöbel-Zhu Modell mit der Routine 8.2 `calibration_cos` an den Datensatz in Tab. 1.2, vergleiche mit dem Beispiel 8.2. Die zu findenden Modellparameter sind

$$\eta := (\kappa, m, \delta, \rho, y) ;$$

beachten Sie, dass die Startvolatilität $y := \sigma$ in (10.87) auch durch die Kalibrierung zu finden ist. Die Menge S in (8.8) ist

$$(\kappa, m, \delta, \rho, y) \in S =]0, \infty[\times]0, \infty[\times]0, \infty[\times]-1, 1[\times]0, \infty[;$$

wählen wir als Startparameter $\eta_0 := (1, 1, 0.2, -0.8, 0.2)$; so findet Python's „Trust Region Reflective"-Algorithmus

$$\widehat{\eta} = (\widehat{\kappa}, \widehat{m}, \widehat{\delta}, \widehat{\rho}, \widehat{y}) \doteq (0.1551, 3.2070, 0.4085, -0.6258, 0.1930)$$

als Lösung des Kalibrierungsprobelms (1.20).

```
In [28]: import scipy.io as sio
    ...: D = sio.loadmat('D_DAX_18062012.mat')['D']
In [29]: eta0 = [1,1,0.2,-0.8,0.2];
    ...: bnds = ([0,0,0,-1,0],[np.inf,np.inf,np.inf,1,np.inf])
In [30]: eta = calibration_cos(6248.2,D,charfunc_sz,eta0,-4,4,2**7,bnds); eta.x
Out[30]: array([ 0.15505633,  3.20699313,  0.40846216, -0.62580214,  0.19297953])
```

Mit den gefundenen Parametern können wir die Güte des Modells quantifizieren. Dazu bestimmen wir zuerst die Preise $V_j(\widehat{\eta})$ der Optionen im Datensatz nach dem (kalibrierten) Modell.

```
In [32]: Vsz = callput_cos(6248.2,D[:,1],D[0,2],charfunc_sz,eta.x,D[0,4],0,-1,-4,
    ...: 4,2**7)
```

Dann können wir einerseits die durchschnittliche relative Abweichung

$$\mathrm{ARPE} = \frac{1}{\nu}\sum_{j=1}^{\nu}\frac{|V_j^{\mathrm{M}} - V_j(\widehat{\boldsymbol{\eta}})|}{V_j^{\mathrm{M}}} \doteq 0.11\,\%$$

bestimmen (vergleiche mit dem Abschn. 1.5)

```
In [33]: display(np.mean(abs(D[:,0]-Vsz.T)/D[:,0]))
0.001077863424318611
```

und andererseits die vom Modell implizierten impliziten Volatilitäten σ_j^{i}

```
In [34]: from impl_vola import impl_vola
In [35]: sigmai = np.zeros(len(Vsz))
In [36]: for j in range(len(Vsz)):
    ...:     sigmai[j] = impl_vola(Vsz[j],6248.2,D[j,1],D[0,2],D[0,4],0,-1,0.2)
In [37]: sigmai
Out[37]:
array([0.3118608 , 0.30828087, 0.30469501, 0.30110082, 0.29749546,
       0.29387663, 0.29024353, 0.28659784, 0.28294433, 0.27929139,
       0.27565109, 0.272039  , 0.26847368, 0.26497602, 0.25827355,
       0.24201932, 0.23353519, 0.23190191, 0.23283665])
```

berechnen. Trägt man die implizite Volatilität σ_j^{i} gegen den Ausübungspreis K_j auf, erhält man den Volatilitäts-Smile des Modells, vergleiche mit Abb. 1.8.

10.8 Aufgaben

Aufgabe 10.1 Zeigen Sie, dass die Kovarianz zwischen den logarithmierten Renditen $R_i(t)$ und $R_j(t)$ gegeben ist durch

$$\mathrm{Cov}\big[R_i(t), R_j(t)\big] = \rho_{ij}\sigma_i\sigma_j t$$

und schliessen Sie daraus, dass $\mathrm{Var}[R_i(t)] = \sigma_i^2 t$ sowie

$$\mathrm{Corr}\big[R_i(t), R_j(t)\big] = \rho_{ij}\ .$$

Aufgabe 10.2 Betrachten Sie eine $d \times d$-Kovarianzmatrix mit $d = 3$. Zeigen Sie, dass die Matrix $\mathbf{L}$ in der Cholesky-Zerlegung $\boldsymbol{\Sigma} = \mathbf{L}\mathbf{L}^\top$ gegeben ist durch

$$\mathbf{L} = \begin{pmatrix} \sigma_1 & 0 & 0 \\ \rho_{12}\sigma_2 & \rho_{22}^*\sigma_2 & 0 \\ \rho_{13}\sigma_3 & \rho_{23}^*\sigma_3 & \rho_{33}^*\sigma_3 \end{pmatrix}$$

mit

$$\rho_{22}^* := \sqrt{1-\rho_{12}^2},\quad \rho_{23}^* := \frac{\rho_{23}-\rho_{12}\rho_{13}}{\rho_{22}^*},\quad \rho_{33}^* = \frac{\sqrt{1-\rho_{12}^2-\rho_{13}^2-\rho_{23}^2+2\rho_{12}\rho_{13}\rho_{23}}}{\rho_{22}^*}\ .$$

Aufgabe 10.3 Wir betrachten eine Basket Call Option mit Ausübungsfunktion

$$g(S_1(T), S_2(T)) = \max\{\omega_1 S_1(T) + \omega_2 S_2(T) - K, 0\} . \tag{10.95}$$

Hierin sind $\omega_1, \omega_2 > 0$ die Basketgewichte (welche nicht notwendigerweise zu 1 summieren müssen).

i) Für die Parameterwerte wie in Beispiel 10.2 und den Gewichten $\omega_1 = 0.7$, $\omega_2 = 0.3$ berechnen Sie den Optionspreis und stellen diesen graphisch dar.
ii) Zeigen Sie rechnerisch, dass der Wert einer „Zero Strike“ Call Option (also $K = 0$ in (10.95)) den Wert

$$V(s_1, s_2, 0) = e^{-q_1 T}\omega_1 s_1 + e^{-q_2 T}\omega_2 s_2$$

hat.

Aufgabe 10.4 Für die Zeitpunkte $0 < t_1 < t_2 = T$ betrachten wir eine Forward Start Call Option mit Payoff

$$g(S(t_1), S(T)) = \max\left\{S(T) - S(t_1), 0\right\} ,$$

das heisst, der Strike der Option wird erst zum Zeitpunkt t_1 festgelegt. Zu diesem Zeitpunkt wird die Forward Start Option zur Europäischen Call Option (mit Laufzeit $T - t_1$). Es stellt sich heraus, dass zum Zeitpunkt $t = 0$ der Wert dieser Option gegeben ist als

$$V(s, 0) = e^{-qt_1} V_c(s, 0; T - t_1, s)$$

mit $s = S(0)$ und $V_c(s, 0; T, K)$ der Wert einer Europäischen Call Option mit Laufzeit T und Strike K.

Wir betrachten nun eine Forward Start Call Option mit $s = 50$, $t_1 = 1/12$ und $T = 13/12$ im Black-Scholes Modell mit $\sigma = 0.2$, $r = 0.01$ und $q = 0.04$. Bestimmen Sie den Wert der Option mit der Routine `cliquet_bs` und vergleichen Sie das Resultat mit dem exakten Wert.

Aufgabe 10.5 Wir bleiben bei Aufgabe 10.4, setzen nun aber $r = q = 0$. Bossu [8][14] schreibt: Recall that a forward start option with maturity T has its strike set at a future date $0 < t_1 < T$, usually as a percentage k of the future spot price $S(t_1)$. For example consider a one-year at the money call starting one month forward. After a month, this option will become a regular one-year vanilla call with strike $K = S(1/12)$, at which point it will be approximatively worth

$$\frac{S(1/12)}{\sqrt{2\pi}}\sigma . \tag{10.96}$$

[14] Um Verwirrungen zu vermeiden, nehmen wir die in diesem Text verwendete Notation anstelle Bossu's Notation.

Hierin stellt σ die implizite Volatilität zu einer Option mit Strike $K = S(1/12)$ und Restlaufzeit $T = 1$ dar, $\sigma = \sigma^{\mathrm{i}}(K, T) = \sigma^{\mathrm{i}}(S(1/12), 1)$. (Aus dem Abschn. 1.3 wissen wir, dass die implizite Volatilität vom Strike und der Restlaufzeit der betrachteten Option abhängt.)

Zeigen Sie die Approximation (10.96), in dem Sie in der Black-Scholes Formel (1.7) für eine Call Option eine geeignete Taylorapproximation durchführen (mit $\sigma = \sigma^{\mathrm{i}}(S(1/12), 1)$), siehe (3.22).

Aufgabe 10.6 Im Black-Scholes Modell können wir eine „floating strike“ Lookback Call Option entweder via der Sequenz (10.48) oder via der Sequenz (10.49) lösen. Bestätigen Sie diese Aussage numerisch mit Hilfe der Routine lookbackfls_bs respektive lookback-discrete_cev (welche Sie an geeigneter Stelle noch anpassen müssen, da diese ja eine „fixed strike“ Lookback Option bewertet).

Verwenden Sie die Parameter $s_0 = 100$, $\sigma = 0.25$, $r = 0.1$, $q = 0$, $T = 0.5$ und Beobachtungszeitpunkte $t_j = \frac{j}{J}T$, $j = 1, \ldots, J$, mit $J = 52$, und wählen Sie geeignete Diskretisierungsparameter.

Aufgabe 10.7 Weisen Sie die partielle Differentialgleichung (10.56) nach.

Aufgabe 10.8 Es seien $0 \leq a < b$ reelle Zahlen, und es sei $Q(x) := \frac{(x-a)(b-x)}{(\sqrt{b}-\sqrt{a})^2}$. Zeigen Sie: $Q(x) \leq x$ für alle $x \in [a, b]$, und $Q(x) = x$ genau dann, wenn $x = \sqrt{ab}$.

Aufgabe 10.9 Wir betrachten das Bewertungsproblem einer Europäischen Call Option mit Strike K und Laufzeit T im Jacobi-Heston Modell (10.60). Für die Modell-Parameter

$$\{\kappa, m, \delta, \rho, v_0, v_{\mathrm{vmin}}, v_{\mathrm{vmax}}\} = \{0.5, 0.04, 1, -0.5, 0.05, 10^{-4}, 0.08\}$$

und $s_0 = 1$, $T = 1/12$, $r = \delta = 0$ sowie $K \in \{e^{-0.1}, e^0, e^{0.1}\}$ geben Ackerer et al. [1] die implizite Volatilitäten $\sigma^{\mathrm{i}} \in \{22.75, 19.23, 19.25\}\%$ an.

Rechnen Sie diese Werte nach, in dem Sie die Eingaben in Python zum (Heston-) Beispiel 10.10 geeignet anpassen und impl_vola verwenden. Da für diese Wahl der Parameter die Bedingung (10.61) nicht erfüllt ist, müssen Sie auf den Kanten $\{v = v_{\min}\}$ und $\{v = v_{\max}\}$ Bedingungen an den Optionspreis setzen. Wählen Sie homogene zweite Ableitungen.

Aufgabe 10.10 In dieser Aufgabe zeigen Sie, dass $\xi^T(t)$ lognormal-verteilt ist. Gehen Sie dazu wie folgt vor.

i) Geben Sie für das System (10.69) die Matrizen $\mathbf{K}$, $\mathbf{\Sigma}$ und die Vektoren $\mathbf{m}$, $\mathbf{x}$ im verallgemeinerten Bergomi Modell (10.70) an.
ii) Für jedes t folgt das Paar $(X(t), Y(t))$ in (10.69) einer zweidimensionalen Normalverteilung. Bestimmen Sie mit Hilfe der Beziehungen (10.71)–(10.72) den Vektor der

Erwartungswerte und die Kovarianz-Matrix (integrieren Sie elementweise). Verwenden Sie hierzu die folgende Tatsache: Ist die $d \times d$-Matrix $\mathbf{M}$ diagonal, so gilt

$$e^{\mathbf{M}} = \begin{pmatrix} e^{M_{11}} & & & \\ & e^{M_{22}} & & \\ & & \ddots & \\ & & & e^{M_{dd}} \end{pmatrix}.$$

iii) Bestimmen Sie mit Hilfe der Teilaufgabe ii) den Erwartungswert und die Varianz von $Z^T(t)$, wenn folgende Tatsache gilt: Folgen (X, Y) einer bivariaten Normalverteilung (mit Vektor der Erwartungswerte $\boldsymbol{\mu}$ und Kovarianzmatrix $\boldsymbol{\Sigma}$), so ist $Z = w_1 X + w_2 Y$ normalverteilt, $Z \sim \mathcal{N}(\mathbf{w}^\top \boldsymbol{\mu}, \mathbf{w}^\top \boldsymbol{\Sigma} \mathbf{w})$.

iv) Wir schreiben nun (10.73) um zu $\xi^T(t) = e^{\omega Z^T(t) - \frac{1}{2}\chi(t,T) + \ln(\xi_0^T)}$. Bestimmen Sie den Erwartungswert μ und Varianz σ^2 des normalverteilten Exponenten

$$\omega Z^T(t) - \frac{1}{2}\chi(t, T) + \ln(\xi_0^T) .$$

Folgern Sie nun, dass $\xi^T(t) \sim \ln \mathcal{N}(\mu, \sigma^2)$[15].

v) Zeigen Sie: $\mathbb{E}[\xi^T(t)] = \xi_0^T$, vergleiche mit Abb. 10.18. Verwenden Sie dazu folgende Tatsache: Ist $X \sim \ln \mathcal{N}(\mu, \sigma^2)$, so ist $\mathbb{E}[X] = e^{\mu + \frac{1}{2}\sigma^2}$. ◇

Aufgabe 10.11 (Bestimmung der charakteristischen Funktion von $X(T)$ im Schöbel-Zhu Modell) Zeigen Sie: Die Lösung des Differentialgleichungssystems (10.92) ist gegeben durch (10.93).

Gehen Sie dazu wie folgt vor: Lösen Sie zuerst die Gleichung für $\beta_1(\tau)$ (trivial), dann – mit Konsultation der Aufgabe 8.2 – die Gleichung für $\beta_3(\tau)$. Sind β_1 und β_3 gefunden, ergibt sich $\beta_2(\tau)$ aus einer Variation der Konstanten, welche besagt, dass die Lösung der gewöhnlichen Differentialgleichung erster Ordnung $\beta'(x) = q(x)\beta(x) + p(x)$ für gegebene Funktionen q und p gegeben ist durch

$$\beta(x) = e^{Q(x)}\Big(\int_0^x e^{-Q(z)} p(z)\mathrm{d}z + c\Big), \quad Q(x) := \int_0^x q(z)\mathrm{d}z .$$

Hierin ist c eine Integrationskonstante, welche durch die gegebene Anfangsbedingung $\beta(x_0) = b$ festzulegen ist.

[15] Eine Zufallsvariable X heisst lognormal-verteilt, $X \sim \ln \mathcal{N}(\mu, \sigma)$, wenn $X = e^U$ mit $U \sim \mathcal{N}(\mu, \sigma^2)$.

Aufgabe 10.12 Rechnen Sie die Preise in Tab. 10.13, Zeile „FDM", nach. Gehen Sie dazu wie folgt vor:

i) Bestimmen Sie zunächst den infinitesimalen Generator $\mathcal{A}$ des Prozesses $\mathbf{X}(t) := (S(t), \sigma(t))^\top$.
ii) Wir setzen wiederum $y := \sigma$. Nach dem Fundamentalprinzip$_d$ löst der Wert $V(s, y, t)$ einer Europäischen Call oder Put Option mit Strike K und Maturität T die partielle Differentialgleichung

$$\begin{cases} \partial_t V + \mathcal{A}V - rV = 0 & \text{in } G \times]0, T] \\ \qquad V(s, y, T) = \max\{\omega(s - K), 0\} & \text{in } G \end{cases} .$$

Zeigen Sie nun: Der Wert $u(x, y, t) := K^{-1} V(Ke^x, y, T - t)$ löst die partielle Differentialgleichung

$$\begin{cases} \partial_t u - \widehat{\mathcal{A}}u + ru = 0 & \text{in } G \times]0, T] \\ \qquad u(x, \sigma, 0) = \max\{\omega(e^x - 1), 0\} & \text{in } G \end{cases}$$

mit dem Generator

$$\widehat{\mathcal{A}} := \frac{1}{2}y^2\partial_{xx} + \frac{1}{2}\delta^2\partial_{yy} + \rho\delta y\partial_{xy} + \big(r - q - \frac{1}{2}y^2\big)\partial_x + \kappa(m - y)\partial_y ,$$

und $G = \mathbb{R}^2$, vergleiche mit (10.91). Das bedeutet, dass die Funktion u unabhängig vom Strike K ist.
iii) Lösen Sie die Gleichung für u auf dem Gebiet $G^e =]x_l, x_r[\times]y_l, y_r[$ numerisch mit der Routine pde_2d_ah_cs. Wählen Sie dazu die (Diskretisierungs-)Parameter $x_l = -4$, $x_r = 3$, $y_l = -0.1$, $y_r = 0.5$, $(N_x, N_y) = (2^{11} - 1, 2^6 - 1)$, $M = \lceil 0.05 N_x \rceil$, $\theta = 0.5$ sowie eine homogene zweite Ableitung auf allen Kanten von G^e. Dies liefert den Array $\mathbf{w}$. Den Wert einer Call Option mit Strike K können Sie nun aus $\mathbf{w}$ und einer geeigneten Interpolation erhalten. ◇

Literatur

1. D. Ackerer, D. Filipović, and S. Pulido. The Jacobi stochastic volatility model. *Finance and Stochastics*, 22(3):667–700, 2018.
2. F. Aitsahlia and T. L. Lai. Random walk duality and the valuation of discrete lookback options. *Applied Mathematical Finance*, 5:227–240, 1998.
3. H. Albrecher, P. Mayer, W. Schoutens, and J. Tistaert. The little Heston trap. *Wilmott Magazin*, pages 83–92, 2007.
4. David S. Bates. Jumps and stochastic volatility: the exchange rate process implicit in Deutsche Mark options. *Review of Financial Studies*, 9:69–107, 1996.
5. L. Bergomi. Smile Dynamics. *Risk Magazine*, (September):117–132, 2004.

6. L. Bergomi. Smile Dynamics II. *Risk Magazine*, (October):67–73, 2005.
7. L. Bergomi. *Stochastic Volatility Modeling*. Financial Mathematics Series. Chapman & Hall/ CRC, 2016.
8. S. Bossu. *Advanced Equity Derivatives*. Wiley Finance Series. Wiley, 2014.
9. D. Brigo and F. Mercurio. *Interest Rate Models – Theory and Practice*. Springer, 2006.
10. I. J. D. Craig, and A. D. Sneyd. An alternating-direction implicit scheme for parabolic equations with mixed derivatives. *Computers & Mathematics with Applications*, 16(4):341–350, 1988.
11. D. Davydov and V. Linetsky. Pricing and Hedging Path-Dependent Options Under the CEV Process. *Management Science*, 47(7):949–965, 2001.
12. J. Douglas and H.H. Rachford. On the numerical solution of the heat conduction problem in two and three spaces variables. *Transactions of the American Mathematical Society*, 82:421–439, 1956.
13. D. Duffie, J. Pan, and K. Singleton. Transform Analysis and Asset Pricing for Affine jump-diffusions. *Econometrica*, 68(6):1343–1376, 2000.
14. E. Ekström and J. Tysk. The Black-Scholes equation in stochastic volatility models. *Journal of Mathematical Analysis and Applications*, 368(2):498–507, 2010.
15. D. Filipović. *Term-Structure Models*. Springer, 2009.
16. E. Gobet. Asymptotic methods in option pricing, 2011. Available at https://www.ljll.math.upmc.fr/Journees-Papanicolaou/PDF/StochasticExpansion_Papanicolaou_Dec11.pdf.
17. L.A. Grzelak, C.W. Oosterlee, and S. Van Weeren. Extension of stochastic volatility equity models with the Hull-White interest rate process. *Quantitative Finance*, 12(1):89–105, 2012.
18. P. S. Hagan, D. Kumar, A. S Lesniewski, and D. E. Woodward. Managing Smile Risk. *Wilmott Magazine*, pages 84–108, 2002.
19. D. Heath and M. Schweizer. Martingales versus PDEs in Finance: An Equivalence Result with Examples. *Journal of Applied Probability*, 37(4):947–957, 2000.
20. S. Heston. A closed-form Solution for Options with Stochastic Volatility, with Applications to Bond and Currency Options. *The Review of Financial Studies*, 6:327–343, 1993.
21. R. Heynen and H. Kat. Lookback options with discrete and partial monitoring of the underlying price. *Applied Mathematical Finance*, 2:273–284, 1995.
22. K.J. In 't Hout and C. Mishra. Stability of ADI schemes for multidimensional diffusion equations with mixed derivative terms. *Applied Numerical Mathematics*, 74:83–94, 2013.
23. R. Schöbel and J. Zhu. Stochastic Volatility With an Ornstein-Uhlenbeck Process: An Extension. *Review of Finance*, 3(1):23–46, 04 1999.
24. D. Sesana, D. Marazzina, and G. Fusai. Pricing exotic derivatives exploiting stucture. *European Journal of Operational Research*, 236(1):369–381, 2014.
25. L. Teng, M. Ehrhardt, and M. Günther. On the Heston model with Stochastic Correlation. *International Journal of Theoretical and Applied Finance*, 19(6), 2016.
26. L. Teng, M. Ehrhardt, and M. Günther. Numerical Simulation of the Heston Model under Stochastic Correlation. *International Journal of Financial Studies*, 6(1):1–16, 2017.
27. H. Windcliff, P. Forsyth, and K. Vetzal. Numerical Methods and Volatility Models for Valuing Cliquet Options. *Applied Mathematical Finance*, 13(4):353–386, 2006.

11 Anwendung: Pricing von strukturierten Produkten

Als Anwendung unserer Bewertungsmethode betrachten wir nun einige typische strukturierte Produkte, welche an der „SIX Structured Products“[1] kotiert sind. Der SVSP (Schweizerischer Verband für Strukturierte Produkte) publiziert jährlich die „Swiss Derivative Map“, welche alle an der „SIX Structured Products“ kotierten strukturierten Produkte erfasst und diese den vier Katgeorien „Kapitalschutz“, „Renditeoptimierung“, „Partizipation“ und „Hebel“ zuordnet, siehe die Abb. 11.1. In den folgenden Abschnitten betrachten wir zunächst Kapitalschutzprodukte (Kategorie 11 in der „Swiss Derivative Map“), dann Renditeoptimierungsprodukte (Kategorie 12) und schlussendlich Partizipationsprodukte (Kategorie 13). Die Liste der betrachteten Produkte ist nicht vollständig. Um die Produkte zu bewerten, verwenden wir der Einfachheit halber das Black-Scholes Modell, so dass der infinitesimale Generator $\mathcal{A}$ in den entsprechenden Differentialgleichungen derjenige einer d-dimensionalen Brown'schen Bewegung ist, vergleiche mit (10.6), wo $d = 3$ ist und μ_i durch $r - q_i$ zu ersetzen ist. Zusätzlich machen wir für alle Produkte folgende Vereinbarungen. Erstens berücksichtigen wir *nicht*, dass die Cashflows in der Regel zu einem späteren Zeitpunkt anfallen als zu dem Zeitpunkt, an welchem sie definiert werden. Typischer hängt der Cashflow eines Produkts $g(S(T))$ vom Kurs $S(T)$ des Basiswerts bei Maturität T ab; dem Halter des Produkts wird aber der Betrag $g(S(T))$ in der Regel zum späteren Zeitpunkt $t_R > T$ bezahlt; hier steht der Subskript R für „Rückzahlung“. Zweitens benötigen wir eine Vereinbarung dafür, wie wir Zeitspannen messen („Day-Count Convention“). Wir verwenden in diesem Text die „30/360 European“-Regel, welche wie folgt definiert ist. Sind $t_1 = d_1/m_1/y_1$ und $t_2 = d_2/m_2/y_2$ zwei Daten, so liegen zwischen diesen Zeitpunkten

$$\frac{\min\{d_2, 30\} - \min\{d_1, 30\}}{360} + \frac{m_2 - m_1}{12} + y_2 - y_1 \tag{11.1}$$

[1] Börse für strukturierte Produkte, siehe www.six-structured-products.com.

N. Hilber, *Bewertung von Finanzderivaten mit Python*,
https://doi.org/10.1007/978-3-658-39210-9_11

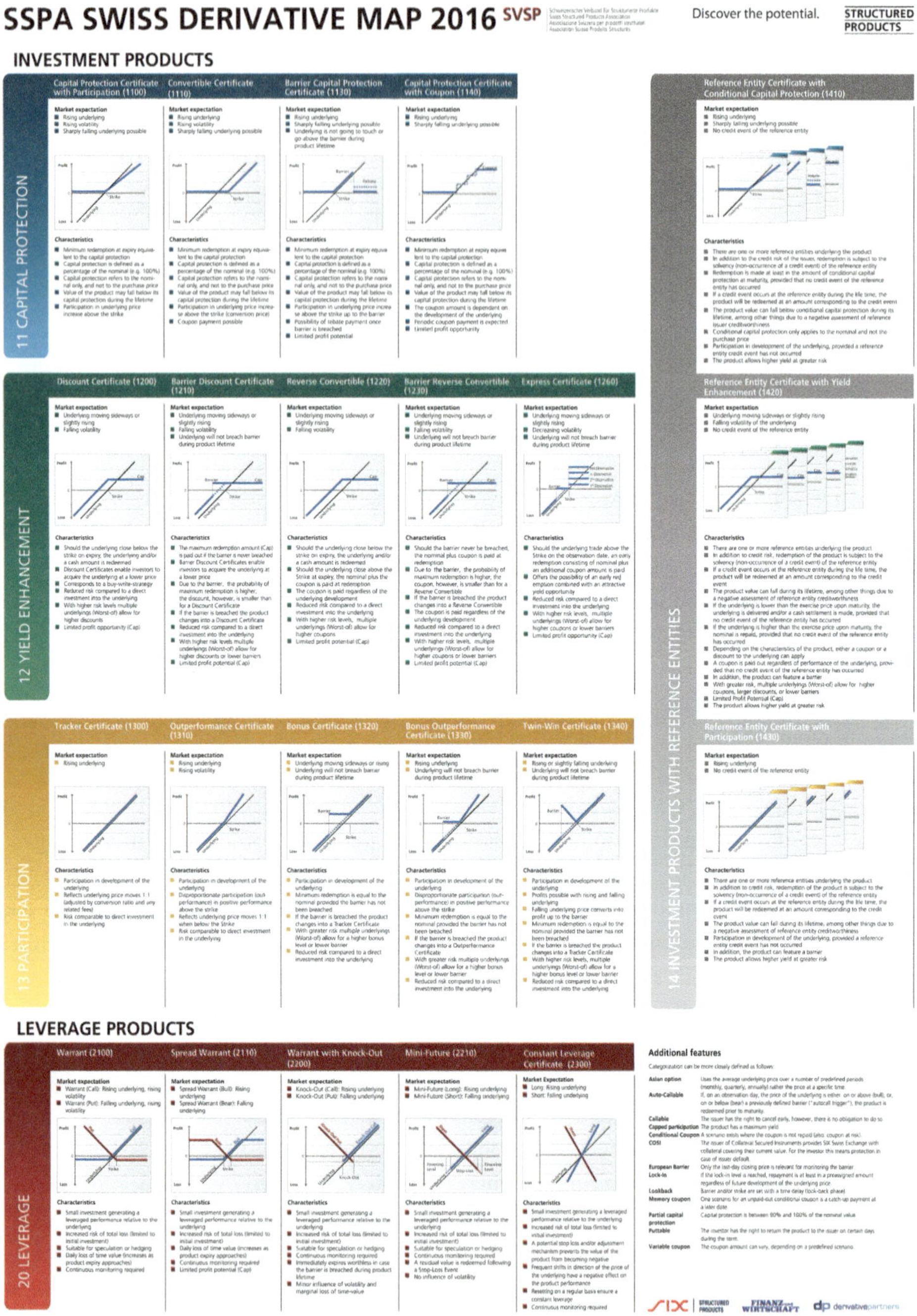

SSPA SWISS DERIVATIVE MAP 2016 SVSP

Discover the potential. STRUCTURED PRODUCTS

INVESTMENT PRODUCTS

11 CAPITAL PROTECTION

- Capital Protection Certificate with Participation (1100)
- Convertible Certificate (1110)
- Barrier Capital Protection Certificate (1130)
- Capital Protection Certificate with Coupon (1140)

12 YIELD ENHANCEMENT

- Discount Certificate (1200)
- Barrier Discount Certificate (1210)
- Reverse Convertible (1220)
- Barrier Reverse Convertible (1230)
- Express Certificate (1260)

13 PARTICIPATION

- Tracker Certificate (1300)
- Outperformance Certificate (1310)
- Bonus Certificate (1320)
- Bonus Outperformance Certificate (1330)
- Twin-Win Certificate (1340)

14 INVESTMENT PRODUCTS WITH REFERENCE ENTITIES

- Reference Entity Certificate with Conditional Capital Protection (1410)
- Reference Entity Certificate with Yield Enhancement (1420)
- Reference Entity Certificate with Participation (1430)

LEVERAGE PRODUCTS

20 LEVERAGE

- Warrant (2100)
- Spread Warrant (2110)
- Warrant with Knock-Out (2200)
- Mini-Future (2210)
- Constant Leverage Certificate (2300)

Additional features

Abb. 11.1 Die „Swiss Derivative Map“

Jahre. Zum Beispiel liegen zwischen dem 04.07.2018 und 09.10.2019 nach dieser Definition

$$\frac{\min\{9,30\} - \min\{4,30\}}{360} + \frac{10-7}{12} + 2019 - 2018 = \frac{455}{360}$$

Jahre respektive 455 Tage. In Excel kann man diesen Wert via `yearfrac` berechnen lassen; in Python ist diese Routine nicht vorhanden (sofern man das Package `Findates` nicht installiert). Wir stellen daher unsere eigene Routine yf zur Verfügung, welche die Formel (11.1) realisiert.

Routine 11.1: yf.py

```
import numpy as np

  def yf(t1,t2):
  '''Misst die Zeitspanne in Jahren zwischen Daten t1 und t2>t1 nach der
  30/360 European-Regel. t1 ist das Tupel (dd,mm,yyyy), t2 ist eine Liste
  von Tupeln [(dd,mm,yyyy),...,(dd,mm,yyyy)].

  Tau = yf(t1,t2) ist ein Array, mit Tau[j] die entsprechende Zeitspanne
  zwischen t1 and t2[j].'''

  n = len(t2); Tau = np.zeros(n)

  for j in range(n):
     Tau[j] = (t2[j][2]-t1[2]+(t2[j][1]-t1[1])/12+
     (np.minimum(t2[j][0],30)-np.minimum(t1[0],30))/360)
  return Tau
```

Bevor wir konkrete Produkte beschreiben und bewerten, betrachten wir das Konzept einer „first exit time“. Für ein (offenes) Gebiet $G \subset \mathbb{R}^d$ definieren wir den zufälligen Zeitpunkt

$$\tau_G := \min\{t \geq 0 \mid \mathbf{X}(t) \notin G\} , \tag{11.2}$$

bei welchem der stochastische Prozess $\mathbf{X}(t) \in \mathbb{R}^d$ das Gebiet zum ersten Mal verlässt, vergleiche mit Abb. 11.2, in welcher $\mathbf{X}(t)$ einer zweidimensonalen geometrischen Brown'schen Bewegung und das Gebiet G dem offenen, uneigentlichen Rechteck $]B_1, \infty[\times]B_2, \infty[$ entspricht. Für ein $T > 0$ definieren wir die diskrete Zufallsvariable

$$I := 1_{\{T<\tau_G\}} := \begin{cases} 1 & \text{falls } T < \tau_G \\ 0 & \text{sonst} \end{cases} . \tag{11.3}$$

Ist zum Beispiel $G =]B, \infty[$ und betrachten wir $B > 0$ als eine Barriere, so bedeutet $I = 0$, dass der Prozess $S(t)$ startend in $S(0) > B$ die Barriere B im Zeitintervall $[0, T]$ (von oben) durchbrochen hat; eine entsprechende Down-und-Out Option ist für $I = 0$

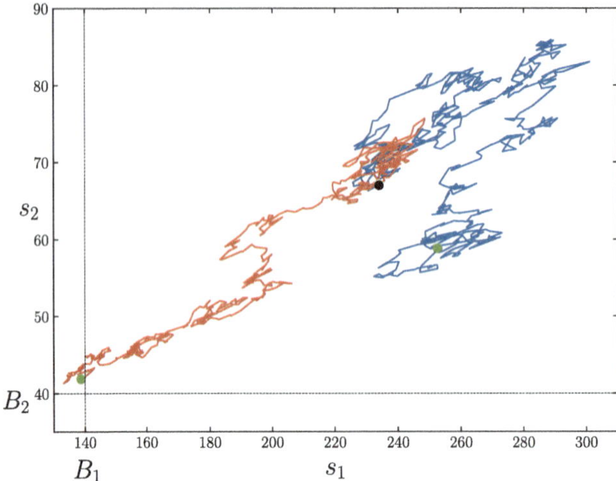

Abb. 11.2 Zwei Realisationen einer zweidimensionalen geometrischen Brown'schen Bewegung $(S_1(t), S_2(t))$ mit $S_i(t)$ wie in (10.11), beide startend in $(S_1(0), S_2(0)) = (234, 67)$, dargestellt durch den Punkt (•). Ein Pfad durchbricht die Barriere B_1 (−); die Variable I nimmt, für $G =]B_1, \infty[\times]B_2, \infty[$, den Wert 1 an. Die Parameter sind: $\sigma_1 = 0.18$, $\sigma_2 = 0.15$, $\rho = 0.68$, $\mu_1 = 0.04$, $\mu_2 = 0.02$, $T = 2$, $B_1 = 140$, $B_2 = 40$. Wie man eine d-dimensionale Brown'sche Bewegung exakt simuliert ist im Anhang B.9 beschrieben

wertlos. Mit I^c bezeichnen wir die Variable

$$I^c = 1 - I \ . \tag{11.4}$$

Für das genannte Beispiel bedeutet $I^c = 0$ (respektive $I = 1$), dass die Barriere im Zeitintervall $[0, T]$ nicht durchbrochen wird; die entsprechende Down-und-Out Option ist für $I^c = 1$ wertlos.

11.1 Kapitalschutzprodukte

Gemäss der „Swiss Derivative Map“ (siehe Abb. 11.1) kommen Kapitalschutzprodukte zum Einsatz, wenn man erwartet, dass der Basiswert moderat steigt, es jedoch eine beträchtliche Wahrscheinlichkeit für einen fallenden Basiswertkurs gibt. Fällt der Basiswert bei Maturität unter den Ausübungspreis, erhält der Investor einen gewissen Prozentsatz ($\leq 100\,\%$) des eingesetzten Kapitals zurück (Kapitalschutz). Liegt der Basiswert über dem Strike, profitiert der Anleger vom steigenden Kurs, in der Regel jedoch unterproportional (Partizipationsrate $< 100\,\%$).

Der Basiswert ist meist ein Index oder ein Basket von Aktien/Rohstoffen, auch Währungspaare sind zu finden. Die Laufzeit ist meist (deutlich) über einem Jahr. Es existieren Kapitalschutzproduke mit Cap, Barriere und Coupon.

11.1.1 Kapitalschutzprodukte ohne Cap

Wir verwenden folgende Notation. Mit N bezeichnen wir den *Nominal* (Nennbetrag), mit k den *Kapitalschutz* (welcher in % des Nominals angeben wird) und mit z bezeichnen wir die *Partizipation*; diese entspricht dem relativen Anteil an der Performance

$$R(T) = \frac{S(T) - K}{S(0)}$$

des Basiswerts[2]. Nach dem Term Sheet (Abb. 11.3) ist die Payoff-Funktion g gegeben durch

$$g(S(T)) = kN + \frac{zN}{S(0)} \max\{S(T) - K, 0\} \; ; \tag{11.5}$$

wir stellen die Funktion g/N in Abb. 11.4 graphisch dar.

Wir replizieren den Payoff (11.5). Der Term kN entspricht der garantierten Rückzahlung des Produkts, unabhängig vom Schlusskurs $S(T)$ des Basiswertes. Dieser Term lässt sich replizieren durch eine risikolose Geldmarktanlage zum Zinssatz r. Der Endwert dieser Anlage ist kN und hat zu einem beliebigen (früheren) Zeitpunkt $t < T$ den Barwert $e^{-r(T-t)}kN$. Der Term $\frac{zN}{S(0)} \max\{S(T) - K, 0\}$ entspricht der Auszahlung von $n = \frac{zN}{S(0)}$ Call Optionen mit Ausübungspreis K. Zu jedem Zeitpunkt $0 \leq t \leq T$ muss der Wert der Replikation (Barwert der Geldmarktanlage plus n Call) dem Wert V_{cp} des Kapitalschutzproduktes entsprechen, es muss also gelten

$$V_{\mathrm{cp}}(s,t) = e^{-r(T-t)}kN + \frac{zN}{S(0)} V_c(s,t) \; . \tag{11.6}$$

11.1.2 Kapitalschutzprodukt mit Asiatischer Optionskomponente

Als weiteres Beispiel eines Kapitalschutzprodukts betrachten wir den „Wiener Walzer 3", siehe Abb. 11.5. Gemäss dem Term Sheet zahlt das Produkt bei Maturität

$$kN + zN \max\{\overline{R}, 0\}$$

aus, wobei k wiederum den Kapitalschutz, z die Partizipation und $\overline{R}$ die *durchschnittliche* Rendite des Basiswertes bezeichnet. Die durchschnittliche Performance wird aus Renditen $R(t_i)$ zu gegebenen Zeitpunkten $t_i \in [0, T]$ bestimmt und ist gegeben durch

$$\overline{R} = \frac{1}{n}\sum_{k=1}^{n} R(t_k) = \frac{1}{n}\sum_{k=1}^{n} \frac{S(t_k) - S(0)}{S(0)} = \frac{1}{S(0)}\left(\frac{1}{n}\sum_{k=1}^{n} S(t_k) - S(0)\right) .$$

[2] Der Ausübungspreis K kann geschrieben werden als $K = \alpha S(0)$ für ein $\alpha \in \mathbb{R}^+$. Ist speziell $\alpha = 1$, so stellt der Term $\frac{S(T)-K}{S(0)}$ in der Tat die Rendite des Basiswertes dar.

Emissionsbetrag / Nennbetrag / Handelseinheiten	Bis zu EUR 10 000 000, mit der Möglichkeit der Aufstockung / EUR 1 000 Nennbetrag pro Strukturiertes Produkt / EUR 1 000 oder ein Mehrfaches davon
Ausgabepreis pro Strukturiertes Produkt	100.00 % vom Nennbetrag (93.05 % festverzinsliche Anlage, IRR 0.52 % p.a.)
Währung	EUR
Basiswert	**EURO STOXX 50® Index** / EU0009658145 / Bloomberg: SX5E Index
Minimaler Rückzahlungswert	95.00 % vom Nennbetrag per Verfall
Partizipationsrate	45.00 % per Verfall
Ausübungspreis	EUR 1 924.73 / 95.00 % des Basiswertes am Initial Fixing Tag
Initial Fixing Tag	23. September 2011
Liberierungstag	28. September 2011
Letzter Handelstag	23. September 2015
Final Fixing Tag	23. September 2015
Rückzahlungstag	30. September 2015
Initial Fixing Wert	EUR 2 026.03, Schlusskurs des Basiswertes, am Initial Fixing Tag
Final Fixing Wert	Schlusskurs des Basiswertes, am 23. September 2015
Rückzahlungsmodalitäten	$N * \left[KS + P * \max\left(\frac{S_{FF} - K}{S_{IF}}, 0 \right) \right]$ wobei N = Nennbetrag KS = Kapitalschutz = 95.00 % P = Partizipationsrate = 45.00 % S_{FF} = Final Fixing Wert S_{IF} = Initial Fixing Wert K = Ausübungspreis = 95.00 % des Initial Fixing Wertes

Abb. 11.3 Auszug aus dem Term Sheet eines Kapitalschutzproduktes

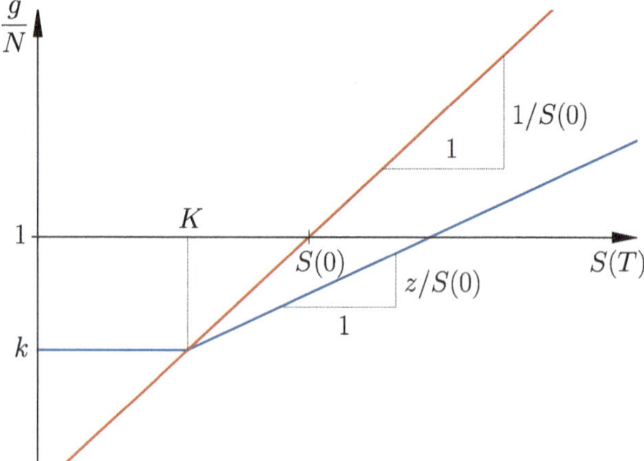

Abb. 11.4 Payoff (–) eines Kapitalschutzproduktes mit Kapitalschutz $k < 1$, Partizipation $z < 1$ und $K = kS(0)$. Zum Vergleich ist der Basiswert (–) eingezeichnet; $S(T)/S(0)$

KEY FACTS

Emittent	Raiffeisen Centrobank AG
Garantiegeber*	Raiffeisen Centrobank AG
ISIN / WKN	AT0000A0PCG1 / RCE10B
Nominale	EUR 1.000,-
Ausgabepreis	100 % zzgl. 3 % Ausgabeaufschlag
Zeichnungsfrist	18.04. - 13.05.2011
Anfänglicher Bewertungstag	16.05.2011
Zeichnungs-Valuta	17.05.2011
Finaler Bewertungstag	12.05.2017
Fälligkeitstag	17.05.2017
Kapitalgarantie	100 % zum Laufzeitende
Partizipationsfaktor	105 %
Bewertung	jährlich
Bewertungstage	14.05.2012, 13.05.2013, 12.05.2014, 12.05.2015, 12.05.2016, 12.05.2017
Rückzahlung	Zusätzlich zum Nominale von EUR 1.000,- werden 105 % der positiven durchschnittlichen Wertentwicklung des ATX® ausbezahlt (Tilgung am Fälligkeitstag durch Raiffeisen Centrobank*).
Börsennotiz	Wien, Stuttgart, Frankfurt
Kursinfo	RCB01 / www.rcb.at

* Raiffeisen Centrobank AG ist eine 100 %ige Tochter der Raiffeisen Bank International AG – Rating der RBI: www.rbinternational.com/ir/ratings

Der erfreuliche Start des ATX® in das Jahr 2011 war vom Überschreiten der 3.000er-Marke gekennzeichnet. Seither hat der Index – geprägt von den politischen Unruhen im arabischen Raum sowie dem Erdbeben in Japan und dessen Folgen – etwas nachgegeben, aber mittlerweile auf rund 2.900 Punkte aufgeholt. Die Vorzeichen für den österreichischen Aktienmarkt deuten auf eine weiterhin positive Entwicklung des ATX® hin: Die Prognose für ein robustes Wirtschaftswachstum und die soliden Rahmenbedingungen sollten ein Plus für den Finanzplatz Österreich sein.

Für Anleger, die überproportional an der positiven durchschnittlichen Wertentwicklung der 20 im ATX® enthaltenen „Blue Chips" partizipieren wollen und gleichzeitig die Absicherung gegen Kurseinbrüche der österreichischen Aktien-Benchmark schätzen, stellt das **Garantie-Zertifikat Wiener Walzer 3** ein **sicherheitsorientiertes Anlageinstrument** dar. Die Laufzeit des Zertifikats beträgt sechs Jahre.

Funktionsweise

Am Anfänglichen Bewertungstag wird der **Startwert** des ATX® festgehalten (Schlusskurs). Einmal jährlich – an den jeweiligen jährlichen Bewertungstagen (2012-2017) – wird der Schlusskurs des Index mit dem Startwert verglichen und die **Indexentwicklung** berechnet (prozentuelle Entwicklung des Index vom Startwert bis zum Schlusskurs am jeweiligen Bewertungstag). Am Ende der Laufzeit wird der **arithmetische Durchschnitt der Wertentwicklung des ATX®** ermittelt:

BEISPIEL zur Feststellung der durchschnittlichen Wertentwicklung des Index

	INDEX-STAND	WERTENTWICKLUNG DES INDEX
Anfänglicher Bewertungstag	Startwert = 2.900	–
Bewertungstag 2012	3.306	+14 %
Bewertungstag 2013	2.668	-8 %
Bewertungstag 2014	3.625	+25 %
Bewertungstag 2015	3.625	+25 %
Bewertungstag 2016	3.074	+6 %
Bewertungstag 2017	4.060	+40 %
	positive durchschnittliche Wertentwicklung = +17 %	

Die durchschnittliche Wertentwicklung des ATX® bildet die Grundlage für den Abrechnungspreis: Am Fälligkeitstag wird die positive durchschnittliche **Wertentwicklung des Index zu 105 % zusätzlich zur Kapitalgarantie von 100 % ausbezahlt**. Durch die Durchschnittskursberechnung können gegebenenfalls Kursrückgänge an anderen Bewertungstagen abgefedert werden.

Abb. 11.5 Auszug aus dem Term Sheet eines Kapitalschutzproduktes mit Asiatischer Optionskomponente

Somit zahlt das Produkt bei Maturität

$$kN + \frac{zN}{S(0)} \max\{Y(T) - S(0), 0\}$$

aus, wobei $Y(T) = \frac{1}{n}\sum_{k=1}^{n} S(t_k)$ der Durchschnitt der Basiswertkurse darstellt. Nach Abschn. 6.5.2 entspricht der Term $\max\{Y(T) - S(0), 0\}$ dem Auszahlungsprofil einer „fixed strike" Call Option mit Ausübungspreis $K = S(0)$. Der Wert dieses Kapitalschutzproduktes lässt sich daher mit

$$V_{\text{cp}}(s,t) = e^{-r(T-t)}kN + \frac{zN}{S(0)} V_{\text{fs},c}(s,t)$$

bestimmen. Um den Wert $V_{\text{fs},c}$ der „fixed strike“ Call Option bei Emission zu bestimmen, verwenden wir die Routine 6.6 asiancall_bs. Wir rechnen mit folgenden Modellparameter: $\sigma = 22.2\,\%$ (implizite Volatilität), $r = \ln(1.0308)$, $q = \ln(1.0207)$ (Werte für σ, r, q aus Bloomberg) und erhalten mit $S(0) = 2792.62$

```
In [3]: s = 2792.62; sigma = 0.222; r = np.log(1.0308); q = np.log(1.0207);
   ...: tj = yf((16,5,2011),[(14,5,2012),(13,5,2013),(12,5,2014),(12,5,2015),
   ...: (12,5,2016),(12,5,2017)]);
In [4]: w = asiancall_bs(s,sigma,r,q,tj[-1],tj,0,s,2**12-1,4000,0.5); w
Out[4]: 374.23761536057054
```

Weil $k = 1$, $z = 1.05$ und $T = 2156/360$ ist, ergibt sich der Preis des Produkts zu

$$\begin{aligned} V_{\text{cp}}(s,0) &= e^{-rT}kN + \frac{zN}{S(0)}V_{\text{fs},c}(s,0) \\ &\doteq 1.0308^{-2156/360} \cdot 1000 + \frac{1050}{2792.62} \cdot 374.2376 \\ &\doteq 974.58 \end{aligned}$$

also ca. 2.5 % unter dem Emissionspreis. Wir bemerken, dass das entsprechende Kapitalschutzprodukt mit Europäischer Call Option mit diesen Parameterwerten einen Wert von $V_{\text{cp}}(s,0) = 1054.73$ hat, also teurer ist.

11.1.3 Kapitalschutzprodukt mit Cliquet-Komponente

Wir betrachten das Produkt mit Basiswert S&P 500, vergleiche mit den Abb. 11.6; das Produkt zahlt bei Maturität

$$N + N \max\left\{\sum_{j=1}^{28} R_j^c, 0.07\right\}$$

aus; hierin sind die gekappten 3-Monate Renditen R_j^c gegeben als

$$R_j^c = \min\{R_j, 0.06\}, \quad R_j := \frac{S(t_j)}{S(t_{j-1})} - 1\,.$$

Die zweite Komponente des Payoffs entspricht dem N-fachen des Payoffs (10.32) einer Cliquet Option mit $f_l = -1$, $c_l = 0.06$, $f_g = 0.07$ und $c_g = \infty$. Der Wert dieses Produkts zum Zeitpunkt der Emission ($t = 0$) ist daher

$$V_{\text{cp,clq}}(s,0) = kNe^{-rT} + N\,V_{\text{clq}}(s,0)\,;$$

der Wert der Cliquet Option erhalten wir im Black-Scholes Modell aus der Routine 10.5 cliquet_bs im Abschn. 10.5.

Terms and Conditions†

Issuer	Barclays Bank Delaware
Initial Valuation Date:	March 25, 2015
Issue Date:	March 30, 2015
Final Valuation Date*:	March 25, 2022
Initial Issue Price**:	$1,000
** Our estimated value of the CDs on the Initial Valuation Date, based on our internal pricing models, is expected to be between $900.00 and $944.60 per CD. The estimated value is expected to be less than the Initial Issue Price of the CDs. See "Additional Information Regarding Our Estimated Value of the CDs" on page S-6 of this preliminary disclosure supplement.	
Maturity Date*:	March 30, 2022
Denomination:	$1,000 and integral multiples at $1,000 in excess thereof
Observation Dates*:	Quarterly on the 25th day of each June, September, December and March, starting from and including June 25, 2015 (the 1st Observation Date) to and including the Final Valuation Date (the 28h Observation Date).
Local Cap**:	[6.00% - 6.50%]
** The actual Minimum Return will be determined on the Initial Valuation Date and will not be less than 6.00%.	
Minimum Return:	7. 00%, which corresponds to an annual percentage yield (APY) of 0.97%.
Initial Level:	[•], the closing level of the Index on the Initial Valuation Date
Quarterly Return:	For each Observation Date, the lesser of (a) the Local Cap and (b) the Index Return.
Index Return:	With respect to an Observation Date (the *i*th Observation Date), the performance of the Index from and including (a)(x) with respect to the 1st Observation Date, the Initial Valuation Date, and (y) with respect to any Observation Date other than the 1st Observation Date, the Observation Date immediately preceding such *i*th Observation Date (*the i*-1th Observation Date), to and including (b) such *i*th Observation Date
CUSIP/ISIN:	06740A5C9 / US06740A5C98

* Subject to postponement as described in this disclosure supplement.

Introduction†

Your principal is protected only if you hold the CD to maturity. The CDs are deposit obligations of the Bank and are not, either directly or indirectly, an obligation of any third party. Any amounts payable (including any feature of the CDs characterized as principal protected) that exceed the applicable FDIC insurance limit, as well as any amounts payable under the CDs that are not covered by FDIC insurance, are subject to the creditworthiness of the Issuer. Any payment at maturity above your principal amount will not accrue to a holder of a CD until the Final Valuation Date and, therefore, will not be eligible for FDIC insurance until the Final Valuation Date.

The following table illustrates the Quarterly Returns for hypothetical Index Returns ranging from -50.00% to 50.00% for any given Observation Date. The Index Returns and Quarterly Returns set forth below are for illustrative purposes only and may not be the actual Index Returns or Quarterly Returns applicable to holders of the CDs.

Hypothetical Quarterly Returns****

Index Return	Quarterly Return
50.00%	6.00%
40.00%	6.00%
30.00%	6.00%
15.00%	6.00%
10.00%	6.00%
6.00%	6.00%
5.00%	5.00%
0.00%	0.00%
-5.00%	-5.00%
-10.00%	-10.00%
-20.00%	-20.00%
-40.00%	-40.00%
-50.00%	-50.00%

****This hypothetical table is included for illustrative purposes only. These examples should be read together with the hypothetical examples and tables contained in, and are subject to the assumptions described in, "Hypothetical Examples of Amounts Payable at Maturity" beginning on page S-17 of this disclosure supplement.

Payment at Maturity:	The payment at maturity will be based upon the quarterly performance of the Index during the term of the CDs. If you hold your CDs to maturity, you will receive a cash payment equal to the principal amount of your CDs *plus* the *greater of* (a) the principal amount of your CDs *multiplied by* the Minimum Return and (b) the principal amount of your CDs *multiplied by* the sum of the Quarterly Returns (which may be positive or negative and are subject to the Local Cap) for each of the 28 Observation Dates, calculated per $1,000 principal amount CD as follows: $1,000 + the *greater of* (a) $1,000 x Minimum Return and (b) $1,000 × the sum of the Quarterly Returns ***Your principal is protected only if you hold the CDs to maturity. The CDs are deposit obligations of the Bank and not, either directly or indirectly, an obligation of any third party. Any amounts payable that exceed the applicable FDIC insurance limit, as well as any amounts payable under the CDs that are not insured by FDIC insurance, are subject to the creditworthiness of the Bank. Any payment at maturity above your principal amount will not accrue to a holder of a CD until the Final Valuation Date and, therefore, will not be eligible for FDIC insurance until the Final Valuation Date.***
Quarterly Return:	For each Observation Date, the lesser of (a) the Local Cap and (b) the Index Return.
Local Cap:	[6.00% - 6.50%]** **The actual Local Cap will be determined on the Initial Valuation Date.
Maximum Return:	Based on the indicated range for the Local Cap of [6.00% to 6.50%], the maximum return on the CDs at maturity will be between [168.00% to 182.00%]** of the principal amount of your CDs. **The actual Maximum Return on the CDs will be determined on the Initial Valuation Date.
Minimum Return:	7.00%, which corresponds to an annual percentage yield (APY) of 0.97%.
Index Return:	With respect to an Observation Date (the *i*th Observation Date), the performance of the Index from and including (a)(x) with respect to the 1st Observation Date, the Initial Valuation Date, and (y) with respect to any Observation Date other than the 1st Observation Date, the Observation Date immediately preceding such *i*th Observation Date (*the i*-1th Observation Date), to and including (b) such *i*th Observation Date, calculated as follows: $\frac{\text{Closing Level}_i - \text{Closing Level}_{i-1}}{\text{Closing Level}_{i-1}}$ Where, Closing Level$_i$ = the closing level of the Index on the *i*th Observation Date; Closing Level$_{i-1}$ = the closing level of the Index on the *i*-1th Observation Date;

Abb. 11.6 Auszug aus dem Term Sheet eines Kapitalschutzproduktes mit Cliquet-Komponente

Beispiel 11.1 Wir bestimmen den Emissionspreis ($t = 0$ ist der 25.03.2015) des in Abb. 11.6 definierten Produkts. Wir rechnen mit $\sigma = 22.206\,\%$, $r = \ln(1 + 0.01835)$ und $q = \ln(1 + 0.02798)$ und erhalten in Python

```
In [6]: tj = np.arange(0,7.25,0.25); sigma = 0.22206;
   ...: r = np.log(1.01835); q =np.log(1.02798);
   ...: fl = -1; fg = 0.07; cg = 100; cl = 0.06;
   ...: N = 2**13-1; M = int(np.ceil(0.15*N));
   ...: w = cliquet_bs(sigma,r,q,tj,fl,fg,cl,cg,N,M,0.5,0.1); w
Out[6]: array(0.06704289)
```

Der Wert des Produkts bei Emission ist daher

$$\begin{aligned} V_{\text{cp,clq}}(s, 0) &= e^{-rT} kN + N V_{\text{clq}}(s, 0) = 1000 \cdot (1.01835^{-7} + 0.06704) \\ &\doteq 947.52\,; \end{aligned}$$

man vergleiche diesen Wert mit „estimated value" (900.00 – 944.60) im Term Sheet.

11.1.4 Kapitalschutzprodukte auf mehrere Basiswerte

Kapitalschutzprodukte werden manchmal mit einem Gewinncap versehen, in dem zur bereits bestehenden Call Option (long) mit Strike K eine zweite mit Strike $K_2 > K$ hinzugefügt wird (short). Der Payoff eines solchen gekappten Kapitalschutzproduktes ist

$$g(S(T)) = kN + \frac{zN}{S(0)}\big(\max\{S(T) - K, 0\} - \max\{S(T) - K_2, 0\}\big)\,, \tag{11.7}$$

vergleiche mit dem Payoff (11.5) des nicht gekappten Produktes. Schliesst der Basiswert über dem Strike K_2, so zahlt ein solches Produkt

$$g(S(T)) = kN + \frac{zN}{S(0)}\big(S(T) - K - (S(T) - K_2)\big) = kN + \frac{zN}{S(0)}(K_2 - K)$$

aus und der Gewinn $P(S(T))$ ist beschränkt durch den Gewinncap c (wir nehmen an, dass der „Issue Price" dem Nominal entspricht)

$$P(S(T)) = g(S(T)) - N = \underbrace{\Big(k - 1 + \frac{z}{S(0)}(K_2 - K)\Big)}_{=:c} N = cN\,.$$

Mit Hilfe des Gewinncaps c können wir den Payoff (11.7) äquivalent umschreiben zu

$$g(S(T)) = kN + N \max\left\{0, \min\left\{1 + c - k, z\frac{S(T) - K}{S(0)}\right\}\right\}.$$

Nehmen wir nun an, dass $K = S(0)$ ist, so können wir diesen Payoff auf $d > 1$ Basiswerte verallgemeinern, indem wir die Performance $\frac{S(T)}{K}$ zum Beispiel durch die schlechteste Performance aller Basiswerte $\min_i \frac{S_i(T)}{K_i}$ ersetzen, also

$$kN + N \max\left\{\min\left\{1 + c - k, z\Big(\min_i \frac{S_i(T)}{K_i} - 1\Big)\right\}, 0\right\},$$

mit $K_i = S_i(0)$. Der Wert $V_{\mathrm{ccp},d}(\mathbf{s},t)$ des Produktes mit solchem Auszahlungsprofil ist gegeben durch

$$V_{\mathrm{ccp},d}(\mathbf{s},t) = e^{-r(T-t)}kN + N\,V_{\mathrm{cwo},d}(\mathbf{s},t)\,.$$

Hierin bezeichnen wir mit $V_{\mathrm{cwo},d}(\mathbf{s},t)$ den Wert einer gekappten „worst-of"-Option auf d Basiswerte mit Payoff

$$V_{\mathrm{cwo},d}(\mathbf{s},T) = g(\mathbf{s}) = \max\left\{\min\left\{1 + c - k, z\Big(\min_i \frac{s_i}{K_i} - 1\Big)\right\}, 0\right\}. \tag{11.8}$$

Die Funktion $v_{\mathrm{cwo},d}(\mathbf{s},t) = V_{\mathrm{cwo},d}(\mathbf{s},T-t)$ löst wiederum die partielle Differentialgleichung

$$\partial_t v_{\mathrm{cwo},d} - \mathcal{A}v_{\mathrm{cwo},d} + r v_{\mathrm{cwo},d} = 0$$

mit der Anfangsbedingung $v_{\mathrm{cwo},d}(\mathbf{s},0) = g(\mathbf{s})$ mit $g(\mathbf{s})$ in (11.8). Es sei nun $d = 3$. Modellieren wir die Kursentwicklung der Basiswerte als dreidimensionale geometrische Brown'sche Bewegung, so ist der infinitesimale Generator $\mathcal{A}$ gegeben in (10.6), mit $\mu_i = r - q_i$, und die Matrix $\mathbf{A}$ ist für homogene Dirichlet Randbedingungen wie in (10.22). Auf den Flächen $\{s_i = 0\}$, $i = 1, \ldots, d$, brauchen wir keine Randbedingungen, auf den Flächen $\{s_i = s_{i,r}\}$ setzen wir homogene Neumann Randbedingungen (was auf Grund des Payoffs (11.8) sinnvoll ist). Damit können wir ein solches Kapitalschutzprodukt mit der Routine `pde_3d_ah_cs` bewerten.

Beispiel 11.2 Wir betrachten das Produkt in Abb. 11.7 mit den Basiswerten Nestlé, Novartis und Roche und überprüfen den Marktpreis am 12.1.2015 ($t = 0$), welcher $V^{\mathrm{M}}_{\mathrm{ccp},3} = 1062.8$ CHF beträgt (Durchschnitt von bid- und ask-Preis, 1057.4 / 1068.1 CHF).

Wir rechnen mit $s_1 = 73.25$ CHF (Kurs Nestlé), $s_2 = 97.3$ CHF (Kurs Novartis), $s_3 = 282.6$ CHF (Kurs Roche), $r = \ln(1 - 0.00245)$ (-0.245 % ist der Durchschnitt der Kassazinssätze von 3- und 4-jährigen Obligationen von Ende Dezember 2014) und $T - t = 1314/360$ (12.1.2015 bis „Final Redemption Date" 6.9.2018). Die Dividenden schätzen wir zu $D_1 = 1.60$ CHF p. a. (Nestlé), $D_2 = 2.05$ CHF p. a. (Novartis) und $D_3 = 6.44$ CHF p. a. (Roche). Als Schätzer der Kovarianzmatrix $\boldsymbol{\Sigma} = \boldsymbol{\sigma\rho\sigma}$ betrachten wir (Zeitreihe SIX 6.8.2014–12.1.2015)

$$\boldsymbol{\sigma} = \mathrm{diag}(0.131, 0.186, 0.192), \quad \boldsymbol{\rho} = \begin{pmatrix} 1 & 0.582 & 0.362 \\ & 1 & 0.590 \\ & & 1 \end{pmatrix}.$$

I. Product Description

The Complex Products allow the holders to potentially benefit from a limited participation in a percentage of any positive performance of the Worst-Performing Underlying up to the Cap as measured on the Final Fixing Date. Therefore, any potential return on the Complex Products is capped.

If the value of the Worst-Performing Underlying has developed negatively as measured on the Final Fixing Date, the Payout Amount will be equal to zero and the holders will only receive the Final Redemption Amount, which is equal to the Protected Redemption Amount, on the Final Redemption Date.

Issue Details		
Security Codes	Swiss Sec. No.	**21 496 875**
	ISIN	**CH 021 496 875 9**
	Telekurs Ticker	**PRONNR**
Issuer	Credit Suisse AG, Zurich, acting through its Nassau Branch, Nassau (A1/A)	
Lead Manager	Credit Suisse AG, Zurich	
Paying Agent	Credit Suisse AG, Zurich	
Calculation Agent	Credit Suisse AG, Zurich	
Trading/Secondary Market	Under normal market conditions, Credit Suisse AG, Zurich, will endeavour to provide a secondary market, but is under no legal obligation to do so. Upon investor demand, Credit Suisse AG, Zurich, will endeavour to provide bid/offer prices for the Complex Products, depending on actual market conditions. There will be a price difference between bid and offer prices (spread). The Complex Products are traded in percentage of the Denomination and are booked accordingly. Indicative trading prices may be obtained on Reuters CSZEQ00 and Bloomberg CSZE.	
Listing	SIX Swiss Exchange Ltd	
Trading Platform	Scoach Switzerland Ltd	
Issue Size	CHF 2'800'000	
Denomination	CHF 1'000	
Issue Price	100%	
Subscription Period	Until 30 August 2013, 15:00 CET	
Issue Date/Payment Date	6 September 2013, being the date on which the Complex Products are issued and the Issue Price is paid.	
Last Trading Date	30 August 2018, until the official close of trading on the Scoach Switzerland Ltd, being the last date on which the Complex Products may be traded.	
Minimum Trading Lot / Subscription Amount	CHF 1'000	
Clearing	SIX SIS Ltd, Euroclear S.A., Clearstream Banking	
Form	Uncertificated Securities	
Governing Law/Jurisdiction	Swiss Law/Courts of Zurich 1	

Publication	Any amendment to the Complex Products will be published on www.credit-suisse.com/derivatives.
Sales Restrictions	U.S.A., U.S. Persons, Singapore, European Economic Area, Hong Kong, United Kingdom, The Bahamas
Redemption	
Final Redemption Date	6 September 2018, being the date on which each Complex Product will be redeemed at the Final Redemption Amount, unless previously redeemed, repurchased or cancelled.
Final Redemption Amount	100% of the Denomination (i.e., the Protected Redemption Amount).
Protected Redemption Amount	100% of the Denomination, i.e. CHF 1'000.
Settlement Type	Cash settlement.
Payout	
Payout Amount	a cash amount equal to the Denomination multiplied by the **greater** of (x) zero (0) and (y) the **lesser** of (i) the Cap and (ii) the product of (A) the Participation and (B) the ratio of (a) the difference between the Final Level of the Worst-Performing Underlying (*Final Level$_{Worst-of}$*) and its Strike (*Strike$_{Worst-of}$*), divided by (b) its Initial Level (*Initial Level$_{Worst-of}$*), calculated by the Calculation Agent in accordance with the following formula:

$$\text{Denomination} \times \max\left(0\%;\ \min\left[\text{Cap};\text{Participation} \times \frac{\text{Final Level}_{\text{Worst-Of}} - \text{Strike}_{\text{Worst-Of}}}{\text{Initial Level}_{\text{Worst-Of}}}\right]\right)$$

Cap	20%
Participation	100%
Worst-Performing Underlying	out of all the Underlyings, the Underlying in respect of which its Final Level divided by its Strike results in the **lowest** value.
Payout Date	the Final Redemption Date, being the date on which the Payout Amount per Complex Product will be paid, unless previously redeemed, repurchased or cancelled.

Abb. 11.7 Auszug aus dem Term Sheet eines gekappten Kapitalschutzproduktes auf drei Basiswerte

Die restlichen Daten beziehen wir aus dem Term Sheet, siehe Abb. 11.7, insbesondere $c = 0.2$, $k = z = 1$ und $K_1 = 61.05$ CHF, $K_2 = 67.85$ CHF, $K_3 = 232.10$ CHF.

```
In [8]: s = np.array([73.25,97.3,282.6]); D = np.array([1.6,2.05,6.44]);
   ...: q = np.log(1+D/s); r = np.log(1-0.245/100);
   ...: sigma = np.diag([0.131,0.186,0.192]);
   ...: rho = np.array([[1,0.582,0.362],[0,1,0.59],[0,0,1]]);
   ...: rho = rho+rho.T-np.eye(3); cov = sigma@rho@sigma
   ...: K = np.array([61.05,67.85,232.1]); T = yf((12,1,2015),[(6,9,2018)])[0]
   ...: part = 1; cap = 0.2;
   ...: g = lambda x,y,z:np.maximum(np.minimum(cap,part*\
   ...: np.minimum(np.minimum(x/K[0],y/K[1]),z/K[2])-1),0);
   ...: a = [lambda x:-cov[0,0]*x**2/2,lambda y:y**0,lambda z:z**0,\
   ...:      lambda x:x**0,lambda y:-cov[1,1]*y**2/2,lambda z:z**0,\
   ...:      lambda x:x**0,lambda y:y**0,lambda z:-cov[2,2]*z**2/2,\
   ...:      lambda x:-cov[0,1]*x,lambda y:y,lambda z:z**0,\
   ...:      lambda x:-cov[0,2]*x,lambda y:y**0,lambda z:z,\
   ...:      lambda x:x**0,lambda y:-cov[1,2]*y,lambda z:z];
```

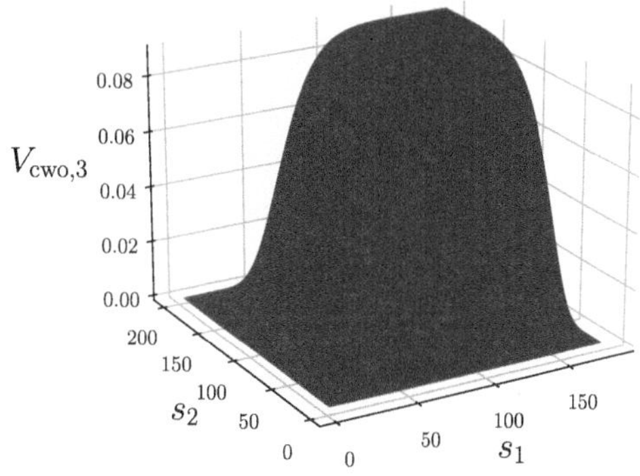

Abb. 11.8 Wert $V_{\text{cwo},3}(s_1, s_2, 282.6, 0)$ der „worst-of"-Optionskomponente im Kapitalschutzprodukt mit Cap als Funktion in (s_1, s_2) dargestellt. Es ist $V_{\text{cwo},3}(73.25, 97.3, 282.6, 0) \doteq 0.04886$ (dieser Wert muss noch mit $N = 1000$ multipliziert werden)

```
   ...: b = [lambda x:-(r-q[0])*x,lambda y:y**0,lambda z:z**0,\
   ...:      lambda x:x**0,lambda y:-(r-q[1])*y,lambda z:z**0,\
   ...:      lambda x:x**0,lambda y:y**0,lambda z:-(r-q[2])*z];
   ...: c = [lambda x:r*x**0,lambda y:y**0,lambda z:z**0];
   ...: G = [0,3*K[0],0,3*K[1],0,3*K[2]]; BC = [0,1,0,1,0,1];
   ...: L = np.array([6,6,6]); N = 2**L-1; M = int(np.ceil(0.5*max(N)));
   ...: x,y,z,w = pde_3d_ah_cs(a,b,c,T,g,G,BC,N,M,0.5);
In [9]: Vccp = 1000*(np.exp(-r*T)+interpn((x[:,1,0],y[1,:,0],z[0,1,:]),w,s))
   ...: Vccp[0]
Out[9]: 1057.8503295794692
```

Der theoretische Wert ergibt sich mit diesem Parametern zu $V_{\text{ccp},3} \doteq 1057.85$ CHF, womit der theoretische Preis ca. 0.47 % unter dem Marktpreis liegt. In Abb. 11.8 stellen wir den Graphen der Funktion $(s_1, s_2, s_3) \mapsto V_{\text{cwo},3}(s_1, s_2, s_3, 0)$ für $s_3 = 282.6$ graphisch dar. ◇

11.2 Renditeoptimierungsprodukte

Die bekanntesten Renditeoptimierungsprodukte sind Barrier Reverse Convertibles; diese betrachten wir zuerst. Danach wenden wir uns den Express Zertifikaten zu.

11.2.1 Barrier Reverse Convertibles auf einen Basiswert

Barrier Reverse Convertibles (BRC) gehören gemäss der „Swiss Derivative Map" zu den Renditeoptimierungsprodukten (Kategorie 1230). Neben BRCs gibt es Multi Barrier Reverse Convertibles (MBRC), bei welchen mehrere Basiswerte zu Grunde liegen. Ungefähr 80 % aller BRC sind MBRC. Ein BRC zahlt zu vordefinierten Zeitpunkten

$$t_j^c \in \mathcal{T}^c := \{t_1^c, t_2^c, \ldots, t_J^c\}$$

einen garantierten Coupon C, und zwar *unabhängig* von der Entwicklung des Basiswertes. Da diese Zahlungen vor Maturität erfolgen (die letzte Couponzahlung findet in der Regel nach Maturität statt, $t_J^c > T$), müssen sie für die Berechnung des Payoffs des BRC aufgezinst werden. Findet eine Coupon-Zahlung zum Zeitpunkt t_j^c statt, so beträgt der Endwert C_j des Coupons bei Maturität

$$C_j := e^{r(T-t_j^c)}C \ .$$

Gibt es J Coupon-Zahlungen, so ergibt sich ein garantierter Payoff (zum Zeitpunkt T) von

$$C(J) := \sum_{i=1}^{J} C_j = C \sum_{j=1}^{J} e^{r(T-t_j^c)} \ . \tag{11.9}$$

Zusätzlich zur garantierten Auszahlung $C(J)$ ergibt sich eine weitere Auszahlung, welche jedoch nicht nur von der Performance des Basiswertes abhängt, sondern auch davon, ob der Basiswert die Barriere B durchbrochen hat oder nicht.

Die Payoff-Funktion g eines BRC auf einen Basiswert ist

$$g(S(T)) = C(J) + N - nI^c \max\{K - S(T), 0\} \ , \tag{11.10}$$

mit N der Nennwert („Nominal Amount"), $n := \frac{N}{K}$ das Bezugsverhältnis („Ratio") und I^c wie in (11.4) für $G =]B, \infty[$, vergleiche mit der „Redemption" in Abb. 11.9. Wir skizzieren das Gewinndiagramm. Der Gewinn ergibt sich aus Payoff minus „Issue Price", welcher gerade dem Nominal N entspricht. Somit ist der Gewinn $P(S(T))$ in Abhängigkeit des Schlusskurses des Basiswertes gegeben als

$$P(S(T)) = C(J) - nI^c \max\{K - S(T), 0\} \ ,$$

vergleiche mit Abb. 11.10.

Wir replizieren den Payoff (11.10). Der Term $C(J) + N$ lässt sich replizieren durch eine risikolose Geldmarktanlage zum stetigen Zinssatz r. Der Endwert dieser Anlage ist $C(J) + N$ und hat zu einem früheren Zeitpunkt $t \leq T$ den Barwert

$$e^{-r(T-t)}(C(J) + N) \ . \tag{11.11}$$

Betrachten wir nun den Term $I^c \max\{K - S(T), 0\}$. Dieser entspricht dem Auszahlungsprofil einer Down-und-In Option: Wird die Barriere $B < S(0)$ während der Laufzeit durchbrochen ($I^c = 1$), zahlt eine solche Option gleich viel wie eine Europäische Put Option aus, nämlich $\max\{K - S(T), 0\}$. Wird die Barriere jedoch nicht erreicht, wird wegen $I^c = 0$ nichts ausbezahlt. Nun können wir folgende Überlegung anstellen. Betrachten wir ein Portfolio (long position) bestehend aus einer Down-und-Out und einer Down-und-In Put Option auf dem selben Basiswert, mit gleichem Ausübungspreis K, gleicher Barriere B und gleicher Maturität, so ist der Payoff dieses Portfolios gegeben durch

$$I \max\{K - S(T), 0\} + I^c \max\{K - S(T), 0\} \ .$$

Nun gibt es (bei Maturität) zwei Möglichkeiten. Entweder wurde die Barriere durchbrochen, dann wird

$$\underbrace{0}_{=V_{p,\text{do}}} + \underbrace{\max\{0, K - S(T)\}}_{=V_{p,\text{di}}}$$

Term Sheet and Final Terms

5.00% p.a. JB Barrier Reverse Convertible (80%) on Swisscom

Continuous Barrier Observation

In Switzerland, these financial instruments are considered structured products. They do not constitute shares in collective investment schemes within the meaning of the Swiss Federal Act on Collective investment schemes (CISA). Therefore they are neither subject to the approval nor supervision by the Swiss Financial Market Supervisory Authority FINMA. The investors do not benefit from the specific investor protection provided under the CISA.

Product Description

Terms

Issuer	Bank Julius Baer & Co. Ltd., Guernsey Branch
Lead Manager	Bank Julius Baer & Co. Ltd., Zurich
Rating of the Issuer	Moody's A1
Valor / ISIN / Symbol	19877397 / CH0198773977 / JKJNK

Underlying	Swisscom Ltd (SCMN VX Equity; SIX Swiss Exchange)
Currency	CHF
Reference Price	CHF 385.00
Strike Price	CHF 385.00 (100.00%)[1)]
Knock-In-Barrier	CHF 308.00 (80.00%)[1)]
Ratio / No. Underlyings	2.5974

[1)]in % of the Reference Price

Currency	CHF	Fixing Date	02.11.2012
Issue Price	100.00%	Payment Date	09.11.2012
Nominal Amount	CHF 1'000	Maturity Date	19.06.2015
Coupon p.a.	5.00%	Redemption Date	26.06.2015
Interest Payment	0.52% p.a.	Knock-In-Period	From Fixing Date (including) to Maturity Date (including)
Premium Payment	4.48% p.a.		
Maximum Yield	13.15%		
Coupon Dates	11.11.2013; 10.11.2014 26.06.2015		

Redemption

Each holder of a Product is entitled to receive from the Issuer the payment of the Coupon on the Coupon Dates regardless of the performance of the Underlying. Each holder of a Product qualifies for redemption on the Redemption Date by the Issuer in accordance with the following redemption scenarios:

Scenario 1

Should the Underlying never trade at or below the Knock-In-Barrier during the Knock-In-Period, each Product will be redeemed at 100% of the Nominal Amount regardless of the Closing Price of the Underlying on the Maturity Date.

Scenario 2

Should the Underlying ever trade at or below the Knock-In-Barrier during the Knock-In-Period and should the Closing Price of the Underlying be below the Strike Price on the Maturity Date, each investor will receive for each Product the defined Number of Underlyings. Any embedded fractions will be settled in cash. The cash payment will be calculated on the basis of the Closing Price of the Underlying as of the Maturity Date. Express reference is made to the obligation to bear the costs in connection with the physical delivery of the Underlyings.

Scenario 3

Should the Underlying ever trade at or below the Knock-In-Barrier during the Knock-In-Period and should the Closing Price of the Underlying be at or above the Strike Price on the Maturity Date, each Product will be redeemed at 100% of the Nominal Amount.

Abb. 11.9 Auszug aus dem Term Sheet eines BRC

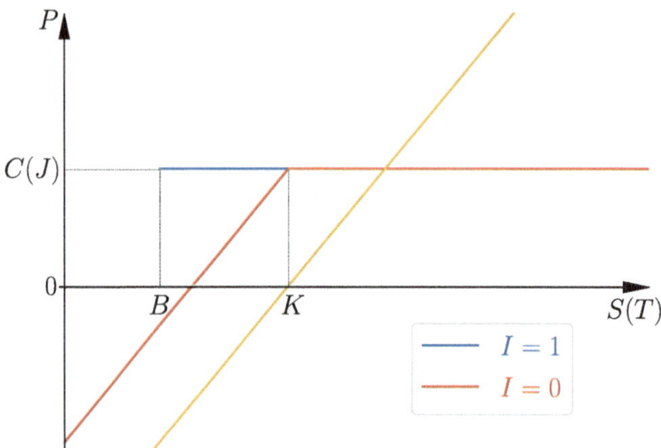

Abb. 11.10 Gewinndiagramm eines BRC. Das Ereignis „Barriere nie berührt" ist mit (−) gekennzeichnet, das Ereignis „Barriere berührt" mit (−). Zum Vergleich ist der Gewinn des Direktinvestments in n Basiswerte eingezeichnet (−), wobei $K = S(0)$

ausbezahlt. Oder die Barriere wurde nicht durchbrochen; dann wird

$$\underbrace{\max\{0, K - S_T\}}_{=V_{p,\text{do}}} + \underbrace{0}_{=V_{p,\text{di}}}$$

ausbezahlt. Somit zahlen in jedem Fall Down-und-In und Down-und-Out Put zusammen gleich viel aus wie ein Europäischer Put, also

$$V_{p,\text{do}} + V_{p,\text{di}} = V_p \ . \tag{11.12}$$

Aus Gründen der Arbitragefreiheit muss diese Beziehung auch zu Zeitpunkten $t < T$ gelten. Somit entspricht der Term $n I^c \max\{K - S(T), 0\}$ n Down-und-In Put Optionen. Zu jedem Zeitpunkt $0 \leq t \leq T$ muss der Wert der Replikation dem Wert $V_{\text{brc}}(t)$ entsprechen, das heisst

$$V_{\text{brc}}(s,t) = e^{-r(T-t)}(C(J) + N) - nV_{p,\text{di}}(s,t) \ ,$$

und aus (11.12) ergibt sich

$$V_{\text{brc}}(s,t) = e^{-r(T-t)}(C(J) + N) - n\big(V_p(s,t) - V_{p,\text{do}}(s,t)\big) \ , \tag{11.13}$$

wobei V_p der Wert eines Europäischen Puts ist und $V_{p,\text{do}}$ der Wert eines Down-und-Out Puts bezeichnet. Beide Optionswerte können wir via der Routine 6.2 pde_1d_a_theta erhalten. In der Routine brc_bs realisieren wir die Berechnung des Preises (11.13) eines BRC; diese Routine kann auch den Wert eines BRC auf zwei oder drei Basiswerte bestimmen, siehe dazu den nächsten Abschn. 11.2.2.

Routine 11.2: brc_bs.py

```
import numpy as np
from scipy.interpolate import interp1d
from scipy.interpolate import interpn
from pde_1d_a_theta import pde_1d_a_theta
from pde_2d_ah_cs import pde_2d_ah_cs
from pde_3d_ah_cs import pde_3d_ah_cs

def brc_bs(s,cov,q,r,C,Tauc,T,B,K,N,G):
    '''Gibt approximativ den Wert eines Barrier Reverse Convertible auf
    d <= 3 Basiswerte mit (Rest)Laufzeit T, Strikes K = [K1,...,Kd], Barrieren
    B = [B1,...,Bd] und Nominal N im Black-Scholes Marktmodell. s = [s1,...,sd]
    ist die Liste der Basiswertkurse zum Bewertungszeitpunkt (t=0), cov ist die
    d x d - Kovarianzmatrix [Array], q = [q1,..,qd] die Liste der stetigen
    Dividendenrenditen der Basiswerte und r ist der (cc) risk free.
    C = [c1,...,cJ] ist die Liste der Couponzahlungen, Tauc = [t1,...,tJ] der
    entsprechende Array der Zeitpunkte der Couponzahlungen. G = [xr,yr,zr] ist
    die Liste der Obergrenzen der einzelnen BW.'''

    s = np.asarray(s); cov = np.asarray(cov); K = np.asarray(K);
    B = np.asarray(B); q = np.asarray(q); C = np.asarray(C); G = np.asarray(G);
    V = np.exp(-r*T)*sum(C*np.exp(r*(T-Tauc))); # Barwert aller Couponzahlungen
    d = len(s); n = N/K; # Anzahl Basiswerte, Ausuebungsverhaeltnisse

    if d == 1:
        L = 12; Nx = 2**L-1; M = int(np.ceil(0.2*Nx));
        a = lambda x:-cov[0,0]*x**2/2; b = lambda x:-(r-q[0])*x;
        c = lambda x:r*x**0;
        g = lambda x:np.maximum(K[0]-x,0);
        x1,w1 = pde_1d_a_theta(a,b,c,T,0,lambda t:0*t,3,G[0],lambda t:0*t,\
                               0,g,Nx,M,0,0.5);
        x2,w2 = pde_1d_a_theta(a,b,c,T,B[0],lambda t:0*t,0,G[0],lambda t:0*t,\
                               0,g,Nx,M,0,0.5);
        V = V+N*np.exp(-r*T)-n[0]*(interp1d(x1,w1,kind='cubic')(s[0])-\
                    interp1d(x2,w2,kind='cubic')(s[0]));
    elif d == 2:
        L = 10; Nx = 2**L-1; Ny = 2**L-1; M = int(np.ceil(0.1*Nx));
        a = [lambda x:-cov[0,0]*x**2/2,lambda y:y**0,\
             lambda x:x**0,lambda y:-cov[1,1]*y**2/2,\
             lambda x:-cov[0,1]*x,lambda y:y];
        b = [lambda x:-(r-q[0])*x,lambda y:y**0,\
             lambda x:x**0,lambda y:-(r-q[1])*y];
        c = [lambda x:r*x**0,lambda y:y*0,lambda x:0*x,lambda y:0*y];
        g = lambda x,y:np.maximum(1-np.minimum(x/K[0],y/K[1]),0);
        x1,y1,w1 = pde_2d_ah_cs(a,b,c,T,g,[0,G[0],0,G[1]],\
                                [3,1,3,1],[Nx,Ny],M,0.5);
        x2,y2,w2 = pde_2d_ah_cs(a,b,c,T,g,[B[0],G[0],B[1],G[1]],\
                                [0,0,0,0],[Nx,Ny],M,0.5);
        V = V+N*np.exp(-r*T)-N*(interpn((x1[:,0],y1[0,:]),w1,(s[0],s[1]))-\
                                interpn((x2[:,0],y2[0,:]),w2,(s[0],s[1])));
    else:
        L = 6; Nx = 2**L-1; Ny = 2**L-1; Nz = 2**L-1; M = int(np.ceil(0.2*Nx));
        a = [lambda x:-cov[0,0]*x**2/2,lambda y:y**0,lambda z:z**0,\
             lambda x:x**0,lambda y:-cov[1,1]*y**2/2,lambda z:z**0,\
             lambda x:x**0,lambda y:y**0,lambda z:-cov[2,2]*z**2/2,\
             lambda x:-cov[0,1]*x,lambda y:y,lambda z:z**0,\
             lambda x:-cov[0,2]*x,lambda y:y**0,lambda z:z,\
             lambda x:x**0,lambda y:-cov[1,2]*y,lambda z:z];
        b = [lambda x:-(r-q[0])*x,lambda y:y**0,lambda z:z**0,\
```

```
          lambda x:x**0,lambda y:-(r-q[1])*y,lambda z:z**0,\
          lambda x:x**0,lambda y:y**0,lambda z:-(r-q[2])*z];
     c = [lambda x:r*x**0,lambda y:y**0,lambda z:z**0];
     g = lambda x,y,z:np.maximum(1-np.minimum(np.minimum(x/K[0],y/K[1]),\
                                                            z/K[2]),0);
     x1,y1,z1,w1 = pde_3d_ah_cs(a,b,c,T,g,[0,G[0],0,G[1],0,G[2]],\
                                   [3,1,3,1,3,1],[Nx,Ny,Nz],M,0.5);
     x2,y2,z2,w2 = pde_3d_ah_cs(a,b,c,T,g,[B[0],G[0],B[1],G[1],\
                                              B[2],G[2]],[0,0,0,0,0,0],\
                                   [Nx,Ny,Nz],M,0.5);
     V = V+N*np.exp(-r*T)-N*(interpn((x1[:,1,0],y1[1,:,0],z1[0,1,:]),w1,s)-\
                    interpn((x2[:,1,0],y2[1,:,0],z2[0,1,:]),w2,s));

return V
```

Beispiel 11.3 Als Beispiel überprüfen wir den Marktpreis des BRC in Abb. 11.9 am 15.11.2012 ($t = 0$), welcher $V_{\mathrm{brc}}^{\mathrm{M}} = 971.75$ CHF beträgt (Durchschnitt von bid- und ask-Preis). Wir rechnen mit $s = 376.50$ CHF (Kurs Swisscom), $r = \ln(1.0052)$ („Interest Payment"), $\sigma = 15.2\,\%$ (Eurex, aus Put Optionen auf Swisscom) und $t = T = 934/360$ (15.11.2012 bis „Maturity Date"). Die Dividende beträgt $D = 22$ CHF p. a., somit rechnen wir mit $q = \ln(1 + D/s) \doteq 5.679\,\%$. Die Couponzahlungen der Höhe $C = 50$ finden zu den Zeitpunkten 11.11.2013, 10.11.2014 und 26.06.2015 statt, also

$$\mathcal{T}^c = \{356/360,\ 715/360,\ 941/360\}\ ;$$

die restlichen Daten beziehen wir aus dem Term Sheet, siehe Abb. 11.9. Nun ergibt sich

```
In [10]: Tauc = yf((15,11,2012),[(11,11,2013),(10,11,2014),(26,6,2015)]);
    ...: C = [50,50,50]; N = 1000; T = yf((15,11,2012),[(19,6,2015)]);
    ...: s = [376.5]; K = [385]; B = [308]; cov = [[0.152**2]];
     ..: q = [np.log(1+22/s[0])]; r = np.log(1.0052);
In [11]: V = brc_bs(s,cov,q,r,C,Tauc,T[0],B,K,N,[4*385]); V
Out[11]: 969.9446019824873
```

Also ist $V_{\mathrm{brc}}(376.5, 0) \doteq 969.94$, womit der theoretische Preis ca. 0.19 % unter dem Marktpreis liegt. ◇

Wir betrachten nun eine Variante des obigen BRC, nämlich ein sogenannter „invertierter" BRC, welchen wir als iBRC bezeichnen.

Aus dem Fact Sheet (siehe Abb. 11.11) wird klar, dass ein solcher die Payoff Funktion

$$g(S(T)) = C(J) + IN + nI^c \max\{X - S(T), 0\} - nI^c \max\{K - S(T), 0\}$$

hat, mit I, I^c gegeben in (11.3)-(11.4) für $G =]0, B[$ und wiederum $n = N/K$. Weiter ist in diesem Beispiel $K = S(0)$ und $X = 2S(0)$. Da die Barriere B grösser als $S(0)$ ist handelt es sich bei den Optionen mit Payoff $I^c \max\{Z - S(T), 0\}$ um Up-und-In Put Optionen, vergleiche mit dem Abschn. 2.8. Weiter entspricht der Term IN der Auszahlung von

UNDERLYING

Underlying	Related Exchange	Bloomberg Ticker	Initial Fixing Level (100%)*	Barrier Level (130.00%)*
DAIMLER AG-REGISTERED SHARES	Xetra	DAI GY	EUR 52.46	EUR 68.20

PRODUCT DETAILS

Swiss Security Number	**21566702**
ISIN	**CH0215667020**
Issue Price	100.00%
Issue Size	EUR 2'000'000 (can be increased at any time)
Denomination	EUR 1'000
Settlement Currency	EUR
Coupon Rate	5.15% p.a. The Coupon Rate is split in two components for Swiss taxation purposes: Interest Component 0.65% p.a. Option Premium Component 4.50% p.a.
Coupon Amount(s) and Coupon Payment Date(s)	The Coupon Amount(s) per Product will be paid in the Settlement Currency on the respective Coupon Payment Date(s). Following Business Day Convention applies. EUR 51.50 paid on 25/07/2014 EUR 51.50 paid on 25/07/2015 EUR 51.50 paid on 25/07/2016

DATES

Initial Fixing Date	17/07/2013
Issue Date	25/07/2013
Last Trading Day	18/07/2016
Final Fixing Date	18/07/2016 (subject to Market Disruption Event provisions)
Redemption Date	25/07/2016 (subject to Settlement Disruption Event provisions)

REDEMPTION

The Coupon Amount(s) per Product will be paid in any case at the respective Coupon Payment Date(s). In addition the Investor is entitled to receive from the Issuer on the Redemption Date per Product:

Scenario 1 If a Barrier Event has NOT occurred, the Investor will receive a Cash Settlement in the Settlement Currency equal to: Denomination

Scenario 2 If a Barrier Event HAS occurred and

a. If the Final Fixing Level is at or below the Initial Fixing Level, the Investor will receive a Cash Settlement in the Settlement Currency equal to: Denomination

b. If the Final Fixing Level is above the Initial Fixing Level, the Investor will receive a Cash Settlement in the Settlement Currency according to the following formula: MAX(0; Denomination x (200% - Final Fixing Level / Initial Fixing Level))

Initial Fixing Level	Official close of the Underlying on the Initial Fixing Date on the Related Exchange, as determined by the Calculation Agent.
Final Fixing Level	Official close of the Underlying on the Final Fixing Date on the Related Exchange, as determined by the Calculation Agent.
Barrier Event	A Barrier Event shall be deemed to occur if at any time on any Exchange Business Day during the Barrier Observation Period the level of the Underlying's price has been traded at or above the Barrier Level, as reasonably determined by the Calculation Agent.
Barrier Observation Period	17/07/2013 - 18/07/2016

Abb. 11.11 Auszug aus dem Term Sheet eines invertierten BRC

N „no-touch“ Digital Optionen; eine solche zahlt eine Währungseinheit aus, wenn die Barriere nicht durchbrochen wird. Der Wert V_{ibrc} eines „invertierten“ BRC ist demzufolge

$$V_{\text{ibrc}}(s,t) = C(J)e^{-r(T-t)} + N\,V_{d,\text{nt}}(s,t) + n V_{p,\text{ui}}(s,t;2S(0)) - n V_{p,\text{ui}}(s,t;S(0))$$

mit $V_{d,\text{nt}}$ der Wert einer „no-touch“ Digital (Up) Option und $V_{p,\text{ui}}$ der Wert einer Up-und-In Put Option. Da es für Up-und-In Optionen eine zu (11.12) analoge Zerlegung gibt, werden wir das Bewerten des iBRC auf das Bewerten von Up-und-Out Put Optionen reduzieren können,

$$V_{\text{ibrc}}(s,t) = C(J)e^{-r(T-t)} + N\,V_{d,\text{nt}}(s,t) + n\big(V_p(s,t;2S(0)) - V_{p,\text{uo}}(s,t;2S(0))\big)$$
$$- n\big(V_p(s,t;S(0)) - V_{p,\text{uo}}(s,t;S(0))\big)\,. \qquad (11.14)$$

Die Differentialgleichung für den Wert $v(s,t) := V_{p,\text{uo}}(s, T-t; K)$ eines Up-und-Out Puts mit Strike K und Barriere B lautet

$$\begin{cases} \partial_t v - \mathcal{A}v + rv = 0 & \text{in } G \times]0,T] \\ v(B,t) = 0 & \text{in }]0,T] \\ v(s,0) = g(s) & \text{in } G \end{cases}$$

mit $G = [0, B[$, $g(s) = \max\{K - s, 0\}$ und $\mathcal{A}$ der Generator des Prozesses, der die Bewegung des Basiswertes beschreibt. Eine analoge Gleichung gilt für die „no-touch" Digital (Up) Option; hier ist $g(s) = 1$.

Beispiel 11.4 Wir rechnen den Emissionspreis am 17.07.2013 („Initial Fixing Date", $t = 0$) des iBRC in Abb. 11.11 nach. Es ist $S(0) = 52.46$, $B = 68.20$, $r = \ln(1.0065)$. Wir rechnen mit $\sigma = 0.34$ und berücksichtigen die Dividenden diskret. Wir nehmen an, dass die Dividenden der Höhen $D_1 = 2.25$, $D_2 = 2.30$ und $D_3 = 2.35$ zu den Zeitpunkten 09.04.2014 ($t_1^d = 262/360$), 08.04.2015 ($t_2^d = 621/360$) und 06.04.2016 ($t_3^d = 979/360$) ausbezahlt werden. Die Couponzahlungen finden zu den Zeitpunkten 25.07.2014 ($t_1^c = 368/360$), 25.07.2015 ($t_2^c = 728/360$) und 25.07.2016 ($t_3^c = 1088/360$) statt, die Maturität ist der 18.07.2016 („Final Fixing Date", $t = T = 1081/360$).

Da wir die Dividenden diskret berücksichtigen, müssen wir die im Abschn. 6.3 vorgestellte Methode zum Bewerten der einzelnen Optionen im iBRC verwenden. Im Black-Scholes Modell lassen sich jede der fünf Optionen im iBRC mit der Routine 6.3 callput_bs_discretediv bewerten. In Python ergeben sich daher folgende Eingaben

```
In [13]: Taud = np.hstack((0,yf((17,7,2013),\
    ...: [(9,4,2014),(8,4,2015),(6,4,2016),(18,7,2016)])))
    ...: D = np.array([2.25,2.3,2.35]); s = 52.46; K = s; sigma = 0.34;
    ...: r = np.log(1.0065); N = 1000; g1 = lambda x:np.maximum(K-x,0);
    ...: g2 = lambda x:np.maximum(2*K-x,0); g3 = lambda x:x**0;
    ...: B = 68.2; n = N/K; Nx = 2**12-1; M = int(np.ceil(0.1*Nx));
    ...: s1,w1 = callput_bs_discretediv(sigma,r,Taud,D,g3,B,0,Nx,M);
    ...: s2,w2 = callput_bs_discretediv(sigma,r,Taud,D,g2,10*K,2,Nx,M);
    ...: s3,w3 = callput_bs_discretediv(sigma,r,Taud,D,g2,B,0,Nx,M);
    ...: s4,w4 = callput_bs_discretediv(sigma,r,Taud,D,g1,5*K,2,Nx,M);
    ...: s5,w5 = callput_bs_discretediv(sigma,r,Taud,D,g1,B,0,Nx,M);
In [14]: V = N*interp1d(s1,w1,kind='cubic')(s)+\
    ...: n*(interp1d(s2,w2,kind='cubic')(s)-interp1d(s3,w3,kind='cubic')(s)\
    ...:     -interp1d(s4,w4,kind='cubic')(s)+interp1d(s5,w5,kind='cubic')(s))
In [15]: Tauc = yf((17,7,2013),[(25,7,2014),(25,7,2015),(25,7,2016)]);
    ...: c = 0.0515; T = TauD[-1]; V = c*N*np.sum(np.exp(r*(T-Tauc)))*np.exp(-r*T)+V;
    ...: V
Out[15]: 991.0366070956718
```

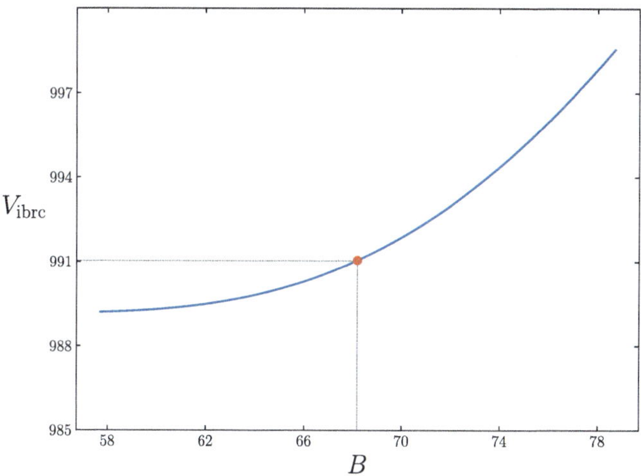

Abb. 11.12 Wert V_{ibrc} eines invertierten Barrier Reverse Convertible in Abhängigkeit der Barriere B. Der Punkt (•) stellt das obige Zahlenbeispiel dar

Hierin sind die Funktionen w_i, $i = 1, 2, 3, 4, 5$, der Reihe nach Approximationen zu den Optionspreisen $V_{d,\text{nt}}(s, 0)$, $V_p(s, 0; 2S(0))$, $V_{p,\text{uo}}(s, 0; 2S(0))$, $V_p(s, 0; S(0))$ und $V_{p,\text{uo}}(s, 0; S(0))$ in (11.14). In der Zeile 14 werden diese Funktionen an der Stelle $s = S(0) = 52.46$ interpoliert; in der Zeile 15 wird zum berechneten Wert noch der Barwert der Couponzahlungen $C(J)e^{-rT}$ dazu addiert. Der Emissionspreis des invertierten BRC ist mit diesen Werten also $V_{\text{ibrc}}(52.46, 0) \doteq 991.04$; die Marge des Emittenten ist ca. 0.9 %.

In Abb. 11.12 wiederholen wir diese Rechnung für verschiedene Werte der Barriere B. Hier setzen wir $B = \alpha S(0)$ mit $\alpha \in [1.1, 1.5]$ (im betrachteten iBRC ist $\alpha = 1.3$, siehe das Term Sheet in Abb. 11.11). Wir erkennen, dass der Wert V_{ibrc} nur schwach von der Höhe der Barriere abhängt. ◇

Bei den später zu betrachtenden „Callable“ und „Autocallable“ BRC hängt die Anzahl der Couponzahlungen vom Kurs $S(t)$ des Basiswerts ab. In einem solchen Fall können wir den Barwert (11.11) der Couponzahlungen nicht mehr via (11.9) bestimmen, sondern via des Lösens von Differentialgleichungen. Es ist daher sinnvoll, sich zu überlegen, dass der Barwert $C(J)e^{-rT}$ auch wie folgt erhalten werden kann. Finden die J Couponzahlungen zu den Zeitpunkten t_j^c statt, so ergibt sich der Barwert durch: für $V_{J+1}(s, t_J^c) := 0$, $t_0^c := 0$ und $j = J, J-1, \ldots, 2, 1$, löse

$$\begin{cases} \partial_t V_j + \mathcal{A} V_j - r V_j = 0 & \text{in } G \times [t_{j-1}^c, t_j^c[\\ V_j(s, t_j^c) = V_{j+1}(s, t_j^c) + C & \text{in } G \end{cases} . \qquad (11.15)$$

Das Lösen dieser Sequenz liefert $V_1(s, 0)$; dieser Wert entspricht (für jedes s) dem gesuchten Barwert, vergleiche mit der Aufgabe 11.2.

11.2.2 Multi Barrier Reverse Convertibles

Multi Barrier Reverse Convertibles (MBRC) sind Barrier Reverse Convertibles auf mehrere Basiswerte. Die meisten MBRC haben $d = 3$ Basiswerte. Wir haben gesehen, dass die Auszahlung eines BRC durch

$$g(S(T)) = C(J) + N - NI^c \max\left\{\frac{K - S(T)}{K}, 0\right\}$$

gegeben ist, vergleiche mit (11.10). Weil in der Regel $S(0) = K$ ist, misst der Term $(K - S(T))/K$ die Negativperformance des Basiswertes. Bei einem MBRC ist die Auszahlung ähnlich; üblicherweise wird die maximale Negativperformance der Basiswerte betrachtet, das heisst

$$\begin{aligned} g(\mathbf{S}(T)) &= C(J) + N - NI^c \max\left\{\max_i \frac{K_i - S_i(T)}{K_i}, 0\right\} \\ &= C(J) + N - NI^c \max\left\{1 - \min_i \frac{S_i(T)}{K_i}, 0\right\}, \end{aligned}$$

wobei $\mathbf{S}(t) = (S_1(t), \ldots, S_d(t))^\top$ der (Spalten)vektor der Basiswertkurse und K_i der Ausübungspreis des i-ten Basiswertes bezeichnet. Aus den Überlegungen im vorherigen Abschnitt folgt, dass der Preis V_{mbrc} eines MBRC gegeben ist durch

$$V_{\text{mbrc}}(\mathbf{s}, t) = (C(J) + N)e^{-r(T-t)} - N\, V_{p,\text{di},d}(\mathbf{s}, t)\,,$$

wobei wir mit $V_{p,\text{di},d}(\mathbf{s}, t)$ (nicht ganz konsistent) den Wert einer Down-und-In Put Option auf d Basiswerte bezeichnen. Um den Wert $v_{\text{di}}(\mathbf{s}, t) := V_{p,\text{di},d}(\mathbf{s}, T - t)$ zu bestimmen, kombinieren wir die Überlegungen zur Bewertung eines BRC auf einen Basiswert mit den Überlegungen aus dem Abschn. 11.3.3 zu Bonuszertifikaten auf mehrere Basiswerte (insbesondere die Gleichung (11.35), in welcher $V_{p,\text{di},d}$ die Rolle von V_2 übernimmt), und schliessen, dass wir die zwei Differentialgleichungen

$$\begin{cases} \partial_t v_{\text{do}} - \mathcal{A} v_{\text{do}} + r v_{\text{do}} = 0 & \text{in } G \times]0, T] \\ v_{\text{do}}(\mathbf{s}, t) = 0 & \text{in } \partial G \times]0, T] \\ v_{\text{do}}(\mathbf{s}, 0) = g(\mathbf{s}) & \text{in } G \end{cases}$$

mit $G =]B_1, \infty[\times]B_2, \infty[\times \ldots \times]B_d, \infty[$ und

$$g(\mathbf{s}) = g(s_1, s_2, \ldots, s_d) = \max\left\{1 - \min_i \frac{s_i}{K_i}, 0\right\}$$

sowie

$$\begin{cases} \partial_t v_{\text{e}} - \mathcal{A} v_{\text{e}} + r v_{\text{e}} = 0 & \text{in } [0, \infty[^d \times]0, T] \\ v_{\text{e}}(\mathbf{s}, 0) = g(\mathbf{s}) & \text{in } [0, \infty[^d \end{cases}$$

Symbol/ Valorennummer/ISIN	**Z90K0Z/** 47 321 711/CH0473217112
Emissionsbetrag/Nennbetrag/ Handelseinheiten	Bis zu CHF 3'000'000, mit der Möglichkeit der Aufstockung/CHF 1'000 Nennbetrag pro Strukturiertes Produkt/CHF 1'000 oder ein Mehrfaches davon
Ausgabepreis pro Strukturiertes Produkt	100.00% vom Nennbetrag
Währung	CHF
Basiswert	**Credit Suisse Group AG Namenaktie**/CH0012138530/SIX Swiss Exchange/Bloomberg: CSGN SE **UBS Group AG Namenaktie**/CH0244767585/SIX Swiss Exchange/Bloomberg: UBSG SE

Cap Level (100%)
Knock-in Level (65%)
Ratio

Basiswert	Cap Level	Knock-in Level	Ratio
CS Group N	11.4700	7.4555	87.183958
UBS Group AG	11.6550	7.5758	85.800086

Coupon	**12.50% (6.2500% p.a.)**, Zinsteil 0.0000% p.a., Prämienteil 6.2500% p.a.
Coupontermin(e)	18. Juni 2020 18. Juni 2021 Der Coupon wird an den Couponterminen anteilig ausbezahlt.
Couponzinsusanz	30/360 (German), modified following
Initial Fixing Tag	13. Juni 2019
Liberierungstag	18. Juni 2019
Letzter Handelstag	11. Juni 2021
Final Fixing Tag	11. Juni 2021
Rückzahlungstag/ Titellieferungstag	18. Juni 2021
Initial Fixing Wert	Schlusskurse der Basiswerte an den Referenzbörsen am 13. Juni 2019 CS Group N / CHF 11.4700 UBS Group AG / CHF 11.6550
Final Fixing Wert	Schlusskurse der Basiswerte an den Referenzbörsen am 11. Juni 2021
Rückzahlungsmodalitäten	Wenn der Kurs keines Basiswertes zwischen Initial Fixing Tag und Final Fixing Tag das Knock-in Level berührt oder unterschritten hat, beträgt die Rückzahlung unabhängig vom Final Fixing Wert der Basiswerte 100% des Nennbetrages. Wenn der Kurs eines oder mehrerer Basiswerte zwischen Initial Fixing Tag und Final Fixing Tag das Knock-in Level berührt oder unterschritten hat, ▪ beträgt die Rückzahlung entweder 100% des Nennbetrages, sofern die Final Fixing Werte sämtlicher Basiswerte höher oder gleich dem Cap Level notieren ▪ oder es erfolgt eine Lieferung des Basiswertes mit der schlechtesten relativen Wertentwicklung (zwischen Initial Fixing Tag und Final Fixing Tag). Die Anzahl Basiswerte pro Nennbetrag ist gemäss Ratio definiert (Barabgeltung von Fraktionen, keine Kumulierung). Die Auszahlung des / der Coupons erfolgt am jeweiligen Coupontermin unabhängig von der Entwicklung der Basiswerte.

Abb. 11.13 Auszug aus dem Term Sheet eines Multi Barrier Reverse Convertible mit zwei Basiswerten

lösen und $v_{\mathrm{di}}(\mathbf{s}, T) = v_{\mathrm{e}}(\mathbf{s}, T) - v_{\mathrm{do}}(\mathbf{s}, T)$ setzen müssen. Die Probleme für v_{e} und v_{do} werden für $d = 2$ und $d = 3$ in der Routine 11.2 brc_bs approximativ gelöst. Wir betrachten nun den Fall $d = 2$, vergleiche mit dem Term Sheet in Abb. 11.13.

Beispiel 11.5 Wir überprüfen den Emissionspreis des MBRC in Abb. 11.13 am 13.6.2019 ($t = 0$), welcher $V_{\mathrm{mbrc}}^{\mathrm{M}} = 1000$ CHF beträgt. Wir rechnen mit $r = -0.735\,\%$,

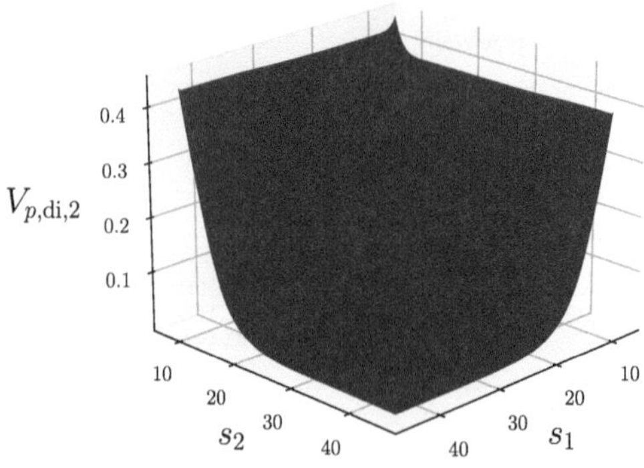

Abb. 11.14 Der Wert der Down-und-In Put Komponente im MBRC beträgt $V_{p,\mathrm{di},2}(11.47, 11.655, 0) \doteq 0.155241$ (dieser Wert muss noch mit $N = 1000$ multipliziert werden)

$q_1 = \ln(1.03547)$ (CS) und $q_2 = \ln(1.07783)$ (UBS). Als Schätzer der Kovarianzmatrix $\boldsymbol{\Sigma} = \boldsymbol{\sigma}\boldsymbol{\rho}\boldsymbol{\sigma}$ betrachten wir

$$\boldsymbol{\sigma} = \mathrm{diag}(0.226, 0.204), \quad \boldsymbol{\rho} = \begin{pmatrix} 1 & 0.856 \\ & 1 \end{pmatrix}.$$

Die restlichen Daten beziehen wir aus dem Term Sheet, siehe Abb. 11.13. In Python

```
In [17]: s = [11.47,11.655]; q = [np.log(1.03547),np.log(1.07783)]; r = -0.00735
    ...: C = [62.5,62.5]
    ...: sigma = np.diag([0.226,0.204]); rho = np.array([[1,0.856],[0,1]]);
    ...: rho = rho+rho.T-np.eye(2); cov = sigma@rho@sigma
    ...: B = [7.4555,7.5758]; K = [11.47,11.655]; N = 1000; G = [6*7.4555,6*7.5758]
    ...: T = yf((13,6,2019),[(11,6,2021)]);
    ...: TauC = yf((13,6,2019),[(18,6,2020),(18,6,2021)])
In [18]: V = brc_bs(s,cov,q,r,C,TauC,T[0],B,K,N,G); V[0]
Out[18]: 987.6415899562134
```

womit der Emissionspreis ca. 1.2 % über dem Modellpreis liegt. ◇

Wir stellen den Wert $v_{\mathrm{di}}(s_1, s_2, t)$ des Down-und-In Puts im Beispiel 11.5 als Funktion der Basiswerte (s_1, s_2) im Bereich $(s_1, s_2) \in]B_1, 2K_1[\times]B_2, 2K_2[$ in Abb. 11.14 graphisch dar.

11.2.3 Autocallable Barrier Reverse Convertibles

MBRC mit „automatischem Rückkruf" haben grundsätzlich die selbe Funktionsweise wie MBRC, werden aber zu vordefinierten Zeitpunkten (die „Autocall" Beobachtungszeitpunkte) vom Emittenten „zurückgerufen" (und das Produkt verfällt), wenn die Basiswerte zu diesen Zeitpunkten über einem vordefinierten Schwellwert liegen. Dieser Schwellwert wird je nach Emittent „Autocall Trigger Level" oder „Early Redemption Level" EL genannt und ist in Prozenten der Basiswertkurse $\mathbf{S}(0)$ zum Zeitpunkt der Emission definiert. Bezeichnen wir wiederum mit $\mathcal{T}^c := \{t_1^c, t_2^c, \ldots, t_J^c\}$ (und $t_0^c := 0$) die Zeitpunkte

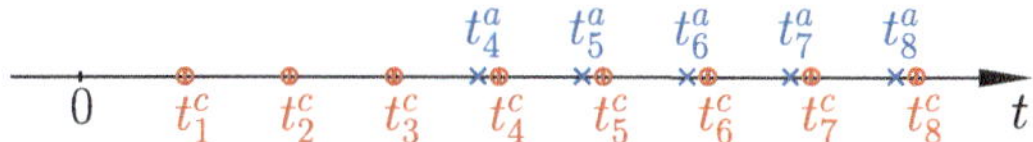

Abb. 11.15 Wenn die Basiswertkurse zum Zeitpunkt t_j^a über dem „Autocall Trigger Level" liegen, wird der Emittent das Produkt zum Zeitpunkt t_j^c zurückkaufen. Dem Halter des Produkts wird dann zu diesem Zeitpunkt der Wert $N + C$ ausbezahlt; weitere Zahlungen gibt es nicht. Der Emittent kann das Produkt zum ersten Mal zum Zeitpunkt $t_{j^*}^c \geq 1$ zurückkaufen. Beispiel mit maximal $J = 8$ Couponzahlungen, $j^* = 4$ und $H = J + 1 - j^* = 5$ „Autocall" Beobachtungszeitpunkte

der J Couponzahlungen, so sind die Zeitpunkte $\mathcal{T}^a := \{t_{j^*}^a, t_{j^*+1}^a, \ldots, t_J^a\}$, $j^* \geq 1$, der $H := J + 1 - j^*$ „Autocall" Beobachtungszeitpunkte wie folgt definiert

$$t_j^a := t_j^c - \delta_j, \quad j = j^*, \ldots, J \ . \tag{11.16}$$

In Abb. 11.16 finden wir beispielhaft ein Auszug eines „Autocallable" BRC auf einen Basiswert; hier ist $J = H = 8$ (respektive $j^* = 1$).

Die „Autocall" Beobachtungszeitpunkte liegen in der Regel eine Woche (δ) vor den letzten H Couponzahlungszeitpunkten, wegen Daycount-Convention, Wochenenden und Feiertagen ist der Abstand zwischen Couponzahlung und „Autocall" Beobachtungszeitpunkt in der Regel nicht konstant, daher der Index δ_j, vergleiche mit Abb. 11.15. Typischerweise entspricht der letzte der „Autocall" Beobachtungszeitpunkte der Maturität des Produkts, also $t_J^a = T$.

Wie bewertet man einen solchen BRC? Zur Beantwortung dieser Frage nehmen wir Notations-vereinfachend an, dass es nur einen Basiswert gibt. Ist zum Zeitpunkt $t_J^a = T$ der Basiswertkurs (zum ersten Mal) über oder auf dem „Autocall Trigger Level" EL, so wird dem Halter zum Zeitpunkt t_J^c der Betrag $N + C$ ausbezahlt. Ist zum Zeitpunkt T der Basiswertkurs nicht über EL, so erhält der Investor zum Zeitpunkt t_J^c den Betrag

$$g = N + C - nI^c \max\{K - S(T), 0\} \ ,$$

wobei $n = N/K$, vergleiche mit (11.10). Wie schon in den Abschnitten zu BRC und MBRC spalten wir diesen Cashflow auf. Wegen $I^c = 1 - I$ können wir g schreiben als $g = g_1 - (g_2 - g_3)$, mit

$$\begin{aligned} g_1(s) &:= N + C \\ g_2(s) &:= n \max\{K - s, 0\} \\ g_3(s) &:- nI \max\{K - s, 0\} \end{aligned} \ .$$

Die Payoff g_1 und g_2 entsprechen den Payoff Europäischer Optionen; der Payoff g_3 ist der Payoff einer Down-und-Out Option. Wir lösen nun im Zeitintervall $[t_{J-1}^a, T[$ die drei $(i = 1, 2, 3)$ Differentialgleichungen

$$\begin{cases} \partial_t V_J^i + \mathcal{A} V_J^i - r V_J^i = 0 & \text{in } G^i \times [t_{J-1}^a, T[\\ \qquad\qquad V_J^i(s, T) = g_J^i(s) & \text{in } G^i \end{cases} \tag{11.17}$$

mit $G^1 = G^2 = [0,\infty[$ und $G^3 =]B,\infty[$. In diesem Fall zinsen wir die Cashflows

$$g_J^i(s) := g_i(s)e^{-r\delta_J} \tag{11.18}$$

ab, da ja diese zum Zeitpunkt t_J^c anfallen, wir jedoch die Differentialgleichungen nur bis zur Maturität $T = t_J^a = t_J^c - \delta_J$ lösen müssen. In allen anderen Abschnitten dieses Kapitels machen wir – wie zu Beginn dieses Kapitels vereinbart – keine Unterscheidung zwischen Maturität und effektivem Datum der Auszahlung des Payoffs, da der Abzinsungsfaktor $e^{-r\delta_j}$ für typische Werte von r und δ_j kaum von 1 abweicht. Im Falle der Bewertung eines „Autocallable" BRC müssen wir jedoch, wie wir gleich sehen werden, eine Sequenz von J Differentialgleichungen lösen, so dass wir diese Unterscheidung aus Konsistenzgründen nicht vernachlässigen sollten.

Haben wir die obigen Differentialgleichungen bis zum Zeitpunkt t_{J-1}^a (rückwärts) gelöst, machen wir anschliessend folgende Fallunterscheidung. Ist nun (zum ersten Mal) zum Zeitpunkt t_{J-1}^a der Basiswertkurs über oder auf dem „Autocall Trigger Level", also $S(t_{J-1}^a) \geq \mathrm{EL}$, so wird zum Zeitpunkt t_{J-1}^c der Betrag $N + C$ ausbezahlt und das Produkt verfällt; der Wert des Produkts ist Null, das heisst für $s > \mathrm{EL}$ setzen wir $V_J^i(s, t_{J-1}^a) = 0$. Ist zum Zeitpunkt t_{J-1}^a der Basiswertkurs unter dem „Autocall Trigger Level", geschieht nichts und das Produkt entspricht einem gewöhnlichen BRC. In diesen Fall wird zum Zeitpunkt t_{J-1}^c der Coupon C ausbezahlt. Wie bei Barriere-Optionen mit diskreter Beobachtung im Abschn. 6.4 definieren wir daher „neue" Payoff-Funktionen g_{J-1}^i zum Zeitpunkt t_{J-1}^a (vergleiche auch mit der Sequenz (11.15)) wie folgt

$$\begin{aligned}
g_{J-1}^1(s) &:= V_J^1(s, t_{J-1}^a)1_{\{s<\mathrm{EL}\}} + Ne^{-r\delta_{J-1}}1_{\{s\geq\mathrm{EL}\}} + Ce^{-r\delta_{J-1}}\\
g_{J-1}^2(s) &:= V_J^2(s, t_{J-1}^a)1_{\{s<\mathrm{EL}\}}\\
g_{J-1}^3(s) &:= V_J^3(s, t_{J-1}^a)1_{\{s<\mathrm{EL}\}}
\end{aligned}$$

Im Zeitabschnitt $[t_{J-2}^a, t_{J-1}^a[$ lösen wir die entsprechenden Differentialgleichungen für $V_{J-1}^i(s,t)$ nochmals, nun mit den Payoff g_{J-1}^i. So erhalten wir die Werte $V_{J-1}^i(s, t_{J-2}^a)$. Wir wiederholen diese Prozedur, bis wir bei $j = j^*$ angelangt sind: Für $t_{j^*-1}^a := t_{j^*-1}^c$ und $j = J, J-1, \ldots, j^*$ löse

$$\begin{cases}
\partial_t V_j^i + \mathcal{A}V_j^i - rV_j^i = 0 & \text{in } G^i \times [t_{j-1}^a, t_j^a[\\
V_j^i(s, t_j^a) = g_j^i(s) & \text{in } G^i
\end{cases}. \tag{11.19}$$

Hierin „starten" wir mit den Payoff g_J^i definiert wie in (11.18); die „neuen" Payoff ergeben sich jeweils daraus, ob der Basiswertkurs unter oder über dem „Autocall Trigger Level" EL liegt, für $j = J-1, \ldots, j^*$,

$$\begin{aligned}
g_j^1(s) &= V_{j+1}^1(s, t_j^a)1_{\{s<\mathrm{EL}\}} + Ne^{-r\delta_j}1_{\{s\geq\mathrm{EL}\}} + Ce^{-r\delta_j}\\
g_j^2(s) &= V_{j+1}^2(s, t_j^a)1_{\{s<\mathrm{EL}\}}\\
g_j^3(s) &= V_{j+1}^3(s, t_j^a)1_{\{s<\mathrm{EL}\}}\,.
\end{aligned} \tag{11.20}$$

Das Lösen obiger Sequenz liefert $V^i_{j^*}(s, t^a_{j^*-1})$. Ist $j^* = 1$, so sind wir fertig. Ist $j^* > 1$ müssen wir noch folgende drei Probleme ($i = 1, 2, 3$)

$$\begin{cases} \partial_t V^i_1 + \mathcal{A} V^i_1 - r V^i_1 = 0 & \text{in } G^i \times [0, t^c_{j^*-1}[\\ V^i_1(s, t^c_{j^*-1}) = V^i_{j^*}(s, t^c_{j^*-1}) & \text{in } G^i \end{cases} \tag{11.21}$$

lösen. Der gesuchte Wert V_{abrc} des Autocallable BRC ist dann gegeben durch

$$V_{\text{abrc}}(s, 0) = C \sum_{j=1}^{j^*-1} e^{-rt^c_j} + V^1_1(s, 0) - V^2_1(s, 0) + V^3_1(s, 0) .$$

Um die Differentialgleichungen (11.19) und (11.21) numerisch zu lösen, müssen wir zur Restlaufzeit wechseln und lokalisieren. Für $i = 1, 2$ setzen wir keine Bedingung am linken Rand $s_l = 0$, für $i = 3$ müssen wir eine homogene Dirichlet-Bedingung am linken Rand $s_l = B$ setzen (Down-und-Out). Am rechten Rand setzen wir in allen Problemen eine homogene Neumann-Bedingung.

Die Differentialgleichungen (11.19) und (11.21) lassen sich leicht auf den Fall mit mehreren Basiswerten verallgemeinern; wir müssen nur den infinitesimalen Generator $\mathcal{A}$, die Payoff-Funktionen g_i, $i = 2, 3$ in (11.18) sowie die Gebiete G^i entsprechend anpassen, vergleiche dazu mit den Abschnitt zu MBRC. Zusätzlich sind die Indikatorfunktionen $1_{\{s \geq \text{EL}\}}$ und $1_{\{s < \text{EL}\}}$ zu ersetzen durch

$$1_{\{\mathbf{s} \geq \mathbf{EL}\}}, \quad 1 - 1_{\{\mathbf{s} \geq \mathbf{EL}\}} ,$$

wobei die Ungleichung komponentenweise zu verstehen ist,

$$\mathbf{s} \geq \mathbf{EL} \Leftrightarrow (s_1 \geq \text{EL}_1, \ldots, s_d \geq \text{EL}_d) ,$$

das heisst, dass das Produkt nur dann vorzeitig zurückgerufen wird, wenn alle Basiswerte zu den „Autocall" Beobachtungszeitpunkten über ihren „Autocall Trigger Level" liegen.

Beispiel 11.6 Wir bewerten den „Autocallable" BRC in Abb. 11.16 zum „Pricing Date" 5.7.2017, $t = 0$. Aus dem Term Sheet lesen wir $s = S(0) = K = \text{EL} = 16.36$, $B = 0.49S(0)$, $C = 0.09N/4 = 22.5$ sowie

$$\mathcal{T}^c = \{97/360, 187/360, 277/360, 367/360, 457/360, 549/360, 637/360, 727/360\}$$
$$\mathcal{T}^a = \{90/360, 180/360, 270/360, 360/360, 450/360, 542/360, 630/360, 720/360\}$$

Information on Underlying

Underlying(s)	Initial Underlying Level	Strike Level	Early Redemption Level	Kick-In Level	Conversion Ratio
Deutsche Bank AG Bloomberg: DBK GY / Valor: 829257	EUR 16.36	EUR 16.36 (100.00%)	EUR 16.36 (100.00%)	EUR 8.02 (49.00%)	1:61.1247

Product Details

Security Numbers	Valor: 37027707 / ISIN: CH0370277078 / WKN: UW4ZG2
SIX Symbol	KABOBU
Issue Size	up to EUR 4,000,000 (with reopening clause) Issue size increased by EUR 1,000,000 as of 31 January 2018.
Denomination / Nominal	EUR 1,000
Issue Price	100% (percentage quotation)
Settlement Currency	EUR
Quarterly Payment (Coupon)	9.00% p.a., paid quarterly in arrears. Coupon payment per Denomination will be EUR 22.50 on the relevant Coupon Payment Date(s). For Swiss tax purposes the Coupon payment is split into two components: 0.00% interest component 9.00% premium component
Quoting Type	Secondary market prices are quoted in percentage and clean; accrued interest is NOT included in the price.

Dates

Launch Date	16 June 2017
Pricing Date ("Pricing")	05 July 2017
First SIX Trading Date (anticipated)	12 July 2017
Payment Date (Issue Date)	12 July 2017
Observation Date(s)	05 October 2017, 05 January 2018, 05 April 2018, 05 July 2018, 05 October 2018, 07 January 2019, 05 April 2019 and 05 July 2019 (subject to Market Disruption Event provisions)
Coupon Payment Date(s)	12 October 2017, 12 January 2018, 12 April 2018, 12 July 2018, 12 October 2018, 14 January 2019 (Due Date 12 January 2019), 12 April 2019 and 12 July 2019
Last Trading Day/Time	05 July 2019 / 17:15 CEST
Expiration Date ("Expiry")	05 July 2019 (subject to Market Disruption Event provisions)
Redemption Date	12 July 2019 (subject to Market Disruption Event provisions)

Redemption

The Investor is entitled to receive from the Issuer an amount in the Settlement Currency, according to the following scenarios:

Scenario 1	If an Early Redemption Event has occurred , the product will be early redeemed at 100% of the Nominal in cash on the next Coupon Payment Date following the Early Redemption Event.
Scenario 2	If NO Kick-In Event and NO Early Redemption Event has occurred, the Investor will receive 100% of the Nominal in cash on the Redemption Date.
Scenario 3	If a Kick-In Event has occurred and NO Early Redemption Event has occurred and 1) If the Expiration Value of the Underlying is at or above the Strike Level, the Investor will receive 100% of the Nominal in cash on the Redemption Date. 2) If the Expiration Value of the Underlying is below the Strike Level, the Investor will receive an amount equal to the Expiration Value on the Redemption Date, taking into account the Conversion Ratio. The coupon payment is due in any case.
Kick-In Event	A Kick-In Event shall be deemed to occur if, at any time on any Exchange Business Day during the period from and including the Pricing Date to and including the Expiration Date, the level of the Underlying quoted by the Related Exchange is at or below the respective Kick-In Level, as reasonably determined by the Calculation Agent.
Expiration Value	Official closing value of the Underlying on the Expiration Date on the Related Exchange, as determined by the Calculation Agent.
Early Redemption Event	An Early Redemption Event shall be deemed to occur if, on one of the Observation Dates the closing price of the Underlying is at or above the Early Redemption Level, as reasonably determined by the Calculation Agent. In this case the product will be early redeemed on the next Coupon Payment Date following the Early Redemption Event.

Abb. 11.16 Auszug aus dem Term Sheet eines „Autocallable" Barrier Reverse Convertible

Tab. 11.1 Abhängigkeit des Coupons von der Anzahl der „Autocall" Beobachtungszeitpunkte für den Autocallable BRC in Abb. 11.16

H	8	7	6	5	4	3	2	1
$C/N \cdot 100\,\%$	9.00	8.63	8.24	7.80	7.38	6.97	6.61	6.34

ab. Wir rechnen mit $\sigma = 0.362$, $r = -0.00136$ und $q = \ln(1 + 0.032)$ (alle Werte aus Bloomberg für den 5.7.2017). Die Routine brcautocall_bs liefert $V_{\mathrm{abrc}}(s, 0) = 988.35$.

```
In [19]: s0 = 16.36; sigma = 0.362; r = -0.00136; q = np.log(1+0.032);
    ...: N = 1000; B = 0.49*s0; K = s0; EL = s0; C = 22.5;
    ...: Tauc = yf((5,7,2017),[(12,10,2017),(12,1,2018),(12,4,2018),\
    ...: (12,7,2018),(12,10,2018),(14,1,2019),(12,4,2019),(12,7,2019)]);
    ...: Taua = yf((5,7,2017),[(5,10,2017),(5,1,2018),(5,4,2018),(5,7,2018),\
    ...: (5,10,2018),(7,1,2019),(5,4,2019),(5,7,2019)]);
    ...: V = brcautocall_bs(s0,sigma,r,q,N,K,B,EL,C,Tauc,Taua); V
Out[19]: 988.3452885151856
```
◇

Die Routine brcautocall_bs löst das Problem (11.19) für einen „Autocallable" BRC auf einen Basiswert. Da die Payoff g_j^i für $j \geq 2$ unstetig sind, dürfte die Konvergenz des Verfahrens reduziert werden. Wie im Abschn. 6.4 zu Barriere-Optionen mit diskreter Barriere-Beobachtung können wir eine Gitterstreckung (hier um den „Autocall Trigger Level" EL) vornehmen, der Einfachheit halber sehen wir aber davon ab. Um den „Schock" hervorgerufen durch die unstetigen Payoff zu dämpfen, verwenden wir das Rannacher-Verfahren mit $R = 2$ anfänglichen impliziten Euler-Schritten halber Schrittweite, vergleiche mit dem Abschn. 5.5.

Zunächst sind „Autocallable" BRC wegen ihrem gegenüber gewöhnlichen BRC höheren Coupon für Investoren interessant. Da aber beim „Autocallable" BRC die Anzahl der erwarteten Couponzahlungen durch die Anwesenheit der „Autocall" Beobachtungszeitpunkte kleiner ist als J, reduziert sich die Attraktivität des hohen Coupons, vergleiche mit Aufgabe 11.3. Wir können den Einfluss der Anzahl Beobachtungszeitpunkte auf die Höhe des Coupons leicht mit der Routine brcautocall_bs studieren. Dazu betrachten wir nochmals den „Autocallable" BRC im Beispiel 11.6 und nehmen an, dass der BRC nicht die vorgegebenen $H = 8$ Beobachtungszeitpunkte besitzt, sondern weniger. Wir wollen dann den Coupon C so festlegen, dass dieser BRC den selben Emissionspreis $V_{\mathrm{abrc}} = 988.35$ wie der BRC mit 8 Beobachtungszeitpunkten hat. Betrachten wir zum Beispiel die letzten $H = 4$ Beobachtungszeitpunkte in $\mathcal{T}^a$, ergibt sich in Python

```
In [20]: C = fsolve(lambda x:
    ...: brcautocall_bs(s0,sigma,r,q,N,K,B,EL,x/4,Tauc,Taua[4:])-V,10); C[0]
Out[20]: 73.78887276918952
```

In diesem Fall hat sich der Coupon von 9 % auf 7.38 % reduziert. In der Tab. 11.1 fassen wir den Zusammenhang zwischen H und C zusammen.

Routine 11.3: brcautocall_bs.py

```
import numpy as np
from scipy.interpolate import interp1d
from pde_1d_a_theta import pde_1d_a_theta

def brcautocall_bs(s0,sigma,r,q,N,K,B,EL,C,Tauc,Taua):
    '''Findet den Wert eines Autocallable BRC mit Nominal N auf einen Basis-
    wert mit Kurs s0 im Black-Scholes Modell. K, B, C und Tauc sind die
    ueblichen BRC-Parameter; EL ist der Autocall Trigger Level, Taua ist die
    Liste der H Autocall Beobachtungszeitpunkte.'''

    # Abzinsungsfaktoren zwischen Couponzahlungs - und Beobachtungszeitpunkten
    H = len(Taua); Tauc = np.hstack((0,Tauc));
    delta = np.exp(-r*(Tauc[-H:]-Taua));

    tau = np.diff(np.hstack((Tauc[-H-1],Taua)));
    L = 12; Nx = 2**L-1; M = int(np.ceil(0.05*Nx));
    a = lambda x:-sigma**2*x**2/2; b = lambda x:-(r-q)*x; cf = lambda x:r*x**0;
    wl = lambda t:0*t; wr = wl; sr = 4*s0;
    g1 = lambda x:(N+C)*delta[-1];
    g2 = lambda x:np.maximum(K-x,0)*delta[-1]; g3 = g2;

    # Sequenz von Differentialgleichungen loesen
    for j in range(len(tau)):
        x1,w1 = pde_1d_a_theta(a,b,cf,tau[-1-j],0,wl,3,sr,wr,0,g1,Nx,M,2,0.5);
        x2,w2 = pde_1d_a_theta(a,b,cf,tau[-1-j],0,wl,3,sr,wr,1,g2,Nx,M,2,0.5);
        x3,w3 = pde_1d_a_theta(a,b,cf,tau[-1-j],B,wl,0,sr,wr,0,g3,Nx,M,2,0.5);
        g1 = lambda x:w1*(x1<EL)+N*delta[-1-j]*(x1>=EL)+C*delta[-1-j];
        g2 = lambda x:w2*(x2<EL); g3 = lambda x:w3*(x3<EL);

    Tau = Tauc[1:len(Tauc)-H];
    if len(Tau)>0:
        g1 = lambda x:w1; g2 = lambda x:w2; g3 = lambda x:w3;
        x1,w1 = pde_1d_a_theta(a,b,cf,Tau[-1],0,wl,3,sr,wr,1,g1,Nx,M,2,0.5);
        x2,w2 = pde_1d_a_theta(a,b,cf,Tau[-1],0,wl,3,sr,wr,1,g2,Nx,M,2,0.5);
        x3,w3 = pde_1d_a_theta(a,b,cf,Tau[-1],B,wl,0,sr,wr,1,g3,Nx,M,2,0.5);

    V = C*np.sum(np.exp(-r*Tau))+interp1d(x1,w1,kind='cubic')(s0)-\
        N/K*(interp1d(x2,w2,kind='cubic')(s0)-interp1d(x3,w3,kind='cubic')(s0))
    return V
```

11.2.4 Callable Barrier Reverse Convertibles

Bei „Callable" MBRCs wird ein möglicher „Rückruf" nicht via eines vordefinierten „Early Redemption Level" bestimmt, sondern durch den Wert des Produkts zu den „Early Redemption" Beobachtungszeitpunkten. Diese sind mit den „Autocall" Beobachtungszeitpunkten eines „Autocallable" BRC vergleichbar; wir definieren daher die „Early Redemption" Beobachtungszeitpunkte in

$$\mathcal{T}^a := \{t^a_{j^*}, t^a_{j^*+1}, \ldots, t^a_{J-1}\},$$

wo J wiederum die (maximale) Anzahl der Couponzahlungen bezeichnet. Zum Zeitpunkt t_j^a entscheidet der Emittent, ob er das Produkt zum nächsten Couponzahlungszeitpunkt t_j^c zum Preis N zurückkauft. Ist dies der Fall, verfällt das Produkt und es gibt keine weiteren Zahlungen mehr. Die Zeitspanne δ_j zwischen Entscheid zur Rückzahlung und tatsächlicher Rückzahlung ist wie in (11.16) definiert. Im Gegensatz zu „Autocallable" BRC hat bei „Callable" BRC der Emittent das letzte Mal bei der vorletzten Couponzahlung das Recht, das Produkt zurückzukaufen. Die Bewertung eines „Callable" BRC ist sehr ähnlich zur Bewertung eines „Autocallable" BRC. Das Lösen der drei Bewertungsgleichungen im Zeitintervall $[t_j^a, t_{j+1}^a[$ liefet den Wert

$$\widehat{V}(s, t_j^a) := V_{j+1}^1(s, t_j^a) - V_{j+1}^2(s, t_j^a) + V_{j+1}^3(s, t_{j-1}^a) .$$

Beachten Sie, dass wir zur sinnvollen Definition der Funktion $\widehat{V}(s, t_j^a)$ mit $V_{j+1}^3(s, t_{j-1}^a)$ die auf ganz $\mathbb{R}_0^+$ mit 0 erweiterten Funktion verstehen, da ja diese Funktion dem Wert einer Down-und-Out Option entspricht und daher zunächst nur für $s \in [B, \infty[$ definiert ist. Der Emittent wird das Produkt zurückkaufen, wenn $\widehat{V}(s, t_j^a)$ grösser ist als der (auf den Zeitpunkt t_j^a abgezinste) Cashflow $N + C$, welcher der Emittent dem Halter zum Zeitpunkt t_j^c zahlen wird. Der Wert des „Callable" BRCs zum Zeitpunkt t_j^a ist daher

$$V_{j+1}(s, t_j^a) = \min\left\{\widehat{V}(s, t_j^a), (N + C)e^{-r\delta_j}\right\} ,$$

vergleiche auch mit Abschn. 12.3 zu rückrufbaren Anleihen. Für diejenigen s, für welche $\widehat{V}(s, t_j^a)$ grösser als (oder gleich) $(N + C)e^{-r\delta_j}$ ist, setzen wir $V_{j+1}^i(s, t_j^a)$ gleich null, da das Produkt verfällt. Für diejenigen s, für welche $\widehat{V}(s, t_j^a)$ kleiner ist als $(N + C)e^{-r\delta_j}$, geschieht nichts und das Produkt entspricht einem gewöhnlichen BRC. In diesem Fall wird zum Zeitpunkt t_j^c der Coupon C ausbezahlt. Zur weiteren Bewertung müssen wir daher diejenigen s finden, für welche $\widehat{V}(s, t_j^a) \geq (N + C)e^{-r\delta_j}$ gilt. Für „Callable" BRC zeigt sich, dass es genau ein s_j^* gibt mit

$$\widehat{V}(s_j^*, t_j^a) = (N + C)e^{-r\delta_j} \tag{11.22}$$

und dass

$$\begin{cases} \widehat{V}(s, t_j^a) < (N + C)e^{-r\delta_j} & \text{für } s < s_j^* \\ \widehat{V}(s, t_j^a) > (N + C)e^{-r\delta_j} & \text{für } s > s_j^* \end{cases}$$

gilt. Haben wir die (einzige) Lösung s_j^* der Gleichung (11.22) gefunden, lösen wir die Differentialgleichungen (11.19) im Intervall $[t_{j-1}^a, t_j^a[$ für die Payoff

$$\begin{aligned} g_j^1(s) &:= V_{j+1}^1(s, t_j^a) 1_{\{s<s_j^*\}} + Ne^{-r\delta_j} 1_{\{s \geq s_j^*\}} + Ce^{-r\delta_j} \\ g_j^2(s) &:= V_{j+1}^2(s, t_j^a) 1_{\{s<s_j^*\}} \\ g_j^3(s) &:= V_{j+1}^3(s, t_j^a) 1_{\{s<s_j^*\}} \end{aligned}$$

Ein Vergleich zu den Payoff (11.20) des „Autocallable" BRC zeigt, dass s_j^* die Rolle des „Early Redemption Levels" EL übernimmt. Im vorliegenden Fall eines „Callable" BRC wird der „Early Redemption Level" nicht vorzeitig durch den Emittenten festgelegt, sondern dieser ergibt sich durch die Wertentwicklung des Produkts via der Gleichung (11.22). Für „Callable" MBRC hat diese jedoch unendlich viele Lösungen, so dass die obigen Indikatorfunktionen (und daher die Payoff g_j^i) nicht mehr sinnvoll definiert sind. Wir müssen daher einen anderen Weg einschlagen. Dazu definieren wir die Menge

$$\mathcal{M}_j := \{x \in \mathbb{R} \mid x \geq (N + C)^{-r\delta_j}\}$$

sowie deren Urbild unter der Funktion $s \mapsto \widehat{V}(s, t_j^a)$, das heisst

$$\mathcal{N}_j := \widehat{V}^{-1}(s, t_j^a)(\mathcal{M}_j) := \left\{s \in [0, \infty[\; \middle|\; \widehat{V}(s, t_j^a) \in \mathcal{M}_j\right\} .$$

Nun lösen wir die Differentialgleichungen (11.19) im Intervall $[t_{j-1}^a, t_j^a[$ für die Payoff

$$\begin{aligned}
g_j^1(s) &:= V_{j+1}^1(s, t_j^a)(1 - 1_{\mathcal{N}_j}(s)) + Ne^{-r\delta_j} 1_{\mathcal{N}_j}(s) + Ce^{-r\delta_j} \\
g_j^2(s) &:= V_{j+1}^2(s, t_j^a)(1 - 1_{\mathcal{N}_j}(s)) \\
g_j^3(s) &:= V_{j+1}^3(s, t_j^a)(1 - 1_{\mathcal{N}_j}(s))
\end{aligned}$$

Die Menge $\mathcal{N}_j$ respektive deren Indikatorfunktion lassen sich leicht auf MBRCs verallgemeinern. Sind d Basiswerte vorhanden, so setzen wir

$$\mathcal{N}_j := \left\{\mathbf{s} \in [0, \infty[^d \;\middle|\; \widehat{V}(\mathbf{s}, t_j^a) \in \mathcal{M}_j\right\}$$

mit $\mathbf{s} := (s_1, \ldots, s_d)$. Die obige Prozedur ist durchzuführen für $j = J, J-1, \ldots, j^*$; mit den „Start-Payoff" g_J^i wie in (11.18). Ist $j^* > 1$, so sind anschliessend noch die Probleme (11.21) zu lösen und der Wert V_{cbrc} des „Callable" BRC bei Emission ist

$$V_{\text{cbrc}}(s, 0) = C \sum_{j=1}^{j^*-1} e^{-rt_j^c} + V_1^1(s, 0) - V_1^2(s, 0) + V_1^3(s, 0) .$$

Wir realisieren die beschriebene Bewertung eines „Callable" MBRC für $d \leq 3$ Basiswerte in der Routine brccall_bs, welche eine Verallgemeinerung der Routinen 11.2 brc_bs und 11.3 brcautocall_bs darstellt.

Beispiel 11.7 Wir bewerten das Produkt in Abb. 11.17 zur „Anfangsfixierung" 3.6.2020, $t = 0$. Die Nummerierung der Basiswerte ist SwissRe $\to$ 1, Zurich $\to$ 2. Aus dem Term Sheet lesen wir $\mathbf{s} = (S_1(0), S_2(0)) = (K_1, K_2) = (75.45, 344.5)$, $(B_1, B_2) = (37.73, 172.3)$, $C = 15.786$ sowie

$$\begin{aligned}
\mathcal{T}^c &= \{97/360, 187/360, 277/360, 367/360\} \\
\mathcal{T}^a &= \{180/360, 270/360\}
\end{aligned}$$

Produktinformation

ISIN / Valorennummer / Symbol	CH0548372017 / 54837201 / RMB23V
Emissionspreis	100.00% des Nennwerts
Nennwert	CHF 1'000.00
Referenzwährung	CHF; Emission, Handel und Rückzahlung erfolgen in der Referenzwährung
Anfangsfixierung	03. Juni 2020 (16:19 Uhr Ortszeit Zürich)
Liberierung	10. Juni 2020
Letzter Handelszeitpunkt	03. Juni 2021 (12:00 Uhr Ortszeit Zürich)
Schlussfixierung	03. Juni 2021; Schlusskurs an der Referenzbörse
Rückzahlungstag	10. Juni 2021

Basiswerte

Swiss Re AG (weitere Angaben zum Basiswert unten)

Spot Referenzpreis	CHF 75.45
Ausübungspreis	CHF 75.45 (100.00%*)
Barriere	CHF 37.73 (50.00%*)
Anzahl Basiswerte	13.25381 (Nachkommastellen werden in bar abgegolten, keine Kumulierung)

* in % des Spot Referenzpreises

Zurich Insurance Group Ltd. (weitere Angaben zum Basiswert unten)

Spot Referenzpreis	CHF 344.50
Ausübungspreis	CHF 344.50 (100.00%*)
Barriere	CHF 172.30 (50.00%*)
Anzahl Basiswerte	2.90276 (Nachkommastellen werden in bar abgegolten, keine Kumulierung)

* in % des Spot Referenzpreises

Barrierebeobachtung: 03. Juni 2020 bis 03. Juni 2021, kontinuierliche Beobachtung

Coupon: 6.3144% p.a. (Auszahlung gemäss "Couponzahlungen"), Modified Following, Unadjusted

Sofern ein Rückzahlungstag oder ein Couponzahlungstag (jeweils ein "Zahlungstag") kein Bankarbeitstag ist, ist Zahlungstag der nächstfolgende Bankarbeitstag, es sei denn, der Zahlungstag würde dadurch in den nächsten Kalendermonat fallen; in diesem Fall ist der Zahlungstag der unmittelbar vorhergehende Bankarbeitstag. Der an dem betreffenden Zahlungstag fällige Coupon und gegebenenfalls der darauffolgende Coupon werden bei einer Verschiebung eines Zahlungstags nicht entsprechend angepasst.

Couponzahlungen: Vierteljährlich, solange keine Vorzeitige Rückzahlung stattgefunden hat

Coupon-Zahlungstage	Coupon	Zinsanteil	Prämienanteil
10. September 2020	1.5786%	0.0000%	1.5786%
10. Dezember 2020	1.5786%	0.0000%	1.5786%
10. März 2021	1.5786%	0.0000%	1.5786%
10. Juni 2021	1.5786%	0.0000%	1.5786%

Vorzeitige Rückzahlung: An jedem Beobachtungstag hat die Emittentin das Recht, aber nicht die Verpflichtung, das Produkt zu kündigen und am folgenden Zahlungstag zurückzuzahlen. Die Rückzahlung erfolgt zum Nennwert plus einem letzten Coupon für die entsprechende Periode, sofern die Voraussetzungen dafür erfüllt sind (Details siehe "Couponzahlungen"). Es erfolgen keine weiteren Zahlungen.

Beobachtung Vorzeitige Rückzahlung

Beobachtungstage	Zahlungstage
03. Dezember 2020	10. Dezember 2020
03. März 2021	10. März 2021

Rückzahlung / Lieferung: Vorausgesetzt, dass keine vorzeitige Rückzahlung (Details siehe "Vorzeitige Rückzahlung") stattgefunden hat, wird am Schlussfixierungstag folgende Regel angewandt:

- Wenn keiner der Basiswerte während der Barrierebeobachtung seine Barriere berührt oder durchbricht, wird am Rückzahlungstag der Nennwert zurückbezahlt - zuzüglich zum Coupon.
- Berührt oder durchbricht mindestens einer der Basiswerte jedoch während der Barrierebeobachtung seine Barriere, wird wie folgt zurückbezahlt:
  1. Wenn alle Schlussfixierungen der Basiswerte höher oder gleich wie die entsprechenden Ausübungspreise sind, wird der Nennwert zurückbezahlt. Ausserdem ist am Rückzahlungstag der Coupon fällig.
  2. Wenn die Schlussfixierung mindestens eines Basiswerts tiefer als sein Ausübungspreis ist, erfolgt die physische Lieferung der festgelegten Anzahl des Basiswerts mit der schlechtesten Wertentwicklung; dabei werden Nachkommastellen nicht kumuliert und in bar abgegolten. Ausserdem ist am Rückzahlungstag der Coupon fällig.

Abb. 11.17 Auszug aus dem Term Sheet eines „Callable" Multi Barrier Reverse Convertibles

ab. Wir rechnen mit der Kovarianzmatrix $\boldsymbol{\Sigma} = \boldsymbol{\sigma}\boldsymbol{\rho}\boldsymbol{\sigma}$, wo

$$\boldsymbol{\sigma} = \operatorname{diag}(0.35, 0.29), \quad \boldsymbol{\rho} = \begin{pmatrix} 1 & 0.7 \\ & 1 \end{pmatrix}$$

ist, sowie mit $r = -0.008$ und $(q_1, q_2) = (\ln(1.08), \ln(1.06))$. Die Routine brccall_bs liefert $V_{\text{cbrc}}(\mathbf{s}, 0) = 989.58$.

```
In [21]: s = [75.45,344.5]; r = -0.008; q = [np.log(1.08),np.log(1.06)];
    ...: sigma = np.diag([0.35,0.29]); rho = np.array([[1,0.7],[0,1]]);
    ...: rho = rho+rho.T-np.eye(2); cov = sigma@rho@sigma
    ...: N = 1000; B = [37.73,172.3]; K = [75.45,344.5]; C = 15.786; G = [300,1500]
    ...: Tauc = yf((3,6,2020),[(10,9,2020),(10,12,2020),(10,3,2021),(10,6,2021)]);
    ...: Taua = yf((3,6,2020),[(3,12,2020),(3,3,2021)]);
    ...: T = yf((3,6,2020),[(3,6,2021)]);
    ...: V = brccall_bs(s,cov,q,r,C,Tauc,Taua,T,B,K,N,G); V[0]
Out[21]: 989.5815837547558
```
◇

11.2.5 Express Zertifikate

Express Zertifikate gehören wie die Barrier Reverse Convertibles zu den „Renditeoptimierungsprodukten" und haben eine ähnliche Funktionsweise wie diese. Liegt nämlich der Basiswertkurs zu einem der insgesamt H „Autocall" Beobachtungszeitpunkt t_j^a (zum ersten Mal) über dem „Autocall Trigger Level" EL_j, so verfällt das Produkt und dem Halter wird zum Zeitpunkt t_j^c der Cashflow $N + C_j$ ausbezahlt. Liegt der Basiswert zu keinem der „Autocall" Beobachtungszeitpunkte über dem „Autocall Trigger Level", so ist der Payoff bei Maturität T davon abhängig, ob der Schlusskurs $S(T)$ über oder unter der Barriere B liegt, genauer

$$g(S(T)) = 1_{\{S(T) \le B\}} \frac{N}{S(0)} S(T) + 1_{\{B < S(T)\}} N \ ,$$

dieser Betrag wird zum Zeitpunkt t_H^c ausbezahlt, vergleiche mit dem Term Sheet in Abb. 11.18 für ein konkretes Beispiel. In diesem ist $H = 6$, $N = 1000$, $\text{EL}_j = (1.04 - 0.04j)S(0)$ und $C_j = 55j$, $j = 1, \ldots, H$. Da typischerweise der letzte „Autocall" Beobachtungszeitpunkt der Maturität entspricht, $t_H^a = T$, ist der Payoff des Produkts, welcher zum Zeitpunkt $t_H^c > T$ ausbezahlt wird, gegeben durch

$$g(s) := 1_{\{s \le B\}} \frac{N}{S(0)} s + 1_{\{B < s \le \text{EL}_H\}} N + 1_{\{s > \text{EL}_H\}} (N + C_H) \ . \tag{11.23}$$

Da die Barrierebeobachtung nur bei Maturität erfolgt, ist die Bewertung eines Express Zertifikates einfacher als die Bewertung eines „Autocallable" BRC. Der Wert $V_{\text{exc}} = V_1(s, 0)$

Underlying

Underlying	Index Sponsor	Bloomberg Ticker	Initial Fixing Level (100%)*	Barrier Level (55.00%)*
EURO STOXX 50® Index	STOXX Limited	SX5E	EUR 3389.63	EUR 1864.30

Product Details

Swiss Security Number	**40166816**
ISIN	**CH0401668162**
Issue Price	100.00%
Issue Size	EUR 10'000'000 (can be increased at any time)
Denomination	EUR 1'000
Settlement Currency	EUR
Bondfloor at issuance	95.96% (implied Yield p.a.: 0.69%)

Dates

Initial Fixing Date	15/02/2018
Issue Date	22/02/2018
Last Trading Day	15/02/2024
Final Fixing Date	15/02/2024 (subject to Market Disruption Event provisions)
Redemption Date	22/02/2024 (subject to Settlement Disruption Event provisions)

Autocall Observation and Early Redemption Dates

	Autocall Observation Date	Autocall Trigger Level[a]	Early Redemption Date	Early Redemption Coupon Amount
1	15/02/2019	100.00%	20/02/2019	EUR 55.00
2	17/02/2020	96.00%	20/02/2020	EUR 110.00
3	15/02/2021	92.00%	18/02/2021	EUR 165.00
4	15/02/2022	88.00%	18/02/2022	EUR 220.00
5	15/02/2023	84.00%	20/02/2023	EUR 275.00
6	15/02/2024*	80.00%	22/02/2024**	EUR 330.00

[a]levels are expressed in percentage of the Initial Fixing Level
**the last Autocall Observation Date equals the Final Fixing Date*
***the last Early Redemption Date equals the Redemption Date*

If any of the above-mentioned Autocall Observation Dates is not an Exchange Business Day for an Underlying, the next following Exchange Business Day for that Underlying shall be the respective Autocall Observation Date. General Terms and Conditions apply also to the Autocall Observation Dates as if they were Final Fixing Dates. If any of the above-mentioned Early Redemption Dates is not a Business Day, the next following Business Day will apply.

Redemption

Provided that no Early Redemption has occurred on one of the pre-defined Autocall Observation Dates, the Investor is entitled to receive from the Issuer on the Redemption Date per Product:

Scenario 1	If a Barrier Event has NOT occurred, the Investor will receive a Cash Settlement in the Settlement Currency equal to: Denomination
Scenario 2	If a Barrier Event has occurred, the Investor will receive a Cash Settlement in the Settlement Currency according to the following formula: Denomination × Final Fixing Level / Initial Fixing Level
Initial Fixing Level	Official close of the Underlying on the Initial Fixing Date as calculated and published by the Index Sponsor and as determined by the Calculation Agent.
Final Fixing Level	Official close of the Underlying on the Final Fixing Date as calculated and published by the Index Sponsor and as determined by the Calculation Agent.
Barrier Event	A Barrier Event shall be deemed to occur if the Underlying's Final Fixing Level is at or below the Barrier Level, as reasonably determined by the Calculation Agent.
Early Redemption	Provided that on one of the pre-defined Autocall Observation Dates the official close of the Underlying is above its Autocall Trigger Level an Early Redemption will occur and the Product will expire immediately. The Investor will receive on the relevant Early Redemption Date a Cash Settlement which equals the Denomination plus the Early Redemption Coupon Amount for the relevant Autocall Observation Date, as defined in the table above. No further payments will be made.

Abb. 11.18 Auszug aus dem Term Sheet eines Express Zertifikates

eines Express Zertifikates ergibt sich ähnlich zu den Sequenzen (11.19) aus

$$\begin{cases} \partial_t V_j + \mathcal{A} V_j - r V_j = 0 & \text{in } G \times [t^a_{j-1}, t^a_j[\\ \qquad V_j(s, t^a_j) = g_j(s) & \text{in } G \end{cases}, \tag{11.24}$$

$j = H, H-1, \dots, 1$, $G =]0, \infty[$. Hierin starten wir mit dem Payoff $g_H(s) := g(s)e^{-r\delta_H}$, mit g wie in (11.23), die „neuen" Payoff ergeben sich daraus, ob der Basiswertkurs unter oder über dem „Autocall Trigger Level" liegt, für $j = 1, \dots, H-1$

$$g_j(s) := (N + C_j)1_{\{s > \mathrm{EL}_j\}} e^{-r\delta_j} + V_{j+1}(s, t^a_j) 1_{\{s \leq \mathrm{EL}_j\}} .$$

Dabei sind die δ_j definiert wie in (11.16). Die Sequenz (11.24) lösen wir analog zu den Sequenzen in (11.19); die entsprechende Routine express_bs (welche wir nicht abbilden) ist analog zur Routine brcautocall_bs.

Beispiel 11.8 Wir bewerten das Express Zertifikat in Abb. 11.18 zum „Initial Fixing Date" 15.2.2018, $t = 0$. Aus dem Term Sheet lesen wir $s = S(0) = 3389.63$, $B = 0.55S(0)$ sowie

$$\mathcal{T}^c = \{365/360, 725/360, 1083/360, 1443/360, 1805/360, 2167/360\}$$
$$\mathcal{T}^a = \{360/360, 722/360, 1080/360, 1440/360, 1800/360, 2160/360\}$$

ab. Wir rechnen mit $\sigma = 0.17336$, $q = \ln(1 + 0.0342)$ (Werte aus Bloomberg für den 15.2.2018) und $r = -\ln(0.9596)/t^c_H \doteq 0.00685$ (aus „Bondfloor at issuance"). Die Routine express_bs liefert $V_{\text{exc}}(s, 0) = 973.28$; der Emittent gibt $V_{\text{exc}}(s, 0) = 981.50$ an.

```
In [23]: s0 = 3389.63; sigma = 0.17336; q = np.log(1+0.0342);
    ...: r = 0.00687; B = 0.55*s0; N = 1000;
    ...: C = np.arange(55,385,55); EL = np.arange(1,0.76,-0.04)*s0;
    ...: Taua = yf((15,2,2018),[(15,2,2019),(17,2,2020),(15,2,2021),\
    ...: (15,2,2022),(15,2,2023),(15,2,2024)]);
    ...: Tauc = yf((15,2,2018),[(20,2,2019),(20,2,2020),(18,2,2021),\
    ...: (18,2,2022),(20,2,2023),(22,2,2024)])
In [24]: V = express_bs(s0,sigma,r,q,N,B,EL,C,Tauc,Taua); V
Out[24]: array(973.27640787)
```

◇

11.3 Bonuszertifikate

Bonuszertifikate gehören zu den Partizipationsprodukten, vergleiche mit der „Swiss Derivative Map" (Kategorie 1320). Basiswerte sind typischerweise Aktien, Indizes und Rohstoffe, seltener Währungen. Die Hauptgruppe bilden Produkte auf einem Basiswert, es existieren aber auch Multi-Bonuszertifikate auf mehrere Basiswerte. Die Laufzeit beträgt meist über ein Jahr.

11.3.1 Bonuszertifikate auf einen Basiswert

Wir betrachten als Beispiel ein Bonuszertifikat auf Nestlé, vergleiche mit Abb. 11.19. Für dieses Bonuszertifikat gelten folgende Parameterwerte. Kurs des Basiswerts bei Emission $S(0) = 80.80$ CHF, Strike $K = 84.84$ CHF und Barriere $B = 55.752$ CHF. Die Laufzeit ist $T - t = \frac{1081}{360}$. Die „Rückzahlung" des Produkts bei Maturität ist in Abb. 11.19 definiert; diese liefert die Payoff-Funktion g (mit I die diskrete Zufallsvariable wie in (11.3) für $G =]B, \infty[$)

$$g(S(T)) = S(T) + I \max\{K - S(T), 0\} . \tag{11.25}$$

Daraus ergibt sich das Gewinndiagramm (in Abhängigkeit von $S(T)$) des Produkts bei Verfall. Der Gewinn ergibt sich aus der Differenz der Auszahlung des Produkts $g(S(T))$ abzüglich der Investitionskosten, welche dem Kurs $S(0)$ des Basiswerts bei Emission entsprechen, das heisst

$$P(S(T)) = g(S(T)) - S(0) = S(T) - S(0) + I \max\{K - S(T), 0\} ,$$

vergleiche mit Abb. 11.20. Hier steht P für „Profit"; dieser ist eine Zufallsvariable.

Wird die Barriere nicht durchbrochen, so erkennen wir den sich einstellenden „Bonus" von $K - S(0)$; in Abb. 11.19 ist zum Beispiel $\frac{K-S(0)}{S(0)} = 0.1101 \triangleq 11.01\,\%$. Der Gewinn ist im Bereich $B < S(T) < K$ einiges höher als der Gewinn aus dem Direktinvestment in den Basiswert, jedoch nur, wenn die Barriere nicht berührt wird. Man wird deshalb ein Bonuszertifikat dann erwerben, wenn man eine Seitwärtsbewegung oder einen leichten Anstieg des Basiswertes erwartet, vergleiche auch mit der „Swiss Derivative Map" Abb. 11.1, Kategorie 1320. Trifft diese Erwartung ein, so erzielt man eine höhere Rendite als bei einem Direktinvestment in den Basiswert. Ein Nachteil eines Bonuszertifikats besteht darin, dass man im Gegensatz zum Halten des Basiswertes nicht von einer möglichen Dividendenauszahlung profitiert. Wir replizieren den Payoff (11.25), also

$$g(S(T)) = S(T) + I \max\{K - S(T), 0\} .$$

Der Term $S(T)$ entspricht dem Preis des Basiswertes bei Maturität, diesen können wir erzeugen, wenn wir eine Call Option mit Strike $K = 0$ betrachten. Dieser „Zero Strike" Call hat bei Maturität T den Wert (Payoff)

$$V_{c,\mathrm{zs}}(s, T) = \max\{S(T) - K, 0\} = \max\{S(T) - 0, 0\} = S(T) ,$$

da $S(T)$ nicht negativ ist. Der Term $I \max\{K - S(T), 0\}$ entspricht der Auszahlungsfunktion eines Down-und-Out Puts mit Strike K (und Barriere B), vergleiche mit Abb. 2.17. Somit kann man das Bonuszertifikat „zerlegen" in die Summe eines Zero Strike Call und eines Down-und-Out Puts; der Preis dieser Replikation muss für *jeden* Zeitpunkt $0 \leq t \leq T$ dem Wert V_{bc} des Bonuszertifikates entsprechen, das heisst

$$V_{\mathrm{bc}}(s, t) = V_{c,\mathrm{zs}}(s, t) + V_{p,\mathrm{do}}(s, t) .$$

Ist dies nicht der Fall, gibt es Arbitragemöglichkeiten.

I. Product Description

Terms

Swiss Security Number (Valor)	43070457
ISIN	CH0430704574
Symbol	SAABJB
Issue Size	up to 247,525 Products (CHF 20,000,000) (may be increased/decreased at any time)
Issue Currency	CHF
Issue Price	CHF 80.80 (per Product; including the Distribution Fee)
Denomination	CHF 80.80
Strike	CHF 84.84 (105%)[2)]

Conditional Protection	105%

Initial Fixing Date: 26 September 2018, being the date on which the Initial Level and the Strike and the Barrier and the Ratio are fixed.

Issue Date/Payment Date: 03 October 2018, being the date on which the Products are issued and the Issue Price is paid.

Final Fixing Date: 27 September 2021, being the date on which the Final Level will be fixed.

Last Trading Date: 27 September 2021, until the official close on the SIX Swiss Exchange, being the last date on which the Products may be traded.

Final Redemption Date: 04 October 2021, being the date on which each Product will be redeemed at the Final Redemption Amount.

Underlying

NESTLE SA-REG (NESN SE <EQUITY>; SIX Swiss Exchange)

Initial Level	CHF 80.80[1)]
Strike	CHF 84.84 (105%)[2)]
Barrier	CHF 55.752 (69%)[2)]
Ratio	1.0000

Currency	CHF
Valuation Time	Scheduled Closing Time
ISIN	CH0038863350
Valor	3886335

Redemption

Final Redemption	Unless previously redeemed, repurchased or cancelled, the Issuer shall redeem each Product on the Final Redemption Date by payment of a cash amount or delivery of a number of Underlyings equal to the Final Redemption Amount to the Holder thereof.
Final Redemption Amount	(i) if **no** Barrier Event has occurred, a cash amount equal to the product of the ratio between the Denomination and the Initial Level and the greater of (x) the Strike and (y) the Final Level, as calculated by the Calculation Agent in accordance with the following formula: $\frac{\textbf{Denomination}}{\textbf{Initial Level}} \times \max[\textbf{Strike;Final Level}]$ (ii) if a Barrier Event has occurred, and (a) the Final Level is **at or above** the Strike, a cash amount equal to the product of the ratio between the Denomination and the Initial Level and the Final Level, calculated by the Calculation Agent in accordance with the following formula: $\frac{\textbf{Denomination}}{\textbf{Initial Level}} \times \textbf{Final Level}$ (b) the Final Level is **below** the Strike, the number of Underlyings specified in the Ratio. In case of a physical settlement according to scenario (ii) (b), the number of Underlyings to be delivered will be rounded down to the nearest integral number of Underlyings. In addition, the holder will receive a cash amount in lieu for any fractional amount.
Settlement Type	Physical settlement or cash settlement
Level	the Share Price
Final Level	the Level at the Valuation Time on the Final Fixing Date, as determined by the Calculation Agent
Barrier Event	If the Level at any time (observed continuously) on any Barrier Observation Date is **at or below** the Barrier.
Barrier Observation Dates	each Exchange Business Day during the Barrier Observation Period(s), being the dates on which the Level is observed for purposes of determining whether a Barrier Event has occurred.
Barrier Observation Period	from and including Initial Fixing Date to and including the Final Fixing Date

Abb. 11.19 Auszug aus dem Term Sheet eines Bonuszertifikates

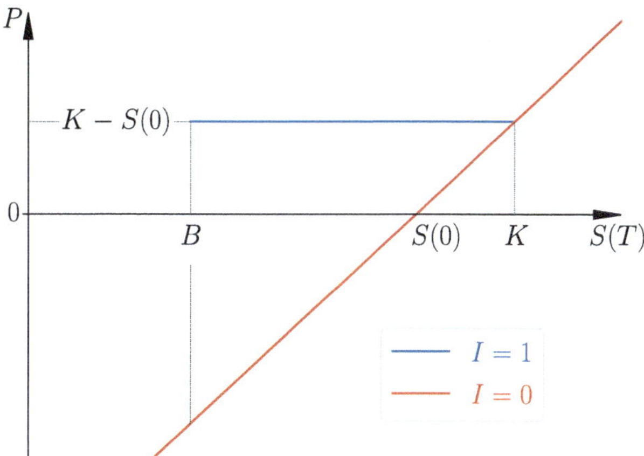

Abb. 11.20 Gewinndiagramm eines typischen Bonuszertifikates. Das Ereignis „Barriere nie berührt" ist mit (–) gekennzeichnet, das Ereignis „Barriere berührt" mit (–)

Der Wert $V_{p,\mathrm{do}}(s,t)$ lässt sich mit der Routine 6.2 pde_1d_a_theta wie in Beispiel 5.3 bestimmen, der Wert $V_{c,\mathrm{zs}}(s,t)$ eines Zero Strike Calls ergibt sich aus der Black-Scholes Formel (1.7) und einer Grenzwertbetrachtung. Strebt nämlich der Strike K gegen 0, so streben die Hilfsgrössen d_1 und d_2 in der Black-Scholes Formel gegen ∞, was zur Folge hat, dass $\Phi_{0,1}(d_1)$ und $\Phi_{0,1}(d_2)$ gegen 1 streben. Es folgt

$$V_{c,\mathrm{zs}}(s,t) = \lim_{K\to 0} V_c(s,t) = \lim_{K\to 0} \left(se^{-q(T-t)}\Phi_{0,1}(d_1) - Ke^{-r(T-t)}\Phi_{0,1}(d_2)\right) = se^{-q(T-t)}.$$

Somit ist der Wert eines Bonuszertifikates gegeben durch

$$V_{\mathrm{bc}}(s,t) = se^{-q(T-t)} + V_{p,\mathrm{do}}(s,t)\ . \tag{11.26}$$

In der Routine bonus_bs realisieren wir die Berechnung (11.26); die Routine liefert zusätzlich den Wert eines Bonuszertifikates auf zwei oder drei Basiswerte, vergleiche mit Abschn. 11.3.3.

Routine 11.4: bonus_bs.py

```
import numpy as np
from scipy.interpolate import interp1d
from scipy.interpolate import interpn
from pde_1d_a_theta import pde_1d_a_theta
from pde_2d_ah_cs import pde_2d_ah_cs
from pde_3d_ah_cs import pde_3d_ah_cs

def bonus_bs(s,cov,q,r,T,B,g1,g2,G):
    '''Gibt approximativ den Wert eines Bonuszertifikates auf d <= 3
    Basiswerte mit (Rest)Laufzeit T, Barrieren B = [B1,..,Bd] und Payoff-
    Funktion g(s) = I*g1(s)+I^c*g2(s) in einem Black-Scholes Marktmodell.
    s = [s1,..,sd] ist die Liste der aktuellen Basiswertkurse, cov ist die
    d x d - Kovarianzmatrix, q = [q1,..,qd] die Liste der stetigen Dividenden-
    renditen der Basiswerte und r ist der (cc) risk free. G = [xr,yr,zr] ist
```

```
    die Liste der Obergrenzen der einzelnen BW.'''

    s = np.asarray(s); cov = np.asarray(cov);
    B = np.asarray(B); q = np.asarray(q); G = np.asarray(G);
    d = len(s); # Anzahl Basiswerte

    if d == 1:
        L = 12; Nx = 2**L-1; M = int(np.ceil(0.1*Nx));
        a = lambda x:-cov[0,0]*x**2/2; b = lambda x:-(r-q[0])*x;
        c = lambda x:r*x**0;
        x,w = pde_1d_a_theta(a,b,c,T,B[0],lambda t:0*t,0,G[0],lambda t:0*t,\
                             0,g1,Nx,M,0,0.5);
        V = s[0]*np.exp(-q[0]*T)+interp1d(x,w,kind='cubic')(s[0]);
    elif d == 2:
        L = 9; Nx = 2**L-1; Ny = 2**L-1; M = int(np.ceil(0.1*Nx));
        a = [lambda x:-cov[0,0]*x**2/2,lambda y:y**0,\
             lambda x:x**0,lambda y:-cov[1,1]*y**2/2,\
             lambda x:-cov[0,1]*x,lambda y:y];
        b = [lambda x:-(r-q[0])*x,lambda y:y**0,\
             lambda x:x**0,lambda y:-(r-q[1])*y];
        c = [lambda x:r*x**0,lambda y:y*0,lambda x:0*x,lambda y:0*y];
        g = lambda x,y:g1(x,y)-g2(x,y);
        x1,y1,w1 = pde_2d_ah_cs(a,b,c,T,g,[B[0],G[0],B[1],G[1]],\
                                [0,2,0,2],[Nx,Ny],M,0.5);
        if g2(x1,y1)==0:
            V = interpn((x1[:,0],y1[0,:]),w1,s);
        else:
            x2,y2,w2 = pde_2d_ah_cs(a,b,c,T,g2,[0,G[0],0,G[1]],\
                                    [3,2,3,2],[Nx,Ny],M,0.5);
            V = interpn((x1[:,0],y1[0,:]),w1,s)+\
            interpn((x2[:,0],y2[0,:]),w2,s);
    else:
        L = 6; Nx = 2**L-1; Ny = 2**L-1; Nz = 2**L-1; M = int(np.ceil(0.2*Nx));
        a = [lambda x:-cov[0,0]*x**2/2,lambda y:y**0,lambda z:z**0,\
             lambda x:x**0,lambda y:-cov[1,1]*y**2/2,lambda z:z**0,\
             lambda x:x**0,lambda y:y**0,lambda z:-cov[2,2]*z**2/2,\
             lambda x:-cov[0,1]*x,lambda y:y,lambda z:z**0,\
             lambda x:-cov[0,2]*x,lambda y:y**0,lambda z:z,\
             lambda x:x**0,lambda y:-cov[1,2]*y,lambda z:z];
        b = [lambda x:-(r-q[0])*x,lambda y:y**0,lambda z:z**0,\
             lambda x:x**0,lambda y:-(r-q[1])*y,lambda z:z**0,\
             lambda x:x**0,lambda y:y**0,lambda z:-(r-q[2])*z];
        c = [lambda x:r*x**0,lambda y:y**0,lambda z:z**0];
        g = lambda x,y,z:g1(x,y,z)-g2(x,y,z);
        x1,y1,z1,w1 = pde_3d_ah_cs(a,b,c,T,g,[B[0],G[0],B[1],G[1],\
                 B[2],G[2]],[0,1,0,1,0,1],[Nx,Ny,Nz],M,0.5);
        if g2(x1,y1,z1)==0:
            V = interpn((x1[:,1,0],y1[1,:,0],z1[0,1,:]),w1,s);
        else:
            x2,y2,z2,w2 = pde_3d_ah_cs(a,b,c,T,g,[0,G[0],0,G[1],\
                0,G[2]],[3,1,3,1,3,1],[Nx,Ny,Nz],M,0.5);
            V = interpn((x1[:,1,0],y1[1,:,0],z1[0,1,:]),w1,s)+\
                    interpn((x2[:,1,0],y2[1,:,0],z2[0,1,:]),w2,s);

    return V
```

Beispiel 11.9 Als Beispiel überprüfen wir den Emissionspreis von $V_{bc}^{M} = 80.80$ CHF des Produkts in Abb. 11.19. Wir rechnen mit $\sigma = 14.74\,\%$, einer stetigen Dividendenrendite von $q = 3.3\,\%$ und $r = -0.329\,\%$. Aus den Daten des Term Sheets ergeben sich folgende Eingaben in Python

```
In [26]: T = yf((26,9,2018),[(27,9,2021)])[0]
    ...: s = [80.80]; K = 84.84; B = [55.752]; q = [0.033]; r = -0.329/100;
    ...: V = bonus_bs(s,[[0.1474**2]],q,r,T,B,lambda x:np.maximum(K-x,0),0,[5*K]); V
Out[26]: 79.63275170972265
```

also $V_{bc}(80.8, 0) \doteq 79.63$ CHF; der Emissionspreis $V_{bc}^{M} = 80.80$ CHF liegt 1.5 % über dem Modellpreis. ◇

11.3.2 Bonuszertifikat mit Lookback

Wir betrachten ein Bonuszertifikat, dessen Bonus und Barriere *nach* Emission ($t = 0$) via dem erreichten Minimum des Basiswertes im Zeitintervall (die Lookback Periode) $[0, T_1]$ festgelegt werden. Das in Abb. 11.21 betrachtete Produkt hat den Payoff

$$S(T) + I\big(\max\{K - S(T), 0\} + K - S_{\min}(T_1)\big) .$$

Hierin bezeichnet $S_{\min}(T_1)$ das Minimum des Basiswertes über eine diskrete Menge $\{t_1, t_2, \ldots, t_J\} \subset [0, T_1]$ von Beobachtungszeitpunkten t_j (vergleiche mit Abschn. 10.6) und I ist die Zufallsvariable wie in (11.3), jedoch nun mit $B = \alpha S_{\min}(T_1)$ und Barrierebeobachtung im Zeitintervall $[T_1, T]$.

Da für dieses Produkt $K = S(0)$ ist, ist der Bonus definiert wie bei den oben betrachteten Bonuszertifikaten null (vergleiche mit Abb. 11.20). Im hier betrachteten Bonuszertifikat ist der Bonus gegeben durch die Differenz $K - S_{\min}(T_1)$; je tiefer das über $[0, T_1]$ realisierte Minimum des Basiswertes ist, desto höher ist der Bonus. Wird die Barriere B im Zeitintervall $[T_1, T]$ durchbrochen, so entfällt der Bonus.

Wir betrachten nun den Payoff ohne $S(T)$, also

$$g(S(T), S_{\min}(T_1)) = I\big(\max\{K - S(T), 0\} + K - S_{\min}(T_1)\big)$$

und bewerten das Derivat mit diesem Payoff im Black-Scholes Modell. Ist das realisierte Minimum m bei Erreichen des Zeitpunktes T_1 bekannt, liegt im Zeitintervall $[T_1, T]$ eine Down-und-Out Barrier Option mit Payoff $g(s, m) = \max\{K - s, 0\} + K - m$ vor. Die Option wird wertlos, wenn der Basiswert die Barriere $B = \alpha m$ (von oben) durchbricht. Zusammen mit den Überlegungen im Abschn. 10.6 folgt, dass der Wert $V = V_1(s, m, t)$ dieses Derivats Lösung der folgenden Sequenz von J Differentialgleichungen

$$\begin{cases} \partial_t V_j + \mathcal{A} V_j - r V_j = 0 & \text{in } G \times [t_{j-1}, t_j[\\ \qquad V_j(s, m, t_j) = V_{j+1}(s, \min\{s, m\}, t_j) & \text{in } G \end{cases} \tag{11.27}$$

1. Description of the Product

Information on Underlying

Underlying(s)	Initial Underlying Level	Strike Level	Lookback Level	Kick-Out Level	Conversion Ratio
Standard & Poor's 500® Index Bloomberg: SPX / Valor: 998434	1,848.38	1,848.38 (100.00%)	TBD (lowest daily closing level of the Underlying during the Lookback Period)	TBD (70.00% of the Lookback Level)	1:1

Product Details

Security Numbers	Valor: 23339575 / ISIN: CH0233395752 / WKN: US2QAB
Issue Size	up to 1,200 Units (with reopening clause)
Issue Price	USD 1,848.38 (will be fixed at 100% of the Reference Price on Pricing Date) (unit quotation)
Settlement Currency	USD

Dates

Launch Date	15 January 2014
Pricing Date ("Pricing")	15 January 2014
Payment Date (Issue Date)	22 January 2014
Lookback Period	15 January 2014 – 15 July 2014
Kick-Out Observation Period	16 July 2014 – 15 January 2019
Last Trading Day/Time	15 January 2019 / 17:15 CET
Expiration Date ("Expiry")	15 January 2019 (subject to Market Disruption Event provisions)
Redemption Date	23 January 2019 (subject to Market Disruption Event provisions)

Redemption

The Investor is entitled to receive from the Issuer on the Redemption Date an amount in the Settlement Currency, according to the following scenarios:

Scenario 1	If a **Kick-Out Event has NOT occurred** the Investor will receive an amount equal to the higher of the Strike Level and the Expiration Value plus the difference between the Strike Level and the Lookback Level, taking into account the Conversion Ratio, according to the following formula: Max (Strike Level ; Expiration Value) + (Strike Level – Lookback Level) Where: Lookback Level = lowest daily closing level of the Underlying during the Lookback Period, as determined by the Calculation Agent.
Scenario 2	If a **Kick-Out Event has occurred**, the Investor will receive the Expiration Value, taking into account the Conversion Ratio.
Kick-Out Event	A Kick-Out Event shall be deemed to occur if at any time on any Exchange Business Day during the **Kick-Out Observation Period** the level of the Underlying trades **at or below** the Kick-Out Level, as reasonably determined by the Calculation Agent.
Expiration Value	Official closing value of the Underlying on the Expiration Date on the Related Exchange, as determined by the Index Sponsor(s).

Abb. 11.21 Auszug aus dem Term Sheet eines Bonuszertifikates mit Lookback

ist. Hierin ist G das Gebiet $(s,m) \in G = \mathbb{R}^+ \times \mathbb{R}^+$ sowie $t_0 = 0$ und $t_J = T_1$. Die Funktion $V_{J+1}(s,m,T_1)$ in der Endbedingung der J-ten Differentialgleichung ist gegeben durch $V_{J+1}(s,m,T_1) = V(s,m,T_1)$ mit $V(s,m,t)$ die Lösung der Differentialgleichung

$$\begin{cases} \partial_t V + \mathcal{A}V - rV = 0 & \text{in } G \times [T_1, T[\\ V(s, s/\alpha, t) = 0 & \text{in } [T_1, T[\\ V(s,m,T) = g(s,m) & \text{in } G \end{cases} .$$

In dieser ist das Gebiet G das „Dreieck" $G = \{(s, m) \mid s \geq \alpha m,\ m \in \mathbb{R}^+\}$, vergleiche mit Abb. 10.11. In obigen Gleichungen ist der Operator gegeben durch $\mathcal{A} = \frac{1}{2}\sigma^2 s^2 \partial_{ss} + (r - q)s\partial_s$. Um die Differentialgleichung auf dem Dreiecksgebiet lösen zu können, müssen wir das Problem geeignet transformieren. Wie bei „floating strike" Lookback Optionen betrachten wir die Variablentransformation (10.41), also $x = s$ und $y = \frac{m}{s}$. Wechseln wir wie immer noch zusätzlich zur Restlaufzeit, so löst $u(x, y, t) = V(s, m, T - t)$ die Gleichung

$$\begin{cases} \partial_t u - \widetilde{\mathcal{A}} u + ru = 0 & \text{in } \widetilde{G} \times]0, T - T_1] \\ u(x, 1/\alpha, t) = 0 & \text{in }]0, T - T_1] \\ u(x, y, 0) = \widetilde{g}(x, y) & \text{in } \widetilde{G} \end{cases} \tag{11.28}$$

mit dem „Rechtecksgebiet" $\widetilde{G} = \{(x, y) \mid x \in \mathbb{R}^+,\ 0 < y \leq 1/\alpha\}$, dem Payoff $\widetilde{g}(x, y) = \max\{K - x, 0\} + K - xy$ und dem Operator $\widetilde{\mathcal{A}}$ wie in (10.43), mit $\sigma(x, t) = \sigma$ und $\mu(x, t) = r - q$.

Ist die Funktion $u(x, y, T - T_1)$ bekannt (auf dem Gebiet $\widetilde{G}$), müssen wir diese in den Koordinaten s und m ausdrücken. Dies erreichen wir mit Hilfe einer Interpolation; in Python

$$g(s, m) := \texttt{interpn}\big((x, y), u(x, y, T - T_1), (s, m/s)\big) 1_{\{s \geq \alpha m\}}\ . \tag{11.29}$$

Die Indikatorfunktion $1_{\{s \geq \alpha m\}}$ sorgt dafür, dass der Wert g null ist, sobald der Basiswert s die Barriere $B = \alpha m$ durchbrochen hat. Nun können wir noch – für $j = 1, \ldots, J$ – das Bewertungsproblem im Zeitintervall $[0, T_1]$ lösen

$$\begin{cases} \partial_t u_j - \mathcal{A} u_j + r u_j = 0 & \text{in } G \times]0, \tau_j] \\ u_j(s, m, 0) = u_{j-1}(s, \min\{s, m\}, \tau_j) & \text{in } G \end{cases} \tag{11.30}$$

mit $u_0(s, \min\{s, m\}, \tau_0) = g(s, m)$ in (11.29), G wie im Problem (11.27) und $\tau_j = t_{J+1-j} - t_{J-j}$. Der gesuchte Preis $V_{\text{bc},\ell}$ des Bonuszertifikates mit Lookback ist gegeben durch

$$V_{\text{bc},\ell}(0) = se^{-qT} + u_J(s, s, \tau_J)\ .$$

Um die Probleme (11.28)–(11.30) approximativ zu lösen, müssen wir die Gebiete $\widetilde{G}$ respektive G einschränken auf endliche Rechtecke $[0, x_r[\times [0, y_r[$ respektive $[0, s_r[\times [0, m_r[$ und Randbedingungen setzen. Bei allen Problemen setzen wir keine Bedingungen an den Rändern $\{x = 0\}$, $\{y = 0\}$ sowie $\{s = 0\}$, $\{m = 0\}$. Weiter setzen wir für das Problem (11.28) eine homogene Dirichlet-Randbedingung $w(x, 1/\alpha, t) = 0$ auf der Kante $\{y = 1/\alpha\}$ und eine homogene zweite Ableitung $\partial_{xx} w(x, y, t) = 0$ auf der Kante $\{x = x_r\}$. Im Problem (11.30) setzen wir eine homogene Neumann-Bedingung auf der Kante $\{x = x_r\}$ und eine homogene zweite Ableitung auf der Kante $\{y = y_r\}$.

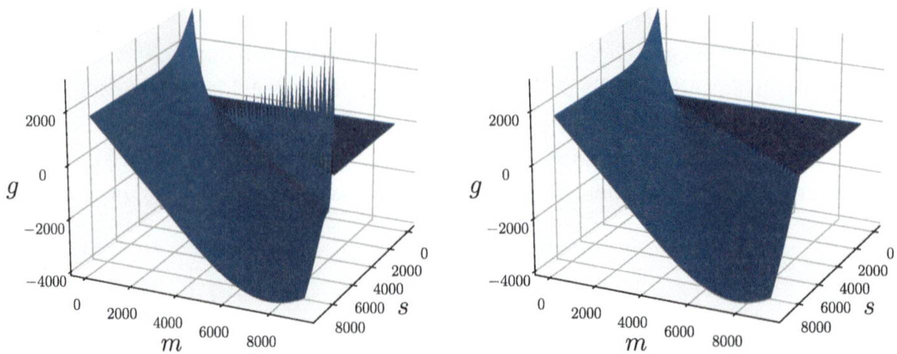

Abb. 11.22 Die Funktion $g(s, m)$ in (11.29). Links. Das Crank-Nicolson-Verfahren ($R = 0$) führt zu Instabilitäten auf der „Barriere" $\{y = 1/\alpha\}$ respektive $\{s = \alpha m\}$. Rechts. Das Rannacher-Verfahren verhindert die Oszillationen

Um Instabilitäten der numerischen Lösung des Problems (11.28) an der „Barriere" $y = 1/\alpha$ zu vermeiden, wenden wir das Rannacher-Verfahren mit $R = 2$ an, vergleiche mit Abschn. 5.5 und Abb. 11.22.

Da wir alle Probleme mit homogenen Randbedingungen lösen, können wir die Routine 10.1 pde_2d_ah_theta aus dem Kap. 10 verwenden. Die Routine bonuslookback_bs findet den Emissionspreis des Bonuszertifikates.

Routine 11.5: bonuslookback_bs.py

```
import numpy as np
from scipy.interpolate import interpn
from pde_2d_ah_theta import pde_2d_ah_theta

def bonuslookback_bs(s0,X,sigma,r,q,alpha,T,T1,Tau,xr):
    '''Findet approximativ den (Emissions)Preis eines Bonuszertifikates mit
    Lookback-Periode [0,T1] im Black-Scholes Modell. Der Payoff des Produkts
    mit Laufzeit T ist g(s,m) = s+I*(max(X-s,0)+X-m), mit I = 0, falls die
    Barriere B = alpha*m beruehrt wurde (I = 1 sonst). m ist das erzielte
    Minimum des Basiswertes ueber die Periode [0,T1]; das Monitoring findet
    zu den Zeitpunkten tj definiert im Vektor Tau = [t1,t2,...,tJ] statt.
    sigma, r, q sind die ueblichen Modellparameter, xr definiert das Gebiet
    [0,xr[ x [0,xr[, im welchem die Differentialgleichungen geloest werden.
    '''

    # Anzahl Gitterpunkte/Zeitschritte
    L = 9; N1 = 2**L-1; N2 = 2**L-1; M = int(np.ceil(0.05*N1)); theta = 0.5;

    # Problem fuer v loesen
    a1 = [lambda x:-sigma**2*x**2/2,lambda y:y**0,lambda x:x**0,\
          lambda y:-sigma**2*y**2/2,lambda x:sigma**2*x,lambda y:y];
    b1 = [lambda x:-(r-q)*x,lambda y:y**0,\
           lambda x:-(sigma**2-(r-q))*x**0,lambda y:y];
    c = [lambda x:r*x**0,lambda y:y**0];
    g1 = lambda x,y:np.maximum(X-x,0)+(X-x*y);
    G1 = [0,xr,0,1/alpha]; BC1 = [3,2,3,0];
```

```
    # Rannacher-Verfahren
    x,y,w = pde_2d_ah_theta(a1,b1,c,T-T1,g1,G1,BC1,[N1,N2],M,2,theta);

    # von {(x,y) | x<xr, y<1/alpha} auf {(s,m) | s<xr, y<yr} interpolieren
    xl = 0; yl = 0; yr = xr;
    hx = (xr-xl)/(N1+1); hy = (yr-yl)/(N2+1);
    xvec = np.linspace(xl-hx,xr,N1+3); yvec = np.linspace(yl-hy,yr,N2+3);
    s,m = np.meshgrid(xvec[1:N1+2],yvec[1:N2+2],indexing='ij');

    w1 = interpn((x[:,0],y[0,:]),w,(s,m/s),bounds_error=False,fill_value=0)*\
    (s>alpha*m); w1[0,0] = 0

    # Gleichungen fuer u_j loesen
    a = [lambda x:-sigma**2*x**2/2,lambda y:y**0,lambda x:0*x,\
         lambda y:0*y,lambda x:0*x,lambda y:0*y];
    b = [lambda x:-(r-q)*x,lambda y:y**0,lambda x:0*x,lambda y:0*y];
    G = [xl,xr,yl,yr]; BC = [3,1,3,2];
    g = lambda x,y:w1;
    J = len(Tau); Tau = np.hstack((0,Tau));

    s,m,w = pde_2d_ah_theta(a,b,c,Tau[-1]-Tau[-2],g,G,BC,[N1,N2],\
                            int(np.ceil(M/5)),0,theta);

    for j in range(J-1):
        w = interpn((s[:,0],m[0,:]),w,(s,np.minimum(s,m)),\
                    bounds_error=False,fill_value=None);
        g = lambda x,y:w;
        s,m,w = pde_2d_ah_theta(a,b,c,Tau[-1-j]-Tau[-j-2],g,G,\
                BC,[N1,N2],int(np.ceil(M/5)),0,theta);

    # Emissionspreis des Bonuszertifikates
    V = s0*np.exp(-q*T)+interpn((s[:,0],m[0,:]),w,(s0,s0))
    return V
```

Beispiel 11.10 Wir rechnen den Emissionspreis des Bonuszertifikates in Abb. 11.21 nach. Hier sind $s = m = X = 1848.38$, $\alpha = 0.7$, $T_1 = 0.5$, $T = 5$ und $t_j = jT_1/180$, $j = 1, \ldots, 180$ die Modellunabhängigen Grössen. Die Parameter σ, q und r müssen wir schätzen. Wir finden $\sigma = 0.193$ (Zeitreihe S&P500 15.1.2009–15.1.2014), $q = 2.06\,\%$ (Bloomberg-Schätzung am 15.1.2014), $r = \ln(1.0177)$ (1.77 % aus „Bondfloor at Issue" mit $1.0177^{-T} = 0.916$). Die Grenze x_r in den Gebieten G^e respektive $\widetilde{G}^e$ setzen wir zu $x_r = 5s$. Mit diesen Inputgrössen ergibt sich der Emissionspreis zu $V_{\mathrm{bc},\ell}(0) \doteq 1842.83$; das Agio ist also nur $X/V_{\mathrm{bc},\ell}(0) - 1 \doteq 0.3\,\%$.

```
In [28]: sigma = 0.193; r = np.log(1+0.0177); q = 0.0206; alpha = 0.7; T = 5;
    ...: T1 = 0.5; Tau = np.arange(1,181)/180*T1; s0 = 1848.38;
    ...: V = bonuslookback_bs(s0,s0,sigma,r,q,alpha,T,T1,Tau,5*s0); V[0]
Out[28]: 1842.831219619224
```
◇

Wir haben bereits gesehen, dass der Bonus des betrachteten Bonuszertifikates durch $K - S_{\min}(T_1)$ gegeben ist. Zu Zeitpunkten $t < T_1$ – also insbesondere bei Emission des Produkts – ist dieser Bonus unbekannt respektive eine Zufallsvariable. Man kann den

Bonus schätzen; dazu eignet sich der erwartete Bonus

$$\mathbb{E}\big[K - S_{\min}(T_1)\big] = K - \mathbb{E}\big[S_{\min}(T_1)\big] ;$$

wir wollen daher das erwartete Minimum $\mathbb{E}[S_{min}(t)]$ im Zeitintervall $[0,t]$ einer geometrischen Brown'schen Bewegung bestimmen. Der Einfachheit halber betrachten wir dazu ein kontinuierliches Monitoring im Intervall $[0,t]$; für diskretes Monitoring wie im vorliegenden Produkt ist das erwartete Minimum grösser. In der Aufgabe 11.4 zeigen wir, dass für die geometrische Brown'sche Bewegung $S(t) = se^{(\mu-\sigma^2/2)t+\sigma W(t)}$ (mit Driftrate $\mu \neq 0$) gilt

$$\mathbb{E}\big[S_{\min}(t)\big] = s\Phi_{0,1}\Big(\frac{\mu-\sigma^2/2}{\sigma}\sqrt{t}\Big)\Big(1-\frac{\sigma^2}{2\mu}\Big) + se^{\mu t}\Phi_{0,1}\Big(\frac{-\mu-\sigma^2/2}{\sigma}\sqrt{t}\Big)\Big(1+\frac{\sigma^2}{2\mu}\Big) . \tag{11.31}$$

11.3.3 Bonuszertifikate auf mehrere Basiswerte

Wir betrachten ein Bonuszertifikat auf mehrere Basiswerte (vergleiche mit Abb. 11.23) und bezeichnen mit $B(t)$ den Wert des Baskets.

Die Auszahlung des Produkts ist analog zur Auszahlung eines Bonuszertifikats mit nur einem Basiswert (11.25),

$$g(B(T)) = B(T) + I \max\{K - B(T), 0\} , \tag{11.32}$$

mit der Variablen I wie in (11.3) für $G =]B_1, \infty[\times\cdots\times]B_d, \infty[$ definiert (also $I = 0$ falls wenigstens eine Barriere während $[0,T]$ durchbrochen wird). Der Wert $B(T)$ des Baskets bei Verfall kann als einfache Verzinsung des Startwertes $B(0)$ zum Zinssatz, welcher der durchschnittlichen Performance der Basiswerte entspricht, interpretiert werden. Aus dem Term Sheet lesen wir ab (siehe „Final Basket Value")

$$B(T) = B(0)\Bigg(1 + \frac{1}{d}\sum_{i=1}^{d}\frac{S_i(T)-S_i(0)}{S_i(0)}\Bigg) =: \sum_{i=1}^{d}\omega_i S_i(T) \tag{11.33}$$

mit den „Gewichten"

$$\omega_i := \frac{B(0)}{dS_i(0)}, \quad i = 1, \ldots, d .$$

Aus den selben Überlegungen wie im Abschnitt zu Bonuszertifikaten auf einem Basiswert und Aufgabe 10.3 folgt, dass der Wert dieses Bonuszertifikates gegeben ist als

$$V_{\mathrm{bc},d}(\mathbf{s},t) = \sum_{i=1}^{d}\omega_i s_i e^{-q_i(T-t)} + V_{p,\mathrm{do},d}(\mathbf{s},t) ,$$

Basket	Underlying	Bloomberg	Initial Fixing Price	Barrier	Exchange
	Roche Holding Ltd dividend-right certificate	ROG VX	CHF 143.40	CHF 107.5500	SIX Swiss Exchange
	Novartis Inc. registered share	NOVN VX	CHF 51.35	CHF 38.5125	SIX Swiss Exchange

Initial Basket Value	CHF 1,000 (both Underlyings are equally weighted)
Swiss Sec. Number / ISIN	12 474 150 / CH0124741502 (WKN: CLA0VM)
Ticker	VRMSF
Product Category	Complex product. Complex products require specific knowledge regarding the product and its associated risks. Therefore, it is recommended that the investor obtains adequate information regarding the risks associated with the specific product before making an investment decision. For more information on the product's risks, please see page 2.
Product Type	Participation Product (category 1320), according to the Swiss Derivative Map of the Swiss Structured Products Association (www.svsp-verband.ch)
Issue Price	100% (CHF 1,000)
Issue Size	CHF 10,000,000 (10,000 Basket Bonus Certificates)
Denomination	CHF 1,000 (Notional Amount) = 1 Basket Bonus Certificate
Ratio	1 Basket Bonus Certificate corresponds to 1 Basket
Initial Fixing Price	100% of the official closing price of the respective Underlying on the relevant Exchange on the Initial Fixing Date
Barrier	**75%** of the respective Initial Fixing Price
Initial Fixing Date	3 May 2011
Payment Date	10 May 2011
Bonus Level	**CHF 1,140**, corresponds to **114%** of the Initial Basket Value
Last Trading Date	3 May 2013 (until 12:00 p.m. CET)
Final Fixing Date	3 May 2013
Redemption Date	10 May 2013
Barrier Period	**4 May 2011 until 3 May 2013 (continuous monitoring)**
Final Fixing Price	100% of the official closing price of the respective Underlying on the relevant Exchange on the Final Fixing Date
Final Basket Value	$Basket_0 \times \left(100\% + \frac{1}{n}\sum_{i=1}^{n}\frac{S_i(T)-S_i(0)}{S_i(0)}\right)$ whereas: Basket$_0$ Initial Basket Value; n Number of components in the Basket; $S_i(0)$ Initial Fixing Price of the Underlying i; $S_i(T)$ Final Fixing Price of the Underlying i
Redemption Mode	a) If the Underlyings have never been traded at or below their Barriers during the Barrier Period, each Basket Bonus Certificate will be redeemed at the Bonus Level (CHF 1,140), or, if higher, at the Final Basket Value. b) If at least one Underlying has been traded at or below its Barrier during the Barrier Period, the minimum redemption of the Bonus Level will not apply. Instead, the Basket Bonus Certificate will turn into a Tracker Certificate on the equally weighted Basket. At maturity, each Basket Bonus Certificate will be redeemed at the Final Basket Value.

Abb. 11.23 Term Sheet eines Basket Bonus Zertifikates

wobei wir mit $V_{p,\text{do},d}(\mathbf{s}, t)$ den Wert eines Down-und-Out Puts auf d Basiswerte und mit $s_i = S_i(t)$ wie immer die Basiswertkurse zum Bewertungszeitpunkt $t \in [0, T]$ bezeichnen. Die Auszahlungsfunktion dieses ist

$$g(\mathbf{S}(T)) = \max\{K - B(T), 0\}$$

(mit $B(T)$ wie in (11.33)) aber nur, wenn keine der Barrieren durchbrochen wurde. Der Wert des Down-und-Out Puts ist Null, falls $S_j(t) \leq B_j$ für ein $t \in]0, T]$ und wenigstens ein $j \in \{1, 2, \ldots, d\}$. Es folgt, dass die Berechnung des Preises $V_{p,\text{do},d}(\mathbf{s}, t)$ ein Spezialfall des Problems (10.12) ist, wobei das Gebiet G^e in diesem Fall durch

$$G^e =]B_1, s_{1,r}[\times]B_2, s_{2,r}[\times \cdots \times]B_d, s_{d,r}[$$

gegeben ist, mit wählbaren Grenzen $s_{i,r}$. Auf dem Rand von $\overline{G^e}$ müssen wir homogene Dirichlet-Randbedingungen setzen und wir können das Produkt mit der Routine pde_3d_ah_cs bewerten. Die Routine wird ein Gitter $\mathcal{G}_{x_1,\ldots,x_d} \subset G$ erzeugen, welches im Allgemeinen die aktuellen Basiswertkurse $(s_1, s_2, \ldots, s_d)$ nicht enthält. Um den Wert $V_{p,\text{do},d}(\mathbf{s}, t)$ des Down-und-Out Puts an den nicht-Gitterpunkten zu finden, verwenden wir eine Interpolation, welche von Python mit `interpn` bereits zur Verfügung gestellt wird, siehe die Routine bonus_bs.

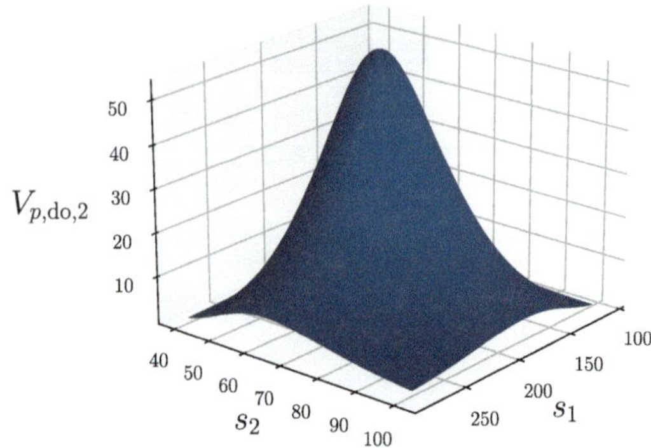

Abb. 11.24 Der Wert der Down-und-Out Put Komponente im Basket Bonuszertifikat beträgt $V_{p,\mathrm{do},2}(143.4, 51.35, 0) \doteq 46.29$

Beispiel 11.11 Wir rechnen den Ausgabepreis des Basket Bonus Zertifikates in Abb. 11.23 nach. Dazu benötigen wir die Modell- und Kontraktparameter. Die Volatilität der beiden Basiswerte und deren Korrelation schätzen wir mit Hilfe einer Zeitreihe von wöchentlichen Basiswertkursen vom 4.5.2009 bis 2.5.2011. Definieren wir die Zuordnung Roche → Basiswert 1, Novartis → Basiswert 2, so finden wir $\sigma_1 = 18.1\,\%$, $\sigma_2 = 17.0\,\%$ sowie $\rho = 0.416$. Um die stetigen Dividenden q_i zu finden, verwenden wir

$$q_i = \ln(1 + D_i/S_i(0))$$

mit D_i die Dividende p. a. des Basiswerts i. Es ist $D_1 = 6.60$ sowie $D_2 = 2.34$, so dass mit $S_1(0) = 143.4$ und $S_2(0) = 51.35$ $q_1 = 4.50\,\%$ und $q_2 = 4.46\,\%$ folgt. Als risikolosen Zinssatz verwenden wir $r = 0.87\,\%$ (auf dem Term Sheet des Produkts angegebener „internal rate of return"). Somit lauten die Eingaben in Python

```
In [30]: s10 = 143.4; s20 = 51.35; K = 1140;
    ...: BV = lambda x,y:1000/2*(x/s10+y/s20);
    ...: g1 = lambda x,y:np.maximum(K-BV(x,y),0); g2 = lambda x,y:0; T = 2;
    ...: s = [s10,s20]; q = [0.045,0.0446]; r = np.log(1.0087);
    ...: B = [0.75*s10,0.75*s20]; sigma = np.diag([0.181,0.17]);
    ...: rho = np.array([[1,0.416],[0,1]]); rho = rho+rho.T-np.eye(2);
    ...: cov = sigma@rho@sigma
    ...: V = bonus_bs(s,cov,q,r,T,B,g1,g2,[4*s10,4*s20])
In [31]: V = V[0]+1000/2*np.sum(np.exp(-np.asarray(q)*T)); V
Out[31]: 960.8793667844186
```

womit der Ausgabepreis von 1000 CHF ca. 3.9 % über dem Modellpreis ist. In Abb. 11.24 stellen wir den Preis $V_{p,\mathrm{do},2}(s_1, s_2, 0)$ des Down-und-Out Put im Bereich $]B_1, 2S_1(0)[\times]B_2, 2S_2(0)[$ graphisch dar. ◇

Wir vervollständigen diesen Abschnitt, in dem wir weitere, am Markt gebräuchliche Payoff-Funktionen g betrachten. Nebst dem Payoff (11.32) werden folgende Funktionen realisiert

$$g(\mathbf{S}(T)) = I \max\{X, B(T)\} + I^c B(0) \min_i \frac{S_i(T)}{S_i(0)}$$
$$g(\mathbf{S}(T)) = IB(0) \max\left\{1, \max_i \frac{S_i(T)}{S_i(0)}\right\} + I^c B(0) \min_i \frac{S_i(T)}{S_i(0)}$$
$$\begin{aligned} g(\mathbf{S}(T)) &= I\big(\max\{X, B(T)\} - \max\{B(T) - cB(0), 0\}\big) \\ &\quad + I^c B(0) \max\left\{f, \min_i \frac{S_i(T)}{S_i(0)}\right\}. \end{aligned}$$

Hierin ist der Wert des Basket $B(T)$ wie in (11.33), und I sowie I^c sind die „Barrier-Event"-Variablen definiert in (11.3) und (11.4). Alle betrachteten Payoff sind von der Form[3]

$$g(\mathbf{s}) = Ig_1(\mathbf{s}) + I^c g_2(\mathbf{s}) \tag{11.34}$$

für multivariate Funktionen g_1 und g_2; ähnlich lässt sich der Wert $V_{\text{bc},d}(\mathbf{s}, t)$ eines Bonuszertifikates als Summe schreiben

$$V_{\text{bc},d}(\mathbf{s}, t) = V_1(\mathbf{s}, t) + V_2(\mathbf{s}, t) \ .$$

Da die Differentialgleichung für $V_{\text{bc},d}(\mathbf{s}, t)$ linear ist, können wir den Preis des Bonuszertifikates dadurch erhalten, indem wir zwei Differentialgleichungen lösen; die Differentialgleichung für V_1 ist – wegen der Anwesenheit von I im Payoff – gegeben durch

$$\begin{cases} \partial_t V_1 + \mathcal{A} V_1 - r V_1 = 0 & \text{in } G \times [0, T[\\ V_1(\mathbf{s}, t) = 0 & \text{in } \partial G \times]0, T] \,, \\ V_1(\mathbf{s}, T) = g_1(\mathbf{s}) & \text{in } G \end{cases}$$

während die Differentialgleichung für V_2

$$\begin{cases} \partial_t V_2 + \mathcal{A} V_2 - r V_2 = 0 & \text{in } G \times [0, T[\\ \text{RB} & \text{in } \partial G \times]0, T] \\ V_2(\mathbf{s}, T) = g_2(\mathbf{s}) & \text{in } G \end{cases}$$

lautet. Die Randbedingungen RB für V_2 kennen wir nicht, wir können aber wegen $I^c = 1 - I$ den Payoff $I^c g_2$ schreiben als $I^c g_2(\mathbf{s}) = g_2(\mathbf{s}) - I g_2(\mathbf{s})$. Somit lässt sich V_2 schreiben als

[3] Auch der Payoff (11.32) $g(B(T)) = B(T) + I \max\{K - B(T), 0\}$ können wir wegen

$$\begin{aligned} g(B(T)) &= B(T) + I \max\{K - B(T), 0\} = IB(T) + I^c B(T) + I \max\{K - B(T), 0\} \\ &= I\big(B(T) + \max\{K - B(T), 0\}\big) + I^c B(T) = I \max\{B(T), K\} + I^c B(T) \\ &= Ig_1(\mathbf{s}) + I^c g_2(\mathbf{s}) \end{aligned}$$

in diese Form bringen.

die Differenz einer Europäischen Option mit Payoff g_2 und einer Down-und-Out Option mit dem selben Payoff, also

$$V_2(\mathbf{s}, t) = V_e(\mathbf{s}, t) - V_{do}(\mathbf{s}, t) \; ; \tag{11.35}$$

am Rand von ∂G muss also gelten

$$V_2(\mathbf{s}, t) = V_e(\mathbf{s}, t), \quad \mathbf{s} \in \partial G \; .$$

Dies ist die gesuchte Randbedingung RB. Um also den Wert $V_{bc,d}(\mathbf{s}, 0)$ zu finden, müssen wir drei Differentialgleichungen lösen, nämlich eine für V_1, eine für V_e (um an die Randbedingung für V_2 heranzukommen) und eine für V_2. Wir können den Rechenaufwand reduzieren. Und zwar können wir ja den Payoff (11.34) umschreiben zu (setze $I^c = 1 - I$)

$$g(\mathbf{s}) = I\big(g_1(\mathbf{s}) - g_2(\mathbf{s})\big) + g_2(\mathbf{s}) \; .$$

Somit genügt es, für die Bestimmung von $V_{bc,d}(\mathbf{s}, 0)$ zwei anstatt drei Differentialgleichungen zu lösen, nämlich eine Gleichung für eine Down-und-Out Option mit Payoff $g_1 - g_2$ und eine Gleichung für eine Europäische Option mit Payoff g_2. Konkret lauten die Differentialgleichungen in Termen der Restlaufzeit

$$\begin{cases} \partial_t v_{do} - \mathcal{A} v_{do} + r v_{do} = 0 & \text{in } G \times]0, T] \\ v_{do}(\mathbf{s}, t) = 0 & \text{in } \partial G \times]0, T] \\ v_{do}(\mathbf{s}, 0) = (g_1 - g_2)(\mathbf{s}) & \text{in } G \end{cases}$$

sowie

$$\begin{cases} \partial_t v_e - \mathcal{A} v_e + r v_e = 0 & \text{in } [0, \infty[^d \times]0, T] \\ v_e(\mathbf{s}, 0) = g_2(\mathbf{s}) & \text{in } [0, \infty[^d \end{cases} .$$

Die obigen beiden Differentialgleichungen werden in der Routine bc gelöst. Zur Routine machen wir folgende Bemerkung. Für das „klassische" Bonuszertifikat mit Payoff $g(B(T)) = B(T) + I \max\{K - B(T), 0\}$ in (11.32) genügt es, nur die Differentialgleichung für v_{do} zu lösen, mit $g_1(\mathbf{s}) = \max\{K - B(T), 0\}$ und $g_2(\mathbf{s}) \equiv 0$ (und daher $v_e(\mathbf{s}, t) \equiv 0$). So erhalten wir den Wert $V_{p,do,d}(\mathbf{s}, 0)$, zu welchem wir noch den Wert $\sum_i \omega_i s_i e^{-q_i T}$ addieren müssen, siehe das Beispiel 11.11 und die Abb. 11.24.

11.4 Exit Wahrscheinlichkeit

Bei einigen der in diesem Kapitel besprochenen Derivate hängt die Auszahlung bei Maturität davon ab, ob eine Barriere während der Laufzeit durchbrochen wird oder nicht. Bei Bonuszertifikaten zum Beispiel profitiert der Investor vor allem dann, wenn die Barriere nicht durchbrochen wird. Somit kann die *Wahrscheinlichkeit*, dass eine Barriere durchbrochen wird, für den Investor eine interessante Information darstellen.

Mathematisch lässt sich dies wie folgt beschreiben. Für ein Gebiet $G \subset \mathbb{R}^d$ betrachten wir den zufälligen Zeitpunkt τ_G, bei welchem der stochastische Prozess $\mathbf{X}(t) \in \mathbb{R}^d$ das Gebiet zum ersten Mal verlässt, vergleiche mit (11.2). Wir bezeichnen mit

$$\mathbb{P}^c(\mathbf{x}, t) = 1 - \mathbb{P}_{\mathbf{x}}[\tau_G < t]$$

die Wahrscheinlichkeit, dass der Prozess $\mathbf{X}$ startend im Punkt $\mathbf{X}(0) = \mathbf{x} \in G$ das Gebiet G vor der Zeit t *nicht* verlässt. Es stellt sich heraus, dass die *Funktion* $u(\mathbf{x}, t) := \mathbb{P}^c(\mathbf{x}, t)$ Lösung der partiellen Differentialgleichung

$$\begin{cases} \partial_t u - \mathcal{A}u = 0 & \text{in } G \times]0, \infty[\\ u(\mathbf{x}, t) = 0 & \text{in } \partial G \times]0, \infty[\\ u(\mathbf{x}, 0) = 1 & \text{in } G \end{cases}$$

ist, wobei wir mit $\mathcal{A}$ den infinitesimalen Generator des Prozesses $\mathbf{X}(t)$ bezeichnen, vergleiche mit Abschn. 10.1. Hierin sind Rand- und Anfangsbedingung intuitiv klar. Startet der Prozess „nahe“ am Rand ∂G des Gebiets, ist die Wahrscheinlichkeit „klein“, dass der Prozess das Gebiet nicht verlassen wird. Würde der Prozess gar auf dem Rand starten, wäre die entsprechende Wahrscheinlichkeit Null. Startet der Prozess irgendwo in G und lassen wir den Prozess nur für „sehr kurze Zeit laufen“ („kleines“ t), so ist die Wahrscheinlichkeit „gross“, dass der Prozess das Gebiet nicht verlassen wird. Ist insbesondere $t = 0$, so ist die entsprechende Wahrscheinlichkeit 1.

Finanztechnisch lässt sich die Funktion $u(\mathbf{x}, t)$ wie folgt interpretieren; der Einfachheit halber betrachten wir den eindimensionalen Fall mit $G =]B, \infty[$. In diesem Fall entspricht $u(x, t)$ dem „Preis“ einer Barrier Digital Call Option mit Ausübungspreis B und Barriere B bei risikolosen Zinssatz $r = 0$ und Driftrate μ; es handelt sich daher nicht um eine risikoneutrale Bewertung.

Die obige partielle Differentialgleichung ist ein Spezialfall der bereits gelösten Probleme (5.49) (ein Basiswert) oder (10.12) (zwei Basiswerte). Im Unterschied zur risikoneutralen Bewertung eines Derivates ist hier nun der risikolose Zinssatz r bedeutungslos. Hingegen müssen wir jetzt die Driftrate μ der Basiswerte aus historischen Zeitreihen schätzen.

Beispiel 11.12 Als Beispiel betrachten wir den Barrier Reverse Convertible in Abb. 11.9. Wir nehmen die Tageskurse des Basiswertes vom 1.11.2010 bis 1.11.2012 und erhalten als Schätzer $\sigma = 17.5\,\%$ und $\mu = -2.90\,\%$. Die restlichen Parameter nehmen wir vom Fact Sheet. Es ergibt sich

```
In [33]: T = yf((2,11,2012),[(19,6,2015)])[0];
    ...: sigma = 0.175; mu = -0.029;
    ...: a = lambda x:-sigma**2*x**2/2; b = lambda x:-mu*x; c = lambda x:0*x;
    ...: sl = 308; sr = 2000; g = lambda x:x**0;
    ...: wl = lambda t:0*t; wr = lambda t:0*t; nl = 0; nr = 1;
    ...: s,w = pde_1d_a_theta(a,b,c,T,sl,wl,nl,sr,wr,nr,g,2**12-1,500,0,0.5);
    ...: P = 1-interp1d(s,w)(385); P
Out[33]: 0.5742953162608962
```

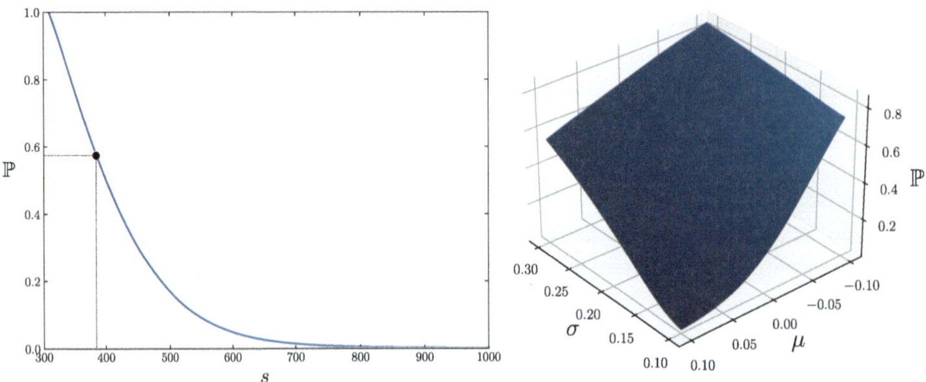

Abb. 11.25 Links. Exit Wahrscheinlichkeit $\mathbb{P}_s[\tau_G < T]$ in Abhängigkeit des Startpunktes s. Je näher s an der Barriere B ist, desto höher ist die Wahrscheinlichkeit, dass die geometrische Brown'sche Bewegung das Gebiet $G =]B, \infty[$ verlässt (die Barriere B unterschreitet). Für $s = 385$ ist $\mathbb{P} \doteq 57.4\,\%$. Rechts. Exit Wahrscheinlichkeit in Abhängigkeit der Modellparameter μ und σ

Die Wahrscheinlichkeit, dass der Basiswert startend in $S(0) = 385$ die Barriere $B = 308$ während der Laufzeit 2.11.2012 bis 19.6.2015 durchbricht, beträgt mit den geschätzten Werten μ und σ beachtliche $\mathbb{P} \doteq 57.4\,\%$. Die Investition in dieses Produkt ist zu überdenken. ◇

Die Exit Wahrscheinlichkeit hängt von den (geschätzten) Parametern μ und σ ab. Um die Abhängigkeit zu studieren, führen wir die Berechnungen im Beispiel 11.12 nochmals durch für $\sigma \in [0.1, 0.3]$ und $\mu \in [-0.1, 0.1]$ (mit Inkrementen $\Delta\sigma = 0.005$ und $\Delta\mu = 0.004$.) Wir erhalten die Abb. 11.25.

Für grosse, aber negative Driftrate und grosse Volatilität ist die Wahrscheinlichkeit sehr gross, dass die Barriere durchbrochen wird ($\mathbb{P} \doteq 84.7\,\%$ für $\sigma = 0.3$ und $\mu = -0.1$). Ist die Volatilität klein und die Driftrate hoch, so ist das Unterschreiten der Barriere unwahrscheinlich ($\mathbb{P} \doteq 0.99\,\%$ für $\sigma = 0.1$ und $\mu = 0.1$).

11.5 Aufgaben

Aufgabe 11.1 Wir betrachten einen BRC, bei welchen die Barriere-Beobachtung nur bei Maturität erfolgt, siehe den Auszug des Term Sheet in Abb. 11.26. Eine Barriere B, welche nur zu einem Zeitpunkt „beobachtet" wird, wird auch europäische Barriere genannt. Wir nennen daher diesen BRC einen europäischen BRC, eBRC.

i) Überzeugen Sie sich anhand des Term Sheets in Abb. 11.26, dass der Payoff eines eBRC gegeben ist durch

$$g(S(T)) = C(J) + n(B - \max\{B - S(T), 0\} + n(S(0) - B)1_{\{S(T)>B\}}$$

mit $n = N/K$ das „Conversion Ratio".

Single Barrier Reverse Convertible on SOCIETE GENERALE
Coupon 12.25% p.a. - European Barrier at 60% - 1 Year - EUR

DETAILS

Issuer	EFG Financial Products	
Guarantor	EFG International Rating: Fitch A	
Underlying	SOCIETE GENERALE	
Bbg Ticker	GLE FP Equity	
Payment Date	11.08.10	
Valuation Date	08.08.11	
Maturity	11.08.11	
Strike Level	EUR 39.14 (100%)	
Barrier Level	EUR 23.48 (60%)	
EU Saving Tax	Option Premium Component Interest Component	10.84% (10.84% p.a.) 1.41% (1.41% p.a.)
Details	Physical Settlement	European Barrier
Conversion Ratio	25.55	

REDEMPTION

On 11.08.2010 Client pays EUR 1000 (Denomination)

On 11.08.2011 Client receives 12.25% in fine (12.25% p.a.) Coupon

PLUS

Scenario 1: if the Final Fixing Level is **above the Barrier Level**

The Investor will receive a Cash Settlement equal to the Denomination

Scenario 2: if the Final Fixing Level is **at or below the Barrier Level**

The Investor will receive a predefined round number (i.e. Conversion Ratio) of the Underlying per Denomination.

Abb. 11.26 Auszug aus dem Term Sheet eines „europäischen“ BRC

ii) Folgern Sie, dass der Wert eines eBRC gegeben ist durch

$$V_{\text{ebrc}}(s,t) = (nB + C(J))e^{-r(T-t)} - nV_p(s,t;B) + n(S(0) - B)V_{\text{dc}}(s,t;B)$$

mit $V_{\text{dc}}(s,t;K)$ der Wert einer Digital Call Option mit Strike K.

iii) Verwenden Sie die Routine 6.2 pde_1d_a_theta, um den theoretischen Ausgabepreis $V_{\text{ebrc}}(s,0)$ im Black-Scholes Modell zu bestimmen. Verwenden Sie die Parameter $\sigma = 0.471$, $q = 0.03$ und $r = \ln(1.0141)$ und geeignete Randbedingungen.

iv) Bestimmen Sie die Konvergenzrate Ihrer Approximation in Teilaufgabe iii). Verwenden Sie dazu, dass der Wert $V_{\text{dc}}(s,t;X)$ einer Digital Call Option mit Strike K gegeben ist durch $V_{\text{dc}}(s,t;K) = e^{-r(T-t)}\Phi_{0,1}(d_2)$ mit d_2 wie in (1.7).

Aufgabe 11.2 Zeigen Sie: die Lösung $V_1(s,0)$ der Sequenz (11.15) ist $V_1(s,0) = C(J)e^{-rT}$.

Dazu zeigen Sie zunächst mit Hilfe der Aufgabe 3.2 (respektive deren Lösung): Für eine Konstante $c \in \mathbb{R}$ ist die Lösung der Differentialgleichung

$$\begin{cases} \partial_t V + \mathcal{A}V - rV = 0 & \text{in } \mathbb{R}^+ \times [0,T[\\ V(s,T) = c & \text{in } \mathbb{R}^+ \end{cases}$$

gegeben durch $V(s,t) = ce^{-r(T-t)}$.

Aufgabe 11.3 In dieser Aufgabe bestimmen wir die erwartete Anzahl Couponzahlungen $n^C := \mathbb{E}[N^C]$ eines „Autocallable“ BRC unter der Annahme, dass es gleich viele Couponzahlungszeitpunkte wie „Autocall“ Beobachtungszeitpunkte gibt, $H = J$. Kombinieren wir die Überlegungen im Abschn. 11.4 zur Exit Wahrscheinlichkeit mit dem Bewertungsschema (11.19), so folgern wir, dass die gesuchte Anzahl n^C gegeben ist durch $n^C = v_H(s,0)$, wo $v_H(s,0)$ als Lösung der folgenden Sequenz von Differentialgleichungen

$$\begin{cases} \partial_t v_j - \mathcal{A}v_j = 0 & \text{in } G \times]0,\tau_j] \\ v_j(s,0) = g_j & \text{in } G \end{cases}$$

hervorgeht. Hierin ist $G = [0, \infty[$ und der Index j läuft von 1 bis H. Die Payoff sind $g_1(s) := H$ sowie, für $j = 2, \ldots, H$,

$$g_j(s) := (H + 1 - j)1_{\{s \geq \mathrm{EL}\}} + v_{j-1}(s, \tau_{j-1})1_{\{s < \mathrm{EL}\}} \; ;$$

die Zeitspannen τ_j sind wie in (11.19). Der infinitesimale Generator ist $\mathcal{A} = \frac{1}{2}\sigma^2 s^2 \partial_{ss} + \mu s \partial_s$.

Ändern Sie die Routine brcautocall_bs so zur Routine brcautocall_bs_enrc ab, dass Sie damit n^C bestimmen können. Verwenden Sie anschliessend die abgeänderte Routine, um die erwartete Anzahl Couponzahlungen für den Autocallable BRC in Abb. 11.16 zu bestimmen. Rechnen Sie mit $\sigma = 0.362$ und $\mu = 0$.

Aufgabe 11.4 Es sei $S(t) = se^{(\mu - \sigma^2/2)t + \sigma W(t)}$ eine geometrische Brown'sche Bewegung und $S_{\min}(t) = \min_{0 \leq x \leq t} S(x)$ der dazugehörige Minimumprozess. Wir definieren den Prozess

$$X(t) := \ln \frac{S_{\min}(t)}{s} \leq 0 \, .$$

Verwenden Sie die Verteilungsfunktion F von $X(t)$, siehe zum Beispiel [1],

$$F(x) = \mathbb{P}[X(t) \leq x] = \Phi_{0,1}\Big(\frac{x - \gamma t}{\sigma\sqrt{t}}\Big) + e^{\alpha x}\Phi_{0,1}\Big(\frac{x + \gamma t}{\sigma\sqrt{t}}\Big), \quad x \leq 0$$

mit $\gamma = \mu - \sigma^2/2$ und $\alpha = 2\gamma/\sigma^2$, um das erwartete Minimum $\mathbb{E}\big[S_{\min}(t)\big]$ in (11.31) nachzuweisen. Leiten Sie die entsprechende Formel auch für den Fall $\mu = 0$ her.

Aufgabe 11.5 Wir betrachten das Bonuszertifikat im Beispiel 11.10.

i) Ein Investor möchte bei Emission das betrachtete Bonuszertifikat kaufen und will dazu den erwarteten Bonus schätzen. Wie gross ist dieser, wenn man mit $\mu = 0.21$ und $\sigma = 0.109$ rechnet (die Zahlen entsprechen der historischen 180-Tages-Rendite und Volatilität des Basiswertes zum Emissionszeitpunkt).
ii) Angenommen, der Emittent hätte anstatt das Zertifikat mit Lookback ein „gewöhnliches" Bonuszertifikat mit Ausübungspreis $K = S(0) + \mathbb{E}[S_{\min}(T_1)]$ (also mit dem Bonus aus Teilaufgabe i) errechnet) und Barriere $B = 0.7\mathbb{E}[S_{\min}(T_1)]$ mit sonst gleichen Parametern emittiert. Wie gross ist der Emissionspreis für dieses Produkt? Verwenden Sie die Routine bonus_bs. Wie müsste der Emittent die Barriere $B = \alpha\mathbb{E}[S_{\min}(T_1)]$ setzen, damit der Wert dieses „gewöhnlichen" Bonuszertifikats dem Wert des Zertifikates mit Lookback entsprechen würde, also $V_{\mathrm{bc}} = V_{\mathrm{bc},\ell}(0) \doteq 1842.83$? Verwenden Sie Python's `fsolve`, um α zu finden.

Literatur

1. Y. K. Kwok. *Mathematical Models of Financial Derivatives*. Second Edition. Springer, 2008.

Zinsmodelle und Zinsderivate

12

In diesem Kapitel diskutieren wir die gängigen Zinsmodelle und Zinsderivate. Dazu müssen wir zunächst einige Zinssätze definieren; es stellt sich heraus, dass diese via Preise von Zero-Coupon Bonds gegeben sind. Diese Zinssätze sind die Basiswerte für die zu betrachteten Zinsderivate; deren Preise sind – einmal mehr – als Erwartungswerte gegeben. Um diese zu berechnen, verwenden wir ähnlich zur Modellierung von Aktienkursen stochastische Prozesse zur Beschreibung der zeitlichen Entwicklung der zuvor definierten Zinssätze.

12.1 Formen von Zinsen

In diesem Abschnitt folgen wir dem sehr schönen Text „Term-Structure Models", Kapitel 2, von D. Filipović, [2]. Insbesondere übernehmen wir auch die Notation.

Ein Zero-Coupon Bond[1] mit Maturität T (kurz T-Bond) ist ein Kontrakt, welcher dem Halter zum Zeitpunkt $t = T$ einen Franken[2] garantiert auszahlt. Den Wert des Zero-Coupon Bonds mit Maturität T zum Zeitpunkt $t \leq T$ bezeichnen wir mit $P(t, T)$, somit muss $P(T, T) = 1$ gelten. Da ein Zero-Coupon Bond während seiner Laufzeit $0 < t < T$ gehandelt werden kann, ergibt sich dessen Marktpreis aus Angebot und Nachfrage. Der Preis $P(t, T)$ ist daher Schwankungen ausgesetzt und ist somit als stochastische Grösse zu betrachten. Das heisst, die Funktion $t \mapsto P(t, T)$ ist ein stochastischer Prozess, vergleiche mit Abb. 12.1, siehe auch Abb. 12.5.

Ist die Maturität T eine kontinuierliche Grösse (dies ist der Realität nicht der Fall), so kann man (für fixes t) auch die Funktion $T \mapsto P(t, T)$ betrachten. Man nennt den *Graphen* dieser Funktion „Zinsstruktur von Zero-Coupon Bondpreisen" oder „Zero-Coupon Zinskurve".

[1] Wir verwenden in diesem Text nicht den deutschen Ausdruck „Nullkuponanleihe".

[2] Allgemeiner müssten wir hier von einer Währungseinheit sprechen. Wir nehmen beispielhaft den Franken.

N. Hilber, *Bewertung von Finanzderivaten mit Python*,
https://doi.org/10.1007/978-3-658-39210-9_12

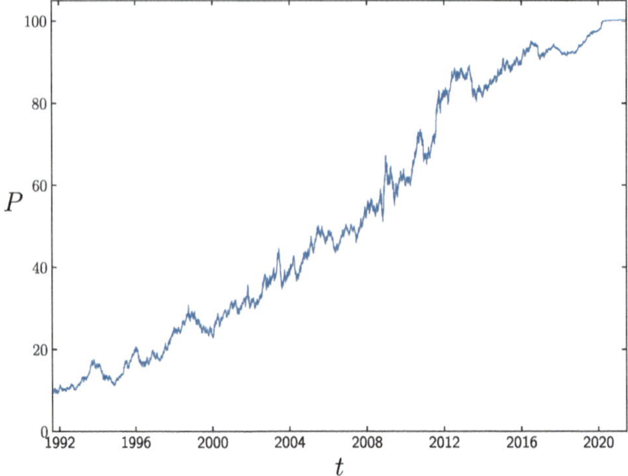

Abb. 12.1 Preis $P(t, T)$ (in %) eines US Zero-Coupon Bonds (Treasury Strip) mit Maturität $T = 30$. Der Bond wurde am 15.8.1991 emittiert und lief am 15.8.2021 aus. ISIN US912833LE83

Wir betrachten nun einen Zero-Coupon Bond mit Maturität T und Preis $P(t, T)$ zum Zeitpunkt $t < T$ und einen zweiten mit Maturität $S > T$ und Preis $P(t, S)$. Zum Zeitpunkt t können wir den T-Bond verkaufen und vom S-Bond $n = \frac{P(t,T)}{P(t,S)}$ Einheiten kaufen. Der Wert unseres Portfolios zum Zeitpunkt t ist Null, da $P(t, T) - nP(t, S) = 0$. Zum Zeitpunkt T müssen wir dem Halter des T-Bonds einen Franken auszahlen, zum Zeitpunkt S erhalten wir n Franken, da wir vom S-Bond n Einheiten halten. Somit führt die zukünftige Investition vom einem Franken zum Zeitpunkt T zu einer sicheren Auszahlung von n Franken zum Zeitpunkt S. Wir können natürlicher Weise nach dem Zinssatz einer solchen Investition fragen. Bei einfacher Verzinsung mit einem Zinssatz $F(t; T, S)$ führt die Investition von einem Franken zum Zeitpunkt T zu

$$1 + (S - T)F(t; T, S) = n = \frac{P(t, T)}{P(t, S)}$$

Franken zum Zeitpunkt S. Lösen wir diese Gleichung auf nach $F(t; T, S)$ ergibt sich

$$F(t; T, S) = \frac{1}{S - T}\left(\frac{P(t, T)}{P(t, S)} - 1\right); \tag{12.1}$$

man nennt $F(t; T, S)$ einfachen (einfach verzinsten) Terminkurs (engl. „simple forward rate") für $[T, S]$ zum Zeitpunkt t. Bei stetiger Verzinsung mit einem Zinssatz $R(t; T, S)$ führt die Investition von einem Franken zum Zeitpunkt T zu

$$1 \cdot e^{R(t;T,S)(S-T)} = n = \frac{P(t, T)}{P(t, S)}$$

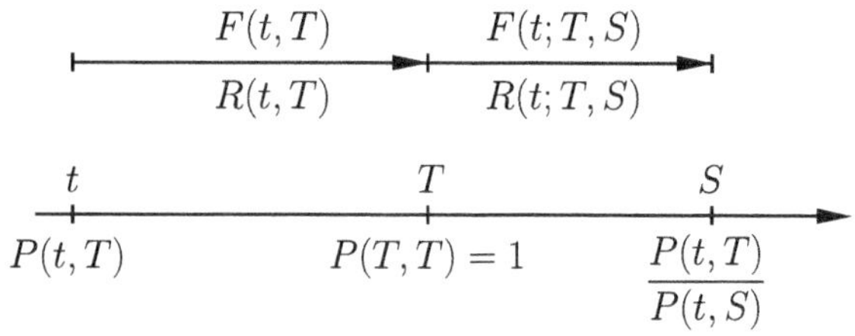

Abb. 12.2 Zur Definition der betrachteten Zinssätze

Franken zum Zeitpunkt S. Lösen wir diese Gleichung auf nach $R(t;T,S)$ ergibt sich

$$R(t;T,S) = \frac{\ln \frac{P(t,T)}{P(t,S)}}{S-T} = -\frac{\ln P(t,S) - \ln P(t,T)}{S-T}\ ; \tag{12.2}$$

man nennt $R(t;T,S)$ stetig verzinsten Terminkurs (engl. „continuously compounded forward rate") für $[T,S]$ zum Zeitpunkt t.

Wir können aus den Terminkursen die sogenannten Kassakurse (engl. „spot rates") erhalten. Dazu ersetzen wir formal in den obigen Definitionen T durch t und S durch T. Wir erhalten

$$F(t,T) := F(t;t,T) \overset{(12.1)}{=} \frac{1}{T-t}\left(\frac{P(t,t)}{P(t,T)} - 1\right) \overset{(P(t,t)=1)}{=} \frac{1}{T-t}\left(\frac{1}{P(t,T)} - 1\right). \tag{12.3}$$

Diese Gleichung ist äquivalent zu $(1+(T-t)F(t,T))P(t,T) = 1$; investieren wir zum Zeitpunkt t $P(t,T)$ Franken, so wird daraus bei einfacher Verzinsung zum Zinssatz $F(t,T)$ der Betrag 1 zum Zeitpunkt T. Im Englischen wird $F(t,T)$ „simple spot rate" genannt.

Analog erhalten wir bei stetiger Verzinsung den Kassakurs

$$R(t,T) := R(t;t,T) \overset{(12.2)}{=} -\frac{\ln P(t,T) - \ln P(t,t)}{T-t} \overset{(P(t,t)=1)}{=} -\frac{\ln P(t,T)}{T-t}.$$

Diese Gleichung ist äquivalent zu $P(t,T)e^{R(t,T)(T-t)} = 1$; investieren wir zum Zeitpunkt t $P(t,T)$ Franken, so wird daraus bei stetiger Verzinsung zum Zinssatz $R(t,T)$ der Betrag 1 zum Zeitpunkt T. Im Englischen wird $R(t,T)$ „continuously compounded spot rate" genannt. In Abb. 12.2 sind die definierten Zinssätze schematisch dargestellt.

Beispiel 12.1 Wir geben ein Beispiel für einfach verzinste Raten. Der Libor (London InterBank Offered Rate) ist ein durchschnittlicher Referenzzinssatz, zu dem eine ausgewählte Gruppe von Banken (die so genannten Panel-Banken) einander unbesicherte Kredite auf dem Londoner Geldmarkt gewähren oder bereit sind, zu gewähren. Der Libor wird für 7 unterschiedliche Laufzeiten und 5 verschiedene Währungen (EUR, USD, GBP, JPY, CHF) berechnet. Der δ-Jahre forward Liborzinssatz für die Periode $[T, T+\delta]$

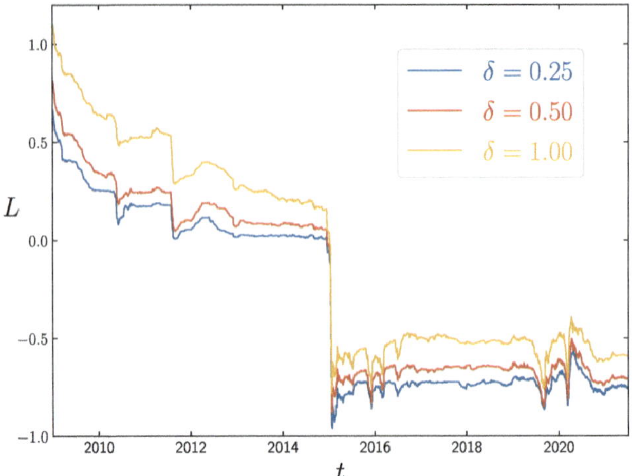

Abb. 12.3 Zeitliche Entwicklung des 3-Monate (–), 6-Monate (–) und 12 Monate (–) CHF (spot) Liborzinssatzes in %. In der Zeitperiode Ende 2014–Beginn 2015 fallen die Sätze in den negativen Bereich

(Maturität T) zum Zeitpunkt t ist als

$$L(t, T) = F(t; T, T + \delta)$$

gegeben. Der entsprechende δ-Jahre spot Liborzins ist $L(t, t)$. Übliche Werte für δ sind $\delta = 0.25$ (3-Monate Libor) und $\delta = 0.5$ (6-Monate Libor); vergleiche mit Abb. 12.3. $\diamond$

Aus den Terminkursen können wir nun auch noch die momentanen Zinsraten via eines Grenzübergangs erhalten. Lassen wir in der Definition des stetig verzinsten Terminkurses $R(t; T, S)$ S gegen T streben, so erhalten wir

$$\begin{aligned} f(t, T) &:= \lim_{S \to T} R(t; T, S) = -\lim_{S \to T} \frac{\ln P(t, S) - \ln P(t, T)}{S - T} \\ &= -\frac{\partial}{\partial T} \ln P(t, T) = -\frac{1}{P(t, T)} \frac{\partial P(t, T)}{\partial T} \end{aligned} \tag{12.4}$$

Man nennt $f(t, T)$ den momentanen Terminkurs (engl. „instantaneous forward rate“) mit Maturität T zum Zeitpunkt t und die Funktion $T \mapsto f(t, T)$ die „forward curve“ zum Zeitpunkt t. Integrieren wir die obige Gleichung bezüglich des zweiten Arguments, erhalten wir

$$\ln P(t, T) - \ln P(t, t) = -\int_t^T f(t, s) \mathrm{d}s \Rightarrow P(t, T) = e^{-\int_t^T f(t,s) \mathrm{d}s} ;$$

wegen $P(t,T) = e^{-R(t,T)(T-t)}$ folgt daher

$$R(t,T) = \frac{1}{T-t}\int_t^T f(t,s)\mathrm{d}s\ , \tag{12.5}$$

so dass wir die „spot rate" als über dem Zeitintervall $T - t$ gemittelte „forward rate" betrachten können.

Wir machen an dieser Stelle einen Einschub und betrachten die Modellierung der „forward curve"

$$\tau \mapsto f(t_0, t_0 + \tau) =: \phi(\tau)$$

zum Zeitpunkt t_0. Die meisten Zentralbanken modellieren die Funktion $\phi(\tau)$ mit Hilfe einer Mixtur aus Polynom- und Exponentialfunktionen, welche einen Satz von Parametern $\boldsymbol{\eta} = (\eta_1, \ldots, \eta_n)$ beinhaltet. Zum Beispiel ist ϕ für die vier-parametrige Nelson-Siegel-Familie[3] durch

$$\phi(\tau) = \phi(\tau;\boldsymbol{\eta}) = \eta_1 + (\eta_2 + \eta_3\tau)e^{-\eta_4\tau}$$

oder für die sechs-parametrige Svensson-Familie[4] durch

$$\phi(\tau) = \phi(\tau;\boldsymbol{\eta}) = \eta_1 + (\eta_2 + \eta_3\tau)e^{-\eta_5\tau} + \eta_4\tau e^{-\eta_6\tau} \tag{12.6}$$

gegeben. Wir beschreiben nun, wie die Schweizerische Nationalbank (SNB) die Zinsstruktur-Kurve $T \mapsto R(t_0, T)$ für ein t_0 schätzt und orientieren uns an Müller [6], verwenden aber stetige Verzinsung. Zum Zeitpunkt t_0 können wir Marktpreise V_i^{M} von m Coupon Bonds beobachten, $i = 1, \ldots, m$. Wir nehmen an, dass die i-te Anleihe einen (konstanten) Coupon c_i zahlt und eine Restlaufzeit von τ_i Jahren hat. Die Rendite nach Fälligkeit („yield to maturity") y_i^{M} ist definiert als derjenige konstante Zinssatz, der den Barwert aller Cashflows eines Coupon Bonds mit dem Preis dieses Bonds zur Deckung bringt, das heisst bei stetiger Verzinsung

$$V_i^{\mathrm{M}} = c_i \sum_{j=0}^{\lfloor \tau_i \rfloor} e^{-y_i^{\mathrm{M}}(\tau_i - \lfloor \tau_i \rfloor + j)} + e^{-y_i^{\mathrm{M}}\tau_i}\ . \tag{12.7}$$

In der Summation bezeichnen wir mit $\lfloor \tau_i \rfloor$ die Anzahl der ganzen Jahren bis zur Maturität der Anleihe; somit entspricht $\tau_i - \lfloor \tau_i \rfloor$ dem Bruchteil eines Jahres zur nächsten Couponzahlung.

[3] Benannt nach dem amerikanischen Ökonomen Charles R. Nelson und dem amerikanischen Statistiker Andrew F. Siegel.

[4] Benannt nach dem schwedischen Wirtschaftswissenschaftler Lars O.E. Svensson (1947–).

Übrigens müssen wir berücksichtigen, dass die angegebenen Marktpreise $V_{i,\text{quoted}}^{\text{M}}$ („quoted price") noch korrigiert werden müssen mit dem zwischen zwei Couponzahlungen anfallenden Couponanteil („accrued interest"),

$$V_i^{\text{M}} = V_{i,\text{quoted}}^{\text{M}} + c_i\big(1 - (\tau_i - \lfloor \tau_i \rfloor)\big) .$$

Für einen gegebenen Parametersatz $\boldsymbol{\eta}$ ergibt sich ein theoretischer Kassazinssatz von

$$R(t_0, t_0 + \tau; \boldsymbol{\eta}) \overset{(12.5)}{=} \frac{1}{\tau} \int_0^\tau \phi(s; \boldsymbol{\eta}) \mathrm{d}s$$

aus (12.5) und dem Modell $\phi(\cdot; \boldsymbol{\eta})$ für die „forward curve". Aus den theoretischen Kassazinssätzen können wir die theoretischen Bondpreise V_i bestimmen

$$V_i(\boldsymbol{\eta}) = c_i \sum_{j=0}^{\lfloor \tau_i \rfloor} e^{-R(t_0, t_0 + \tau_i - \lfloor \tau_i \rfloor + j; \boldsymbol{\eta})(\tau_i - \lfloor \tau_i \rfloor + j)} + e^{-R(t_0, t_0 + \tau_i; \boldsymbol{\eta})\tau_i} .$$

Aus den theoretischen Preisen lassen sich via

$$V_i(\boldsymbol{\eta}) = c_i \sum_{j=0}^{\lfloor \tau_i \rfloor} e^{-y_i(\tau_i - \lfloor \tau_i \rfloor + j)} + e^{-y_i \tau_i} \tag{12.8}$$

die theoretischen Renditen nach Fälligkeit $y_i = y_i(\boldsymbol{\eta})$ bestimmen.

Wir wählen $\boldsymbol{\eta}$ so, dass die Summe der quadrierten Residuen zwischen Markt- und Modellrenditen nach Fälligkeit minimal wird, das heisst wir suchen

$$\widehat{\boldsymbol{\eta}} := \arg\min_{\boldsymbol{\eta} \in S} \sum_{i=1}^{m} \left(y_i^{\text{M}} - y_i(\boldsymbol{\eta})\right)^2 .$$

Die SNB restringiert obiges Minimierungsproblem dahin gehend, dass der Kassazinssatz $R(t_0, t_0; \boldsymbol{\eta})$ zur Laufzeit $\tau = 0$ dem Tomorrow-Next Satz SARTN entsprechend soll. Da $R(t_0, t_0; \boldsymbol{\eta}) = \eta_1 + \eta_2$ ist (siehe Aufgabe 12.1) und daher die Nebenbedingung $\eta_1 + \eta_2 =$ SARTN vorliegt, sind durch den Minimierungsalgorithmus nicht sechs Modellparameter zu finden, sondern nur deren fünf, zum Beispiel $\eta_2, \eta_3, \ldots, \eta_6$. Der erste Parameter ergibt sich dann aus $\eta_1 = \text{SARTN} - \eta_2$. Zusätzlich ersetzt die SNB die Obligationen mit einer Restlaufzeit kürzer als 2 Jahre durch die 3-, 6- und 12-Monate CHF (spot) Liborzinssätze zum Zeitpunkt t_0. Da die SNB die Preise der Obligationen zur Uhrzeit 10.30 Uhr angibt, die Liborzinssätze aber Tagesschlusskurse sind (Bloomberg), verwenden wir zur Kalibrierung die Liborzinssätze zum Zeitpunkt t_{-1}.

Als Beispiel passen wir die nun die Svensson-Familie (12.6) an den Datensatz gegeben in Tab. 12.1. Die Obligation mit Maturität 12.05.2019 wird zur Berechnung nicht verwen-

Tab. 12.1 Preise $V^{\mathrm{M}}_{i,\mathrm{quoted}}$ (in %) von Obligationen der Eidgenossenschaft am 20. März 2018. Die Restlaufzeiten τ_i (in Jahren) sind mit **yf** bestimmt worden. Die Coupons sind in %; T_i sind die Maturitäten

$V^{\mathrm{M}}_{i,\mathrm{quoted}}$	c_i	τ_i	T_i
104.530	3.00	1.144	12.05.2019
107.360	2.25	2.294	06.07.2020
108.720	2.00	3.106	28.04.2021
110.980	2.00	4.181	25.05.2022
122.350	4.00	4.892	11.02.2023
109.900	1.25	6.225	11.06.2024
112.750	1.50	7.344	24.07.2025
111.180	1.25	8.189	28.05.2026
130.130	3.25	9.269	27.06.2027
139.520	4.00	10.050	08.04.2028
98.800	0.00	11.256	22.06.2029
103.535	0.50	12.186	27.05.2030
126.025	2.25	13.256	22.06.2031
146.080	3.50	15.050	08.04.2033
135.735	2.50	17.967	08.03.2036
114.645	1.25	19.269	27.06.2037
121.855	1.50	24.111	30.04.2042
99.225	0.50	27.272	28.06.2045
195.780	4.00	30.794	05.01.2049
96.775	0.50	37.178	24.05.2055
95.730	0.50	40.194	30.05.2058
154.010	2.00	46.264	25.06.2064

det, dafür werden die Liborsätze vom 19. März 2018 hinzugenommen; es ist (3, 6, 12) – Monate Libor $= (-0.74\,\%, -0.6584\,\%, -0.5302\,\%)$. Der Tomorrow-Next Zinssatz am 20. März 2018 beträgt SARTN $= -0.785078\,\%$. Der Levenberg-Marquardt Minimierungsalgorithmus (vergleiche mit Abschn. 1.5) in Python's `least_squares` Routine findet für den Startvektor $\boldsymbol{\eta}_0 = (0, 0, 0, 1, 2)$

$$\widehat{\boldsymbol{\eta}} \doteq (0.008656, -0.016507, -1.307820, 1.306502, 0.949250, 0.968867)\,, \qquad (12.9)$$

siehe die Abb. 12.4.

Wir vergleichen die aus der Kalibrierung resultierenden Kassazinssätze mit den von der SNB veröffentlichten Kassazinssätze am 20.03.2018. Da die SNB diskrete Sätze angibt, müssen wir für den Vergleich $e^{R(t_0,t_0+\tau;\widehat{\boldsymbol{\eta}})} - 1$ betrachten. Zum Beispiel erhalten wir für den 10-jährigen Kassazinssatz ($\tau = 10$)

$$e^{R(t_0,t_0+10;\widehat{\boldsymbol{\eta}})} - 1 \overset{(12.43),(12.9)}{\doteq} 0.0982\,\%\;;$$

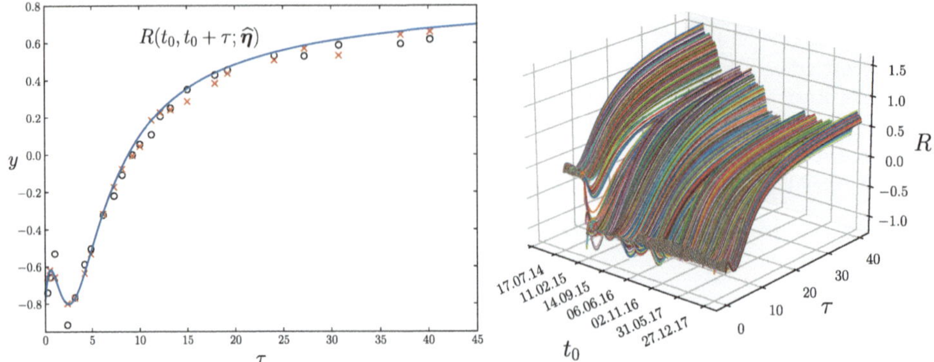

Abb. 12.4 Links. Kalibrierung der Svensson-Familie an Obligationspreise vom 20.03.2018 (t_0). Renditen (in %) bei Fälligkeit des Marktes y_i^{M} (○) und theoretisch y_i (×). Rechts. Tägliche Zinskurven der Eidgenossenschaft im Zeitraum 17.07.2014 bis 29.03.2018. Die Einführung der Negativzinsen Ende 2014, Beginn 2015 ist sehr gut erkennbar

Tab. 12.2 Kassazinssätze in % am 20.03.2018 nach dem an die Daten in Tab. 12.1 kalibrierte Svensson-Modell und nach der Schweizerischen Nationalbank (SNB)

τ	$e^{R(t_0,t_0+\tau;\hat{\eta})} - 1$	SNB	τ	$e^{R(t_0,t_0+\tau;\hat{\eta})} - 1$	SNB
1	−0.6578	−0.6581	8	−0.0834	−0.0835
2	−0.7870	−0.7872	9	0.0158	0.0157
3	−0.7782	−0.7782	10	0.0982	0.0980
4	−0.6604	−0.6602	15	0.3531	0.3530
5	−0.5018	−0.5016	20	0.4819	0.4819
6	−0.3435	−0.3435	30	0.6109	0.6110
7	−0.2027	−0.2028	40	0.6755	0.6756

die SNB gibt 0.0980 % an. In der Tab. 12.2 vergleichen wir die Sätze für weitere Laufzeiten τ; die Übereinstimmung ist sehr gut.[5]

Wir müssen noch zwei technische Punkte klären. Erstens: Was ist der Kassazinsatz $R(t_0, t_0 + \tau; \boldsymbol{\eta})$ im Svensson Modell (12.6) und zweitens: Wie können wir die Gleichung (12.7) respektive (12.8) auflösen nach der Rendite nach Fälligkeit y_i^{M} respektive y_i. Beide Punkte klären wir in der Aufgabe 12.1.

Nach diesem kurzen Abstecher in die parametrische Modellierung von Zinskurven kehren wir nun zur Beschreibung von Zinsformen zurück und kommen zur Definition der sogenannten „short rate". Lassen wir in der Definition des stetig verzinsten Kassakurs

[5] Die SNB veröffentlicht unter anderem auch den Parametervektor $\boldsymbol{\eta}_{\mathrm{SNB}}$; die Kassazinssätze in den Spalten „SNB" der Tab. 12.2 werden aus (12.43) und $\boldsymbol{\eta}_{\mathrm{SNB}}$ berechnet. Obwohl die hier erhaltene Zinskurve sehr gut mit der Kurve der SNB übereinstimmt, kann der Parametervektor $\widehat{\boldsymbol{\eta}}$ wegen der diskutierten vielen lokalen Minima vom Parametervektor $\boldsymbol{\eta}_{\mathrm{SNB}}$ abweichen: verschiedene $\boldsymbol{\eta}$ minimieren lokal die Funktion $F(\boldsymbol{\eta})$.

Tab. 12.3 Zinssätze

	Kassakurs (spot rate)	Terminkurs (forward rate)
einfach	$F(t,T) = \frac{1}{T-t}\left(\frac{1}{P(t,T)} - 1\right)$	$F(t;T,S) = \frac{1}{S-T}\left(\frac{P(t,T)}{P(t,S)} - 1\right)$
stetig	$R(t,T) = -\frac{\ln P(t,T)}{T-t}$	$R(t;T,S) = -\frac{\ln P(t,S) - \ln P(t,T)}{S-T}$

$R(t,T)$ den Zeitpunkt T gegen t streben, so erhalten wir

$$r(t) = f(t,t) := \lim_{T \to t} R(t,T) .$$

Man nennt $r(t)$ den momentanen Kassakurs zum Zeitpunkt t (engl. „instantaneous short rate“ oder „instantaneous spot rate“). In allen anderen Kapiteln dieses Text ist $r(t) \equiv r$ der (konstante) risikolose Zinssatz. Mit Hilfe von $r(t)$ können wir den Prozess $B(t)$ via

$$\mathrm{d}B(t) = r(t)B(t)\mathrm{d}t, \quad B(0) = 1$$

definieren. Legen wir zum Zeitpunkt t den Betrag $B(t)$ zum Zinssatz $r(t)$ an, so ergeben sich daraus in einen unendlich kleinen Zeitintervall $\mathrm{d}t$ Zinsen von $r(t)B(t)\mathrm{d}t$. Die Differentialgleichung $B'(t)/B(t) = r(t)\mathrm{d}t$, $B(0) = 1$ hat die Lösung

$$B(t) = e^{\int_0^t r(s)\mathrm{d}s} .$$

Insbesondere ist für $T \geq t$

$$\frac{B(t)}{B(T)} = \frac{e^{\int_0^t r(s)\mathrm{d}s}}{e^{\int_0^T r(s)\mathrm{d}s}} = e^{\int_0^t r(s)\mathrm{d}s - \int_0^T r(s)\mathrm{d}s} = e^{-\int_t^T r(s)\mathrm{d}s} .$$

Wollen wir zum Zeitpunkt T einen Franken auf dem Bankkonto haben, so müssen wir zum Zeitpunkt $t \leq T$ den Betrag

$$\frac{B(t)}{B(T)} = e^{-\int_t^T r(s)\mathrm{d}s} \tag{12.10}$$

anlegen. Somit ist $\frac{B(t)}{B(T)}$ ein Abzinsungsfaktor, der im Gegensatz zum Abzinsungsfaktor $P(t,T)$ jedoch stochastisch ist. Ist übrigens $r(t) \equiv r$ konstant (insbesondere nicht stochastisch), so ergibt sich

$$\frac{B(t)}{B(T)} = e^{-\int_t^T r\mathrm{d}s} = e^{-r(T-t)} ;$$

dies ist der übliche Abzinsungsfaktor, vergleiche auch mit Aufgabe 12.3

Wir fassen die Zinstypen (Kassakurs, Terminkurs) und Verzinsungsart (einfach, stetig) in Tab. 12.3 zusammen.

12.2 Short rate Modelle

Bei der Modellierung von Zinssätzen hat man sich zunächst auf die „short rate“ $r(t)$ konzentriert (Vasicek und viele andere mehr), später haben Heath, Jarrow und Morton (Abkürzung HJM) die Terminkurse $f(t, T)$ betrachtet. Einige Jahre nach HJM wurden Modelle für LIBOR Zinssätze entwickelt.

Wir folgen der historischen Entwicklung von Zinsmodellen und betrachten Modelle für $r(t)$. Diese Modelle basieren auf einer (oder mehreren) Brown'schen Bewegungen; unter einem risikolosen Wahrscheinlichkeitsmass sind die Modelle indirekt gegeben durch eine stochastische Differentialgleichung der Form

$$\mathrm{d}r(t) = \mu(r(t), t)\mathrm{d}t + \sigma(r(t), t)\mathrm{d}W(t), \quad r(0) = r_0 \tag{12.11}$$

für gewisse Funktionen $\mu(r, t)$ und $\sigma(r, t)$. Betrachten wir ein Derivat, dessen Auszahlung $g(r)$ bei Maturität abhängt vom Kurs $r(T)$, so ist der Wert dieses Derivats zu einem früheren Zeitpunkt $t < T$ wie in (3.14) gegeben als abgezinster Erwartungswert

$$V(r, t) = \mathbb{E}^{\mathbb{Q}}[e^{-\int_t^T r(s)\mathrm{d}s} g(r(T)) \mid r(t) = r] \,. \tag{12.12}$$

Für das Pricing via partiellen Differentialgleichungen ist nun entscheidend, dass das Fundamentalprinzip (vergleiche mit Abschn. 3.4, siehe auch Kapitel 5 in [2]) auch in diesem Setting gültig ist, das heisst, der Preis $V = V(r, t)$ der Derivats löst die partielle Differentialgleichung

$$\begin{cases} \partial_t V + \mathcal{A}V - rV = 0 & \text{in } G \times [0, T[\\ V(r, T) = g(r) & \text{in } G \end{cases} \tag{12.13}$$

wobei wir mit $\mathcal{A}$ den infinitesimalen Generator des Prozesses $r(t)$ bezeichnen,

$$\mathcal{A} = \frac{1}{2}\sigma^2(r, t)\partial_{rr} + \mu(r, t)\partial_r \,. \tag{12.14}$$

Für einen Zero-Coupon Bond ist in (12.12) respektive (12.13) insbesondere $g(r) = 1$, also

$$P(t, T) = \mathbb{E}^{\mathbb{Q}}[e^{-\int_t^T r(s)\mathrm{d}s} \mid r(t) = r] \overset{(12.10)}{=} \mathbb{E}^{\mathbb{Q}}[B(t)/B(T) \mid r(t) = r] \,. \tag{12.15}$$

Dies bedeutet, dass sich der deterministische Abzinsungsfaktor $P(t, T)$ als Erwartungswert bezüglich eines bestimmten Masses des stochastischen Abzinsungsfaktor $B(t)/B(T)$ ergibt.

In welchem Gebiet $r(t) \in G$ die Gleichung (12.13) gültig ist, hängt vom vorliegenden Modell ab. Natürlich hätte man wie bei Aktienkursen zum Beispiel gerne die Eigenschaft

Tab. 12.4 Die Funktionen μ und σ einiger standard „short rate" Modelle (12.11)

Modell	$\mu(r,t)$	$\sigma(r,t)$	G
Vasicek	$\kappa(m-r)$	σ	$\mathbb{R}$
Vasicek exp	$(m+\sigma^2/2-\kappa\ln(r))r$	σr	$\mathbb{R}^+$
CIR	$\kappa(m-r)$	$\sigma\sqrt{r}$	$\mathbb{R}^+$
Dothan	βr	σr	$\mathbb{R}^+$
Ho-Lee	$m(t)$	σ	$\mathbb{R}$
Hull-White$_{\mathrm{V}}$	$\kappa(t)(m(t)-r)$	$\sigma(t)$	$\mathbb{R}$
Hull-White$_{\mathrm{CIR}}$	$\kappa(t)(m(t)-r)$	$\sigma(t)\sqrt{r}$	$\mathbb{R}^+$
Black-Karasinksi	$(m(t)+\sigma^2/2-\kappa\ln(r))r$	σr	$\mathbb{R}^+$

$G=\mathbb{R}^+$, bei einigen Modellen kann jedoch r auch negative Werte annehmen, $G=\mathbb{R}$. In der Tab. 12.4 fassen wir die üblichen Modelle zusammen. In dieser bezeichnen wir mit „CIR" das Modell nach Cox, Ingersoll und Ross, und Hull-White$_{\mathrm{X}}$ bezeichnet die Hull-White Erweiterung des Vasicek Modells (X = V) und des CIR Modells (X = CIR)[6].

Für gewisse Modelle kann man die Differentialgleichung (12.13) für Zero-Coupon Bonds analytisch lösen. Ähnlich wie bei der Bestimmung der charakteristischen Funktion im Kap. 8 sind „short rate"- Modelle interessant, welche affin sind. Analog zum Kriterium (8.11) heisst ein Modell (12.11) affin in r, wenn die Koeffizienten $\mu(r,t)$ und $\sigma^2(r,t)$ geschrieben werden können als

$$\mu(r,t)=\mu_1(t)+\mu_2(t)r, \quad \sigma^2(r,t)=\sigma_1(t)+\sigma_2(t)r\ .$$

Ist dies der Fall, so ist der Wert $P(t,T)$ eines Zero-Coupon Bonds gegeben durch

$$P(t,T)=e^{-\alpha(t,T)-\beta(t,T)r}\ , \tag{12.16}$$

für Funktionen $\alpha(t,T)$ und $\beta(t,T)$, vergleiche mit dem entsprechenden Ausdruck (8.10) für charakteristische Funktionen und mit der Aufgabe 12.2.[7] Somit ist zum Beispiel wegen $\mu(r,t)=\kappa(m-r)=\kappa m-\kappa r$ und $\sigma^2(r,t)=\sigma^2 r$ das CIR Modell affin, genau so wie das Vasicek und das Ho-Lee Modell. Hingegen sind zum Beispiel das Dothan oder das Black-Karasinski Modell offensichtlich nicht affin. In Abb. 12.5 ist ein möglicher Pfad des Zinssatzes $r(t)$ im CIR-Modell und der daraus resultierende Bondpreis $P(t,T)$ (mit Maturität $T=10$ Jahre) dargestellt, vergleiche auch mit Abb. 12.6. Die Modell-Parameter im CIR Modell sind $\kappa=0.5$, $m=0.03$ und $\sigma=0.17$. Zum Zeitpunkt $t=0$ starten wir

[6] Wir nennen hier viele Personen: Oldrich A. Vasicek, tschechischer Mathematiker, (1942–), John C. Cox, amerikanischer Ökonom, (1943–), Jonathan E. Ingersoll, amerikanischer Ökonom, (1949–), Stephen A. Ross, amerikanischer Ökonom, (1944–), John C. Hull, Finanzmathematiker, (1946–), Alan D. White, Ökonom, Thomas Ho, Finanzmathematiker, Sang Bin Lee, koreanischer Ökonom, Piotr Karasinksi, polnischer Physiker.

[7] Im Gegensatz zu einer charakteristischen Funktion hängen die Funktionen α und β nicht von u ab.

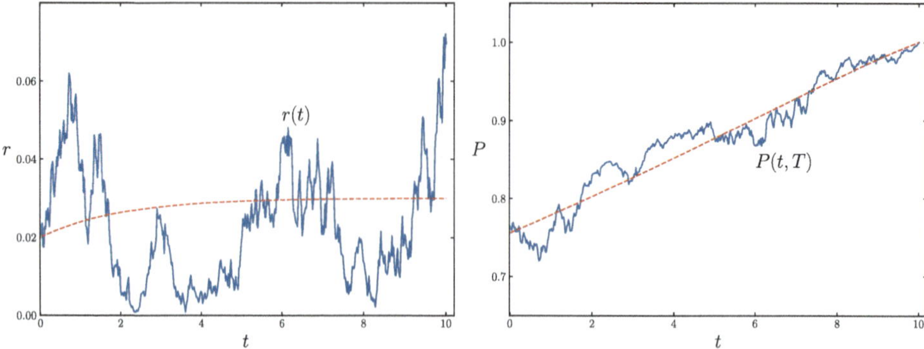

Abb. 12.5 Links. Möglicher Pfad der „short rate" $r(t)$ im CIR Modell. Rechts. Der Zero-Coupon Preis $P(t,T)$ (für $T = 10$) in Abhängigkeit von t. Die Funktion $t \mapsto P(t,T)$ ist ein stochastischer Prozess

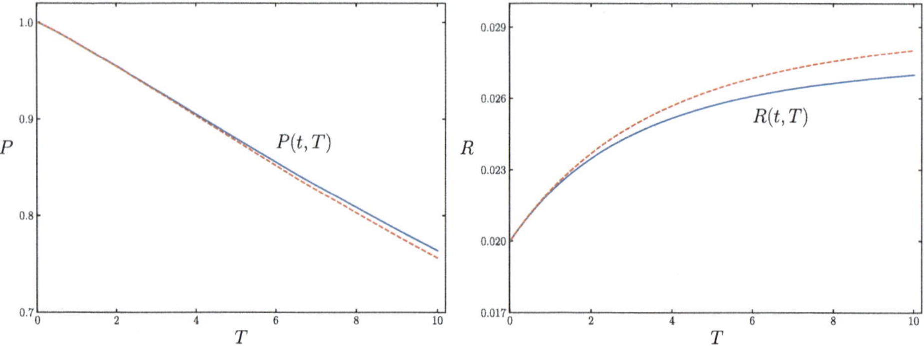

Abb. 12.6 Links. Der Zero-Coupon Preis $P(t,T)$ (für $t = 0$ und $r(0) = 0.02$) in Abhängigkeit von T. Rechts. Der stetig verzinste Kassakurs $R(t,T)$ in Abhängigkeit von T. Man nennt den Graphen der Funktion $T \mapsto R(t,T)$ Zinskurve, engl. „yield curve". Modell und Parameter wie in Abb. 12.5

mit $r(0) = 0.02$. In beiden Graphen entsprechen die gestrichelten Linien (- -) dem Zinssatz respektive dem Bondpreis, wenn $\sigma = 0$ ist, also wenn die Grössen deterministisch sind. Wir diskutieren kurz diesen Fall. Ist im CIR (und im Vasicek) Modell $\sigma = 0$, so lautet die (gewöhnliche) Differentialgleichung für den Zinssatz $r(t)$

$$\mathrm{d}r(t) = \kappa(m - r(t))\mathrm{d}t, \quad r(0) = r_0, \tag{12.17}$$

diese hat die Lösung $r(t) = m - (m - r_0)e^{-\kappa t}$ (vergleiche mit Aufgabe 12.3). Insbesondere ist $\lim_{t\to\infty} r(t) = m$; somit ist m der Zinslevel „über lange Zeit". Der Parameter κ gibt an, wie schnell sich $r(t)$ ausgehend von r_0 an m annähert.

12.2.1 Zeit-inhomogene Modelle

„Short rate" Modelle, in welchen die Parameter über die Zeit konstant sind, nennt man zeit-homogen. Zeit-homogene Modelle lassen sich in der Regel nur schlecht an den Markt kalibrieren, man kann daher diese Modelle dadurch erweitern, in dem man die Modell-Parameter als deterministische Funktionen der Zeit betrachtet. Zum Beispiel haben Hull und White das Vasicek Modell wie folgt erweitert, siehe [3],

$$\mathrm{d}r(t) = \kappa(m(t) - r(t))\mathrm{d}t + \sigma \mathrm{d}W(t) =: (\vartheta(t) - \kappa r(t))\mathrm{d}t + \sigma \mathrm{d}W(t) .$$

Man wählt nun $\vartheta(t)$ so, dass das Modell exakt die momentan am Markt vorherrschende Zinsstrukturkurve trifft. Diese exakte Anpassung kann man auch für das Ho-Lee, das Hull-White erweiterte CIR und das Black-Karasinski Modell (siehe Tab. 12.4) durchführen; die konkrete Durchführung ist jedoch nicht trivial.

Ein weitere Möglichkeit, eine zeit-homogenes Modell so zu erweitern, dass es exakt die beobachtete Strukturkurve reproduziert, besteht darin, eine „deterministische Verschiebung" des Modells (engl. „deterministic shift") vorzunehmen. Damit ist Folgendes gemeint. Man modelliert $r(t)$ als Summe eines stochastischen Prozesses $x(t)$ und einer deterministischen Funktion $\varphi(t)$ (der „Shift"), also

$$r(t) = x(t) + \varphi(t) . \tag{12.18}$$

Hierin nimmt man an, dass der Prozess $x(t)$ gegeben ist via (vergleiche mit (12.11))

$$\mathrm{d}x(t) = \mu(x(t), t)\mathrm{d}t + \sigma(x(t), t)\mathrm{d}W(t), \quad x(0) = x_0 , \tag{12.19}$$

und man wählt die Funktion φ so, dass die Strukturkurve am Markt exakt nachgebildet wird; wie dies realisiert werden kann, diskutieren wir weiter unten. Der Wert eines Zero-Coupon Bonds im Modell (12.18) – (12.19) ist nach (12.12) mit $g(r) = 1$, da φ deterministisch ist,

$$\begin{aligned} P(t, T) &= \mathbb{E}^{\mathbb{Q}}\left[e^{-\int_t^T x(s)+\varphi(s)\mathrm{d}s} \mid r(t) = r\right] \\ &= e^{-\int_t^T \varphi(s)\mathrm{d}s}\mathbb{E}^{\mathbb{Q}}\left[e^{-\int_t^T x(s)\mathrm{d}s} \mid x(t) = x\right] \\ &= e^{-\int_t^T \varphi(s)\mathrm{d}s} P^x(t, T) , \end{aligned} \tag{12.20}$$

wobei wir nun mit $P^x(t, T)$ den Wert eines Zero-Coupon Bonds im Modell (12.19) bezeichnen. Zum Zeitpunkt $t = 0$ der Kalibrierung des Modells soll der Wert $P(0, T)$ des Modells mit den (gegebenen) Marktwerten $P^{\mathrm{M}}(0, T)$ übereinstimmen; dies ist der Fall, wenn

$$P^{\mathrm{M}}(0, T) = e^{-\int_0^T \varphi(s)\mathrm{d}s} P^x(0, T) \tag{12.21}$$

gilt. Wir lösen diese Gleichung nach φ auf (logarithmieren und ableiten nach T) und erhalten

$$\varphi(T) = -\partial_T \ln P^{\mathrm{M}}(0,T) + \partial_T \ln P^x(0,T) \overset{(12.4)}{=} f^{\mathrm{M}}(0,T) - f^x(0,T)\,.$$

Somit muss die Funktion

$$\varphi(t) = f^{\mathrm{M}}(0,t) - f^x(0,t) \tag{12.22}$$

gleich der Differenz zwischen der „forward curve" des Marktes und derjenigen des Modells sein. Wenn man Formeln für Zero-Coupon Bonds $P^x(t,T)$ im Modell für $x(t)$ hat, kann man ohne Approximationsmethoden an f^x herankommen. Dies ist zum Beispiel für affine Modelle der Fall. In einem solchen ist nach (12.16)

$$P^x(t,T) = e^{-\alpha(t,T)-\beta(t,T)x(t)}\,;$$

daher ergibt sich

$$f^x(0,t) = -\partial_T \ln P^x(0,t) = \partial_T\alpha(0,t) + \partial_T\beta(0,t)x_0 \tag{12.23}$$

wobei ∂_T die Ableitung nach dem zweiten Argument bezeichnet. Der Wert eines Zero-Coupon Bonds in einem affinen Modell ist nach (12.16) und (12.20) gegeben durch

$$\begin{aligned} P(t,T) &= e^{-\int_t^T \varphi(s)\mathrm{d}s} e^{-\alpha(t,T)-\beta(t,T)x(t)} \\ &\overset{(12.18)}{=} e^{-\int_t^T \varphi(s)\mathrm{d}s + \beta(t,T)\varphi(t) - \alpha(t,T) - \beta(t,T)r(t)} \\ &=: e^{-\alpha^{\varphi}(t,T)-\alpha(t,T)-\beta(t,T)r(t)}\,, \end{aligned} \tag{12.24}$$

mit

$$\alpha^{\varphi}(t,T) := \int_t^T \varphi(s)\mathrm{d}s - \beta(t,T)\varphi(t)\,. \tag{12.25}$$

Ist also das Modell für $x(t)$ affin, so ist es auch das um "φ verschobene" Modell (ergänze α um die „neue" Funktion α^{φ}). Beachten sie, dass sich für $\varphi = 0$ (also kein Shift) die Funktion α^{φ} zur 0-Funktion reduziert. Oft wird in der Literatur die Formel (12.25) für α^{φ} (respektive für $e^{-\alpha^{\varphi}}$) so angegeben, dass in ihr die Abzinsungsfaktoren P^{M} des Markts vorkommen. Wir wollen eine solche Darstellung herleiten. Zunächst gilt nach Konstruktion (12.21) für jedes $y \geq 0$

$$P^{\mathrm{M}}(0,y) = e^{-\int_0^y \varphi(s)\mathrm{d}s} P^x(0,y) \Rightarrow e^{-\int_0^y \varphi(s)\mathrm{d}s} = \frac{P^{\mathrm{M}}(0,y)}{P^x(0,y)}\,.$$

Daher können wir

$$e^{-\int_t^T \varphi(s)\mathrm{d}s} = e^{-\int_0^T \varphi(s)\mathrm{d}s + \int_0^t \varphi(s)\mathrm{d}s} = \frac{P^{\mathrm{M}}(0,T)}{P^x(0,T)} \frac{P^x(0,t)}{P^{\mathrm{M}}(0,t)} \tag{12.26}$$

schreiben; setzen wir dies in (12.24) unter Berücksichtigung von (12.25) ein, ergibt sich

$$\begin{aligned} P(t,T) &= e^{-\alpha^{\varphi}(t,T)} e^{\alpha(t,T)-\beta(t,T)r(t)} \\ &= e^{-\int_t^T \varphi(s)\mathrm{d}s + \beta(t,T)\varphi(t)} e^{-\alpha(t,T)-\beta(t,T)r(t)} \\ &\overset{(12.26)}{=} \frac{P^{\mathrm{M}}(0,T)}{P^x(0,T)} \frac{P^x(0,t)}{P^{\mathrm{M}}(0,t)} e^{\beta(t,T)\varphi(t)} e^{-\alpha(t,T)-\beta(t,T)r(t)} \ . \end{aligned}$$

Darin können wir noch die Darstellung $P^x(0,y) = e^{-\alpha(0,y)-\beta(0,y)x_0}$ verwenden und erhalten schlussendlich eine zweite, zu (12.24) äquivalente Formel für einen Zero-Coupon Bond in einen affinen, deterministisch verschobenen „short rate" Modell,

$$P(t,T) = \frac{P^{\mathrm{M}}(0,T)}{P^{\mathrm{M}}(0,t)} e^{-(\alpha(0,t)-\alpha(0,T))-(\beta(0,t)-\beta(0,T))x_0} e^{\beta(t,T)\varphi(t)} e^{-\alpha(t,T)-\beta(t,T)r} \ . \tag{12.27}$$

Wenn in (12.20) respektive in

$$P(t,T) = e^{-\int_t^T \varphi(s)\mathrm{d}s} P^x(t,T) \overset{(12.26)}{=} \frac{P^{\mathrm{M}}(0,T)}{P^{\mathrm{M}}(0,t)} \frac{P^x(0,t)}{P^x(0,T)} P^x(t,T)$$

keine Formel zur Berechnung der Zero-Coupon Bond Preise $P^x(\cdot,\cdot)$ existiert, müssen wir wie immer diese via Approximationsmethoden berechnen; in diesem Text mit der Finite-Differenzen-Methode. Daher brauchen wir die partielle Differentialgleichung für den Wert eines Zero-Coupon Bond in einem zeit-homogenen „short rate" Modell mit deterministischen Shift. Aus der Differentialgleichung für $x(t)$ folgt die Differentialgleichung für $r(t)$ wie folgt. Wegen $r(t) = x(t) + \varphi(t)$ ist zunächst

$$\mathrm{d}r(t) = \mathrm{d}x(t) + \varphi'(t)\mathrm{d}t \ ,$$

mit $\varphi'(t) = \mathrm{d}\varphi(t)/\mathrm{d}t$. Mit (12.19) folgt

$$\mathrm{d}r(t) - \varphi'(t)\mathrm{d}t = \mu\big(r(t)-\varphi(t),t\big)\mathrm{d}t + \sigma\big(r(t)-\varphi(t),t\big)\mathrm{d}W(t), \quad r(0) = x(0) + \varphi(0) \ ,$$

oder

$$\mathrm{d}r(t) = \big[\mu\big(r(t)-\varphi(t),t\big) + \varphi'(t)\big]\mathrm{d}t + \sigma\big(r(t)-\varphi(t),t\big)\mathrm{d}W(t), \quad r(0) = x(0) + \varphi(0) \ .$$

Aus dem Fundamentalprinzip folgt, dass der Wert $V(r,t)$ eines von der „short rate" $r(t)$ abhängigen Derivats (insbesondere ein Zero-Coupon Bond) die Gleichung (12.13) löst, nun jedoch mit einem zeitabhängigen Operator

$$\mathcal{A} = \mathcal{A}(t) = \frac{1}{2}\sigma^2\big(r-\varphi(t)\big)\partial_{rr} + \big[\mu\big(r-\varphi(t)\big) + \varphi'(t)\big]\partial_r \ .$$

Beachten Sie, dass $z \mapsto \sigma(z)$ und $z \mapsto \mu(z)$ Funktionen sind.

Beispiel 12.2 Wenn man das CIR-Modell (siehe Tab. 12.4) „um φ verschiebt", erhält man das in der Literatur mit CIR++ benannte Modell. Die stochastische Differentialgleichung für die „shorte rate" lautet in diesem, weil $\mu(z) = \kappa(m - z)$ und $\sigma(z) = \sigma\sqrt{z}$ ist,

$$dr(t) = \left[\kappa(m - r(t) + \varphi(t)) + \varphi'(t)\right]dt + \sigma\sqrt{r(t) - \varphi(t)}dW(t), \quad r(0) = x(0) + \varphi(0)\,.$$

Hierzu muss $r(t) - \varphi(t) \geq 0$ sein. Der Preis eines Derivats (zum Beispiel ein Zero-Coupon Bond) im CIR++ Modell löst die partielle Differentialgleichung (12.13), der Operator $\mathcal{A}$ ist

$$\mathcal{A} = \mathcal{A}(t) = \frac{1}{2}\sigma^2(r - \varphi(t))\partial_{rr} + \left[\kappa(m - r + \varphi(t)) + \varphi'(t)\right]\partial_r\,.$$

Beachten Sie, dass hier σ eine Konstante ist und daher $\frac{1}{2}\sigma^2(r - \varphi)$ eine Multiplikation darstellt und keine Verkettung von zwei Funktionen wie im allgemeinen Fall. $\diamond$

Wir klären nun einen wichtigen Unterschied zwischen zeit-homogenen „short rate" Modellen und Modellen mit deterministischem Shift anhand des CIR Modells. Betrachten wir die Formeln für $\alpha(t, T)$ und $\beta(t, T)$ im CIR Modell (siehe die Aufgabe 12.2), so stellen wir fest, dass diese nur von der Differenz $T - t$ abhängen, aber nicht von T und t separat. Somit gilt für den Wert eines Zero-Coupon Bonds $P(t, T) = P(0, T - t)$; der Wert zum Zeitpunkt t eines Zero-Coupon Bonds mit Maturität T ist in einem zeit-homogenen „short rate" Modell gleich dem Wert zum Zeitpunkt 0 eines Zero-Coupon Bonds mit Maturität $T - t$. Zum Beispiel ist der Wert $P(7, 10)$ in 7 Jahren eines Zero-Coupon Bonds mit (Rest)Laufzeit 10 Jahre der selbe wie der Wert $P(5, 8)$ in 5 Jahren eines Zero-Coupon Bonds mit (Rest)Laufzeit 8 Jahren. Jedoch ist dieser Sachverhalt für das CIR++ Modell wegen der Präsenz von φ falsch. Die Aufgabe 12.4 möge dies verdeutlichen.

Wir kommen nun zur Konstruktion der Funktion

$$\varphi(t) = f^{\mathrm{M}}(0, t) - f^{x}(0, t)\,;$$

die Konstruktion ist aufwändig, wenn man keine Formeln für den Wert $P^x(t, T)$ eines Zero-Coupon Bonds zur Verfügung hat. Wir wollen einen Ansatz betrachten, welcher „nur" die Modellspezifizierung, eine Interpolation und die Finite-Differenzen-Methode zum Lösen von partiellen Differentialgleichungen benötigt. Eine Interpolation benötigen wir auch zur Bestimmung von f^{M}.

Wir müssen zuerst das Problem betrachten, wie man aus einer endlichen Zahl von Zero-Coupon Bond Preisen am Markt $P^{\mathrm{M}}(0, t_i)$ eine Funktion $t \mapsto P(0, t)$ konstruiert. Hierin sind die t_i Restlaufzeiten von m am Markt beobachtbaren Zero-Coupon Bonds, $i = 1, \ldots, m$. Eine Mindestanforderung an die zu suchende Funktion ist, dass sie die Marktpreise wiedergibt, das heisst

$$P(0, t_i) = P^{\mathrm{M}}(0, t_i), \quad i = 1, \ldots, m\,.$$

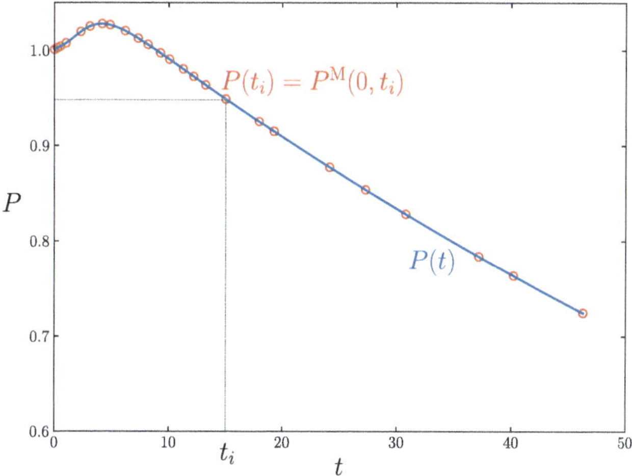

Abb. 12.7 Preise $P^{\mathrm{M}}(0, t_i)$ von Zero-Coupon Bonds mit Restlaufzeiten t_i (∘) am 20. März 2018 extrahiert aus Marktpreisen von Bundesobligationen. Die Funktion $P(t)$ (−) ist der zum Datensatz $(t_i, P^{\mathrm{M}}(0, t_i))$ gehörende (natürliche) Spline

Offenbar gibt es unendlich viele Funktionen, die diese Forderung erfüllen; wir verwenden die im Anhang B.1 diskutierten kubischen Splines zur Konstruktion der Funktion P. Als Beispiel betrachten wir den Spline zu den Daten $(t_i, P^{\mathrm{M}}(0, t_i))$, mit $P^{\mathrm{M}}(0, t_i)$ die Marktpreise von (hypothetischen) Zero-Coupon Bonds (extrahiert aus dem Datensatz in Tab. 12.1) mit Restlaufzeiten t_i. Die Marktpreise erfüllen

$$P^{\mathrm{M}}(0, t_i) = e^{-R(0,t_i)t_i} \; ;$$

hierin sind die $R(0, t_i) = R(t_0, t_i; \widehat{\boldsymbol{\eta}})$ die Kassazinssätze abgeleitet aus den Obligationen in Tab. 12.1 (in dieser werden die Restlaufzeiten mit τ_i bezeichnet). Zu den Datenpunkten $(t_i, P^{\mathrm{M}}(0, t_i))$ nehmen wir noch $(0, P^{\mathrm{M}}(0, 0)) = (0, 1)$ dazu, so dass wir insgesamt $m = 21$ Datenpunkte haben, zu welchen wir den Spline $P(t)$ berechnen. In Abb. 12.7 ist dieser zusammen mit den Zero-Coupon Bonds dargestellt. Beachten Sie, dass der Spline für diesen Datensatz die Eigenschaft $P(t) > 1$ (für gewisse t) hat. Dies erscheint unnatürlich, macht aber Sinn, da einige Renditen nach Fälligkeit y_i^{M} negativ sind, vergleiche auch mit Abb. 12.4.

Ist die Funktion $P(t)$ bekannt, ergibt sich $f^{\mathrm{M}}(t)$ aus $f^{\mathrm{M}}(0, t) = -\partial_t \ln P(t) = -P'(t)/P(t)$. Wir kommen zur Bestimmung der Funktion $t \mapsto P^x(0, t)$ im Modell (12.19). Wenn wir keine Formel zur Berechnung der Zero-Coupon Bondpreise $P^x(0, t)$ haben, gehen wir wie folgt vor. Wir wählen einen Vektor von Restlaufzeiten $\mathbf{t} = (t_1, t_2, \ldots, t_{m^x})$ für ein $m^x \in \mathbb{N}^\times$ und lösen für jedes $t_i \in \mathbf{t}$ die partielle Differentialgleichung (12.13) für den Preis $V_i(x, t)$ eines Zero-Coupon Bonds mit Maturität t_i im

Modell (12.19), das heisst

$$\begin{cases} \partial_t V_i + \mathcal{A} V_i - x V_i = 0 & \text{in } G \times [0, t_i[\\ V_i(x, t_i) = 1 & \text{in } G \end{cases}.$$

Dann setzen wir $P^x(0, t_i) = V_i(x_0, 0)$, $i = 1, \ldots, m^x$. Zum Schluss bestimmen wir den Spline zu den Daten $(t_i, P^x(0, t_i))$ (wobei wir auch hier den Punkt $(0, P^x(0, 0) = (0, 1)$ dazunehmen); den so erhaltenen Spline nennen wir $P^x(t)$. Die Funktion $P^x(t)$ ist eine Approximation für die Funktion $t \mapsto P^x(0, t)$.

Der deterministische Shift φ ergibt sich nun zu

$$\varphi(t) = f^{\mathrm{M}}(t) - f^x(t) = \frac{P'(t)}{P(t)} - \frac{P^{x\prime}(t)}{P^x(t)}$$

wobei nun eben $P(t)$ der Spline zu den Marktpreisen $P^M(0, t_i)$ und $P^x(t)$ der Spline zu den Modellpreisen $P^x(0, t_i)$ ist.

Beispiel 12.3 Wir betrachten das CIR++ Modell (vergleiche mit Beispiel 12.2) mit den Modellparametern $\kappa = 0.8$, $m = 0.03$ und $\sigma = 0.1$. Weiter wählen wir $x_0 = 0.01$ (daraus ergibt sich $r_0 = x_0 + \varphi(0)$) und einen (hypothetischen) Zero-Coupon Bond mit einer Restlaufzeit von $\tau = 27.272$ Jahren, dessen Preis wir aus der Tab. 12.1 extrahieren. Dieser ergibt sich zu $P^{\mathrm{M}}(0, \tau) \doteq 0.852913$. Um die Funktion $\varphi(t) = f^{\mathrm{M}}(t) - f^x(t)$ zu bestimmen, nehmen wir einerseits den Spline $P(t)$ aus Abb. 12.7 und approximieren $f^x(t)$ wie folgt. Wir wählen (ein wenig willkürlich) den Vektor der Restlaufzeiten $\mathbf{t} = (\mathbf{t}_1, \mathbf{t}_2)$ mit $\mathbf{t}_1 = (\Delta t, 2\Delta t, \ldots, 10\Delta t)$ und $\mathbf{t}_2 = (11\Delta t, 61\Delta t, \ldots, 1.5\tau)$, wobei $\Delta t = \frac{\tau}{25M}$ ist; mit $M = \lceil 0.15N \rceil$ wie immer die Anzahl der Zeitschritte im θ-Schema. Alle partiellen Differentialgleichungen, das heisst $m^x = 472$ Differentialgleichungen für die Approximation der Preise $P^x(0, t_i)$ und eine Differentialgleichung für die Approximation des Zero-Coupon Bond Preises P, lösen wir auf dem Gebiet $G^e = [0, 2[$ ohne Randbedingung am linken Rand und mit homogener zweiter Ableitung am rechten Rand ($n_l = 3$, $n_r = 2$) für $N = 2^{12} - 1$ Gitterpunkte in G^e. Beachten Sie, dass P aus der Gleichung

$$\begin{cases} \partial_t v - \mathcal{A}(\tau - t) v + r v = 0 & \text{in } G \times]0, \tau] \\ v(r, 0) = 1 & \text{in } G \end{cases}$$

via $P = v(r_0, \tau)$ folgt; mit dem zeitabhängigen Operator $\mathcal{A}(t)$ wie im Beispiel 12.2.

Die beschriebene Prozedur liefert einen Preis von $P \doteq 0.852915 \approx P^{\mathrm{M}}(0, \tau) \doteq 0.852913$; der Modellpreis stimmt – unabhängig von der Wahl der Modellparameter κ, m, σ – mit dem Marktpreis überein. Man kann nun das Modell verwenden, um Derivate zu bewerten, siehe den Abschn. 12.4. ◇

Wir können die deterministische Verschiebung $r(t) = x(t) + \varphi(t)$ in (12.18) darin gehend erweitern, in dem wir

$$r(t) = x(t) + y(t) \tag{12.28}$$

betrachten, jetzt aber soll $y(t)$ wie $x(t)$ stochastisch sein. Ein solches Modell wird Zwei-Faktor Modell genannt. Diese wurden (unter anderem) eingeführt, um folgendes Problem der klassischen „short rate" Modelle zu beheben. Wir haben ja gesehen, dass der Wert eines Zero-Coupon Bonds in einem affinen „short rate" Modell geschrieben werden kann als

$$P(t, T) = e^{-\alpha(t,T)-\beta(t,T)r(t)} ,$$

vergleiche mit (12.16). In einem solchen Modell kann der stetig verzinste Kassakurs $R(t, T) := -\frac{\ln P(t,T)}{T-t}$ als

$$R(t, T) = \frac{\alpha(t, T)}{T - t} + \frac{\beta(t, T)}{T - t} r(t) =: a(t, T) + b(t, T)r(t)$$

geschrieben werden, für deterministische Funktionen a und b. Wir betrachten nun zwei Zero-Coupon Bonds mit Maturitäten $T_2 > T_1$ in einem affinen „short rate" Modell. Für die Kassakurse mit Maturitäten T_1 und T_2 ist nun

$$\mathrm{Corr}\big(R(t, T_1), R(t, T_2)\big) = \mathrm{sign}(b(t, T_1)b(t, T_2))\mathrm{Corr}\big(r(t), r(t)\big) = 1 ,$$

vergleiche mit Abb. 12.8 und Aufgabe 12.5. Das bedeutet, dass zu jedem Zeitpunkt t die Kassakurse für alle Maturitäten perfekt korreliert sind. Dies ist aber für reale Kassakurse nicht beobachtbar.

Wir brauchen ein Modell für die beiden Faktoren $x(t)$ und $y(t)$ in (12.28). Wir betrachten den vektorwertigen Prozess $\mathbf{X}(t) = (x(t), y(t))^\top$, welcher folgende stochastische Differentialgleichung erfüllt

$$\begin{pmatrix} \mathrm{d}x(t) \\ \mathrm{d}y(t) \end{pmatrix} = \underbrace{\begin{pmatrix} \mu_1(x(t), t) \\ \mu_2(y(t), t) \end{pmatrix}}_{=\boldsymbol{\mu}(\mathbf{X}(t),t)} \mathrm{d}t + \underbrace{\begin{pmatrix} \sigma_1(x(t), t) & 0 \\ \rho\sigma_2(y(t), t) & \sqrt{1-\rho^2}\sigma_2(y(t), t) \end{pmatrix}}_{\sigma(\mathbf{X}(t),t)} \begin{pmatrix} \mathrm{d}W_1(t) \\ \mathrm{d}W_2(t) \end{pmatrix} . \tag{12.29}$$

Hierin sind μ_i und σ_i gegebene Funktionen, $\rho \in [-1, 1]$ eine Korrelation und $W_i(t)$ zwei unabhängige Brown'sche Bewegungen nach Definition 1.1. Der Wert eines Derivates $V(\mathbf{x}, t) = V(x, y, t)$ wie in (12.12) löst nach dem Fundamentalprinzip$_d$ die partielle Differentialgleichung

$$\begin{cases} \partial_t V + \mathcal{A}V - (x + y)V = 0 & \text{in } G \times [0, T[\\ V(x, y, T) = g(x, y) & \text{in } G \end{cases} \tag{12.30}$$

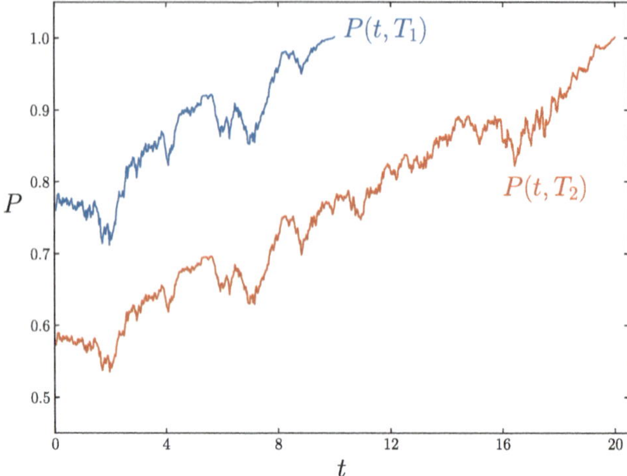

Abb. 12.8 Bondpreise $P(t, T_1)$ und $P(t, T_2)$ im CIR Modell für Maturitäten $T_1 = 10$ und $T_2 = 20$. Die daraus abgeleiteten Kassakurse $R(t, T_i)$ sind perfekt korreliert, dies ist real nicht beobachtbar. Parameterwerte für das CIR Modell wie in Abb. 12.5

mit dem Operator (zur Erinnerung: $\boldsymbol{Q}(\mathbf{x}, t) = \boldsymbol{\sigma}(\mathbf{x}, t)\boldsymbol{\sigma}(\mathbf{x}, t)^\top$)

$$\begin{aligned}\mathcal{A}V &= \frac{1}{2}\mathrm{tr}[\boldsymbol{Q}(\mathbf{x}, t)D^2V] + \boldsymbol{\mu}(\mathbf{x}, t)^\top \nabla V \\ &= \frac{1}{2}\sigma_1^2(x, t)\partial_{xx}V + \frac{1}{2}\sigma_2^2(y, t)\partial_{yy}V + \rho\sigma_1(x, t)\sigma_2(y, t)\partial_{xy}V \\ &\quad + \mu_1(x, t)\partial_x V + \mu_2(y, t)\partial_y V\end{aligned}$$

und einem Gebiet $G \subset \mathbb{R}^2$. Als Beispiel betrachten wir eine Erweiterung des Vasicek Modells auf zwei Faktoren. In einem solchen ist $\mu_1(x, t) = -\kappa_1 x$, $\mu_2(y, t) = -\kappa_2 y$ (der Parameter m wird zu Null gesetzt) sowie $\sigma_1(x, t) = \sigma_1 > 0$, $\sigma_2(y, t) = \sigma_2 > 0$. In diesem Modell, welches affin ist, ist der Preis eines Zero-Coupon Bonds wiederum bekannt, nämlich

$$P(t, T) = e^{-\alpha^x(t,T) - \beta^x(t,T)x(t)} e^{-\alpha^y(t,T) - \beta^y(t,T)y(t)} e^{u(t,T)}, \tag{12.31}$$

mit α^x, α^y und β^x, β^y die entsprechenden Funktionen der einzelnen Faktoren $x(t)$ und $y(t)$. Die Funktion $u(t, T)$ bildet die Korrelation ab; ist $\rho = 0$, so ist $u(t, T) = 0$ und der Faktor $e^{u(t,T)} = 1$, so dass sich im unkorrelierten Fall der Zero-Coupon Preis im Zwei-Faktor Vasicek Modell als Produkt der Zero-Coupon Bond Preise der einzelnen Faktoren ergibt. In Abb. 12.9 ist der Preis eines Zero-Coupon Bonds (also $g(x, y) = 1$ in (12.30)) mit Maturität $T = 10$ im Zwei-Faktor Vasicek Modell für die Parameter $\kappa_1 = 1.3$, $\kappa_2 = 0.8$, $\sigma_1 = 0.08$, $\sigma_2 = 0.15$ und $\rho = -0.6$ im Gebiet $(x, y) \in \,]0, 0.2[^2$ graphisch dargestellt. Um die Abbildung zu erhalten, haben wir die partielle Differentialgleichung (12.30) zusammen mit intrinsischen Randbedingungen auf den Kanten $\{x = x_l\}$ und $\{y = y_l\}$ sowie

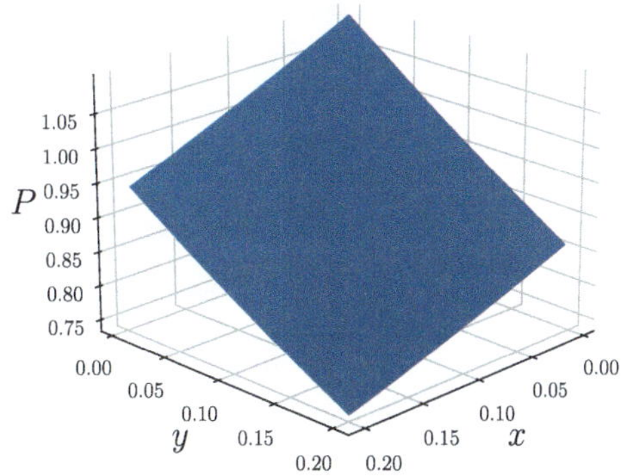

Abb. 12.9 Numerische Lösung der partiellen Differentialgleichung (12.30) für den Preis $P(0, T)$ eines Zero-Coupon Bonds mit Maturität $T = 10$

homogenen Neumann-Randbedingungen auf den Kanten $\{x = x_r\}$ und $\{y = y_r\}$ mit der Routine pde_2d_ah_cs (vergleiche mit der Aufgabe 12.6) auf dem Gebiet $G^e = [-1, 1[^2$ gelöst, mit $N_1 = N_2 = 2^L - 1$ Gitterpunkten in jeder Koordinatenrichtung x und y, $L = 8$. Für die Diskretisierung bezüglich der Zeit t haben wir das Craig-Sneyd Verfahren verwendet, mit $\theta = 0.5$ und $M = \lceil 0.1 N_1 \rceil$ Zeitschritte.

Im nächsten Abschnitt betrachten wir zwei Anwendungen der betrachteten „short rate" Modelle.

12.3 Anwendungen

Im klassischen Black-Scholes Modell $\mathrm{d}S(t) = rS(t)\mathrm{d}t + \sigma S(t)\mathrm{d}W(t)$ sind der Zinssatz r und die Volatilität σ konstant. Im Abschn. 10.7 haben wir Modelle der stochastischen Volatilität betrachtet; diese modellieren $\sigma = \sigma(t)$ als stochastischen Prozess. Da wir nun Modelle für $r = r(t)$ zur Verfügung haben, können wir auch die Annahme eines konstanten Zinssatzes fallen lassen. Der Einfachheit halber betrachten wir im Folgenden die Volatilität als konstant und die „short rate" in (12.11) als zeithomogen, das heisst wir betrachten das Modell

$$\begin{pmatrix} \mathrm{d}S(t) \\ \mathrm{d}r(t) \end{pmatrix} = \begin{pmatrix} r(t)S(t) \\ \mu(r(t)) \end{pmatrix} \mathrm{d}t + \begin{pmatrix} \sigma S(t) & 0 \\ \rho\delta(r(t)) & \sqrt{1-\rho^2}\delta(r(t)) \end{pmatrix} \begin{pmatrix} \mathrm{d}W_1(t) \\ \mathrm{d}W_2(t) \end{pmatrix}.$$

Nach dem Fundamentalprinzip$_d$ löst der Preis $V(s, r, t)$ einer Option auf einen Basiswert mit Kurs $S(t)$ die partielle Differentialgleichung

$$\begin{cases} \partial_t V + \mathcal{A}V - rV = 0 & \text{in } G \times [0, T[\\ V(s, r, T) = g(s) & \text{in } G \end{cases} \tag{12.32}$$

mit dem Operator

$$\mathcal{A}V = \frac{1}{2}\sigma^2 s^2 \partial_{ss} V + \frac{1}{2}\delta^2(r)\partial_{rr} V + \rho s \delta(r)\partial_{sr} V + sr\partial_s V + \mu(r)\partial_r V$$

und einem Gebiet $G = \mathbb{R}^+ \times G_r$, mit $G_r \subset \mathbb{R}$.

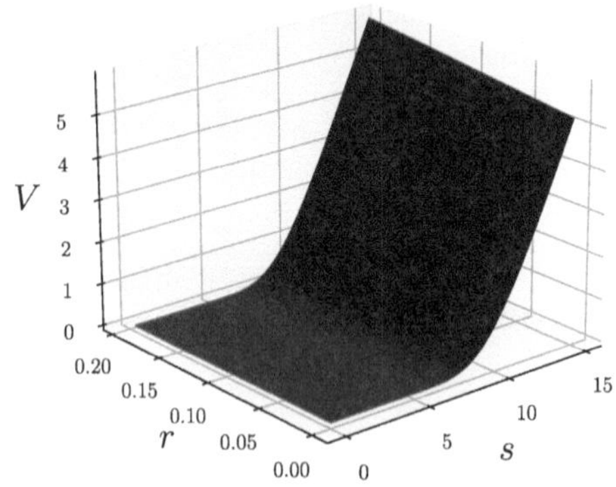

Abb. 12.10 Numerische Lösung der partiellen Differentialgleichung (12.32) für den Preis $V(s, r, 0)$ einer Europäischen Call Option im Black-Scholes Modell mit stochastischem Zinssatz

Tab. 12.5 Es liegt Konvergenz erster Ordnung vor

L	N	e	t_{CPU}
5	217	0.02454339	0.05
6	945	0.01441830	0.05
7	3937	0.00467159	0.08
8	16 065	0.00075438	0.29
9	64 897	0.00011924	1.74
10	260 865	0.00002589	13.2

Beispiel 12.4 Wir betrachten eine Europäische Call Option (mit Ausübungspreis $K = 10$ und Maturität $T = 1$) und nehmen als „short rate" Modell das Vasicek Modell, das heisst $\mu(r) = \kappa(m - r)$ und $\delta(r) = \delta$. Die Modellparameter sind $\sigma = 0.2$, $\kappa = 2.5$, $m = 0.04$, $\delta = 0.02$ und $\rho = 0.1$. Für das Lösen der Differentialgleichung (12.32) verwenden wir die bereits vorhandene Routine 10.3 pde_2d_ah_cs, wobei wir auf den Kanten $\{s = s_l\}$ und $\{r = r_l\}$ keine Randbedingungen und auf den Kanten $\{s = s_r\}$ und $\{r = r_r\}$ homogene Neumann Randbedingungen setzen. Wir rechnen auf dem Gebiet $(s, r) \in G^e = [0, 5K[\times [0, 1[$ und bestimmen den maximalen Fehler auf dem Gebiet $\widetilde{G} = [0, 1.5K[\times [0, 0.2[$; dazu rechnen wir jeweils mit $N_1 = 2^L - 1$ und $N_2 = 2^{L-2} - 1$ Gitterpunkte im Intervall $[0, 5K[$ respektive $[0, 1[$; für $L = 5, \ldots, 10$. Im Craig-Sneyd Verfahren rechnen wir mit $M = \lceil 0.08 N_1 \rceil$ Zeitschritten und $\theta = 0.5$. Wir erhalten Konvergenz erster Ordnung (die exakten Preise sind für dieses Modell analytisch berechenbar, siehe Kim [4]), vergleiche mit Tab. 12.5. In Abb. 12.10 stellen wir den Graphen der Funktion $(s, r) \mapsto V(s, r, 0)$ graphisch dar. ◇

Die zweite Anwendung, die wir in diesem Abschnitt betrachten wollen, sind rückrufbare Anleihen; der englische Begriff dafür ist „callable bond". Bevor wir auf die Definition und Bewertung solcher Bonds eingehen, betrachten wir die einfacheren „straight bonds". Das sind Anleihen, welche dem Halter nicht nur bei Verfall den Nominalwert N zurückzahlen, sondern zusätzlich vor Verfall (periodische) Zahlungen in Form von Coupons der Höhe $c_j N$ liefern. Wir betrachten hier c_j als relativen Wert, welcher meist in Prozent angegeben wird. Wir haben solche Anleihen beispielhaft bereits im Abschn. 12.1 betrachtet und diese mit „Coupon Bonds“ bezeichnet. Ein Coupon Bond ist ein Portfolio von Zero-Coupon Bonds und kann daher mit den Methoden/Modellen für Zero-Coupon Bonds bewertet werden. Wir nehmen im Folgenden ohne Beschränkung der Allgemeinheit an, dass $N = 1$ ist. Es sei nun t_0 der Zeitpunkt der Bewertung, und die (noch ausstehenden) Couponzahlungen c_j finden zu den Zeitpunkten t_j, $j = 1, \ldots, J$ statt, wobei wir noch annehmen, dass $t_J = T$ und T der Verfallszeitpunkt des Bonds darstellt. Üblicherweise sind die Zeitabschnitte $t_j - t_{j-1}$ zwischen zwei Couponzahlungen konstant, zum Beispiel $t_j - t_{j-1} = 1$, $j \geq 2$, vergleiche mit Abb. 12.11, in welcher $J = 10$ ist. Der Barwert eines Coupon Bonds zum Zeitpunkt $t_0 < t_1$ ist

$$V(t_0) = \sum_{j=1}^{J-1} c_j P(t_0, t_j) + (1 + c_J) P(t_0, T) , \tag{12.33}$$

wobei wir mit $P(t, T)$ wie schon im Abschn. 12.1 den Wert zum Zeitpunkt t eines Zero-Coupon Bonds, welcher zum Zeitpunkt T verfällt, bezeichnen. Aus obiger Formel wird klar, wie wir einen Coupon Bond in einem (Einfaktor) „short rate“ Modell mit der Finite-Differenzen-Methode bewerten können. Wir lösen für $j = 1, \ldots, J$ die partiellen Differentialgleichungen (12.13) in $G \times [t_0, t_j[$ und $g(r) = 1$, um $V_j(r, t_0) = P(t_0, t_j)$ zu erhalten, und führen danach die Summation $V(t_0) = \sum_{j=1}^{J-1} c_j V_j + (1 + c_J) V_J$ durch. Eine zweite Möglichkeit an den Wert $V(t_0)$ heranzukommen, besteht darin, dass wir zuerst die Gleichung (12.13) in $G \times [t_{J-1}, T[$ mit $g(r) = 1 + c_J$ lösen; wir erhalten dadurch den Bondpreis $V_J(r, t_{J-1})$ zum Zeitpunkt t_{J-1} in Abhängigkeit der „short rate“ r. Dann lösen wir wiederum die Gleichung (12.13), nun aber in $G \times [t_{J-2}, t_{J-1}[$ und mit der Endbedingung $g(r) = V_J(r, t_{J-1}) + c_{J-1}$; wir erhalten den Bond Preis $V_{J-1}(r, t_{J-2})$ zum Zeitpunkt t_{J-2} in Abhängigkeit der „short rate“ r. Wir wiederholen diese Prozedur, bis wir zur Zeitperiode $[t_0, t_1[$ vorgerückt sind. In dieser lösen wir das letzte (und J-te) Mal die Gleichung (12.13), nun aber zur Bedingung $g(r) = V_2(r, t_1) + c_1$. Der Wert $V_1(r, t_0)$ stellt dann eine Approximation des gesuchten $V(t_0)$ dar (in Abhängigkeit von r). Da wir wie immer die Richtung der Zeit umkehren (und in diesem Fall auch die Indexierung, $V_j = v_{J+1-j}$), lösen wir für $j = 1, \ldots, J$ die Probleme

$$\begin{cases} \partial_t v_j - \mathcal{A} v_j + r v_j = 0 & \text{in } G \times]0, \tau_j] \\ \qquad v_j(r, 0) = v_{j-1}(r, \tau_{j-1}) + c_{J+1-j} & \text{in } G \end{cases} \tag{12.34}$$

mit $\tau_j := t_{J+1-j} - t_{J-j}$ und $v_0(r, \tau_0) = 1$. Die Funktion $v_J(r, \tau_J)$ stellt dann eine Approximation von $V(t_0)$ dar, siehe auch die Aufgabe 12.7. Die zweite Variante werden wir für das Bewerten von „callable“ Bonds verwenden.

Wir kommen nun zu den „callable“ Bonds. Diese funktionieren wie „straight“ Bonds, räumen dem Emittenten des Bonds jedoch das Recht ein, nach einer gewissen Periode den Bond vom Halter zu vordefinierten Zeitpunkten und vordefinierten Preisen zurückzukaufen. Üblicherweise muss der Emittent den Rückkauf eine bestimmte Periode δ *vor* dem Zeitpunkt t_j des tatsächlichen Rückkaufs bekannt geben (Sie können sich dies als

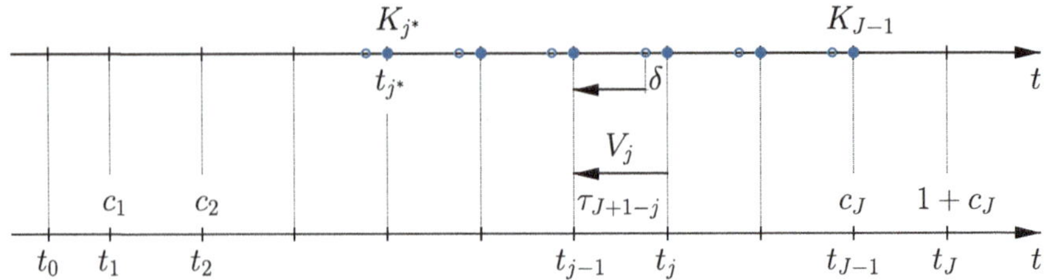

Abb. 12.11 Ein „straight" Bond zahlt zu Zeitpunkten t_j Cashflows der Höhe c_j, $j = 1, \ldots, J$. Ein „callable" Bond kann (muss aber nicht) zu Zeitpunkten t_j, $j = j^*, \ldots, J-1$ (•) vom Emittenten zum Preis K_j zurückgekauft werden. Ein möglicher Rückkauf muss zum Zeitpunkt $t_j - \delta$ (∘) angekündigt werden. Gesucht ist der Wert $V_1(r, t_0)$ eines Bonds zum Zeitpunkt t_0

Kündungsfrist vorstellen). Diese Periode wird als „notice period" bezeichnet und als konstant angenommen (also von j unabhängig). Gibt es nur einen Zeitpunkt t_{j^*}, zu welchem der Bond zurückgerufen werden kann (in der Regel $t_{j^*} = t_{J-1}$; die letzte Couponzahlung vor Verfall des Bonds), spricht man von einem Europäischen „callable" Bond. Kann der Emittent den Bond zu jedem Zeitpunkt t in einem Intervall zurücknehmen, handelt es sich um einen Amerikanischen „callable" Bond. Der übliche Fall stellt der Bermuda „callable" Bond dar. Hier kann zu Zeitpunkten $\{t_{j^*}, t_{j^*+1}, \ldots, t_{J-1}\}$ vom Recht des Rückkaufs Gebrauch gemacht werden, vergleiche mit Abb. 12.11, in welcher $J = 10$ und $j^* = 6$ ist. Die Zeitpunkte t_j, $j = j^*, \ldots, J-1$, stimmen mit Zeitpunkten von Couponzahlungen überein; die dazugehörigen Rückkaufpreise bezeichnen wir mit K_j.

Beispiel 12.5 In Abb. 12.12 betrachten wir eine sogenannte „Callable Step-Up Note". Als t_0 nehmen wir das „Issue Date" (21.03.2014). Es werden die Coupons $c_1 = 0.0125$, $c_2 = 0.0125$, $c_3 = 0.015$, $c_4 = 0.02$, $c_5 = 0.03$ zu Zeitpunkten $t_1 = 21.03.2015$, $t_2 = 21.03.2016$, $t_3 = 21.03.2017$ $t_4 = 21.03.2018$ und $t_5 = 21.03.2019$ bezahlt (somit ist $J = 5$). Die „Note" kann zum ersten Mal zum Zeitpunkt t_1 (daher ist $j^* = 1$) und zum letzten Mal bei t_4 zurückgekauft werden; die Rückkaufpreise („Optional Redemption Amount") sind $K_j \equiv 1$, $j = 1, \ldots, 4$. Die „notice period" beträgt $\delta = 5$ Tage, siehe „Redemption Option (Call)". ◇

Wie bewertet man einen „callable" Bond? Der erste Schritt ist wie bei einem „straight" Bond; wir lösen die Gleichung (12.13) in $G \times [t_{J-1}, T[$ mit $g(r) = 1 + c_J$; wir erhalten dadurch den Wert $V_J(r, t_{J-1})$ des „callable" Bond zum Zeitpunkt t_{J-1} in Abhängigkeit der „short rate" r. Die Entscheidung, ob der Emittent zum Zeitpunkt t_{J-1} den Bond zurückkauft (zum Preis K_{J-1}) oder nicht, wird zum Zeitpunkt $t_{J-1} - \delta$ gefällt. Der Wert des Bonds zu diesem Zeitpunkt erhalten wir dadurch, dass wir die Gleichung (12.13) in $G \times [t_{J-1} - \delta, t_{J-1}[$ mit $g(r) = V_J(r, t_{J-1}) + c_{J-1}$ lösen; diesen Wert bezeichnen wir mit $\widehat{V}_{J-1}(r, t_{J-1} - \delta)$. Der Wert $\widehat{V}_{J-1}(r, t_{J-1} - \delta)$ muss nun verglichen werden mit dem auf den Zeitpunkt $t_{J-1} - \delta$ abgezinsten Cashflow $K_{J-1} + c_{J-1}$ zum Zeitpunkt t_{J-1}, welcher

Information on Underlying

Underlying	Not applicable

Product Details

Security Numbers	**ISIN:**	CH0224695921	**Valor:**	22469592
	WKN:	UB99VC	**Common Code:**	104863493
Issue Size	USD 4,910,000			
Specified Denomination / Nominal	USD 1,000 per Product (traded in nominal)			
Issue Price	100% of the Specified Denomination (percentage quotation, subject to market conditions)			
Settlement Currency	USD			
Interest	**Interest Rate x Specified Denomination x Day Count Fraction**			

Period	Interest Rate p.a.	Day Count Fraction
Year 1 - 2	1.25%	30/360
Year 3	1.50%	
Year 4	2.00%	
Year 5	3.00%	

Dates

Trade Date	14 March 2014
Subscription Period	21 February 2014 until 14 March 2014, 12:00 CET (Please note that the Subscription Period can be extended or can close earlier)
Issue Date	21 March 2014
Redemption Date / Maturity Date	21 March 2019
Interest Period	The initial Interest Period will be the period from and including the Issue Date to but excluding the first Interest Payment Date. Each subsequent Interest Period will be the period between two successive Interest Payment Dates, from and including one Interest Payment Date to but excluding the immediately following Interest Payment Date.
Interest Payment Dates	21 March every year, from and including 21 March 2015 to and including 21 March 2019.
Optional Redemption Dates	21 March every year, from and including 21 March 2015 to and including 21 March 2018.

Redemption

Redemption Amount per Product at the Maturity Date	100% of the Specified Denomination
Redemption Option (Call)	The Issuer may redeem the Product, in whole but not in part, at its Optional Redemption Amount on each Optional Redemption Date upon publishing a notice on the internet on website http://www.ubs.com/quotes at least five Business Days prior to the relevant Optional Redemption Date. In addition, the Issuer will deliver such notice to the relevant clearing system, for communication by the clearing system to the Investors. The Investors will be entitled to any interest payments due on the Optional Redemption Date.
Optional Redemption Amount per Product at the Optional Redemption Date	100% of the Specified Denomination

Abb. 12.12 Auszug eines Term Sheets eines „callable“ Bonds

der Emittent dem Halter des Bonds zahlen muss, wenn er den Bond zurückruft. Der Abzinsungsfaktor entspricht gerade dem Wert $P(r; t_{J-1} - \delta, t_{J-1})$ eines Zero-Coupon Bonds zum Zeitpunkt $t_{J-1} - \delta$ mit Maturität t_{J-1} (in Abhängigkeit der „short rate“). Der Wert des „callable“ Bonds zum Zeitpunkt $t_{J-1} - \delta$ entspricht nun dem kleineren der beiden berechneten Werte, also

$$V_{J-1}(r, t_{J-1} - \delta) = \min\left\{\widehat{V}_{J-1}(r, t_{J-1} - \delta), (K_{J-1} + c_{J-1})P(r; t_{J-1} - \delta, t_{J-1})\right\} .$$

Nun lösen wir die Gleichung (12.13) in $G \times [t_{J-2}, t_{J-1} - \delta[$ mit dem soeben erhaltenen Endbedingung $g(r) = V_{J-1}(r, t_{J-1} - \delta)$ und erhalten den Wert $V_{J-1}(r, t_{J-2})$ des „callable" Bonds zum Zeitpunkt t_{J-2} in Abhängigkeit der „short rate" r. Nun wiederholen wir die ganze Prozedur so oft, wie der Emittent Rückkaufrechte hat; dadurch erhalten wir den Wert $V_{j^*}(r, t_{j^*-1})$. Da es von nun an keine Rückkaufmöglichkeiten mehr gibt, entspricht der „callable" Bond einem „straight" Bond, jedoch nicht mit der Endbedingung $g(r) = 1 + c_{j^*-1}$, sondern eben $g(r) = V_{j^*}(r, t_{j^*-1}) + c_{j^*-1}$. Für die restlichen Couponzahlungen können wir daher nun so vorgehen wie beim Bewerten eines „straight" Bonds (wie oben beschrieben). Am Schluss erhalten wir so den Wert $V_1(r, t_0)$ des „callable" Bonds zum Zeitpunkt t_0. Wechseln wir wieder zu Restlaufzeit (und kehren gleichzeitig die Indexierung um ($V_j = v_{J+1-j}$), so müssen wir sukzessive folgende Probleme lösen (vergleiche auch mit Abb. 12.11). Löse zunächst die Differentialgleichung

$$\begin{cases} \partial_t v_1 - \mathcal{A}(T-t)v_1 + rv_1 = 0 & \text{in } G \times]0, \tau_1] \\ v_1(r, 0) = 1 + c_J & \text{in } G \end{cases}$$

dann, für $j = 2, \ldots, J + 1 - j^*$, (für $j = 2$ müssen wir $\widehat{v}_j(r, 0) = v_{j-1}(r, \tau_{j-1}) + c_{J+1-j}$ setzen)

$$\begin{cases} \partial_t \widehat{v}_j - \mathcal{A}(t_{J+1-j} - t)\widehat{v}_j + r\widehat{v}_j = 0 & \text{in } G \times]0, \delta] \\ \widehat{v}_j(r, 0) = v_{j-1}(r, \tau_{j-1} - \delta) + c_{J+1-j} & \text{in } G \\ \partial_t \widetilde{v}_j - \mathcal{A}(t_{J+1-j} - t)\widetilde{v}_j + r\widetilde{v}_j = 0 & \text{in } G \times]0, \delta] \\ \widetilde{v}_j(r, 0) = K_{J+1-j} + c_{J+1-j} & \text{in } G \\ \partial_t v_j - \mathcal{A}(t_{J+1-j} - \delta - t)v_j + rv_j = 0 & \text{in } G \times]0, \tau_j - \delta] \\ v_j(r, 0) = \min\{\widetilde{v}_j(r, \delta), \widehat{v}_j(r, \delta)\} & \text{in } G \end{cases}$$

und zum Schluss für $j = J + 2 - j^*, \ldots, J$,

$$\begin{cases} \partial_t v_j - \mathcal{A}(t_{J+1-j} - t)v_j + rv_j = 0 & \text{in } G \times]0, \tau_j] \\ v_j(r, 0) = v_{j-1}(r, \tau_{j-1}) + c_{J+1-j} & \text{in } G \end{cases} .$$

Der Wert $v_J(r, \tau_J)$ stellt den gesuchten Bondpreis $V(t_0)$ dar. Ist der Operator $\mathcal{A}$ nicht zeitabhängig (zum Beispiel bei zeit-homogenen „short rate" Modellen, vergleiche auch mit Aufgabe 12.4), so müssen wir nur einmal die Zero-Coupon Bond Preise $\widetilde{v}_j(r, \delta)$ bestimmen. Und zwar lösen wir in diesem Fall *vorgängig* das Problem

$$\begin{cases} \partial_t \widetilde{v} - \mathcal{A}\widetilde{v} + r\widetilde{v} = 0 & \text{in } G \times]0, \delta] \\ \widetilde{v}(r, 0) = 1 & \text{in } G \end{cases}$$

und setzen $\widetilde{v}_j(r,\delta) := (K_{J+1-j} + c_{J+1-j})\widetilde{v}(r,\delta)$. Für das (zeit-homogene) CIR- und Vasicek Modell realisieren wir dies in der Routine bondcallable_cir; sämtliche Differentialgleichungen können wir mit der Routine 6.2 pde_1d_a_theta approximativ lösen. Die Differentialgleichungen im CIR Modell lösen wir auf $G^e = [0,2[$, im Vasicek Modell auf $G^e = [-1,1[$ (in beiden Fällen verwenden wir keine Bedingung am linken Rand und homogene zweite Ableitung am rechten Rand des Intervalls).

Routine 12.1: bondcallable_cir.py

```
import numpy as np
from scipy import interpolate
from pde_1d_a_theta import pde_1d_a_theta

def bondcallable_cir(r0,kappa,m,sigma,NP,Tau,CP,C,model):
    '''Findet der Wert eines Callable Bonds im Vasicek- (model = "Vasicek")
    oder CIR (model = "CIR") Modell in Abhaengigkeit der short rate r0.
    Hierin sind kappa,m und sigma die entsprechenden Modell-Parameter. NP
    bezeichnet die Laenge der 'notice period', CP ist die Liste der Rueck-
    rufpreise, Tau der Vektor der Restlaufzeiten (Restzeit zu den
    ausstehenden Couponzahlungen), c ist der Coupon.'''

    N = 2**11-1; M = int(np.ceil(0.05*N)); R = 0;
    tau = np.diff(Tau); Ncoup = len(tau); Ncall = len(CP);

    if (model=="CIR"):
        a = lambda x:-sigma**2/2*x; xl = 0; xr = 2;
    else:
        a = lambda x:-sigma**2/2*x**0; xl = -1; xr = 1;

    b = lambda x:-kappa*(m-x); c = lambda x:x;

    # Payoff, Randbedingungen, Zero Coupon Bond
    wl = lambda t:0*t; wr = lambda t:0*t; nl = 3; nr = 2;
    x,wc = pde_1d_a_theta(a,b,c,NP,xl,wl,nl,xr,wr,nr,lambda x:x**0,N,M,R,0.5);

    # erster Schritt
    g = lambda x:(1+C)*x**0;
    x,w = pde_1d_a_theta(a,b,c,tau[-1],xl,wl,nl,xr,wr,nr,g,N,M,R,0.5);

    # zweiter Schritt
    for j in range(Ncall):
        w = w+C;
        x,w = pde_1d_a_theta(a,b,c,NP,xl,wl,nl,xr,wr,nr,lambda x:w,N,M,R,0.5);
        w = np.minimum(w,(CP[-1-j]+C)*wc); mat = tau[-2-j]-NP;
        x,w = pde_1d_a_theta(a,b,c,mat,xl,wl,nl,xr,wr,nr,lambda x:w,N,M,R,0.5);

    # dritter Schritt
    for j in range(Ncoup-Ncall-1):
        w = w+C; mat = tau[-2-Ncall-j];
        x,w = pde_1d_a_theta(a,b,c,mat,xl,wl,nl,xr,wr,nr,lambda x:w,N,M,R,0.5);

    return interpolate.PchipInterpolator(x,w,extrapolate=True)(r0);
```

Als Beispiel betrachten wir nun das Problem in Büttler und Waldvogel [1], welches in der Literatur immer wieder aufgegriffen und mit verschiedenen Methoden gelöst wurde.

Tab. 12.6 Approximierter Preis $V(t_0)$ eines „callable" Bonds der Eidgenossenschaft in Abhängigkeit der „short rate" r im Vasicek- und CIR Modell. Die Finite-Differenzen-Methode (FDM) liefert gute Approximationen

r	Vasicek		CIR	
	FDM	LLL	FDM	LLL
0.01	0.842848	0.842845	0.939260	0.939259
0.03	0.810094	0.810091	0.893341	0.893341
0.05	0.778705	0.778702	0.849823	0.849823
0.07	0.748624	0.748621	0.808577	0.808577
0.09	0.719794	0.719792	0.769484	0.769484

Beim betrachteten „callable" Bond handelt es sich um den (mittlerweile ausgelaufenen) Bond der Eidgenossenschaft mit folgenden Eckdaten. $t_0 = 0$ (entspricht dem 23.12.1991), $t_j = j - 1 + 0.172$, $j = 1, \ldots, 21$ (konstante Couponzahlung $c_j \equiv c = 0.0425$ jeweils einmal pro Jahr, nächste Coupon-Zahlung bei t_1 (entspricht dem Jahr 1992), letzte bei t_{21} (entspricht dem Jahr 2012). Die Restlaufzeit des Bonds war dem entsprechend $T = 21.172$. Der Bond konnte zum ersten Mal bei $t_{j^*} = t_{11}$ (entspricht dem Jahr 2002) und zu letzten Mal bei t_{20} (entspricht dem Jahr 2011) zurückgerufen werden. Die Rückrufpreise waren $K_{11} = 1.025$, $K_{12} = 1.020$, $K_{13} = 1.015$, $K_{14} = 1.010$, $K_{15} = 1.005$ und $K_{16} = \ldots = K_{20} = 1.000$. Die „notice periode" betrug 2 Monate, $\delta = \frac{2}{12}$. Büttler und Waldvogel kalibrierten das Vasicek und CIR Modell zum Zeitpunkt t_0 an Marktdaten. Für das Vasicek Modell ergab sich $\kappa = 0.44178462$, $m = 0.098397028$ und $\sigma = 0.13264223$; für das CIR Modell wurde $\kappa = 0.14294371$, $m = 0.133976855$; $\sigma = 0.3875749$ gefunden. Für diese Modell- und Kontraktparameter sowie einer „short rate" $r = 0.03$ zum Beispiel liefert die Routine bondcallable_cir für das CIR Modell $V(t_0) \doteq 0.893341$.

```
In [2]: kappa = 0.14294371; m = 0.133976855; sigma = 0.38757496;
   ...: Tau = np.hstack((0,np.arange(0.172,21.172)));
   ...: CP = [1.025,1.02,1.015,1.01,1.005,1,1,1,1,1];
   ...: r0 = [0.01,0.03,0.05,0.07,0.09];
In [3]: w = bondcallable_cir(r0,kappa,m,sigma,1/6,Tau,CP,0.0425,"CIR"); w
Out[3]: array([0.9392597 , 0.89334108, 0.84982281, 0.80857728, 0.76948374])
```

Wir vergleichen die Bondpreise (FDM) aus der Routine bondcallable_cir mit denjenigen aus Lim, Li und Linetsky [5] (LLL), da diese unter den in der Literatur verfügbaren Werte die höchste Genauigkeit aufzuweisen scheinen. Die Preise des Vasicek Modells stimmen auf 5, diejenigen des CIR Modells sogar auf 6 Nachkommastellen überein, vergleiche mit Tab. 12.6.

Das Beispiel verdeutlicht (nochmals), dass verschiedene Modelle – obwohl an die selben Marktdaten kalibriert – zu unterschiedlichen Preisen führen. In diesem Fall sind die Unterschiede beträchtlich: für eine „short rate" von $r = 0.01$ zum Beispiel liefert das CIR-Modell um einen ca. 11.4 % grösseren Wert. Was ist nun der „richtige" Preis des „callable" Bonds?

In Abb. 12.13 stellen wir den Wert $v_2(r, 0) = V_{J-1}(r, t_{J-1} - \delta)$ des „callable" Bonds zum Zeitpunkt $t_{J-1} - \delta$ in Abhängigkeit der „short rate" im CIR Modell graphisch dar. In der Abbildung stellt die gestrichelte Linie (- -) den Wert $\widehat{V}_{J-1}(r, t_{J-1} - \delta)$ des „straight"

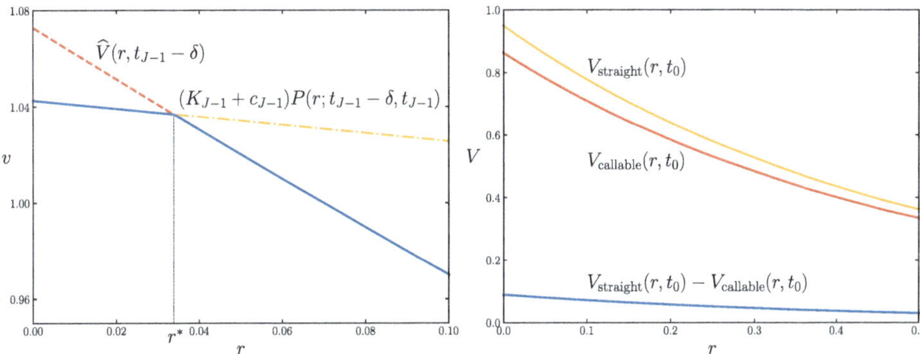

Abb. 12.13 Links. Der Wert $V_{J-1}(r, t_{J-1} - \delta)$ des „callable" Bonds ist das Minimum von abgezinstem Cashflow und „straight" Bond. Rechts. Die implizite Optionsprämie entspricht der Differenz zwischen dem Wert des „straight" und „callable" Bonds

Bonds (zum Zeitpunkt $t_{J-1} - \delta$) dar, also wenn der Emittent kein Rücknahmerecht hat. Die flachere der beiden Kurven (-·) stellt den Barwert $(K_{J-1} + c_{J-1})P(r; t_{J-1} - \delta, t_{J-1})$ des Rückkaufpreises plus Couponzahlung $(K_{J-1} + c_{J-1})$ dar. Der Emittent wird den Bond zurücknehmen, wenn der Wert des („straight") Bonds über diesen Barwert steigt. Das Rücknahmerecht reduziert somit den Preis des Bonds, aber nur, wenn die „short rate" einen gewissen Wert r^* unterschreitet. Dieser Wert ist Lösung der Gleichung

$$\widehat{V}_{J-1}(r, t_{J-1} - \delta) = (K_{J-1} + c_{J-1})P(r; t_{J-1} - \delta, t_{J-1}) .$$

Die Option des Rückkaufs reduziert den Wert des („straight") Bonds für $r < r^*$. Wir können dieser „Option" eine Prämie zuordnen; diese ist die Differenz

$$V_{\text{straight}}(r, t_0) - V_{\text{callable}}(r, t_0)$$

zwischen dem Wert des „straight" Bonds und des „callable" Bonds. In Abb. 12.13 stellen wir die Optionsprämie für das Vasicek Modell graphisch dar.

12.4 Zinsderivate

Wir betrachten die Standardderivate im Zinsmarkt: Cap, Floor, Swap und Swaption. Ein Cap schützt gegen steigende Zinsen, ein Floor gegen fallende. Ein Swap ist eine Kombination aus Cap und Floor und tauscht Zinssätze aus. Eine Swaption ist eine Option auf einen Swap.

Ein Cap setzt sich aus Caplets zusammen. Ein Caplet zum Zeitintervall $[T, T + \Delta t]$ zahlt dem Halter des Caplets zum Zeitpunkt $T + \Delta t$ die Differenz zwischen dem einfachen verzinsten Kassakurs $F(T, T + \Delta t)$ und dem Ausübungskurs K, aber nur, wenn diese Differenz positiv ist. Somit erhält der Halter zum Zeitpunkt $T + \Delta t$

$$\Delta t \max\{F(T, T + \Delta t) - K, 0\} .$$

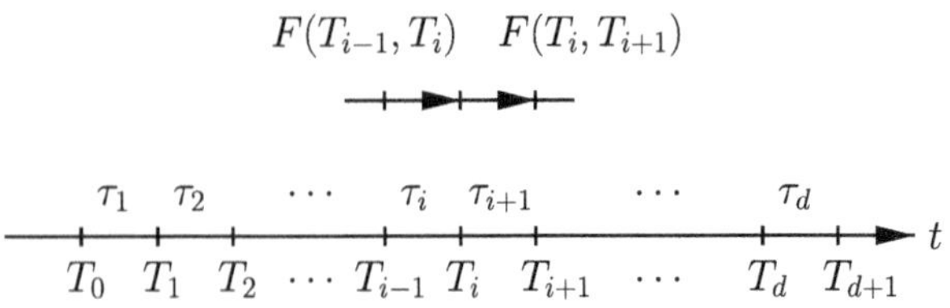

$F(T_{i-1}, T_i)$ $F(T_i, T_{i+1})$

τ_1 τ_2 … τ_i τ_{i+1} … τ_d

T_0 T_1 T_2 … T_{i-1} T_i T_{i+1} … T_d T_{d+1} t

Abb. 12.14 Zur Definition eines Caps/Floors

Ein typischer Einsatz eines Caplets (respektive eines Caps) ist wie folgt. Nehmen wir an, wir finanzieren eine Hypothek über den 3-Monate spot Libor $L(t,t)$, weil wir vom momentan tiefen Zinsniveau profitieren wollen. Wir wollen uns gegen einen steigenden Libor absichern. Dazu kaufen wir einen Cap mit Strike K. Nach drei Monaten haben wir den Zahlungsstrom (wir müssen $L(t,t)$ bezahlen und erhalten $\max\{L(t,t) - K, 0\}$ vom Cap)

$$-0.25L(t,t) + 0.25\max\{L(t,t) - K, 0\} = -0.25\min\{L(t,t), K\}\ ,$$

womit unsere Ausgaben durch K beschränkt sind.

Ein Cap besteht aus zukünftigen Zeitpunkten $T_0 < T_1 < \ldots < T_d$ und einem Strike K, auch Caprate genannt. Der Zeitpunkt T_d ist die Maturität des Caps, der Zeitpunkt T_{i-1} ist das Resetdatum, der Zeitpunkt T_i das Settlementdatum des i-ten Caplets. Die Zeitspanne zwischen Reset- und Settlementdatum nennen wir τ_i, also

$$\tau_i = T_i - T_{i-1}, \quad i = 1, \ldots, d\ .$$

Oft ist $\tau_i \equiv \delta$ konstant, zum Beispiel $\delta = 0.25$ Jahre. Normalerweise ist $T_0 = \delta$, und man ist am Wert des Caps zum Zeitpunkt $t = 0$ interessiert. Wir definieren noch die Vektoren

$$\mathcal{T} := \{T_0, T_1, \ldots, T_d\}, \quad \boldsymbol{\tau} := \{\tau_1, \tau_2, \ldots, \tau_d\}\ ,$$

vergleiche mit Abb. 12.14. Zum Zeitpunkt T_i, $i = 1, \ldots, d$, erhält der Halter des Caps die Differenz zwischen der „simple spot rate" zum Zeitpunkt T_{i-1} und dem Strike multipliziert mit $T_i - T_{i-1}$, jedoch nur, wenn diese Differenz positiv ist. Somit erhält der Halter zum Zeitpunkt T_i den Cashflow

$$\tau_i \max\{F(T_{i-1}, T_i) - K, 0\}\ .$$

Zum Zeitpunkt T_{i-1} ist dieser Betrag gleich

$$\begin{aligned}\frac{\tau_i \max\{F(T_{i-1}, T_i) - K, 0\}}{1 + \tau_i F(T_{i-1}, T_i)} &= \max\left\{\frac{\tau_i F(T_{i-1}, T_i)}{1 + \tau_i F(T_{i-1}, T_i)} - \frac{\tau_i K}{1 + \tau_i F(T_{i-1}, T_i)}, 0\right\} \\ &= \max\left\{1 - \frac{1 + \tau_i K}{1 + \tau_i F(T_{i-1}, T_i)}, 0\right\} \\ &= (1 + \tau_i K)\max\left\{\frac{1}{1 + \tau_i K} - \frac{1}{1 + \tau_i F(T_{i-1}, T_i)}, 0\right\}\end{aligned}$$

wobei wir im zweiten Schritt $x/(1+x) = 1 - 1/(1+x)$ mit $x = \tau_i F(T_{i-1}, T_i)$ verwendet haben. Aus der Definition (12.3) von $F(T_{i-1}, T_i)$ folgt

$$1 + \tau_i F(T_{i-1}, T_i) = \frac{1}{P(T_{i-1}, T_i)},$$

dies eingesetzt in die obige Gleichung liefert

$$\frac{\tau_i \max\{F(T_{i-1}, T_i) - K, 0\}}{1 + \tau_i F(T_{i-1}, T_i)} = (1 + \tau_i K) \max\left\{\frac{1}{1 + \tau_i K} - P(T_{i-1}, T_i), 0\right\}.$$

Das bedeutet, dass der Cashflow $\tau_i \max\{F(T_{i-1}, T_i) - K, 0\}$ des Caps zum Zeitpunkt T_i äquivalent zum $(1 + \tau_i K)$-fachen der Auszahlung einer Put Option mit Maturität T_{i-1} und Strike $1/(1 + \tau_i K)$ auf einen T_i-Bond ist. In einem „short rate" Modell ist der faire Wert $V_{\mathrm{Cpl},i}$ dieses Caplets zum Zeitpunkt $t < T_{i-1}$ daher

$$V_{\mathrm{Cpl},i}(r,t) = (1 + \tau_i K)\mathbb{E}\big[e^{-\int_t^{T_{i-1}} r(s)\mathrm{d}s} g(P(T_{i-1}, T_i)) \mid r(t) = r\big]$$

mit $g(x) = \max\{1/(1+\tau_i K) - x, 0\}$. Somit können wir den Preis $V_{\mathrm{Cpl},i}$ dadurch erhalten, in dem wir zwei partielle Differentialgleichungen lösen, nämlich zuerst die Gleichung für den Zero-Coupon Bond $P(T_{i-1}, T_i) =: V_i(r, T_{i-1}) = v_i(r, \tau_i)$ ($\mathcal{A}$ ist der in (12.14) definierte Operator)

$$\begin{cases} \partial_t v_i - \mathcal{A} v_i + r v_i = 0 & \text{in } G \times [0, \tau_i[\\ v_i(r, 0) = 1 & \text{in } G \end{cases}$$

und anschliessend die Gleichung für den Preis $V_{\mathrm{Cpl},i}(r,t)$

$$\begin{cases} \partial_t v_{\mathrm{Cpl},i} - \mathcal{A} v_{\mathrm{Cpl},i} + r v_{\mathrm{Cpl},i} = 0 & \text{in } G \times [0, T_{i-1}[\\ v_{\mathrm{Cpl},i}(r, 0) = g(v_i(r, \tau_i)) & \text{in } G \end{cases} \tag{12.35}$$

mit $g(x) = \max\{1/(1 + \tau_i K) - x, 0\}$. Der Preis $V_{\mathrm{Cp}}(r,t)$ des Cap ergibt sich nun als Summe der einzelnen Caplet-Preise, das heisst

$$V_{\mathrm{Cp}} = \sum_{i=1}^{d} V_{\mathrm{Cpl},i}.$$

Ein Floor ist ein Portfolio von Floorlets, das heisst der Floor-Preis V_{Fl} ist

$$V_{\mathrm{Fl}} = \sum_{i=1}^{d} V_{\mathrm{Fll},i};$$

das i-te Floorlet zahlt dem Halter zum Zeitpunkt T_i den Betrag

$$\tau_i \max\{K - F(T_{i-1}, T_i), 0\}$$

aus. Es ist klar, dass der Preis $V_{\mathrm{Fll},i}$ des i-ten Floorlet die Differentialgleichung (12.35) löst, nun jedoch mit $g(x) = \max\{x - 1/(1 + \tau_i K), 0\}$.

Wir kommen zum Zinsswap. Wir übernehmen die Notation der Reset- und Zahlungsdaten $\boldsymbol{\mathcal{T}}$ und derer Differenzen $\boldsymbol{\tau}$. Der Nennwert bezeichnen wir mit N. Zum Zeitpunkt T_i erhält der Halter des Swaps[8] $N \tau_i F(T_{i-1}, T_i)$ und bezahlt $N \tau_i K$; somit ist der Nettocashflow zum Zeitpunkt T_i

$$N(\tau_i F(T_{i-1}, T_i) - \tau_i K) .$$

Nach Definition (12.3) von $F(T_{i-1}, T_i)$ folgt $\tau_i F(T_{i-1}, T_i) = \frac{1}{P(T_{i-1}, T_i)} - 1$, somit ist die obige Grösse zum Zeitpunkt T_i

$$N\left(\frac{1}{P(T_{i-1}, T_i)} - 1 - \tau_i K\right) ;$$

zum Zeitpunkt $t \leq T_0$ ist dieser Cashflow

$$N\big(P(t, T_{i-1}) - P(t, T_i) - \tau_i K P(t, T_i)\big)$$

wert[9]. Somit beträgt der Barwert der Summe aller Cashflows zu den verschiedenen Zeitpunkten $T_i, i = 1, \ldots, d$, zum Zeitpunkt t

$$\begin{aligned} V_{\mathrm{pS}}(t) &:= N \sum_{i=1}^{d} \big(P(t, T_{i-1}) - P(t, T_i) - \tau_i K P(t, T_i)\big) \\ &= N\left(P(t, T_0) - P(t, T_d) - K \sum_{i=1}^{d} \tau_i P(t, T_i)\right) . \end{aligned} \tag{12.36}$$

Bei einem „receiver“ Swap, bei welchem der Halter zum Zeitpunkt T_i den Betrag $N \tau_i K$ erhält und den Betrag $N \tau_i F(T_{i-1}, T_i)$ bezahlt, ist der Barwert $V_{\mathrm{rS}}(t)$ zum Zeitpunkt $t \leq T_0$ gegeben durch

$$V_{\mathrm{rS}}(t) = -V_{\mathrm{pS}}(t) .$$

[8] Genauer handelt es sich hier um einen „payer“ Swap.

[9] Der Cashflow $-1 - \tau_i K$ Zeitpunkt T_i ist zum Zeitpunkt t $(-1 - \tau_i K)P(t, T_i)$ wert (mit $P(t, T_i)$ abzinsen). Den Cashflow $1/P(T_{i-1}, T_i)$ zum Zeitpunkt T_i können wir wie folgt erzeugen. Zum Zeitpunkt t kaufen wir einen T_{i-1}-Bond; dafür bezahlen wir $P(t, T_{i-1})$. Zum Zeitpunkt T_{i-1} erhalten wir vom auslaufenden T_{i-1}-Bond einen Franken, gleichzeitig kaufen wir $1/P(T_{i-1}, T_i)$ Franken vom T_i-Bond. Dafür bezahlen wir einen Franken, womit unsere Nettoinvestition zum Zeitpunkt T_{i-1} Null beträgt. Zum Zeitpunkt T_i erhalten wir $1/P(T_{i-1}, T_i)$ Franken. Somit entspricht der Casflow $1/P(T_{i-1}, T_i)$ zum Zeitpunkt T_i dem Cashflow $P(t, T_{i-1})$ zum Zeitpunkt t

Wir können den Barwert des Swap erhalten, in dem wir zuerst die Preise $V_i = P(t, T_i)$, $i = 0, \ldots, d$, via Lösen der Differentialgleichungen

$$\begin{cases} \partial_t V_i - \mathcal{A} V_i + r V_i = 0 & \text{in } G \times [0, T_i - t[\\ V_i(r, 0) = 1 & \text{in } G \end{cases}$$

bestimmen und danach die Summation (12.36) durchführen.

Eine Europäische Option auf einen Swap (kurz Swaption) mit Ausübungsrate K gibt dem Halter das Recht, zu einem vorgegebenen Zeitpunkt (die Maturität der Swaption) einen Swap mit Rate K einzugehen. Üblicherweise entspricht die Maturität der Swaption dem ersten Resetdatum des Swaps, also T_0. Eine Swaption mit Maturität in $a = T_0$ Jahren und einem zugrundeliegenden Swap mit Laufzeit $b = T_n - T_0$ Jahren (der Tenor der Swaption) wird kurz als $a \times b$-Swaption bezeichnet. Zum Beispiel gibt eine 2×5-Swaption das Recht, in 2 Jahren einen Swap mit Laufzeit 5 Jahren einzugehen.

Zum Zeitpunkt T_0 ist der Wert eines „payer" Swaps gegeben durch

$$V_{\mathrm{pS}}(T_0) \stackrel{(12.36)}{=} N\Big(P(T_0, T_0) - P(T_0, T_d) - K \sum_{i=1}^{d} \tau_i P(T_0, T_i)\Big) \; ;$$

der Halter der Swaption wird diese nur dann ausüben, wenn dieser Wert positiv ist. Daher ist der Payoff der „payer" Swaption gegeben durch

$$\max \left\{ V_{\mathrm{pS}}(T_0), 0 \right\} .$$

In einem „short rate" Modell ist der faire Wert $V_{\mathrm{pSwp}}(r, t)$ der „payer" Swaption zum Zeitpunkt $t \leq T_0$ somit gegeben durch

$$V_{\mathrm{pSwp}}(r, t) = \mathbb{E}^*\big[e^{-\int_t^{T_0} r(s)\mathrm{d}s} g(V_{\mathrm{pS}}(T_0)) \mid r(t) = r\big] ,$$

mit $g(x) = \max\{x, 0\}$. Somit löst V_{pSwp} die Gleichung

$$\begin{cases} \partial_t V_{\mathrm{pSwp}} - \mathcal{A} V_{\mathrm{pSwp}} + r V_{\mathrm{pSwp}} = 0 & \text{in } G \times [0, T_0[\\ V_{\mathrm{pSwp}}(r, 0) = g(V_{\mathrm{pS}}(r, T_0)) & \text{in } G \end{cases}$$

Als Beispiel betrachten wir nun Caps/Floors und Swaptions im G2++ Modell. Das G2++ Modell ist ein um eine deterministische Funktion verschobenes, additives Zwei-Faktor Modell. Diese Verallgemeinerung der Modelle (12.18) und (12.28) hat demnach die Form

$$r(t) = x(t) + y(t) + \varphi(t) .$$

Im G2++ Modell sind die stochastischen Prozesse $x(t)$ und $y(t)$ beide vom Vasicek-Typ (siehe Tab. 12.4), wobei jedoch der Zinslevel m der Einfachheit halber zu Null gesetzt wird, also – wie bereits weiter oben im Abschn. 12.2 angedeutet –

$$\begin{cases} \mathrm{d}x(t) = -\kappa_1 x(t)\mathrm{d}t + \sigma_1 \mathrm{d}W_1(t), & x(0) = 0 \\ \mathrm{d}y(t) = -\kappa_2 y(t)\mathrm{d}t + \sigma_2 \mathrm{d}W_2(t), & y(0) = 0 \end{cases}. \tag{12.37}$$

Die beiden Brown'schen Bewegungen $W_i(t)$ haben die Korrelation ρ. Die Funktion $\varphi(t)$ ist wiederum so, dass das Modell die Zinsstrukturkurve $T \mapsto P^{\mathrm{M}}(0, T)$ des Marktes widergibt. Ähnlich zum Ein-Faktor Modell (siehe (12.22)) muss auch hier

$$\varphi(t) = f^{\mathrm{M}}(t) - f^{x,y}(t)$$

gelten. Hierin bezeichnen wiederum $f^{\mathrm{M}}(t) = -\partial_T \ln P^{\mathrm{M}}(0, t)$ den momentanen Terminkurs am Markt und $f^{x,y}(t) = -\partial_T \ln P^{x,y}(0, t)$ den Terminkurs nach dem Modell (12.37). Wir können die Preise $P^{x,y}(0, t)$ wiederum durch numerisches Lösen von Differentialgleichungen der Form (12.30) erhalten, der Einfachheit halber verwenden wir jedoch die Formel zur Berechnung der Bond Preise in diesem Modell, diese müssen wir allerdings noch herleiten. In der Aufgabe 12.8 finden wir

$$f^{x,y}(T) = -\frac{\sigma_1^2}{2\kappa_1^2}\left(1 - e^{-\kappa_1 T}\right)^2 - \frac{\sigma_2^2}{2\kappa_2^2}\left(1 - e^{-\kappa_2 T}\right)^2 - \frac{\rho\sigma_1\sigma_2}{\kappa_1\kappa_2}\left(1 - e^{-\kappa_1 T}\right)\left(1 - e^{-\kappa_2 T}\right). \tag{12.38}$$

Im Abschn. 12.2 haben wir den Fall $\varphi(t) = 0$ bereits implementiert; wir führen den vorliegenden Fall $\varphi(t) \neq 0$ auf den ersteren zurück, in dem wir

$$\widetilde{x}(t) := x(t) + \varphi(t)$$

setzen. In Differentialform haben wir dann

$$\mathrm{d}r(t) = \mathrm{d}x(t) + \mathrm{d}y(t) + \varphi'(t)\mathrm{d}t = \mathrm{d}\widetilde{x}(t) + \mathrm{d}y(t)\,,$$

das heisst der $\mathrm{d}t$-Term von $\widetilde{x}(t)$ ergibt sich aus dem $\mathrm{d}t$-Term von $x(t)$ und $\varphi'(t)$. Das Modell für die „short rate" lautet demnach neu

$$r(t) = \widetilde{x}(t) + y(t)$$

mit

$$\begin{cases} \mathrm{d}\widetilde{x}(t) = \left(-\kappa_1(\widetilde{x}(t) - \varphi(t)) + \varphi'(t)\right)\mathrm{d}t + \sigma_1 \mathrm{d}W_1(t), & \widetilde{x}(0) = \varphi(0) \\ \mathrm{d}y(t) = -\kappa_2 y(t)\mathrm{d}t + \sigma_2 \mathrm{d}W_2(t), & y(0) = 0 \end{cases}$$

und $\mathrm{Corr}(W_1(t), W_2(t)) = \rho$. Das G2++ Modell ist somit von der Form (12.29), mit (wir schreiben nun wieder x anstatt $\widetilde{x}$)

$$\begin{aligned} \mu_1(x,t) &= -\kappa_1(x - \varphi(t)) + \varphi'(t), & \sigma_1(x,t) &= \sigma_1 \\ \mu_2(y,t) &= -\kappa_2 y, & \sigma_2(x,t) &= \sigma_2 \end{aligned}$$

Um den Wert eines Caps im G2++ Modell zu finden, müssen wir – um den Wert des i-ten Caplet im Cap zu finden – zunächst die Differentialgleichung (12.30)

$$\begin{cases} \partial_t v_i - \mathcal{A}(T_i - t)v_i + (x+y)v_i = 0 & \text{in } G \times [0, \tau_i[\\ v_i(x,y,0) = 1 & \text{in } G \end{cases} \tag{12.39}$$

für den Wert $P(T_{i-1}, T_i) =: V_i(x, y, T_{i-1}) = v_i(x, y, \tau_i)$ des T_i-Bonds zum Zeitpunkt T_{i-1} und anschliessend die Differentialgleichung

$$\begin{cases} \partial_t v_{\mathrm{Cpl},i} - \mathcal{A}(T_{i-1} - t)v_{\mathrm{Cpl},i} + (x+y)v_{\mathrm{Cpl},i} = 0 & \text{in } G \times [0, T_{i-1}[\\ v_{\mathrm{Cpl},i}(x,y,0) = g(v_i(x,y,\tau_i)) & \text{in } G \end{cases} \tag{12.40}$$

für das Caplet selbst lösen (mit $g(x) = \max\{1/(1+\tau_i K) - x, 0\}$). Anschliessend sind die einzelnen Caplet-Preise aufzusummieren. Beachten Sie, dass der Operator $\mathcal{A}$ in den obigen beiden Differentialgleichungen zeitabhängig sind, konkret

$$\mathcal{A}(t) = \frac{1}{2}\sigma_1^2\partial_{xx} + \frac{1}{2}\sigma_2^2\partial_{yy} + \rho\sigma_1\sigma_2\partial_{xy} + \big(-\kappa_1(x - \varphi(t) + \varphi'(t)\big)\partial_x - \kappa_2 y\partial_y \,.$$

Eine („payer") Swaption mit Strike K und Maturität T_0 kann im G2++ Modell ähnlich bewertet werden wie ein Cap. Zunächst bestimmt man den Wert $V_{\mathrm{pS}}(T_0)$ des zugrundeliegenden („payer") Swaps via (12.36). Dazu müssen wir die d Zero-Coupon Bond Preise $P(T_0, T_i) =: V_i(x, y, T_0) = v_i(x, y, T_i - T_0)$, $i = 1, \ldots, d$, berechnen. Dazu lösen wir die Differentialgleichungen

$$\begin{cases} \partial_t v_i - \mathcal{A}(T_i - t)v_i + (x+y)v_i = 0 & \text{in } G \times [0, T_i - T_0[\\ v_i(x,y,0) = 1 & \text{in } G \end{cases} \tag{12.41}$$

und führen die Summation (12.36) durch. Anschliessend lösen wir die Gleichung

$$\begin{cases} \partial_t v_{\mathrm{pSwp}} - \mathcal{A}(T_0 - t)v_{\mathrm{pSwp}} + (x+y)v_{\mathrm{pSwp}} = 0 & \text{in } G \times [0, T_0[\\ v_{\mathrm{pSwp}}(x,y,0) = g(V_{\mathrm{pS}}(T_0)) & \text{in } G \end{cases} \tag{12.42}$$

mit $g(x) = \max\{x, 0\}$.

Tab. 12.7 Euro-Abzinsungfaktoren $P^{\mathrm{M}}(0, T)$ am 27.02.2015 ($t = 0$)

T	$P^{\mathrm{M}}(0, T)$	T	$P^{\mathrm{M}}(0, T)$	T	$P^{\mathrm{M}}(0, T)$
07/04/15	0.999784	03/03/16	0.999034	03/03/21	0.979230
04/05/15	0.999714	04/04/16	0.998965	03/03/22	0.969859
03/06/15	0.999641	03/05/16	0.998902	03/03/23	0.958828
03/07/15	0.999557	03/06/16	0.998830	04/03/24	0.946584
03/08/15	0.999501	04/07/16	0.998758	03/03/25	0.933350
03/09/15	0.999438	03/08/16	0.998688	03/03/26	0.919700
05/10/15	0.999349	05/09/16	0.998606	03/03/27	0.905708
03/11/15	0.999285	03/03/17	0.998043	04/03/30	0.864047
03/12/15	0.999221	05/03/18	0.995955	05/03/35	0.798160
04/01/16	0.999157	04/03/19	0.992223	05/03/40	0.739381
03/02/16	0.999097	03/03/20	0.986675	03/03/45	0.686275

Beispiel 12.6 Wir betrachten das G2++ Modell mit den Parametern $\kappa_1 = 0.162$, $\kappa_2 = 0.131$, $\sigma_1 = 0.162$, $\sigma_2 = 0.150$ und $\rho = -0.9$. Als Zinskurve $T \mapsto P^{\mathrm{M}}(0, T)$ nehmen wir einen interpolierenden Spline zu den EUR-Abzinsungfaktoren am 27.02.2015 (Daten von Bloomberg), vergleiche mit Tab. 12.7. Wir rechnen folgende Kontrakte

i) einen Zero-Coupon Bond (ZCB) mit Maturität $T = 10$ zum Zeitpunkt $t = 1$,
ii) einen Cap (Cp) mit Strike $K = 0.05$ und Settlement/Resetdaten

$$\mathcal{T} = \{0.25, 0.5, 0.75, 1, 1.5, 2.5, 3, 3.5, 4\},$$

iii) einen „payer“ Swap (pS) mit Strike $K = 0.05$ und Tenorstruktur $\{2, 3, 4, 5, 6, 7\}$, das heisst $T_0 = 2$, $T_5 = 7$.
iv) eine 2×5-„payer“ Swaption (pSwp) mit Maturität $T_0 = 2$ auf den Swap in iii).

Alle Differentialgleichungen lösen wir auf dem Gebiet $G^e = [-1, 1[^2$ mit $N_1 = N_2 = 2^L - 1$ Gitterpunkten in jede Koordinatenrichtung und $M = \lceil 0.15 N_1 \rceil$ Zeitschritten im θ-Schema für $\theta = 0.5$ mit intrinsischen Randbedingungen auf den Kanten $\{x = x_l\}$ und $\{y = y_l\}$ sowie homogenen Neumann Randbedingungen auf den Kanten $\{x = x_r\}$ und $\{y = y_r\}$. Hierzu verwenden wir die Routine pdetime_2d_ah_theta, welche die Routine pde_2d_ah_cs erweitert auf zeitabhängige Koeffizienten (siehe die Aufgabe 12.6; wir verwenden hier jedoch anstatt das Craig-Sneyd Verfahren das θ-Schema). Den Fehler e_{K} für den Kontrakt $\mathrm{K} \in \{\mathrm{ZCB}, \mathrm{Cp}, \mathrm{pS}, \mathrm{pSwp}\}$ messen wir auf dem Gebiet $\widetilde{G} = [0, 0.2[^2 \subset G^e$. Wir erhalten die Tab. 12.8.

Wir stellen fest, dass die Konvergenz in allen Fällen wie zu erwarten von erster Ordnung ist (man achte auf die Verhältnisse der Fehler für $L = 8$ zu den Fehlern für $L = 9$; diese sind ≈ 4). In den Abbild. 12.15 und 12.16 stellen wir die Preise der einzelnen Kontrakte in Abhängigkeit der beiden Faktoren x, y graphisch dar. $\diamond$

Tab. 12.8 Es liegt Konvergenz erster Ordnung vor

L	$N = N_1 N_2$	e_{ZCB}	e_{Cp}	e_{pS}	e_{pSwp}
4	225	0.14877892	0.04611946	0.02107990	0.04384914
5	961	0.03878646	0.02287303	0.00504098	0.01883910
6	3969	0.00891750	0.00917673	0.00121689	0.00728121
7	16 129	0.00083186	0.00336066	0.00028879	0.00203385
8	65 025	0.00082529	0.00113747	0.00005884	0.00056307
9	261 121	0.00021740	0.00030067	0.00003283	0.00011160

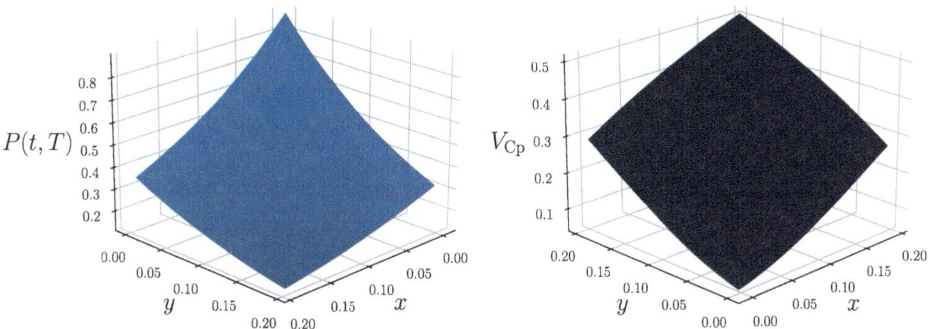

Abb. 12.15 Links. Numerische Lösung der partiellen Differentialgleichung (12.39) für den Preis $P(t, T)$ eines Zero-Coupon Bonds im G2++ Modell für $t = 1$ und $T = 10$. Rechts. Summierte numerische Lösung der partiellen Differentialgleichungen (12.40) für den Preis eines Caps im G2++ Modell

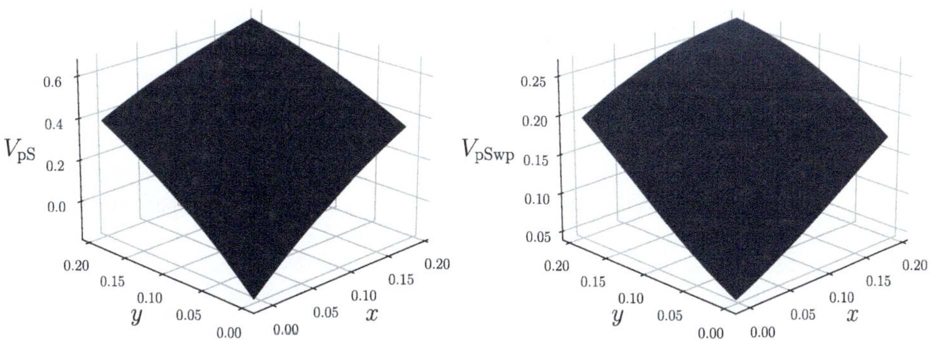

Abb. 12.16 Links. Summierte numerische Lösung der partiellen Differentialgleichungen (12.41) für den Preis V_{pS} eines „payer" Swaps im G2++ Modell. Rechts. Numerische Lösung der partiellen Differentialgleichung (12.42) für den Preis V_{pSwp} einer „payer" Swaption im G2++ Modell

12.5 Aufgaben

Aufgabe 12.1

i) Zeigen Sie: Für die Svensson-Familie (12.6) ist

$$R(t_0, t_0 + \tau; \boldsymbol{\eta}) = \eta_1 + \frac{\eta_2}{\eta_5 \tau}\left(1 - e^{-\eta_5 \tau}\right) + \frac{\eta_3}{\eta_5^2 \tau}\left(1 - (1 + \eta_5 \tau) e^{-\eta_5 \tau}\right)$$
$$+ \frac{\eta_4}{\eta_6^2 \tau}\left(1 - (1 + \eta_6 \tau) e^{-\eta_6 \tau}\right). \qquad (12.43)$$

ii) Zeigen Sie: Für R wie in (12.43) gilt

$$R(t_0, t_0; \boldsymbol{\eta}) = \lim_{\tau \to 0} R(t_0, t_0 + \tau; \boldsymbol{\eta}) = \eta_1 + \eta_2 .$$

Tipp: Regel von Bernoulli-L'Hôpital und Definition (12.5) von R.

iii) Zeigen Sie: Für $n \in \mathbb{N}, \alpha \in \mathbb{R}$ und $x \neq 0$ gilt

$$c \sum_{j=0}^{n} e^{-x(\alpha + j)} = c e^{-\alpha x} \frac{e^{-(n+1)x} - 1}{e^{-x} - 1} .$$

Tipp: geometrische Reihe.

iv) Für allgemeine n kann die Gleichung (vergleiche mit (12.7) respektive mit (12.8))

$$c e^{-\alpha x} \frac{e^{-(n+1)x} - 1}{e^{-x} - 1} + e^{-\beta x} = y$$

nicht mehr geschlossen nach x aufgelöst werden. Formulieren Sie das Newton-Verfahren (vergleiche mit (1.14)) für dieses Problem.

Aufgabe 12.2 Betrachten Sie die partielle Differentialgleichung (12.13) für den Wert $P(t, T) := V(r, t; T)$ eines Zero-Coupon Bond im CIR Modell. Da dieses zeit-homogen affin ist, lässt sich P schreiben als

$$P(\tau) = e^{-\alpha(\tau) - \beta(\tau) r} \qquad (12.44)$$

für zwei im Folgenden zu bestimmende Funktionen α und β .

i) Wechseln Sie in der Differentialgleichung (12.13) zur Restlaufzeit $\tau := T - t$. Zeigen Sie: Die Funktionen α und β lösen die gewöhnlichen Differentialgleichungen ($'$ bedeutet die Ableitung nach τ)

$$\begin{cases} \beta' + \frac{1}{2}\sigma^2 \beta^2 + \kappa \beta - 1 = 0, & \beta(0) = 0 \\ \alpha' - \kappa m \beta = 0, & \alpha(0) = 0 \end{cases},$$

in dem Sie den Ansatz (12.44) in die Differentialgleichung (12.13) einsetzen.

ii) Die Riccati-Gleichung für β haben wir bereits in der Aufgabe 8.13 gelöst. Folgern Sie damit, dass β gegeben ist durch

$$\beta(\tau) = \frac{2(e^{d(T-t)} - 1)}{(\kappa + d)(e^{d(T-t)} - 1) + 2d}, \quad d := \sqrt{\kappa^2 + 2\sigma^2}\,.$$

iii) Unter Verwendung der Teilaufgaben ii) und 8.13 iii) zeigen Sie: Die Funktion $\alpha(\tau)$ in Teilaufgabe i) ist gegeben durch

$$\alpha(\tau) = -\frac{2\kappa m}{\sigma^2} \ln \frac{2d e^{(\kappa+d)(T-t)/2}}{(\kappa + d)(e^{d(T-t)} - 1) + 2d}\,.$$

Aufgabe 12.3 Betrachten Sie das „deterministische“ Zinsmodell (12.17). Zeigen Sie:

i) Die Lösung der Differentialgleichung $\mathrm{d}r(s) = \kappa(m - r(s))\mathrm{d}s$, $r(t) = r$, $s > t$, ist

$$r(s) = m - (m - r)e^{-\kappa(s-t)}\,.$$

ii) Der Zero-Coupon Bond Preis $P(t, T)$ ist in diesem Modell gegeben durch

$$P(t, T) = e^{-m(T-t) + \frac{m-r}{\kappa}(1 - e^{-\kappa(T-t)})}\,.$$

Überzeugen Sie sich, dass $P(T, T) = 1$ ist. (Tipp: betrachten Sie (12.12) mit $g(r) = 1$).

iii) Bestimmen Sie den Abzinsungsfaktor $B(t)/B(T)$ und vergleichen Sie das Resultat mit $P(t, T)$. Was stellen Sie fest?

iv) Bestimmen Sie den stetig verzinsten Kassakurs $R(t, T)$ in Termen von $r(t)$ und interpretieren Sie.

v) Zeigen Sie: der momentane Terminkurs erfüllt $f(t, T) = r(T)$ (dies gilt allgemein in einer deterministischen Welt). Das bedeutet, dass der zum Zeitpunkt t vorherrschende momentane Terminkurs mit Maturität T gleich der zukünftigen „short rate“ $r(T)$ ist. In der realen, nicht-deterministischen Zinswelt ist dies allerdings falsch.

Aufgabe 12.4 Wir betrachten das CIR Modell $P(t, T) = e^{-\alpha(t,T) - \beta(t,T)r}$ und das CIR++ Modell in (12.27); α und β sind in Aufgabe 12.2 gegeben. In beiden Modellen sollen die Werte $P(7, 10)$, $P(5, 8)$ und $P(0, 3)$ bestimmt werden. Gehen Sie dazu wie folgt vor

i) Verwenden Sie die Formeln.

ii) Lösen Sie jeweils die partielle Differentialgleichung (12.13). Der Operator $\mathcal{A}$ ist im Beispiel 12.2 gegeben. Beachten Sie dabei, dass Sie die Richtung der Zeit umdrehen ($t \mapsto T - t$) und die Gleichung auf ein Intervall $G^e = [0, r_r[$ lokalisieren müssen. Am linken Rand $r = 0$ benötigen Sie keine Bedingung, am rechten Rand verwenden Sie eine homogene zweite Ableitung.

Für beide Bewertungsmethoden brauchen Sie die Funktion $\varphi(t) = f^{\mathrm{M}}(0,t) - f^{x}(0,t)$ mit $f^{\mathrm{M}}(0,t) = -\partial_T \ln P^{\mathrm{M}}(0,t)$ und $f^{x}(0,t)$ wie in (12.23). Wir nehmen an, dass die Abzinsungsfaktoren des Marktes gegeben sind durch

$$P^{\mathrm{M}}(0,t) = e^{-0.26t+12.5(1-e^{-0.02t})} .$$

Rechnen Sie mit den Parametern $m = 0.02$, $\kappa = 2$, $\sigma = 0.1$ und $r_0 = f^{\mathrm{M}}(0,0)$. [Die Wahl $r_0 = f^{\mathrm{M}}(0,0)$ stammt von der Tatsache, dass $x_0 + \varphi(0) = r_0$ gelten muss, und dass im CIR++ Modell $\varphi(0) = f^{\mathrm{M}}(0,0) - x_0$ gilt.]

Aufgabe 12.5 Es seien X, Y Zufallsvariablen mit endlicher Varianz, und es seien $\alpha, \beta, \gamma, \delta$ reelle Zahlen, mit $\beta, \delta \neq 0$. Zeigen Sie:

$$\mathrm{Corr}(\alpha + \beta X, \gamma + \delta Y) = \mathrm{sign}(\beta\delta)\mathrm{Corr}(X,Y) .$$

Aufgabe 12.6 In dieser Aufgabe betrachten Sie das Bewerten eines Zero-Coupon Bonds im Zwei-Faktor CIR Modell, das heisst in (12.29) ist $\mu_1(x,t) = \kappa_1(m_1 - x)$, $\sigma_1(x,t) = \sigma_1\sqrt{x}$, $\mu_2(y,t) = \kappa_2(m_2 - y)$, $\sigma_2(y,t) = \sigma_2\sqrt{y}$. Ist die Korrelation $\rho \neq 0$, dann existiert keine analytische Bewertung. Ist jedoch $\rho = 0$, so gilt die Formel (12.31), mit $\alpha^{\cdot}(t,T)$ und $\beta^{\cdot}(t,T)$ wie in Aufgabe 12.2 gegeben.

i) Schreiben Sie eine Routine zerobond_2fcir_a, welche die Formel (12.31) für das unkorrelierte Zwei-Faktor CIR Modell realisiert.
ii) Verwenden Sie die Routine aus Teilaufgabe i) und die Routine 10.3 pde_2d_ah_cs, um die Konvergenzrate der Finite-Differenzen-Methode zu bestimmen. Wählen Sie dazu folgende Parameter. Modell- und Diskretisierungsparameter wie in Abb. 12.9 (Zwei-Faktor Vasicek Modell), jedoch mit $m_1 = 0.01$, $m_2 = 0.02$, $\rho = 0$ und $G^e = [0,1[^2$. Um die Konvergenzrate zu bestimmen, rechnen Sie mit $L = 6,7,8,9$, und bestimmen Sie den maximalen, absoluten Fehler auf dem Gebiet $[0,0.2[^2$.

Aufgabe 12.7 Überzeugen Sie sich anhand des CIR Modells, dass die Ansätze (12.33) und (12.34) zur Bewertung eines Coupon Bonds in der Tat die selben Werte liefern, in dem Sie auf beide Ansätze die Finite-Differenzen-Methode anwenden und die Resultate mit der analytischen Lösung (12.33) (mit $P(t,T)$ wie in (12.16) und $\alpha(t,T)$, $\beta(t,T)$ in Aufgabe 12.2 gegeben) vergleichen.

Rechnen Sie mit den Bond-Parametern $t_0 = 0$, $t_j = 0.127 + j - 1$, $j = 1,\dots,21$ und $c_j \equiv 0.0425$ (das heisst die Restlaufzeit des Bonds ist 20.127 Jahre; es stehen noch 21 Coupon-Zahlungen der (konstanten) Höhe 4.25 % aus, die erste in 0.127 Jahren, die weiteren jeweils 1 Jahr später) sowie den Modell-Parametern $\kappa = 0.14294371$, $m = 0.133976855$, $\sigma = 0.38757496$.

Führen Sie für beide Ansätze eine Konvergenzstudie durch. Lösen Sie dazu die entsprechenden Differentialgleichungen jeweils auf dem Intervall $G^e = [0,2[$ ohne Randbedingung bei $r_l = 0$ und zweiter homogener Ableitung bei $r_r = 2$ und messen Sie den maximalen absoluten Fehler im Intervall $[0, 0.5[$. Verwenden Sie das Rannacher-Verfahren mit $R = 2$.

Aufgabe 12.8 Zeigen Sie die Gleichung (12.38), in dem Sie zuerst den Wert $P^{x,y}(t,T)$ eines Zero-Coupon Bonds im G2++ Modell finden und danach die Definition $f^{x,y}(T) = -\partial_T \ln P^{x,y}(0,T)$ verwenden.

Um $P^{x,y}(t,T)$ zu finden, setzen Sie den Ansatz (12.31) in die partielle Differentialgleichung (12.30) ein und gehen Sie anschliessend wie in Aufgabe 12.2 vor.

Literatur

1. H. J. Büttler and J. Waldvogel. Pricing Callable Bonds by Means of Green's Function. *Mathematical Finance*, 6(1):53–88, 1996.
2. D. Filipović. *Term-Structure Models*. Springer, 2009.
3. J. Hull and A. White. Branching Out. *Risk Magazine*, (7):34–37, 1994.
4. Y. J. Kim. Option Pricing under Stochastic Interest Rates: An Empirical Investigation. *Asia-Pacific Financial Markets*, (9):23–44, 2002.
5. D. Lim, L. Li, and V. Linetsky. Evaluating Callable and Putable Bonds: An Eigenfunction Expansion Approach. *Journal of Economic Dynamics and Control*, 36(12):1888–1908, 2012.
6. R. Müller. Zur Berechnung der Obligationenrenditen im Statistischen Monatsheft der SNB. Technical report, Quartalsheft, Schweizerische Nationalbank, Juni 2002. Available at https://www.snb.ch/de/mmr/reference/quartbul_2002_2_komplett/source/.

Kreditrisiko

13

Finanzinstrumente mit Ausfallmöglichkeit (englisch „defaultable instruments") zahlen deren Halter Cashflows, welcher vom Eintreten eines oder mehreren Ausfallereignissen wie zum Beispiel die Insolvenz einer Firma oder die ausbleibende Zurückzahlung eines Kredits abhängt. Unter einem Ausfallrisiko verstehen wir die Möglichkeit, dass eine Partei eines Kontraktes nicht in der Lage ist, den Forderungen dieses Kontraktes nachzukommen. Es existieren im Wesentlichen zwei Ansätze, mit welchen man das Ausfallrisiko modelliert. Das sind einerseits die sogenannten „Strukturmodelle" (englisch „structural models"), welche wir im Abschn. 13.2 betrachten und andererseits die „Intensitäts-Modelle" (englisch „intensity based models"); diese behandeln wir im Abschn. 13.3.

Unter den vielen existierenden Kreditderivaten betrachten wir nur „defaultable" Bonds und „Credit Default Swaps" (CDS). „Multiname" Kredit Derivate, bei welchen die Modellierung der Abhängigkeitsstruktur von Ausfällen entscheidend ist, sind nicht Gegenstand dieses Kapitels.

Um CDS bewerten zu können, benötigen wir den Begriff der Überlebenswahrscheinlichkeit. Wir nehmen an, dass ein Ausfall zu einem zufälligen Zeitpunkt $0 \leq \tau \leq \infty$ geschieht. Wir bezeichnen die Überlebenswahrscheinlichkeit in t Jahren (vergleiche mit Abschn. 11.4) als

$$\mathbb{P}[\tau > t] = 1 - \mathbb{P}[\tau \leq t] = 1 - \mathbb{E}[1_{\{\tau \leq t\}}] ;$$

hierin ist

$$1_{\{\tau \leq t\}} = \begin{cases} 1 & \text{falls } \tau \leq t \\ 0 & \text{sonst} \end{cases} .$$

Wir bezeichnen nun mit $P_d(t, T)1_{\{\tau \leq t\}}$ den Wert zum Zeitpunkt $t \leq T$ eines Zero-Coupon Bonds mit Maturiät T (und Nennwert 1), der ausfallen kann (engl. „defaultable bond").

N. Hilber, *Bewertung von Finanzderivaten mit Python*,
https://doi.org/10.1007/978-3-658-39210-9_13

Hat der Bond bis zum Zeitpunkt t „überlebt", so ist der Preis des Bonds gegeben durch

$$P_d(t,T) = \mathbb{E}^{\mathbb{Q}}[e^{-\int_t^T r(s)\mathrm{d}s} 1_{\{\tau \geq T\}}] ,$$

vergleiche mit (12.15). Für einen Zero-Coupon Bond ohne Ausfallsmöglichkeit haben wir im Abschn. 12.1 den stetig verzinsten Kassakurs

$$R(t,T) = -\frac{\ln P(t,T)}{T-t}$$

definiert; dies können wir auf offensichtliche Art und Weise auch für einen Zero-Coupon Bond mit positiver Ausfallwahrscheinlichkeit tun; den entsprechenden Kassakurs bezeichnen wir mit $R_d(t,T)$. Da $P_d(t,T) \leq P(t,T)$ (warum?) ist $R_d(t,T) \geq R(t,T)$. Die Differenz

$$\begin{aligned} S(t,T) &:= R_d(t,T) - R(t,T) = -\frac{\ln P_d(t,T)}{T-t} - \left(-\frac{\ln P(t,T)}{T-t}\right) \\ &= -\frac{1}{T-t} \ln \frac{P_d(t,T)}{P(t,T)} \geq 0 \end{aligned}$$

heisst Kredit-Spread (engl. „credit spread"). Beachten Sie, dass $S(\cdot,T)$ ein stochastischer Prozess ist. Die Abbildung $T \mapsto S(t,T)$ für ein fixes t heisst Spreadkurve zum Zeitpunkt t (engl. „spread curve" oder genauer „term structure of credit spreads").

13.1 Credit Default Swap

Wir beschreiben nun die wichtigen „Credit Default Swaps" (CDS) und stellen eine Verbindung zu Überlebenswahrscheinlichkeiten dar. Wir stellen uns dazu folgende Situation vor. Ein Investor A kauft einen Bond, der von C herausgegeben wird. A erhält – unter „normalen Umständen" – periodische Couponzahlungen (plus Nominal bei Laufzeitende des Bonds). Fällt C zu einem Zeitpunkt τ vor Maturität aus, erhält A keine Zahlungen mehr; A möchte sich daher gegen diesen Ausfall absichern. Dazu geht er zu B (eine Bank); fällt C zum Zeitpunkt $T_\nu < \tau \leq T_\mu$ aus, zahlt B dem Investor A den Betrag $L = L_{\mathrm{GD}}$ („loss given default") als „Entschädigung" für die noch ausstehenden, aber nicht mehr statt findenden Zahlungen. Als „Versicherungsprämie" zahlt A dem „Versicherer" B zu den Zeitpunkten $T_{\nu+1}, \ldots, T_{\omega(\tau)-1}$ den Betrag $R_j := R\delta_j$. Hierin bezeichnen wir mit R eine Rate, mit $\delta_j := T_j - T_{j-1}$ die Periode zwischen zwei aufeinander folgenden Zeitpunkten und mit $T_{\omega(t)}$ den ersten der Zeitpunkte T_j *nach* dem Zeitpunkt t; das heisst

$$\omega(t) = j, \quad t \in]T_{j-1}, T_j], \quad j = \nu+1, \ldots, \mu .$$

Somit ist $T_{\omega(\tau)-1}$ der Zeitpunkt der (letzten) Zahlung vor Zeitpunkt des Ausfalls, vergleiche mit Abb. 13.1.

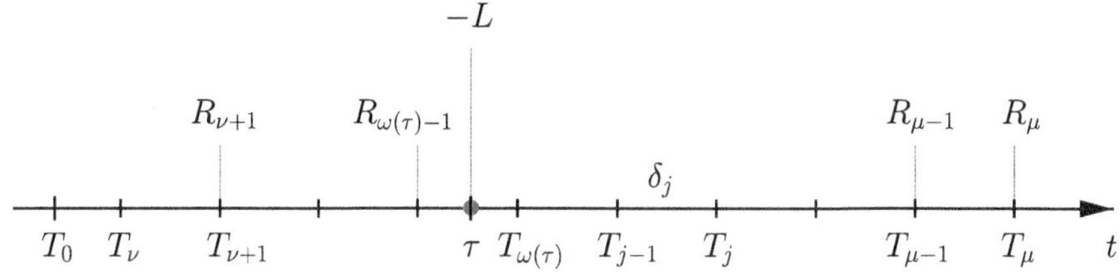

Abb. 13.1 Cashflows eines CDS aus der Sicht von B

Die Cashflow-Folge der R_j nennt man „premium leg", der Cashflow L zum Zeitpunkt τ heisst „protection leg". Auf den Zeitpunkt t abgezinst sind die beiden „leg" gegeben als

$$
\begin{aligned}
\Pi^{\mathrm{pr}}_{\nu,\mu} &= B(t,\tau)(\tau - T_{\omega(\tau)-1})R1_{\{T_\nu<\tau<T_\mu\}} + \sum_{j=\nu+1}^{\mu} B(t,T_j)R\delta_j 1_{\{\tau\geq T_j\}}\\
\Pi^{\mathrm{pt}}_{\nu,\mu} &= B(t,\tau)L1_{\{T_\nu<\tau\leq T_\mu\}}\,,
\end{aligned}
$$

wobei „pr" für „premium" und „pt" für „protection" steht und wir mit

$$
B(t,T) := \frac{B(t)}{B(T)}
$$

den stochastischen Abzinsungsfaktor bezeichnen, vergleiche mit (12.10). Die Preise dieser „legs" $V^{\mathrm{pr}}_{\mathrm{CDS}}(t;T_\nu,T_\mu,R)$ und $V^{\mathrm{pt}}_{\mathrm{CDS}}(t;T_\nu,T_\mu,L)$ sind (wie immer) risikoneutrale Erwartungswerte dieser Cashflows. Wir nehmen nun der Einfachheit halber an, dass die „short rate" von der Defaultzeit unabhängig ist. Dann sind die Erwartungswerte gegeben als

$$
\begin{aligned}
V^{\mathrm{pr}}_{\mathrm{CDS}}(t;T_\nu,T_\mu,R) &:= \mathbb{E}^{\mathbb{Q}}\big[\Pi^{\mathrm{pr}}_{\nu,\mu}\big]\\
&= R\mathbb{E}^{\mathbb{Q}}\big[B(t,\tau)(\tau - T_{\omega(\tau)-1})1_{\{T_\nu<\tau<T_\mu\}}\big]\\
&\quad + R\sum_{j=\nu+1}^{\mu}\mathbb{E}^{\mathbb{Q}}\big[B(t,T_j)\delta_j 1_{\{\tau\geq T_j\}}\big]\\
&= R\mathbb{E}^{\mathbb{Q}}\Bigg[\int_0^\infty B(t,s)(s - T_{\omega(s)-1})1_{\{T_\nu<s<T_\mu\}}1_{\{s\leq\tau\leq s+\mathrm{d}s\}}\Bigg]\\
&\quad + R\sum_{j=\nu+1}^{\mu}\delta_j\mathbb{E}^{\mathbb{Q}}\big[B(t,T_j)\big]\mathbb{E}^{\mathbb{Q}}\big[1_{\{\tau\geq T_j\}}\big]\\
&= R\int_{T_\nu}^{T_\mu}\mathbb{E}^{\mathbb{Q}}\big[B(t,s)\big](s - T_{\omega(s)-1})\mathbb{E}^{\mathbb{Q}}\big[1_{\{s\leq\tau\leq s+\mathrm{d}s\}}\big]\\
&\quad + R\sum_{j=\nu+1}^{\mu}\delta_j P(t,T_j)\mathbb{E}^{\mathbb{Q}}\big[1_{\{\tau\geq T_j\}}\big]
\end{aligned}
$$

$$\begin{aligned}
&= R \int_{T_\nu}^{T_\mu} P(t,s)(s - T_{\omega(s)-1}) \mathrm{d}\mathbb{Q}[\tau \le s] \\
&\quad + R \sum_{j=\nu+1}^{\mu} \delta_j P(t,T_j) \mathbb{Q}\big[\tau \ge T_j\big] \\
&= R \sum_{j=\nu+1}^{\mu} - \int_{T_{j-1}}^{T_j} P(t,s)(s - T_{j-1}) \mathrm{d}\mathbb{Q}[\tau \ge s] + \delta_j P(t,T_j) \mathbb{Q}\big[\tau \ge T_j\big]
\end{aligned} \tag{13.1}$$

und analog

$$V_{\mathrm{CDS}}^{\mathrm{pt}}(t; T_\nu, T_\mu, L) := L\mathbb{E}^{\mathbb{Q}}\big[B(t,\tau) 1_{\{T_\nu < \tau \le T_\mu\}}\big] = -L \int_{T_\nu}^{T_\mu} P(t,s) \mathrm{d}\mathbb{Q}[\tau \ge s] \,. \tag{13.2}$$

Aus der Sicht von A – welcher den „protection leg“ erhält und den „premium leg“ zahlen muss – ist daher der Wert des CDS zum Zeitpunkt t

$$V_{\mathrm{CDS}}^{\mathrm{A}}(t; T_\nu, T_\mu, L, R) := V_{\mathrm{CDS}}^{\mathrm{pt}}(t; T_\nu, T_\mu, L) - V_{\mathrm{CDS}}^{\mathrm{pr}}(t; T_\nu, T_\mu, R) \,; \tag{13.3}$$

für B wechseln die Vorzeichen

$$V_{\mathrm{CDS}}^{\mathrm{B}}(t; T_\nu, T_\mu, L, R) := -V_{\mathrm{CDS}}^{\mathrm{pt}}(t; T_\nu, T_\mu, L) + V_{\mathrm{CDS}}^{\mathrm{pr}}(t; T_\nu, T_\mu, R) \,.$$

Daher können wir einen CDS (unter der Annahme der Unabhängigkeit der „short rate“ und Defaultzeit) dann bewerten, wenn wir ein Modell zur Verfügung haben, mit welchem wir die Überlebenswahrscheinlichkeiten $\mathbb{Q}[\tau > t]$ berechnen können.

Ähnlich zu Zinsswaps im Kap. 12 können wir nach der Rate $R_{\nu,\mu}(t)$ fragen, für welche

$$V_{\mathrm{CDS}}^{\mathrm{A}}(t; T_\nu, T_\mu, L, R) = V_{\mathrm{CDS}}^{\mathrm{B}}(t; T_\nu, T_\mu, L, R) = 0$$

gilt. Lösen wir die entsprechende Gleichung nach R auf, erhalten wir die „CDS forward rate“

$$R_{\nu,\mu}(t) := \frac{V_{\mathrm{CDS}}^{\mathrm{pt}}(t; T_\nu, T_\mu, L)}{V_{\mathrm{CDS}}^{\mathrm{pr}}(t; T_\nu, T_\mu, 1)} \,.$$

Der Markt gibt nicht den Preis eines CDS an, sondern die entsprechende Rate $R_{\nu,\mu}^{\mathrm{M}}(0)$. Üblicherweise ist $\nu = 0$ (also $T_0 = 0$) und T_μ ein paar wenige Jahre, zum Beispiel

$$R_{0,1}^{\mathrm{M}}(0),\ R_{0,3}^{\mathrm{M}}(0),\ R_{0,5}^{\mathrm{M}}(0),\ R_{0,7}^{\mathrm{M}}(0),\ R_{0,10}^{\mathrm{M}}(0) \,. \tag{13.4}$$

Im Folgenden stellen wir Modelle vor, mit welchen man die Wahrscheinlichkeiten $\mathbb{Q}[\tau > t]$ bestimmen kann.

13.2 Struktur-Modelle

Struktur-Modelle (englisch „structual models") gehen auf Merton [7] zurück. In diesem Modell finanziert sich eine Firma durch Ausgabe von Bonds mit Nennwert N, dieser muss zum Zeitpunkt T zurückbezahlt werden. Ist der Wert $V(T)$ der Firma bei Maturität tiefer als N, kann die Firma den Forderungen nicht nachkommen; es liegt ein Ausfall vor. Der Halter des Bonds erhält in einem solchem Fall $V(T)$; die Auszahlungsfunktion des Bonds ist daher $\min\{V(T), N\}$. Um die Wahrscheinlichkeit des Ereignisses $V(T) < N$ zu bestimmen, modelliert Merton $V(t)$ via einer geometrischen Brown'schen Bewegung

$$\mathrm{d}V(t) = \mu(t)V(t)\mathrm{d}t + \sigma(t)V(t)\mathrm{d}W(t), \quad V(0) = V_0 \tag{13.5}$$

mit $t \mapsto \mu(t)$ und $t \mapsto \sigma(t)$ gegebene deterministische Funktionen. In einer risikoneutralen Welt ist $\mu(t) = r(t) - q(t)$. Sind insbesondere r, q, σ konstant, so folgt aus (1.6), dass der logarithmierte Firmenwert

$$\ln(V(T)) = \ln(V(0)) + \Big(r - q - \frac{1}{2}\sigma^2\Big)T + \sigma W(T)$$

normalverteilt ist,

$$\ln(V(T)) \sim \mathcal{N}\big((r - q - \sigma^2/2)T, \sigma^2 T\big) .$$

Die Wahrscheinlichkeit $\mathbb{P}[V(T) < N]$, dass $V(T)$ unter N fällt, ist daher

$$\begin{aligned}\mathbb{Q}[V(T) < N] &= \mathbb{Q}[\ln(V(T)) < \ln(N)]\\ &= \mathbb{Q}\left[Z < \frac{\ln(N) - \ln(V(0)) - (r - q - \sigma^2/2)T}{\sigma\sqrt{T}}\right] = \Phi_{0,1}(d) ,\end{aligned}$$

mit $Z \sim \mathcal{N}(0, 1)$ eine standard-normalverteilte Zufallsvariable und

$$d := \frac{1}{\sigma\sqrt{T}}\Big(\ln\frac{N}{V(0)} - (r - q - \sigma^2/2)T\Big) .$$

Black und Cox [2] erweitern das Modell (13.5) von Merton so, dass ein Ausfall auch vor T eintreten kann und via eines Barriere-Ereignisses definiert ist. Wir interessieren uns für die Wahrscheinlichkeit, dass der Wert $V(t)$ im Zeitintervall $]0, T]$ die (zeitabhängige) Barriere $B(t)$ nicht unterschreitet. Diese Überlebenswahrscheinlichkeit können wir mathematisch wie folgt beschreiben. Wir bezeichnen mit τ den (zufälligen) Zeitpunkt, bei welchem der Prozess $V(t)$ – startend in $x := V_0 > B(0)$ zum ersten Mal die Barriere $B(t)$ trifft,

$$\tau = \min\{t > 0 \mid V(t) \leq B(t)\} ,$$

vergleiche mit (11.2). Wir sind interessiert an der Wahrscheinlichkeit, dass V während der Zeitperiode $]0,T]$ nicht unter $B(t)$ fällt. Diese ist äquivalent zur Wahrscheinlichkeit, dass $\tau > T$ ist. Ein solches Problem haben wir bereits im Abschn. 11.4 betrachtet, im vorliegenden Fall ist die Barriere zeitabhängig. Im Abschn. 11.4 haben wir gesehen, dass die gesuchte Wahrscheinlichkeit (welche offensichtlich vom Startpunkt x abhängt)

$$\mathbb{P}_x[\tau > T] =: u(x,t)$$

Lösung der Differentialgleichung

$$\begin{cases} \partial_t u + \mathcal{A}(t)u = 0 & \text{in } G \times [0,T[\\ u(B(t),t) = 0 & \text{in } [0,T[\\ u(x,T) = 1 & \text{in } G \end{cases} \tag{13.6}$$

ist. Hierin ist G das zeitabhängige Intervall $G =]B(t), \infty[$ und

$$\mathcal{A}(t) = \frac{1}{2}\sigma^2(t)x^2\partial_{xx} + \mu(t)x\partial_x$$

ist der infinitesimale Generator des Prozesses $V(t)$. Wollen wir diese Gleichung numerisch lösen, müssen wir die Gleichung einschränken auf das Intervall $G^e =]B(t), U(t)[$. Sie können sich U („U“ für „up“) als obere Barriere vorstellen; aus Gründen der Allgemeinheit nehmen wir an, dass auch U – wie die untere Barriere B – zeitabhängig ist. Die Randbedingung $\partial_x u(U(t),t) = 0$ ist für das Berechnen von Überlebenswahrscheinlichkeiten sinnvoll. Da es nicht klar ist, wie wir die Finite-Differenzen-Methode auf Differentialgleichungen mit zeitabhängigem Rand anwenden sollen, transformieren wir das Problem auf ein Problem mit zeitunabhängigem Gebiet. Wir betrachten daher ein wenig allgemeiner das Problem (nun wie üblich in Termen der Restlaufzeit)

$$\begin{cases} \partial_t u + a(x,t)\partial_{xx}u + b(x,t)\partial_x u + c(x,t)u = 0 & \text{in } G \times]0,T] \\ \text{RB} & \text{in }]0,T] \\ u(x,0) = g(x) & \text{in } G \end{cases} \tag{13.7}$$

mit $G =]x_l(t), x_r(t)[$ und irgendwelchen Bedingungen RB am Rand $\{x_l, x_r\}$ des Gebiets. Definieren wir die Variable y und die Funktion w via

$$y := \frac{x - x_l(t)}{x_r(t) - x_l(t)}, \quad w(y,t) := u\big((x_r(t) - x_l(t))y + x_l(t), t\big),$$

so folgt aus der Differentialgleichung (13.7) für $u(x,t)$ die Differentialgleichung

$$\begin{cases} \partial_t w + \widetilde{a}(y,t)\partial_{yy}w + \widetilde{b}(y,t)\partial_y w + \widetilde{c}(y,t)w = 0 & \text{in } \widetilde{G} \times]0,T] \\ \text{RB} & \text{in }]0,T] \\ w(y,0) = \widetilde{g}(y) & \text{in } \widetilde{G} \end{cases} \tag{13.8}$$

für $w(y,t)$, siehe die Aufgabe 13.1. Im Problem (13.8) ist $\widetilde{G} =]0,1[$ und – mit

$$\varphi(y,t) := (x_r(t) - x_l(t))y + x_l(t)$$

sowie $\varphi'(y,t)$ die Ableitung von φ nach t – die „neuen" Koeffizientenfunktionen

$$\begin{aligned}\widetilde{a}(y,t) &= \frac{a\big(\varphi(y,t),t\big)}{(x_r(t) - x_l(t))^2}\\ \widetilde{b}(y,t) &= \frac{b\big(\varphi(y,t),t\big) - \varphi'(y,t)}{x_r(t) - x_l(t)}\\ \widetilde{c}(y,t) &= c\big(\varphi(y,t),t\big)\\ \widetilde{g}(y) &= g\big(\varphi(y,0)\big)\ .\end{aligned}$$

Wir bemerken, dass die Koeffizientenfunktionen $\widetilde{a}$, $\widetilde{b}$ und $\widetilde{c}$ selbst dann zeitabhängig sind, wenn es die „usprünglichen" Koeffizientenfunktionen a, b und c nicht sind. Die Gleichung (13.8) können wir mit der bereits bestehenden Routine 6.5 pdetime_1d_a_theta lösen. Damit sind wir in der Lage, nicht nur das Problem (13.6) der Überlebenswahrscheinlichkeit zu lösen, sondern auch Barriere Optionen mit zeitabhängiger(n) Barriere(n).

Die Routine pdetimeG_1d_a_theta realisiert die numerische Lösung des Problems (13.7).

Routine 13.1: pdetimeG_1d_a_theta.py

```
from pdetime_1d_a_theta import pdetime_1d_a_theta

def pdetimeG_1d_a_theta(a,b,c,T,xl,xl_t,wl,nl,xr,xr_t,wr,nr,g,N,M,theta):
    '''Approximiert die Loesung w(x,t) der partiellen Differentialgleichung

    w_t + a(x,t)w_xx + b(x,t)w_x + c(x,t)w = 0    in ]xl(t),xr(t)[ x ]0,T]
                                         BC
                                 w(x,0)   = g(x)

    fuer zeitabhaengiges Gebiet G(t) = ]xl(t),xr(t)[ via Transformation auf
    das Intervall [0,1] und anschliessendes Loesen der transformierten
    Gleichung mit der Routine pdetime_1d_a_theta. xl_t und xr_t sind die
    (zeitlichen) Ableitungen von xl respektive xr; xl_t(t) = xl'(t),
    xr_t(t) =xr'(t).'''

    phi = lambda x,t:(xr(t)-xl(t))*x+xl(t);
    phi_t = lambda x,t:(xr_t(t)-xl_t(t))*x+xl_t(t);

    at = lambda x,t:a(phi(x,t),t)/(xr(t)-xl(t))**2;
    bt = lambda x,t:(b(phi(x,t),t)-phi_t(x,t))/(xr(t)-xl(t));
    ct = lambda x,t:c(phi(x,t),t); gt = lambda x:g(phi(x,0));

    x,w = pdetime_1d_a_theta(at,bt,ct,T,0,wl,nl,1,wr,nr,gt,N,M,0,theta);

    return phi(x,T),w
```

Wir betrachten nun zwei Modelle, welche in den Rahmen (13.7) passen. Im Black-Cox Modell sind die Modellparameter in (13.5) nicht zeitabhängig. Daher ist in (13.7)

$$a(x,t) = -\frac{1}{2}\sigma^2 x^2, \quad b(x,t) = -(r-q)x \; .$$

Um die Überlebenswahrscheinlichkeit in diesem Modell zu bestimmen, setzen wir in (13.7)

$$c(x,t) = 0, \quad x_l(t) = Be^{-\gamma t}, \quad w_l(t) = 0, \quad x_r(t) = \infty, \quad g(x) = 1 \; , \tag{13.9}$$

mit $B > 0$ und $\gamma \geq 0$. Der Preis eines Zero-Coupon Bond mit Ausfallmöglichkeit im Black-Cox Modell kann auch mit (13.7) erhalten werden; für diesen Fall ist

$$c(x,t) = r, \quad x_l(t) = Be^{-\gamma t}, \quad w_l(t) = \beta_2 Be^{-\gamma t}, \quad x_r(t) = \infty, \quad g(x) = \min\{\beta_1 x, N\}$$

mit $\gamma \geq 0$, $\beta_{1,2} = 1$ und $N \geq V_0$; siehe auch Bielecki und Rutkowski [1].

Beispiel 13.1 Wir bewerten einen Zero-Coupon Bond im Black-Cox Modell. Wir wählen folgende Parameterwerte $\sigma = 0.2$, $r = 0.005$, $q = 0.03$, $\gamma = 0.05$, $B = 0.4$; $\beta_1 = 1$, $\beta_2 = 0$, $N = 1$ und $T = 10$. In Python machen wir folgende Eingaben, vergleiche mit Abb. 13.2.

```
In [3]: T = 10; g = lambda x:np.minimum(x,1);
   ...: B = 0.4; gamma = 0.05; sigma = 0.2; r = 0.005; q = 0.03;
   ...: a = lambda x,t:-sigma**2/2*x**2*t**0;
   ...: b = lambda x,t:-(r-q)*x*t**0; c = lambda x,t:r*x**0*t**0;
   ...: xl = lambda t:B*np.exp(-gamma*t); xl_t = lambda t:-gamma*xl(t);
   ...: wl = lambda t:0*t; xr = lambda t:5*t**0;
   ...: xr_t = lambda t:0*t; wr = lambda t:0*t;
   ...: N = 2**8-1; M = int(np.ceil(0.1*N)); theta = 0.5;
   ...: x,w = pdetimeG_1d_a_theta(a,b,c,T,xl,xl_t,wl,0,xr,xr_t,wr,2,g,N,M,theta);
In [4]: I = (x<3);plt.plot(x[I],w[I]);
```

Wir bestimmen nun, für $x = V_0 \in \{1.1, 1.3, 1.5\}$, die Kreditspread-Kurve

$$T \mapsto S(0,T) = -\frac{1}{T}\ln\frac{P_d(0,T)}{P(0,T)} \; .$$

Für jedes T erhalten wir den Wert $P_d(0,T)$ des „defaultable" Bonds via

$$\texttt{interp1d}(\mathbf{x},\mathbf{w})(V_0) \; ;$$

der Wert des Default-freien Bonds ist $P(0,T) = e^{-rT}$. In Python

```
In [5]: T = np.arange(0.01,10,0.05); V0 = [1.1,1.3,1.5];
   ...: P = np.zeros((len(T),len(V0)));
   ...: for j in range(len(T)):
   ...:     x,w = pdetimeG_1d_a_theta(a,b,c,T[j],xl,xl_t,wl,0,xr,xr_t,wr,2,g,N,M,
   ...:     theta);
   ...:     P[j,:] = interp1d(x,w)(V0);
In [6]: T = np.reshape(np.repeat(T,len(V0)),[len(T),len(V0)])
   ...: S = -1/T*np.log(P/np.exp(-r*T));
In [7]: plt.plot(T,S)
```

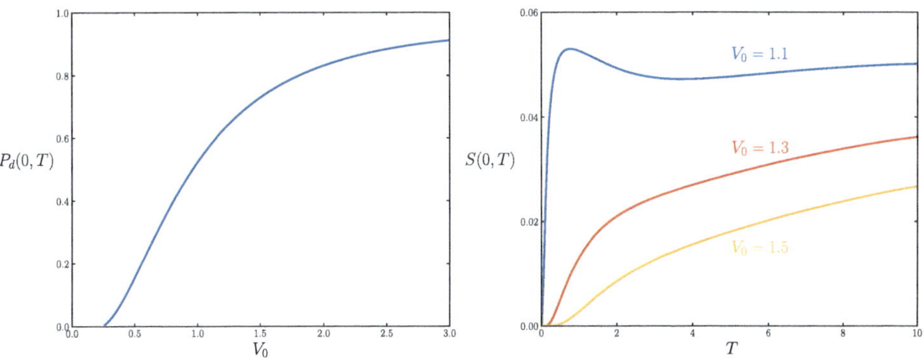

Abb. 13.2 Links. Wert eines „defaultable“ Bonds im Black-Cox Modell. Rechts. Entsprechende Kredit-Spread-Kurven

Die entsprechenden Kurven stellen wir in Abb. 13.2 dar. Wir erkennen, dass

$$\lim_{T\to 0} S(0,T) = 0$$

ist. Dies bedeutet, dass der Kreditspread für kurze Laufzeiten nach dem Modell nahezu 0 ist, unabhängig von V_0. Dies ist in der Realität jedoch nicht zu beobachten. ◇

Wir kommen zum AT1P Modell („analytically-tractable first passage model“), siehe zum Beispiel Brigo et. al. [5]. In diesem sind die Modellparameter r, q, σ in (13.5) zeitabhängig; die Koeffizientenfunktionen in (13.7) sind

$$a(x,t) = -\frac{1}{2}\sigma^2(T-t)x^2, \quad b(x,t) = -\big(r(T-t) - q(T-t)\big)x\ .$$

Weiter sind $c(x,t)$, $w_l(t)$, $w_r(t)$ und $g(x)$ wie in (13.9). Die Barriere ist gegeben durch

$$x_l(t) = Be^{-\int_0^{T-t} q(s)-r(s)+\frac{\alpha}{2}\sigma^2(s)\mathrm{d}s} \tag{13.10}$$

mit $\alpha \in \mathbb{R}$ und $B < V_0$. Das Problem (13.6) der Berechnung der Überlebenswahrscheinlichkeit $\mathbb{P}_x[\tau > T] = u(x,t)$ hat eine einfache analytische Lösung (daher der Zusatz „AT“ im Modellname); wir verwenden diese, um die Finite-Differenzen-Methode auf Konvergenz zu testen.

Beispiel 13.2 Wir betrachten das Problem (13.6) mit $G =]x_l(t), x_r(t)[$, $r(t) = 0.005$, $q(t) = 0.007t + 0.01$, $\sigma(t) = 0.1e^{0.1t}$ sowie $T = 10$. Die Parameter α und B in (13.10) setzen wir zu $B = 0.4$ und $\alpha = 1$. Die obere Barrriere müssen wir lokalisieren; wir setzen $x_r = 5$. Es folgt

$$x_l'(t) = \big(q(T-t) - r(T-t) + \frac{\alpha}{2}\sigma^2(T-t)\big)x_l(t)$$

Tab. 13.1 Es liegt quadratische Konvergenz vor

L	N	e
7	127	0.0044804900
8	255	0.0011422330
9	511	0.0002871940
10	1023	0.0000718706
11	2047	0.0000179725
12	4095	0.0000044934

und $x_r'(t) = 0$. Wir bezeichnen mit F die Stammfunktion des Exponenten in (13.10)

$$F(s) = \int q(s) - r(s) + \frac{\alpha}{2}\sigma^2(s)\mathrm{d}s = 0.0035s^2 + 0.005s + \frac{\alpha}{2}0.05e^{0.2s} \ ;$$

die Barriere können wir damit vereinfacht als $x_l(t) = Be^{-F(T-t)+F(0)}$ schreiben. Die Eingaben in Python sind ähnlich zu denjenigen im Beispiel 13.1; wir rechnen mit $N = 2^L - 1$, $L = 7, \ldots, 12$, $M = \lceil 0.08N \rceil$ und $\theta = 0.5$ und bestimmen den maximalen Fehler auf dem Intervall $]B(T), x_r/2[$. Wir erhalten die Tab. 13.1, aus welcher quadratische Konvergenz ersichtlich ist. ◇

Übrigens hängt die Überlebenswahrscheinlichkeit im AT1P Modell nicht von den Funktionen r und q ab, so dass wir diese zu 0 setzen können.

Beispiel 13.3 Wir rechnen nun die Überlebenswahrscheinlichkeit am 12. September 2008 der Investment Bank Lehman Brothers in Brigo et. al. [4] nach. Die Funktion σ ist stückweise konstant,

$$\sigma(t) = \sigma_{\mu_i}, \quad \text{falls } t \in [T_{\mu_{i-1}}, T_{\mu_i}[, \quad i = 1, \ldots, 5 \ ;$$

mit $\mu_i = n\lfloor T_{\mu_i} \rceil$ die Anzahl Raten Zahlungen des CDS bis Maturität T_{μ_i} (n ist die Anzahl der Ratenzahlungen pro Jahr, zum Beispiel $n = 4$). Die Werte σ_{μ_i} und T_{μ_i} sind in Tab. 13.2 gegeben.

Die Werte σ_{μ_i} gehen durch eine Kalibrierung des Modells an CDS Raten $R^{\mathrm{M}}_{0,T_{\mu_i}}(0)$ von Lehman hervor. Weiter setzen Brigo et al. $B = 0.4$ und $\alpha = 0$. In diesem Fall ist $x_l(t) = B$ und $x_l'(t) = 0$. In Python haben wir daher

Tab. 13.2 Stückweise konstante Volatilität

i	T_{μ_i}	σ_{μ_i}
0	0	–
1	1	0.622
2	3	0.308
3	5	0.243
4	7	0.269
5	10	0.295

```
In [9]: def pw(x,s,Tau):
   ...:     y = 0.0;
   ...:     for k in range(len(s)): y += s[k]*(x>Tau[k])*(x<=Tau[k+1]);
   ...:     return y
In [10]: s = [0.622,0.308,0.243,0.269,0.295]; Tau = [0,1,3,5,7,10];
    ...: sigma = lambda t:pw(t,s,Tau)
In [11]: T = 10; g = lambda x:x**0;
    ...: B = 0.4; xl = lambda t:B; xl_t = lambda t:0*t; wl = lambda t:0*t;
    ...: xr = lambda t:5*t**0; xr_t = lambda t:0*t; wr = lambda t:0*t;
    ...: a = lambda x,t:-sigma(T-t)**2/2*x**2;
    ...: b = lambda x,t:0*x*t; c = lambda x,t:0*x*t;
    ...: N = 2**12-1; M = int(np.ceil(0.1*N)); theta = 0.5;
In [12]: x,w = pdetimeG_1d_a_theta(a,b,c,T,xl,xl_t,wl,0,xr,xr_t,wr,2,g,N,M,theta);
In [13]: display(interp1d(x,w)(1))
array(0.43388562)
```

Wir erhalten $\mathbb{Q}[\tau > 10] = 0.4339$; Brigo et. al geben den Wert 0.434 an. ◇

Wir bestimmen nun im AT1P Modell den Wert $V_{\text{CDS}}^{\text{A}}(t; T_\nu, T_\mu, L, R)$ eines CDS aus der Sicht eines Investors A (aus der Sicht der Bank B ist $V_{\text{CDS}}^{\text{B}} = -V_{\text{CDS}}^{\text{A}}$). Aus (13.3) und (13.1)–(13.2) folgt zunächst der Modell-unabhängige Wert

$$
\begin{aligned}
V_{\text{CDS}}^{\text{A}}(t; T_\nu, T_\mu, L, R) &= V_{\text{CDS}}^{\text{pt}}(t; T_\nu, T_\mu, L) - V_{\text{CDS}}^{\text{pr}}(t; T_\nu, T_\mu, R) \\
&= -L \int_{T_\nu}^{T_\mu} P(t,s)\mathrm{d}\mathbb{Q}[\tau \geq s] \\
&\quad + R \sum_{j=\nu+1}^{\mu} \int_{T_{j-1}}^{T_j} P(t,s)(s - T_{j-1})\mathrm{d}\mathbb{Q}[\tau \geq s] - \delta_j P(t,T_j)\mathbb{Q}\big[\tau \geq T_j\big] \\
&= \sum_{j=\nu+1}^{\mu} \int_{T_{j-1}}^{T_j} P(t,s)\big(R(s - T_{j-1}) - L\big)\mathrm{d}\mathbb{Q}[\tau \geq s] - R\delta_j P(t,T_j)\mathbb{Q}\big[\tau \geq T_j\big];
\end{aligned}
\tag{13.11}
$$

somit müssen wir uns mit der Berechnung von sogenannten Stieltjes[1]-Integralen

$$\mathcal{I}(f, g; a, b) := \int_a^b f(x)\mathrm{d}g(x)$$

beschäftigen. Zum Beispiel entspricht im Integral

$$\int_{T_\nu}^{T_\mu} P(t,s)\mathrm{d}\mathbb{Q}[\tau \geq s]$$

[1] Benannt nach dem holländischen Mathematiker Thomas Jean Stieltjes, (1856–1894)

dem *Integranden* f die Funktion $P(\cdot, s)$ und dem *Integrator* g die Funktion $\mathbb{Q}[\cdot \geq s]$. Beachten Sie, dass für $g(x) = x$ (die Identität) das Stielties-Integral mit dem klassischen Riemann-Integral zusammenfällt. Ist der Integrator g stetig differenzierbar (das heisst $g'(x)$ ist stetig), so fällt der Wert $\mathcal{I}(f, g; a, b)$ mit dem Wert des Riemann-Integrals $\int_a^b f(x)g'(x)\mathrm{d}x$ zusammen. Für das AT1P Modell ist die (partielle) Ableitung $\partial_s \mathbb{Q}[\tau \geq s]$ tatsächlich (stückweise) stetig (und berechenbar, da $\mathbb{Q}[\tau \geq s]$ als Formel verfügbar ist!), so dass wir den Wert eines CDS in diesem Modell durch das Berechnen von Riemann-Integralen erhalten können. Wir wollen dies jedoch nicht tun, da wir eine Methode haben wollen, welche auch dann anwendbar ist, wenn die Wahrscheinlichkeiten $\mathbb{Q}[\tau \geq s]$ nicht mit einer Formel, aber wenigstens durch die Anwendung der Finite-Differenzen-Methode approximativ berechenbar sind. Dies ist möglich, wenn man das Stielties-Integral geeignet approximiert. Um die Approximation zu verstehen, nehmen wir an, dass der Integrator eine stetige Ableitung besitzt (die Approximation funktioniert auch, wenn diese Annahme nicht erfüllt ist). Dann haben wir mit einem Gitter $\mathcal{G} = \{x_i \mid i = 0, \ldots, N+1\}$ mit $a = x_0 < x_1 < \ldots < x_N < x_{N+1} = b$

$$\mathcal{I}(f, g; a, b) = \int_a^b f(x)\mathrm{d}g(x) = \int_a^b f(x)\frac{\mathrm{d}g(x)}{\mathrm{d}x}\mathrm{d}x = \sum_{i=0}^{N} \int_{x_i}^{x_{i+1}} f(x)\frac{\mathrm{d}g(x)}{\mathrm{d}x}\mathrm{d}x \,.$$

Jetzt approximieren wir die Ableitung $\frac{\mathrm{d}g(x)}{\mathrm{d}x}$ im Intervall $[x_i, x_{i+1}]$ durch den Differenzenquotienten

$$\frac{g(x_{i+1}) - g(x_i)}{x_{i+1} - x_i}$$

und erhalten

$$\begin{aligned}
\mathcal{I}(f, g; a, b) &\approx \sum_{i=0}^{N} \int_{x_i}^{x_{i+1}} f(x)\frac{g(x_{i+1}) - g(x_i)}{x_{i+1} - x_i}\mathrm{d}x \\
&= \sum_{i=0}^{N} \frac{g(x_{i+1}) - g(x_i)}{x_{i+1} - x_i} \int_{x_i}^{x_{i+1}} f(x)\mathrm{d}x \qquad (13.12) \\
&=: \mathcal{Q}(f, g; a, b) \,.
\end{aligned}$$

Der Fehler der Approximation $\mathcal{Q}(f, g; a, b)$ hängt von den Eigenschaften der „Inputgrössen" f, g und $\mathcal{G}$ ab, jedoch können wir maximal quadratische Konvergenz erwarten. Ist die Maschenweite des Gitters $\mathcal{G}$ konstant $h := x_{j+1} - x_j$, so gilt im besten Fall

$$e := |\mathcal{I}(f, g; a, b) - \mathcal{Q}(f, g; a, b)| \leq C(f, g)h^2 \,,$$

mit einer von f und g abhängigen Konstanten C. Wir wenden die numerische Quadratur (13.12) an auf jedes Integral in der Bewertungsformel (13.11) des CDS. Bei Verwendung eines äquidistanten Gitters im Intervall $[T_{j-1}, T_j]$

$$T_{j-1} = s_0^j < s_1^j < \ldots < s_{N+1}^j = T_j, \quad s_i^j = T_{j-1} + h_j i, \quad i = 0, 1, \ldots, N+1$$

mit $h_j = (T_j - T_{j-1})/(N+1) = \delta_j/(N+1)$ ergibt sich

$$\begin{aligned}
&V_{\text{CDS}}^{\text{A}}(0; T_\nu, T_\mu, L, R) \\
&= \sum_{j=\nu+1}^{\mu} \int_{T_{j-1}}^{T_j} P(0,s)\big(R(s - T_{j-1}) - L\big)\mathrm{d}\mathbb{Q}[\tau \geq s] - R\delta_j P(0, T_j)\mathbb{Q}\big[\tau \geq T_j\big] \\
&\approx \sum_{j=\nu+1}^{\mu} \sum_{i=0}^{N} \frac{\mathbb{Q}\big[\tau \geq s_{i+1}^j\big] - \mathbb{Q}\big[\tau \geq s_i^j\big]}{h_j} \int_{s_i^j}^{s_{i+1}^j} P(0,s)\big(R(s - T_{j-1}) - L\big)\mathrm{d}s \\
&- R\delta_j P(0, T_j)\mathbb{Q}\big[\tau \geq T_j\big] \\
&= \sum_{j=\nu+1}^{\mu} \sum_{i=0}^{N} \frac{\mathbb{Q}\big[\tau \geq T_{j-1} + h_j(i+1)\big] - \mathbb{Q}\big[\tau \geq T_{j-1} + h_j i\big]}{h_j} \\
&\cdot \int_{T_{j-1}+h_j i}^{T_{j-1}+h_j(i+1)} P(0,s)\big(R(s - T_{j-1}) - L\big)\mathrm{d}s - R\delta_j P(0, T_j)\mathbb{Q}\big[\tau \geq T_j\big]. \qquad (13.13)
\end{aligned}$$

Ist übrigens $N = 0$, so ist $h_j = \delta_j = T_j - T_{j-1}$ gleich der Periode zwischen zwei aufeinanderfolgende Zahlungszeitpunkten.

Wir wollen die Approximation (13.13) implementieren. Da wir die Wahrscheinlichkeiten $\mathbb{Q}[\tau \geq T_{j-1} + h_j i]$ approximativ je aus der Lösung einer partiellen Differentialgleichung (13.6) erhalten, ist es sinnvoll, die Anzahl der zu lösenden Differentialgleichungen klein zu halten, damit der Rechenaufwand nicht all zu gross ist[2]. Typischerweise ist jedoch $\nu = 0$ und μ „gross", zum Beispiel $\mu = 40$ für einen CDS mit Maturität $T_\mu = 10$ und vierteljährlichen Ratenzahlungen, sodass wir selbst für kleinere N mehrere hundert Differentialgleichungen lösen müssen (im Wesentlichen sind $\mu(N+1)$ Gleichungen zu lösen). Wir werden einen anderen Weg einschlagen. Für K „klein" (typischerweise $K < 10$) definieren wir das (äquidistante) Gitter

$$T_\nu = t_0 < t_1 < \ldots < t_K < t_{K+1} = T_\mu, \quad t_k = T_\nu + k\Delta T, \quad k = 0, \ldots, K+1$$

[2] Wäre die Funktion $\sigma(t)$ im Modell konstant, so würde es genügen, *eine* Differentialgleichung mit Maturität T_μ lösen, da die gesuchten Wahrscheinlichkeiten aus den Werten $w_{\ell,m} \approx \mathbb{Q}[\tau > t_m]$, welche die Finite-Differenzen-Methode ausgibt, durch Interpolation erhalten werden könnten.

Tab. 13.3 Stückweise konstante Volatilität

i	T_{μ_i}	$R^{\mathrm{M}}_{0,\mu_i}(0)$	σ_{μ_i}
0	0	–	–
1	T_{μ_1}	$R^{\mathrm{M}}_{0,\mu_1}(0)$	σ_{μ_1}
2	T_{μ_2}	$R^{\mathrm{M}}_{0,\mu_2}(0)$	σ_{μ_2}
$\vdots$			
m	T_{μ_m}	$R^{\mathrm{M}}_{0,\mu_m}(0)$	σ_{μ_m}

mit $\Delta T = \frac{T_\mu - T_\nu}{K+1}$. Wir lösen nun die $K + 1$ Differentialgleichungen (13.6) für jeweils die Maturität $T = t_k$, $k = 1, \ldots, K + 1$. Wir erhalten als Lösung jeweils aus der Routine 13.1 pdetimeG_1d_a_theta den Vektor $\mathbf{w}$, der die Überlebenswahrscheinlichkeiten in Abhängigkeit von $x = V_0$ enthält, $w_{\ell,M} \approx \mathbb{Q}_{x_\ell}[\tau > t_k]$. Wir bestimmen dann die Wahrscheinlichkeit $\mathbb{Q}[\tau > t_k]$ für ein gegebenes $x = V_0$ via Interpolation, $\mathbb{Q}[\tau > t_k] \approx$ `interp1d`$(\mathbf{x}, \mathbf{w})(V_0)$. Die Punkte

$$(t_1, \mathbb{Q}[\tau > t_1]), \quad (t_2, \mathbb{Q}[\tau > t_2]), \quad \ldots, \quad (T_\mu, \mathbb{Q}[\tau > T_\mu])$$

stellen eine Approximation (des Graphen) der Funktion $T \mapsto \mathbb{Q}[\tau > T]$ (wenn Sie wollen, die „Fälligkeitsstruktur der Überlebenswahrscheinlichkeiten") dar. Wir können dann jede Wahrscheinlichkeit $\mathbb{Q}\big[\tau \geq T_{j-1} + h_j i\big]$ in (13.13) via Interpolation erhalten

$$\mathbb{Q}\big[\tau \geq T_{j-1} + h_j i\big] \approx \texttt{interp1d}(\mathbf{t}, \mathbf{p})(T_{j-1} + h_j i)$$

mit $\mathbf{t} := (t_1, \ldots, T_\mu)$ und $\mathbf{p} := (\mathbb{Q}[\tau > t_1]), \ldots, \mathbb{Q}[\tau > T_\mu]))$. Die Integrale $\int P(0,s)\big(R(s - T_{j-1}) - L\big)ds$ approximieren wir mit Python's `integrate.quad`. Die Abzinsungsfaktoren $P(0, s)$ für beliebige s erhalten wir aus Abzinsungsfaktoren $P^{\mathrm{M}}(0, T_j)$ am Markt und einer Interpolation.

Wir implementieren nun die Approximation (13.13) für den Fall, dass die Volatilitätsfunktion $\sigma(t)$ zwischen vorgegebenen CDS-Maturitäten konstant ist. Üblicherweise liegt eine Tabelle (vergleiche mit Tab. 13.3) von CDS Raten vor. Darin sind die Daten $(T_{\mu_i}, R^{\mathrm{M}}_{0,\mu_i}(0))$ gegeben und die Volatilitäten σ_{μ_i} in

$$\sigma(t) = \sigma_{\mu_i}, \quad t \in [T_{\mu_{i-1}}, T_{\mu_i}[, \quad i = 1, \ldots, m \tag{13.14}$$

gesucht. Diese Werte findet man, indem man die Bewertungsformel (13.11) invertiert, das heisst man sucht die σ_{μ_i} so, dass

$$V^{\mathrm{A}}_{\mathrm{CDS}}(0; 0, T_{\mu_i}, L, R^{\mathrm{M}}_{0,\mu_i}(0)) = 0$$

gilt. Um dies tun zu können, brauchen wir aber eine Routine, welche für eine Volatilitätsfunktion der Form

$$\sigma(t) = \sigma_j \text{ falls } t \in [T_{j-1}, T_j[, \; j = 1, \ldots, \mu \tag{13.15}$$

den Wert eines CDS nach (13.11) respektive (13.13) bestimmt. Wir definieren mit Hilfe der Funktion (13.14) die σ_j und T_j via

$$\sigma_j = \sigma_{\mu_i}, \text{ für } j = \mu_{i-1}+1, \mu_{i-1}+2, \ldots, \mu_i,\ i = 1, \ldots, m\ ;$$

respektive

$$T_j = T_{\mu_{i-1}} + j\,\frac{T_{\mu_i} - T_{\mu_{i-1}}}{\mu_i - \mu_{i-1}}, \text{ für } j = \mu_{i-1}+1, \mu_{i-1}+2, \ldots, \mu_i,\ i = 1, \ldots, m\ . \tag{13.16}$$

Die Überlebenswahrscheinlichkeiten $\mathbb{Q}\big[\tau \geq T_{j-1} + h_j(i+1)\big]$ in (13.13) bestimmen wir mit der Routine 13.1 pdetimeG_1d_a_theta; dieser müssen wir (unter anderem) die Funktion $v(t) = \int_0^t \sigma^2(s)\mathrm{d}s$ für die linke Grenze $x_l(t)$ (vergleiche mit (13.10)) übergeben. Mit (13.15) ergibt sich für $t \in [T_{j-1}, T_j[$

$$v(t) = \int_0^t \sigma^2(u)\mathrm{d}u = s_{j-1} + \sigma_j^2(t - T_{j-1})\ ,$$

mit den Partialsummen

$$s_0 := 0,\quad s_j := \sum_{k=1}^{j} \sigma_k^2(T_k - T_{k-1})\ .$$

Routine 13.2: cds_at1p.py

```
import numpy as np
import scipy.integrate as integrate
from scipy import interpolate
from scipy.interpolate import interp1d
from pdetimeG_1d_a_theta import pdetimeG_1d_a_theta

def pw(x,sigma,Tau):

def pw_int(x,sigma,s,Tau):

def at1p_probability_pde(B,F,T,r,q,sigma,alpha,xr,L):

def cds_at1p(R,T_mu,L,BV0,sigma,alpha,mat,DF):
    '''Gibt den Wert V eines CDS mit Maturitaet mat im AT1P Modell. R ist die
    CDS Rate, L ist 'loss-given-default', BV0 is das Verhaeltnis B/V0. T_mu
    ist eine Liste der Laenge m+1 mit CDS Maturitaeten, das heisst
    T_mu = [0,T_{mu_1},...,T_{mu_m}]; sigma ist eine Liste der Laenge m.
    sigma und Tau definieren die zeitabhaengige Volatilitaet

    sigma(t) = sigma_{mu_i} fuer t in [T_{mu_{i-1}},T_{mu_i}[, i = 1,..,m

    (stueckweise konstant). mat>0 muss ein Element von T_mu sein.
    DF beinhaltet die Abzinsgunsfaktoren.'''
```

```
T = DF[:,0]; PM = DF[:,1]; # Zinskurve

# generiere die Vektoren der lambdaj und Tj
Tj = 0; tau = np.diff(T_mu); dn_mu = np.round(tau)*4; h = tau/dn_mu;
sigmaj = [];
for j in range(len(T_mu)-1):
    Tj = np.hstack((Tj,np.linspace(T_mu[j]+h[j],T_mu[j+1],int(dn_mu[j]))))
    sigmaj = np.hstack((sigmaj,sigma[j]*np.ones(int(dn_mu[j]))));

deltaj = np.diff(Tj);

# die kumulierten Summen sigma_j^2*(T_j-T_{j-1})
sj = np.cumsum(np.hstack((0,sigmaj**2*np.diff(Tj))));

# die Funktionen t -> sigma(t) und t -> int_0^t sigma^2(s)ds fuer sigma(t)
sigma_fct = lambda t:pw(t,sigmaj,Tj); var = lambda t:pw_int(t,sigmaj,sj,Tj)

V = 0; n = int(np.round(mat)*4); # Anzahl Zahlungen
K = 5; p = np.zeros(K+1);

for j in range(K+1):
    x,w = at1p_probability_pde(BV0,lambda t:alpha/2*var(t),\
                (j+1)*mat/(K+1),lambda t:0*t,\
                lambda t:0*t,sigma_fct,alpha,lambda t:5*t**0,10);
    p[j] = interpolate.PchipInterpolator(x,w)(1.0)

N = 5; # Anzahl Quadraturpunkte
for j in range(n):
    h = deltaj[j]/(N+1);
    tt = np.hstack((np.linspace(Tj[j],Tj[j+1],N+2),0));
    P = np.zeros(N+2); f = np.zeros(N+2);
    for k in range(N+2):
        P[k] = interpolate.PchipInterpolator(np.arange(0,K+2)/(K+1)*mat,\
        np.hstack((1.0,p)))(tt[k])
        f[k]  = integrate.quad(lambda x:interp1d(T,PM)(x)*(R*(x-Tj[j])-L),\
                        tt[k],tt[k+1])[0]

    f = f[:-1]
    V = V+np.sum(np.diff(P)*f)/h-R*interp1d(T,PM)(Tj[j+1])*deltaj[j]*P[-1];
return V
```

Beispiel 13.4 Wir rechnen CDS Werte zu den Daten in Tab. 13.4 und $B/V_0 = 0.773$ sowie $L = 0.75$ nach. Die Daten (inklusive die Abzinsungsfaktoren vom 8. Dezember 2003 in der Tab. 13.5) sind von Brigo und Tarenghi [6] und gehören zum italienischen Lebensmittelkonzern Parmalat, welcher im Dezember 2003 Insolvenz anmeldete.

Tab. 13.4 CDS Raten in Basispunkten von Parmalat am 8. Dez. 2003

i	T_{μ_i} (Datum)	T_{μ_i}	$R^{\mathrm{M}}_{0,\mu_i}(0)$	σ_{μ_i}
0	8. Dez. 2003	0	–	–
1	20. Dez. 2004	378/360	1450	0.20197
2	20. Dez. 2006	1108/360	1200	0.17972
3	22. Dez. 2008	1841/360	940	0.13685
4	20. Dez. 2010	2569/360	850	0.18771
5	20. Dez. 2013	3665/360	850	0.36661

Tab. 13.5 Euro-Abzinsungfaktoren $P^{\mathrm{M}}(0, T)$ am 08.12.2003 ($t = 0$)

T	$P^{\mathrm{M}}(0,T)$	T	$P^{\mathrm{M}}(0,T)$	T	$P^{\mathrm{M}}(0,T)$
08/12/03	1.00000	10/09/04	0.98271	12/12/11	0.71134
09/12/03	0.99994	10/12/04	0.97612	10/12/12	0.67460
11/12/03	0.99983	12/12/05	0.94456	10/12/13	0.63960
17/12/03	0.99949	11/12/06	0.90787	10/12/14	0.60587
12/01/04	0.99793	10/12/07	0.86880	10/12/15	0.57341
10/02/04	0.99620	12/12/08	0.82911	12/12/16	0.54209
10/03/04	0.99448	10/12/09	0.78937	11/12/17	0.51229
10/06/04	0.98882	10/12/10	0.74996	10/12/18	0.48373

Da die σ_{μ_i} aus einer Kalibrierung (wie weiter oben erwähnt) an die Marktdaten $R^{\mathrm{M}}_{0,\mu_i}(0)$ stammen, müssen die Werte $V^{\mathrm{A}}_{\mathrm{CDS}}(0; 0, T_{\mu_i}, L, R^{\mathrm{M}}_{0,\mu_i}(0))$ Null sein. Zum Beispiel erhalten wir approximativ $V^{\mathrm{A}}_{\mathrm{CDS}}(0; 0, T_{\mu_5}, 0.75, 850) \approx 0.00134$, vergleiche mit Python's Output.

```
In [15]: import scipy.io as sio
    ...: mat_contents = sio.loadmat('D_EUR_discount_curve_08122003.mat')
    ...: DF = mat_contents['DF']
    ...: T_mu = [0,378/360,1108/360,1841/360,2569/360,3665/360];
    ...: sigma = [20.197/100,17.972/100,13.685/100,18.771/100,36.661/100];
    ...: R = [1450,1200,940,850,850]; V = np.zeros(len(R));
In [16]: for j in range(len(R)):
    ...:     V[j] = cds_at1p(R[j]*1e-4,T_mu,0.75,0.773,sigma,2,T_mu[j+1],DF);
In [17]: V
Out[17]: array([-0.00038608,  0.00022534,  0.00109212,  0.0019619 ,  0.00133694])
```
◇

13.3 Intensitäts-Modelle

In Intensitäts-Modellen wird ein Ausfall(szeitpunkt) nicht als Barriere-Event modelliert, sondern durch einen Poisson Prozess mit deterministischer oder stochastischer Intensität. Letzterer wir auch als Cox Prozess bezeichnet. Poisson Prozesse mit konstanter Intensität (siehe Definition 9.2) haben wir bereits im Kap. 9 zur Bewertung von Derivaten in Sprungmodellen kennengelernt. Wir betrachten nun einen Poisson Prozess $N(t)$ mit Intensität λ und definieren den (zufälligen) Zeitpunkt τ, zu welchem der Prozess zum ersten Mal springt

$$\tau = \inf\{t > 0 \mid N(t) > 0\} .$$

Die Verteilung von τ ist dann nach (9.1)

$$\mathbb{P}[\tau > t] = \mathbb{P}[N(t) = 0] \overset{(9.1)}{=} e^{-\lambda t} .$$

Somit ist die Wahrscheinlichkeit, dass eine Firma im Zeitintervall $[t, t + \Delta t]$ ausfällt unter der Information, dass sie bis jetzt (t) nicht ausgefallen ist, gegeben als

$$\begin{aligned}
\mathbb{P}\big[\tau \in [t, t + \Delta t] \mid \tau \geq t\big] &= \frac{\mathbb{P}\big[\tau \in [t, t + \Delta t]\big]}{\mathbb{P}[\tau > t]} \\
&= \frac{\mathbb{P}[\tau > t] - \mathbb{P}[\tau > t + \Delta t]}{e^{-\lambda t}} \\
&= e^{\lambda t}\big(e^{-\lambda t} - e^{-\lambda(t+\Delta t)}\big) \\
&= 1 - e^{-\lambda \Delta t} = \lambda \Delta t + \mathcal{O}((\Delta t)^2) .
\end{aligned}$$

Dies können wir auch als die Wahrscheinlichkeit, dass der Prozess $N(t)$ im Intervall $[t; t + \Delta t]$ genau einmal springt, auffassen, also

$$\mathbb{P}\big[N(t + \Delta t) - N(t) = 1 \mid N(t)] = \lambda \Delta t + \mathcal{O}((\Delta t)^2) .$$

Wir können einen Poisson Prozess dahingehend verallgemeinern, dass wir in obiger Beziehung die konstante Intensität λ durch eine zeitabhängige, deterministische $\lambda(t)$ ersetzen. Wir definieren daher einen Prozess $\widetilde{N}(t)$ mit folgenden Eigenschaften

i) $\widetilde{N}(0) = 0$,
ii) $\widetilde{N}(t)$ hat unabhängige und stationäre Inkremente,
iii) es gelten folgende Gleichheiten

$$\mathbb{P}\big[\widetilde{N}(t + \Delta t) - \widetilde{N}(t) = 1 \mid \widetilde{N}(t)] = \lambda(t)\Delta t + o(\Delta t) \tag{13.17}$$

$$\mathbb{P}\big[\widetilde{N}(t + \Delta t) - \widetilde{N}(t) \geq 2 \mid \widetilde{N}(t)] = \mathcal{O}(\Delta t) . \tag{13.18}$$

Wie vorher sind wir interessiert an der Wahrscheinlichkeit $\mathbb{P}[\tau > t] = \mathbb{P}[\widetilde{N}(t) = 0]$. Um diese zu bestimmen, setzen wir für $\mathbb{Z} \ni k \geq 0$ und $s \geq t$

$$p_k(t, s) := \mathbb{P}\big[\widetilde{N}(s) - \widetilde{N}(t) = k \mid \widetilde{N}(t)] ;$$

wir suchen also $p_0(0, t) = \mathbb{P}[\widetilde{N}(t) = 0]$. Aus der Unabhängigkeit folgt nun

$$\begin{aligned}
p_0(0, t + \Delta t) &= p_0(0, t) p_0(t, t + \Delta t) \\
&\overset{(13.18)}{=} p_0(0, t)\big(1 - p_1(t, t + \Delta t)\big) \\
&\overset{(13.17)}{=} p_0(0, t)\big(1 - \lambda(t)\Delta t + o(\Delta t)\big)
\end{aligned}$$

Die letzte Gleichung ist äquivalent zu

$$\frac{p_0(0, t + \Delta t) - p_0(0, t)}{\Delta t} = p_0(0, t)\big(- \lambda(t) + o(\Delta t)/\Delta t\big) ;$$

Tab. 13.6 Stückweise konstante Intensität

i	T_{μ_i}	$R^{\mathrm{M}}_{0,\mu_i}(0)$	λ_{μ_i}
0	0	–	–
1	T_{μ_1}	$R^{\mathrm{M}}_{0,\mu_1}(0)$	λ_{μ_1}
2	T_{μ_2}	$R^{\mathrm{M}}_{0,\mu_2}(0)$	λ_{μ_2}
$\vdots$			
m	T_{μ_m}	$R^{\mathrm{M}}_{0,\mu_m}(0)$	λ_{μ_m}

im Grenzwert $\Delta t \to 0$ ergibt sich die Differentialgleichung

$$p_0'(0,t) = -\lambda(t)p_0(0,t) \Leftrightarrow \big(\ln p_0(0,t)\big)' = -\lambda(t)$$

mit der Lösung

$$p_0(0,t) = Ce^{-\int_0^t \lambda(s)\mathrm{d}s}\,.$$

Die Konstante C ergibt sich aus der Bedingung $p_0(0,0) = C = 1$. Somit haben wir

$$\mathbb{P}[\tau > t] = \mathbb{P}[\widetilde{N}(t) = 0] = p_0(0,t) = e^{-\int_0^t \lambda(s)\mathrm{d}s}. \tag{13.19}$$

Man vergleiche dies mit dem Preis $P(0,t) = e^{-\int_0^t r(s)\mathrm{d}s}$ eines Zero Bonds mit Maturität t in einem deterministischen „short rate“ Modell $r(t)$.

Wir diskutieren nun, wie man das Modell (13.19) und Marktdaten von CDS Raten wie in (13.4) verwenden kann, um Überlebenswahrscheinlichkeiten zu schätzen. Dazu nimmt man typischerweise an, dass die Intensität $\lambda(t)$ zwischen vorliegenden Maturitäten konstant ist. Das heisst, dass in der Tab. 13.6 die Daten $(T_{\mu_i}, R^{\mathrm{M}}_{0,\mu_i}(0))$ gegeben und die Intensitäten λ_{μ_i} in

$$\lambda(t) = \lambda_{\mu_i}, \quad t \in [T_{\mu_{i-1}}, T_{\mu_i}[, \quad i = 1,\ldots,m \tag{13.20}$$

gesucht sind. Hierin ist der Index $\mu_i \in \mathbb{N}$ definiert als $\mu_i = n\lfloor T_{\mu_i}\rceil$; n zählt die Anzahl Ratenzahlungen des CDS pro Jahr ($n = 4$ ist ein typischer Wert; wir setzen noch $\mu_0 := 0$). Um die λ_{μ_i} aus den $R^{\mathrm{M}}_{0,\mu_i}(0)$ zu bestimmen, brauchen wir eine Formel für die Berechnung des Wertes $V^{\mathrm{A}}_{\mathrm{CDS}}(0; T_\nu, T_\mu, L, R)$ eines CDS in (13.11), wenn die darin vorkommenden Überlebenswahrscheinlichkeiten nach (13.19) und (13.20) bestimmt werden. Der Wert eines CDS ergibt sich durch eine Summation über alle Zahlungszeitpunke T_j, $j = 1,\ldots,\mu$; wir müssen daher aus der Funktion (13.20) die Funktion

$$\lambda(t) = \lambda_j \text{ falls } t \in [T_{j-1}, T_j[, \ j = 1,\ldots,\mu \tag{13.21}$$

generieren. Dies können wir erreichen, wenn wir die λ_j zu

$$\lambda_j = \lambda_{\mu_i}, \text{ für } j = \mu_{i-1}+1, \mu_{i-1}+2,\ldots,\mu_i,\ i = 1,\ldots,m$$

setzen. Die Zeitpunkte T_j sind wie in (13.16) definiert.

In der Aufgabe 13.2 zeigen wir, dass für den Vektor

$$\boldsymbol{\lambda}_\mu := (\lambda_1, \ldots, \lambda_\mu)^\top$$

(λ_j aus der Intensitäts-Funktion (13.21)) gilt

$$\begin{aligned} &V^{\mathrm{A}}_{\mathrm{CDS}}(0; 0, T_\mu, L, R, \boldsymbol{\lambda}_\mu) \qquad (13.22) \\ &= \sum_{j=1}^{\mu} (-\lambda_j e^{-s_{j-1}}) \int_{T_{j-1}}^{T_j} P(0,s)\big(R(s - T_{j-1}) - L\big) e^{-\lambda_j (s - T_{j-1})} \mathrm{d}s - R\delta_j P(0, T_j) e^{-s_j} . \end{aligned}$$

Hierin bezeichnen wir mit s_j die Partialsummen

$$s_j := \sum_{k=1}^{j} \lambda_k (T_k - T_{k-1}), \quad j = 1, \ldots, \mu ,$$

wobei wir noch $s_0 := 0$ definieren. Die Kalibrierung der λ_{μ_i} an die Daten $(T_{\mu_i}, R^{\mathrm{M}}_{0,\mu_i}(0))$ erfolgt nun wie folgt.

1. Setze $i = 1$. Löse die Gleichung $V^{\mathrm{A}}_{\mathrm{CDS}}(0; 0, T_{\mu_1}, L, R^{\mathrm{M}}_{0,\mu_1}(0)), \boldsymbol{\lambda}_{\mu_1}) = 0$ nach λ_{μ_1} auf.
2. Erhöhe i um 1. Löse die Gleichung $V^{\mathrm{A}}_{\mathrm{CDS}}(0; 0, T_{\mu_i}, L, R^{\mathrm{M}}_{0,\mu_i}(0)), \boldsymbol{\lambda}_{\mu_i}) = 0$ nach λ_{μ_i} auf.
3. Wiederhole Schritt 2. bis $i = m$ ist.

Wir machen ein Bemerkung zu obigen Gleichungen. Schritt 1 liefert λ_{μ_1} respektive den Vektor

$$\boldsymbol{\lambda}_{\mu_1} = (\lambda_1, \lambda_2, \ldots, \lambda_{\mu_1})^\top ,$$

da die Einträge alle gleich sind, $\lambda_1 = \lambda_2 = \ldots = \lambda_{\mu_1}$. Schritt 2 liefert λ_{μ_2} respektive den Vektor

$$\boldsymbol{\lambda}_{\mu_2} = (\lambda_1, \ldots, \lambda_{\mu_1}, \lambda_{\mu_1+1}, \ldots, \lambda_{\mu_2})^\top,$$

da die ersten μ_1 Einträge aus Schritt 1 sind und die Einträge $\lambda_{\mu_1+1} = \lambda_{\mu_1+2} = \ldots = \lambda_{\mu_2}$ gleich sind, usw.

Nun möchte man obige Konstruktion, insbesondere die Beziehung (13.19), auf stochastische Intensitäten $\lambda(t)$ erweitern. Dies ist möglich; für einen nicht-negativen stochastischen Prozess mit monoton wachsenden Pfaden kann man

$$\mathbb{P}[\tau > T] = \mathbb{E}\big[e^{-\int_t^T \lambda(s)\mathrm{d}s}\big]$$

zeigen. Somit ist die Bestimmung von Überlebenswahrscheinlichkeiten unter Verwendung eines Poisson Prozesses mit stochastischer Intensität $\lambda(t)$ mathematisch äquivalent zur Berechnung von Zero-Coupon Bond Preisen in einem „short rate" Modell $r(t)$. Alle Modelle respektive Bewertungsformeln/methoden aus Abschn. 12.2 können übernommen werden. Zum Beispiel modellieren Brigo und El-Bachir [3] die Intensität als

$$\lambda(t) = X(t) + \varphi(t) \tag{13.23}$$

mit $\varphi(t)$ der deterministische Shift und $X(t)$ Lösung der Gleichung

$$\mathrm{d}X(t) = \kappa(m - X(t))\mathrm{d}t + \sigma\sqrt{X(t)}\mathrm{d}W(t) + \mathrm{d}J(t), \quad x(0) = x_0 .$$

Hierin ist $J(t)$ ein zusammengesetzter Poisson Process mit Intensität $\delta > 0$ wie in Definition 9.3, also

$$J(t) = \sum_{j=1}^{N(t)} Y_j$$

mit Sprunghöhen Y_j und $N(t)$ ein unabhängiger Poissonprozess mit Intensität δ. Die Sprunghöhen sind exponentialverteilt mit Parameter $\frac{1}{\gamma}$, $\gamma > 0$; siehe die Definition 9.1 zu exponentialverteilten Zufallsvariablen. Der Teil ohne Sprünge im Modell für $X(t)$ entspricht einem CIR Prozess, vergleiche mit Tab. 12.4; da ein deterministischer Shift und Sprünge dazu addiert werden, können wir dieses Modell JCIR++ nennen. Wir rechnen nun die Überlebenswahrscheinlichkeit in diesem Modell aus. Zunächst ist

$$\mathbb{P}[\tau > T] = \mathbb{E}\big[e^{-\int_t^T \lambda(s)\mathrm{d}s}\big] = \mathbb{E}\big[e^{-\int_t^T (X(s)+\varphi(s))\mathrm{d}s}\big] = e^{-\int_t^T \varphi(s)\mathrm{d}s}\mathbb{E}\big[e^{-\int_t^T X(s)\mathrm{d}s}\big] .$$

Der Erwartungswert $u(x,t) := \mathbb{E}\big[e^{-\int_t^T X(s)\mathrm{d}s} \mid X(t) = x\big]$ löst die Differentialgleichung

$$\begin{cases} \partial_t u + \mathcal{A}u - xu = 0 & \text{in } G \times [0,T[\\ u(x,T) = 1 & \text{in } G \end{cases} \tag{13.24}$$

mit den Generator des Prozesses $X(t)$

$$\mathcal{A}f(x,t) = \frac{1}{2}\sigma^2 x\partial_{xx}f + \kappa(m-x)\partial_x f + \int \big(f(x+z,t) - f(x,t)\big)\nu(\mathrm{d}z)$$

vergleiche mit Abschn. 9.2. Hierin ist

$$\nu(\mathrm{d}z) = \delta d(z)\mathrm{d}z = \delta\frac{1}{\gamma}e^{-\frac{1}{\gamma}z}\mathrm{d}z \tag{13.25}$$

die Lévy-Dichte des zusammengesetzten Poisson Prozesses $J(t)$. Nun stellt sich heraus, dass der Prozess $X(t)$ wie schon der CIR-Prozess affin ist; für den Begriff der „Affinität" siehe den Abschn. 8.2. Die Überlebenswahrscheinlichkeit respektive der Erwartungswert $u(x,t)$ lässt sich daher schreiben als

$$u(x,t) = e^{-(\alpha(t,T)+\alpha^j(t,T))-\beta(t,T)x} \tag{13.26}$$

mit α und β wie in Aufgabe 12.2 und $\alpha^j(t,T)$ gegeben durch

$$\alpha^j(t,T) := \begin{cases} \dfrac{2\delta\gamma}{2\gamma^2+2\gamma\kappa-\sigma^2} \ln \dfrac{2d e^{(\kappa+d+2\gamma)(T-t)/2}}{(\kappa+d+2\gamma)(e^{d(T-t)}-1)+2d} & \text{falls } \sigma^2 \neq 2\gamma(\gamma+\kappa) \\ \dfrac{\delta\gamma}{d^2}\big(d(T-t)+e^{-d(T-t)}-1\big) & \text{falls } \sigma^2 = 2\gamma(\gamma+\kappa) \end{cases}$$

mit $d := \sqrt{\kappa^2+2\sigma^2}$ wie in Aufgabe 12.2. Man wählt die deterministische Verschiebung $\varphi(t)$ in (13.23) so, dass das Modell am Markt vorherrschenden CDS Raten widergibt. Wir bezeichnen mit $\mathbb{P}^M[\tau > T]$ die Überlebenswahrscheinlichkeiten am Markt (zum Zeitpunkt $t=0$). Dann muss gelten

$$\mathbb{P}^M[\tau > T] = e^{-\int_0^T \varphi(s)\mathrm{d}s}\mathbb{E}\big[e^{-\int_0^T X(s)\mathrm{d}s}\big] = e^{-\int_0^T \varphi(s)\mathrm{d}s} e^{-(\alpha(0,T)+\alpha^j(0,T))-\beta(0,T)x_0} \; ;$$

auflösen nach φ ergibt

$$\int_0^T \varphi(s)\mathrm{d}s = -\ln \mathbb{P}^M[\tau > T] - (\alpha(0,T)+\alpha^j(0,T)) - \beta(0,T)x_0 \,.$$

13.4 Aufgaben

Aufgabe 13.1 Weisen Sie die partielle Differentialgleichung (13.8) nach.

Aufgabe 13.2

i) Weisen Sie die Beziehung (13.22) nach.
ii) Schreiben Sie eine Routine cds_detintensity, welche die Formel (13.22) realisiert. Inputdaten sind R, L, T_μ sowie der Vektor $\boldsymbol{\lambda}_\mu$. Um die Integrale zu bestimmen, verwenden Sie Python's `integrate.quad`. Die Abzinsungsfaktoren $P(0,s)$ ergeben sich aus einer Interpolation (`interp1d` in Python) der Zinskurve $(T, P^M(0,T))$ am Tag der Kalibrierung.

iii) Schreiben Sie eine Routine, welche die Gleichungen

$$V_{\mathrm{CDS}}^{\mathrm{A}}(0; 0, T_{\mu_i}, L, R_{0,\mu_i}^{\mathrm{M}}(0)), \boldsymbol{\lambda}_{\mu_i}) = 0$$

löst (verwenden Sie dazu Python's `fsolve`).

iv) Verwenden Sie die Routinen in den Teilaufgaben ii) und iii) mit $L = 0.75$, um die Intensitäten λ_j und die Überlebenswahrscheinlichkeiten zu den Parmalat Daten in Beispiel 13.4 zu berechnen.

Aufgabe 13.3 Weisen Sie die Ausdrücke α, β und α^j in (13.26) nach, in dem Sie $u(x, t)$ in (13.24) einsetzen und die entstehenden Riccati-Gleichungen lösen. Konsultierten Sie dazu auch die Aufgabe 12.2 respektive deren Lösungsweg.

Literatur

1. T. R. Bielecki and M Rutkowski. *Credit Risk: Modeling, Valuation and Hedging*. Springer, 2002.
2. F. Black and J.C. Cox. Valuing corporate securities: Some effects of bond indenture provisions. *Journal of Finance*, 31:351–367, 1976.
3. D. Brigo and N. El-Bachir. An exact formula for default swaptions' pricing in the SSRJD stochastic intensity model. *Mathematical Finance*, 20(3):365–382, 2010.
4. D. Brigo, Morini M., and M. Tarenghi. Credit Calibration with Structural Models and Equity Return Swap Valuation under Counterparty Risk. In T. R. Bielecki, D. Brigo, and F. Patras, editors, *Credit Risk Frontiers: Subprime Crisis, Pricing and Hedging, CVA, MBS, Ratings, and Liquidity*, chapter 14, pages 457–484. Wiley, 2011.
5. D. Brigo, M. Morini, and A. Pallavacini. *Counterparty Credit Risk, Collateral and Funding*. Wiley Finance Series. Wiley, 2013.
6. D. Brigo and M. Tarenghi. Credit Default Swap Calibration and Equity Swap Valuation under Counterparty Risk with a Tractable Structural Model. Technical report, March 2005. Available at https://arxiv.org/abs/0912.3028.
7. R.C. Merton. On the pricing of corporate dept: The risk structure of interest rates. *Journal of Finance*, 29:449–470, 1974.

14 Verfahren höherer Ordnung

Wir betrachten in diesem Kapitel nochmals die Finite-Differenzen-Diskretisierung von parabolischen partiellen Differentialgleichungen. In den Kap. 5, 6 und 10 haben wir eine Diskretisierung implementiert, welche (maximal) quadratisch in der Maschenweite h und dem Zeitschritt k gegen die exakte Lösung der Differentialgleichung konvergiert. Die Konvergenzrate spielt eine wichtige Rolle in der Derivatsbewertung, da eine numerische Approximation erstens eine gewisse Genauigkeit (zum Beispiel auf Basispunkte) erreichen soll und zweitens der Rechenaufwand dieser Approximation (wie lange dauert die Berechnung?) zur Erreichung der geforderten Genauigkeit nicht zu vernachlässigen ist. Hier gilt die Daumenregel: je höher die Konvergenzrate, desto mehr Rechenaufwand ist nötig (einen Preis für die Erhöhung der Rate müssen wir ja bezahlen …). Aus praktischer Sicht ist eine hohe Konvergenzrate dann interessant, wenn das Verhältnis zwischen „Aufwand und Ertrag" besser ist als bei einer niedrigen Rate.

Nun haben wir aber bereits bei einigen Beispielen gesehen, dass die Konvergenzrate davon abhängt, wie der Payoff (also die Funktion $u(x, 0) = g(x)$) beschaffen ist. Das Beispiel 5.2 zeigt, dass die Konvergenzrate reduziert wird (von 2 auf 1), wenn g unstetig ist. Somit stellt sich die Frage, ob eine Erhöhung der Konvergenzrate überhaupt sinnvoll ist.

Im Folgenden werden wir diese Frage beantworten. Dazu müssen wir zunächst im Abschn. 14.1 die Differenzenquotienten quadratischer Ordnung (siehe Definition 4.3 und 4.4) erweitern. Wir werden exemplarisch sehen, dass die Konvergenzrate aufgrund der Beschaffenheit des Payoffs g nur dann erhöht werden kann, wenn wir das Gitter in x geeignet verdichten. Da wir parabolische Differentialgleichungen lösen, müssen wir auch die Ordnung des Zeitschrittverfahrens erhöhen. Im Abschn. 14.2 betrachten wir eine Verallgemeinerung des θ-Schemas.

Als Anwendung lösen wir im Abschn. 14.3 nochmals das Bewertungsproblem im Heston Modell und stellen das „neue" Verfahren dem „alten" gegenüber.

N. Hilber, *Bewertung von Finanzderivaten mit Python*,
https://doi.org/10.1007/978-3-658-39210-9_14

14.1 Finite Differenzen vierter Ordnung

In diesem Abschnitt wollen wir finite Differenzen höherer Ordnung zur numerischen Lösung der Differentialgleichung

$$\begin{cases} \partial_t w + a(x)\partial_{xx} w + b(x)\partial_x w + c(x)w = f(x,t) & \text{in } G \times]0,T] \\ \text{RB} & \\ w(x,0) = g(x) & \text{in } G \end{cases} \tag{14.1}$$

angeben. Bis jetzt haben wir die zweite (partielle) Ableitung mit dem zentralen Differenzenquotienten $\delta_h^2 f(x)$

$$\begin{aligned} f''(x) &= \frac{1}{h^2}\big(f(x-h) - 2f(x) + f(x+h)\big) + \mathcal{O}(h^2) \\ &=: h^{-2} \sum_{j=-1}^{1} m_j^{(2,2)} f(x+jh) + \mathcal{O}(h^2) \end{aligned}$$

approximiert (vergleiche mit Definition 4.4), wobei wir nun eine kompakte Schreibweise mit Hilfe der sogenannten *Maske*

$$\mathbf{m}^{(2,2)} := \big(m_{-1}^{(2,2)}, m_0^{(2,2)}, m_1^{(2,2)}\big) = (1, -2, 1)$$

verwenden. Der Superskript (ℓ, n) in $\mathbf{m}^{(\ell,n)}$ gibt an, dass wir die ℓ-te Ableitung von f mit einem Differerenzenquotienten der Ordnung n approximieren. Analog haben wir die erste (partielle) Ableitung mit dem zentralen Differenzenquotienten $\delta_h f(x)$ nach Definition 4.3

$$f'(x) = \frac{1}{2h}\big(-f(x-h) + f(x+h)\big) + \mathcal{O}(h^2) =: h^{-1} \sum_{j=-1}^{1} m_j^{(1,2)} f(x+jh) + \mathcal{O}(h^2)$$

approximiert. Hierbei ist die Maske gegeben durch

$$\mathbf{m}^{(1,2)} := \big(m_{-1}^{(1,2)}, m_0^{(1,2)}, m_1^{(1,2)}\big) = \frac{1}{2}(-1, 0, 1) .$$

Mit Hilfe einer Taylorentwicklung können wir finite Differenzen der Ordnung $\mathcal{O}(h^4)$ herleiten. Als Beispiel betrachten wir die Approximation für $f'(x)$ der Ordnung 4. Nach dem Satz von Taylor haben wir

$$\begin{aligned} f(x \pm h) &= f(x) \pm hf'(x) + \frac{1}{2}h^2 f''(x) \pm \frac{1}{6}h^3 f'''(x) + \frac{1}{24}h^4 f^{(4)}(x) + \mathcal{O}(h^5) \\ f(x \pm 2h) &= f(x) \pm 2hf'(x) + \frac{4}{2}h^2 f''(x) \pm \frac{8}{6}h^3 f'''(x) + \frac{16}{24}h^4 f^{(4)}(x) + \mathcal{O}(h^5) . \end{aligned}$$

Wir kombinieren nun diese vier Ausdrücke so, dass die Terme in f'', f''' und $f^{(4)}$ wegfallen. Dazu multiplizieren wir die Gleichungen der Reihe nach mit den unbekannten Zahlen a, b, c und d und addieren anschliessend die multiplizierten Gleichungen. Wir erhalten

$$
\begin{aligned}
&af(x-h) + bf(x+h) + cf(x-2h) + df(x+2h) \\
&= (a+b+c+d)f(x) + (-a+b-2c+2d)hf'(x) + \frac{1}{2}(a+b+4c+4d)h^2 f''(x) \\
&\quad + \frac{1}{6}(-a+b-8c+8d)h^3 f'''(x) + \frac{1}{24}(a+b+16c+16d)h^4 f^{(4)}(x) + \mathcal{O}(h^5)\,.
\end{aligned}
$$

Wählen wir nun a, b, c und d wie folgt

$$
\begin{cases}
-a + b - \ 2c + \ 2d = 1 \\
\ a + b + \ 4c + \ 4d = 0 \\
-a + b - \ 8c + \ 8d = 0 \\
\ a + b + 16c + 16d = 0
\end{cases}, \tag{14.2}
$$

so vereinfacht sich die obige Gleichung zu

$$
\begin{aligned}
&af(x-h) + bf(x+h) + cf(x-2h) + df(x+2h) \\
&= (a+b+c+d)f(x) + hf'(x) + \mathcal{O}(h^5)\,.
\end{aligned}
$$

Das Gleichungssystem (14.2) hat die Lösung

$$
a = -\frac{8}{12},\ b = \frac{8}{12},\ c = \frac{1}{12},\ d = -\frac{1}{12}
$$

und wir erhalten – weil $a + b + c + d = 0$ ist – folgende finite Differenzendarstellung der ersten Ableitung

$$
f'(x) = \frac{1}{12h}f(x-2h) - \frac{8}{12h}f(x-h) + \frac{8}{12h}f(x+h) - \frac{1}{12h}f(x+2h) + \mathcal{O}(h^4)\,,
$$

welche wir mit der Maske $\mathbf{m}^{(1,4)} = \frac{1}{12}(-1, -8, 0, 8, 1)$ kompakt schreiben können als

$$
f'(x) = h^{-1} \sum_{j=-2}^{2} m_j^{(1,4)} f(x+jh) + \mathcal{O}(h^4)\,.
$$

Für die Approximation vierter Ordnung der zweiten Ableitung können wir analog vorgehen. Zusammenfassend erhalten wir für $n = 2$ oder $n = 4$

$$
\begin{aligned}
f'(x) &= h^{-1} \sum_{j=-2}^{2} m_j^{(1,n)} f(x+jh) + \mathcal{O}(h^n) := \delta_h^{(1,n)} f(x) + \mathcal{O}(h^n) \\
f''(x) &= h^{-2} \sum_{j=-2}^{2} m_j^{(2,n)} f(x+jh) + \mathcal{O}(h^n) =: \delta_h^{(2,n)} f(x) + \mathcal{O}(h^n)\,,
\end{aligned}
$$

wobei die Masken $\mathbf{m}^{(\ell,n)} := (m_{-2}^{(\ell,n)}, \ldots, m_2^{(\ell,n)})$ gegeben sind durch

$$\begin{aligned}
\mathbf{m}^{(1,2)} &:= \frac{1}{2}(0, -1, 0, 1, 0) \\
\mathbf{m}^{(2,2)} &:= (0, 1, -2, 1, 0) \\
\mathbf{m}^{(1,4)} &:= \frac{1}{12}(1, -8, 0, 8, -1) \\
\mathbf{m}^{(2,4)} &:= \frac{1}{12}(-1, 16, -30, 16, -1)
\end{aligned}$$

vergleiche mit Aufgabe 14.1. Im Intervall $\overline{G} = [x_l, x_r]$ definieren wir nun wiederum ein äquidistantes Gitter $\mathcal{G}_x$

$$x_l = x_0 < x_1 < x_2 < \ldots < x_N < x_{N+1} = x_r$$

der Maschenweite

$$h = \frac{x_r - x_l}{N+1} .$$

Wie schon in den vorherigen Abschnitten ersetzen wir die (partiellen) Ableitungen an einem beliebigen (inneren) Gitterpunkt x_i durch die oben definierten Differenzenquotienten, das heisst der Ausdruck

$$a(x_i)\partial_{xx}w(x_i, t) + b(x_i)\partial_x w(x_i, t) + c(x_i)w(x_i, t)$$

in der Differentialgleichung (14.1) wird durch den Ausdruck

$$\begin{aligned}
&a(x_i)\delta_h^{(2,n)} w(x_i, t) + b(x_i)\delta_h^{(1,n)} w(x_i, t) + c(x_i)w(x_i, t) \\
&= \frac{1}{h^2} a(x_i) \sum_{j=-2}^{2} m_j^{(2,n)} w(x_i + jh, t) + \frac{1}{h} b(x_i) \sum_{j=-2}^{2} m_j^{(1,n)} w(x_i + jh, t) + c(x_i)w(x_i, t)
\end{aligned}$$

ersetzt. In diesem können wir geeignete Terme zusammenfassen. Gleichzeitig schreiben wir $w(x_i, t) \approx w_i(t)$ für eine zu findende, nur noch von der Zeit t abhängende Funktion $w_i(t)$. Es ergibt sich mit $x_i + jh = x_{i+j}$

$$a(x_i)\partial_{xx}w(x_i, t) + b(x_i)\partial_x w(x_i, t) + c(x_i)w(x_i, t) \approx \sum_{j=-2}^{2} \alpha_j^{(n)}(x_i) w_{i+j}(t) , \quad (14.3)$$

mit den Koeffizienten $\alpha_j^{(n)} : \mathbb{R} \to \mathbb{R}$, $j = -2, \ldots, 2$ gegeben durch

$$\alpha_j^{(n)}(x) := \frac{1}{h^2} m_j^{(2,n)} a(x) + \frac{1}{h} m_j^{(1,n)} b(x) + m_j^{(0)} c(x) .$$

Hierbei haben wir noch die Maske $\mathbf{m}^{(0)} = (0, 0, 1, 0, 0)$ eingeführt. Führen wir die Approximation (14.3) für jeden der N (inneren) Gitterpunkte x_i durch, so erhalten wir aus der partiellen Differentialgleichung

$$\partial_t w + a(x)\partial_{xx} w + b(x)\partial_x w + c(x)w = f(x,t), \quad w(x,0) = g(x)$$

das System von gewöhnlichen Differentialgleichungen

$$w_i'(t) + \sum_{j=-2}^{2} \alpha_{i,j} w_{i+j}(t) = f(x_i,t), \quad w_i(0) = g(x_i), \quad i = 3, \ldots, N-2\,. \tag{14.4}$$

Hierin haben wir abkürzende Schreibweise

$$\alpha_{i,j} := \alpha_j^{(n)}(x_i)$$

verwendet. (Wir verzichten auf die Angabe der Ordnung n, da wir uns im Folgenden auf den Fall $n = 4$ konzentrieren). Wäre in (14.4) zum Beispiel $i = 1$, so würde in der Summe die Funktion $w_{-1}(t)$ zum nicht existierenden Gitterpunkt x_{-1} auftreten (nämlich für $j = -2$). Somit benötigen wir am Rand des Intervalls spezielle finite Differenzen, welche auf die Gleichungen

$$w_1'(t) + \sum_{j=-1}^{4} \alpha_{1,j}^+ w_{1+j}(t) = f(x_1,t), \quad w_1(0) = g(x_1)$$
$$w_N'(t) + \sum_{j=-4}^{1} \alpha_{N,j}^- w_{N+j}(t) = f(x_N,t), \quad w_N(0) = g(x_N)$$

führen. Liegen Dirichlet-Randbedingungen vor, zum Beispiel $w(x_l,t) = w(x_0,t) = w_0(t) =: w_l(t)$ und $w(x_r,t) = w(x_{N+1},t) = w_{N+1}(t) =: w_r(t)$, so lassen sich die obigen beiden Gleichungen umschreiben zu

$$w_1'(t) + \sum_{j=0}^{4} \alpha_{1,j}^+ w_{1+j}(t) = -\alpha_{1,-1}^+ w_l(t) + f(x_1,t), \quad w_1(0) = g(x_1)$$
$$w_N'(t) + \sum_{j=-4}^{0} \alpha_{N,j}^- w_{N+j}(t) = -\alpha_{N+1,1}^- w_r(t) + f(x_N,t), \quad w_N(0) = g(x_N)\,.$$

Hierbei sind Koeffizienten $\alpha_{i,j}^{\pm}$ gegeben durch $\alpha_{i,j}^{\pm} := \alpha_j^{\pm}(x_i)$, mit den Koeffizientenfunktionen

$$\alpha_j^+(x) = \frac{1}{h^2}\widehat{m}_j^{(2)} a(x) + \frac{1}{h}\widehat{m}_j^{(1)} b(x) + \widehat{m}_j^{(0)} c(x)$$
$$\alpha_j^-(x) = \frac{1}{h^2}\widehat{m}_{-j}^{(2)} a(x) - \frac{1}{h}\widehat{m}_{-j}^{(1)} b(x) + \widehat{m}_{-j}^{(0)} c(x) \tag{14.5}$$

und den Masken $\widehat{\mathbf{m}}^{(\ell)} = (\widehat{m}_{-1}^{(\ell)}, \ldots, \widehat{m}_4^{(\ell)})$

$$\begin{aligned}
\widehat{\mathbf{m}}^{(0)} &:= (0, 1, 0, 0, 0, 0) \\
\widehat{\mathbf{m}}^{(1)} &:= \frac{1}{12}(-3, -10, 18, -6, 1, 0) \\
\widehat{\mathbf{m}}^{(2)} &:= \frac{1}{12}(10, -15, -4, 14, -6, 1) .
\end{aligned}$$

Die Randbedingungen sind auch in den Gleichungen (14.4) für $i = 2$ und $i = N - 1$ zu berücksichtigen. Zusammenfassend lautet das Differentialgleichungssystem für die N gesuchten Funktionen $w_i(t)$

$$\begin{cases}
w_i'(t) + \sum_{j=0}^{4} \alpha_{i,j}^{+} w_{i+j}(t) = f(x_i, t) - \alpha_{i,-1}^{+} w_l(t), & i = 1 \\
w_i'(t) + \sum_{j=-1}^{2} \alpha_{i,j} w_{i+j}(t) = f(x_i, t) - \alpha_{i,-2} w_l(t), & i = 2 \\
w_i'(t) + \sum_{j=-2}^{2} \alpha_{i,j} w_{i+j}(t) = f(x_i, t), & i = 3, \ldots, N-2 \\
w_i'(t) + \sum_{j=-2}^{1} \alpha_{i,j} w_{i+j}(t) = f(x_i, t) - \alpha_{i,2} w_r(t) & i = N-1 \\
w_i'(t) + \sum_{j=-4}^{0} \alpha_{i,j}^{-} w_{i+j}(t) = f(x_i, t) - \alpha_{i,1}^{-} w_r(t), & i = N
\end{cases} \tag{14.6}$$

mit $w_i(0) = g(x_i)$, $i = 1, \ldots, N$. Dieses Gleichungssystem können wir wie immer in Matrixform schreiben als

$$\mathbf{w}'(t) + \mathbf{A}\mathbf{w}(t) = \mathbf{f}(t), \quad \mathbf{w}(0) = \mathbf{g}$$

mit $\mathbf{w}(t) = (w_1(t), w_2(t), \ldots, w_N(t))^\top$, $\mathbf{g} = (g(x_1), g(x_2), \ldots, g(x_N))^\top$. Die $N \times N$-Matrix $\mathbf{A}$ lässt sich nach wie vor als Summe von drei Matrizen schreiben, nämlich

$$\mathbf{A} = \mathbf{M}_a^{(2)} + \mathbf{M}_b^{(1)} + \mathbf{M}_c^{(0)} .$$

Die Matrizen $\mathbf{M}_y^{(k)}$ respektive die Randmatrizen $\mathbf{M}_y^{(k),bc}$ folgen aus den Koeffizienten $\alpha_{i,j}$ und $\alpha_{i,j}^{\pm}$ und können durch folgende Definition beschrieben werden, vergleiche auch mit Definition 4.5.

Definition 14.1 Für eine stetige Funktion y sind die $N \times N$-Matrizen $\mathbf{M}_y^{(k)}$, $k = 0, 1, 2$ über einem Intervall G mit Länge $|G|$ wie folgt definiert

$$\mathbf{M}_y^{(0)} := \begin{pmatrix} y_1 & & & & & \\ & y_2 & & & & \\ & & y_3 & & & \\ & & & \ddots & & \\ & & & & y_{N-1} & \\ & & & & & y_N \end{pmatrix}$$

$$\mathbf{M}_y^{(1)} := \frac{1}{12h} \begin{pmatrix} -10y_1 & 18y_1 & -6y_1 & y_1 & & & & \\ -8y_2 & 0 & 8y_2 & -y_2 & & & & \\ y_3 & -8y_3 & 0 & 8y_3 & -y_3 & & & \\ & & & \ddots & & & & \\ & & & y_{N-2} & -8y_{N-2} & 0 & 8y_{N-2} & -y_{N-2} \\ & & & & y_{N-1} & -8y_{N-1} & 0 & 8y_{N-1} \\ & & & & -y_N & 6y_N & -18y_N & 10y_N \end{pmatrix}$$

$$\mathbf{M}_y^{(2)} := \frac{1}{12h^2} \begin{pmatrix} -15y_1 & -4y_1 & 14y_1 & -6y_1 & y_1 & & & \\ 16y_2 & -30y_2 & 16y_2 & -y_2 & & & & \\ -y_3 & 16y_3 & -30y_3 & 16y_3 & -y_3 & & & \\ & & & \ddots & & & & \\ & & & -y_{N-2} & 16y_{N-2} & -30y_{N-2} & 16y_{N-2} & -y_{N-2} \\ & & & & -y_{N-1} & 16y_{N-1} & -30y_{N-1} & 16y_{N-1} \\ & & & y_N & -6y_N & 14y_N & -4y_N & -15y_N \end{pmatrix}$$

$$\mathbf{M}_y^{(2),bc} := \frac{1}{12h^2} \begin{pmatrix} 10y_1 & 0 & \dots & 0 \\ -y_2 & 0 & \dots & 0 \\ 0 & & & 0 \\ \vdots & & & \\ 0 & & & 0 \\ 0 & \dots & 0 & -y_{N-1} \\ 0 & \dots & 0 & 10y_N \end{pmatrix}, \quad \mathbf{M}_y^{(1),bc} := \frac{1}{12h} \begin{pmatrix} -3y_1 & 0 & \dots & 0 \\ y_2 & 0 & \dots & 0 \\ 0 & & & 0 \\ \vdots & & & \\ 0 & & & 0 \\ 0 & \dots & 0 & -y_{N-1} \\ 0 & \dots & 0 & 3y_N \end{pmatrix}.$$

Darin ist $h = \frac{|G|}{N+1}$ und die $y_i = y(x_i)$ sind die Funktionswerte in den N äquidistanten Gitterpunkten x_i.

Der Vektor $\mathbf{f}(t)$ ergib sich wie in (4.16) zu $\mathbf{f}(t) = \mathbf{f}^{rhs}(t) + \mathbf{f}^{bc}(t)$, mit

$$\mathbf{f}^{rhs}(t) = \begin{pmatrix} f(x_1, t) \\ f(x_2, t) \\ \vdots \\ f(x_{N-1}, t) \\ f(x_N, t) \end{pmatrix}$$

und $\mathbf{f}^{bc}(t)$ analog zu (6.4)

$$\mathbf{f}^{bc}(t) = -\big(\mathbf{M}_a^{(2),bc} + \mathbf{M}_b^{(1),bc}\big)\mathbf{w}^{bc}(t) ;$$

mit dem Vektor $\mathbf{w}^{bc}(t)$ wie in (6.5).

Liegen keine Dirichlet-Randbedingungen vor, müssen die Matrizen in der Definition 14.1 geeignet angepasst werden. Dazu benötigen wir ähnlich zu (14.5) nicht zentrierte Differenzenquotienten vierter Ordnung, im Gegensatz zu (14.5) sollen nun aber alle verwendeten Gitterpunkte x_i entweder rechts vom linken Rand x_l oder links vom rechten Rand x_r liegen. Man kann zeigen, dass für $\ell = 1$ oder $\ell = 2$ gilt

$$f^{(\ell)}(x) = h^{-\ell}(\pm 1)^{\ell} \sum_{j=0}^{5} m_j^{(\ell,4)} f(x \pm jh) + \mathcal{O}(h^4) \tag{14.7}$$

mit den Masken $\mathbf{m}^{(\ell,4)} = (m_0^{(\ell,4)}, \ldots, m_5^{(\ell,4)})$ gegeben durch

$$\begin{aligned} \mathbf{m}^{(1,4)} &= \frac{1}{12}(-25, 48, -36, 16, -3, 0) \\ \mathbf{m}^{(2,4)} &= \frac{1}{12}(45, -154, 214, -156, 61, -10) . \end{aligned}$$

Hierbei ist das positive Vorzeichen zu nehmen, wenn wir die Ableitungen am linken Rand $x_0 = x_l$ des Intervalls diskretisieren, und das negative Vorzeichen, wenn wir die Ableitungen am rechten Rand $x_{N+1} = x_r$ betrachten. Es ergibt sich Tab. 14.1, vergleiche auch mit der entsprechenden Tab. 6.1 für finite Differenzen zweiter Ordnung.

In Tab. 14.1 folgen die ersten Einträge der zweiten respektive die letzten Einträge der vorletzten Zeilen aus (14.5); die ersten und letzten Zeilen ergeben sich aus folgender Überlegung, die wir beispielhaft für die erste Zeile ${}_n^{\cdot}\mathbf{M}_y^{(k)}$, $k = 1, 2$ im Falle einer Neumann Bedingung $\partial_x w(x_l, t) = w_l(t)$ am linken Rand durchführen. Dazu approximieren wir die bekannte erste Ableitung mit dem Differenzenquotienten in (14.7)

$$\partial_x w(x_l, t) \approx \frac{1}{12h}\big(-25w_0(t) + 48w_1(t) - 36w_2(t) + 16w_3(t) - 3w_4(t)\big) = w_l(t) ,$$

Tab. 14.1 Für Nicht-Dirichlet Randbedingungen müssen die Matrizen ${}^{\cdot}_{\cdot}\mathbf{M}_y^{(k)}$ in Definition 14.1 angepasst werden

Matrix	Zeile	Neumann	zweite Abl.
		$j = n$	$j = s$
${}^{j}_{j}\mathbf{M}_y^{(1)}$	erste, ${}_j\mathbf{z}^{(1)} =$	$\frac{y_1}{12h}(-\frac{394}{25}, \frac{558}{25}, \frac{-198}{25}, \frac{34}{25}, 0)$	$\frac{y_1}{12h}(-\frac{304}{15}, \frac{484}{15}, -\frac{82}{5}, \frac{76}{15}, -\frac{2}{3})$
	zweite, ${}_j\mathbf{z}^{(1)} =$	$\frac{y_2}{12h}(-3, -10, 18, -6, 1)$	$\frac{y_2}{12h}(-3, -10, 18, -6, 1)$
	vorletzte, ${}_j\mathbf{z}^{(1)} =$	$\frac{y_{N-1}}{12h}(-1, 6, -18, 10, 3)$	$\frac{y_{N-1}}{12h}(-1, 6, -18, 10, 3)$
	letzte, ${}^j\mathbf{z}^{(1)} =$	$\frac{y_N}{12h}(-\frac{34}{25}, \frac{198}{25}, -\frac{558}{25}, \frac{394}{25})$	$\frac{y_N}{12h}(\frac{2}{3}, -\frac{76}{15}, \frac{82}{5}, -\frac{484}{15}, \frac{304}{15})$
${}^{j}_{j}\mathbf{M}_y^{(2)}$	erste, ${}_j\mathbf{z}^{(2)} =$	$\frac{y_1}{12h^2}(\frac{21}{5}, -\frac{92}{5}, \frac{102}{5}, -\frac{36}{5}, 1, 0)$	$\frac{y_1}{12h^2}(\frac{173}{9}, -\frac{464}{9}, \frac{146}{3}, -\frac{176}{9}, \frac{29}{9}, 0)$
	zweite, ${}_j\mathbf{z}^{(2)} =$	$\frac{y_2}{12h^2}(10, -15, -4, 14, -6, 1)$	$\frac{y_2}{12h^2}(10, -15, -4, 14, -6, 1)$
	vorletzte, ${}_j\mathbf{z}^{(2)} =$	$\frac{y_{N-1}}{12h^2}(1, -6, 14, -4, -15, 10)$	$\frac{y_{N-1}}{12h^2}(1, -6, 14, -4, -15, 10)$
	letzte, ${}^j\mathbf{z}^{(2)} =$	$\frac{y_N}{12h^2}(0, 1, -\frac{36}{5}, \frac{102}{5}, -\frac{92}{5}, \frac{21}{5})$	$\frac{y_N}{12h^2}(0, \frac{29}{9}, -\frac{176}{9}, \frac{146}{3}, -\frac{464}{4}, \frac{173}{9})$

lösen diese Gleichung auf nach $w_0(t)$ und setzen das Resultat in den Differenzenquotienten (14.5) ein. Also

$$\begin{aligned}
y(x_1)\partial_x w(x_1,t) &\overset{(14.5)}{\approx} \frac{y_1}{12h}\big(-3w_0(t) - 10w_1(t) + 18w_2(t) - 6w_3(t) + w_4(t)\big) \\
&= \frac{y_1}{12h}\Big[-\frac{3}{25}\big(48w_1(t) - 36w_2(t) + 16w_3(t) - 3w_4(t) - 12hw_l(t)\big) \\
&\qquad - 10w_1(t) + 18w_2(t) - 6w_3(t) + w_4(t)\Big] \\
&= \frac{y_1}{12h}\Big[-\frac{394}{25}w_1(t) + \frac{558}{25}w_2(t) - \frac{198}{25}w_3(t) \\
&\qquad + \frac{34}{25}w_4(t) + \frac{36}{25}hw_l(t)\Big]\ ;
\end{aligned}$$

das sind die ersten vier Einträge der ersten Zeile in ${}_n^{\cdot}\mathbf{M}_y^{(1)}$ für eine Neumann-Randbedingung. Analog können wir für die erste Zeile in ${}_n^{\cdot}\mathbf{M}_y^{(2)}$ die nach $w_0(t)$ aufgelöste Beziehung (14.7) einsetzen in (14.5), nun aber eben für die zweite Ableitung

$$\begin{aligned}
y(x_1)\partial_{xx} w(x_1,t) &\overset{(14.5)}{\approx} \frac{y_1}{12h^2}\big(10w_0(t) - 15w_1(t) - 4w_2(t) + 14w_3(t) - 6w_4(t) + w_5(t)\big) \\
&= \frac{y_1}{12h}\Big[\frac{10}{25}\big(48w_1(t) - 36w_2(t) + 16w_3(t) - 3w_4(t) - 12hw_l(t)\big) \\
&\qquad - 15w_1(t) - 4w_2(t) + 14w_3(t) - 6w_4(t) + w_5(t)\Big] \\
&= \frac{y_1}{12h^2}\Big[\frac{21}{5}w_1(t) - \frac{92}{5}w_2(t) + \frac{102}{5}w_3(t) \\
&\qquad - \frac{36}{5}w_4(t) + w_5(t) - \frac{120}{25}hw_l(t)\Big]\ ;
\end{aligned}$$

Tab. 14.2 Die Einträge in der ersten (respektive letzten) Zeile und Spalte der Matrizen ${}^{j}_{j}\mathbf{M}_y^{(k),bc}$

Matrix	Eintrag	Dirichlet	Neumann	zweite Abl.
		$j = d$	$j = n$	$j = s$
${}^{j}_{j}\mathbf{M}_y^{(1),bc}$	erste Zeile, erste Spalte	$\frac{y_1}{12h}(-3)$	$\frac{y_1}{12h}\frac{36}{25}h$	$\frac{y_1}{12h}\frac{-4}{5}h^2$
	letzte Zeile, letzte Spalte	$\frac{y_N}{12h}3$	$\frac{y_N}{12h}\frac{36}{25}h$	$\frac{y_N}{12h}\frac{4}{5}h^2$
${}^{j}_{j}\mathbf{M}_y^{(2),bc}$	erste Zeile, erste Spalte	$\frac{y_1}{12h^2}10$	$-\frac{y_1}{12h^2}\frac{120}{25}h$	$\frac{y_1}{12h^2}\frac{8}{3}h^2$
	letzte Zeile, letzte Spalte	$\frac{y_N}{12h^2}10$	$\frac{y_N}{12h^2}\frac{120}{25}h$	$\frac{y_N}{12h^2}\frac{8}{3}h^2$

dies sind die ersten fünf Einträge der ersten Zeile in ${}^{\cdot}_{n}\mathbf{M}_y^{(2)}$ für eine Neumann-Randbedingung. In der Aufgabe 14.2 zeigen Sie die erste Zeile der Matrizen ${}^{\cdot}_{s}\mathbf{M}_y^{(k)}$, also wenn am linken Rand die zweite Ableitung vorgegeben ist. Übrigens müssen natürlich auch die Randmatrizen $\mathbf{M}_y^{(k),bc}$ in der Definition 14.1 bei Verwendung von Nicht-Dirichlet-Randbedingungen angepasst werden. Zum Beispiel lesen wir aus obigen Darstellungen ab, dass der Eintrag in der ersten Zeile und ersten Spalte der Matrix ${}^{n}_{n}\mathbf{M}_y^{(k)}$ zu $-\frac{y_1}{12h}\frac{36}{25}h$ geändert werden muss, wenn $k = 1$ ist, und zu $\frac{y_1}{12h^2}\frac{120}{25}h$, wenn $k = 2$ ist. Beachten Sie, dass die Einträge $(2, 1)$ und $(N-1, N)$ in den Matrizen ${}^{j}_{j}\mathbf{M}_y^{(k)}$, $k = 1, 2$, für $j \in \{n, s\}$ Null sind (im Gegensatz zu $j = d$). Wir fassen dies in der Tab. 14.2 zusammen.

Gilt die Differentialgleichung (14.1) auch am Rand des Intervalls G (intrinsische Randbedingung), so muss die erste respektive letzte Zeile von ${}^{\cdot}\mathbf{M}_y^{(k)}$ wiederum angepasst werden. Zum Beispiel ergeben sich aus (14.7) am linken Rand die ersten sechs Einträge der ersten Zeile von ${}^{\cdot}_{i}\mathbf{M}_y^{(1)}$

$$\frac{y_0}{12h}(-25, 48, -36, 16, -3, 0)\ ,$$

während für die erste Zeile von ${}^{\cdot}_{i}\mathbf{M}_y^{(2)}$

$$\frac{y_0}{12h^2}(45, -154, 214, -156, 61, -10)$$

gilt. Die zweiten Zeilen für diese Randbedingung sind wie in der Tab. 14.1. In der Routine matrixgenerator_BC_ho kombinieren wir die Konstruktion der Matrizen in Definition 14.1 mit den möglichen Anpassungen zu Nicht-Dirichlet-Randbedingungen (Tab. 14.1, intrinsiche Randbedingungen). Diese Routine ist eine Erweiterung der Routine 6.1 matrixgenerator_BC auf finite Differenzen vierter Ordnung (daher der Zusatz `ho`, welcher für „higher order" steht).

Um ein volldiskretes Verfahren zu erhalten, müssen wir das Differentialgleichungssystem $\mathbf{w}'(t) + \mathbf{A}\mathbf{w}(t) = \mathbf{f}(t)$ nun noch in der Zeit diskretisieren. Dazu können wir wiederum das θ-Verfahren verwenden, also

$$\big(\mathbf{I} + k\theta\mathbf{A}\big)\mathbf{w}_{j+1} = \big(\mathbf{I} - k(1-\theta)\mathbf{A}\big)\mathbf{w}_j + k\mathbf{f}(t_j + \theta k),\quad j = 0, \ldots, M-1$$

mit M die Anzahl der Zeitschritte, $k = \frac{T}{M}$, und dem Startvektor $\mathbf{w}_0 = \mathbf{g}$. Der Fehler des θ-Verfahrens für $\theta = 1/2$ ist $\mathcal{O}(k^2)$. Da wir nun bezüglich x finite Differenzen der Ordnung $\mathcal{O}(h^4)$ realisiert haben, müssen wir den Zeitschritt $k = \mathcal{O}(h^2)$ wählen, damit der Gesamtfehler (Orts- und Zeitdiskretisierungfehler) des Verfahrens, welcher durch die Abschätzung

$$\mathcal{O}(h^4 + k^2) = \mathcal{O}(h^4)$$

gegeben ist, von der Ordnung 4 ist. Somit muss die Anzahl der Zeitschritte M im Wesentlichen quadratisch mit der Anzahl Gitterpunkte N wachsen, damit wir tatsächlich ein Verfahren vierter Ordnung erhalten, das heisst $M = \mathcal{O}(N^2)$. Wir realisieren nun das entwickelte Verfahren zur Lösung des Problems in der Routine pde_1d_a_pade_4 unter der Annahme, dass die Funktion $f(x,t)$ gegeben ist als ein Produkt der Form $f(x,t) := f^x(x)f^t(t)$ für univariate Funktionen f^x und f^t; der entsprechende Input zur Routine ist die Liste $[f^x(x), f^t(t)]$ (wie immer bei Funktionen zu definieren via `lambda`). Das Input-Argument `BC` ist eine Liste. Diese enthält die „Randdaten" $[x_l, n_l, w_l(t), x_r, n_r, w_r(t)]$; die Funktionen $w_{l,r}(t)$ sind wiederum via `lambda` zu definieren. Die Routine lässt neben dem θ-Verfahren auch das Padé-Schema zu, vergleiche hierzu mit Abschn. 14.2. Das optionale Argument `*args` benötigen wir, falls wir eine Gitterstreckung $x = \phi(z)$ zulassen wollen (dazu später mehr). In diesem Fall entspricht das zusätzliche Argument der Liste $\boldsymbol{\phi} := [\phi'(z_l), \phi'(z_r), \phi''(z_l), \phi''(z_r)]$. Diese Routine ist eine Erweiterung der Routine 5.1 pde_1d_a_theta auf finite Differenzen vierter Ordnung.

Routine 14.1: pde_1d_a_pade_4.py

```
import numpy as np
from scipy import sparse
from scipy.linalg import solve_banded
from matrixgenerator_BC_ho import matrixgenerator_BC_ho
from pade4 import pade4

def get_diagonals(M,nl,nr):
    D = M.diagonal(0);
    for j in range(0,4+(nl==3)):
        m = np.hstack((np.zeros(j+1),M.diagonal(j+1)));
        D = np.vstack((m,D))

    for j in range(0,4+(nr==3)):
        m = np.hstack((M.diagonal(-j-1),np.zeros(j+1)));
        D = np.vstack((D,m))

    return D

def pde_1d_a_pade_4(a,b,c,f,g,T,BC,N,M,R,theta,*args):
    '''Approximiert die Loesung w(x,t) der partiellen Differentialgleichung

    w_t + a(x)w_xx + b(x)w_x + c(x)w = fx(x)ft(t) in ]xl,xr[ x ]0,T]
                         w^(nl)(xl,t) = wl(t)
                         w^(nr)(xr,t) = wr(t)
                              w(x,0)  = g(x)
```

```
mit Hilfe eines Finite-Differenzen-Verfahrens der Ordnung 4. Fuer R>0
wird das Rannacher-Verfahren verwendet; ist theta nicht in [0,1] wird ein
Pade-Schema verwendet. f ist eine Liste mit den Funktionen [fx(x),ft(t)].
BC = [xl,nl,wl(t),xr,nr,wr(t)] ist eine Liste, welche die Randdaten
spezifiziert.
x,w = pde_1d_a_pade_4(a,b,c,f,g,T,BC,N,M,R,theta,p) loest obiges Problem
fuer eine Gitterstreckung phi(x). Hier ist
p = [phi_x(xl),phi_x(xr),phi_xx(xl),phi_xx(xr)] wo phi_x(z) und phi_xx(z)
die erste und zweite Ableitung der Gitterstreckungsfunktion phi(x)
ausgewertet an der Stelle x = z ist.
'''

# Gitter definieren
xl = BC[0]; nl = BC[1]; xr = BC[3]; nr = BC[4];
x = np.linspace(xl,xr,N+2); k = T/M;
if nl<3: x = x[1:]
if nr<3: x = x[:-1]
beta = lambda x:4+(x>2); diags = (beta(nr),beta(nl))

# Matrizen A und I
Mat = matrixgenerator_BC_ho([["M2",a],["M1",b],["M0",c]],[nl,nr],\
                            xl,xr,N,*args);
A = Mat[0]+Mat[1]+Mat[2]; Mbc = Mat[3]+Mat[4];
I = sparse.eye(N+(nr==3)+(nl==3));

# Hilfsmatrizen definieren
B = get_diagonals(I+k*theta*A,nl,nr); B1 = get_diagonals(I+k/2*A,nl,nr);

# Start-Vektor w0 definieren, Vektor wbc initialisieren
w = g(x); ft = f[1]; fx = f[0]; f = fx(x);
wbc = np.zeros(len(x)); wl = BC[2]; wr = BC[5];

if (theta < 0) or (theta > 1):
    wbc = lambda t:np.hstack((wl(t),np.zeros(N-2+(nl==3)+(nr==3)),wr(t)));
    w = pade4(I,A,w,lambda t:f*ft(t)-Mbc*wbc(t),T,M,R);
else: # Rannacher-Verfahren
    C = I - (1-theta)*k*A;
    for j in range(R):
        tj = (j+1)*k/2; wbc[0] = wl(tj); wbc[-1] = wr(tj);
        fj = f*ft(tj)-Mbc*wbc; w = solve_banded(diags,B1,w+k/2*fj)

    for j in range(int(R/2),M):
        tj = (j+theta)*k; wbc[0] = wl(tj); wbc[-1] = wr(tj);
        fj = f*ft(tj)-Mbc*wbc; w = solve_banded(diags,B,C*w+k*fj)

return x, w
```

Beispiel 14.2 Für den Parameter $\nu \in \mathbb{R}$ betrachten wir die partielle Differentialgleichung vom Black-Scholes-Typ

$$
\begin{cases}
\partial_t w - \frac{1}{2}\sigma^2 x^2 \partial_{xx} w - (r-q)x\partial_x w + rw = f(x,t) & \text{in }]1,2[\times]0,T] \\
w(1,t) = 0 & \text{in }]0,T] \\
w(2,t) = e^{-t}\ln(2) & \text{in }]0,T] \\
w(x,0) = \ln(x)(x-1)^{\nu} & \text{in }]1,2[
\end{cases}
\tag{14.8}
$$

Tab. 14.3 Die Konvergenzrate $e = \mathcal{O}(N^{-n})$ des Finite-Differenzen-Verfahrens für die Funktion $w(x,t) = e^{-t}\ln(x)(x-1)^{\nu}$ hängt von ν ab

ν	n	ν	n
−1	−0.01	1.5	2.48
−0.75	0.24	1.75	2.73
−0.5	0.49	2	3.97
−0.25	0.74	2.25	3.46
0	3.91	2.5	3.92
0.25	1.24	2.75	3.98
0.5	1.49	3	3.98
0.75	1.74	3.25	3.97
1	3.96	3.5	3.97
1.25	2.23	3.75	3.97

mit der Funktion $f(x,t)$ gegeben durch

$$\begin{aligned} f(x,t) = e^{-t}\Big\{&(r-1)\ln(x)(x-1)^{\nu} \\ &-\frac{1}{2}\sigma^2\Big(-(x-1)^{\nu} + 2\nu x(x-1)^{\nu-1} + (\nu^2-\nu)x^2\ln(x)(x-1)^{\nu-2}\Big) \\ &-(r-q)\Big((x-1)^{\nu} + \nu x\ln(x)(x-1)^{\nu-1}\Big)\Big\}\,. \end{aligned}$$

Die Lösung $w(x,t)$ des Problems (14.8) ist

$$w(x,t) = e^{-t}\ln(x)(x-1)^{\nu}\,.$$

Wir werden empirisch nachweisen, dass das Konvergenzverhalten des Verfahrens vom Parameter ν abhängt. Dazu bestimmen wir für ein gewähltes ν die Konvergenzordnung

$$e := \max_i |w_{i,M} - w(x_i,T)| = \mathcal{O}(N^{-n})\,,$$

mit $w_{i,M}$ die Elemente des Lösungsvektors $\mathbf{w}_M$. Wir verwenden jeweils $M = \lceil 0.1N^2 \rceil$ Zeitschritte. Die Parameter in der Differentialgleichung setzen wir zu $\sigma = 0.3$, $r = 0.02$, $q = 0$ und $T = 0.5$. Wir erhalten Tab. 14.3, vergleiche auch mit Abb. 14.1.

Wir stellen fest, dass das Verfahren mit der optimalen Rate $n = 4$ konvergiert, wenn ν eine natürliche Zahl oder wenn $\nu \geq 2.5$ ist. Für $2 > \nu \notin \mathbb{N}$ ist die Rate nicht 4 sondern kleiner. Insbesondere ist die Rate umso kleiner, je kleiner ν ist und wir vermuten $n = \nu + 1$. Für $\nu = -1$ insbesondere konvergiert das Verfahren nicht, $n = 0$. ◇

Wir haben im Beispiel 14.2 gesehen, dass die Konvergenzordnung des Finite-Differenzen-Verfahrens vom Parameter ν in der Funktion $w(x,t) = e^{-t}\ln(x)(x-1)^{\nu}$ abhängt und wir nicht für jedes ν die optimale Rate erhalten. Der Exponent ν gibt an, ob die Funktion

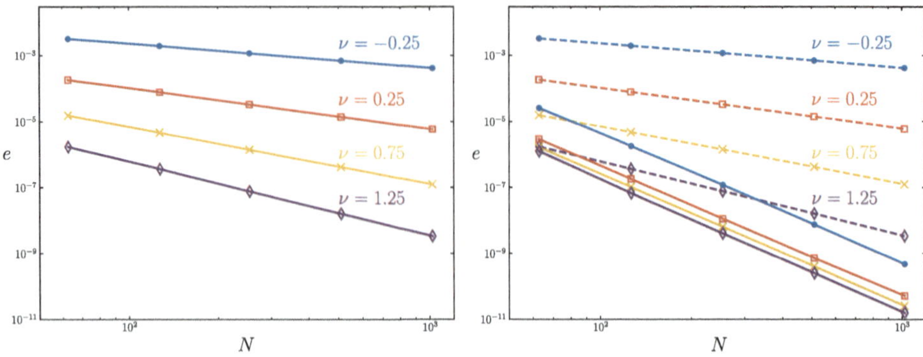

Abb. 14.1 Das Konvergenzverhalten des Finite-Differenzen-Verfahrens für die Funktion $w(x,t) = e^{-t}\ln(x)(x-1)^{\nu}$ hängt von ν ab. Links. Kein „grid stretching". Rechts. Nicht zu starke Singularitäten können durch „grid stretching" aufgelöst werden und man erreicht die maximale Konvergenzrate $n = 4$

(der Payoff) $g(x) = \ln(x)(x-1)^{\nu}$ „harmlos" ist oder nicht. Ist zum Beispiel $\nu = 0.5$, so weist g um $x = 1$ eine „Singularität" in dem Sinne auf, dass die erste Ableitung

$$g'(x) = \frac{\sqrt{x-1}}{x} + \frac{\ln(x)}{2\sqrt{x-1}}$$

bei $x = 1$ nicht definiert (unendlich gross) ist. Das Finite-Differenzen-Verfahren vermag das Änderungsverhalten von g um $x = 1$ nicht optimal zu approximieren, die Konvergenzrate bricht auf $n = 1.5$ zusammen. Ist $\nu = 1.5$, so ist zwar g' für alle $x \in [1,2]$ definiert, jedoch weist nun g' eine „Singularität" bei $x = 1$ auf, da

$$g''(x) = \frac{3}{4}\frac{\ln(x)}{\sqrt{x-1}} + \cdots$$

für $x = 1$ nicht definiert ist. Für $\nu = 3.5$ ist $g'''(x)$ singulär, da

$$g^{(4)}(x) = \frac{105}{16}\frac{\ln(x)}{\sqrt{x-1}} + \cdots$$

für $x = 1$ nicht definiert ist. Allerdings ist die Singulariät nun so schwach, dass ein Differenzenverfahren der Ordnung 4 diese „auflösen" kann, so dass die Rate maximal ist ($n = 4$).

Die Existenz von Funktionen und deren Ableitungen wird als „Regularität" bezeichnet. Eine Funktion ist „umso regulärer", je mehr ihrer Ableitungen existieren. Wir haben soeben gesehen, dass die Regularität einer Funktion entscheidend für die Konvergenz eines Differenzenverfahrens ist. Ist eine zu approximierende Funktion nur beschränkt regulär, dürfen wir nicht erwarten, dass ein Differenzenverfahren mit der maximalen Rate konvergiert. Extrembeispiel dazu ist die singuläre Funktion $g(x) = \ln(x)(x-1)^{-1}$, für welche das Verfahren nicht konvergiert.

Dass die im Beispiel 14.2 gemachten Erfahrungen respektive Regularitätsbetrachtungen für das Bewerten von Optionen relevant sind, wird klar, wenn wir den Payoff g einer Option betrachten. Für Europäische Put oder Call Optionen ist g singulär, da g' für $x = K$ nicht existiert. Für Digital Put oder Call Optionen ist g selbst schon unstetig (bei $x = K$). Für solche Optionen können wir auf Grund der obigen Beobachtungen nicht erwarten, dass ein Finite-Differenzen-Verfahren der Ordnung 4 auch tatsächlich mit dieser Ordnung konvergiert; die Rate dürfte kleiner sein. Eine ähnliche Beobachtung haben wir bereits im Beispiel 5.2 gemacht. Dieses illustriert, dass die Konvergenzrate des Finite-Differenzen-Verfahren der Ordnung 2 auf 1 zusammenbricht, wenn wir eine Digital Option bewerten. Das nächste Beispiel zeigt, dass das Finite-Differenzen-Verfahren der Ordnung 4 auch für Europäische Put oder Call nicht optimal konvergiert.

Beispiel 14.3 Wir lösen das Problem

$$\begin{cases} \partial_t w - \frac{1}{2}\sigma^2 x^2 \partial_{xx} w - (r-q)x\partial_x w + rw = 0 & \text{in }]0,4K[\times]0,T] \\ w(0,t) = e^{-rt}g(0) & \text{in }]0,T] \\ w(4K,t) = 0 & \text{in }]0,T] \\ w(x,0) = g & \text{in }]0,4K[\end{cases}$$

einmal für eine Europäische Put Option, also $g(x) = \max\{K - x, 0\}$, und einmal für eine Digital Put Option, also $g(x) = 1_{\{x<K\}}$. Wir wählen wiederum die Parameterwerte $\sigma = 0.3$, $r = 0.02$, $q = 0$ und $T = 0.5$. Zudem setzen wir für beide Optionstypen $K = 1$. Um die Konvergenzrate $e = \mathcal{O}(N^{-n})$ zu bestimmen, wählen wir für $L = 5, \ldots, 10$ je $N = 2^L - 1$ Gitterpunkte und jeweils $M = \lceil 0.1N^2 \rceil$ Zeitschritte im θ-Verfahren (mit $\theta = 1/2$) und messen den maximalen Fehler e auf dem Intervall $]0, 2K[$. Um die Konvergenzrate n zu bestimmen, führen wir eine lineare Einfachregression zu den Daten $(\ln(N), \ln(e))$ durch.

In der Tat stellen wir fest, dass das Finite-Differenzen-Verfahren der Ordnung 4 für die Europäische Option nur quadratisch ($n = 2$) und für die Digital Option sogar nur linear ($n = 1$) konvergiert, vergleiche mit Abb. 14.2. ◇

Die Beispiele 14.2 und 14.3 zeigen, dass sich die Anwendung eines Verfahrens höherer Ordnung zunächst nur dann lohnt, wenn die Auszahlungsfunktion g genügend „harmlos“ ist. Für Standardoptionen ist diese Anforderung nicht erfüllt, und man kann sich zu recht fragen, warum man ein Verfahren höherer Ordnung überhaupt entwickeln und implementieren soll. Eine mögliche Antwort auf diese Frage lautet „grid stretching“, also „Gitterstreckung“. Eine solche verdichtet das Gitter $\mathcal{G}_x$

$$x_0 < x_1 < \ldots < x_N < x_{N+1}$$

um diejenige Stellen x_i, an welchen die Funktion g singulär ist. Bei vielen Derivaten gibt es nur eine Stelle, um welche das Gitter zu verdichten ist, nämlich der Ausübungspreis K.

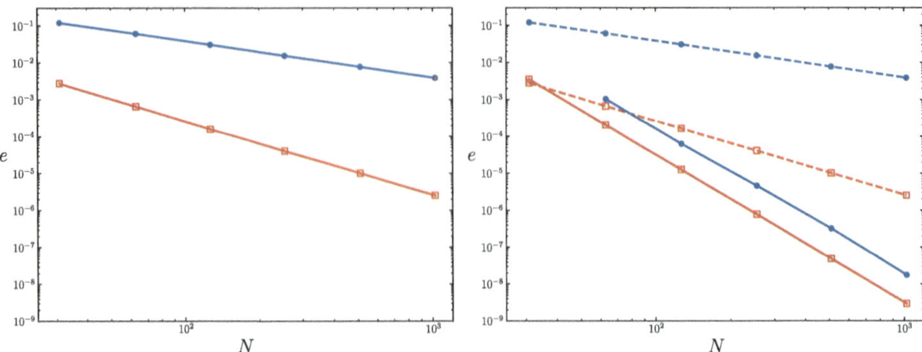

Abb. 14.2 Links. Das Finite-Differenzen-Verfahren der Ordnung 4 konvergiert für eine Digital Put Option (•) mit Rate $n = 1$, für eine Europäische Put Option (□) mit Rate $n = 2$. Rechts. Das Finite-Differenzen-Verfahren der Ordnung 4 mit „grid stretching" konvergiert für eine Europäische Put Option (□) maximal mit Rate $n = 4$. Für eine Digital Put Option (•) hängt die Rate von der Wahl des Parameters γ ab; hier ist $n = 3.91$, vergleiche auch mit Abb. 14.5

Um das Prinzip zu verstehen, betrachten wir nun nochmals das Problem in Beispiel 14.2. In diesem ist der Gitterpunkt $x_0 = 1$ die (einzige) singuläre Stelle, da dort g oder Ableitungen davon nicht definiert sind. Mathematisch können wir eine „Gitterstreckung" durch eine streng monoton wachsende, zweimal stetig differenzierbare Funktion

$$\phi: \ [0,1] \to \overline{G}, \quad z \mapsto x = \phi(z)\ ,$$

welche das Intervall $[0, 1]$ abbildet auf das Gebiet $\overline{G}$ des vorliegenden Problems, realisieren. Im Beispiel 14.2 ist G gegeben durch $G =]1, 2[$; die Funktion ϕ muss also $[0, 1]$ auf $[1, 2]$ abbilden und zusätzlich ein äquidistantes Gitter in $[0, 1]$ um die Stelle $x = 1 \in \overline{G}$ verdichten. Wir überlegen uns, dass die Funktion

$$\phi(z) = \alpha e^{\beta z} + \gamma \tag{14.9}$$

mit $\alpha = (e^{\beta} - 1)^{-1}$, $\gamma = 1 - (e^{\beta} - 1)^{-1}$ und $1 < \beta$ die gewünschten Eigenschaften hat, vergleiche mit Abb. 14.3

Alle Finite-Differenzen-Verfahren, welche wir in diesem Text entwickelt haben, setzen ein äquidistantes Gitter voraus und sind somit für gestreckte Gitter $\mathcal{G}_x$ mit $x_i = \phi(z_i)$ nicht anwendbar. Bezüglich der z-Koordinate ist das Gitter $\mathcal{G}_z$ äquidistant, so dass wir die partielle Differentialgleichung (14.1) nicht bezüglich x, sondern bezüglich z lösen. Dies ist möglich, wenn wir die Funktion

$$u(z,t) := w(\phi(z), t)$$

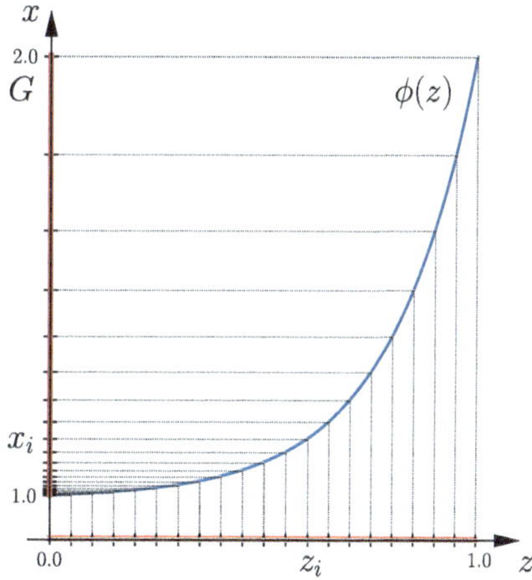

Abb. 14.3 „Grid stretching". Das äquidistante Gitter $\mathcal{G}_z = \{z_i = i/(N+1) \mid 0, \ldots, N+1\} \subset [0,1]$ wird durch ϕ in (14.9) ($\beta = 5$) auf ein nicht-äquidstantes Gitter $\mathcal{G}_x = \{x_i = \phi(z_i) \mid i = 0, \ldots, N+1\} \subset \overline{G}$ abgebildet. Das Gitter ist um $x = 1$ sehr feinmaschig, um $x = 2$ grobmaschig; je grösser β ist, desto feinmaschiger wird das Gitter um $x = 1$

betrachten. Aus der Kettenregel und der Aufgabe 14.3 folgt: löst die Funktion $w(x,t)$ die partielle Differentialgleichung (14.1), so löst die Funktion $u(z,t)$ die Gleichung

$$\begin{cases} \partial_t u + \widehat{a}(z)\partial_{zz}u + \widehat{b}(z)\partial_z u + \widehat{c}(z)u = \widehat{f}(z,t) & \text{in } \widehat{G} \times]0,T] \\ \text{RB} & ; \\ u(z,0) = \widehat{g}(z) & \text{in } \widehat{G} \end{cases} \tag{14.10}$$

also eine Gleichung vom selben Typ. Die Koeffizienten der Gleichung (14.10) sind gegeben durch

$$\begin{cases} \widehat{a}(z) := \dfrac{a(\phi(z))}{(\phi'(z))^2} \\ \widehat{b}(z) := \dfrac{b(\phi(z))}{\phi'(z)} - a(\phi(z))\dfrac{\phi''(z)}{(\phi'(z))^3} \\ \widehat{c}(z) := c(\phi(z)) \end{cases}, \tag{14.11}$$

und die rechte Seite $\widehat{f}(z,t)$ und die Auszahlungsfunktion $\widehat{g}(z)$ sind gegeben durch $\widehat{f}(z,t) = f(\phi(z),t)$ respektive $\widehat{g}(z) = g(\phi(z))$. Das Intervall $\widehat{G}$ ist $\widehat{G} =]0,1[$. Somit kommt es auf dasselbe hinaus, ob wir das Problem (14.1) auf einem nicht-äquidistanten Gitter oder das Problem (14.10) auf einem äquidistanten Gitter lösen. Wir werden letzteres tun.

Bevor wir weiter fahren (können), müssen wir uns noch überlegen, was mit den Randbedingungen bei einer Gitterstreckung passiert. Im Abschn. 6.1 haben wir Dirichlet- und Neumann-Randbedingungen sowie eine vorgegebene zweite Ableitung am Rand betrachtet. Es ist klar, dass eine Dirichlet-Randbedingung $w(x_{l,r},t) = w_{l,r}(t)$ für w zu einer Dirichlet-Randbedingung $u(z_{l,r},t) = w_{l,r}(t)$ für u führt. Ähnlich ergibt eine Neumann-Randbedingung $\partial_x w(x_{l,r},t) = w_{l,r}(t)$ für w wegen $\partial_x w(x_{l,r},t) = \partial_z u(z_{l,r},t)\frac{1}{\phi'(z_{l,r})}$ die

Neumann-Randbedingung $\partial_z u(z_{l,r},t) = \phi'(z_{l,r})w_{l,r}(t)$ für u. Eine Bedingung an die zweite Ableitung $\partial_{xx} w(x_{l,r},t) = w_{l,r}(t)$ schlussendlich transformiert wegen $\partial_{xx} w(x_{l,r},t) = \frac{1}{\phi'^2}\partial_{zz}u(z_{l,r},t) - \frac{\phi''}{\phi'^3}\partial_z u(z_{l,r},t)$ (vergleiche mit der Lösung zur Aufgabe 14.3) zu einer gemischten Randbedingung

$$\partial_{zz}u(z_{l,r},t) - \frac{\phi''(z_{l,r})}{\phi'(z_{l,r})}\partial_z u(z_{l,r},t) = \left(\phi'(z_{l,r})\right)^2 w_{l,r}(t)\ ; \tag{14.12}$$

für ϕ nicht affin-linear fällt der Term $\partial_z u$ nicht weg und wir müssen die Berechnung der Matrizen ${}^s_s\mathbf{M}_y^{(k)}$, $k = 1,2$, in der Tab. 6.1 (finite Differenzen zweiter Ordnung) und in der Tab. 14.1 (finite Differenzen vierter Ordnung) anpassen. Dazu betrachten wir exemplarisch finite Differenzen zweiter Ordnung zusammen mit einer vorgegebenen zweiten Ableitung am rechten Rand. Bei der Diskretisierung mit finite Differenzen zweiter Ordnung folgt aus der Beziehung (14.12) unter der Verwendung der nicht-zentrierten Differenzenquotienten (6.7) und (6.9) die Gleichung (der Übersichtlichkeit halber lassen wir die Argumente in $u_i(t)$, $w_r(t)$ und $\phi'(z_r)$, $\phi''(z_r)$ weg)

$$\frac{2u_{N+1} - 5u_N + 4u_{N-1} - u_{N-2}}{h^2} - \frac{\phi''}{\phi'}\frac{3u_{N+1} - 4u_N + u_{N-1}}{2h} = \phi'^2 w_r\ .$$

Diese Gleichung lösen wir auf nach der Funktion $u_{N+1}(t)$. Definieren wir

$$\kappa^+ := \frac{\phi''(z_l)}{\phi'(z_l)}, \quad \kappa^- := \frac{\phi''(z_r)}{\phi'(z_r)}\ ,$$

so erhalten wir

$$u_{N+1} = \alpha^- u_N + \beta^- u_{N-1} + \gamma^- u_{N-2} + h^2\phi'(z_r)^2\gamma^- w_r\ , \tag{14.13}$$

mit den Koeffizienten

$$\alpha^\pm := \frac{10 \pm 4h\kappa^\pm}{4 \pm 3h\kappa^\pm}\ ,\ \beta^\pm := \frac{-8 \mp h\kappa^\pm}{4 \pm 3h\kappa^\pm},\ \gamma^\pm := \frac{2}{4 \pm 3h\kappa^\pm}\ .$$

Den Ausdruck (14.13) für $u_{N+1}(t)$ setzen wir nun in die bestimmende (gewöhnliche) Differentialgleichung

$$u_N' + \widehat{a}_N\frac{u_{N-1} - 2u_N + u_{N+1}}{h^2} + \widehat{b}_N\frac{-u_{N-1} + u_{N+1}}{2h} + \widehat{c}_N u_N = 0$$

für $u_N(t)$ ein (die Argumente lassen wir wiederum weg; $\widehat{a}_N := \widehat{a}(z_N)$ usw.). Es ergibt sich die Differentialgleichung

$$\begin{aligned} u_N' &+ \widehat{a}_N\frac{\gamma^- u_{N-2} + (1+\beta^-)u_{N-1} + (-2+\alpha^-)u_N}{h^2} \\ &+ \widehat{b}_N\frac{\gamma^- u_{N-2} + (-1+\beta^-)u_{N-1} + \alpha^- u_N}{2h} + \widehat{c}_N u_N = -\phi'(z_r)^2\gamma^-\left(\widehat{a}_N + \widehat{b}_N\frac{h}{2}\right)w_r\ . \end{aligned}$$

Tab. 14.4 Die ersten (respektive letzten) drei Einträge der ersten (respektive) letzten Zeile der Matrizen ${}^s_s\mathbf{M}_y^{(k)}$ für finite Differenzen zweiter Ordnung für eine Gitterstreckung $x = \phi(z)$. Ist $\phi(z) = z$ (keine Gitterstreckung), so ist $\kappa^\pm = 0$ und die Einträge entsprechen den Einträgen wie in Tab. 6.1 angegeben

Matrix	Zeile	zweite Abl.
		$j = s$
${}^j_j\mathbf{M}_y^{(1)}$	erste, ${}_j\mathbf{z}^{(1)} =$	$\frac{y_1}{2h}(-\alpha^+,\ 1-\beta^+,\ -\gamma^+)$
	letzte, ${}^j\mathbf{z}^{(1)} =$	$\frac{y_N}{2h}(\gamma^-,\ -1+\beta^-,\ \alpha^-)$
${}^j_j\mathbf{M}_y^{(2)}$	erste, ${}_j\mathbf{z}^{(2)} =$	$\frac{y_1}{h^2}(-2+\alpha^+,\ 1+\beta^+,\ \gamma^+)$
	letzte, ${}^j\mathbf{z}^{(2)} =$	$\frac{y_N}{h^2}(\gamma^-,\ 1+\beta^-,\ -2+\alpha^-)$

Aus dieser Darstellung können wir nun die letzte Zeile der Matrizen ${}^s_s\mathbf{M}_y^{(k)}$, $k = 1, 2$ herauslesen. Die letzte Spalte der Tab. 6.1 ist zu ersetzen durch die letzte Spalte der Tab. 14.4. Aus obiger Darstellung ergibt sich zudem, dass wir die Einträge der Randmatrizen ${}^s_s\mathbf{M}_y^{(k),bc}$ in der Definition 6.2 ändern müssen. Ist $k = 1$, so ist der Eintrag in der letzten Zeile und letzten Spalte gegeben durch $y_N\phi'(z_r)^2\gamma^-\frac{h}{2}$, ist $k = 2$ so ist er $y_N\phi'(z_r)^2\gamma^-$.

Verfahren wir am linken Rand genau so, erhalten wir die entsprechende erste Zeile der Matrizen ${}^s_s\mathbf{M}_y^{(k)}$. Der Eintrag in der ersten Zeile und ersten Spalte der Randmatrizen ${}^s_s\mathbf{M}_y^{(k),bc}$ ist für $k = 1$ gleich $-y_1\phi'(z_l)^2\gamma^+\frac{h}{2}$; für $k = 2$ ist er gleich $y_1\phi'(z_l)^2\gamma^+$. Wir verzichten auf eine detaillierte Herleitung und verweisen auf die Tab. 14.4. Die Randbedingungen unter Gitterstreckung sind in der Routine 6.1 matrixgenerator_BC bereits berücksichtigt.

Das Ganze ist nun zu wiederholen für finite Differenzen vierter Ordnung. Jetzt müssen wir die letzte Spalte der Tab. 14.1 (nur erste und letzte Zeile) sowie die Tab. 14.2 anpassen. Es resultieren die Tab. 14.5 und 14.6; die in diesen vorkommenden Koeffizienten $\alpha^\pm, \ldots, \varepsilon^\pm$ sind wie folgt definiert

$$\alpha^\pm := \frac{154 \pm 48h\kappa^\pm}{45 \pm 25h\kappa^\pm}, \qquad \beta^\pm := \frac{-214 \mp 36h\kappa^\pm}{45 \pm 25h\kappa^\pm}, \qquad \gamma^\pm := \frac{156 \pm 16h\kappa^\pm}{45 \pm 25h\kappa^\pm},$$
$$\delta^\pm := \frac{-61 \mp 3h\kappa^\pm}{45 \pm 25h\kappa^\pm}, \qquad \varepsilon^\pm := \frac{10}{45 \pm 25h\kappa^\pm}, \tag{14.14}$$

vergleiche mit der Aufgabe 14.4.

Beispiel 14.4 Wir wiederholen das Beispiel 14.2, jetzt aber mit der Transformation ϕ wie in (14.9), wobei wir β um so grösser wählen, je kleiner ν ist (je stärker die Singularität ist). Genauer setzen wir (ein wenig willkürlich)

$$\beta(\nu) := \begin{cases} 30 & \text{falls } \nu < -0.25 \\ \frac{30}{(4\nu+2)^{0.75}} & \text{falls } \nu \geq -0.25 \end{cases}.$$

Tab. 14.5 Die ersten (respektive letzten) Einträge der ersten (respektive) letzten Zeile der Matrizen ${}^{s}_{s}\mathbf{M}_y^{(k)}$ für finite Differenzen vierter Ordnung für eine Gitterstreckung $x = \phi(z)$. Ist $\phi(z) = z$ (keine Gitterstreckung), so ist $\kappa^{\pm} = 0$ und die Einträge entsprechen den Einträgen wie in Tab. 14.1 angegeben

Matrix	Zeile	zweite Abl.
		$j = s$
${}^{j}_{j}\mathbf{M}_y^{(1)}$	erste, ${}_{j}\mathbf{z}^{(1)} =$	$\frac{y_1}{12h}(-3\alpha^+ - 10,\ -3\beta^+ + 18,\ -3\gamma^+ - 6,\ -3\delta^+ + 1,\ -3\varepsilon^+)$
	letzte, ${}^{j}\mathbf{z}^{(1)} =$	$\frac{y_N}{12h}(3\varepsilon^-,\ 3\delta^- - 1,\ 3\gamma^- + 6,\ 3\beta^- - 18,\ 3\alpha^- + 10)$
${}^{j}_{j}\mathbf{M}_y^{(2)}$	erste, ${}_{j}\mathbf{z}^{(2)} =$	$\frac{y_1}{12h^2}(10\alpha^+ - 15,\ 10\beta^+ - 4,\ 10\gamma^+ + 14,\ 10\delta^+ - 6,\ 10\varepsilon^+ + 1)$
	letzte, ${}^{j}\mathbf{z}^{(2)} =$	$\frac{y_N}{12h^2}(10\varepsilon^- + 1,\ 10\delta^- - 6,\ 10\gamma^- + 14,\ 10\beta^- - 4,\ 10\alpha^- - 15)$

Tab. 14.6 Die Einträge in der ersten (respektive letzten) Zeile und Spalte der Matrizen ${}^{j}_{j}\mathbf{M}_y^{(k),bc}$ für finite Differenzen vierter Ordnung für eine Gitterstreckung $x = \phi(z)$. Ist $\phi(z) = z$ (keine Gitterstreckung), so entsprechen diese Einträge den Einträgen wie in Tab. 14.2 angegeben

Matrix	Eintrag	Neumann	zweite Abl.
		$j = n$	$j = s$
${}^{j}_{j}\mathbf{M}_y^{(1),bc}$	erste Zeile, erste Spalte	$\frac{y_1}{12h}\frac{36}{25}h\phi'(z_l)$	$-y_1\varepsilon^+\phi'(z_l)^2\frac{3}{10}h$
	letzte Zeile, letzte Spalte	$\frac{y_N}{12h}\frac{36}{25}h\phi'(z_r)$	$y_N\varepsilon^-\phi'(z_r)^2\frac{3}{10}h$
${}^{j}_{j}\mathbf{M}_y^{(2),bc}$	erste Zeile, erste Spalte	$-\frac{y_1}{12h^2}\frac{120}{25}h\phi'(z_l)$	$y_1\varepsilon^+\phi'(z_l)^2$
	letzte Zeile, letzte Spalte	$\frac{y_N}{12h^2}\frac{120}{25}h\phi'(z_r)$	$y_N\varepsilon^-\phi'(z_r)^2$

Tab. 14.7 Die Konvergenzrate $e = \mathcal{O}(N^{-n})$ des Finite-Differenzen-Verfahrens mit „grid stretching" ist optimal $n = 4$, jedoch nur, wenn die zu approximierende Funktion genügend regulär ist

ν	n	ν	n
−1	0	1.5	4.16
−0.75	0.25	1.75	4.39
−0.5	2.95	2	5.15
−0.25	3.92	2.25	4.52
0	3.98	2.5	4.22
0.25	3.93	2.75	4.10
0.5	3.95	3	4.04
0.75	3.98	3.25	4.00
1	3.99	3.5	3.96
1.25	4.04	3.75	3.93

Wir stellen fest, dass die Konvergenzrate für $\nu = -1, -0.75$ auch mit „grid stretching" nicht maximal ist, vergleiche mit Tab. 14.7 und mit der Graphik rechts in Abb. 14.1, Die Singularität ist zu stark. Für $\nu \geq -0.25$ erhalten wir die maximale Rate $n = 4$. ◇

Das Beispiel 14.4 zeigt, dass „grid stretching" ein probates Mittel ist, um Finite-Differenzen-Verfahren auch für singuläre Funktionen respektive für Probleme mit singulären Auszahlungsfunktionen g mit maximaler Rate konvergieren zu lassen. Wäre dies nicht

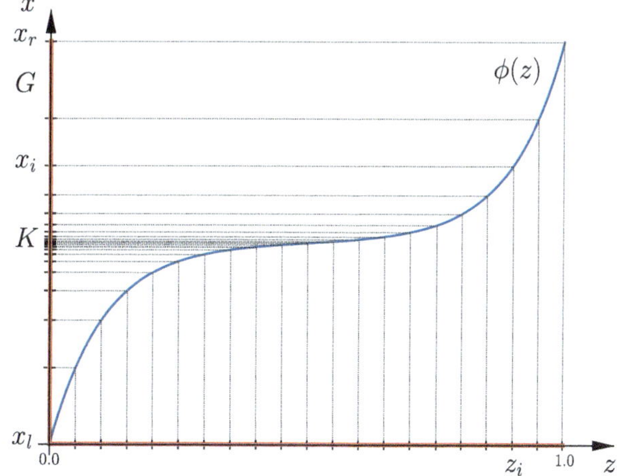

Abb. 14.4 „Grid stretching". Das äquidistante Gitter $\mathcal{G}_z = \{z_i = i/(N+1) \mid i = 0, \ldots, N+1\} \subset [0,1]$ wird durch ϕ in (14.15) auf ein nicht-äquidstantes Gitter $\mathcal{G}_x = \{x_i = \phi(z_i) \mid i = 0 \ldots, N+1\} \subset \overline{G}$ abgebildet. Das Gitter ist um $x = K$ sehr feinmaschig; je kleiner γ ist, desto feinmaschiger wird das Gitter um $x = K$

der Fall, würde sich die Implementierung von Verfahren höherer Ordnung nicht lohnen. Allerdings ist „grid stretching" kein Generalrezept. Ist die zu approximerende Funktion „zu singulär", hilft auch eine Gitterstreckung nicht und das Verfahren konvergiert nicht optimal oder überhaupt nicht.

Wir wollen nun „grid stretching" für Optionspreisprobleme anwenden. Für Optionen mit einer „Singularitätsstelle" $x = K$ wählen wir folgende Funktion $\phi : [0,1] \to \overline{G} = [x_l, x_r]$ zur Gitterstreckung

$$\phi(z) = K + \gamma \sinh(\alpha z + \beta(1-z)) , \qquad (14.15)$$

wobei α und β so gewählt werden, dass $\phi(0) = x_l$ und $\phi(1) = x_r$ gilt, also $\alpha = \operatorname{arsinh}((x_r - K)/\gamma)$, $\beta = \operatorname{arsinh}((x_l - K)/\gamma)$. [1] Der Parameter $\gamma \in \mathbb{R}^+$ steuert die Gitterstreckung. Ist γ „gross", so wird das Gitter um K kaum verdichtet, ist γ jedoch „klein", so ist das Gitter um $x = K$ sehr feinmaschig, vergleiche mit Abb. 14.4.

Beispiel 14.5 Wir wiederholen das Beispiel 14.3 für die selben Modell- und Diskretisierungsparameter, allerdings wählen wir nun das Rannacher-Verfahren mit $R = 2$ Dämpfungsschritten, weil das Crank-Nicolson-Verfahren bei gestrecktem Gitter Oszillationen der numerischen Lösung erzeugt, vergleiche mit dem Abschn. 5.5. Um das Gitter zu strecken, wählen wir in der Funktion (14.15) für die Put Option $\gamma = 10^{-5}$ und für die Digital Option $\gamma = 7.15 \cdot 10^{-6}$. Für die Digital Option muss γ kleiner sein als für die Put Option,

[1] Die Funktion $\sinh : \mathbb{R} \to \mathbb{R}$ ist definiert als

$$\sinh(x) := \frac{1}{2}(e^x - e^{-x}) .$$

Die Funktion ist auf $\mathbb{R}$ streng monoton wachsend, beliebig oft differenzierbar und umkehrbar mit Umkehrfunktion $\operatorname{arsinh} : \mathbb{R} \to \mathbb{R}, x \mapsto \operatorname{arcsinh}(x) := \ln(x + \sqrt{x^2+1})$.

da die erstere eine stärkere Singularität bei $x = K$ aufweist. Zur Wahl von γ siehe die nachfolgende Diskussion. Für die Digital Put Option haben wir in Python die folgenden Eingaben

```
In [4]: sigma = 0.3; r = 0.02; q = 0; T = 0.5; K = 1; xl = 0; xr = 4*K;
In [5]: gamma = 7.15e-6;
   ...: alpha = np.arcsinh((xr-K)/gamma); beta = np.arcsinh((xl-K)/gamma);
   ...: phi = lambda x:K+gamma*np.sinh(alpha*x+beta*(1-x));
   ...: phip = lambda x:gamma*(alpha-beta)*np.cosh(alpha*x+beta*(1-x));
   ...: phipp = lambda x:gamma*(alpha-beta)**2*np.sinh(alpha*x+beta*(1-x));
In [6]: xl = 0; xr = 1; p = [phip(xl),phip(xr),phipp(xl),phipp(xr)];
In [7]: a = lambda x:-1/2*sigma**2*phi(x)**2/phip(x)**2;
   ...: b = lambda x:-(r-q)*phi(x)/phip(x)+1/2*sigma**2*phi(x)**2*phipp(x)/phip(x)**3;
   ...: c = lambda x:r*phi(x)**0; g = lambda x:(phi(x)<K);
In [8]: N = 2**np.arange(6,11)-1; M = np.ceil(0.1*N**2);
   ...: BC = [xl,0,lambda t:np.exp(-r*t),xr,0,lambda t:0*t];
   ...: e = np.zeros(len(N));
In [9]: for j in range(len(N)):
   ...:     x,w = pde_1d_a_pade_4(a,b,c,
   ...:             [lambda x:0*x,lambda t:0*t],g,T,BC,N[j],int(M[j]),2,0.5,p);
   ...:     e[j] = max(abs(w-digitalcallput_bs_a(phi(x),K,T,sigma,r,q,-1)[0]))
In [10]: np.polyfit(np.log(N),np.log(e),1)
Out[10]: array([-3.90813787,  9.25080157])
```

Mit „grid stretching“ konvergiert das Verfahren für Europäische Optionen mit maximaler Rate, vergleiche auch mit Abb. 14.2. ◇

Das Beispiel 14.5 lässt vermuten, dass eine Gitterstreckung auch für Digital Optionen (allgemeiner für Optionen mit unstetigem Payoff) zur maximalen Konvergenzrate führt. Dem ist aber nicht so, da in diesen Fall die Wahl des Parameters γ zur Steuerung der Gitterstreckung einen wesentlichen Einfluss auf die Konvergenzrate hat. Dies ist für Optionen mit stetigem Payoff nicht zu beobachten. Schlussendlich kann man unstetige Payoff auch mit Gitterstreckung nicht systematisch auflösen; die Wahl von γ ist Problemabhängig (eine unschöne Eigenschaft des Verfahrens), und man muss sich in der Regel mit einer reduzierten Rate zufrieden geben. Die zu erreichende Rate ist also kleiner als 4, aber doch (einiges) besser als wenn wir gar keine Gitterstreckung durchführen (hier ist die Rate 1) oder wenn wir ein gestrecktes Gitter für finite Differenzen zweiter Ordnung und das Rannacher-Verfahren verwenden (hier ist die Rate 2). Um numerisch zu untersuchen, wie die Konvergenzrate n vom Parameter γ abhängt, führen wir das Beispiel 14.5 nochmals durch und lassen dabei den Parameter γ die Werte $\gamma_k = 2^{-24+0.005\cdot(k-1)}$, $k = 1, 2, \ldots, 1801$, annehmen. Dann bestimmen wir für jedes γ_k die erzielte Konvergenzrate n_k; die Punkte (γ_k, n_k) ergeben dann einen Graphen zur „Funktion“ $\gamma \mapsto n(\gamma)$, vergleiche mit Abb. 14.5. Zum Vergleich führen wir die selbe Rechnung auch für den Europäischen Put durch, allerdings für $\gamma_k = 2^{-18+0.005\cdot(k-1)}$, $k = 1, 2, \ldots, 1801$.

In der Tab. 14.8 fassen wir die bisher erzielten Konvergenzraten für Optionen mit unstetigem Payoff zusammen.

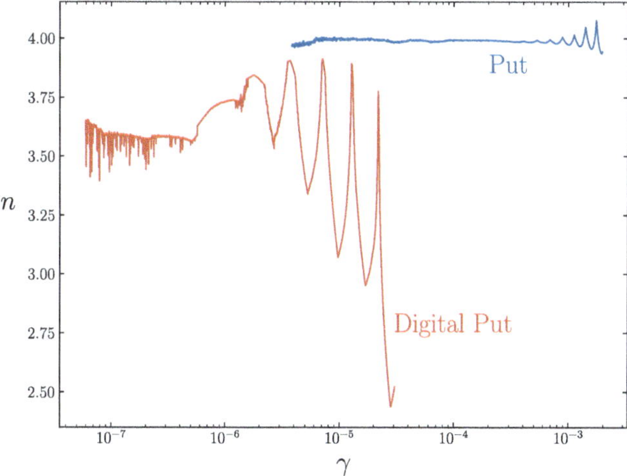

Abb. 14.5 Für eine Digital Put Option hängt die Konvergenzrate n von der Wahl des Parameters γ ab. Die maximale Rate $n \doteq 3.91$ wird für $\gamma \doteq 7.15 \cdot 10^{-6}$ erreicht

Wir haben nun ein Finite-Differenzen-Verfahren zur Verfügung, mit welchem wir Optionspreisprobleme lösen können und welches maximal mit der Rate $n = 4$ konvergiert. Jedoch „zahlen" wir für diese Rate einen „hohen Preis". Wir müssen $M = \mathcal{O}(N^2)$ Zeitschritte im Crank-Nicholson oder Rannacher-Verfahren verwenden, damit die Diskretisierung in t (mit $e = \mathcal{O}(M^{-2})$) mit der Diskretisierung in x (mit $e = \mathcal{O}(N^{-4})$) bezüglich der Konvergenzrate mithalten kann. Die quadratische Abhängigkeit der Anzahl Zeitschritte von N macht das Verfahren ineffizient. Wünschenswert ist eine Diskretisierung in t so, dass wir nur noch $M = \mathcal{O}(N)$ Zeitschritte (oder sogar noch weniger) verwenden müssen. Das bedeutet, dass wir ein Verfahren vom mindestens der Ordnung 4 ($e = \mathcal{O}(M^{-4})$) benötigen. Wir werden ein solches Verfahren im nächsten Abschnitt entwickeln.

Tab. 14.8 Die Konvergenzrate $e = \mathcal{O}(N^{-n})$ für verschiedene Finite-Differenzen-Verfahren von (14.1) respektive (14.10) für unstetige Payoff g

Ordnung der FD	Gitter-streckung	Zeitschritt-verfahren	Anzahl Zeit-schritte	Konvergenz-rate n	Bemerkung
zwei	nein	$\theta = 0.5$	$\mathcal{O}(N)$	1	Beispiel 5.2
zwei	ja	$\theta = 1$	$\mathcal{O}(N)$	1	Abb. 5.12
zwei	ja	$\theta = 0.5$	$\mathcal{O}(N)$	0	Abb. 5.12
zwei	ja	Rannacher	$\mathcal{O}(N)$	2	Abb. 5.12
vier	nein	$\theta = 0.5$	$\mathcal{O}(N^2)$	1	Beispiel 14.3
vier	ja	Rannacher	$\mathcal{O}(N^2)$	< 4	Beispiel 14.5

14.2 Padé Approximation

Der Startpunkt unseres „neuen“ Zeitdiskretisierungsverfahren ist die folgende Beobachtung. Die Lösung des Differentialgleichungssystems

$$\begin{cases} \mathbf{w}'(t) + \mathbf{A}\mathbf{w}(t) = \mathbf{f}(t) \\ \qquad\quad \mathbf{w}(t_j) = \mathbf{w}_j \end{cases}$$

zum Zeitpunkt $t_{j+1} = t_j + k$ lässt sich explizit durch

$$\mathbf{w}(t_{j+1}) = e^{-k\mathbf{A}}\mathbf{w}_j + k \int_0^1 e^{-k\mathbf{A}(1-s)}\mathbf{f}(t_j + ks)\mathrm{d}s \tag{14.16}$$

angeben, vergleiche mit (B.14) im Anhang B.5, wo $t_j = \tau$ und $t_{j+1} = t$ sowie $\mathbf{w}_j = \mathbf{g}$ ist.

Wir haben schon im Abschn. 5.3 gesehen, dass die Berechnung der Matrix $e^{-k\mathbf{A}}$ schwierig ist; als Alternative haben wir das θ-Verfahren zur Approximation verwendet. Wir werden uns in diesem Abschnitt mit Approximationen von e^{-x} beschäftigen, die bessere Approximationseigenschaften haben als das θ-Verfahren.

Es sei nun $f : \mathbb{R} \to \mathbb{R}$ eine Funktion, welche als Potenzreihe um $x_0 = 0$ (zum Beispiel Taylorreihe)

$$f(x) = c_0 + c_1 x + c_2 x^2 + \ldots = \sum_{j=0}^{\infty} c_j x^j$$

gegeben sei und welche wir „möglichst gut“ approximieren wollen. Wir haben folgende

Definition 14.6 Die Padé Approximation[2] von f ist eine rationale Funktion der Form

$$R_{\ell,m}(x) := \frac{p_\ell(x)}{q_m(x)} := \frac{a_0 + a_1 x + \cdots + a_\ell x^\ell}{1 + b_1 x + \cdots + b_m x^m}$$

so, dass

$$q_m(x) f(x) - p_\ell(x) = \mathcal{O}(x^{\ell+m+1}), \quad \text{für } x \to 0$$

gilt. In diesem Fall hat die Padé Approximation die Ordnung $\ell + m$.

Wir machen zur Padé Approximation folgendes

Beispiel 14.7 Wir wollen die Padé Approximation $R_{1,2}(x)$ für $f(x) = \ln(1 + x)$ für $x \to 0$ bestimmen, es ist also $\ell = 1$ und $m = 2$. Aus der Tab. 3.1 entnehmen wir

$$f(x) = x - \frac{1}{2}x^2 + \frac{1}{3}x^3 + \mathcal{O}(x^4)\,.$$

[2] Benannt nach dem französischen Mathematiker Henry E. Padé (1863–1953).

Mit $p_1(x) = a_0 + a_1 x$ und $q_2(x) = 1 + b_1 x + b_2 x^2$ erhalten wir

$$\begin{aligned} q_2(x)f(x) - p_1(x) &= (1 + b_1 x + b_2 x^2)\left(x - \frac{1}{2}x^2 + \frac{1}{3}x^3 + \mathcal{O}(x^4)\right) - (a_0 + a_1 x) \\ &= x - \frac{1}{2}x^2 + \frac{1}{3}x^3 + b_1 x^2 + \frac{b_1}{2}x^3 + b_2 x^3 - a_0 - a_1 x + \mathcal{O}(x^4) \\ &= -a_0 + (1 - a_1)x + \left(-\frac{1}{2} + b_1\right)x^2 + \left(\frac{1}{3} + \frac{b_1}{2} + b_2\right)x^3 + \mathcal{O}(x^4)\,. \end{aligned}$$

Damit $q_2(x)f(x) - p_1(x) = \mathcal{O}(x^4)$ ist, muss $a_0 = 0$, $a_1 = 1$, $b_1 = \frac{1}{2}$ und

$$\frac{1}{3} + \frac{b_1}{2} + b_2 = 0 \Rightarrow b_2 = -\frac{1}{12}$$

gelten. Somit lautet die gesuchte Padé Approximation

$$R_{1,2}(x) = \frac{x}{1 + \frac{1}{2}x - \frac{1}{12}x^2} \approx \ln(1 + x)\,.$$

Wir vergleichen diese Approximation mit der Taylor-Approximation zunächst für $x = 1$. Die Padé Approximation liefert

$$f(1) = \ln(2) \approx R_{1,2}(1) = \frac{1}{1 + \frac{1}{2} - \frac{1}{12}} = \frac{12}{17} \doteq 0.70588\,,$$

während aus der Taylorreihe

$$f(1) = \ln(2) \approx 1 - \frac{1}{2} + \frac{1}{3} = \frac{5}{6} \doteq 0.83333$$

folgt. Python liefert für ln(2) den Wert $\ln(2) \doteq 0.69315$; die Padé Approximation ist also (einiges) genauer als die Taylor Approximation (obwohl beide Approximationen $\mathcal{O}(x^4)$ sind), vergleiche mit Abb. 14.6. ◇

Wir wollen nun Padé Approximationen für $f(x) = e^{-x}$ herleiten. In der Aufgabe 14.5 zeigen wir, dass die ersten drei Approximationen zu e^{-x} durch

$$R_{1,0}(x) = 1 - x \tag{14.17}$$

$$R_{0,1}(x) = \frac{1}{1 + x} \tag{14.18}$$

$$R_{1,1}(x) = \frac{1 - \frac{1}{2}x}{1 + \frac{1}{2}x} \tag{14.19}$$

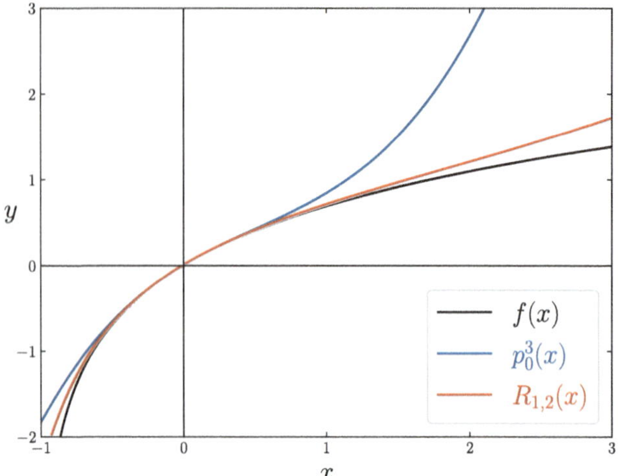

Abb. 14.6 Die Funktion $f(x) = \ln(1 + x)$ und ihre Padé ($R_{1,2}(x)$) respektive Taylorapproximation ($p_a^n(x)$) vierter Ordnung (um $a = 0$)

gegeben sind. Nun können wir folgende Überlegung anstellen. Da in der exakten Formulierung für $\mathbf{w}(t_{j+1})$ in (14.16), in welcher wir der Einfachheit halber und für den Moment $\mathbf{f}(t) = \mathbf{0}$ setzen, also

$$\mathbf{w}(t_{j+1}) = e^{-k\mathbf{A}}\mathbf{w}_j$$

betrachten, die Berechnung von $e^{-k\mathbf{A}}$ schwierig ist, ersetzen wir diesen Ausdruck durch eine Padé Approximation $R_{n,m}$ für e^{-x}. Ersetzen wir zum Beispiel $e^{-k\mathbf{A}}$ durch $R_{1,1}(k\mathbf{A})$ (das Argument ist nun die Matrix $k\mathbf{A}$), so ergibt sich

$$\mathbf{w}(t_{j+1}) \approx \mathbf{w}_{j+1} := R_{1,1}(k\mathbf{A})\mathbf{w}_j \ .$$

Weil $R_{\ell,m}(x) = \frac{p_\ell(x)}{q_m(x)}$ nicht definiert ist, wenn das Argument x eine Matrix ist, schreibt man $R_{\ell,m}(x)$ als

$$R_{\ell,m}(x) = q_m^{-1}(x)\, p_\ell(x)$$

und fasst $(\cdot)^{-1}$ als Matrixinversion auf. Weil

$$R_{1,1}(x) = \left(1 + \frac{1}{2}x\right)^{-1}\left(1 - \frac{1}{2}x\right)$$

ist, lässt sich somit obige Approximation schreiben als

$$\mathbf{w}(t_{j+1}) \approx \mathbf{w}_{j+1} = \left(\mathbf{I} + \frac{1}{2}k\mathbf{A}\right)^{-1}\left(\mathbf{I} - \frac{1}{2}k\mathbf{A}\right)\mathbf{w}_j \ .$$

Multiplizieren wir diese Gleichung von links mit $\mathbf{I} + \frac{1}{2}k\mathbf{A}$, erhalten wir

$$\left(\mathbf{I} + \frac{1}{2}k\mathbf{A}\right)\mathbf{w}_{j+1} = \left(\mathbf{I} - \frac{1}{2}k\mathbf{A}\right)\mathbf{w}_j \ ,$$

was offenbar nichts anderes als das Crank-Nicolson-Verfahren ($\theta = 1/2$ im θ-Verfahren (5.31)) ist. Analoge Überlegungen zeigen, dass

$$\mathbf{w}_{j+1} = R_{1,0}(k\mathbf{A})\mathbf{w}_j \Leftrightarrow \mathbf{w}_{j+1} = (\mathbf{I} - k\mathbf{A})\mathbf{w}_j$$

zum expliziten Euler-Verfahren ($\theta = 0$ im θ-Verfahren (5.31)) und

$$\mathbf{w}_{j+1} = R_{0,1}(k\mathbf{A})\mathbf{w}_j \Leftrightarrow (\mathbf{I} + k\mathbf{A})\mathbf{w}_{j+1} = \mathbf{w}_j$$

zum impliziten Euler-Verfahren ($\theta = 1$ im θ-Verfahren (5.31)) führt. Nun liegt das weitere Vorgehen auf der Hand. Wir werden Padé Approximationen $R_{\ell,m}$ der Ordnung $\ell + m = n = 4$ verwenden, um e^{-x} anzunähern. Um dies zu tun, verwenden wir das Resultat, siehe zum Beispiel Thomée [6], dass die (beliebige) Padé Approximation für e^{-x} gegeben ist durch

$$R_{\ell,m}(x) = \frac{p_{\ell,m}(x)}{q_{\ell,m}(x)} \tag{14.20}$$

mit

$$p_{\ell,m}(x) = \sum_{j=0}^{\ell} \frac{(\ell + m - j)!\ell!}{(\ell + m)!(\ell - j)!j!}(-x)^j, \quad q_{\ell,m}(x) = \sum_{j=0}^{m} \frac{(\ell + m - j)!m!}{(\ell + m)!(m - j)!j!}x^j \,. \tag{14.21}$$

Zum Beispiel ergibt sich aus (14.21)

$$p_{2,2}(x) = \sum_{j=0}^{2} \frac{(4 - j)!2!}{4!(2 - j)!j!}(-x)^j = 1 - \frac{1}{2}x + \frac{1}{12}x^2$$

und daraus sofort

$$q_{2,2}(x) = \sum_{j=0}^{2} \frac{(4 - j)!2!}{4!(2 - j)!j!}x^j = 1 + \frac{1}{2}x + \frac{1}{12}x^2 \,.$$

Somit ist

$$R_{2,2}(x) = \frac{p_{2,2}(x)}{q_{2,2}(x)} = \frac{1 - \frac{1}{2}x + \frac{1}{12}x^2}{1 + \frac{1}{2}x + \frac{1}{12}x^2} \tag{14.22}$$

eine Approximation für e^{-x} der Ordnung $n = 4$. Das Verfahren zur Approximation von (14.16) im Falle $\mathbf{f}(t) = \mathbf{0}$ lautet daher

$$\mathbf{w}_{j+1} = R_{2,2}(k\mathbf{A})\mathbf{w}_j$$

oder ausgeschrieben

$$\left(\mathbf{I} + \frac{1}{2}k\mathbf{A} + \frac{1}{12}k^2\mathbf{A}^2\right)\mathbf{w}_{j+1} = \left(\mathbf{I} - \frac{1}{2}k\mathbf{A} + \frac{1}{12}k^2\mathbf{A}^2\right)\mathbf{w}_j \ .$$

Wir kommen zur Approximation des Integral-Terms in (14.16), also wenn $\mathbf{f}(t) \neq \mathbf{0}$ ist. Die Idee besteht darin, dass man das Integral

$$k \int_0^1 e^{-k\mathbf{A}(1-s)}\mathbf{f}(t_j + ks)\mathrm{d}s$$

ersetzt durch eine (endliche) Summe der Form

$$k \sum_{i=1}^{p} P_i(k\mathbf{A})\mathbf{f}(t_j + ks_i) \ ,$$

wobei die P_i wiederum rationale Funktionen sind und die $s_i \in [0, 1]$, $i = 1, \ldots, p$, sogenannte Quadraturpunkte bezeichnen. Für die Konstruktion der Funktionen P_i werden wir nicht den allgemeinen Fall behandeln, sondern nur denjenigen, für welchen die Anzahl der Quadraturpunkte p kleiner ist als die Ordnung n des Schemas. Die P_i können nach Thomée [6] wie folgt konstruiert werden

1. Wähle ein rationale Funktion $R_{\ell,m}(x)$, welche

$$R_{\ell,m}(x) = e^{-x} + \mathcal{O}(x^{n+1}) \tag{14.23}$$

erfüllt.

2. Wähle $n/2 \leq p < n$ verschiedene Quadraturpunkte $s_i \in [0, 1]$, welche die Bedingungen

$$\int_0^1 \omega(s)s^j \,\mathrm{d}s = 0, \ j = 0, \ldots, n - p - 1 \tag{14.24}$$

erfüllen. Hierbei ist die Funktion $\omega(s)$ definiert als $\omega(s) := \prod_{i=1}^{p}(s - s_i)$.

3. Bestimme die $P_i(x)$ so, dass sie das Gleichungssystem

$$\sum_{i=1}^{p} s_i^q P_i(x) = \frac{q!}{(-x)^{q+1}}\left(R_{\ell,m}(x) - \sum_{j=0}^{q}\frac{(-x)^j}{j!}\right), \quad q = 0 \ldots, p-1 \tag{14.25}$$

lösen.

Wir verwenden diese Prozedur, um die P_i zu $R_{2,2}$ in (14.22) zu finden. Dazu nehmen wir die minimale Anzahl $p = 2$ Punkte

$$s_1 = \frac{1}{2} - \frac{\sqrt{3}}{6}, \quad s_2 = \frac{1}{2} + \frac{\sqrt{3}}{6} \tag{14.26}$$

(Gauss-Quadraturpunkte) und finden – gemäss Aufgabe 14.6 – die beiden rationalen Funktionen

$$P_1(x) = \frac{1}{2}\frac{1 - \frac{\sqrt{3}}{6}x}{1 + \frac{1}{2}x + \frac{1}{12}x^2}, \quad P_2(x) = \frac{1}{2}\frac{1 + \frac{\sqrt{3}}{6}x}{1 + \frac{1}{2}x + \frac{1}{12}x^2}. \tag{14.27}$$

Somit lautet ein Verfahren der Ordnung 4 zur Approximation der Lösung von (14.16)

$$\mathbf{w}(t_{j+1}) \approx \mathbf{w}_{j+1} = R_{2,2}(k\mathbf{A})\mathbf{w}_j + k\sum_{i=1}^{2} P_i(k\mathbf{A})\mathbf{f}(t_j + ks_i).$$

Da die rationalen Funktionen $R_{2,2}$ und P_1, P_2 den selben Nenner $q_{2,2}(x) = 1 + \frac{1}{2}x + \frac{1}{12}x^2$ haben, folgt nach einer Multiplikation von links mit $q_{2,2}(k\mathbf{A})$ das Schema

$$\begin{aligned} q_{2,2}(k\mathbf{A})\mathbf{w}_{j+1} = p_{2,2}(k\mathbf{A})\mathbf{w}_j &+ \frac{k}{2}\Big(\mathbf{I} - \frac{\sqrt{3}}{6}k\mathbf{A}\Big)\mathbf{f}(t_j + ks_1) \\ &+ \frac{k}{2}\Big(\mathbf{I} + \frac{\sqrt{3}}{6}k\mathbf{A}\Big)\mathbf{f}(t_j + ks_2), \end{aligned} \tag{14.28}$$

wobei j wie immer durch $j = 0, 1, \ldots, M - 1$ läuft und $\mathbf{w}_0 = \mathbf{g}$ ist.

Kombinieren wir das Zeitschrittverfahren (14.28) mit einer Gitterstreckung und finiten Differenzen vierter Ordnung in x, so erwarten wir, dass das volldiskrete Verfahren mit Ordnung 4 konvergiert. Wir haben aber schon in Abb. 5.12 gesehen, dass das θ-Verfahren (für $\theta = 0.5$) zusammen mit einer Gitterstreckung und finiten Differenzen zweiter Ordnung in x nicht konvergiert; wir müssen zuerst Dämpfungsschritte durchführen. Das ist in der vorliegenden Situation nicht anders: wollen wir ein konvergierendes Schema vierter Ordnung haben, müssen wir offenbar dem Verfahren (14.28) zuerst geeignete Dämpfungsschritte vorschalten. Nun, was heisst „geeignete" Dämpfungsschritte? Zur Beantwortung betrachten wir nochmals das Rannacher-Verfahren für finite Differenzen zweiter Ordnung. Dieses verwendet zunächst die rationale Funktion $R_{0,1}(x)$ (impliziter Euler) und anschliessend die rationale Funktion $R_{1,1}(x)$ (Crank-Nicolson) zur Approximation der Differentialgleichung $\mathbf{w}'(t) + \mathbf{A}\mathbf{w}(t) = \mathbf{f}(t)$. Für eine Verallgemeinerung dieses Schemas schlagen Khaliq et al. [4] vor, in den ersten Schritten die rationale Funktion $R_{0,2\ell-1}(x)$ und in den restlichen Schritten die Funktion $R_{\ell,\ell}(x)$ zu verwenden. Im ursprünglichen Rannacher-Verfahren ist $\ell = 1$; wir werden nun das analoge Verfahren für $\ell = 2$ angeben.

Da wir das Verfahren zu $R_{2,2}$ bereits in (14.28) hergeleitet haben, müssen wir uns nur noch um das Verfahren zu $R_{0,3}$ kümmern, darin insbesondere auch um die rationalen Funktionen P_i für die Diskretisierung der rechten Seite $\mathbf{f}(t)$. Die Funktion $R_{0,3}(x)$ folgt direkt aus den Gleichungen (14.20)-(14.21). Wir finden

$$R_{0,3}(x) = \frac{p_{0,3}}{q_{0,3}} = \frac{1}{1 + x + \frac{1}{2}x^2 + \frac{1}{6}x^3} .$$

Um die zu $R_{0,3}$ gehörenden Funktionen P_i zu finden, wählen wir wiederum die zwei Quadraturpunkte $s_{1,2}$ in (14.26) und wenden die oben beschriebene Prozedur an. In dieser müssen wir nur noch den dritten Schritt durchführen, da $R_{0,3}$ die Beziehung (14.23) per Konstruktion erfüllt und wir die Bedingungen (14.24) bereits nachgewiesen haben. Das Gleichungssystem zur Bestimmung von P_1 und P_2 lautet in diesem Fall

$$\begin{cases} P_1(x) + P_2(x) = -\frac{1}{x}\big(R_{0,3}(x) - 1\big) \\ s_1 P_1(x) + s_2 P_2(x) = \frac{1}{x^2}\big(R_{0,3}(x) - (1 - x)\big) \end{cases},$$

oder vereinfacht – wir lassen das Argument x weg und rechnen die rechten Seiten aus –

$$\begin{cases} P_1 + P_2 = \dfrac{1 + \frac{1}{2}x + \frac{1}{6}x^2}{q_{0,3}} \\ s_1 P_1 + s_2 P_2 = \dfrac{\frac{1}{2} + \frac{1}{3}x + \frac{1}{6}x^2}{q_{0,3}} \end{cases}.$$

Die Lösung dieses Systems ist

$$P_1(x) = \frac{1}{12}\frac{6 + (3 - \sqrt{3})x + (1 - \sqrt{3})x^2}{q_{0,3}(x)}$$
$$P_2(x) = \frac{1}{12}\frac{6 + (3 + \sqrt{3})x + (1 + \sqrt{3})x^2}{q_{0,3}(x)} .$$

Somit lautet ein Verfahren der Ordnung 3 zur Approximation der Lösung von (14.16)

$$\mathbf{w}(t_{j+1}) \approx \mathbf{w}_{j+1} = R_{0,3}(k\mathbf{A}) + k\sum_{i=1}^{2} P_i(k\mathbf{A})\mathbf{f}(t_j + ks_i) ;$$

oder nach Multiplikation des (gemeinsamen) Nenners $q_{0,3}(x) = 1 + x + \frac{1}{2}x^2 + \frac{1}{6}x^3$

$$\begin{aligned} q_{0,3}(k\mathbf{A})\mathbf{w}_{j+1} = \mathbf{w}_j &+ \frac{k}{12}(6\mathbf{I} + (3 - \sqrt{3})k\mathbf{A} + (1 - \sqrt{3})k^2\mathbf{A}^2)\mathbf{f}(t_j + ks_1) \\ &+ \frac{k}{12}(6\mathbf{I} + (3 + \sqrt{3})k\mathbf{A} + (1 + \sqrt{3})k^2\mathbf{A}^2)\mathbf{f}(t_j + ks_2) ; \end{aligned} \quad (14.29)$$

wir werden dieses verwenden, um die ersten Zeitschritte durchzuführen. Das Rannacher-Verfahren vierter Ordnung lautet nun

$$
\begin{aligned}
&\mathbf{w}_0 = \mathbf{g},\ R \geq 1\\
&\text{Für } j = 0, 1, \ldots, R \text{ führe das Schema (14.29) durch;}\\
&\text{für } j = R+1, \ldots, M-1 \text{ führe das Schema (14.28) durch.}
\end{aligned}
$$

Wir werden dieses Schema nun weiter so umschreiben, dass sowohl die Vorschrift (14.28) als auch (14.29) mit dem implizitem Euler Verfahren (welches nun aber auf komplexer Arithmetik basiert) vergleichbar ist, siehe auch Khaliq et al. [4]. Dazu betrachten wir die *Partialbruchzerlegung* der Funktionen $R_{0,3}$ und $R_{2,2}$. Im Anhang B.11 zeigen wir, dass eine Partialbruchzerlegung auf folgendes, zu obigem Schema äquivalentes, führt

$$
\begin{aligned}
&\mathbf{w}_0 = \mathbf{g},\ R \geq 1\\
&\text{Für } j = 0, 1, \ldots, R \text{ führe das Schema (14.31) durch;}\\
&\text{für } j = R+1, \ldots, M-1 \text{ führe das Schema (14.30) durch.}
\end{aligned}
$$

Die zu (14.28) respektive (14.29) äquivalenten Verfahren lauten

$$
\begin{cases}
\text{Löse das Gleichungssystem}\\
(-x_1\mathbf{I} + k\mathbf{A})\mathbf{x}_j = \alpha\mathbf{w}_j + k\alpha_1\mathbf{f}(t_j + ks_1) + k\alpha_2\mathbf{f}(t_j + ks_2).\\
\text{Setze } \mathbf{w}_{j+1} = \mathbf{w}_j + 2\Re(\mathbf{x}_j).
\end{cases}
\tag{14.30}
$$

respektive

$$
\begin{cases}
\text{Löse die beiden Gleichungssysteme}\\
(-x_2\mathbf{I} + k\mathbf{A})\mathbf{y}_j = \beta_2\mathbf{w}_j + k\gamma_2\mathbf{f}(t_j + ks_1) + k\lambda_2\mathbf{f}(t_j + ks_2)\\
(-x_3\mathbf{I} + k\mathbf{A})\mathbf{z}_j = \beta_3\mathbf{w}_j + k\gamma_3\mathbf{f}(t_j + ks_1) + k\lambda_3\mathbf{f}(t_j + ks_2).\\
\text{Setze } \mathbf{w}_{j+1} = \mathbf{y}_j + 2\Re(\mathbf{z}_j).
\end{cases}
\tag{14.31}
$$

Die darin vorkommenden Zahlen $x_i \in \mathbb{C}, i = 1, 2, 3, \alpha, \alpha_i \in \mathbb{C}, i = 1, 2$ sowie $\beta_i, \gamma_i, \lambda_i \in \mathbb{C}, i = 2, 3$ folgen aus den Betrachtungen im Abschn. B.11 und sind dort definiert. Wir bemerken, dass das Verfahren tatsächlich mit dem impliziten Euler Verfahren, in welchem man ja

$$(\mathbf{I} + k\mathbf{A})\mathbf{w}_{j+1} = \mathbf{w}_j + k\mathbf{f}(t_j + k)$$

löst, vergleichbar ist. Der Unterschied besteht darin, das ersteres auf komplexer und letzteres auf reeller Arithmetik basiert. Die Systeme (14.30) und (14.31) lösen das Problem $\mathbf{w}'(t) + \mathbf{A}\mathbf{w}(t) = \mathbf{f}(t)$; wir erweitern dieses nun zum Problem

$$\mathbf{M}\mathbf{w}'(t) + \mathbf{A}\mathbf{w}(t) = \mathbf{f}(t) \tag{14.32}$$

mit $\mathbf{M}$ eine invertierbare Matrix mit der selben Dimension wie die Matrix $\mathbf{A}$. Das soeben betrachtete Problem ist mit $\mathbf{M} = \mathbf{I}$ ein Spezialfall. Damit wir das oben entwickelte Rannacher Verfahren (14.30)–(14.31) anwenden können, multiplizieren wir das System (14.32) von links mit der Inversen von $\mathbf{M}$ und erhalten

$$\mathbf{w}'(t) + \widetilde{\mathbf{A}}\mathbf{w}(t) = \widetilde{\mathbf{f}}(t)$$

mit $\widetilde{\mathbf{A}} = \mathbf{M}^{-1}\mathbf{A}$ sowie $\widetilde{\mathbf{f}}(t) = \mathbf{M}^{-1}\mathbf{f}(t)$. Eine typische Zeile in (14.30) oder (14.31) lautet daher

$$(-x\mathbf{I} + k\widetilde{\mathbf{A}})\mathbf{u} = \omega_1\mathbf{w} + k\omega_2\widetilde{\mathbf{f}}(t_j + ks_1) + k\omega_3\widetilde{\mathbf{f}}(t_j + ks_2)\ ;$$

da wir die Invertierung von $\mathbf{M}$ vermeiden wollen, multiplizieren wir die obige Zeile (von links) mit $\mathbf{M}$ und erhalten

$$(-x\mathbf{M} + k\mathbf{A}\mathbf{u}) = \omega_1\mathbf{M}\mathbf{w} + k\omega_2\mathbf{f}(t_j + ks_1) + k\omega_3\mathbf{f}(t_j + ks_2)\ .$$

Somit lautet das Rannacher Verfahren vierter Ordnung in komplexer Arithmetik für das numerische Lösen des Systems (14.32) wie folgt

$$\begin{cases} \text{Löse das Gleichungssystem} \\ (-x_1\mathbf{M} + k\mathbf{A})\mathbf{x}_j = \alpha\mathbf{M}\mathbf{w}_j + k\alpha_1\mathbf{f}(t_j + ks_1) + k\alpha_2\mathbf{f}(t_j + ks_2). \\ \text{Setze } \mathbf{w}_{j+1} = \mathbf{w}_j + 2\Re(\mathbf{x}_j). \end{cases} \tag{14.33}$$

respektive

$$\begin{cases} \text{Löse die beiden Gleichungssysteme} \\ (-x_2\mathbf{M} + k\mathbf{A})\mathbf{y}_j = \beta_2\mathbf{M}\mathbf{w}_j + k\gamma_2\mathbf{f}(t_j + ks_1) + k\lambda_2\mathbf{f}(t_j + ks_2) \\ (-x_3\mathbf{M} + k\mathbf{A})\mathbf{z}_j = \beta_3\mathbf{M}\mathbf{w}_j + k\gamma_3\mathbf{f}(t_j + ks_1) + k\lambda_3\mathbf{f}(t_j + ks_2). \\ \text{Setze } \mathbf{w}_{j+1} = \mathbf{y}_j + 2\Re(\mathbf{z}_j). \end{cases} \tag{14.34}$$

Wir implementieren die Systeme (14.33)–(14.34) als pade4.

Routine 14.2: pade4.py

```
import numpy as np
from scipy.sparse.linalg import spsolve

def pade4(M,A,w0,f,T,Mstep,R):
    '''Approximiert die Loesung w(t) des Differentialgleichungssystems

        Mw'(t) + Aw(t) = f(t)
               w(0) = w0
```

```
zum Zeitpunkt t = T mit einer Pade-Approximation vierter Ordnung und
Mstep Zeitschritten. M und A sind NxN-Matrizen, w0 eine Kolonnenvektoren
der Laenge N und f(t) eine (vektorwertige) Funktion. Pade4 fuehrt
zunaechst R>=0 Daempfungsschritte durch (Rannacher-Verfahren).'''

# Definiere die benoetigten Konstanten
x1 = -3+np.sqrt(3)*1j; x2 = -1-(1+np.sqrt(2))**(1/3)+(1+np.sqrt(2))**(-1/3);
x3 = (-3-x2)/2-np.sqrt(3)/2*np.sqrt(x2**2+2*x2+5)*1j;
a = -12*x1/(2*x1+6); a1 = (-np.sqrt(3)*x1+6)/(2*x1+6);
a2 = (np.sqrt(3)*x1+6)/(2*x1+6);
b2 = 6/(3*x2**2+6*x2+6); b3 = 6/(3*x3**2+6*x3+6);
g2 = ((1-np.sqrt(3))/2*x2**2+(3-np.sqrt(3))/2*x2+3)/(3*x2**2+6*x2+6);
g3 = ((1-np.sqrt(3))/2*x3**2+(3-np.sqrt(3))/2*x3+3)/(3*x3**2+6*x3+6);
l2 = ((1+np.sqrt(3))/2*x2**2+(3+np.sqrt(3))/2*x2+3)/(3*x2**2+6*x2+6);
l3 = ((1+np.sqrt(3))/2*x3**2+(3+np.sqrt(3))/2*x3+3)/(3*x3**2+6*x3+6);
s1 = (3-np.sqrt(3))/6; s2 = (3+np.sqrt(3))/6;

# Zeitschritt k, Startvektor
k = T/Mstep; w = w0;

for j in range(0,R): # R Daempfungsschritte
    tj = j*k;
    y = spsolve(-x2*M+k*A,b2*M*w+k*g2*f(tj+k*s1)+k*l2*f(tj+k*s2));
    z = spsolve(-x3*M+k*A,b3*M*w+k*g3*f(tj+k*s1)+k*l3*f(tj+k*s2));
    w = y + 2*np.real(z);

for j in range(R,Mstep):
    tj = j*k;
    x = spsolve(-x1*M+k*A,a*M*w+k*a1*f(tj+k*s1)+k*a2*f(tj+k*s2));
    w = w + 2*np.real(x);

return w
```

Die Routine pade4 ist bereits in die Routine 14.1 pde_1d_a_pade_4 integriert.

14.3 Anwendung

In diesem Abschnitt wollen wir die Orts- und Zeitdiskretisierung höherer Ordnung auf Probleme mit zwei unabhängigen (Orts)Variablen x_1, x_2 anwenden. Dazu werden wir zunächst die entsprechende Differentialgleichung (10.12) angeben, wenn wir in jeder Koordinatenrichtung (also x_1, x_2) eine Gitterstreckung durchführen.

Die Differentialgleichung (10.12) für die gesuchte die Funktion $w(x_1, x_2, t)$ hat die Form

$$\begin{cases} \partial_t w + a_1 \partial_{x_1 x_1} w + a_2 \partial_{x_2 x_2} w + a_3 \partial_{x_1 x_2} w & & \\ \qquad + b_1 \partial_{x_1} w + b_2 \partial_{x_2} w + c w = f(x_1, x_2, t) & \text{in } G \times]0, T] \\ \text{RB} & \text{in } \partial G \times]0, T] \\ w(x_1, x_2, 0) = g(x_1, x_2) & \text{in } G \end{cases},$$

wobei die Koeffizientenfunktionen a_i, b_i und c von x_1 und x_2 abhängen können. Betrachten wir für jede Koordinatenrichtung separat eine Gitterstreckung ϕ_i der Form

$$\phi_i \ : [0,1] \to [x_{il}, x_{ir}], \quad z_i \mapsto x_i = \phi_i(z_i), \quad i = 1,2,$$

so löst die Funktion

$$u(z_1, z_2, t) := w(\phi_1(z_1), \phi_2(z_2), t) = w(x_1, x_2, t)$$

die Differentialgleichung

$$\begin{cases} \partial_t u + \widehat{a}_1 \partial_{z_1 z_1} u + \widehat{a}_2 \partial_{z_2 z_2} u + \widehat{a}_3 \partial_{z_1 z_2} u & \\ \qquad + \widehat{b}_1 \partial_{z_1} u + \widehat{b}_2 \partial_{z_2} u + \widehat{c} u = \widehat{f}(z_1, z_2, t) & \text{in } \widehat{G} \times]0, T] \\ \qquad \text{RB} & \text{in } \partial\widehat{G} \times]0, T] \\ \qquad u(z_1, z_2, 0) = \widehat{g}(z_1, z_2) & \text{in } \widehat{G} \end{cases}, \tag{14.35}$$

mit dem „neuen“ Gebiet $\widehat{G} =]0,1[^2$ und den „neuen“ Koeffizientenfunktionen

$$\begin{aligned}
\widehat{a}_1(z_1, z_2) &= \frac{a_1(\phi_1(z_1), \phi_2(z_2))}{\left(\phi_1'(z_1)\right)^2} \\
\widehat{a}_2(z_1, z_2) &= \frac{a_2(\phi_1(z_1), \phi_2(z_2))}{\left(\phi_2'(z_2)\right)^2} \\
\widehat{a}_3(z_1, z_2) &= \frac{a_3(\phi_1(z_1), \phi_2(z_2))}{\phi_1'(z_1)\phi_2'(z_2)} \\
\widehat{b}_1(z_1, z_2) &= \frac{b_1(\phi_1(z_1), \phi_2(z_2))}{\phi_1'(z_1)} - a_1(\phi_1(z_1), \phi_2(z_2)) \frac{\phi_1''(z_1)}{\left(\phi_1'(z_1)\right)^3} \\
\widehat{b}_2(z_1, z_2) &= \frac{b_2(\phi_1(z_1), \phi_2(z_2))}{\phi_2'(z_2)} - a_2(\phi_1(z_1), \phi_2(z_2)) \frac{\phi_2''(z_2)}{\left(\phi_2'(z_2)\right)^3} \\
\widehat{c}(z_1, z_2) &= c(\phi_1(z_1), \phi_2(z_2)) \ .
\end{aligned}$$

Weiter sind die rechte Seite $\widehat{f}$ und die Auszahlungsfunktion $\widehat{g}$ gegeben durch $\widehat{f}(z_1, z_2, t) = f(\phi_1(z_1), \phi_2(z_2), t)$ respektive $\widehat{g}(z_1, z_2) = g(\phi_1(z_1), \phi_2(z_2))$. Haben die Koeffizientenfunktionen a_i, b_i und c in der Differentialgleichung (10.12) für w die Produktstruktur (10.13), so auch die „transformierten“ Funktionen $\widehat{a}_i$, $\widehat{b}_i$ und $\widehat{c}$ in der Differentialgleichung (14.35) für u, zum Beispiel

$$\widehat{a}_2(z_1, z_2) := \widehat{a}_2^{z_1}(z_1)\widehat{a}_2^{z_2}(z_2) = \frac{a_2^{x_1}(\phi_1(z_1))}{\left(\phi_2'(z_2)\right)^2} a_2^{x_2}(\phi_2(z_2)) \ .$$

Allerdings sind nun die Koeffizienten $\widehat{b}_i$ nicht mehr bloss Produkte von univariaten Funktionen, sondern Summen von zwei Produkten von univariaten Funktionen. Wir schreiben daher

$$\begin{aligned}\widehat{b}_1(z_1,z_2) &:= \widehat{b}_{1,1}(z_1,z_2) + \widehat{b}_{1,2}(z_1,z_2)\\ &:= \widehat{b}^{z_1}_{1,1}(z_1)\widehat{b}^{z_2}_{1,1}(z_2) + \widehat{b}^{z_1}_{1,2}(z_1)\widehat{b}^{z_2}_{1,2}(z_2)\\ &= \frac{b_1^{x_1}(\phi_1(z_1))}{\phi'(z_1)}b_1^{x_2}(\phi_2(z_2)) + \frac{-a_1^{x_1}(\phi(z_1))\phi_1''(z_1)}{\left(\phi_1'(z_1)\right)^3}a_1^{x_2}(\phi_2(z_2))\,,\end{aligned}$$

und analog für $\widehat{b}_2(z_1,z_2)$

$$\begin{aligned}\widehat{b}_2(z_1,z_2) &:= \widehat{b}_{2,1}(z_1,z_2) + \widehat{b}_{2,2}(z_1,z_2)\\ &:= \widehat{b}^{z_1}_{2,1}(z_1)\widehat{b}^{z_2}_{2,1}(z_2) + \widehat{b}^{z_1}_{2,2}(z_1)\widehat{b}^{z_2}_{2,2}(z_2)\\ &= b_2^{x_1}(\phi_1(z_1))\frac{b_2^{x_2}(\phi_2(z_2))}{\phi_2'(z_2)} + a_2^{x_1}(\phi_1(z_1))\frac{-a_2^{x_2}(\phi_2(z_2))\phi_2''(z_2)}{\left(\phi_2'(z_2)\right)^3}\,.\end{aligned}$$

Es folgt, dass die Matrix **A**, welche bei der Diskretisierung der Differentialgleichung (14.35) mit finiten Differenzen der Ordnung 4 entsteht, wiederum geschrieben werden kann als Summe von Kronecker-Produkten ähnlich wie in (10.17).

Wir betrachten nun nochmals die Bewertung einer Europäischen Put Option im Heston Modell (vergleiche mit Abschn. 10.7.1) und setzen auf den Kanten $]x_l,x_r[\times\{y_l\}$ und $\{x_l\}\times]y_l,y_r[$ intrinsische sowie auf den Kanten $]x_l,x_r[\times\{y_r\}$ und $\{x_r\}\times]y_l,y_r[$ homogene Neumann-Randbedingungen. Somit ergibt sich die Matrix **A** zu

$$\begin{aligned}\mathbf{A} := {}_i\mathbf{M}^{(0)}_{\widehat{a}^y_1} \otimes {}^n_i\mathbf{M}^{(2)}_{\widehat{a}^x_1} + {}^n_i\mathbf{M}^{(2)}_{\widehat{a}^y_2} \otimes {}_i\mathbf{M}^{(0)}_{\widehat{a}^x_2} + {}^n_i\mathbf{M}^{(1)}_{\widehat{a}^y_3} \otimes {}^n_i\mathbf{M}^{(1)}_{\widehat{a}^x_3}\\ + {}_i\mathbf{M}^{(0)}_{\widehat{b}^y_{1,1}} \otimes {}^n_i\mathbf{M}^{(1)}_{\widehat{b}^x_{1,1}} + {}_i\mathbf{M}^{(0)}_{\widehat{b}^y_{1,2}} \otimes {}^n_i\mathbf{M}^{(1)}_{\widehat{b}^x_{1,2}} + {}^n_i\mathbf{M}^{(1)}_{\widehat{b}^y_{2,1}} \otimes {}_i\mathbf{M}^{(0)}_{\widehat{b}^x_{2,1}} + {}^n_i\mathbf{M}^{(1)}_{\widehat{b}^y_{2,2}} \otimes {}_i\mathbf{M}^{(0)}_{\widehat{b}^x_{2,2}}\\ + {}_i\mathbf{M}^{(0)}_{\widehat{c}^y} \otimes {}_i\mathbf{M}^{(0)}_{\widehat{c}^x}.\end{aligned} \tag{14.36}$$

Hierbei nennen wir der Übersichtlichkeit halber nun die Variable z_1 wieder x sowie die Variable z_2 wieder y. Die Routine pde_2d_ah_pade_4 realisiert das Problem (14.35) für homogene Randdaten[3]. Die Routine ist eine Verallgemeinerung der Routine pde_2d_ah_theta aus dem Abschn. 10.2 auf Finite-Differenzen-Verfahren vierter Ordnung und möglicher Gitterstreckung.

[3] Die Routine lässt zudem inhomogene Dirichlet Randdaten auf der Kante $\{x_l\}\times]y_l,y_r[$ der Form $w(x_l,y,t) = w_l^y(y)w_l^t(t)$ zu.

Routine 14.3: pde_2d_ah_pade_4.py

```
import numpy as np
from scipy import sparse
from matrixgenerator_BC_ho import matrixgenerator_BC_ho
from pade4 import pade4

def pde_2d_ah_pade_4(a,b,c,T,g,G,BC,wbc,N,M,R,phi):
    '''Loest die parabolische Differentialgleichung

    w_t + a1w_xx + a2w_yy + a3w_xy + b1w_x + b2w_y + cw = 0 in G x ]0,T]
                                                      BC = 0
                                                 w(.,0) = g in G

   mit Hilfe eines Finite-Differenzen-Verfahrens 4-ter Ordnung auf
   G = ]xl,xr[ x ]yl,yr[ fuer homogene Randbedingungen und dem Pade-Schema
   mit M Zeit- und R Daempfungsschritten. Die Koeffizientenfunktionen ai, bi
   und c sind Produkte von univariaten Funktionen, zum Beispiel
   a1(x,y) = a1x(x)a1y(y). Die (2x4)-Matrix phi enthaelt in der i-ten Zeile
   die ersten beiden Ableitungen der Gitterstreckungsfunktion phi^i(z) an den
   Raendern zl und zr, das heisst [phi^i_z(zl),phi^i_z(zr),phi^i_zz(zl),
   phi^i_zz(zr)]. i = 1 entspricht der x-Koordinate, i = 2 der y-Koordinate.
   Der Array wbc = [wly(y),wlt(t)] erlaubt die Spezifizierung einer
   inhomogenen Dirichlet-Randbedingung w(xl,y,t) = wly(y)wlt(t), diese wird
   aber nur beruecksichtigt, wenn BC[0] = 0 ist.'''

    # Definiere Funktionen
    a1x = a[0]; a1y = a[1]; a2x = a[2]; a2y = a[3]; a3x = a[4]; a3y = a[5];
    b11x = b[0]; b11y = b[1]; b12x = b[2]; b12y = b[3];
    b21x = b[4]; b21y = b[5]; b22x = b[6]; b22y = b[7];
    cx = c[0]; cy = c[1];
    nxl = BC[0]; nxr = BC[1]; nyl = BC[2]; nyr = BC[3];
    xl = G[0]; xr = G[1]; yl = G[2]; yr = G[3];

    # Definiere Gitter
    hx = (xr-xl)/(N[0]+1); hy = (yr-yl)/(N[1]+1);

    # Matrix A bestimmen
    Matx = matrixgenerator_BC_ho([["M2",a1x],["M1",a3x],["M1",b11x],
                                  ["M1",b12x],["M0",a2x],["M0",b21x],
                                  ["M0",b22x],["M0",cx]],[nxl,nxr],xl,xr,
                                   N[0],[phi[0,0],phi[0,1],phi[0,2],phi[0,3]]);

    Maty = matrixgenerator_BC_ho([["M2",a2y],["M1",a3y],["M1",b21y],
                                  ["M1",b22y],["M0",a1y],["M0",b11y],
                                  ["M0",b12y],["M0",cy]],[nyl,nyr],yl,yr,
                                  N[1],[phi[1,0],phi[1,1],phi[1,2],phi[1,3]])

    A = (sparse.kron(Maty[4],Matx[0])+sparse.kron(Maty[0],Matx[4])+
         sparse.kron(Maty[1],Matx[1])+sparse.kron(Maty[5],Matx[2])+
         sparse.kron(Maty[6],Matx[3])+sparse.kron(Maty[2],Matx[5])+
         sparse.kron(Maty[3],Matx[6])+sparse.kron(Maty[7],Matx[7]));

    I = sparse.eye((N[0]+(nxr==3)+(nxl==3))*(N[1]+(nyr==3)+(nyl==3)))

    Mbc = -(sparse.kron(Maty[4],Matx[8])+sparse.kron(Maty[1],Matx[9])+\
            sparse.kron(Maty[5],Matx[10])+sparse.kron(Maty[6],Matx[11]));

    # Start-Vektor w0 definieren
    x = np.linspace(xl+(1-(nxl==3))*hx,xr-(1-(nxr==3))*hx,\
```

```
                N[0]+(nxl==3)+(nxr==3))
y = np.linspace(yl+(1-(nyl==3))*hy,yr-(1-(nyr==3))*hy,\
                N[1]+(nyl==3)+(nyr==3))
x,y = np.meshgrid(x,y,indexing='ij'); w = g(x,y); w = w.flatten('F')

if nxl == 0: # Dirichlet-RB auf {x=xl}
    wly = wbc[0]; wlt = wbc[1];
    fl = wly(y)*(x==xl+hx); fl = fl.flatten('F');
    w = pade4(I,A,w,lambda t:Mbc*fl*wlt(t),T,M,R);
else:
    w = pade4(I,A,w,lambda t:0*t,T,M,R);

w = np.reshape(w,(N[0]+(nxl==3)+(nxr==3),N[1]+(nyl==3)+(nyr==3)),order='F')
return x,y,w
```

Wir wiederholen nun das Beispiel 10.10 zur Bewertung einer Europäischen Put Option im Heston Modell. Wir verwenden die selben Modell-, Kontrakt- und Diskretisierungsparameter, wobei wir jedoch die folgenden vier Varianten durchrechnen

1. Finite Differenzen zweiter Ordnung in x, y, Craig-Sneyd Verfahren in t mit $\theta = 0.5$ und $M = \lceil 0.15 N_1 \rceil$ Zeitschritte. Dies ist das Beispiel 10.10.
2. Finite Differenzen zweiter Ordnung mit Gitterstreckung in x, y, Craig-Sneyd Verfahren in t mit $\theta = 0.5$ (die ersten beiden halbierten Zeitschritte mit $\theta = 1$, Rannacher) und $M = \lceil 0.08 N_1 \rceil$ Zeitschritte.
3. Finite Differenzen zweiter Ordnung in x, y, Padé-Schema in t mit $M = \lceil 0.2\sqrt{N_1} \rceil$ Zeitschritte.
4. Finite Differenzen vierter Ordnung mit Gitterstreckung in x, y, Padé-Schema in t mit $M = \lceil 0.05 N_1 \rceil$ Zeitschritte.

In den Varianten 2 und 4 sind die Funktionen $\phi_1 : [0, 1] \to [x_l, x_r]$, $z_1 \mapsto x = \phi_1(z_1)$ und $\phi_2 : [0, 1] \to [y_l, y_r]$, $z_2 \mapsto y = \phi_2(z_2)$ zur Streckung des Gitters wie in (14.15), also

$$\phi_i(z_i) = K_i + \gamma_i \sinh(\alpha_i z_i + \beta_i(1 - z_i)), \quad i = 1, 2 \tag{14.37}$$

mit $K_1 = K$ (Ausübungspreis der Option), $K_2 = 0$ sowie $\gamma_1 = 1/100$ und $\gamma_2 = 1/20$. In Abb. 14.7 plotten wir den Optionspreis erhalten mit Variante 4. Man erkennt sehr gut die Verdichtung des Gitters um $s = K$ und $v = 0$.

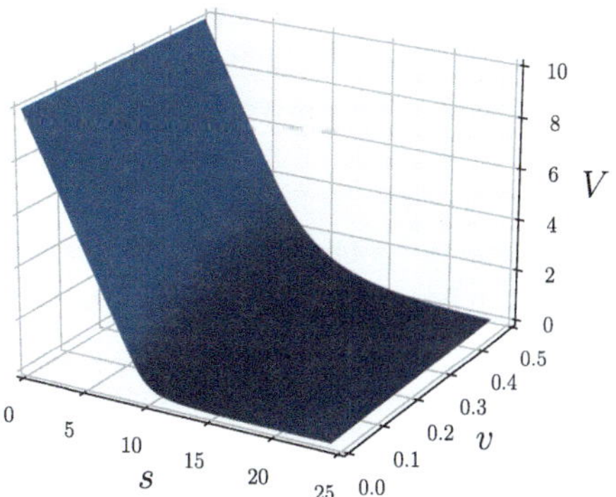

Abb. 14.7 Wert $V(s, v, 0)$ einer Put Option nach dem Heston Modell. Numerische Lösung der partiellen Differentialgleichung (14.35) erhalten mit Variante 4. Vergleiche auch mit Abb. 10.14

Tab. 14.9 Maximaler Fehler e und Rechenzeiten t_{CPU} verschiedener Diskretisierungen für das Heston Modell

L	N	Variante 1		Variante 2		Variante 3		Variante 4	
		e	t_{CPU}	e	t_{CPU}	e	t_{CPU}	e	t_{CPU}
5	961	0.09271690	0.07	0.04458074	0.01	0.04009874	0.08	0.00604414	0.11
6	3969	0.02927572	0.09	0.01079485	0.02	0.02710744	0.14	0.00080041	0.44
7	16 129	0.00670614	0.30	0.00263069	0.12	0.00784957	0.65	0.00008721	3.72
8	65 025	0.00164578	1.76	0.00064474	0.91	0.00170541	3.74	0.00000723	35.76
9	261 121	0.00039601	12.75	0.00015931	6.55	0.00061096	21.96	0.00000047	432.2

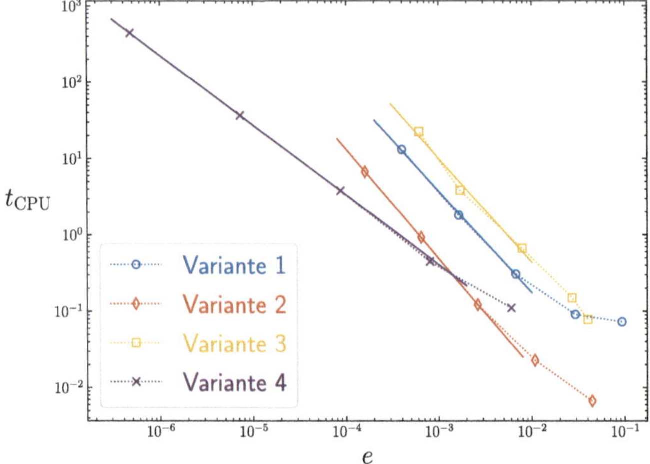

Abb. 14.8 Maximaler Fehler vs Rechenzeit für verschiedene Varianten der Diskretisierung für das Heston Modell. Variante 1 (○), Variante 2 (◇), Variante 3 (□), Variante 4 (×)

In der Tab. 14.9 sind die maximalen Fehler e im Gebiet $]0,20[\times[0,0.5[$ sowie die entsprechenden Rechenzeiten t_{CPU} der verschiedenen Varianten zum Vergleich aufgelistet. In der Tabelle entspricht N der totalen Anzahl der Gitterpunkte, $N = N_1 N_2$ mit $N_1 = N_2 = 2^L - 1$. Lassen wir jeweils die beiden grobsten Diskretisierungen ($L = 5, 6$) ausser Acht, so stellen wir in der Tat Konvergenz erster Ordnung für die Varianten 1 bis 3 fest, während Variante 4 nicht ganz quadratisch konvergiert ($n \doteq 1.87$).

Variante 2 hat die kleinsten Rechenzeiten; Variante 4 liefert die kleinsten Fehler. Um die Varianten sinnvoll vergleichen zu können, tragen wir in Abb. 14.8 für jede Variante die (logarithmierte) Rechenzeit t_{CPU} über den (logarithmierten) maximalen Fehler e auf. Der entstehende Graph zeigt auf, wie viel Rechenzeit benötigt wird, um eine gewisse Genauigkeit des Optionspreis (einen gewissen Fehler) zu erreichen. Die „Datenpunkte" für $L > 6$ liegen nahezu auf einer asymptotischen Geraden, weshalb wir ein „Modell" der Form

$$t_{\text{CPU}} = \beta e^{\alpha}$$

Tab. 14.10 Das „Modell" $t_{\text{CPU}} = \beta e^{\alpha}$ für verschiedene Diskretisierungen zur Bewertung einer Europäischen Put Option im Heston Modell

Variante	α	β
1	-1.33	$3.78 \cdot 10^{-4}$
2	-1.43	$2.48 \cdot 10^{-5}$
3	-1.36	$8.06 \cdot 10^{-4}$
4	-0.91	$7.26 \cdot 10^{-4}$

vorschlagen (e ist nicht die Euler'sche Zahl, sondern der maximale Fehler). Um die Parameter α und β zu schätzen, führen wir eine lineare Einfachregression für die Daten $(\ln(e), \ln(t_{\text{CPU}}))$ durch (die Diskretisierungen $L = 5, 6$ werden dabei nicht berücksichtigt). Wir erhalten die Tab. 14.10.

Wollen wir zum Beispiel einen maximalen Fehler von höchstens $e = 10^{-4}$ erreichen, so benötigen wir mit der Diskretisierungsvariante 1 eine Rechenzeit von

$$t_1 = \beta_1 e^{\alpha_1} \approx 3.78 \cdot 10^{-4} \cdot (10^{-4})^{-1.33} \approx 79.0 \text{ s} ,$$

während die Variante 4

$$t_4 = \beta_4 e^{\alpha_4} \approx 7.26 \cdot 10^{-4} \cdot (10^{-4})^{-0.91} \approx 3.2 \text{ s}$$

benötigt. In diesem Fall ist also Variante 4 ca. 24-mal schneller als Variante 1.

Als zweite Anwendung der Routine pde_2d_ah_pade_4 betrachten wir die Bewertung von Call Optionen im SABR Modell, welches wir im Abschn. 10.7.4 beschrieben haben. Damit wir nicht bei jedem Bewertungsproblem die Gitterstreckung sowie die Funktionen $\widehat{a}_i$, $\widehat{b}_i$ und $\widehat{c}$ in (14.35) neu definieren müssen, schreiben wir die Routine callput_sabr. Diese gibt bei Eingabe der Modellparameter β, δ und ρ, den Kontraktparametern K und T sowie den Diskretisierungsparametern L, ν und γ_i (wie in (14.37)) den Wert $V = V(s, \sigma)$ einer Europäischen Call Option mit Strike K und Maturität T aus. Zur Notationsvereinfachung haben wir $\sigma = \sigma_0$ gesetzt, mit σ_0 die aktuelle Volatilität wie in (10.64). Die Routine pde_2d_ah_pade_4 verwendet in jede Koordinaten-Richtung $N = 2^L - 1$ (innere) Gitterpunkte und $M = \lceil \nu N \rceil$ Zeitschritte im Padé-Schema.

Routine 14.4: callput_sabr.py

```
import numpy as np
from scipy.interpolate import interpn
from pde_2d_ah_pade_4 import pde_2d_ah_pade_4

def callput_sabr(s,sigma,param,r,q,K,T,L,nu,grid,gamma,omega):
    '''Findet den Wert V(s,sigma) einer Europaeischen Call (omega = 1) oder
    Put (omega = -1) Option mit Strike K und Maturitaet T im SABR Modell. Die
    Liste param = [beta,delta,rho] beinhaltet die Modellparameter.
    callput_sabr verwendet N = 2^L-1 (innere) Gitterpunkte in jede
    Koordinatenrichtung und das Pade-Schema mit M = ceil(nu*N) Zeitschritten.
    Ist grid = 1, so wird eine Gitterstreckung mit gamma = [g1,g2]
    verwendet. Hierin sind g1 und g2 die Gitterstreckungsparameter
    in Stock- und Vola-Koordinatenrichtung.'''
```

```
beta,delta,rho = param; g1,g2 = gamma
xl = 0; xr = 64*K; yl = 0; yr = 2;

if grid == 0: # kein grid stretching
    phi1 = lambda x:x; phi1p = lambda x:x**0; phi1pp = lambda x:0*x;
    phi2 = lambda y:y; phi2p = lambda y:y**0; phi2pp = lambda y:0*y;
    G = [xl,xr,yl,yr];
else:
    K1 = K; K2 = 0;
    alpha1 = np.arcsinh((xr-K1)/g1); beta1 = np.arcsinh((xl-K1)/g1);
    alpha2 = np.arcsinh((yr-K2)/g2); beta2 = np.arcsinh((yl-K2)/g2);
    xl = 0; xr = 1; yl = 0; yr = 1;

    # die grid stretching Funktionen und ihre Ableitungen
    phi1 = lambda x:g1*np.sinh(alpha1*x+beta1*(1-x))+K1;
    phi1p = lambda x:(alpha1-beta1)*g1*np.cosh(alpha1*x+beta1*(1-x));
    phi1pp = lambda x:(alpha1-beta1)**2*g1*np.sinh(alpha1*x+beta1*(1-x));

    phi2 = lambda y:g2*np.sinh(alpha2*y+beta2*(1-y))+K2;
    phi2p = lambda y:(alpha2-beta2)*g2*np.cosh(alpha2*y+beta2*(1-y));
    phi2pp = lambda y:(alpha2-beta2)**2*g2*np.sinh(alpha2*y+beta2*(1-y));

    G = [xl,xr,yl,yr];

phi = np.array([[phi1p(xl),phi1p(xr),phi1pp(xl),phi1pp(xr)],\
                [phi2p(yl),phi2p(yr),phi2pp(yl),phi2pp(yr)]]);

a = [lambda x:-0.5*phi1(x)**(2*beta)/phi1p(x)**2,lambda y:phi2(y)**2,\
     lambda x:-0.5*delta**2*phi1(x)**0,lambda y:phi2(y)**2/phi2p(y)**2,\
     lambda x:-rho*delta*phi1(x)**beta/phi1p(x),\
     lambda y:phi2(y)**2/phi2p(y)];
b = [lambda x:-(r-q)*phi1(x)/phi1p(x),lambda y:phi2(y)**0,\
     lambda x:0.5*phi1(x)**(2*beta)*phi1pp(x)/phi1p(x)**3,\
     lambda y:phi2(y)**2,lambda x:phi1(x)**0,lambda y:0/phi2p(y),\
     lambda x:phi1(x)**0,\
     lambda y:0.5*delta**2*phi2(y)**2*phi2pp(y)/phi2p(y)**3];
c = [lambda x:r*phi1(x)**0,lambda y:phi2(y)**0];

# Dirichlet-RB auf {x=xl}
wbc = [lambda y:phi2(y)**0,\
       lambda t:K*np.exp(-r*t)*(omega==-1)+0*t*(omega==1)];
g = lambda x,y:np.maximum(omega*(phi1(x)-K),0)*phi2(y)**0;

N = 2**L-1; M = int(np.ceil(nu*N)); BC = [0,2,3,2];
x,y,w = pde_2d_ah_pade_4(a,b,c,T,g,G,BC,wbc,[N,N],M,2,phi);

x = phi1(x); y = phi2(y);
V = interpn((x[:,0],y[0,:]),w,(s,sigma),method='splinef2d');
return V
```

Beispiel 14.8 Für die Werte $s = K = 0.05$, $\sigma = 0.4$ und den Modellparametern $\beta = 0.3$, $\delta = 0.6$ $\rho = 0$ geben Cai, Song und Chen [1] die Preise[4] in Abhängigkeit der Maturität T

[4] Es handelt sich hierbei um Call Optionen auf einen Forward im Zinsmarkt, das heisst $s = 0.05$ stellt einen Forward-Zinssatz dar.

Tab. 14.11 Die Finite-Differenzen-Methode liefert schnell genaue Optionspreise im SABR Modell

T	CSC	FDM	FDM
		$L = 5, \nu = 0.2$	$L = 6, \nu = 0.1$
1	0.03942	0.039419	0.039413
3	0.04364	0.043652	0.043639
5	0.04469	0.044688	0.044670

in Tab. 14.11 an (Spalte mit „CSC" bezeichnet). Wir vergleichen diese mit der Finite-Differenzen-Methode; wir rechnen einmal mit $L = 5$ und $\nu = 0.2$ und einmal mit $L = 6$ und $\nu = 0.1$. In beiden Fällen sind die Parameter der Gitterstreckung $\gamma_1 = 1/100$ und $\gamma_2 = 1/20$. Zum Beispiel erhalten wir für $T = 1$ mit $L = 5$, $\nu = 0.2$ den Wert $V(0.05, 0.4) \doteq 0.039419$.

```
In [12]: s = 0.05; sigma = 0.4; param = [0.3,0.6,0]; r = 0; q = 0;
    ...: K = 0.05; T = 1; L = 5; nu = 0.2; grid = 1; gamma = [1/100,1/20];
In [13]: tic = time.time()
    ...: V = callput_sabr(s,sigma,param,r,q,K,T,L,nu,grid,gamma,1);
    ...: elapsed = time.time()-tic
In [14]: V, elapsed
Out[14]: (array(0.03941918), 0.12676405906677246)
```

Wir stellen fest, dass im gestreckten Gitter nur wenig Gitterpunkte notwendig sind, um eine hohe Genauigkeit zu erzielen. Dadurch wird die Bewertung schnell; innerhalb eines Bruchteils einer Sekunde lässt sich die Option bewerten. Im Vergleich dazu benötigt die Monte Carlo Methode von Cai, Song und Chen mehrere Hundert Sekunden, um die Option auf eine vergleichbare Genauigkeit zu bewerten. ◇

Wir können die Finite-Differenzen-Methode dazu verwenden, um die Genauigkeit der Approximation der impliziten Volatilität im SABR Modell (10.65) von Hagan et al. [3] zu testen. Dazu verwenden wir zwei Parameter-Settings aus Cai, Song und Chen

S_1) $s = 0.05, \sigma = 0.2, \beta = 0.55, \delta = 0.03, \rho = -0.6, T = 1$ (Cai et al. setzen $\rho = 0$),
S_2) $s = 0.05, \sigma = 0.4, \beta = 0.3, \delta = 0.6, \rho = 0, T = 1$.

Man weiss, dass die Hagan-Approximation umso genauer ist, je „kleiner" die Werte T, $\sigma\delta s^{\beta-1}$ und $\ln K/s$ sind. Da T und $\ln K/s$ in beiden Settings gleich sind, können wir uns auf die Grösse $\sigma\delta s^{\beta-1}$ konzentrieren. Im Setting S_1) ist $\sigma\delta s^{\beta-1} \doteq 0.023$, während im Setting S_2) $\sigma\delta s^{\beta-1} \doteq 1.954$ ist. Wir erwarten deshalb, dass die Hagan-Approximation für das Setting S_2) schlecht ist.

Für eine Menge von Strikes $\{K_1, K_2, \dots K_m\}$ bestimmen wir den Wert $V_j = V(s, \sigma; K_j)$ der Call Option mit Strike K_j mit Hilfe der Routine callput_sabr und bestimmen anschliessend mit der Routine 1.1 impl_vola die implizite Volatilität σ_j^{i}. Die Punkte $(K_j/s, \sigma_j^{\mathrm{i}})$ vergleichen wir schlussendlich mit dem Graphen der Funktion $K/s \mapsto \sigma^{\mathrm{i,H}}(K)$. Hierin bezeichnet $\sigma^{\mathrm{i,H}}(K)$ die Hagan-Approximation (10.65) in Abhängigkeit von K. Es

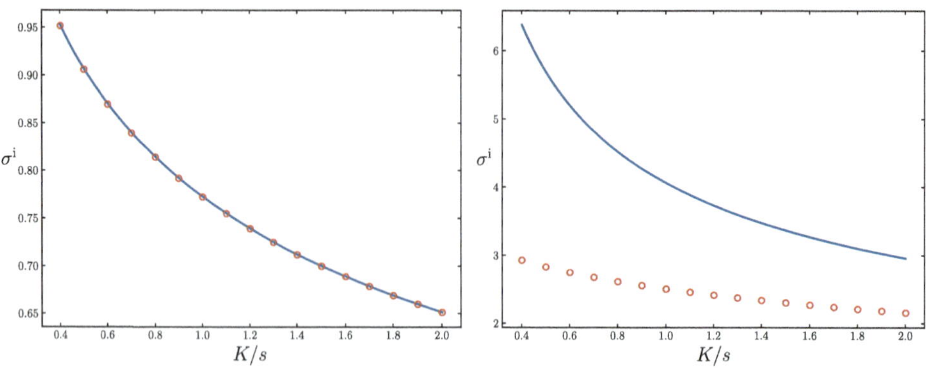

Abb. 14.9 Volatilitäts-Smile im SABR Modell nach der Hagan-Approximation (–) und via dem Lösen der entsprechenden Differentialgleichung (○). Links. Für das Parameter-Setting S_1) stimmen die impliziten Volatilitäten überein. Rechts. Für das Parameter-Setting S_2) verliert die Hagan-Approximation ihre Gültigkeit

ergibt sich die Abb. 14.9, welche bestätigt, dass im Setting S_2) wie erwartet der Volatilitäts-Smile nach der Hagan-Approximation unbrauchbar ist, vergleiche mit Aufgabe 14.7

Zum Schluss dieses Abschnitts verwenden wir die Routine pde_2d_ah_pade_4, um Bermuda Optionen (vergleiche mit dem Abschn. 7.3) im Heston Modell zu bewerten. Für eine Bermuda Option mit n Ausübungszeitpunkten müssen wir nach (7.24) die Sequenz

$$\begin{cases} \partial_t v_j - \mathcal{A} v_j + r v_j = 0 & \text{in } G \times]0, \tau_j] \\ v_j(s, v, 0) = \max\{v_{j-1}(s, v, \tau_{j-1}), g(s)\} & \text{in } G \end{cases}$$

lösen, mit $v_0(s, v, \tau_0) := g(s)$ und dem Generator $\mathcal{A}$ wie in (10.56). Um die Sequenz numerisch zu lösen, kombinieren wir die Routine 7.4 bermudancallput_bs mit der Routine 14.4 callput_sabr zur Routine bermudancallput_heston; die entsprechende Routine bilden wir jedoch nicht ab. Die Routine gibt den Wert $V = V(s, v, 0)$ einer Bermuda Call oder Put ($\omega = \pm 1$) Option mit Strike K und Maturität T aus. Die Gitterstreckungsparameter γ_i in (14.37) setzen wir zu $\gamma_1 = 1/100$ und $\gamma_2 = 1/20$; das eingeschränkte Gebiet G^e setzen wir zu $G^e = [0, 4K[\times [0, 1[$. Wir setzen keine Randbedingungen auf $\{s = 0\}$ und $\{v = 0\}$ und homogene zweite Ableitung auf $\{s = 4K\}$, $\{v = 1\}$, das heisst BC $= [3, 2, 3, 2]$ in pde_2d_ah_pade_4.

Beispiel 14.9 Wie in Ruijter und Oosterlee [5] betrachten wir eine Bermuda Put Option ($\omega = -1$) mit $n = 10$ Ausübungszeitpunkten auf eine keine Dividende-zahlende Aktie für die Parameter-Settings

S_1) $s = K = 10$, $v = 0.0625$, $T = 0.25$, $\kappa = 5$, $m = 0.16$, $\delta = 0.9$, $\rho = 0.1$, $r = 0.1$,
S_2) $s = K = 100$, $v = 0.0348$, $T = 0.25$, $\kappa = 1.15$, $m = 0.0348$, $\delta = 0.39$, $\rho = -0.64$, $r = 0.04$,
S_3) $s = K = 100$, $v = 0.04$, $T = 1$, $\kappa = 0.5$, $m = 0.04$, $\delta = 0.5$, $\rho = -0.9$, $r = 0.04$.

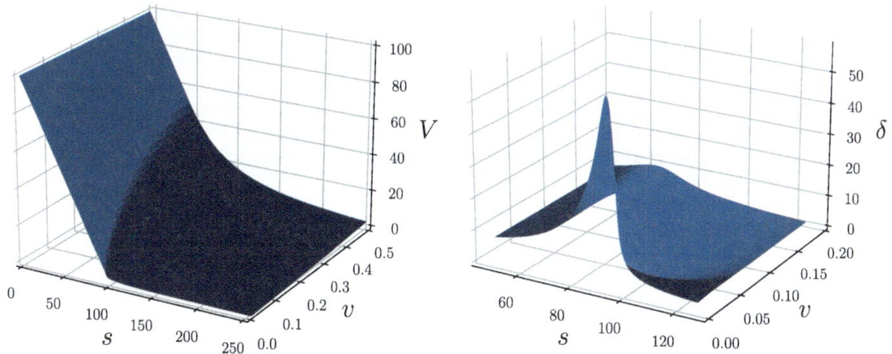

Abb. 14.10 Links. Wert $V(s, v, 0)$ einer Bermuda Put Option nach dem Heston Modell. Rechts. Relative Preisdifferenz δ in Prozent der Bermuda Put Option zur Europäischen Put Option (Parameter-Setting S_3)

Tab. 14.12 Wert $V(s, v, 0)$ einer Bermuda Put Option mit $n = 10$ Ausübungszeitpunkten im Heston Modell. Die Werte erhalten mit dem PDE-Löser stimmen sehr gut mit den Wert der $2d$-Cos-Methode überein. Für das Parameter-Setting S_3 ist $2d$-Cos-Methode ungenau, korrekt ist 5.3982

S_i	$2d$-Cos	$L = 6$	$L = 7$	$L = 8$
1	0.51715	0.51737	0.51717	0.51716
2	3.19894	3.20220	3.19901	3.19883
3	5.54697	5.40327	5.39847	5.39823

Verwenden wir $N_1 = 2^7 - 1$ und $N_2 = 2^6 - 1$ Gitterpunkte in s- respektive v-Koordinatenrichtung und $M = 3$ Zeitschritte (für jede Differentialgleichung in der Sequenz), so erhalten wir für das Setting S_3 den Wert $V(s, v, 0) \doteq 5.39847$.

```
In [15]: tic = time.time()
    ...: param = [0.5,0.04,0.5,-0.9]; r = 0.04; K = 100; s = 100; v = 0.04;
    ...: T = 1; Tau = np.arange(0,11)/10*T; omega = -1; q = 0;
    ...: N = [2**7-1,2**6-1]; M = 3
    ...: V = bermudancallput_heston(s,v,param,r,q,Tau,K,omega,N,M);
    ...: elapsed = time.time()-tic
In [15]: V, elapsed
Out[15]: (array(5.39847416), 7.338223695755005)
```

Für die anderen Parameter-Settings verfahren wir analog; wir verwenden $N_1 = 2^L - 1$ und $N_2 = 2^{L-1} - 1$ Gitterpunkte für $L \in \{6, 7, 8\}$ und vergleichen die Resultate mit den Werten, welche Ruijter und Oosterlee mit der sogenannten $2d$-Cos-Methode[5] erhalten (jeweils für die feinste Diskretisierung). Die Resultate sind in der Tab. 14.12 zu finden. ◇

[5] Die Cos-Methode gilt – für Standard-Optionen – als eine der schnellsten Bewertungsmethoden überhaupt. Im vorliegenden Fall der Bewertung von Bermuda Optionen im Heston Modell verliert die Methode jedoch ihren Geschwindigkeitsvorteil ganz und unsere Finite-Differenzen-Methode ist (einiges) schneller. Es kann sogar vorkommen, dass die $2d$-Cos-Methode nicht konvergiert, wie im Parameter-Setting S_3 der Fall. In der Tat ist der Wert $V(s, v, 0) = 5.54697$ in der Tab. 14.12 ungenau; in [5] bemerken die Autoren, dass der „richtige" Wert dieser Option $V(s, v, 0) = 5.3982$ ist.

Es ist intuitiv klar, dass eine Bermuda Option teurer ist als die entsprechende Europäische Option; dies haben wir bereits in Abb. 7.9 festgestellt. Wir interessieren uns nun für den relativen Preisaufschlag δ, welchen man bezahlen muss, wenn man mehr als nur ein Ausübungsrecht (Europäische Option) erwirbt. Die Finite-Differenzen-Methode lässt zu, dass man diesen Preisaufschlag in Abhängigkeit des Basiswertkurses s und der Varianz v studieren kann. Wir betrachten daher die Funktion

$$\delta(s,v) := \frac{V(s,v,0;n)}{V(s,v,0;1)} - 1 \;;$$

in welcher wir mit $V(s,v,0;n)$ den Wert einer Bermuda (Put) Option mit n (in $]0,T]$ gleichverteilten) Ausübungszeitpunkten in einem SV Modell bezeichnen. Für die Option in Beispiel 14.9 ist δ in Abb. 14.10 dargestellt. Wir erkennen, dass für diese Wahl der Parameter die Bermuda Option teilweise mehr als 50 % teurer ist als das europäische Gegenstück und das δ sehr ausgeprägt ist für Optionen, die leicht im Geld sind und wenn die Varianz klein ist. Zum Beispiel ist $\delta(92, 0.01) \approx 51.8\,\%$, aber $\delta(92, 0.09) \approx 6.8\,\%$.

14.4 Kompakte finite Differenzen vierter Ordnung

Im Abschn. 14.1 haben wir gesehen, dass die Diskretisierung der Differentialgleichung (14.1) mit (zentralen) finiten Differenzen vierter Ordnung auf lineare (komplexe) Gleichungssysteme führt (siehe (14.33) und (14.34)), bei welchen die vorkommenden Matrizen pentadiagonal sind, vergleiche auch mit der Definition 14.1. Im Gegensatz dazu sind die entsprechenden Matrizen bei einer Diskretisierung mit finiten Differenzen zweiter Ordnung nur tridiagonal (und reell). Da das Lösen eines linearen Gleichungssystems $\mathbf{B}\mathbf{w} = \mathbf{f}$ für eine pentadiagonale Matrix $\mathbf{B}$ langsamer ist als für eine tridiagonale Matrix, „erkaufen“ wir die bessere Konvergenz des Verfahrens vierter Ordnung durch höhere Rechenzeiten für das Lösen der entsprechende Gleichungssysteme. Interessant wäre eine Methode, bei welcher wir die Vorteile beider Verfahren kombinieren könnten, konkret: lässt sich ein Verfahren entwicklen, welches Konvergenz vierter Ordnung aufweist, aber nur auf tridiagonale Matrizen zurückgreift? Die Antwort ist „ja“; die beiden „Zutaten“ zur Entwicklung eines solchen Verfahrens sind auf Taylorentwicklungen basierenden Beziehungen (4.2) und (4.3), welche wir an dieser Stelle nochmals angeben (für δ_h und δ_h^2 siehe die Definitionen 4.3 und 4.4)

$$w'(x) = \delta_h w(x) - \frac{1}{6}h^2 w'''(x) + \mathcal{O}(h^4) \tag{14.38}$$

$$w''(x) = \delta_h^2 w(x) - \frac{1}{12}h^2 w^{(4)}(x) + \mathcal{O}(h^4) \tag{14.39}$$

sowie die Differentialgleichung (14.1) für $w = w(x,t)$, welche wir leicht umformen zu

$$a(x)\partial_{xx}w + b(x)\partial_x w + c(x)w = \underbrace{f(x,t) - \partial_t w}_{=:\omega(x,t)} \,. \tag{14.40}$$

Damit wir die Idee besser herausschälen können und die Notation einfacher wird, ignorieren wir für einen Augenblick die Zeitabhängigkeit und betrachten nur noch das x-abhängige Problem für $w = w(x)$

$$a(x)w''(x) + b(x)w'(x) + c(x)w(x) = \omega(x) \tag{14.41}$$

Als Vorbereitung leiten wir die Differentialgleichung zweimal nach x ab

$$\begin{aligned}\big(a(x)w''(x)\big)' + \big(b(x)w'(x)\big)' + \big(c(x)w(x)\big)' &= \omega'(x)\\ \big(a(x)w''(x)\big)'' + \big(b(x)w'(x)\big)'' + \big(c(x)w(x)\big)'' &= \omega''(x)\end{aligned}$$

und lösen die entsprechenden Beziehungen auf nach $w'''(x)$ respektive $w^{(4)}(x)$. Hierzu nehmen wir an, dass alle involvierten Funktionen genügend oft differenzierbar sind und dass $a(x) \neq 0$. Wir erhalten

$$w'''(x) = \widetilde{a}(x)w''(x) + \widetilde{b}(x)w'(x) + \widetilde{c}(x)w(x) + \widetilde{\omega}(x) \tag{14.42}$$

$$w^{(4)}(x) = \widetilde{\widetilde{a}}(x)w''(x) + \widetilde{\widetilde{b}}(x)w'(x) + \widetilde{\widetilde{c}}(x)w(x) + \widetilde{\widetilde{\omega}}(x) \tag{14.43}$$

mit den Funktionen (wir lassen der Übersichtlichkeit halber das Argument x weg)

$$\begin{cases}\widetilde{a} := -\dfrac{a'+b}{a}, \quad \widetilde{b} := -\dfrac{b'+c}{a}, & \widetilde{c} := -\dfrac{c}{a}, \quad \widetilde{\omega} := \dfrac{\omega'}{a}\\ \widetilde{\widetilde{a}} := \dfrac{(2a'+b)(a'+b)}{a^2} - \dfrac{a''+2b'+c}{a}, & \widetilde{\widetilde{b}} := \dfrac{(2a'+b)(b'+c)}{a^2} - \dfrac{b''+2c'}{a}\\ \widetilde{\widetilde{c}} := \dfrac{(2a'+b)c'}{a^2} - \dfrac{c''}{a}, & \widetilde{\widetilde{\omega}} := -\dfrac{(2a'+b)\omega'}{a^2} + \dfrac{\omega''}{a}\end{cases} \tag{14.44}$$

siehe die Aufgabe 14.8. Im Ausdruck (14.42) für $w'''(x)$ approximieren wir die Ableitungen $w'(x)$ und $w''(x)$ durch die Differenzenquotienten $\delta_h w(x)$ respektive $\delta_h^2 w(x)$; das selbe machen wir in (14.43) für $w^{(4)}(x)$. Wir erhalten

$$w'''(x) = \widetilde{a}(x)\delta_h^2 w(x) + \widetilde{b}(x)\delta_h w(x) + \widetilde{c}(x)w(x) + \widetilde{\omega}(x) + \mathcal{O}(h^2) \tag{14.45}$$

$$w^{(4)}(x) = \widetilde{\widetilde{a}}(x)\delta_h^2 w(x) + \widetilde{\widetilde{b}}(x)\delta_h w(x) + \widetilde{\widetilde{c}}(x)w(x) + \widetilde{\widetilde{\omega}}(x) + \mathcal{O}(h^2)\,. \tag{14.46}$$

Nun kommt der springende Punkt. In der Taylorentwicklung (14.38) für $w'(x)$ setzen wir für die dritte Ableitung $w'''(x)$ die Beziehung (14.45) ein und es ergibt sich

$$\begin{aligned}w'(x) &\overset{(14.38)}{=} \delta_h w(x) - \frac{1}{6}h^2 w'''(x) + \mathcal{O}(h^4)\\ &\overset{(14.45)}{=} \delta_h w(x) - \frac{1}{6}h^2\Big(\widetilde{a}\delta_h^2 w(x) + \widetilde{b}\delta_h w(x) + \widetilde{c}w(x) + \widetilde{\omega} + \mathcal{O}(h^2)\Big) + \mathcal{O}(h^4)\\ &= \left(1 - \frac{h^2}{6}\widetilde{b}\right)\delta_h w(x) - \frac{h^2}{6}\widetilde{a}\delta_h^2 w(x) - \frac{h^2}{6}\widetilde{c}w(x) - \frac{h^2}{6}\widetilde{\omega} + \mathcal{O}(h^4)\,.\end{aligned}$$

Da δ_h und δ_h^2 nur auf die Funktionswerte $w(x-h)$, $w(x)$ und $w(x+h)$ zurückgreifen, aber nicht auf $w(x-2h)$ oder $w(x+2h)$, haben wir eine kompakte Approximation vierter Ordnung für die erste Ableitung gefunden. Beachten Sie, dass diese Approximation nur für Funktionen $w(x)$ gilt, welche die Differentialgleichung (14.41) lösen. Analog setzen wir in der Taylorentwicklung (14.39) für $w''(x)$ für die vierte Ableitung $w^{(4)}(x)$ die Beziehung (14.46) ein und es ergibt sich

$$\begin{aligned}
w''(x) &\overset{(14.39)}{=} \delta_h^2 w(x) - \frac{1}{12}h^2 w^{(4)}(x) + \mathcal{O}(h^4)\\
&\overset{(14.46)}{=} \delta_h^2 w(x) - \frac{1}{12}h^2\left(\widetilde{\widetilde{a}}\delta_h^2 w(x) + \widetilde{\widetilde{b}}\delta_h w(x) + \widetilde{\widetilde{c}}w(x) + \widetilde{\widetilde{\omega}} + \mathcal{O}(h^2)\right) + \mathcal{O}(h^4)\\
&= -\frac{h^2}{12}\widetilde{\widetilde{b}}\delta_h w(x) + \left(1 - \frac{h^2}{12}\widetilde{\widetilde{a}}\right)\delta_h^2 w(x) - \frac{h^2}{12}\widetilde{\widetilde{c}}w(x) - \frac{h^2}{12}\widetilde{\widetilde{\omega}} + \mathcal{O}(h^4)\,.
\end{aligned}$$

Wir setzen nun die oben gefundenen Approximationen vierter Ordnung für $w'(x)$ und $w''(x)$ in die Differentialgleichung (14.41) $aw''(x) + bw'(x) + cw(x) = \omega$ ein und sortieren nach passenden Termen. Wir erhalten

$$\mathfrak{a}(x)\delta_h^2 w(x) + \mathfrak{b}(x)\delta_h w(x) + \mathfrak{c}(x)w(x) = \mathfrak{g}(x) + \mathcal{O}(h^4) \tag{14.47}$$

mit den Funktionen

$$\begin{aligned}
\mathfrak{a}(x) &:= a(x) - \frac{h^2}{12}a(x)\widetilde{\widetilde{a}}(x) - \frac{h^2}{6}\widetilde{a}(x)b(x)\\
\mathfrak{b}(x) &:= b(x) - \frac{h^2}{6}b(x)\widetilde{b}(x) - \frac{h^2}{12}a(x)\widetilde{\widetilde{b}}(x)\\
\mathfrak{c}(x) &:= c(x) - \frac{h^2}{6}b(x)\widetilde{c}(x) - \frac{h^2}{12}a(x)\widetilde{\widetilde{c}}(x)\\
\mathfrak{g}(x) &:= \omega(x) + \frac{h^2}{6}b(x)\widetilde{\omega}(x) + \frac{h^2}{12}a(x)\widetilde{\widetilde{\omega}}(x)\,.
\end{aligned}$$

Betrachten wir nun wiederum ein äquidistantes Gitter $\mathcal{G}_x$ mit N (inneren) Gitterpunkten x_i und Maschenweite h und setzen wir wie immer $w(x_i - h) \approx w_{i-1}$, $w(x_i) \approx w_i$ und $w(x_i + h) = w_{i+1}$, so ist obige Differenzengleichung im Falle von Dirichlet-Randbedingungen $w(x_l) = w_l$ und $w(x_r) = w_r$, äquivalent zum System

$$\mathbf{A}\mathbf{w} = \mathbf{f}$$

mit $\mathbf{w} = (w_1, w_2, \ldots, w_N)^\top$ der Vektor der Unbekannten sowie (vergleiche mit dem Abschn. 4.2)

$$\begin{aligned}
\mathbf{A} &= \mathbf{M}_{\mathfrak{a}}^{(2)} + \mathbf{M}_{\mathfrak{b}}^{(1)} + \mathbf{M}_{\mathfrak{c}}^{(0)} &(14.48)\\
\mathbf{f} &= \mathbf{f}^{rhs} - (\mathbf{M}_{\mathfrak{a}}^{(2),bc} + \mathbf{M}_{\mathfrak{b}}^{(1),bc})\mathbf{w}^{bc}
\end{aligned}$$

und $\mathbf{f}^{rhs} = (\mathfrak{g}(x_1), \dots, \mathfrak{g}(x_N))^\top$, $\mathbf{w}^{bc} = (w_l, 0, \dots, 0, w_r)^\top$. Die Matrix $\mathbf{A}$ ist wie gewünscht tridiagonal; die Matrizen $\mathbf{M}_y^{(k)}$ sind wie in der Definition 4.5, die Matrizen $\mathbf{M}_y^{(k),bc}$ sind wie in (4.18); beide können mit der Routine 6.1 matrixgenerator_BC erzeugt werden.

Wir kehren nun zurück zum zeitabhängigen Problem (14.40). In diesem ist w und $\omega = \omega(x,t) = f(x,t) - \partial_t w$ eben zusätzlich von der Zeit t abhängig. Führen wir die selben Schritte durch wie im zeitunabhängigen Fall, ergibt sich analog zu (14.47) die Approximation

$$\mathfrak{a}(x)\delta_h^2 w(x,t) + \mathfrak{b}(x)\delta_h w(x,t) + \mathfrak{c}(x)w(x,t) = \mathfrak{g}(x,t) + \mathcal{O}(h^4)\,. \tag{14.49}$$

Hierin ist die rechte Seite $\mathfrak{g}(x,t)$ wegen $\omega = f - \partial_t w$ und der Definition von $\widetilde{\omega}$ sowie $\widetilde{\widetilde{\omega}}$ in (14.44) gegeben durch

$$\begin{aligned}
\mathfrak{g}(x,t) &= \omega(x,t) + \frac{h^2}{6} b\widetilde{\omega}(x,t) + \frac{h^2}{12} a\widetilde{\widetilde{\omega}}(x,t) \\
&= \omega(x,t) + \frac{h^2}{6} b\frac{\partial_x\omega(x,t)}{a} + \frac{h^2}{12} a\left(\frac{\partial_{xx}\omega(x,t)}{a} - \frac{(2a'+b)\partial_x\omega(x,t)}{a^2}\right) \\
&\overset{(\omega = f - \partial_t w)}{=} f(x,t) - \partial_t w + \frac{h^2}{6} b\frac{\partial_x f - \partial_x(\partial_t w)}{a} \\
&\quad + \frac{h^2}{12} a\left(\frac{\partial_{xx} f - \partial_{xx}(\partial_t w)}{a} - \frac{(2a'+b)(\partial_x f - \partial_x(\partial_t w))}{a^2}\right) \\
&= -\partial_t w - \frac{h^2}{12}\frac{b-2a'}{a}\partial_x(\partial_t w) - \frac{h^2}{12}\partial_{xx}(\partial_t w) + \underbrace{f + \frac{h^2}{12} a\widetilde{\widetilde{f}} + \frac{h^2}{6} b\widetilde{f}}_{=:\mathfrak{f}}
\end{aligned}$$

wobei $\widetilde{f}$ und $\widetilde{\widetilde{f}}$ wie $\widetilde{\omega}$ und $\widetilde{\widetilde{\omega}}$ definiert sind (ersetze ω durch f). Setzen wir daher

$$\mathfrak{f}(x,t) := f(x,t) + \frac{h^2}{12} a(x)\widetilde{\widetilde{f}}(x,t) + \frac{h^2}{6} b(x)\widetilde{f}(x,t) \tag{14.50}$$

sowie $\overline{a} := \frac{b-2a'}{a}$ und nehmen wir die $\partial_t w$-Terme auf die linke Seite, so lautet (14.49)

$$\partial_t w + \frac{h^2}{12}\overline{a}\partial_x(\partial_t w) + \frac{h^2}{12}\partial_{xx}(\partial_t w) + \mathfrak{a}\delta_h^2 w + \mathfrak{b}\delta_h w + \mathfrak{c}w = \mathfrak{f} + \mathcal{O}(h^4)\,.$$

Darin ersetzen wir nun die partiellen Ableitungen nach x einmal mehr durch die Differenzenquotienten δ_h und δ_h^2. Es ergibt sich

$$\partial_t w + \frac{h^2}{12}\overline{a}\delta_h(\partial_t w) + \frac{h^2}{12}\delta_h^2(\partial_t w) + \mathfrak{a}\delta_h^2 w + \mathfrak{b}\delta_h w + \mathfrak{c}w = \mathfrak{f} + \mathcal{O}(h^4)$$

oder

$$\begin{aligned}
&\widetilde{\mathfrak{a}}(x)\delta_h^2(\partial_t w(x,t)) + \widetilde{\mathfrak{b}}(x)\delta_h(\partial_t w(x,t)) + \widetilde{\mathfrak{c}}(x)\partial_t w(x,t) \\
&\quad + \mathfrak{a}\delta_h^2 w(x,t) + \mathfrak{b}(x)\delta_h w(x,t) + \mathfrak{c}(x)w(x,t) = \mathfrak{f}(x,t) + \mathcal{O}(h^4)
\end{aligned} \tag{14.51}$$

mit

$$\widetilde{\mathfrak{a}}(x) := \frac{h^2}{12}, \quad \widetilde{\mathfrak{b}}(x) := \frac{h^2}{12}\frac{b(x) - 2a'(x)}{a(x)}, \quad \widetilde{\mathfrak{c}}(x) := 1 .$$

Die Gleichung (14.51) ist die Verallgemeinerung von (14.47) auf parabolische Probleme. Auf einem äquidistantes Gitter $\mathcal{G}_x$ mit N (inneren) Gitterpunkten x_i und Maschenweite h setzen wir $w(x_i - h, t) \approx w_{i-1}(t)$, $w(x_i, t) \approx w_i(t)$ und $w(x_i + h, t) \approx w_{i+1}(t)$. Ist $\mathbf{w}(t) = (w_1(t), w_2(t), \ldots, w_N(t))^\top$ sowie $\mathbf{w}'(t) = (\partial_t w_1(t), \partial_t w_2(t), \ldots, \partial_t w_N(t))^\top$, so ist die Gleichung (14.51) im Falle von Dirichlet-Randbedingungen $w(x_l, t) = w_l(t)$ und $w(x_r, t) = w_r(t)$ äquivalent zum System

$$\mathbf{M}\mathbf{w}'(t) + \mathbf{A}\mathbf{w}(t) = \mathbf{f}(t)$$

mit der Matrix $\mathbf{A}$ wie in (14.48) und

$$\begin{aligned} \mathbf{M} &= \mathbf{M}^{(2)}_{\widetilde{\mathfrak{a}}} + \mathbf{M}^{(1)}_{\widetilde{\mathfrak{b}}} + \mathbf{M}^{(0)}_{\widetilde{\mathfrak{c}}} \\ \mathbf{f}(t) &= \mathbf{f}^{rhs}(t) - (\mathbf{M}^{(2),bc}_{\mathfrak{a}} + \mathbf{M}^{(1),bc}_{\mathfrak{b}})\mathbf{w}^{bc}(t) - (\mathbf{M}^{(2),bc}_{\widetilde{\mathfrak{a}}} + \mathbf{M}^{(1),bc}_{\widetilde{\mathfrak{b}}})\mathbf{w}^{bc'}(t) \end{aligned}$$

sowie $\mathbf{f}^{rhs} = (\mathfrak{f}(x_1, t), \ldots, \mathfrak{f}(x_N, t))^\top$, $\mathbf{w}^{bc}(t) = (w_l(t), 0, \ldots, 0, w_r(t))^\top$, $\mathbf{w}^{bc'}(t) = (w_l'(t), 0, \ldots, 0, w_r'(t))^\top$.

Das Differentialgleichungssystem $\mathbf{M}\mathbf{w}'(t) + \mathbf{A}\mathbf{w}(t) = \mathbf{f}(t)$ ist von der Form (14.32). Wir können dessen Lösung daher mit der Routine 14.2 pade4 approximieren.

Wir müssen uns noch überlegen, wie die Gleichung (14.49) bei einer möglichen Gitterstreckung $\phi : [0, 1] \to [x_l, x_r]$ lautet. Aus dem Abschn. 14.1 wissen wir, dass die Differentialgleichung (14.40) für $w(x, t)$ zur Differentialgleichung

$$\widehat{a}(z)\partial_{zz}u + \widehat{b}(z)\partial_z u + \widehat{c}(z)u = \underbrace{\widehat{f}(z, t) - \partial_t u}_{=:\widehat{\omega}(z,t)} ,$$

für $u(z, t) = w(\phi(z), t)$ mit den Funktionen $\widehat{a}$, $\widehat{b}$ und $\widehat{c}$ wie in (14.11), wird. Es folgt, dass die oben durchgeführte Diskretisierung wiederum zum System

$$\widehat{\mathbf{M}}\mathbf{u}'(t) + \widehat{\mathbf{A}}\mathbf{u}(t) = \widehat{\mathbf{f}}(t) \tag{14.52}$$

führt, mit den Matrizen $\widehat{\mathbf{M}}$ und $\widehat{\mathbf{A}}$ gegeben durch

$$\begin{aligned} \widehat{\mathbf{M}} &= \mathbf{M}^{(2)}_{\widetilde{\widehat{\mathfrak{a}}}} + \mathbf{M}^{(1)}_{\widetilde{\widehat{\mathfrak{b}}}} + \mathbf{M}^{(0)}_{\widetilde{\widehat{\mathfrak{c}}}} \\ \widehat{\mathbf{A}} &= \mathbf{M}^{(2)}_{\widehat{\mathfrak{a}}} + \mathbf{M}^{(1)}_{\widehat{\mathfrak{b}}} + \mathbf{M}^{(0)}_{\widehat{\mathfrak{c}}} \end{aligned}$$

sowie dem Vektor

$$\widehat{\mathbf{f}}(t) = \widehat{\mathbf{f}}^{rhs}(t) - (\mathbf{M}_{\widehat{\mathfrak{a}}}^{(2),bc} + \mathbf{M}_{\widehat{\mathfrak{b}}}^{(1),bc})\mathbf{w}^{bc}(t) - (\mathbf{M}_{\widetilde{\widehat{\mathfrak{a}}}}^{(2),bc} + \mathbf{M}_{\widetilde{\widehat{\mathfrak{b}}}}^{(1),bc})\mathbf{w}^{bc'}(t) \; .$$

Der Vollständigkeit halber geben wir die in den Matrizen vorkommenden Funktionen und den Vektor $\widehat{\mathbf{f}}^{rhs}(t) = (\widehat{\mathfrak{f}}(z_1,t), \ldots, \widehat{\mathfrak{f}}(z_N,t))^\top$ an. Aus (14.47) ergibt sich

$$\begin{aligned}
\widehat{\mathfrak{a}}(z) &:= \widehat{a}(z) - \frac{h^2}{12}\widehat{a}(z)\widetilde{\widetilde{\widehat{a}}}(z) - \frac{h^2}{6}\widetilde{\widehat{a}}(z)\widehat{b}(z) \\
\widehat{\mathfrak{b}}(z) &:= \widehat{b}(z) - \frac{h^2}{6}\widehat{b}(z)\widetilde{\widehat{b}}(z) - \frac{h^2}{12}\widehat{a}(z)\widetilde{\widetilde{\widehat{b}}}(z) \\
\widehat{\mathfrak{c}}(z) &:= \widehat{c}(z) - \frac{h^2}{6}\widehat{b}(z)\widetilde{\widehat{c}}(z) - \frac{h^2}{12}\widehat{a}(z)\widetilde{\widetilde{\widehat{c}}}(z) \; ;
\end{aligned}$$

aus (14.51) und der Definition (14.50) von $\mathfrak{f}$ folgt

$$\begin{aligned}
\widehat{\mathfrak{f}}(z,t) &:= \widehat{f}(z,t) + \frac{h^2}{12}\widehat{a}(z)\widetilde{\widetilde{\widehat{f}}}(z,t) + \frac{h^2}{6}\widehat{b}(z)\widetilde{\widehat{f}}(z,t) \\
\widetilde{\widehat{\mathfrak{a}}}(z) &:= \frac{h^2}{12} \\
\widetilde{\widehat{\mathfrak{b}}}(z) &:= \frac{h^2}{12}\frac{\widehat{b}(z) - 2\widehat{a}'(z)}{\widehat{a}(z)} \\
\widetilde{\widehat{\mathfrak{c}}}(z) &:= 1
\end{aligned}$$

Wir bemerken, dass die Funktionen $\widetilde{\widehat{a}}, \widetilde{\widehat{b}}, \widetilde{\widehat{c}}$ und $\widetilde{\widetilde{\widehat{a}}}, \widetilde{\widetilde{\widehat{b}}}, \widetilde{\widetilde{\widehat{b}}}$ nach (14.44) die erste und zweite Ableitung von $\widehat{a}, \widehat{b}$ und $\widehat{c}$ beinhalten. Aus der Definition (14.11) dieser Funktionen und der Kettenregel ergibt sich nach länglicher Rechnerei (der Übersichtlichkeit halber lassen wir das Argument z auf den rechten Seiten weg)

$$\begin{aligned}
\widehat{a}'(z) &= \frac{a'(\phi)}{\phi'} - 2a(\phi)\frac{\phi''}{(\phi')^3} \\
\widehat{a}''(z) &= a''(\phi) - 3a'(\phi)\frac{\phi''}{(\phi')^2} - 2a(\phi)\left[\frac{\phi'''}{(\phi')^3} - \frac{3(\phi'')^2}{(\phi')^4}\right] \\
\widehat{b}'(z) &= b'(\phi) - \left[a'(\phi) + b(\phi)\right]\frac{\phi''}{(\phi')^2} - a(\phi)\left[\frac{\phi'''}{(\phi')^3} - \frac{3(\phi'')^2}{(\phi')^4}\right] \\
\widehat{b}''(z) &= b''(\phi)\phi' - [a''(\phi) + b'(\phi)]\frac{\phi''}{\phi'} - a'(\phi)\left[2\frac{\phi'''}{(\phi')^2} - 5\frac{(\phi'')^2}{(\phi')^3}\right] \\
&\quad - b(\phi)\left[\frac{\phi'''}{(\phi')^2} - 2\frac{(\phi'')^2}{(\phi')^3}\right] - a(\phi)\left[\frac{\phi^{(4)}}{(\phi')^3} - 9\frac{\phi''\phi'''}{(\phi')^4} + 12\frac{(\phi'')^3}{(\phi')^5}\right] \\
\widehat{c}'(z) &= c'(\phi)\phi' \\
\widehat{c}''(z) &= c''(\phi)(\phi')^2 + c'(\phi)\phi''
\end{aligned}$$

Zum Beispiel ist die Funktion $\widehat{\widehat{a}}$ gegeben durch

$$\widehat{\widehat{a}} := \frac{(2\widehat{a}' + \widehat{b})(\widehat{a}' + \widehat{b})}{\widehat{a}^2} - \frac{\widehat{a}'' + 2\widehat{b}' + \widehat{c}}{\widehat{a}} .$$

Wir realisieren nun das kompakte Finite-Differenzen-Verfahren vierter Ordnung mit Gitterstreckung in der Routine pde_1d_d_pade_4c. Dieser löst das Differentialgleichungssystem (14.52) mit dem Padé Schema oder mit dem Rannacher Verfahren.

Routine 14.5: pde_1d_d_pade_4c.py

```
import numpy as np
from scipy.linalg import solve_banded
from matrixgenerator_BC import matrixgenerator_BC
from get_diagonals import get_diagonals
from pade4 import pade4

def pde_1d_d_pade_4c(alist,blist,clist,g,philist,T,xl,xr,wllist,wrlist,\
                     N,M,R,theta):
    '''Loest die parabolische Differentialgleichung

    w_t + a(x)w_xx + b(x)w_x + c(x)w = 0 in ]xl,xr[ x ]0,T]
                             w(xl,t) = wl(t)
                             w(xr,t) = wr(t)
                              w(x,0) = g(x)
    approximativ mit kompakten finiten Differenzen vierter Ordnung unter
    Verwendung von N Gitterpunkten und M Zeitschritten. a,b und c sind Listen,
    welche die entsprechenden Funktionen und ihre ersten beiden
    Ableitungen (nach x) beinhalten, z.B. alist = [a(x),a_x(x),a_xx(x)]. wl und
    wr sind Listen, welche die entsprechenden Funktionen und ihre erste
    Ableitung (nach t) beinhalten, z.B. wllist = [wl(t),wl_t(t)]. phi ist eine
    Liste, welche eine moegliche Gitterstreckungsfunktion phi(x) und ihre
    ersten vier Ableitungen beinhaltet, also
    philist = [phi(x),phi_x(x),phi_xx(x),phi_xxx(x),phi_xxxx(x)]. Ist phi = [],
    so wird keine Gitterstreckung angewendet. Ist theta im Intervall [0,1],
    so wird das Rannacher-Verfahren verwendet, ansonsten das Pade-Schema
    vierter Ordnung. Beide Verfahren verwenden R>=0 Daempfungsschritte.'''

    # die Funktionen a,b und c sowie ihre ersten beiden Ableitungen (nach x)
    app = alist[2]; ap = alist[1]; a = alist[0];
    bpp = blist[2]; bp = blist[1]; b = blist[0];
    cpp = clist[2]; cp = clist[1]; c = clist[0];

    # die (Dirichlet) Randbedingungen und ihre ersten Ableitungen (nach t)
    wlp = wllist[1]; wl = wllist[0]; wrp = wrlist[1]; wr = wrlist[0];

    if len(philist)>0:
        phi4 = philist[4]; phi3 = philist[3];
        phi2 = philist[2]; phi1 = philist[1]; phi = philist[0];
        xl = 0; xr = 1;
    else:
        phi = lambda x:x; phi1 = lambda x:x**0;
        phi2 = lambda x:0*x; phi3 = lambda x:0*x; phi4 = lambda x:0*x;

    # die hat-Funktionen und ihre ersten beiden Ableitungen
    ahat = lambda x:a(phi(x))/phi1(x)**2;
    bhat = lambda x:b(phi(x))/phi1(x)-a(phi(x))*phi2(x)/phi1(x)**3;
```

```
    chat = lambda x:c(phi(x));

    ahatp = lambda x:ap(phi(x))/phi1(x)-2*a(phi(x))*phi2(x)/phi1(x)**3;
    bhatp = lambda x:bp(phi(x))-(ap(phi(x))+b(phi(x)))*phi2(x)/phi1(x)**2-\
    a(phi(x))*(phi3(x)/phi1(x)**3-3*phi2(x)**2/phi1(x)**4);
    chatp = lambda x:cp(phi(x))*phi1(x);

    ahatpp = lambda x:app(phi(x))-3*ap(phi(x))*phi2(x)/phi1(x)**2-\
    2*a(phi(x))*(phi3(x)/phi1(x)**3-3*phi2(x)**2/phi1(x)**4);

    bhatpp = lambda x:bpp(phi(x))*phi1(x)-(app(phi(x))+bp(phi(x)))*\
    phi2(x)/phi1(x)-ap(phi(x))*(2*phi3(x)/phi1(x)**2-5*phi2(x)**2/phi1(x)**3)-\
    b(phi(x))*(phi3(x)/phi1(x)**2-2*phi2(x)**2/phi1(x)**3)-\
    a(phi(x))*(phi4(x)/phi1(x)**3-9*phi2(x)*phi3(x)/phi1(x)**4+\
      12*phi2(x)**3/phi1(x)**5);
    chatpp = lambda x:cpp(phi(x))*phi1(x)**2+cp(phi(x))*phi2(x);

    # die tilde-Funktionen
    at = lambda x:-(ahatp(x)+bhat(x))/ahat(x);
    bt = lambda x:-(bhatp(x)+chat(x))/ahat(x);
    ct = lambda x:-chatp(x)/ahat(x);

    att = lambda x:(2*ahatp(x)+bhat(x))*(ahatp(x)+bhat(x))/ahat(x)**2-\
    (ahatpp(x)+2*bhatp(x)+chat(x))/ahat(x);
    btt = lambda x:(2*ahatp(x)+bhat(x))*(bhatp(x)+chat(x))/ahat(x)**2-\
    (bhatpp(x)+2*chatp(x))/ahat(x);
    ctt = lambda x:(2*ahatp(x)+bhat(x))*chatp(x)/ahat(x)**2-chatpp(x)/ahat(x);

    # die Funktionen zur Matrixerzeugung
    h = (xr-xl)/(N+1); x = np.linspace(xl+h,xr-h,N); w = g(phi(x));

    af = lambda x:ahat(x)-h**2/12*ahat(x)*att(x)-h**2/6*at(x)*bhat(x);
    bf = lambda x:bhat(x)-h**2/6*bhat(x)*bt(x)-h**2/12*ahat(x)*btt(x);
    cf = lambda x:chat(x)-h**2/6*bhat(x)*ct(x)-h**2/12*ahat(x)*ctt(x);

    atf = lambda x:h**2/12*x**0; ctf = lambda x:x**0;
    btf = lambda x:h**2/12*(bhat(x)-2*ahatp(x))/ahat(x);

    # Matrizenerzeugung, Vektor wbc(t)
    Mat = matrixgenerator_BC([["M2",af],["M1",bf],["M0",cf]],[0,0],xl,xr,N);
    Matt = matrixgenerator_BC([["M2",atf],["M1",btf],["M0",ctf]],[0,0],xl,xr,N)
    A = Mat[0]+Mat[1]+Mat[2]; Mt = Matt[0]+Matt[1]+Matt[2];
    wbc = lambda t:(Mat[3]+Mat[4])*np.hstack((wl(t),np.zeros(N-2),wr(t)))+\
    (Matt[3]+Matt[4])*np.hstack((wlp(t),np.zeros(N-2),wrp(t)));

    # Zeitschrittverfahren (Pade oder Rannacher)
    if (theta < 0) or (theta > 1):
        w = pade4(Mt,A,w,lambda t:-wbc(t),T,M,R);
    else: # Rannacher-Verfahren
        k = T/M; B1 = get_diagonals(Mt+k/2*A,0,0);
        B = get_diagonals(Mt+k*theta*A,0,0); C = Mt-(1-theta)*k*A;
        for j in range(0,R):
            tj = (j+1)*k/2; fj = -wbc(tj);
            w = solve_banded((1,1),B1,w+k/2*fj)

        for j in range(int(R/2),M):
            tj = (j+theta)*k; fj = -wbc(tj);
            w = solve_banded((1,1),B,C*w+k*fj);

    return phi(x),w
```

Beispiel 14.10 Wir betrachten nochmals die Bewertung der Put Option mit Strike $K = 6250$ und Restlaufzeit $T = 93/360$ aus dem Beispiel 6.4 im CEV Modell ($\delta \doteq 6.902184 \cdot 10^9$, $\beta \doteq -1.742356$), nun aber mit kompakten finiten Differenzen vierter Ordnung. Dazu wählen wir $G^e =]s_l, s_r[=]0, 2K[$, $N = 2^L - 1$ Gitterpunkte, $L = 10$, $M = \lceil 0.075N \rceil$ Zeitschritte und $R = 2$ Dämpfungsschritte im Padé-Schema. Die Gitterstreckung ϕ ist wie in (14.15), mit dem Gitterstreckungsparameter $\gamma = 36$. In Python machen wir daher folgende Eingaben

```
In [15]: K = 6250; g = lambda x:np.maximum(K-x,0); T = 93/360;
    ...: delta = 6.902184*1e9; beta = -1.742356; r = 0.00934; q = 0;
    ...: alist = [lambda x:-0.5*delta**2*x**(2*beta),
    ...:          lambda x:-delta**2*beta*x**(2*beta-1),
    ...:          lambda x:-delta**2*beta*(2*beta-1)*x**(2*beta-2)];
    ...: blist = [lambda x:-(r-q)*x,lambda x:-(r-q)*x**0,lambda x:0*x];
    ...: clist = [lambda x:r*x**0,lambda x:0*x,lambda x:0*x];
    ...: wl = [lambda x:K*np.exp(-r*x),lambda x:-r*K*np.exp(-r*x)];
    ...: wr = [lambda x:0*x,lambda x:0*x];
    ...: xl = 0; xr = 2*K; N = 2**10-1; M = int(np.ceil(0.075*N)); R = 2; theta = 2;
    ...: gamma = 36; alpha = np.arcsinh((xr-K)/gamma);
    ...: betag = np.arcsinh((xl-K)/gamma);
    ...: phi = lambda x:K+gamma*np.sinh(alpha*x+betag*(1-x))
    ...: philist = [phi,lambda x:gamma*(alpha-betag)*np.cosh(alpha*x+betag*(1-x)),
    ...:        lambda x:gamma*(alpha-betag)**2*np.sinh(alpha*x+betag*(1-x)),
    ...:        lambda x:gamma*(alpha-betag)**3*np.cosh(alpha*x+betag*(1-x)),
    ...:        lambda x:gamma*(alpha-betag)**4*np.sinh(alpha*x+betag*(1-x))];
In [16]: x,w = pde_1d_d_pade_4c(alist,blist,clist,g,philist,T,xl,xr,wl,wr,N,M,R,theta)
In [17]: V = interp1d(x,w)(6248.2); V
Out[17]: array(335.47719066)
```

und erhalten den Optionspreis $V \doteq 335.477191$. Der exakte Optionspreis ist $V_{ex} = 335.477189$. Um das kompakte Verfahren mit dem nicht kompakten vergleichen zu können, wiederholen wir obige Rechnung für $L \in \{5, 6, \ldots, 11\}$ und messen den maximalen absoluten Fehler im Intervall $]0.2K, 1.8K[$. Der resultierende Konvergenzgraph ist in Abb. 14.11 zu finden. Im Vergleich zum nicht kompakten Verfahren (hier haben wir die Routine 14.1 pde_1d_a_pade_4 verwendet, mit dem Gitterstreckungsparameter $\gamma = 4$) ist nicht nur die Konvergenzrate leicht schlechter, sondern auch die Konstante c. Interessanterweise zahlt sich das kompakte Verfahren auch bezüglich der Rechenzeiten t_{CPU} nicht aus (für typische Anzahlen von Gitterpunkten N). Wie aus Abb. 14.11 ersichtlich ist, ist das kompakte Verfahren nur für grosse N schneller als das nicht kompakte (zumindest für das vorliegende Bewertungsproblem). ◇

Für eine Anwendung kompakter finiten Differenzen auf mehrdimensionale Bewertungsprobleme verweisen wir zum Beispiel auf [2].

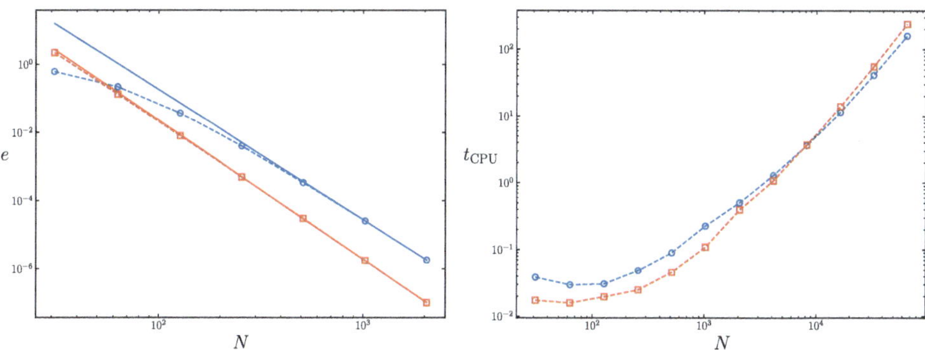

Abb. 14.11 Das kompakte Finite-Differenzen-Verfahren vierter Ordnung (○) im Vergleich zum nicht kompakten Verfahren (□). Links. Die Konvergenzrate $e = cN^{-n}$ ist $n \doteq 3.81$ für das kompakte Verfahren und $n \doteq 4.08$ für das nicht kompakte Verfahren. Rechts. Das kompakte Verfahren wird erst für grosse N vorteilhaft. Die durchgezogenen Linien stellen die entsprechenden Regressionsgeraden dar

14.5 Aufgaben

Aufgabe 14.1 Weisen Sie die Maske $\mathbf{m}^{(2,4)}$ nach.

Aufgabe 14.2 Rechnen Sie die erste Zeile der Matrizen ${}_{s}^{\cdot}\mathbf{M}_{y}^{(k)}$ in der Tab. 14.1 nach.

Aufgabe 14.3 Zeigen Sie (14.10).

Aufgabe 14.4 Zeigen Sie, dass die ersten fünf Einträge der erste Zeile der Matrizen ${}_{s}^{s}\mathbf{M}_{y}^{(k)}$, $k = 1, 2$, für eine Gitterstreckung wie in Tab. 14.5 angegeben definiert sind. Weisen Sie zudem die Einträge in der ersten Zeile und Spalte der entsprechenden Randmatrizen ${}_{s}^{s}\mathbf{M}_{y}^{(k),bc}$ nach, vergleiche mit Tab. 14.6.

Aufgabe 14.5 Weisen Sie die Approximationen (14.17)–(14.19) nach. Verwenden Sie dazu die Taylorreihe von e^{-x} um $x_0 = 0$ in Tab. 3.1.

Aufgabe 14.6 Zeigen Sie (14.27), indem Sie zuerst die Bedingungen (14.23)–(14.24) nachweisen und anschliessend das Gleichungssystem (14.25) lösen.

Aufgabe 14.7 Schreiben Sie eine Routine vola_smile_sabr, welche Abb. 14.9 erzeugt.

Aufgabe 14.8 Weisen Sie die Beziehungen (14.42)-(14.43) nach.

Literatur

1. N. Cai, Y. Song, and Chen N. Exact Simulation of the SABR Model. *Operations Research*, 65(4):931–951, 2017.
2. B. Düring and Ch. Heuer. Essentially High-Order Compact Schemes with Application to Stochastic Volatility Models on Non-Uniform Grids. In M. Ehrhardt, M. Günther, and E.J.W. ter Maten, editors, *Novel Methods in Computional Finance*, chapter 17, pages 313–331. Springer, 2017.
3. P. S. Hagan, D. Kumar, A. S Lesniewski, and D. E. Woodward. Managing Smile Risk. *Wilmott Magazine*, pages 84–108, 2002.
4. A. Q. M. Khaliq, J. Martín-Vaquero, B. A. Wade, and M. Yousuf. Smoothing schemes for reaction systems with nonsmooth data. *Journal of Computational and Applied Mathematics*, (223):374–386, 2009.
5. M.J. Ruijter and C.W.. Oosterlee. Two-Dimensional Fourier Cosine Series Expansion Method for Pricing Financial Options. *SIAM Journal of Scientific Computing*, 34(5):B642–B671, 2012.
6. V. Thomée. *Galerkin Finite Element Methods for Parabolic Problems*, volume 25 of *Springer Series in Computational Mathematics*. Springer, 2 edition, 2006.

15 Epilog

Wir kehren in diesem letzten Kapitel zurück zum Black-Scholes Modell. Wir haben gesehen, dass der Volatilitäts-Smile, also der Graph der Funktion $K \mapsto \sigma^{\mathrm{i}}(K)$, keine Gerade ist. Als erste Erweiterung des Black-Scholes Modell haben wir das CEV Modell betrachtet; dieses modelliert die Volatilität σ als eine deterministische Funktion des Kurses s des Basiswertes. Dies ist ein Spezialfall des Modells der lokalen Volatilität, welche wir im Abschn. 15.1 betrachten. In einem solchen Modell bestimmt man anhand von Marktpreisen respektive implizite Volatilitäten eine bivariate Funktion $\sigma(x, t)$ so, dass die Modellpreise mit den Marktpreisen übereinstimmen. Als eine Anwendung dieses Modells bewerten im Abschn. 15.2 wir einen Varianz-Swap und untersuchen, wie sich die Wahl eines Modells (kalibriert an Marktdaten) auf den Wert einer exotischen Option auswirkt. Im nächsten Abschnitt betrachten wir eine Erweiterung des Modells der lokalen Volatilität, indem wir dieses mit Modellen der stochastischen Volatilität (vergleiche mit Abschn. 10.7) kombinieren. Solche Modelle führen zu nicht-linearen partiellen Differentialgleichungen für Wahrscheinlichkeitsdichten, welche wir zum Bewerten von Derivaten in diesen Modell benötigen. Zum Schluss betrachten wir Modelle der pfadabhängigen Volatilität, welche den Vorteil haben, dass sie vollständig sind.

15.1 Lokale Volatilität, LV-Modelle

Im Abschn. 1.4 haben wir das CEV Modell betrachtet. Dieses ist ein Spezialfall von Modellen der lokalen Volatilität; ein solches können wir schreiben als

$$\mathrm{d}S(t) = (r - q)S(t)\mathrm{d}S(t) + \sigma(S(t), t)S(t)\mathrm{d}W(t) \tag{15.1}$$

mit $\sigma : \mathbb{R}^+ \times [0, T] \to \mathbb{R}^+$ eine bivariate, deterministische Funktion. Insbesondere hängt im CEV Modell die Funktion nur von s ab; $\sigma(s) = \delta s^{\beta-1}$. Wie im Abschn. 1.4 gesehen, ist das CEV Modell nicht in der Lage, beobachtete Optionspreise am Markt zu reproduzieren,

N. Hilber, *Bewertung von Finanzderivaten mit Python*,
https://doi.org/10.1007/978-3-658-39210-9_15

auch nicht für eine fest gewählte Maturität. Hängt umgekehrt die Funktion σ nicht von s ab, sondern nur von t, erhalten wir das bereits im Abschn. 6.5 betrachtete Black-Scholes Modell mit zeitabhängiger Volatilität. Hier könnten wir die Funktion $\sigma(t)$ so wählen, dass – für einen fixen Strike K – die Term-Struktur der impliziten Volatilität, also die Funktion $T \mapsto \sigma^{\mathrm{i}}(T)$, durch das Modell exakt nachgebildet werden kann. Das bedeutet, dass wir mit dem Modell $\mathrm{d}S(t) = (r-q)S(t)\mathrm{d}S(t) + \sigma(t)S(t)\mathrm{d}W(t)$ exakt die Marktpreise von Europäischen (Call) Optionen reproduzieren könnten, dies allerdings nur für ein fix gewählten Wert des Strikes. Für einen anderen Wert des Strikes würde das Modell Optionspreise liefern, die von den Marktpreisen abweichen. Die Frage, welche sich nun stellt ist, ob eine bivariate Funktion $(s,t) \mapsto \sigma(s,t)$ existiert, so dass wenn wir Europäische (Call) Optionen mit Preis $V_c(s,0;K,T)$ im Modell (15.1) bewerten, für jeden Strike K und jede Maturität T die Gleichung

$$V_c(s,0;K,T) = V^{\mathrm{M}}(s,0;K,T)$$

gilt. Die Antwort auf diese Frage wurde von Bruno Dupire [6] gegeben und lautet „ja". Ist die Frage der Existenz der Funktion σ geklärt, stellt sich die Frage nach der konkreten Konstruktion dieser Funktion. Nun, wir wissen, dass der Preis $V_c(s,0;K,T)$ einer Europäischen Call Option die Differentialgleichung

$$\begin{cases} \partial_t V_c + \dfrac{1}{2}\sigma^2(s,t)s^2\partial_{ss}V_c + (r-q)s\partial_s V_c - rV_c = 0 \\ \hfill V_c(s,T) = \max\{s-K,0\} \end{cases}$$

löst. Da wir wie immer zur Restlaufzeit $t \mapsto T-t$ wechseln, lautet die Gleichung

$$\begin{cases} \partial_t V_c - \dfrac{1}{2}\sigma^2(s,T-t)s^2\partial_{ss}V_c - (r-q)s\partial_s V_c + rV_c = 0 \\ \hfill V_c(s,0) = \max\{s-K,0\} \end{cases} \tag{15.2}$$

Nun kann man zeigen, dass $V_c(K,T)$, aufgefasst als Funktion in K und T, die sogenannte Dupire Gleichung

$$\begin{cases} \partial_T V_c - \dfrac{1}{2}\sigma^2(K,T)K^2\partial_{KK}V_c + (r-q)K\partial_K V_c + qV_c = 0 \\ \hfill V_c(K,0) = \max\{s-K,0\} \end{cases} \tag{15.3}$$

löst. Hat man genügend (beliebig) viele Marktpreise zu verschiedenen Strikes K_i und Laufzeiten T_j zur Verfügung, kann man an die Funktion σ herankommen, indem man die Gleichung von Dupire formal nach σ auflöst

$$\sigma^2(K,T) = 2\frac{\partial_T V_c(K,T) + (r-q)K\partial_K V_c(K,T) + qV_c(K,T)}{K^2\partial_{KK}V_c(K,T)}\,. \tag{15.4}$$

Mit dieser Wahl von σ^2 stimmen Modell und Marktpreise (von Europäischen Call Optionen) überein und man kann das Modell (15.1) dazu verwenden, um exotische Optionen zu bewerten. In der Praxis haben wir jedoch nur eine endliche Anzahl von Marktpreisen zur Verfügung, so dass wir geeignete Interpolations- und Extrapolationsmethoden benötigen und zwar so, dass erstens die Ableitungen $\partial_T V_c$, $\partial_K V_c$ und $\partial_{KK} V_c$ in (15.4) existieren und wir zweitens keine Arbitragemöglichkeiten generieren. Es stellt sich heraus, dass dies kein leichtes Unterfangen ist. Unter den vielen Vorschlägen zur Konstruktion der Funktion σ, die in der Literatur gemacht wurden, betrachten wir nun denjenigen von Gatheral und Jaquier [7]. Diese Konstruktion ist parametrisch, das heisst, dass die Volatilitäts-Oberfläche $(K, T) \mapsto \sigma^{\mathrm{i}}(K, T)$ modelliert wird. Die Autoren betrachten nicht die Gleichung/Definition (15.4), sondern eine transformierte Version davon. Und zwar wollen wir in (15.4) nicht Optionspreise V, sondern sogenannte totale implizite Varianzen w betrachten. Die Funktion w ist definiert als

$$w(x, T) := \left(\sigma^{\mathrm{i}}(x, T)\right)^2 T\ .$$

Hierin ist $\sigma^{\mathrm{i}}(x, T)$ die implizite Volatilität einer Europäischen Put oder Call Option mit Strike[1]

$$K = F(T)e^x = S(0)e^{(r-q)T}e^x \tag{15.5}$$

und Maturität T. Im Anhang B.12 schreiben wir die Gleichung (15.4) zu Termen in w um und finden (wir lassen das Argument (x, T) in der Funktion $w(x, T)$ der Übersichtlichkeit halber weg), dass

$$\sigma^2(F(T)e^x, T) = \widetilde{\sigma}^2(x, T) = \frac{\partial_T w}{\left(\frac{x}{2w}\partial_x w - 1\right)^2 + \frac{1}{2}\partial_{xx} w - \frac{1}{4}\left(\frac{1}{4} + \frac{1}{w}\right)(\partial_x w)^2} \tag{15.6}$$

gilt. Somit wissen wir, wie man die Funktion σ aus der totalen impliziten Varianz $w(x, T)$ konstruiert. Das ursprüngliche Problem der nur beschränkten Anzahl verfügbaren Marktdaten, nämlich die implizite Volatilität $\sigma^{\mathrm{i}}(x_\ell^k, T^k)$ einer Europäischen Option mit Strike $K_\ell^k = F(T^k)e^{x_\ell^k}$ und Restlaufzeit T^k zur Bestimmung der bivariaten Funktion $(x, T) \mapsto w(x, T)$ so, dass das Modell keine Arbitragemöglichkeiten generiert, ist nach wie vor ungelöst. Bevor wir weiterfahren, müssen wir in diesem Zusammenhang den Begriff der Arbitragefreiheit präzisieren. Die Volatilitäts-Oberfläche $(x, T) \mapsto w(x, T)$ ist arbitragefrei, wenn die folgenden beiden Bedingungen erfüllt sind.

(i) Die Volatilitäts-Oberfläche lässt keine Kalender-Spread Arbitrage zu.
(ii) Die Funktion $x \mapsto w(x, T)$ (T ist fix, ein Zeitschnitt) lässt für jedes T keine Butterfly Arbitrage zu.

[1] Mit F bezeichnen wir den Forward-Preis des Basiswertes, der Zeitpunkt 0 ist der Zeitpunkt der Kalibrierung, T ist genauer die Restlaufzeit der betrachteten Option.

Wir diskutieren die beiden Arbitrage Bedingungen. Von Kalender-Spread spricht man, wenn man die Preisdifferenz zweier Optionen (auf den selben Basiswert) betrachtet, die unterschiedliche Laufzeiten haben. Zunächst stellen wir fest, dass wir den Zähler in (15.4) schreiben können als

$$\partial_T V_c(K,T) + (r-q)K\partial_K V_c(K,T) + qV_c(K,T) = e^{-qT}\partial_T\left(e^{qT}V_c(Ke^{(r-q)T},T)\right).$$

Damit der Zähler nicht-negativ wird, muss

$$\partial_T(e^{qT}V_c(Ke^{(r-q)T},T)) \geq 0$$

sein; die Funktion in der Klammer muss monoton steigend in T sein. Es muss also für $T_1 \leq T_2$ die Bedingung

$$e^{qT_1}V_c(Ke^{(r-q)T_1},T_1) \leq e^{qT_2}V_c(Ke^{(r-q)T_2},T_2)$$

gelten. In [2] zeigt Lorenzo Bergomi eine Arbitrage Möglichkeit, wenn diese Bedingung verletzt ist. Daher muss der Zähler in der Dupire-Gleichung (15.4) respektive in der transformierten Dupire-Gleichung (15.6) nicht-negativ sein.

Wir kommen zur Butterfly-Arbitrage. Der „klassische" Butterfly ist ein Portfolio bestehend aus Call Optionen mit Strikes $K_1 < K_2 < K_3$ und mit gleicher Laufzeit auf dem selben Basiswert. Für $\alpha > 0$ sind wir

- long $\alpha\frac{1}{K_2-K_1}$ Call mit Strike K_1
- short $\alpha\frac{K_3-K_1}{(K_2-K_1)(K_3-K_2)}$ Call mit Strike K_2
- long $\alpha\frac{1}{K_3-K_2}$ Call mit Strike K_3;

vergleiche mit Abb. 15.1.

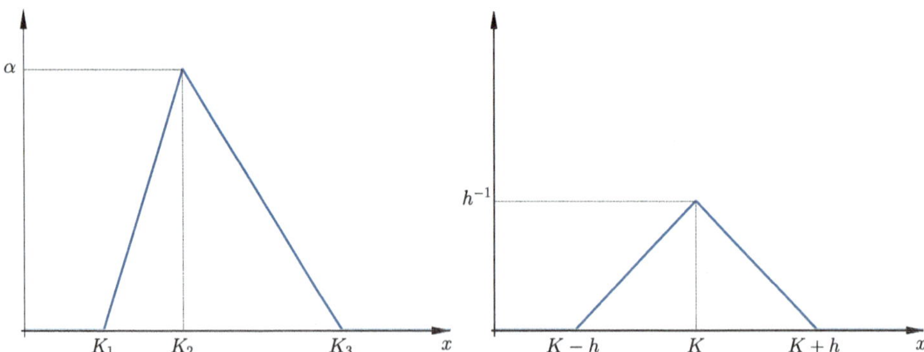

Abb. 15.1 Payoff $g_{\text{bf}}(x)$ eines Portfolios bestehend aus drei Call Optionen mit Strikes K_1, K_2 und K_3, Butterfly genannt. Links. Wir sind long $\frac{\alpha}{K_2-K_1}$ Call mit Strike K_1, short $\alpha\frac{K_3-K_1}{(K_2-K_1)(K_3-K_2)}$ Call mit Strike K_2 und long $\frac{\alpha}{K_3-K_2}$ Call mit Strike K_3. Rechts. Für $h > 0$ setzen wir speziell $K_2 = K$, $K_1 = K - h$, $K_3 = K + h$ und $\alpha = \frac{1}{h}$

Setzen wir nun $K_2 = (K_1 + K_3)/2$ und wählen wir α so, dass das entstehende Dreieck den Flächeninhalt 1 hat, also

$$\frac{\alpha}{2}(K_3 - K_1) = 1 \Rightarrow \alpha = \frac{2}{K_3 - K_1},$$

so ist die Payoff-Funktion g_{bf} des Butterfly gegeben durch

$$\begin{aligned} g_{\mathrm{bf}}(x) &= \frac{2\max\{x - K_1, 0\}}{(K_3 - K_1)(K_2 - K_1)} - \frac{2\max\{x - K_2, 0\}}{(K_2 - K_1)(K_3 - K_2)} + \frac{2\max\{x - K_3, 0\}}{(K_3 - K_1)(K_3 - K_2)} \\ &\overset{K_2 = \frac{K_1+K_3}{2}}{=} \alpha^2\Big(\max\{x - K_1, 0\} - 2\max\{x - K_2, 0\} + \max\{x - K_3, 0\}\Big). \end{aligned}$$

Definieren wir weiter $K := K_2$ sowie $h := K_3 - K_2 = K_2 - K_1$, so ist $K_1 = K - h$, $K_3 = K + h$ sowie $\alpha = \frac{1}{h}$. Daher ist der Payoff dieses speziellen Butterflys

$$g_{\mathrm{bf}}(x) = \frac{\max\{x - (K - h), 0\} - 2\max\{x - K, 0\} + \max\{x - (K + h), 0\}}{h^2},$$

vergleiche mit Abb. 15.1. Der Wert $V_{\mathrm{bf}}(s, T; K, h) = g_{\mathrm{bf}}(s) \geq 0$ des Butterflys bei Maturität ist insbesondere nicht negativ, daher ist der Wert des Butterflys für $t < T$ ebenso nicht negativ, also

$$V_{\mathrm{bf}}(s, t; K, h) = \frac{V_c(s, t; K - h) - 2V_c(s, t; K) + V_c(s, t; K + h)}{h^2} \geq 0. \tag{15.7}$$

Wäre $V_{\mathrm{bf}}(s, t; K, h) < 0$, gäbe es Arbitrage Möglichkeiten. Der Ausdruck rechts des Gleichheitszeichens in (15.7) ist ein zentraler Differenzenquotient (vergleiche mit der Definition 4.4) und approximiert die zweite Ableitung $\partial_{KK} V_c(s, t; K)$ quadratisch. Die Nicht-Negativität in (15.7) „vererbt sich im Limes", das heisst

$$\lim_{h \to 0} \frac{V_c(s, t; K - h) - 2V_c(s, t; K) + V_c(s, t; K + h)}{h^2} = \partial_{KK} V_c(s, t; K) \geq 0.$$

Der Nenner in der Dupire-Gleichung (15.4) respektive in der transformierten Dupire-Gleichung (15.6) ist also nicht negativ. Wäre $V_{\mathrm{bf}}(s, t; K, h) < 0$, so wäre auch

$$\partial_{KK} V_c(s, t; K) < 0$$

und es gäbe Arbitrage Möglichkeiten. Es stellt sich somit heraus, dass

- (i) erfüllt ist genau dann, wenn der Zähler von (15.6) nicht negativ ist, also

$$\partial_T w \geq 0 \tag{15.8}$$

  für alle $x \in \mathbb{R}$ und alle $T > 0$.

- (ii) erfüllt ist, wenn der Nenner von (15.6) nicht negativ ist, also

$$\left(\frac{x}{2w}\partial_x w - 1\right)^2 + \frac{1}{2}\partial_{xx} w - \frac{1}{4}\left(\frac{1}{4} + \frac{1}{w}\right)(\partial_x w)^2 \geq 0 \tag{15.9}$$

für alle $x \in \mathbb{R}$, und wenn zusätzlich $\lim_{x\to\infty} d_+ = -\infty$, mit d_+ wie in (B.36) definiert.

Wir kommen zur Spezifikation der Funktion $w(x, T)$. Für eine fixe Maturität T und einem Parametervektor $\boldsymbol{\eta} = (a, b, \rho, m, s)$ schlägt Gatheral einen parametrischen Ansatz für die Funktion $x \mapsto w(x)$ der Form[2]

$$w(x; \boldsymbol{\eta}) = a + b\Big(\rho(x - m) + \sqrt{(x - m)^2 + s^2}\Big) \tag{15.10}$$

vor. Hierin sind $a, m \in \mathbb{R}$, $b \geq 0$, $-1 \leq \rho \leq 1$, $s > 0$ noch zu bestimmende Parameter. Da w als totale Varianz nicht negativ sein kann, $w(x; \boldsymbol{\eta}) \geq 0$ für alle $x \in \mathbb{R}$, müssen die Parameter zusätzlich die Bedingung

$$a + bs\sqrt{1 - \rho^2} \geq 0 \tag{15.11}$$

erfüllen, siehe die Aufgabe 15.2. Die natürliche Frage, die sich nun stellt, ist: Wie übertragen sich die Bedingungen für keine Kalender-Spread Arbitrage (15.8) und für keine Butterfly Arbitrage (15.9) auf die Funktion w respektive ihre Parameter? Wir beantworten zunächst die Frage nach der Kalender-Spread Arbitrage. Damit $\partial_T w \geq 0$ erfüllt ist, dürfen sich die Graphen der Funktionen $x \mapsto w(x; \boldsymbol{\eta}_1)$ und $x \mapsto w(x; \boldsymbol{\eta}_2)$ für beliebige Zeitpunkte $T^1 \neq T^2$ nicht schneiden. Dies ist äquivalent dazu, dass die Gleichung (in x)

$$w(x; \boldsymbol{\eta}_1) = w(x; \boldsymbol{\eta}_2)$$

keine reellen Nullstellen hat. Im Anhang B.13 zeigen wir, dass dies erfüllt ist, wenn die quartische Gleichung

$$\alpha_4 x^4 + \alpha_3 x^3 + \alpha_2 x^2 + \alpha_1 x + \alpha_0 = 0 \tag{15.12}$$

keine reelle Nullstellen hat. Die Koeffizienten α_j hängen von den Parametern a_i, b_i, ρ_i, m_i, s_i, $i = 1, 2$, der beiden Zeitschnitte ab. Diese Abhängigkeit zeigen wir ebenfalls im Anhang B.13. Die Gleichung (15.12) wird in der Implementierung des Modells noch eine wesentliche Rolle spielen. Nehmen wir nun an, wir hätten für zwei Maturitäten $T^{k-1} < T^k$ die Funktionen $w(x; \boldsymbol{\eta}_{k-1})$ und $w(x; \boldsymbol{\eta}_{k-1})$ (respektive ihre Parameter $\boldsymbol{\eta}_{k-1}$ und $\boldsymbol{\eta}_k$) so gefunden, dass sich die entsprechenden Graphen nicht schneiden und dass beide Zeitschnitte

[2] Natürlich hängt die Funktion w auch noch von T ab, für fixes T jedoch ist w nur noch von x abhängig und wir unterdrücken die T-Abhängigkeit. Wählen wir eine andere Maturität, werden die Parameter $\boldsymbol{\eta}$ in der Regel einen anderen Wert annehmen.

frei von Butterfly Arbitrage sind. Wir müssen für $T_{k-1} \leq T \leq T_k$ aus den Funktionen $w(x; \boldsymbol{\eta}_{k-1})$ und $w(x; \boldsymbol{\eta}_k)$ eine bivariate Funktion $w(x, T)$ so konstruieren, dass erstens $w(x, T_{k-1}) = w(x; \boldsymbol{\eta}_{k-1})$ und $w(x, T_k) = w(x; \boldsymbol{\eta}_{k-1})$ gilt und zweitens dass die Volatilitäts-Oberfläche $w(x, T)$ arbitragefrei ist. Offenbar erledigt die affine Interpolation

$$w(x, T) = \frac{T^k - T}{T^k - T^{k-1}} w(x; \boldsymbol{\eta}_{k-1}) + \frac{T - T^{k-1}}{T^k - T^{k-1}} w(x; \boldsymbol{\eta}_k), \quad T \in [T^{k-1}, T^k] \quad (15.13)$$

den Job. Führen wir dies durch für alle Restlaufzeiten $T^1 < T^2 < \ldots < T^n$ der Optionen im Datensatz, ist die so konstruierte Funktion $w(x, T)$ frei von Arbitrage und für die Bestimmung der lokalen Volatiltität $\sigma(K, T)$ nach (15.6) verwendbar.

Damit haben wir die Kalender-Spread Arbitrage für das Modell (15.10) diskutiert und wir kommen zur Butterfly Arbitrage. Diese existiert nicht, wenn die Ungleichung (15.9) erfüllt ist. Weil sowohl die nicht-lineare Funktion w als auch die Bedingung (15.9) eine gewisse Komplexität aufweisen, ist es sehr schwierig, notwendige und hinreichende Bedingungen für die Parameter a, b, ρ, m, s zu finden, damit (15.9) erfüllt ist. Aus diesem Grund schlagen Gatheral und Jacquier eine Unterklasse des Modells (15.10) vor; diese lautet

$$w(x, T) := \frac{1}{2}\theta(T)\left(1 + \rho\varphi(\theta(T))x + \sqrt{(\varphi(\theta(T))x + \rho)^2 + 1 - \rho^2}\right). \quad (15.14)$$

Hierin ist

$$\theta(T) := \left(\sigma^{\mathrm{i}}(0, T)\right)^2 T$$

die ATM[3] implizite Totalvarianz einer Europäischen Option mit Restlaufzeit T und $\varphi : \mathbb{R}^+ \to \mathbb{R}^+$ ist eine „genügend harmlose“ Funktion mit der Eigenschaft, dass der Grenzwert $\lim_{T \to 0} \theta(T)\varphi(\theta(T))$ existiert. In der Praxis ist die Funktion $T \mapsto \theta(T)$ nur für einige wenige Maturitäten $T^1, \ldots, T^n$ bekannt. Beachten Sie, dass (15.14) eine Umparametrisierung von (15.10) darstellt, vergleiche mit der Aufgabe 15.3. Die „neue“ Parametrisierung hängt nach wie vor – via $\theta(T)$ – von T ab und beinhaltet nur noch zwei „Parameter“ anstatt fünf, nämlich die Korrelation ρ und die Funktion φ. Gatheral und Jacquier zeigen nun: die Volatilitäts-Oberfläche ist frei von Arbitrage (Kalender-Spread, Butterfly), genau dann, wenn die Bedingungen

(i) $\partial_T \theta(T) \geq 0$ für alle $T > 0$
(ii) $0 \leq \partial_\theta(\theta\varphi(\theta)) \leq \rho^{\ 2}(1 + \sqrt{1 - \rho^2})\varphi(0)$ für alle $\theta > 0$
(iii) $\theta\varphi(\theta)(1 + |\rho|) < 4$ für alle $\theta > 0$
(iv) $\theta\varphi^2(\theta)(1 + |\rho|) \leq 4$ für alle $\theta > 0$

erfüllt sind. Dabei sorgen die Bedingungen (i) und (ii), dass Kalender-Spread Arbitrage eliminiert wird, während (iii) und (iv) dafür sorgen, dass es keine Butterfly Arbitrage gibt.

[3] ATM ist die Abkürzung für „At The Money“.

Wir müssen die Funktion φ spezifizieren. Gatheral und Jacquier schlagen (unter anderem) die Funktion

$$\varphi(\theta) = \frac{\eta}{\theta^{\gamma}(1+\theta)^{1-\gamma}} \tag{15.15}$$

mit den beiden Parametern $\eta > 0$ und $\gamma \in]0,1[$ vor. Unter welchen Bedingungen an η und γ sind die Punkte (ii)-(iv) erfüllt? Um die Frage zu beantworten, betrachten wir für $\theta \in \mathbb{R}^+$, $\eta > 0$ und $\gamma > 0$ die Funktionen

$$\begin{aligned}\psi_1(\theta) &:= \theta\varphi(\theta) = \eta\frac{\theta}{\theta^{\gamma}(1+\theta)^{1-\gamma}} = \eta\left(\frac{\theta}{1+\theta}\right)^{1-\gamma}\\ \psi_2(\theta) &:= \theta\varphi^2(\theta) = \eta^2\frac{\theta}{\theta^{2\gamma}(1+\theta)^{2-2\gamma}} = \eta^2\frac{\theta^{1-2\gamma}}{(1+\theta)^{2-2\gamma}}\,.\end{aligned}$$

Nun ist $\partial_\theta\psi_1 = \eta(1-\gamma)(\frac{\theta}{1+\theta})^{-\gamma}\frac{1}{(1+\theta)^2} = \frac{1-\gamma}{1+\theta}\varphi(\theta)$ nur dann grösser als 0, wenn $\gamma < 1$ ist. Für $\theta > 0$ und $\gamma \in]0,1[$ ist der Bruch $\frac{1-\gamma}{1+\theta}$ kleiner als 1. Weil $\rho^{-2}(1+\sqrt{1-\rho^2}) \geq 1$, haben wir

$$0 < \partial_\theta\psi_1(\theta) = \frac{1-\gamma}{1+\theta}\varphi(\theta) \leq \varphi(\theta) \leq \rho^{-2}(1+\sqrt{1-\rho^2})\varphi(\theta)$$

und die Bedingung (ii) ist automatisch erfüllt. Weil die Funktion ψ_1 streng monoton wachsend ist ($\partial_\theta\psi_1 > 0$), hat sie kein Extremum. Weil zusätzlich $\lim_{\theta\to\infty}\frac{\theta}{1+\theta} = 1$ ist, ist $\lim_{\theta\to\infty}\psi_1(\theta) = \eta$, woraus aus (iii) die Bedingung $\eta(1+|\rho|) < 4$ folgt.

Wir betrachten nun die Funktion ψ_2. Ist $\gamma > \frac{1}{2}$, dann ist wegen $\lim_{\theta\to 0}\psi_2(\theta) = \infty$ die Funktion unbeschränkt und kann deshalb die Bedingung (iv) nicht erfüllen. Es muss also $\gamma \leq \frac{1}{2}$ gelten. Für solche γ hat die Funktion ψ_2 ein (globales) Maximum an der Stelle $\theta^\star = 1-2\gamma$; dieses Maximum ist kleiner gleich η^2. Aus der Bedingung (iv) folgt nun

$$\eta^2(1+|\rho|) \leq 4 \Rightarrow \eta\sqrt{1+|\rho|} \leq 2\,.$$

Ist dies erfüllt, ist automatisch auch die Bedingung $\eta(1+|\rho|) < 4$ erfüllt. Somit fordern wir von der Funktion φ in (15.15) die Bedingungen

$$0 < \gamma \leq \frac{1}{2}, \qquad 0 < \eta \leq \frac{2}{\sqrt{1+|\rho|}}\,.$$

Wählen wir die Funktion φ wie in (15.15) definiert, so ist die Volatilitäts-Oberfläche $w(x,T)$ in (15.14) bei bekanntem Parametervektor $\boldsymbol{\eta} := (\eta,\gamma,\rho)$ und gegebenen ATM implizite Totalvarianzen $\theta(T)$ berechenbar.

Wir nehmen nun an, dass wir einen Optionsdatensatz $\mathbf{D}$ von insgesamt ν Put und/oder Call Optionen wie in (1.11) zur Verfügung haben. Es gibt n verschiedene Restlaufzeiten

$T^1 < T^2 < \ldots < T^n$; für jede Maturität T^k gibt es ν_k Optionen mit Strikes $K_1^k, \ldots, K_{\nu_k}^k$. Die Option mit Strike $K_\ell^k = s e^{(r^k - q^k)T^k} e^{x_\ell^k}$ und Restlaufzeit T^k hat einen Marktpreis $V_\ell^{k,\mathrm{M}}$ und – für einen gegebenen Parametervektor $\boldsymbol{\eta}$ – einen Modellpreis $V_\ell^k(\boldsymbol{\eta})$ via (vergleiche mit (B.35))

$$V_\ell^k(\boldsymbol{\eta}) := s e^{-q^k T^k} \Big(\Phi_{0,1}\big(d_+(w_\ell^k(\boldsymbol{\eta}))\big) - e^{x_\ell^k} \Phi_{0,1}\big(d_-(w_\ell^k(\boldsymbol{\eta}))\big) \Big) \tag{15.16}$$

mit der nach dem Modell (15.14) implizierten Totalvarianz

$$w_\ell^k(\boldsymbol{\eta}) = w(x_\ell^k, T^k; \boldsymbol{\eta}) .$$

Wir wählen den Parametervektor $\boldsymbol{\eta} = (\eta, \gamma, \rho)$ so, dass die Summe der quadrierten Residuen zwischen Markt- und Modellpreisen minimal wird, also

$$\widehat{\boldsymbol{\eta}} := \operatorname*{arg\,min}_{\boldsymbol{\eta} \in S} \sum_{k=1}^{n} \sum_{\ell=1}^{\nu_k} \left(V_\ell^k(\boldsymbol{\eta}) - V_\ell^{k,\mathrm{M}} \right)^2 , \tag{15.17}$$

vergleiche zum Beispiel mit (1.20). Hierin bezeichnen wir mit S die Menge

$$S := \left\{ (\eta, \gamma, \rho) \in \mathbb{R}^3 \mid (0 \le \eta \le 2(1 + |\rho|)^{-1/2}) \wedge (0 < \gamma \le 1/2) \wedge (|\rho| < 1) \right\} .$$

Es handelt sich also um ein nichtlineares Ausgleichsproblem mit (nichtlinearen) Nebenbedingungen. Wir betrachten nun den Datensatz von Andreasen und Huge [1] gegeben in Tab. 15.1. Hierbei handelt es sich um (Markt-) implizite Volatilitäten $\sigma^{\mathrm{i,M}}$ von $\nu = 139$ Call Optionen auf den EURO STOXX 50 vom 01.03.2010. Es gibt $n = 11$ Restlaufzeiten, die kürzeste ist $T^1 = 0.101$ Jahre und die längste ist $T^{11} = 5.774$ Jahre. Zum Beispiel gibt es $\nu_5 = 14$ Optionen zur Restlaufzeit $T^5 = 0.772$ Jahre; hier ist

$$K_1^5 = 0.7697 S_0,\ K_2^5 = 0.8063 S_0,\ \ldots,\ K_{14}^5 = 1.2461 S_0 .$$

Die Strikes in Tab. 15.1 sind relativ zum Level $S_0 = 2772.70$ des EURO STOXX 50 am 01.03.2010 gemessen, also $K_\ell^k / S_0 \cdot 100\,\%$. Der risikolose Zinssatz und die stetige Dividendenrenditen sind 0.

Wir lösen das Kalibrierungsproblem (15.17) (wir rechnen zuerst die gegebenen impliziten Volatilitäten $\sigma^{\mathrm{i,M}}$ am Markt mit der Black-Scholes Formel um zu Optionspreisen) und finden

$$\widehat{\boldsymbol{\eta}} \doteq (1.329119, 0.312710, -0.645971) ,$$

mit einem durchschnittlichen relativen Fehler der impliziten Volatilitäten (nicht der Optionspreise)

$$\mathrm{ARPE} = \frac{1}{\nu} \sum_{k=1}^{n} \sum_{\ell=1}^{\nu_k} \frac{|\sigma_\ell^{k,\mathrm{i}}(\widehat{\boldsymbol{\eta}}) - \sigma_\ell^{k,\mathrm{i,M}}|}{\sigma_\ell^{k,\mathrm{i,M}}} = 0.97\,\% .$$

Tab. 15.1 Implizite Volatilitäten von EURO STOXX 50 Optionen am 01.03.2010. Die Werte in Klammern sind implizite Volatilitäten nach dem Modell (15.10); hierin ist jeder Parametervektor Lösung des Kalibrierungsproblem (15.20)

$K/S_0 - T$	0.101	0.197	0.274	0.523	0.772	1.769	2.267	2.784	3.781	4.778	5.774
51.31								33.66 (33.69)	32.91 (33.05)		
58.64								31.78 (31.85)	31.29 (31.36)		
65.97								30.19 (30.15)	29.76 (29.82)	29.75 (29.85)	
73.30								28.63 (28.58)	28.48 (28.39)	28.48 (28.47)	
76.97			32.62 (32.11)	30.79 (30.68)	30.01 (29.96)	28.43 (28.38)					
80.63			30.58 (30.47)	29.36 (29.31)	28.76 (28.74)	27.53 (27.49)	27.13 (27.11)	27.11 (27.11)	27.11 (27.07)	27.22 (27.20)	28.09 (28.08)
84.30			28.87 (28.84)	27.98 (27.96)	27.50 (27.54)	26.66 (26.64)					
87.96	29.06 (28.97)	27.64 (27.51)	27.17 (27.23)	26.63 (26.64)	26.37 (26.36)	25.75 (25.81)	25.55 (25.55)	25.80 (25.74)	25.85 (25.85)	26.11 (26.03)	26.93 (26.92)
89.79	27.97 (27.94)	26.72 (26.64)									
91.63	26.90 (26.91)	25.78 (25.78)	25.57 (25.65)	25.31 (25.34)	25.19 (25.21)	24.97 (25.00)					
93.46	25.90 (25.89)	24.89 (24.94)									
95.29	24.88 (24.90)	24.05 (24.11)	24.07 (24.12)	24.04 (24.08)	24.11 (24.09)	24.18 (24.23)	24.10 (24.11)	24.48 (24.47)	24.69 (24.72)	25.01 (24.95)	25.84 (25.85)
97.12	23.90 (23.93)	23.29 (23.32)									
98.96	23.00 (23.00)	22.53 (22.56)	22.69 (22.68)	22.84 (22.87)	22.99 (23.01)	23.47 (23.49)					
100.79	22.13 (22.15)	21.84 (21.85)									
102.62	21.40 (21.38)	21.23 (21.21)	21.42 (21.40)	21.73 (21.74)	21.98 (22.00)	22.83 (22.78)	22.75 (22.78)	23.22 (23.30)	23.84 (23.68)	23.92 (23.97)	24.86 (24.88)
104.45	20.76 (20.73)	20.69 (20.65)									
106.29	20.24 (20.21)	20.25 (20.17)	20.39 (20.34)	20.74 (20.71)	21.04 (21.05)	22.13 (22.11)					
108.12	19.82 (19.84)	19.84 (19.80)									
109.95	19.59 (19.61)	19.44 (19.52)	19.62 (19.57)	19.88 (19.82)	20.22 (20.20)	21.51 (21.49)	21.61 (21.59)	22.19 (22.23)	22.69 (22.74)	23.05 (23.08)	23.99 (23.99)
111.78	19.29 (19.50)	19.20 (19.34)									
113.62			19.02 (19.11)	19.14 (19.10)	19.50 (19.46)	20.91 (20.91)					

Tab. 15.1 (Fortsetzung)

$K/S_0 - T$	0.101	0.197	0.274	0.523	0.772	1.769	2.267	2.784	3.781	4.778	5.774
117.28			18.85 (18.91)	18.54 (18.57)	18.88 (18.86)	20.39 (20.38)	20.58 (20.57)	21.22 (21.28)	21.86 (21.86)	22.23 (22.29)	23.21 (23.20)
120.95			18.67 (18.92)	18.11 (18.20)	18.39 (18.38)	19.90 (19.90)					
124.61			18.71 (19.06)	17.85 (17.99)	17.93 (18.04)	19.45 (19.49)		20.54 (20.45)	21.03 (21.16)	21.64 (21.61)	22.51 (22.50)
131.94								19.88 (19.76)	20.54 (20.52)	21.05 (21.02)	21.90 (21.89)
139.27								19.30 (19.20)	20.02 (19.99)	20.54 (20.53)	21.35 (21.37)
146.60								18.49 (18.76)	19.64 (19.56)	20.12 (20.13)	

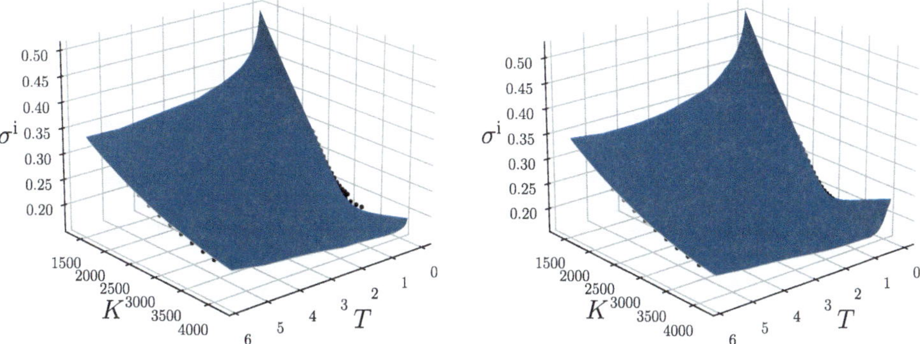

Abb. 15.2 Links. Implizite Volatiltiäten $\sigma_\ell^{k,\mathrm{i,M}}$ von Optionen auf den EURO STOXX 50 $(\cdot)$ und die entsprechende kalibrierte Volatilitäts-Oberfläche $(K, T) \mapsto \sqrt{w(K,T)/T}$ mit w wie in (15.14). Rechts. Die Volatilitäts-Oberfläche für den selben Datensatz, aber nun mit der Funktion $w(x, T)$ wie in (15.13), konstruiert aus den $n = 11$ Funktionen $w(x; \widehat{\eta}_k)$, $k = 1, \ldots, 11$, mit $\widehat{\eta}_k$ Lösung des Kalibrierungsproblems (15.20). Vergleiche auch mit Abb. 15.4)

Hierin ist

$$\sigma_\ell^{k,\mathrm{i}}(\widehat{\eta}) = \sqrt{\frac{w_\ell^k(\widehat{\eta})}{T^k}}$$

die implizite Volatilität der Option mit Restlaufzeit T^k und Strike K_ℓ^k nach dem Modell (15.14) mit Parametervektor $\widehat{\eta}$. Obwohl die Funktion nur drei Parameter hat, ist die Qualität des Fits erstaunlich gut, vergleiche auch mit Abb. 15.2. Wie aus dieser ersichtlich wird, weichen Markt- und Modellwerte am meisten voneinander ab, wenn die Restlaufzeit der Option kurz ist.

Wir werden nun die Qualität der Kalibrierung erhöhen. Nach Aufgabe 15.3 können wir zunächst von den gefundenen Parametern ρ und $\varphi(\theta) = \frac{\eta}{\theta^\gamma(1-\theta)^{1-\gamma}}$ umrechnen zu den Parametern a, b, m und s in der Parameterisierung (15.10). Beachten Sie, dass die Parameter a, b, m und s nun von der Restlaufzeit abhängen. Zusätzlich folgt aus der Aufgabe 15.3, dass folgende Beziehung zwischen den Parametern gilt (für jedes T)

$$a = \frac{bs^2}{\sqrt{m^2 + s^2}}, \quad \rho = \frac{-m}{\sqrt{m^2 + s^2}} . \tag{15.18}$$

Das bedeutet: sind für einen Zeitschnitt T die drei Parameter b, m, s bekannt, ergeben sich die restlichen beiden Parameter a und ρ durch die Beziehungen (15.18). Die Funktion φ ist ja so gewählt, dass die Volatilitäts-Oberfläche $w(x, T)$ in (15.14) frei von Arbitrage ist. Insbesondere ist also jeder Zeitschnitt $w(x)$ frei von Butterfly Arbitrage. Würden wir daher die Parameter a und ρ nicht nach (15.18) festlegen, so wäre der entsprechende Zeitschnitt $w(x)$ nicht frei von Butterfly Arbitrage. Wir betrachten nun eine beliebige Restlaufzeit T^k im Datensatz und wählen die Parameter $\boldsymbol{\eta}_k := (a_k, b_k, \rho_k, m_k, s_k)$ so, dass die Summe der quadrierten Differenzen zwischen den Modell- und Marktpreisen aller Optionen im Datensatz mit Restlaufzeit T^k (es gibt ν_k davon) minimal wird. Der entsprechende Volatilitäts-Smile $x \mapsto w(x; \boldsymbol{\eta}_k)$ zum Zeitschnitt T^k ist nach Konstruktion frei von Butterfly Arbitrage, kann nun aber Kalender-Spread Arbitrage aufweisen[4]. Um diese zu verhindern, müssen wir dafür sorgen, dass sich der Volatilitäts-Smile zum Zeitschnitt T^k nicht mit den unmittelbar benachbarten Zeitschnitten T^{k-1} und T^{k+1} schneidet. Das bedeutet, dass die Gleichungen

$$w(x; \boldsymbol{\eta}_{k-1}) = w(x; \boldsymbol{\eta}_k); \quad w(x; \boldsymbol{\eta}_k) = w(x; \boldsymbol{\eta}_{k+1})$$

keine reelle Lösungen haben dürfen; dies für jedes $2 \leq k \leq n - 1$. Wir haben bereits diskutiert, dass die Gleichung $w(x; \boldsymbol{\eta}_{k-1}) = w(x; \boldsymbol{\eta}_k)$ äquivalent zur quartischen Gleichung (15.12) ist. Gatheral und Jacquier definieren als Mass für das Schneiden zweier Volatilitäts-Smiles die sogenannte „crossedness“ C. Schneiden sich die Smiles zu den Zeitpunkten $T^k < T^{k+1}$ nicht respektive hat die Gleichung (15.12) keine reelle Lösung, so ist die „crossedness“ $C_k = 0$. Schneiden sich die Smiles hingegen in den $n \leq 4$ Stellen $x_\ell^* \in \mathbb{R}$, $\ell = 1, \ldots, n$, so ist C_k definiert als

$$C_k := \max\{C_1^k, \ldots, C_n^k\}, \quad C_\ell^k := \max_{1 \leq \ell \leq n+1} \{w(\widetilde{x}_\ell^*, \boldsymbol{\eta}_k) - w(\widetilde{x}_\ell^*, \boldsymbol{\eta}_{k+1}), 0\}, \tag{15.19}$$

vergleiche mit Abb. 15.3, in welcher beispielhaft $n = 2$ ist. In der Definition der „crossedness“ (15.19) sind die aus den n Nullstellen x_ℓ^* gebildeten $n + 1$ Zahlen $\widetilde{x}_\ell^*$ definiert

[4] Eigentlich ist der Begriff „Volatilitäts-Smile“ für impliziten Volatilitäten respektive den Graphen der Funktion $K \mapsto \sigma^{\mathrm{i}}(K)$ reserviert. Wir verwenden diesen hier aber trotzdem auch für implizite Totalvarianzen.

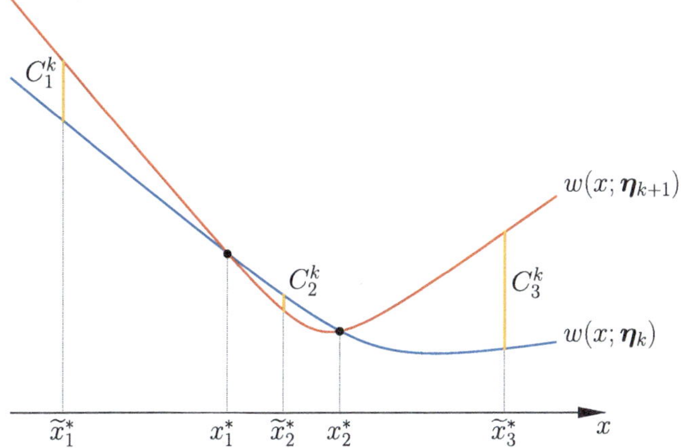

Abb. 15.3 Zur Definition der „crossedness" C_k. Die Volatilitäts-Smiles schneiden sich in den $n = 2$ Stellen x_1^* und x_2^*. Aus diesen werden die drei Hilfsstellen $\widetilde{x}_1^*, \widetilde{x}_2^*$ und $\widetilde{x}_3^*$ definiert. Da die Differenzen $w(\widetilde{x}_1^*, \boldsymbol{\eta}_k) - w(\widetilde{x}_1^*, \boldsymbol{\eta}_{k+1})$ und $w(\widetilde{x}_3^*, \boldsymbol{\eta}_k) - w(\widetilde{x}_3^*, \boldsymbol{\eta}_{k+1})$ negativ sind, ist $C_1^k = C_3^k = 0$ und die „crossedness" ist in diesem Fall gegeben durch $C_k = C_2^k$

als

$$\widetilde{x}_\ell^* = \begin{cases} x_\ell^* - 1 & \text{falls } \ell = 1 \\ \frac{1}{2}(x_{\ell-1}^* + x_\ell^*) & \text{falls } 2 \leq \ell \leq n \\ x_{\ell-1}^* + 1 & \text{falls } \ell = n + 1 \end{cases}.$$

Wir betrachten nun nochmals eine beliebige Restlaufzeit T^k respektive den dazugehörigen Volatilitäts-Smile. Schneiden sich nun die Smiles zu den Restlaufzeiten T^{k-1} und T^k, so ist $C_{k-1} > 0$, schneiden sich die Smiles zu den Restlaufzeiten T^k und T^{k+1}, so ist $C_k > 0$. In diesen Fällen addieren wir zur bereits berechneten Summe der quadrierten Differenzen zwischen den Modell- und Marktpreisen noch einen Strafterm $p(C_{k-1} + C_k)$ mit p eine grosse Zahl, zum Beispiel $p = 10^4$. Setzen wir noch $C_0 = C_n = 0$, so ist der Parametervektor $\boldsymbol{\eta}_k$ des k-ten Volatilitäts-Smiles daher definiert als Lösung des folgenden Minimierungsproblems

$$\widehat{\boldsymbol{\eta}}_k := \operatorname*{arg\,min}_{\boldsymbol{\eta}_k \in S_k} \sum_{\ell=1}^{\nu_k} \left(V_\ell^k(\boldsymbol{\eta}_k) - V_\ell^{k,\mathrm{M}} \right)^2 + p(C_{k-1} + C_k)\,. \tag{15.20}$$

In (15.20) sind die Optionspreise $V_\ell^k(\boldsymbol{\eta}_k)$ nach dem Modell nach wie vor gegeben durch (15.16); die darin einzusetzende implizierte Totalvarianz w im k-ten Zeitschnitt ist nun aber

$$w_\ell(\boldsymbol{\eta}_k) := w(x_{k,\ell}; \boldsymbol{\eta}_k) \overset{(15.10)}{=} a_k + b_k \left(\rho_k (x_{k,\ell} - m_k) + \sqrt{(x_{k,\ell} - m_k)^2 + s_k^2} \right).$$

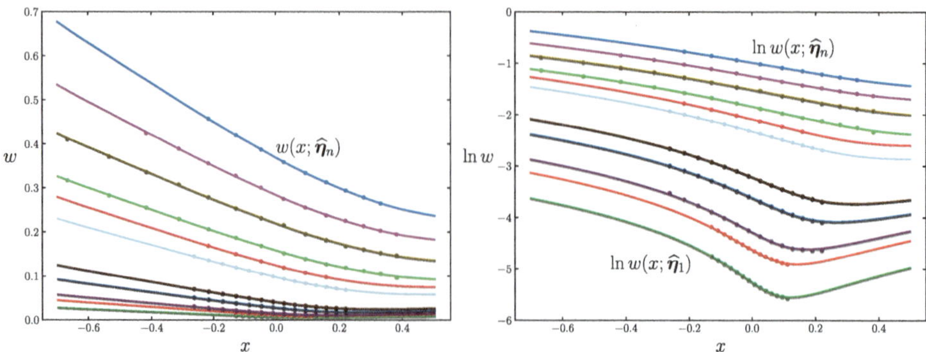

Abb. 15.4 Links. Die Volatilitäts-Smiles $x \mapsto w(x;\widehat{\boldsymbol{\eta}}_k)$, $k = 1,\ldots,11$ am 01.03.2010 für EURO STOXX 50 Optionen mit den Parametervektoren $\widehat{\boldsymbol{\eta}}_k$ aus dem Kalibrierungsproblem (15.20). Die Punkte $(\cdot)$ stellen die implizite Totalvarianzen $(\sigma^{\mathrm{i,M}}(x_\ell^k, T^k))^2 T^k$ aus dem Datensatz in Tab. 15.1 dar. Rechts. Dieselben Smiles logarithmiert

Beachten Sie, dass die Parameter $(a_k, b_k, \rho_k, m_k, s_k)$ die Beziehungen (15.18) erfüllen müssen. Daher sind pro Restlaufzeit „nur" die drei Parameter b_k, m_k und s_k zu finden und die Menge $S_k \subset \mathbb{R}^3$ in (15.20) ist definiert als[5]

$$S_k := \Bigg\{(a_k, b_k, \rho_k, m_k, s_k) \in \mathbb{R}^5 \;\Bigg|\; (b_k \geq 0) \wedge (s_k > 0) \\ \wedge \left(a_k = \frac{b_k s_k^2}{\sqrt{m_k^2 + s_k^2}}\right) \wedge \left(\rho_k = \frac{-m_k}{\sqrt{m_k^2 + s_k^2}}\right)\Bigg\} .$$

Wir führen nun die Kalibrierung (15.20) durch für jede Restlaufzeit T^k im Datensatz in Tab. 15.1 und erhalten die Abb. 15.4. Damit wir die Güte der Kalibrierung auch für kurze Restlaufzeiten optisch einsehen können, betrachten wir in der rechten Graphik der Abb. 15.4 die logarithmierten Totalvarianzen. Wir erkennen, dass die Qualität des Fits über alle Restlaufzeiten hoch ist. In der Tat ist nun der durchschnittliche relative Fehler der impliziten Volatilitäten nur noch ARPE $= 0.22\,\%$; im Vergleich zur Kalibrierung des Modells (15.14) eine Reduktion um den Faktor 4. In der Tab. 15.1 geben wir (in Klammern) für jede Option im Datensatz die implizite Volatilität aus dem Modell an, also

$$\sigma^{\mathrm{i}}(x_\ell^k;\widehat{\boldsymbol{\eta}}_k) = \sqrt{\frac{w(x_\ell^k;\widehat{\boldsymbol{\eta}}_k)}{Tk}}, \quad \ell = 1 + \cdots + \nu_k, \quad k = 1,\ldots,n .$$

[5] Da pro Restlaufzeit drei Parameter zu finden sind, müssen wir mindestens $\nu_k = 3$ Optionen zu dieser Restlaufzeit zur Verfügungen haben. Sind nur eine oder zwei Optionen verfügbar, müssen wir diese Restlaufzeit vom Datensatz entfernen.

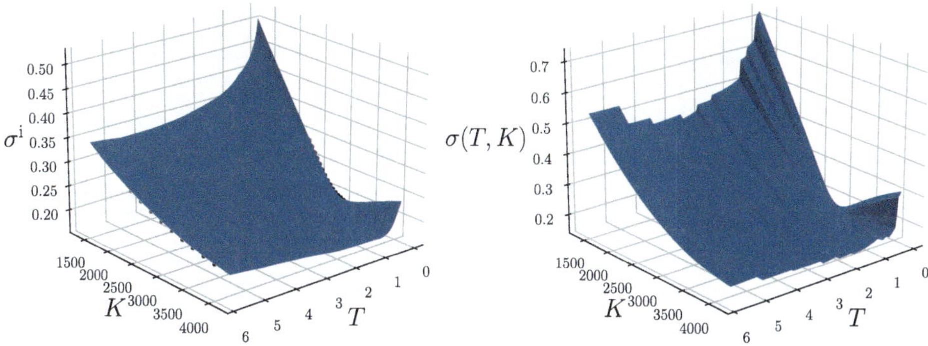

Abb. 15.5 Links. Implizite Volatiltiäten $\sigma_\ell^{k,\mathrm{i,M}}$ von Optionen auf den EURO STOXX 50 $(\cdot)$ und die entsprechende kalibrierte Volatilitäts-Oberfläche $(K,T)\mapsto\sqrt{w(K,T)/T}$ mit der Funktion $w(x,T)$ wie in (15.13), konstruiert aus den $n=11$ Funktionen $w(x;\widehat{\eta}_k)$, $k=1,\ldots,11$, mit $\widehat{\eta}_k$ Lösung des Kalibrierungsproblems (15.20). Rechts. Die aus $w(x,T)$ und der Dupire Gleichung (15.6) konstruierte lokale Volatilität

Wir erkennen, dass für einige Optionen die impliziten Volatilitäten des Modells bis auf zwei Nachkommastellen mit den Marktvolatilitäten übereinstimmen. Der grösste absolute Fehler zwischen Markt- und Modellvolatilität ist 0.51; dieser wird von der Option mit Restlaufzeit $T^3=0.274$ und Strike $K_1^3=0.7697S_0$ realisiert.

Um aus den n Funktionen $x\mapsto w(x;\widehat{\eta}_k)$, $k=1,\ldots,n$ eine bivariate Funktion $(x,T)\mapsto w(x,T)$ zu machen, interpolieren wir in der Zeit wie in (15.13) bereits diskutiert. Dies führt uns auf die rechte Graphik in Abb. 15.2.

Ist die Funktion $(x,T)\mapsto w(x,T)$ bekannt, können wir schlussendlich via der (transformierten) Dupire Gleichung (15.6) an die lokale Volatilität $\sigma(K,T)$ herankommen. In Abb. 15.5 ist die lokale Volatiltiät $(K,T)\mapsto\sigma(K,T)$ konstruiert aus dem Datensatz in Tab. 15.1 graphisch dargestellt.

Wir müssen noch die programmtechnische Realisierung der Funktion $\sigma(K,T)$ aus der Funktion $w(x,T)$ nach der Gleichung (15.6) diskutieren. Um σ zu bestimmen, benötigen wir insbesondere die partiellen Ableitung $\partial_T w$, $\partial_x w$ und $\partial_{xx} w$. Interpolieren wir wie in (15.13) angegeben in der Restlaufzeit affin, können wir diese partiellen Ableitungen explizit bestimmen. Zum Beispiel ist

$$\partial_T w=\frac{w(x;\boldsymbol{\eta}_k)-w(x;\boldsymbol{\eta}_{k-1})}{T^k-T^{k-1}},\quad T\in[T^{k-1},T^k]$$

oder

$$\partial_{xx} w=\frac{T^k-T}{T^k-T^{k-1}}w''(x;\boldsymbol{\eta}_{k-1})+\frac{T-T^{k-1}}{T^k-T^{k-1}}w''(x;\boldsymbol{\eta}_k),\quad T\in[T^{k-1},T^k]$$

mit der Ableitung $w''(x, \eta)$ direkt aus der Definition (15.10) von w bestimmbar, vergleiche mit der Lösung zur Aufgabe 15.2. Die affine Interpolation erzeugt wegen $\partial_T w$ eine Funktion σ, die unstetig an den Stellen T^k ist, vergleiche mit Abb. 15.5[6].

Was passiert, wenn wir die Funktion $\sigma(K, T)$ auswerten müssen für $T < T^1$, also wenn wir Restlaufzeiten betrachten, die kleiner sind als die kürzeste Restlaufzeit T^1 im Datensatz? Auch in diesem Fall müssen wir die Funktionen w, $\partial_T w$, $\partial_x w$ und $\partial_{xx} w$ an der Stelle (K, T) auswerten; diese Funktionen sind aber durch (15.13) nicht definiert (was ist T^0, was ist $w(x; \eta_0)$?). Um die Funktion $w(x, T)$ auch für $0 < T \leq T^1$ zu definieren, setzen wir $T^0 = 0$ und treffen die vernünftige Annahme, dass die implizite Totalvarianz w für $T = 0$ ebenso Null ist, also $w(x; \eta_0) = 0$ für jedes x. Ein Blick auf die Definition (15.10) der Funktion w zeigt, dass wir $a_0 = b_0$ setzen können, um dies zu erreichen. So können wir die affine Interpolation (15.13) auch für $T = 0$ (respektive $k = 0$) verwenden.

Wenn wir ein Modell der lokalen Volatilität zur Bewertung von Derivaten verwenden, müssen wir schlussendlich partielle Differentialgleichungen der Form $\partial_t V + a(s,t)\partial_{ss} V + b(s,t)\partial_s V + c(s,t)V = 0$ lösen. Solche Gleichungen haben wir bereits im Abschn. 6.5 betrachtet – und mit der Routine 6.5 pdetime_1d_a_theta approximativ gelöst. Dieser Routine müssen wir insbesondere die bivariate Funktion a übergeben, in einem Modell der lokalen Volatilität ist $a(x,t) = -\frac{1}{2}x^2\sigma^2(x, T-t)$ mit $x = s$ für die „übliche" Differentialgleichung (15.2) respektive $a(x,t) = -\frac{1}{2}x^2\sigma^2(x,t)$ mit $x = K$ für die Dupire-Gleichung (15.3). Wir müssen daher in Python eine Funktion $(s,t) \mapsto \sigma(s,t)$ definieren, vergleiche mit der Routine localvol_func.

Routine 15.1: localvol_func.py

```
import numpy as np
from scipy.interpolate import interp1d

def totalvar(x,p):
    a = p[0]; b = p[1]; rho = p[2]; m = p[3]; s = p[4];
    return a+b*(rho*(x-m)+np.sqrt((x-m)**2+s**2));

def totalvarD1(x,p):
    b = p[1]; rho = p[2]; m = p[3]; s = p[4];
    return b*rho+b*(x-m)/np.sqrt((x-m)**2+s**2);

def totalvarD2(x,p):
    b = p[1]; m = p[3]; s = p[4];
    return b*s**2/np.sqrt(((x-m)**2+s**2)**3);
```

[6] Wollten wir diese Unstetigkeiten vermeiden, müssten wir zur Interpolation Polynome mit höherem Grad als 1 verwenden und zwar so, dass diese Interpolation monoton wäre. Eine monotone Interpolation respektiert die Monotonie in den zur Interpolation verwendeten „Daten" (in unserem Fall sind das die Funktionen $w(x; \eta_k)$), was ja im Hinblick auf Kalender-Spread Arbitrage entscheidend ist. Offenbar ist die affine Interpolation (15.13) monoton; wir würden dazu Python's `PchipInterpolator` verwenden. „pchip" steht für „piecewise cubic Hermite interpolating polynomial". Diese Interpolation ist monoton, basiert auf Polynomen vom Grad drei und die erste Ableitung ist stetig.

```
def localvol_func(K,T,S,r,q,mat,p):
    '''Gegeben der Kurs S des Underlying, der Vektor [r1,...,rl] der Laenge
    l mit stetigen Zinssaetzen, der Vektor q = [q1,...,ql] der Laenge l mit
    stetigen Dividendenrenditen, der Vektor mat = [T1,...,Tl] der Laenge l
    mit den Restlaufzeiten (der betrachteten Optionen) und die Parameter p
    (p ist eine 5 x l Matrix; die j-te Kolonne von p beinhaltet die Volasmile-
    Parameter a, b, rho, m und s zur Restlaufzeit Tj),
    localvol_func(K,T,S,r,q,mat,p) bestimmt die lokale Volatilitaet in
    Abhaengigkeit der Restlaufzeit T und des Strikes K. T muss ein Skalar
    sein, K ist ein Spaltenvektor der Laenge n.'''

    r_func = lambda y:interp1d(mat,r,kind='linear',bounds_error=False,\
                               fill_value='extrapolate')(y);
    q_func = lambda y:interp1d(mat,q,kind='linear',bounds_error=False,\
                               fill_value='extrapolate')(y);

    pt = np.array([[0],[0],[1],[1],[1]]); p = np.hstack((pt,p));
    mat0 = np.hstack((0,mat));

    x = np.log(K/(S*np.exp((r_func(T)-q_func(T))*T)));
    j = np.where(mat0>=T)[0][0]-1; Tj = mat0[j]; Tj1 = mat0[j+1]; dTj = Tj1-Tj;

    w = ((Tj1-T)*totalvar(x,p[:,j])+(T-Tj)*totalvar(x,p[:,j+1]))/dTj;
    w_T = (totalvar(x,p[:,j+1])-totalvar(x,p[:,j]))/dTj;
    w_x = ((Tj1-T)*totalvarD1(x,p[:,j])+(T-Tj)*totalvarD1(x,p[:,j+1]))/dTj;
    w_xx = ((Tj1-T)*totalvarD2(x,p[:,j])+(T-Tj)*totalvarD2(x,p[:,j+1]))/dTj;

    g = (1-x*w_x/(2*w))**2-0.25*w_xx**2*(0.25+1/w)+0.5*w_xx;
    y = np.sqrt(w_T/g);
    return y
```

Beispiel 15.1 Wir betrachten den Datensatz in Tab. 15.1 respektive die daraus kalibrierte Funktion $\sigma(K, T)$. Um die Routine localvol_func auf ihre Richtigkeit zu überprüfen und nochmals die Güte der Kalibrierung zu testen, lösen wir beispielshaft für die Restlaufzeit $T^6 = 1.769$ die Dupire-Gleichung (15.3) im Intervall $G =]0, 4S_0[$ (mit $S_0 = 2772.7$) mit $N = 2^{11} - 1$ Gitterpunkten in K und $M = \lceil 0.05N \rceil$ Zeitschritten in T sowie $\theta = 0.5$ im θ-Verfahren. Dann vergleichen wir in der Tab. 15.2 die so erhaltenen Optionspreise $V(K^6_\ell, T^6)$ an den Stellen K^6_ℓ, $\ell = 1, \ldots \nu_6$ mit den $\nu_6 = 14$ Optionspreisen $V^{6,\mathrm{M}}_\ell$ am Markt, welche wir aus den entsprechenden impliziten Volatilitäten und der Black-Scholes Formel erhalten, siehe die Tab. 15.1. Zudem stellen wir die Situation in Abb. 15.6 graphisch dar.

```
In [4]: import scipy.io as sio
In [5]: mat_contents = sio.loadmat('D_SXE_option_01032010.mat')
   ...: D = mat_contents['D']
   ...: p,Dout,mat,S,r,q = calibration_lvgatheral(D,[]);
In [6]: a = lambda x,t:-x**2*(localvol_func(x,t,S,r,q,mat,p)**2)/2;
   ...: b = lambda x,t: 0*x*t; c =lambda x,t:0*x*t;
   ...: sl = 0; wl = lambda t:0*t; sr = 4*S; wr = lambda t:0*t; nl = 2; nr = 0;
   ...: g = lambda x:np.maximum(S-x,0); T = 1.769;
   ...: L = 11; N = 2**L-1; M = int(np.ceil(0.05*N));
   ...: K,w = pdetime_1d_a_theta(a,b,c,T,sl,wl,nl,sr,wr,nr,g,N,M,0,0.5);
In [7]: idx = np.where(Dout[:,4]==T)[0]; strikes = Dout[idx,3];
   ...: V = interp1d(K,w,kind='cubic')(strikes); V
```

Tab. 15.2 Numerische Lösung der Dupire-Gleichung (15.3) mit der lokalen Volatiltität $\sigma(K, T)$ aus der Kalibrierung (15.20) im Vergleich zu den Marktpreisen von Call Optionen auf den EURO STOXX 50

K_ℓ^6	$V(K_\ell^6, T^6)$	$V_\ell^{6,\mathrm{M}}$	RPE_ℓ^6
2134.15	769.90	770.38	0.063
2235.63	692.14	692.47	0.047
2337.39	617.37	617.58	0.033
2438.87	546.32	545.51	0.148
2540.63	478.90	478.36	0.112
2642.11	415.82	415.02	0.194
2743.86	357.07	356.72	0.098
2845.34	303.25	303.87	0.205
2947.10	254.33	254.52	0.073
3048.58	210.76	211.02	0.126
3150.34	172.37	172.36	0.010
3251.82	139.33	139.42	0.064
3353.58	111.27	111.16	0.092
3455.06	87.99	87.53	0.526

```
Out[7]:
array([769.89927007, 692.14128584, 617.37411487, 546.31499237,
       478.89966613, 415.82410768, 357.06926141, 303.24938134,
       254.33074828, 210.75868438, 172.37345178, 139.33420755,
       111.26696864,  87.992001  ])
```

Die Idee eines Modells der lokalen Volatilität ist ja, dass die Funktion $\sigma(K, T)$ so gewählt wird, dass Modell- und Marktpreise übereinstimmen, also dass $V = V^{\mathrm{M}}$ für jedes K und jedes T gilt. Die Tab. 15.2 zeigt aber, dass dies nicht erfüllt wird; wir erreichen

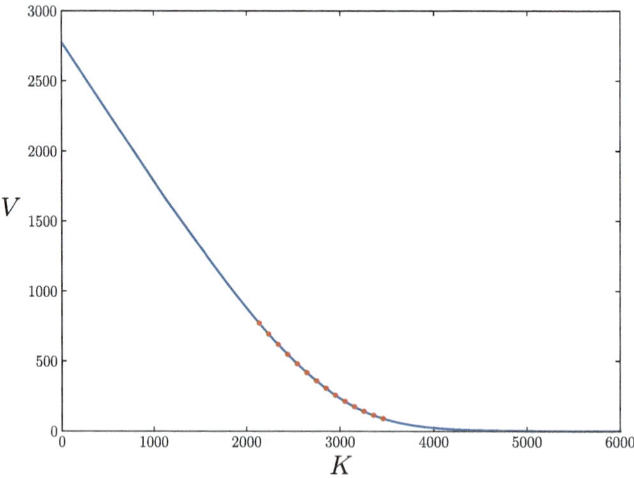

Abb. 15.6 Numerische Lösung (–) der Dupire Gleichung (15.3) und entsprechende Marktpreise $V_\ell^{6,\mathrm{M}}$ (•) von Call Optionen. Von blossem Auge sind keine Unterschiede feststellbar, vergleiche hierzu mit Tab. 15.2

„nur“ $V \approx V^{\mathrm{M}}$. Wir lokalisieren zwei Fehlerquellen. Erstens wird ja die Funktion σ aus Funktionen $w(x,\cdot)$ konstruiert; diese Funktionen können nicht exakt an den Markt kalibriert werden, da (pro Restlaufzeit) mehr Daten zur Verfügung stehen als Modellparameter zu finden sind. Die Residuen der entsprechenden Regressionsprobleme (15.20) sind per Konstruktion verschieden von Null. Zweitens approximieren wir die Lösung der Dupire Gleichung (15.3); allerdings sind die Approximationsfehler im Vergleich zu den Residuen aus der Kalibrierung vernachlässigbar klein.

Schlussendlich dürfen wir mit der Güte der Kalibrierung zufrieden sein: die relativen Fehler $\mathrm{RPE}_{6,\ell}$ bewegen sich für das gewählte Beispiel zwischen 0.01 % und 0.5 %; der durchschnittliche relative Fehler ARPE beträgt 0.13 %. ◇

15.2 Anwendungen

In diesem Abschnitt betrachten wir zwei Anwendungen der lokalen Volatlität. In der ersten bewerten wir einen Varianz Swap, in der zweiten untersuchen wir, wie der Preis einer (exotischen) Option von der Wahl des Modells abhängt.

15.2.1 Bewertung von Varianz-Swaps

Varianz Swaps haben wir im Abschn. 10.7.5 kennengelernt. Ein Varianz Swap mit Maturität T zahlt zum Zeitpunkt T dem Halter die Differenz zwischen realisierter Varianz $V_0(T)$ im Zeitintervall $[0,T]$ und einem Strike K_{var}^2. Man kann zeigen, dass im Modell der lokalen Volatilität (15.1)

$$K_{\mathrm{var}}^2 = \frac{1}{T}\int_0^T \mathbb{E}\big[\sigma^2(S(t),t)\big]\mathrm{d}t \tag{15.21}$$

gilt. Hierin ist $\sigma(s,t)$ die an den Markt kalibrierte Volatilitätsfunktion. Der Erwartungswert in (15.21) lässt sich wiederum via dem Lösen einer partiellen Differentialgleichung bestimmen; nach dem Fundamentalprinzip im Abschn. 3.4 müssen wir nebst dem Generator $\mathcal{A}$ auch die Funktionen $h(s,t)$ und $g(s)$ spezifizieren. Schreiben wir dazu (15.21) um zu (vertauschen von Erwartungswertbildung $\mathbb{E}[\cdot]$ und Integral $\int_0^T \cdot\, \mathrm{d}t$)

$$K_{\mathrm{var}}^2 = \frac{1}{T}\underbrace{\mathbb{E}\left[\int_t^T \sigma^2(S(\tau),\tau)\mathrm{d}\tau \mid S(t)=s\right]}_{=:V(s,t)} = \frac{1}{T}V(s,t)\,,$$

so erkennen wir, dass in der Tat ein Spezialfall des Fundamentalprinzips vorliegt; im Fall des Varianz Swaps ist $r(t)\equiv 0$, $g(s)\equiv 0$ und $h(s,t)=\sigma^2(s,t)$ die quadrierte lokale

Volatilität. Das LV-Modell für $S(t)$ ist in (15.1) gegeben, der infinitesimale Generator ist somit $\mathcal{A} = \frac{1}{2}\sigma^2(s,t)s^2\partial_{ss} + (r-q)s\partial_s$; daher erhalten wir K_{var} dadurch, in dem wir zunächst die Gleichung

$$\begin{cases} \partial_t V + \mathcal{A}V = -\sigma^2 & \text{in } \mathbb{R}^+ \times [0,T[\\ V(s,T) = 0 & \text{in } \mathbb{R}^+ \end{cases}$$

lösen und dann $K_{\text{var}} = \sqrt{V(s,0)/T}$ setzen (mit $s = S(0)$ der aktuelle Aktienkurs). In der obigen Gleichung müssen wir wiederum zur Restlaufzeit wechseln, $v(s,t) := V(s,T-t)$. Die Lösung der Gleichung

$$\begin{cases} \partial_t v - \dfrac{1}{2}\sigma^2(s,T-t)s^2\partial_{ss}v - (r-q)s\partial_s v = \sigma^2(s,T-t) & \text{in } \mathbb{R}^+ \times]0,T] \\ v(s,0) = 0 & \text{in } \mathbb{R}^+ \end{cases} \tag{15.22}$$

approximieren wir mit finiten Differenzen in s und dem θ-Schema in t. Wir erhalten folgende Sequenz: für $\mathbf{w}_0 = \mathbf{0}$ und $j = 0,\ldots,M-1$ löse das Gleichungssystem

$$\big(\mathbf{I} + k\theta\mathbf{A}_j\big)\mathbf{w}_{j+1} = \big(\mathbf{I} - k(1-\theta)\mathbf{A}_j\big)\mathbf{w}_j + k\mathbf{f}_j$$

mit der Matrix $\mathbf{A}_j = \mathbf{A}(t_j + k\theta)$ wie im Abschn. 6.5, dem Vektor $\mathbf{f}_j = \mathbf{f}(t_j + k\theta)$ und

$$\mathbf{f}(t) = \begin{pmatrix} \sigma^2(s_1, T-t) \\ \sigma^2(s_2, T-t) \\ \vdots \\ \sigma^2(s_N, T-t) \end{pmatrix}.$$

Die Routine pdetime_1d_a_theta löst das Problem (15.22) nur für homogene rechte Seiten. Wir müssen daher die Routine für das Bewerten von Varianz Swaps erweitern, siehe die Routine variance_swap_lv.

Beispiel 15.2 Wir betrachten einen hypothetischen Varianz Swap mit Laufzeit 0.5 Jahre auf den EURO STOXX 50 mit Emissionsdatum 01.03.2010. Die Funktion $\sigma(s,t)$ haben wir bereits im Beispiel 15.1 gefunden. Nun haben wir in Python

```
In [9]: lv = lambda x,t:localvol_func(x,t,S,r,q,mat,p);
In [10]: L = 11; N = 2**L-1; M = int(np.ceil(0.05*N));
In [11]: v = variance_swap_lv(S,lv,0,0,0.5,N,M,0.5); v
Out[12]: 0.2512168467130049
```

und erhalten $K_{\text{var}} \doteq 25.12\,\%$. ◇

Routine 15.2: variance_swap_lv.py

```
import numpy as np
from scipy import sparse
from scipy.interpolate import interp1d
from get_diagonals import get_diagonals
from scipy.linalg import solve_banded
from matrixgenerator_t import matrixgenerator_t

def variance_swap_lv(s0,lv,r,q,T,N,M,theta):
    '''Findet the Wert eines Varianz Swap mit Laufzeit T in einem Modell der
    lokalen Volatilitaet. s0 ist der aktuelle Aktienkurs, r und q sind cc
    risk free und cc Dividenderendite. N, M und theta sind die ueblichen
    Diskretisierungsparameter. lv ist die bivariate lokale Volatilitaets-
    funktion lv = lv(x,t).'''

    xl = 0; nl = 2; xr = 4*s0; nr = 2;
    a = lambda x,t:-x**2*lv(x,T-t)**2/2; b = lambda x,t:-(r-q)*x*t**0;

    # Gitter definieren
    x = np.linspace(xl,xr,N+2); k = T/M;
    if nl<3: x = x[1:]
    if nr<3: x = x[:-1]
    beta = lambda x:1+x-(x>0); diags = (beta(nr),beta(nl))

    # Matrizen A(t), und I definieren
    I = sparse.eye(N+(nr==3)+(nl==3))
    Mat = matrixgenerator_t([["M2",a],["M1",b]],[nl,nr],xl,xr,N);
    A = lambda t:Mat[0](t)+Mat[1](t)

    # Start-Vektor w0, Funktion f definieren
    w = np.zeros(len(x)); f = lambda t:lv(x,T-t)**2;

    # Theta-Verfahren
    for j in range(0,M):
        tj = (j+theta)*k; Aj = A(tj);
        B = get_diagonals(I+k*theta*Aj,nl,nr);
        C = I - (1-theta)*k*Aj;
        w = solve_banded(diags,B,C*w+k*f(tj))

    return np.sqrt(interp1d(x,w)(s0)/T);
```

15.2.2 Modellabhängiger Optionspreis

In diesem Abschnitt untersuchen wir, wie der Preis einer Option vom gewählten Modell abhängt. Dazu bewerten wir am 18. Juni 2012 eine Double-Barrier Call Option auf den DAX im Black-Scholes, CEV, LV, Kou, Heston, Bates und Heston Modell mit stochastischer Korrelation (nur OU-Prozess, siehe Tab. 10.10). Untere und obere Barriere L und U der Double-Barrier Option erfüllen $L < s_0 < U$, mit $s_0 = 6248.2$ der Stand des DAX am 18. Juni 2012. Die Double-Barrier Option wird wertlos, sobald der DAX während der Laufzeit U oder L berührt.

Um einen sinnvollen Vergleich zu erhalten, kalibrieren wir alle Modelle an den Datensatz in Tab. 1.2 und nehmen an, dass die zu bewertende Barriere Option die selbe Laufzeit

Tab. 15.3 Preis $V(s_0, 0)$ einer Double-Barrier Option mit unterer und oberer Barriere $L = 0.72 s_0$ respektive $U = 1.15 s_0$ auf den DAX mit Kurs $s_0 = 6248.2$ am 18. Juni 2012 ($t = 0$). ARPE ist die durchschnittliche relative Abweichung der impliziten Volatilität des Modells zur impliziten Volatilität des Markts

Modell	$\widehat{\eta}_i$	Wert	ARPE [%]	$V(s_0, 0)$
BS	σ	0.2774	7.781	63.14
LV	$\sigma(s, t)$		0.505	115.04
CEV	β	-1.742752	1.484	121.29
	δ	$6.925875 \cdot 10^9$		
Kou	σ	0.1273	0.020	164.57
	λ	4.7170		
	p	$1.0321 \cdot 10^{-4}$		
	η_1	1.0432		
	η_2	11.6118		
Heston	κ	$1.0863 \cdot 10^{-6}$	0.297	151.28
	m	0.4766		
	δ	0.7734		
	ρ	-0.5826		
	v_0	0.0858		
Bates	κ	7.5330	0.023	172.13
	m	$6.4879 \cdot 10^{-8}$		
	δ	1.0707		
	ρ	-0.7072		
	v_0	0.1858		
	λ	$4.8185 \cdot 10^{-4}$		
	μ_J	1.0529		
	σ_J	2.008		
Heston mit OU-Korrelation	κ	1.4416	0.059	123.52
	m	0.1899		
	δ	1.4800		
	v_0	0.0709		
	κ_Z	6.6377		
	m_Z	0.4864		
	δ_Z	0.0111		
	z_0	-0.8508		
	ρ_1	0.9900		

hat wie die zur Kalibrierung verwendeten Europäische Optionen. Für jedes der betrachteten Modelle (Ausnahme LV) lösen wir das Minimierungsproblem (1.20)

$$\widehat{\boldsymbol{\eta}} := \arg\min_{\boldsymbol{\eta} \in S} \sum_{j=1}^{\nu} \left(V_j(\boldsymbol{\eta}) - V_j^{\mathrm{M}}\right)^2 ;$$

für das Black-Scholes und CEV Modell haben wir dies bereits mit den Routinen 1.2 calibration_bs respektive 6.8 calibration_cev erledigt. Für das Kou Modell und die Modelle der stochastischen Volatilität (SV) lösen wir die entsprechenden Kalibrierungsprobleme mit der im Kap. 8 diskutierten Cos-Methode respektive mit der Routine 8.2 calibration_cos. Dies ist möglich, da für die hier betrachteten Modelle die charakteristische Funk-

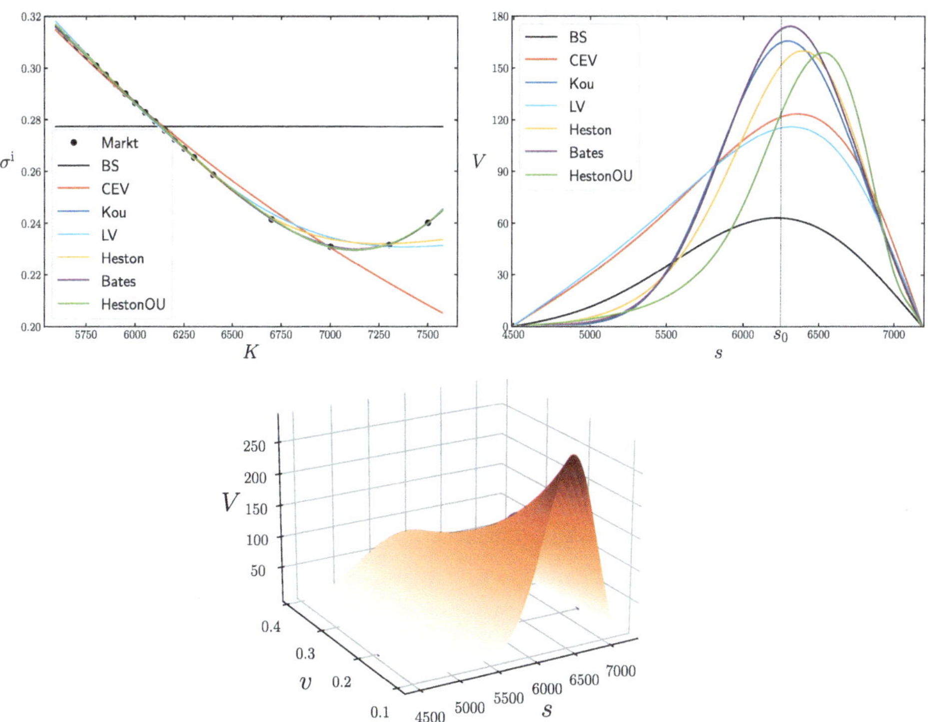

Abb. 15.7 Links. Volatilitäts-Smile für verschiedene Modelle kalibriert an Optionsdaten in Tab. 1.2, vergleiche auch mit Abb. 1.8. Rechts. Obwohl die Qualität der Kalibrierung für einige Modelle sehr gut ist, ist der Wert $V(s, 0)$ einer Double-Barrier Option stark modell-abhängig. Unten. Der Graph der Lösung $V(s, v, 0)$ der PIDE (10.62) mit $G =]L, U[\times \mathbb{R}^+$ für $(s, v) \in]L, U[\times]0.1, 0.4[$ und der „Schnitt" $]L, U[\ni s \mapsto V(s, v_0, 0)$ mit $v_0 \doteq 0.1859$ wie in Tab. 15.3. Der entsprechende Schnitt ist auch in der rechten Graphik zu finden

tion bekannt ist, siehe zum Beispiel (9.33) für das Kou Modell und (10.86) für das Bates Modell. Die Kalibrierung des LV Modells erfolgt nach (15.20), wobei es in diesem Fall – ein wenig unrealistisch – nur eine Restlaufzeit gibt ($k = 1$). Diese Kalibrierung liefert dann die Funktion $(s, t) \mapsto \sigma(s, t)$, vergleiche mit der Routine localvol_func. Die Ergebnisse $\widehat{\boldsymbol{\eta}} = (\widehat{\eta}_1, \widehat{\eta}_2, \ldots, \widehat{\eta}_n)$ der Kalibrierungen sind in Tab. 15.3, die entsprechenden Volatilitäts-Smiles in Abb. 15.7 zu finden. Die Modelle von Kou und Bates fitten (mit Abstand) am besten an den vorliegenden Datensatz. Um die Smiles auch quantitativ vergleichen zu können, bestimmen wir den durchschnittlichen relativen Fehler ARPE zwischen impliziter Volatilität nach dem Modell und impliziter Volatilität des Marktes, das heisst

$$\mathrm{ARPE} = \frac{1}{\nu} \sum_{j=1}^{\nu} \frac{\left|\sigma_j^{\mathrm{i}}(\widehat{\boldsymbol{\eta}}) - \sigma_j^{\mathrm{i,M}}\right|}{\sigma_j^{\mathrm{i,M}}} .$$

Die entsprechende Werte geben wir in Tab. 15.3 an.

Nach dem die Modellparameter gefunden sind, lösen wir die entsprechenden Differentialgleichungen. Die Gleichungen für das Black-Scholes, CEV und LV haben eine Ortsdimension ($G =]L, U[$), wobei die Koeffizienten des LV Modells zeitabhängig sind, vergleiche mit (15.2). Die partielle Differentialgleichung für das Heston und die partielle Integro-Differentialgleichung für das Bates Modell haben zwei Ortsdimensionen ($G =]L, U[\times\mathbb{R}^+$); die PDE für das HestonOU Modell ist dreidimensional ($G =]L, U[\times \mathbb{R}^+ \times]-1, 1[$). Um besser zu verstehen, wie der Wert der Double-Barrier Option vom gewählten Modell abhängt, betrachten wir nicht nur die Preise $V(s_0, 0)$ der Option für den aktuellen Basiswertkurs s_0, sondern für alle $s \in]L, U[$. Dies ist möglich, da die Finite-Differenzen-Methode (im Gegensatz zu einer Monte-Carlo Simulation) ja eben gerade für alle Gitterpunkte (Basiswertkurse) in G die dazugehörigen Preise liefert. In Abb. 15.7 sind die Graphen der Funktionen $s \mapsto V(s, 0)$ für das Black-Scholes, CEV und LV Modell abgebildet. Für die Modelle der stochastischen Volatilität/Korrelation betrachten wir die Graphen der Funktionen $s \mapsto V(s, v_0, 0)$ respektive $s \mapsto V(s, v_0, z_0, 0)$, wo v_0 und z_0 die Werte für die Varianz und Korrelation sind, in welchen die entsprechenden stochastischen Prozess starten (diese Grössen werden durch die Kalibrierung gefunden, vergleiche mit Tab. 15.3). Wir können die „Schnitte" $s \mapsto V(s, v_0, 0)$ respektive $s \mapsto V(s, v_0, z_0, 0)$ in Python via einer Interpolation erhalten.

Für $L = 0.72s_0$ und $U = 1.15s_0$ ist der Preis im Black-Scholes Modell der Double-Barrier Option $V(s_0, 0) = 63.14$, während er im Bates $V(s_0, v_0, 0) = 172.15$ beträgt; der Bates Preis ist ca. 172 % (!) grösser als der Black-Scholes Preis. Betrachtet man die Schnitte $s \mapsto V(s, \cdot, 0)$ in Abb. 15.7, so stellen wir fest, dass die LV-Modelle (CEV, LV) eine grundsätzlich verschiedene Abhängigkeit des Optionspreises $V(s, \cdot, 0)$ vom Basiswertkurs s liefern als die SV-Modelle. Es scheint daher eher „zufällig" zu sein, dass das Heston-OU Modell für s_0 einen zu den LV-Modellen vergleichbaren Optionspreis liefert.

15.3 Lokale- und stochastische Volatilität, LSV-Modell

Im Abschn. 10.7 haben wir Modelle der stochastischen Volatilität (SV) betrachtet; diese haben die Form

$$dS(t) = (r - q)S(t)dt + \sigma(t)S(t)dW(t) ,$$

mit $\sigma(t)$ ein stochastischer Prozess, der die instantane Volatiltiät modelliert, vergleiche mit (10.50). Es stellt sich heraus, dass die lokale Volatilität $\sigma(K, T)$ einer erwarteten instantanen Volatilität entspricht, das heisst

$$\sigma^2(K, T) = \mathbb{E}^{\mathbb{Q}}\big[\sigma^2(t) \mid S(T) = K\big] . \tag{15.23}$$

Es wäre schön, wenn wir aus Marktdaten die Volatilität (den Prozess) $\sigma(t)$ extrahieren könnten, so dass Modell- und Marktpreise übereinstimmen (ähnlich, wie wir aus Marktdaten die Funktion $\sigma(K,T)$ konstruieren). Die Gleichung (15.23) zeigt aber, dass dies nicht möglich ist: es gibt unendlich viele Prozesse mit demselben Erwartungswert.

Im Abschn. 15.1 haben wir das Modell der lokalen Volatilität (LV) an Marktdaten kalibriert. In [8] schreibt Guyon dazu: „Calibrating to the market smile is useful when one sells an exotic option whose risk is well mitigated by trading vanilla options–then the model correctly prices the hedging instruments at inception.“ Derivate (zum Beispiel Cliquets und Forward Start Optionen), dessen Preis/Hedging von Risikofaktoren wie die Variabilität der impliziten Volatilität oder die Korrelation zwischen dem Basiswert und der impliziten Volatilität abhängen, können nicht mit einem LV Modell behandelt werden. Hier benötigen wir SV Modelle; einige von ihnen haben wir im Abschn. 10.7 kennengelernt. Zum Beispiel ist das Heston Modell von der Form

$$\begin{cases} \mathrm{d}S(t) = (r-q)S(t)\mathrm{d}t + f(V(t))S(t)\mathrm{d}W(t) & S(0) = s_0 \\ \mathrm{d}V(t) = a(V(t))\mathrm{d}t + b(V(t))\mathrm{d}\widetilde{W}(t) & V(0) = v_0 \end{cases}$$

mit $V(t)$ die instantane Varianz und $\widetilde{W}(t) = \rho W(t) + \sqrt{1-\rho^2}\widehat{W}(t)$ mit $W(t)$ und $\widehat{W}(t)$ unabhängige Brown'sche Bewegungen. Die Verwendung von (mindestens) zwei Brown'schen Bewegungen bringt im Vergleich zu LV Modellen in der Tat eine Erhöhung der Modellierungsflexibilität, wir bezahlen jedoch einen hohen Preis dafür: SV Modelle sind (im Gegensatz zu LV Modellen) nicht vollständig, was (unter anderem) bedeutet, dass Preise von Optionen in diesen Modellen nicht eindeutig sind[7]. Wie bereits bemerkt ist ein weiterer Nachteil von SV Modelle, dass diese nicht exakt an Marktdaten kalibriert werden können. Die Vorteile von LV- und SV Modellen werden in Modellen der lokalen-stochastischen Volatilität (LSV) kombiniert. In einem LV Modell lautet die stochastische Differentialgleichung für den Basiswert $\mathrm{d}S(t) = \ldots \mathrm{d}t + \sigma(S(t),t)\mathrm{d}W(t)$ mit $\sigma(s,t)$ die lokale Volatilität. Offenbar ist daher das Modell

$$\begin{cases} \mathrm{d}S(t) = (r-q)S(t)\mathrm{d}t + f(V(t))\ell(S(t),t)S(t)\mathrm{d}W(t) & S(0) = s_0 \\ \mathrm{d}V(t) = a(V(t))\mathrm{d}t + b(V(t))\mathrm{d}\widetilde{W}(t) & V(0) = v_0 \end{cases} \tag{15.24}$$

eine Verallgemeinerung von LV als auch SV Modellen. Die Funktion $\ell : \mathbb{R}^+ \times \mathbb{R}_0^+ \to \mathbb{R}^+$ wird in der Literatur auch „leverage function“ genannt. Beachten Sie, dass das Produkt $f(v)\ell(s,t)$ in der „Kopplung“ von $V(t)$ mit $S(t)$ willkürlich ist; hier kann auch andere Formen verwenden[8].

Um dieses Modell zur Bewertung von Derivaten verwenden zu können, müssen wir die Parameter in den Funktionen a, b und f sowie die Funktion $\ell(s,t)$ aus Marktdaten schätzen. Üblicherweise kalibriert man zunächst das SV Modell und das LV Modell separat; dies ergibt die Funktionen $a(v), b(v), f(v)$ und ρ für das SV Modell und $\sigma(s,t)$ für

[7] Es gibt unendlich viele (zum physischen) äquivalente Masse so, dass der abgezinste Basiswertprozess ein Martingal ist, vergleiche mit [4].

[8] Beachten Sie zudem, dass wir im Produkt $f(v)\ell(s,t)$ die Funktion ℓ nicht σ nennen dürfen, da der Faktor ℓ nicht der Dupire's lokalen Volatilität σ entspricht.

das LV Modell. Die Frage, die sich nun stellt ist, wie wir aus Kenntnis dieser Funktionen auf $\ell(s,t)$ kommen. Dazu können wir folgende Argumentationskette verwenden. Nach Abschn. 10.1 erfüllt die Wahrschheinlichkeitsdichte $p(s,v,t;s_0,v_0,0) = p(\mathbf{x},t)$ des bivariaten Prozesses $\mathbf{X}(t) = (S(t),V(t))^\top$ die Kolmogorov Vorwärtsgleichung (10.8) (mit $\mathbf{x} = (s,v)$ und $\mathbf{x}_0 = (s_0,v_0)$)

$$\begin{cases} \partial_t p + \mathcal{A}^* p = 0 & \text{in } G \times]0,\infty[\\ \quad p(\mathbf{x},0) = \delta_{\mathbf{x}_0}(\mathbf{x}) & \text{in } G \end{cases}, \tag{15.25}$$

mit

$$\begin{aligned} \mathcal{A}^* p(s,v,t) = &-\frac{1}{2}\partial_{ss}\big(f^2(v)\ell^2(s,t)s^2 p(s,v,t)\big) - \partial_{sv}\big(\rho b(v) f(v)\ell(s,t)sp(s,v,t)\big) \\ &-\frac{1}{2}\partial_{vv}\big(b^2(v)p(s,v,t)\big) + \partial_s\big((r-q)sp(s,v,t)\big) \\ &+ \partial_v\big(a(v)p(s,v,t)\big) , \end{aligned} \tag{15.26}$$

vergleiche mit der Aufgabe 15.4, und $G =]0,\infty[^2$. Nun integrieren wir die Kolmogorov Vorwärtsgleichung bezüglich der Varianz, um die marginale Wahrscheinlichkeitsdichte $p_S(s,t) := \int_0^\infty p(s,v,t)\mathrm{d}v$ von $S(t)$ zu erhalten; formal

$$\partial_t p_S + \mathcal{A}_S^* p_S = 0 \quad \text{in} \quad]0,\infty[\times]0,\infty[\tag{15.27}$$

mit

$$\mathcal{A}_S^* p_S(s,t) = -\frac{1}{2}\partial_{ss}\Big(\ell^2(s,t)s^2 \int_0^\infty f^2(v)p(s,v,t)\mathrm{d}v\Big) + \partial_s\big((r-q)sp_S(s,t)\big) ,$$

da p_S nicht von v abhängt. Die marginale Wahrscheinlichkeitsdichte $p_S(s,t)$ erfüllt auch die Kolmogorov Vorwärtsgleichung des LV Modells, das heisst die Differentialgleichung (15.27) gilt auch für das LV Modell, mit dem Operator

$$\mathcal{A}^{\mathrm{LV},*} p_S(s,t) = -\frac{1}{2}\partial_{ss}\big(s^2\sigma^2(s,t)p_S(s,t)\big) + \partial_s\big((r-q)sp_S(s,t)\big) .$$

Damit die beiden Kolmogorov Vorwärtsgleichungen identisch sind, muss offenbar

$$\sigma^2(s,t)p_S(s,t) = \ell^2(s,t)\int_0^\infty f^2(v)p(s,v,t)\mathrm{d}v$$

gelten (Koeffizientenvergleich); oder, äquivalent,

$$\ell^2(s,t) = \sigma^2(s,t)\frac{\int_0^\infty p(s,v,t)\mathrm{d}v}{\int_0^\infty f^2(v)p(s,v,t)\mathrm{d}v} . \tag{15.28}$$

Definieren wir

$$(\mathcal{I}p)(s,t) := \frac{\int_0^\infty p(s,v,t)\mathrm{d}v}{\int_0^\infty f^2(v)p(s,v,t)\mathrm{d}v}, \tag{15.29}$$

so ist die Kolmogorov Vorwärtsgleichung für die Wahrscheinlichkeitsdichte $p(s,v,t)$ wie in (15.25), mit

$$\begin{aligned}\mathcal{A}^* p(s,v,t) = &-\frac{1}{2}\partial_{ss}\big(f^2(v)s^2\sigma^2(s,t)(\mathcal{I}p)(s,t)p(s,v,t)\big)\\ &- \partial_{sv}\big(\rho b(v)f(v)s\sigma(s,t)\sqrt{(\mathcal{I}p)(s,t)}\,p(s,v,t)\big)\\ &- \frac{1}{2}\partial_{vv}\big(b^2(v)p(s,v,t)\big) + \partial_s\big((r-q)sp(s,v,t)\big)\\ &+ \partial_v\big(a(v)p(s,v,t)\big)\,. \end{aligned}\tag{15.30}$$

Da die Koeffizienten in den Ableitungen ∂_{ss} und ∂_{sv} selbst von der gesuchten Funktion $p(s,v,t)$ abhängen, ist die Kolmogorov Vorwärtsgleichung für das Modell (15.25) im Gegensatz zu allen anderen in diesem Text diskutierten Differentialgleichungen nichtlinear! Deren numerische Lösung ist nicht-trivial und wird von Rémi Tachet Des Combes [11] mit finiten Differenzen und von Daniele Cozzi [3] für den Fall, dass die stochastische Varianz $V(t)$ dem Heston Modell folgt, mit der Finite-Elemente-Methode gelöst.

Die wohl einfachste Variante, die Vorwärtsgleichung trotzdem mit der im diesem Text vorgestellten Finite-Differenzen-Methode zu lösen ist, im adjungierten Operator $\mathcal{A}^*$ die Funktion $(\mathcal{I}p)(s,t)$ zu ersetzen durch $(\mathcal{I}p)(s,t-k)$. Das bedeutet, dass wir im Zeitschrittverfahren mit Schrittweite k zur Berechnung der Wahrscheinlichkeitsdichte $p(\mathbf{x},t_j)$ zum Zeitpunkt t_j nicht die Funktion $(\mathcal{I}p)(s,t_j)$ verwenden, sondern $(\mathcal{I}p)(s,t_j-k)$. Diese ist aus Kenntnis der Wahrscheinlichkeitsdichte $p(\mathbf{x},t_j-k)$ zum Zeitpunkt t_{j-1} berechenbar; die Koeffizienten in den Ableitungen ∂_{ss} und ∂_{sv} hängen nun nicht mehr von der gesuchten Funktion $p(s,v,t_j)$ ab. Die Lösung $p(s_i,v_j,t) \approx p_{i,j}(t) =: p_\ell(t)$ der Vorwärtsgleichung an den $N = N_1N_2$ (inneren) Gitterpunkten $(s_i,v_j) \in \mathcal{G}_{s,v}$ des Gitters (10.14) wird somit via

$$\begin{cases}\mathbf{p}'(t) + \mathbf{A}(t;t-k)\mathbf{p}(t) = \mathbf{0}\\ \qquad\qquad\qquad\quad \mathbf{p}(0) = \mathbf{p}_0\end{cases}\tag{15.31}$$

approximiert, mit der $N \times N$-Matrix $\mathbf{A}(t;\tau)$ aus (15.30) folgend,

$$\begin{aligned}\mathbf{A}(t;\tau) := {}&\mathbf{M}^{(2),\mathrm{v}}_{-\frac{1}{2}x^2\sigma^2(s,t)I_{\mathbf{p}(\tau)}(s)} \otimes \mathbf{M}^{(0),\mathrm{v}}_{f^2(v)} + \mathbf{M}^{(1),\mathrm{v}}_{-\rho s\sigma(s,t)\sqrt{I_{\mathbf{p}(\tau)}(s)}} \otimes \mathbf{M}^{(1),\mathrm{v}}_{f(v)b(v)}\\ &+ \mathbf{M}^{(0),\mathrm{v}}_{-\frac{1}{2}} \otimes \mathbf{M}^{(2),\mathrm{v}}_{b^2(v)} + \mathbf{M}^{(1),\mathrm{v}}_{(r-q)s} \otimes \mathbf{M}^{(0),\mathrm{v}}_{1} + \mathbf{M}^{(0),\mathrm{v}}_{1} \otimes \mathbf{M}^{(1),\mathrm{v}}_{a(v)}\end{aligned}$$

und dem Vektor $\mathbf{p}(t) := (p_1(t),\ldots,p_N(t))^\top$. Die in der Matrix $\mathbf{A}$ vorkommende Funktion $s \mapsto I_{\mathbf{p}(t-k)}(s)$ hängt von der vektorwertigen Funktion $t-k \mapsto \mathbf{p}(t-k)$ ab und ergibt sich durch eine Interpolation wie folgt. Für jeden Punkt $(s_i, \cdot)$ approximieren wir die Integrale in (15.29) via

$$\int_0^\infty p(s_i, v, t-k)\mathrm{d}v \approx \sum_{j=1}^{N_2} p_{i,j}(t-k)h_v$$

$$\int_0^\infty f^2(v)p(s_i, v, t-k)\mathrm{d}v \approx \sum_{j=1}^{N_2} f^2(v_j)p_{i,j}(t-k)h_v$$

(in Python via `trapz`, vergleiche mit dem Abschn. 5.9) und erhalten dadurch, für jeden Punkt $(s_i, \cdot)$, die Approximation

$$(\mathcal{I}p)(s_i, t-k) \approx I_{\mathbf{p}(t-k)}(s_i) := \frac{\sum_{j=1}^{N_2} p_{i,j}(t-k)h_v}{\sum_{j=1}^{N_2} f^2(v_j)p_{i,j}(t-k)h_v} .$$

Für beliebiges s erhalten wir die Funktionswerte $(\mathcal{I}p)(s, t-k)$ approximativ aus den Funktionswerten $I_{\mathbf{p}(t-k)}(s_i)$ durch Interpolation, z. B. via `interp1d` in Python. Um die Lösung des Systems (15.31) zu approximieren, verwenden wir das Craig-Sneyd Schema (10.28); ist die Matrix $\mathbf{A}$ wie im vorliegenden Fall zeitabhängig, lautet dieses: Für gegebenes $\mathbf{p}_0$ und $j = 0, \ldots, M-1$ bestimme

$$\begin{cases} \mathbf{y}_0 = \big(\mathbf{I} - k\mathbf{A}(t_j; t_j)\big)\mathbf{p}_j & \\ \big(\mathbf{I} + k\theta\mathbf{A}_i(t_{j+1}; t_j)\big)\mathbf{y}_i = \mathbf{y}_{i-1} + k\theta\mathbf{A}_i(t_j; t_j)\mathbf{p}_j, & i = 1, 2 \\ \mathbf{z}_0 = \mathbf{y}_0 - \frac{1}{2}k\big(\mathbf{A}_0(t_{j+1}; t_j)\mathbf{y}_2 - \mathbf{A}_0(t_j; t_j)\mathbf{p}_j\big) & \\ \big(\mathbf{I} + k\theta\mathbf{A}_i(t_{j+1}; t_j)\big)\mathbf{z}_i = \mathbf{z}_{i-1} + k\theta\mathbf{A}_i(t_j; t_j)\mathbf{p}_j, & i = 1, 2 \\ \mathbf{p}_{j+1} = \mathbf{z}_2 & \end{cases}$$

Hier ist $\mathbf{A}(t; \tau)$ wie oben; weiter sind $\mathbf{A}_i(t; \tau)$ analog zu (10.23), das heisst $\mathbf{A}_1(t; \tau)$ entspricht den Ableitungsoperatoren nur bezüglich s, $\mathbf{A}_2(t; \tau)$ entspricht den Ableitungsoperatoren nur bezüglich v, und $\mathbf{A}_0(t; \tau)$ entspricht den gemischten Ableitungen. Im vorliegenden Fall also

$$\mathbf{A}_0(t; \tau) = \mathbf{M}^{(1),\mathrm{v}}_{-\rho s\sigma(s,t)\sqrt{I_{\mathbf{p}(\tau)}(s)}} \otimes \mathbf{M}^{(1),\mathrm{v}}_{f(v)b(v)}$$

$$\mathbf{A}_1(t; \tau) = \mathbf{M}^{(2),\mathrm{v}}_{-\frac{1}{2}s^2\sigma^2(s,t)I_{\mathbf{p}(\tau)}(s)} \otimes \mathbf{M}^{(0),\mathrm{v}}_{f^2(v)} + \mathbf{M}^{(1),\mathrm{v}}_{(r-q)s} \otimes \mathbf{M}^{(0),\mathrm{v}}_{1}$$

$$\mathbf{A}_2(t; \tau) = \mathbf{M}^{(0),\mathrm{v}}_{-\frac{1}{2}} \otimes \mathbf{M}^{(2),\mathrm{v}}_{b^2(v)} + \mathbf{M}^{(0),\mathrm{v}}_{1} \otimes \mathbf{M}^{(1),\mathrm{v}}_{a(v)}$$

Die Matrizen $\mathbf{M}^{(k),\mathrm{v}}_{y}$ sind in (4.22) und (4.23) definiert und können mit der Routine matrixgenerator_adj berechnet werden. Wir bemerken, dass die Matrix $\mathbf{A}_2$ nicht von t, τ abhängt und daher nur einmal berechnet werden muss. Der Startvektor $\mathbf{p}_0$ entspricht dem

Dirac $\delta_{\mathbf{x}_0}$ und lässt sich nicht in Python realisieren. Wir approximieren $\delta_{\mathbf{x}_0}$ daher mit der Dichte einer bivariaten Normalverteilung (unkorreliert), das heisst

$$p(\mathbf{x}, 0) = \delta_{\mathbf{x}_0}(\mathbf{x}) \approx \frac{1}{2\pi\sigma_s^2\sigma_v^2} e^{-\frac{(s-s_0)^2}{2\sigma_s^2} - \frac{(v-v_0)^2}{2\sigma_v^2}} ,$$

mit $\sigma_s, \sigma_v > 0$ von uns frei wählbar[9]. Wir realisieren die beschriebene Prozedur in der Routine pdeforward_2d_dh_cs. Diese löst die Kolmogorov Vorwärtsgleichung (15.25) im Zeitintervall $[0, T]$ und gibt $p(s, v, T)$ sowie die (approximierte) „leverage function" $(s, t) \mapsto \ell(s, t)$ aus. Diese benötigen wir, um den Wert von Derivaten in diesem Modell berechnen zu können.

Routine 15.3: pdeforward_2d_dh_cs.py

```
import numpy as np
from scipy import sparse
from scipy import interpolate
from scipy.interpolate import interpn
from get_diagonals import get_diagonals
from scipy.linalg import solve_banded
from matrixgenerator_adj import matrixgenerator_adj
from perm_matrix import perm_matrix

def pdeforward_2d_dh_cs(D,v0,a,b,f,lv,rho,T,G,N,M):
    '''Findet die Wahrscheinlichkeitsdichte w = p(s,v,T;s0,V0,0) zum Zeitpunkt
    T sowie die 'leverage function' ell(s,t) eines LSV Modells der Form

    dS(t) = (r-q)S(t)dt + f(V(t))ell(S(t),t)S(t)dW^S(t), S(0) = s0
    dV(t) = a(V(t))dt + b(V(t))dW^V(t), V(0) = v0

    Hier ist ell^2(s,t) = lv^2(s,t)(Ip)(s,t), mit lv(s,t) die lokale
    Volatilitaet, welche aus Optionsdaten in der Matrix D folgt. rho ist die
    Korrelation der Brown'schen Bewegnungen W^S(t) und W^V(t). forward_LSV
    verwendet im Gebiet G = [smin,smax,vmin,vmax] finite Differenzen zweiter
    Ordnung auf einem equidistanten Gitter mit [Nx,Ny] inneren Gitterpunkten
    in s respektive v und das Craig-Sneyd Verfahren mit M Zeitschritten.'''

    # Daten der Optionen mit Laufzeit T
    D = D[D[:,4]==T,:]; s0 = D[0,0]; r = D[0,7]; q = D[0,6];

    # Konstanten definieren
    Nx = N[0]; Ny = N[1]; xl = G[0]; xr = G[1]; yl = G[2]; yr = G[3];
    hx = (xr-xl)/(Nx+1); hy = (yr-yl)/(Ny+1); k = T/M; theta = 1;
    x = np.linspace(xl+hx,xr-hx,Nx); y = np.linspace(yl+hy,yr-hy,Ny)

    # Approximation des Dirac, Anfangsbedingung
    varS = 1.25e4; varV = 1e-5;

    g = lambda x,y:1/(2*np.pi*np.sqrt(varS*varV))*np.exp(-(x-s0)**2/(2*varS)-\
                    (y-v0)**2/(2*varV));
    x,y = np.meshgrid(x,y,indexing='ij'); w = g(x,y);
```

[9] Wir setzen die Standardabweichungen proportional zu den Maschenweiten, das heisst $\sigma_s \propto h_x$, $\sigma_v \propto h_y$. Die Proportionalitätskonstanten sind problemabhängig und liegen zwischen 1 und 10.

```
# Koeffizienten (unabhaengig von t)
a1y = lambda y:f(y)**2; a2x = lambda x:-x**0/2;
a2y = lambda y:b(y)**2; a3y = lambda y:b(y)*f(y);
b1x = lambda x:(r-q)*x; b1y = lambda y:y**0;
b2x = lambda x:x**0; b2y = lambda y:a(y);

# Matrizen (unabhaengig von t)
Matx = matrixgenerator_adj([["M1",b1x],["M0",a2x],["M0",b2x]],xl,xr,Nx);
Maty = matrixgenerator_adj([["M2",a2y],["M1",a3y],["M1",b2y],["M0",a1y],\
                            ["M0",b1y]],yl,yr,Ny);

A1 = sparse.kron(Maty[4],Matx[0]); I = sparse.eye(Nx*Ny);
A2 = sparse.kron(Maty[0],Matx[1])+sparse.kron(Maty[2],Matx[2]);
A2t = sparse.kron(Matx[1],Maty[0])+sparse.kron(Matx[2],Maty[2]);
B2t = get_diagonals(I+theta*k*A2t,0,0);

xvec = x[:,0]; tvec = np.linspace(0,T,M+1);
ellmat = np.zeros((len(xvec),len(tvec)));

# Craig-Sneyd Verfahren
P = perm_matrix(Ny,Nx); PT = P.T;
for j in range(0,M):
    tj = j*k+1e-15;
    zvec = np.trapz(w,y[0,:],axis=1);
    nvec = np.trapz(f(y)**2*w,y[0,:],axis=1);
    Ip = interpolate.PchipInterpolator(x[:,0],abs(zvec/nvec),\
                                       extrapolate=True);
    # die Funktionswerte ell(s_i,t_j)
    ellmat[:,j] = lv(xvec,tvec[j]+1e-15)*np.sqrt(Ip(xvec));
    a1x = lambda x:-x**2*lv(x,tj)**2*Ip(x)/2;
    a3x = lambda x:-rho*x*lv(x,tj)*np.sqrt(Ip(x));
    Matx_t = matrixgenerator_adj([["M2",a1x],["M1",a3x],["M0",b2x]],\
                                 xl,xr,Nx);
    A1j = sparse.kron(Maty[3],Matx_t[0])+A1;
    A0j = sparse.kron(Maty[1],Matx_t[1]); Aj = A1j+A2+A0j;

    a1x = lambda x:-x**2*lv(x,tj+k)**2*Ip(x)/2;
    a3x = lambda x:-rho*x*lv(x,tj+k)*np.sqrt(Ip(x));
    Matx_t = matrixgenerator_adj([["M2",a1x],["M1",a3x],["M0",b2x]],\
                                 xl,xr,Nx);
    A1j1 = sparse.kron(Maty[3],Matx_t[0])+A1;
    A0j1 = sparse.kron(Maty[1],Matx_t[1]);

    w = w.flatten('F'); y0 = (I-k*Aj)*w;
    y1 = solve_banded((1,1),get_diagonals(I+k*theta*A1j1),y0+k*theta*A1j*w);
    y2 = solve_banded((1,1),B2t,PT*(y1+k*theta*A2*w)); y2 = P*y2;
    z0 = y0-0.5*k*(A0j1*y2-A0j*w);
    z1 = solve_banded((1,1),get_diagonals(I+k*theta*A1j1),z0+k*theta*A1j*w);
    w = solve_banded((1,1),B2t,PT*(z1+k*theta*A2*w)); w = P*w;
    w = np.reshape(w,(Nx,Ny),order='F');

zvec = np.trapz(w,y[0,:],axis=1); nvec = np.trapz(f(y)**2*w,y[0,:],axis=1);
Ip = interpolate.PchipInterpolator(x[:,0],abs(zvec/nvec),extrapolate=True);
ellmat[:,M] = lv(xvec,tvec[M]+1e-15)*np.sqrt(Ip(xvec));

# die Funktion ell(s,t)
ell = lambda x,t:interpn((xvec,tvec),ellmat,(x,t),bounds_error=False,\
                         fill_value=None);
return x,y,w,ell
```

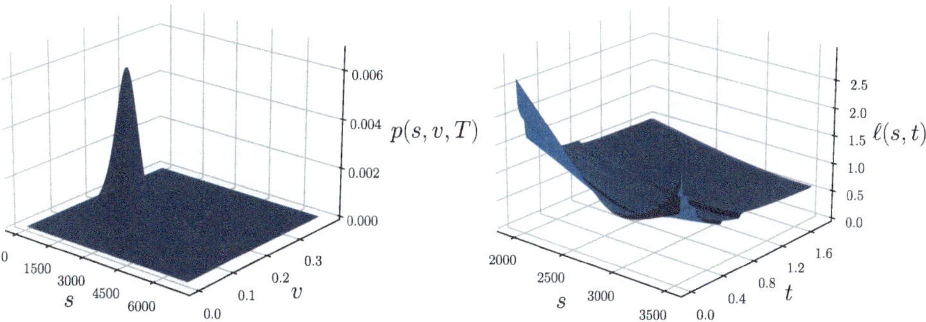

Abb. 15.8 Links. Numerische Lösung $p(s, v, T; s_0, v_0, 0)$ der nichtlinearen Kolmogorov Vorwärtsgleichung (15.25) zum Zeitpunkt $t = T = 1.769$. Rechts. Die aus der approximierten Funktion $(s, v, t) \mapsto p(s, v, t; s_0, v_0, 0)$ konstruierte „leverage function" $\ell(s,t) = \sigma(s,t)\sqrt{\frac{\int_0^\infty p(s,v,t)\mathrm{d}v}{\int_0^\infty f^2(v)p(s,v,t)\mathrm{d}v}}$

Beispiel 15.3 Wir betrachten nochmals die Optionen auf den EURO STOXX 50 in der Tab. 15.1. Die entsprechende lokale Volatilität $(s,t) \mapsto \sigma(s,t)$ haben wir bereits in Beispiel 15.1 gefunden. Zur Modellierung der stochastischen Volatilität verwenden wir nun das Heston Modell, also $f(v) = \sqrt{v}$, $a(v) = \kappa(m - v)$ und $b(v) = \delta\sqrt{v}$. Die Modellparameter $(\kappa, \delta, \rho, m, v_0) = (2, 0.28, -0.892, 0.11, 0.0514)$ wählen wir willkürlich; auch diese können aber aus eine Kalibrierung gewonnen werden. Für $T = 1.769$ ergibt sich unter Verwendung von $N_1 = 2^8 - 1$, $N_2 = 2^7 - 1$ Gitterpunkten und $M = 100$ Zeitschritten in Python

```
In [13]: lv = lambda x,t:localvol_func(x,t,S,r,q,mat,p);
In [14]: kappa = 2; m = 0.110; delta = 0.280; rho = -0.892;
    ...: a = lambda x:kappa*(m-x); b = lambda x:delta*np.sqrt(x);
    ...: f = lambda x:np.sqrt(x); V0 = 0.0514;
    ...: N = [2**8-1,2**7-1];
    ...: x,y,w,ell = forward_LSV(Dout,V0,a,b,f,lv,rho,1.769,[0,7e3,0,0.4],N,100);
```

In Abb. 15.8 stellen wir links den Graphen der Wahrscheinlichkeitsdichte $(s, v) \mapsto p(s, v, T; s_0, v_0, 0)$ und rechts den Graphen der „leverage function" $(s,t) \mapsto \ell(s,t)$ dar. Beachten Sie, dass $\int_0^\infty \int_0^\infty p(s, v, T)\mathrm{d}s\mathrm{d}v = 1$ gelten muss; wir können dies mit Python's `trapz` via

```
In [15]: zvec = np.trapz(w,y[0,:],axis=1); P = np.trapz(zvec,x[:,0]); P
Out[15]: 0.9992625716068374
```

überprüfen. ◇

Ist die Kolmogorov Vorwärtsgleichung (15.25) gelöst, so ergibt sich die Funktion ℓ aus Gleichung (15.28). Nun können wir Preise von nicht-vorzeitig ausübbaren als auch von vorzeitig ausübbaren Derivaten bestimmen, in dem wir die entsprechenden parabolischen

Differentialgleichungen respektive Ungleichungen mit Generator

$$\begin{aligned}\mathcal{A} &= \frac{1}{2}f^2(v)\ell^2(s,t)s^2\partial_{ss} + \rho b(v)f(v)s\ell(s,t)\partial_{sv} + \frac{1}{2}b^2(v)\partial_{vv} \\ &\quad + (r-q)s\partial_s + a(v)\partial_v \end{aligned} \tag{15.32}$$

lösen. Bei der Orts-Diskretisierung lassen wir eine mögliche Gitterstreckung in s und/oder v-Koordinatenrichtung zu; das entstehende System von gewöhnlichen Differentialgleichungen $\mathbf{w}'(t) + \mathbf{A}(t)\mathbf{w}(t) = \mathbf{0}$ lösen wir wiederum mit dem Craig-Sneyd-Verfahren.

Routine 15.4: pdelsv_2d_ah_cs.py

```
import numpy as np
from scipy import sparse
from get_diagonals import get_diagonals
from scipy.linalg import solve_banded
from matrixgenerator_BC import matrixgenerator_BC
from matrixgenerator_t import matrixgenerator_t
from perm_matrix import perm_matrix

def pdelsv_2d_ah_cs(ell,a,b,f,rho,r,q,T,g,G,BC,N,M,theta,grid):
    '''Loest die parabolische Differentiagleichung

    w_t + a1w_xx + a2w_yy + a3w_xy + b1w_x + b2w_y + cw = 0 in G x ]0,T]
                                                      BC = 0 in dG x ]0,T]
                                                w(x,y,0) = g in G

    mit Hilfe eines finite Differenzen Verfahrens 2-ter Ordnung ([N[0]xN[1]xM]
    Gitterpunkte in G x ]0,T]). Das Gebiet G ist ]xl,xr[ x ]yl,yr[; auf dem
    Rand dG des Gebiets liegen homogene Randbedingungen vor. Ist grid = [],
    so wird keine Gitterstreckung angewendet; fuer grid = [gamma1,gamma2,xd,yd]
    werden die Gitter um xd, yd gestreckt (mit gamma1, gamma2).
    Die Koeffizientenfunktionen gehoeren zu einem LSV Modell und sind gegeben
    durch
    a1(x,y,t) = -0.5*x^2*ell(x,T-t)^2*f(y)^2; a2(x,y) = -0.5*b^2(y);
    a3(x,y,t) = -rho*x*ell(x,T-t)*f(y)*b(y);
    b1(x) = -(r-q)x; b2(y) = -a(y); c = r;'''

    # Konstanten definieren
    xl,xr,yl,yr = G; nxl,nxr,nyl,nyr = BC;
    beta = lambda n:1+n-(n>0); diagsx = (beta(nxr),beta(nxl));
    diagsy = (beta(nyr),beta(nyl));

    if len(grid)==0: # kein grid stretching
        phi1 = lambda x:x; phi1p = lambda x:x**0; phi1pp = lambda x:0*x**0;
        phi2 = lambda y:y; phi2p = lambda y:y**0; phi2pp = lambda y:0*y**0;
        G = [xl,xr,yl,yr];
    else:
        g1,g2,K1,K2 = grid;
        alpha1 = np.arcsinh((xr-K1)/g1); beta1 = np.arcsinh((xl-K1)/g1);
        alpha2 = np.arcsinh((yr-K2)/g2); beta2 = np.arcsinh((yl-K2)/g2);
        xl = 0; xr = 1; yl = 0; yr = 1; G = [xl,xr,yl,yr];
        # die grid stretching Funktionen und ihre Ableitungen
        phi1 = lambda x:g1*np.sinh(alpha1*x+beta1*(1-x))+K1;
        phi1p = lambda x:(alpha1-beta1)*g1*np.cosh(alpha1*x+beta1*(1-x));
        phi1pp = lambda x:(alpha1-beta1)**2*g1*np.sinh(alpha1*x+beta1*(1-x));
```

```
    phi2 = lambda y:g2*np.sinh(alpha2*y+beta2*(1-y))+K2;
    phi2p = lambda y:(alpha2-beta2)*g2*np.cosh(alpha2*y+beta2*(1-y));
    phi2pp = lambda y:(alpha2-beta2)**2*g2*np.sinh(alpha2*y+beta2*(1-y));

xl = G[0]; xr = G[1]; yl = G[2]; yr = G[3];
hx = (xr-xl)/(N[0]+1); hy = (yr-yl)/(N[1]+1); k = T/M;
x = np.linspace(xl+(1-(nxl==3))*hx,xr-(1-(nxr==3))*hx,\
                N[0]+(nxl==3)+(nxr==3))
y = np.linspace(yl+(1-(nyl==3))*hy,yr-(1-(nyr==3))*hy,\
                N[1]+(nyl==3)+(nyr==3))

# Matrizen (unabhaengig von t)
a2x = lambda x:-phi1(x)**0/2; a2y = lambda y:b(phi2(y))**2/phi2p(y)**2;
a1y = lambda y:f(phi2(y))**2;
a3y = lambda y:b(phi2(y))*f(phi2(y))/phi2p(y);
b11x = lambda x:-(r-q)*phi1(x)/phi1p(x); b11y = lambda y:phi2(y)**0;
b12y = lambda y:f(phi2(y))**2; b21x = lambda x:-phi1(x)**0;
b21y = lambda y:a(phi2(y))/phi2p(y); b22x = lambda x:-phi1(x)**0/2;
b22y = lambda y:-b(phi2(y))**2*phi2pp(y)/phi2p(y)**3;
cx = lambda x:r*phi1(x)**0; cy = lambda y:phi2(y)**0;

Matx = matrixgenerator_BC([["M1",b11x],["M0",a2x],["M0",b21x],\
                           ["M0",b22x],["M0",cx]],[nxl,nxr],xl,xr,N[0],\
                           phi1p(xl),phi1p(xr),phi1pp(xl),phi1pp(xr));
Maty = matrixgenerator_BC([["M2",a2y],["M1",a3y],["M1",b21y],\
                           ["M1",b22y],["M0",a1y],["M0",b11y],\
                           ["M0",b12y],["M0",cy]],[nyl,nyr],yl,yr,N[1],\
                           phi2p(yl),phi2p(yr),phi2pp(yl),phi2pp(yr));

# Matrizen (abhaengig von t)
a1x = lambda x,t:-0.5*phi1(x)**2*ell(phi1(x),T-t)**2/phi1p(x)**2;
a3x = lambda x,t:-rho*phi1(x)*ell(phi1(x),T-t)/phi1p(x);
b12x = lambda x,t:0.5*phi1(x)**2*ell(phi1(x),T-t)**2*phi1pp(x)/phi1p(x)**3;
Matx_t1 = matrixgenerator_t([["M2",a1x],["M1",a3x]],[nxl,nxr],xl,xr,N[0],\
                            phi1p(xl),phi1p(xr),phi1pp(xl),phi1pp(xr));
Matx_t2 = matrixgenerator_t([["M1",b12x]],[nxl,nxr],xl,xr,N[0],\
                            phi1p(xl),phi1p(xr),phi1pp(xl),phi1pp(xr));

I = sparse.eye((N[0]+(nxr==3)+(nxl==3))*(N[1]+(nyr==3)+(nyl==3)))
A1 = lambda t:sparse.kron(Maty[4],Matx_t1[0](t))+\
                         sparse.kron(Maty[5],Matx[0])+\
                         sparse.kron(Maty[6],Matx_t2[0](t))+\
                         0.5*sparse.kron(Maty[7],Matx[4]);
A2 = sparse.kron(Maty[0],Matx[1])+sparse.kron(Maty[2],Matx[2])+\
sparse.kron(Maty[3],Matx[3])+0.5*sparse.kron(Maty[7],Matx[4]);

A2t = sparse.kron(Matx[1],Maty[0])+sparse.kron(Matx[2],Maty[2])+\
sparse.kron(Matx[3],Maty[3])+0.5*sparse.kron(Matx[4],Maty[7]);

A0 = lambda t:sparse.kron(Maty[1],Matx_t1[1](t));
A = lambda t:A1(t)+A2+A0(t);

B = lambda t:I-k*A(t); B1 = lambda t:I+theta*k*A1(t);
B2t = get_diagonals(I+theta*k*A2t,nyl,nyr)
C1 = lambda t:k*theta*A1(t); C2 = k*theta*A2; C0 = lambda t:0.5*k*A0(t);

P = perm_matrix(N[1]+(nyr==3)+(nyl==3),N[0]+(nxr==3)+(nxl==3)); PT = P.T;

x = np.linspace(xl+(1-(nxl==3))*hx,xr-(1-(nxr==3))*hx,\
               N[0]+(nxl==3)+(nxr==3));
```

```
    y = np.linspace(yl+(1-(nyl==3))*hy,yr-(1-(nyr==3))*hy,\
                    N[1]+(nyl==3)+(nyr==3));
    x,y = np.meshgrid(x,y,indexing='ij');

    # Start-Vektor w0 definieren
    w = g(phi1(x))*phi2(y)**0; w = w.flatten('F');
    for j in range(M):
        tj = j*k+1e-15; aux1 = C1(tj)*w; aux2 = C2*w;
        B1j = get_diagonals(B1(tj+k),nxl,nxr);
        y0 = B(tj)*w; y1 = solve_banded(diagsx,B1j,y0+aux1);
        y2 = solve_banded(diagsy,B2t,PT*(y1+aux2)); y2 = P*y2;
        z0 = y0-C0(tj+k)*y2+C0(tj)*w;
        z2 = solve_banded(diagsx,B1j,z0+aux1);
        w = solve_banded(diagsy,B2t,PT*(z2+aux2)); w = P*w;

    w = np.reshape(w,(N[0]+(nxl==3)+(nxr==3),N[1]+(nyl==3)+(nyr==3)),order='F')
    x = phi1(x); y = phi2(y);

    return x,y,w
```

Beispiel 15.4 Wir betrachten nochmals das Beispiel 15.1 und bestimmen beispielhaft den Preis (respektive die implizite Volatilität) einer Call Option im Heston-LSV Modell für die Maturität $T = 1.769$ und Strike $K = 0.9896 S_0$ mit $S_0 = 2772.7$. Die „leverage function" $(s,t) \mapsto \ell(s,t)$ im Generator $\mathcal{A}$ (15.32) haben wir im Beispiel 15.3 gefunden (zur Bestimmung von ℓ verwenden wir im vorliegenden Beispiel allerdings $(N_1, N_2, M) = (2^9 - 1, 2^8 - 1, 200)$ anstatt $(2^8 - 1, 2^7 - 1, 100)$); wenn alles richtig ist, sollten wir (bis auf eine mögliche Abweichung) die implizite Volatilität 23.47 % erhalten, vergleiche mit der Tab. 15.1.

```
In [17]: T = 1.769; s0 = 2772.7; G = [0,7e3,0,0.4];
    ...: N = [2**8-1,2**7-1]; M = 50; theta = 0.5;
    ...: BC = [0,2,3,1]; K = 0.9896*s0; g = lambda x:np.maximum(x-K,0);
    ...: grid = [1/200,1/20,K,0];
    ...: x,y,w = pdelsv_2d_ah_cs(ell,a,b,f,rho,0,0,T,g,G,BC,N,M,theta,grid);
In [18]: V = interpn((x[:,0],y[0,:],),w,(s0,V0))
    ...: sigmai = impl_vola(V,s0,K,T,0,0,1,0.2)[0]; sigmai
Out[18]: 0.23471646751718206
```

In der Tat erhalten wir $\sigma^{\mathrm{i}} \doteq 23.47\,\%$. In Abb. 15.9 stellen wir den Preis des Calls $(s,v) \mapsto V_c(s,v,0)$ im Heston-LSV Modell graphisch dar. Die Gitterstreckung ist sehr gut erkennbar. ◇

Aus (15.28) folgt, dass das Modell (15.24) dann exakt an Marktdaten kalibriert werden kann, wenn die lokale Volatilität $\sigma(s,t)$ nach Dupire (15.4) via

$$\sigma_D(s,t) = \mathbb{E}^{\mathbb{Q}}[f^2(V(t)) \mid S(t) = s]\ell^2(s,t)$$

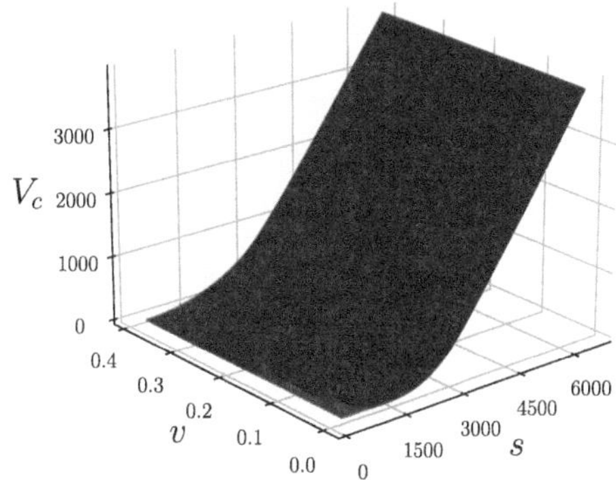

Abb. 15.9 Numerische Lösung der parabolischen Differentialgleichung mit Generator $\mathcal{A}$ in (15.32) für das Heston-LSV Modell

gegeben ist. Das bedeutet, dass für eine exakte Kalibrierung die stochastische Differentialgleichung (10.2) für den bivariaten Prozess $\mathbf{X}(t) := (S(t), V(t))^\top$

$$\mathrm{d}\mathbf{X}(t) = \boldsymbol{\mu}(\mathbf{X}(t), t)\mathrm{d}t + \boldsymbol{\sigma}(\mathbf{X}(t), t; p)\mathrm{d}\mathbf{W}(t)$$

lautet (löse obige Beziehung nach ℓ auf und setze in (15.24) ein); mit

$$\boldsymbol{\sigma}(\mathbf{x}, t; p) = \begin{pmatrix} s\sigma(s,t)f(v)\sqrt{\frac{\int_0^\infty p(s,v,t)\mathrm{d}v}{\int_0^\infty f^2(v)p(s,v,t)\mathrm{d}v}} & 0 \\ \rho b(v) & \sqrt{1-\rho^2}b(v) \end{pmatrix}$$

und $\mathbf{x} = (s, v)$. Damit ist das Modell ein Beispiel für eine sogenannte McKean-Vlasov stochastische Differentialgleichung[10]. Eine solche wird typischerweise in der Form

$$\mathrm{d}\mathbf{X}(t) = \boldsymbol{\mu}(\mathbf{X}(t), t; \mu(t))\mathrm{d}t + \boldsymbol{\sigma}(\mathbf{X}(t), t; \mu(t))\mathrm{d}\mathbf{W}(t), \quad \mathbf{X}(0) = \mathbf{x} \tag{15.33}$$

angegeben; hierin ist $\mu(t)$ das vom Prozess $\mathbf{X}(t)$ „induzierte Wahrscheinlichkeitsmass" (salopp: Wahrscheinlichkeitsverteilung der Zufallsvariable $\mathbf{X}(t)$). Die Partikelmethode (englisch „particle method") ist eine Monte Carlo Simulation, welche SDEs der Form (15.33) numerisch löst (Pfade approximiert). In [9] beschreiben die Autoren einen Algorithmus, welcher die Gleichung (15.33) numerisch integriert und die Funktion ℓ approximiert (und dadurch das Modell exakt an Markdaten kalibriert). Da die Partikelmethode Pfade von $\mathbf{X}(t)$ approximiert, kann man gleichzeitig den Wert eines Derivates approximieren, womit das Lösen der Bewertungs-PDE mit Generator (15.32) hinfällig wird.

[10] Benannt nach dem US-amerikanische Mathematiker Henry McKean (1930–) und dem russischen theoretischen Physiker Anatoly Vlasov (1908–1975).

15.4 Pfadabhängige Volatilität

Ein LSV Modell wie im vorherigen Abschnitt beschrieben kombiniert zwar die Vorteile von LV- und SV Modellen, ist aber nicht vollständig. Es stellt sich nun die natürliche Frage, ob es ein Modell gibt, welches vollständig ist (also nur eine Brown'sche Bewegung zur Modellierung der Dynamik des Basiswerts verwendet) und trotzdem die Flexibilität eines LSV Modells besitzt. Die Antwort ist „ja" und gegeben durch Modelle mit pfadabhängiger Volatilität (englisch path-dependent volatility (PDV) models). In einem solchen Modell ist die instantane Volatilität, wie es der Name verrät, von der Preishistorie $(S(u), u \leq t)$ des Basiswertes abhängig. Genauer wird $S(t)$ modelliert als [8]

$$\mathrm{d}S(t) = (r - q)S(t)\mathrm{d}t + \sigma(t)S(t)\mathrm{d}W(t) \tag{15.34}$$

mit

$$\sigma(t) := \sigma\big((S(u), u \leq t), t\big) .$$

Hierin ist $\sigma(\cdot, t)$ eine deterministische Funktion. Typischerweise modelliert man die instantane Volatilität $\sigma(t)$ als Funktion stochastischer Prozesse via

$$\sigma(t) := \sigma(S(t), \mathbf{Y}(t), t) .$$

In dieser Definition strapazieren wir einmal mehr die Notation. Während $\sigma(t)$ links des Gleichheitszeichen die Volatilität als stochastischen Prozess versteht, meint das Symbol σ rechts des Gleichheitszeichen eine deterministischen Funktion $\sigma : \mathbb{R}^+ \times \mathbb{R}^n \times \mathbb{R}_0^+ \to \mathbb{R}^+$. Weiter ist in obiger Definition $\mathbf{Y}(t) = (Y_1(t), \ldots, Y_n(t))$ ein vektorwertiger Zufallsprozess; jede Komponente $Y_j(t)$ entspricht irgendeiner aus $(S(u), u \leq t)$ konstruierten Grösse, zum Beispiel Durchschnittsprozess $Y_j(t) = \frac{1}{t} \int_0^t S(u)\mathrm{d}u$, Minimum- oder Maximumprozess wie im Abschn. 10.6 und dergleichen. Beachten Sie, dass in einem solchem Modell – im Gegensatz zu SV- oder LSV Modellen – nur eine Brown'sche Bewegung verwendet wird.

In diesem Abschnitt betrachten wir nur das PDV Modell von Hobson und Rogers [10]. In diesem ist im einfachsten Fall $\sigma = \sigma(Y(t))$ eine univariate Funktion und $Y(t)$ misst die Abweichung des aktuellen log-Preises

$$Z(t) := \ln\left(e^{-(r-q)t} S(t)\right)$$

vom gewichteten Durchschnitt historischer log-Preise, das heisst

$$Y(t) := Z(t) - \int_{-\infty}^{t} \lambda e^{\lambda(u-t)} Z(u)\mathrm{d}u . \tag{15.35}$$

Hierin ist $\lambda > 0$ ein Modellparameter (durch Kalibrierung zu finden!) welcher angibt, wie schnell „vergangene Information vergessen" wird. In der Praxis kann dieses Modell nicht direkt verwendet werden, da die Berechnung von $Y(t)$ in (15.35) eine unendlich lange Preishistorie des Basiswertes verlangt. Aus (15.35) folgt die infinitesimale Version

$$\mathrm{d}Y(t) = \mathrm{d}Z(t) - \lambda Y(t)\mathrm{d}t$$

siehe die Aufgabe 15.5; haben wir ein Modell für Z, ergibt sich daraus eine stochastische Differentialgleichung für $Y(t)$. Hobson und Rogers [10] nehmen an, dass Z durch

$$\mathrm{d}Z(t) = \mu\big(Y(t)\big)\mathrm{d}t + \sigma\big(Y(t)\big)\mathrm{d}W(t)$$

für Funktionen μ, σ gegeben ist. Eine Anwendung des Itô-Lemmas liefert aus der Differentialgleichung für $Z(t)$ eine Differentialgleichung für $S(t) = e^{(r-q)t+Z(t)}$,

$$\mathrm{d}S(t) = \Big(r - q + \mu(Y(t)) + \frac{1}{2}\sigma^2(Y(t))\Big)S(t)\mathrm{d}t + \sigma\big(Y(t)\big)S(t)\mathrm{d}W(t)$$

Unter dem risikoneutralen Wahrscheinlichkeitsmass $\mathbb{Q}$ ist $\mu = -\frac{1}{2}\sigma^2$ und der bivariate Prozess $\mathbf{X}(t) := (S(t), Y(t))^\top$ löst das stochastische Differentialgleichungssystem

$$\begin{pmatrix} \mathrm{d}S(t) \\ \mathrm{d}Y(t) \end{pmatrix} = \begin{pmatrix} (r-q)S(t) \\ -\frac{1}{2}\sigma^2(Y(t)) - \lambda Y(t) \end{pmatrix}\mathrm{d}t + \begin{pmatrix} \sigma(Y(t))S(t) \\ \sigma(Y(t)) \end{pmatrix}\mathrm{d}W(t)\,, \tag{15.36}$$

wobei die zweite Komponente autonom ist, das heisst nicht von der ersten abhängt. Der Prozess $\mathbf{X}$ startet im Punkt $\mathbf{X}(0) = (S(0), Y(0))^\top$; während $S(0)$ beobachtbar/bekannt ist, ist $Y(0) \in \mathbb{R}$ in der Praxis nicht bestimmbar, da nach (15.35) $Y(0) := \ln S(0) - \lambda \int_{-\infty}^{0} e^{\lambda u} Z(u)\mathrm{d}u$ gilt, wir aber wie bereits erwähnt keine unendlich lange Preishistorie $(S(t), -\infty < t \le 0)$ zur Verfügung haben. In Abb. 15.10 stellen wir einen möglichen Pfad von $S(t)$ und $Y(t)$ dar. In dieser nehmen wir an, dass die Funktion σ in (15.36) gegeben ist durch

$$\sigma(y) := \min\{\eta\sqrt{1 + \varepsilon y^2}, \sigma_{\max}\}\,. \tag{15.37}$$

Wenden wir das Fundamentalprinzip$_d$ auf (15.36) an, finden wir, dass der Preis $V(\mathbf{x}, t)$ eines Derivats mit Payoff $g(s)$ die partielle Differentialgleichung mit

$$\begin{cases} \partial_t V + \mathcal{A}V - rV = 0 & \text{in } G \times [0, T[\\ V(\mathbf{x}, T) = g(s) & \text{in } G \end{cases},$$

löst (es ist $\mathbf{x} := (s, y)$), mit dem Gebiet $G = \mathbb{R}^+ \times \mathbb{R}$ und dem infinitesimalen Generator

$$\mathcal{A} = \frac{1}{2}\sigma^2(y)s^2\partial_{ss} + \frac{1}{2}\sigma^2(y)\partial_{yy} + \sigma^2(y)\partial_{sy} + (r-q)s\partial_s - \big(\lambda y + \frac{1}{2}\sigma^2(y)\big)\partial_y$$

Um die obige Differentialgleichung zu lösen, schränken wir G ein auf $G^e = [0, s_r[\times]y_l, y_r[$ und setzen keine Randbedingung auf der Kante $\{s = 0\}$ sowie eine homogene

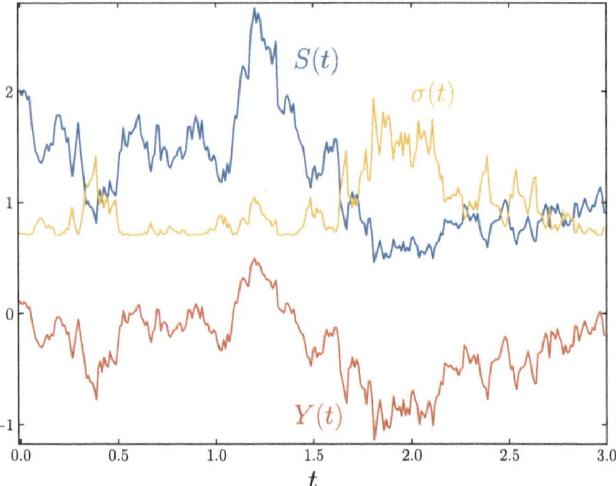

Abb. 15.10 Möglicher Pfad (–) von $Y(t)$ im Hobson-Rogers Modell mit dazugehörigem Volatilitätsprozess $\sigma(t) = \sigma(Y(t))$ (–) und Preisprozess $S(t)$ (–). Parameter sind $S(0) = 2$, $Y(0) = 0.1$, $\lambda = 1$, $r = 0.1$ und $\sigma(y)$ wie in (15.37) mit $\eta = 0.7$, $\varepsilon = 5$, $\sigma_{\max} = 10$

erste Ableitung auf der Kante $\{s = s_l\}$. Für $y_l \to -\infty$ respektive $y_r \to \infty$ entspricht der Preis einer Europäischen Option nach [5] dem Black-Scholes Preis (mit einer Volatilität $\sigma(y_l)$ respektive $\sigma(y_r)$) der entsprechenden Option, das heisst: die Bedingungen auf den Kanten $\{y = d_l\}$ und $\{y = d_r\}$ sind

$$w(s, y_{l,r}, t) = V(s, T - t; T - t, K, \sigma(y_{l,r}), r, q, \omega) \;;$$

mit V wie in (1.7). Der Einfachheit halber (und damit wir die bereits bestehenden Routinen verwenden können) werden wir nicht diese Randbedingungen verwenden, sondern an den Kanten $\{y = y_{l,r}\}$ homogene zweite Ableitungen setzen. Das Beispiel 15.5 zeigt, dass diese Vereinfachung sehr gute Resultate liefert (wenn y_l und y_r genügend klein respektive gross gewählt wird). Damit wir auch Digital Optionen mit ausreichender Genauigkeit bewerten können (siehe das Beispiel 15.5), führen wir eine Gitterstreckung durch; das Bewertungsproblem ist damit von der Form (14.35), um es numerisch zu lösen, verwenden die Routine pde_2d_ah_pade_4, welche auf finite Differenzen vierter Ordnung und dem Padé-Schema beruht, vergleiche mit der Routine digitalcallput_hobson.

Routine 15.5: digitalcallput_hobson.py

```
import numpy as np
from scipy.interpolate import interpn
from pde_2d_ah_pade_4 import pde_2d_ah_pade_4

def digitalcallput_hobson(s0,r,q,K,T,g,d0,lam,sigf,G,L,grid,gamma):
    '''Findet den Wert einer Europaeischen Option mit Payoff g, Strike K und
    Laufzeit T im PDV Modell von Hobson und Rogers fuer eine Volatilitaets-
    funktion lambda x:sigf(x). s0 ist der aktuelle Wert des Basiswerts, q seine
    stetige Dividenden-Rendite; r ist der stetige Riskfree. y0 und lam sind
    Parameter des Modells. Die entsprechende Differentialgleichung wird im
    Gebiet [0,sr[ x ]yl,yr[ mit Ns = 2^Ls-1 Gitterpunkten in s-Richtung und
```

```
    Ny = 2^Ly-1 Gitterpunkten in y-Richtung geloest: G = [0,sr,yl,yr] sowie
    L = [Ls,Ly]. Ist grid = 1, wird eine Gitterstreckung verwendet, mit
    gamma = [gammas,gammay] die Staerke der Gitterstreckung in s- respektive
    y-Koordinatenrichtung. Ist grid = 0 wird keine Streckung verwendet.'''

    if (grid == 0): # kein grid stretching
        phi1 = lambda x:x; phi1p = lambda x:x**0; phi1pp = lambda x:0*x**0;
        phi2 = lambda y:y; phi2p = lambda y:y**0; phi2pp = lambda y:0*y**0;
    else:
        K1 = K; K2 = 0; xr = G[1]; xl = G[0]; yr = G[3]; yl = G[2];
        gamma1 = gamma[0]; gamma2 = gamma[1];
        alpha1 = np.arcsinh((xr-K1)/gamma1); beta1 = np.arcsinh((xl-K1)/gamma1);
        alpha2 = np.arcsinh((yr-K2)/gamma2); beta2 = np.arcsinh((yl-K2)/gamma2);

        # die grid stretching Funktionen und ihre Ableitungen
        phi1 = lambda x:gamma1*np.sinh(alpha1*x+beta1*(1-x))+K1;
        phi1p = lambda x:(alpha1-beta1)*gamma1*np.cosh(alpha1*x+beta1*(1-x));
        phi1pp = lambda x:(alpha1-beta1)**2*gamma1*np.sinh(alpha1*x+beta1*(1-x));

        phi2 = lambda y:gamma2*np.sinh(alpha2*y+beta2*(1-y))+K2;
        phi2p = lambda y:(alpha2-beta2)*gamma2*np.cosh(alpha2*y+beta2*(1-y));
        phi2pp = lambda y:(alpha2-beta2)**2*gamma2*np.sinh(alpha2*y+beta2*(1-y));

        G = [0,1,0,1];

    phi = np.array([[phi1p(G[0]),phi1p(G[1]),phi1pp(G[0]),phi1pp(G[1])],
            [phi2p(G[2]),phi2p(G[3]),phi2pp(G[2]),phi2pp(G[3])]])

    a = [lambda x:-0.5*phi1(x)**2/phi1p(x)**2,lambda y:sigf(phi2(y))**2,
         lambda x:-0.5*phi1(x)**0,lambda y:sigf(phi2(y))**2/phi2p(y)**2,
         lambda x:-phi1(x)/phi1p(x),lambda y:sigf(phi2(y))**2/phi2p(y)];
    b = [lambda x:-(r-q)*phi1(x)/phi1p(x),lambda y:phi2(y)**0,
         lambda x:0.5*phi1(x)**2*phi1pp(x)/phi1p(x)**3,
         lambda y:sigf(phi2(y))**2,lambda x:phi1(x)**0,
         lambda y:(0.5*sigf(phi2(y))**2+lam*phi2(y))/phi2p(y),
         lambda x:phi1(x)**0,
         lambda y:0.5*sigf(phi2(y))**2*phi2pp(y)/phi2p(y)**3];
    c = [lambda x:r*phi1(x)**0,lambda y:phi2(y)**0];

    gf = lambda x,y:g(phi1(x))*phi2(y)**0;

    N = 2**np.asarray(L)-1; M = int(np.ceil(0.1*max(N)));
    x,y,w = pde_2d_ah_pade_4(a,b,c,T,gf,G,[3,1,2,2],[],N,M,2,phi);

    x = phi1(x); y = phi2(y); V = interpn((x[:,0],y[0,:]),w,(s0,d0))

    return V
```

Beispiel 15.5 In der Arbeit von di Franceso, Foschi und Pascucci [5] (in der untenstehende Tab. 15.4 als „DFP" abgekürzt) werden folgende vier Probleme betrachtet

- Problem 1. Europäischer Put mit $T = 0.25$ und $\eta = 0.2$
- Problem 2. Europäischer Put mit $T = 0.75$ und $\eta = 0.7$
- Problem 3. Digital Put mit $T = 0.25$ und $\eta = 0.2$
- Problem 4. Digital Put mit $T = 0.75$ und $\eta = 0.7$

Tab. 15.4 Mit dem Finite-Differenzen-Verfahren vierter Ordnung erreichen wir Dank Gitterstreckung bereits mit $N_s \times N_y = 64 \times 63$ Gitterpunkten sehr gute Resultate

Problem	DFP (MC)	DFP (FDM)	FDM
1	0.0406	0.0407	0.04081
2	0.2656	0.2659	0.26559
3	0.5279	0.5121	0.52765
4	0.6552	0.6530	0.65504

In allen Problemen ist $s = S(0) = K = 1$ und $y = Y(0) = 0.1$ sowie in der Funktion (15.37) $\lambda = 1, \varepsilon = 5$. Die Autoren bewerten die Optionen einerseits mit einer Monte Carlo Simulation basierend auf $3 \cdot 10^7$ Pfade (in Tab. 15.4 die Spalte „DFP (MC)") und andererseits mit zwei verschiedenen Finite-Differenzen-Methoden. In der Tab. 15.4, Spalte „DFP (FDM)", führen wir aus Platzgründen nur die Resultate der von den Autoren genannten „Kolmogorov Methode" mit der feinsten Diskretisierung auf. Für Problem 4 zum Beispiel finden wir mit der Routine digitalcallput_hobson den Wert des Digital Puts $V \doteq 0.65504$.

```
In [20]: s0 = 1; d0 = 0.1; K = 1; T = 0.75; r = 0; q = 0;
    ...: g = lambda x:(x<K);
    ...: vareps = 5; lam = 1; eta = 0.7;
    ...: sigf = lambda x:np.minimum(eta*np.sqrt(1+vareps*x**2),10*x**0);
    ...: G = [0,4,-1,1]; L = [6,6]; gamma = [1e-3,1e-3];
In [21]: V = digitalcallput_hobson(s0,r,q,K,T,g,d0,lam,sigf,G,L,1,gamma); V
Out[21]: array(0.65503852)
```

Für die anderen Werte in der Spalte „FDM" der Tab. 15.4 verfahren wir analog. ◇

15.5 Aufgaben

Aufgabe 15.1 Zeigen Sie, dass für die (äusseren) Ableitungen von f definiert in (B.35) im Anhang

$$\begin{aligned}
\partial_{ww} f &= \left(\frac{x^2}{2w^2} - \frac{1}{2w} - \frac{1}{8}\right)\partial_w f \\
\partial_{wx} f &= \left(\frac{1}{2} - \frac{x}{w}\right)\partial_w f \\
\partial_{xx} f - \partial_x f &= 2\partial_w f
\end{aligned}$$

gilt. Dazu zeigen Sie zuerst

$$\partial_w f = \frac{1}{2} s e^{-qT} \frac{1}{\sqrt{w}} \phi(d_+), \qquad \partial_x f = -s e^{-qT} e^x \Phi_{0,1}(d_-)$$

mit ϕ die Dichte der Standardnormalverteilung. Hierin ist die Beziehung $\phi(d_+) = e^x \phi(d_-)$ nützlich (welche Sie natürlich ebenso nachweisen).

Aufgabe 15.2 Weisen Sie die Ungleichung (15.11) nach, indem Sie $y := x - m$ setzen und das Minimum $y^\star$ von $w(y) = a + b\left(\rho y + \sqrt{y^2 + s^2}\right)$ bestimmen. Zeigen Sie dann, dass die minimale totale implizite Varianz $w(y^\star) = a + bs\sqrt{1 - \rho^2}$ ist.

Aufgabe 15.3 Zeigen Sie: wird die totale implizite Varianz wie in (15.14) modelliert, so hängen die Parameter a, b, m und s wie folgt von ρ, φ und $\theta(T)$ ab

$$\begin{aligned} a &= \frac{1}{2}\theta(T)(1 - \rho^2) \\ b &= \frac{1}{2}\theta(T)\varphi(\theta(T)) \\ m &= -\frac{\rho}{\varphi(\theta(T))} \\ s &= \frac{\sqrt{1 - \rho^2}}{\varphi(\theta(T))} \; . \end{aligned}$$

Aufgabe 15.4 Zeigen Sie, dass der Operator $\mathcal{A}^*$ für das Modell (15.24) gegeben ist durch (15.26). Tipp. Konsultieren Sie die Definition von $\mathcal{A}^*$ in (10.8) und die Aufgabe 10.7 (respektive ihre Lösung).

Aufgabe 15.5 Zeigen Sie: aus der Definition (15.35) für $Y(t)$ folgt

$$\mathrm{d}Y(t) = \mathrm{d}Z(t) - \lambda Y(t)\mathrm{d}t \; .$$

Literatur

1. J. Andreasen and B. Huge. Volatility interpolation. *Risk Magazine*, (March):76–79, 2011.
2. L. Bergomi. *Stochastic Volatility Modeling*. Financial Mathematics Series. Chapman & Hall/CRC, 2016.
3. D. Cozzi. *Local Stochastic Volatility Models: Solving the Smile Problem with a Nonlinear Partial Integro-Differential Equation*. Dissertation, Politecnico di Milano, 2012. Available at https://www.politesi.polimi.it/bitstream/10589/72489/1/2012_12_Cozzi.pdf.
4. F. Delbaen and W. Schachermayer. *The Mathematics of Arbitrage*. Springer, 2006.
5. M. di Francesco, P. Foschi, and A. Pascucci. Analysis of an uncertain volatility model. *Journal of Applied Mathematics and Decision Sciences*, pages 1–17, 2006.
6. B. Dupire. Pricing with a Smile. *Risk*, 7(1):18–20, 1994.
7. J. Gatheral and A. Jacquier. Arbitrage-free SVI volatility surfaces. *Quantitative Finance*, 14(1):59–71, 2014.
8. J. Guyon. Path-Dependent Volatility. *Risk Magazine*, (October), 2014.
9. J. Guyon and P. Henry-Labordére. *Nonlinear Option Pricing*. Financial Mathematics Series. Chapman&Hall/CRC, 2014.
10. D. Hobson and L. Rogers. Complete models with stochastic volatility. *Mathematical Finance*, 8(1):27–48, 1998.
11. R. Tachet Des Combes. *Non-parametric model calibration in finance*. Dissertation, Ecole Centrale Paris, 2011. Available at https://hal-centralesupelec.archives-ouvertes.fr/tel-00658766/document.

A Kurze Einführung in Python

In allen Kapiteln dieses Textes verwenden wir Python via Spyder („The Scientific Python Developement Environment“) respektive den von Spyder zur Verfügung gestellten Editor und die IPython Konsole. Am einfachsten erhält man Spyder via Installation der Anaconda Distribution https://www.anaconda.com/distribution/

Wir können an dieser Stelle unmöglich eine umfassende Einführung in Python geben und konzentrieren uns deshalb nur auf diejenigen Python Objekte, welche wir im Text hauptsächlich benötigen werden, nämlich `array` und `function`.

A.1 Matrizenrechnung

Wir realisieren Matrizen in Python als sogenannte N-dimensionale Arrays `ndarray`. Python unterscheidet unter anderem zwischen `shape`, `size` und `ndim` eines N-dimensionalen Arrays. Da eine beliebige Matrix $\mathbf{M}$ mit n Zeilen und m Spalten ein 2-dimensionaler Array ist, ist $\mathbf{M}$.`ndim`$= 2$, während $\mathbf{M}$.`shape`$= (n, m)$ und $\mathbf{M}$.`size`$=$ nm ist. Wir betrachten nun einige in diesem Text verwendeten Matrixoperationen und importieren zuerst die benötigten Module.

```
In [1]: import numpy as np
   ...: import itertools as it
   ...: from scipy.linalg import (fractional_matrix_power,
   ...: solve, inv, det, eig, norm, expm)
   ...: from scipy.sparse import spdiags
```


N. Hilber, *Bewertung von Finanzderivaten mit Python*,
https://doi.org/10.1007/978-3-658-39210-9

A.1.1 Definition und Eingabe

Eine $n \times m$-Matrix $\mathbf{M}$ ist eine rechteckige Anordnung von nm reellen Zahlen $M_{ij} \in \mathbb{R}$ in n Zeilen und m Spalten in der Form

$$\mathbf{M} = (M_{ij}) = \begin{pmatrix} M_{11} & M_{12} & \dots & M_{1j} & \dots & M_{1m} \\ M_{21} & M_{22} & \dots & M_{2j} & \dots & M_{2m} \\ \vdots & \vdots & & \vdots & & \vdots \\ M_{i1} & M_{i2} & \dots & M_{ij} & \dots & M_{in} \\ \vdots & \vdots & & \vdots & & \vdots \\ M_{n1} & M_{n2} & \dots & M_{nj} & \dots & M_{nm} \end{pmatrix}.$$

Wir schreiben auch $\mathbf{M} \in \mathbb{R}^{n \times m}$. Wenn es nötig ist, verwenden wir bei der Indexierung ein Komma, das heisst $M_{ij} = M_{i,j}$.

Beispiel A.1 Wir geben die Matrizen **A**, **B**, **C** und **D**

$$\mathbf{A} = \begin{pmatrix} 4 & -3 & 2 \\ 6 & 2 & 5 \\ -1 & -2 & 3 \end{pmatrix}, \quad \mathbf{B} = \begin{pmatrix} 3 & 4 \\ 1 & 2 \\ 5 & 6 \end{pmatrix}, \quad \mathbf{C} = \begin{pmatrix} 2 & -2 \\ 3 & 7 \end{pmatrix}, \quad \mathbf{D} = \begin{pmatrix} 1 & -2 & 1 \\ 0 & 1 & 2 \\ 2 & -1 & 1 \end{pmatrix}$$

sowie den Spaltenvektor **b** und den Zeilenvektor **y**

$$\mathbf{b} = \begin{pmatrix} 3 \\ -4 \\ 1 \end{pmatrix}, \quad \mathbf{y} = \begin{pmatrix} 1 & 3 & -3 \end{pmatrix}$$

in Python ein (jeweils zeilenweise) und checken via `whos` deren Dimensionen.

```
In [2]: A = np.array([[4,-3,2],[6,2,5],[-1,-2,3]])
   ...: B = np.array([[3,4],[1,2],[5,6]])
   ...: C = np.array([[2,-2],[3,7]])
   ...: D = np.array([[1,-2,1],[0,1,2],[2,-1,1]])
   ...: b = np.array([[3],[-4],[1]])
   ...: y = np.array([[1,3,-3]])
In [3]: whos
Variable   Type       Data/Info
-------------------------------
A          ndarray    3x3: 9 elems, type `int64`, 72 bytes
B          ndarray    3x2: 6 elems, type `int64`, 48 bytes
C          ndarray    2x2: 4 elems, type `int64`, 32 bytes
D          ndarray    3x3: 9 elems, type `int64`, 72 bytes
b          ndarray    3x1: 3 elems, type `int64`, 24 bytes
y          ndarray    1x3: 3 elems, type `int64`, 24 bytes
```

◇

Eine Matrix mit nur einer Spalte ($n = 1$) heisst *Kolonnen- oder Spaltenvektor*; vergleiche mit der Matrix **b** im Beispiel A.1. Eine Matrix mit nur einer Zeile ($m = 1$) heisst *Zeilenvektor*; vergleiche mit der Matrix **y** im Beispiel A.1. Wir werden Vektoren mit kleinen Fettbuchstaben **b**, **y** usw. bezeichnen, ihre Einträge mit Kleinbuchstaben b_i, y_i usw. (ein zweiter Index ist ja nicht notwendig).

Ist die Anzahl der Zeilen gleich der Anzahl der Spalten, $n = m$, so heisst die Matrix *quadratisch*. Im Beispiel A.1 sind die Matrizen **A**, **C** und **D** quadratisch. Insbesondere ist jede reelle Zahl x eine quadratische Matrix, nämlich eine 1×1-Matrix.

Eine (quadratische) $n \times n$-Matrix **I**, für welche die Diagonalelemente 1 und alle anderen Einträge 0 sind, heisst *Einheitsmatrix*, also

$$\mathbf{I} = \begin{pmatrix} 1 & 0 & \dots & 0 \\ 0 & 1 & \dots & 0 \\ \vdots & \vdots & & \vdots \\ 0 & 0 & \dots & 1 \end{pmatrix}.$$

In Python können wir Einheitsmatrizen mit `eye` definieren

```
In [4]: I = np.eye(4)
In [5]: I
Out[5]:
array([[1., 0., 0., 0.],
       [0., 1., 0., 0.],
       [0., 0., 1., 0.],
       [0., 0., 0., 1.]])
```

Manchmal ist es nötig, auf einzelne Elemente von Matrizen zu zugreifen respektive Untermatrizen zu definieren. Hier müssen wir beachten, dass die Nummerierung von Indizes nicht bei 1, sondern bei 0 beginnt. Wir machen dazu folgendes

Beispiel A.2

i) Der zweite Eintrag des Vektors **b**

```
In [6]: b[1]
Out[6]: array([-4])
```

ii) Das erste und letzte Element des Vektors **b**

```
In [7]: b[[0,-1]]
Out[7]:
array([[3],
       [1]])
```

iii) Die erste Spalte der Matrix **A**

```
In [8]: A[:,[0]]
Out[8]:
array([[ 4],
       [ 6],
       [-1]])
```

iv) Die erste Zeile der Matrix **A**

```
In [9]: A[[0],:]
Out[9]: array([[ 4, -3,  2]])
```

v) Die zweite und dritte Spalte der Matrix **A** ist eine 3×2-Matrix

```
In [10]: A[:,[1,2]]
Out[10]:
array([[-3,  2],
       [ 2,  5],
       [-2,  3]])
```

vi) Von der ersten und dritte Zeile der Matrix **A** je die ersten beiden Einträge

```
In [11]: A[[0,2],:][:,[0,1]]
Out[11]:
array([[ 4, -3],
       [-1, -2]])
```

◇

A.1.2 Grundlegende Operationen

Wir betrachten nun die Grund-Rechenregeln für Matrizen.

M_1) *Transposition.* Ist **X** eine $n \times m$-Matrix, so ist ihre Transponierte $\mathbf{X}^\top$ eine $m \times n$-Matrix und es gilt

$$\mathbf{Y} = \mathbf{X}^\top \Rightarrow Y_{ij} = X_{ji} \ .$$

Insbesondere ist ein transponierter Spaltenvektor ein Zeilenvektor und umgekehrt.

M_2) *Addition/Subtraktion.* Sind **X** und **Y** $m \times n$-Matrizen, so ist deren Summe/Differenz elementweise erklärt

$$\mathbf{Z} = \mathbf{X} \pm \mathbf{Y} \Rightarrow Z_{ij} = X_{ij} \pm Y_{ij} \ .$$

Beispiel A.3 Wir bilden die Summe $\mathbf{C} + \mathbf{C}^\top$ und die Differenz $\mathbf{C} - \mathbf{C}^\top$.

```
In [12]: C+C.T
Out[12]:
array([[ 4,  1],
       [ 1, 14]])
In [13]: C-C.T
Out[13]:
array([[ 0, -5],
       [ 5,  0]])
```

◇

Es können nur Matrizen addiert/subtrahiert werden, bei welchen `shape` übereinstimmt. Python "weicht"von dieser „Regel“ insofern ab, dass auch Ausdrücke der Form $\mathbf{X} + y$ definiert sind, mit **X** eine (beliebige) Matrix und y ein Skalar, vergleiche mit dem

Beispiel A.4 Wir bestimmen $\mathbf{B} + 2$, obwohl dies mathematisch nicht definiert ist.

```
In [14]: B+2
Out[14]:
array([[5, 6],
       [3, 4],
       [7, 8]])
```

Python interpretiert den Befehl $\mathbf{B} + 2$ als

$$\begin{pmatrix} 3 & 4 \\ 1 & 2 \\ 5 & 6 \end{pmatrix} + \begin{pmatrix} 2 & 2 \\ 2 & 2 \\ 2 & 2 \end{pmatrix} = \begin{pmatrix} 5 & 6 \\ 3 & 4 \\ 7 & 8 \end{pmatrix} .$$ ◇

M_3) *Multiplikation mit einem Skalar.* Ist $\mathbf{X}$ eine $m \times n$-Matrix und $\alpha \in \mathbb{R}$ ein Skalar, so ist die Multiplikation von $\mathbf{X}$ mit α elementweise erklärt

$$\mathbf{Y} = \alpha\mathbf{X} \Rightarrow Y_{ij} = \alpha X_{ij} .$$

Beispiel A.5 Wir bestimmen das Produkt $2\mathbf{B}$.

```
In [15]: 2*B
Out[15]:
array([[ 6,  8],
       [ 2,  4],
       [10, 12]])
```

◇

M_4) *Multiplikation.* Ist $\mathbf{X}$ eine $m \times p$-Matrix und $\mathbf{Y}$ eine $p \times n$-Matrix, so ist das Produkt $\mathbf{XY}$ eine $m \times n$-Matrix und es gilt („i-te Zeile von $\mathbf{X}$ mal j-Spalte von $\mathbf{Y}$")

$$\mathbf{Z} = \mathbf{XY} \Rightarrow Z_{ij} = \sum_{\ell=1}^{p} X_{i\ell} Y_{\ell j} .$$

In diesem Zusammenhang erwähnen wir noch Rechenregel zur Transponierten eines Produkts. Es gilt $(\mathbf{XY})^\top = \mathbf{Y}^\top \mathbf{X}^\top$.

Beispiel A.6 Wir bilden in Python die Produkte $\mathbf{AB}$ und $\mathbf{BA}$; letzteres ist nicht definiert.

```
In [16]: Z = A@B
In [17]: Z
Out[17]:
array([[19, 22],
       [45, 58],
       [10, 10]])
In [18]: B@A
ValueError: matmul: Input operand 1 has a mismatch in its core dimension 0,
with gufunc signature (n?,k),(k,m?)->(n?,m?) (size 3 is different from 2)
```

Zum Beispiel ergibt sich das Element Z_{22} des Produkts aus

$$Z_{22} = \sum_{\ell=1}^{3} A_{2\ell} B_{\ell 2} = A_{21} B_{12} + A_{22} B_{22} + A_{23} B_{32} = 6 \cdot 4 + 2 \cdot 2 + 5 \cdot 6 = 58 \ .$$

◇

Das Quadrat der Matrix $\mathbf{A}$ ist definiert als $\mathbf{A}^2 := \mathbf{AA}$. (Überlegen Sie sich, dass das Quadrat einer Matrix nur dann existiert, falls die Matrix quadratisch ist.) Python lässt jedoch auch das elementweise Quadrieren zu, für dieses muss die Matrix nicht quadratisch sein. Das folgende Beispiel verdeutlicht den Unterschied.

Beispiel A.7 Zunächst $\mathbf{A}^2$ bilden

```
In [19]: fractional_matrix_power(A,2)
Out[19]:
array([[ -4, -22,  -1],
       [ 31, -24,  37],
       [-19,  -7,  -3]])
```

Nun jedes Element der Matrix $\mathbf{A}$ quadrieren.

```
In [20]: A**2
Out[20]:
array([[16,  9,  4],
       [36,  4, 25],
       [ 1,  4,  9]])
```

◇

M_5) *Inverse*. Für eine $n \times n$-Matrix $\mathbf{M}$ ist deren Inverse $\mathbf{X}$ definiert als die $n \times n$-Matrix mit der Eigenschaft

$$\mathbf{MX} = \mathbf{I} \ .$$

Die Inverse wird mit $\mathbf{M}^{-1}$ bezeichnet. Existiert $\mathbf{M}^{-1}$, so nennt man $\mathbf{M}$ *regulär*, ansonsten *singulär*. Wir nehmen nun an, dass $\mathbf{M}$ regulär ist. Wie bestimmt man $\mathbf{M}^{-1}$? Um diese Frage zu beantworten, schreiben wir

$$\mathbf{X} = (\mathbf{x}_1, \ldots, \mathbf{x}_n)$$

mit $\mathbf{x}_j$ die j-te Spalte von $\mathbf{X}$. Beachten Sie, dass $\mathbf{x}_j$ unbekannt ist. Analog schreiben wir $\mathbf{I} = (\mathbf{e}_1, \ldots, \mathbf{e}_n)$ mit $\mathbf{e}_j$ der j-te Einheitsvektor (Spaltenvektor), dessen Einträge bis auf den j-ten alle Null sind und der j-te Eintrag 1 ist. Nach Definition der Matrixmultiplikation M_4) ist $\mathbf{MX} = \mathbf{I}$ equivalent zu den n linearen Gleichungssystemen

$$\mathbf{Mx}_1 = \mathbf{e}_1, \quad \mathbf{Mx}_2 = \mathbf{e}_2, \quad \ldots \quad \mathbf{Mx}_n = \mathbf{e}_n \ .$$

Beispiel A.8 Es sei die Matrix $\mathbf{M} = \begin{pmatrix} a & b \\ c & d \end{pmatrix}$ gegeben und ihre Inverse

$$\mathbf{X} = \begin{pmatrix} X_{11} & X_{12} \\ X_{21} & X_{22} \end{pmatrix}$$

gesucht. Die beiden Gleichungssysteme $\mathbf{Mx}_j = \mathbf{e}_j$, $j = 1, 2$, lauten konkret

$$\mathbf{Mx}_1 = \begin{pmatrix} a & b \\ c & d \end{pmatrix} \begin{pmatrix} X_{11} \\ X_{21} \end{pmatrix} = \begin{pmatrix} aX_{11} + bX_{21} \\ cX_{11} + dX_{21} \end{pmatrix} = \begin{pmatrix} 1 \\ 0 \end{pmatrix} = \mathbf{e}_1$$

sowie

$$\mathbf{Mx}_2 = \begin{pmatrix} a & b \\ c & d \end{pmatrix} \begin{pmatrix} X_{12} \\ X_{22} \end{pmatrix} = \begin{pmatrix} aX_{12} + bX_{22} \\ cX_{12} + dX_{22} \end{pmatrix} = \begin{pmatrix} 0 \\ 1 \end{pmatrix} = \mathbf{e}_2 \, .$$

Wir lösen das erste Gleichungssystem

$$\begin{cases} aX_{11} + bX_{21} = 1 \\ cX_{11} + dX_{21} = 0 \end{cases}$$

auf. Aus der zweiten Gleichung folgt für $d \neq 0$ $X_{21} = -\frac{c}{d}X_{11}$; dies eingesetzt in die erste Gleichung liefert, sofern $ad - bc \neq 0$ ist,

$$aX_{11} - b\frac{c}{d}X_{11} = 1 \Rightarrow X_{11} = \frac{d}{ad - bc}, \quad X_{21} = -\frac{c}{ad - bc} \, .$$

Ist $d = 0$, so folgt aus der zweiten Gleichung $X_{11} = 0$ und damit aus der ersten $X_{21} = \frac{1}{b}$, sofern $b \neq 0$ ist. Ist zusätzlich $b = 0$, so hat das Gleichungssystem keine Lösung und der Vektor $\mathbf{x}_1$ existiert nicht (in diesem Fall ist übrigens $ad - bc = 0$) Nun lösen wir das zweite Gleichungssystem

$$\begin{cases} aX_{12} + bX_{22} = 0 \\ cX_{12} + dX_{22} = 1 \end{cases}$$

auf. Aus der ersten Gleichung folgt für $b \neq 0$ $X_{22} = -\frac{a}{b}X_{12}$; dies eingesetzt in die zweite Gleichung liefert, sofern $ad - bc \neq 0$ ist,

$$cX_{12} - d\frac{a}{b}X_{12} = 1 \Rightarrow X_{12} = -\frac{b}{ad - bc}, \quad X_{22} = \frac{a}{ad - bc} \, .$$

Ist $b = 0$, so folgt aus der ersten Gleichung $X_{12} = 0$ und damit aus der zweiten $X_{22} = \frac{1}{d}$, sofern $d \neq 0$. Ist zusätzlich $d = 0$, so hat das Gleichungssystem keine Lösung und der Vektor $\mathbf{x}_2$ existiert nicht (in diesem Fall ist übrigens $ad - bc = 0$).

Somit haben wir gefunden: Die Matrix $\mathbf{M} = \begin{pmatrix} a & b \\ c & d \end{pmatrix}$ hat genau dann eine Inverse, wenn $ad - bc \neq 0$ ist. In diesem Fall ist die Inverse gegeben durch

$$\mathbf{M}^{-1} = \mathbf{X} = \frac{1}{ad - bc} \begin{pmatrix} d & -b \\ -c & a \end{pmatrix}. \tag{A.1}$$

Der Term $ad - bc$ nennt man Determinante von $\mathbf{M}$ und wird mit $\det(\mathbf{M})$ bezeichnet, siehe dazu auch M_6). ◇

In Python kann man ein lineares Gleichungssystem $\mathbf{Mx} = \mathbf{y}$ mit `solve` lösen. Hat man mehrere rechte Seiten (was ja bei der Bestimmung der Inversen der Fall ist), so kann man diese zu einer Matrix (jede Spalte entspricht einer rechten Seite) zusammenfassen und dann die Systeme simultan lösen lassen. In Python erhalten wir also die Inverse einer Matrix $\mathbf{M}$ aus $\mathbf{X} =$ `solve`$(\mathbf{M}, \mathbf{I})$.

Beispiel A.9 Wir bestimmen die Inverse $\mathbf{D}^{-1}$ der Matrix $\mathbf{D}$. Dann kontrollieren wir, ob $\mathbf{D}^{-1}\mathbf{D}$ tatsächlich der Einheitsmatrix entspricht.

```
In [21]: I = np.eye(3); X = solve(D,I)
In [22]: X
Out[22]:
array([[-0.42857143, -0.14285714,  0.71428571],
       [-0.57142857,  0.14285714,  0.28571429],
       [ 0.28571429,  0.42857143, -0.14285714]])
In [23]: X@D
Out[23]:
array([[ 1.00000000e+00,  1.11022302e-16,  0.00000000e+00],
       [ 0.00000000e+00,  1.00000000e+00, -5.55111512e-17],
       [ 0.00000000e+00,  0.00000000e+00,  1.00000000e+00]])
```

Wir können die Inverse mit `inv` direkt berechnen lassen.

```
In [24]: inv(D)
Out[24]:
array([[-0.42857143, -0.14285714,  0.71428571],
       [-0.57142857,  0.14285714,  0.28571429],
       [ 0.28571429,  0.42857143, -0.14285714]])
```

◇

Liegt ein lineares Gleichungssystem $\mathbf{Mx} = \mathbf{y}$ vor (was ja beim Bewerten von Derivaten mit Hilfe der Finite-Differenzen-Methode immer der Fall ist), haben wir in Python grundsätzlich zwei Methoden zur Verfügung, dieses zu lösen. Einerseits können wir die Inverse von $\mathbf{M}$ direkt bestimmen (via `inv`) und dann $\mathbf{x} = \mathbf{M}^{-1}\mathbf{y}$ setzen. Oder wir lösen das System via $\mathbf{x} =$ `solve`$(\mathbf{M}, \mathbf{y})$. In der Regel ist die zweite Variante einiges schneller als die erste, so dass man in Anwendungen die Berechnung der Inversen eine Matrix vermeiden sollte. In allen Anwendungen werden wir `solve` nicht benützen, da diese Routine nicht berücksichtigt, dass die vorkommenden Matrizen sogenannte dünne Bandmatrizen sind, vergleiche mit dem Abschn. A.1.4. Je nach Problemstellung verwenden wir stattdessen die Routinen `solve_banded` oder `spsolve`. Diesen Algorithmen ist gemein, dass sie sogenannte „direkte Löser" sind. Direkte Löser lösen ein Gleichungssystem exakt; sogenannte iterative Löser lösen das System via eines iterativen Algorithmus nur ungefähr (solange, bis eine Benutzerdefinierte Fehlertoleranz erreicht ist). Iterative Löser werden dann eingesetzt, wenn die Matrix $\mathbf{M}$ sehr gross und dünn besetzt ist. Der Begriff „dünn besetzt" ist nicht klar definiert, wir werden diesen Begriff im Abschn. A.1.4 nochmals antreffen. Obwohl die in diesem Text vorkommenden Matrizen sehr gross und dünn besetzt sind, werden wir iterative Löser nicht weiter betrachten.

M_6) *Determinante.* Aus der Theorie der linearen Gleichungssysteme folgt, dass eine $n \times n$-Matrix $\mathbf{M}$ genau dann eine Inverse besitzt (respektive das Gleichungssystems $\mathbf{Mx} = \mathbf{y}$ eine eindeutige Lösung hat), wenn ihre *Determinante* verschieden von Null ist, vergleiche auch mit dem Beispiel A.8. Die Determinante von $\mathbf{M}$ ist definiert als der Skalar

$$\det(\mathbf{M}) := \sum_{\pi \in S_n} \operatorname{sign}(\pi) M_{1,\pi(1)} M_{2,\pi(2)} \cdots M_{n,\pi(n)} \ .$$

Hierin bezeichnet π eine Permutation der ersten n natürlichen Zahlen und S_n die Menge aller solcher Permutationen. Ist zum Beispiel $\pi = (1, 3, 2) \in S_3$, so ist $\pi(1) = 1$, $\pi(2) = 3$ und $\pi(3) = 2$.

Beispiel A.10 Für $n = 3$ sind alle Permutationen der Menge $\{1, 2, 3\}$ gegeben durch

$$S_3 = \big\{(1, 2, 3), (1, 3, 2), (2, 1, 3), (2, 3, 1), (3, 1, 2), (3, 2, 1)\big\} \ , \tag{A.2}$$

in Python

```
In [25]: import itertools
In [26]: list(it.permutations([1,2,3]))
Out[26]: [(1, 2, 3), (1, 3, 2), (2, 1, 3), (2, 3, 1), (3, 1, 2),
 (3, 2, 1)]
```

◇

Die Menge S_n hat $n!$ Elemente (Permutationen); insbesondere ist die Determinante einer $n \times n$-Matrix daher eine Summe von $n!$ Summanden. Wollen wir also die Determinante einer 100×100-Matrix ausrechnen, müssten wir $100! \approx 9.3 \cdot 10^{157}$ Zahlen addieren! Dieser gigantische Rechenaufwand sprengt die Möglichkeiten jeden Computers, so dass man in der Praxis die Determinante einer Matrix nicht via der Definition bestimmt. Das Signum sign einer Permutation ist definiert als $\operatorname{sign}(\pi) = (-1)^k$, wobei k die Anzahl der Vertauschungen zweier Elemente einer Permutation misst. Zum Beispiel ist $\operatorname{sign}((1, 2, 3)) = (-1)^0 = 1$, da keine Elemente vertauscht werden, oder $\operatorname{sign}((3, 2, 1)) = (-1)^1 = -1$, da die Zahlen 1 und 3 vertauscht werden.

Beispiel A.11 Wir bestimmen die Determinante der Matrix **A**. Da **A** eine 3×3-Matrix ist, ergibt sich nach Definition

$$\begin{aligned}
\det(\mathbf{A}) &= \sum_{\pi \in S_3} \operatorname{sign}(\pi) A_{1,\pi(1)} A_{2,\pi(2)} A_{3,\pi(3)} \\
&\overset{(A.2)}{=} (-1)^0 A_{11}A_{22}A_{33} + (-1)^1 A_{12}A_{21}A_{33} + (-1)^1 A_{11}A_{23}A_{32} \\
&\quad + (-1)^2 A_{12}A_{23}A_{31} + (-1)^2 A_{13}A_{21}A_{32} + (-1)^1 A_{13}A_{22}A_{31} \\
&= 4 \cdot 2 \cdot 3 - (-3) \cdot 6 \cdot 3 - 4 \cdot 5 \cdot (-2) \\
&\quad + (-3) \cdot 5 \cdot (-1) + 2 \cdot 6 \cdot (-2) - 2 \cdot 2 \cdot (-1) \\
&= 24 + 54 + 40 + 15 - 24 + 4 \\
&= 113 ,
\end{aligned}$$

in Python

```
In [27]: det(A)
Out[27]: 112.99999999999993
```

◇

Ist insbesondere **M** eine 2×2-Matrix, ergibt sich

$$\det(\mathbf{M}) = \sum_{\pi \in S_2} \operatorname{sign}(\pi) M_{1,\pi(1)} M_{2,\pi(2)} = M_{11}M_{22} - M_{12}M_{21} . \tag{A.3}$$

M_7) *Spur*. Es sei **M** eine $n \times n$-Matrix. Die *Spur* (englisch „trace“) einer quadratischen Matrix ist definiert als die Summe ihrer Diagonalelemente,

$$\operatorname{tr}(\mathbf{M}) := \sum_{j=1}^{n} M_{jj} .$$

In Python kann man die Spur via `trace(M)` bestimmen.

A.1.3 Weiterführende Operationen

Wir betrachten nun weitere Konzepte der Matrizenrechnung.

M_8) *Kronecker-Produkt*. Für die Matrizen $\mathbf{X} \in \mathbb{R}^{m \times n}$ und $\mathbf{Y} \in \mathbb{R}^{p \times q}$ ist das *Kronecker-Produkt*[1] definiert als die $mp \times nq$-Matrix

$$\mathbf{Z} := \mathbf{X} \otimes \mathbf{Y} := \begin{pmatrix} X_{11}\mathbf{Y} & X_{12}\mathbf{Y} & \cdots & X_{1n}\mathbf{Y} \\ X_{21}\mathbf{Y} & X_{22}\mathbf{Y} & \cdots & X_{2n}\mathbf{Y} \\ \vdots & \vdots & \ddots & \vdots \\ X_{m1}\mathbf{Y} & X_{m2}\mathbf{Y} & \cdots & X_{mn}\mathbf{Y} \end{pmatrix}.$$

[1] Benannt nach dem deutschen Mathematiker Leopold Kronecker (1823–1891).

Beispiel A.12 Wir bestimmen in Python die Matrix $\mathbf{M} := \mathbf{A} \otimes \mathbf{B}$. Da $\mathbf{A} \in \mathbb{R}^{3\times3}$ und $\mathbf{B} \in \mathbb{R}^{3\times2}$ ist, ist $\mathbf{M} \in \mathbb{R}^{9\times6}$.

```
In [28]: M = np.kron(A,B)
In [29]: M
Out[29]:
array([[ 12,  16,  -9, -12,   6,   8],
       [  4,   8,  -3,  -6,   2,   4],
       [ 20,  24, -15, -18,  10,  12],
       [ 18,  24,   6,   8,  15,  20],
       [  6,  12,   2,   4,   5,  10],
       [ 30,  36,  10,  12,  25,  30],
       [ -3,  -4,  -6,  -8,   9,  12],
       [ -1,  -2,  -2,  -4,   3,   6],
       [ -5,  -6, -10, -12,  15,  18]])
In [30]: M.shape
Out[30]: (9, 6)
```

◇

M_9) *Eigenwerte.* Es sei $\mathbf{M}$ eine $n \times n$-Matrix. Existiert eine Zahl $\lambda \in \mathbb{R}$ und ein vom Nullvektor verschiedener Vektor $\mathbf{x} \in \mathbb{R}^n$ so, dass

$$\mathbf{M}\mathbf{x} = \lambda\mathbf{x} \tag{A.4}$$

gilt, so heisst λ *Eigenwert* und $\mathbf{x}$ *Eigenvektor* von $\mathbf{M}$. Eine $n \times n$-Matrix kann höchstens n verschiedene Eigenwerte und Eigenvektoren haben. Unter gewissen Annahmen ist $\mathbf{M}$ *diagonalisierbar*, das heisst die Matrix lässt sich zum Produkt

$$\mathbf{M} = \mathbf{X}\boldsymbol{\Lambda}\mathbf{X}^{-1} \tag{A.5}$$

faktorisieren. Hierin ist $\boldsymbol{\Lambda}$ eine Diagonalmatrix, deren Diagonalelemente Λ_{jj} den Eigenwerten λ_j von $\mathbf{M}$ entsprechen, und $\mathbf{X}$ ist eine $n \times n$-Matrix, deren Spalten die Eigenvektoren $\mathbf{x}_j$ von $\mathbf{M}$ sind, $j = 1, \ldots, n$. Ist insbesondere $\mathbf{M}$ eine symmetrische Matrix, also $\mathbf{M}^\top = \mathbf{M}$, so faktorisiert $\mathbf{M}$ sogar zu $\mathbf{M} = \mathbf{X}\boldsymbol{\Lambda}\mathbf{X}^\top$, mit der Matrix $\mathbf{X}$ nun orthogonal, das heisst $\mathbf{X}^\top\mathbf{X} = \mathbf{X}\mathbf{X}^\top = \mathbf{I}$ (somit ist die Inverse von $\mathbf{X}$ gleich ihrer Transponierten, $\mathbf{X}^{-1} = \mathbf{X}^\top$).
Wie berechnet man die Eigenwerte respektive die dazugehörigen Eigenvektoren einer Matrix? Aus der Definition (A.4) folgt zunächst

$$\mathbf{M}\mathbf{x} - \lambda\mathbf{x} = (\mathbf{M} - \lambda\mathbf{I})\mathbf{x} = \mathbf{0}\,. \tag{A.6}$$

Dies ist ein *homogenes* Gleichungssystem in den n Variablen $x_1, \ldots, x_n$ und der Koeffizientenmatrix $\mathbf{M} - \lambda\mathbf{I}$. Die Theorie der linearen Gleichungssysteme besagt nun, dass ein homogenes Gleichungssystem nur dann eine von $\mathbf{0}$ verschiedene Lösung (ein Eigenvektor $\mathbf{x}$ ist vom Nullvektor verschieden) hat, wenn die Determinante der Koeffizientenmatrix $\mathbf{M} - \lambda\mathbf{I}$ gleich 0 ist. Aus der Definition der Determinante einer quadratischen $n \times n$-Matrix folgt, dass

$$\det(\mathbf{M} - \lambda\mathbf{I}) = (-1)^n\lambda^n + (-1)^{n-1}\mathrm{tr}(\mathbf{M})\lambda^{n-1} + \ldots + a_1\lambda + \det(\mathbf{M}) \tag{A.7}$$

ist. Somit muss man, um an die Eigenwerte einer $n \times n$-Matrix heranzukommen, die Nullstellen eines Polynoms n-ten Grades bestimmen. Dies ist in Anbetracht der Tatsache, dass die Lösungen einer polynomialen Gleichung mit Grad grösser gleich 5 im Allgemeinen nicht mehr mit einer Formel berechenbar sind, nur noch numerisch approximativ möglich. Sind die Eigenwerte bestimmt, löst man das homogene Gleichungssystem (A.6), welches unendlich viele Lösungen hat, da die Koeffizientenmatrix ja nach Konstruktion eine verschwindende Determinante hat. Unter den unendlich vielen Lösungen $\mathbf{x}$ wählt man diejenige aus, die eine zusätzliche Bedingung erfüllt, zum Beispiel $\|\mathbf{x}\|_2 = 1$.

Beispiel A.13 Wir bestimmen die Eigenwerte und Eigenvektoren der Matrix

$$\mathbf{C} = \begin{pmatrix} 2 & -2 \\ 3 & 7 \end{pmatrix} .$$

Die Eigenwerte sind Lösungen der Gleichung

$$\begin{aligned} \det(\mathbf{C} - \lambda \mathbf{I}) &= \det \begin{pmatrix} 2-\lambda & -2 \\ 3 & 7-\lambda \end{pmatrix} \overset{(A.3)}{=} (2-\lambda)(7-\lambda) - (-2) \cdot 3 \\ &= \lambda^2 - 9\lambda + 20 = (\lambda - 4)(\lambda - 5) = 0 \Rightarrow \lambda_1 = 4,\ \lambda_2 = 5 . \end{aligned}$$

Beachten Sie, dass das Polynom $\lambda^2 - 9\lambda + 20$ in der Tat dem Polynom (A.7) für $n = 2$ entspricht; insbesondere ist $\mathrm{tr}(\mathbf{C}) = 2 + 7 = 9$ und $\det(\mathbf{C}) = 20$. Wir bestimmen nun die Eigenvektoren, zuerst zum Eigenwert $\lambda_1 = 4$. Das Gleichungssystem (A.6) lautet in diesem Fall

$$(\mathbf{C} - 4\mathbf{I})\mathbf{x} = \mathbf{0} \Leftrightarrow \begin{cases} -2x_1 - 2x_2 = 0 \\ \ \ 3x_1 + 3x_2 = 0 \end{cases} .$$

Die beiden Gleichungen sind äquivalent; als Lösungsmenge erhalten wir $x_1 = -x_2$ mit $x_2 = c \in \mathbb{R} \setminus \{0\}$ eine beliebige, von Null verschiedene Konstante. Der Eigenvektor $\mathbf{x}_1$ zu λ_1 ist daher $\mathbf{x}_1 = c(-1, 1)^\top$. Man möge sich überzeugen, dass die Beziehung (A.4), also $\mathbf{C}\mathbf{x}_1 = \lambda_1 \mathbf{x}_1$ tatsächlich gilt. Für den zweiten Eigenwert $\lambda_2 = 5$ ergibt sich

$$(\mathbf{C} - 5\mathbf{I})\mathbf{x} = \mathbf{0} \Leftrightarrow \begin{cases} -3x_1 - 2x_2 = 0 \\ \ \ 3x_1 + 2x_2 = 0 \end{cases} .$$

Wiederum sind die beiden Gleichungen äquivalent; als Lösungsmenge erhalten wir nun $x_1 = -\frac{2}{3}x_2$ mit $x_2 = c \in \mathbb{R} \setminus \{0\}$. Der Eigenvektor $\mathbf{x}_2$ zu λ_2 ist daher $\mathbf{x}_2 = c(2/3, -1)^\top$. Python verwendet die oben angesprochene Längennormierung der

Eigenvektoren. Das heisst zum Beispiel für den Eigenvektor $\mathbf{x}_1$, dass die Konstante c so gewählt wird, dass

$$\|\mathbf{x}_1\|_2 = \sqrt{(-c)^2 + c^2} = c\sqrt{2} = 1$$

ist, woraus $c = \frac{1}{\sqrt{2}} \doteq 0.70711$ folgt. Analog ergibt sich für den Eigenvektor $\mathbf{x}_2$ die Konstante c zu $c = \frac{3}{\sqrt{13}} \doteq 0.83205$. Die Matrix der Eigenvektoren $\mathbf{X} = (\mathbf{x}_1, \mathbf{x}_2)$ ist daher

$$\mathbf{X} = \begin{pmatrix} -\frac{1}{\sqrt{2}} & \frac{2}{\sqrt{13}} \\ \frac{1}{\sqrt{2}} & -\frac{3}{\sqrt{13}} \end{pmatrix} \doteq \begin{pmatrix} -0.70711 & 0.55470 \\ 0.70711 & -0.83205 \end{pmatrix} . \tag{A.8}$$

In Python können wir die Eigenvektoren und Eigenwerte via `eig` bestimmen.

```
In [31]: L,X = eig(C)
In [32]: L
Out[32]: array([4.+0.j, 5.+0.j])
In [33]: X
Out[33]:
array([[-0.70710678,  0.5547002 ],
       [ 0.70710678, -0.83205029]])
```

Die Dimension von `L` ist 1; `L` ist also keine Matrix. Wir können die Diagonalmatrix $\boldsymbol{\Lambda}$ aus `L` mit Hilfe von `diag` erzeugen, das heisst $\boldsymbol{\Lambda}$ = `np.diag(L)`. Beachten Sie, dass die Faktorisierung $\mathbf{C} = \mathbf{X}\boldsymbol{\Lambda}\mathbf{X}^{-1}$ gilt (es genügt, nur den Realteil der Eigenwerte zu betrachten, da der Imaginärteil 0 ist).

```
In [34]: X@np.diag(np.real(L))@inv(X)
Out[34]:
array([[ 2., -2.],
       [ 3.,  7.]])
```

◇

M_{10}) *Norm.* Die Begriff der Norm ist eine Verallgemeinerung der Längenmessung. Eine Vektornorm auf $\mathbb{R}^n$ ist eine Funktion $N : \mathbb{R}^n \to \mathbb{R}, \mathbf{x} \mapsto N(\mathbf{x})$ mit den Eigenschaften

i) $N(\mathbf{x}) > 0$ für alle $\mathbf{0} \neq \mathbf{x} \in \mathbb{R}^n$ und $N(\mathbf{x}) = 0$ genau dann, wenn $\mathbf{x} = \mathbf{0}$,

ii) $N(\mathbf{x} + \mathbf{y}) \leq N(\mathbf{x}) + N(\mathbf{y})$ für alle $\mathbf{x}, \mathbf{y} \in \mathbb{R}^n$,

iii) $N(\alpha\mathbf{x}) = |\alpha| N(\mathbf{x})$ für alle $\mathbf{x} \in \mathbb{R}^n, \alpha \in \mathbb{R}$.

Üblicherweise schreibt man $N(\mathbf{x}) = \|\mathbf{x}\|$. Eine wichtige Klasse von Vektornormen ist die sogenannte p-Norm. Diese ist, für $p = 1, 2, \ldots$ definiert als

$$\|\mathbf{x}\|_p := \left(|x_1|^p + |x_2|^p + \cdots + |x_n|^p\right)^{\frac{1}{p}} .$$

Von besonderem Interesse sind die 1-, 2- und ∞-Norm, also

$$\begin{aligned} \|\mathbf{x}\|_1 &= |x_1| + |x_2| + \cdots + |x_n| \\ \|\mathbf{x}\|_2 &= \sqrt{x_1^2 + x_2^2 + \cdots + x_n^2} = \sqrt{\mathbf{x}^\top \mathbf{x}} \\ \|\mathbf{x}\|_\infty &= \max\{|x_1|, |x_2|, \ldots, |x|_n\} . \end{aligned}$$

Geometrisch interpretiert ist die 2-Norm die „natürlichste“ Verallgemeinerung der Längenmessung (der Strecke, welche den Punkt $\mathbf{0}$ mit dem Punkt $\mathbf{x}$ verbindet), da sie dem Satz von Pythagoras entspricht. In diesem Text hingegen ist die ∞-Norm (welche auch als Maximumnorm bezeichnet wird) interessanter, da der Vektor $\mathbf{x}$ in der Regel Fehlern (zwischen exakten und approximativen Derivatspreisen) entspricht und wir aus Konvergenzgründen am grössten dieser Fehler interessiert sind. In Python kann man die p-Norm via `norm`($\mathbf{x}$, p) bestimmen.

Beispiel A.14 Wir bestimmen für $p = 1, 2, \infty$ die p-Norm des Vektors $\mathbf{b} = (3, -4, 1)^\top$. Die 2-Norm ist $\|\mathbf{b}\|_2 = \sqrt{9+16+1} = \sqrt{26} \doteq 0.50990$.

```
In [35]: norm(b,1), norm(b,2), norm(b,np.inf)
Out[35]: (8.0, 5.099019513592785, 4.0)
```
◇

Wir müssen die Vektornorm erweitern zur Matrixnorm; wir diskutieren nur die p-Norm. Es sei $\mathbf{M}$ eine $n \times m$-Matrix. Die p-Norm $\|\mathbf{M}\|_p$ von $\mathbf{M}$ ist definiert als

$$\|\mathbf{M}\|_p := \max_{\mathbf{x}\in\mathbb{R}^m,\ \|\mathbf{x}\|_p=1} \|\mathbf{M}\mathbf{x}\|_p \,.$$

Wir bestimmen die 2-Norm einer Matrix. Es sei also $\mathbf{x} \in \mathbb{R}^m$ ein Vektor mit „Länge“ $\|\mathbf{x}\|_2 = 1$. Der Vektor $\mathbf{M}\mathbf{x} \in \mathbb{R}^n$ hat dann die (quadrierte) 2-Norm

$$\|\mathbf{M}\mathbf{x}\|_2^2 = (\mathbf{M}\mathbf{x})^\top\mathbf{M}\mathbf{x} = \mathbf{x}^\top\mathbf{M}^\top\mathbf{M}\mathbf{x}\,,$$

da $\mathbf{M}^\top\mathbf{M}$ eine symmetrische $m \times m$-Matrix ist, können wir

$$\mathbf{M}^\top\mathbf{M} = \mathbf{X}\boldsymbol{\Lambda}\mathbf{X}^\top$$

schreiben, mit $\boldsymbol{\Lambda} \in \mathbb{R}^{m\times m}$ die Diagonalmatrix mit den Eigenwerten λ_j von $\mathbf{M}^\top\mathbf{M}$ und $\mathbf{X} \in \mathbb{R}^{m\times m}$ die Matrix der Eigenvektoren von $\mathbf{M}^\top\mathbf{M}$. Also ist

$$\begin{aligned}
\|\mathbf{M}\|_2 &= \max_{\mathbf{x}\in\mathbb{R}^m,\ \|\mathbf{x}\|_2=1} \sqrt{\mathbf{x}^\top\mathbf{X}\boldsymbol{\Lambda}\mathbf{X}^\top\mathbf{x}} \\
&= \max_{\mathbf{y}\in\mathbb{R}^m,\ \|\mathbf{y}\|_2=1} \sqrt{\mathbf{y}^\top\boldsymbol{\Lambda}\mathbf{y}} \\
&= \max_{\mathbf{y}\in\mathbb{R}^m,\ \|\mathbf{y}\|_2=1} \sqrt{\sum_{j=1}^{m}\lambda_j y_j^2}\ ;
\end{aligned}$$

dabei haben wir im zweiten Schritt $\mathbf{y} := \mathbf{X}^\top\mathbf{x} \in \mathbb{R}^m$ gesetzt (und die Eigenwerte der Grösse nach sortiert $\lambda_1 \geq \lambda_2 \geq \ldots \geq \lambda_m \geq 0$). Beachten Sie, dass $\|\mathbf{y}\|_2 = \|\mathbf{x}\|_2$ gilt, weil $\mathbf{X}$ orthogonal ist

$$\|\mathbf{y}\|_2^2 = \|\mathbf{X}^\top\mathbf{x}\|_2^2 = \mathbf{x}^\top\underbrace{\mathbf{X}\mathbf{X}^\top}_{=\mathbf{I}}\mathbf{x} = \mathbf{x}^\top\mathbf{x} = \|\mathbf{x}\|_2^2\,.$$

Unter allen Vektoren $\mathbf{y} \in \mathbb{R}^m$ mit $\|\mathbf{y}\| = 1$ wird der Term $\sum_{j=1}^{m} \lambda_j y_j^2$ unter der Wurzel maximal für $\mathbf{y} = (1, 0, \ldots, 0)^\top$ und es folgt

$$\|\mathbf{M}\|_2 = \max_{\mathbf{y}\in\mathbb{R}^m,\ \|\mathbf{y}\|_2=1} \sqrt{\sum_{j=1}^{m} \lambda_j y_j^2} = \sqrt{\lambda_1}\ . \tag{A.9}$$

Somit ist die 2-Norm einer Matrix $\mathbf{M}$ gegeben durch den grössten Eigenwert der Matrix $\mathbf{M}^\top\mathbf{M}$. Weiter kann man zeigen, dass für die ∞-Norm

$$\|\mathbf{M}\|_\infty = \max_{1\le i\le n} \sum_{j=1}^{m} |M_{ij}| \tag{A.10}$$

gilt, das heisst die ∞-Norm einer Matrix ergibt sich aus dem Maximum der Zeilensummen.

Beispiel A.15 Wir betrachten die Normen $\|\mathbf{B}\|_\infty$ und $\|\mathbf{B}\|_2$ der 3×2-Matrix

$$\mathbf{B} = \begin{pmatrix} 3 & 4 \\ 1 & 2 \\ 5 & 6 \end{pmatrix} .$$

Nach (A.10) müssen wir das Maximum der Zeilensummen ausrechnen, um die Maximumnorm zu bestimmen. Also

$$\|\mathbf{B}\|_\infty = \max_{1\le i\le 3} \sum_{j=1}^{2} |B_{ij}| = \max\{7, 3, 11\} = 11\ .$$

Um die 2-Norm auszurechnen, müssen wir nach (A.9) die Eigenwerte der Matrix $\mathbf{B}^\top\mathbf{B}$ bestimmen. Es ist zunächst

$$\mathbf{B}^\top\mathbf{B} = \begin{pmatrix} 3 & 1 & 5 \\ 4 & 2 & 6 \end{pmatrix} \begin{pmatrix} 3 & 4 \\ 1 & 2 \\ 5 & 6 \end{pmatrix} = \begin{pmatrix} 35 & 44 \\ 44 & 56 \end{pmatrix} .$$

Die Determinante $\det(\mathbf{B}^\top\mathbf{B} - \lambda\mathbf{I})$ ist wegen (A.3)

$$\det(\mathbf{B}^\top\mathbf{B} - \lambda\mathbf{I}) = \det\begin{pmatrix} 35-\lambda & 44 \\ 44 & 56-\lambda \end{pmatrix} \overset{(A.3)}{=} (35-\lambda)(56-\lambda) - 44^2\ .$$

Die Eigenwerte sind demzufolge die Lösungen der quadratischen Gleichung

$$\det(\mathbf{B}^\top\mathbf{B} - \lambda\mathbf{I}) = \lambda^2 - 91\lambda + 24 = 0 \Rightarrow \lambda_{1,2} = \frac{1}{2}\bigl(91 \pm \sqrt{8185}\bigr)\ .$$

Die 2-Norm der Matrix **B** ist somit

$$\|\mathbf{B}\|_2 = \sqrt{\lambda_{\max}(\mathbf{B}^\top\mathbf{B})} = \sqrt{\frac{1}{2}(91 + \sqrt{8185})} \doteq 9.525518\;;$$

dies wird durch Python bestätigt (wir lassen auch die Maximumnorm ausgeben).

```
In [36]: norm(B,np.inf), norm(B,2)
Out[36]: (11.0, 9.525518091565107)
```

◇

M_{11}) *Funktionen von Matrizen*. Es sei **M** eine $n \times m$-Matrix und $f : \mathbb{D} \to \mathbb{R}$ eine univariate stetige Funktion. Sind alle $M_{ij} \in \mathbb{D}$, so interpretiert Python den Ausdruck $f(\mathbf{M})$ elementweise, das heisst

$$f(\mathbf{M}) := \begin{pmatrix} f(M_{11}) & f(M_{12}) & \cdots & f(M_{1m}) \\ f(M_{21}) & f(M_{22}) & \cdots & f(M_{2m}) \\ & \vdots & & \\ f(M_{n1}) & f(M_{n2}) & \cdots & f(M_{nm}) \end{pmatrix}.$$

Dies ist für viele Anwendungen vorteilhaft.

Beispiel A.16 Wir bestimmen $\sqrt[3]{\mathbf{B}}$, $\ln(\mathbf{B})$ und $e^{\mathbf{B}}$.

```
In [37]: B**(1/3)
Out[37]:
array([[1.44224957, 1.58740105],
       [1.        , 1.25992105],
       [1.70997595, 1.81712059]])
In [38]: np.log(B)
Out[38]:
array([[1.09861229, 1.38629436],
       [0.        , 0.69314718],
       [1.60943791, 1.79175947]])
In [39]: np.exp(B)
Out[39]:
array([[ 20.08553692,  54.59815003],
       [  2.71828183,   7.3890561 ],
       [148.4131591 , 403.42879349]])
```

◇

Als *Matrixfunktion* ist $f(\mathbf{M})$ nur für quadratische **M** definiert, allgemein schwierig zu berechnen und verschieden von der elementweisen Operation von f auf **M**. Zum Beispiel ist $\mathbf{Z} = \sqrt[3]{\mathbf{M}}$ diejenige Matrix, welche $\mathbf{Z}^3 = \mathbf{M}$ erfüllt. Wie bestimmt man **Z**? Im Kap. 5 benötigen wir das Matrixexponential $\mathbf{Z} = e^{\mathbf{M}}$ einer Matrix **M**; auch hier stellt sich die Frage der Berechnung von **Z**. Um diese Frage zu beantworten, nehmen wir an, dass die $n \times n$-Matrix **M** diagonalisierbar ist, sich also als Produkt (A.5) schreiben lässt und dass die Funktion eine (auf einem Intervall $]-\rho, \rho[$ konvergierende) Potenzreihe

$$f(x) = \sum_{k=0}^{\infty} a_k x^k$$

um $x = 0$ besitzt (denken Sie zum Beispiel an die Taylorreihe (3.3), wo $a_k = \frac{f^k(0)}{k!}$ ist). Nun setzen wir in der Potenzreihe formal für x die Matrix $\mathbf{M} = \mathbf{X}\boldsymbol{\Lambda}\mathbf{X}^{-1}$ ein und verwenden die Beziehung $\mathbf{X}^{-1}\mathbf{X} = \mathbf{I}$

$$
\begin{aligned}
f(\mathbf{M}) &= \sum_{k=0}^{\infty} a_k \mathbf{M}^k = \sum_{k=0}^{\infty} a_k \left(\mathbf{X}\boldsymbol{\Lambda}\mathbf{X}^{-1}\right)^k \\
&= \sum_{k=0}^{\infty} a_k \underbrace{\mathbf{X}\boldsymbol{\Lambda}\mathbf{X}^{-1}\mathbf{X}\boldsymbol{\Lambda}\mathbf{X}^{-1}\cdots\mathbf{X}\boldsymbol{\Lambda}\mathbf{X}^{-1}}_{k-\mathrm{mal}} \\
&= \sum_{k=0}^{\infty} a_k \mathbf{X}\boldsymbol{\Lambda}^k\mathbf{X}^{-1} = \mathbf{X}\sum_{k=0}^{\infty} a_k \begin{pmatrix} \lambda_1^k & & \\ & \ddots & \\ & & \lambda_n^k \end{pmatrix} \mathbf{X}^{-1} \\
&= \mathbf{X} \begin{pmatrix} \sum_{k=0}^{\infty} a_k \lambda_1^k & & \\ & \ddots & \\ & & \sum_{k=0}^{\infty} a_k \lambda_n^k \end{pmatrix} \mathbf{X}^{-1} \\
&= \mathbf{X} \begin{pmatrix} f(\lambda_1) & & \\ & \ddots & \\ & & f(\lambda_n) \end{pmatrix} \mathbf{X}^{-1} .
\end{aligned}
$$

Definieren wir also

$$
f(\boldsymbol{\Lambda}) = \begin{pmatrix} f(\lambda_1) & & \\ & \ddots & \\ & & f(\lambda_n) \end{pmatrix} ,
$$

so ist $f(\mathbf{M})$ gegeben durch

$$
f(\mathbf{M}) = \mathbf{X} f(\boldsymbol{\Lambda}) \mathbf{X}^{-1} . \tag{A.11}
$$

Beispiel A.17 Wir bestimmen $\sqrt[3]{\mathbf{C}}$ und $e^{\mathbf{C}}$. Die Eigenwerte und Eigenvektoren von $\mathbf{C}$ haben wir bereits in Beispiel A.13 bestimmt; wir benötigen noch die Inverse von $\mathbf{X}$ in (A.8). Diese ist nach (A.1), weil $\det(\mathbf{X}) = \frac{1}{\sqrt{26}}$ ist, gegeben durch

$$
\mathbf{X}^{-1} = \sqrt{26} \begin{pmatrix} -\frac{3}{\sqrt{13}} & -\frac{2}{\sqrt{13}} \\ -\frac{1}{\sqrt{2}} & -\frac{1}{\sqrt{2}} \end{pmatrix} .
$$

Nun ist nach (A.11) mit den beiden Eigenwerten $\lambda_1 = 4$ und $\lambda_2 = 5$

$$
\begin{aligned}
\mathbf{Z} &= f(\mathbf{C}) \\
&= \mathbf{X}\begin{pmatrix} f(4) & 0 \\ 0 & f(5) \end{pmatrix}\mathbf{X}^{-1} \\
&= \sqrt{26}\begin{pmatrix} -\frac{1}{\sqrt{2}} & \frac{2}{\sqrt{13}} \\ \frac{1}{\sqrt{2}} & -\frac{3}{\sqrt{13}} \end{pmatrix}\begin{pmatrix} f(4) & 0 \\ 0 & f(5) \end{pmatrix}\begin{pmatrix} -\frac{3}{\sqrt{13}} & -\frac{2}{\sqrt{13}} \\ -\frac{1}{\sqrt{2}} & -\frac{1}{\sqrt{2}} \end{pmatrix} \\
&= \begin{pmatrix} 3f(4) - 2f(5) & 2f(4) - 2f(5) \\ -3f(4) + 3f(5) & -2f(4) + 3f(5) \end{pmatrix}.
\end{aligned}
$$

Für $f(x) = \sqrt[3]{x}$ ergibt sich

$$
\mathbf{Z} = \begin{pmatrix} 3f(4) - 2f(5) & 2f(4) - 2f(5) \\ -3f(4) + 3f(5) & -2f(4) + 3f(5) \end{pmatrix} \overset{f(x)=\sqrt[3]{x}}{\doteq} \begin{pmatrix} 1.34225 & -0.24515 \\ 0.36772 & 1.95513 \end{pmatrix}.
$$

Wir vergleichen mit Python und überzeugen uns, dass in der Tat $\mathbf{Z}^3 = \mathbf{C}$ ist.

```
In [40]: Z = fractional_matrix_power(C,1/3)
In [41]: Z
Out[41]:
array([[ 1.34225126, -0.24514979],
       [ 0.36772468,  1.95512574]])
In [42]: Z@Z@Z
Out[42]:
array([[ 2., -2.],
       [ 3.,  7.]])
```

Für $f(x) = e^x$ können wir $f(4) = e^4$ ausklammern und erhalten

$$
\mathbf{Z} = e^{\mathbf{C}} = e^4\begin{pmatrix} 3 - 2e & 2 - 2e \\ -3 + 3e & -2 + 3e \end{pmatrix} \doteq \begin{pmatrix} -133.03 & -187.63 \\ 281.45 & 336.04 \end{pmatrix},
$$

wir können dies mit Python's Matrixexponential `expm` bestätigen und mit der elementweisen Operation vergleichen

```
In [43]: expm(C)
Out[43]:
array([[-133.03186811, -187.63001814],
       [ 281.44502721,  336.04317724]])
In [44]: np.exp(C)
Out[44]:
array([[7.38905610e+00, 1.35335283e-01],
       [2.00855369e+01, 1.09663316e+03]])
```

◇

Wir bemerken, dass expm das Matrixexponential $e^{\mathbf{M}}$ nicht nach (A.11) bestimmt, da ja die Matrix $\mathbf{M}$ nicht zwingend diagonalisierbar ist, und falls sie es ist, die Berechnung der Eigenvektoren und Eigenwerte zusammen mit der Invertierung von $\mathbf{X}$ zu aufwändig ist. Python verwendet (unter anderem) eine Padé Approximation von e^x, siehe Higham [2] (zur Padé Approximation siehe auch den Abschn. 14.2). Für unsere Zwecke ist jedoch auch expm zu langsam, und wir verzichten ganz auf die (exakte) Berechnung von $e^{\mathbf{M}}$.

A.1.4 Definieren von Matrizen, der Befehl „spdiags"

Bei der Diskretisierung von partiellen Differentialgleichungen (die Derivatspreise ja lösen) durch finite Differenzen entstehen sehr grosse lineare Gleichungssysteme mit zum Teil mehreren Millionen Unbekannten. Die entsprechenden Matrizen sind quadratisch und dünn besetzt (englisch „sparse"), das heisst pro Zeile (oder Spalte) sind „nur wenige" der Einträge verschieden von Null, vergleiche mit Abb. A.1.

In Python kann man die Besetzung einer Matrix via spy visualisieren. Hier wird jeder Nicht-Null-Eintrag mit einem Punkt dargestellt. Mit nnz kann man sich die Anzahl der Nicht-Null-Einträge (number of non-zeros) einer Matrix ausgeben lassen. Zum Beispiel kann man die linke Graphik in Abb. A.1 wie folgt erzeugen

```
In [45]: plt.spy(A,marker='.',markersize=0.5);
    ...: plt.xlabel(r'${\rm nz}=%i$' %A.nnz,fontsize=20,labelpad=15)
```

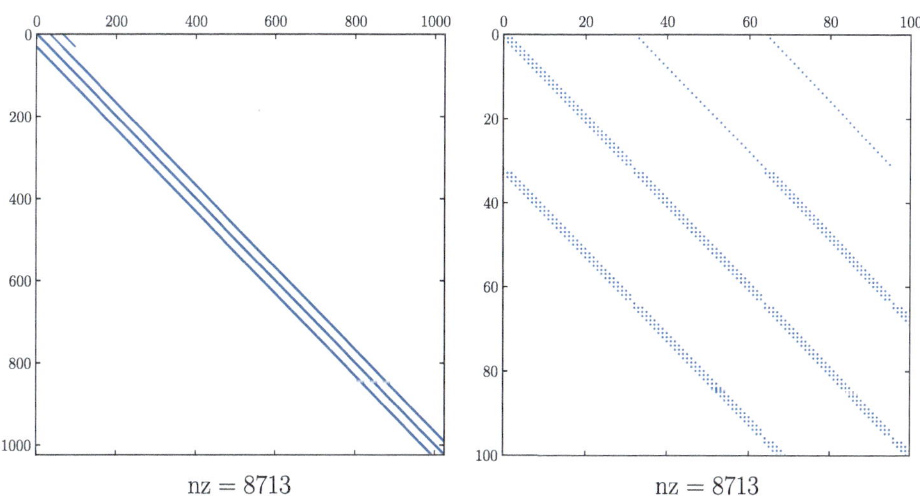

Abb. A.1 Die $n \times n$-Matrix $\mathbf{A}$ im Heston Modell aus dem Beispiel 10.10; n ist die Anzahl der Unbekannten. Links. Es ist $n = 1024$; von den n^2 Einträgen sind nur 8713 verschieden von 0. Rechts. Dieselbe Matrix wie links, aber nur die ersten 100 Zeilen und Spalten

In der Matrix in Abb. A.1 sind nur $8713/n^2 \doteq 0.83\,\%$ der Einträge verschieden von Null. Wählen wir im Beispiel 10.10 $n = 1\,048\,576$, so sind 9 420 809 Einträge verschieden von 0; dies entspricht einem Anteil von nur noch ca. $0.00086\,\%$. Es stellt sich daher die Frage, wie man in Python sehr grosse und dünn besetzte Matrizen definiert und speichert.

Es genügt an dieser Stelle, dünn besetzte Matrizen von der Form

$$\mathbf{A} = \begin{pmatrix} \beta_1 & \gamma_1 & & & & \\ \alpha_2 & \beta_2 & \gamma_2 & & & \\ & \alpha_3 & \beta_3 & \gamma_3 & & \\ & & & \ddots & & \\ & & & \alpha_{n-1} & \beta_{n-1} & \gamma_{n-1} \\ & & & & \alpha_n & \beta_n \end{pmatrix} \tag{A.12}$$

zu betrachten, wobei $n \in \mathbb{N}^\times$ beliebig ist und nicht dargestellte Matrixeinträge 0 sind.

Beispiel A.18 Wir definieren die 6×6-Matrix

$$\mathbf{A} = \begin{pmatrix} 1 & -1 & & & & \\ 9 & 2 & -3 & & & \\ & 16 & 3 & -5 & & \\ & & 25 & 4 & -7 & \\ & & & 36 & 5 & -9 \\ & & & & 49 & 6 \end{pmatrix}$$

in Python; dies können wir elegant wie folgt tun. Zunächst definieren wir die drei Spaltenvektoren (beachten Sie, dass diese drei Vektoren nicht alle die selbe Länge haben)

$$\boldsymbol{\alpha} = \begin{pmatrix} \alpha_2 \\ \alpha_3 \\ \alpha_4 \\ \alpha_5 \\ \alpha_6 \end{pmatrix} = \begin{pmatrix} 9 \\ 16 \\ 25 \\ 36 \\ 49 \end{pmatrix}, \quad \boldsymbol{\beta} = \begin{pmatrix} \beta_1 \\ \beta_2 \\ \beta_3 \\ \beta_4 \\ \beta_5 \\ \beta_6 \end{pmatrix} = \begin{pmatrix} 1 \\ 2 \\ 3 \\ 4 \\ 5 \\ 6 \end{pmatrix}, \quad \boldsymbol{\gamma} = \begin{pmatrix} \gamma_1 \\ \gamma_2 \\ \gamma_3 \\ \gamma_4 \\ \gamma_5 \end{pmatrix} = \begin{pmatrix} -1 \\ -3 \\ -5 \\ -7 \\ -9 \end{pmatrix}.$$

```
In [46]: alpha = np.arange(3,8)**2; beta = np.arange(1,7);
    ...: gamma = np.arange(-1,-11,-2);
```

Nun ergibt sich die Matrix $\mathbf{A}$ mit Hilfe von `diag`.

```
In [47]: A = np.diag(alpha,-1)+np.diag(beta,0)+np.diag(gamma,1)
In [48]: A
Out[48]:
array([[ 1, -1,  0,  0,  0,  0],
       [ 9,  2, -3,  0,  0,  0],
       [ 0, 16,  3, -5,  0,  0],
       [ 0,  0, 25,  4, -7,  0],
       [ 0,  0,  0, 36,  5, -9],
       [ 0,  0,  0,  0, 49,  6]])
```

Dabei füllt Python mit `diag`$(\mathbf{v}, k)$ die k-te Diagonale einer Matrix auf mit den Werten definiert im Vektor $\mathbf{v}$ ($k = 0$ ist die Hauptdiagonale, $k > 0$ deutet eine Diagonale „oberhalb" der Hauptdiagonalen an, $k < 0$ unterhalb). ◇

Die Matrix $\mathbf{A}$ in (A.12) ist eine $n \times n$-Matrix. Von den n^2 Einträgen sind aber bloss diejenigen der Hauptdiagonalen (n Einträge) und der beiden Nebendiagonalen (je $n - 1$ Einträge) verschieden von 0, das heisst, dass der Anteil der Nicht-Null-Einträge

$$\frac{3n-2}{n^2}$$

ist. Für das obige Beispiel mit $n = 6$ sind 44 % aller Einträge nicht 0. Ist zum Beispiel aber $n = 1000$, so sind nur noch $\frac{2998}{1\,000\,000} \approx 0.3$ % der Einträge verschieden von 0; die restlichen 99.7 % der Einträge sind 0. Jeder Eintrag einer Matrix benötigt Speicherplatz (nämlich 8 Bytes). Wenn man nun aber schon im Voraus weiss, dass die meisten Einträge einer Matrix 0 sind, so könnte man auf die Idee kommen, nur für diejenigen Einträge Speicherplatz zu "verbrauchen", welche nicht 0 sind. Python hat diese Idee umgesetzt mit Hilfe des Befehls `spdiags`. Hier stehen die Buchstaben `sp` für „sparse". Der Befehl `spdiags` benötigt wiederum die Vektoren $\boldsymbol{\alpha}, \boldsymbol{\beta}$ und $\boldsymbol{\gamma}$; im Gegensatz zu `diag` müssen diese nun aber die selbe Anzahl von Einträgen haben, das heisst

$$\boldsymbol{\alpha} = \begin{pmatrix} \alpha_2 \\ \alpha_3 \\ \alpha_4 \\ \alpha_5 \\ \alpha_6 \\ \alpha_7 \end{pmatrix} = \begin{pmatrix} 9 \\ 16 \\ 25 \\ 36 \\ 49 \\ 64 \end{pmatrix}, \quad \boldsymbol{\beta} = \begin{pmatrix} \beta_1 \\ \beta_2 \\ \beta_3 \\ \beta_4 \\ \beta_5 \\ \beta_6 \end{pmatrix} = \begin{pmatrix} 1 \\ 2 \\ 3 \\ 4 \\ 5 \\ 6 \end{pmatrix}, \quad \boldsymbol{\gamma} = \begin{pmatrix} \gamma_0 \\ \gamma_1 \\ \gamma_2 \\ \gamma_3 \\ \gamma_4 \\ \gamma_5 \end{pmatrix} = \begin{pmatrix} 1 \\ -1 \\ -3 \\ -5 \\ -7 \\ -9 \end{pmatrix}.$$

```
In [49]: alpha = np.arange(3,9)**2; beta = np.arange(1,7);
    ...: gamma = np.arange(1,-11,-2);
In [50]: A = spdiags([alpha,beta,gamma],[-1,0,1],6,6)
In [51]: A
Out[51]:
<6x6 sparse matrix of type '<class 'numpy.int64'>'
        with 16 stored elements (3 diagonals) in DIAgonal format>
```

Mit `print` erhalten wir einen „detaillierten" Einblick in die Matrix **A**

```
In [52]: print(A)
  (1, 0)        9
  (2, 1)        16
  (3, 2)        25
  (4, 3)        36
  (5, 4)        49
  (0, 0)        1
  (1, 1)        2
  (2, 2)        3
  (3, 3)        4
  (4, 4)        5
  (5, 5)        6
  (0, 1)        -1
  (1, 2)        -3
  (2, 3)        -5
  (3, 4)        -7
  (4, 5)        -9
```

Eine Zeile (j, k) x bedeutet, dass der Eintrag in der $(j + 1)$-ten Zeile und der $(k + 1)$-ten Spalte gleich x ist, also $A_{j+1,k+1} = x$ (zur Erinnerung: Python beginnt die Nummerierungen bei Null). Zum Beispiel ist in der Tat $A_{3+1,4+1} = -7$. Python speichert nur noch die Einträge, welche nicht 0 sind. Dies können wir mit `nbytes` einsehen.

```
In [53]: A.data.nbytes
Out[53]: 144
```

Die Matrix **A** benötigt so noch 144 Bytes Speicherplatz (zuzüglich des Speicherplatzes für die Information, von welchem Typ die Matrix **A** ist, zum Beispiel `csc`, `csr` oder `dia`). Dass Speicherplatzbetrachtungen notwendig sind, zeigt folgendes Beispiel. Wir wählen in der obigen Matrix **A** nicht mehr $n = 6$, sondern $n = 20\,000$. Die Definition von **A** via `diag` ist langsam und speicherintensiv

```
In [54]: n = 20000
In [55]: alpha = np.arange(3,n+2)**2; beta = np.arange(1,n+1);
    ...: gamma = np.arange(-1,1-2*n,-2);
    ...: A = np.diag(alpha,-1)+np.diag(beta,0)+np.diag(gamma,1)
In [56]: A.data.nbytes
Out[57]: 3200000000
```

Die Matrix benötigt via `diag` $8 \cdot 20\,000^2 = 3.2 \cdot 10^9$ Bytes, was 3.2 GB entspricht. Es ist aus Speicherplatzgründen (viel) besser, die Matrix mit `spdiags` zu definieren.

```
In [58]: alpha = np.arange(3,n+3)**2; beta = np.arange(1,n+1);
    ...: gamma = np.arange(1,1-2*n,-2);
    ...: A = spdiags([alpha,beta,gamma],[-1,0,1],n,n)
In [59]: A.data.nbytes
Out[59]: 480000
```

Die Speicherung der Matrix **A** benötigt so noch 480 KB.

Die Einheitsmatrix **I** ist offenbar von der Form (A.12) und kann daher mit `spdiags` realisiert werden. Dies ist jedoch nicht nötig, da Python direkt einen Befehl zur Verfügung stellt, nämlich `sparse.eye`. Der Vollständigkeit halber geben wir an dieser Stelle noch die Hilfsroutine `get_diagonals` an, welche aus einer gegebenen Matrix **M** deren von Null verschiedenen Diagonalen für Python's Löser `solve_banded` extrahiert.

Routine A.1: get_diagonals.py

```
import numpy as np

def get_diagonals(M,*args):
  mp1 = np.hstack((0,M.diagonal(1))); m0 = M.diagonal(0);
  mm1 = np.hstack((M.diagonal(-1),0)); D = np.vstack((mp1,m0,mm1))

  if len(args)>0:
    nl = args[0]; nr = args[1]
    if nl>1: # upper
    for j in range(1,nl):
      m = np.hstack((np.zeros(j+1),M.diagonal(j+1)));
      D = np.vstack((m,D))

  if nr>1: # lower
    for j in range(1,nr):
      m = np.hstack((M.diagonal(-j-1),np.zeros(j+1)));
      D = np.vstack((D,m))

  return D
```

A.2 Funktionen und deren graphische Darstellung

Zunächst importieren wir weitere Module, welche wir in diesem Abschnitt benötigen werden.

```
In [60]: import scipy.stats as ss
    ...: import matplotlib.pyplot as plt
    ...: import pylab
    ...: from matplotlib import rc
    ...: from mpl_toolkits import mplot3d
```

Zudem verändern wir einige Plot-Parameter nach unserem Geschmack. Wenn man Latex nicht installiert hat, muss man im Dictionary `params` im neunten (eigentlich achten) Item den Wert `True` auf `False` ändern.

```
In [61]: params = {'axes.labelsize': 20,
    ...:           'xtick.labelsize': 12,
    ...:           'ytick.labelsize': 12,
    ...:           'xtick.direction': 'in',
    ...:           'ytick.direction': 'in',
    ...:           'axes.grid.axis': 'both',
    ...:           'xtick.top': True,
    ...:           'ytick.right': True,
    ...:           'text.usetex': True,
    ...:           'figure.figsize':[7.75,5.81]}
    ...: pylab.rcParams.update(params)
```

Wir betrachten nun zwei Varianten, in Python mathematische Funktionen

$$f : \mathbb{R}^n \to \mathbb{R}, \quad (x^1, \ldots, x^n) \mapsto y = f(x^1, \ldots, x^n)$$

auszuwerten[2].

A.2.1 Funktionen via `lambda`

Wir können einerseits zuerst $(x^1, \ldots x^n) \in \mathbb{D} \subset \mathbb{R}^n$ im Definitionsbereich $\mathbb{D}$ von f definieren und dann die Funktion auf $(x^1, \ldots, x^n)$ anwenden. Oder wir definieren die Funktion via `lambda`; dies hat den Vorteil, dass man das Argument nicht vorgängig definiert haben muss. Üblicherweise möchte man eine Funktion nicht nur an einer Stelle $(x^1, \ldots, x^n)$ auswerten, sondern an m Stellen

$$(x_1^1, \ldots, x_1^n), \; (x_2^1, \ldots, x_2^n), \; \ldots, \; (x_m^1, \ldots, x_m^n) \,. \tag{A.13}$$

Wie aus M_{11}) klar wird, ist dies in Python einfach möglich, da Python elementweise operiert. Wir betrachten zuerst den einfacheren Fall $n = 1$, die Funktion f ist also univariat und die m Stellen x_k, $k = 1, \ldots, m$ fassen wir in einem (Spalten)vektor der Länge m zusammen (beachten Sie, dass der Superskript j jetzt nicht notwendig ist).

Beispiel A.19 Wir betrachten die Funktion $f(x) = x^2 - 1$, werten diese an den Stellen

$$\mathbb{D} = \{x_k \mid x_k = -1 + (k-1)\Delta x, \;\; k = 1, \ldots, m, \;\; \Delta x = 0.4\}$$

aus und stellen den Funktionsgraphen (Parabel) in Abb. A.2 dar.

```
In [62]: x = np.arange(-1,2.2,0.4); y = x**2-1;
    ...: plt.plot(x,y); plt.xlabel('$x$'); plt.ylabel('$y$');
In [63]: x = np.arange(-1,1.81,0.01); y = x**2-1;
    ...: plt.plot(x,y); plt.xlabel('$x$'); plt.ylabel('$y$',rotation=0);
```
◇

Das Package `NumPy` rechnet grundsätzlich in der Menge der komplexen Zahlen $\mathbb{C}$, aber nur, wenn der Input komplex ist. Daher liefert liefert zum Beispiel $\sqrt{-2}$ eine Fehlermeldung, während $\sqrt{-2+0I}$, wo I die imaginäre Einheit darstellt, korrekt berechnet wird (in Python wird die imaginäre Einheit mit `j` bezeichnet).

```
In [64]: np.sqrt(-2), np.sqrt(-2+0j)
__main__:1: RuntimeWarning: invalid value encountered in sqrt
Out[64]: (nan, 1.4142135623730951j)
```

Bei der graphischen Darstellung wird jedoch nur der Realteil berücksichtigt, während der Imaginärteil weggelassen wird.

---

[2] Mit x^j bezeichnen wir in diesem Abschnitt die j-te unabhängige Variable von f.

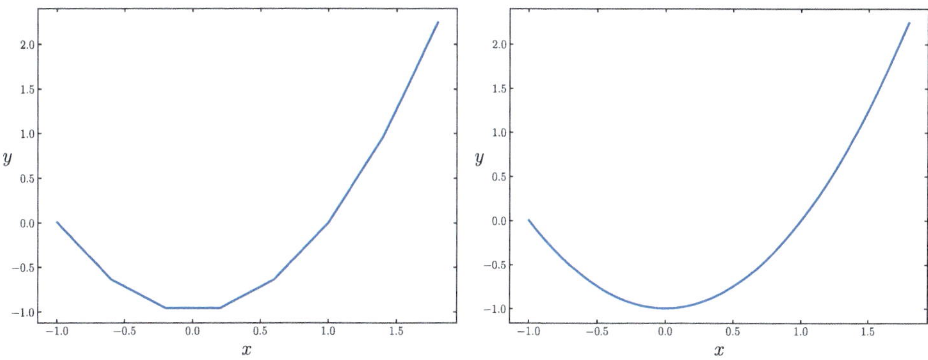

Abb. A.2 Zwischen den Punkten $(x_k, f(x_k))$ interpoliert der Befehl `plot`$(\mathbf{x}, \mathbf{y})$ linear. Links. $\Delta x = 0.4$ und $m = 8$. Rechts. $\Delta x = \frac{1}{100}$ und $m = 281$

Beispiel A.20 Wir betrachten die beiden Funktionen $f(x) = \sqrt{x} - 1$ und $g(x) = \varphi_{\mu,\sigma}(x)$ die Dichte der Normalverteilung in (1.8) mit $\mu = 1$ und $\sigma = 0.5$. Diese definieren wir via `lambda`. Dann werten wir die Funktionen aus für $x_k = -1 + 0.01(k-1), k = 1, \ldots, 401$.

```
In [65]: f = lambda x:np.sqrt(x+0j)-1;
    ...: g = lambda x:ss.norm.pdf(x,1,0.5);
    ...: x = np.arange(-1,3.01,0.01); plt.plot(x,f(x),x,g(x));
ComplexWarning: Casting complex values to real discards the imaginary part
```

Für $x < 0$ ist die Funktion f in $\mathbb{R}$ nicht definiert, trotzdem haben wir bei der Berechnung von $f(x)$ keine Fehlermeldung erhalten, da Python automatisch in $\mathbb{C}$ rechnet, wenn das Argument selbst komplex ist. Python's `plot` unterdrückt einen möglichen Imaginärteil $\Im(y)$, daher die horizontale Linie in Abb. A.3 (der Realteil

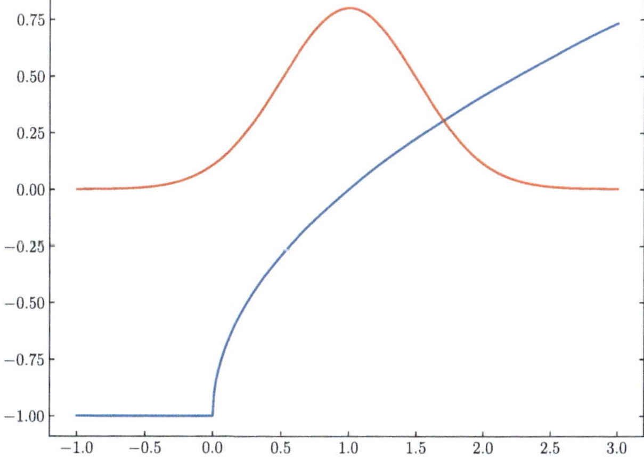

Abb. A.3 Für komplexe Funktionswerte $y = \Re(y) + I\,\Im(y) \in \mathbb{C}$ ignoriert `plot`$(\mathbf{x}, \mathbf{y})$ den Imaginärteil $\Im(y)$

ist Null). Mit `f = lambda x:np.sqrt(x)-1;` erhalten wir eine Fehlermeldung (`RuntimeWarning: invalid value encountered in sqrt`) und die horizontale Linie wird nicht dargestellt. ◇

Wir kommen zu multivariaten Funktionen, $n > 1$. Nach (A.13) könnte man wie im univariaten Fall versuchen, die m Stellen $(x_k^1, \dots x_k^n) \in \mathbb{R}^n$ in der $m \times n$-Matrix $\mathbf{X} = (X_{ij})$ mit $X_{kj} = x_k^j$, also

$$\mathbf{X} = \begin{pmatrix} x_1^1 & x_1^2 & \cdots & x_1^n \\ x_2^1 & x_2^2 & \cdots & x_2^n \\ & & & \\ x_m^1 & x_m^2 & \cdots & x_m^n \end{pmatrix}$$

zusammenzufassen und dann $f(\mathbf{X})$ zu bilden. Dies widerspricht aber Python's Philosophie der elementweisen Funktionsauswertung, denn die Funktionswerte $f(x_k^j)$ sind nicht definiert, da f nicht univariat ist.

Beispiel A.21 Es sei $n = 3$. Wir setzen (x^1, x^2, x^3) der Einfachheit halber zu (x, y, z) und betrachten die Funktion $f(x, y, z) = (x - y)^2 + \ln(y)\sqrt{z}$. Wir wollen f auswerten an den Stellen

$$(-1, 1, 1), \quad (0, 1, 2), \quad (0, 2, 1.5), \quad (1, 2, 0.5)\,. \tag{A.14}$$

Wie bereits erwähnt können wir diese vier Stellen nicht zu einer 4×3-Matrix $\mathbf{X}$ zusammenfassen und dann $f(\mathbf{X})$ bilden, da f nicht univariat ist. Wir können aber $f(\mathbf{X}, \mathbf{Y}, \mathbf{Z})$ für *Arrays* $\mathbf{X}$, $\mathbf{Y}$, $\mathbf{Z}$ der Dimension $n = 3$ bilden. Was heisst das? Betrachten wir die vier Stellen, an denen f auszuwerten ist, genauer. Die x-Koordinate dieser vier Stellen nimmt die Werte $-1, 0, 1$ an, die y-Koordinate die Werte $1, 2$ und die z-Koordinate die Werte $0.5, 1, 1.5, 2$. Aus diesen Werten bilden wir Spaltenvektoren $\mathbf{x} \in \mathbb{R}^3$, $\mathbf{y} \in \mathbb{R}^2$ und $\mathbf{z} \in \mathbb{R}^4$. Nun werten wir die Funktion aus.

```
In [66]: f = lambda x,y,z:(x-y)**2+np.log(y)*np.sqrt(z)
    ...: x = np.arange(-1,2,1); y = np.arange(1,3,1); z = np.arange(0.5,2.5,0.5)
    ...: f(x,y,z)
ValueError: operands could not be broadcast together with shapes (3,) (2,)
```

Wir erhalten eine Fehlermeldung, da Python verlangt, dass die Argumente **x**, **y** und **z** die selbe Shape haben. Wir können dies erreichen, indem wir via `meshgrid` die Arrays **x**, **y** und **z** „in jede Koordinatenrichtung kopieren" und dadurch drei $3 \times 2 \times 4$-Arrays – wir nennen sie **X**, **Y** und **Z** – erhalten.

```
In [67]: X, Y, Z = np.meshgrid(x,y,z,indexing='ij')
In [68]: whos
Variable                   Type          Data/Info
---------------------------------------------
X                          ndarray       3x2x4: 24 elems, type `int64`, 192 bytes
Y                          ndarray       3x2x4: 24 elems, type `int64`, 192 bytes
Z                          ndarray       3x2x4: 24 elems, type `float64`, 192 bytes
f                          function      <function <lambda> at 0x1a1f7296a8>
x                          ndarray       3: 3 elems, type `int64`, 24 bytes
y                          ndarray       2: 2 elems, type `int64`, 16 bytes
z                          ndarray       4: 4 elems, type `float64`, 32 bytes
```

Nun ist die Funktion f auswertbar, die Funktionswerte nennen wir $\mathbf{F} = (F_{ijk})$; dies ist wiederum ein $3 \times 2 \times 4$-Array

```
In [69]: F = f(X,Y,Z)
In [70]: F
Out[70]:
array([[[4.        , 4.        , 4.        , 4.        ],
        [9.49012907, 9.69314718, 9.84892845, 9.98025814]],

       [[1.        , 1.        , 1.        , 1.        ],
        [4.49012907, 4.69314718, 4.84892845, 4.98025814]],

       [[0.        , 0.        , 0.        , 0.        ],
        [1.49012907, 1.69314718, 1.84892845, 1.98025814]]])
```

Beachten Sie, dass wir nun die Funktion f ausgewertet haben an den insgesamt $3 \cdot 2 \cdot 4 = 24$ Stellen (`F.size=24`)

$$\begin{aligned}(x_i, y_j, z_k) = \big(-1 + (i-1), 1 + (j-1), 0.5 + (k-1) \cdot 0.5\big),\\ i = 1,2,3, \quad j = 1,2, \quad k = 1,2,3,4\end{aligned}$$

und somit über das Ziel hinausgeschossen sind. Die gesuchten Funktionswerte an den Stellen (A.14) müssen wir nun aus dem Array $\mathbf{F}$ abgreifen

$$\begin{aligned}f(-1,1,1) &= F_{112} = 4\\ f(0,1,2) &= F_{214} = 1\\ f(0,2,1.5) &= F_{223} \doteq 4.84893\\ f(1,2,0.5) &= F_{321} \doteq 1.49013\end{aligned}$$

in Python

```
In [71]: F[0,0,-1], F[1,0,3], F[1,1,2], F[2,1,0]
Out[72]: (4.0, 1.0, 4.848928454510332, 1.4901290717342737)
```
◇

Wir machen eine Bemerkung zum Beispiel A.21. Die Funktion f an den Stellen (A.14) auswerten können wir natürlich auch einfacher bewerkstelligen, in dem wir einfach die Stellen in f einsetzen

```
In [73]: f(-1,1,1), f(0,1,2), f(0,2,1.5), f(1,2,0.5)
Out[73]: (4.0, 1.0, 4.848928454510332, 1.4901290717342737)
```

Wir haben den obigen Weg gewählt, weil in diesem Text schlussendlich Funktionen für Stellen $(x_k^1, \ldots, x_k^n) \in [x_l^1, x_r^1] \times \cdots \times [x_l^n, x_r^n] \subset \mathbb{R}^n$ in Hyperquadern auf einen Schlag auswerten wollen.

Manchmal möchte man den Graphen

$$\mathcal{G}(f) := \{(x^1, \ldots, x^n, f(x^1, \ldots, x^n)) \mid (x^1, \ldots, x^n) \in \mathbb{D}\} \subset \mathbb{R}^{n+1} \quad \text{(A.15)}$$

einer Funktion $f : \mathbb{D} \to \mathbb{R}$ in Python darstellen; für univariate Funktionen haben wir dies bereits zu Beginn dieses Abschnitts gemacht. Für Funktionen in $n > 1$ unabhängigen Variablen ist der Graph nur für $n = 2$ vorstellbar, da $\mathcal{G}(f) \subset \mathbb{R}^3$ eine Menge im dreidimensionalen Raum ist. In Python können wir den Graphen zum Beispiel mit `plot_surface` in Verbindung mit `meshgrid` darstellen.

Beispiel A.22 Wir betrachten die Funktion f aus dem Beispiel A.21 und setzen $g(x, y) := f(x, y, 1) = (x - y)^2 + \ln(y)$. Wir stellen den Graphen von g dar für

$$\mathbb{D} = \{(x_k, y_\ell) \mid x_k = -1 + (k-1)\Delta x,\ y_\ell = 1 + (\ell - 1)\Delta y,\\ k = 1, 2, 3,\ \ell = 1, 2,\ \Delta x = \Delta y = 1\} .$$

```
In [74]: g = lambda x,y:f(x,y,1);
    ...: x = np.linspace(-1,1,3); y = np.linspace(1,2,2);
    ...: X,Y = np.meshgrid(x,y,indexing='ij'); G = g(X,Y)
In [75]: G
Out[75]:
array([[4.        , 9.69314718],
       [1.        , 4.69314718],
       [0.        , 1.69314718]])
In [76]: ax = plt.axes(projection='3d')
    ...: ax.plot_surface(X,Y,G)
    ...: ax.view_init(20,-130)
    ...: ax.set_xticks(np.arange(-1,1.5,0.5))
    ...: ax.set_yticks(np.arange(1,2.5,0.5))
    ...: ax.set_zticks(np.arange(0,12,2))
    ...: ax.set_xlabel('$x$',rotation=0);
    ...: ax.set_ylabel('$y$',rotation=0);
    ...: ax.set_zlabel('$g$');
```

Beachten Sie, dass der Array $\mathbf{G} = (G_{ij})$ nach Konstruktion der Funktionen f und g dem Array $(F)_{ij,2}$ in Beispiel A.21 entspricht. Wollen wir, ähnlich zum Beispiel A.19, einen „höher aufgelösten“ Graphen haben, müssen wir mehr Punkte (x_k, y_ℓ) verwenden.

```
In [77]: x = np.arange(-1,1.05,0.05); y = np.arange(1,2.05,0.05);
    ...: X,Y = np.meshgrid(x,y,indexing='ij'); G = g(X,Y)
```

◇

Ist in (A.15) die Anzahl n der unabhängigen Variablen grösser als 2, können wir nur noch Schnitte graphisch darstellen, das heisst von den Variablen x^j betrachten wir nur noch zwei als variabel, während wir den restlichen Variablen feste Werte zu ordnen. Im Beispiel A.22 haben wir diese Idee bereits realisiert: In der Funktion $f(x, y, z)$ haben wir x und y variabel betrachtet und der Variable z den Wert 1 zugeordnet. Die Abb. A.4 stellt also einen Schnitt dar. Wir können leicht andere Schnitte generieren und graphisch darstellen.

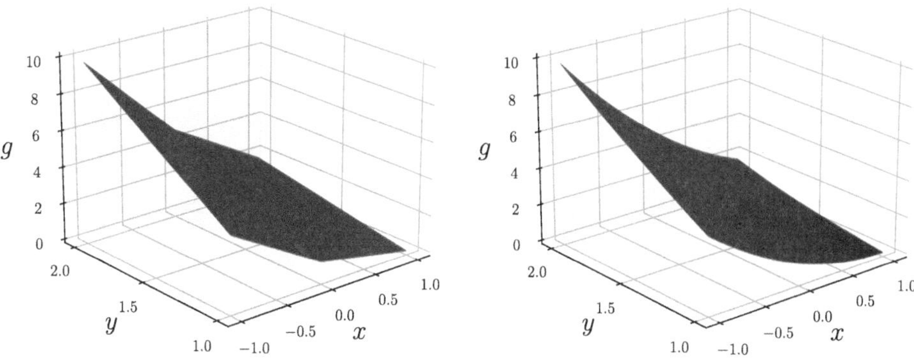

Abb. A.4 Zwischen den Punkten $(x_k, y_\ell, g(x_k, y_\ell))$ interpoliert der Befehl `plot_surface`$(\mathbf{X}, \mathbf{Y}, \mathbf{G})$ linear. Links. $\Delta x = \Delta y = 1$, $k = 1, 2, 3$, $\ell = 1, 2$. Rechts. $\Delta x = \Delta y = \frac{1}{20}$, $k = 1, \dots, 41$, $\ell = 1, \dots, 21$

Beispiel A.23 Wir betrachten nochmals die Funktion f aus dem Beispiel A.21. Wir generieren die Schnitte $f(x, 1.2, z)$ und $f(-0.5, y, z)$. Zunächst generieren wir den Array $\mathbf{F} = (F_{k\ell j})$, welcher die Funktionswerte $f(x_k, y_\ell, z_j)$ beinhaltet.

```
In [78]: x = np.linspace(-1,1,41); y = np.linspace(1,2,21);
    ...: z = np.linspace(0,4,21);
    ...: X,Y,Z = np.meshgrid(x,y,z,indexing='ij'); F = f(X,Y,Z);
```

Der Wert $y = 1.2$ entspricht dem Index $\ell = 5$.

```
In [79]: l = np.where(y==1.2)[0]; l
Out[79]: array([4])
```

Der Array $\mathbf{F}_{k,5,j}$ hat – wie die Arrays $\mathbf{X}_{k,5,j}$ und $\mathbf{Z}_{k,5,j}$ – die Shape $41 \times 1 \times 21$ (respektive die Dimension 3)

```
In [80]: s = np.asarray(F[:,l,:].shape); s
Out[80]: array([41,  1, 21])
```

Wir versuchen, den Schnitt $f(x, 1.2, z)$, also den Graphen der Funktion

$$(x, z) \mapsto f(x, 1.2, z)$$

via `mesh` darzustellen. Der Befehl `plot_surface`$(\mathbf{X}[:, \ell, :], \mathbf{Z}[:, \ell, :], \mathbf{F}[:, \ell, :])$ dazu gibt aber eine Fehlermeldung

```
In [81]: ax = plt.axes(projection='3d')
    ...: ax.plot_surface(X[:,l,:],Z[:,l,:],F[:,l,:])
ValueError: Argument Z must be 2-dimensional.
```

Wir müssen die Shape $41 \times 1 \times 21$ der involvierten Arrays auf 41×21 bringen (respektive die Dimension von 3 auf 2 reduzieren). Dies gelingt mit `reshape`.

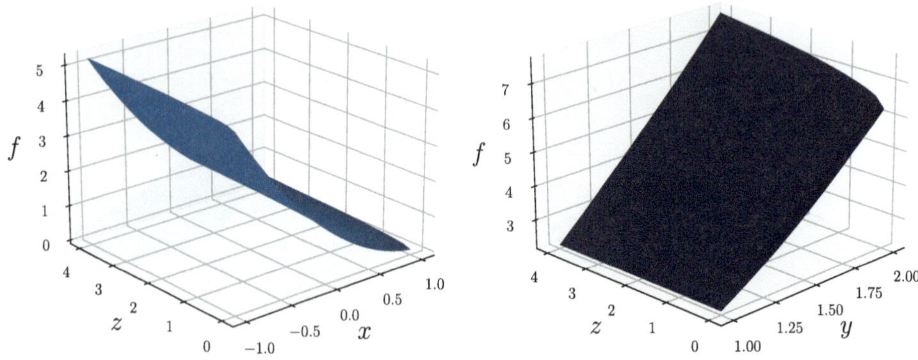

Abb. A.5 Links. Der Schnitt $(x, z) \mapsto f(x, 1.2, z)$. Rechts. Der Schnitt $(y, z) \mapsto f(-0.5, y, z)$.

```
In [82]: X1 = np.reshape(X[:,1,:],s[[0,2]],order='F')
    ...: Z1 = np.reshape(Z[:,1,:],s[[0,2]],order='F')
    ...: F1 = np.reshape(F[:,1,:],s[[0,2]],order='F')
In [83]: ax = plt.axes(projection='3d')
    ...: ax.plot_surface(X1,Z1,F1);
    ...: ax.view_init(20,-130)
    ...: ax.set_xticks(np.arange(-1,1.5,0.5))
    ...: ax.set_yticks(np.arange(0,5,1))
    ...: ax.set_xlabel('$x$',rotation=0);
    ...: ax.set_ylabel('$z$',rotation=0);
    ...: ax.set_zlabel('$f$');
```

Analog können wir für den Schnitt

$$(y, z) \mapsto f(-0.5, y, z)$$

vorgehen,

```
In [84]: k = np.where(x==-0.5)[0]; s = np.asarray(F[k,:,:].shape);
    ...: Y2 = np.reshape(Y[k,:,:],s[[1,2]],order='F')
    ...: Z2 = np.reshape(Z[k,:,:],s[[1,2]],order='F')
    ...: F2 = np.reshape(F[k,:,:],s[[1,2]],order='F')
In [85]: ax = plt.axes(projection='3d')
    ...: ax.plot_surface(Y2,Z2,F2);
    ...: ax.view_init(30,-130)
    ...: ax.set_xticks(np.arange(1,2.25,0.25))
    ...: ax.set_yticks(np.arange(0,5,1))
    ...: ax.set_xlabel('$y$',rotation=0);
    ...: ax.set_ylabel('$z$',rotation=0);
    ...: ax.set_zlabel('$f$');
```

vergleiche mit Abb. A.5. ◇

Beachten Sie, dass wir den Schnitt $(x, z) \mapsto f(x, 1.2, z)$ zum Beispiel einfacher via

```
In [86]: g = lambda x,z:f(x,1.2,z); X1,Z1 = np.meshgrid(x,z,indexing='ij');
    ...: ax = plt.axes(projection='3d')
    ...: ax.plot_surface(X1,Z1,g(X1,Z1));
    ...: ax.view_init(30,-130)
    ...: ax.set_xticks(np.arange(-1,1.5,0.5))
    ...: ax.set_yticks(np.arange(0,5,1))
    ...: ax.set_xlabel('$x$',rotation=0);
    ...: ax.set_ylabel('$z$',rotation=0);
    ...: ax.set_zlabel('$f(x,1.2,z)$');
```

erhalten hätten. Wir haben diese „Lösung“ nicht gewählt, weil beim Bewerten von Basket-Optionen zum Beispiel, die von mehreren unabhängigen Basiswerten (Variablen) abhängen, die Funktion f (eigentlich der Optionswert V) nicht als Funktion verfügbar ist, sondern eben „nur“ als Array **F**, welcher aus einer Anwendung der Finite-Differenzen-Methode stammt. Wir können die Optionspreise in einem solchen Fall nur noch wie im Beispiel A.23 beschrieben graphisch darstellen.

A.2.2 Funktion als py-File

Wir kommen zu einer weiteren Interpretation des Begriffes „Funktion“. Python versteht unter „function“ einen Algorithmus, welcher die Inputgrössen $x_1, \ldots, x_n$ zu Outputgrössen $y_1, \ldots, y_m$ verarbeitet. Beachten Sie, dass sowohl die x_i als auch die y_j beliebige Python-Objekte sind. Alle Routinen in diesem Text sind „functions“; diese können wir im Editor von Spyder definieren und dann abspeichern. Die erste Zeile einer Funktion hat immer die Form

```
def funktionsname(x1,...,xn):
```

Spyder speichert die Funktion unter funktionsname ab. Am Ende der Routine werden durch

```
return y1,...,ym
```

alle Outputgrössen ausgegeben. Zu jeder Funktion kann man einen Hilfe-Text definieren. Diesen Text muss man nach der Zeile def und zwischen den Zeichen ''' '''definieren.

Beispiel A.24 Die Funktion digitalcallput_bs_a bestimmt den Wert V und das Delta $\partial_s V$ einer Europäischen Digital Put- oder Call Option im Black-Scholes Modell, das heisst

$$V(s, t; T, K, \sigma, r, q, \omega) = e^{-r(T-t)} \mathbb{E}^{\mathbb{Q}}\big[g(S(T)) \mid S(t) = s\big]$$

mit Payoff $g(s) = 1_{\{\omega s > \omega K\}}$ für $\omega = 1$ für eine Call- und $\omega = -1$ für eine Put Option. Im Black-Scholes Modell (1.4) mit $\mu = r - q$ ist obiger Erwartungswert und seine Ableitung nach s gegeben durch

$$V(s,t;T,K,\sigma,r,q,\omega) = e^{-r(T-t)}\Phi_{0,1}(\omega d_2)$$
$$\partial_s V(s,t;T,K,\sigma,r,q,\omega) = \omega e^{-r(T-t)}\frac{1}{\sigma\sqrt{T-t}s}\phi(\omega d_2)$$

mit d_2 wie in (1.7), $\Phi_{0,1}$ wie in (1.10) und ϕ wie in (1.9).

Routine A.2: digitalcallput_bs_a.py

```
import numpy as np
import scipy.stats as ss

def digitalcallput_bs_a(s,K,T,sigma,r,q,omega):
    '''Gibt den Wert und das Delta einer Europaeischen Digital Call (omega = 1)
    oder Put (omega = -1) Option fuer den Basiswert s, Maturitaet T,
    Ausuebungspreis K, Volatilitaet sigma, stetiger Zinssatz r und stetige
    Dividendenrendite q.'''

    d2 = (np.log(s/K)+(r-q+sigma**2/2)*T)/(sigma*np.sqrt(T))-sigma*np.sqrt(T)
    V = np.exp(-r*T)*ss.norm.cdf(omega*d2)
    D = omega*np.exp(-r*T)/(sigma*np.sqrt(T)*s)*ss.norm.cdf(omega*d2)
    return V, D
```

Mit dem Befehl `help(digitalcallput_bs_a)` in der Konsole von IPython wird der Hilfetext zwischen den Zeichen ''' ''' angezeigt. ◇

B Technisches

B.1 Spline-Interpolation

Wir betrachten folgende Aufgabe. Gegeben sind die Daten (x_i, y_i), $i = 1, \ldots, n$, wobei wir annehmen, dass die sogenannten Stützstellen x_i geordnet sind, $x_1 < x_2 < \ldots < x_n$. Gesucht ist eine Funktion f, welche die gegebenen Daten interpoliert, das heisst

$$f(x_i) = y_i, \quad i = 1, 2, \ldots, n \, .$$

Offenbar hat dieses Problem unendlich viele Lösungen; zum Beispiel kann man zeigen, dass genau ein Polynom p_{n-1} vom Grad höchstens $n-1$ existiert, welches die obige Interpolationsbedingung erfüllt. Das Polynom p_{n-1} hat jedoch in der Regel die unangenehme Eigenschaft, dass es zwischen den Stützpunkten stark oszilliert, vergleiche mit dem Beispiel in Abb. B.1. Eine andere Lösung stellt die stückweise lineare Interpolation dar. In dieser betrachten wir über jedem Intervall $[x_i, x_{i+1}]$, $i = 1, \ldots, n-1$, ein Polynom ersten Grades $f_i(x) = a_i x + b_i$. Setzen wir $a_i = \frac{y_{i+1}-y_i}{x_{i+1}-x_i}$ und $b_i = y_i - a_i x_i$, so gilt $f_i(x_i) = y_i$ für jedes i. Die abschnittsweise definierte Funktion

$$f(x) = \begin{cases} f_1(x) & \text{falls } x_1 \le x \le x_2 \\ f_2(x) & \text{falls } x_2 \le x \le x_3 \\ \vdots & \\ f_{n-1}(x) & \text{falls } x_{n-1} \le x \le x_n \end{cases}$$

löst also die Interpolationsaufgabe, deren Ableitung ist jedoch an den Stützstellen nicht definiert.

Wir betrachten nun Funktionen, die „besser“ in die Datenpunkte „passen“, sogenannte kubische „Splines“. Es gibt Splines mit Grad grösser drei; wir werden diese nicht betrachten und meinen im Folgenden der Einfachheit halber mit „Spline“ eben einen kubischen

N. Hilber, *Bewertung von Finanzderivaten mit Python*,
https://doi.org/10.1007/978-3-658-39210-9

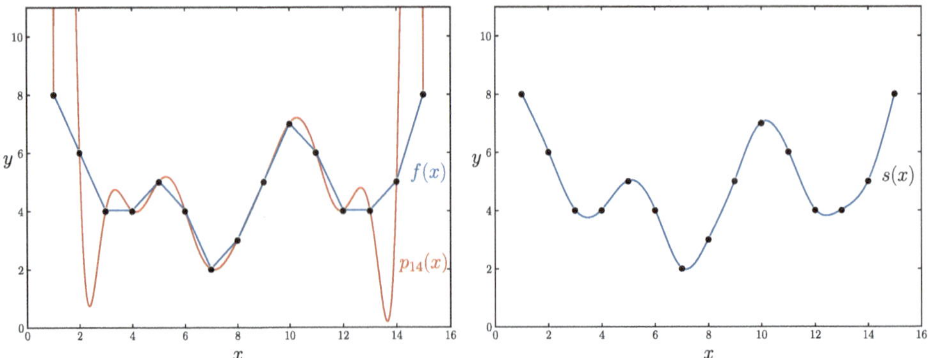

Abb. B.1 Interpolation. Links. Sowohl das Polynom $p_{14}(x)$ als auch die abschnittsweise lineare Funktion $f(x)$ interpolieren den Datensatz; jedoch sind beide Interpolationen unbefriedigend. Rechts. Der natürliche Spline $s(x)$ zum selben Datensatz. Der Datensatz ist $x_i = i, i = 1, \ldots, 15$, $(y_1, \ldots, y_{15}) = (8, 6, 4, 4, 5, 4, 2, 3, 5, 7, 6, 4, 4, 5, 8)$

Spline. Ein Spline – nennen wir ihn $s(x)$ – ist eine Funktion, welche nebst der Minimalforderung

$$s(x_i) = y_i, \qquad i = 1, \ldots, n$$

folgende Eigenschaften hat

- Die Funktion $s(x)$ ist im Intervall $[x_1, x_n]$ mindestens einmal stetig differenzierbar, das heisst $s'(x)$ ist stetig in $[x_1, x_n]$.
- In jedem der Intervalle $]x_i, x_{i+1}[$ ist $s(x)$ mindestens viermal stetig differenzierbar.
- Die Funktion minimiert die „Biegeenergie" $E(s) \approx \frac{1}{2} \int_{x_1}^{x_n} (s''(x))^2 \mathrm{d}x$.

Beachten Sie, dass die letzte Forderung an s physikalisch motiviert ist und aus dem Schiffsbau stammt. Nun kann man zeigen (siehe zum Beispiel [5]), dass genau eine Funktion existiert, die die obigen vier Anforderungen erfüllt und folgende Eigenschaften hat

i) In jedem Intervall $[x_i, x_{i+1}]$ ist s ein Polynom dritten Grades; dieses nennen wir $s_i(x)$; vergleiche mit Abb. B.2.
ii) Die s_i und deren ersten und zweiten Ableitungen gehen an allen inneren Stützstellen stetig ineinander über, das heisst

$$s_i^{(j)}(x_{i+1}) = s_{i+1}^{(j)}(x_{i+1}), \quad i = 1, \ldots, n-2, \quad j = 0, 1, 2\,.$$

iii) Es gilt $s''(x_1) = s''(x_n) = 0$.

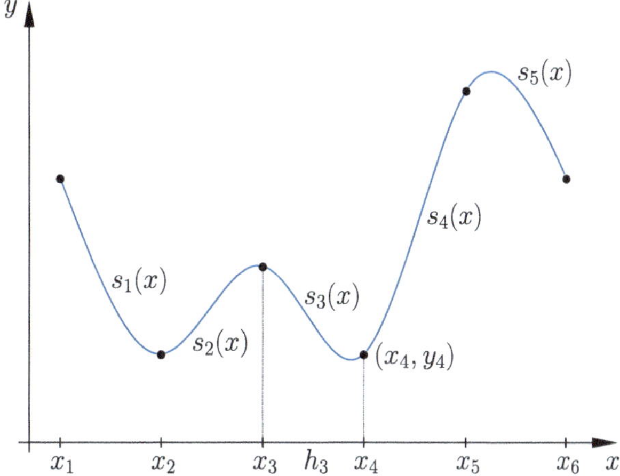

Abb. B.2 Spline-Interpolation. Beispiel zur verwendeten Notation mit $n = 6$ Stützstellen

Nun geht es darum, die Funktion s (respektive die Funktionen s_i) aus den (x_i, y_i) zu konstruieren. Wegen i) und der interpolatorischen Eigenschaft $s_i(x_i) = y_i$ können wir die i-te Funktion s_i und deren ersten beiden Ableitungen schreiben als

$$\begin{aligned} s_i(x) &:= a_i(x - x_i)^3 + b_i(x - x_i)^2 + c_i(x - x_i) + y_i \\ s_i'(x) &= 3a_i(x - x_i)^2 + 2b_i(x - x_i) + c_i \\ s_i''(x) &= 6a_i(x - x_i) + 2b_i \ , \end{aligned}$$

und es bleibt, die $3(n-1)$ Unbekannten a_i, b_i und c_i zu bestimmen. Hierzu werden wir nicht ein Gleichungssystem direkt für diese Unbekannten formulieren, sondern zunächst annehmen, dass die zweiten Ableitungen (die sogenannten Momente)

$$s''(x_i) = s_i''(x_i) =: m_i$$

bekannt seien. Weiter setzen wir

$$h_i := x_{i+1} - x_i, \quad i = 1, \ldots, n-1 \ .$$

Zunächst ergibt sich aus $s_i''(x_i) = 2b_i = m_i$ sofort $b_i = \frac{1}{2}m_i$. Aus der Bedingung ii) folgt unter anderem

$$\begin{aligned} s_i(x_{i+1}) = s_{i+1}(x_{i+1}) \quad &\Rightarrow \quad a_i h_i^3 + b_i h_i^2 + c_i h_i + y_i = y_{i+1} \\ s_i''(x_{i+1}) = s_{i+1}''(x_{i+1}) \quad &\Rightarrow \quad 6a_i h_i + 2b_i = m_{i+1} \ ; \end{aligned} \tag{B.1}$$

aus der zweiten Beziehung in (B.1) folgt $a_i = \frac{1}{6h_i}(m_{i+1} - 2b_i) = \frac{1}{6h_i}(m_{i+1} - m_i)$. Damit folgt aus der ersten Gleichung in (B.1) für den Koeffizienten c_i

$$\begin{aligned} c_i &= \frac{1}{h_i}(y_{i+1} - y_i) - \frac{1}{h_i}(a_i h_i^3 + b_i h_i^2) \\ &= \frac{1}{h_i}(y_{i+1} - y_i) - \frac{1}{h_i}\left(\frac{1}{6h_i}(m_{i+1} - m_i)h_i^3 + \frac{1}{2}m_i h_i^2\right) \\ &= \frac{1}{h_i}(y_{i+1} - y_i) - \frac{1}{6}h_i(m_{i+1} + 2m_i) \ . \end{aligned}$$

Sind also die zweiten Ableitungen m_i bekannt, können wir die Koeffizienten a_i, b_i und c_i der kubischen Funktionen s_i aus dem Formelsatz

$$\begin{aligned} a_i &= \frac{1}{6h_i}(m_{i+1} - m_i) \\ b_i &= \frac{1}{2}m_i \\ c_i &= \frac{1}{h_i}(y_{i+1} - y_i) - \frac{1}{6}h_i(m_{i+1} + 2m_i) \end{aligned} \tag{B.2}$$

erhalten. Um an das Gleichungssystem für die noch unbestimmten m_i zu kommen, betrachten wir die bis anhin nicht verwendete Beziehung $s_i'(x_{i+1}) = s_{i+1}'(x_{i+1})$ aus ii), welche

$$3a_i h_i^2 + 2b_i h_i + c_i = c_{i+1}$$

lautet. Setzen wir in dieser Gleichung die Beziehungen für a_i, b_i und c_i ein, ergibt sich

$$\begin{aligned} &\frac{3}{6}h_i(m_{i+1} - m_i) + m_i h_i + \frac{1}{h_i}(y_{i+1} - y_i) - \frac{1}{6}h_i(m_{i+1} + 2m_i) \\ &= \frac{1}{h_{i+1}}(y_{i+2} - y_{i+1}) - \frac{1}{6}h_{i+1}(m_{i+2} + 2m_{i+1}) \ . \end{aligned}$$

Fassen wir geeignete Terme zusammen und multiplizieren wir die Gleichung mit 6, erhalten wir schlussendlich für die $n-2$ Unbekannten m_{i+1}, $i = 1, \dots, n-2$, die Gleichungen (beachten Sie, dass wegen iii) $m_1 = m_n = 0$ gilt)

$$h_i m_i + 2(h_i + h_{i+1})m_{i+1} + h_{i+1}m_{i+2} = \frac{6}{h_{i+1}}(y_{i+2} - y_{i+1}) - \frac{6}{h_i}(y_{i+1} - y_i) \ . \tag{B.3}$$

Setzen wir der Einfachheit halber noch $\beta_{i+1} := 2(h_i + h_{i+1})$ und

$$f_{i+1} := \frac{6}{h_{i+1}}(y_{i+2} - y_{i+1}) - \frac{6}{h_i}(y_{i+1} - y_i) \ ,$$

so können wir diese Gleichungen zusammenfassen zu $\mathbf{Am} = \mathbf{f}$ mit der $(n-2) \times (n-2)$ Matrix $\mathbf{A}$ und den Spaltenvektoren $\mathbf{m}$, $\mathbf{f}$ der Länge $n-2$ gegeben durch

$$\mathbf{A} := \begin{pmatrix} \beta_2 & h_2 & & & \\ h_2 & \beta_3 & h_3 & & \\ & & \ddots & & \\ & & h_{n-3} & \beta_{n-2} & h_{n-2} \\ & & & h_{n-2} & \beta_{n-1} \end{pmatrix}, \quad \mathbf{m} = \begin{pmatrix} m_2 \\ m_3 \\ \vdots \\ m_{n-2} \\ m_{n-1} \end{pmatrix}, \quad \mathbf{f} = \begin{pmatrix} f_2 \\ f_3 \\ \vdots \\ f_{n-2} \\ f_{n-1} \end{pmatrix}.$$

Das System $\mathbf{Am} = \mathbf{f}$ lösen wir mit Python; ist der Vektor $\mathbf{m}$ der Momente bestimmt und berücksichtigen wir noch $m_1 = m_n = 0$, so können wir via (B.2) an den gesuchten Spline

$$s(x) = \begin{cases} s_1(x) & \text{falls } x_1 \leq x \leq x_2 \\ s_2(x) & \text{falls } x_2 \leq x \leq x_3 \\ \vdots & \\ s_{n-1}(x) & \text{falls } x_{n-1} \leq x \leq x_n \end{cases}$$

mit $s_i(x) = a_i(x-x_i)^3 + b_i(x-x_i)^2 + c_i(x-x_i) + y_i$ herankommen; für ein Beispiel siehe Abb. B.1. Für eine Stelle $\widehat{x} \in [x_1, x_n]$ ist nun der interpolierte Wert gegeben durch $s(\widehat{x})$.

Beachten Sie, dass Python's `interp1d` neben linearer und Spline-Interpolation noch weitere Möglichkeiten der Interpolation bietet. Die in `interp1d`$(x, y,$`'cubic'`$)$ realisierte Spline-Interpolation weicht von der hier vorgestellten insofern ab, dass Python nicht den natürlichen Spline $m_1 = m_n = 0$ betrachtet, sondern den Spline mit der sogenannten „not-a-knot"-Bedingung. Hier wird verlangt, dass die dritte Ableitung des Splines an den Stützstellen x_2 und x_{n-1} stetig ist. Wir betrachten nun beispielshaft die Stützstelle x_2. Soll die dritte Ableitung des Splines an dieser Stelle stetig sein, muss $a_1 = a_2$ gelten. Über dem Intervall $[x_1, x_3]$ ist dadurch $s'''(x)$ konstant, was zur Folge hat, dass über dem Intervall $[x_1, x_3]$ die Polynome s_1 und s_2 gleich sind, $s_1(x) = s_2(x)$ für jedes $x \in [x_1, x_3]$. Daher der Name „not-a-knot": der Stelle x_2 kommt keine Bedeutung zu, sie ist kein „Knoten". Aus der dritten Ableitung $s_i'''(x) = 6a_i$ folgt

$$a_1 = a_2 \Rightarrow \frac{1}{h_1}(m_2 - m_1) = \frac{1}{h_2}(m_3 - m_2) \Rightarrow m_1 = m_2 - \frac{h_1}{h_2}(m_3 - m_2).$$

Diese Beziehung setzen wir nun in die Gleichung (B.3) mit $i = 1$ ein und erhalten

$$\begin{aligned} h_1 m_1 + \beta_2 m_2 + h_2 m_3 &= f_2 \\ h_1\Big(m_2 - \frac{h_1}{h_2}(m_3 - m_2)\Big) + \beta_2 m_2 + h_2 m_3 &= f_2 \\ \Big(\beta_2 + h_1 + \frac{h_1^2}{h_2}\Big)m_2 + \Big(h_2 - \frac{h_1^2}{h_2}\Big)m_3 &= f_2\,. \end{aligned}$$

Somit müssen wir die erste Zeile der Matrix **A** ändern von $A_{11} = \beta_2$, $A_{12} = h_2$ zu

$$A_{11} = \beta_2 + h_1 + \frac{h_1^2}{h_2}, \quad A_{12} = h_2 - \frac{h_1^2}{h_2} .$$

Analog gehen wir an der Stützstelle x_{n-1} vor. Die letzte Zeile der Matrix **A** müssen wir ändern von $A_{n-2,n-3} = h_{n-2}$, $A_{n-2,n-2} = \beta_{n-1}$ zu

$$A_{n-2,n-3} = h_{n-2} - \frac{h_{n-1}^2}{h_{n-2}}, \quad A_{n-2,n-2} = \beta_{n-1} + h_{n-1} + \frac{h_{n-1}^2}{h_{n-2}} .$$

B.2 Erwartungswert und Varianz einer gBB

Wir berechnen den Erwartungswert $\mathbb{E}[S(T)]$ und die Varianz $\mathrm{Var}[S(T)]$ eine geometrischen Brown'schen Bewegung

$$S(T) = S(t)e^{(\mu-\frac{1}{2}\sigma^2)(T-t)+\sigma(W(T)-W(t))} = se^{R(T)}, \quad T \geq t \geq 0$$

welche zum Zeitpunkt t mit dem Wert $s = S(t)$ startet. Aus (1.6) wissen wir, dass die logarithmierte Rendite

$$R(T) := \ln\frac{S(T)}{S(t)} = (\mu - \frac{1}{2}\sigma^2)(T-t) + \sigma\big(W(T) - W(t)\big)$$

normalverteilt ist, $R(T) \sim \mathcal{N}(\mu_S, \sigma_S^2)$ mit

$$\mu_S = (\mu - \frac{1}{2}\sigma^2)(T-t), \quad \sigma_S^2 = \sigma^2(T-t) . \tag{B.4}$$

Für spätere Zwecke betrachten wir nun eine Funktion g und ein wenig allgemeiner den Erwartungswert

$$\mathbb{E}[g(S(T))] = \mathbb{E}\big[g\big(se^{R(T)}\big)\big] = \int_{\mathbb{R}} g(se^x)\varphi_{\mu_S,\sigma_S}(x)\mathrm{d}x , \tag{B.5}$$

mit $\varphi_{\mu,\sigma}$ wie in (1.8) die Dichte einer normalverteilten Zufallsvariablen. Wir standardisieren $z := (x - \mu_S)/\sigma_S$ und erhalten

$$\mathbb{E}[g(S(T))] = \int_{\mathbb{R}} g(se^{\sigma_S z + \mu_S})\phi(z)\mathrm{d}z . \tag{B.6}$$

Hierin ist ϕ die Dichte der Standardnormal-Verteilung. Für den Erwartungswert $\mathbb{E}[S(T)]$ müssen wir in (B.5) $g(x) = x$ und für die Varianz $\mathrm{Var}[S(T)]$ wegen

$$\mathrm{Var}[S(T)] = \mathbb{E}[S(T)^2] - \mathbb{E}[S(T)]^2$$

$g(x) = x^2$ nehmen. Für $k \in \mathbb{N}^\times$ betrachten wir daher Integrale der Form

$$\begin{aligned}
\mathbb{E}[S(T)^k] &= \int\limits_{\mathbb{R}} \left(s e^{\sigma_S z + \mu_S}\right)^k \phi(z) \mathrm{d}z = s^k e^{k\mu_S} \int\limits_{\mathbb{R}} e^{k\sigma_S z} \phi(z) \mathrm{d}z \\
&= s^k e^{k\mu_S} \frac{1}{\sqrt{2\pi}} \int\limits_{\mathbb{R}} e^{k\sigma_S z} e^{-\frac{1}{2}z^2} \mathrm{d}z = s^k e^{k\mu_S} \frac{1}{\sqrt{2\pi}} \int\limits_{\mathbb{R}} e^{k\sigma_S z - \frac{1}{2}z^2} \mathrm{d}z \,.
\end{aligned}$$

Wir schreiben den Exponenten des Integranden geeignet um (quadratische Ergänzung)

$$k\sigma_S z - \frac{1}{2}z^2 = -\frac{1}{2}(z - k\sigma_S)^2 + \frac{1}{2}k^2\sigma_S^2 \,,$$

und es ergibt sich

$$\begin{aligned}
\mathbb{E}[S(T)^k] &= s^k e^{k\mu_S} \frac{1}{\sqrt{2\pi}} \int\limits_{\mathbb{R}} e^{-\frac{1}{2}(z-k\sigma_S)^2 + \frac{1}{2}k^2\sigma_S^2} \mathrm{d}z \\
&= s^k e^{k\mu_S + \frac{1}{2}k^2\sigma_S^2} \frac{1}{\sqrt{2\pi}} \int\limits_{\mathbb{R}} e^{-\frac{1}{2}(z-k\sigma_S)^2} \mathrm{d}z \\
&\overset{u = z - k\sigma_S}{=} s^k e^{k\mu_S + \frac{1}{2}k^2\sigma_S^2} \underbrace{\frac{1}{\sqrt{2\pi}} \int\limits_{\mathbb{R}} e^{-\frac{1}{2}u^2} \mathrm{d}u}_{=1} \\
&= s^k e^{k\mu_S + \frac{1}{2}k^2\sigma_S^2} \,.
\end{aligned} \tag{B.7}$$

Setzen wir nun in (B.7) $k = 1$, so erhalten mit (B.4)

$$\begin{aligned}
\mathbb{E}[S(T)] &\overset{(B.7)}{=} s e^{\mu_S + \frac{1}{2}\sigma_S^2} \\
&\overset{(B.4)}{=} s e^{(\mu - \frac{1}{2}\sigma^2)(T-t) + \frac{1}{2}\sigma^2(T-t)} = s e^{\mu(T-t)} \,.
\end{aligned}$$

Um die Varianz zu bestimmen, setzen wir in (B.7) $k = 2$,

$$\begin{aligned}
\mathrm{Var}[S(T)] &= \mathbb{E}[S(T)^2] - \mathbb{E}[S(T)]^2 \\
&\overset{(B.7)}{=} s^2 e^{2\mu_S + 2\sigma_S^2} - \left(s e^{\mu(T-t)}\right)^2 \\
&\overset{(B.4)}{=} s^2 e^{2(\mu - \frac{1}{2}\sigma^2)(T-t) + 2\sigma^2(T-t)} - s^2 e^{2\mu(T-t)} \\
&= s^2 e^{2\mu(T-t)} \left(e^{\sigma^2(T-t)} - 1\right) \,.
\end{aligned}$$

Für $t = 0$ und $T =: t$ sind das die Formeln (2.11).

B.3 Die Black-Scholes Formel

In diesem Abschnitt leiten wir die Black-Scholes Formel her. Dazu betrachten wir zunächst eine Call Option mit Auszahlungsfunktion $g(x) = \max\{x - K, 0\}$; der Put ist analog zu behandeln. Zunächst stellen wir uns die Aufgabe, für normalverteilte log-Rendite im Zeitintervall $[t, T]$, also

$$R(T) = \ln \frac{S(T)}{S(t)}$$

den (nicht abgezinsten) Erwartungswert

$$\widehat{V}_c(s,t) := \mathbb{E}\big[g(S(T)) \mid S(t) = s\big]$$

zu bestimmen. Wegen $S(T) = S(t)e^{R(T)}$ ist $\widehat{V}_c(s,t)$ von der Form (B.5); nach einer Standardisierung also von der Form (B.6),

$$\widehat{V}_c(s,t) = \int_{\mathbb{R}} g(se^{\sigma_S z + \mu_S})\phi(z)\mathrm{d}z\ .$$

Für eine Call Option ist die Auszahlung g Null, wenn

$$se^{\sigma_S z + \mu_S} < K \Leftrightarrow z < \frac{\ln \frac{K}{s} - \mu_S}{\sigma_S} = -\frac{\ln \frac{s}{K} + \mu_S}{\sigma_S}$$

ist. Definieren wir der Übersichtlichkeit halber die Hilfsgrösse

$$d = \frac{\ln \frac{s}{K} + \mu_S}{\sigma_S}\ ,$$

so genügt es offenbar, das Integral

$$\widehat{V}_c(s,t) = \int_{-d}^{\infty} \left(se^{\sigma_S z + \mu_S} - K\right)\phi(z)\mathrm{d}z$$

zu betrachten. Dieses Integral zerlegen wir in zwei Integrale, nämlich

$$\widehat{V}_c(s,t) = se^{\mu_S} \underbrace{\int_{-d}^{\infty} e^{\sigma_S z}\phi(z)\mathrm{d}z}_{=:\mathcal{I}} - K \int_{-d}^{\infty} \phi(z)\mathrm{d}z\ .$$

Nun ist das zweite Integral aber einfach (vergleiche mit Abb. 1.2)

$$\int_{-d}^{\infty} \phi(z)\mathrm{d}z = 1 - \Phi_{0,1}(-d) = \Phi_{0,1}(d)$$

und es bleibt, das erste Integral

$$\mathcal{I} := \int_{-d}^{\infty} e^{\sigma_S z}\phi(z)\mathrm{d}z \overset{(1.8)}{=} \frac{1}{\sqrt{2\pi}} \int_{-d}^{\infty} e^{\sigma_S z - \frac{1}{2}z^2}\mathrm{d}z$$

zu bestimmen. Dazu ergänzen wir den Exponenten des Integranden quadratisch, also

$$-\frac{1}{2}z^2 + \sigma_S z = -\frac{1}{2}(z - \sigma_S)^2 + \frac{1}{2}\sigma_S^2 \,.$$

Damit ergibt sich das erste Integral zu

$$\begin{aligned}
\mathcal{I} &= e^{\frac{1}{2}\sigma_S^2} \frac{1}{\sqrt{2\pi}} \int_{-d}^{\infty} e^{-\frac{1}{2}(z-\sigma_S)^2}\mathrm{d}z \\
&\overset{u = z - \sigma_S}{=} e^{\frac{1}{2}\sigma_S^2} \frac{1}{\sqrt{2\pi}} \int_{-d-\sigma_S}^{\infty} e^{-\frac{1}{2}u^2}\mathrm{d}u \\
&= e^{\frac{1}{2}\sigma_S^2}\big(1 - \Phi_{0,1}(-d - \sigma_S)\big) = e^{\frac{1}{2}\sigma_S^2}\Phi_{0,1}(d + \sigma_S) \,.
\end{aligned}$$

Daher ist der nicht abgezinste Preis $\widehat{V}_c(s,t)$ einer Call Option gegeben durch

$$\widehat{V}_c(s,t) = s e^{\mu_S + \frac{1}{2}\sigma_S^2}\Phi_{0,1}(d + \sigma_S) - K\Phi_{0,1}(d) \tag{B.8}$$

mit

$$d = \frac{\ln \frac{s}{K} + \mu_S}{\sigma_S} \,. \tag{B.9}$$

Als Anwendung der Formel (B.8) betrachten wir nun den Fall, dass $S(T)$ einer geometrischen Brown'schen Bewegung mit Drift $\mu(t) = r(t) - q(t)$ und Volatilität $\sigma(t)$ folgt (die Funktionen sind deterministisch, verallgemeinertes Black-Scholes Modell). Im Abschn. 6.5 haben wir gesehen, dass die logarithmierte Rendite $R(T) = \ln \frac{S(T)}{S(t)}$ normalverteilt ist, mit

$$\mu_S = \int_t^T \big(r(\tau) - q(\tau) - \frac{1}{2}\sigma^2(\tau)\big)\mathrm{d}\tau, \quad \sigma_S^2 = \int_t^T \sigma^2(\tau)\mathrm{d}\tau \,.$$

Um die Notation zu vereinfachen, führen wir die über das Zeitintervall $[t, T]$ gemittelte Grössen

$$\overline{\sigma}^2 := \frac{1}{T-t}\int_t^T \sigma^2(\tau)\mathrm{d}\tau$$

$$\overline{r} := \frac{1}{T-t}\int_t^T r(\tau)\mathrm{d}\tau$$

$$\overline{q} := \frac{1}{T-t}\int_t^T q(\tau)\mathrm{d}\tau$$

ein. Damit lassen sich μ_S und σ_S schreiben als

$$\mu_S = \left(\overline{r} - \overline{q} - \frac{1}{2}\overline{\sigma}^2\right)(T-t), \quad \sigma_S^2 = \overline{\sigma}^2(T-t)\,. \tag{B.10}$$

Weil der Abzinsungsfaktor in diesem Fall gegeben ist durch $e^{-\int_t^T r(\tau)\mathrm{d}\tau} = e^{-\overline{r}(T-t)}$, erhalten wir für eine Call Option

$$\begin{aligned} V_c(s,t) &= e^{-\overline{r}(T-t)}\widehat{V}_c(s,t) \\ &\overset{(B.8)}{=} se^{-\overline{r}(T-t)+\mu_S+\frac{1}{2}\sigma_S^2}\Phi_{0,1}(d+\sigma_S) - Ke^{-\overline{r}(T-t)}\Phi_{0,1}(d) \\ &\overset{(B.10)}{=} se^{-\overline{q}(T-t)}\Phi_{0,1}(d_1) - Ke^{-\overline{r}(T-t)}\Phi_{0,1}(d_2) \end{aligned}$$

mit

$$\begin{aligned} d_1 &:= d + \sigma_S \overset{(B.9)}{=} \frac{\ln\frac{s}{K} + \mu_S + \sigma_S^2}{\sigma_S} \\ &\overset{(B.10)}{=} \frac{\ln\frac{s}{K} + (\overline{r} - \overline{q} + \frac{1}{2}\overline{\sigma}^2)(T-t)}{\sqrt{\overline{\sigma}^2(T-t)}} \\ d_2 &:= d = d_1 - \sigma_S \overset{(B.10)}{=} d_1 - \sqrt{\overline{\sigma}^2(T-t)}\,. \end{aligned}$$

Sind die Parameter r, q und σ insbesondere konstant (Black-Scholes Modell), so ist $\overline{r} = r$, $\overline{q} = q$ und $\overline{\sigma}^2 = \sigma^2$ und daher

$$V_c(s,t) = se^{-q(T-t)}\Phi_{0,1}(d_1) - Ke^{-r(T-t)}\Phi_{0,1}(d_2)$$

mit

$$d_1 = \frac{\ln\frac{s}{K} + (r - q + \frac{1}{2}\sigma^2)(T-t)}{\sigma\sqrt{T-t}}, \quad d_2 = d_1 - \sigma\sqrt{T-t}\,.$$

Das ist die Black-Scholes Formel (1.7) für $\omega = 1$. Für eine Put Option ist der nicht abgezinste Erwartungswert gegeben durch

$$\begin{aligned}
\widehat{V}_p(s,t) &= \int_{-\infty}^{-d} \left(K - se^{\sigma_S z + \mu_S}\right)\phi(z)\mathrm{d}z \\
&= K \int_{-\infty}^{-d} \phi(z)\mathrm{d}z - se^{\mu_S} \int_{-\infty}^{-d} e^{\sigma_S z}\phi(z)\mathrm{d}z \\
&= K\Phi_{0,1}(-d) - se^{\mu_S}\frac{1}{\sqrt{2\pi}} \int_{-\infty}^{-d} e^{-\frac{1}{2}z^2 + \sigma_S z}\mathrm{d}z \\
&= K\Phi_{0,1}(-d) - se^{\mu_S + \frac{1}{2}\sigma_S^2}\frac{1}{\sqrt{2\pi}} \int_{-\infty}^{-d-\sigma_S} e^{-\frac{1}{2}u^2}\mathrm{d}u \\
&= K\Phi_{0,1}(-d) - se^{\mu_S + \frac{1}{2}\sigma_S^2}\Phi_{0,1}(-d - \sigma_S).
\end{aligned}$$

Setzen wir hier die Definition von μ_S und σ_S ein und zinsen wiederum ab, ergibt sich die Formel (1.7) für $\omega = -1$.

B.4 Die Norm $\|\mathrm{B}^{-1}\mathrm{C}\|_\infty$ ausrechnen

Wir betrachten die Matrizen $\mathbf{B} = \mathbf{I} + k\theta\mathbf{A}$ und $\mathbf{C} = \mathbf{I} - k(1-\theta)\mathbf{A}$, wobei $\mathbf{A}$ die tridiagonale Matrix

$$\mathbf{A} = \begin{pmatrix}
\beta & \gamma & & & & \\
\alpha & \beta & \gamma & & & \\
& \alpha & \beta & \gamma & & \\
& & & \ddots & & \\
& & & \alpha & \beta & \gamma \\
& & & & \alpha & \beta
\end{pmatrix}$$

ist. Die Norm $\|\mathbf{B}^{-1}\mathbf{C}\|_\infty$ können wir nicht exakt ausrechnen, weil sich die Inverse $\mathbf{B}^{-1}$ nicht direkt mit einer Formel darstellen lässt. Wir verwenden daher die *Abschätzung*

$$\|\mathbf{B}^{-1}\mathbf{C}\|_\infty \leq \|\mathbf{B}^{-1}\|_\infty \|\mathbf{C}\|_\infty .$$

Weiter benötigen wir den Begriff der Diagonaldominanz. Eine Matrix $\mathbf{M} \in \mathbb{R}^{n\times n}$ heisst strikt diagonal dominant, wenn

$$d_i := |M_{ii}| - \sum_{j\neq i} |M_{ij}| > 0, \quad i = 1,\ldots,n$$

gilt. Eine strikt diagonal dominante Matrix erfüllt die Abschätzung

$$\|\mathbf{M}^{-1}\|_\infty \leq \max_i \frac{1}{d_i} .$$

Wir verwenden dies, um $\|\mathbf{B}^{-1}\|_\infty$ abzuschätzen. Aus der Definition von **A** folgt, dass die d_i von **B** gegeben sind durch

$$\begin{aligned} d_1 &= |1 + k\theta\beta| - |k\theta\gamma| \\ d_i &= |1 + k\theta\beta| - |k\theta\alpha| - |k\theta\gamma|, \quad i = 2, \ldots, N-1 \\ d_N &= |1 + k\theta\beta| - |k\theta\alpha|. \end{aligned}$$

Nehmen wir nun an, dass alle d_i positiv sind, so lässt sich die Maximumnorm der Inversen von **B** abschätzen mit

$$\begin{aligned} \|\mathbf{B}^{-1}\|_\infty &\leq \max\{1/d_1, 1/d_i, 1/d_N\} \\ &= 1/\min\{d_1, d_i, d_N\} = 1/d_i = \frac{1}{|1 + k\theta\beta| - |k\theta\alpha| - |k\theta\gamma|} . \end{aligned}$$

Weil $\beta = \sigma^2/h^2 + r$ positiv ist (vorausgesetzt $r \geq 0$), ist $1 + k\theta\beta > 0$ und wir können die Betragstriche weglassen. Wegen $\alpha = -\sigma^2/(2h^2) - b/(2h)$ und $\gamma = -\sigma^2/(2h^2) + b/(2h)$ ist daher

$$\begin{aligned} d_i &= |1 + k\theta\beta| - |k\theta\alpha| - |k\theta\gamma| \\ &= 1 + k\theta\beta - k\theta\left| -\frac{\sigma^2}{2h^2} - \frac{b}{2h}\right| - k\theta\left| -\frac{\sigma^2}{2h^2} + \frac{b}{2h}\right| \\ &= 1 + k\theta\beta - \frac{k\theta}{2h^2}\big(|-\sigma^2 - bh| + |-\sigma^2 + bh|\big) . \end{aligned}$$

Nun kann man sich überlegen, dass die Funktion $f(x) = |-z-x| + |-z+x|$ für $z > 0$ gegeben ist durch

$$f(x) = \begin{cases} 2|x| & \text{falls } |x| > z \\ 2z & \text{falls } |x| \leq z \end{cases} .$$

Wenden wir dies auf $|-\sigma^2 - bh| + |-\sigma^2 + bh|$ (mit $z = \sigma^2$ und $x = bh$) an, so erhalten wir

$$d_i = 1 + k\theta\beta - \frac{k\theta}{2h^2}\begin{cases} 2|bh| & \text{falls } |bh| > \sigma^2 \\ 2\sigma^2 & \text{falls } |bh| \leq \sigma^2 \end{cases} .$$

Setzen wir hierin noch $\beta = \sigma^2/h^2 + r$, so ergibt sich

$$\|\mathbf{B}^{-1}\|_\infty \le \frac{1}{d_i} = \begin{cases} \dfrac{1}{1 + k\theta r + k\theta/h^2(\sigma^2 - h|b|)} & \text{falls } h|b| > \sigma^2 \\ \dfrac{1}{1 + k\theta r} & \text{falls } h|b| \le \sigma^2 \end{cases}.$$

Wir bemerken, dass für $h|b| \le \sigma^2$ $d_i = 1 + k\theta r$ tatsächlich positiv ist. Für $h|b| > \sigma^2$ ist nur dann $d_i > 0$ und die Abschätzung gültig, wenn $1 + k\theta r > k\theta/h^2(h|b| - \sigma^2)$ gilt.

Wir kommen zur Bestimmung von $\|\mathbf{C}\|_\infty$. Aus der Definition von $\mathbf{C}$ folgt, dass

$$\begin{aligned} \|\mathbf{C}\|_\infty &= |1 - k(1-\theta)\beta| + |-k(1-\theta)\alpha| + |-k(1-\theta)\gamma| \\ &= |1 - k(1-\theta)\beta| + k(1-\theta)\big(|-\alpha| + |-\gamma|\big) \\ &= |1 - k(1-\theta)\beta| + k(1-\theta)\left(\left|\frac{\sigma^2}{2h^2} + \frac{b}{2h}\right| + \left|\frac{\sigma^2}{2h^2} - \frac{b}{2h}\right|\right) \\ &= |1 - k(1-\theta)\beta| + \frac{k(1-\theta)}{2h^2}\big(|\sigma^2 + hb| + |\sigma^2 - hb|\big) \\ &= |1 - k(1-\theta)\beta| + \frac{k(1-\theta)}{2h^2}\begin{cases} 2|bh| & \text{falls } |bh| > \sigma^2 \\ 2\sigma^2 & \text{falls } |bh| \le \sigma^2 \end{cases}. \end{aligned}$$

Es folgt

$$\|\mathbf{C}\|_\infty = \begin{cases} |1 - k(1-\theta)\beta| + k(1-\theta)|b|/h & \text{falls } h|b| > \sigma^2 \\ |1 - k(1-\theta)\beta| + k(1-\theta)\sigma^2/h^2 & \text{falls } h|b| \le \sigma^2 \end{cases}.$$

Die Kombination der Ausdrücke für $\|\mathbf{B}^{-1}\|_\infty$ und $\|\mathbf{C}\|_\infty$ führen auf die Abschätzung (5.35).

B.5 Das Differentialgleichungssystem $\mathbf{w}'(t) + \mathbf{A}\mathbf{w}(t) = \mathbf{f}(t)$

Wir betrachten das System

$$\begin{cases} \mathbf{w}'(t) + \mathbf{A}\mathbf{w}(t) = \mathbf{f}(t) \\ \mathbf{w}(0) = \mathbf{g} \end{cases} \tag{B.11}$$

mit der gegebenen $n \times n$-Matrix $\mathbf{A}$, den gegebenen Vektoren $\mathbf{g}, \mathbf{f}(t) \in \mathbb{R}^n$ und den gesuchten Funktionen $\mathbf{w}(t) = (w_1(t), \ldots, w_n(t))^\top$. Um obiges System zu lösen, betrachten wir die Funktion

$$\mathbf{F} : \mathbb{R} \to \mathbb{R}^{n \times n}, \qquad t \mapsto \mathbf{F}(t) := e^{\mathbf{A}t}.$$

Man kann zeigen, dass die Funktion $\mathbf{F}(t)$ die Beziehung

$$\mathbf{F}'(t) = \mathbf{AF}(t) \tag{B.12}$$

erfüllt. Als heuristisches Argument dazu betrachten wir die Reihe/Matrix

$$\mathbf{S}(t) := \sum_{j=0}^{\infty} \frac{1}{j!}(\mathbf{A}t)^j$$

und leiten diese summandenweise nach t ab

$$\mathbf{S}'(t) = \sum_{j=1}^{\infty} \frac{1}{j!}\mathbf{A}^j jt^{j-1} = \mathbf{A}\sum_{j=1}^{\infty} \frac{1}{(j-1)!}(\mathbf{A}t)^{j-1} = \mathbf{AS}(t) \ .$$

Dass die Reihe $\mathbf{S}(t)$ die Funktion $\mathbf{F}(t)$ darstellt und wir Differentiation und Summation vertauschen dürfen sei bewiesen.

Nun betrachten wir das homogene Problem, also $\mathbf{f}(t) \equiv 0$ in (B.11). Die einzige Lösung des homogenen Problems ist $\mathbf{w}(t) = e^{-\mathbf{A}t}\mathbf{g}$. Dies folgt aus (B.12) und dem folgenden Argument. Ist $\mathbf{v}(t)$ eine weitere Lösung des homogenen Problems, so ist auch $\mathbf{u}(t) := \mathbf{w}(t) - \mathbf{v}(t)$ Lösung des homogenen Problems zum Anfangswert $\mathbf{u}(0) = \mathbf{w}(0) - \mathbf{v}(0) = \mathbf{g} - \mathbf{g} = \mathbf{0}$. Nun kann man zeigen, dass dies $\mathbf{u}(t) = \mathbf{0}$ impliziert, so dass die Lösung in der Tat eindeutig ist, $\mathbf{w}(t) = \mathbf{v}(t)$.

Um das inhomogene Problem (B.11) zu lösen sei $\mathbf{w}(t)$ eine Lösung von $\mathbf{w}'(t) + \mathbf{Aw}(t) = \mathbf{f}(t)$ und $\mathbf{Z} : \mathbb{R} \to \mathbb{R}^{n\times n}$, $t \mapsto \mathbf{Z}(t)$ eine noch zu wählende, stetig differenzierbare, invertierbare (Matrixwertige) Funktion mit Inverse $\mathbf{Z}^{-1}(t)$. Nun definieren wir

$$\mathbf{u}(t) := \mathbf{Z}^{-1}(t)\mathbf{w}(t) \ ,$$

oder $\mathbf{w}(t) = \mathbf{Z}(t)\mathbf{u}(t)$. Nach der Produktregel und der Tatsache, dass $\mathbf{w}'(t) + \mathbf{Aw}(t) = \mathbf{f}(t)$ ist, folgt

$$\mathbf{u}'(t) = (\mathbf{Z}^{-1})'(t)\mathbf{w}(t) + \mathbf{Z}^{-1}(t)\mathbf{w}'(t) = (\mathbf{Z}^{-1})'(t)\mathbf{Z}(t)\mathbf{u}(t) + \mathbf{Z}^{-1}(t)\big(-\mathbf{Aw}(t) + \mathbf{f}(t)\big) \ .$$

Wir müssen $(\mathbf{Z}^{-1})'(t)$ bestimmen. Wegen $\mathbf{Z}^{-1}(t)\mathbf{Z}(t) = \mathbf{I}$ folgt aus der Produktregel

$$\begin{aligned} \big(\mathbf{Z}^{-1}(t)\mathbf{Z}(t)\big)' &= \mathbf{I}' \\ (\mathbf{Z}^{-1})'(t)\mathbf{Z}(t) + \mathbf{Z}^{-1}(t)\mathbf{Z}'(t) &= \mathbf{0} \ ; \end{aligned}$$

somit ist

$$(\mathbf{Z}^{-1})'(t)\mathbf{Z}(t) = -\mathbf{Z}^{-1}(t)\mathbf{Z}'(t) \Leftrightarrow (\mathbf{Z}^{-1})'(t) = -\mathbf{Z}^{-1}(t)\mathbf{Z}'(t)\mathbf{Z}^{-1}(t) \ . \tag{B.13}$$

Damit erhalten wir für $\mathbf{u}'(t)$

$$\begin{aligned}
\mathbf{u}'(t) &= (\mathbf{Z}^{-1})'(t)\mathbf{Z}(t)\mathbf{u}(t) + \mathbf{Z}^{-1}(t)\big(-\mathbf{A}\mathbf{w}(t) + \mathbf{f}(t)\big) \\
&\overset{(B.13)}{=} -\mathbf{Z}^{-1}(t)\mathbf{Z}'(t)\mathbf{Z}^{-1}(t)\mathbf{Z}(t)\mathbf{u}(t) + \mathbf{Z}^{-1}(t)\big(-\mathbf{A}\mathbf{w}(t) + \mathbf{f}(t)\big) \\
&= -\mathbf{Z}^{-1}(t)\big(\mathbf{Z}'(t)\mathbf{u}(t) + \mathbf{A}\mathbf{w}(t) - \mathbf{f}(t)\big) \\
&= -\mathbf{Z}^{-1}(t)\big(-\mathbf{Z}'(t)\mathbf{u}(t) + \mathbf{A}\mathbf{Z}(t)\mathbf{u}(t)\big) + \mathbf{Z}^{-1}(t)\mathbf{f}(t) \\
&= -\mathbf{Z}^{-1}(t)\big(-\mathbf{Z}'(t) + \mathbf{A}\mathbf{Z}(t)\big)\mathbf{u}(t) + \mathbf{Z}^{-1}(t)\mathbf{f}(t)\,.
\end{aligned}$$

Aus (B.12) wissen wir, dass für $\mathbf{Z}(t) = e^{-\mathbf{A}t}$ der Term $-\mathbf{Z}'(t) + \mathbf{A}\mathbf{Z}(t)$ in der Klammer Null ist. Daher ist für diese Wahl von $\mathbf{Z}(t)$

$$\mathbf{u}'(t) = \mathbf{Z}^{-1}(t)\mathbf{f}(t)$$

und somit

$$\mathbf{u}(t) = \mathbf{u}(0) + \int_0^t \mathbf{Z}^{-1}(s)\mathbf{f}(s)\mathrm{d}s\,.$$

Wegen $\mathbf{u}(0) = \mathbf{w}(0)$ erhalten wir daraus in Termen von $\mathbf{w}(t)$

$$\begin{aligned}
\mathbf{Z}^{-1}(t)\mathbf{w}(t) &= \mathbf{w}(0) + \int_0^t \mathbf{Z}^{-1}(s)\mathbf{f}(s)\mathrm{d}s \\
\mathbf{w}(t) &= \mathbf{Z}(t)\mathbf{w}(0) + \int_0^t \mathbf{Z}(t)\mathbf{Z}^{-1}(s)\mathbf{f}(s)\mathrm{d}s \\
\mathbf{w}(t) &= e^{-\mathbf{A}t}\mathbf{g} + \int_0^t e^{-\mathbf{A}t}e^{\mathbf{A}s}\mathbf{f}(s)\mathrm{d}s \\
\mathbf{w}(t) &= e^{-\mathbf{A}t}\mathbf{g} + \int_0^t e^{-\mathbf{A}(t-s)}\mathbf{f}(s)\mathrm{d}s\,.
\end{aligned}$$

Die verwendete Tatsache, dass $\mathbf{Z}^{-1}(t) = (e^{-\mathbf{A}t})^{-1} = e^{\mathbf{A}t}$ gilt, betrachten wir als bewiesen.

Wir können obiges Resultat ein wenig erweitern auf das Problem

$$\begin{cases} \mathbf{w}'(t) + \mathbf{A}\mathbf{w}(t) = \mathbf{f}(t) \\ \mathbf{w}(\tau) = \mathbf{g} \end{cases}, \quad t \geq \tau \geq 0\,.$$

Die Lösung für dieses ist

$$\mathbf{w}(t) = e^{-\mathbf{A}(t-\tau)}\mathbf{g} + \int_{\tau}^{t} e^{-\mathbf{A}(t-s)}\mathbf{f}(s)\mathrm{d}s \ .$$

Wir betrachten nun noch im Integral die Variablentransformation $s = \tau + (t - \tau)x$. Ist $x = 0$, so ist $s = \tau$ (untere Integrationsgrenze) und ist $x = 1$, so ist $s = t$ (obere Integrationsgrenze). Wegen $\mathrm{d}s = (t - \tau)\mathrm{d}x$ erhalten wir

$$\mathbf{w}(t) = e^{-\mathbf{A}(t-\tau)}\mathbf{g} + (t-\tau)\int_{0}^{1} e^{-\mathbf{A}(t-\tau)(1-x)}\mathbf{f}(\tau + (t-\tau)x)\mathrm{d}x \ ,$$

oder, mit $t - \tau := k$,

$$\mathbf{w}(\tau + k) = e^{-\mathbf{A}k}\mathbf{g} + k\int_{0}^{1} e^{-\mathbf{A}k(1-x)}\mathbf{f}(\tau + kx)\mathrm{d}x \ . \tag{B.14}$$

B.6 Gleichungen mit nicht-negativer Charakteristik

Wir betrachten ein „Gebiet“ $\Omega \subset \mathbb{R}^n$ und bezeichnen mit Σ dessen Rand. Für Mengen $\Sigma_2, \Sigma_3 \subset \Sigma$, welche später definiert werden, und gegebene Funktionen $f(\mathbf{y}), \omega(\mathbf{y})$ betrachten wir das Problem: Finde $w(\mathbf{y})$ so, dass

$$\begin{cases} \mathcal{L}w = f & \text{in } \Omega \\ w = \omega & \text{auf } \Sigma_2 \cup \Sigma_3 \end{cases} \tag{B.15}$$

gilt. Beachten Sie, dass auf dem „Restrand“ $\Sigma \setminus (\Sigma_2 \cup \Sigma_3)$ keine (Rand)Bedingung an w gestellt wird. In (B.15) ist der Differentialoperator $\mathcal{L}$ definiert als

$$\mathcal{L}w = \sum_{i,j=1}^{n} A_{ij}(\mathbf{y})\partial_{y_i y_j} w + \sum_{j=1}^{n} b_j(\mathbf{y})\partial_{y_j} w + c(\mathbf{y})w \ .$$

Wir nehmen an, dass die Funktionen $A_{ij}(\mathbf{y})$ und $b_j(\mathbf{y})$ „genügend harmlos“ sind. Für spätere Zwecke fassen wir die n^2 Funktionen A_{ij} in der $n \times n$-Matrix $\mathbf{A} = (A_{ij})$ und die n Funktionen b_j zum Spalten-Vektor $\mathbf{b} = (b_j)$ zusammen. Wir nehmen noch an, dass $\mathbf{A}$ symmetrisch ist. Gilt für jedes $\mathbf{y} \in \Omega$ die Bedingung

$$\boldsymbol{\xi}^\top \mathbf{A}(\mathbf{y})\boldsymbol{\xi} \geq 0 \quad \text{für alle } \ \boldsymbol{\xi} \in \mathbb{R}^n \ ,$$

so nennt man die Gleichung $\mathcal{L}w = f$ eine Gleichung zweiter Ordnung mit nicht-negativer Charakteristik. Alle partiellen Differentialgleichungen in diesem Text sind – nach dem wir zur Restlaufzeit gewechselt und die Gleichungen lokalisiert haben – von diesem Typ.

Beispiel B.1 (Black-Scholes Gleichung) In der Black-Scholes Gleichung (3.9), also

$$-\partial_t w + \frac{1}{2}\sigma^2 s^2 \partial_{ss} w + (r-q)s\partial_s w - rw = 0$$

ist $n = 2$, $\mathbf{y} = (y_1, y_2) = (s, t)$, $\mathbf{f} = 0$ sowie

$$\mathbf{A} = \begin{pmatrix} \frac{1}{2}\sigma^2 s^2 & 0 \\ 0 & 0 \end{pmatrix}, \quad \mathbf{b} = \begin{pmatrix} (r-q)s \\ -1 \end{pmatrix}.$$

Die Charakteristik der Black-Scholes Gleichung ist mit $\boldsymbol{\xi} = (\xi_1, \xi_2)^\top$ und wegen

$$\boldsymbol{\xi}^\top \mathbf{A}(\mathbf{y})\boldsymbol{\xi} = \begin{pmatrix} \xi_1 & \xi_2 \end{pmatrix} \begin{pmatrix} \frac{1}{2}\sigma^2 s^2 & 0 \\ 0 & 0 \end{pmatrix} \begin{pmatrix} \xi_1 \\ \xi_2 \end{pmatrix} = \frac{1}{2}\sigma^2 s^2 \xi_1^2 \geq 0$$

in der Tat nicht-negativ. ◇

Für welche Punkte $\mathbf{y} \in \Sigma$ auf dem Rand Σ wir Randbedingungen benötigen und für welche nicht hängt davon ab, ob die Charakteristik an einem solchen Punkt 0 ist oder nicht. Genauer betrachten wir für eine Randpunkt $\mathbf{y} \in \Sigma$ den an diesem Punkt angehefteten, in das Gebiet Ω zeigenden Einheitsnormalenvektor[1] $\boldsymbol{\nu} = (\nu_1, \ldots, \nu_n)^\top$, vergleiche mit Abb. B.3. Wir definieren nun Teilmengen Σ^0 und Σ_3 des Randes wie folgt

$$\begin{aligned} \Sigma^0 &:= \{\mathbf{y} \in \Sigma \mid \boldsymbol{\nu}^\top \mathbf{A}(\mathbf{y})\boldsymbol{\nu} = 0\} \\ \Sigma_3 &:= \{\mathbf{y} \in \Sigma \mid \boldsymbol{\nu}^\top \mathbf{A}(\mathbf{y})\boldsymbol{\nu} > 0\} = \Sigma \setminus \Sigma^0 . \end{aligned}$$

Für jeden Punkt $\mathbf{y} \in \Sigma^0$ betrachten wir die sogenannte Fichera-Funktion[2]

$$\beta(\mathbf{y}) := \sum_{i=1}^{n} \Big(b_i(\mathbf{y}) - \sum_{j=1}^{n} \partial_{y_j} A_{ij}(\mathbf{y}) \Big) \nu_i . \tag{B.16}$$

Die Teilmenge Σ^0 des Randes wird nun – je nach Vorzeichen der Fichera-Funktion – weiter zerlegt in

$$\Sigma^0 = \Sigma_0 \cup \Sigma_1 \cup \Sigma_2$$

mit

$$\begin{aligned} \Sigma_0 &:= \{\mathbf{y} \in \Sigma^0 \mid \beta(\mathbf{y}) = 0\} \\ \Sigma_1 &:= \{\mathbf{y} \in \Sigma^0 \mid \beta(\mathbf{y}) > 0\} \\ \Sigma_2 &:= \{\mathbf{y} \in \Sigma^0 \mid \beta(\mathbf{y}) < 0\} . \end{aligned}$$

[1] Ein Normalenvektor an einem Punkt $\mathbf{y}$ steht senkrecht zur Tangentialebene an diesem Punkt und hat die Einheitslänge $\|\boldsymbol{\nu}\|_2 = \sqrt{\boldsymbol{\nu}^\top \boldsymbol{\nu}} = 1$.

[2] Benannt nach dem italienischen Mathematiker Gaetano Fichera (1922–1996).

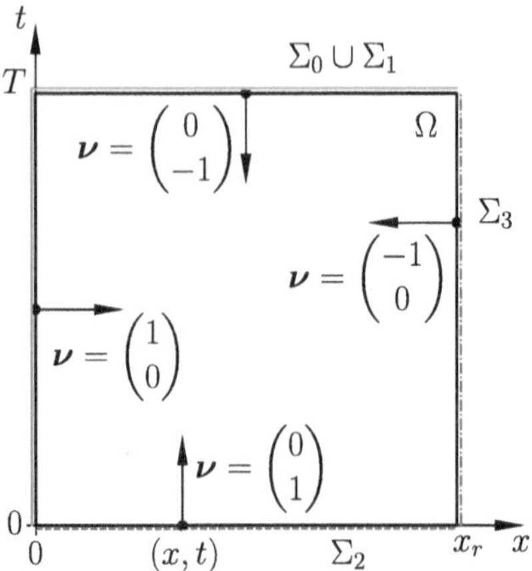

Abb. B.3 Gebiet $(x,t) \in \Omega =]0, x_r[\times]0, T[\subset \mathbb{R}^2$, wie es typischerweise in der Derivatsbewertung via partiellen Differentialgleichungen (siehe Beispiel B.2) vorkommt. Der Rand Σ des Gebiets wird unterteilt in $\Sigma = \Sigma_0 \cup \Sigma_1 \cup \Sigma_2 \cup \Sigma_3$; auf den einzelnen Mengen Σ_i sind Randbedingungen zu setzen oder nicht. Auf $\Sigma_0 \cup \Sigma_1$ (–) sind i. A. keine Bedingungen nötig; die Differentialgleichung gilt auch für $(x,t) \in \Sigma_0 \cup \Sigma_1$. Auf Σ_2 (––) brauchen wir eine Bedingung $w(x,0) = g(x)$ (Ausübungsfunktion); genau so auf Σ_3 (.–), zum Beispiel $w(x_r,t) = 0$ für eine Put Option

Es stellt sich nun die natürliche Frage, unter welchen Bedingungen das Problem (B.15) eine (eindeutige) Lösung w hat, und was wir unter dem Begriff der „Lösung" überhaupt verstehen. Da eine solche Diskussion den Rahmen dieses Textes bei weitem sprengen würde, verzichten wir auf die Beantwortung dieser Frage und verweisen auf Oleĭnik und Radkevič [4]. Wir bemerken, dass wir aus finanztechnischen Gründen in der Differentialgleichung (B.15) nicht immer auf der ganzen Menge $\Sigma_2 \cup \Sigma_3$ Dirichlet-Randbedingungen setzen können, sondern andere benötigen, zum Beispiel Neumann-Randbedingungen. Die Theorie der Gleichungen mit nicht-negativer Charakteristik ist jedoch nicht direkt auf solche Randbedingungen anwendbar; dies hindert uns jedoch nicht daran, Bewertungsprobleme mit gemischten Randbedingungen trotzdem zu betrachten.

Im Folgenden betrachten wir zwei Probleme der Derivatsbewertung, für welche wir die Zerlegung des Randes $\Sigma = \Sigma_0 \cup \Sigma_1 \cup \Sigma_2 \cup \Sigma_3$ finden wollen (und dadurch wissen, wo Randbedingungen erforderlich sind und wo nicht).

Beispiel B.2 Wir betrachten die Differentialgleichung

$$-\partial_t w + a(x,t)\partial_{xx} w + b(x,t)\partial_x w + c(x,t)w = 0$$

auf einem Gebiet $\Omega =]0, x_r[\times]0, T[$, vergleiche mit Abb. B.3. Wir nehmen an, dass $a(x,t) > 0$ für jedes $x > 0$ sowie $a(0,t) = 0$ für jedes t. Beachten Sie, dass dies ein

Spezialfall von (B.15) ist, mit $n = 2$, $\mathbf{y} = (y_1, y_2) = (x, t)$, $\mathbf{f} = 0$ sowie

$$\mathbf{A} = \begin{pmatrix} a(x,t) & 0 \\ 0 & 0 \end{pmatrix}, \quad \mathbf{b} = \begin{pmatrix} b(x,t) \\ -1 \end{pmatrix}.$$

Die Funktion

$$\boldsymbol{\nu}^\top \mathbf{A}(\mathbf{y})\boldsymbol{\nu} = a(x,t)\nu_1^2$$

ist nur auf der Kante $x = x_r$ grösser als 0, daher ist

$$\Sigma_3 = \big\{(x,t) \mid (x,t) \in \{x_r\} \times]0,T[\big\} .$$

Für $(x,t) \in \Sigma \setminus \Sigma_3$ betrachten wie die Fichera-Funktion

$$\begin{aligned} \beta(x,t) &\overset{(B.16)}{=} \big(b_1 - \partial_x A_{11} - \partial_t A_{12}\big)\nu_1 + \big(b_2 - \partial_x A_{21} - \partial_t A_{22}\big)\nu_2 \\ &= \big(b(x,t) - \partial_x a(x,t)\big)\nu_1 - \nu_2 . \end{aligned}$$

Auf der Kante $t = T$ ist $\nu_1 = 0$ und $\nu_2 = -1$ und daher $\beta > 0$; für

$$\{(x,t) \mid (x,t) \in]0,x_r[\times\{T\}\} \subset \Sigma_1$$

brauchen wir keine Bedingung. Auf der Kante $x = 0$ ist $\nu_1 = 1$ und $\nu_2 = 0$; diese Kante gehört zu $\Sigma_0 \cup \Sigma_1$ (wir brauchen keine Randbedingung), falls

$$\beta(0,t) = b(0,t) - \partial_x a(0,t) \geq 0 \tag{B.17}$$

ist. Ist übrigens $\beta(0,t) > 0$, so ist

$$\begin{aligned} \Sigma_0 &= \{\} \\ \Sigma_1 &= \big\{(x,t) \mid (x,t) \in \{0\} \times]0,T[\ \cup\ ]0,x_r[\times\{T\}\big\} . \end{aligned}$$

Ist jedoch $\beta(0,t) = 0$, dann gilt

$$\begin{aligned} \Sigma_0 &= \big\{(x,t) \mid (x,t) \in \{0\} \times]0,T[\big\} \\ \Sigma_1 &= \big\{(x,t) \mid (x,t) \in]0,x_r[\times\{T\}\big\} . \end{aligned}$$

Auf der Kante $t = 0$ ist $\nu_1 = 0$ und $\nu_2 = 1$ und daher $\beta < 0$; dies definiert die Menge

$$\Sigma_2 = \big\{(x,t) \mid (x,t) \in]0,x_r[\times\{0\}\big\} .$$

Auf der Menge $\Sigma_2 \cup \Sigma_3$ brauchen wir eine Randbedingung $\omega(x,t)$; für $t = 0$ entspricht diese offenbar gerade der Payoff-Funktion $\omega(x,0) = w(x,0) = g(x)$, für $x = x_r$ ergibt sich eine Dirichlet-Randbedinung $\omega(x_r,t) = w(x_r,t) = w_r(t)$. ◇

Wir betrachten nun das um eine Ortsvariable erweiterte Problem.

Beispiel B.3 Wir betrachten die Differentialgleichung

$$-\partial_t w + a_1(\mathbf{y})\partial_{xx} w + a_2(\mathbf{y})\partial_{yy} w + a_3(\mathbf{y})\partial_{xy} w + b_1(\mathbf{y})\partial_x w + b_2(\mathbf{y})\partial_y w + c(\mathbf{y}) w = 0$$

auf einem Gebiet $\Omega =]0, x_r[\times]0, y_r[\times]0, T[$. Wir nehmen an, dass $\partial_{xy} w = \partial_{yx} w$ (Satz von Schwarz), so dass wir $a_3 \partial_{xy} w = \frac{1}{2} a_3 \partial_{xy} w + \frac{1}{2} a_3 \partial_{yx} w$ schreiben können. Weiter nehmen wir an, dass $a_i(x, y, t) \geq 0$, $i = 1, \ldots, 4$; insbesondere $a_i(0, y, t) = a_i(x, 0, t) = 0$. Beachten Sie, dass dies wiederum ein Spezialfall von (B.15) ist, mit $n = 3$, $\mathbf{y} = (y_1, y_2, y_3) = (x, y, t)$, $\mathbf{f} = 0$ sowie

$$\mathbf{A} = \begin{pmatrix} a_1(x, y, t) & \frac{1}{2} a_3(x, y, t) & 0 \\ \frac{1}{2} a_3(x, y, t) & a_2(x, y, t) & 0 \\ 0 & 0 & 0 \end{pmatrix}, \quad \mathbf{b} = \begin{pmatrix} b_1(x, y, t) \\ b_2(x, y, t) \\ -1 \end{pmatrix}.$$

Die Funktion

$$\boldsymbol{\nu}^\top \mathbf{A}(\mathbf{y}) \boldsymbol{\nu} = a_1(x, y, t) \nu_1^2 + a_3(x, y, t) \nu_1 \nu_2 + a_2(x, y, t) \nu_2^2$$

ist auf den Flächen $x = x_r$ und $y = y_r$ grösser als 0, daher ist

$$\Sigma_3 = \big\{(x, y, t) \mid (x, y, t) \in \{x_r\} \times]0, y_r[\times]0, T[\cup]0, x_r[\times \{y_r\} \times]0, T[\big\}.$$

Wir benötigen daher Randbedingungen $\omega(x, y_r, t) = w(x, y_r, t) = w_r^x(x, t)$ und $\omega(x_r, y, t) = w(x_r, y, t) = w_r^y(y, t)$ für gegebene Funktionen $w_r^x(x, t)$ und $w_r^y(y, t)$. Für $(x, y, t) \in \Sigma \setminus \Sigma_3$ betrachten wie die Fichera-Funktion (wir lassen rechts des Gleichheitszeichens das Argument (x, y, t) weg)

$$\begin{aligned} \beta(x, y, t) &\overset{(B.16)}{=} \big(b_1 - \partial_x A_{11} - \partial_y A_{12} - \partial_t A_{13}\big)\nu_1 \\ &\quad + \big(b_2 - \partial_x A_{21} - \partial_y A_{22} - \partial_t A_{23}\big)\nu_2 \\ &\quad + \big(b_3 - \partial_x A_{31} - \partial_y A_{32} - \partial_t A_{33}\big)\nu_3 \\ &= \Big(b_1 - \partial_x a_1 - \frac{1}{2}\partial_y a_3\Big)\nu_1 + \Big(b_2 - \frac{1}{2}\partial_x a_3 - \partial_y a_2\Big)\nu_2 - \nu_3 . \end{aligned}$$

Auf der Fläche $t = T$ ist $\nu_1 = \nu_2 = 0$ und $\nu_3 = -1$ und daher $\beta > 0$; für

$$\big\{(x, y, t) \mid (x, y, t) \in]0, x_r[\times]0, y_r[\times\{T\}\big\} \subset \Sigma_1$$

brauchen wir keine Bedingung. Auf der Fläche $t = 0$ ist $\nu_1 = \nu_2 = 0$ und $\nu_3 = 1$ und daher $\beta < 0$; für

$$\big\{(x, y, t) \mid (x, y, t) \in]0, x_r[\times]0, y_r[\times\{0\}\big\} \subset \Sigma_2$$

brauchen wir eine Bedingung $\omega(x, y, 0) = w(x, y, 0) = g(x, y)$; diese entspricht wiederum der Ausübungsfunktion. Es bleiben vom Quader Ω noch zwei Flächen, welche zu untersuchen sind.

Auf der Fläche $x = 0$ ist $\nu_1 = 1$ und $\nu_2 = \nu_3 = 0$; diese Fläche gehört zu $\Sigma_0 \cup \Sigma_1$ (wir brauchen keine Randbedingung), falls

$$\beta(0, y, t) = b_1(0, y, t) - \partial_x a_1(0, y, t) - \frac{1}{2}\partial_y a_3(0, y, t) \geq 0 \tag{B.18}$$

ist. Ähnlich gehört die Fläche $y = 0$ zu $\Sigma_0 \cup \Sigma_1$, falls die Bedingung

$$\beta(x, 0, t) = b_2(x, 0, t) - \frac{1}{2}\partial_x a_3(x, 0, t) - \partial_y a_2(x, 0, t) \geq 0 \tag{B.19}$$

erfüllt ist. ◇

B.7 Fourier-Cosinus Reihen

Für $a < b$ beliebig betrachten wir eine univariate Funktion $f : [a, b] \to \mathbb{R}$. Fourier-Cosinus Reihen haben wie Taylorreihen das Ziel, die Funktion f zu approximieren. Während letztere auf Polynomen beruhen,

$$f(y) \approx \sum_{j=0}^{n} a_j (y - y_0)^j$$

vergleiche mit (3.1), verwenden Fourier-Cosinus Reihen eben Cosinus-Funktionen, das heisst

$$f(y) \approx \sum_{j=0}^{n} A_j \cos(u_j y + v_j)\ . \tag{B.20}$$

Um zu verstehen, wie man auf die Zahlen A_j, u_j und v_j kommt, nehmen wir zunächst an, dass die zu approximierende Funktion f definiert ist auf dem Intervall $[-L, L]$ für ein $L > 0$. Weiter nehmen wir an, dass f gerade ist, das heisst es gilt $f(-x) = f(x)$, für alle $x \in [-L, L]$. Nun ist es vernünftig zu verlangen, dass auch die Funktionen $\cos(u_j x + v_j)$ auf dem Intervall $[-L, L]$ gerade sind. Da $\cos(jz)$, $j = 0, 1, 2, \ldots$, gerade ist auf dem Intervall $[-\pi, \pi]$, ist vermöge der Abbildung

$$z \in [-\pi, \pi] \mapsto [-L, L] \ni x := \frac{L}{\pi} z$$

die Funktion $\cos(\frac{j\pi}{L} x)$ gerade auf $[-L, L]$. Somit sind, für eine gerade, auf dem Intervall $[-L, L]$ definierte Funktion die Koeffizienten u_j, v_j gegeben durch $u_j = \frac{j\pi}{L}$ und $v_j = 0$, das heisst

$$f(x) \approx \sum_{j=0}^{n} A_j \cos(u_j x) , \quad u_j := \frac{j\pi}{L} , \quad x \in [-L, L] .$$

Was sind die A_j? Um diese Frage zu beantworten, nehmen wir an, dass in obiger Summation n gegen unendlich strebt und dass der Funktionswert $f(x)$ mit dem Wert der Reihe $\sum_{j=0}^{\infty} A_j \cos(u_j x)$ für jedes $x \in [-L, L]$ übereinstimmt, also dass

$$f(x) = \sum_{j=0}^{\infty} A_j \cos(u_j x)$$

gilt. Multiplizieren wir nun obige Gleichung mit $\cos(u_i x)$ und integrieren anschliessend über dem Intervall $[-L, L]$, so ergibt sich

$$\int_{-L}^{L} f(x) \cos(u_i x) \mathrm{d}x = \int_{-L}^{L} \sum_{j=0}^{\infty} A_j \cos(u_j x) \cos(u_i x) \mathrm{d}x .$$

Wenn wir annehmen, dass wir rechts des Gleichheitszeichen die Integration und die Summation vertauschen dürfen (was wegen der oberen Summationsgrenze ∞ a-priori nicht klar ist), erhalten wir

$$\int_{-L}^{L} f(x) \cos(u_i x) \mathrm{d}x = \sum_{j=0}^{\infty} A_j \int_{-L}^{L} \cos(u_j x) \cos(u_i x) \mathrm{d}x . \tag{B.21}$$

Weil die „Orthogonalität“

$$\int_{-L}^{L} \cos(u_j x) \cos(u_i x) \mathrm{d}x = \begin{cases} 2L & \text{falls } i = j = 0 \\ L & \text{falls } i = j \neq 0 \\ 0 & \text{falls } i \neq j \end{cases} \tag{B.22}$$

gilt (dazu später mehr), ergibt sich aus (B.21) für $i = 0$ (weil $\cos(0) = 1$),

$$\int_{-L}^{L} f(x) \mathrm{d}x = A_0 \cdot 2L$$

und für $i \neq 0$

$$\int_{-L}^{L} f(x) \cos(u_i x) \mathrm{d}x = A_i L .$$

Es folgt sofort, dass

$$A_j := \frac{1}{L}\begin{cases} \dfrac{1}{2}\displaystyle\int\limits_{-L}^{L} f(x)\mathrm{d}x & \text{falls } j = 0 \\ \displaystyle\int\limits_{-L}^{L} f(x)\cos(u_j x)\mathrm{d}x & \text{falls } j > 0 \end{cases}.$$

Weil die Integranden in obigen Integralen alle gerade sind, sind $\int_{-L}^{0} \cdots \mathrm{d}x$ und $\int_{0}^{L} \cdots \mathrm{d}x$ gleich. Wir können daher

$$A_j := \frac{2}{L}\begin{cases} \dfrac{1}{2}\displaystyle\int\limits_{0}^{L} f(x)\mathrm{d}x & \text{falls } j = 0 \\ \displaystyle\int\limits_{0}^{L} f(x)\cos(u_j x)\mathrm{d}x & \text{falls } j > 0 \end{cases} \tag{B.23}$$

schreiben. Eine Funktion $f : [0, L] \to \mathbb{R}$, welche nicht gerade ist, können wir via (den Graphen von f spiegeln an der y-Achse)

$$g(x) := \begin{cases} f(x) & \text{falls } x \in [0, L] \\ f(-x) & \text{falls } x \in [-L, 0] \end{cases}$$

auf dem Intervall $[-L, L]$ „gerade machen“. Da die Funktion g gerade ist, können wir

$$g(x) = \sum_{j=0}^{\infty} A_j \cos(u_j x), \quad x \in [-L, L]$$

mit den Koeffizienten A_j wie in (B.23) schreiben. Da auf dem Intervall $[0, L]$ die Funktionen f und g gleich sind, gilt auch

$$f(x) = \sum_{j=0}^{\infty} A_j \cos(u_j x), \quad x \in [0, L]$$

und wir haben die Fourier-Cosinus Reihe für eine Funktion $f : [0, L] \to \mathbb{R}$ gefunden. Für eine Funktion f definiert auf einem Intervall $[a, b]$ müssen wir die Cosinusfunktionen auf dem Intervall $[0, L]$ geeignet transformieren. Mit der Abbildung

$$x \in [0, L] \mapsto [a, b] \ni y := \frac{b-a}{L}x + a$$

respektive deren Inverse $x = L\frac{y-a}{b-a}$ ergibt sich

$$\cos\big(\frac{j\pi}{L}x\big) = \cos\big(\frac{j\pi}{L}L\frac{y-a}{b-a}\big) = \cos\big(j\pi\frac{y-a}{b-a}\big)$$

und die Koeffizienten A_j in (B.23) ergeben sich zu

$$A_j := \frac{2}{b-a}\begin{cases} \frac{1}{2}\int\limits_a^b f(y)\mathrm{d}y & \text{falls } j = 0 \\ \int\limits_a^b f(y)\cos\big(j\pi\frac{y-a}{b-a}\big)\mathrm{d}y & \text{falls } j > 0 \end{cases}. \tag{B.24}$$

Wir können nun die Frage nach den Zahlen A_j, u_j, v_j in (B.20) beantworten. Die Funktion $f : [a,b] \to \mathbb{R}$ lässt sich mit der Fourier-Cosinus Reihe

$$f(y) \approx f_n(y) := \sum_{j=0}^{n} A_j \cos(u_j y + v_j)$$

approximieren. Die Koeffizienten A_j sind in (B.24) definiert, und die Zahlen u_j, v_j sind gegeben durch

$$u_j := \frac{j\pi}{b-a}, \quad v_j := -au_j .$$

Typischerweise lassen sich die A_j nur numerisch auswerten, vergleiche mit dem

Beispiel B.4 Wir betrachten $f : [-2,3] \to \mathbb{R}$ mit $f = \phi$ die Dichte der Standardnormalverteilung wie in (1.9). Die Koeffizienten A_j lassen sich (zum Beispiel) mit Python's `quad` numerisch auswerten.

```
In [1]: import numpy as np
   ...: import scipy.integrate as integrate
In [2]: a = -2; b = 3; n = 21;
   ...: f = lambda x:1/np.sqrt(2*np.pi)*np.exp(-x**2/2)
   ...: Aj = np.zeros(n);
   ...: for j in range(n):
   ...:     Aj[j] = 2/(b-a)*integrate.quad(lambda x:
   ...:     f(x)*np.cos(j*np.pi*(x-a)/(b-a)),a,b)[0]
   ...:
   ...: Aj[0] = Aj[0]/2;

In [3]: Aj
Out[3]:
array([ 0.19517999,  0.09332846, -0.15492866, -0.06040255,  0.00023052,
       -0.00035128, -0.00280993, -0.00187498, -0.00177893, -0.00115805,
       -0.00117435, -0.00078356, -0.00082804, -0.00056359, -0.00061359,
       -0.00042432, -0.00047229, -0.0003308 , -0.00037449, -0.00026505,
       -0.0003041 ])
```

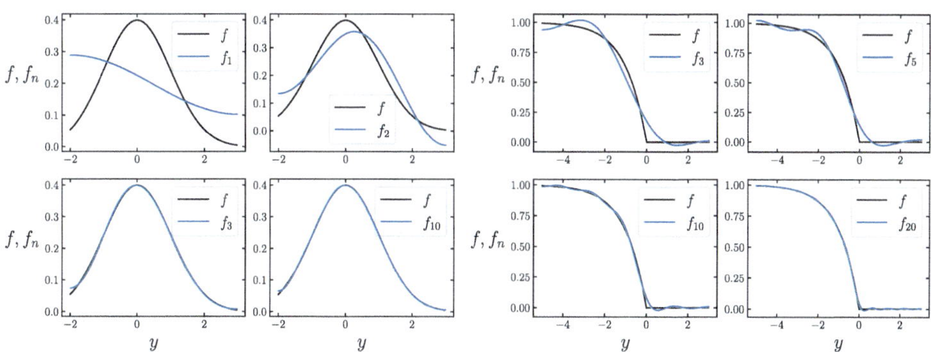

Abb. B.4 Eine univariate Funktion $f : [a, b] \to \mathbb{R}$ wird durch ihre Fourier-Cosinus Reihe $f_n(y) := \sum_{j=0}^{n} A_j \cos(u_j y + v_j)$ approximiert. Erfüllt f gewisse Voraussetzungen, gilt die Konvergenz $\|f - f_n\|_\infty \to 0$, $n \to \infty$. Links. $f = \phi$ wie in (1.9) und $a = -2$, $b = 3$. Rechts. $f(y) = \max\{1 - e^y, 0\}$ und $a = -5$, $b = 3$. In beiden Beispielen ist die punktweise Konvergenz ersichtlich

Die Approximation

$$
\begin{aligned}
f_2(y) &:= \sum_{j=0}^{2} A_j \cos(u_j y + v_j) \\
&\doteq 0.1952 + 0.0933 \cos\left(\pi \frac{y+2}{5}\right) - 0.1549 \cos\left(2\pi \frac{y+2}{5}\right)
\end{aligned}
$$

zum Beispiel ist in Abb. B.4 zu finden. In der selben Abbildung erkennen wir, dass die Summe f_3 mit nur 4 Summanden bereits eine gute Approximation für f darstellt. ◇

Wie bei Taylorreihen stellt sich auch bei Fourier-Cosinus Reihen die Frage der Konvergenz, das heisst wie verhält sich der Fehler $e_n(y) := f(y) - f_n(y)$ der Approximation (in Abhängigkeit von y) für $n \to \infty$? Ähnlich zur Konvergenz der Finite-Differenzen-Methode im Abschn. 5.4 hängt die Antwort auf diese Frage davon ab, wie wir Fehler messen. In der Theorie der Fourier-Cosinus Reihen untersucht man, unter welchen Bedingungen an die Funktion f das Konvergenzresultat

$$\|f - f_n\| \to 0 \quad \text{für} \quad n \to \infty$$

gilt; im Gegensatz zum Abschn. 5.4 ist hier $\|\cdot\|$ keine „Längenmessung“ für Vektoren, sondern für Funktionen. Zum Beispiel ist für ein $p \in \mathbb{N}^\times$ die sogenannte L^p-Norm einer Funktion $g : [a, b] \to \mathbb{R}$ definiert als

$$\|g\|_p := \left(\int_a^b |g(x)|^p \mathrm{d}x \right)^{1/p}$$

und die L^∞-Norm als

$$\|g\|_\infty := \operatorname{ess\,sup}_{x \in [a,b]} |g(x)|$$

(sogenanntes wesentliches Supremum). Für eine abschnittsweise stetige Funktion g entspricht $\|g\|_\infty$ dem maximalen, absoluten Funktionswert von g. Ist f stetig und stückweise stetig differenzierbar, so konvergiert f_n punktweise gegen f, und es gilt $\lim_{n\to\infty} \|f - f_n\|_\infty = 0$.

Beispiel B.5 Wir betrachten die Fourier-Cosinus Reihe für die Payoff-Funktion $f : [-5, 3] \to \mathbb{R}$, $f(y) = \max\{1 - e^y, 0\}$. Die Koeffizienten A_j haben wir im Abschn. 8.1 berechnet; es ist nach Definition

$$A_j = \frac{2}{b-a}\widetilde{B}_j(-1)$$

mit $\widetilde{B}_j(-1)$ in (8.5) definiert (A_0 muss durch 2 geteilt werden, $A_0 = \frac{1}{b-a}\widetilde{B}_0(-1)$). Der Graph von f und dessen Fourier-Cosinus Approximation f_n, $n \in \{3, 5, 10, 20\}$ ist in Abb. B.4 zu finden. Man erkennt sehr gut die punktweise Konvergenz von f_n gegen f. Auch an der Stelle $y = 0$, an welcher f zwar stetig, aber nicht differenzierbar ist, konvergiert f_n gegen f. Um dies in Python numerisch nachzuweisen, bestimmen wir $\|f - f_n\|_\infty$ approximativ, in dem wir für Stellen $y_i \in [a, b]$ den Fehler

$$e_n := \|f - f_n\|_\infty := \max_{y_i \in [a,b]} |f(y_i) - f_n(y_i)|$$

berechnen. Dabei wählen wir die y_i so, dass es ein i^* gibt mit $y_{i^*} = 0$. In Python berechnen wir für jedes $n = 0, 1, 2, \ldots, 2^{16}$ den Fehler e_n via

```
In [4]: from get_Bj import get_Bj
In [5]: a = -5;  b = 3; n = 2**16;
   ...: x = np.linspace(a,b,201); en = np.zeros(n);
   ...: f = np.maximum(1-np.exp(x),0); fn = 0*x;
   ...: Aj = 2/(b-a)*get_Bj(np.arange(0,n),a,b,-1); Aj[0] = Aj[0]/2;
   ...: for j in range(n):
   ...:     fn += Aj[j]*np.cos(j*np.pi*(x-a)/(b-a))
   ...:     en[j] = max(np.abs(f-fn))
In [6]: en
Out[6]:
array([5.00842243e-01, 2.73557111e-01, 2.93944794e-01, ...,
       1.23687428e-05, 1.23685522e-05, 1.23684960e-05])
```

Im entsprechenden loglog-Plot, siehe die Abb. B.5, ist die Konvergenz $e_n = \|f - f_n\|_\infty \to 0$ für $n \to \infty$ sehr gut erkennbar. ◇

Der Vollständigkeit halber müssen wir die Orthogonalität (B.22) (mit $u_j = \frac{j\pi}{L}$) nachweisen. Dazu benötigen wir die Identität

$$\cos(\alpha)\cos(\beta) = \frac{1}{2}\big(\cos(\alpha+\beta) + \cos(\alpha-\beta)\big), \quad \alpha, \beta \in \mathbb{R} \tag{B.25}$$

sowie $\sin(n\pi) = 0$ für $n \in \mathbb{Z}$, $\cos(0) = 1$ und $\frac{\mathrm{d}}{\mathrm{d}x}\sin(x) = \cos(x)$. Das Integral

$$I_{ij} := \int_{-L}^{L} \cos(u_j x)\cos(u_i x)\mathrm{d}x$$

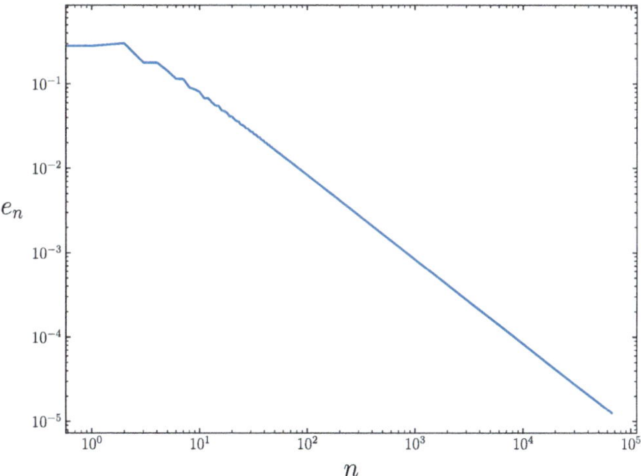

Abb. B.5 Die Fourier-Cosinus Reihe f_n zu $f(y) = \max\{1 - e^y, 0\}$ konvergiert punktweise gegen f. Für $n \to \infty$ erkennt man $e_n = \|f - f_n\|_\infty \to 0$

ist für $i = j = 0$ gegeben durch $I_{00} = \int_{-L}^{L} 1\mathrm{d}x = 2L$ und für $i = j \neq 0$ durch

$$
\begin{aligned}
I_{jj} &= \int_{-L}^{L} \cos^2(u_j x)\mathrm{d}x \\
&\overset{(B.25)}{=} \frac{1}{2}\int_{-L}^{L} \big(\cos(2u_j x) + 1\big)\mathrm{d}x = \frac{1}{2}\left(\frac{1}{2u_j}\sin(2u_j x) + x\right)\Bigg|_{-L}^{L} = L
\end{aligned}
$$

da $\sin(\pm 2u_j L) = \sin(\pm 2\frac{j\pi}{L}L) = \sin(\pm 2j\pi) = 0$ für jedes $j \in \mathbb{Z}$. Es sei nun $i \neq j$.

$$
\begin{aligned}
I_{ij} &= \int_{-L}^{L} \cos(u_j x)\cos(u_i x)\mathrm{d}x \\
&\overset{(B.25)}{=} \frac{1}{2}\int_{-L}^{L} \big(\cos((u_j + u_i)x) + \cos((u_j - u_i)x)\big)\mathrm{d}x \\
&= \frac{1}{2}\left(\frac{1}{u_j + u_i}\sin((u_j + u_i)x) + \frac{1}{u_j - u_i}\sin((u_j - u_i)x)\right)\Bigg|_{-L}^{L} = 0
\end{aligned}
$$

weil, ähnlich wie oben,

$$
\sin\big(\pm(u_j \pm u_i)L\big) = \sin\left(\pm\frac{(j \pm i)\pi}{L}L\right) = \sin\big(\pm(j \pm i)\pi\big) = 0\,.
$$

B.8 Die Trapezregel

Um den Sprungteil zu realisieren, müssen wir Integrale der Form

$$\mathcal{I} := \int_a^b f(x)\mathrm{d}x$$

ausrechnen. Wir nehmen an, dass $-\infty < a < b < \infty$ und der stetige Integrand f „genügend harmlos" ist (genügend oft stetig differenzierbar auf dem Intervall $[a, b]$). In vielen Fällen ist eine Stammfunktion F von f nicht mit elementaren Funktionen ausdrückbar, denken Sie zum Beispiel an die Dichte der Normalverteilung. In unserem Fall ist $f(x)$ sogar unbekannt, respektive lassen sich Funktionswerte $f(x_i)$ nur an Gitterpunkten x_i approximativ bestimmen. In beiden Situationen lässt sich das Integral nicht mehr „von Hand" ausrechnen und wir müssen auf numerische Methoden zurückgreifen. Werden Integrale mit solchen Verfahren approximativ gelöst, spricht man von numerischer Quadratur. Wir können hier schon aus Platzgründen keine allgemeine Theorie zu numerischer Quadratur aufbauen, sondern wir betrachten nur die für unsere Zwecke ausreichende Trapezregel.

Wie schon bei finite Differenzen definieren wir für $N \in \mathbb{N}^\times$ im Intervall $[a, b]$ ein Gitter $\mathcal{G}_x$ bestehend aus $N + 2$ Gitterpunkten. Der Einfachheit halber nehmen wir wiederum an, dass ein äqudistantes Gitter mit Maschenweite $h := (b - a)/(N + 1)$ vorliegt. In diesem Fall kann jeder Gitterpunkt x_i geschrieben werden als $x_i = a + hi$, $i = 0, 1, \ldots, N + 1$.

Nun betrachten wir zwei beliebige, aufeinander folgende Gitterpunkte $x_i, x_{i+1} \in \mathcal{G}_x$. Über dem Intervall $[x_i, x_{i+1}]$ approximieren wir den Integranden f durch eine affinlineare Funktion (Polynom ersten Grades) $g_i(x) := \alpha_i + \beta_i x$ so, dass

$$f(x_i) = g_i(x_i), \quad f(x_{i+1}) = g_i(x_{i+1})$$

gilt. Dadurch wird der tatsächliche Flächeninhalt

$$\mathcal{I}_i := \int_{x_i}^{x_{i+1}} f(x)\mathrm{d}x$$

approximiert durch die Trapezfläche

$$(x_{i+1} - x_i)\frac{f(x_i) + f(x_{i+1})}{2} = \frac{h}{2}\big(f(x_i) + f(x_{i+1})\big),$$

siehe die Abb. B.6.

Dies ist die *Trapezregel*. Wegen der Gebietsadditivität des Integrals liegt es nun auf der Hand, diese Approximation für alle Paare x_i, x_{i+1}, $i = 0, 1, \ldots, N$ von Gitterpunkten

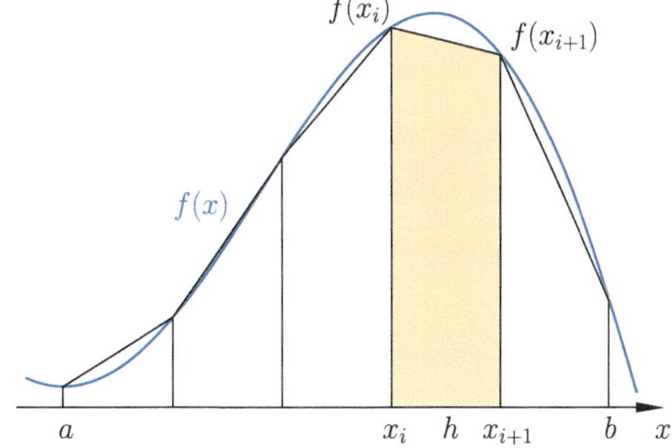

Abb. B.6 Die Fläche mit Inhalt $\int_{x_i}^{x_{i+1}} f(x)\mathrm{d}x$ wird mit einem Trapez mit Inhalt $h/2(f(x_i) + f(x_{i+1}))$ approximiert. Wird dies für alle $i = 0, 1, \ldots, N$ durchgeführt, erhält man die summierte Trapezregel. Beispiel mit $N = 4$

durchzuführen. Wir erhalten die Approximation

$$\begin{aligned} \mathcal{I} = \int_a^b f(x)\mathrm{d}x \approx \mathcal{T}(h) &:= \frac{h}{2}\sum_{i=0}^{N}\bigl(f(x_i) + f(x_{i+1})\bigr) \\ &= \frac{h}{2}\bigl(f(a) + f(b)\bigr) + h\sum_{i=1}^{N} f(x_i)\,, \end{aligned} \tag{B.26}$$

wobei die zweite Zeile aus der ersten daraus folgt, dass bis auf den letzten und ersten alle Funktionswerte doppelt summiert werden. Man nennt (B.26) die summierte Trapezregel.

Wie bei jeder Approximation interessiert uns auch hier, ob erstens $\mathcal{T}(h)$ gegen $\mathcal{I}$ konvergiert, wenn wir die Maschenweite h gegen Null streben lassen, und zweitens – wenn wir die erste Frage mit „ja" beantworten können – wie „schnell" die Konvergenz erfolgt. Die Antworten zu beiden Fragen hängen davon ab, wie die zu integrierende Funktion beschaffen ist. Man kann zeigen, dass – falls f auf dem Intervall $[a, b]$ zweimal stetig differenzierbar ist – für ein (unbekanntes) $\xi \in\,]a, b[$

$$\mathcal{T}(h) - \mathcal{I} = \frac{b-a}{12} f''(\xi)h^2 = \mathcal{O}(h^2)$$

gilt. Somit liegt quadratische Konvergenz vor; diese ist konsistent mit der quadratischen Konvergenz unseres numerischen Verfahrens, welches wir für Optionspreisprobleme ohne Sprünge entwickelt haben.

Die Trapezregel approximiert schlussendlich das Integral $\mathcal{I}_i$ dadurch, dass der vorliegende Integrand f im Intervall $[x_i, x_{i+1}]$ approximiert wird mit einem (interpolatorischen) Polynom ersten Grades (eine affin-lineare Funktion) Nun kann man natürlich den Integranden über dem Intervall $[x_i, x_{i+1}]$ mit (interpolatorischen) Polynomen p_n höheren Grades und das Integral $\mathcal{I}_i$ mit einem Integral $\int_{x_i}^{x_{i+1}} p_n(x)\mathrm{d}x$ des entsprechenden Polynoms approximieren. Führt man diese Approximationen durch für alle i, erhält man die sogenannten summierten Newton-Cotes[3] Quadraturen. Die besprochene (summierte) Trapezregel ist ein Spezialfall davon.

[3] Benannt nach dem englischen Mathematiker Roger Cotes (1682–1716). Isaac Newton haben wir bereits beim Newton-Verfahren erwähnt.

B.9 Simulation einer d-dimensionalen geometrischen Brown'schen Bewegung

In diesem Abschnitt wollen wir einen Pfad einer d-dimensionalen geometrischen Brown'schen Bewegung $\mathbf{S}(t) = (S_1(t), S_2(t), \ldots, S_d(t))$ simulieren. Dazu betrachten wir die stochastische Differentialgleichung für die i-te Komponente $S_i(t)$ (zum Beispiel die i-te Aktie in einem Basket)

$$\mathrm{d}S_i(t) = \mu_i S_i(t)\mathrm{d}t + S_i(t)\sum_{j=1}^{d} L_{ij}\mathrm{d}W_j(t), \quad S_i(0) = s_i, \quad i = 1, \ldots, d \ ,$$

mit der Matrix $\mathbf{L} = (L_{ij})$ und den d unabhängigen (Standard) Brown'schen Bewegungen $W_i(t)$. Die Matrix $\mathbf{L}$ ergibt sich aus der Cholesky Zerlegung der Kovarianzmatrix $\mathbf{\Sigma} = (\sigma_{ij})$ via $\mathbf{\Sigma} = \mathbf{L}\mathbf{L}^\top$. Die Differentialgleichung für $S_i(t)$ kann explizit gelöst werden; es ergibt sich

$$S_i(t) = s_i e^{(\mu_i - \frac{1}{2}\sigma_{ii})t + \sum_{j=1}^{d} L_{ij} W_j(t)} \ . \tag{B.27}$$

(Hierin ist σ_{ii} eine Varianz.) Wir wollen nun $S_i(t)$ zu Zeitpunkten

$$0 = t_0 < t_1 < t_2 < \ldots < t_M = T$$

berechnen (simulieren). Dazu nehmen wir der Einfachheit halber an, dass ein äquidistantes Zeitgitter vorliegt, das heisst $t_k = k\Delta t$, mit $\Delta t := \frac{T}{M}$. Nun können wir für ein beliebiges $k = 1, \ldots, M$ schreiben

$$\begin{aligned}
S_i(t_k) &= S_i(0)\frac{S_i(t_k)}{S_i(t_{k-1})}\frac{S_i(t_{k-1})}{S_i(t_{k-2})} \cdot \ldots \cdot \frac{S_i(t_2)}{S_i(t_1)}\frac{S_i(t_1)}{S_i(0)} \\
&= S_i(0)\prod_{\ell=1}^{k}\frac{S_i(t_\ell)}{S_i(t_{\ell-1})} \\
&\overset{(B.27)}{=} S_i(0)\prod_{\ell=1}^{k} e^{(\mu_i - \frac{1}{2}\sigma_{ii})(t_\ell - t_{\ell-1}) + \sum_{j=1}^{d} L_{ij}(W_j(t_\ell) - W_j(t_{\ell-1}))} \\
&= S_i(0)e^{\sum_{\ell=1}^{k}(\mu_i - \frac{1}{2}\sigma_{ii})(t_\ell - t_{\ell-1}) + \sum_{j=1}^{d} L_{ij}(W_j(t_\ell) - W_j(t_{\ell-1}))} \\
&= S_i(0)e^{(\mu_i - \frac{1}{2}\sigma_{ii})t_k + \sum_{\ell=1}^{k}\sum_{j=1}^{d} L_{ij}(W_j(t_\ell) - W_j(t_{\ell-1}))} \ .
\end{aligned}$$

Wir definieren $X_{\ell j} := W_j(t_\ell) - W_j(t_{\ell-1})$. Da nach Definition 1.1 die Zufallsvariable $X_{\ell j}$ normalverteilt ist mit Erwartungswert 0 und Standardabweichung $\sqrt{t_\ell - t_{\ell-1}} = \sqrt{\Delta t}$, ergibt sich (in Verteilung)

$$S_i(t_k) = S_i(0)e^{(\mu_i - \frac{1}{2}\sigma_{ii})t_k + \sqrt{\Delta t}\sum_{\ell=1}^{k}\sum_{j=1}^{d} L_{ij} Z_{\ell j}} \ ,$$

mit $Z_{\ell j}$ eine standard-normalverteilte Zufallsvariable. Wir wollen eine Realisation s_{ki} von $S_i(t_k)$ in die $M \times d$-Matrix

$$\mathbf{S} := \begin{pmatrix} s_{11} & s_{12} & s_{13} & \cdots & s_{1d} \\ s_{21} & s_{22} & s_{23} & \cdots & s_{2d} \\ s_{31} & s_{32} & s_{33} & \cdots & s_{3d} \\ & & & \vdots & \\ s_{M1} & s_{M2} & s_{M3} & \cdots & s_{Md} \end{pmatrix}$$

schreiben, womit die i-te Spalte von $\mathbf{S}$ einem simulierten Pfad von $S_i(t)$ entspricht. Die Realisationen $z_{\ell j}$ der Zufallsvariablen $Z_{\ell j}$ schreiben wir in die $M \times d$-Matrix $\mathbf{Z}$; diese lässt sich in Python via $\mathbf{Z} = \texttt{randn}(M, d)$ generieren. Setzen wir noch $s_i := S_i(0)$, so ergibt sich s_{ki} aus

$$s_{ki} = s_i e^{(\mu_i - \frac{1}{2}\sigma_{ii})t_k + \sqrt{\Delta t} \sum_{\ell=1}^{k} \sum_{j=1}^{d} L_{ij} z_{\ell j}} .$$

Wir wollen die Matrix $\mathbf{S}$ ohne Anwendung von `for`-Schlaufen bezüglich $k = 1, \ldots, M$ und $i = 1, \ldots, d$ berechnen. Das ist möglich, wenn wir alle Exponenten

$$m_{ki} := (\mu_i - \frac{1}{2}\sigma_{ii})t_k + \sqrt{\Delta t} \sum_{\ell=1}^{k} \sum_{j=1}^{d} L_{ij} z_{\ell j} \tag{B.28}$$

in der $M \times d$-Matrix $\mathbf{M}$ auf einen Schlag bestimmen können (vom Abschn. A.1.3 im Anhang wissen wir, dass die Matrix $e^{\mathbf{M}}$ elementweise gebildet wird und die selbe Dimension wie $\mathbf{M}$ hat.). Um die Matrix $\mathbf{S}$ zu erhalten, müssen wir jeden Eintrag in der i-te Spalte der Matrix $e^{\mathbf{M}}$ noch mit dem Startwert $s_i = S_i(0)$ multiplizieren. In Python können wir dies realisieren, in dem wir den Zeilenvektor $\mathbf{s}_0 := \begin{pmatrix} s_1 & s_2 & \cdots & s_d \end{pmatrix}$ mit der Matrix $e^{\mathbf{M}}$ via $\mathbf{S} = \mathbf{s}_0 * \texttt{np.exp}(\mathbf{M})$ multiplizieren. Beachten Sie, dass diese Matrixmultiplikation mathematisch nicht definiert ist.

Wir diskutieren nun die Berechnung der Matrix $\mathbf{M}$ in (B.28). Definieren wir den Zeilenvektor $\boldsymbol{\mu} := \begin{pmatrix} \mu_1 & \mu_2 & \cdots & \mu_d \end{pmatrix}$ der Länge d sowie den Spaltenvektor $\mathbf{t} := \begin{pmatrix} t_1 & t_2 & \cdots & t_M \end{pmatrix}^\top$ der Länge M, so ergeben sich die Md Produkte $(\mu_i - \frac{1}{2}\sigma_{ii})t_k$ via der Multiplikation $(\boldsymbol{\mu} - 0.5 * \texttt{diag}(\boldsymbol{\Sigma})) * \mathbf{t}$. Die Doppelsummen (für jedes i und k eine!) in (B.28) schreiben wir geeignet um

$$\sum_{\ell=1}^{k} \sum_{j=1}^{d} L_{ij} z_{\ell j} = \sum_{j=1}^{d} \underbrace{\sum_{\ell=1}^{k} z_{\ell j}}_{=:x_{kj}} L_{ij} = \sum_{\ell=1}^{d} x_{kj} L_{ji}^\top = (\mathbf{X}\mathbf{L}^\top)_{ki} .$$

Die k-te Zeile der $M \times d$-Matrix $\mathbf{X} = (x_{kj})$ ergibt sich wegen

$$x_{kj} := \sum_{\ell=1}^{k} z_{\ell j}$$

aus der Summe der ersten k Zeilen der Matrix $\mathbf{Z}$. Die Matrix $\mathbf{X}$ lässt sich via Pythons's `cumsum` realisieren, genauer setzen wir $\mathbf{X} = \texttt{np.cumsum}(\mathbf{Z}; \texttt{axis} = 0)$. Somit ergibt sich die Matrix $\mathbf{M}$ in Python durch

$$\mathbf{M} = (\boldsymbol{\mu} - 0.5 * \texttt{diag}(\boldsymbol{\Sigma})) * \mathbf{t} + \texttt{np.sqrt}(\Delta t) * \mathbf{X} @ \mathbf{L}^{\top}$$

Die nachfolgende Routine gbb_d realisiert die Matrix $\mathbf{S}$ wie beschrieben.

Routine B.1: gbb_d.py

```
import numpy as np
from numpy.random import randn

def gbb_d(s0,mu,Sigma,T,dt):
    '''S,t0 = gbb_d(s0,mu,Sigma,T,dt) simuliert einen Pfad einer d-
    dimensionalen Brown'schen Bewegung in Zeitintervall ]0;T] mit Zeitschritt
    dt. s0 (Liste der Laenge d) beinhaltet die Startwerte von S, mu ist
    der Driftvektor (Liste) und Sigma ist die Covarianz-Matrix.'''

    t = np.linspace(dt,T,round(T/dt))[:,None];
    d = len(s0); M = len(t);
    L = np.linalg.cholesky(Sigma);

    # Konvertiere zu Arrays
    s0 = np.asarray(s0)[None,:]; mu = np.asarray(mu)[None,:];

    Z = randn(M,d); X = np.cumsum(Z,axis=0);
    S = s0*np.exp((mu-0.5*np.diag(Sigma))*t+np.sqrt(dt)*X@L.T);
    S = np.vstack((s0,S)); t = np.vstack((0.0,t));

    return t,S
```

Zur Routine noch zwei Bemerkungen. Python stellt die Cholesky-Zerlegung von $\boldsymbol{\Sigma}$ via $\mathbf{L} = \texttt{np.linalg.cholesky}(\boldsymbol{\Sigma})$ zur Verfügung. Nach der Berechnung der Matrix $\mathbf{S}$ ergänzen wir diese mit dem Startvektor $\mathbf{s}_0$, damit der Pfad auch tatsächlich im Punkt $(S_1(0), S_2(0), \ldots, S_d(0))$ startet.

Die graphische Darstellung eines simulierten Pfades ist nur für $d \leq 3$ möglich. Für $d = 3$ zum Beispiel können wir mit `ax = plt.axes(projection='3d')`, $\texttt{ax.plot3D}(\mathbf{S}[:,0], \mathbf{S}[:,1], \mathbf{S}[:,2])$ den Pfad im Raum visualisieren.

B.10 Das stochastische Exponential

Ist $x(t)$ eine gegebene differenzierbare Funktion, so löst die Funktion

$$u(t) := u_0 e^{x(t)-x(0)} \tag{B.29}$$

für $t \geq 0$ die gewöhnliche Differentialgleichung $u'(t) = u(t)x'(t)$, $u(0) = u_0$. Diese Gleichung können wir nach Multiplikation mit $\mathrm{d}t$ auch schreiben als

$$\mathrm{d}u(t) = u(t)\mathrm{d}x(t), \quad u(0) = u_0 \,. \tag{B.30}$$

Man nennt die Lösung (B.29) auch gewöhnliches Exponential von x. Die Differentialgleichung (B.30) wollen wir erweitern auf den Fall, für welchen x ein stochastischer Prozess ist. Wir betrachten also das Problem: Für $X(t)$ ein gegebener Diffusionsprozess, finde die Lösung $U(t)$ der stochastischen Differentialgleichung

$$\mathrm{d}U(t) = U(t)\mathrm{d}X(t), \quad U(0) = U_0 \,. \tag{B.31}$$

Die Lösung des Problems ist zum gewöhnlichem Exponential (B.29) ähnlich

$$U(t) = U_0 e^{X(t)-X(0)-\frac{1}{2}\langle X,X\rangle_t} \,, \tag{B.32}$$

die Anwesenheit des stochastischen Komponente in $X(t)$ führt auf den zusätzlichen Term $\langle X, X\rangle_t$; dieser wird quadratischer Variationsprozess von X genannt. Der Prozess $U(t)$ heisst stochastisches Exponential von X und wird mit $\mathcal{E}_t(X)$ bezeichnet. In der Literatur wird in der Regel $U(0) = e^{X(0)}$ gesetzt; dann ist

$$\mathcal{E}_t(X) = e^{X(t)-\frac{1}{2}\langle X,X\rangle_t} \,.$$

Ist $X(t)$ gegeben als[4]

$$X(t) = X(0) + \int_0^t \mu\big(X(s), s\big)\mathrm{d}s + \int_0^t \sigma\big(X(s), s\big)\mathrm{d}W(s)$$

(in Differentialform $\mathrm{d}X(t) = \mu(X(t), t)\mathrm{d}t + \sigma(X(t), t)\mathrm{d}W(t)$), so ist der quadratische Variationsprozess von X gegeben durch

$$\langle X, X\rangle_t = \int_0^t \sigma^2\big(X(s), s\big)\mathrm{d}s$$

[4] Unter welchen Bedingungen an die Funktionen $\mu(x, t)$ und $\sigma(x, t)$ diese Differentialgleichung überhaupt ein sinnvolles Objekt darstellt, diskutieren wir nicht.

und es ist mit (B.32)

$$U(t) = U_0 e^{X(t)-X(0)-\frac{1}{2}\int_0^t \sigma^2(X(s),s)\mathrm{d}s} .$$

Für einen Zeitpunkt $T \geq t$ haben wir also

$$\begin{aligned}
U(T) &= U_0 e^{X(T)-X(0)-\frac{1}{2}\int_0^T \sigma^2(X(s),s)\mathrm{d}s} \\
&= \frac{U(t)}{U(t)} U_0 e^{X(T)-X(0)-\frac{1}{2}\int_0^T \sigma^2(X(s),s)\mathrm{d}s} \\
&= U(t) \frac{U_0 e^{X(T)-X(0)-\frac{1}{2}\int_0^T \sigma^2(X(s),s)\mathrm{d}s}}{U_0 e^{X(t)-X(0)-\frac{1}{2}\int_0^t \sigma^2(X(s),s)\mathrm{d}s}} \\
&= U(t) e^{X(T)-X(0)-\frac{1}{2}\int_0^T \sigma^2(X(s),s)\mathrm{d}s - X(t)+X(0)+\frac{1}{2}\int_0^t \sigma^2(X(s),s)\mathrm{d}s} \\
&= U(t) e^{X(T)-X(t)-\left(\frac{1}{2}\int_0^T \sigma^2(X(s),s)\mathrm{d}s - \frac{1}{2}\int_0^t \sigma^2(X(s),s)\mathrm{d}s\right)} \\
&= U(t) e^{X(T)-X(t)-\frac{1}{2}\int_t^T \sigma^2(X(s),s)\mathrm{d}s} ;
\end{aligned}$$

dies verallgemeinert (B.32) auf beliebige Zeitpunkte t, T mit $t \leq T$.

Beispiel B.6 (Geometrische Brown'sche Bewegung) Wir betrachten die geometrische Brown'sche Bewegung

$$\mathrm{d}S(t) = S(t)\big(\mu\mathrm{d}t + \sigma\mathrm{d}W(t)\big), \quad S(0) = s$$

vergleiche mit (1.3). Im Vergleich zu (B.31) übernimmt $S(t)$ die Rolle von $U(t)$, und $X(t)$ ist in diesem Fall gegeben durch

$$X(t) = X(0) + \int_0^t \mu\mathrm{d}s + \int_0^t \sigma\mathrm{d}W(s) = X(0) + \mu t + \sigma W(t) .$$

Der quadratische Variationsprozess ist die deterministische Funktion

$$\langle X, X\rangle_t = \int_0^t \sigma^2\mathrm{d}s = \sigma^2 t$$

und wir erhalten mit (B.32)

$$S(t) = s e^{X(t)-X(0)-\frac{1}{2}\langle X,X\rangle_t} = s e^{\mu t+\sigma W(t)-\frac{1}{2}\sigma^2 t} = s e^{(\mu-\frac{1}{2}\sigma^2)t+\sigma W(t)} .$$

Das ist die Lösung (1.4). Wir können übrigens das Betrachtete verallgemeinern auf zeitabhängige Koeffizienten $\mu(t)$ und $\sigma(t)$; wir betrachten also

$$\mathrm{d}S(t) = S(t)\big(\mu(t)\mathrm{d}t + \sigma(t)\mathrm{d}W(t)\big), \quad S(0) = s .$$

Analog ergibt sich für die Lösung

$$S(t) = se^{\int_0^t (\mu(s) - \frac{1}{2}\sigma^2(s))\mathrm{d}s + \int_0^t \sigma(s)\mathrm{d}W(s)},$$

dies ist das Black-Scholes Modell mit zeitabhängigen Koeffizienten, vergleiche mit Abschn. 6.5. ◇

Wir betrachten nun d Diffusionsprozesse $\mathbf{X}(t) = (X_1(t), \ldots, X_d(t))^\top$. Jeder der Prozesse $X_j(t)$ löst die Differentialgleichung

$$\mathrm{d}X_j(t) = \mu_j(X_j, t)\mathrm{d}t + \mathrm{d}W_j(t), \quad X_j(0) = X_{j,0} \tag{B.33}$$

wobei wir annehmen, dass die Brown'schen Bewegungen $W_i(t)$ und $W_j(t)$ korreliert sind, mit Korrelationsmatrix $\boldsymbol{\rho} = (\rho_{ij})$. Für die d-variate Funktion $\boldsymbol{\omega}(t) = (\omega_1(t), \ldots, \omega_d(t))$ (ein Zeilenvektor) definieren wir nun den Prozess $X(t)$ in (B.31) als die ($\boldsymbol{\omega}$-gewichtete) Summe der X_j, also

$$X(t) = \sum_{j=1}^{d} \omega_j(t) X_j(t) = \boldsymbol{\omega}(t)\mathbf{X}(t)$$

In diesem Fall ist

$$\langle X, X \rangle_t = \int_0^t \boldsymbol{\omega}\boldsymbol{\rho}\boldsymbol{\omega}^\top(s)\mathrm{d}s$$

und die Lösung der Differentialgleichung (B.31) ist gegeben durch

$$U(t) = U(0)e^{\boldsymbol{\omega}(t)\mathbf{X}(t) - \boldsymbol{\omega}(0)\mathbf{X}(0) - \frac{1}{2}\int_0^t \boldsymbol{\omega}\boldsymbol{\rho}\boldsymbol{\omega}^\top(s)\mathrm{d}s}.$$

Beispiel B.7 (2-Faktor Bergomi Modell) Es ist $d = 2$, der Vektor $\boldsymbol{\omega}(t)$ und die 2×2-Korrelationsmatrix sind gegeben durch

$$\boldsymbol{\omega}(t) = \alpha\omega\Big((1-\beta)e^{-k_1(T-t)} \quad \beta e^{-k_2(T-t)}\Big), \quad \boldsymbol{\rho} = \begin{pmatrix} 1 & \rho \\ \rho & 1 \end{pmatrix}.$$

Hierin sind $k_i > 0$, $i = 1, 2$, $\beta \in [0, 1]$, $\omega > 0$ und α so gewählt, dass $\boldsymbol{\omega}\boldsymbol{\rho}\boldsymbol{\omega}^\top(T) = \omega^2$ ist. Wegen

$$\boldsymbol{\omega}\boldsymbol{\rho}\boldsymbol{\omega}^\top(t) = \alpha^2\omega^2\Big((1-\beta)^2 e^{-2k_1(T-t)} + \beta^2 e^{-2k_2(T-t)} + 2\rho\beta(1-\beta)e^{-(k_1+k_2)(T-t)}\Big)$$

ist

$$\boldsymbol{\omega}\boldsymbol{\rho}\boldsymbol{\omega}^\top(T) = \alpha^2\omega^2\big((1-\beta)^2 + \beta^2 + 2\rho\beta(1-\beta)\big) \stackrel{!}{=} \omega^2$$

und daher

$$\alpha = \frac{1}{\sqrt{(1-\beta)^2 + \beta^2 + 2\rho\beta(1-\beta)}}\,.$$

Wir bestimmen die quadratische Variation

$$\begin{aligned}
\int_0^t \boldsymbol{\omega}\boldsymbol{\rho}\boldsymbol{\omega}^\top(s)\mathrm{d}s &= \alpha^2\omega^2 \int_0^t \Big((1-\beta)^2 e^{-2k_1(T-s)} + \beta^2 e^{-2k_2(T-s)} \\
&\qquad + 2\rho\beta(1-\beta)e^{-(k_1+k_2)(T-s)}\Big)\mathrm{d}s \\
&= \alpha^2\omega^2\bigg((1-\beta)^2\frac{1}{2k_1}e^{-2k_1(T-s)} + \beta^2\frac{1}{2k_2}e^{-2k_1(T-s)} \\
&\qquad + 2\rho\beta(1-\beta)\frac{1}{k_1+k_2}e^{-(k_1+k_2)(T-s)}\bigg)\bigg|_0^t \\
&= \alpha^2\omega^2\bigg(\frac{(1-\beta)^2}{2k_1}\big(e^{-2k_1(T-t)} - e^{-2k_1T}\big) + \frac{\beta^2}{2k_2}\big(e^{-2k_2(T-t)} - e^{-2k_2T}\big) \\
&\qquad + 2\rho\frac{\beta(1-\beta)}{k_1+k_2}\big(e^{-(k_1+k_2)(T-t)} - e^{-(k_1+k_2)T}\big)\bigg)\,.
\end{aligned}$$

Wir schreiben den erhaltenen Ausdruck noch ein wenig um und nennen diesen $\chi(t,T)$, also

$$\begin{aligned}
\chi(t,T) &= \int_0^t \boldsymbol{\omega}\boldsymbol{\rho}\boldsymbol{\omega}^\top(s)\mathrm{d}s \\
&= \alpha^2\omega^2\bigg((1-\beta)^2 e^{-2k_1(T-t)}\frac{1-e^{-2k_1t}}{2k_1} + \beta^2 e^{-2k_2(T-t)}\frac{1-e^{-2k_2t}}{2k_2} \\
&\qquad + 2\rho\beta(1-\beta)e^{-(k_1+k_2)(T-t)}\frac{1-e^{-(k_1+k_2)t}}{k_1+k_2}\bigg)\,.
\end{aligned}$$

Weil im Bergomi Modell $X_j(0) = 0$ ist, erhalten wir

$$U(t) = U_0 e^{\alpha\omega\left((1-\beta)e^{-k_1(T-t)}X_1(t) + \beta e^{-k_2(T-t)}X_2(t)\right) - \frac{1}{2}\chi(t,T)}\,.$$

Übrigens sind die beiden Prozesse $X_j(t)$ wegen $\mu_j(X_j(t),t) = -k_jX_j(t)$ in (B.33) sogenannte Ornstein-Uhlenbeck Prozesse. Der Prozess $U(t)$ modelliert Forward Varianzen von Varianz Swaps. ◇

B.11 Partialbruchzerlegungen zum Rannacher-Verfahren

Eine Partialbruchzerlegung ist – wie es der Name schon sagt – eine Zerlegung einer rationalen Funktion

$$\frac{p_\ell(x)}{q_m(x)} = \frac{a_0 + a_1 x + \cdots + a_\ell x^\ell}{b_0 + b_1 x + \cdots + b_m x^m} ,$$

wobei wir noch $\ell < m$ und $b_m = 1$ voraussetzen, in die Summe von Partialbrüchen

$$\frac{p_\ell(x)}{q_m(x)} = \frac{c_1}{x - x_1} + \frac{c_2}{x - x_2} + \cdots + \frac{c_m}{x - x_m} .$$

Hierin sind x_i die Nullstellen von q und die c_i so, dass die „Zerlegung stimmt". Wir diskutieren nicht den allgemeinen Fall, sondern nur denjenigen, bei welchem die algebraische Vielfachheit ν_i der Nullstellen 1 ist, das heisst, dass Terme von der Form

$$\frac{c_i}{(x - x_i)^{\nu_i}}$$

mit $\nu_i > 1$ nicht vorkommen. Wir bemerken, dass es $0 \leq \lambda \leq m$ reelle Nullstellen $x_i \in \mathbb{R}$, $i = 0 \ldots, \lambda$, und $0 \leq m - \lambda \leq m$ komplexe Nullstellen $x_j \in \mathbb{C}$, $j = 0, \ldots, m - \lambda$, geben kann. Weiter bemerken wir, dass eine komplexe Nullstelle immer als konjugiertes Paar auftritt, das heisst ist $x_j = a + bI$ eine Nullstelle von q_m, so ist auch $\overline{x}_j = a - bI$ eine Nullstelle von q_m. Als Konsequenz davon kann die obige Partialbruchzerlegung geschrieben werden als

$$\frac{p_\ell(x)}{q_m(x)} = \sum_i \frac{c_i}{x - x_i} + \sum_j \frac{d_j x + e_j}{x^2 - 2\Re(x_j)x + |x_j|^2} \tag{B.34}$$

(hierin sind $x_i \in \mathbb{R}$ und $x_j \in \mathbb{C}$). Die Koeffizienten c_i sind gegeben durch

$$c_i = \frac{p_\ell(x_i)}{q_m'(x_i)} .$$

Die Summanden in der zweiten Summe können so umgeschrieben werden, dass in deren Nenner ein (komplexes) Polynom ersten Grades vorkommt. In der Tat können wir

$$\frac{d_j x + e_j}{x^2 - 2\Re(x_j)x + |x_j|^2} = 2\Re\Big(\frac{\alpha_j}{x - x_j}\Big)$$

schreiben, mit $\alpha_j \in \mathbb{C}$ gegeben durch

$$\alpha_j = \frac{p_\ell(x_j)}{q_m'(x_j)} .$$

Wir bestimmen nun die Partialbruchzerlegung von $R_{2,2}(x)$. Dazu müssen wir zunächst dafür sorgen, dass das Zählerpolynom einen kleineren Grad hat als das Nennerpolynom. Eine Polynomdivision liefert das Gewünschte

$$R_{2,2}(x) = \frac{1 - \frac{1}{2}x + \frac{1}{12}x^2}{1 + \frac{1}{2}x + \frac{1}{12}x^2} = 1 + \frac{-x}{1 + \frac{1}{2}x + \frac{1}{12}x^2} = 1 + \frac{-12x}{x^2 + 6x + 12} \; .$$

Die Nullstellen des Nennerpolynoms sind

$$x^2 + 6x + 12 = 0 \Rightarrow x_{1,2} = \frac{-6 \pm \sqrt{-12}}{2} = -3 \pm \sqrt{3}I \; ,$$

so dass wir in (B.34) für diesen Fall keinen Summanden bezüglich i und genau einen Summanden bezüglich j haben

$$\frac{-12x}{x^2 + 6x + 12} = 2\Re\left(\frac{\alpha}{x - x_1}\right) \; .$$

Der Koeffizient α ist gegeben durch

$$\alpha = \frac{-12x_1}{2x_1 + 6} \; .$$

Schlussendlich folgt, dass wir die rationale Funktion $R_{2,2}(x)$ schreiben können als

$$R_{2,2}(x) = \frac{1 - \frac{1}{2}x + \frac{1}{12}x^2}{1 + \frac{1}{2}x + \frac{1}{12}x^2} = 1 + 2\Re\left(\frac{\alpha}{x - x_1}\right) \; .$$

Wir benötigen auch die Partialbruchzerlegung von

$$P_{1,2} = \frac{1}{2}\frac{1 \mp \frac{\sqrt{3}}{6}x}{1 + \frac{1}{2}x + \frac{1}{12}x^2} = \frac{6 \mp \sqrt{3}x}{x^2 + 6x + 12}$$

in (14.27). Da P_1 und $R_{2,2}$ den selben Nenner haben, ergibt sich

$$P_1(x) = \frac{-\sqrt{3}x + 6}{x^2 + 6x + 12} = 2\Re\left(\frac{\alpha_1}{x - x_1}\right), \quad \alpha_1 = \frac{-\sqrt{3}x_1 + 6}{2x_1 + 6} \; ;$$

analog erhalten wir

$$P_2(x) = \frac{\sqrt{3}x + 6}{x^2 + 6x + 12} = 2\Re\left(\frac{\alpha_2}{x - x_1}\right), \quad \alpha_2 = \frac{\sqrt{3}x_1 + 6}{2x_1 + 6} \; .$$

Nun können wir folgende Überlegung anstellen. Im Verfahren (14.28)

$$\mathbf{w}_{j+1} = R_{2,2}(k\mathbf{A})\mathbf{w}_j + k\sum_{i=1}^{2} P_i(k\mathbf{A})\mathbf{f}(t_j + ks_i)$$

ersetzen wir die rationalen Funktionen $R_{2,2}$, P_1 und P_2 durch ihre Partialbruchzerle- gungen und finden

$$\mathbf{w}_{j+1} = \Big(\mathbf{I} + 2\Re(\mathbf{B}^{-1}\alpha)\Big)\mathbf{w}_j + 2k\Re(\mathbf{B}^{-1}\alpha_1)\mathbf{f}(t_j + ks_1) + 2k\Re(\mathbf{B}^{-1}\alpha_2)\mathbf{f}(t_j + ks_2)$$

wobei wir noch $\mathbf{B} := k\mathbf{A} - x_1\mathbf{I}$ gesetzt haben. Obige Gleichung können wir zu

$$\begin{aligned}\mathbf{w}_{j+1} &= \mathbf{w}_j + 2\Re\Big(\mathbf{B}^{-1}\alpha\mathbf{w}_j + k\mathbf{B}^{-1}\alpha_1\mathbf{f}(t_j + ks_1) + k\mathbf{B}^{-1}\alpha_2\mathbf{f}(t_j + ks_2)\Big)\\ &= \mathbf{w}_j + 2\Re\Big(\mathbf{B}^{-1}\big(\alpha\mathbf{w}_j + k\alpha_1\mathbf{f}(t_j + ks_1) + k\alpha_2\mathbf{f}(t_j + ks_2)\big)\Big)\\ &= \mathbf{w}_j + 2\Re\Big(\mathbf{B}^{-1}\mathbf{z}_j\Big)\end{aligned}$$

mit

$$z_j := \alpha\mathbf{w}_j + k\alpha_1\mathbf{f}(t_j + ks_1) + k\alpha_2\mathbf{f}(t_j + ks_2)$$

vereinfachen. Die direkte Invertierung von **B** ersparen wir uns, in dem wir das Gleichungssystem

$$\mathbf{x}_j := \mathbf{B}^{-1}\mathbf{z}_j \Leftrightarrow \mathbf{B}\mathbf{x}_j = \mathbf{z}_j$$

nach $\mathbf{x}_j$ auflösen. Somit ist das Verfahren (14.28) äquivalent zum Verfahren

$$\begin{cases}\text{Löse das Gleichungssystem}\\ (-x_1\mathbf{I} + k\mathbf{A})\mathbf{x}_j = \alpha\mathbf{w}_j + k\alpha_1\mathbf{f}(t_j + ks_1) + k\alpha_2\mathbf{f}(t_j + ks_2)\ .\\ \text{Setze } \mathbf{w}_{j+1} = \mathbf{w}_j + 2\Re(\mathbf{x}_j)\ .\end{cases}$$

Wir schreiben nun auch das Verfahren (14.29) – welches für die ersten Zeitschritte durchgeführt wird – in komplexe Arithmetik um. Wir finden

$$R_{0,3}(x) = \frac{1}{1 + x + \frac{1}{2}x^2 + \frac{1}{6}x^3} = \frac{\beta_2}{x - x_2} + 2\Re\Big(\frac{\beta_3}{x - x_3}\Big)$$

mit

$$x_2 = -1 - (1 + \sqrt{2})^{1/3} + (1 + \sqrt{2})^{-1/3},\quad x_3 = \frac{-3 - x_2}{2} - \frac{\sqrt{3}}{2}\sqrt{x_2^2 + 2x_2 + 5}I$$

sowie

$$\beta_i = \frac{6}{3x_i^2 + 6x_i + 6}, \quad i = 2, 3 \,.$$

Für die Funktion $P_{1,2}$ zu $R_{0,3}$ finden wir

$$P_1(x) = \frac{1}{12}\frac{6 + (3 - \sqrt{3})x + (1 - \sqrt{3})x^2}{1 + x + \frac{1}{2}x^2 + \frac{1}{6}x^3} = \frac{\gamma_2}{x - x_2} + 2\Re\Big(\frac{\gamma_3}{x - x_3}\Big)$$

mit

$$\gamma_i = \frac{\frac{1-\sqrt{3}}{2}x_i^2 + \frac{3-\sqrt{3}}{2}x_i + 3}{3x_i^2 + 6x_i + 6}, \quad i = 2, 3$$

sowie

$$P_2(x) = \frac{1}{12}\frac{6 + (3 + \sqrt{3})x + (1 + \sqrt{3})x^2}{1 + x + \frac{1}{2}x^2 + \frac{1}{6}x^3} = \frac{\lambda_2}{x - x_2} + 2\Re\Big(\frac{\lambda_3}{x - x_3}\Big)$$

mit

$$\lambda_i = \frac{\frac{1+\sqrt{3}}{2}x_i^2 + \frac{3+\sqrt{3}}{2}x_i + 3}{3x_i^2 + 6x_i + 6}, \quad i = 2, 3 \,.$$

Setzen wir für den Augenblick $\mathbf{B}_i = -x_i\mathbf{I} + k\mathbf{A}$, $i = 2, 3$, so können wir das Verfahren (14.29)

$$\mathbf{w}_{j+1} = R_{0,3}(k\mathbf{A})\mathbf{w}_j + k\sum_{i=1}^{2} P_i(k\mathbf{A})\mathbf{f}(t_j + ks_i)$$

wie folgt umschreiben

$$\begin{aligned}\mathbf{w}_{j+1} &= \big(\mathbf{B}_2^{-1}\beta_2 + 2\Re(\mathbf{B}_3^{-1}\beta_3)\big)\mathbf{w}_j \\ &\quad + k\big(\mathbf{B}_2^{-1}\gamma_2 + 2\Re(\mathbf{B}_3^{-1}\gamma_3)\big)\mathbf{f}(t_j + ks_1) + k\big(\mathbf{B}_2^{-1}\lambda_2 + 2\Re(\mathbf{B}_3^{-1}\lambda_3)\big)\mathbf{f}(t_j + ks_2)\end{aligned}$$

oder äquivalent

$$\begin{aligned}\mathbf{w}_{j+1} &= \mathbf{B}_2^{-1}\big(\beta_2\mathbf{w}_j + k\gamma_2\mathbf{f}(t_j + ks_1) + k\lambda_2\mathbf{f}(t_j + ks_2)\big) \\ &\quad + 2\Re\Big(\mathbf{B}_3^{-1}\big(\beta_3\mathbf{w}_j + k\gamma_3\mathbf{f}(t_j + ks_1) + k\lambda_3\mathbf{f}(t_j + ks_2)\big)\Big) \,.\end{aligned}$$

Wiederum umgehen wir die Invertierung der Matrizen und erhalten das zu (14.29) äquivalente Verfahren

$$\begin{cases} \text{Löse die beiden Gleichungssysteme} \\ (-x_2\mathbf{I} + k\mathbf{A})\mathbf{y}_j = \beta_2\mathbf{w}_j + k\gamma_2\mathbf{f}(t_j + ks_1) + k\lambda_2\mathbf{f}(t_j + ks_2)\,, \\ (-x_3\mathbf{I} + k\mathbf{A})\mathbf{z}_j = \beta_3\mathbf{w}_j + k\gamma_3\mathbf{f}(t_j + ks_1) + k\lambda_3\mathbf{f}(t_j + ks_2)\,. \\ \text{Setze } \mathbf{w}_{j+1} = \mathbf{y}_j + 2\Re(\mathbf{z}_j)\,. \end{cases}$$

B.12 Lokale Volatilität vs implizite Volatilität

In diesem Abschnitt zeigen wir die Beziehung (15.6), welche beschreibt, wie die lokale Volatilität $\sigma(x, T)$ von der impliziten Volatilität σ^{i}, genauer von der impliziten Totalvarianz $w(x, T) = (\sigma^{\mathrm{i}})^2 T$, abhängt.

Um die Beziehung (15.6) herzuleiten, müssen wir den Ausdruck V_c in (15.4) ersetzen durch die Black-Scholes Formel (1.7) (mit darin eingesetzter impliziten Volatilität $\sigma^{\mathrm{i}}(x, T)$), also, mit (15.5) und weil $s = S(0)$,

$$\begin{aligned} V_c(s, 0; T, K, \sigma^{\mathrm{i}}, r, q) &\overset{(1.7)}{=} se^{-qT}\Phi_{0,1}(d_1) - Ke^{-rT}\Phi_{0,1}(d_2) \\ &= se^{-qT}\Big(\Phi_{0,1}\big(d_+(w)\big) - e^x\Phi_{0,1}\big(d_-(w)\big)\Big) \\ &=: f(x, T, w) \end{aligned} \tag{B.35}$$

mit den Funktionen $d_\pm$ definiert als

$$\begin{aligned} d_{1,2} &= \frac{1}{\sigma\sqrt{T}}\Big(\ln\big(\frac{s}{K}\big) + \big(r - q \pm \frac{\sigma^2}{2}\big)T\Big) \\ &= \frac{1}{\sqrt{w}}\Big(-(r-q)T - x + (r-q)T \pm \frac{1}{2}w\Big) \\ &= -\frac{x}{\sqrt{w}} \pm \frac{1}{2}\sqrt{w} =: d_\pm(w)\,. \end{aligned} \tag{B.36}$$

Nun folgt aus der Kettenregel und den Abhängigkeiten $w = w(x, T)$ sowie $x = x(K, T)$

$$\begin{aligned} \partial_T V_c &= \partial_x f\,\partial_T x + \partial_T f + \partial_w f(\partial_x w\,\partial_T x + \partial_T w) \\ \partial_K V_c &= \partial_x f\,\partial_K x + \partial_w f\,\partial_x w\,\partial_K x\,. \end{aligned}$$

Die zweite Ableitung $\partial_{KK} V_c$ ist ein wenig aufwändiger. Es ist zunächst

$$\partial_{KK} V_c = \partial_K\big(\partial_x f\,\partial_K x\big) + \partial_K\big(\partial_w f\,\partial_x w\,\partial_K x\big)\,.$$

Darin ist die Ableitung des ersten Terms

$$\begin{aligned}\partial_K\big(\partial_x f\,\partial_K x\big) &= \big(\partial_{xx} f\,\partial_K x + \partial_{xw} f\,\partial_x w\partial_K x\big)\partial_K x + \partial_x f\,\partial_{KK} x\\ &= \big(\partial_{xx} f + \partial_{xw} f\,\partial_x w\big)(\partial_K x)^2 + \partial_x f\,\partial_{KK} x\ ;\end{aligned}$$

die Ableitung des zweiten Terms ist

$$\begin{aligned}\partial_K\big(\partial_w f\,\partial_x w\partial_K x\big) &= \big(\partial_{wx} f\,\partial_K x + \partial_{ww} f\,\partial_x w\partial_K x\big)\partial_x w\partial_K x + \partial_w f\,\partial_K\big(\partial_x w\partial_K x\big)\\ &= \big(\partial_{wx} f + \partial_{ww} f\,\partial_x w\big)\partial_x w(\partial_K x)^2\\ &\quad + \partial_w f\big(\partial_{xx} w(\partial_K x)^2 + \partial_x w\partial_{KK} x\big)\ .\end{aligned}$$

Fassen wir die Ableitungen der beiden Terme zusammen, so ergibt sich

$$\begin{aligned}\partial_{KK} V_c = &\big(\partial_{xx} f + 2\partial_{wx} f\,\partial_x w + \partial_{ww} f(\partial_x w)^2 + \partial_w f\,\partial_{xx} w\big)(\partial_K x)^2\\ &+ \big(\partial_x f + \partial_w f\,\partial_x w\big)\partial_{KK} x\ .\end{aligned}$$

Mit diesen Ableitungen wird der Zähler von (15.4)

$$\begin{aligned}\partial_T V_c + (r-q)K\partial_K V_c + qV_c = &\ \partial_x f\,\partial_T x + \partial_T f + \partial_w f(\partial_x w\partial_T x + \partial_T w)\\ &+ (r-q)K(\partial_x f\,\partial_K x + \partial_w f\,\partial_x w\partial_K x) + qf\ .\end{aligned}$$

Nun verwenden wir $\partial_T f = -qf$, $\partial_K x = \frac{1}{K}$ und $\partial_T x = q - r$. Der Zähler vereinfacht sich damit zu

$$\begin{aligned}\partial_T V_c + (r-q)K\partial_K V_c + qV_c &= (q-r)\partial_x f - qf + \partial_w f(\partial_x w(q-r) + \partial_T w)\\ &\quad + (r-q)K(K^{-1}\partial_x f + K^{-1}\partial_w f\,\partial_x w) + qf\\ &= \partial_w f\,\partial_T w\ . \end{aligned}\tag{B.37}$$

Weil $(\partial_K x)^2 = \frac{1}{K^2}$ und $\partial_{KK} x = -\frac{1}{K^2}$ gilt, erhalten wir für den Nenner von (15.4)

$$K^2\partial_{KK} V_c = \partial_{xx} f + 2\partial_{wx} f\,\partial_x w + \partial_{ww} f(\partial_x w)^2 + \partial_w f\,\partial_{xx} w - \partial_x f - \partial_w f\,\partial_x w\ .$$

Mit der Aufgabe 15.1, nach welcher wir Ausdrücke für die (äusseren) Ableitungen $\partial_{ww} f$, $\partial_{wx} f$ und $\partial_{xx} f - \partial_x f$ zur Verfügung haben, lässt sich der Nenner weiter umschreiben. Wir finden

$$\begin{aligned}K^2\partial_{KK} V_c &= 2\partial_w f + 2\Big(\frac{1}{2} - \frac{x}{w}\Big)\partial_w f\,\partial_x w + \Big(\frac{x^2}{2w^2} - \frac{1}{2w} - \frac{1}{8}\Big)\partial_w f(\partial_x w)^2\\ &\quad + \partial_w f\,\partial_{xx} w - \partial_w f\,\partial_x w\\ &= 2\partial_w f\Big[1 - \frac{x}{w}\partial_x w + \Big(\frac{x^2}{4w^2} - \frac{1}{4w} - \frac{1}{16}\Big)(\partial_x w)^2 + \frac{1}{2}\partial_{xx} w\Big]\\ &= 2\partial_w f\Big[\Big(\frac{x}{2w}\partial_x w - 1\Big)^2 - \frac{1}{4}\Big(\frac{1}{w} + \frac{1}{4}\Big)(\partial_x w)^2 + \frac{1}{2}\partial_{xx} w\Big]\ . \end{aligned}\tag{B.38}$$

Wir kombinieren nun die Resultate (B.37) und (B.38) und erhalten für die Funktion σ^2

$$\begin{aligned}\sigma^2(F(T)e^x,T) &\overset{(15.4)}{=} 2\frac{\partial_T V_c + (r-q)K\partial_K V_c + qV_c}{K^2\partial_{KK}V_c}\\ &\overset{(B.37),(B.38)}{=} \frac{2\partial_w f\,\partial_T w}{2\partial_w f\left[\left(\frac{x}{2w}\partial_x w - 1\right)^2 - \frac{1}{4}\left(\frac{1}{w}+\frac{1}{4}\right)(\partial_x w)^2 + \frac{1}{2}\partial_{xx}w\right]}\\ &= \frac{\partial_T w}{\left(\frac{x}{2w}\partial_x w - 1\right)^2 - \frac{1}{4}\left(\frac{1}{w}+\frac{1}{4}\right)(\partial_x w)^2 + \frac{1}{2}\partial_{xx}w}\,;\end{aligned}$$

das ist das Resultat (15.6).

B.13 Kalender-Spread Arbitrage

Kalender-Spread Arbitrage liegt vor, wenn sich zwei Volatilitäts-Smiles $x \mapsto w(x;\boldsymbol{\eta}_1)$ und $x \mapsto w(x;\boldsymbol{\eta}_2)$ zu den Restlaufzeiten $T_1 < T_2$ schneiden, also wenn die Gleichung $w(x;\boldsymbol{\eta}_1) = w(x;\boldsymbol{\eta}_2)$ reelle Lösungen respektive die Funktion

$$f(x) := w(x;\boldsymbol{\eta}_1) - w(x;\boldsymbol{\eta}_2) \tag{B.39}$$

reelle Nullstellen hat. Modellieren wir $w(x;\boldsymbol{\eta})$ wie in (15.10) angegeben, lautet die obige Gleichung konkret

$$\begin{aligned}&a_1 + b_1\left(\rho_1(x-m_1) + \sqrt{(x-m_1)^2+s_1^2}\right)\\ &= a_2 + b_2\left(\rho_2(x-m_2) + \sqrt{(x-m_2)^2+s_2^2}\right).\end{aligned}$$

Wir formen diese Gleichung via (nicht-äquivalenten) Umformungen um zu einer quartischen Gleichung. Setzen wir $A_i := (x-m_i)^2 + s_i^2$, $i = 1,2$, so ergibt sich zunächst

$$\underbrace{a_1 - a_2 - b_1\rho_1 m_1 + b_2\rho_2 m_2}_{=:\alpha} + \underbrace{(b_1\rho_2 - b_2\rho_2)}_{=:\beta}x = b_2\sqrt{A_2} - b_1\sqrt{A_1}\,.$$

Quadrieren liefert nun

$$(\alpha+\beta x)^2 = b_2^2 A_2 + b_1^2 A_1 - 2b_1 b_2\sqrt{A_1 A_2}\,.$$

Isolieren wir den Wurzelterm und quadrieren erneut, erhalten wir

$$4b_1^2 b_2^2 A_1 A_2 = \left(b_2^2 A_2 + b_1^2 A_1 - (\alpha+\beta x)^2\right)^2. \tag{B.40}$$

Wir betrachten jetzt in der Gleichung (B.40) den Term links des Gleichheitszeichens. Wir haben nach der Definition der A_i

$$\begin{aligned}
4b_1^2b_2^2A_1A_2 &= 4b_1^2b_2^2\big((x-m_1)^2+s_1^2\big)\big((x-m_2)^2+s_2^2\big)\\
&= 4b_1^2b_2^2\big(x^2-2m_1x+m_1^2+s_1^2\big)\big(x^2-2m_2x+m_2^2+s_2^2\big)\\
&= 4b_1^2b_2^2\big(x^4-2m_2x^3+(m_2^2+s_2^2)x^2-2m_1x^3+4m_1m_2x^2\\
&\qquad -2m_1(m_2^2+s_2^2)x+(m_1^2+s_1^2)x^2-2m_2(m_1^2+s_1^2)x\\
&\qquad +(m_1^2+s_1^2)(m_2^2+s_2^2)\big)\\
&= 4b_1^2b_2^2\big(x^4-2(m_1+m_2)x^3+(m_1^2+s_1^2+4m_1m_2+m_2^2+s_2^2)x^2\\
&\quad -2(m_1(m_2^2+s_2^2)+m_2(m_1^2+s_1^2))x+(m_1^2+s_1^2)(m_2^2+s_2^2)\big)\,. \qquad \text{(B.41)}
\end{aligned}$$

Nun betrachten wir in der Gleichung (B.40) den Term rechts des Gleichheitszeichens innerhalb des Quadrats. Dieser ist – wiederum mit der Definition der A_i –

$$\begin{aligned}
b_2^2A_2+b_1^2A_1-(\alpha+\beta x)^2 &= b_2^2(x-m_2)^2+b_2^2s_2^2+b_1^2(x-m_1)^2+b_1^2s_1^2\\
&\quad -\beta^2x^2-2\alpha\beta x-\alpha^2\\
&= \underbrace{(b_1^2+b_2^2-\beta^2)}_{=:\gamma}x^2\,\underbrace{-2(m_1b_1^2+m_2b_2^2+\alpha\beta)}_{=:\delta}\,x\\
&\quad +\underbrace{b_1^2(m_1^2+s_1^2)+b_2^2(m_2^2+s_2^2)-\alpha^2}_{=:\varepsilon}\\
&= \gamma x^2+\delta x+\varepsilon\,.
\end{aligned}$$

Die Gleichung (B.40) ist äquivalent zur Gleichung

$$4b_1^2b_2^2A_1A_2-\big(\gamma x^2+\delta x+\varepsilon\big)^2=0\,;$$

weil

$$\begin{aligned}
\big(\gamma x^2+\delta x+\varepsilon\big)^2 &= \gamma^2x^4+2\gamma x^2(\delta x+\varepsilon)+(\delta x+\varepsilon)^2\\
&= \gamma^2x^4+2\delta\gamma x^3+(2\varepsilon\gamma+\delta^2)x^2+2\delta\varepsilon x+\varepsilon^2 \qquad \text{(B.42)}
\end{aligned}$$

ist, ergibt sich mit den Ausdrücken (B.41) und (B.42) die quartische Gleichung (15.12)

$$\alpha_4x^4+\alpha_3x^3+\alpha_2x^2+\alpha_1x+\alpha_0=0$$

mit den Koeffizienten

$$\begin{aligned}
\alpha_4 &= 4b_1^2b_2^2-\gamma^2\\
\alpha_3 &= -8b_1^2b_2^2(m_1+m_2)-2\delta\gamma\\
\alpha_2 &= 4b_1^2b_2^2(m_1^2+s_1^2+4m_1m_2+m_2^2+s_2^2)-(2\varepsilon\gamma+\delta^2)\\
\alpha_1 &= -8b_1^2b_2^2\big(m_1(m_2^2+s_2^2)+m_2(m_1^2+s_1^2)\big)-2\delta\varepsilon\\
\alpha_0 &= 4b_1^2b_2^2(m_1^2+s_1^2)(m_2^2+s_2^2)-\varepsilon^2.
\end{aligned}$$

Die in den Koeffizienten α_j vorkommenden Hilfsvariablen α, β, γ, δ und ε sind oben definiert. Die Nullstellen der quartischen Gleichung (15.12) bestimmen wir mit Python's Befehl `roots`. Dieser liefert, weil eine quartische Gleichung vier Lösungen $x_j^* \in \mathbb{C}$ hat, einen Vektor

$$\mathbf{x} := (x_1^*, x_2^*, x_3^*, x_4^*) \tag{B.43}$$

der Länge vier; die Elemente des Vektors entsprechen gerade diesen vier Lösungen. Diese vier Lösungen sind alle von der Form

$$x_j^* = \Re(x_j^*) + I\Im(x_j^*) \ .$$

Wir sind jedoch nur an den reellen Lösungen interessiert, also $\Im(x_i^*) = 0$. Die Koeffizienten α_j der quartischen Gleichung (15.12) werden durch nichtlineare Operationen aus den Modellparametern a_i, b_i, ρ_i, m_i und s_i gebildet. Diese Nichtlinearitäten führen dazu, dass die Koeffizienten α_j mit Rundungsfehlern behaftet sind; als Konsequenz sind es auch die Lösungen x_j^*. Es kann daher vorkommen, dass der Imginärteil $\Im(x_j^*)$ einer in Tat und Wahrheit reellen Lösung x_j^* nicht Null ist, sondern eine im Betrag sehr kleine Zahl, zum Beispiel $|\Im(x_j^*)| = \epsilon$. Wir wollen (und müssen) eine solche Lösung als reell deklarieren. Wir betrachten eine Lösung x_j^* als komplex, wenn der Imaginärteil $\Im(x_j^*)$ im Betrag eine gewisse Toleranz überschreitet, also wenn

$$|\Im(x_j^*)| \geq \text{tol} \tag{B.44}$$

mit der Toleranz zum Beispiel tol $= 10^{-12}$. Wir überprüfen daher für jede der vier Lösungen x_j^* im Vektor $\mathbf{x}$, welche `roots` liefert, ob die Bedingung (B.44) erfüllt ist. Ist die Bedingung erfüllt, ist die Lösung komplex, daher für die weiteren Betrachtungen uninteressant und wird somit vom Lösungvektor $\mathbf{x}$ in (B.43) entfernt. Der „neue" Lösungsvektor $\widetilde{\mathbf{x}}$ enthält also nur noch die reellen Lösungen der Gleichung (15.12) und hat minimal die Länge 0 (die Gleichung hat keine reellen Lösungen) und maximal die Länge 4 (die Gleichung hat vier reelle Lösungen). Nun ist aber eine reelle Lösung der Gleichung (15.12) wegen nicht-äquivalenten Umformungen nicht zwingend auch Lösung der Gleichung $w(x; \boldsymbol{\eta}_1) = w(x; \boldsymbol{\eta}_2)$ respektive eine Nullstelle der Funktion f in (B.39) (wir sind nur an diesen Nullstellen interessiert). Wir müssen also für alle Elemente x_j^* im Vektor $\widetilde{\mathbf{x}}$ überprüfen, ob $f(x_j^*) = 0$ gilt. Ist dies nicht der Fall, ist x_j^* eine Scheinlösung des Problems: die beiden Volatilitäts-Smiles scheiden sich nicht an der Stelle x_j^*. Wegen den bereits erwähnten Nichtlinearitäten kann es nun wiederum vorkommen, dass, obwohl x_j^* in der Tat und Wahrheit eine Nullstelle von f ist, Python für den Funktionswert $f(x_j^*)$ nicht exakt Null liefert, sondern (betragsmässig) eine sehr kleine Zahl. Ähnlich zur Entscheidung, ob eine gegebene Zahl komplex ist oder nicht, akzeptieren wir eine Zahl x_j^* als Nullstelle von f, wenn

$$|f(x_j^*)| \leq \text{tol}$$

gilt. Nur Zahlen x_j^*, welche diese Bedingung erfüllen, werden als Nullstellen f deklariert und fliessen in die Berechnung der „crossedness" ein. Die Routine get_crossedness bestimmt aus diesen Zahlen und der Definition (15.19) die „crossedness" zweier Volatilitäts-Smiles.

Routine B.2: get_crossedness.py

```
import numpy as np

def get_crossedness(eta1,eta2):
    '''Bestimmt die crossedness C zweier Volatilitaets-Smiles mit Parameter-
    listen eta1 und eta2. Die entsprechenden Restlaufzeiten erfuellen T2>T1.
    '''
    tol = 1e-12; # Toleranz

    a1,b1,rho1,m1,s1 = eta1; a2,b2,rho2,m2,s2 = eta2;

    # die Funktion f
    f = lambda x:a1+b1*(rho1*(x-m1)+np.sqrt((x-m1)**2+s1**2))-\
    a2-b2*(rho2*(x-m2)+np.sqrt((x-m2)**2+s2**2));

    # Hilfsparameter
    alpha = a1-a2+b2*rho2*m2-b1*rho1*m1; beta = b1*rho1-b2*rho2;
    gamma = b2**2+b1**2-beta**2; delta = -2*(m2*b2**2+m1*b1**2+alpha*beta);
    epsilon = b2**2*(m2**2+s2**2)+b1**2*(m1**2+s1**2)-alpha**2;

    # die Koeffizienten der quartischen Gleichung
    alpha4 = 4*b1**2*b2**2-gamma**2;
    alpha3 = -8*b1**2*b2**2*(m1+m2)-2*delta*gamma;
    alpha2 = 4*b1**2*b2**2*(m1**2+m2**2+s1**2+s2**2+4*m1*m2)-\
    (2*gamma*epsilon+delta**2);
    alpha1 = -8*b1**2*b2**2*(m1*(m2**2+s2**2)+m2*(m1**2+s1**2))-\
    2*delta*epsilon;
    alpha0 = 4*b1**2*b2**2*(m1**2+s1**2)*(m2**2+s2**2)-epsilon**2;

    # die Loesungen der quartischen Gleichung
    x = np.roots([alpha4,alpha3,alpha2,alpha1,alpha0]);

    # entferne die komplexen Loesungen
    x = x[abs(np.imag(x))<=tol]; x = np.unique(x);

    # bestimme die crossedness C
    if len(x)==0 or np.sum(abs(f(x))<=tol)==0:
        C = 0
    else:
        x = x[abs(f(x))<=tol]
        n = len(x); xt = np.zeros(n+1);
        xt[0] = x[0]-1; xt[n] = x[n-1]+1; xt[1:n-1] = (x[0:n-2]+x[1:n-1])/2;
        C = max(np.hstack((0,f(xt))));

    return C
```

C Lösungen zu den Aufgaben

C.1 Aufgaben im Kap. 1

Aufgabe 1.2

i) Siehe die Routine C.1.

Routine C.1: callput_bs_a.py

```
import numpy as np
import scipy.stats as ss

def callput_bs_a(s,K,T,sigma,r,q,omega):
    '''Gibt den Wert einer Europaeischen Call (omega = 1) oder Put (omega = -1)
    Option fuer den Basiswert s, Maturitaet T, Ausuebungspreis K, Volatilitaet
    sigma, stetiger Zinssatz r und stetige Dividendenrendite q.'''

    d1 = (np.log(s/K)+(r-q+sigma**2/2)*T)/(sigma*np.sqrt(T))
    d2 = d1-sigma*np.sqrt(T)
    V = omega*(np.exp(-q*T)*s*ss.norm.cdf(omega*d1) \
        -K*np.exp(-r*T)*ss.norm.cdf(omega*d2))
    return V
```

ii) Nach der Black-Scholes Formel (1.7) gilt für eine Put Option ($\omega = -1$)

$$\begin{aligned} V(s,t;T,K,\sigma,r,q,-1) &\overset{(1.7)}{=} -se^{-q(T-t)}\Phi_{0,1}(-d_1) + Ke^{-r(T-t)}\Phi_{0,1}(-d_2) \\ &= -se^{-q(T-t)}\big(1-\Phi_{0,1}(d_1)\big) + Ke^{-r(T-t)}\big(1-\Phi_{0,1}(d_2)\big) \\ &= se^{-q(T-t)}\Phi_{0,1}(d_1) - Ke^{-r(T-t)}\Phi_{0,1}(d_2) \\ &\quad - se^{-q(T-t)} + Ke^{-r(T-t)} \\ &\overset{(1.7)}{=} V(s,t;T,K,\sigma,r,q,1) - se^{-q(T-t)} + Ke^{-r(T-t)}, \end{aligned}$$

was zu zeigen war. Im zweiten Schritt haben wir die Beziehung $\Phi_{0,1}(-z) = 1 - \Phi_{0,1}(z)$, $z \in \mathbb{R}$, verwendet. ◇

N. Hilber, *Bewertung von Finanzderivaten mit Python*,
https://doi.org/10.1007/978-3-658-39210-9

Aufgabe 1.3 Wir müssen die Jacobi-Matrix der Funktion $\nabla d : \mathbb{R}^n \to \mathbb{R}^n$,

$$\nabla d(\boldsymbol{\eta}) = 2\begin{pmatrix} \sum_{j=1}^{\nu}(V_j(\boldsymbol{\eta}) - V_j^{\mathrm{M}})\partial_{\eta_1} V_j(\boldsymbol{\eta}) \\ \sum_{j=1}^{\nu}(V_j(\boldsymbol{\eta}) - V_j^{\mathrm{M}})\partial_{\eta_2} V_j(\boldsymbol{\eta}) \\ \vdots \\ \sum_{j=1}^{\nu}(V_j(\boldsymbol{\eta}) - V_j^{\mathrm{M}})\partial_{\eta_n} V_j(\boldsymbol{\eta}) \end{pmatrix} = 2\mathbf{J}(\boldsymbol{\eta})^\top \mathbf{r}(\boldsymbol{\eta})$$

ausrechnen. Die Ableitung der k-ten Komponente von ∇d nach η_ℓ ist (wir lassen den Faktor 2 sowie das Argument $\boldsymbol{\eta}$ weg)

$$\begin{aligned} \partial_{\eta_\ell} \sum_{j=1}^{\nu}(V_j - V_j^{\mathrm{M}})\partial_{\eta_k} V_j &= \sum_{j=1}^{\nu}\left(\partial_{\eta_\ell} V_j \partial_{\eta_k} V_j + (V_j - V_j^{\mathrm{M}})\partial_{\eta_k\eta_\ell} V_j\right) \\ &= \sum_{j=1}^{\nu} \partial_{\eta_\ell} V_j \partial_{\eta_k} V_j + \sum_{j=1}^{\nu}(V_j - V_j^{\mathrm{M}})\partial_{\eta_k\eta_\ell} V_j\ . \end{aligned}$$

Die Jacobi-Matrix lässt sich daher schreiben als die Summe

$$\begin{aligned} \mathbf{J}_{\nabla d} = &\begin{pmatrix} \sum \partial_{\eta_1} V_j \partial_{\eta_1} V_j & \sum \partial_{\eta_2} V_j \partial_{\eta_1} V_j & \cdots & \sum \partial_{\eta_n} V_j \partial_{\eta_1} V_j \\ \sum \partial_{\eta_1} V_j \partial_{\eta_2} V_j & \sum \partial_{\eta_2} V_j \partial_{\eta_2} V_j & \cdots & \sum \partial_{\eta_n} V_j \partial_{\eta_2} V_j \\ \vdots & \vdots & \cdots & \vdots \\ \sum \partial_{\eta_1} V_j \partial_{\eta_n} V_j & \sum \partial_{\eta_2} V_j \partial_{\eta_n} V_j & \cdots & \sum \partial_{\eta_n} V_j \partial_{\eta_n} V_j \end{pmatrix} \\ &+ \sum_{j=1}^{\nu}(V_j - V_j^{\mathrm{M}}) \begin{pmatrix} \partial_{\eta_1\eta_1} V_j & \partial_{\eta_1\eta_2} V_j & \cdots & \partial_{\eta_1\eta_n} V_j \\ \partial_{\eta_2\eta_1} V_j & \partial_{\eta_2\eta_2} V_j & \cdots & \partial_{\eta_2\eta_n} V_j \\ \vdots & \vdots & \cdots & \vdots \\ \partial_{\eta_n\eta_1} V_j & \partial_{\eta_n\eta_2} V_j & \cdots & \partial_{\eta_n\eta_n} V_j \end{pmatrix}. \end{aligned}$$

Insbesondere lässt sich der erste Summand mit der Matrix

$$\mathbf{J} = \begin{pmatrix} \partial_{\eta_1} V_1 & \partial_{\eta_2} V_1 & \cdots & \partial_{\eta_n} V_1 \\ \partial_{\eta_1} V_2 & \partial_{\eta_2} V_2 & \cdots & \partial_{\eta_n} V_2 \\ & & \vdots & \\ \partial_{\eta_1} V_\nu & \partial_{\eta_2} V_\nu & \cdots & \partial_{\eta_n} V_\nu \end{pmatrix}$$

in (1.23) schreiben als $\mathbf{J}^\top \mathbf{J}$. ◇

Aufgabe 1.4 Wir erinnern an die Definition des Updates $\boldsymbol{\Delta}_i$ aus dem Levenberg-Marquardt-Verfahren

$$\boldsymbol{\Delta}_i := -\left(\mathbf{J}(\boldsymbol{\eta}_i)^\top \mathbf{J}(\boldsymbol{\eta}_i) + \lambda_i \mathbf{I}\right)^{-1} \mathbf{J}(\boldsymbol{\eta}_i)^\top \mathbf{r}(\boldsymbol{\eta}_i) \tag{C.1}$$

Nun haben wir (wir lassen der Einfachheit halber das Argument $\boldsymbol{\eta}_i$ weg)

$$\begin{aligned}
\|\mathbf{r}\|_2^2 - \|\mathbf{r} + \mathbf{J}\boldsymbol{\Delta}_i\|_2^2 &= \mathbf{r}^\top\mathbf{r} - (\mathbf{r} + \mathbf{J}\boldsymbol{\Delta}_i)^\top(\mathbf{r} + \mathbf{J}\boldsymbol{\Delta}_i) \\
&= \mathbf{r}^\top\mathbf{r} - \mathbf{r}^\top\mathbf{r} - 2\mathbf{r}^\top\mathbf{J}\boldsymbol{\Delta}_i - \boldsymbol{\Delta}_i^\top\mathbf{J}^\top\mathbf{J}\boldsymbol{\Delta}_i \\
&= -2\boldsymbol{\Delta}_i^\top\mathbf{J}^\top\mathbf{r} - \boldsymbol{\Delta}_i^\top\mathbf{J}^\top\mathbf{J}\boldsymbol{\Delta}_i \\
&= \boldsymbol{\Delta}_i^\top\big(-2\mathbf{J}^\top\mathbf{r} - (\mathbf{J}^\top\mathbf{J} + \lambda_i\mathbf{I} - \lambda_i\mathbf{I})\boldsymbol{\Delta}_i\big) \\
&= \boldsymbol{\Delta}_i^\top\big(-\mathbf{J}^\top\mathbf{r} - \underbrace{\big[\mathbf{J}^\top\mathbf{r} + (\mathbf{J}^\top\mathbf{J} + \lambda_i\mathbf{I})\boldsymbol{\Delta}_i\big]}_{\stackrel{(C.1)}{=}0} + \lambda_i\boldsymbol{\Delta}_i\big) \\
&= \lambda_i\boldsymbol{\Delta}_i^\top\boldsymbol{\Delta}_i - \boldsymbol{\Delta}_i^\top\mathbf{J}^\top\mathbf{r}\,.
\end{aligned}$$

Nun ist $\lambda_i\boldsymbol{\Delta}_i^\top\boldsymbol{\Delta}_i = \lambda_i\|\boldsymbol{\Delta}_i\|_2^2 > 0$ und aus der Definition von $\boldsymbol{\Delta}_i$ folgt

$$\begin{aligned}
-\boldsymbol{\Delta}_i^\top\mathbf{J}^\top\mathbf{r} &\stackrel{(C.1)}{=} \Big(\big(\mathbf{J}^\top\mathbf{J} + \lambda_i\mathbf{I}\big)^{-1}\mathbf{J}^\top\mathbf{r}\Big)^\top\mathbf{J}\mathbf{r} \\
&= \mathbf{r}^\top\mathbf{J}\big(\mathbf{J}^\top\mathbf{J} + \lambda_i\mathbf{I}\big)^{-1}\mathbf{J}^\top\mathbf{r}\,;
\end{aligned}$$

weil $\mathbf{M} := \big(\mathbf{J}^\top\mathbf{J} + \lambda_i\mathbf{I}\big)^{-1}$ eine positiv definite Matrix ist, gilt für jeden nicht Nullvektor $\mathbf{x}$ die Positivität $\mathbf{x}^\top\mathbf{M}\mathbf{x} > 0$ (im vorliegenden Fall ist $\mathbf{x} = \mathbf{J}^\top\mathbf{r}$). Somit ist auch $-\boldsymbol{\Delta}_i^\top\mathbf{J}^\top\mathbf{r} > 0$ und wir sind fertig. ◇

C.2 Aufgaben im Kap. 2

Aufgabe 2.1 Für den Erwartungswert ergibt sich nach Definition

$$\begin{aligned}
\mathbb{E}[S_M] &\stackrel{\text{(Def.)}}{=} \sum_{i=0}^{M} s_{i,M}\,\mathbb{P}[S_M = s_{i,M}] \\
&\stackrel{(2.5)}{=} \sum_{i=0}^{M} s_{i,M}\,C_i^M p^i(1-p)^{M-i} \\
&\stackrel{(2.1)}{=} s_{0,0}\sum_{i=0}^{M} d^{M-i}u^i C_i^M p^i(1-p)^{M-i} \\
&= s_{0,0}\sum_{i=0}^{M} C_i^M (up)^i\big(d(1-p)\big)^{M-i} \\
&\stackrel{(2.36)}{=} s_{0,0}\big(up + d(1-p)\big)^M\,,
\end{aligned}$$

wobei die letzte Gleichung aus dem binomischen Lehrsatz (2.36) mit $a = up$ und $b = d(1-p)$ folgt. Das ist die Gleichung (2.7). Wir kommen zur Varianz. Wir haben

$$\begin{aligned}
\mathrm{Var}[S_M] &\overset{(\mathrm{Def.})}{=} \sum_{i=0}^{M} s_{i,M}^2 \mathbb{P}[S = s_{i,M}] - \mu_{S_M}^2 \\
&\overset{(2.1),(2.5)}{=} s_{0,0}^2 \sum_{i=0}^{M} C_i^M \left(d^{M-i} u^i\right)^2 p^i (1-p)^{M-i} - \mu_{S_M}^2 \\
&= s_{0,0}^2 \sum_{i=0}^{M} C_i^M (u^2 p)^i \left(d^2(1-p)\right)^{M-i} - \mu_{S_M}^2 \\
&\overset{(2.36)}{=} s_{0,0}^2 \left(u^2 p + d^2(1-p)\right)^M - \mu_{S_M}^2 ,
\end{aligned}$$

wobei die letzte Gleichung aus dem binomischen Lehrsatz (2.36) mit $a = u^2 p$ und $b = d^2(1-p)$ folgt. Das ist die Gleichung (2.8). ◇

Aufgabe 2.2 Zunächst kürzen wir die $s_{i,j}$ in den ersten beiden Gleichungen. Setzen wir in diesen zusätzlich die Beziehung $d = u^{-1}$ ein (was aus der dritten Gleichung folgt), so ergibt sich

$$\begin{cases} up + (1-p)u^{-1} = e^{\mu \Delta t} \\ p(1-p)(u - u^{-1})^2 = e^{2\mu \Delta t}(e^{\sigma^2 \Delta t} - 1) \end{cases} .$$

Die erste Gleichung auflösen nach p ergibt

$$p = \frac{e^{\mu \Delta t} - u^{-1}}{u - u^{-1}} \quad \left(\Rightarrow 1 - p = \frac{u - e^{\mu \Delta t}}{u - u^{-1}} \right) ;$$

dies eingesetzt in die zweite Gleichung liefert

$$\left(e^{\mu \Delta t} - u^{-1}\right)\left(u - e^{\mu \Delta t}\right) = e^{2\mu \Delta t}(e^{\sigma^2 \Delta t} - 1) ;$$

dies ist äquivalent zur Gleichung

$$u + u^{-1} = \underbrace{\frac{e^{(2\mu + \sigma^2)\Delta t} + 1}{e^{\mu \Delta t}}}_{=:\kappa} .$$

Es folgt nach einer Multiplikation der Gleichung mit u die quadratische Gleichung

$$u^2 - \kappa u + 1 = 0 ,$$

welche die Lösungen

$$u_{1,2} = \frac{1}{2}\big(\kappa \pm \sqrt{\kappa^2 - 4}\big)$$

hat. Wegen des Wurzelsatzes von Vieta ist $u_1 u_2 = 1$, woraus folgt, dass $u_2 = d$ sein muss.

◇

Aufgabe 2.3 Wir betrachten eine Call Option mit Ausübungspreis K. Der Preis $V_{0,0}$ der Option lässt sich nach (2.16) bestimmen mit der Formel

$$V_{0,0} = e^{-rT} \sum_{i=0}^{M} C_i^M p^{*i} q^{*M-i} \max\{s_{i,M} - K, 0\}\ .$$

i) Um $i^* \in \mathbb{N}$ zu finden, lösen wir die Gleichung $s_{i,M} - K = 0$ formal nach i auf. Mit der Definition (2.1) der möglichen Preise $s_{i,M}$ des Basiswertes bei Maturität haben wir

$$\begin{aligned} s_{i,M} &= K \\ s_{0,0} u^i d^{M-i} &= K \\ \left(\frac{u}{d}\right)^i d^M &= \frac{K}{s_{0,0}} \\ i &= \frac{\ln(d^{-M} \frac{K}{s_{0,0}})}{\ln(\frac{u}{d})}\ . \end{aligned}$$

Das gefundene i ist in der Regel keine natürliche Zahl und wir müssen runden. Ist zum Beispiel $i = 20.23$, so ist $\max\{s_{20,M} - K, 0\} = 0$ und $\max\{s_{21,M} - K, 0\} = s_{21,M} - K$. Daher müssen wir i aufrunden und wir finden

$$i^* = \left\lceil \frac{\ln(\frac{K}{s_{0,0}}) - M\ln(d)}{\ln(u) - \ln(d)} \right\rceil .$$

ii) Wir verwenden wiederum die Definition (2.1) von $s_{i,M}$ und erhalten

$$\begin{aligned} V_{0,0} &= e^{-rT} \sum_{i=i^*}^{M} C_i^M p^{*i} q^{*M-i} (s_{i,M} - K) \\ &= e^{-rT} \sum_{i=i^*}^{M} C_i^M p^{*i} q^{*M-i} s_{i,M} - K e^{-rT} \sum_{i=i^*}^{M} C_i^M p^{*i} q^{*M-i} \\ &\overset{(2.1)}{=} e^{-rT} \sum_{i=i^*}^{M} C_i^M p^{*i} q^{*M-i} s_{0,0} u^i d^{M-i} - K e^{-rT} \sum_{i=i^*}^{M} C_i^M p^{*i} q^{*M-i} \\ &= s_{0,0} e^{-qT} \sum_{i=i^*}^{M} C_i^M e^{-(r-q)T} (p^* u)^i (q^* d)^{M-i} - K e^{-rT} \sum_{i=i^*}^{M} C_i^M p^{*i} q^{*M-i}\ . \end{aligned}$$

Im ersten Summanden schreiben wir nun

$$e^{-(r-q)T} = e^{-(r-q)\Delta t M} = (e^{-(r-q)\Delta t})^{i+M-i} = (e^{-(r-q)\Delta t})^i (e^{-(r-q)\Delta t})^{M-i}\ ,$$

womit wir

$$\begin{aligned}V_{0,0} = s_{0,0}e^{-qT} \sum_{i=i^*}^{M} C_i^M (p^* u e^{-(r-q)\Delta t})^i (q^* d e^{-(r-q)\Delta t})^{M-i} \\ - K e^{-rT} \sum_{i=i^*}^{M} C_i^M p^{*i} q^{*M-i}\end{aligned}$$

erhalten. Wir setzen $\widehat{p} := p^* u e^{-(r-q)\Delta t}$ und müssen noch zeigen, dass

$$q^* d e^{-(r-q)\Delta t} = 1 - \widehat{p}$$

gilt. In der Tat haben wir mit $u, d = \frac{1}{2}\big(\kappa^* \pm \sqrt{\kappa^{*2} - 4}\big)$ (siehe Aufgabe (2.2))

$$\begin{aligned}q^* d e^{-(r-q)\Delta t} &= (1 - p^*) d e^{-(r-q)\Delta t} = d e^{-(r-q)\Delta t} - p^* d e^{-(r-q)\Delta t} \\ &= d e^{-(r-q)\Delta t} - \frac{1}{2} p^* e^{-(r-q)\Delta t} \big(\kappa^* - \sqrt{\kappa^{*2} - 4}\big) \\ &= d e^{-(r-q)\Delta t} + p^* e^{-(r-q)\Delta t} \sqrt{\kappa^{*2} - 4} \\ &\quad \underbrace{- \frac{1}{2} p^* e^{-(r-q)\Delta t} \big(\kappa^* + \sqrt{\kappa^{*2} - 4}\big)}_{= \widehat{p}} \\ &\overset{(2.10)}{=} d e^{-(r-q)\Delta t} + \frac{e^{(r-q)\Delta t} - d}{u - d} e^{-(r-q)\Delta t} \sqrt{\kappa^{*2} - 4} - \widehat{p} \\ &\overset{(*)}{=} d e^{-(r-q)\Delta t} + (e^{(r-q)\Delta t} - d) e^{-(r-q)\Delta t} - \widehat{p} \\ &= 1 - \widehat{p}\,.\end{aligned}$$

Dabei haben wir im Schritt $(*)$ verwendet, dass $u - d = \sqrt{\kappa^{*2} - 4}$ ist, was aus der Definition von u und d folgt. Somit lässt sich der Optionspreis schreiben als

$$\begin{aligned}V_{0,0} &= s_{1,0} e^{-qT} \sum_{i=i^*}^{M} C_i^M \widehat{p}^i (1 - \widehat{p})^{M-i} - K e^{-rT} \sum_{i=i^*}^{M} C_i^M p^{*i} q^{*M-i} \\ &= s_{0,0} e^{-qT} B_{M,\widehat{p}}(i^*) - K e^{-rT} B_{M,p^*}(i^*)\,,\end{aligned}$$

was zu zeigen war.

iii) Wir modifizieren die Routine 2.2 callput_binomial_treeexplicit. Nachdem i^* in der Routine bestimmt ist, können wir die Ausdrücke $B_{M,\widehat{p}}(i^* - 1)$ und $B_{M,p^*}(i^* - 1)$ in Python wie folgt berechnen

$$\begin{aligned}B_{M,\widehat{p}}(i^*) &= 1 - \texttt{binocdf}\big(i^* - 1, M, \widehat{p}\big) \\ B_{M,p^*}(i^*) &= 1 - \texttt{binocdf}\big(i^* - 1, M, p^*\big)\end{aligned}$$

Dies ist in der Routine C.2 realisiert.

Routine C.2: call_bs_discrete.py

```
import numpy as np
from scipy.stats import binom

def call_bs_discrete(s0,T,sigma,r,q,K,M):
    '''Bestimmt den Preis v einer Call Option mit Ausuebungspreis K und
    Maturitaet T mit Hilfe eines Binomialbaums mit M Perioden. Der Basiswert
    hat den Preis s0 und Volatilitaet sigma, der risikolose Zinssatz ist r,
    die stetige Dividendenrendite ist q.'''

    # die Modellparameter bestimmen
    Dt = T/M; k = np.exp(-(r-q)*Dt)*(np.exp((2*(r-q)+sigma**2)*Dt)+1);
    u = 1/2*(k+np.sqrt(k**2-4)); d = 1/u;
    p = (np.exp((r-q)*Dt)-d)/(u-d); ph = p*u*np.exp(-(r-q)*Dt);

    i = np.ceil((np.log(K/s0)-M*np.log(d))/(np.log(u)-np.log(d)));
    V = s0*np.exp(-q*T)*(1-binom.cdf(i-1,M,ph))-\
    K*np.exp(-r*T)*(1-binom.cdf(i-1,M,p))
    return V
```

iv) Die Parameter sind $s_{0,0} = 90$, $K = 100$, $T = 1$, $\sigma = 0.5$, $r = 0.01$ und $q = 0$. Wir rechnen zuerst den exakten Preis via callput_bs_a aus und bestimmen danach für $M_j = 100 \cdot 2^j$ Perioden den Preis $V_{0,0}$. Die Konvergenz ist nicht mehr so „schön" wie im Beispiel 2.2 (dies liegt nicht an der Routine, sondern an der Tatsache, dass in diesem Beispiel $s_{0,0} \neq K$ ist); die Konvergenzrate ist jedoch nach wie vor 1, wie eine Regressionsrechnung zeigt; vergleiche mit Abb. C.1.

```
In [2]: from callput_bs_a import callput_bs_a
In [3]: vex = callput_bs_a(90,100,1,0.5,0.01,0,1);
   ...: M = 100*2**np.arange(0,11); v = np.zeros(len(M));
   ...: for j in range(len(M)):
   ...:     v[j] = call_bs_discrete(90,1,0.5,0.01,0,100,M[j]);
In [4]: b = np.polyfit(np.log(M),np.log(abs(v-vex)),1); b
Out[4]: array([-1.00438645,  0.6128791 ])
In [5]: import matplotlib.pyplot as plt
In [6]: plt.loglog(M,abs(v-vex),'o--',color=[0,0.447,0.741],markerfacecolor='None')
   ...: plt.loglog(M,np.exp(b[1])*M**b[0]);
```

v) Für $s_{0,0} = 1, 2, \ldots, 2K$ bestimmen wir den Preis der Option; wir rechnen jeweils mit $M = 10^5$ Perioden.

```
In [7]: s = np.arange(1,201); v = np.zeros(len(s))
In [8]: for j in range(len(s)):
   ...:     v[j] = call_bs_discrete(s[j],1,0.5,0.01,0,100,1e5);
In [9]: plt.plot(s,v), plt.plot(s,np.maximum(0,s-100),'k-');
```

◇

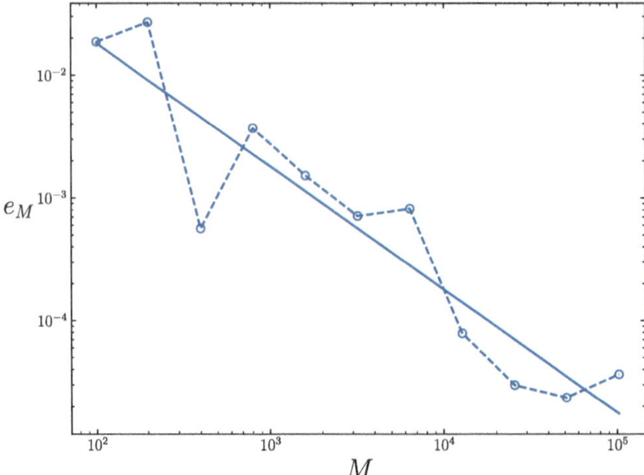

Abb. C.1 Zu Aufgabe 2.3. Es liegt Konvergenz erster Ordnung vor

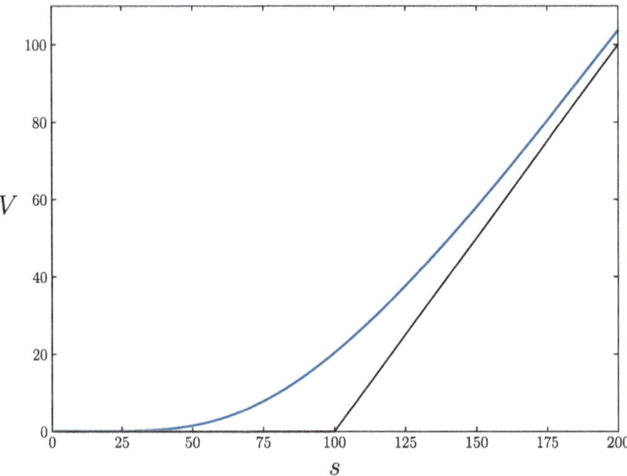

Abb. C.2 Zu Aufgabe 2.3. Der Preis V einer Call Option in Abhängigkeit des Basiswertkurses s

Aufgabe 2.4 Nach Kürzen von $s_{i,j}$ und Einsetzen der bekannten Grössen vereinfacht sich das Gleichungssystem zu

$$\begin{cases} up^* + u^{-1}(\frac{2}{3} - p^*) = e^{r\Delta t} - \frac{1}{3} \\ u^2 p^* + u^{-2}(\frac{2}{3} - p^*) = e^{(2r+\sigma^2)\Delta t} - \frac{1}{3} \end{cases}.$$

Wir lösen beide Gleichungen auf nach p^* und setzen die erhaltenen Terme gleich

$$p^* = \frac{e^{r\Delta t} - \frac{1}{3} - \frac{2}{3}u^{-1}}{u - u^{-1}} = \frac{e^{(2r+\sigma^2)\Delta t} - \frac{1}{3} - \frac{2}{3}u^{-2}}{u^2 - u^{-2}}.$$

Weil $u^2 - u^{-2} = (u + u^{-1})(u - u^{-1})$ ist, lässt sich der Faktor $u - u^{-1}$ im Nenner kürzen und wir erhalten die Gleichung

$$e^{r\Delta t} - \frac{1}{3} - \frac{2}{3}u^{-1} = \frac{e^{(2r+\sigma^2)\Delta t} - \frac{1}{3} - \frac{2}{3}u^{-2}}{u + u^{-1}} .$$

Wir multiplizieren die Gleichung mit $u + u^{-1}$

$$(e^{r\Delta t} - \frac{1}{3})(u + u^{-1}) - \frac{2}{3} = e^{(2r+\sigma^2)\Delta t} - \frac{1}{3} ,$$

und teilen durch $e^{r\Delta t} - \frac{1}{3}$

$$u + u^{-1} = \underbrace{\frac{e^{(2r+\sigma^2)\Delta t} + \frac{1}{3}}{e^{r\Delta t} - \frac{1}{3}}}_{=:\kappa} .$$

Nach Multiplikation mit u erhalten wir die quadratische Gleichung

$$u^2 - \kappa u + 1 = 0 \Longrightarrow u_{1,2} = \frac{1}{2}\left(\kappa \pm \sqrt{\kappa^2 - 4}\right) .$$ ◇

Aufgabe 2.5 Es liegt wiederum Konvergenz erster Ordnung vor, siehe Abb. C.3. ◇

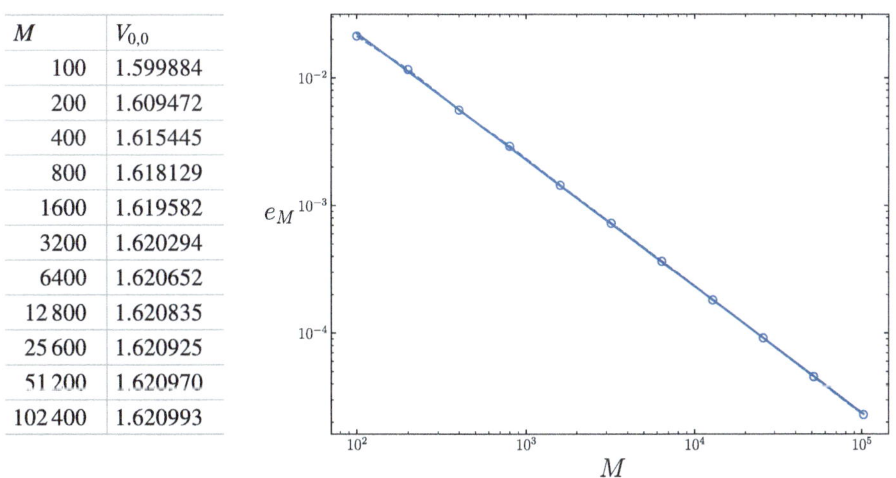

M	$V_{0,0}$
100	1.599884
200	1.609472
400	1.615445
800	1.618129
1600	1.619582
3200	1.620294
6400	1.620652
12 800	1.620835
25 600	1.620925
51 200	1.620970
102 400	1.620993

Abb. C.3 Down-und-Out Put. Für die gegebenen Parameter ist der exakte Wert der Option $V = 1.62101550908175$. Der Fehler $e_M = |V - V_{0,0_M}|$ halbiert sich bei Verdoppelung von M, womit Konvergenz erster Ordnung vorliegt. Die Punkte $(\ln(M), \ln(e_M))$ liegen auf einer Geraden mit Steigung -0.99

C.3 Aufgaben im Kap. 3

Aufgabe 3.1 Nach (2.14) ist

$$u = \frac{1}{2}\left(\kappa^* + \sqrt{\kappa^{*2} - 4}\right), \quad \kappa^* = e^{(r-q+\sigma^2)\Delta t} + e^{-(r-q)\Delta t} .$$

Nun ist $\kappa^{*2} - 4 = e^{2(r-q+\sigma^2)\Delta t} + 2e^{\sigma^2\Delta t} + e^{-2(r-q)\Delta t} - 4$; eine Taylorentwicklung liefert

$$\begin{aligned} &e^{2(r-q+\sigma^2)\Delta t} + 2e^{\sigma^2\Delta t} + e^{-2(r-q)\Delta t} - 4 \\ &= 1 + 2(r-q+\sigma^2)\Delta t + \mathcal{O}((\Delta t)^2) + 2(1 + \sigma^2\Delta t + \mathcal{O}((\Delta t)^2)) \\ &\quad + 1 - 2(r-q)\Delta t + \mathcal{O}((\Delta t)^2) - 4 \\ &= 4\sigma^2\Delta t + \mathcal{O}((\Delta t)^2) . \end{aligned}$$

Wegen $\sqrt{x+a} = \sqrt{a} + \frac{1}{2\sqrt{a}}x + \mathcal{O}(x^2)$ für $x \to 0$ folgt für $a = 4\sigma^2$ und $x = \mathcal{O}(\Delta t)$

$$\begin{aligned} \sqrt{\kappa^{*2} - 4} &= \sqrt{4\sigma^2\Delta t + \mathcal{O}((\Delta t)^2)} = \sqrt{\Delta t}\sqrt{4\sigma^2 + \mathcal{O}(\Delta t)} \\ &= \sqrt{\Delta t}\left(2\sigma + \mathcal{O}(\Delta t)\right) . \end{aligned}$$

Mit der Taylorentwicklung

$$\kappa^* = 1 + (r-q+\sigma^2)\Delta t + 1 - (r-q)\Delta t + \mathcal{O}((\Delta t)^2) = 2 + \sigma^2\Delta t + \mathcal{O}((\Delta t)^2)$$

folgt schlussendlich

$$\begin{aligned} u &= \frac{1}{2}\left(\kappa^* + \sqrt{\kappa^{*2} - 4}\right) \\ &= \frac{1}{2}\left(2 + \sigma^2\Delta t + \mathcal{O}((\Delta t)^2 + 2\sigma\sqrt{\Delta t} + \mathcal{O}((\Delta t)^{3/2})\right) \\ &= 1 + \sigma\sqrt{\Delta t} + \mathcal{O}(\Delta t) , \end{aligned}$$

und wir sind fertig. ◇

Aufgabe 3.2

i) Nach Definition ist $f(x,\tau) = e^{-\alpha x - \beta\tau}V(s,t) = e^{-\alpha x - \beta\tau}V(e^x, T - \frac{2\tau}{\sigma^2})$. Setzen wir abkürzend $\omega(x,\tau) := e^{-\alpha x - \beta\tau}$, so haben wir (wir lassen das Argument (x,τ) weg) die folgenden partiellen Ableitungen

$$\begin{aligned} \partial_\tau f &= -\beta\omega V - \omega\frac{2}{\sigma^2}\partial_t V \Rightarrow \partial_t V = \frac{\sigma^2}{2\omega}(-\partial_\tau f - \beta f) \\ \partial_x f &= -\alpha\omega V + \omega s\partial_s V \Rightarrow s\partial_s V = \frac{1}{\omega}(\partial_x f + \alpha f) \end{aligned}$$

$$\begin{aligned}
\partial_{xx} f &= \partial_x\big(\omega(-\alpha V + s\partial_s V)\big) \\
&= -\alpha\omega(-\alpha V + s\partial_s V) + \omega(-\alpha s\partial_s V + s\partial_s V + s^2\partial_{ss} V) \\
&= \omega(\alpha^2 V + (1-2\alpha)s\partial_s V + s^2\partial_{ss} V) \\
&= \alpha^2 f + (1-2\alpha)(\partial_x f + \alpha f) + \omega s^2\partial_{ss} V \\
&\Rightarrow s^2\partial_{ss} V = \frac{1}{\omega}\big(\partial_{xx} f + (2\alpha-1)\partial_x f + \alpha(\alpha-1)f\big)\,.
\end{aligned}$$

Setzen wir die gefundenen Ausdrücke für $\partial_t V$, $s\partial_s V$ und $s^2\partial_{ss} V$ in die Black-Scholes Gleichung (3.8) ein, erhalten wir

$$\begin{aligned}
&\underbrace{\frac{\sigma^2}{2\omega}(-\partial_\tau f - \beta f)}_{=\partial_t V} + \frac{\sigma^2}{2}\underbrace{\frac{1}{\omega}\big(\partial_{xx} f + (2\alpha-1)\partial_x f + \alpha(\alpha-1)f\big)}_{=s^2\partial_{ss} V} \\
&\quad + (r-q)\underbrace{\frac{1}{\omega}(\partial_x f + \alpha f)}_{=s\partial_s V} - r\underbrace{\frac{1}{\omega}f}_{=V} = 0\,.
\end{aligned}$$

Wir multiplizieren mit $-\frac{2\omega}{\sigma^2}$ und ordnen geeignet

$$\begin{aligned}
&\partial_\tau f - \partial_{xx} f + \Big(1 - 2\alpha - \frac{2}{\sigma^2}(r-q)\Big)\partial_x f \\
&\quad + \Big(\beta - \alpha(\alpha-1) - \frac{2}{\sigma^2}(r-q)\alpha + \frac{2}{\sigma^2}r\Big)f = 0\,.
\end{aligned}$$

Somit erhalten wir die gewünschte Differentialgleichung für f, wenn α und β die Gleichungen

$$\begin{aligned}
1 - 2\alpha - \frac{2}{\sigma^2}(r-q) &= 0 \\
\beta - \alpha(\alpha-1) - \frac{2}{\sigma^2}(r-q)\alpha + \frac{2}{\sigma^2}r &= 0
\end{aligned}$$

lösen. Aus der ersten Gleichung folgt

$$\alpha = \frac{1}{2} - \frac{r-q}{\sigma^2}\,;$$

dies eingesetzt in die zweite Gleichung und diese aufgelöst nach β liefert

$$\beta = -\Big(\frac{1}{2} + \frac{r-q}{\sigma^2}\Big)^2 - \frac{2q}{\sigma^2}\,.$$

Die Funktion f_0 ergibt sich aus $f_0(x) = f(x,0) = e^{-\alpha x - \beta\cdot 0}V(s,T) = e^{-\alpha x}g(e^x)$.

ii) Für eine Call Option ist $g(s) = \max\{s - K, 0\}$ und daher $f_0(x) = e^{-\alpha x} \max\{e^x - K, 0\}$. Für die Funktion f ergibt sich nun

$$\begin{aligned}
f(x,\tau) &= \frac{1}{\sqrt{4\pi\tau}} \int_{\mathbb{R}} e^{-\frac{(x-y)^2}{4\tau}} f_0(y)\mathrm{d}y \\
&= \frac{1}{2\sqrt{\pi\tau}} \int_{\ln K}^{\infty} e^{-\frac{(x-y)^2}{4\tau}} e^{-\alpha y}(e^y - K)\mathrm{d}y \\
&= \frac{1}{2\sqrt{\pi\tau}} \int_{\ln K}^{\infty} e^{-\frac{(x-y)^2}{4\tau}+(1-\alpha)y}\mathrm{d}y - \frac{K}{2\sqrt{\pi\tau}} \int_{\ln K}^{\infty} e^{-\frac{(x-y)^2}{4\tau}-\alpha y}\mathrm{d}y \\
&=: \frac{1}{2\sqrt{\pi\tau}} I_{1-\alpha} - \frac{K}{2\sqrt{\pi\tau}} I_{-\alpha} ,
\end{aligned}$$

wobei wir für eine Zahl $\gamma \in \mathbb{R}$ das Integral

$$I_\gamma := \int_{\ln K}^{\infty} e^{-\frac{(x-y)^2}{4\tau}+\gamma y}\mathrm{d}y$$

verstehen. Darin müssen wir den Integranden geeignet umschreiben. Es ist (quadratische Ergänzung)

$$\begin{aligned}
-\frac{(x-y)^2}{4\tau} + \gamma y &= -\frac{x^2 - 2y(x + 2\tau\gamma) + y^2}{4\tau} \\
&= -\frac{\big(y - (x + 2\tau\gamma)\big)^2 - (x + 2\tau\gamma)^2 + x^2}{4\tau} \\
&= -\frac{\big(y - (x + 2\tau\gamma)\big)^2}{4\tau} + \gamma(x + \tau\gamma) .
\end{aligned}$$

Das Integral können wir daher mit der Substitution $z := \frac{y-(x+2\tau\gamma)}{\sqrt{2\tau}}$, $\mathrm{d}z = \frac{1}{\sqrt{2\tau}}\mathrm{d}y$ schreiben als

$$\begin{aligned}
I_\gamma &= e^{\gamma(x+\tau\gamma)} \int_{\ln K}^{\infty} e^{-\frac{(y-(x+2\tau\gamma))^2}{4\tau}}\mathrm{d}y \\
&= \sqrt{2\tau} e^{\gamma(x+\tau\gamma)} \int_{-d}^{\infty} e^{-z^2/2}\mathrm{d}z = 2\sqrt{\pi\tau} e^{\gamma(x+\tau\gamma)} \Phi_{0,1}(d) ,
\end{aligned}$$

mit $-d = \frac{\ln K - x - 2\tau\gamma}{\sqrt{2\tau}}$. Für die Funktion f ergibt sich nun

$$\begin{aligned} f(x,\tau) &= \frac{1}{2\sqrt{\pi\tau}} I_{1+\alpha} - \frac{K}{2\sqrt{\pi\tau}} I_{-\alpha} \\ &= e^{(1-\alpha)(x+\tau(1-\alpha))} \Phi_{0,1}\Big(\frac{-\ln K + x + 2\tau(1-\alpha)}{\sqrt{2\tau}}\Big) \\ &\quad - K e^{-\alpha(x-\tau\alpha)} \Phi_{0,1}\Big(\frac{-\ln K + x - 2\tau\alpha}{\sqrt{2\tau}}\Big) . \end{aligned}$$

Wir vereinfachen die Argumente in der Funktion $\Phi_{0,1}$. Aus $x = \ln s$, $2\tau = \sigma^2(T-t)$ und der Definition von α ergibt sich

$$\begin{aligned} \frac{-\ln K + x + 2\tau(1-\alpha)}{\sqrt{2\tau}} &= \frac{\ln\frac{s}{K} + \sigma^2(T-t)\big(\frac{1}{2} + \frac{r-q}{\sigma^2}\big)}{\sigma\sqrt{T-t}} \\ &= \frac{\ln\frac{s}{K} + (\sigma^2/2 + r - q)(T-t)}{\sigma\sqrt{T-t}} = d_1 \\ \frac{-\ln K + x - 2\tau\alpha}{\sqrt{2\tau}} &= \frac{\ln\frac{s}{K} - \sigma^2(T-t)\big(\frac{1}{2} - \frac{r-q}{\sigma^2}\big)}{\sigma\sqrt{T-t}} \\ &= \frac{\ln\frac{s}{K} + (-\sigma^2/2 + r - q)(T-t)}{\sigma\sqrt{T-t}} = d_2 . \end{aligned}$$

Somit ist

$$\begin{aligned} V(s,t) &= e^{\alpha x + \beta\tau} f(x,\tau) \\ &= e^{\alpha x + \beta\tau}\Big(e^{(1-\alpha)(x+\tau(1-\alpha))}\Phi_{0,1}(d_1) - K e^{-\alpha(x-\tau\alpha)}\Phi_{0,1}(d_2)\Big) \\ &= e^{x + ((1-\alpha)^2+\beta)\tau}\Phi_{0,1}(d_1) - K e^{(\alpha^2+\beta)\tau}\Phi_{0,1}(d_2) . \end{aligned}$$

Nun ist aber

$$\begin{aligned} ((1-\alpha)^2 + \beta)\tau &= \Big(\Big(1 - \frac{1}{2} + \frac{r-q}{\sigma^2}\Big)^2 - \Big(\frac{1}{2} + \frac{r-q}{\sigma^2}\Big)^2 - \frac{2q}{\sigma^2}\Big)\frac{\sigma^2}{2}(T-t) \\ &= -q(T-t) \\ (\alpha^2 + \beta)\tau &= \Big(\Big(\frac{1}{2} - \frac{r-q}{\sigma^2}\Big)^2 - \Big(\frac{1}{2} + \frac{r-q}{\sigma^2}\Big)^2 - \frac{2q}{\sigma^2}\Big)\frac{\sigma^2}{2}(T-t) \\ &= -r(T-t) , \end{aligned}$$

und es folgt schlussendlich mit $s = e^x$

$$\begin{aligned} V(s,t) &= e^{x + ((1-\alpha)^2+\beta)\tau}\Phi_{0,1}(d_1) - K e^{(\alpha^2+\beta)\tau}\Phi_{0,1}(d_2) \\ &= s e^{-q(T-t)}\Phi_{0,1}(d_1) - K e^{-r(T-t)}\Phi_{0,1}(d_2) . \end{aligned}$$

Das ist die Black-Scholes Formel. ◇

Aufgabe 3.3

i) Wir müssen eine partielle Differentialgleichung für die Funktion $u(x,t) := V(K^2/x,t)\frac{x}{K}$ finden, wobei $x = K^2/s$ respektive $s = K^2/x$ ist. Aus der Kettenregel folgt (wir lassen die Argumente der Einfachheit halber weg)

$$\begin{aligned}\partial_t u &= \partial_t V \frac{x}{K} \Rightarrow \partial_t V = \frac{K}{x}\partial_t u \\ \partial_x u &= -\frac{K^2}{x^2}\partial_s V \frac{x}{K} + V\frac{1}{K} \Rightarrow s\partial_s V = -K\partial_x u + \frac{K}{x}u \\ \partial_{xx} u &= \frac{K}{x^2}\partial_s V + \frac{K}{x}\partial_{ss} V \frac{K^2}{x^2} - \partial_s V \frac{K^2}{x^2}\frac{1}{K} \Rightarrow s^2\partial_s V = Kx\partial_{xx} u \,.\end{aligned}$$

Setzen wir die gefundenen Ausdrücke für $\partial_t V$, $s\partial_s V$ und $s^2\partial_{ss} V$ in die verallgemeinerte Black-Scholes Gleichung ein, erhalten wir (auch hier unterdrücken wir die Abhängigkeit von σ, r und q von s und t; es ist $\widetilde{\sigma} = \widetilde{\sigma}(x,t) = \sigma(K^2/x,t)$)

$$\begin{aligned}\partial_t V + \frac{1}{2}\widetilde{\sigma}^2 s^2 \partial_{ss} V + (r-q)s\partial_s V - rV &= 0 \\ \frac{K}{x}\partial_t u + \frac{1}{2}\widetilde{\sigma}^2 Kx\partial_{xx} u + (r-q)\Big(-K\partial_x u + \frac{K}{x}u\Big) - r\frac{K}{x}u &= 0 \\ \frac{K}{x}\partial_t u + \frac{1}{2}\widetilde{\sigma}^2 Kx\partial_{xx} u + (q-r)K\partial_x u - q\frac{K}{x}u &= 0\,.\end{aligned}$$

Wir multiplizieren die letzte Gleichung mit $\frac{x}{K}$; es ergibt sich wiederum eine verallgemeinerte Black-Scholes Gleichung für $u(x,t)$ mit den Rollen von r und q vertauscht

$$\partial_t u + \frac{1}{2}\widetilde{\sigma}^2 x^2 \partial_{xx} u + (q-r)x\partial_x u - qu = 0\,.$$

Aus der Endbedingung für V wird wegen $V(s,T) = \max\{s-K, 0\}$ eine Endbedingung für u

$$u(x,T) = V(K^2/x,T)\frac{x}{K} = \max\left\{\frac{K^2}{x} - K, 0\right\}\frac{x}{K} = \max\{K-x, 0\}\,;$$

dies ist jedoch gerade die Ausübungsfunktion für eine Put Option mit Strike K.

ii) Wie in Teilaufgabe i) gezeigt löst die Funktion $u(s,t) = V(K^2/s,t)\frac{s}{K}$ die verallgemeinerte Black-Scholes Gleichung für eine Put Option, jedoch mit der „neuen" Volatilitätsfunktion $\widetilde{\sigma}(s,t) := \sigma(K^2/s,t)$ sowie r und q vertauscht. Also entspricht u dem Wert eines Puts und es gilt die Symmetrie

$$V\big(s,t;T,K,\sigma,r,q,1\big) = V\big(K^2/s,t;T,K,\widetilde{\sigma},q,r,-1\big)\frac{s}{K}\,.$$

iii) Für die angegebenen Zahlenwerte $\sigma = 0.3$, $r = 0.01$, $q = 0.05$, $s = 110$, $K = 100$ sowie $T = 0.5$ muss

$$V\big(110, 0; 0.5, 100, 0.3, 0.01, 0.05, 1\big) \\ - V\big(100^2/110, 0; 0.5, 100, 0.3, 0.05, 0.01, -1\big)\frac{110}{100} = 0$$

gelten. Wir können dies numerisch bestätigen:

```
In [1]: from callput_bs_a import callput_bs_a
In [2]: s = 110; T = 0.5; K = 100; sigma = 0.3; r = 0.01; q = 0.05;
In [3]: display(callput_bs_a(s,K,T,sigma,r,q,1)-
   ...: callput_bs_a(K**2/s,K,T,sigma,q,r,-1)*s/K)
-8.881784197001252e-15
```

◇

Aufgabe 3.4

i) Wir müssen zeigen, dass

$$\phi(d_2) = e^{(r-q)(T-t)}\frac{s}{K}\phi(d_1)$$

gilt, mit

$$\phi(x) = \frac{1}{\sqrt{2\pi}}e^{-\frac{1}{2}x^2}$$

und

$$d_1 = \frac{1}{\sigma\sqrt{T-t}}\Big(\ln\big(\frac{s}{K}\big) + \big(r - q + \frac{\sigma^2}{2}\big)(T-t)\Big), \quad d_2 = d_1 - \sigma\sqrt{T-t}\,.$$

In der Tat ist

$$\phi(d_2) = \frac{1}{\sqrt{2\pi}}e^{-\frac{1}{2}d_2^2} = \frac{1}{\sqrt{2\pi}}e^{-\frac{1}{2}(d_1-\sigma\sqrt{T-t})^2} = \frac{1}{\sqrt{2\pi}}e^{-\frac{1}{2}(d_1^2-2d_1\sigma\sqrt{T-t}+\sigma^2(T-t))} \\ = \underbrace{\frac{1}{\sqrt{2\pi}}e^{-\frac{1}{2}d_1^2}}_{=\phi(d_1)} \cdot e^{d_1\sigma\sqrt{T-t}-\frac{1}{2}\sigma^2(T-t)}\;;$$

weil zusätzlich

$$d_1\sigma\sqrt{T-t} - \frac{1}{2}\sigma^2(T-t) = \ln\big(\frac{s}{K}\big) + \big(r - q + \frac{\sigma^2}{2}\big)(T-t) - \frac{1}{2}\sigma^2(T-t) \\ = \ln\big(\frac{s}{K}\big) + (r-q)(T-t)$$

ist, folgt

$$\begin{aligned}\phi(d_2) &= \phi(d_1)\cdot e^{d_1\sigma\sqrt{T-t}-\frac{1}{2}\sigma^2(T-t)} = \phi(d_1)\cdot e^{\ln(\frac{s}{K})+(r-q)(T-t)}\\ &= \phi(d_1)\cdot e^{\ln(\frac{s}{K})}\cdot e^{(r-q)(T-t)} = e^{(r-q)(T-t)}\frac{s}{K}\phi(d_1),\end{aligned}$$

was zu zeigen war.

ii) Wir bemerken, dass $d_2 = d_1 - \sigma\sqrt{T-t}$ ist, woraus die gewünschten Beziehungen zwischen den partiellen Ableitungen von d_1 und d_2 sofort folgen. ◇

Aufgabe 3.5

i) Nach Definition ist

$$\Phi_{0,1}(z) \overset{(1.10)}{=} \int_{-\infty}^{z} \phi(\xi)\mathrm{d}\xi = \frac{1}{2} + \int_{0}^{z} \phi(\xi)\mathrm{d}\xi \overset{(1.9)}{=} \frac{1}{2} + \frac{1}{\sqrt{2\pi}}\int_{0}^{z} e^{-\frac{1}{2}\xi^2}\mathrm{d}\xi\ .$$

Mit einer Taylorentwicklung $e^x \approx 1 + x + \frac{1}{2}x^2$ (vergleiche mit Tab. 3.1) erhalten wir für $x := -\frac{1}{2}\xi^2$

$$\begin{aligned}\Phi_{0,1}(z) &\approx \frac{1}{2} + \frac{1}{\sqrt{2\pi}}\int_{0}^{z}\left(1 - \frac{1}{2}\xi^2 + \frac{1}{8}\xi^4\right)\mathrm{d}\xi\\ &= \frac{1}{2} + \frac{1}{\sqrt{2\pi}}\left[\xi - \frac{1}{6}\xi^3 + \frac{1}{40}\xi^5\right]_{\xi=0}^{\xi=z}\\ &= \frac{1}{2} + \frac{z}{\sqrt{2\pi}}\left(1 - \frac{1}{6}z^2 + \frac{1}{40}z^4\right).\end{aligned}$$

ii) Das Delta $\partial_s V$ und den Preis V einer Call Option entnehmen wir aus der Tab. 3.2. Da $K = s$ und $r = q = 0$ ist, erhalten wir

$$L = \frac{\partial_s V}{V}s = \frac{\Phi_{0,1}(d_1)}{s\Phi_{0,1}(d_1) - s\Phi_{0,1}(d_2)}s = \frac{\Phi_{0,1}(d_1)}{\Phi_{0,1}(d_1) - \Phi_{0,1}(d_2)}\ .$$

Mit der Approximation (3.22) sowie mit $d_1 = \frac{1}{2}\sigma\sqrt{T}$ und $d_2 = -\frac{1}{2}\sigma\sqrt{T} = -d_1$ (siehe (1.7)) ergibt sich

$$\begin{aligned}L &= \frac{\Phi_{0,1}(d_1)}{\Phi_{0,1}(d_1) - \Phi_{0,1}(d_2)}\\ &\overset{(3.22)}{\approx} \frac{\frac{1}{2} + \frac{d_1}{\sqrt{2\pi}}\left(1 - \frac{1}{6}d_1^2 + \frac{1}{40}d_1^4\right)}{\frac{1}{2} + \frac{d_1}{\sqrt{2\pi}}\left(1 - \frac{1}{6}d_1^2 + \frac{1}{40}d_1^4\right) - \frac{1}{2} - \frac{d_2}{\sqrt{2\pi}}\left(1 - \frac{1}{6}d_2^2 + \frac{1}{40}d_2^4\right)}\end{aligned}$$

$$= \frac{\frac{1}{2} + \frac{d_1}{\sqrt{2\pi}}\left(1 - \frac{1}{6}d_1^2 + \frac{1}{40}d_1^4\right)}{2\frac{d_1}{\sqrt{2\pi}}\left(1 - \frac{1}{6}d_1^2 + \frac{1}{40}d_1^4\right)}$$
$$= \frac{\sqrt{2\pi}}{4d_1\left(1 - \frac{1}{6}d_1^2 + \frac{1}{40}d_1^4\right)} + \frac{1}{2}\,.$$

Für typische Werte von σ und T ist d_1 „klein“ und wir können in obiger Approximation die Potenzen d_1^2 sowie d_1^4 vernachlässigen. Daher erhalten wir

$$L \approx \frac{1}{2} + \frac{\sqrt{2\pi}}{4d_1} \overset{(d_1 = \frac{1}{2}\sigma\sqrt{T})}{=} \frac{1}{2}\left(1 + \frac{\sqrt{2\pi}}{\sigma\sqrt{T}}\right).$$

iii) Mit den gegebenen Zahlenwerten $\sigma = 0.4225$, $T = \frac{20}{360} = \frac{1}{18}$ ergibt sich L zu

$$L \approx \frac{1}{2}\left(1 + \frac{\sqrt{2\pi}}{\sigma\sqrt{T}}\right) = \frac{1}{2}\left(1 + \frac{\sqrt{2\pi}\sqrt{18}}{0.4225}\right) \doteq 13.09\,.$$

Dieser Wert stimmt sehr gut mit dem exakten $L = 13.18$ überein. ◇

C.4 Aufgaben im Kap. 4

Aufgabe 4.1 Wir wissen schon, dass u die Form $u(x) = c_1 e^{2x} + c_2 e^{-2x}$ hat. Wir setzen die Bedingungen in $u(x)$ ein

$$u(-1) = c_1 e^{-2} + c_2 e^2 = 1 \text{ und } u(1) = c_1 e^2 + c_2 e^{-2} = 1\,.$$

Die Lösung des linearen Gleichungssystems

$$\begin{cases} c_1 e^{-2} + c_2 e^2 = 1 \\ c_1 e^2 + c_2 e^{-2} = 1 \end{cases}$$

für die Bestimmung von c_1 und c_2 ist $c_1 = c_2 = \frac{1}{e^2 - e^{-2}}$. Somit ist

$$u(x) = \frac{e^{2x} + e^{-2x}}{e^2 - e^{-2}}$$

die eindeutige Lösung der Differentialgleichung. ◇

Aufgabe 4.2 Weil $a = 2$, $b = -9$, $c = 4$ und daher $D = b^2 - 4ac = 49 > 0$ ist, hat die Differentialgleichung $2u'' - 9u' + 4u = 0$ die Lösung

$$u(x) = c_1 e^{\lambda_1 x} + c_2 e^{\lambda_2 x} \quad \text{mit} \quad \lambda_{1,2} = \frac{9 \pm \sqrt{49}}{4}, \quad \text{also} \quad \lambda_1 = 4,\ \lambda_2 = \frac{1}{2}\,.$$

Wir setzen die Bedingungen in $u(x)$ ein

$$u(0) = c_1 e^{4 \cdot 0} + c_2 e^{\frac{1}{2} \cdot 0} = 1 \text{ und } u(1) = c_1 e^{4 \cdot 2} + c_2 e^{\frac{1}{2} \cdot 2} = 2\,.$$

Die Lösung des linearen Gleichungssystems

$$\begin{cases} c_1 \;\; + c_2 \; = 1 \\ c_1 e^8 + c_2 e = 2 \end{cases}$$

für die Bestimmung von c_1 und $c_2 =$ ist $c_1 = \frac{2-e}{e^8-e}$ sowie $c_2 = \frac{e^8-2}{e^8-e}$. Somit ist

$$u(x) = \frac{2-e}{e^8-e} e^{4x} + \frac{e^8-2}{e^8-e} e^{\frac{1}{2}x}$$

die eindeutige Lösung der Differentialgleichung. ◇

Aufgabe 4.3 Wir betrachten die Differenz

$$f'(x) - \frac{f(x+h) - f(x-h)}{2h} \overset{(f(x)=\sqrt{x})}{=} \frac{1}{2\sqrt{x}} - \frac{\sqrt{x+h} - \sqrt{x-h}}{2h}$$

Für $x = 1$ ist diese Differenz gegeben durch

$$\frac{h - \sqrt{1+h} + \sqrt{1-h}}{2h}\,.$$

Die entsprechende Tabelle wird nun

h	1/4	1/8	1/16	1/32	1/64
$\frac{h - \sqrt{1+h} + \sqrt{1-h}}{2h}$	−0.0040172	−0.0009833	−0.0002446	−0.0000611	−0.0000153

Wir stellen fest, dass sich bei Halbierung von h die Differenz sich um den Faktor 4 verkleinert; somit nimmt die Differenz quadratisch oder in zweiter Ordnung in h ab, in Zeichen $f'(x) - \frac{f(x+h)-f(x-h)}{2h} = \mathcal{O}(h^2)$. ◇

Aufgabe 4.4 Das Delta $\Delta = \frac{\partial V}{\partial s}$ (aufgefasst als Funktion nur in s) kann mit Hilfe des zentralen Differenzenquotienten $\delta_h V(s)$ approximiert werden, das heisst

$$\frac{\partial V}{\partial s}(s, 0; T, K, \sigma, r, q, \omega) \approx \frac{V(s+h, 0; T, K, \sigma, r, q, \omega) - V(s-h, 0; T, K, \sigma, r, q, \omega)}{2h} .$$

Für die gegebenen Werte $T = 1$, $K = 100$, $s = 100$, $\sigma = 0.3$, $r = 0.05$, $q = 0$ und $\omega = -1$ sowie einem gewählten $h = 1$ ergibt sich in Python

```
In [1]: from callput_bs_a import callput_bs_a
In [2]: V = lambda s:callput_bs_a(s=s,K=100,T=1,sigma=0.3,r=0.05,q=0,omega=-1)
In [3]: s = 100; h = 1;
In [4]: delta = (V(s+h)-V(s-h))/(2*h); delta
Out[4]: -0.3757915943482182
```

Für $h = \frac{1}{2}$ ergibt sich analog

```
In [5]: h = 0.5;
In [6]: delta = (V(s+h)-V(s-h))/(2*h); delta
Out[6]: -0.3757591041668604
```

Die ersten 4 Nachkommastellen stimmen überein, somit ist das $\Delta \doteq -0.376$. ◇

Aufgabe 4.5 Das Vomma $\frac{\partial^2 V}{\partial \sigma^2}$ (aufgefasst als Funktion nur in σ) kann mit Hilfe des zentralen Differenzenquotienten $\delta_h^2 V(\sigma)$ approximiert werden, das heisst

$$\frac{\partial^2 V}{\partial \sigma^2}(s, 0; T, K, \sigma, r, q, \omega)$$
$$\approx \frac{V(s, 0; T, K, \sigma - h, r, q, \omega) - 2V(s, 0; T, K, \sigma, r, q, \omega) + V(s, 0; T, K, \sigma + h, r, q, \omega)}{h^2} .$$

Für die gegebenen Werte $T = 1$, $K = 100$, $s = 100$, $\sigma = 0.3$, $r = 0.05$ und $q = 0$ sowie einem gewählten $h = \frac{1}{10}$ ergibt sich in Python (vergleiche mit der Lösung zur Aufgabe 4.4)

```
In [7]: V = lambda x:callput_bs_a(s=100,K=100,T=1,sigma=x,r=0.05,q=0,omega=-1)
In [8]: sigma = 0.3; h = 0.1;
In [9]: vomma = (V(sigma-h)-2*V(sigma)+V(sigma+h))/h**2; vomma
Out[9]: 1.1025450430594217
```

Für $h = \frac{1}{100}$ ist `vomma = 0.6714090798709549`, für $h = \frac{1}{1000}$ ergibt sich `vomma = 0.667559746148072` und schlussendlich für $h = \frac{1}{10\,000}$

```
In [14]: h = 1/10000;
In [15]: vomma = (V(sigma-h)-2*V(sigma)+V(sigma+h))/h**2; vomma
Out[15]: 0.6675222152807692
```

Somit ist $\frac{\partial^2 V}{\partial \sigma^2} \doteq 0.668$. ◇

Aufgabe 4.6 Wir lösen die Differentialgleichung

$$\begin{cases} -\frac{1}{2}\sigma^2 u''(x) + (\frac{1}{2}\sigma^2 - r)u'(x) + ru(x) = e^{-\frac{1}{3}x} \\ u(0) = 0 \\ u(9) = 0 \end{cases} \tag{C.2}$$

approximativ.

i) In Python machen wir folgende Eingaben

```
In [1]: from ode_d import ode_d
In [2]: sigma = 0.3; r = 0.05;
In [3]: a = lambda x:-sigma**2/2*x**0; b = lambda x:(sigma**2/2-r)*x**0;
In [4]: c = lambda x:r*x**0;
In [5]: x,u = ode_d(a,b,c,0,0,0,9,lambda x:np.exp(-x/3),1024)
```

ii) Mit

```
In[6]: plt.plot(x,u)
```

ergibt sich Abb. C.4.

iii) Um die Konvergenzordnung zu bestimmen, wiederholen wir die obige Rechnung mit jeweils

$$N = 2^k, \quad k = 4, \ldots, 12$$

Gitterpunkten und bestimmen dann in jedem Durchgang den maximalen Fehler

$$e_N := \max_{i=1,\ldots,N} |u(x_i) - u_i| \,.$$

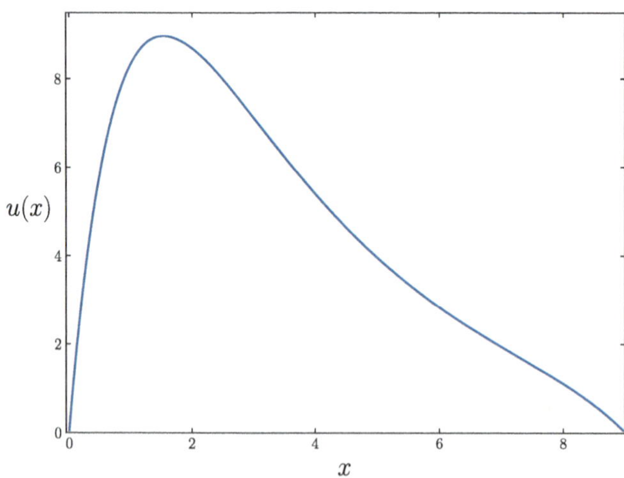

Abb. C.4 Approximierte Lösung $u(x)$ der Differentialgleichung (C.2)

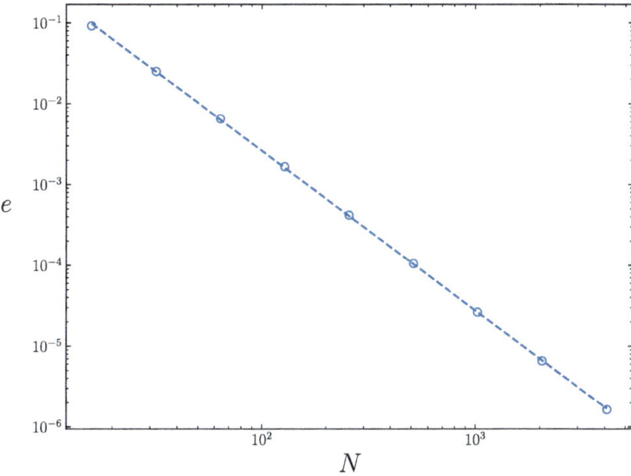

Abb. C.5 Die Konvergenzordnung ist 2, da der maximale Fehler e_N bei Verdoppelung von N um den Faktor 4 kleiner wird

Dazu müssen wir zunächst die exakte Lösung $u(x)$ definieren.

```
In[7]: exp = np.exp;
In[8]: c1 = (exp(-3)-exp(9))/(exp(9)-exp(-10));
In[9]: c2 = (exp(-10)-exp(-3))/(exp(9)-exp(-10));
In[10]: uex = lambda x: 150/7*(exp(-x/3)+c1*exp(-10/9*x)+c2*exp(x));
In[11]: N = 2**np.arange(4,13); e = np.zeros(len(N))
In[12]: for j in range(len(N)):
    x, u = ode_d(a,b,c,0,0,0,9,lambda x:np.exp(-x/3),N[j])
    e[j] = np.max(np.abs(u-uex(x)))
```

Nun führen wir mit `polyfit` eine Regression für die „Daten" $(\ln(N), \ln(e_N))$ durch und zeichnen diese in Abb. C.5 auf.

```
In[13]: b = np.polyfit(np.log(N),np.log(e),1); display(b)
In[14]: plt.loglog(N,e,'--o',markerfacecolor='None')
```

◇

Aufgabe 4.7 Wir lösen die Differentialgleichung $x^2 J_\nu''(x) + x J_\nu'(x) + (x^2 - \nu^2) J_\nu(x) = 0$ mit $\nu = 1/2$ im Intervall $]x_l, x_r[=]0, 7\pi/2[$.

i) Die Funktionen a, b und c sind $a(x) = x^2$, $b(x) = x$ und $c(x) = x^2 - 1/4$; die Randbedingungen sind $u_l = 0$ und $u_r = -2/(\sqrt{7}\pi)$ (wir nennen die gesuchte Funktion $J_{1/2}(x)$ nun $u(x)$). Die Eingaben in Python sind somit, vergleiche mit Abb. C.6,

```
In[15]: a = lambda x:x**2; b = lambda x:x; c = lambda x:x**2-0.25
In[16]: x,u = ode_d(a,b,c,0,-2/(np.pi*np.sqrt(7)),0,7*np.pi/2,lambda x:0*x,10**3)
In[17]: plt.plot(x,u)
```

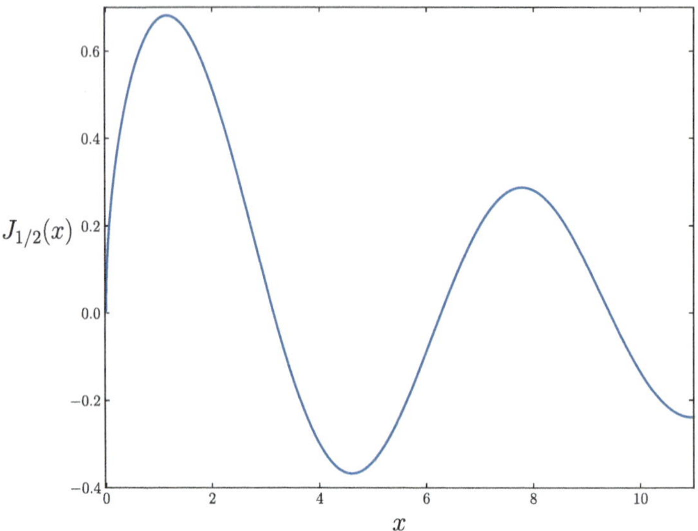

Abb. C.6 Graph der Besselfunktion $J_{1/2}(x)$

ii) Da wir $J_{1/2}(x)$ nicht kennen, können wir die Nullstellen $J_{1/2}(x) = 0$ nicht direkt berechnen (das Newton-Verfahren zum Beispiel benötigt Funktionswerte von $J_{1/2}(x)$ und $J'_{1/2}(x)$). Wir können die Nullstellen dadurch approximativ erhalten, indem wir im Graph „hineinzoomen". Wir lesen die Nullstellen $x_0 = 0$, $x_1 \doteq 3.14173$, $x_2 \doteq 6.28332$ und $x_3 \doteq 9.42492$ ab. Die Zahlen lassen vermuten, dass die Nullstellen Vielfachen von π entsprechen, also $x_k = \pi k$, $k = 0, 1, 2, \ldots$, und in der Tat ist es so. ◇

Aufgabe 4.8

i) Wenden wir die Differenzenquotienten δ_h und δ_h^2 an der Stelle x_i an auf die Funktionen $b(x)u(x)$ respektive $a(x)u(x)$, so erhalten wir

$$\begin{aligned}&\big(a(x_i)u(x_i)\big)'' + \big(b(x_i)u(x_i)\big)' + c(x_i)u(x_i)\\ &\approx \frac{a(x_i-h)u(x_i-h) - 2a(x_i)u(x_i) + a(x_i+h)u(x_i+h)}{h^2}\\ &\quad + \frac{-b(x_i-h)u(x_i-h) + b(x_i+h)u(x_i+h)}{2h} + c(x_i)u(x_i)\;.\end{aligned}$$

Wir gehen wiederum von einem äquidistanten Gitter aus und ersetzen die unbekannten Funktionswerte $u(x_i)$ durch berechenbare Approximationen u_i. Weiter setzen wir der einfacheren Notation halber $a(x_i) =: a_i$, $b(x_i) =: b_i$ sowie $c(x_i) =: c_i$. Es ergibt sich

$$\begin{aligned}&\big(a(x_i)u(x_i)\big)'' + \big(b(x_i)u(x_i)\big)' + c(x_i)u(x_i)\\ &\approx \frac{a_{i-1}u_{i-1} - 2a_iu_i + a_{i+1}u_{i+1}}{h^2} + \frac{-b_{i-1}u_{i-1} + b_{i+1}u_{i+1}}{2h} + c_iu_i\;.\end{aligned}$$

Führen wir die Approximation durch für alle Gitterpunkte x_i, $i = 1, \ldots, N$ und verwenden wir noch Nullrandbedingungen $u_0 = u_{N+1} = 0$, so ergibt sich

$$\begin{pmatrix} -\frac{2a_1}{h^2} + c_1 & \frac{a_2}{h^2} + \frac{b_2}{2h} & & & \\ \frac{a_1}{h^2} - \frac{b_1}{2h} & -\frac{2a_2}{h^2} + c_2 & \frac{a_3}{h^2} + \frac{b_3}{2h} & & \\ & \frac{a_2}{h^2} - \frac{b_2}{2h} & -\frac{2a_3}{h^2} + c_3 & \frac{a_4}{h^2} + \frac{b_4}{2h} & \\ & & & \ddots & \\ & & & \frac{a_{N-1}}{h^2} - \frac{b_{N-1}}{2h} & -\frac{2a_N}{h^2} + c_N \end{pmatrix} \begin{pmatrix} u_1 \\ u_2 \\ u_3 \\ \vdots \\ u_N \end{pmatrix} =: \mathbf{Au} \, .$$

Die Matrix $\mathbf{A}$ kann mit (4.22) und (4.23) offenbar als

$$\mathbf{A} = \mathbf{M}_a^{(2),\mathrm{v}} + \mathbf{M}_b^{(1),\mathrm{v}} + \mathbf{M}_c^{(0)}$$

geschrieben werden.

ii) Wir müssen die Nebendiagonalelemente geeignet verschieben; es ergibt sich die Routine matrixgenerator_adj. ◇

Routine C.3: matrixgenerator_adj.py

```
import numpy as np
from scipy.sparse import spdiags

def matrixgenerator_adj(liste,xl,xr,N):

    h = (xr-xl)/(N+1); x = np.linspace(xl,xr,N+2);
    U = [None]*len(liste)*2; count = 0; d = [-1,0,1]

    # Die Matrizen Mjk
    for j in range(0,len(liste)):
        count =count+1; v = liste[j]; y = v[1]
        if v[0]=="M2":
            U1 = 1/h**2*spdiags([y(x[1:N+1]),-2*y(x[1:N+1]),y(x[1:N+1])],d,N,N)
            U[j] = U1
        elif v[0]=="M1":
            U1 = 1/(2*h)*spdiags([-y(x[1:N+1]),np.zeros(N),y(x[1:N+1])],d,N,N)
            U[j] = U1
        else:
            U1 = spdiags(y(x[1:N+1]),[0],N,N); U[j] = U1

    return U
```

C.5 Aufgaben im Kap. 5

Aufgabe 5.1 Wir überprüfen, dass die Funktion $w(t) = e^{-At}g$ die Differentialgleichung $w'(t) + Aw(t) = 0$ und die Anfangsbedingung $w(0) = g$ erfüllt. Letzteres ist klar, da

$$w(0) = e^{-A \cdot 0}g = g \, .$$

Weiter ist wegen $w'(t) = -Ae^{-At}g$ in der Tat

$$w'(t) + Aw(t) = -Ae^{-At}g + Ae^{-At}g = 0$$

und wir sind fertig. ◇

Aufgabe 5.2 Ist $1 - kA > 0$, so haben wir mit $A > 0$

$$|1 - kA| < 1 \Leftrightarrow 1 - kA < 1 \Leftrightarrow -kA < 0 \overset{(A>0)}{\Leftrightarrow} k > 0 .$$

Ist jedoch $1 - kA < 0$, so gilt

$$|1 - kA| < 1 \Leftrightarrow -1 + kA < 1 \Leftrightarrow kA < 2 \overset{(A>0)}{\Leftrightarrow} k < \frac{2}{A} ,$$

was zu zeigen ist. ◇

Aufgabe 5.3 Wir gehen gleich vor wie bei der Lösung zur Aufgabe 5.2. Ist $1 + kA > 0$, so haben wir mit $A > 0$

$$\frac{1}{|1 + kA|} < 1 \Leftrightarrow \frac{1}{1 + kA} < 1 \Leftrightarrow 0 < kA \overset{(A>0)}{\Leftrightarrow} 0 < k .$$

Der Fall $1 + kA < 0$ kann nicht vorkommen, da k als auch A positiv ist. ◇

Aufgabe 5.4 Wir vereinfachen zunächst den zu untersuchenden Wachstumsfaktor

$$\frac{1 - k(1-\theta)A}{1 + k\theta A} = \frac{1 + k\theta A - kA}{1 + k\theta A} = 1 - \frac{kA}{1 + k\theta A} = 1 - \frac{k}{\frac{1}{A} + k\theta} .$$

Ist nun $1 - \frac{k}{A^{-1}+k\theta} > 0$, so haben wir

$$\left|1 - \frac{k}{\frac{1}{A} + k\theta}\right| < 1 \Leftrightarrow 1 - \frac{k}{\frac{1}{A} + k\theta} < 1 \Leftrightarrow -\frac{k}{\frac{1}{A} + k\theta} < 0 ;$$

was – weil $k, A > 0$ und $k\theta \geq 0$ ist – eine wahre Aussage darstellt. Ist hingegen $1 - \frac{k}{A^{-1}+k\theta} < 0$, so haben wir

$$\left|1 - \frac{k}{\frac{1}{A} + k\theta}\right| < 1 \Leftrightarrow -1 + \frac{k}{\frac{1}{A} + k\theta} < 1 \Leftrightarrow \frac{k}{\frac{1}{A} + k\theta} < 2 \Leftrightarrow k < \frac{2}{A} + 2k\theta$$
$$\Leftrightarrow k(1 - 2\theta) < \frac{2}{A} ;$$

das ist die gewünschte Bedingung. Ist nun $\theta \in [\frac{1}{2}, 1]$, so ist $k(1-2\theta) \leq 0$ und die Ungleichung bedingungslos erfüllt. Ist $\theta \in [0, \frac{1}{2}[$, so muss der Zeitschritt k die Stabilitätsbedingung

$$k < \frac{2}{(1-2\theta)A}$$

erfüllen, damit das θ-Verfahren stabil ist. ◇

Aufgabe 5.5 Die Stabilitätsbedingung (5.39) lautet mit $a = -\frac{1}{2}\sigma^2$, $c = r$ und $\theta = 0$

$$k < \frac{1}{\sigma^2/h^2 + r/2} \Leftrightarrow \frac{T}{M} < \frac{1}{\sigma^2(N+1)^2/(x_r - x_l)^2 + r/2};$$

somit muss M die Bedingung

$$M > T\left(\frac{\sigma^2}{(x_r - x_l)^2}(N+1)^2 + \frac{r}{2}\right) = \frac{0.3^2}{7^2}1001^2 + 0.01 \doteq 1840.4$$

erfüllen, damit das Verfahren stabil ist. Somit können wir in diesem Beispiel sinnvolle Optionspreise erst für eine Anzahl Zeitschritte von $M > 1841$ erwarten. In der Tat ist für $M = 1830, 1836$ diese Bedingung verletzt, wie wir an den Graphiken in Abb. C.7 auch gut erkennen können. (Beachten Sie, dass wir im Beispiel 5.1 mit $\theta = \frac{1}{2}$ gerechnet haben. In

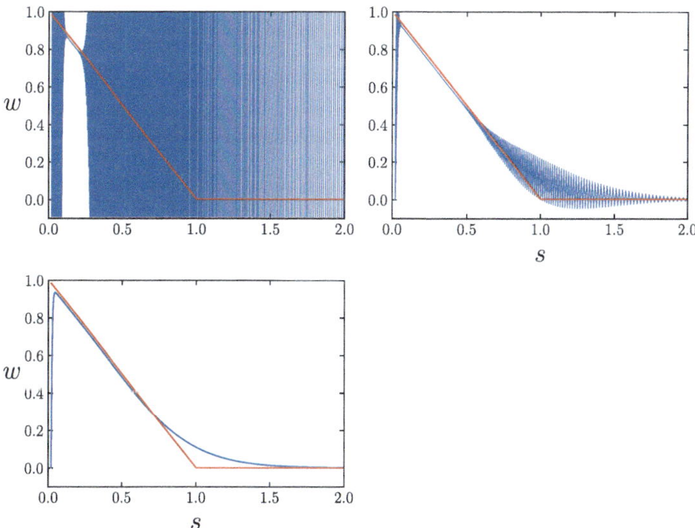

Abb. C.7 Explizites Euler-Verfahren ($\theta = 0$) mit $M = 1830$ (oben links), $M = 1836$ (oben rechts) und $M = 1845$ (unten links) Zeitschritten. Die Stabilitätsbedingung (5.39) ist in den ersten beiden Fällen verletzt; die entsprechenden Optionspreise sind sinnlos

diesem Fall ist das Verfahren, wie wir gesehen haben, bedingungslos stabil, und $M = 100$ Zeitschritte haben gereicht, um sinnvolle Optionspreise zu erhalten.)

```
In [4]: sigma = 0.3; r = 0.02;
In [5]: a = lambda x:-sigma**2/2*x**0; b = lambda x:(sigma**2/2-r)*x**0;
In [6]: c = lambda x:r*x**0; g = lambda x:np.maximum(1-np.exp(x),0);
In [7]: x,w = pde_1d_dh_theta(a,b,c,1,-4,3,g,1000,1830,0,0);
In [8]: plt.plot(np.exp(x),w,np.exp(x),g(x)); plt.axis([0,2,-0.1,1])
In [9]: x,w = pde_1d_dh_theta(a,b,c,1,-4,3,g,1000,1836,0,0);
In [10]: plt.plot(np.exp(x),w,np.exp(x),g(x)); plt.axis([0,2,-0.1,1])
In [11]: x,w = pde_1d_dh_theta(a,b,c,1,-4,3,g,1000,1845,0,0);
In [12]: plt.plot(np.exp(x),w,np.exp(x),g(x)); plt.axis([0,2,-0.1,1])
```
◇

Aufgabe 5.6 Für Aufgabe i) geben wir in Python ein

```
In [13]: n = conv_digitalput_bs(0.3,0.03,0,50,2,1,0.5,4,12,0.15,1,0,0)[0]
In [14]: n
Out[14]: -2.009157150740161
In [15]: tic = time.time()
    ...: e = conv_digitalput_bs(0.3,0.03,0,50,2,1,0.5,12,12,0.15,1,0,0)[2]
    ...: toc = time.time()
In [16]: toc-tic, e
Out[16]: (0.18933391571044922, array([2.01397963e-05]))
```

Wir erhalten die theoretische Konvergenzrate $n = 2$. Der Fehler für $N_{\max} = 2^{12} - 1$ Gitterpunkte und $M = \lceil \mu N_{\max}^p \rceil = 615$ Zeitschritte beträgt $\|\mathbf{e}_M\|_\infty = 2.01 \cdot 10^{-5}$; der Computer benötigt $t_{\text{CPU}} = 0.19$ Sekunden, um dieses Problem zu lösen. Für die anderen Fälle ii)–vi) gehen wir analog vor. Die so erhaltenen Resultate stellen wir in der Tab. C.1 dar, vergleiche auch mit Abb. C.8.

Im Fall i) (∘) ist – wie bereits bemerkt – die Konvergenzrate optimal $n = 2$, im Fall ii) (×) bricht die Konvergenz zusammen. Weil zu wenig Zeitschritte M verwendet werden, überwiegt schlussendlich der Diskretisierungsfehler bezüglich der Zeit t. Um Konvergenz zu erhalten, müsste M weiter erhöht werden. Im Fall iii) (□) konvergiert das Verfahren, allerdings mit suboptimaler Rate $n = 1$. Um die optimale Rate $n = 2$ zu erhalten, muss die Anzahl M der Zeitschritte *quadratisch* in der Anzahl N der Gitterpunkte wachsen, $M = \mathcal{O}(N^2)$, siehe Fall iv). In diesem (+) ist die Rate optimal $n = 2$; diese wird jedoch durch eine hohe Rechenzeit „erkauft“. Im Fall v) (⋄) ist zwar $M = \mathcal{O}(N^2)$, jedoch ist die für $\theta = 0$ notwendige CFL-Bedingung (5.39) nicht erfüllt; das Verfahren konvergiert nicht. Im Fall vi) (☆) ist die CFL-Bedingung erfüllt (wenigstens für die hier betrachteten Werte

Tab. C.1 Konvergenzraten und Rechenzeiten zur Aufgabe 5.6

Fall	i)	ii)	iii)	iv)	v)	vi)
n	2.01	1.49	1.03	1.98	−0.70	2.15
t_{CPU}	0.19	0.38	0.11	7.21	6.84	7.22
M	615	2000	123	50 308	47 180	50 308
$\|\mathbf{e}_M\|_\infty$	$2.01 \cdot 10^{-5}$	$5.80 \cdot 10^{-4}$	$9.10 \cdot 10^{-3}$	$4.31 \cdot 10^{-5}$	6.59	$1.13 \cdot 10^{-5}$

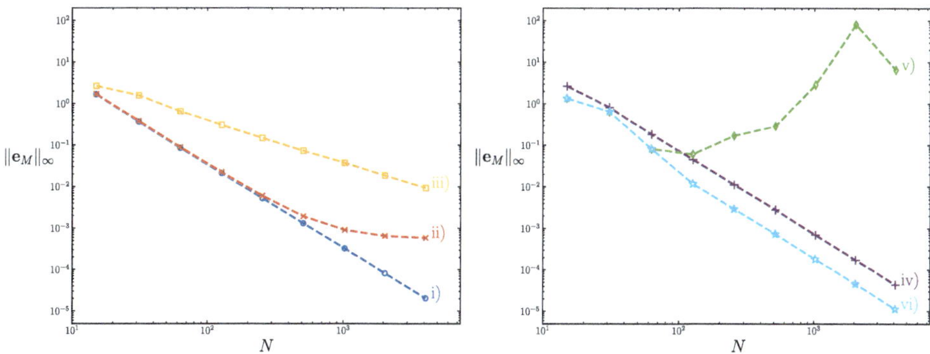

Abb. C.8 Konvergenz-Plot zu Aufgabe 5.6

von N). Weil das Verfahren explizit ist, ist die Rechenzeit im Vergleich zum impliziten Fall iv) kürzer. Im letzteren müssen $M = 50\,308$ Gleichungssysteme mit $N = 2^{12} - 1 = 4095$ Unbekannten gelöst werden. ◇

Aufgabe 5.7

i) Die Eingabe-Parameter sind s, B, K, T, σ, r und q. Es ergibt sich die Routine C.4 dop_bs_a.

Routine C.4: dop_bs_a.py

```
import numpy as np
import scipy.stats as ss

def Vc(s,X,Z,r,q,sigma,T):
    d1 = (np.log(s/Z)+(r-q+sigma**2/2)*T)/(sigma*np.sqrt(T))
    d2 = d1 - sigma*np.sqrt(T)
    return np.exp(-q*T)*s*ss.norm.cdf(d1)-X*np.exp(-r*T)*ss.norm.cdf(d2)

def dop_bs_a(s,B,K,T,sigma,r,q):
    '''Bestimmt den Preis eines Down-und-Out Puts zum Zeitpunkt t = 0 mit
    Barriere B < K. s ist der Basiswert, T die Maturitaet und K der
    Ausuebungspreis. sigma ist die Volatilitaet, r der stetige Zinssatz, q
    die stetige Dividendenrendite.'''

    Y = (s/B)**2; F = (s/B)**(-1-2*(r-q)/(sigma**2))
    # down-and-out put
    V = Vc(s,K,K,r,q,sigma,T)-Vc(s,K,B,r,q,sigma,T) - \
        F*(Vc(s,K*Y,K*Y,r,q,sigma,T)-Vc(s,K*Y,B*Y,r,q,sigma,T))

        return V
```

ii) Die bereits bestehende Routine 5.2 conv_digitalput_bs muss nur an zwei Stellen abgeändert werden.

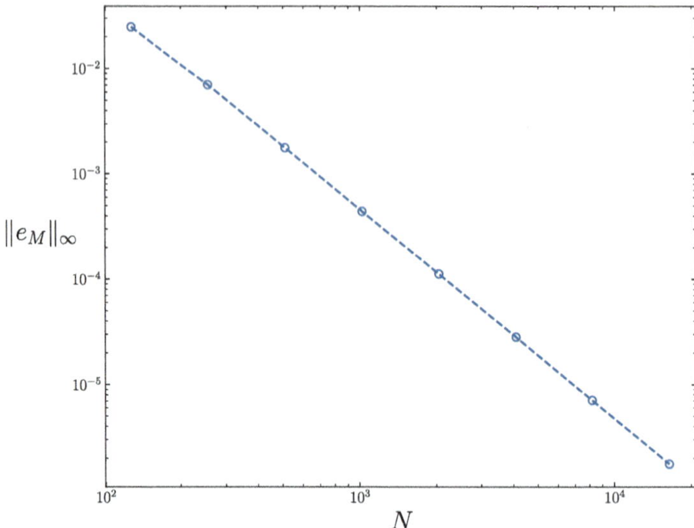

Abb. C.9 Die Konvergenzordnung des Finite-Differenzen-Verfahrens für die Bewertung eines Down-und-Out Puts ist – wie zu erwarten – $n = 2$

iii) Wir erhalten mit der Routine C.5 conv_dop_bs

```
In [17]: n,N,e = conv_dop_bs(0.2,0.05,0.02,100,1,np.log(80),6,0.5,7,14,0.05,1,2);
    ...: n
Out[17]: -1.9744255117942429
```

die Abb. C.9 sowie eine Konvergenzrate von $n \doteq 1.97$. ◇

Routine C.5: conv_dop_bs.py

```
import numpy as np
from pde_1d_dh_theta import pde_1d_dh_theta
from dop_bs_a import dop_bs_a
from scipy.linalg import norm

def conv_dop_bs(sigma,r,q,K,T,xl,xr,theta,Lmin,Lmax,mu,p,R):
    '''Bestimmt die Konvergenzordnung ||e|| = O(N^(-n)) des Rannacher-Ver-
    fahrens fuer eine Down-und-Out Put Option (mit Strike K und Maturitaet T).
    Es werden N = 2^L-1 Gitterpunkte und M = mu*N^p Zeitschritte verwendet,
    dabei ist Lmin <= L <= Lmax.'''

    # Ausuebungsfunktion definieren, Vektor mit Fehlern initialisieren
    g = lambda x: np.maximum(K-np.exp(x),0); e = np.zeros(Lmax-Lmin+1);

    # Koeffizienten der DGL definieren
    a = lambda x:-sigma**2/2*x**0; b = lambda x:(sigma**2/2-r+q)*x**0;
    c = lambda x:r*x**0;

    # Vektoren N, M definieren, Vektor mit Fehlern initialisieren
    N = 2**np.arange(Lmin,Lmax+1)-1; M = np.ceil(mu*N**p);
```

```
    e = np.zeros(len(N))

    # Loop ueber alle Anzahl Gitterpunkte
    for j in range(len(N)):
        # die approximierte Loesung
        x,w = pde_1d_dh_theta(a,b,c,T,xl,xr,g,N[j],np.int(M[j]),R,theta);
        wex = dop_bs_a(np.exp(x),np.exp(xl),K,T,sigma,r,q); # exakte Loesung

        # Nur diejenigen x betrachten, die exp(x)<=2*K erfuellen
        I = np.exp(x)<=2*K;

        # den maximalen Fehler bestimmen
        e[j] = norm(w[I]-wex[I],np.inf);

    # lineare Regression (um Konvergenzordung zu bestimmen)
    n = np.polyfit(np.log(N),np.log(e),1)[0]
    return n, N, e
```

Aufgabe 5.8 Wir müssen numerisch nachweisen, dass $1-h\sum_{i=0}^{N+1} w_{i,M}$ gegen $\mathbb{P}[S(T)=0] = 1 - F_{\mathrm{Ga}}(\xi/2;\alpha,1)$ konvergiert. Somit genügt es nachzuweisen, dass $h\sum_{i=0}^{N+1} w_{i,M}$ gegen $F_{\mathrm{Ga}}(\xi/2;\alpha,1)$ konvergiert.

```
In [18]: import scipy.stats as ss
In [19]: beta = -1.742752; delta = 6.925875e9; r = 0.00934; q = 0; x0 = 6248.2;
    ...: T = 93/360;
In [20]: a = lambda x:-delta**2/2*x**(2*beta); b = lambda x:(r-q)*x;
In [21]: L = np.arange(8,15); N = 2**L-1; M = np.ceil(0.2*N); v = np.zeros(len(L))
In [22]: for j in range(len(L)):
    ...:     x,w = pdeforward_1d_dh_theta(a,b,T,0,2*x0,x0,N[j],np.int(M[j]),0.5);
    ...:     v[j] = np.trapz(w,x)
In [23]: xi = 2*(r-q)*x0**(-2*(beta-1))/(delta**2*(beta-1)*(np.exp(2*(r-q)*(beta-1)
    ...: *T)-1));
In [24]: Vex = ss.gamma.cdf(xi/2,1/(2*np.abs(beta-1)),0,1);
In [25]: e = np.abs(Vex-v); e
Out[25]:
array([2.96242054e-05, 1.40625247e-05, 6.84537414e-06, 3.93025279e-08,
       1.67668998e-06, 8.35465908e-07, 4.17013550e-07])
```

Da sich der Fehler bei Verdoppelung der Anzahl Gitterpunkte N offenbar halbiert, liegt Konvergenz erster Ordnung vor. ◇

C.6 Aufgaben im Kap. 6

Aufgabe 6.1 Wir betrachten die Taylorentwicklungen

$$f(x-2h) = f(x) + (-2h)f'(x) + \frac{1}{2}(-2h)^2 f''(x) + \frac{1}{6}(-2h)^3 f'''(x) + \mathcal{O}(h^4)$$
$$f(x-h) = f(x) + (-h)f'(x) + \frac{1}{2}(-h)^2 f''(x) + \frac{1}{6}(-h)^3 f'''(x) + \mathcal{O}(h^4)\,.$$

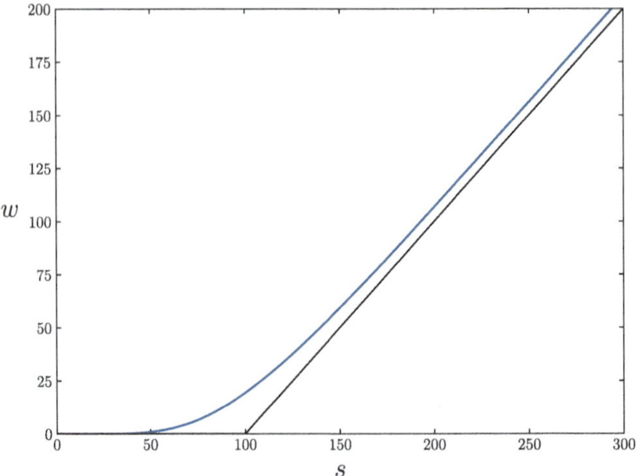

Abb. C.10 Preis einer Call Option mit korrekten Randbedingungen

Nun subtrahieren wir vom Vierfachen der zweiten Gleichung die erste und erhalten

$$4f(x-h) - f(x-2h) = 3f(x) - 2hf'(x) + \mathcal{O}(h^3) ;$$

auflösen nach $f'(x)$ liefert

$$f'(x) = \frac{f(x-2h) - 4f(x-h) + 3f(x)}{2h} + \mathcal{O}(h^2)$$

und wir sind fertig. ◇

Aufgabe 6.2 Die Eingaben in Python sind

```
In [2]: a = lambda x:-0.3**2/2*x**2; b = lambda x:-0.03*x;
   ...: c = lambda x:0.03*x**0;
   ...: g = lambda x: np.maximum(x-100,0); wl = lambda t:0*t;
   ...: wr = lambda t:np.exp(-0*t);
   ...: x,w = pde_1d_a_theta(a,b,c,2,0,wl,0,400,wr,1,g,1000,200,0,0.5);
In [3]: plt.plot(x,w,x,g(x),'k-'); plt.axis([0,300,0,200]);
```

Es ergibt sich die Abb. C.10. ◇

Aufgabe 6.3 Mit den Eingaben

```
In [4]: beta = -1.742752; delta = 6.925875e9; r = 0.00934; K = 6250; T = 93/360;
In [5]: a = lambda x:-delta**2/2*x**(2*beta); b = lambda x:-r*x;
   ...: c = lambda x: r*x**0;
```

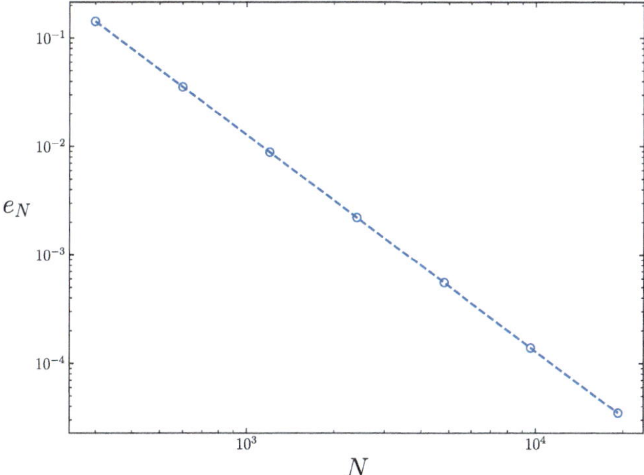

Abb. C.11 Put Option in CEV-Modell. Der approximative Wert der Option konvergiert quadratisch gegen den exakten Optionspreis $V(K,0) \doteq 334.4902482381267$, das heisst $e_N := |V(K,0) - w_{i,M}| = \mathcal{O}(N^{-2})$, die Steigung der (Regressions-)Geraden ist -2

```
In [6]: wl = lambda t:K*np.exp(-r*t); wr = lambda t:0*t;
   ...: g = lambda x:np.maximum(K-x,0);
In [7]: sr = 15000; N = 300*2**np.arange(0,7)-1; M = np.ceil(0.15*N);
In [8]: vex = 334.4902482381267; e = np.zeros(len(N));
In [9]: for j in range(len(N)):
   ...:     s,w = pde_1d_a_theta(a,b,c,T,0,wl,0,sr,wr,0,g,N[j],int(M[j]),0,0.5);
   ...:     e[j] = abs(w[s==K]-vex);
In [10]: e
Out[10]:
array([1.40899697e-01, 3.52108884e-02, 8.80198914e-03, 2.20054738e-03,
       5.50187266e-04, 1.37578693e-04, 3.44163522e-05])
In [11]: b = np.polyfit(np.log(N),np.log(e),1); b
Out[11]: array([-1.99848856,  9.43401091])
```

erhalten wir für den Fehler $e_N := |w_{i,M} - v(K,T)|$ den Konvergenzplot $(\ln(N); \ln(e_N))$ in Abb. C.11. ◇

Aufgabe 6.4 Wir schreiben die Routine zerobond_vasicek; Python liefert mit

```
In [12]: zerobond_vasicek(0.04,0.3,1.5,0.05,1)
Out[12]: array(0.96156005)
```

einen Bond Preis von $P \doteq 0.96156$ und die Zinskurven in Abb. C.12. Für $r_0 = 0.005$ ist die Zinskurve normal, für $r_0 = 0.06$ ist die Kurve invers und für $r_0 = 0.04$ nimmt die Zinskurve eine „humped" Gestalt an. ◇

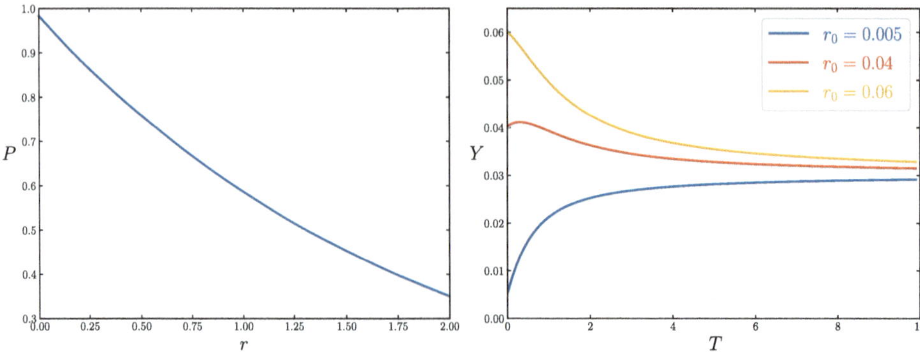

Abb. C.12 Links. Wert P eines Zero Coupon Bonds in Abhängigkeit des Zinssatzes r im Vasicek Modell. Rechts. Die entsprechenden Zinskurven für aktuelle Zinssätze $r_0 \in \{0.005, 0.04, 0.06\}$

Routine C.6: zerobond_vasicek.py

```
import matplotlib.pyplot as plt
from scipy.interpolate import interp1d
from pde_1d_a_theta import pde_1d_a_theta

def zerobond_vasicek(r0,sigma,lam,theta,T):
    a = lambda x:-sigma**2/2*x**0; b = lambda x:-lam*(theta-x);
    c = lambda x:x; g = lambda x:x**0; N = 2**10-1; M = int(np.ceil(0.1*N));
    wl = lambda t:0*t; wr = wl;

    # Aufgabe i)
    x,w = pde_1d_a_theta(a,b,c,T,0,wl,3,2,wr,3,g,N,M,0,0.5);
    P1 = interp1d(x,w,kind='cubic')(r0) # der Wert des Zero Bonds

    plt.figure(0), plt.plot(x,w)

    # Aufgabe ii)
    Tvec = np.arange(0.01,10.0,0.1); P = np.zeros((len(Tvec),3));
    for j in range(len(Tvec)):
        [x,w] = pde_1d_a_theta(a,b,c,Tvec[j],0,wl,3,2,wr,3,g,N,M,0,0.5);
        P[j,:] = interp1d(x,w,kind='cubic')([0.005,0.04,0.06]);

    # die Zinskurven
    Y = -np.log(P)/np.repeat(np.reshape(Tvec,(len(Tvec),1)),3,axis=1);

    plt.figure(1)
    plt.plot(Tvec,Y[:,0],'-',color=[0,0.447,0.741])
    plt.plot(Tvec,Y[:,1],'-',color=[0.850,0.325,0.098])
    plt.plot(Tvec,Y[:,2],'-',color=[0.929,0.694,0.125])
    plt.axis([0,10,0,0.065])

    return P1
```

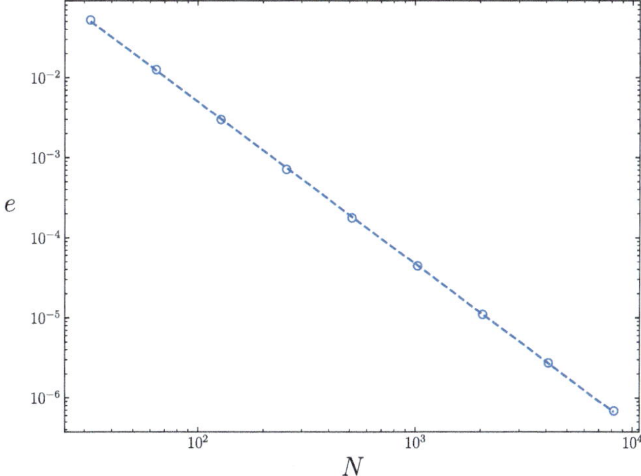

Abb. C.13 Es liegt quadratische Konvergenz vor

Aufgabe 6.5 Wir bestimmen den maximalen Fehler $\max_{s\in\{70,100,130\}}\{V(s,0) - w(s,0)\}$. In Python machen wir die folgenden Eingaben

```
In [13]: Tau = [0,0.5,1.5,2.5,3]; D = [3,3.5,4]; K = 100; nr = 2;
    ...: g = lambda x:np.maximum(x-K,0)
In [14]: V = [1.173900242,9.698923724,28.429761214]; s = [70,100,130];
In [15]: N = 2**np.arange(5,14); M = np.ceil(0.05*N); e = np.zeros(len(N));
In [16]: for j in range(len(N)):
    ...:     x,w = callput_bs_discretediv(0.2,0.005,Tau,D,g,4*K,nr,N[j],int(M[j]));
    ...:     e[j] = max(abs(V-interp1d(x,w,kind='cubic')(s)));
In [17]: e
Out[17]:
array([5.17354922e-02, 1.24703183e-02, 2.94573205e-03, 7.06503536e-04,
       1.75909667e-04, 4.38898368e-05, 1.09089858e-05, 2.71930562e-06,
       6.79896463e-07])
```

Eine Regression auf die „Daten“ $(\ln(N), \ln(e))$ bestätigt die quadratische Konvergenz.

```
In [18]: np.polyfit(np.log(N),np.log(e),1)
Out[18]: array([-2.02522508,  4.01730637])
```

Die Steigung der Regressionsgeraden ist -2, vergleiche auch mit Abb. C.13. ◇

Aufgabe 6.6 Für $n = 6$ machen wir in Python die Eingaben

```
In [19]: n = 6; B = 80; K = 100; T = 1;
In [20]: sigma = 0.25; r = 0; q = 0; s = np.arange(B+1,150.1,0.1);
In [21]: V = dop_bs_a(s,B*np.exp(-0.582597*sigma*np.sqrt(T/n)),K,T,sigma,r,q);
In [22]: Tau = np.linspace(0,T,n+1); g = lambda x: np.maximum(K-x,0);
In [23]: N = 2**14-1; M = int(np.ceil(0.5/n*N));
```

Tab. C.2 Der maximale relative Fehler e_n nach (6.55) der Approximation (6.29)

n	e_n	s
6	0.1110	93.1
12	0.0619	89.5
50	0.0395	81.0
252	0.0056	81.0

```
In [24]: Vex = barrierdiscrete_bs(s,K,B,T,Tau,g,'down',sigma,r,q,N,M);
In [25]: e = abs(Vex-V)/Vex;
In [26]: (max(e),s[e==max(e)][0])
Out[26]: (0.11104117225179974, 93.09999999999931)
```

Somit ist der maximale relative Fehler $e_6 \doteq 11.1\,\%$ und wird für $s = 93.1$ realisiert. Die entsprechenden Werte für $n = 12$ und $n = 252$ sind in der Tab. C.2 zu finden. Offenbar sind die relativen Fehler der Approximation (6.29) zumindest für Down-und-Out Put Optionen gross und wir müssen Broadie, Glasserman und Kou teilweise widersprechen.

In Abb. C.14 stellen wir für jedes n die Funktionen

$$s \mapsto V_n(s; B), \qquad s \mapsto V\left(s; Be^{-0.582597\sigma\sqrt{T/n}}\right) \tag{C.3}$$

graphisch dar. Wir erkennen, dass die Approximation (6.29) für kleine n und Down-und-Out Optionen nicht zufriedenstellende Preise liefert. Zum Vergleich ist zusätzlich der Wert einer Down-und-Out Put Option mit kontinuierlicher Barriere-Beobachtung (also $V_\infty(s; B)$; dies entspricht dem Wert wie in (5.47) gegeben) als Funktion in s dargestellt. ◇

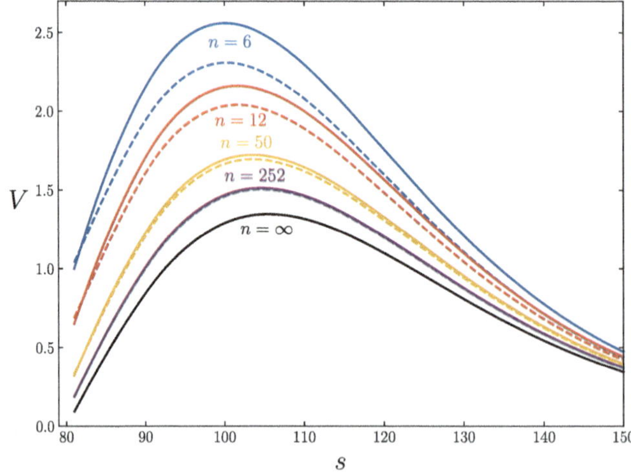

Abb. C.14 Graph der Funktionen (C.3) in Abhängigkeit der Anzahl Barriere-Beobachtungen n. Die durchgezogenen Linien entsprechen den approximativen Preisen, die gestrichelten Linien entsprechen den exakten

Aufgabe 6.7 Wir bestimmen jeweils den maximalen absoluten Fehler im Intervall $s \in [0, 3K[$. Die Eingaben in Python sind daher

```
In [27]: from scipy.linalg import norm
In [28]: from callput_bs_a import callput_bs_a
In [29]: a =lambda x:-(0.2+0.2*t)**2/2*x**2; b = lambda x,t:-(0.02-0.01*t)*x;
In [30]: c = lambda x,t:(0.02-0.01*t)*x**0; g = lambda x:np.maximum(10-x,0);
In [31]: a =lambda x,t:-(0.2+0.2*t)**2/2*x**2; b = lambda x,t:-(0.02-0.01*t)*x;
In [32]: wl = lambda t:0*t; wr = wl;
In [33]: N = 2**np.arange(8,15)-1; M = np.ceil(0.1*N); e = np.zeros(len(N));
In [34]: for j in range(len(N)):
    ...:     x,w = pdetime_1d_a_theta(a,b,c,0.5,0,wl,3,64,wr,0,g,N[j],int(M[j]),0,0.5);
    ...:     I = (x<30);  vex = callput_bs_a(x[I],10,0.5,np.sqrt(57)/30,7/400,0,-1);
    ...:     e[j] = norm(w[I]-vex,np.inf)
In [35]: e
Out[36]:
array([1.69700639e-03, 4.24765761e-04, 1.06085386e-04, 2.65123033e-05,
       6.62780872e-06, 1.65693550e-06, 4.14223447e-07])
```

Der Fehler $\|\mathbf{e}_M\|_\infty$ verkleinert sich bei Verdoppelung von N (und M) um den Faktor vier, wie eine Regression bestätigt.

```
In [37]: b = np.polyfit(np.log(N),np.log(e),1); display(b)
array([-1.99855092,  4.69830651])
```

Die Steigung der Regressionsgeraden auf die Daten $(\ln(N), \ln(\|\mathbf{e}_M\|_\infty))$ ist -2, es liegt also quadratische Konvergenz vor. ◇

Aufgabe 6.8 Wir müssen die Python-Eingaben vom Beispiel 6.10 nur an wenigen Stellen ändern; es ist insbesondere $s_l = B$, und wir wählen $x_r = 4K$.

```
In [39]: from scipy import interpolate
In [40]: beta = 0.25; s = np.arange(16,26,2); q = lambda t:0*t;
    ...: r = lambda t:0.05*t**0; T = 1; K = 20; B = 14;
In [41]: b = lambda x,t: -(r(T-t)-q(T-t))*x;
    ...: c = lambda x,t: r(T-t)*x**0;
In [42]: g = lambda x:np.maximum(K-x,0); wl = lambda t:0*t; wr = lambda t:0*t;
    ...: N = 2**10-1; M = int(np.ceil(0.1*N));
In [43]: V = np.zeros(len(s))
    ...: for j in range(len(s)):
    ...:     delta = lambda t:0.2*s[j]**(1-beta)*np.sqrt(1+np.exp(-100*(T-t-0.5)**2));
    ...:     a = lambda x,t: -0.5*delta(T-t)**2*x**(2*beta);
    ...:     x,w = pdetime_1d_a_theta(a,b,c,T,B,wl,0,4*K,wr,0,g,N,M,2,0.5);
    ...:     V[j] = interpolate.PchipInterpolator(x,w)(s[j])
In [44]: np.round(V,4)
Out[44]: array([0.7828, 0.8251, 0.6188, 0.4059, 0.251 ])
```

Es ergibt sich Tab. C.3. ◇

Tab. C.3 Preise von Down-und-Out Put Optionen im CEV Modell mit zeitabhängigen Koeffizienten. Die Werte in der Zeile „Lo" sind von [3]

s	16	18	20	22	24
FDM	0.7828	0.8251	0.6188	0.4059	0.2510
Lo	0.7827	0.8267	0.6200	0.4062	0.2514

Aufgabe 6.9 Die Eingaben in Python sind

```
In [38]: N = 2**np.arange(7,16)-1; M = np.ceil(0.05*N);
In [39]: e = np.zeros(len(N)); tj = np.arange(1,2);
In [40]: vex = callput_bs_a(100,100,1,0.17801,0.0367,0,1);
In [41]: for j in range(len(N)):
    ...:     w = asiancall_bs(100,0.17801,0.0367,0,1,tj,0,100,N[j],int(M[j]),0.5);
    ...:     e[j] = abs(w-vex)

In [42]: e
Out[42]:
array([6.78843245e-03, 6.42350517e-03, 9.95406387e-04, 3.27932341e-04,
       1.15508009e-05, 3.75731499e-06, 3.34321579e-06, 1.14096403e-06,
       2.10693692e-07])

In [43]: b = np.polyfit(np.log(N),np.log(e),1); display(b)
array([-2.00043753,  5.19342917])
```

Der Fehler e zwischen exaktem Wert aus der Black-Scholes Formel und dem approximativen aus der Routine 6.6 asiancall_bs nimmt nicht monoton ab, die Steigung der Regressionsgeraden auf die Daten $(\ln(N), \ln(e))$ ist jedoch -2 und es liegt quadratische Konvergenz vor. ◇

Aufgabe 6.10 Wir zeigen zuerst die Differentialgleichung (6.56) für das Gamma $\partial_{ss} V =: V_{ss}$. Dazu leiten wir die Gleichung (6.52) für das Delta $\partial_s V =: V_s$ nochmals nach s ab. Es ergibt sich

$$\partial_s \partial_t V_s + \frac{1}{2}\sigma^2 \partial_s\big(s^2 \partial_{ss} V_s\big) + (\sigma^2 + r - q)\partial_s\big(s\partial_s V_s\big) - q\partial_s V_s = 0$$

$$\partial_t \partial_s V_s + \frac{1}{2}\sigma^2 (2s\partial_{ss} V_s + s^2 \partial_{sss} V_s) + (\sigma^2 + r - q)(\partial_s V_s + s\partial_{ss} V_s) - q\partial_s V_s = 0\ .$$

Nun schreiben wir alle Ableitungen nach s mit Hilfe von V_{ss} und fassen zusammen

$$\partial_t V_{ss} + \frac{1}{2}\sigma^2 (2s\partial_s V_{ss} + s^2 \partial_{ss} V_{ss}) + (\sigma^2 + r - q)(V_{ss} + s\partial_s V_{ss}) - qV_{ss} = 0$$

$$\partial_t V_{ss} + \frac{1}{2}\sigma^2 s^2 \partial_{ss} V_{ss} + (2\sigma^2 + r - q)s\partial_s V_{ss} + (\sigma^2 + r - 2q)V_{ss} = 0\ .$$

Um die Differentialgleichung (6.52) für Delta zu lösen, schränken wir das Gebiet $G = \mathbb{R}^+$ ein zum Intervall $G^e =]0, 4K[$ und setzen an beiden Rändern homogene Neumann-Bedingungen, das heisst $\partial_s w(s_l, t) = \partial_s w(s_r, t) = 0$ (diese entnehmen wir der „Payoff"-Funktion $g_s(s)$); also insbesondere $n_l = n_r = 1$ in (6.1). Um die Differentialgleichung (6.56) für Gamma zu lösen, schränken wir das Gebiet $G = \mathbb{R}^+$ wiederum ein zum Intervall $G^e =]0, 4K[$ und setzen an beiden Rändern homogene Dirichlet-Bedingungen (diese entnehmen wir der „Payoff"-Funktion $g_{\text{bf}}(s)$); also insbesondere $n_l = n_r = 0$ in (6.1).

Tab. C.4 Fehler und Konvergenzraten n (letzte Zeile) für verschiedene Approximationen von Delta und Gamma im Black-Scholes Modell

N	$e_{\Delta,\mathrm{DQ}} = \mathcal{O}(N^{-n})$	$e_{\Gamma,\mathrm{DQ}} = \mathcal{O}(N^{-n})$	$e_{\Delta,\mathrm{PDE}} = \mathcal{O}(N^{-n})$	$e_{\Gamma,\mathrm{PDE}} = \mathcal{O}(N^{-n})$
31	0.01051174	0.00187561	0.14509046	0.00197524
63	0.00281389	0.00033543	0.06941920	0.00033727
127	0.00073037	0.00008276	0.03459523	0.00009602
255	0.00018473	0.00002054	0.01731765	0.00003178
511	0.00004616	0.00000513	0.00866955	0.00001893
1023	0.00001154	0.00000128	0.00433816	0.00002132
2047	0.00000289	0.00000032	0.00217005	0.00002227
4095	0.00000072	0.00000008	0.00108528	0.00002252
n	1.9703	2.0342	0.9995	0.8547

Wir realisieren alle Approximationen in der Routine conv_calldeltagamma_bs und erhalten die Tab. C.4 mit

```
In [44]: sigma = 0.25; r = 0.001; q = 0.03; K = 100; T = 0.5;
In [45]: e,n = conv_calldeltagamma_bs(sigma,r,q,K,T,5,12);
In [46]: e, n
Out[46]:
(array([[1.05117389e-02, 1.87561537e-03, 1.45090463e-01, 1.97523542e-03],
        [2.81389344e-03, 3.35429313e-04, 6.94192026e-02, 3.37268570e-04],
        [7.30365982e-04, 8.27556885e-05, 3.45952266e-02, 9.60235271e-05],
        [1.84734668e-04, 2.05357607e-05, 1.73176459e-02, 3.17827802e-05],
        [4.61583943e-05, 5.12791449e-06, 8.66955411e-03, 1.89276186e-05],
        [1.15406719e-05, 1.28213429e-06, 4.33816470e-03, 2.13176678e-05],
        [2.88523406e-06, 3.20519588e-07, 2.17005072e-03, 2.22740098e-05],
        [7.21271512e-07, 8.01129227e-08, 1.08527644e-03, 2.25152835e-05]]),
 array([-1.97028485, -2.03423831, -0.99954642, -0.85467054]))
```

In der Tab. C.4 bezeichnen wir mit $e_{\Delta,\cdot}$ den Fehler der Approximation für Delta und mit $e_{\Gamma,\cdot}$ den Fehler der Approximation für Gamma. Ebenso bezeichnet $e_{\cdot,\mathrm{DQ}}$ den Fehler der Approximation mit Hilfe der Differenzenquotienten (6.54) und $e_{\cdot,\mathrm{PDE}}$ den Fehler der Approximation via der partiellen Differentialgleichung (6.52) oder (6.56).

In der Tat konvergieren Delta und Gamma mit der maximalen Rate $n = 2$, wenn wir die Differenzenquotienten (6.54) verwenden, obwohl die dazu verwendeten Optionspreise $w_{i,M}$ selbst fehlerbehaftet sind. Lösen wir die Differentialgleichung (6.52) für Delta, bricht die Konvergenzordnung wie erwartet wegen des unstetigen Payoffs g_s auf $n = 1$ zusammen. Beachten Sie, dass die Approximation von Gamma als Lösung der Differentialgleichung (6.56) zwar durchaus gut ist, aber nicht konvergiert. Ab einer gewissen Anzahl von Gitterpunkten N reduziert sich der Fehler e trotz Erhöhung von N nicht mehr. Die Rate $n \doteq 0.85$ in Tab. C.4 ist ein numerisches Artefakt; in Tat und Wahrheit ist $n = 0$; dies, weil wir zur numerischen Lösung einen approximativen Payoff $g_{\mathrm{bf}} \approx g_{ss}$ verwenden (müssen). ◇

Routine C.7: conv_calldeltagamma_bs.py

```
import numpy as np
import scipy.stats as ss
from pde_1d_a_theta import pde_1d_a_theta

def conv_calldeltagamma_bs(sigma,r,q,K,T,Lmin,Lmax):

    L = np.arange(Lmin,Lmax+1); e = np.zeros((len(L),4));
    N = 2**L-1; M = np.ceil(0.15*N); theta = 0.5;

    a = lambda x:-sigma**2/2*x**2; b = lambda x:-(r-q)*x;
    c = lambda x: r*x**0;
    b1 = lambda x:-(sigma**2+r-q)*x; c1 = lambda x:q*x**0;
    b2 = lambda x:-(2*sigma**2+r-q)*x; c2 = lambda x:-(sigma**2-r-2*q)*x**0;

    g = lambda x:np.maximum(x-K,0); g1 = lambda x:(x>K);
    g2 = lambda x,h:(np.maximum(x-K+h,0)-2*np.maximum(x-K,0)\
                    +np.maximum(x-K-h,0))/h**2;
    wl = lambda t:0*t; wr = wl;

    for j in range(len(L)):
        # Preis Approximation via PDE
        s,w = pde_1d_a_theta(a,b,c,T,0,wl,0,4*K,wr,2,g,N[j],int(M[j]),0,theta);

        d1 = (np.log(s/K)+(r-q+sigma**2/2)*T)/(sigma*np.sqrt(T));
        Vd = np.exp(-q*T)*ss.norm.cdf(d1); # Delta exakt
        Vg = np.exp(-q*T)/(s*sigma*np.sqrt(T))*ss.norm.pdf(d1); # Gamma exakt

        h = s[1]-s[0];
        wd = (w[2:-1]-w[0:-3])/(2*h); # Delta via Diff.quotient
        wg = (w[0:-3]-2*w[1:-2]+w[2:-1])/h**2; # Gamma via Diff.quotient

        e[j,0] = max(abs(Vd[1:-2]-wd)); # Fehler Delta via Diff.quotient
        e[j,1] = max(abs(Vg[1:-2]-wg)); # Fehler Gamma via Diff.quotient

        # Delta Approximation via PDE
        s,wd = pde_1d_a_theta(a,b1,c1,T,0,wl,1,4*K,wr,1,g1,N[j],\
                              int(M[j]),0,theta);
        h = s[1]-s[0];
        # Gamma Approximation via PDE
        s,wg = pde_1d_a_theta(a,b2,c2,T,0,wl,0,4*K,wr,0,lambda x:g2(x,h),\
                              N[j],int(M[j]),0,theta);

        e[j,2] = max(abs(Vd-wd)); # Fehler Delta via PDE
        e[j,3] = max(abs(Vg-wg)); # Fehler Gamma via PDE

    n = np.zeros(4);
    for j in range(0,len(n)):
        b = np.polyfit(np.log(N),np.log(e[:,j]),1); n[j] = b[0];

    return e, n
```

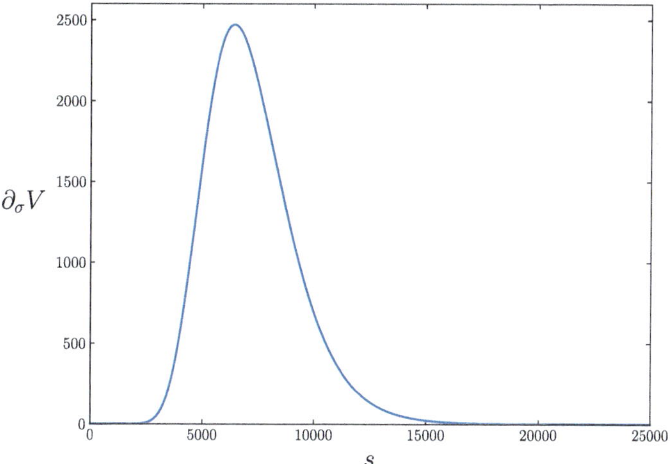

Abb. C.15 Approximiertes Vega $\partial_\sigma V$ für eine Put Option

Aufgabe 6.11 Das Black-Scholes Modell ist mit $\beta = 1$ ein Spezialfall des CEV Modells. Somit reicht es, der Routine 6.7 greeks_cev für β den Wert 1 zu übergeben. Der Modellparameter δ entspricht im Fall $\beta = 1$ der Volatilität σ. Somit übergeben wir der Routine für δ den Wert 0.2756. Der Vektor w_d, welcher die Routine ausgibt, enthält Vega an den Gitterpunkten $s_1, \ldots, s_N$ zum Zeitpunkt T. Der Vektor w_b enthält im allgemeinen Fall die Ableitung des Optionspreises nach dem Parameter β an den Gitterpunkten $s_1, \ldots, s_N$ zum Zeitpunkt T. Im Black-Scholes Fall hängt der Optionspreis aber gar nicht von β ab; die Ableitung ist uninteressant. Wir können daher den Vektor w_b ignorieren.

In Python machen wir folgende Eingaben.

```
In [47]: import scipy.stats as ss
In [48]: sig = 0.2756; r = 0.00943; q = 0; T = 1; K = 6250;
In [49]: g = lambda x:np.maximum(K-x,0);
In [50]: wl = lambda t:K*np.exp(-r*t); wr = lambda t:0*t;
In [51]: d1 = lambda x:1/(np.sqrt(T)*sig)*(np.log(x/K)+(r-q+sig**2/2)*T);
In [52]: vega = lambda x:x*np.sqrt(T)*ss.norm.pdf(d1(x));
In [53]: N = 2**np.arange(7,14)-1; M = np.ceil(0.2*N); e = np.zeros(len(N));
In [54]: for j in range(0,len(N)):
    ...:     s,w,w_b,w_d = greeks_cev([1,sig],r,q,T,g,0,wl,4*K,wr,N[j],\
    ...:      int(M[j]),0.5,1);
    ...:     I = s<=2*K; e[j] = max(abs(w_d[I]-vega(s[I])));
In [55]: e
Out[55]:
array([4.25665719e+00, 1.06227048e+00, 2.65317546e-01, 6.63326353e-02,
       1.65837823e-02, 4.14604404e-03, 1.03646791e-03])
```

Wir erkennen, dass der Fehler bei Verdoppelung von N um den Faktor 4 kleiner wird. Somit konvergiert nicht bloss der Optionspreis quadratisch, sondern auch die Ableitung des Optionspreises nach einem Modellparameter. In Abb. C.15 stellen wir das Vega in Abhängigkeit des Basiswertkurses s graphisch dar. ◇

C.7 Aufgaben im Kap. 7

Aufgabe 7.1 Wir setzen $\boldsymbol{\alpha} := \mathbf{w} - \mathbf{g}$ und müssen

$$\left.\begin{array}{r}\boldsymbol{\alpha} \geq \mathbf{0}\\ \boldsymbol{\lambda} \geq \mathbf{0}\\ \boldsymbol{\alpha}^\top \boldsymbol{\lambda} = 0\end{array}\right\} \Leftrightarrow \boldsymbol{\lambda} - \max\{\boldsymbol{\lambda} - c\boldsymbol{\alpha}, \mathbf{0}\} = \mathbf{0}$$

zeigen. Wir betrachten zuerst „$\Rightarrow$". Die dritte Gleichung lautet

$$\boldsymbol{\alpha}^\top \boldsymbol{\lambda} = \sum_{i=1}^{n} \alpha_i \lambda_i = 0 .$$

Da $\alpha_i, \lambda_i \geq 0$ ist, kann die obige Summe nur den Wert 0 annehmen, wenn es kein i gibt mit $\alpha_i > 0$ und $\lambda_i > 0$. Gäbe es nämlich ein solches i, so wäre der Summand $\alpha_i \lambda_i > 0$ und es müsste wenigstens einen anderen Summanden $\alpha_j \lambda_j$ mit $\alpha_j \lambda_j < 0$ geben. Dazu müsste jedoch entweder $\alpha_j < 0$ oder $\lambda_j < 0$ sein, was wegen $\alpha_i, \lambda_i \geq 0$ für alle i aber nicht möglich ist.

Wir machen nun eine Fallunterscheidung. Sei $\lambda_i = 0$. Die i-te Komponente im Vektor $\boldsymbol{\lambda} - \max\{\boldsymbol{\lambda} - c\boldsymbol{\alpha}, \mathbf{0}\}$ ist dann wegen $c\alpha_i \geq 0$

$$\lambda_i - \max\{\lambda_i - c\alpha_i, 0\} = 0 - \max\{0 - c\alpha_i, 0\} = 0 - 0 = 0 .$$

Sei nun $\lambda_i > 0$. Die Gleichung lautet nun, weil $\alpha_i = 0$ sein muss ($\alpha_i > 0$ ist wegen obiger Betrachtung nicht möglich)

$$\lambda_i - \max\{\lambda_i - c\alpha_i, 0\} = \lambda_i - \max\{\lambda_i, 0\} = \lambda_i - \lambda_i = 0 .$$

Somit gilt

$$\lambda_i - \max\{\lambda_i - c\alpha_i, 0\} = 0 \tag{C.4}$$

für jedes i.

Wir zeigen nun „$\Leftarrow$". Es gelte also (C.4) für jedes i. Wiederum machen wir eine Fallunterscheidung. Ist $\lambda_i - c\alpha_i \geq 0$, so folgt aus der Gleichung (C.4) $\alpha_i = 0$ und daraus aus der Voraussetzung $\lambda_i - c\alpha_i \geq 0$ zusätzlich $\lambda_i \geq 0$ (sowie $\alpha_i \lambda_i = 0$). Es sei nun $\lambda_i - c\alpha_i < 0$. Aus (C.4) folgt $\lambda_i = 0$ und daraus aus der Voraussetzung $\lambda_i - c\alpha_i < 0$ zusätzlich $\alpha_i > 0$ (sowie $\alpha_i \lambda_i = 0$). Somit ist in jedem Fall $\alpha_i \geq 0$, $\lambda_i \geq 0$ und $\alpha_i \lambda_i = 0$. Das sind die gewünschten Bedingungen und wir sind fertig. ◇

Aufgabe 7.2 Die Gleichung ist eine gewöhnliche homogene Differentialgleichung zweiter Ordnung mit konstanten Koeffizienten. Wir machen daher den Ansatz

$$v(x) = c_1 e^{\lambda_1 x} + c_2 e^{\lambda_2 x}$$

mit $\lambda_{1,2}$ die Lösungen der quadratischen Gleichung

$$\frac{1}{2}\sigma^2\lambda^2 + (r - \frac{1}{2}\sigma^2)\lambda - r = 0$$

also

$$\begin{aligned}\lambda_{1,2} &= \frac{\frac{1}{2}\sigma^2 - r \pm \sqrt{\left(r - \frac{1}{2}\sigma^2\right)^2 + 2\sigma^2 r}}{\sigma^2} \\ &= \frac{\sigma^2 - 2r \pm \sqrt{4r^2 + 4r\sigma^2 + \sigma^4}}{2\sigma^2} = \frac{\sigma^2 - 2r \pm (\sigma^2 + 2r)}{2\sigma^2} \\ &\Rightarrow \lambda_1 = 1, \quad \lambda_2 = -\frac{2r}{\sigma^2}\,.\end{aligned}$$

Somit ist

$$v(x) = c_1 e^x + c_2 e^{-\frac{2r}{\sigma^2}x}$$

und wir müssen noch die Konstanten $c_{1,2}$ bestimmen. Weil $2r/\sigma^2 > 0$ ist und der Put den Wert K nicht übersteigen kann, muss $c_1 = 0$ gelten. Wegen $v'(x) = -\frac{2r}{\sigma^2}c_2 e^{-\frac{2r}{\sigma^2}x}$ lösen die Konstante c_2 und der freie Rand x_b das System

$$\begin{cases} v(x_b) = c_2 e^{-\frac{2r}{\sigma^2}x_b} = K - e^{x_b} \\ v'(x_b) = -\dfrac{2r}{\sigma^2}c_2 e^{-\frac{2r}{\sigma^2}x_b} = -e^{x_b} \end{cases}.$$

Aus der ersten Gleichung folgt

$$c_2 = e^{\frac{2r}{\sigma^2}x_b}(K - e^{x_b})$$

und daher

$$v(x) = c_2 e^{-\frac{2r}{\sigma^2}x} = e^{\frac{2r}{\sigma^2}(x_b - x)}(K - e^{x_b})\,.$$

Aus der zweiten Gleichung folgt nun für x_b

$$c_2 e^{-\frac{2r}{\sigma^2}x_b} = \frac{\sigma^2}{2r}e^{x_b} \Rightarrow K - e^{x_b} = \frac{\sigma^2}{2r}e^{x_b} \Rightarrow e^{x_b} = \frac{K}{1 + \frac{\sigma^2}{2r}}$$

und wir sind fertig. ◇

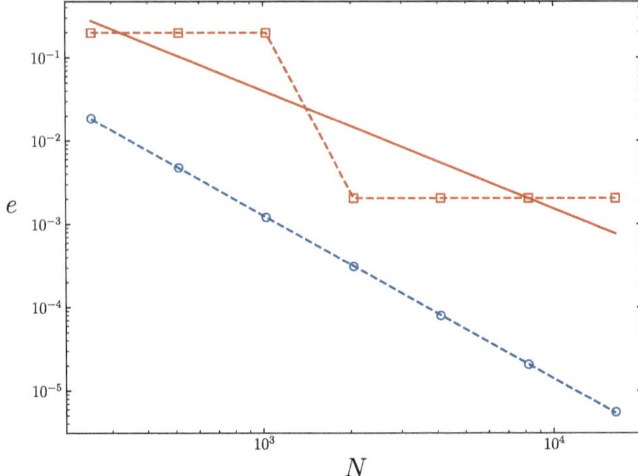

Abb. C.16 Konvergenz der Finite-Differenzen-Methode für eine Amerikanische Put Option mit endlicher Laufzeit. Preis (○), freier Rand (□)

Aufgabe 7.3 Wir wählen je $N = 2^L - 1$, $L = 5, \ldots, 14$, Gitterpunkte und $M = \lceil 0.5N \rceil$ Zeitschritte. Die Eingaben in Python sind daher

```
In [2]: from scipy.interpolate import interp1d
In [3]: Lmin = 8; Lmax = 14; N = 2**np.arange(Lmin,Lmax+1)-1;
   ...: M = np.ceil(0.5*N); e = np.zeros((len(N),2));
   ...: for j in range(len(N)):
   ...:     x,w,t,sb = americancallput_bs(0.15,0.05,0,100,0.25,-1,N[j],int(M[j]));
   ...:     e[j,0] = abs(interp1d(x,w)(100)-2.50460903);
   ...:     e[j,1] = abs(sb[-1]-90.822341);
In [4]: e
Out[4]:
array([[1.85847505e-02, 1.97341000e-01],
       [4.72484164e-03, 1.97341000e-01],
       [1.20279914e-03, 1.97341000e-01],
       [3.07234453e-04, 2.02850000e-03],
       [7.89285477e-05, 2.02850000e-03],
       [2.05086736e-05, 2.02850000e-03],
       [5.45263026e-06, 2.02850000e-03]])
In [5]: b1 = np.polyfit(np.log(N),np.log(e[:,0]),1); b1
Out[5]: array([-1.95661322,  6.84306347])
In [6]: b2 = np.polyfit(np.log(N),np.log(e[:,1]),1); b2
Out[6]: array([-1.41404261,  6.54135384])
```

Wir erhalten quadratische Konvergenz ($n \doteq -1.957$) für den Preis der Option und lineare Konvergenz ($n \doteq -1.414$) für den freien Rand, vergleiche mit Abb. C.16. ◇

Aufgabe 7.4

i) In der Routine 7.2 americancallput_bs ersetzen wir die Zeile

```
k = T/M; t = np.linspace(k,T,M);
```

durch

```
gamma = 5; t = (np.arange(0,M+1)/M)**gamma*T; k = np.diff(t)
```

Da nun die Matrizen $\mathbf{B} = \mathbf{I} + k_j\theta\mathbf{A}$ und $\mathbf{C} = \mathbf{I} - (1-\theta)k_j\mathbf{A}$ nicht mehr konstant sind, müssen wir diese innerhalb des `for`-Loop des θ-Verfahrens ausrechnen; via

```
B = I+k[j]*theta*A; C = I-(1-theta)*k[j]*A;
```

Die so abgeänderte Routine nennen wir americancallput_bs_tgs. Hier steht der Zusatz _tgs für „time grid stretching".

ii) In Python machen wir folgende Eingaben

```
In [7]: sigma = 0.2; K = 10; T = 0.5; omega = -1;
   ...: N = 2**14-1; M = int(np.ceil(0.05*N))
In [8]: x,w,t,sb = americancallput_bs_tgs(sigma,0.04,0.05,K,T,omega,N,M);
In [9]: sb[0:3]
Out[9]: array([9.73144531, 8.29589844, 8.02001953])
In [10]: x,w,t,sb = americancallput_bs_tgs(sigma,0.05,0.04,K,T,omega,N,M);
In [11]: sb[0:3]
Out[11]: array([9.99755859, 9.99755859, 9.99755859])
In [12]: t[0:4]
Out[12]: array([0.00000000e+00, 1.34865461e-15, 4.31569476e-14, 3.27723071e-13])
```

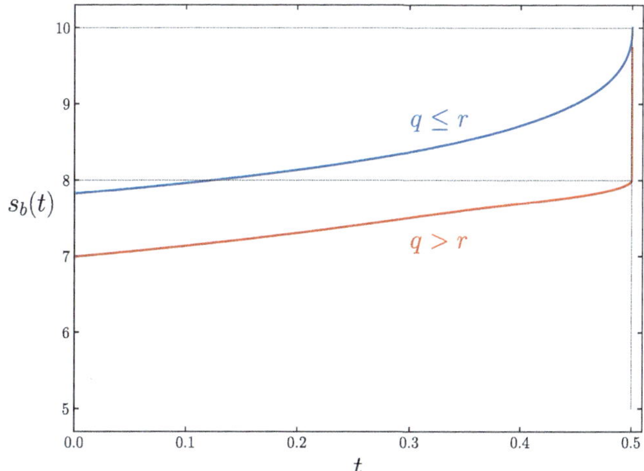

Abb. C.17 Abhängigkeit des freien Randes $s_b(t)$ einer Amerikanischen Put Option vom Verhältnis $\frac{r}{q}$

Für den Fall $q \leq r$ finden wir $s_b(T^-) \doteq 9.9976$; theoretisch ist $\lim_{t \to T^-} s_b(t) = K = 10$, vergleiche mit Abb. C.17. Für $q > r$ versucht die Finite-Differenzen-Methode, die Unstetigkeit aufzulösen. Theoretisch ist $\lim_{t \to T^-} s_b(t) = K\frac{r}{q} = 8$, aber $s_b(T) = K = 10$, während die Methode $s_b(T - 1.35 \cdot 10^{-15}) \doteq 9.7314$ und $s_b(T - 3.28 \cdot 10^{-13}) \doteq 8.0200$ liefert. ◇

Aufgabe 7.5 Wir wollen numerisch zeigen, dass der Fehler

$$e(s) := \left| V\big(s, 0; T, K, \sigma, r, q, 1\big) - V\big(K^2/s, 0; T, K, \sigma, q, r, -1\big)\frac{s}{K} \right|$$

Null ist; dazu berechnen wir zunächst Call- und Put-Preise mit Hilfe der Routine 7.4 bermudancallput_bs. Um die beiden Funktionen vergleichen zu können, brauchen wir nun die Preise des Put nicht in den Gitterpunkten $s_i > 0$, sondern in den „transformierten" Gitterpunkten K^2/s_i; dies können wir mit einer Interpolation `interp1d` erreichen. Der Fehler ist klarerweise nicht 0 und hängt von der Art der Interpolation ab. Mit einer quadratischen Interpolation erhalten wir das beste Resultat; e ist für diese nicht grösser als $10^{-6} \approx 0$, vergleiche mit Abb. C.18.

```
In [13]: from bermudancallput_bs import bermudancallput_bs
In [14]: Tau = np.hstack((np.linspace(0,1,13),1));
    ...: K = 100; sigma = 0.25; r = 0.01; q = 0.05;
    ...: N = 2**14-1; M = int(np.ceil(0.2*N));
    ...: s,Vc = bermudancallput_bs(sigma,r,q,Tau,K,1,N,M);
    ...: s,Vp = bermudancallput_bs(sigma,q,r,Tau,K,-1,N,M);
In [15]: e = Vc[1:]-interp1d(s[1:],Vp[1:],kind='quadratic',
    ...: bounds_error=False,fill_value='extrapolate')(K**2/s[1:])*s[1:]/K;
In [16]: plt.semilogy(s[1:],abs(e)); plt.axis([0,400,1e-13,1e-6]);
```
◇

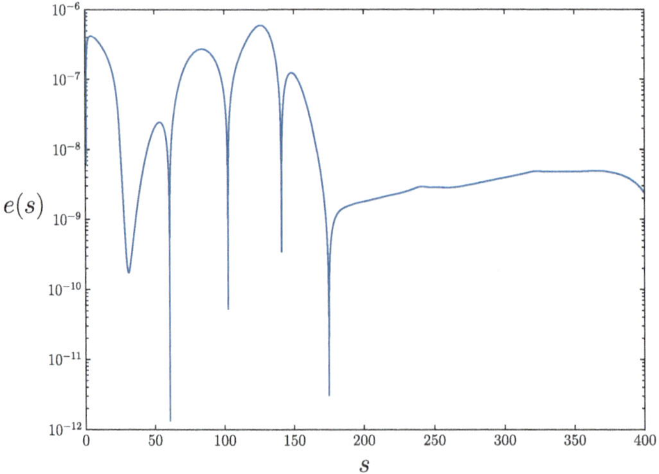

Abb. C.18 Numerischer Nachweis der Put-Call-Symmetrie für Bermuda Optionen

C.8 Aufgaben im Kap. 8

Aufgabe 8.1 Weil $g(Ke^y) = \max\{\omega(Ke^y - K), 0\} = K \max\{\omega(e^y - 1), 0\}$, haben wir

$$B_j(K, \omega) := K \underbrace{\int_a^b \max \omega(e^y - 1), 0 \cos\left(j\pi \frac{y-a}{b-a}\right) \mathrm{d}y}_{=:\widetilde{B}_j(\omega)} \ .$$

Da $a < 0$ und $b > 0$, gilt

$$\begin{aligned}
\widetilde{B}_j(1) &= \int_0^b (e^y - 1) \cos\left(j\pi \frac{y-a}{b-a}\right) \mathrm{d}y \\
&= \int_0^b e^y \cos\left(j\pi \frac{y-a}{b-a}\right) \mathrm{d}y - \int_0^b \cos\left(j\pi \frac{y-a}{b-a}\right) \mathrm{d}y \\
\widetilde{B}_j(-1) &= \int_a^0 (1 - e^y) \cos\left(j\pi \frac{y-a}{b-a}\right) \mathrm{d}y \\
&= \int_a^0 \cos\left(j\pi \frac{y-a}{b-a}\right) \mathrm{d}y - \int_a^0 e^y \cos\left(j\pi \frac{y-a}{b-a}\right) \mathrm{d}y
\end{aligned}$$

Definieren wir daher $\mathcal{I}_j(c, d)$ und $\mathcal{J}_j(c, d)$ als

$$\mathcal{I}_j(c, d) := \int_c^d e^x \cos\left(j\pi \frac{x-a}{b-a}\right) \mathrm{d}x, \quad \mathcal{J}_j(c, d) := \int_c^d \cos\left(j\pi \frac{x-a}{b-a}\right) \mathrm{d}x$$

so gilt

$$\begin{aligned}
\widetilde{B}_j(1) &= \mathcal{I}_j(0, b) - \mathcal{J}_j(0, b) \\
\widetilde{B}_j(-1) &= \mathcal{J}_j(a, 0) - \mathcal{I}_j(a, 0)
\end{aligned}$$

und es bleibt, die Integrale $\mathcal{I}_j(c, d)$ und $\mathcal{J}_j(c, d)$ zu bestimmen. Für $j = 0$ gilt trivialerweise

$$\mathcal{I}_0(c, d) = e^d - e^c, \quad \mathcal{J}_0(c, d) = d - c \ .$$

Für $j > 0$ haben wir

$$\mathcal{J}_j(c,d) = \int_c^d \cos\left(j\pi \frac{x-a}{b-a}\right)\mathrm{d}x$$
$$= \frac{b-a}{j\pi}\left(\sin\left(j\pi\frac{d-a}{b-a}\right) - \sin\left(j\pi\frac{c-a}{b-a}\right)\right);$$

die $\mathcal{I}_j(c,d)$ ergeben sich durch zweimalige partielle Integration

$$\mathcal{I}_j(c,d) = \int_c^d e^x \cos\left(j\pi\frac{x-a}{b-a}\right)\mathrm{d}x$$
$$= e^x \cos\left(j\pi\frac{x-a}{b-a}\right)\Big|_c^d + \frac{j\pi}{b-a}\int_c^d e^x \sin\left(j\pi\frac{x-a}{b-a}\right)\mathrm{d}x$$
$$= e^x \cos\left(j\pi\frac{x-a}{b-a}\right)\Big|_c^d$$
$$+ \frac{j\pi}{b-a}\left[e^x \sin\left(j\pi\frac{x-a}{b-a}\right)\Big|_c^d - \frac{j\pi}{b-a}\int_c^d e^x \cos\left(j\pi\frac{x-a}{b-a}\right)\mathrm{d}x\right].$$

Daher gilt

$$\mathcal{I}_j(c,d) = e^x \cos\left(j\pi\frac{x-a}{b-a}\right)\Big|_c^d + \frac{j\pi}{b-a}\left[e^x \sin\left(j\pi\frac{x-a}{b-a}\right)\Big|_c^d\right] - \left(\frac{j\pi}{b-a}\right)^2 \mathcal{I}_j(c,d)$$

oder, aufgelöst nach $\mathcal{I}_j(c,d)$

$$\mathcal{I}_j(c,d) = \frac{1}{1+(\frac{j\pi}{b-a})^2}\Bigg\{e^d \cos\left(j\pi\frac{d-a}{b-a}\right) - e^c \cos\left(j\pi\frac{c-a}{b-a}\right)$$
$$+ \frac{j\pi}{b-a}\left(e^d \sin\left(j\pi\frac{d-a}{b-a}\right) - e^c \sin\left(j\pi\frac{c-a}{b-a}\right)\right)\Bigg\}.$$

Das sind die gesuchten Formeln und wir sind fertig. ◇

Aufgabe 8.2

i) Wir leiten die Funktion $\beta = -u'/(qu)$ ab und setzen den erhaltenen Ausdruck in die Riccati-Gleichung ein. Es ist

$$\beta' = -\frac{u''u - u'^2}{qu^2}$$

und daher

$$\beta' = q\beta^2 + p\beta + n \Rightarrow -\frac{u''u - u'^2}{qu^2} = q\frac{u'^2}{q^2u^2} - p\frac{u'}{qu} + n \ .$$

Wir multiplizieren die Gleichung mit qu^2 und erhalten nach Division durch $u \neq 0$

$$-u''u + u'^2 = u'^2 - pu'u + nqu^2 \Rightarrow u'' - pu' + nqu = 0 \ .$$

ii) Die Differentialgleichung $u'' - pu' + nqu = 0$ hat nach Abschn. 4.1 die Lösung $u(x) = c_1 e^{\lambda_1 x} + c_2 e^{\lambda_2 x}$, mit $\lambda_{1,2}$ die Nullstellen der quadratischen Funktion $\lambda^2 - p\lambda + nq$,

$$\lambda_{1,2} = \frac{p \pm \sqrt{p^2 - 4nq}}{2} = \frac{p \pm c_1}{2}, \quad c_1 := \sqrt{p^2 - 4nq} \ .$$

Wegen $u' = c_1\lambda_1 e^{\lambda_1 x} + c_2\lambda_2 e^{\lambda_2 x}$ ergibt sich die Funktion β zu

$$\begin{aligned}
\beta(x) &= -\frac{u'(x)}{qu(x)} = -\frac{c_1\lambda_1 e^{\lambda_1 x} + c_2\lambda_2 e^{\lambda_2 x}}{q(c_1 e^{\lambda_1 x} + c_2 e^{\lambda_2 x})} = -\frac{1}{q}\frac{c_1\lambda_1 + c_2\lambda_2 e^{(\lambda_2-\lambda_1)x}}{c_1 + c_2 e^{(\lambda_2-\lambda_1)x}} \\
&= -\frac{1}{q}\frac{c_1\lambda_1 + c_2\lambda_2 e^{-c_1 x}}{c_1 + c_2 e^{-c_1 x}} ,
\end{aligned}$$

wo wir noch $\lambda_2 - \lambda_1 = -\sqrt{p^2 - 4nq} = -c_1$ verwendet haben. Aus der Anfangsbedingung $\beta(0) = b$ folgt die Gleichung

$$\beta(0) = -\frac{1}{q}\frac{c_1\lambda_1 + c_2\lambda_2}{c_1 + c_2} = b \ ;$$

diese auflösen nach zum Beispiel c_2 liefert $c_2 = -\frac{bq+\lambda_1}{bq+\lambda_2}c_1$. Wir setzen diesen Ausdruck in β ein und können anschliessend durch c_1 teilen.

$$\begin{aligned}
\beta(x) &= -\frac{1}{q}\frac{c_1\lambda_1 + c_2\lambda_2 e^{-c_1 x}}{c_1 + c_2 e^{-c_1 x}} \\
&= -\frac{1}{q}\frac{c_1\lambda_1 - \frac{bq+\lambda_1}{bq+\lambda_2}c_1\lambda_2 e^{-c_1 x}}{c_1 - \frac{bq+\lambda_1}{bq+\lambda_2}c_1 e^{-c_1 x}} \\
&= -\frac{1}{q}\frac{\lambda_1 - \frac{bq+\lambda_1}{bq+\lambda_2}\lambda_2 e^{-c_1 x}}{1 - \frac{bq+\lambda_1}{bq+\lambda_2}e^{-c_1 x}} \\
&= -\frac{\lambda_1}{q}\frac{1 - \frac{\lambda_2}{\lambda_1}\frac{bq+\lambda_1}{bq+\lambda_2}e^{-c_1 x}}{1 - \frac{bq+\lambda_1}{bq+\lambda_2}e^{-c_1 x}} \ .
\end{aligned}$$

Dies ist der gesuchte Ausdruck für β; darin müssen wir noch die Konstanten ausrechnen,

$$\begin{aligned}
c_2 &:= -\frac{\lambda_1}{q} = -\frac{p+c_1}{2q} \\
c_3 &:= \frac{bq+\lambda_1}{bq+\lambda_2} = \frac{bq+0.5(p+c_1)}{bq+0.5(p-c_1)} = \frac{2bq+p+c_1}{2bq+p-c_1} \\
c_4 &:= \frac{\lambda_2}{\lambda_1}\frac{bq+\lambda_1}{bq+\lambda_2} = \frac{\lambda_2 bq+\lambda_1\lambda_2}{\lambda_1 bq+\lambda_1\lambda_2} = \frac{\lambda_2 bq+nq}{\lambda_1 bq+nq} = \frac{\lambda_2 b+n}{\lambda_1 b+n} \\
&= \frac{0.5b(p-c_1)+n}{0.5b(p+c_1)+n} = \frac{b(p-c_1)+2n}{b(p+c_1)+2n} .
\end{aligned}$$

Hierin haben wir den Wurzelsatz von Vieta verwendet, $\lambda_1\lambda_2 = nq$.

iii) Es sei $b \neq c$. Im Integral

$$\mathcal{I}(x;a,b,c,d) := \int \frac{e^{d(a-x)}-1}{b(e^{d(a-x)}-1)+c}\mathrm{d}x$$

betrachten wir die Substitution $y := e^{d(a-x)}$; mit $\mathrm{d}y = -dy\mathrm{d}x$. Es folgt

$$\mathcal{I}(x;a,b,c,d) = -\frac{1}{d}\int \frac{y-1}{y(b(y-1)+c)}\mathrm{d}y .$$

Wir zerlegen den Integranden

$$\begin{aligned}
\frac{y-1}{y(b(y-1)+c)} &= \frac{u}{y} + \frac{v}{b(y-1)+c} \\
&= \frac{ub(y-1)+uc+vy}{y(b(y-1)+c)} = \frac{(ub+v)y+u(c-b)}{y(b(y-1)+c)} ;
\end{aligned}$$

wir wählen u und v so, dass $ub+v=1$ und $u(c-b)=-1$ ist. Da $b \neq c$ nach Voraussetzung, hat dieses Gleichungssystem die Lösung $u = \frac{1}{b-c}$ und $v = 1 - \frac{b}{b-c} = \frac{-c}{b-c}$. Somit haben wir folgende beiden Integrale, die leicht zu bestimmen sind

$$\begin{aligned}
\mathcal{I}(x;a,b,c,d) &= -\frac{1}{d}\int \frac{y-1}{y(b(y-1)+c)}\mathrm{d}y \\
&= -\frac{1}{d}\left[\frac{1}{b-c}\int \frac{1}{y}\mathrm{d}y + \frac{-c}{b-c}\int \frac{1}{b(y-1)+c}\mathrm{d}y\right] \\
&= -\frac{1}{d}\left[\frac{1}{b-c}\ln(y) + \frac{-c}{b(b-c)}\ln(b(y-1)+c)\right] \\
&= -\frac{1}{d}\frac{c}{b(b-c)}\left[\frac{b}{c}\ln(y) - \ln(b(y-1)+c)\right] \\
&= -\frac{1}{d}\frac{c}{b(b-c)}\ln\frac{y^{\frac{b}{c}}}{b(y-1)+c} .
\end{aligned}$$

Die Rücksubstitution $y = e^{d(a-x)}$ liefert das gewünschte Resultat für $b \neq c$

$$\mathcal{I}(x; a, b, c, d) = -\frac{1}{d}\frac{c}{b(b-c)} \ln \frac{y^{\frac{b}{c}}}{b(y-1)+c} = -\frac{1}{d}\frac{c}{b(b-c)} \ln \frac{e^{\frac{b}{c}d(a-x)}}{b(e^{d(a-x)}-1)+c} .$$

Es sei jetzt $b = c$. Das Integral lautet nun

$$\begin{aligned}
\mathcal{I}(x; a, b, b, d) &= -\frac{1}{d}\int \frac{y-1}{y(b(y-1)+b)}\mathrm{d}y = -\frac{1}{bd}\int \frac{y-1}{y^2}\mathrm{d}y \\
&= -\frac{1}{bd}\left(\int \frac{1}{y}\mathrm{d}y - \int \frac{1}{y^2}\mathrm{d}y\right) \\
&= -\frac{1}{bd}\left(\ln(y) + \frac{1}{y}\right) \\
&\overset{y = e^{d(a-x)}}{=} -\frac{1}{bd}\left(d(a-x) + e^{-d(a-x)}\right) ,
\end{aligned}$$

und wir sind fertig.

iv) Wir schreiben die Funktion β geeignet um

$$\begin{aligned}
\int \beta(x)\mathrm{d}x &= c_2 \int \frac{1 - c_4 e^{-c_1 x}}{1 - c_3 e^{-c_1 x}}\mathrm{d}x = c_2 \int \frac{c_4 e^{-c_1 x} - 1 + c_4 - c_4}{c_3 e^{-c_1 x} - 1 + c_3 - c_3}\mathrm{d}x \\
&= c_2 \int \frac{c_4(e^{-c_1 x} - 1) + c_4 - 1}{c_3(e^{-c_1 x} - 1) + c_3 - 1}\mathrm{d}x \\
&= c_2 c_4 \int \frac{e^{-c_1 x} - 1}{c_3(e^{-c_1 x} - 1) + c_3 - 1}\mathrm{d}x \\
&\quad + c_2(c_4 - 1)\int \frac{1}{c_3(e^{-c_1 x} - 1) + c_3 - 1}\mathrm{d}x \\
&= c_2 c_4 \mathcal{I}(x; 0, c_3, c_3 - 1, c_1) + c_2(c_4 - 1)\int \frac{1}{c_3 e^{-c_1 x} - 1}\mathrm{d}x .
\end{aligned}$$

Wir bestimmen noch das zweite Integral. In diesem setzen wir $y := c_3 e^{-c_1 x}$, mit $\mathrm{d}y = -c_1 y \mathrm{d}x$, und erhalten

$$\begin{aligned}
\int \frac{1}{c_3 e^{-c_1 x} - 1}\mathrm{d}x &= -\frac{1}{c_1}\int \frac{1}{y}\frac{1}{y-1}\mathrm{d}y = \frac{1}{c_1}\int \left(\frac{1}{y} - \frac{1}{y-1}\right)\mathrm{d}y \\
&= \frac{1}{c_1}\left(\ln(y) - \ln(y-1)\right) = -\frac{1}{c_1}\ln\frac{y-1}{y} = -\frac{1}{c_1}\ln\left(1 - y^{-1}\right) \\
&\overset{y = c_3 e^{-c_1 x}}{=} -\frac{1}{c_1}\ln\left(1 - \frac{1}{c_3}e^{c_1 x}\right) .
\end{aligned}$$

Somit ist

$$\int \beta(x)\mathrm{d}x = c_2 c_4 \mathcal{I}(x; 0, c_3, c_3 - 1, c_1) - (c_4 - 1)\frac{c_2}{c_1}\ln\left(1 - \frac{1}{c_3}e^{c_1 x}\right)$$

was zu zeigen war. ◇

C.9 Aufgaben im Kap. 9

Aufgabe 9.1 Gemäss der Definition des Erwartungswert einer diskreten Zufallsvariablen ergibt sich (mit der Taylorreihe $e^x = \sum_{m=0}^{\infty} x^m/m!$)

$$\begin{aligned}\mathbb{E}[N(t)] &= \sum_{n=0}^{\infty} n\mathbb{P}[N(t)=n] = e^{-\lambda t}\sum_{n=0}^{\infty} n\frac{(\lambda t)^n}{n!}\\ &= e^{-\lambda t}\sum_{n=1}^{\infty} n\frac{(\lambda t)^n}{n!} = e^{-\lambda t}(\lambda t)\sum_{n=1}^{\infty}\frac{(\lambda t)^{n-1}}{(n-1)!}\\ &= \lambda t e^{-\lambda t}\underbrace{\sum_{m=0}^{\infty}\frac{(\lambda t)^m}{m!}}_{=e^{\lambda t}} = \lambda t\,.\end{aligned}$$

Ähnlich ergibt sich für die Varianz

$$\begin{aligned}\mathrm{Var}[N(t)] &= \mathbb{E}[N(t)^2] - \mathbb{E}[N(t)]^2\\ &= \sum_{n=0}^{\infty} n^2\mathbb{P}[N(t)=n] - (\lambda t)^2\\ &= e^{-\lambda t}\sum_{n=1}^{\infty} n^2\frac{(\lambda t)^n}{n!} - (\lambda t)^2 = e^{-\lambda t}(\lambda t)\sum_{n=1}^{\infty} n\frac{(\lambda t)^{n-1}}{(n-1)!} - (\lambda t)^2\\ &= \lambda t e^{-\lambda t}\sum_{m=0}^{\infty}(m+1)\frac{(\lambda t)^m}{m!} - (\lambda t)^2\\ &= \lambda t\Bigg[\underbrace{e^{-\lambda t}\sum_{m=0}^{\infty} m\frac{(\lambda t)^m}{m!}}_{=\mathbb{E}[N(t)]=\lambda t} + e^{-\lambda t}\underbrace{\sum_{m=0}^{\infty}\frac{(\lambda t)^m}{m!}}_{=e^{\lambda t}}\Bigg] - (\lambda t)^2 = \lambda t\,.\end{aligned}$$ ◇

Aufgabe 9.2 Wir bestimmen das Integral

$$I_\gamma := \int_{\mathbb{R}} \big(e^{\gamma x} - 1\big)d(x)\mathrm{d}x$$

Für das Merton Modell ist $d(x) = \varphi_{\mu_J,\sigma_J}(x)$, vergleiche mit (1.8); eine Standardisierung $z = (x-\mu_J)/\sigma_J$ liefert

$$I_\gamma = \int_{\mathbb{R}} \big(e^{\gamma(\sigma_J z+\mu_J)} - 1\big)\phi(z)\mathrm{d}z = e^{\gamma\mu_J}\frac{1}{\sqrt{2\pi}}\int_{\mathbb{R}} e^{\gamma\sigma_J z - \frac{1}{2}z^2}\mathrm{d}z - 1\,.$$

Nun folgt aus der quadratischen Ergänzung

$$-\frac{1}{2}z^2 + \gamma\sigma_J z = -\frac{(z-\gamma\sigma_J)^2}{2} + \frac{1}{2}\gamma^2\sigma_J^2$$

das gewünschte Resultat für das Merton Modell

$$I_\gamma = e^{\gamma\mu_J + \frac{1}{2}\gamma^2\sigma_J^2} \underbrace{\frac{1}{\sqrt{2\pi}} \int_{\mathbb{R}} e^{-\frac{1}{2}(z-\gamma\sigma_J)^2} \mathrm{d}z}_{=1} - 1 = e^{\gamma\mu_J + \frac{1}{2}\gamma^2\sigma_J^2} - 1\,.$$

Für das Kou Modell ergibt sich für $\gamma - \eta_1 < 0$ und $\gamma + \eta_2 > 0$

$$\begin{aligned}
I_\gamma &= \int_{\mathbb{R}} (e^{\gamma x} - 1) d(x) \mathrm{d}x = \int_{\mathbb{R}} e^{\gamma x} d(x) \mathrm{d}x - 1 \\
&\overset{(9.14)}{=} p\eta_1 \int_0^\infty e^{(\gamma-\eta_1)x} \mathrm{d}x + (1-p)\eta_2 \int_{-\infty}^0 e^{(\gamma+\eta_2)x} \mathrm{d}x - 1 \\
&= \frac{p\eta_1}{\gamma-\eta_1} e^{(\gamma-\eta_1)x}\Big|_0^\infty + \frac{(1-p)\eta_2}{\gamma+\eta_2} e^{(\gamma+\eta_2)x}\Big|_{-\infty}^0 - 1 \\
&= -\frac{p\eta_1}{\gamma-\eta_1} + \frac{(1-p)\eta_2}{\eta_2+\gamma} - 1 \\
&= \frac{p\eta_1}{\eta_1-\gamma} + \frac{(1-p)\eta_2}{\eta_2+\gamma} - p - (1-p) \\
&= \frac{p\eta_1 - p(\eta_1-\gamma)}{\eta_1-\gamma} + \frac{(1-p)\eta_2 - (1-p)(\eta_2+\gamma)}{\eta_2+\gamma} \\
&= \gamma\Big(\frac{p}{\eta_1-\gamma} - \frac{1-p}{\eta_2+\gamma}\Big)\,,
\end{aligned}$$

was zu zeigen war. ◇

Aufgabe 9.3 Weil wir annehmen, dass $v_\infty(x,t) = 0$ für $x \geq x_l$ und $v_\infty(x,t) = e^{x-qt} - Ke^{-rt}$ für $x \geq x_r$ gilt, müssen wir Integrale der Form

$$\begin{aligned}
f_{\infty,i}(t) &= \int_{G^c} v_\infty(x,t) d(x-x_i) \mathrm{d}x = \int_{x_r}^\infty (e^{x-qt} - Ke^{-rt}) d(x-x_i) \mathrm{d}x \\
&= e^{-qt} \int_{x_r}^\infty e^x d(x-x_i) \mathrm{d}x - Ke^{-rt} \int_{x_r}^\infty d(x-x_i) \mathrm{d}x \\
&= e^{x_i-qt} \int_{x_r-x_i}^\infty e^z d(z) \mathrm{d}z - Ke^{-rt} \int_{x_r-x_i}^\infty d(z) \mathrm{d}z =: \text{(I)} + \text{(II)}
\end{aligned}$$

ausrechnen. Im Merton Modell ist

$$d(z) = \frac{1}{\sqrt{2\pi}\sigma_J} e^{-(z-\mu_J)^2/(2\sigma_J^2)}$$

und daher mit einer quadratischen Ergänzung (vergleiche mit Aufgabe 9.2)

$$\begin{aligned}
(\mathrm{I}) &= e^{x_i - qt} \frac{1}{\sqrt{2\pi}\sigma_J} \int_{x_r - x_i}^{\infty} e^{z-(z-\mu_J)^2/(2\sigma_J^2)} \mathrm{d}z \\
&= e^{x_i - qt + \mu_J + \sigma_J^2/2} \frac{1}{\sqrt{2\pi}\sigma_J} \int_{x_r - x_i}^{\infty} e^{-(z-(\mu_J+\sigma_J^2))^2/(2\sigma_J^2)} \mathrm{d}z \\
&= e^{x_i - qt + \mu_J + \sigma_J^2/2} \int_{x_r - x_i}^{\infty} \varphi_{\mu_J + \sigma_J^2, \sigma_J}(z) \mathrm{d}z \\
&= e^{x_i - qt + \mu_J + \sigma_J^2/2} \Phi_{-\mu_J - \sigma_J^2, \sigma_J}(x_i - x_r) ,
\end{aligned}$$

wobei wir mit $\varphi_{\mu,\sigma}$ die Dichte (1.8) einer normalverteilten Zufallsvariable mit Erwartungswert μ und Standardabweichung σ und mit $\Phi_{\mu,\sigma}$ die entsprechende Verteilungsfunktion bezeichnen, vergleiche mit Abb. 1.2. Analog ergibt sich für den zweiten Term

$$\begin{aligned}
(\mathrm{II}) &= -Ke^{-rt} \int_{x_r - x_i}^{\infty} \varphi_{\mu_J, \sigma_J}(z) \mathrm{d}z \\
&= -Ke^{-rt} \Phi_{-\mu_J, \sigma_J}(x_i - x_r)
\end{aligned}$$

und daher

$$f_{\infty,i}(t) = e^{x_i - qt + \mu_J + \sigma_J^2/2} \Phi_{-\mu_J - \sigma_J^2, \sigma_J}(x_i - x_r) - Ke^{-rt} \Phi_{-\mu_J, \sigma_J}(x_i - x_r) .$$

Im Kou Modell ist

$$d(z) = p\eta_1 e^{-\eta_1 z} 1_{\{z>0\}} + (1-p)\eta_2 e^{\eta_2 z} 1_{\{z<0\}}$$

und daher – weil $x_r - x_i > 0$ und $\eta_1 > 1$ ist –

$$\begin{aligned}
(\mathrm{I}) &= p\eta_1 e^{x_i - qt} \int_{x_r - x_i}^{\infty} e^{(1-\eta_1)z} \mathrm{d}z = -\frac{p\eta_1}{1-\eta_1} e^{x_i - qt} e^{(1-\eta_1)(x_r - x_i)} \\
&= \frac{p\eta_1}{\eta_1 - 1} e^{\eta_1 x_i - qt + (1-\eta_1)x_r} \\
(\mathrm{II}) &= -p\eta_1 K e^{-rt} \int_{x_r - x_i}^{\infty} e^{-\eta_1 z} \mathrm{d}z = -pKe^{\eta_1(x_i - x_r) - rt} .
\end{aligned}$$

Somit ist

$$f_{\infty,i}(t) = \frac{p\eta_1}{\eta_1 - 1} e^{\eta_1 x_i - qt + (1-\eta_1)x_r} - pK e^{\eta_1(x_i - x_r) - rt} ,$$

und wir sind fertig. ◇

Aufgabe 9.4 Nach Abschn. 9.1 ergibt sich die Varianz zu

$$\begin{aligned} \text{Var}[X(t)] &= \mathbb{E}[X(t)^2] - \big(\mathbb{E}[X(t)]\big)^2 = \frac{1}{I^2}\varphi''(0) - \big(\frac{1}{I}\varphi'(0)\big)^2 \\ &= -\varphi''(0) + (\varphi'(0))^2 . \end{aligned}$$

Die ersten beiden Ableitungen der charakteristischen Funktion $\varphi(u) = (1 - Iu/\beta)^{-\alpha t}$ sind

$$\begin{aligned} \varphi'(u) &= I\alpha t/\beta(1 - Iu/\beta)^{-\alpha t - 1} \\ \varphi''(u) &= \alpha t(-\alpha t - 1)/\beta^2(1 - Iu\beta)^{-\alpha t - 2} . \end{aligned}$$

Nun erhalten wir

$$\begin{aligned} \text{Var}[X(t)] &= -\varphi''(0) + (\varphi'(0))^2 \\ &= -\alpha t(-\alpha t - 1)/\beta^2 + \big(I\alpha t/\beta\big)^2 \\ &= \alpha^2 t^2/\beta^2 + \alpha t/\beta^2 - \alpha^2 t^2/\beta^2 \\ &= \alpha t/\beta^2 , \end{aligned}$$

was nachzuweisen war. ◇

Aufgabe 9.5

i) Die Taylorreihe von $f(x) = \ln(1 - x)$ um $x_0 = 0$ folgt aus der Tab. 3.1, in dem wir x durch $-x$ ersetzen. Wegen $(-1)^{2k-1} = (-1)^{-1} = -1$ ergibt sich

$$\ln\big(1 + (-x)\big) = \sum_{k=1}^{\infty} \frac{(-1)^{k-1}}{k}(-x)^k = -\sum_{k=1}^{\infty} \frac{1}{k} x^k .$$

Weiter entnehmen wir aus der Tab. 3.1, dass die Reihe für $\ln(1 + x)$ konvergent ist für $x \in]-1, 1]$. Daher ist die Reihe für $\ln(1 - x)$ konvergent für $-x \in]-1, 1]$, oder eben für $x \in [-1, 1[$.

ii) Wegen der Taylorreihe $e^z = 1 + z + z^2/2 + \mathcal{O}(z^3)$ verhält sich der Term $e^z - 1 - z$ wie $\mathcal{O}(z^2)$ und der Term $e^z - 1$ wie $\mathcal{O}(z)$ für $z \to 0$. Somit verhält sich der Integrand $(e^z - 1)e^{-\eta z}/z$ wie $\mathcal{O}(1)$ und ist daher um 0 integrierbar. Wir können daher das Integral in die zwei Teile

$$\int_0^\infty (e^z - 1 - z)\frac{e^{-\eta z}}{z}\mathrm{d}z = \int_0^\infty (e^z - 1)\frac{e^{-\eta z}}{z}\mathrm{d}z - \int_0^\infty e^{-\eta z}\mathrm{d}z$$

aufspalten.

iii) Die Taylorreihe von e^z (um $z_0 = 0$) ist $1 + \sum_{k=1}^\infty z^k/k!$. Es folgt

$$(e^z - 1)\frac{e^{-\eta z}}{z} = \left(1 + \sum_{k=1}^\infty \frac{z^k}{k!} - 1\right)\frac{e^{-\eta z}}{z} = \sum_{k=1}^\infty \frac{z^{k-1}}{k!}e^{-\eta z}\,.$$

iv) Wir definieren

$$I_k := \int_0^\infty z^k e^{-\eta z}\mathrm{d}z, \quad k = 0, 1, 2, \ldots.$$

Ist $k \geq 1$, so folgt mit partieller Integration (z^k ableiten, $e^{-\eta z}$ integrieren)

$$I_k = \int_0^\infty z^k e^{-\eta z}\mathrm{d}z = \underbrace{-\frac{1}{\eta}z^k e^{-\eta z}\bigg|_0^\infty}_{=0} + \frac{k}{\eta}\int_0^\infty z^{k-1}e^{-\eta z}\mathrm{d}z = \frac{1}{\eta}k I_{k-1}\,.$$

Für $k = 0$ haben wir

$$I_0 = \int_0^\infty e^{-\eta z}\mathrm{d}z = -\frac{1}{\eta}e^{-\eta z}\bigg|_0^\infty = 0 + \frac{1}{\eta} = \frac{1}{\eta}\,.$$

v) Wir iterieren das Ergebnis aus iv)

$$\begin{aligned} I_k &= \frac{1}{\eta}k I_{k-1} = \frac{1}{\eta}k\frac{1}{\eta}(k-1)I_{k-2} = \frac{1}{\eta^2}k(k-1)\frac{1}{\eta}(k-2)I_{k-3} \\ &= \frac{1}{\eta^{k-1}}k(k-1)(k-2)\cdots 2I_1 = \frac{1}{\eta^{k-1}}k(k-1)\cdots 2\cdot\frac{1}{\eta}\cdot 1\cdot I_0 \\ &= \frac{1}{\eta^{k+1}}k!\,. \end{aligned}$$

vi) Nun können wir folgende Argumentationskette machen

$$\begin{aligned}
\int_0^\infty (e^z - 1 - z)\frac{e^{-\eta z}}{z}\mathrm{d}z &\overset{\text{ii)}}{=} \int_0^\infty (e^z - 1)\frac{e^{-\eta z}}{z}\mathrm{d}z - \int_0^\infty e^{-\eta z}\mathrm{d}z \\
&\overset{\text{iii)}}{=} \int_0^\infty \sum_{k=1}^\infty \frac{z^{k-1}}{k!} e^{-\eta z}\mathrm{d}z - I_0 \\
&= \sum_{k=1}^\infty \frac{1}{k!} \underbrace{\int_0^\infty z^{k-1} e^{-\eta z}\mathrm{d}z}_{=I_{k-1}} - I_0 \\
&\overset{\text{v)}}{=} \sum_{k=1}^\infty \frac{1}{k!}\frac{(k-1)!}{\eta^k} - \frac{1}{\eta} \\
&= \sum_{k=1}^\infty \frac{1}{k}\Big(\frac{1}{\eta}\Big)^k - \frac{1}{\eta} .
\end{aligned}$$

(Integration und Summation dürfen wir im dritten Schritt vertauschen.) Da $\eta > 1$ nach Annahme, ist $\frac{1}{\eta} < 1$. Aus i) folgt nun für $x = \frac{1}{\eta}$

$$\int_0^\infty (e^z - 1 - z)\frac{e^{-\eta z}}{z}\mathrm{d}z = \sum_{k=1}^\infty \frac{1}{k}\Big(\frac{1}{\eta}\Big)^k - \frac{1}{\eta} \overset{\text{i)}}{=} -\ln\Big(1 - \frac{1}{\eta}\Big) - \frac{1}{\eta}$$

und wir sind fertig. ◇

Aufgabe 9.6

i) Es sei $\gamma(x,a) := 1/\Gamma(a)\int_0^x e^{-t}t^{a-1}\mathrm{d}t$ die unvollständige Gamma Funktion. Aus der Produkt- und Kettenregel sowie der Definition von $\gamma(x,a)$ folgt ($'$ meint die Ableitung nach t)

$$\begin{aligned}
\big(t\gamma(\eta t, a)\big)' &= \gamma(\eta t, a) + t\eta\gamma'(\eta t, a) \\
&= \gamma(\eta t, a) + t\eta\frac{1}{\Gamma(a)} e^{-\eta t}(\eta t)^{a-1} \\
&= \gamma(\eta t, a) + \frac{1}{\Gamma(a)} e^{-\eta t}(\eta t)^a .
\end{aligned}$$

Integrieren wir diese Identität bezüglich t von 0 bis $x > 0$, so erhalten wir mit der Substitution $\eta t = u$

$$\begin{aligned} x\gamma(\eta x, a) &= \int_0^x \gamma(\eta t, a)\mathrm{d}t + \frac{\eta^a}{\Gamma(a)} \int_0^x e^{-\eta t} t^a \mathrm{d}t \\ &= \int_0^x \gamma(\eta t, a)\mathrm{d}t + \frac{\eta^a}{\Gamma(a)} \int_0^{\eta x} e^{-u} u^a \frac{1}{\eta^a} \frac{1}{\eta} \mathrm{d}u \\ &= \int_0^x \gamma(\eta t, a)\mathrm{d}t + \frac{1}{\eta} \frac{\Gamma(a+1)}{\Gamma(a)} \gamma(\eta x, a+1) . \end{aligned}$$

Somit kann das bestimmte Integral der unvollständigen Gamma Funktion im Wesentlichen aus der Differenz zweier unvollständiger Gamma Funktionen erhalten werden

$$\int_0^x \gamma(\eta t, a)\mathrm{d}t = x\gamma(\eta x, a) - \frac{a}{\eta}\gamma(\eta x, a+1) .$$

ii) Wir bestimmen zunächst die erste Stammfunktion $d^{(-1)}(z) = -\int_z^\infty d(x)\mathrm{d}x$, $z > 0$. Die Substitution $t = \eta x$, $\mathrm{d}t = \eta \mathrm{d}x$, sowie partielle Integration liefert

$$\begin{aligned} d^{(-1)}(z) &= -\int_z^\infty d(x)\mathrm{d}x = -c \int_z^\infty \frac{e^{-\eta x}}{x^{1+\alpha}} \mathrm{d}x = -c \int_{\eta z}^\infty \frac{e^{-t}}{t^{1+\alpha}} \eta^{1+\alpha} \frac{1}{\eta} \mathrm{d}t \\ &= -c\eta^\alpha \frac{1}{-\alpha} \frac{e^{-t}}{t^\alpha} \Big|_{\eta z}^\infty + c\eta^\alpha \int_{\eta z}^\infty \frac{e^{-t}}{t^\alpha} \frac{1}{-\alpha} (-1)\mathrm{d}t \\ &= -\frac{c}{\alpha}\eta^\alpha \frac{e^{-\eta z}}{(\eta z)^\alpha} + \frac{c}{\alpha}\eta^\alpha \Big[\int_0^\infty \frac{e^{-t}}{t^\alpha} \mathrm{d}t - \int_0^{\eta z} \frac{e^{-t}}{t^\alpha} \mathrm{d}t \Big] \\ &= -\frac{c}{\alpha} \frac{e^{-\eta z}}{z^\alpha} + \frac{c}{\alpha} \eta^\alpha \big[\Gamma(1-\alpha) - \Gamma(1-\alpha)\gamma(\eta z, 1-\alpha) \big] \\ &= -\frac{c}{\alpha} \frac{e^{-\eta z}}{z^\alpha} - c\eta^\alpha \Gamma(-\alpha) \big[1 - \gamma(\eta z, 1-\alpha) \big] , \end{aligned}$$

wobei die vorletzte Zeile aus der Definition von $\Gamma(a)$ respektive $\gamma(x,a)$ folgt und die letzte aus $\Gamma(1-\alpha) = -\alpha\Gamma(-\alpha)$. Die zweite Stammfunktion für $z > 0$ ergibt sich nun zu

$$\begin{aligned} d^{(-2)}(z) &= -\int_z^\infty d^{(-1)}(x)\mathrm{d}x \\ &= \frac{c}{\alpha}\int_z^\infty \frac{e^{-\eta x}}{x^\alpha}\mathrm{d}x + c\eta^\alpha\Gamma(-\alpha)\int_z^\infty \big[1-\gamma(\eta x, 1-\alpha)\big]\mathrm{d}x \\ &=: \text{(I)} + \text{(II)}\ . \end{aligned}$$

Das erste Integral (I) haben wir bereits bei der Bestimmung von $d^{(-1)}$ berechnet

$$\begin{aligned} \text{(I)} &= \frac{c}{\alpha}\int_z^\infty \frac{e^{-\eta x}}{x^\alpha}\mathrm{d}x = \frac{c}{\alpha}\eta^{\alpha-1}\int_{\eta z}^\infty \frac{e^{-t}}{t^\alpha}\mathrm{d}t \\ &= -c\eta^{\alpha-1}\Gamma(-\alpha)\big[1-\gamma(\eta z, 1-\alpha)\big]\ . \end{aligned}$$

Das zweite Integral (II) ergibt sich aus i), denn

$$\begin{aligned} \int_z^\infty \big[1-\gamma(\eta x, 1-\alpha)\big]\mathrm{d}x &= \underbrace{\int_0^\infty \big[1-\gamma(\eta x, 1-\alpha)\big]\mathrm{d}x}_{=:\beta} - \int_0^z \big[1-\gamma(\eta x, 1-\alpha)\big]\mathrm{d}x \\ &= \beta - z + \int_0^z \gamma(\eta x, 1-\alpha)\mathrm{d}x \\ &\overset{\text{i)}}{=} \beta - z + z\gamma(\eta z, 1-\alpha) - \frac{1-\alpha}{\eta}\gamma(\eta z, 2-\alpha)\ . \end{aligned}$$

Weil $\beta = (1-\alpha)/\eta$ ist, ergibt sich schlussendlich

$$\begin{aligned} d^{(-2)}(z) &= \text{(I)} + \text{(II)} \\ &= -c\eta^{\alpha-1}\Gamma(-\alpha)\big[1-\gamma(\eta z, 1-\alpha)\big] \\ &\quad + c\eta^\alpha\Gamma(-\alpha)\Big[\frac{1-\alpha}{\eta} - z + z\gamma(\eta z, 1-\alpha) - \frac{1-\alpha}{\eta}\gamma(\eta z, 2-\alpha)\Big] \\ &= -c\eta^{\alpha-1}\Gamma(-\alpha)\Big[1-\gamma(\eta z, 1-\alpha) + (\alpha-1) + \eta z\big(1-\gamma(\eta z, 1-\alpha)\big) \\ &\quad - (\alpha-1)\gamma(\eta z, 2-\alpha)\Big] \\ &= -c\eta^{\alpha-1}\Gamma(-\alpha)\Big[(1+\eta z)\big(1-\gamma(\eta z, 1-\alpha)\big) \\ &\qquad + (\alpha-1)\big(1-\gamma(\eta z, 2-\alpha)\big)\Big] \end{aligned}$$

und wir sind fertig. Wir müssen noch zeigen, dass $\beta = \frac{1-\alpha}{\eta}$ ist. Dies folgt aus Teilaufgabe i) und einer Grenzwertbetrachtung. Aus i) folgt zunächst

$$1 - \big(t\gamma(\eta t, a)\big)' = 1 - \gamma(\eta t, a) - \frac{1}{\Gamma(a)} e^{-\eta t} (\eta t)^a \ ;$$

dies bezüglich t integriert von 0 bis $x > 0$ ist

$$x - x\gamma(\eta x, a) = \int_0^x \big(1 - \gamma(\eta t, a)\big)\mathrm{d}x - \frac{a}{\eta}\gamma(\eta x, a+1) \ .$$

Wir lassen hier nun x gegen ∞ streben. Weil $\gamma(\eta x, a+1)$ gegen 1 strebt, erhalten wir

$$\lim_{x\to\infty} \big(x - x\gamma(\eta x, a)\big) = \int_0^\infty \big(1 - \gamma(\eta t, a)\big)\mathrm{d}x - \frac{a}{\eta} \ .$$

Wenn wir zeigen können, dass der Grenzwert links des Gleichheitszeichen 0 ist, so folgt $\int_0^\infty \big(1-\gamma(\eta t, a)\big)\mathrm{d}x = \frac{a}{\eta}$, was zu zeigen war. Weil beide Terme x und $x\gamma(\eta x, a)$ für $x \to \infty$ gegen ∞ streben, benötigen wir die Regel von Bernoulli-L'Hôpital[1]

$$\begin{aligned} \lim_{x\to\infty} \big(x - x\gamma(\eta x, a)\big) &= \lim_{x\to\infty} \frac{1-\gamma(\eta x, a)}{\frac{1}{x}} = \lim_{x\to\infty} \frac{-\eta\gamma'(\eta x, a)}{-\frac{1}{x^2}} \\ &= \lim_{x\to\infty} \frac{\eta e^{-\eta x}(\eta x)^{a-1}}{\Gamma(a)\frac{1}{x^2}} = \frac{\eta^a}{\Gamma(a)} \lim_{x\to\infty} e^{-\eta x} x^{a+1} = 0 \end{aligned}$$

weil $e^{-\eta x}$ schneller gegen 0 strebt (für $\eta > 0$) als jede Potenzfunktion x^{a+1} wächst.

iii) In Python machen wir folgende Eingaben.

```
In [2]: from scipy.special import gammainc
   ...: from scipy.special import gamma
In [3]: c = 1; n2 = 10; n1 = 15; a = 0.8; r = 0.01; q = 0;
   ...: T = 0.5; K = 100; B = 80; g = lambda x:np.maximum(K-np.exp(x),0);
```

[1] Die Regel, die benannt ist nach Johann Bernoulli, Schweizer Mathematiker (1667–1748), und Guillaume de L'Hôpital, französischer Mathematiker (1661–1704), besagt, dass unter gewissen Voraussetzungen an die Funktionen f und g

$$\lim_{x\to x_0} \frac{f(x)}{g(x)} = \lim_{x\to x_0} \frac{f'(x)}{g'(x)}$$

gilt.

Tab. C.5 Approximierter Preis $w(s, T) \approx V(s, 0)$ einer Down-und-Out Put Option im CGMY Modell. Die „exakten“ Preise sind $V(85, 0) \doteq 1.3094$, $V(100, 0) \doteq 2.0941$ und $V(120, 0) \doteq 1.0770$

N	$w(85, T)$	$w(100, T)$	$w(120, T)$
4095	1.2620	2.0568	1.0739
8191	1.2863	2.0760	1.0750
16 383	1.2982	2.0853	1.0759
32 767	1.3040	2.0898	1.0764
65 535	1.3068	2.0920	1.0767

```
   ...: kappa = c*((n2+1)**a-n2**a+(n1-1)**a-n1**a)*gamma(-a)+\
   ...: c*(n2**(a-1)-n1**(a-1))*gamma(1-a); mu = r-q-kappa;
In [4]: dm = lambda x:-c*n2**(a-1)*gamma(-a)*((1-n2*x)*(1-gammainc(1-a,-n2*x))+
   ...: (a-1)*(1-gammainc(2-a,-n2*x)));
   ...: dp = lambda x:-c*n1**(a-1)*gamma(-a)*((1+n1*x)*(1-gammainc(1-a,n1*x))+
   ...: (a-1)*(1-gammainc(2-a,n1*x)));
In [5]: N = 2**12-1; M = int(np.ceil(0.6*N));
   ...: x,w = pideinf_1d_dh_thetafft(-mu,r,dm,dp,g,T,np.log(B),np.log(K)+2,
   ...: N,M,0.5);
In [6]: from scipy.interpolate import interp1d
   ...: V = interp1d(np.exp(x),w)([85,K,120])); V
Out[6]: array([1.2620121 , 2.05683824, 1.0739117 ])
```

Wir erhöhen die Anzahl Gitterpunkte und erhalten die Tab. C.5. In Abb. C.19 finden Sie den Graphen der Funktion $s \mapsto V(s, 0)$. ◇

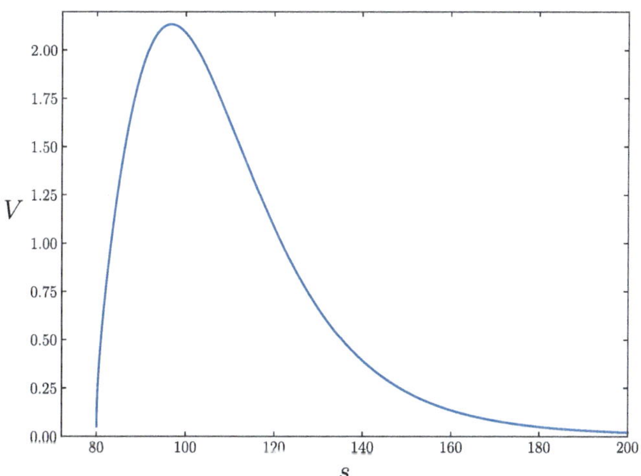

Abb. C.19 Der Wert $V(s, 0)$ einer Down-und-Out Put Option mit Barriere $B = 80$ im CGMY Modell ($N = 16\,383$)

C.10 Aufgaben im Kap. 10

Aufgabe 10.1 Wir verwenden zunächst, dass für deterministische Variablen a, b und Zufallsvariablen X, Y gilt, dass $\mathrm{Cov}[a + bX, Y] = b\mathrm{Cov}[X, Y]$ ist. Daher gilt

$$\begin{aligned}\mathrm{Cov}\big[R_i(t), R_j(t)\big] &= \mathrm{Cov}\big[(\mu_i - \sigma_i^2/2)t + \sigma_i \widehat{W}_i(t), (\mu_j - \sigma_j^2/2)t + \sigma_j \widehat{W}_j(t)\big] \\ &= \sigma_i\sigma_j \mathrm{Cov}\big[\widehat{W}_i(t), \widehat{W}_j(t)\big]\end{aligned}$$

und es genügt, die Kovarianz zwischen den Brown'schen Bewegungen $\widehat{W}_i(t)$, $\widehat{W}_j(t)$ zu bestimmen. Es ist nach Definition der $\widehat{W}_i(t)$

$$\begin{aligned}\mathrm{Cov}\big[\widehat{W}_i(t), \widehat{W}_j(t)\big] &\overset{(10.10)}{=} \frac{1}{\sigma_i}\frac{1}{\sigma_j}\mathrm{Cov}\left[\sum_{k=1}^{d} L_{ik} W_k(t), \sum_{\ell=1}^{d} L_{j\ell} W_\ell(t)\right] \\ &= \frac{1}{\sigma_i}\frac{1}{\sigma_j}\sum_{k=1}^{d} L_{ik}\mathrm{Cov}\left[W_k(t), \sum_{\ell=1}^{d} L_{j\ell} W_\ell(t)\right].\end{aligned}$$

Weil die $W_1(t), \ldots, W_d(t)$ unabhängige, standardnormalverteilte Brown'sche Bewegungen sind, gilt

$$\mathrm{Cov}\left[W_k(t), \sum_{\ell=1}^{d} L_{j\ell} W_\ell(t)\right] = \mathrm{Cov}\big[W_k(t), L_{jk} W_k(t)\big] = L_{jk} t\ ,$$

und es folgt

$$\begin{aligned}\mathrm{Cov}\big[\widehat{W}_i(t), \widehat{W}_j(t)\big] &= \frac{1}{\sigma_i}\frac{1}{\sigma_j}\sum_{k=1}^{d} L_{ik} L_{jk} t = \frac{1}{\sigma_i}\frac{1}{\sigma_j}(\mathbf{L}\mathbf{L}^\top)_{ij} t \\ &= \frac{1}{\sigma_i}\frac{1}{\sigma_j}(\mathbf{\Sigma})_{ij} t = \frac{1}{\sigma_i}\frac{1}{\sigma_j}\sigma_i\sigma_j\rho_{ij} t = \rho_{ij} t\ .\end{aligned}$$

Daher schliessen wir

$$\mathrm{Cov}\big[R_i(t), R_j(t)\big] = \sigma_i\sigma_j \mathrm{Cov}\big[\widehat{W}_i(t), \widehat{W}_j(t)\big] = \sigma_i\sigma_i\rho_{ij} t\ .$$

Es folgt sofort, weil $\rho_{ii} = 1$ ist,

$$\mathrm{Var}\big[R_i(t)\big] = \mathrm{Cov}\big[R_i(t), R_i(t)\big] = \sigma_i^2 t$$

und daraus

$$\mathrm{Corr}\big[R_i(t), R_j(t)\big] = \frac{\mathrm{Cov}\big[R_i(t), R_j(t)\big]}{\sqrt{\mathrm{Var}\big[R_i(t)\big]\mathrm{Var}\big[R_j(t)\big]}} = \frac{\sigma_i\sigma_i\rho_{ij} t}{\sigma_i\sigma_j t} = \rho_{ij}\ ,$$

was zu zeigen war. ◇

Aufgabe 10.2 Wir machen den Ansatz $\mathbf{L}\mathbf{L}^\top = \boldsymbol{\Sigma}$; für den 3×3-Fall ausgeschrieben (mit $\sigma_{ij} := \rho_{ij}\sigma_i\sigma_j$ und $\sigma_i^2 = \rho_{ii}\sigma_i\sigma_i$) heisst dies

$$\begin{pmatrix} L_{11} & 0 & 0 \\ L_{21} & L_{22} & 0 \\ L_{31} & L_{32} & L_{33} \end{pmatrix} \begin{pmatrix} L_{11} & L_{21} & L_{31} \\ 0 & L_{22} & L_{32} \\ 0 & 0 & L_{33} \end{pmatrix} = \begin{pmatrix} \sigma_1^2 & \sigma_{12} & \sigma_{13} \\ \sigma_{12} & \sigma_2^2 & \sigma_{23} \\ \sigma_{13} & \sigma_{23} & \sigma_3^2 \end{pmatrix}$$

$$\begin{pmatrix} L_{11}^2 & L_{11}L_{21} & L_{11}L_{31} \\ * & L_{21}^2 + L_{22}^2 & L_{21}L_{31} + L_{22}L_{32} \\ * & * & L_{31}^2 + L_{32}^2 + L_{33}^2 \end{pmatrix} = \begin{pmatrix} \sigma_1^2 & \sigma_{12} & \sigma_{13} \\ * & \sigma_2^2 & \sigma_{23} \\ * & * & \sigma_3^2 \end{pmatrix}$$

wobei die Einträge $*$ bekannt sind, da die Matrizen symmetrisch sind. Wir erhalten somit die sechs Gleichungen

$$\begin{aligned} L_{11}^2 &= \sigma_1^2 \\ L_{11}L_{21} &= \sigma_{12} \\ L_{11}L_{31} &= \sigma_{13} \\ L_{21}^2 + L_{22}^2 &= \sigma_2^2 \\ L_{21}L_{31} + L_{22}L_{32} &= \sigma_{23} \\ L_{31}^2 + L_{32}^2 + L_{33}^2 &= \sigma_3^2 \end{aligned}$$

welche wir sukzessive nach den Unbekannten L_{ij} auflösen. Es ergibt sich aus der ersten Gleichung $L_{11} = \sigma_1$, aus der zweiten folgt

$$L_{21} = \frac{\sigma_{12}}{L_{11}} = \frac{\rho_{12}\sigma_1\sigma_2}{\sigma_1} = \rho_{12}\sigma_2 \ .$$

Analog folgt aus der dritten Gleichung $L_{31} = \rho_{13}\sigma_3$. Aus der vierten Gleichung ergibt sich

$$L_{22} = \sqrt{\sigma_2^2 - L_{21}^2} = \sqrt{\sigma_2^2 - \rho_{12}^2\sigma_2^2} = \sigma_2 \underbrace{\sqrt{1 - \rho_{12}^2}}_{=:\rho_{22}^*} =: \rho_{22}^*\sigma_2 \ .$$

Die fünfte Gleichung lösen wir nach L_{32} auf, die sechste nach L_{33}. Zusammenfassend erhalten wir für die Matrix $\mathbf{L}$

$$\mathbf{L} = \begin{pmatrix} \sigma_1 & 0 & 0 \\ \rho_{12}\sigma_2 & \rho_{22}^*\sigma_2 & 0 \\ \rho_{13}\sigma_3 & \rho_{23}^*\sigma_3 & \rho_{33}^*\sigma_3 \end{pmatrix}$$

mit

$$\rho_{22}^* := \sqrt{1 - \rho_{12}^2}, \quad \rho_{23}^* := \frac{\rho_{23} - \rho_{12}\rho_{13}}{\rho_{22}^*}, \quad \rho_{33}^* = \frac{\sqrt{1 - \rho_{12}^2 - \rho_{13}^2 - \rho_{23}^2 + 2\rho_{12}\rho_{13}\rho_{23}}}{\rho_{22}^*} \ .$$

◇

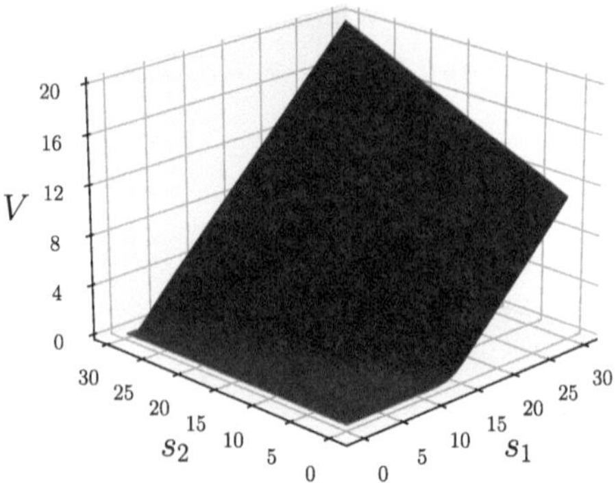

Abb. C.20 Wert $V(s_1, s_2, 0)$ einer Basket Call Option. Numerische Lösung der partiellen Differentialgleichung (10.12)

Aufgabe 10.3 Bis auf die Ausübungsfunktion g haben wir die selben Eingaben in Python wie in Beispiel 10.2. Wir wählen wiederum keine Randbedingungen auf den Kanten $\{x = 0\}$ und $\{y = 0\}$, auf den Kanten $\{x = 30\}$ und $\{y = 30\}$ wählen wir die Randbedingungen als homogene zweite Ableitungen, was auf Grund des Payoffs g sinnvoll erscheint.

i)
```
In [4]: cov = np.array([[0.01,-0.02],[-0.02,0.0625]])
   ...: r = 0.05; K = 10; T = 1; q = [0.01,0.03]
   ...: a = [lambda x:-cov[0,0]/2*x**2,lambda y:y**0,lambda x:x**0,\
   ...: lambda y:-cov[1,1]*y**2/2,lambda x:-cov[0,1]*x,lambda y:y]
   ...: b = [lambda x:-(r-q[0])*x,lambda y:y**0,lambda x:x**0,lambda y:-(r-q[1])*y]
   ...: c = [lambda x:r*x**0,lambda y:y**0]
   ...: g = lambda x,y: np.maximum(0.7*x+0.3*y-K,0)
   ...: G = [0,3*K,0,3*K]; BC = [3,2,3,2]; N = [100,100]
   ...: x,y,w = pde_2d_ah_theta(a,b,c,T,g,G,BC,N,20,0,0.5);
In [5]: ax = plt.axes(projection='3d')
   ...: ax.plot_surface(x,y,w,rstride=1,cstride=1)
   ...: ax.view_init(20,-135);
```

Wir erhalten die Abb. C.20.

ii) Wir wiederholen obige Rechnung mit $K = 0$ und subtrahieren von der numerischen Lösung $w(s_1, s_2, 0)$ die Funktion $V(s_1, s_2, 0) = e^{-q_1 T}\omega_1 s_1 + e^{-q_2 T}\omega_2 s_2$. Die entstehende Funktion e muss (näherungsweise) die Nullfunktion sein. Wie in Abb. C.21 ersichtlich, ist dies in der Tat der Fall.

```
In [6]: g = lambda x,y: np.maximum(0.7*x+0.3*y,0)
   ...: x,y,w = pde_2d_ah_theta(a,b,c,T,g,G,BC,N,20,0,0.5);
   ...: e = w-(np.exp(-q[0]*T)*0.7*x+np.exp(-q[1]*T)*0.3*y);
   ...: ax = plt.axes(projection='3d')
   ...: ax.plot_surface(x,y,e,rstride=1,cstride=1)
   ...: ax.view_init(30,-120);
```
◇

Aufgabe 10.4 Um die Routine 10.5 cliquet_bs verwenden zu können, müssen wir den Payoff umschreiben zu

$$g(S(t_1), S(T)) = \max\left\{S(T) - S(t_1), 0\right\} = S(t_1)\max\left\{\frac{S(T)}{S(t_1)} - 1, 0\right\}.$$

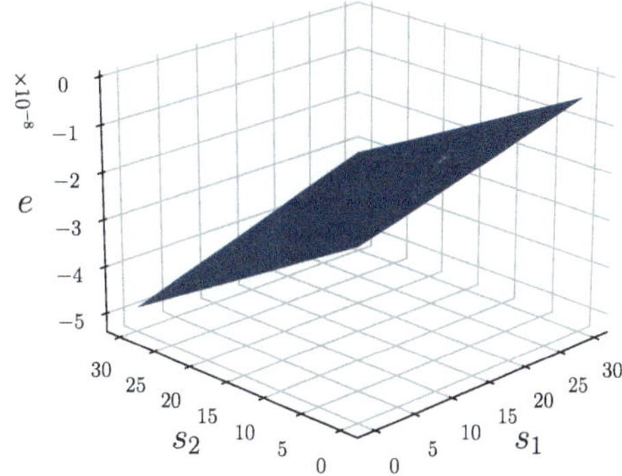

Abb. C.21 Numerischer Nachweis, dass der Wert einer „Zero Strike" Call Option gleich $V(s_1, s_2, 0) = e^{-q_1 T}\omega_1 s_1 + e^{-q_2 T}\omega_2 s_2$ ist

Setzen wir die Beobachtungszeitpunkte zu t_1 und $t_2 = T$, so liefert die Routine 10.5 cliquet_bs den Wert einer Cliquet Option mit $n = 1$, $c_l = c_g = \infty$ und $f_l = 0$, $f_g = -1$. Der Wert der Cliquet Option zum Zeitpunkt t_1 ist gegeben durch $v_1(x, y, t_1) = v_2(1, y^+, t_1)$ und hängt nicht explizit von $S(t_1)$ und $S(T)$ ab. Daher ist der Wert der Forward Start Option zum Zeitpunkt $t_0 = 0$ gegeben als

$$\begin{aligned} V(s,0) &= e^{-rt_1}\mathbb{E}^{\mathbb{Q}}\big[S(t_1)v_2(1,y^+,t_1)\big] = e^{-rt_1}v_2(1,y^+,t_1)\mathbb{E}^{\mathbb{Q}}\big[S(t_1)\big] \\ &\overset{(2.11)}{=} e^{-rt_1}v_2(1,y^+,t_1)se^{(r-q)t_1} = se^{-qt_1}v_2(1,y^+,t_1)\,. \end{aligned}$$

Wir erhalten nun in Python einerseits

```
In [7]: sigma = 0.2; r = 0.01; q = 0.04; tj = np.array([1,13])/12;
   ..: fl = 0; fg = -1; cl = 100; cg = 100;
  ...: N = 2**13-1; M = int(np.ceil(0.15*N));
  ...: w = np.exp(-q*1/12)*50*cliquet_bs(sigma,r,q,tj,fl,fg,cl,cg,N,M,0.5,0.1); w
Out[7]: 3.186219409027739
```

und andererseits, weil $T - t_1 = 1$ ist,

```
In [8]: V = np.exp(-q*1/12)*callput_bs_a(50,50,1,sigma,r,q,1); V
Out[8]: 3.1862110733217848
```

also (bis auf Approximationsfehler) den gleichen Wert. ◇

Aufgabe 10.5 Nach Aufgabe 10.4 ist der Wert der Forward Start Call Option zum Zeitpunkt $t = t_1$ gegeben durch $V(s, t_1) = V_c(s, 0; T - t_1, s)$, mit $s = S(t_1)$. Im Black-Scholes Modell ist V_c nach (1.7) mit $r - q = 0$ gegeben durch

$$V(s,t_1) = V_c(s,0;T-t_1,s) \overset{(1.7)}{=} s\big(\Phi_{0,1}(d_1) - \Phi_{0,1}(d_2)\big)\,,$$

wobei hier nun $d_{1,2} = \pm\frac{1}{2}\sigma\sqrt{T - t_1}$ ist. Die Werte $\Phi_{0,1}(d_{1,2})$ approximieren wir mit (3.22); einmal für $z = d_1$ und einmal für $z = d_2$. Wir erhalten

$$\Phi_{0,1}(d_1) - \Phi_{0,1}(d_2) \overset{(3.22)}{\approx} \frac{d_1}{\sqrt{2\pi}}\left(1 - \frac{1}{6}d_1^2 + \frac{1}{40}d_1^4\right) - \frac{d_2}{\sqrt{2\pi}}\left(1 - \frac{1}{6}d_2^2 + \frac{1}{40}d_2^4\right).$$

Weil gerade Potenzen von d_1 und d_2 gleich sind, ergibt sich vereinfachend

$$\Phi_{0,1}(d_1) - \Phi_{0,1}(d_2) \approx \frac{d_1 - d_2}{\sqrt{2\pi}}\left(1 - \frac{1}{6}d_1^2 + \frac{1}{40}d_1^4\right)$$

Mit $d_{1,2} = \pm\frac{1}{2}\sigma\sqrt{T - t_1}$ erhalten wir schlussendlich

$$\Phi_{0,1}(d_1) - \Phi_{0,1}(d_2) \approx \frac{\sigma\sqrt{T - t_1}}{\sqrt{2\pi}}\left(1 - \frac{1}{24}\sigma^2(T - t_1) + \frac{1}{640}\sigma^4(T - t_1)^2\right).$$

Vernachlässigen wir nun in der runden Klammer die Potenzen in σ, so ergibt sich mit $s = S(t_1)$ approximativ

$$V(s, t_1) = S(t_1)\big(\Phi_{0,1}(d_1) - \Phi_{0,1}(d_2)\big) \approx S(t_1)\frac{\sigma\sqrt{T - t_1}}{\sqrt{2\pi}}.$$

In der vorliegenden Situation ist $T - t_1 = 1$ und daher in der Tat

$$V(s, t_1) = S(t_1)\big(\Phi_{0,1}(d_1) - \Phi_{0,1}(d_2)\big) \approx S(t_1)\frac{\sigma}{\sqrt{2\pi}},$$

was zu zeigen war. Übrigens ist obige Approximation für typische Werte der Volatilität sehr gut. Zum Beispiel ist für $\sigma = 0.2$ (und $r = q = 0$, $s = K$, $T - t = 1$) die Differenz $\Phi_{0,1}(d_1) - \Phi_{0,1}(d_2)$ gegeben durch $\Phi_{0,1}(d_1) - \Phi_{0,1}(d_2) \doteq 0.079656$, während die Taylorapproximation $\frac{\sigma}{\sqrt{2\pi}} \doteq 0.079788$ liefert. ◇

Aufgabe 10.6 Um die Sequenz (10.49) zu lösen, verwenden wir die Routine 10.7 lookbackfls_bs mit $T_1 = 0$, $\lambda = 1$, $\omega = 1$ und $N = 2^{13} - 1$ Gitterpunkten und $M = \lceil 0.02N \rceil$ Zeitschritten (in jeder der J Differentialgleichungen). Es ergibt sich $V \doteq 14.4837$. Um die Sequenz (10.48) zu lösen, verwenden wir die Routine 10.6 lookbackdiscrete_cev mit $\beta = 1$, $\delta = 0.25$ und $L = 11$ (insbesondere verwenden wir also $N_x = N_y = 2^{11} - 1$ Gitterpunkte in jede Koordinatenrichtung). Python liefert nun $V \doteq 14.4818$; die Optionspreise unterscheiden sich um $1.9 \cdot 10^{-3}$. Beachten Sie, dass die Preisberechnung via der Sequenz (10.48) einiges länger dauert.

```
In [9]: beta = 1; delta = 0.25; r = 0.1; q = 0; T = 0.5;
   ...: Tau = np.arange(1,53)/52*T; N = 2**13-1; M = int(np.ceil(0.02*N));
   ...: V = lookbackfls_bs(100,100,delta,r,q,1,T,T,Tau,1,N,M,0)
In [10]: V
Out[10]: 14.483657416562215
In [11]: V = lookbackdiscrete_cev(100,beta,delta,r,q,T,-1,Tau,1,11)
In [12]: V[0]
Out[12]: 14.481772711351956
```

◇

Aufgabe 10.7 Nach dem Fundamentalprinzip$_d$ löst der Optionspreis $V(\mathbf{x}, t)$ mit $\mathbf{x} = (s, v)$ die partielle Differentialgleichung

$$\begin{cases} \partial_t V + \frac{1}{2}\mathrm{tr}[\boldsymbol{Q}(\mathbf{x}, t)D^2 V] + \boldsymbol{\mu}(\mathbf{x}, t)^\top \nabla V - rV = 0 & \text{in } G \times [0, T[\\ V(\mathbf{x}, T) = g(\mathbf{x}) & \text{in } G \end{cases}.$$

Darin müssen wir noch die Terme $\frac{1}{2}\mathrm{tr}[\boldsymbol{Q}(\mathbf{x},t)D^2V]$ sowie $\boldsymbol{\mu}(\mathbf{x},t)^\top \nabla V$ ausrechnen. Die Matrix $\boldsymbol{Q}$ ist in (10.55) gegeben, wir haben daher (mit der Definition der Hessischen Matrix D^2V in (10.4))

$$\begin{aligned}\frac{1}{2}\mathrm{tr}[\boldsymbol{Q}(\mathbf{x},t)D^2V] &\overset{(10.55)}{=} \frac{1}{2}\mathrm{tr}\left[\begin{pmatrix} vs^2 & \rho\delta vs \\ \rho\delta vs & \delta^2 v\end{pmatrix}\begin{pmatrix}\partial_{ss}V & \partial_{sv}V \\ \partial_{vs}V & \partial_{vv}V\end{pmatrix}\right] \\ &= \frac{1}{2}\mathrm{tr}\left[\begin{pmatrix} vs^2\partial_{ss}V + \rho\delta vs\partial_{vs}V & * \\ * & \rho\delta vs\partial_{vs}V + \delta^2 v\partial_{vv}V\end{pmatrix}\right],\end{aligned}$$

wobei die Einträge $*$ für die Spurbildung irrelevant sind. Nehmen wir an, dass $\partial_{vs}V = \partial_{sv}V$ (Satz von Schwarz), so ergibt sich

$$\frac{1}{2}\mathrm{tr}[\boldsymbol{Q}(\mathbf{x},t)D^2V] = \frac{1}{2}vs^2\partial_{ss}V + \rho\delta vs\partial_{vs}V + \frac{1}{2}\delta^2 v\partial_{vv}V\ .$$

Weiter haben wir mit $\boldsymbol{\mu}(\mathbf{x},t)^\top$ in (10.54) und der Definition des Gradienten ∇V in (10.4)

$$\boldsymbol{\mu}(\mathbf{x},t)^\top \nabla V \overset{(10.54)}{=} \begin{pmatrix}(r-q)s \\ \kappa(m-v)\end{pmatrix}^\top \begin{pmatrix}\partial_s V \\ \partial_v V\end{pmatrix} = (r-q)s\partial_s V + \kappa(m-v)\partial_v V\ .$$

Das Gebiet G ergibt sich daraus, dass sowohl der Basiswert $S(t)$ als auch die Varianz $V(t)$ nur positive Werte annehmen können, also $(s,v) \in G =]0,\infty[\times]0,\infty[$. ◇

Aufgabe 10.8 Die Graph der Funktion Q ist eine nach unten geöffnete Parabel (mit Nullstellen a und b). Die Eigenschaft $Q(x) \leq x$ und $Q(x) = x$ für $x = \sqrt{ab}$ ist daher equivalent zur Eigenschaft, dass die quadratische Gleichung $Q(x) = x$ genau eine Lösung hat (nämlich $x = \sqrt{ab}$). Dies ist wiederum äquivalent dazu, dass die Diskriminante der quadratischen Gleichung

$$-x^2 + (a+b-c)x - ab = 0$$

Null ist; mit $c := (\sqrt{b} - \sqrt{a})^2 = a + b - 2\sqrt{ab}$. In der Tat ist

$$D = (a+b-c)^2 - 4ab = (a+b-a-b+2\sqrt{ab})^2 - 4ab = 0\ ; \tag{C.5}$$

die einzige Lösung der Gleichung ist $x = -\frac{a+b-c}{-2} = \frac{2\sqrt{ab}}{2} = \sqrt{ab}$. ◇

Aufgabe 10.9 In der Bewertungsgleichung (10.56) müssen wir in den Koeffizientenfunktionen zu ∂_{sv} und ∂_{vv} den Faktor v ersetzen durch $Q(v)$ definiert in (10.59). Für $K = e^0 = 1$ haben wir zum Beispiel in Python die Eingaben

```
In [13]: s0 = 1; v0 = 0.04; delta = 1; rho = -0.5; kappa = 0.5; m = 0.04;
    ...: vmin = 1e-4; vmax = 0.08; r = 0; q = 0; K = 1; T = 1/12;
    ...: L = np.array([10,5]); N = 2**L-1; M = int(np.ceil(0.1*max(N)));
```

```
   ...: Q = lambda v:(v-vmin)*(vmax-v)/(np.sqrt(vmax)-np.sqrt(vmin))**2;
   ...: a = [lambda x:-x**2/2,lambda y:y,lambda x:-delta**2*x**0/2,\
   ...: lambda y:Q(y),lambda x:-rho*delta*x,lambda y:Q(y)];
   ...: b = [lambda x:-(r-q)*x,lambda y:y**0,lambda x:x**0,lambda y:-kappa*(m-y)];
   ...: c = [lambda x:r*x**0,lambda y:y**0,lambda x:0*x,lambda y:0*y];
   ...: g = lambda x,y:np.maximum(x-K,0)*y**0; G = [0,4,vmin,vmax];
   ...: x,y,w = pde_2d_ah_cs(a,b,c,T,g,G,[3,1,2,2],N,M,0.5);
In [14]: V = interpn((x[:,0],y[0,:]),w,(s0,v0));
   ...: sigma = impl_vola(V[0],s0,K,T,r,q,1,0.2); sigma
Out[14]: 0.19232077867075403
```

Wir finden $\sigma^{\mathrm{i}} \doteq 19.23\,\%$; dies entspricht dem Wert in Ackerer et al. [1]. Analog finden wir für den Strike $K = e^{0.1}$ die implizite Volatilität $\sigma^{\mathrm{i}} \doteq 19.24\,\%$ sowie für $K = e^{-0.1}$ den Wert $\sigma^{\mathrm{i}} \doteq 22.76\,\%$, das heisst wir können die in [1] angegebenen Werte bestätigen. Interessanterweise benötigen wir nur eine grobe Diskretisierung ($L = 5$) in Varianz-Koordinatenrichtung, um die gewünschten Werte zu erhalten. ◇

Aufgabe 10.10

i) Es ist offenbar $\mathbf{m} = \mathbf{x} = \mathbf{0} = (0,0)^\top$ sowie

$$\mathbf{K} = \begin{pmatrix} k_1 & 0 \\ 0 & k_2 \end{pmatrix}, \quad \boldsymbol{\Sigma} = \begin{pmatrix} 1 & 0 \\ \rho_{23} & \sqrt{1-\rho_{23}^2} \end{pmatrix}.$$

ii) Weil $\mathbf{m} = \mathbf{x} = \mathbf{0}$ ist, folgt aus (10.71) dass $\boldsymbol{\mu}_X = \mathbf{0}$ ist. Um die Kovarianzmatrix zu bestimmen, betrachten wir zunächst den Integranden in (10.71). Weil $\mathbf{K}$ diagonal ist und wegen

$$\boldsymbol{\Sigma}\boldsymbol{\Sigma}^\top = \begin{pmatrix} 1 & 0 \\ \rho_{23} & \sqrt{1-\rho_{23}^2} \end{pmatrix}\begin{pmatrix} 1 & \rho_{23} \\ 0 & \sqrt{1-\rho_{23}^2} \end{pmatrix} = \begin{pmatrix} 1 & \rho_{23} \\ \rho_{23} & 1 \end{pmatrix}$$

ergibt sich

$$\begin{aligned} e^{\mathbf{K}(\tau-t)}\boldsymbol{\Sigma}\boldsymbol{\Sigma}^\top e^{\mathbf{K}^\top(\tau-t)} &= \begin{pmatrix} e^{k_1(\tau-t)} & 0 \\ 0 & e^{k_2(\tau-t)} \end{pmatrix}\begin{pmatrix} 1 & \rho_{23} \\ \rho_{23} & 1 \end{pmatrix}\begin{pmatrix} e^{k_1(\tau-t)} & 0 \\ 0 & e^{k_2(\tau-t)} \end{pmatrix} \\ &= \begin{pmatrix} e^{k_1(\tau-t)} & 0 \\ 0 & e^{k_2(\tau-t)} \end{pmatrix}\begin{pmatrix} e^{k_1(\tau-t)} & \rho_{23}e^{k_2(\tau-t)} \\ \rho_{23}e^{k_1(\tau-t)} & e^{k_2(\tau-t)} \end{pmatrix} \\ &= \begin{pmatrix} e^{2k_1(\tau-t)} & \rho_{23}e^{(k_1+k_2)(\tau-t)} \\ \rho_{23}e^{(k_1+k_2)(\tau-t)} & e^{2k_2(\tau-t)} \end{pmatrix}. \end{aligned}$$

Alle Einträge in dieser Matrix sind von der Form $ae^{b(\tau-t)}$; das Integral ist

$$\int_0^t ae^{b(\tau-t)}\mathrm{d}\tau = \frac{a}{b}e^{b(\tau-t)}\Big|_0^t = \frac{a}{b}(1-e^{-bt})\,.$$

Somit ergibt sich die Kovarianzmatrix zu

$$\begin{aligned}\mathbf{\Sigma}_X &= \int_0^t \begin{pmatrix} e^{2k_1(\tau-t)} & \rho_{23}e^{(k_1+k_2)(\tau-t)} \\ \rho_{23}e^{(k_1+k_2)(\tau-t)} & e^{2k_2(\tau-t)} \end{pmatrix} \mathrm{d}\tau \\ &= \begin{pmatrix} \frac{1}{2k_1}(1-e^{-2k_1 t}) & \frac{\rho_{23}}{k_1+k_2}(1-e^{-(k_1+k_2)t}) \\ \frac{\rho_{23}}{k_1+k_2}(1-e^{-(k_1+k_2)t}) & \frac{1}{2k_2}(1-e^{-2k_2 t}) \end{pmatrix}.\end{aligned}$$

iii) $Z^T(t)$ lässt sich nach (10.68) schreiben als $Z^T(t) = w_1 X(t) + w_2 Y(t)$ mit

$$w_1 = \alpha(1-\beta)e^{-k_1(T-t)}, \quad w_2 = \alpha\beta e^{-k_2(T-t)} .$$

$Z^T(t) \sim \mathcal{N}(\mathbf{w}^\top \boldsymbol{\mu}_X, \mathbf{w}^\top \mathbf{\Sigma}_X \mathbf{w})$ ist normal verteilt mit $\boldsymbol{\mu}_X$ und $\mathbf{\Sigma}_X$ in Teilaufgabe ii) gegeben; hierin ist $\mathbf{w} = (w_1, w_2)^\top$. Weil $\boldsymbol{\mu}_X = \mathbf{0}$ ist, ist der Erwartungswert von $Z^T(t)$ gleich Null. Die Varianz ist $\mathrm{Var}[Z^T(t)] = \mathbf{w}^\top \mathbf{\Sigma}_X \mathbf{w}$, darin bestimmen wir zunächst

$$\begin{aligned}\mathbf{\Sigma}_X \mathbf{w} &= \alpha \begin{pmatrix} \frac{1}{2k_1}(1-e^{-2k_1 t}) & \frac{\rho_{23}}{k_1+k_2}(1-e^{-(k_1+k_2)t}) \\ \frac{\rho_{23}}{k_1+k_2}(1-e^{-(k_1+k_2)t}) & \frac{1}{2k_2}(1-e^{-2k_2 t}) \end{pmatrix} \begin{pmatrix} (1-\beta)e^{-k_1(T-t)} \\ \beta e^{-k_2(T-t)} \end{pmatrix} \\ &= \alpha \begin{pmatrix} \frac{1-\beta}{2k_1}(e^{-k_1(T-t)} - e^{-k_1(t+T)}) + \rho_{23}\frac{\beta}{k_1+k_2}(e^{-k_2(T-t)} - e^{-k_1 t - k_2 T}) \\ \rho_{23}\frac{1-\beta}{k_1+k_2}(e^{-k_1(T-t)} - e^{-k_1 T - k_2 t}) + \frac{\beta}{2k_2}(e^{-k_2(T-t)} - e^{-k_2(t+T)}) \end{pmatrix}\end{aligned}$$

Nun ergibt sich für $\mathbf{w}^\top \mathbf{\Sigma}_X \mathbf{w}$

$$\begin{aligned}\mathbf{w}^\top \mathbf{\Sigma}_X \mathbf{w} &= \alpha^2 \Bigg(\frac{(1-\beta)^2}{2k_1}(e^{-k_1(T-t)} - e^{-k_1(t+T)})e^{-k_1(T-t)} \\ &\quad + \rho_{23}\frac{\beta(1-\beta)}{k_1+k_2}(e^{-k_2(T-t)} - e^{-k_1 t - k_2 T})e^{-k_1(T-t)} \\ &\quad + \rho_{23}\frac{\beta(1-\beta)}{k_1+k_2}(e^{-k_1(T-t)} - e^{-k_1 T - k_2 t})e^{-k_2(T-t)} \\ &\quad + \frac{\beta^2}{2k_2}(e^{-k_2(T-t)} - e^{-k_2(t+T)})e^{-k_2(T-t)} \Bigg) \\ &= \alpha^2 \Bigg((1-\beta)^2 e^{-2k_1(T-t)} \frac{1-e^{-2k_1 t}}{2k_1} \\ &\quad + 2\rho_{23}\beta(1-\beta)e^{-(k_1+k_2)(T-t)} \frac{1-e^{-(k_1+k_2)t}}{k_1+k_2} \\ &\quad + \beta^2 e^{-2k_2(T-t)} \frac{1-e^{-k_2 t}}{2k_2} \Bigg) \\ &= \frac{1}{\omega^2}\chi(t,T)\end{aligned}$$

mit $\chi(t, T)$ definiert in (10.74).

iv) Weil $Z^T(t)$ normalverteilt ist, $Z^T(t) \sim \mathcal{N}(0, \omega^{-2}\chi(t,T))$, ist es auch der Exponent

$$\omega Z^T(t) - \frac{1}{2}\chi(t,T) + \ln(\xi_0^T) \sim \mathcal{N}\big(-\chi(t,T)/2 + \ln(\xi_0^T), \chi(t,T)\big) .$$

Daher ist $\xi^T(t)$ lognormal-verteilt mit den selben Parametern.

v) Insbesondere ist daher

$$\mathbb{E}[\xi^T(t)] = e^{-\frac{1}{2}\chi(t,T)+\ln(\xi_0^T)+\frac{1}{2}\chi(t,T)} = \xi_0^T .$$ ◇

Aufgabe 10.11 Wir lösen das Differentialgleichungssystem (10.92). Zunächst folgt sofort $\beta_1 = Iu$; die Gleichung

$$\beta_3' = 2\delta^2\beta_3^2 + (2\rho\delta I u - 2\kappa)\beta_3 - 0.5u^2 - 0.5Iu, \quad \beta_3(0) = 0$$

für β_3 ist daher eine Riccati-Gleichung $\beta' = q\beta^2 + p\beta + n$, $\beta(0) = b$, mit konstanten (aber komplexen) Koeffizienten wie in (8.13), mit

$$q = 2\delta^2, \quad p = 2(\rho\delta I u - \kappa), \quad n = -0.5u(u + I), \quad b = 0 .$$

Aus der Aufgabe 8.2 ii) folgt die Lösung

$$\beta_3(\tau) = c_2 \frac{1 - e^{-c_1\tau}}{1 - c_3 e^{-c_1\tau}}$$

mit den Konstanten c_i

$$\begin{aligned} c_1 &= \sqrt{p^2 - 4nq} = 2\sqrt{(\kappa - \rho\delta I u)^2 + \delta^2 u(u+I)} \\ c_2 &= -\frac{p + c_1}{2q} = \frac{2(\kappa - \rho\delta I u) - c_1}{4\delta^2} \\ c_3 &= \frac{2bq + p + c_1}{2bq + p - c_1} = \frac{-p - c_1}{-p + c_1} = \frac{2(\kappa - \rho\delta I u) - c_1}{2(\kappa - \rho\delta I u) + c_1} . \end{aligned}$$

Dies sind die Formeln in (10.94). Die Gleichung für β_2 lautet

$$\beta_2' = \big(2\delta^2\beta_3 + \rho\delta I u - \kappa\big)\beta_2 + 2\kappa m\beta_3, \quad \beta_2(0) = 0$$

und hat somit die Form $\beta_2'(\tau) = q(\tau)\beta_2(\tau) + p(\tau)$ mit

$$q(\tau) := 2\delta^2\beta_3(\tau) + \rho\delta I u - \kappa, \quad p(\tau) := 2\kappa m\beta_3(\tau) .$$

Eine Variation der Konstanten (siehe den Hinweis) führt zur Lösung

$$\beta_2(\tau) = e^{Q(\tau)}\Big(\int_0^\tau e^{-Q(z)}p(z)\mathrm{d}z + c\Big)$$

mit $Q(\tau) := \int_0^\tau q(z)\mathrm{d}z$. Um β_2 zu bestimmen, müssen wir daher zunächst Q ausrechnen; wegen der Definition von $q(z) = 2\delta^2\beta_3(z) + \rho\delta I u - \kappa$ müssen wir die Stammfunktion von β_3 finden. Diese haben wir aber schon in Aufgabe 8.2 iv) gefunden,

$$\begin{aligned} Q(\tau) &:= \int_0^\tau q(z)\mathrm{d}z = 2\delta^2\int_0^\tau \beta_3(z)\mathrm{d}z + (\rho\delta I u - \kappa)\int_0^\tau \mathrm{d}z \\ &\overset{(8.15)}{=} 2\delta^2 c_2\big(\mathcal{I}(\tau;0,c_3,c_3-1,c_1) - \mathcal{I}(0;0,c_3,c_3-1,c_1)\big) + (\rho\delta I u - \kappa)\tau\ . \end{aligned}$$

Wir vereinfachen diesen Ausdruck. Aus dem Term (8.14) für $\mathcal{I}$ ergibt sich

$$\begin{aligned} &\mathcal{I}(\tau;0,c_3,c_3-1,c_1) - \mathcal{I}(0;0,c_3,c_3-1,c_1) \\ &= -\frac{1}{c_1}\frac{c_3-1}{c_3(c_3-c_3+1)}\ln\frac{e^{-\frac{c_3}{c_3-1}c_1\tau}}{c_3(e^{-c_1x}-1)+c_3-1} + \frac{1}{c_1}\frac{c_3-1}{c_3(c_3-c_3+1)}\ln\frac{1}{c_3-1} \\ &= -\frac{1}{c_1}\frac{c_3-1}{c_3}\left(\ln\frac{e^{-\frac{c_3}{c_3-1}c_1\tau}}{c_3e^{-c_1x}-1} - \ln\frac{1}{c_3-1}\right) \\ &= -\frac{1}{c_1}\frac{c_3-1}{c_3}\Big(-\frac{c_3}{c_3-1}c_1\tau - \ln\big(c_3e^{-c_1\tau}-1\big) + \ln(c_3-1)\Big) \\ &= \tau + \frac{1}{c_1}\frac{c_3-1}{c_3}\ln\frac{c_3e^{-c_1\tau}-1}{c_3-1}\ ; \end{aligned}$$

somit ist

$$Q(\tau) = 2\delta^2 c_2\frac{1}{c_1}\frac{c_3-1}{c_3}\ln\frac{c_3e^{-c_1\tau}-1}{c_3-1} + (2\delta^2c_2 + \rho\delta I u - \kappa)\tau\ .$$

Aus der Definition der Konstanten c_2 und c_3 in (10.94) folgt $2\delta^2c_2 + \rho\delta I u - \kappa = -\frac{c_1}{2}$ und $2\delta^2c_2\frac{1}{c_1}\frac{c_3-1}{c_3} = -1$. Also ist

$$Q(\tau) = \ln\frac{c_3-1}{c_3e^{-c_1\tau}-1} - \frac{c_1}{2}\tau$$

respektive

$$e^{Q(\tau)} = \frac{c_3-1}{c_3e^{-c_1\tau}-1}e^{-\frac{c_1}{2}\tau}\ .$$

Nun können wir das Integral $\int_0^\tau e^{-Q(z)} p(z)\mathrm{d}z$ ausrechnen. Mit der Definition von Q und p ergibt sich

$$\begin{aligned}\int_0^\tau e^{-Q(z)} p(z)\mathrm{d}z &= 2\kappa m c_2 \int_0^\tau \frac{c_3 e^{-c_1 z} - 1}{c_3 - 1} e^{\frac{c_1}{2} z} \frac{1 - e^{-c_1 z}}{1 - c_3 e^{-c_1 z}} \mathrm{d}z \\ &= \frac{2\kappa m c_2}{1 - c_3} \int_0^\tau e^{\frac{c_1}{2} z} (1 - e^{-c_1 z}) \mathrm{d}z \\ &= \frac{4\kappa m c_2}{1 - c_3} \int_0^\tau \sinh\left(\frac{c_1}{2} z\right) \mathrm{d}z \,.\end{aligned}$$

Weil

$$\begin{aligned}\left(\sinh^2(cz)\right)' &= 2c \sinh(cz)\cosh(cz) = 2c \frac{e^{cz} - e^{-cz}}{2} \frac{e^{cz} + e^{-cz}}{2} \\ &= \frac{c}{2}(e^{2cz} + 1 - 1 - e^{-2cz}) = c \sinh(2cz)\end{aligned}$$

gilt, ergibt sich

$$\int_0^\tau e^{-Q(z)} p(z)\mathrm{d}z = \frac{4\kappa m c_2}{1 - c_3} \int_0^\tau \sinh\left(\frac{c_1}{2} z\right) \mathrm{d}z = \frac{16\kappa m c_2}{c_1(1 - c_3)} \sinh^2\left(\frac{c_1}{4} \tau\right)$$

und daher

$$\begin{aligned}\beta_2(\tau) &= e^{Q(\tau)} \Big(\int_0^\tau e^{-Q(z)} p(z)\mathrm{d}z + c \Big) \\ &= \frac{16\kappa m c_2}{c_1(1 - c_3)} \frac{c_3 - 1}{c_3 e^{-c_1 \tau} - 1} e^{-\frac{c_1}{2}\tau} \sinh^2\left(\frac{c_1}{4}\tau\right) + c e^{Q(\tau)} \\ &= \frac{16\kappa m c_2}{c_1} \frac{e^{-\frac{c_1}{2}\tau}}{1 - c_3 e^{-c_1 \tau}} \sinh^2\left(\frac{c_1}{4}\tau\right) + c e^{Q(\tau)} \,.\end{aligned}$$

Die Integrationskonstante c ergibt sich aus der Anfangsbedingung $\beta_2(0) = 0$,

$$\beta_2(0) = 0 + c e^{Q(0)} = 0 + c e^0 = c = 0$$

und wir sind fertig. ◇

Aufgabe 10.12

i) Der infinitesimalen Generator $\mathcal{A}$ des Prozesses $\mathbf{X}(t) := (S(t), \sigma(t))^\top$ folgt aus (10.50) und (10.87),

$$\begin{pmatrix} \mathrm{d}S(t) \\ \mathrm{d}\sigma(t) \end{pmatrix} = \begin{pmatrix} (r-q)S(t) \\ \kappa\big(m-\sigma(t)\big) \end{pmatrix} \mathrm{d}t + \begin{pmatrix} \sigma(t)S(t) & 0 \\ \rho\delta & \sqrt{1-\rho^2\delta} \end{pmatrix} \begin{pmatrix} \mathrm{d}W(t) \\ \mathrm{d}\widehat{W}(t) \end{pmatrix}.$$

Mit $\mathbf{x} := (s, \sigma)$ ergibt sich daher

$$\begin{aligned}
\mathcal{A} &= \frac{1}{2}\mathrm{tr}[\boldsymbol{\sigma}(\mathbf{x})\boldsymbol{\sigma}(\mathbf{x})^\top D^2] + \boldsymbol{\mu}(\mathbf{x})^\top \nabla \\
&= \frac{1}{2}\mathrm{tr}\left[\begin{pmatrix} \sigma s & 0 \\ \rho\delta & \sqrt{1-\rho^2\delta} \end{pmatrix} \begin{pmatrix} \sigma s & \rho\delta \\ 0 & \sqrt{1-\rho^2\delta} \end{pmatrix} \begin{pmatrix} \partial_{ss} & \partial_{s\sigma} \\ \partial_{\sigma s} & \partial_{\sigma\sigma} \end{pmatrix}\right] \\
&\quad + \begin{pmatrix} (r-q)s & \kappa(m-\sigma) \end{pmatrix} \begin{pmatrix} \partial_s \\ \partial_\sigma \end{pmatrix} \\
&= \frac{1}{2}\mathrm{tr}\left[\begin{pmatrix} \sigma^2 s^2 & \rho\delta\sigma s \\ \rho\delta\sigma s & \rho^2\delta^2 \end{pmatrix} \begin{pmatrix} \partial_{ss} & \partial_{s\sigma} \\ \partial_{\sigma s} & \partial_{\sigma\sigma} \end{pmatrix}\right] + (r-q)s\partial_s + \kappa(m-\sigma)\partial_\sigma \\
&= \frac{1}{2}\sigma^2 s^2 \partial_{ss} + \rho\delta\sigma s\partial_{s\sigma} + \frac{1}{2}\delta^2\partial_{\sigma\sigma} + (r-q)s\partial_s + \kappa(m-\sigma)\partial_\sigma\,.
\end{aligned}$$

ii) Wir setzen nun wiederum $y := \sigma$. Nach dem Fundamentalprinzip$_d$ löst der Wert $V(s, y, t)$ einer Europäischen Call oder Put Option mit Strike K und Maturität T die partielle Differentialgleichung

$$\begin{cases} \partial_t V + \mathcal{A}V - rV = 0 & \text{in } G \times]0, T] \\ \qquad V(s, y, T) = \max\{\omega(s-K), 0\} & \text{in } G \end{cases};$$

wir wollen das entsprechende Problem für

$$u(x, y, t) := K^{-1}V(Ke^x, y, T-t)$$

finden. Weil (beachten Sie: $s = Ke^x$),

$$\partial_t u = -K^{-1}\partial_t V \Rightarrow \partial_t V = -K\partial_t u, \quad \partial_x u = K^{-1}\partial_s V K e^x \Rightarrow s\partial_s V = K\partial_x u$$

und

$$\partial_{xx}u = Ke^x\partial_{ss}Ve^x + \partial_s Ve^x = \frac{s^2}{K}\partial_{ss}V + \frac{s}{K}\partial_s V \Rightarrow s^2\partial_{ss}V = K(\partial_{xx}u - \partial_x u)$$

sowie $s\partial_{sy}V = K\partial_{xy}u$, $\partial_y u = K^{-1}\partial_y V$ und $\partial_{yy}u = K^{-1}\partial_{yy}V$ ist, erhalten wir

$$\begin{aligned}\partial_t V + \mathcal{A}V - rV &= \partial_t V + \frac{1}{2}y^2 s^2 \partial_{ss}V + \rho\delta s y \partial_{sy}V + \frac{1}{2}\delta^2\partial_{yy}V \\ &\quad + (r-q)s\partial_s V + \kappa(m-y)\partial_y V - rV \\ &= -K\partial_t u + \frac{1}{2}y^2 K(\partial_{xx}u - \partial_x u) + \rho\delta y K\partial_{xy}u + \frac{1}{2}\delta^2 K\partial_{yy} \\ &\quad + (r-q)K\partial_x u + \kappa(m-y)K\partial_y u - rKu = 0\,.\end{aligned}$$

Eine Division durch $-K \neq 0$ liefert

$$\begin{aligned}\partial_t V + \mathcal{A}V - rV = \partial_t u - \frac{1}{2}y^2(\partial_{xx}u - \partial_x u) - \rho\delta y\partial_{xy}u - \frac{1}{2}\delta^2\partial_{yy} \\ - (r-q)\partial_x u - \kappa(m-y)\partial_y u + ru = 0\end{aligned}$$

oder $\partial_t u - \widehat{\mathcal{A}}u + ru = 0$, mit

$$\widehat{\mathcal{A}} := \frac{1}{2}y^2\partial_{xx} + \rho\delta y\partial_{xy} + \frac{1}{2}\delta^2\partial_{yy} + \big(r - q - \frac{1}{2}y^2\big)\partial_x + \kappa(m-y)\partial_y\,.$$

Die Endbedingung $V(s,y,T) = \max\{\omega(s-K),0\}$ für V wird zur Anfangsbedingung für u,

$$u(x,y,0) = K^{-1}V(Ke^x,y,T) = K^{-1}\max\{\omega(Ke^x - K),0\} = \max\{\omega(e^x - 1),0\}\,.$$

iii) Die der Routine pde_2d_ah_cs zu übergebenden Listen $\underline{a}$, $\underline{b}$ und $\underline{c}$ ergeben sich aus dem Operator $-\widehat{\mathcal{A}} + \mathrm{Id}r$. Für die gegebenen Diskretisierungsparameter und die Strikes $K = \{90, 95, 100, 105, 110, 115, 120\}$ ergeben sich folgende Eingaben in Python

```
In [16]: s0 = 100; q = 0; y0 = 0.2; r = 0.0953; T = 0.5;
    ...: kappa = 4; m = 0.2; delta = 0.1; rho = -0.75;
In [17]: a = [lambda x:-x**0/2,lambda y:y**2,lambda x:-delta**2/2*x**0,
    ...: lambda y:y**0,lambda x:-rho*delta*x**0,lambda y:y];
    ...: b = [lambda x:x**0,lambda y:-(r-q-y**2/2),lambda x:x**0,
    ...: lambda y:-kappa*(m-y)];
    ...: c = [lambda x:r*x**0,lambda y:y**0,lambda x:0*x,lambda y:0*y];
    ...: N1 = 2**11-1; N2 = 2**6-1; M = int(np.ceil(0.05*N1));
In [18]: g = lambda x,y:np.maximum(np.exp(x)-1,0)*y**0;
    ...: G = [-4,3,-0.1,0.5];
In [19]: x,y,w = pde_2d_ah_cs(a,b,c,T,g,G,[2,2,2,2],[N1,N2],M,0.5);
In [20]: from scipy.interpolate import interpn
In [21]: K = np.arange(90,125,5);
    ...: display(K*interpn((x[:,0],y[0,:]),w,(np.log(s0/K),y0),method='splinef2d'))
array([15.35448233, 11.56107585,  8.27515255,  5.58525362,  3.52504134,
        2.06282896,  1.10997923])
```

Das sind die gesuchten Preise in Tab. 10.13, Zeile „FDM“. ◇

C.11 Aufgaben im Kap. 11

Aufgabe 11.1

i) Wir müssen die beiden Fälle $S(T) > B$ und $S(T) \leq B$ unterscheiden. Es sei $S(T) > B$. Gemäss Term Sheet zahlt das Produkt $C^m + N$ aus. Die Payoff-Funktion liefert für diesen Fall

$$\begin{aligned} g(S(T)) &= C^m + n(B - \max\{B - S(T), 0\} + n(S(0) - B)1_{\{S(T)>B\}} \\ &= C^m + nB + n(S(0) - B) = C^m + nS(0) = C^m + N \end{aligned}$$

da $S(0) = K$ und $n = N/K$ ist. Es sei nun $S(T) \leq B$. Gemäss Term Sheet zahlt Produkt in diesem Fall $C^m + nS(T)$ aus. Die Payoff-Funktion liefert

$$\begin{aligned} g(S(T)) &= C^m + n(B - \max\{B - S(T), 0\} + n(S(0) - B)1_{\{S(T)>B\}} \\ &= C^m + n\big(B - (B - S(T))\big) = C^m + nS(T) \ ; \end{aligned}$$

wiederum die selbe Auszahlung.

ii) Die Aussage folgt aus der Tatsache, dass $\max\{B - S(T), 0\}$ das Auszahlungsprofil einer Put Option mit Strike B ist und die Funktion $1_{\{S(T)>B\}}$ dem Auszahlungsprofil einer Digital Call Option mit Strike B entspricht. Der Wert des Produkts muss zu jedem Zeitpunkt $0 \leq t \leq T$ dem Wert der Replikation (long Geldmarktanlage mit Endwert $C^m + nB$, short n Put Optionen mit Strike B, long $n(S(0) - B)$ Digital Call Optionen mit Strike B) entsprechen.

iii) Wir verwenden für beide Optionen keine Randbedingungen am linken Rand $s_l = 0$. Am rechten Rand $s_r = 8B$ setzen wir homogene Dirichlet-Randbedingung für die Put Option sowie homogene Neumann-Randbedingung für die Digital Call Option. Für $N = 2^L - 1$, $L = 16$, Gitterpunkte und $M = \lceil 0.02N \rceil$ Zeitschritte ergibt sich der theoretische Emissionspreis des eBRC zu $V_{\text{ebrc}}(39.14, 0) \doteq 998.527$.

```
In [2]: s = 39.14; K = s; B = 0.6*s; r = np.log(1.0141); Tau = [1]
   ...: V,e = brc_european_bs(s,Tau,1000,0.1225,s,B,0.471,r,0.03); V
Out[2]: 998.5266800974664
```

Die Routine brc_european_bs ist in Teilaufgabe iv) erklärt.

iv) Aufgrund der Unstetigkeit des Payoffs g an der Stelle B wird das Rannancher-Verfahren nur lineare Konvergenz aufweisen (vergleiche mit dem Abschn. 5.5). Den maximalen Fehler messen wir auf dem Intervall $[0, 4B]$ für $N = 2^L - 1$, $L = 10, \ldots, 16$, Gitterpunkte und $M = \lceil 0.02N \rceil$ Zeitschritte. Die lineare Konvergenz ist klar ersichtlich.

```
In [3]: e
Out[3]:
array([1.28112553, 0.64643722, 0.32474526, 0.16275181, 0.08147081,
       0.04075916, 0.02038538])
```

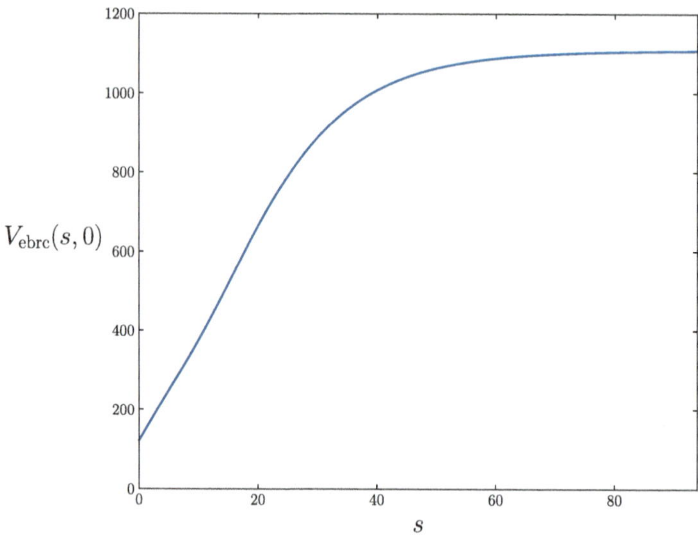

Abb. C.22 Der Emissionspreis eines „europäischen" Barrier Reverse Convertible als Funktion des Basiswertkurses

In Abb. C.22 zeichnen wir den Graphen der Funktion $s \mapsto V_{\text{ebrc}}(s, 0)$ im Intervall $s \in [0, 4B]$. ◇

Routine C.8: brc_european_bs.py

```
import numpy as np
from scipy.interpolate import interp1d
from numpy import linalg as la
from callput_bs_a import callput_bs_a
from digitalcallput_bs_a import digitalcallput_bs_a
from pde_1d_a_theta import pde_1d_a_theta

def brc_european_bs(s,Tau,N,c,K,B,sigma,r,q):
    '''Gibt den Wert eines Barrier Reverse Convertible (BRC) mit Barriere-
    beobachtung nur bei Maturitaet. Der BRC hat Nominal N, Barriere B,
    Strike K = s0 (Basiswertkurs bei Emission) und zahlt einen Coupon C = c*N
    zu den Zeitpunkten Tau = [t1,t2,..,tn] mit tn = T die Maturitaet des BRC.
    sigma, r und q sind die ueblichen Black-Scholes Parameter;
    s ist der aktuelle Basiswertkurs.'''

    # der Endwert Cm aller Couponzahlungen
    Tau = np.asarray(Tau); T = Tau[-1]; Cm = c*N*sum(np.exp(r*(T-Tau)));

    n = N/K; # Bezugsverhaeltnis

    # der approximative Wert
    Lmin = 10; Lmax = 16; Nx = 2**np.arange(Lmin,Lmax+1)-1;
    M = np.ceil(0.02*Nx); e = np.zeros(len(Nx));
    a = lambda x:-sigma**2*x**2/2; b = lambda x:-(r-q)*x; c = lambda x:r*x**0;
    theta = 0.5; sl = 0; sr = 8*B;
    wl = lambda t:0*t; wr = lambda t:0*t;
```

```
g1 = lambda x:np.maximum(B-x,0); g2 = lambda x:(x>B);

for j in range(len(Nx)):
    s1,w1 = pde_1d_a_theta(a,b,c,T,sl,wl,3,sr,wr,0,g1,\
                           Nx[j],int(M[j]),2,theta);
    s1,w2 = pde_1d_a_theta(a,b,c,T,sl,wl,3,sr,wr,1,g2,\
                           Nx[j],int(M[j]),2,theta);
    idx = np.where(s1<=4*B)[0]; s1 = s1[idx]; w1 = w1[idx]; w2 = w2[idx];
    Vex = (n*B+Cm)*np.exp(-r*T)-n*callput_bs_a(s1,B,T,sigma,r,q,-1)+\
    n*(K-B)*digitalcallput_bs_a(s1,B,T,sigma,r,q,1)[0]

    w = (n*B+Cm)*np.exp(-r*T)-n*w1+n*(K-B)*w2;
    e[j] = la.norm(w-Vex,np.inf);

V = (n*B+Cm)*np.exp(-r*T)-n*interp1d(s1,w1)(s)+n*(K-B)*interp1d(s1,w2)(s);
return V,e
```

Aufgabe 11.2 Dass die Lösung der angegebenen PDE $V(s,t) = ce^{-r(T-t)}$ ist, ist intuitiv klar, da $\mathcal{A}V = 0$ ist. Wir wollen trotzdem dies nachrechnen. Aus Aufgabe 3.2 und deren Lösung folgt mit $f_0(x) = e^{-\alpha x} g(e^x) = ce^{-\alpha x}$, dass

$$\begin{aligned} V(s,t) &= e^{\alpha x+\beta\tau} f(x,\tau) \\ &= e^{\alpha x+\beta\tau} \frac{1}{\sqrt{4\pi\tau}} \int_{\mathbb{R}} e^{-\frac{(x-y)^2}{4\tau}} f_0(y)\mathrm{d}y \\ &= ce^{\alpha x+\beta\tau} \frac{1}{\sqrt{4\pi\tau}} \int_{\mathbb{R}} e^{-\frac{(x-y)^2}{4\tau}-\alpha y}\mathrm{d}y \,. \end{aligned}$$

Eine quadratische Ergänzung sowie eine Variablen-Substitution wie in der Lösung zur Aufgabe 3.2 liefert

$$\begin{aligned} V(s,t) &= ce^{\alpha x+\beta\tau} \frac{1}{\sqrt{4\pi\tau}} \sqrt{2\tau} e^{-\alpha(x-\tau\alpha)} \int_{\mathbb{R}} e^{-\frac{z^2}{2}}\mathrm{d}z \\ &= ce^{(\alpha^2+\beta)\tau} \underbrace{\frac{1}{\sqrt{2\pi}} \int_{\mathbb{R}} e^{-\frac{z^2}{2}}\mathrm{d}z}_{=1} = ce^{(\alpha^2+\beta)\tau} \,. \end{aligned}$$

Nach der Lösung zur Aufgabe 3.2 ist weiter $(\alpha^2+\beta)\iota = -r(T-t)$, und wir sind fertig.

Da der Operator $\mathcal{A}$ nicht von t abhängt, können wir die Bewertungsgleichungen in der Sequenz (11.15) anstatt in den Intervallen $[t^c_{j-1}, t^c_j[$ in den Intervallen $[0, t^c_j - t^c_{j-1}[$ lösen. Für $j = J$ erhalten wir aus obiger Betrachtung mit $c = C$ die Funktion

$$V_J(s, t^c_{J-1}) = Ce^{-r(t^c_J - t^c_{J-1})} = C \sum_{k=J}^{J} e^{-r(t^c_k - t^c_{J-1})} \,.$$

Die Funktion

$$V_{J-1}(s,t_{J-1}^c) = V_J(s,t_{J-1}^c) + C = Ce^{-r(t_J^c - t_{J-1}^c)} + C$$

ist bezüglich s konstant, so dass für $j = J-1$ die Funktion

$$\begin{aligned} V_{J-1}(s,t_{J-2}^c) &= Ce^{-r(t_J^c - t_{J-1}^c)}e^{-r(t_{J-1}^c - t_{J-2}^c)} + Ce^{-r(t_{J-1}^c - t_{J-2}^c)} \\ &= Ce^{-r(t_J^c - t_{J-2}^c)} + Ce^{-r(t_{J-1}^c - t_{J-2}^c)} = C\sum_{k=J-1}^{J} e^{-r(t_k^c - t_{J-2}^c)} \end{aligned}$$

erhalten, welche bezüglich s wiederum konstant ist. Daher finden wir für $j = J-3$

$$\begin{aligned} V_{J-2}(s,t_{J-3}^c) &= (V_{J-1}(s,t_{J-2}^c) + C)e^{-r(t_{J-2}^c - t_{J-3}^c)} \\ &= Ce^{-r(t_J^c - t_{J-3}^c)} + Ce^{-r(t_{J-1}^c - t_{J-3}^c)} + Ce^{-r(t_{J-2}^c - t_{J-3}^c)} = C\sum_{k=J-2}^{J} e^{-r(t_k^c - t_{J-3}^c)} . \end{aligned}$$

Ohne Induktionsbeweis ist klar, dass daher

$$V_j(s,t_{j-1}^c) = C\sum_{k=j}^{J} e^{-r(t_k^c - t_{j-1}^c)}$$

gilt; insbesondere für $j = 1$,

$$V_1(s,t_0^c) = C\sum_{k=1}^{J} e^{-r(t_k^c - t_0^c)} \overset{(t_0^c=0)}{=} C\sum_{j=1}^{J} e^{-rt_j^c} .$$

Dies ist der Barwert (11.11) aller Couponzahlungen,

$$C(J)e^{-rT} \overset{(11.9)}{=} C\sum_{j=1}^{J} e^{r(T-t_j^c)}e^{-rT} = C\sum_{j=1}^{J} e^{-rt_j^c} .$$

Dies war zu zeigen. ◇

Aufgabe 11.3 Die abgeänderte Routine kann so aussehen.

Routine C.9: expectnumbcoupayment.py

```
import numpy as np
from scipy.interpolate import interp1d
from pde_1d_a_theta import pde_1d_a_theta

def brcautocall_bs_enrc(s0,sigma,mu,AL,TauA):
```

```
    '''Bestimmt die Anzahl der erwarteten Couponzahlungen eines Autocallable
    BRC unter der Annahme H = J. Parameter wie in brcautcall_bs.'''

    R = np.arange(1,len(TauA)+1);
    Tau = np.hstack((0,TauA)); tau = np.diff(Tau);
    L = 12; N = 2**L-1; M = int(np.ceil(0.05*N));
    sr = 4*s0; wl = lambda t:0*t; wr = wl;

    a = lambda x:-sigma**2*x**2/2; b = lambda x:-mu*x; c = lambda x:0*x;
    g = lambda x:R[-1]*x**0; # erster Payoff

    for j in range(len(tau)):
        x,w = pde_1d_a_theta(a,b,c,tau[-1-j],0,wl,3,sr,wr,1,g,N,M,2,0.5);
        g = lambda x:R[-1-j]*(x>=AL)+w*(x<AL);

    nC = interp1d(x,w,kind='cubic')(s0);
    return nC
```

Die Eingaben in Python können bis auf wenige Änderungen vom Beispiel 11.6 übernommen werden.

```
In [4]: s0 = 16.36; sigma = 0.362; mu = 0; AL = s0;
   ...: TauA = yf((5,7,2017),[(5,10,2017),(5,1,2018),(5,4,2018),\
   ...: (5,7,2018),(5,10,2018),(7,1,2019),(5,4,2019),(5,7,2019)])
    ..: nC = brcautocall_bs_enrc(s0,sigma,mu,AL,TauA)
Out[4]: array(3.47857556)
```

Die erwartete Anzahl Couponzahlungen ist $n^C \doteq 3.48$. Zum Vergleich: die maximale Anzahl Couponzahlungen dieses BRC ist $J = 8$. ◇

Aufgabe 11.4 Bezeichnen wir die Dichte von $X(t)$ mit $f(x)$, so ergibt sich durch eine partielle Integration

$$\begin{aligned}
\mathbb{E}[m(t)] &= s\mathbb{E}\big[e^{X(t)}\big] = s\int_{-\infty}^{0} e^x f(x)\mathrm{d}x \\
&= se^x F(x)\,|_{-\infty}^{0} - s\int_{-\infty}^{0} e^x F(x)\mathrm{d}x \\
&= sF(0) - s\int_{-\infty}^{0} e^x \Phi_{0,1}\Big(\frac{x-\gamma t}{\sigma\sqrt{t}}\Big)\,\mathrm{d}x - s\int_{-\infty}^{0} e^{(1+\alpha)x}\Phi_{0,1}\Big(\frac{x+\gamma t}{\sigma\sqrt{t}}\Big)\mathrm{d}x \\
&=: sF(0) - s\mathcal{I}\big((\sigma\sqrt{t})^{-1}, -\gamma\sigma^{-1}\sqrt{t}, 1\big) - s\mathcal{I}\big((\sigma\sqrt{t})^{-1}, \gamma\sigma^{-1}\sqrt{t}, 1+\alpha\big)\,.
\end{aligned}$$

Somit müssen wir Integrale der Form

$$\mathcal{I}(a,b,c) := \int_{-\infty}^{0} e^{cx}\Phi_{0,1}(ax+b)\mathrm{d}x$$

mit $a > 0$, $b \in \mathbb{R}$ und $c \neq 0$ ausrechnen. Eine partielle Integration liefert (ϕ bezeichnet die Dichte der Standardnormalverteilung)

$$\begin{aligned}
\mathcal{I}(a,b,c) &= \int_{-\infty}^{0} e^{cx}\Phi_{0,1}(ax+b)\mathrm{d}x \\
&= \frac{1}{c}e^{cx}\Phi_{0,1}(ax+b)\Big|_{-\infty}^{0} - \frac{a}{c}\int_{-\infty}^{0} e^{cx}\phi(ax+b)\mathrm{d}x \\
&= \frac{1}{c}\Phi_{0,1}(b) - \frac{a}{c}\frac{1}{\sqrt{2\pi}}\int_{-\infty}^{0} e^{cx-(ax+b)^2/2}\mathrm{d}x\,.
\end{aligned}$$

Eine quadratische Ergänzung liefert

$$cx - \frac{1}{2}(ax+b)^2 = -\frac{1}{2}\Big(ax + \frac{ab-c}{a}\Big)^2 + \frac{1}{2}\frac{c(c-2ab)}{a^2}\,;$$

daher erhalten wir mit der Variablentransformation $z := ax + \frac{ab-c}{a}$, $\mathrm{d}z = a\mathrm{d}x$

$$\begin{aligned}
\mathcal{I}(a,b,c) &= \frac{1}{c}\Phi_{0,1}(b) - \frac{a}{c}\frac{1}{\sqrt{2\pi}}\int_{-\infty}^{0} e^{cx-(ax+b)^2/2}\mathrm{d}x \\
&= \frac{1}{c}\Phi_{0,1}(b) - \frac{a}{c}e^{\frac{c(c-2ab)}{2a^2}}\frac{1}{\sqrt{2\pi}}\int_{-\infty}^{0} e^{-(ax+\frac{ab-c}{a})^2/2}\mathrm{d}x \\
&= \frac{1}{c}\Phi_{0,1}(b) - \frac{1}{c}e^{\frac{c(c-2ab)}{2a^2}}\frac{1}{\sqrt{2\pi}}\int_{-\infty}^{\frac{ab-c}{a}} e^{-z^2/2}\mathrm{d}z \\
&= \frac{1}{c}\Phi_{0,1}(b) - \frac{1}{c}e^{\frac{c(c-2ab)}{2a^2}}\Phi_{0,1}\Big(b - \frac{c}{a}\Big)\,.
\end{aligned}$$

Zusammensetzend finden wir

$$\begin{aligned}
&\mathbb{E}[m(t)] = sF(0) - s\mathcal{I}\big((\sigma\sqrt{t})^{-1}, -\gamma\sigma^{-1}\sqrt{t}, 1\big) - s\mathcal{I}\big((\sigma\sqrt{t})^{-1}, \gamma\sigma^{-1}\sqrt{t}, 1+\alpha\big) \\
&= s\Big(\Phi_{0,1}\Big(-\frac{\gamma}{\sigma}\sqrt{t}\Big) + \Phi_{0,1}\Big(\frac{\gamma}{\sigma}\sqrt{t}\Big)\Big) \\
&\quad - s\Big(\Phi_{0,1}\Big(-\frac{\gamma}{\sigma}\sqrt{t}\Big) - e^{(2\gamma+\sigma^2)t/2}\Phi_{0,1}\Big(-\frac{\gamma+\sigma^2}{\sigma}\sqrt{t}\Big)\Big) \\
&\quad - s\Big(\frac{1}{1+\alpha}\Phi_{0,1}\Big(\frac{\gamma}{\sigma}\sqrt{t}\Big) - \frac{1}{1+\alpha}e^{(1+\alpha)\big((1+\alpha)\sigma^2-2\gamma\big)t/2}\Phi_{0,1}\Big(\frac{\gamma-(1+\alpha)\sigma^2}{\sigma}\sqrt{t}\Big)\Big)\,.
\end{aligned}$$

Weil $(1+\alpha)\big((1+\alpha)\sigma^2-2\gamma\big)=2\gamma+\sigma^2$, $\gamma+\sigma^2=\mu+\sigma^2/2$ und $\gamma-(1+\alpha)\sigma^2=-(\gamma+\sigma^2)$ ist, ergibt sich vereinfachend

$$\mathbb{E}[m(t)] = s\Phi_{0,1}\Big(\frac{\gamma}{\sigma}\sqrt{t}\Big)\Big(1-\frac{1}{1+\alpha}\Big) + se^{(2\gamma+\sigma^2)t/2}\Phi_{0,1}\Big(-\frac{\gamma+\sigma^2}{\sigma}\sqrt{t}\Big)\Big(1+\frac{1}{1+\alpha}\Big)\,;$$

mit $1-\frac{1}{1+\alpha}=1-\frac{\sigma^2}{2\mu}$, $2\gamma+\sigma^2=2\mu$ und $1+\frac{1}{1+\alpha}=1+\frac{\sigma^2}{2\mu}$ folgt schlussendlich

$$\mathbb{E}[m(t)] = s\Phi_{0,1}\Big(\frac{\mu-\sigma^2/2}{\sigma}\sqrt{t}\Big)\Big(1-\frac{\sigma^2}{2\mu}\Big) + se^{\mu t}\Phi_{0,1}\Big(\frac{-\mu-\sigma^2/2}{\sigma}\sqrt{t}\Big)\Big(1+\frac{\sigma^2}{2\mu}\Big)\,.$$

Für $\mu=0$ respektive $\alpha=-1$ respektive $c=0$ verliert obige Formel ihre Gültigkeit und wir müssen diesen Fall separat betrachten. Es ist mit der Variablensubstitution $z=ax+b$, $\mathrm{d}z=a\mathrm{d}x$

$$\begin{aligned}
\mathcal{I}(a,b,0) &= \int_{-\infty}^{0}\Phi_{0,1}(ax+b)\mathrm{d}x \\
&= x\Phi_{0,1}(ax+b)\big|_{-\infty}^{0} - a\int_{-\infty}^{0}x\phi(ax+b)\mathrm{d}x = -\frac{a}{\sqrt{2\pi}}\int_{-\infty}^{0}xe^{-(ax+b)^2/2}\mathrm{d}x \\
&= -\frac{1}{a\sqrt{2\pi}}\int_{-\infty}^{b}(z-b)e^{-z^2/2}\,\mathrm{d}z = \frac{b}{a}\Phi_{0,1}(b) - \frac{1}{a\sqrt{2\pi}}\int_{-\infty}^{b}ze^{-z^2/2}\,\mathrm{d}z \\
&= \frac{b}{a}\Phi_{0,1}(b) + \frac{1}{a}\phi(b)\,.
\end{aligned}$$

Somit

$$\begin{aligned}
\mathbb{E}[m(t)] &= sF(0) - s\mathcal{I}\big((\sigma\sqrt{t})^{-1}, -\gamma\sigma^{-1}\sqrt{t}, 1\big) - s\mathcal{I}\big((\sigma\sqrt{t})^{-1}, \gamma\sigma^{-1}\sqrt{t}, 0\big) \\
&= s\Big(\Phi_{0,1}\Big(-\frac{\gamma}{\sigma}\sqrt{t}\Big) + \Phi_{0,1}\Big(\frac{\gamma}{\sigma}\sqrt{t}\Big)\Big) \\
&\quad - s\Big(\Phi_{0,1}\Big(-\frac{\gamma}{\sigma}\sqrt{t}\Big) - e^{(2\gamma+\sigma^2)t/2}\Phi_{0,1}\Big(-\frac{\gamma+\sigma^2}{\sigma}\sqrt{t}\Big)\Big) \\
&\quad - s\Big(\gamma t\Phi_{0,1}\Big(\frac{\gamma}{\sigma}\sqrt{t}\Big) + \sigma\sqrt{t}\phi\Big(\frac{\gamma}{\sigma}\sqrt{t}\Big)\Big)\,.
\end{aligned}$$

Für $\mu=0$ gilt $\gamma=-\sigma^2/2$, $\gamma+\sigma^2=\sigma^2/2$ und $2\gamma+\sigma^2=0$, somit ergibt sich

$$\mathbb{E}[m(t)] = s\Phi_{0,1}\big(-\sigma\sqrt{t}/2\big)\big(2+\sigma^2/2t\big) - s\sigma\sqrt{t}\phi\big(-\sigma\sqrt{t}/2\big)\,;$$

setzen wir noch $d=-\sigma\sqrt{t}/2$, so können wir

$$\mathbb{E}[m(t)] = 2s\big((1+d^2)\Phi_{0,1}(d) + d\phi(d)\big)$$

schreiben. ◇

Aufgabe 11.5

i) Mit den Werten $\mu = 0.21$, $\sigma = 0.109$, $T_1 = 0.5$ und $s = S(0) = 1848.38$ ergibt sich aus (11.31) ein erwartetes Minimum von $\mathbb{E}\big[S_{\min}(T_1)\big] \doteq 1799.65$. Der erwartete Bonus ist daher $S(0) - \mathbb{E}\big[S_{\min}(T_1)\big] = 1848.38 - 1799.65 = 48.73$ oder $(1848.38 - 1799.65)/1848.38 \doteq 2.64\,\%$.

ii) Der Strike muss $K = S(0) + \text{Bonus} = 2S(0) - \mathbb{E}\big[S_{\min}(T_1)\big] = 1897.11$ betragen. Der Wert des entsprechenden „gewöhnlichen" Bonuszertifikates ist nach (11.26) $V_{\text{bc}}(s,0) \doteq 1712.50$, also einiges billiger (wegen des tiefen Bonus). Der Emittent müsste die Barriere auf $B = \alpha\mathbb{E}\big[S_{\min}(T_1)\big]$ mit $\alpha \doteq 0.5245$ anstatt $\alpha = 0.7$ setzen, damit der Preis dieses „gewöhnlichen" Bonuszertifikates mit dem Preis des Zertifikates mit Lookback entsprechen würde.

```
In [5]: In [24]: sigma =  0.193; r = np.log(1.0177); q = 0.0206;
   ...: s = 1848.38; B = 0.7*1799.65; T = 5; K = 1897.11;
   ...: g = lambda x:np.maximum(K-x,0)
   ...: V = bonus_bs([s],[[sigma**2]],[q],[r],T,[B],g,0,[5*K]); V
Out[5]: 1712.5045388634535
In [6]: from scipy.optimize import fsolve
   ...: fsolve(lambda t:bonus_bs([s],[[sigma**2]],[q],[r],T,t*1799.65,g,0,[5*K])\
   ...: -1842.93,0.7)
Out[6]: array([0.5245265])
```

◇

C.12 Aufgaben im Kap. 12

Aufgabe 12.1

i) Gemäss (12.5) müssen wir das Integral

$$R(t_0, t_0 + \tau; \boldsymbol{\eta}) = \frac{1}{\tau} \int\limits_{t_0}^{t_0+\tau} f(t_0, s)\mathrm{d}s = \frac{1}{\tau} \int\limits_{0}^{\tau} \phi(s; \boldsymbol{\eta})\mathrm{d}s$$

ausrechnen. Mit (12.6) folgt

$$\begin{aligned} R(t_0, t_0 + \tau; \boldsymbol{\eta}) &= \frac{1}{\tau} \int\limits_0^\tau \phi(s; \boldsymbol{\eta})\mathrm{d}s \\ &\overset{(12.6)}{=} \frac{1}{\tau} \int\limits_0^\tau \left(\eta_1 + \eta_2 e^{-\eta_5 s} + \eta_3 s e^{-\eta_5 s} + \eta_4 s e^{-\eta_6 s}\right)\mathrm{d}s \\ &= \eta_1 + \frac{\eta_2}{\tau} \int\limits_0^\tau e^{-\eta_5 s}\mathrm{d}s + \frac{\eta_3}{\tau} \int\limits_0^\tau s e^{-\eta_5 s}\mathrm{d}s + \frac{\eta_4}{\tau} \int\limits_0^\tau s e^{-\eta_6 s}\mathrm{d}s\,. \end{aligned}$$

Es genügt daher, Integrale von der Form $\int_0^\tau s^k e^{-\alpha s}\mathrm{d}s$ für $k = 0, 1$ zu betrachten. Für $k = 0$ haben wir

$$\int_0^\tau e^{-\alpha s}\mathrm{d}s = -\frac{1}{\alpha}e^{-\alpha s}\bigg|_0^\tau = \frac{1}{\alpha}\left(1 - e^{-\alpha\tau}\right). \tag{C.6}$$

Für $k = 1$ ergibt sich mit einer partiellen Integration

$$\int_0^\tau s e^{-\alpha s}\mathrm{d}s = -\frac{s}{\alpha}e^{-\alpha s}\bigg|_0^\tau + \frac{1}{\alpha}\int_0^\tau e^{-\alpha s}\mathrm{d}s$$
$$\overset{(C.6)}{=} -\frac{\tau}{\alpha}e^{-\alpha\tau} + \frac{1}{\alpha^2}\left(1 - e^{-\alpha\tau}\right) = \frac{1}{\alpha^2}\left(1 - (1 + \alpha\tau)e^{-\alpha\tau}\right).$$

Setzt man diese Ausdrücke in der obigen Gleichungen für R ein, ergibt sich das gewünschte Resultat.

ii) Lässt man in R das Argument τ gegen Null streben, entstehen Ausdrücke der Form $\frac{0}{0}$. Wir wenden daher die Regel von Bernoulli-L'Hôpital an. Nach (12.5) haben wir ($'$ bedeutet Ableitung nach τ)

$$\lim_{\tau\to 0} R(t_0, t_0 + \tau; \boldsymbol{\eta}) \overset{(12.5)}{=} \lim_{\tau\to 0} \frac{\int_0^\tau \phi(s; \boldsymbol{\eta})\mathrm{d}s}{\tau}$$
$$= \lim_{\tau\to 0} \frac{\left(\int_0^\tau \phi(s; \boldsymbol{\eta})\mathrm{d}s\right)'}{\tau'} = \phi(0; \boldsymbol{\eta}) \overset{(12.6)}{=} \eta_1 + \eta_2$$

und wir sind schon fertig.

iii) Wir erinnern an die geometrische Reihe $\sum_{j=0}^n q^j = (q^{n+1} - 1)/(q - 1)$, $q \neq 1$. Mit $q = e^{-x}$ haben wir

$$c\sum_{j=0}^n e^{-x(\alpha+j)} = ce^{-\alpha x}\sum_{j=0}^n e^{-xj} = ce^{-\alpha x}\frac{e^{-(n+1)x} - 1}{e^{-x} - 1}.$$

iv) Wir suchen die Nullstelle(n) der Funktion

$$f(x) := ce^{-\alpha x}\frac{e^{-(n+1)x} - 1}{e^{-x} - 1} + e^{-\beta x} - y.$$

Das Newton-Verfahren benötigt die erste Ableitung von f (nach x). Diese ist hier

$$f'(x) = -\alpha ce^{-\alpha x}\frac{e^{-(n+1)x} - 1}{e^{-x} - 1}$$
$$+ ce^{-\alpha x}\frac{-(n + 1)e^{-(n+1)x}(e^{-x} - 1) - (e^{-(n+1)x} - 1)(-e^{-x})}{(e^{-x} - 1)^2} - \beta e^{-\beta x}$$
$$= \frac{cq^\alpha}{(q - 1)^2}\left[-\alpha + (\alpha - 1)q - (\alpha + n + 2)q^{n+2} + (\alpha + n + 1)q^{n+1}\right] - \beta q^\beta,$$

mit $q = e^{-x}$. Das Newton-Verfahren lautet nun $x_{k+1} = x_k - \frac{f(x_k)}{f'(x_k)}$, $k \geq 0$, mit $x_0 = 0.01$ als willkürlich gewählten Startwert. ◇

Aufgabe 12.2

i) Für $P(\tau) = e^{-\alpha(\tau)-\beta(\tau)r}$ ist $\partial_\tau P = -(\alpha' + \beta' r)P$, $\partial_r P = -\beta P$ sowie $\partial_{rr} P = \partial_r(-\beta P) = \beta^2 P$. Setzen wir diese Ausdrücke in die zur Restlaufzeit gewechselten Differentialgleichung (12.13) ein und verwenden wir noch $\mu(r, T-\tau) = \kappa(m-r)$ sowie $\sigma(r, T-\tau) = \sigma\sqrt{r}$, so erhalten wir

$$\begin{aligned}&-\partial_\tau P + \frac{1}{2}\sigma^2 r \partial_{rr} P + \kappa(m-r)\partial_r P - rP\\&= (\alpha' + \beta' r)P + \frac{1}{2}\sigma^2 r\beta^2 P - \kappa(m-r)\beta P - rP = 0\,.\end{aligned}$$

Eine Division durch $P \neq 0$ und gruppieren nach Potenzen von r liefert

$$\underbrace{\alpha' - \kappa m\beta}_{=0} + \underbrace{\left(\beta' + \frac{1}{2}\sigma^2\beta^2 + \kappa\beta - 1\right)}_{=0} r = 0\,;$$

die Gleichheit muss für jeden Wert der „short rate" r gelten. Dies ist nur dann erfüllt, wenn $\alpha' - \kappa m\beta = 0$ und $\beta' + \frac{1}{2}\sigma^2\beta^2 + \kappa\beta - 1 = 0$ ist. Wir bestimmen die Anfangsbedingungen. Hat der Zero-Coupon Bond die Maturität T erreicht (also $\tau = 0$), so gilt $P(0) = e^{-\alpha(0)-\beta(0)r} = 1$. Daher muss der Exponent $\alpha(0) + \beta(0)r$ Null sein, und zwar unabhängig vom Wert r. Dies kann nur für $\alpha(0) = \beta(0) = 0$ gelten.

ii) Im vorliegenden Fall lauten die Koeffizienten der Riccati-Gleichung (8.13) $q = -\frac{1}{2}\sigma^2$, $p = -\kappa$, $n = 1$ sowie $b = 0$. Nach der Aufgabe 8.2 ii) sind die Konstanten c_i, $i = 1, 2, 3, 4$, in $\beta(\tau)$ somit gegeben durch

$$\begin{aligned}c_1 &:= \sqrt{p^2 - 4nq} = \sqrt{\kappa^2 + 2\sigma^2} =: d\\c_2 &:= -\frac{p + c_1}{2q} = -\frac{-\kappa + d}{-\sigma^2}\\c_3 &:= \frac{2bq + p + c_1}{2bq + p - c_1} = \frac{-\kappa + d}{-\kappa - d}\\c_4 &:= \frac{b(p - c_1) + 2n}{b(p + c_1) + 2n} = 1\end{aligned}$$

Also,

$$\begin{aligned}\beta(\tau) := c_2\frac{1 - c_4 e^{-c_1\tau}}{1 - c_3 e^{-c_1\tau}} &= -\frac{\kappa - d}{\sigma^2}\frac{1 - e^{-d\tau}}{1 - \frac{\kappa - d}{\kappa + d}e^{-d\tau}}\\&= -\frac{(\kappa - d)(\kappa + d)}{\sigma^2}\frac{1 - e^{-d\tau}}{\kappa + d - (\kappa - d)e^{-d\tau}}\\&= -\frac{\kappa^2 - d^2}{\sigma^2}\frac{e^{d\tau} - 1}{(\kappa + d)e^{d\tau} + d - \kappa}\end{aligned}$$

$$= \frac{-2\sigma^2}{-\sigma^2} \frac{e^{d\tau} - 1}{(\kappa + d)e^{d\tau} + 2d - \kappa - d}$$
$$= \frac{2(e^{d(T-t)} - 1)}{(\kappa + d)(e^{d(T-t)} - 1) + 2d}$$

was zu zeigen war.

iii) Aus der Differentialgleichung für α folgt, dass $\alpha(\tau) = \kappa m \int \beta(\tau)\mathrm{d}\tau$ ist. Mit der Definition der Funktion $\mathcal{I}$ in Aufgabe 8.2 iii) ergibt sich

$$\begin{aligned}\alpha(\tau) &= \kappa m \int \beta(\tau)\mathrm{d}\tau = \kappa m \int \frac{2(e^{d\tau} - 1)}{(\kappa + d)(e^{d\tau} - 1) + 2d}\mathrm{d}\tau + C \\ &\overset{\tau = T-t}{=} -\kappa m \int \frac{2(e^{d(T-t)} - 1)}{(\kappa + d)(e^{d(T-t)} - 1) + 2d}\mathrm{d}t + C \\ &= -2\kappa m\mathcal{I}(t; T, \kappa + d, 2d, d) + C\end{aligned}$$

und es folgt aus der Anfangsbedingung $\alpha(0) = 0$,

$$\alpha(0) = -2\kappa m\mathcal{I}(T; T, \kappa + d, 2d, d) + C = 0 \Rightarrow C = 2\kappa m\mathcal{I}(T; T, \kappa + d, 2d, d)\,.$$

Daher erhalten wir aus (8.14),

$$\begin{aligned}\alpha(\tau) &= 2\kappa m\big(\mathcal{I}(T; T, \kappa + d, 2d, d) - \mathcal{I}(t; T, \kappa + d, 2d, d)\big) \\ &\overset{(8.14)}{=} 2\kappa m\left(-\frac{1}{d}\frac{2d}{(\kappa + d)(\kappa - d)}\ln\frac{1}{2d}\right. \\ &\qquad \left. + \frac{1}{d}\frac{2d}{(\kappa + d)(\kappa - d)}\ln\frac{e^{\frac{\kappa+d}{2d}d(T-t)}}{(\kappa + d)(e^{d(T-t)} - 1) + 2d}\right) \\ &= 2\kappa m\left(\frac{2}{-2\sigma^2}\ln(2d) + \frac{2}{-2\sigma^2}\ln\frac{e^{\frac{\kappa+d}{2}(T-t)}}{(\kappa + d)(e^{d(T-t)} - 1) + 2d}\right) \\ &= -\frac{2\kappa m}{\sigma^2}\left(\ln(2d) + \ln\frac{e^{\frac{\kappa+d}{2}(T-t)}}{(\kappa + d)(e^{d(T-t)} - 1) + 2d}\right) \\ &= -\frac{2\kappa m}{\sigma^2}\ln\frac{2de^{\frac{\kappa+d}{2}(T-t)}}{(\kappa + d)(e^{d(T-t)} - 1) + 2d}\,,\end{aligned}$$

und wir sind fertig. ◇

Aufgabe 12.3 Wir betrachten die gewöhnliche Differentialgleichung $\mathrm{d}r(s) = \kappa(m - r(s))\mathrm{d}s$, $r(t) = r$.

i) Wir lösen die Gleichung.

$$\mathrm{d}r(s) = \kappa(m - r(s))\mathrm{d}s \Rightarrow \int \frac{\mathrm{d}r}{m - r} = \int \kappa\mathrm{d}s \Rightarrow -\ln(m - r) = \kappa s + c\,.$$

Somit ist $m - r(s) = e^{-\kappa s - c} = Ce^{-\kappa s}$ oder $r(s) = m - Ce^{-\kappa s}$. Wir bestimmen die Konstante C aus der Anfangsbedingung $r(t) = r$.

$$r(t) = m - Ce^{-\kappa t} \stackrel{!}{=} r \Rightarrow C = (m - r)e^{\kappa t}$$

Somit ist

$$r(s) = m - Ce^{-\kappa s} = m - (m - r)e^{\kappa t}e^{-\kappa s} = m - (m - r)e^{-\kappa(s-t)} .$$

ii) Nach (12.12) müssen wir einen Erwartungswert ausrechnen; da r deterministisch ist, gilt

$$P(t, T) = \mathbb{E}^{\mathbb{Q}}[e^{-\int_t^T r(s)\mathrm{d}s} \mid r(t) = r] = e^{-\int_t^T r(s)\mathrm{d}s} ,$$

und es genügt, das Integral $\int_t^T r(s)\mathrm{d}s$ zu bestimmen. Wir haben

$$\int_t^T r(s)\mathrm{d}s \stackrel{\text{a)}}{=} \int_t^T (m - (m - r)e^{-\kappa(s-t)})\mathrm{d}s$$
$$= m(T - t) + \frac{m - r}{\kappa} e^{-\kappa(s-t)}\Big|_t^T = m(T - t) + \frac{m - r}{\kappa}(e^{-\kappa(T-t)} - 1) .$$

Der gewünschte Bondpreis ist nun

$$P(t, T) = e^{-\int_t^T r(s)\mathrm{d}s} = e^{-m(T-t) + \frac{m-r}{\kappa}\left(1 - e^{-\kappa(T-t)}\right)} .$$

Ist insbesondere $t = T$, so ist $\int_t^T r(s)\mathrm{d}s = 0$ und daher $P(T, T) = e^{-\int_t^T r(s)\mathrm{d}s} = 1$.

iii) Der Abzinsungsfaktor $B(t)/B(T)$ ist gegeben durch

$$\frac{B(t)}{B(T)} = e^{-\int_t^T r(s)\mathrm{d}s} \stackrel{\text{ii)}}{=} P(t, T) ;$$

in einer deterministischen Zinswelt ist also $B(t)/B(T) = P(t, T)$.

iv) Der stetig verzinsten Kassakurs $R(t, T)$ ist definiert als

$$R(t, T) = -\frac{\ln P(t, T)}{T - t} ;$$

aus ii) folgt nun

$$R(t, T) = -\frac{\ln P(t, T)}{T - t} \stackrel{\text{b)}}{=} -\frac{1}{T - t} \ln\left(e^{-\int_t^T r(s)\mathrm{d}s}\right) = \frac{1}{T - t} \int_t^T r(s)\mathrm{d}s .$$

Daher entspricht im deterministischen Fall der stetig verzinste Kassakurs $R(t, T)$ der durchschnittlichen „short rate" im Zeitintervall $[t, T]$.

v) Der momentane Terminkurs $f(t,T)$ ist definiert als

$$f(t,T) = -\frac{1}{P(t,T)}\frac{\partial P(t,T)}{\partial T}\ ;$$

wir müssen somit den Ausdruck für $P(t,T)$ in ii) nach T ableiten. Wir erhalten mit der Kettenregel und dem Hauptsatz der Integral- und Differentialrechnung

$$\frac{\partial P(t,T)}{\partial T} = \frac{\partial}{\partial T}e^{-\int_t^T r(s)\mathrm{d}s} = -P(t,T)r(T)\,.$$

Daher

$$f(t,T) = -\frac{1}{P(t,T)}\frac{\partial P(t,T)}{\partial T} = -\frac{1}{P(t,T)}\big(-P(t,T)r(T)\big) = r(T)\,. \qquad \diamond$$

Aufgabe 12.4 Als Vorbereitung bestimmen wir die Funktion $\varphi(t)$ und deren Ableitung $\varphi'(t)$ (welche in der partiellen Differentialgleichung für den Bondpreis vorkommt). Wegen $\varphi(t) = f^{\mathrm{M}}(0,t) - f^{x}(0,t)$ und $\varphi'(t) = \partial_T f^{\mathrm{M}}(0,t) - \partial_T f^{x}(0,t)$ mit $f^{\cdot}(0,t) = -\partial_T P^{\cdot}(0,t)$ müssen wir logarithmierte Bondpreise (zweimal) nach der Restlaufzeit ableiten. Einerseits ist

$$\begin{aligned}
f^{\mathrm{M}}(0,T) &= -\partial_T \ln P^{\mathrm{M}}(0,T) = -\partial_T \ln e^{-0.26T+12.5(1-e^{-0.02T})} = 0.26 - 0.25e^{-0.02T}\\
\partial_T f^{\mathrm{M}}(0,T) &= -\partial_{TT} \ln P^{\mathrm{M}}(0,T) = 0.005e^{-0.02T}\ ,
\end{aligned}$$

andererseits müssen wir wegen (12.23) die Funktionen $\alpha(t,T)$ und $\beta(t,T)$ zweimal nach T ableiten. Wegen

$$\alpha(t,T) = -\frac{2\kappa m}{\sigma^2}\ln\frac{2d e^{(\kappa+d)(T-t)/2}}{X}$$

mit $X := (\kappa+d)(e^{d(T-t)}-1)+2d$ und $\partial_T X = d(\kappa+d)e^{d(T-t)}$ ist

$$\begin{aligned}
\partial_T\alpha(t,T) &= -\frac{2\kappa m}{\sigma^2}\frac{X}{2de^{(\kappa+d)(T-t)/2}}\frac{d(\kappa+d)e^{(\kappa+d)(T-t)/2}X - 2de^{(\kappa+d)(T-t)/2}\partial_T X}{X^2}\\
&= -\frac{\kappa m}{\sigma^2}\frac{(\kappa+d)X - 2\partial_T X}{X} = -\frac{\kappa m(\kappa^2-d^2)}{\sigma^2}\frac{e^{d(T-t)}-1}{X}\ ;
\end{aligned}$$

der zweite Schritt folgt durch eine algebraische Umformung. Weiter ist für die zweite Ableitung

$$\begin{aligned}
\partial_{TT}\alpha(t,T) &= -\frac{\kappa m(\kappa^2-d^2)}{\sigma^2}\frac{de^{d(T-t)}X - (e^{d(T-t)}-1)\partial_T X}{X^2}\\
&= -\frac{\kappa m(\kappa^2-d^2)}{\sigma^2}\frac{2d^2e^{d(T-t)}}{X^2}\,.
\end{aligned}$$

Auf ähnliche Weise ergibt sich für

$$\beta(t,T) = 2\frac{e^{d(T-t)} - 1}{X}$$

die erste Ableitung zu

$$\partial_T \beta(t,T) = 2\frac{de^{d(T-t)} - (e^{d(T-t)} - 1)\partial_T X}{X^2} = \frac{4d^2 e^{d(T-t)}}{X^2}$$

und die zweite zu

$$\begin{aligned}\partial_{TT}\beta(t,T) &= 4d^2 \frac{de^{d(T-t)}X^2 - e^{d(T-t)}2X\partial_T X}{X^4} = 4d^2 e^{d(T-t)}\frac{dX - 2\partial_T X}{X^3} \\ &= -4d^3 e^{d(T-t)}\frac{(\kappa + d)(e^{d(T-t)} + 1) - 2d}{X^3} \ .\end{aligned}$$

Wir implementieren die Formel (12.27) sowie die numerische Lösung der Differentialgleichungen (via pde_1d_a_theta für das CIR Modell und pdetime_1d_a_theta für das CIR++ Modell) in der Routine zerobond_cirpp. Input-Parameter der Routine sind die Modellparameter κ, m, σ, die Zeiten t, T, die Startwerte r_0, x_0 sowie die Funktionen $P^{\mathrm{M}}(0,t)$, $f^{\mathrm{M}}(0,t)$ und $\partial_T f^{\mathrm{M}}(0,t)$, welche wir bereits weiter oben bestimmt haben. Weil $f^{\mathrm{M}}(0,0) = 0.26 - 0.25e^{-0.02\cdot 0} = 0.01$ und $f^x(0,0) = \partial_T\alpha(0,0) + \partial_T\beta(0,0)x_0 = x_0$ ist, haben wir einerseits $\varphi(0) = f^{\mathrm{M}}(0,0) - f^x(0,0) = 0.01 - x_0$ und andererseits $r_0 = x_0 + \varphi(0) = x_0 + 0.01 - x_0 = 0.01$ unabhängig von der Wahl von x_0. Wir können daher der Routine einen beliebigen Wert für x_0 übergeben. Die Ausgabe-Parameter sind Vektoren der Länge 2; der Vektor $\mathbf{p}_{\mathrm{ex}} = (P^{\mathrm{CIR}}(t,T), P^{\mathrm{CIR++}}(t,T))$ enthält die theoretischen Preise, der Vektor $\mathbf{p} = (P^{\mathrm{CIR}}(t,T), P^{\mathrm{CIR++}}(t,T))$ die approximierten Preise. Wir bemerken, dass auf Grund des Wechsels zur Restlaufzeit die Koeffizienten a, b und c in der Differentialgleichung wie folgt sind

$$\begin{aligned} a(r,t) &= -\frac{1}{2}\sigma^2\big(r - \varphi(T-t)\big) \\ b(r,t) &= -\kappa\big(m - r + \varphi(T-t)\big) - \varphi'(T-t) \\ c(r,t) &= r \ . \end{aligned}$$

Routine C.10: zerobond_cirpp.py

```
import numpy as np
from scipy.interpolate import interp1d
from pde_1d_a_theta import pde_1d_a_theta
from pdetime_1d_a_theta import pdetime_1d_a_theta

def zerobond_cirpp(kappa,m,sigma,r0,x0,t,T,PM,fM,fM_t):
    '''Bestimmt den Wert eines Zero-Coupon Bonds im CIR und CIR++ Modell.'''
```

```
    pex = np.zeros(2); p = np.zeros(2);

    # Hilfsfunktionen
    d = np.sqrt(kappa**2+2*sigma**2);
    X = lambda x,y:(kappa+d)*(np.exp(d*(y-x))-1)+2*d;
    A = lambda x,y: -2*kappa*m/sigma**2*\
        np.log(2*d*np.exp((kappa+d)*(y-x)/2)/X(x,y));
    A_T = lambda x,y:kappa*m*(d**2-kappa**2)/sigma**2*\
        (np.exp(d*(y-x))-1)/X(x,y);
    A_TT = lambda x,y:2*d**2*kappa*m*(d**2-kappa**2)/sigma**2*\
        np.exp(d*(y-x))/X(x,y)**2;

    B = lambda x,y:2*(np.exp(d*(y-x))-1)/X(x,y);
    B_T = lambda x,y:4*d**2*np.exp(d*(y-x))/X(x,y)**2;
    B_TT = lambda x,y:-4*d**3*np.exp(d*(y-x))*\
        ((kappa+d)*(np.exp(d*(y-x))+1)-2*d)/X(x,y)**3;

    fx = lambda x:A_T(0,x)+B_T(0,x)*x0;
    fx_t = lambda x:A_TT(0,x)+B_TT(0,x)*x0; phi = lambda x:fM(x)-fx(x);

    # die exakten Werte
    pex[0] = np.exp(-A(t,T)-B(t,T)*r0); # CIR Modell
    pex[1] = PM(T)/PM(t)*np.exp(-(A(0,t)-A(0,T))-(B(0,t)-B(0,T))*x0)*\
        np.exp(B(t,T)*phi(t))*pex[0]; # CIR++ Modell

    # die approximativen Werte
    N = 2**9-1; M = int(np.ceil(0.05*N)); rl = 0; rr = 2;
    a = lambda r:-sigma**2/2*r; b = lambda r:-kappa*(m-r); c = lambda r:r;

    # Payoff, Randbedingungen
    g = lambda r:r**0;  wl = lambda t:0*t; wr = lambda t:0*t; nl = 3; nr = 2;

    r,w = pde_1d_a_theta(a,b,c,T-t,rl,wl,nl,rr,wr,nr,g,N,M,0,0.5); # CIR
    p[0] = interp1d(r,w)(r0);

    phi_t = lambda x:fM_t(x)-fx_t(x); # die Ableitung von phi(t)

    a = lambda r,t:-sigma**2/2*(r-phi(T-t));
    b = lambda r,t:-kappa*(m-r+phi(T-t))-phi_t(T-t); c = lambda r,t:r*t**0;
    r,w = pdetime_1d_a_theta(a,b,c,T-t,rl,wl,nl,rr,wr,nr,g,N,M,0,0.5); # CIR++
    p[1] = interp1d(r,w)(r0);

    return pex, p
```

Die gesuchten Werte $P(7,10)$, $P(5,8)$ und $P(0,3)$ ergeben sich nun aus

```
In [2]: PM = lambda x:np.exp(-0.26*x+12.5*(1-np.exp(-0.02*x)));
   ...: fM = lambda x:0.26-0.25*np.exp(-0.02*x);
   ...: fM_t = lambda x:0.005*np.exp(-0.02*x);
In [3]: pex,p = zerobond_cirpp(2,0.02,0.1,0.01,0,7,10,PM,fM,fM_t); pex,p
Out[4]: (array([0.94652089, 0.87731193]), array([0.94652162, 0.87731336]))
In [5]: pex,p = zerobond_cirpp(2,0.02,0.1,0.01,0,5,8,PM,fM,fM_t); pex,p
Out[5]: (array([0.94652089, 0.89629617]), array([0.94652162, 0.89629731]))
In [6]: pex,p = zerobond_cirpp(2,0.02,0.1,0.01,0,0,3,PM,fM,fM_t); pex,p
Out[6]: (array([0.94652089, 0.94927507]), array([0.94652162, 0.94927561]))
```

In der Tat ist im zeit-homogenen CIR Modell $P(7,10) = P(5,8) = P(0,3)$; im CIR++ Modell stimmt dies nicht. Übrigens muss im CIR++ Modell der Wert $P(0,3)$ dem Marktwert $P^{\mathrm{M}}(0,3)$ entsprechen (so ist die Funktion $\varphi(t)$ konstruiert). Dies ist in der Tat der Fall, da

```
In [7]: PM(3)
Out[7]: 0.94927507008726
```

◇

Aufgabe 12.5 Wir verwenden die Definition der Korrelation, der Kovarianz und der Varianz von Zufallsvariablen. Es ist mit $\mu_X = \mathbb{E}[X]$ und $\mu_Y = \mathbb{E}[Y]$

$$\begin{aligned}
\mathrm{Corr}(\alpha+\beta X, \gamma+\delta Y) &= \frac{\mathrm{Cov}(\alpha+\beta X, \gamma+\delta Y)}{\sqrt{\mathrm{Var}(\alpha+\beta X)\mathrm{Var}(\gamma+\delta Y)}} \\
&= \frac{\mathbb{E}[(\alpha+\beta X-(\alpha+\beta\mu_X))(\gamma+\delta Y-(\gamma+\delta\mu_Y))]}{\sqrt{\mathbb{E}[(\alpha+\beta X-(\alpha+\beta\mu_X))^2]\mathbb{E}[(\gamma+\delta Y-(\gamma+\delta\mu_Y))^2]}} \\
&= \frac{\beta\delta\mathbb{E}[(X-\mu_X)(Y-\mu_Y)]}{\sqrt{\beta^2\delta^2\mathbb{E}[(X-\mu_X)^2]\mathbb{E}[(Y-\mu_Y)^2]}} \\
&= \frac{\beta\delta}{|\beta\delta|}\frac{\mathrm{Cov}(X,Y)}{\sqrt{\mathrm{Var}(X)\mathrm{Var}(Y)}} = \mathrm{sign}(\beta\delta)\mathrm{Corr}(X,Y)
\end{aligned}$$

was zu zeigen war. ◇

Aufgabe 12.6

i) Siehe die Routine C.11 zerobond_2fcir_a.

Routine C.11: zerobond_2fcir_a.py

```
import numpy as np

def zerobond_cir_a(r,kappa,m,sigma,t,T):
    d = np.sqrt(kappa**2+2*sigma**2);
    A = -2*kappa*m/sigma**2*np.log(2*d*np.exp((kappa+d)*(T-t)/2)/((kappa+d)*\
                                        (np.exp(d*(T-t))-1)+2*d));
    B = 2*(np.exp(d*(T-t))-1)/((kappa+d)*(np.exp(d*(T-t))-1)+2*d);
    return np.exp(-A-B*r);

def zerobond_2fcir_a(x,y,sigma,kappa,m,T):
    '''Gibt den Wert eines Zero-Coupon Bonds mit Maturitaet T im Zwei-Faktor
    CIR Modell der Form r(t) = x(t) + y(t), wobei

    dx(t) = kappa1*(m1 - x(t))dt + sigma1*x(t)^0.5*dW1(t), x(0) = x
    dy(t) = kappa2*(m2 - y(t))dt + sigma2*y(t)^0.5*dW2(t), y(0) = y

    Die Brown'schen Bewegungen W1 und W2 sind unkorreliert; die
    Modellparameter sind in den Listen sigma = [sigma1,sigma2],
    kappa = [kappa1,kappa2] und m = [m1,m2] definiert.'''

    return (zerobond_cir_a(x,kappa[0],m[0],sigma[0],0,T)*
            zerobond_cir_a(y,kappa[1],m[1],sigma[1],0,T));
```

ii) In Python machen wir die folgende Eingaben

```
In [8]: sigma = [0.08,0.15]; kappa = [1.3,0.8]; m = [0.01,0.02];
   ...: a = [lambda x:-sigma[0]**2/2*x,lambda y:y**0,
   ...:      lambda x:-sigma[1]**2/2*x**0,lambda y:y,
   ...:      lambda x:0*x,lambda y:y**0];
   ...: b = [lambda x:-kappa[0]*(m[0]-x),lambda y:y**0,
   ...:      lambda x:x**0,lambda y:-kappa[1]*(m[1]-y)];
   ...: c = [lambda x:x,lambda y:y**0,lambda x:x**0,lambda y:y];
   ...: g = lambda x,y:x**0*y**0; G = [0,1,0,1]; BC = [3,1,3,1]; T = 10;
   ...: Lmin = 6; Lmax = 9; L = np.arange(Lmin,Lmax+1);
   ...: e = np.zeros(len(L));
In [9]: for j in range(len(L)):
   ...:     N1 = 2**L[j]-1; N2 = 2**L[j]-1; M = int(np.ceil(0.1*N1));
   ...:     x,y,w = pde_2d_ah_cs(a,b,c,T,g,G,BC,[N1,N2],M,0.5);
   ...:     idx_upper = np.where(x[:,1]<0.2)[0][-1];
   ...:     idy_upper = np.where(y[1,:]<0.2)[0][-1];
   ...:     xr = x[0:idx_upper,0:idy_upper]; yr = y[0:idx_upper,0:idy_upper];
   ...:     wr = w[0:idx_upper,0:idy_upper];
   ...:     error = abs(zerobond_2fcir_a(xr,yr,sigma,kappa,m,T)-wr);
   ...:     e[j] = max(error.flatten());
```

Wir erhalten folgende maximale Fehler

```
In [10]: e
Out[10]: array([8.32811725e-04, 2.58709919e-04, 6.67836443e-05, 1.68222431e-05])
```

Bezüglich der Anzahl Unbekannten N liegt Konvergenz erster Ordnung vor. ◇

Aufgabe 12.7 Wir implementieren die Ansätze (12.33) und (12.34) zu Berechnung der Bondpreise im CIR Modell (respektive deren Fehler zum exakten Preis) in der Routine straight_bond bond_cir. Python liefert nun

```
In [11]: kappa = 0.14294371; m = 0.133976855; sigma = 0.38757496;
    ...: Tau = np.hstack((0,np.arange(0.172,21.172))); C = 0.0425;
    ...: e = bond_cir(Tau,C,kappa,m,sigma,7,12); e
Out[12]:
array([[2.30136279e-03, 1.02760384e-03],
       [6.51318027e-04, 2.47761641e-04],
       [1.60348401e-04, 7.00672968e-05],
       [3.93057360e-05, 1.84486537e-05],
       [9.58950155e-06, 4.39297689e-06],
       [2.06951303e-06, 8.47258670e-07]])
```

Für beide Ansätze ist die quadratische Konvergenz deutlich erkennbar. Überraschenderweise liefert das sequentielle Lösen der Differentialgleichungen (12.34) nur halb so grosse Fehler (zweite Spalte) wie die direkte Berechnung aller Zero Bond Preise (erste Spalte). In Abb. C.23 stellen wir den Fehler e der beiden Varianten für $L = 12$ in Abhängigkeit der „short rate" $r \in [0, 0.5]$ graphisch dar. ◇

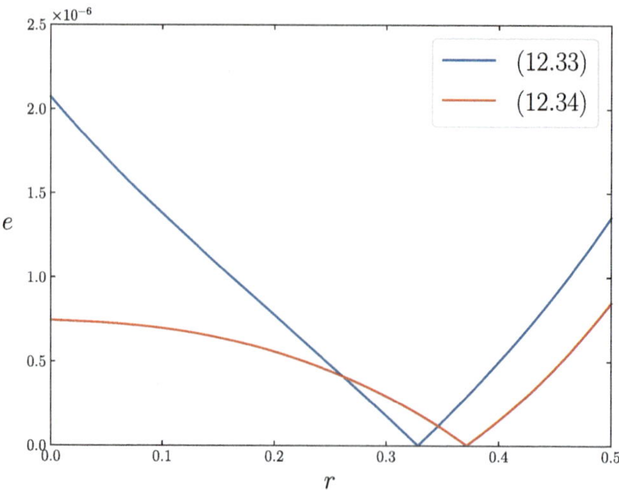

Abb. C.23 Fehler e des Preises eines Bonds im CIR Modell erhalten mit den Varianten (12.33) und (12.34)

Routine C.12: bond_cir.py

```
import numpy as np
from pde_1d_a_theta import pde_1d_a_theta

def zerobond_cir_a(r,kappa,m,sigma,t,T):
    d = np.sqrt(kappa**2+2*sigma**2);
    A = -2*kappa*m/sigma**2*np.log(2*d*np.exp((kappa+d)*(T-t)/2)/((kappa+d)*\
                                            (np.exp(d*(T-t))-1)+2*d));
    B = 2*(np.exp(d*(T-t))-1)/((kappa+d)*(np.exp(d*(T-t))-1)+2*d);
    return np.exp(-A-B*r);

def bond_cir(Tau,C,kappa,m,sigma,Lmin,Lmax):
    '''Bestimmt den Wert eines Bonds im CIR-Modell via der FDM fuer die
    beiden Ansaetze (12.33) und (12.34) sowie den Fehler e im Intervall
    [0,0.5] fuer die Anzahl der Gitterpunkte N = 2^L-1, L = Lmin:Lmax.

    Hierin sind kappa, m und sigma die entsprechenden Modell-Parameter, Tau
    ist der Vektor der Restlaufzeiten (Restzeit zu den ausstehenden Coupon-
    zahlungen), C ist der Coupon.'''

    # Funktionen a, b und c fuer das CIR-Modell, Vektor C der Cashflows
    a = lambda x:-sigma**2/2*x; b = lambda x:-kappa*(m-x); c = lambda x:x;
    xl = 0; xr = 2; nr = 2;
    C = C*np.ones(len(Tau)-1); C[-1] = C[-1]+1; tau = np.diff(Tau);

    # homogene RB, Rannacher-Verfahren
    wl = lambda t:0*t; wr = lambda t:0*t; R = 2;

    L = np.arange(Lmin,Lmax+1);
    e = np.zeros((len(L),2)); # Initialisierung Fehler

    for i in range(len(L)):
        N = 2**L[i]-1; M = int(np.ceil(0.05*N));
```

```
        V1 = np.zeros(N+1); g = lambda x:x**0;

        # erste Variante: bestimme alle Zero Bond Preise und addiere diese
        for j in range(len(Tau)-1):
            x,Pj = pde_1d_a_theta(a,b,c,Tau[j+1],xl,wl,3,xr,wr,nr,g,N,M,R,0.5);
            V1 = V1+C[j]*Pj;

        # zweite Variante: gehe in der Zeit rueckwaerts
        # [jeweils zur naechsten Couponzahlung]
        M = int(np.ceil(0.02*N)); g = lambda x:C[-1]*x**0;
        x,V2 = pde_1d_a_theta(a,b,c,tau[-1],xl,wl,3,xr,wr,nr,g,N,M,R,0.5);
        for j in range(1,len(tau)):
            g = lambda x:V2+C[-1-j];
            x,V2 = pde_1d_a_theta(a,b,c,tau[-1-j],xl,wl,3,xr,wr,nr,g,N,M,R,0.5);

        # der exakte Wert des Bonds
        V1 = V1[x<=0.5]; V2 = V2[x<=0.5]; x = x[x<=0.5]; V3 = np.zeros(len(x));
        for j  in range(0,len(Tau)-1):
            Pj = zerobond_cir_a(x,kappa,m,sigma,0,Tau[j+1]); V3 = V3+C[j]*Pj;

        # die maximalen Fehler auf dem Intervall [0,0.5]
        e[i,0] = max(abs(V1-V3)); e[i,1] = max(abs(V2-V3));

    return e
```

Aufgabe 12.8 Wir bestimmen zunächst den Wert $V(x, y, t) := P^{x,y}(t, T)$ eines Zero Coupon Bonds im G2++ Modell. Dazu setzen wir den Ansatz (12.31)

$$V(x, y, t) = e^{-\alpha^x(t,T)-\beta^x(t,T)x} e^{-\alpha^y(t,T)-\beta^y(t,T)y} e^{u(t,T)}$$

in die Differentialgleichung (12.30)

$$\begin{cases} \partial_t V + \mathcal{A}V - (x+y)V = 0 & \text{in } G \times [0, T[\\ V(x, y, T) = 1 & \text{in } G \end{cases}$$

ein, mit

$$\mathcal{A} = \frac{1}{2}\sigma_1^2\partial_{xx} + \frac{1}{2}\sigma_2^2\partial_{yy} + \rho\sigma_1\sigma_2\partial_{xy} - \kappa_1 x\partial_x - \kappa_2 y\partial_y ,$$

vergleiche auch mit (12.37). Beachte, dass $G = \mathbb{R}^2$ ist. Wir müssen also die (partiellen) Ableitungen $\partial_t V$, $\partial_x V$, $\partial_y V$, $\partial_{xx} V$, $\partial_{yy} V$ und $\partial_{xy} V$ ausrechnen. Wir finden (wir lassen die Argumente x, y, t in den auftretenden Funktionen der Übersichtlichkeit halber weg; $'$ bedeutet Ableitung nach t)

$$\begin{aligned}
&\partial_t V = (-(\alpha^x)' - (\beta^x)'x - (\alpha^y)' - (\beta^y)'y + u')V, \\
&\partial_x V = -\beta^x V, \quad \partial_y V = -\beta^y V, \\
&\partial_{xx} V = (\beta^x)^2 V, \quad \partial_{yy} V = (\beta^y)^2 V, \quad \partial_{xy} V = \beta^x \beta^y V .
\end{aligned}$$

Mit diesen Termen folgt aus obiger Differentialgleichung (durch $V \neq 0$ teilen, ordnen nach Potenzen von x und y)

$$\begin{aligned}&\underbrace{-(\alpha^x)' + \frac{1}{2}\sigma_1^2(\beta^x)^2}\underbrace{- (\alpha^y)' + \frac{1}{2}\sigma_2^2(\beta^y)^2}\\&+ \underbrace{(\kappa_1\beta^x - (\beta^x)' - 1)}x + \underbrace{(\kappa_2\beta^y - (\beta^y)' - 1)}y\\&+ \underbrace{u' + \rho\sigma_1\sigma_2\beta^x\beta^y} = 0\,.\end{aligned}$$

Ist jeder der unterklammerten Terme gleich 0, so ist die Differentialgleichung offenbar erfüllt (warum gilt die Umkehrung auch?), so dass wir zuerst die gewöhnlichen Differentialgleichungen für β^x und β^y lösen und danach die Stammfunktionen für α^x, α^y und u bestimmen. Um diese Differentialgleichungen eindeutig lösen zu können, benötigen wir jedoch noch die Endbedingungen für diese Funktionen. Weil der Wert des Zero-Coupon Bonds bei Maturität $t = T$ Eins ist, $V(x, y, T) = 1$, muss der Exponent

$$-\alpha^x(T, T) - \beta^x(T, T)x - \alpha^y(T, T) - \beta^y(t, T)y + u(T, T)$$

unabhängig von x und y Null sein. Dies ist der Fall für

$$\alpha^x(T, T) = \beta^x(T, T) = \alpha^y(T, T) = \beta^y(t, T) = u(T, T) = 0\,.$$

Wir lösen nun die Differentialgleichung für $\beta^x(t, T)$ und lassen der Einfachheit halber den Superskript weg, also

$$-\beta(t, T)' + \kappa_1\beta(t, T) - 1 = 0, \quad \beta(T, T) = 0\,.$$

Wir setzen $C(t) := \kappa_1\beta(t, T) - 1$, woraus $C'(t) = \kappa_1\beta'(t, T)$ folgt. Wir setzen dies in die Differentialgleichung für β ein und erhalten die einfachere Differentialgleichung für C

$$C' - \kappa_1 C = 0, \quad C(T) = -1\,.$$

Die Differentialgleichung $C' - \kappa_1 C = 0$ hat die Lösung $C(t) = ce^{\kappa_1 t}$ für eine Konstante $c \in \mathbb{R}$. Diese legen wir mit Hilfe der Bedingung $C(T) = -1$ fest. Also

$$C(T) = ce^{\kappa_1 T} = -1 \Rightarrow c = -e^{-\kappa T_1}\,.$$

Es folgt $C(t) = ce^{\kappa_1 t} = -e^{-\kappa_1 T}e^{\kappa_1 t} = -e^{-\kappa_1(T-t)}$ und daraus

$$\begin{aligned}\kappa_1\beta(t, T) - 1 &= C(t)\\\kappa_1\beta(t, T) - 1 &= -e^{-\kappa_1(T-t)}\\\beta(t, T) &= \frac{1}{\kappa_1}\left(1 - e^{-\kappa_1(T-t)}\right)\,.\end{aligned} \tag{C.7}$$

Aus der Kenntnis von β lässt sich α aus $\alpha'(t,T) = \frac{1}{2}\sigma_1^2\beta^2(t,T)$ bestimmen. Wir erhalten für die erste Ableitung von α

$$\begin{aligned}\alpha' &= \frac{1}{2}\sigma_1^2\beta^2 \\ &\overset{(C.7)}{=} \frac{\sigma_1^2}{2\kappa_1^2}\big(1 - e^{-\kappa_1(T-t)}\big)^2 \\ &= \frac{\sigma_1^2}{2\kappa_1^2}\big(1 - 2e^{-\kappa_1(T-t)} + e^{-2\kappa_1(T-t)}\big)\end{aligned}$$

und daraus für α selbst

$$\alpha(t,T) = \frac{\sigma_1^2}{2\kappa_1^2}\left(t - \frac{2}{\kappa_1}e^{-\kappa_1(T-t)} + \frac{1}{2\kappa_1}e^{-2\kappa_1(T-t)}\right) + c$$

für eine noch aus der Bedingung $\alpha(T,T) = 0$ festzulegende Konstante $c \in \mathbb{R}$. Wegen

$$\alpha(T,T) = \frac{\sigma_1^2}{2\kappa_1^2}\left(T - \frac{2}{\kappa_1} + \frac{1}{2\kappa_1}\right) + c = 0$$

folgt

$$\alpha(t,T) = \frac{\sigma_1^2}{2\kappa_1^2}\left(t - T - \frac{2}{\kappa_1}(e^{-\kappa_1(T-t)} - 1) + \frac{1}{2\kappa_1}(e^{-2\kappa_1(T-t)} - 1)\right).$$

Durch eine algebraische Vereinfachung ergibt sich für α^x schlussendlich

$$\alpha^x(t,T) = -\frac{\sigma_1^2}{2\kappa_1^2}\big(T - t - \beta^x(t,T)\big) + \frac{\sigma_1^2}{4\kappa_1}(\beta^x(t,T))^2 \tag{C.8}$$

mit $\beta^x(t,T)$ in (C.7) und analog

$$\alpha^y(t,T) = -\frac{\sigma_2^2}{2\kappa_2^2}\big(T - t - \beta^y(t,T)\big) + \frac{\sigma_2^2}{4\kappa_2}(\beta^y(t,T))^2$$

mit $\beta^y(t,T) = \frac{1}{\kappa_2}(1 - e^{-\kappa_2(T-t)})$. Wir müssen noch $u(t,T)$ bestimmen. Wir haben

$$u' = -\rho\sigma_1\sigma_2\beta^x\beta^y \overset{(C.7)}{=} -\frac{\rho\sigma_1\sigma_2}{\kappa_1\kappa_2}\big(1 - e^{-\kappa_1(T-t)} - e^{-\kappa_2(T-t)} + e^{-(\kappa_1+\kappa_2)(T-t)}\big)$$

und daher für u

$$u(t,T) = -\frac{\rho\sigma_1\sigma_2}{\kappa_1\kappa_2}\left(t - \frac{1}{\kappa_1}e^{-\kappa_1(T-t)} - \frac{1}{\kappa_2}e^{-\kappa_2(T-t)} + \frac{1}{\kappa_1+\kappa_2}e^{-(\kappa_1+\kappa_2)(T-t)}\right) + c$$

für eine noch aus der Bedingung $u(T,T)=0$ festzulegende Konstante $c\in\mathbb{R}$. Wegen

$$u(T,T) = -\frac{\rho\sigma_1\sigma_2}{\kappa_1\kappa_2}\Big(T - \frac{1}{\kappa_1} - \frac{1}{\kappa_2} + \frac{1}{\kappa_1+\kappa_2}\Big) + c$$

folgt

$$\begin{aligned} u(t,T) &= \frac{\rho\sigma_1\sigma_2}{\kappa_1\kappa_2}\Big(T - t - \frac{1}{\kappa_1}(1-e^{-\kappa_1(T-t)}) - \frac{1}{\kappa_2}(1-e^{-\kappa_2(T-t)}) \\ &\qquad + \frac{1}{\kappa_1+\kappa_2}(1-e^{-(\kappa_1+\kappa_2)(T-t)})\Big) \\ &= \frac{\rho\sigma_1\sigma_2}{\kappa_1\kappa_2}\Big(T - t - B^x(t,T) - B^y(t,T) + \frac{1}{\kappa_1+\kappa_2}(1-e^{-(\kappa_1+\kappa_2)(T-t)})\Big)\,. \end{aligned} \tag{C.9}$$

Nun können wir den momentanen Terminkurs $f^{x,y}(0,T)$ im G2++ Modell bestimmen. Aus der Definition von $f^{x,y}(0,T)$ und $x=x(0)=0$, $y=y(0)=0$ folgt

$$\begin{aligned} f^{x,y}(0,T) &\overset{(12.4)}{=} -\partial_T \ln P^{x,y}(0,T) \\ &\overset{(12.31)}{=} \partial_T\big(\alpha^x(0,T) + \alpha^y(0,T) - u(0,T)\big) \\ &\overset{(C.8),(C.9)}{=} -\frac{\sigma_1^2}{2\kappa_1^2}\big(1 - \partial_T\beta^x(0,T)\big) + \frac{\sigma_1^2}{2\kappa_1}\beta^x(0,T)\partial_T\beta^x(0,T) \\ &\qquad - \frac{\sigma_2^2}{2\kappa_2^2}\big(1 - \partial_T\beta^y(0,T)\big) + \frac{\sigma_2^2}{2\kappa_2}\beta^y(0,T)\partial_T\beta^y(0,T) \\ &\qquad - \frac{\rho\sigma_1\sigma_2}{\kappa_1\kappa_2}\Big(1 - \partial_T\beta^x(0,T) - \partial_T\beta^y(0,T) + e^{-(\kappa_1+\kappa_2)T}\Big)\,. \end{aligned}$$

Weil $\partial_T\beta^x(0,T) = e^{-\kappa_1 T}$ und analog $\partial_T\beta^y(0,T) = e^{-\kappa_2 T}$ ist, erhalten wir

$$\begin{aligned} f^{x,y}(0,T) &\overset{(C.7)}{=} -\frac{\sigma_1^2}{2\kappa_1^2}\big(1-e^{-\kappa_1 T}\big) + \frac{\sigma_1^2}{2\kappa_1^2}\big(1-e^{-\kappa_1 T}\big)e^{-\kappa_1 T} \\ &\qquad - \frac{\sigma_2^2}{2\kappa_2^2}\big(1-e^{-\kappa_2 T}\big) + \frac{\sigma_2^2}{2\kappa_2^2}\big(1-e^{-\kappa_2 T}\big)e^{-\kappa_2 T} \\ &\qquad - \frac{\rho\sigma_1\sigma_2}{\kappa_1\kappa_2}\Big(1 - e^{-\kappa_1 T} - e^{-\kappa_2 T} + e^{-(\kappa_1+\kappa_2)T}\Big) \\ &= -\frac{\sigma_1^2}{2\kappa_1^2}\big(1-e^{-\kappa_1 T}\big)^2 - \frac{\sigma_2^2}{2\kappa_2^2}\big(1-e^{-\kappa_2 T}\big)^2 - \frac{\rho\sigma_1\sigma_2}{\kappa_1\kappa_2}\big(1-e^{-\kappa_1 T}\big)\big(1-e^{-\kappa_2 T}\big)\,, \end{aligned}$$

und wir sind fertig. ◇

C.13 Aufgaben im Kap. 13

Aufgabe 13.1 Nach Definition ist $w(y,t) = u(\varphi(y,t),t)$ mit $\varphi(y,t) = (x_r(t) - x_l(t))y + x_l(t)$. Wir bestimmen die partiellen Ableitungen $\partial_t w$, $\partial_x w$ sowie $\partial_{xx} w$; wir lassen der Übersichtlichkeit halber die Argumente weg

$$\begin{aligned}\partial_t w &= \partial_x u \partial_t \varphi + \partial_t u \\ \partial_y w &= \partial_x u \partial_y \varphi \\ \partial_{yy} w &= \partial_{xx} u (\partial_y \varphi)^2 + \partial_x u \partial_{yy} \varphi \ .\end{aligned}$$

Mit $\partial_y \varphi = x_r - x_l$ folgt aus der zweiten Gleichung $\partial_x u = \frac{\partial_y w}{x_r - x_l}$; mit $\partial_t \varphi =: \varphi' = (x_r' - x_l')y + x_l'$ ergibt sich aus der ersten Gleichung

$$\partial_t u = \partial_t w - \partial_x u \partial_t \varphi = \partial_t w - \frac{1}{x_r - x_l} \partial_y w \varphi' \ .$$

Da $\partial_{yy} \varphi = 0$ folgt aus der dritten Gleichung $\partial_{xx} u = \frac{\partial_{yy} w}{(x_r - x_l)^2}$. Wir setzen nun die gefundenen Terme für $\partial_t u$, $\partial_x u$ und $\partial_{xx} u$ in die Differentialgleichung ein

$$\begin{aligned}\partial_t u + a \partial_{xx} u + b \partial_x u + cu &= 0 \\ \partial_t w - \frac{\varphi'}{x_r - x_l} \partial_y w + a(\varphi) \frac{\partial_{yy} w}{(x_r - x_l)^2} + b(\varphi) \frac{\partial_y w}{x_r - x_l} + c(\varphi) w &= 0 \\ \partial_t w + \underbrace{\frac{a(\varphi)}{(x_r - x_l)^2}}_{=\widetilde{a}(y,t)} \partial_{yy} w + \underbrace{\left(\frac{b(\varphi)}{x_r - x_l} - \frac{\varphi'}{x_r - x_l} \right)}_{=\widetilde{b}(y,t)} \partial_y w + \underbrace{c(\varphi)}_{=\widetilde{c}(y,t)} w &= 0 \ .\end{aligned}$$

Das ist die gesuchte Gleichung. Weil $\varphi(0,t) = x_l(t)$ und $\varphi(1,t) = x_r(t)$ ist, ist die transformierte Gleichung auf dem Gebiet $\widetilde{G} =]0,1[$ zu lösen. ◇

Aufgabe 13.2

i) Wir schreiben die Stieltjes-Integrale bezüglich den Überlebenswahrscheinlichkeiten $\mathbb{Q}[\tau \geq s]$ um via

$$\begin{aligned}\mathrm{d}\mathbb{Q}[\tau \geq s] &= \big(\partial_s \mathbb{Q}[\tau \geq s]\big)\mathrm{d}s \\ &\overset{(13.19)}{=} \big(\partial_s e^{-\int_0^s \lambda(u)\mathrm{d}u}\big)\mathrm{d}s \\ &= -\lambda(s) e^{-\int_0^s \lambda(u)\mathrm{d}u} \mathrm{d}s \ . \qquad \text{(C.10)}\end{aligned}$$

Da $\lambda(t)$ stückweise konstant ist, $\lambda(t) = \lambda_j$ für $t \in [T_{j-1}, T_j[$, ergibt sich das Integral zu (Skizze machen)

$$\int_0^s \lambda(u)\mathrm{d}u = \sum_{k=1}^{j-1} \lambda_k (T_k - T_{k-1}) + \lambda_j (s - T_{j-1}) =: s_{j-1} + \lambda_j (s - T_{j-1}) . \tag{C.11}$$

Aus (13.11) folgt nun für den Wert des CDS

$$\begin{aligned}
&V_{\mathrm{CDS}}^{\mathrm{A}}(0; T_\nu, T_\mu, L, R) \\
&= \sum_{j=\nu+1}^{\mu} \int_{T_{j-1}}^{T_j} P(0,s)\big(R(s - T_{j-1}) - L\big)\mathrm{d}\mathbb{Q}[\tau \geq s] - R\delta_j P(0, T_j)\mathbb{Q}\big[\tau \geq T_j\big] \\
&\overset{(C.10)}{=} \sum_{j=\nu+1}^{\mu} \int_{T_{j-1}}^{T_j} P(0,s)\big(R(s - T_{j-1}) - L\big)(-\lambda(s))e^{-\int_0^s \lambda(u)\mathrm{d}u}\mathrm{d}s \\
&\quad - R\delta_j P(0, T_j)e^{-\int_0^{T_j} \lambda(u)\mathrm{d}u} \\
&\overset{(C.11)}{=} \sum_{j=\nu+1}^{\mu} (-\lambda_j)e^{-s_{j-1}} \int_{T_{j-1}}^{T_j} P(0,s)\big(R(s - T_{j-1}) - L\big)e^{-\lambda_j(s - T_{j-1})}\mathrm{d}s \\
&\quad - R\delta_j P(0, T_j)e^{-s_j} \ ;
\end{aligned}$$

das ist der gesuchte Ausdruck.

ii), iii) Die Routine C.13 calibration_cds_detintensity zur Kalibrierung ist unten abgebildet. Die Zinskurve zum Zeitpunkt der Kalibrierung (die Tab. 13.5) speichern wir ab unter D_EUR_discount_curve_08122003.

iv) Wir erhalten folgende Werte

```
In [2]: import scipy.io as sio
   ...: mat_contents = sio.loadmat('D_EUR_discount_curve_08122003.mat')
   ...: DF = mat_contents['DF']
   ...: T_mu = [0,378/360,1108/360,1841/360,2569/360,3665/360];
   ...: R = [1450e-4,1200e-4,940e-4,850e-4,850e-4];
In [3]: lam,survival_prob = cds_det_intensity_calibration(R,T_mu,0.75,DF)
In [4]: lam,survival_prob
Out[4]:
(array([0.19273212, 0.13642036, 0.04826724, 0.06498005, 0.11258678]),
 array([1.        , 0.8167937 , 0.61940317, 0.56142541, 0.49229338,
        0.34943257]))
```

Diese Werte stimmen mindestens bis auf 3 Nachkommastellen mit den Resultaten in den angegebenen Quellen überein. Zum Beispiel beträgt die Wahrscheinlichkeit, dass Parmalat „die nächsten drei Jahre überlebt“ $\mathbb{P}[\tau > 3] = 61.94\,\%$. ◇

Routine C.13: calibration_cds_detintensity.py

```
import numpy as np
import scipy.integrate as integrate
from scipy.interpolate import interp1d
from scipy.optimize import fsolve

def aux(x,x0,n):
    '''Generiere die Liste [x0,x,...,x]'''
    return np.hstack((x0,[float(x)]*n))

def cds_detintensity(lam,R,Tj,L,DF):
    '''Findet den Wert eines CDS'''
    T = DF[:,0]; P = DF[:,1]; # Abzinsungskurve
    # die kumulierten Summen lambda_j*(T_j-T_{j-1})
    deltaj = np.diff(Tj); sj = np.cumsum(np.hstack((0,lam*deltaj)));

    V = 0.0;
    for j in range(len(Tj)-1):
        V += -lam[j]*np.exp(-sj[j])*\
        integrate.quad(lambda x:interp1d(T,P)(x)*(R*(x-Tj[j])-L)*\
                       np.exp(-lam[j]*(x-Tj[j])),Tj[j],Tj[j+1])[0]-\
                       R*deltaj[j]*interp1d(T,P)(Tj[j+1])*np.exp(-sj[j+1]);
    return V

def calibration_cds_detintensity(R,T_mu,L,DF):
    '''Findet Intensitaeten lam und Ueberlebenswahrscheinlichkeiten
    survival_prob fuer CDS Marktdaten R = [R^M_{0,mu_1},...,R^M_{0,mu_m}] mit
    Maturitaeten T_mu = [0 T_{mu_1} ... T_{mu_m}] (eine Liste der Laenge m+1).
    0 < L < 1 entspricht dem loss-given-default, DF enthaelt die Zinskurve
    zum Zeitpunkt der Kalibrierung mit DF[:,0] = T ein Spaltenvektoren mit
    Maturitaeten und DF[:,1] = P ein Spaltenvektor mit den entsprechenden
    Abzinsungsfaktoren. lambda and Tau definieren die stueckweise konstante
    Intensitaet

    lambda(t) = lambda_{mu_i} fuer t in [T_{mu_{i-1}},T_{mu_i}[, i = 1,..,m'''

    tau = np.diff(T_mu); n = 4; # Anzahl Zahlungen pro Jahr
    n_mu = np.round(T_mu)*n; n_mu = n_mu[1:];
    n_mu = [int(round(j))-1 for j in n_mu]
    dn_mu = np.round(tau)*n; dt = tau/dn_mu; lam = []; Tj = 0;

    for j in range(len(R)):
        # generiere die Vektoren der lambdaj und Tj
        Tj = np.hstack((Tj,np.linspace(T_mu[j]+dt[j],T_mu[j+1],\
                                       int(dn_mu[j]))));
        lambdaj = fsolve(lambda x:cds_detintensity(aux(x,lam,int(dn_mu[j])),\
                                             R[j],Tj,L,DF),0.1);
        lam = np.hstack((lam,np.repeat(lambdaj,dn_mu[j],axis=0)));

    lam = lam[n_mu];
    survival_prob = np.exp(-np.cumsum(np.hstack((0,lam*np.diff(T_mu)))));
    return lam,survival_prob
```

Aufgabe 13.3 Für $u(x,t) = e^{-\widehat{\alpha}(t,T)-\beta(t,T)x}$ mit $\widehat{\alpha} = \alpha + \alpha^j$ ist $\partial_t u = -(\widehat{\alpha}' + \beta' x)u$, $\partial_x u = -\beta u$ sowie $\partial_{xx} u = \beta^2 u$. Weiter ist

$$\begin{aligned}\int \big(u(x+z,t) - u(x,t)\big)\nu(\mathrm{d}z) &= \int u(x+z,t)\nu(\mathrm{d}z) - u\int \nu(\mathrm{d}z)\\ &= u\int e^{-\beta z}\nu(\mathrm{d}z) - u\int \nu(\mathrm{d}z)\,;\end{aligned}$$

setzen wir darin die Levy-Dichte in (13.25) und bestimmen anschliessend die Integrale, ergibt sich für den Integraloperator

$$\begin{aligned}\int \big(u(x+z,t) - u(x,t) - (e^z-1)\partial_x u\big)\nu(\mathrm{d}z) &= u\Big(\frac{\delta}{\gamma}\int_0^\infty e^{-(\beta+\frac{1}{\gamma})z}\mathrm{d}z - \delta\Big)\\ &= u\big(\frac{\delta}{\gamma\beta+1} - \delta\big)\\ &= -\delta u\frac{\gamma\beta}{\gamma\beta+1}\,.\end{aligned}$$

Setzen wir diese Ausdrücke in die Differentialgleichung (13.24) ein, so erhalten wir

$$-(\widehat{\alpha}' + \beta' x)u + \frac{1}{2}\sigma^2 x\beta^2 u - \kappa(m-x)\beta u - \delta u\frac{\gamma\beta}{\gamma\beta+1} - xu = 0\,.$$

Eine Division durch $u \neq 0$ und gruppieren nach Termen in x liefert

$$\underbrace{-\widehat{\alpha}' - \kappa m\beta - \delta\frac{\gamma\beta}{\gamma\beta+1}}_{=0} + \Big(\underbrace{-\beta' + \frac{1}{2}\sigma^2\beta^2 + \kappa\beta - 1}_{=0}\Big)x = 0\,.$$

Somit erfüllen $\widehat{\alpha}$ und β die Riccati-Gleichungen

$$\begin{cases}\beta' - \frac{1}{2}\sigma^2\beta^2 - \kappa\beta + 1 = 0, & \beta(T,T) = 0\\ \widehat{\alpha}' + \kappa m\beta + \delta\gamma\frac{\beta}{\gamma\beta+1} = 0, & \widehat{\alpha}(T,T) = 0\end{cases}.$$

Die Funktion

$$\beta(t,T) = \frac{2(e^{d(T-t)}-1)}{(\kappa+d)(e^{d(T-t)}-1)+2d} =: \frac{p}{q}$$

mit $d = \sqrt{\kappa^2 + 2\sigma^2}$ haben wir bereits in Aufgabe 12.2 gefunden; der Ausdruck

$$\begin{aligned}\frac{\beta}{\gamma\beta+1} = \frac{\frac{p}{q}}{\gamma\frac{p}{q}+1} = \frac{p}{\gamma p+q} \\ &= \frac{2(e^{d(T-t)}-1)}{2\gamma(e^{d(T-t)}-1)+(\kappa+d)(e^{d(T-t)}-1)+2d} \\ &= \frac{2(e^{d(T-t)}-1)}{(\kappa+d+2\gamma)(e^{d(T-t)}-1)+2d}\end{aligned}$$

hat die selbe Struktur wie β. Setzen wir wie Aufgabe 12.2

$$\mathcal{I}(t,T;b,c,d) := \int \frac{e^{d(T-t)}-1}{b(e^{a(T-t)}-1)+c}\mathrm{d}t\ ,$$

so ergibt sich $\widehat{\alpha}$ daher zu

$$\begin{aligned}\widehat{\alpha}(t,T) &= -\kappa m \int \beta(t,T)\mathrm{d}t - \delta\gamma \int \frac{\beta(t,T)}{\gamma\beta(t,T)+1}\mathrm{d}t + C \\ &= -2\kappa m \mathcal{I}(t,T;\kappa+d,2d,d) - 2\delta\gamma\mathcal{I}(t,T;\kappa+d+2\gamma,2d,d) + C.\end{aligned}$$

Das erste unbestimmte Integral haben wir bereits in Aufgabe 12.2 gefunden, das zweite ergibt sich mit $b = \kappa + d + 2\gamma$ und $c = 2d$ aus (8.14) zu

$$\begin{aligned}\mathcal{I}(t,T;b,c,d) &= -\frac{1}{d}\frac{c}{b(b-c)}\ln\frac{e^{d(T-t)\frac{b}{c}}}{b(e^{d(T-t)}-1)+c} \\ &= -\frac{2}{4\gamma^2+4\gamma\kappa-2\sigma^2}\ln\frac{e^{(\kappa+d+2\gamma)(T-t)/2}}{(\kappa+d+2\gamma)(e^{d(T-t)}-1)+2d}.\end{aligned}$$

Somit finden wir

$$\begin{aligned}\widehat{\alpha}(t,T) = &-\frac{2\kappa m}{\sigma^2}\ln\frac{e^{\frac{\kappa+d}{2}(T-t)}}{(\kappa+d)(e^{d(T-t)}-1)+2d} \\ &+ \frac{2\delta\gamma}{2\gamma^2+2\gamma\kappa-\sigma^2}\ln\frac{e^{(\kappa+d+2\gamma)(T-t)/2}}{(\kappa+d+2\gamma)(e^{d(T-t)}-1)+2d} + C\ .\end{aligned}$$

Aus der Endbedingung $\widehat{\alpha}(T,T) = 0$, also

$$\widehat{\alpha}(T,T) = -\frac{2\kappa m}{\sigma^2}\ln\frac{1}{2d} + \frac{\delta\gamma}{2\gamma^2+2\gamma\kappa-\sigma^2}\ln\frac{1}{2d} + C = 0\ ,$$

ergibt sich C. Schlussendlich haben wir das gewünschte Resultat für den Fall $\sigma^2 \neq 2\gamma^2 + 2\gamma\kappa$

$$\begin{aligned}\widehat{\alpha}(t,T) &= -\frac{2\kappa m}{\sigma^2}\ln\frac{2de^{\frac{\kappa+d}{2}(T-t)}}{(\kappa+d)(e^{d(T-t)}-1)+2d}\\ &\quad+\frac{\delta\gamma}{2\gamma^2+2\gamma\kappa-\sigma^2}\ln\frac{2de^{(\kappa+d+2\gamma)(T-t)/2}}{(\kappa+d+2\gamma)(e^{d(T-t)}-1)+2d}\\ &=: \alpha(t,T)+\alpha^j(t,T)\,.\end{aligned}$$

Ist $\sigma^2 = 2\gamma^2 + 2\gamma\kappa$ (der Fall $b = c$ im Integral $\mathcal{I}$), so existiert α^j nicht in dieser Form und wir müssen diesen Fall separat betrachten. Aus (8.14) folgt mit $b = c = 2d$

$$\mathcal{I}(t,T;b,b,d) = -\frac{1}{bd}\big(d(T-t)+e^{-d(T-t)}\big) = -\frac{1}{2d^2}\big(d(T-t)+e^{-d(T-t)}\big)\,;$$

die Endbedingung führt auf $\alpha^j(T,T) = \frac{\delta\gamma}{d^2} + C = 0$. Somit ist in diesem Fall α^j gegeben durch

$$\alpha^j(t,T) = \frac{\delta\gamma}{d^2}\big(d(T-t)+e^{-d(T-t)}-1\big)\,,$$

und wir sind fertig. ◇

C.14 Aufgaben im Kap. 14

Aufgabe 14.1 Wir gehen wie bei der Herleitung im Text der Maske $\mathbf{m}^{(1,4)}$ vor. Nach dem Satz von Taylor haben wir (wir lassen der Übersichtlichkeit halber das Argument x in den Ableitungen weg)

$$\begin{aligned}f(x\pm h) &= f(x)\pm hf' + \frac{1}{2}h^2f'' \pm \frac{1}{6}h^3f''' + \frac{1}{24}h^4f^{(4)} \pm \frac{1}{120}h^5f^{(5)} + \mathcal{O}(h^6)\\ f(x\pm 2h) &= f(x)\pm 2hf' + \frac{4}{2}h^2f'' \pm \frac{8}{6}h^3f''' + \frac{16}{24}h^4f^{(4)} \pm \frac{32}{120}h^5f^{(5)} + \mathcal{O}(h^6)\,.\end{aligned}$$

Wir kombinieren nun diese vier Ausdrücke so, dass die Terme in f', f''' und $f^{(4)}$ wegfallen. Dazu multiplizieren wir die Gleichungen der Reihe nach mit den unbekannten Zahlen a, b, c und d

$$\begin{aligned}&af(x-h)+bf(x+h)+cf(x-2h)+df(x+2h)\\ &= (a+b+c+d)f(x)\\ &\quad+(-a+b-2c+2d)hf'(x)+\frac{1}{2}(a+b+4c+4d)h^2f''(x)\\ &\quad+\frac{1}{6}(-a+b-8c+8d)h^3f'''(x)+\frac{1}{24}(a+b+16c+16d)h^4f^{(4)}(x)\\ &\quad+\frac{1}{120}(-a+b-32c+32d)h^5f^{(5)}(x)+\mathcal{O}(h^6)\,.\end{aligned}$$

Wählen wir nun die Koeffizienten wie folgt

$$\begin{cases} -a+b-\ 2c\ +\ 2d\ =0 \\ \ \ a+b+\ 4c\ +\ 4d\ =2 \\ -a+b-\ 8c\ +\ 8d\ =0 \\ \ \ a+b+16c+16d=0 \end{cases}, \tag{C.12}$$

so vereinfacht sich die obige Gleichung zu

$$\begin{aligned} &af(x-h)+bf(x+h)+cf(x-2h)+df(x+2h) \\ &=(a+b+c+d)f(x)+h^2f''(x)+\frac{1}{120}(-a+b-32c+32d)h^5f^{(5)}(x)+\mathcal{O}(h^6)\,. \end{aligned}$$

Das Gleichungssystem (C.12) hat die Lösung

$$a=\frac{4}{3},\ b=\frac{4}{3},\ c=-\frac{1}{12},\ d=-\frac{1}{12}$$

und wir erhalten – weil $a+b+c+d=\frac{30}{12}$ und $-a+b-32c+32d=0$ ist – folgende finite Differenzendarstellung der zweiten Ableitung

$$\begin{aligned} f''(x)=\frac{1}{12h^2}\big(&-f(x-2h)+16f(x-h)-30f(x) \\ &+16f(x+h)-f(x+2h)\big)+\mathcal{O}(h^4)\,, \end{aligned}$$

und wir sind fertig. ◇

Aufgabe 14.2 Wir gehen analog zur Herleitung der ersten Zeile von ${}_n\mathbf{M}_y^{(k)}$ vor. Wir betrachten zuerst $k=1$ und approximieren die bekannte zweite Ableitung mit dem Differenzenquotienten in (14.7)

$$\begin{aligned} \partial_{xx}w(x_l,t)\approx\frac{1}{12h^2}\big(&45w_0(t)-154w_1(t)+214w_2(t)-156w_3(t) \\ &+61w_4(t)-10w_5(t)\big)=w_l(t)\,, \end{aligned}$$

lösen diese Gleichung auf nach $w_0(t)$ und setzen das Resultat in den Differenzenquotienten (14.5) ein. Also

$$\begin{aligned} &y(x_1)\partial_x w(x_1,t)\overset{(14.5)}{\approx}\frac{y_1}{12h}\big(-3w_0(t)-10w_1(t)+18w_2(t)-6w_3(t)+w_4(t)\big) \\ &=\frac{y_1}{12h}\Big[-\frac{3}{45}\big(154w_1(t)-214w_2(t)+156w_3(t)-61w_4(t)+10w_5(t)+12h^2w_l(t)\big) \\ &\quad-10w_1(t)+18w_2(t)-6w_3(t)+w_4(t)\Big] \\ &=\frac{y_1}{12h}\Big[-\frac{304}{15}w_1(t)+\frac{484}{15}w_2(t)-\frac{82}{5}w_3(t)+\frac{76}{15}w_4(t)-\frac{2}{3}w_5(t)-\frac{4}{5}h^2w_l(t)\Big]\,; \end{aligned}$$

das ist die erste Zeile in ${}_s^{\cdot}\mathbf{M}_y^{(1)}$. Für die erste Zeile in ${}_s^{\cdot}\mathbf{M}_y^{(2)}$ ergibt sich analog

$$\begin{aligned}
y(x_1)\partial_{xx}w(x_1,t) &\overset{(14.5)}{\approx} \frac{y_1}{12h^2}\big(10w_0(t) - 15w_1(t) - 4w_2(t) + 14w_3(t) - 6w_4(t) + w_5(t)\big)\\
&= \frac{y_1}{12h}\Big[\frac{10}{45}\big(154w_1(t) - 214w_2(t) + 156w_3(t) - 61w_4(t) + 10w_5(t) + 12h^2 w_l(t)\big)\\
&\quad - 15w_1(t) - 4w_2(t) + 14w_3(t) - 6w_4(t) + w_5(t)\Big]\\
&= \frac{y_1}{12h^2}\Big[\frac{173}{9}w_1(t) - \frac{464}{9}w_2(t) + \frac{146}{3}w_3(t) - \frac{176}{9}w_4(t) + \frac{29}{9}w_5(t) + \frac{8}{3}h^2 w_l(t)\Big]\,;
\end{aligned}$$

dies ist die erste Zeile in ${}_s^{\cdot}\mathbf{M}_y^{(2)}$. ◇

Aufgabe 14.3 Aus der Definition $u(z,t) = w(\phi(z),t) = w(x,t)$ und der Kettenregel folgt für die partiellem Ableitungen

$$\partial_t u(z,t) = \partial_t w(x,t)$$

und

$$\partial_z u(z,t) = \partial_x w(\phi(z),t)\phi'(z) = \partial_x w(x,t)\phi'(z) \Rightarrow \partial_x w(x,t) = \frac{1}{\phi'(z)}\partial_z u(z,t)$$

sowie

$$\begin{aligned}
\partial_{zz}u(z,t) &= \partial_z\big(\partial_x w(\phi(z),t)\phi'(z)\big)\\
&= \partial_{xx}w(\phi(z),t)\big(\phi'(z)\big)^2 + \partial_x w(\phi(z),t)\phi''(z)\\
&= \partial_{xx}w(x,t)\big(\phi'(z)\big)^2 + \frac{\phi''(z)}{\phi'(z)}\partial_z u(z,t)\,,
\end{aligned}$$

woraus

$$\partial_{xx}w(x,t) = \frac{1}{\big(\phi'(z)\big)^2}\partial_{zz}u(z,t) - \frac{\phi''(z)}{\big(\phi'(z)\big)^3}\partial_z u(z,t)$$

folgt. Diese Ausdrücke setzen wir in die Gleichung (14.1) ein und erhalten wegen $x = \phi(z)$

$$\begin{aligned}
&\partial_t w + a(x)\partial_{xx}w + b(x)\partial_x w + c(x)w\\
&= \partial_t u + a(\phi(z))\left(\frac{1}{\big(\phi'(z)\big)^2}\partial_{zz}u - \frac{\phi''(z)}{\big(\phi'(z)\big)^3}\partial_z u\right) + b(\phi(z))\frac{1}{\phi'(z)}\partial_z u + c(\phi(z))u\\
&= \partial_t u + \frac{a(\phi(z))}{\big(\phi'(z)\big)^2}\partial_{zz}u + \left(\frac{b(\phi(z))}{\phi'(z)} - a(\phi(z))\frac{\phi''(z)}{\big(\phi'(z)\big)^3}\right)\partial_z u + c(\phi(z))u\\
&= \partial_t u + \widehat{a}(z)\partial_{zz}u + \widehat{b}(z)\partial_z u + \widehat{c}(z)u\\
&= f(x,t) = f(\phi(z),t) = \widehat{f}(z,t)\,.
\end{aligned}$$

◇

Aufgabe 14.4 Die diskretisierte Version der Randbedingung (14.12) lautet unter der Verwendung der Masken $\mathbf{m}^{(\ell,4)}$ der nicht zentrierten Differenzenquotienten (14.7)

$$\frac{45u_0 - 154u_1 + 214u_2 - 156u_3 + 61u_4 - 10u_5}{12h^2} - \kappa^+ \frac{-25u_0 + 48u_1 - 36u_2 + 16u_3 - 3u_4}{12h} = \phi'^2 w_l \, ,$$

auflösen nach $u_0(t)$ liefert

$$u_0 = \alpha^+ u_1 + \beta^+ u_2 + \gamma^+ u_3 + \delta^+ u_4 + \varepsilon^+ u_5 + \frac{12h^2\phi'^2}{45 + 25h\kappa^+} w_l \, ,$$

mit den Koeffizienten wie in (14.14). Diesen Ausdruck für $u_0(t)$ setzen wir nun in die Differentialgleichung

$$u_1' + \widehat{a}_1 \frac{10u_0 - 15u_1 - 4u_2 + 14u_3 - 6u_4 + u_5}{12h^2} + \widehat{b}_1 \frac{-3u_0 - 10u_1 + 18u_2 - 6u_3 + u_4}{12h} + \widehat{c}_1 u_1 = 0$$

für $u_1(t)$ ein; vergleiche mit den Masken $\widehat{\mathbf{m}}^{(k)}$ in (14.5). Nun gruppieren wir geeignet,

$$\begin{aligned} u_1' &+ \widehat{a}_1 \frac{(10\alpha^+ - 15)u_1 + (10\beta^+ - 4)u_2 + (10\gamma^+ + 14)u_3 + (10\delta^+ - 6)u_4 + (10\varepsilon^+ + 1)u_5}{12h^2} \\ &+ \widehat{b}_1 \frac{(-3\alpha^+ - 10)u_1 + (-3\beta^+ + 18)u_2 + (-3\gamma^+ - 6)u_3 + (-3\delta^+ + 1)u_4 - 3\varepsilon^+ u_5}{12h} + \widehat{c}_1 u_1 \\ &= -\varepsilon^+ \phi'(z_l)^2 \left(\widehat{a}_1 - \frac{3}{10} h \widehat{b}_1 \right) w_l \, . \end{aligned}$$

Aus dieser Darstellung lesen wir die erste Zeile der Matrizen ${}^s_s\mathbf{M}_y^{(k)}$ ab; das ist die Tab. 14.5. Weiter ergeben sich aus der rechten Seite dieser Gleichung die Einträge in der ersten Zeile und ersten Spalte der Randmatrizen ${}^s_s\mathbf{M}_y^{(k),bc}$. Für $k = 1$ ist dieser Eintrag gleich $-y_1\varepsilon^+\phi'(z_l)^2 \frac{3}{10} h$, für $k = 2$ ist er $y_1\varepsilon^+\phi'(z_l)^2$. ◇

Aufgabe 14.5 Wegen $R_{1,0}(x) = \frac{p_1(x)}{q_0(x)} = \frac{a_0 + a_1 x}{1}$ erhalten wir

$$\begin{aligned} q_0(x) f(x) - p_1(x) &= 1 - x + \frac{1}{2}x^2 - a_0 - a_1 x + \mathcal{O}(x^3) \\ &= 1 - a_0 - (1 + a_1)x + \mathcal{O}(x^2) \, . \end{aligned}$$

Ist $a_0 = 1$ und $a_1 = -1$, also $R_{1,0} = 1 - x$, so erhalten wir eine Approximation der Ordnung 1. Für $R_{0,1}(x) = \frac{p_0(x)}{q_1(x)} = \frac{a_0}{1+b_1 x}$ ergibt sich

$$\begin{aligned} q_1(x)f(x) - p_0(x) &= (1 + b_1 x)\left(1 - x + \frac{1}{2}x^2 + \mathcal{O}(x^3)\right) - a_0 \\ &= 1 - x + b_1 x - a_0 + \mathcal{O}(x^2) \\ &= 1 - a_0 + (-1 + b_1)x + \mathcal{O}(x^2)\,. \end{aligned}$$

Ist $a_0 = 1$ und $b_1 = 1$, also $R_{0,1} = \frac{1}{1+x}$, so erhalten wir eine Approximation der Ordnung 1. Nun betrachten wir noch $R_{1,1}(x) = \frac{p_1(x)}{q_1(x)} = \frac{a_0+a_1 x}{1+b_1 x}$ und rechnen

$$\begin{aligned} q_1(x)f(x) - p_1(x) &= (1 + b_1 x)\left(1 - x + \frac{1}{2}x^2 + \mathcal{O}(x^3)\right) - a_0 - a_1 x \\ &= 1 - x + \frac{1}{2}x^2 + b_1 x - b_1 x^2 - a_0 - a_1 x + \mathcal{O}(x^3) \\ &= 1 - a_0 + (-1 + b_1 - a_1)x + \left(\frac{1}{2} - b_1\right)x^2 + \mathcal{O}(x^3)\,. \end{aligned}$$

Somit setzen wir $a_0 = 1$, $b_1 = \frac{1}{2}$ sowie $a_1 = -\frac{1}{2}$ und erhalten $R_{1,1}(x) = \frac{1-\frac{1}{2}x}{1+\frac{1}{2}x}$, welches eine Approximation zweiter Ordnung darstellt. ◇

Aufgabe 14.6 Wir zeigen die Bedingung (14.23). Dazu müssen wir

$$q_{2,2}(x)e^{-x} - p_{2,2}(x) = \mathcal{O}(x^5)$$

zeigen. Mit der Taylorreihe von e^{-x} um $x = 0$ folgt

$$\begin{aligned} &\left(1 + 1/2x + 1/12x^2\right)\left(1 - x + 1/2x^2 - 1/6x^3 + 1/24x^4 - 1/120x^5 + \mathcal{O}(x^6)\right) \\ &\quad - \left(1 - 1/2x + 1/12x^2\right) \\ &= 1 - x + 1/2x^2 - 1/6x^3 + 1/24x^4 + 1/2x - 1/2x^2 + 1/4x^3 - 1/12x^4 \\ &\quad + 1/12x^2 - 1/12x^3 + 1/24x^4 - 1 + 1/2x - 1/12x^2 + \mathcal{O}(x^5) = \mathcal{O}(x^5)\,. \end{aligned}$$

Nun zeigen wir die Bedingung (14.24). Wegen $\omega(s) = (s - s_1)(s - s_2) = s^2 - s + \frac{1}{6}$ müssen wir

$$\int_0^1 (s^2 - s + 1/6)\,\mathrm{d}s = \int_0^1 (s^2 - s + 1/6)s\,\mathrm{d}s = 0$$

zeigen. In der Tat haben wir

$$\int_0^1 (s^2 - s + 1/6)\,\mathrm{d}s = 1/3s^3 - 1/2s^2 + 1/6s\Big|_0^1 = 0$$

sowie

$$\int_0^1 (s^3 - s^2 + 1/6s)\,ds = 1/4s^4 - 1/3s^3 + 1/12s^2\Big|_0^1 = 0\,.$$

Wir kommen zum Gleichungssystem (14.25). Dieses lautet im vorliegenden Fall

$$\begin{cases} P_1(x) + P_2(x) = -\dfrac{1}{x}\big(R_{2,2}(x) - 1\big) \\ s_1 P_1(x) + s_2 P_2(x) = \dfrac{1}{x^2}\big(R_{2,2}(x) - (1-x)\big) \end{cases}$$

Wir bestimmen zuerst mit Hilfe der Definition von

$$R_{2,2}(x) = \frac{p_{2,2}(x)}{q_{2,2}(x)} = \frac{1 - x/2 + x^2/12}{1 + x/2 + x^2/12}$$

die rechten Seiten des Systems. Wir erhalten

$$\begin{cases} P_1(x) + P_2(x) = \dfrac{1}{q_{2,2}(x)} \\ s_1 P_1(x) + s_2 P_2(x) = \dfrac{1}{2}\dfrac{1 + x/6}{q_{2,2}(x)} \end{cases}.$$

Aus der ersten Gleichung folgt – wir lassen das Argument x der Einfachheit halber weg – $P_2 = \frac{1}{q_{2,2}} - P_1$, dies eingesetzt in die zweite Gleichung ergibt

$$s_1 P_1 + \frac{s_2}{q_{2,2}} - s_2 P_1 = \frac{1}{2}\frac{1 + x/6}{q_{2,2}}\,.$$

Nun folgt wegen $s_1 - s_2 = -\frac{1}{\sqrt{3}}$

$$P_1 = \frac{1}{2}\frac{1 + x/6 - 2s_2}{(s_1 - s_2)q_{2,2}} = \frac{1}{2}\frac{(1 + x/6 - 1 - \frac{\sqrt{3}}{3})(-\sqrt{3})}{q_{2,2}} = \frac{1}{2}\frac{1 - \sqrt{3}x/6}{q_{2,2}}$$

und daraus noch $P_2 = \frac{1}{q_{2,2}} - P_1 - \frac{1}{2}\frac{1+\sqrt{3}/6x}{q_{2,2}}$, und wir sind fertig. ◇

Aufgabe 14.7 Für jeden Strike K_j in $\{K_1, K_2, \ldots, K_m\}$ bestimmen wir den Preis der Option $V_j(s, \sigma)$ mit der Routine 14.4 callput_sabr. Wir wählen für alle Bewertungsprobleme $L = 7$ und $\nu = 0.05$. Mit der Routine 1.1 impl_vola bestimmen wir dann die zum Preis V_j gehörige implizite Volatilität σ_j^{i}. Da die Strikes der Grösse nach geordnet sind, können wir für jede Option (bis auf die erste) als Startwert für das Newton-Verfahren jeweils die berechnete implizite Volatilität der vorherigen Option verwenden. Den Startwert

σ_0 für die Option mit dem kleinsten Strike K_1 legen wir zu $\sigma_0 = 2$ fest (in der Routine `si[0] = 2;`). Die Hagan-Approximation (10.65) implementieren wir in der selben Routine; diese kann so aussehen

Routine C.14: vola_smile_sabr.py

```
import numpy as np
import matplotlib.pyplot as plt
from callput_bs_a import callput_bs_a
from callput_sabr import callput_sabr
from impl_vola import impl_vola

def impl_vola_sabr(s,sigma,beta,rho,delta,K,T):

    chi = lambda x:np.log((np.sqrt(x**2-2*rho*x+1)+x-rho)/(1-rho));
    z = (delta/sigma*(s*K)**((1-beta)/2)*np.log(s/K));

    F = z/chi(z); F[z==0] = 1;

    psi = (1+(1-beta)**2/24*np.log(s/K)**2+(1-beta)**4/1920*np.log(s/K)**4);
    phi = (1-beta)**2/24*sigma**2/((s*K)**(1-beta))+\
    0.25*rho*beta*delta*sigma/((s*K)**((1-beta)/2))+(2-3*rho**2)/24*delta**2;

    return sigma/((s*K)**((1-beta)/2)*psi)*F*(1+phi*T);

def vola_smile_sabr(s,sigma,beta,rho,delta,T,K):
    '''Bestimmt den Vola-Smile im SABR-Modell nach der Approximation von
    Hagan et al. und den Vola-Smile abgeleitet aus dem PDE-Loeser fuer die
    entsprechenden Optionspreise. Die Vola-Smiles werden graphisch dargestellt.
    V = [Vh,Vpde] mit den Spalten Vh und Vpde; jede Spalte enthaelt die
    Optiosnpreise fuer jeden Strike im Vektor K nach Hagan und nach dem
    PDE-Loeser.'''

    # Hagan-Approximation
    Kvec = np.linspace(min(K),max(K),1001);
    siH = impl_vola_sabr(s,sigma,beta,rho,delta,Kvec,T);

    # via PDE
    param = [beta,delta,rho]; L = 7; nu = 0.05; grid = 1; gamma = [1/100,1/20];

    Vh = np.zeros(len(K)); Vpde = np.zeros(len(K)); # Initialisierung Preise

    # Vektor der impliziten Volas, starte Newton mit si[0]
    si = np.zeros(len(K)+1); si[0] = 2;
    Vh = callput_bs_a(s,K,T,\
                      impl_vola_sabr(s,sigma,beta,rho,delta,K,T),0,0,1);

    for j in range(len(K)):
        Vpde[j] = callput_sabr(s,sigma,param,0,0,K[j],T,L,nu,grid,gamma,1);
        si[j+1] = impl_vola(Vpde[j],s,K[j],T,0,0,1,si[j]);

    si = si[1:]; V = np.vstack((Vh,Vpde)); # Preise Hagan vs PDE

    plt.plot(Kvec/s,siH,color=[0,0.4470,0.7410]);
    plt.plot(K/s,si,'o',color=[0.8500,0.3250,0.0980]);
    plt.xlabel('K/s'); plt.ylabel('implizite Vola')

    return V
```

Die linke Graphik in Abb. 14.9 können wir nun mit

```
In [5]: sigma = 0.4; beta = 0.3; rho = 0; delta = 0.6; s = 0.05; T = 1;
   ...: K = np.arange(0.4,2.1,0.1)*s;
In [6]: V = sabr_vola_smile(s,sigma,beta,rho,delta,T,K);
```

erzeugen, die rechte analog mit

```
In [7]: sigma = 0.2; beta = 0.55; rho = -0.6; delta = 0.03; s = 0.05; T = 1;
   ...: K = np.arange(0.4,2.1,0.1)*s;
In [8]: V = sabr_vola_smile(s,sigma,beta,rho,delta,T,K);
```

◇

Aufgabe 14.8 Leiten wir die Differentialgleichung (14.41) einmal nach x ab, ergibt sich mit der Produktregel (der Übersichtlichkeit halber lassen wir das Argument weg)

$$\begin{aligned}(aw'')' + (bw')' + (cw)' &= \omega' \\ a'w'' + aw''' + b'w' + bw'' + c'w + cw' &= \omega' \\ aw''' + (a' + b)w'' + (b' + c)w' + c'w &= \omega'\end{aligned}$$

Da $a \neq 0$ ist, können wir die letzte Gleichung nach w''' auflösen. Es ergibt sich

$$w''' = \underbrace{-\frac{a' + b}{a}}_{=:\tilde{a}} w'' \underbrace{- \frac{b' + c}{a}}_{=:\tilde{b}} w' \underbrace{- \frac{c'}{a}}_{=:\tilde{c}} w + \underbrace{\frac{\omega}{a}}_{=:\tilde{\omega}} ;$$

das ist die Gleichung (14.42). Nun leiten wir nochmals nach x ab

$$\begin{aligned}(aw''')' + \big((a' + b)w''\big)' + \big((b' + c)w'\big)' + (c'w)' &= \omega'' \\ a'w''' + aw^{(4)} + (a'' + b')w'' + (a' + b)w''' & \\ + (b'' + c')w' + (b' + c)w'' + c''w + c'w' &= \omega'' \\ aw^{(4)} + (2a' + b)w''' + (a'' + 2b' + c)w'' + (b'' + 2c')w' + c''w &= \omega''\end{aligned}$$

In der letzten Gleichung ersetzen wir w''' durch den oben gefundenen Ausdruck und sortieren nach w'', w' und w. Es ergibt sich

$$\begin{aligned}aw^{(4)} + (2a' + b)\Big[-\frac{a' + b}{a} w'' - \frac{b' + c}{a} w' - \frac{c'}{a} w + \frac{\omega}{a}\Big] & \\ + (a'' + 2b' + c)w'' + (b'' + 2c')w' + c''w &= \omega'' \\ aw^{(4)} + \Big[-\frac{(2a' + b)(a' + b)}{a} + a'' + 2b' + c\Big] w'' & \\ + \Big[-\frac{(2a' + b)(b' + c)}{a} + b'' + 2c'\Big] w' + \Big[-\frac{(2a' + b)c'}{a} + c''\Big] w &= \omega'' - \frac{2a' + b}{a}\omega\end{aligned}$$

Nehmen wir hierin die w'', w' und w-Terme auf die rechte Seite der Gleichung und dividieren durch a, erhalten wir die Gleichung (14.43). ◇

C.15 Aufgaben im Kap. 15

Aufgabe 15.1 Wir zeigen zunächst die Beziehung $\phi(d_+) = e^x \phi(d_-)$. Es ist mit $c = \frac{1}{\sqrt{2\pi}}$

$$\begin{aligned}
\phi(d_+) &= c e^{-d_+^2/2} \stackrel{(B.36)}{=} c e^{-(-\frac{x}{\sqrt{w}} + \frac{1}{2}\sqrt{w})^2/2} \\
&= c e^{-(\frac{x^2}{w} - x + \frac{1}{4}w)/2} = c e^{-(\frac{x^2}{w} + x + \frac{1}{4}w)/2 + x} \\
&= c e^x e^{-(-\frac{x}{\sqrt{w}} - \frac{1}{2}\sqrt{w})^2/2} \stackrel{(B.36)}{=} e^x c e^{-d_-^2/2} \\
&= e^x \phi(d_-) \,.
\end{aligned} \tag{C.13}$$

Nun bestimmen wir die Ableitung $\partial_w f$. Die Funktion f ist gegeben als

$$f(x, T, w) = s e^{-qT} \Big(\Phi_{0,1}\big(d_+(w)\big) - e^x \Phi_{0,1}\big(d_-(w)\big) \Big)$$

und es folgt für die Ableitung dieser nach w (wir lassen das Argument w weg)

$$\begin{aligned}
\partial_w f &= s e^{-qT} \big(\phi(d_+) \partial_w d_+ - e^x \phi(d_-) \partial_w d_- \big) \\
&\stackrel{(C.13)}{=} s e^{-qT} \phi(d_+) \big(\partial_w d_+ - \partial_w d_- \big) \,.
\end{aligned}$$

Mit der Definition (B.36) von $d_\pm$ folgt nun

$$\begin{aligned}
\partial_w f &= s e^{-qT} \phi(d_+) \big(\partial_w d_+ - \partial_w d_- \big) \\
&\stackrel{(B.36)}{=} s e^{-qT} \phi(d_+) \left(\frac{x}{2\sqrt{w^3}} + \frac{1}{4\sqrt{w}} - \frac{x}{2\sqrt{w^3}} + \frac{1}{4\sqrt{w}} \right) \\
&= s e^{-qT} \phi(d_+) \frac{1}{2\sqrt{w}} \,.
\end{aligned}$$

Dies ist das gewünschte Zwischenresultat. Ähnlich ergibt sich die Ableitung von f nach x zu

$$\begin{aligned}
\partial_x f &= s e^{-qT} \big(\phi(d_+) \partial_x d_+ - e^x \Phi_{0,1}(d_-) - e^x \phi(d_-) \partial_x d_- \big) \\
&\stackrel{(C.13)}{=} s e^{-qT} \phi(d_+) \big(\underbrace{\partial_x d_+ - \partial_x d_-}_{=0} \big) - s e^{-qT} e^x \Phi_{0,1}(d_-) \\
&= -s e^{-qT} e^x \Phi_{0,1}(d_-) \,.
\end{aligned}$$

Nun folgt für die Ableitung $\partial_{ww} f$

$$
\begin{aligned}
\partial_{ww} f &= \partial_w \left(\frac{1}{2} s e^{-qT} \phi(d_+) \frac{1}{\sqrt{w}} \right) = \frac{1}{2} s e^{-qT} \left(\phi(d_+)(-d_+)\partial_w d_+ \frac{1}{\sqrt{w}} + \phi(d_+) \frac{-1}{2\sqrt{w^3}} \right) \\
&= \underbrace{\frac{1}{2} s e^{-qT} \phi(d_+) \frac{1}{\sqrt{w}}}_{=\partial_w f} \left(- d_+ \partial_w d_+ - \frac{1}{2w} \right) \\
&\overset{(B.36)}{=} \partial_w f \left(\left(\frac{x}{\sqrt{w}} - \frac{1}{2}\sqrt{w} \right) \left(\frac{x}{2\sqrt{w^3}} + \frac{1}{4\sqrt{w}} \right) - \frac{1}{2w} \right) \\
&= \partial_w f \left(\frac{x^2}{2w^2} + \frac{x}{4w} - \frac{x}{4w} - \frac{1}{8} - \frac{1}{2w} \right) \\
&= \partial_w f \left(\frac{x^2}{2w^2} - \frac{1}{8} - \frac{1}{2w} \right) .
\end{aligned}
$$

Ähnlich erhalten wir für die Ableitung $\partial_{wx} f$

$$
\begin{aligned}
\partial_{wx} f &= \partial_x \left(\frac{1}{2} s e^{-qT} \phi(d_+) \frac{1}{\sqrt{w}} \right) = \frac{1}{2} s e^{-qT} \phi(d_+)(-d_+)\partial_x d_+ \frac{1}{\sqrt{w}} \\
&= \underbrace{\frac{1}{2} s e^{-qT} \phi(d_+) \frac{1}{\sqrt{w}}}_{=\partial_w f} (-d_+)\partial_x d_+ \\
&\overset{(B.36)}{=} \partial_w f \left(\frac{x}{\sqrt{w}} - \frac{1}{2}\sqrt{w} \right) \frac{-1}{\sqrt{w}} \\
&= \partial_w f \left(\frac{1}{2} - \frac{x}{w} \right) .
\end{aligned}
$$

Schlussendlich ergibt sich für die zweite Ableitung von f nach x

$$
\begin{aligned}
\partial_{xx} f &= \partial_x \big(- s e^{-qT} e^x \Phi_{0,1}(d_-) \big) \\
&= -s e^{-qT} \big(e^x \Phi_{0,1}(d_-) + e^x \phi(d_-) \partial_x d_- \big) \\
&\overset{(B.36)}{=} \underbrace{-s e^{-qT} e^x \Phi_{0,1}(d_-)}_{=\partial_x f} - \underbrace{s e^{-qT} e^x \phi(d_-) \frac{-1}{\sqrt{w}}}_{=-2\partial_w f} \\
&= \partial_x f + 2\partial_w f .
\end{aligned}
$$

Dies ist die letzte Gleichung, die zu zeigen war, und wir sind fertig. ◇

Aufgabe 15.2 Wir setzen $y = x - m$ und bestimmen das Minimum $y^\star$ von $w(y) = a + b\left(\rho y + \sqrt{y^2 + s^2}\right)$. Wir lösen die Gleichung $w'(y) = 0$ nach y auf

$$\begin{aligned} w'(y) = b\rho + \frac{by}{\sqrt{y^2+s^2}} &= 0 \\ y &= -\rho\sqrt{y^2+s^2} \\ y^2 &= \rho^2 y^2 + \rho^2 s^2 \\ y^2(1-\rho^2) &= \rho^2 s^2 \\ y &= \pm|\rho|\frac{s}{\sqrt{1-\rho^2}}\,. \end{aligned}$$

Nur $y^\star = -\frac{\rho s}{\sqrt{1-\rho^2}}$ ist Lösung der Gleichung $w'(y) = 0$. Die minimale totale implizite Varianz ist nun

$$\begin{aligned} w(y^\star) &= a + b\left(-\frac{\rho^2 s}{\sqrt{1-\rho^2}} + \sqrt{\frac{\rho^2 s^2}{1-\rho^2} + s^2}\right) \\ &= a + \frac{b}{\sqrt{1-\rho^2}}(-\rho^2 s + s) = a + bs\sqrt{1-\rho^2}\,. \end{aligned}$$

Als totale Varianz muss $w^\star = a + bs\sqrt{1-\rho^2} \geq 0$ erfüllen. Wir müssen noch nachweisen, dass tatsächlich ein Minimum vorliegt, also dass $w''(y^\star) > 0$ ist. Für $b > 0$ ist die zweite Ableitung

$$w''(y) = \frac{b\sqrt{y^2+s^2} - \frac{by^2}{\sqrt{y^2+s^2}}}{y^2+s^2} = \frac{b(y^2+s^2) - by^2}{\sqrt{(y^2+s^2)^3}} = \frac{bs^2}{\sqrt{(y^2+s^2)^3}} > 0$$

sogar für jedes y grösser als 0 (insbesondere ist w also konvex). ◇

Aufgabe 15.3 Wir führen geeignete algebraische Umformen durch und schreiben nur noch φ anstatt $\varphi(\theta_T)$.

$$\begin{aligned} w(x) &= \frac{1}{2}\theta_T\left(1 + \rho\varphi x + \sqrt{(\varphi x + \rho)^2 + 1 - \rho^2}\right) \\ &= \frac{1}{2}\theta_T\left(1 + \rho\varphi x + \sqrt{\varphi^2 x^2 + 2\varphi\rho x + 1}\right) \\ &= \frac{1}{2}\theta_T\left(1 + \rho\varphi x + \varphi\sqrt{x^2 + 2\frac{\rho}{\varphi}x + \frac{1}{\varphi^2}}\right) \end{aligned}$$

$$
\begin{aligned}
&= \frac{1}{2}\theta_T\left(1 + \rho\varphi x + \varphi\sqrt{\left(x - \frac{-\rho}{\varphi}\right)^2 + \frac{1-\rho^2}{\varphi^2}}\right)\\
&= \frac{1}{2}\theta_T + \frac{1}{2}\varphi\theta_T\left(\rho x + \sqrt{\left(x - \frac{-\rho}{\varphi}\right)^2 + \frac{1-\rho^2}{\varphi^2}}\right)\\
&= \frac{1}{2}\theta_T + \frac{1}{2}\varphi\theta_T\left(\rho\left(x - \frac{-\rho}{\varphi}\right) - \frac{\rho^2}{\varphi} + \sqrt{\left(x - \frac{-\rho}{\varphi}\right)^2 + \frac{1-\rho^2}{\varphi^2}}\right)\\
&= \underbrace{\frac{1}{2}\theta_T(1-\rho^2)}_{=a} + \underbrace{\frac{1}{2}\varphi\theta_T}_{=b}\left(\rho\Big(x - \underbrace{\frac{-\rho}{\varphi}}_{=m}\Big) + \sqrt{\Big(x - \underbrace{\frac{-\rho}{\varphi}}_{=m}\Big)^2 + \underbrace{\frac{1-\rho^2}{\varphi^2}}_{=s^2}}\right). \quad \diamond
\end{aligned}
$$

Aufgabe 15.4 Der Operator $\mathcal{A}^*$ ist nach (10.8) gegeben durch

$$
\mathcal{A}^* p(\mathbf{x}, t) = -\frac{1}{2} D^2 : \big(\boldsymbol{Q}(\mathbf{x}, t) p(\mathbf{x}, t)\big) + \operatorname{div}\big(\boldsymbol{\mu}(\mathbf{x}, t) p(\mathbf{x}, t)\big) ,
$$

so dass wir die Matrix $\mathbf{Q}$ und den Vektor $\boldsymbol{\mu}$ für das Modell (15.24) finden müssen. Der Prozess $\mathbf{X}(t) = (S(t), V(t))^\top$ im Modell (15.24) löst die stochastische Differentialgleichung

$$
\begin{pmatrix} \mathrm{d}S(t) \\ \mathrm{d}V(t) \end{pmatrix} = \underbrace{\begin{pmatrix} (r-q)S(t) \\ a(V(t)) \end{pmatrix}}_{=\boldsymbol{\mu}(\mathbf{X}(t))} \mathrm{d}t + \underbrace{\begin{pmatrix} f(V(t))\lambda(S(t), t)S(t) & 0 \\ \rho b(V(t)) & \sqrt{1-\rho^2} b(V(t)) \end{pmatrix}}_{\boldsymbol{\sigma}(\mathbf{X}(t), t)} \begin{pmatrix} \mathrm{d}W(t) \\ \mathrm{d}\widehat{W}(t) \end{pmatrix} .
$$

Die Matrix $\mathbf{Q}$ ist daher

$$
\mathbf{Q}(\mathbf{x}, t) = \boldsymbol{\sigma}(\mathbf{x}, t)\boldsymbol{\sigma}(\mathbf{x}, t)^\top = \begin{pmatrix} f^2(v)\lambda^2(s, t)s^2 & \rho b(v) f(v)\lambda(s, t)s \\ \rho b(v) f(v)\lambda(s, t)s & b^2(v) \end{pmatrix} ;
$$

somit ist $\frac{1}{2}D^2 : (\mathbf{Q}p)$ gegeben durch (das Argument (s, v, t) in $p(s, v, t)$ lassen wir der Übersichtlichkeit halber weg; wir nehmen an, dass der Satz von Schwartz gilt)

$$
\begin{aligned}
\frac{1}{2} D^2 : (\mathbf{Q}p) &= \frac{1}{2}\begin{pmatrix} \partial_{ss} & \partial_{sv} \\ \partial_{vs} & \partial_{vv} \end{pmatrix} : \begin{pmatrix} f^2(v)\lambda^2(s, t)s^2 p & \rho b(v) f(v)\lambda(s, t)sp \\ \rho b(v) f(v)\lambda(s, t)sp & b^2(v)p \end{pmatrix}\\
&= \frac{1}{2}\partial_{ss}\big(f^2(v)\lambda^2(s, t)s^2 p\big) + \partial_{sv}\big(\rho b(v) f(v)\lambda(s, t)sp\big) + \frac{1}{2}\partial_{vv}\big(b^2(v)p\big) .
\end{aligned}
$$

Weiter erhalten wir die Terme erster Ableitung

$$
\begin{aligned}
\operatorname{div}\big(\boldsymbol{\mu}(\mathbf{x}, t)p\big) &= \partial_s\big(\mu_1(s, v, t)p\big) + \partial_v\big(\mu_2(s, v, t)p\big)\\
&= \partial_s\big((r-q)sp\big) + \partial_v\big(a(v)p\big)
\end{aligned}
$$

und wir sind fertig. ◇

Aufgabe 15.5 Wir schreiben zuerst um

$$Y(t) = Z(t) - \int_{-\infty}^{t} \lambda e^{\lambda(u-t)} Z(u)\mathrm{d}u = Z(t) - e^{-\lambda t} \int_{-\infty}^{t} \lambda e^{\lambda u} Z(u)\mathrm{d}u$$

und bilden anschliessend das Differential

$$\begin{aligned}
\mathrm{d}Y(t) &= \mathrm{d}Z(t) - \mathrm{d}\Big(e^{-\lambda t} \int_{-\infty}^{t} \lambda e^{\lambda u} Z(u)\mathrm{d}u\Big) \\
&= \mathrm{d}Z(t) - \mathrm{d}\big(e^{-\lambda t}\big) \int_{-\infty}^{t} \lambda e^{\lambda u} Z(u)\mathrm{d}u - e^{-\lambda t}\mathrm{d}\Big(\int_{-\infty}^{t} \lambda e^{\lambda u} Z(u)\mathrm{d}u\Big) \\
&= \mathrm{d}Z(t) + \lambda e^{-\lambda t}\mathrm{d}t \int_{-\infty}^{t} \lambda e^{\lambda u} Z(u)\mathrm{d}u - e^{-\lambda t} \lambda e^{\lambda t} Z(t)\mathrm{d}t \\
&= \mathrm{d}Z(t) + \lambda \underbrace{\Big(\int_{-\infty}^{t} \lambda e^{\lambda(u-t)} Z(u)\mathrm{d}u - Z(t)\Big)}_{=-Y(t)}\mathrm{d}t \\
&= \mathrm{d}Z(t) - \lambda Y(t)\mathrm{d}t \ .
\end{aligned}$$

◇

Literatur

1. D. Ackerer, D. Filipović und S. Pulido. The Jacobi stochastic volatility model. *Finance and Stochastics*, 22(3):667–700, 2018.
2. N. J. Higham. The scaling and squaring method for the matrix exponential revisited. *Journal of Applied Matrix Analysis*, 26(4):1179–1193, 2005.
3. C.F. Lo, H.M. Tang, K.C. Ku und C.H. Hui. Valuing Time-Dependent CEV Barrier Options. *Advances in Decision Sciences*, pages 1–17, 2009.
4. O. Oleĭnik und E. Radkevič. *Second Order Equations With Nonnegative Characteristic Form*. Plenum Press, New York, 1973. Translated from the Russian by Paul C. Fife.
5. N. Schwarz und H.R. Köckler. *Numerische Mathematik*. 8., aktualisierte Auflage. Vieweg+Teubner, 2011.

N. Hilber, *Bewertung von Finanzderivaten mit Python*,
https://doi.org/10.1007/978-3-658-39210-9

Stichwortverzeichnis

N. Hilber, *Bewertung von Finanzderivaten mit Python*,
https://doi.org/10.1007/978-3-658-39210-9